Die Herren der Hanse

Kieler Werkstücke

Reihe E:
Beiträge zur Sozial- und Wirtschaftsgeschichte

Herausgegeben von
Gerhard Fouquet

Band 8

PETER LANG
Frankfurt am Main · Berlin · Bern · Bruxelles · New York · Oxford · Wien

Dietrich W. Poeck

Die Herren der Hanse

Delegierte und Netzwerke

PETER LANG
Internationaler Verlag der Wissenschaften

Bibliografische Information der Deutschen Nationalbibliothek
Die Deutsche Nationalbibliothek verzeichnet diese Publikation in der Deutschen Nationalbibliografie; detaillierte bibliografische Daten sind im Internet über http://dnb.d-nb.de abrufbar.

Umschlagabbildung:
Siegel der Christian-Albrechts-Universität zu Kiel.

Die Universität trägt ihren Namen nach ihrem Gründer, dem Herzog Christian Albrecht von Schleswig-Holstein-Gottorf, der sie im Jahre 1665 – nur siebzehn Jahre nach dem Ende des Dreißigjährigen Krieges – für sein Herzogtum ins Leben rief. An diese Zeit erinnert auch ihr Siegel: Es zeigt eine Frauengestalt mit einem Palmzweig und einem Füllhorn voller Ähren in den Händen, die den Frieden versinnbildlicht. Das Siegel trägt die Unterschrift: Pax optima rerum (Frieden ist das höchste der Güter).

Abdruck mit freundlicher Genehmigung
der Christian-Albrechts-Universität zu Kiel.

Gedruckt mit Unterstützung
der Christian-Albrechts-Universität zu Kiel.

ISSN 1431-729X
ISBN 978-3-631-60165-5

www.peterlang.de

Meiner großen Schwester Ingeborg
Meinem großen Bruder Karl Heinz
In Erinnerung an schöne Jahre in
Wahmbeckerheide im Lipperland

Vorwort

Vor einigen Jahren trafen meine Frau und ich in der Kolvenburg bei Billerbeck einen jüngeren Gelehrten, der dort eine Gruppe führte. Er kannte mich aus dem Studium und interessiert sich sehr für prosopographische Untersuchungen. Auf seine Frage hin schilderte ich ihm mein Projekt zu den „Herren der Hanse". Sehr erstaunt schaute er mich an und meinte: „Aber das haben Sie doch schon 1992 in der Vorlesung erzählt."

Begonnen wurde die konsequente Aufnahme aller Teilnehmer an Hansetagen aus den Recessen in dieser Phase. Zwar habe ich den Anfang gemacht, aber die Hauptarbeit der Erfassung hat meine liebe Frau geleistet. Dafür sei ihr auch hier ganz herzlich gedankt. Ich hatte die Hoffnung, von diesem Hintergrund her in kurzer Zeit parallel zu der Arbeitsgruppe um Herrn Paravicini in Kiel, wo ich mehrere Semester als Vertreter an den Diskussionen beteiligt war, hansische Netzwerke vorzustellen. Allerdings ergaben sich andere Aufgaben und Bücher, die abgeschlossen werden mussten. Erst als ich mich eigentlich ganz anderen Fragen in der Folge meiner Untersuchungen zur Symbolik der Ratsherrschaft zuwenden wollte, führte mich mein Weg zu den hansischen Delegierten zurück.

Herr Fouquet setzte sich für dieses Projekt ein, das über drei Jahre von der DFG gefördert wurde. Dafür sei ihm auch an dieser Stelle mein großer Dank ausgesprochen wie der Universität Kiel für die Übernahme der Druckkosten. In Kiel hat mich Herr Christian Hagen bei der Durchdringung des Materials sehr unterstützt. Eigentlich hatte ich geplant, von dem erfassten Material aus die politischen Netzwerke vorzustellen. Die Darstellung hätte sich also auf die gemeinsame Tätigkeit auf den Hansetagen beschränkt. Allerdings konnte ich bei genauerer Betrachtung die familiären und geschäftlichen Beziehungen zwischen den Delegierten nicht übergehen, auch wenn die Arbeit so wesentlich aufwendiger wurde. Neben den Recherchen im Archiv der Hansestadt Lübeck, wo ich - wie immer - äußerst freundlich aufgenommen wurde, haben mich auf diesem Forschungsweg insbesondere die Edition des Lübecker Niederstadtbuchs von Herrn Simon und die Transskriptionen der Lübecker Testamente der ersten Hälfte des 15. Jahrhunderts von Gunnar Meyer, der sich schon in meiner Kieler Vertretungszeit diesen Überlieferungen zugewandt hatte, vorangebracht. Zu Ostern dieses Jahres habe ich die schöne Dissertation von Gunnar Meyer erhalten. Leider kann nur noch summarisch auf die vielen Berührungspunkte zu hier vorgestellten Personen hingewiesen werden. Die Lübecker Testamente der ersten Hälfte des 15. Jahrhunderts, die in diesem Text noch mit Name, Datum und Hinweis auf das

Lübecker Archiv nachgewiesen wurden, sind jetzt in seiner umfassenden Edition zu finden.

Die Arbeit an den Fragen zu den Herren der Hanse und den entsprechenden Überlieferungen begann lange vor der Förderung durch die DFG und ging auch noch geraume Zeit weiter. Bei der Erstellung des Textes haben mir in der letzten Phase durch kritische Lektüre und Hinweise Stephan Selzer und Karsten Igel geholfen. Karsten Igel hat auch die Karten erstellt, die so deutlich die überstädtische Vernetzung vor Augen stellen.

Leider hat mein langjähriger Gesprächspartner Wolf-Dieter Heim, mit dem ich im Café Malik seit gemeinsamen Cluniazenser-Tagen bei mancher Zigarette Methodenfragen diskutierte, den Abschluss dieser Untersuchungen nicht mehr erlebt. Dankbar erinnere ich seine „Philologen-Strenge", die immer wieder zu Grundfragen führte.

Münster, am 29. Juni 2010 Dietrich W. Poeck

Inhalt

I Der andere Blick

In einer Passage des Rezesses vom Hansetag des Mai 1378 werden die Ratsherren genannt,[1] die sich zu einem Konsortium zusammengeschlossen hatten, um für die nächsten Jahre die Aufsicht über die „Schonenschen Schlösser" zu übernehmen. Nach dem Sieg über den dänischen König war den Hansestädten (der Kölner Konföderation) 1370 im Frieden von Stralsund für fünfzehn Jahre die Kontrolle über die zentralen maritimen Handelswege in Gestalt der „Schonenschen Schlösser" überlassen worden.[2] Für den Unterhalt dieser Festungen und die Bezahlung der Besatzung war ein „Pfundgeld", eine Abgabe auf Schiffe und Waren,[3] vereinbart worden. Mit diesem Geld wurden die Instandhaltung der militärischen Anlagen und die Besatzungen der Festungen Helsingborg, Malmö, Skanör und Falsterbo bezahlt. Die Aufsicht über die Schlösser war Ratsherren aus den „Seestädten" der Hanse übertragen worden, da diese verständlicherweise besonderes Interesse an der Passage durch den Sund hatten. Die Herren, welche die Kontrolle über große finanzielle Mittel, militärisches Personal und wichtige Befestigungen hatten, wurden auf der Versammlung der Ratsvertreter hansischer Städte, dem Hansetag, gewählt. Das Konsortium von Ratsherren, das eine zentrale Aufgabe für die Gesamthanse übernahm, wurde in einem Paragraphen des Rezesses von 1378 aufgeführt: *her Gregorius, her Nicolaus mit sinen vrunden als her Gregorius mit her Symon Swertinge sinen brodere unde mit her Jacob Zwertsliper unde her Nycolaus mit her Hermen van Dorpten unde Eler Burow.*[4]

Die nur mit ihren Vornamen genannten beiden Herren wurden zuvor schon im ersten Satz dieses Paragraphen genannt: die Stralsunder Ratsherren Gregor Swerting und Nicolaus Segefrid. Im zweiten Teil werden sie genauer in ihren persönlichen Bindungen beschrieben. Es handelt sich demnach einmal um den Ratsherrn Gregor Swerting gemeinsam mit seinem Bruder, dem Ratsherrn Simon Swerting, und dem Ratsherrn Jakob Swerdslipper und andererseits um den Ratsherrn Nicolaus Segefrid mit seinen Freunden, den Herren Hermann van Dorpen und Eler Burow.

Der knappe Text der Wahl der Herren über die „Schonenschen Schlösser" weist uns auf grundlegende soziale Beziehungen unter den Delegierten hin: Als *vrunde* wurden die Ratsherren Segefrid, van Dorpen und Burow wie auch die Swerting und Swerdslipper bezeichnet. Im Stralsunder Rat dieser Zeit fanden sich also Kleingruppen, die durch Freundschaft verbunden waren und für einander eintraten. Allerdings beteiligten sich nicht nur Stralsunder Ratsherren. Neben Gregor Swerting wird auch sein Bruder Simon Swerting genannt. Simon Swerting war Ratsherr in Lübeck. Aus der

1 Der Rezess bietet eine Zusammenstellung der verabschiedeten Punkte der Verhandlungen des Hansetages. Der Hildesheimer Bürgermeister Brandis merkte am Ende des 15. Jahrhunderts zum Vorgang der Erstellung an: *Alle wort, de dar geraden worden, leten se schriven, welke den receß begerte, mochte se hebben, aver vor vel gelt. ... Middeweken na hilligen lichammes wort de receß bewilt unde wort gelesen van allen dagen unde alle wort, de dar gehandelt weren.* Vgl. BRANDIS, Diarium, S.143 (zum Bremer Hansetag vom Mai 1494).

2 S. DOLLINGER, Hanse, S.101.

3 S. DOLLINGER, Hanse, S.276.

4 Vgl. HR 1,2 Nr.156 §24.

knappen Notiz ist also als erstes erstaunliches Faktum festzuhalten: Zwei Brüder saßen nicht nur in zwei Hansestädten im Rat, sondern sie traten auf Hansetagen als Delegierte auf und übernahmen gemeinsam zentrale Aufgaben. Sicherlich hofften sie durch die Kontrolle der Festungen auch auf unternehmerischen Gewinn.[5] Im Blick auf diese durch ihr (kaufmännisches) Interesse verbundene Gruppe Stralsunder und Lübecker Ratsherren ist zu fragen, ob ihr Engagement primär in der Sorge um die (Hanse-)Politik der Stadt gründete, in welcher sie im Rat saßen, oder ob nicht vielmehr die städteübergreifende Verwandtschafts- und Interessengemeinschaft im Vordergrund stand.

Ohne dieses Beispiel zu sehr zu strapazieren, bleibt zu konstatieren: Verwandtschaftliche wie partnerschaftliche Beziehungen zwischen Delegierten endeten nicht an der Stadtmauer.[6] Verwandte und Partner aus unterschiedlichen Städten trafen sich als Delegierte auf Hansetagen. Damit ist eine Erscheinung angesprochen, die weitreichende Konsequenzen für das Verständnis der Hanse hat. Es muss im Blick auf die genannten *vrunde*, welche die Festungen im Auftrag der Hanse kontrollierten, nämlich die Frage gestellt werden, ob die Herren, die als Delegierte auf Hansetagen die hansische Politik bestimmten, als unabhängige Akteure zu sehen sind, oder ob sie in familiäre und wirtschaftliche Beziehungsnetze eingebunden waren, aus denen heraus und für die sie handelten.

Diese Frage gewinnt noch mehr Gewicht, wenn man nicht nur die jeweils aktuellen Beziehungen bedenkt, sondern in die Betrachtung auch schon vorgegebene Beziehungsgeflechte einbezieht, in welche die Akteure durch ihre Herkunft gestellt waren. Die Brüder Swerting stammten nicht aus den Hansestädten, die sie auf Hansetagen vertraten. Sie kamen aus Visby auf Gotland. Man könnte also mit der Forschung annehmen, dass sie von Gotland „auswanderten" und in Lübeck und Stralsund dann als *homines novi* aufstiegen. Die Betrachtung unserer Kleingruppe lenkte das Augenmerk schon auf Beziehungen zwischen hansischen Delegierten aus unterschiedlichen Städten. So ist zu fragen, ob im Blick auf die Hanse die einzelne Stadt wirklich den angemessenen Rahmen für die Beschreibung bieten kann. Das Beispiel der Brüder Swerting erzwingt geradezu die Erweiterung des Blickfeldes: Ihr Vater wie auch ihr Großvater waren Ratsherren in einer Hansestadt, nämlich in Visby

5 Als Betrag wurde ihnen von der Versammlung die Summe von 1000 Mark Sund. pro Jahr zugestanden. (Markangaben ohne Zusatz beziehen sich im Folgenden immer auf Lüb. Mark.) Allerdings kam es über die Ausgaben immer wieder zu Problemen auf den Hansetagen; zu den später von Wulf Wulflam geforderten Zuschüssen, s. OLESEN, Rapesulver, S.109-129.

6 Die Bedeutung der hansischen Führungsgruppe wurde zuletzt betont von FAHLBUSCH, Hansische Führungsgruppe. Allerdings verfällt er in seinen Folgerungen aus nur einigen Beispielen in alte biologistische Vorstellungen von Heiratskreisen, die modern gefasst werden („ein begrenzter Genpool" S.47f.) und versucht mit der begrifflichen Neubildung „Amigonat" eine führende Gruppe mit „exklusivem Gruppenbewusstsein" (S.57) zu beschreiben. Fast notwendig Muss man bei näherer Betrachtung von (führenden) Familien in der Hanse auf die Einsicht in weitere Zusammenhänge stoßen. So wurde schon vor einiger Zeit ein familiäres Beziehungsnetz vorgestellt, aus dem die Mobilität der Herren deutlich hervorgeht. Gegenüber älteren Vorstellungen von der Leistung einzelner Personen, die besonders in der Koppe-Schule gepflegt wurde, wurde die „Verflechtung" betont, s. ELLERMEYER, Beobachtungen, S.151f. Hiermit ist im Blick auf einen familiären Zusammenhang das Phänomen angesprochen, das in diesen Untersuchungen als Netzwerk gefasst und im Blick auf die Delegierten vorgestellt wird.

auf Gotland. Und in Lübeck wie in Stralsund saßen schon Verwandte wie die Plescow und Ghildehusen im Rat. Die Wahl des Simon Swerting in den Lübecker Rat wie die des Gregor Swerting in den Stralsunder Rat war also durch Herkunft und Verwandtschaft vorbereitet. Diese Beobachtungen führen uns zu der Frage: Waren die Swerting eine Ausnahme oder gab es eine hansische Elite, deren Mitglieder in engen verwandtschaftlichen und geschäftlichen Kontakten standen und als Ratsherren in Hansestädten amtierten? Bestimmten Mitglieder dieser städteübergreifenden Elite nicht nur die Politik der Stadt, in deren Rat sie saßen, sondern auch als Delegierte zum Hansetag die hansische Politik?

Aus der Betrachtung dieses kurzen Textes ergeben sich Fragen für die Untersuchung der Delegierten zum Hansetag: Woher stammten die Delegierten? Wurden sie schon in der Stadt, als deren Ratsvertreter sie auf Hansetagen erscheinen, geboren oder sind sie dorthin umgezogen?[7]Aus welchen Familien kamen sie? Saßen ihre Väter, Schwiegerväter, Brüder, Cousins oder entferntere Verwandte früher oder gleichzeitig im Rat einer Hansestadt? Gab es verwandtschaftliche Beziehungen zwischen Delegierten aus unterschiedlichen Städten wie im Falle der Brüder Swerting? Wurden durch Heiraten Beziehungen zwischen Delegierten aus unterschiedlichen Hansestädten geknüpft? Lassen sich geschäftliche Verbindungen zwischen Delegierten aus mehreren Städten erkennen?

Diese Fragen eröffnen einen neuen Horizont für das Verständnis der Funktion des Hansetages. Bisher geht man von einem gestuften Aufbau der Interessenvertretung auf Hansetagen aus.[8] Die Delegierten vertraten nach dieser Anschauung die Interessen der Stadt, von der sie zu den Hansetagen gesandt wurden. Auf den Hansetagen stießen die Interessen der einzelnen Städte aufeinander, die dann in Kompromissen zu umgreifenden Strategien abgestimmt wurden. Allerdings muss schon im Blick auf die Interessen der jeweiligen „Hansestadt" die Frage gestellt werden: Wer definierte die Interessen der Stadt? Die Antwort liegt auf der Hand: Die Interessen der Stadt wurden vom Rat der jeweiligen Stadt bestimmt.[9] Die Delegierten auf Hansetagen sind also im Schnittpunkt zweier Kreise zu sehen: Als Ratsherren bestimmten sie in ihrem Stadtrat das Gemeinwohl ihrer Stadt und als Delegierte definierten sie mit weiteren Ratsherren auf Hansetagen die Interessen der Hanse und entwickeln Strategien zu deren Durchsetzung.

Betrachten wir von dieser Grundlage aus die „Städtehanse". Die neuere verfassungsgeschichtliche Forschung hat tradierte Vorurteile über den „hansischen Bund" berichtigt. Es zeigte sich, dass die „oft vermutete Umwandlung der hansischen Einung aus einem Personenverbande in einen kommunalen Verband" „bloßer Schein"

---

7 Durchgängig wird hier nicht der sonst in diesem Zusammenhang beliebte Begriff „Auswandern" benutzt. Es handelt sich bei den Ortsveränderungen der Delegierten und ihrer Verwandten sicherlich nicht um einen derartigen Vorgang, wie die Hauptvertreter der hansischen Geschichtsforschung um 1900 im Blick auf die Nation formulierten. Ein Umzug von Visby nach Lübeck oder von Braunschweig nach Riga war kein Auswandern von Deutschland nach Amerika.

8 S. PITZ, Bürgereinung, S.336: "Träger eine in der Diaspora lebende Großgemeinde mit mehrstufiger Identität der Willensbildung."

9 S. Pitzens Ausführungen zusammenfassend HAMMEL-KIESOW, Hanse, S.71: „Der Rat hatte die Pflicht, sich über die unterschiedlichen Willen der innerstädtischen Verbände (Kaufleute, Ämter, menheit) zu erheben und das Gemeinwohl der Stadt zu verfolgen ..."

ist.[10] Allerdings ist die mit dieser Einsicht aufgeworfene Frage nach der Besonderheit des „merkwürdigen Gebildes“ Hanse durch eine verfassungsgeschichtliche Untersuchung nicht angemessen zu lösen. Trotz der Herausarbeitung wichtiger Strukturelemente der jeweiligen „Einung“ ist das Blickfeld, das zwei Entitäten, nämlich Stadt („Bürgereinung“) und Hanse („Städteeinung“) gegenüberstellt, zu eng. Deshalb muss in dieser rechtsgeschichtlichen Argumentation immer wieder an zentralen Stellen der Beweisführung, die über die einzelne Stadt hinausgeht, auf die „hansische Großgemeinde“ den „diasporadisch lebenden und vielfach gestuften Großverband“,[11] oder die angestrebte aber nicht vollendete hansische „Megalopolis“ zurückgegriffen werden.[12]

Mit der Einsicht in die Doppel-Funktion der Teilnehmer am Hansetag, die gleichzeitig dem Stadtrat angehörten, ist allerdings das grundlegende Phänomen noch nicht zureichend erfasst. Deshalb ist vor dem Beginn der Untersuchungen das wichtigste Charakteristikum des „Hansetages“ in den Blick zu nehmen. Zum Hansetag reisten die Delegierten der Städte auf der „Tagfahrt“. Unterschieden werden die allgemeinen Tage, auf denen Delegierte aus allen Hansedritteln oder wenigstens aus zwei Dritteln und aus Lübeck erschienen waren, von den regionalen Tagen, auf denen nur Vertreter einer Region anwesend waren.[13]

In der langen Forschung zur Hanse und den Hansetagen ist über die Vorstellung der Formalien der Ladung, der Bestimmung der Beratungsgegenstände, der Schwerfälligkeit der Beschlussfassung und schließlich der Diskrepanz zwischen der Pracht der Versammlung und der geringen Reichweite mancher Beschlüsse die grundsätzliche Einsicht in die Bedeutung des Hansetages etwas verdeckt worden. Diese Einsicht, die von allen Forschern geteilt wird, besagt, dass der Hansetag das „leitende Organ der Gemeinschaft“ war. Der Hansetag war demnach „die einzige hansische Institution im eigentlichen Sinne.“[14] Ob der Begriff „Institution“ wirklich auf den Hansetag angewandt werden kann, sei dahingestellt. Festzuhalten ist, dass bei der Versammlung der Delegierten sich die Hanse, die sonst immer nur als Teilgruppe wie des „Kaufmanns zu Brügge“ erschien, ihrer selbst ansichtig wurde: Die Delegierten waren die Hanse.

Die Delegierten repräsentierten die Gesamthanse, und sie bestimmten die hansische Politik. Die Bedeutung der Delegierten für das Verständnis der Hanse ist demnach zentral. Mit unserem Ausgangsbeispiel ist zu fragen, ob nicht die Struktur der Hanse als eine die Einzelstädte übergreifende Interessengemeinschaft schon die Auswahl der Delegierten vorgab. Wir haben gesehen, dass die Interessen der Swerting und ihrer Partner nicht durch die Stadtmauern von Lübeck oder Stralsund begrenzt waren. Diese Herren standen schon in engen familiären und geschäftlichen Beziehungen bevor sie als Vertreter ihrer Städte auf Hansetagen zusammentrafen. Es lässt sich

10 S. PITZ, Bürgereinung, S.367.

11 S. PITZ, Bürgereinung, S.405: „So erwies sich das Vertrauen in die letztendliche Identität der Partikularwillen ... in der hansischen Megalopolis immer mehr als Illusion und als untauglich, um der Verfassung eines diasporadisch lebenden und vielfach gestuften Großverbandes wie der deutschen Hanse als Fundament zu dienen.“

12 S. PITZ, Bürgereinung, S.332.

13 S. HENN, Tagfahrt, S.3 mit weiterer Literatur.

14 S. DOLLINGER, Hanse, S.124

vermuten, dass sie durch Geburt Mitglieder einer hansischen Elite waren, denen nicht nur in ihrer Heimatstadt sondern auch in anderen Städten der Zugang zum Rat offen stand. Deshalb ist zu fragen, ob die Mitglieder dieser hansischen Elite wirklich nur als Interessenvertreter ihrer Stadt zu sehen sind, oder ob sie nicht eher durch Herkommen, Verwandtschaft und Geschäftstätigkeit Mitglieder umfassender Beziehungsnetze waren. Und, so ist anschließend zu fragen: Gaben die Interessen dieser Netze ihrer Politik in der Stadt wie auf den Hansetagen die Richtung vor?

Für die Betrachtung der „Institution" Hansetag von den teilnehmenden Delegierten aus bedeutet diese Einsicht, dass die Bindungen zwischen den Delegierten beachtet werden müssen, nicht nur zwischen denen aus einer Stadt sondern aus mehreren Städten, wie uns das Beispiel der Swerting und ihrer Partner zeigte. Gegenüber dem hierarchischen Modell zur Erklärung der Funktion des Hansetages und somit der Hanse im Spätmittelalter, das sich knapp als Dreier-Schema (Gemeinde - Rat - Hansetag) zusammenfassen lässt,[15] sind nach unseren bisherigen Überlegungen andere Koppelungen zu beachten, die man mit der neueren Forschung als Netzwerk charakterisieren kann.[16] Die Bedeutung des „Vernetzens" für den hansischen Handel wurde vor einiger Zeit einleuchtend herausgearbeitet.[17] Es stellt sich die Frage, ob nicht auch der Hansetag von Netzwerken der Delegierten bestimmt wurde und ob die Form politischer Zusammenarbeit in der Hanse mit der Metaphorik des politischen „Körpers", die bis in die neueste Hanseforschung in der Vorstellung von Lübeck als dem „Haupt der Hanse" fortwirkt, zu beschreiben ist.[18]

Eine Untersuchung der Beziehungsnetze der Personen, welche hansische Politik gestalteten, soll eine Basis schaffen für die Antwort auf die gestellten Fragen. Teilnehmer an Hansetagen sind demnach hauptsächlich unter folgenden Aspekten zu beobachten: Herkunft, Verwandtschaft und gemeinsame Geschäfte. Dabei ist zu beachten, dass Verwandtschaft nicht nur durch gemeinsame Herkunft gegeben ist, sondern auch durch Heirat geschaffen werden kann. Im Blick auf die Geschäfte wie für das Knüpfen von Heiratsbeziehungen ist Vertrauen zentral.[19] Vertrauen und besonders gestufte Intensität von Vertrauen im Spätmittelalter zu beschreiben, ist nicht leicht. Aus den Überlieferungen lassen sich allerdings für die Geschäftstätigkeit wie auch für „privates" familiäres Verhalten Indikatoren für Vertrauen und Grade des Vertrauens zwischen Personen ermitteln.

Testamente geben uns Hinweise. Ein deutlicher Vertrauensbeweis ist die Einsetzung als Testamentsvollstrecker (Provisor). Der Aussteller beweist mit der Nennung,

---

15 Bei dieser knappen Skizzierung wird die „Idealrepräsentation" des Rates, die Pitz vorstellt, nicht weiter berücksichtigt, s. PITZ, Bürgereinung, passim.

16 S. SCOTT, Social Network Analysis.

17 S. SELZER-EWERT, Vernetzen und Vertrauen.

18 Zur Vorstellung vom politischen Körper s. KOSCHORKE e. a., Der fiktive Staat. Ein Zeugnis aus der Hanse, auf das immer wieder rekurriert wird, ist der „überschwengliche Brief von Zwolle und Kampen an Lübeck, in dem sie dieses als Haupt eines Körpers anerkennen, dessen Glieder sie seien ..." S. DOLLINGER, Hanse, S.163 mit dem übersetzten Brief von 1294 im Anhang Nr.15a.

19 Zur Vernetzung von personalen Systemen durch Vertrauen s. LUHMANN, Vertrauen, S.82. Zur Bedeutung des Vertrauens für den hansischen Handel s. SELZER-EWERT, Vernetzen und Vertrauen, S.150ff.

dass er den genannten Personen nicht nur die Erledigung der wirtschaftlich-finanziellen Fragen nach seinem Tode zutraut, sondern auch die Tätigkeit als Vormund seiner Witwe und seiner unmündigen Kinder. Sehr häufig wurden nahe Verwandte als Provisoren eingesetzt. Aber auch Geschäftspartner wurden benannt. Vertrauen in die Geschäftspartner zeigt sich nicht nur in gemeinsamen Handelsgesellschaften (*societates*), sondern auch im Übernehmen von Bürgschaften. Die enge Verbindung der beiden Personen, des Schuldners und des Bürgen, wird in den Texten deutlich vor Augen gestellt: *coniuncta manu* verpflichteten sie sich. Heiratsverbindungen konnten gemeinsamen Handelstätigkeiten vorausgehen oder ihnen folgen. Die Grenzen werden aus den vorliegenden Überlieferungen nicht immer eindeutig zu ziehen sein. Häufig sind sowohl familiäre wie auch geschäftliche Beziehungen zwischen Ratsherren zu erkennen.

Wenn mit diesem Kriterienbündel Vertrauensverhältnisse zwischen Delegierten zu beschreiben sind, so ist doch gleich zu bedenken, dass es auch um Einsicht in den Zugang zu Ratsherren geht. Zwar sollen an erster Stelle direkte Beziehungen zwischen Delegierten vorgestellt werden, aber deren Verwandte oder wichtige Geschäftspartner sollen nicht übergangen werden. Wenn diese auch selbst nicht im Rat saßen, konnten sie enge familiäre oder wirtschaftliche Kontakte zu Delegierten oder Mitgliedern des Rates einer (anderen) Stadt haben. Von besonderer Wichtigkeit sind im hansischen Zusammenhang die gewählten Wortführer der Kontore, die Altermänner. Sie gestalten die Politik vor Ort in den hansischen Handelsniederlassungen und wurden auf Hansetagen gehört und stiegen häufig zu Ratsherren auf.[20]

Wie schon mit dem Ausgangsbeispiel deutlich wurde, wollen wir uns nicht auf die Analyse der Vertreter einer Stadt beschränken, sondern fragen gerade auch nach den Verbindungen zwischen Ratsherren aus unterschiedlichen Städten. Es geht also nicht um die aus dem Blickwinkel einer Stadt vorgestellte politische Tätigkeit der Herren Delegierten wie es programmatisch schon in Titeln wie „Reisen für Hamburg" deutlich wird,[21] sondern wir wollen durch die Betrachtung der Netzwerke wichtiger politischer Akteure einen Einblick in das „Netzwerk Hanse" gewinnen.

Erst durch diese Umstellung des Blickes auf umfassende Interessen und Vernetzungen ist die Besonderheit der Hanse zu erkennen.[22] Damit ist das Phänomen angesprochen, das in der grundlegenden Untersuchung zur hansischen Verfassung, die scharf die Koppelung der Delegierten an den heimatlichen Rat und in schwerwiegenden Fällen an die Gemeinde herausgearbeitet hat, so unscharf bleibt und dort metapho-

20 S. zu den Brügger Ältermännern die schöne Untersuchung, die im Blick auf die zentrale Rolle dieser Personen und auch für andere Kontore unbedingt weitergeführt werden müsste, von DIERCK, Älterleute.

21 S. ELLERMEYER, Reisen für Hamburg und DEETERS, Köln auf Reichs- und Hansetagen.

22 Im Gegensatz zu den italienischen Städten, die immer wieder als Musterbeispiel für alles Städtische im Mittelalter dienen, geht meine Frage auf das Verbindende zwischen den Städten. Die Definition des gemeinsamen Interesses führt im Hanseraum zu einem für lange Phasen andauernden Friedenszustand zwischen den Städten, in dem Konflikte durch Verhandlungen gelöst wurden und nicht durch militärische Kampfhandlungen. Demgegenüber ist die Politik der italienischen Städte von dem andauernden Konflikt der Städte geprägt, die in wechselnden Konstellationen sich blutige Kämpfe lieferten.

risch als „Megalopolis" bezeichnet wird.[23] Der verfassungsgeschichtliche Blick auf die Einzelstadt und den einzelnen Rat konnte diese einzigartige hansische Besonderheit der umgreifenden städtischen Verbindung nicht klären. Durch den Blick auf die handelnden Personen und ihre Beziehungsnetze können dagegen bestimmende Elemente der die Einzelstadt übergreifenden hansischen Gemeinschaft vorgestellt werden.

Ausgehend von den Delegierten, welche die gemeinsame Politik auf den Hansetagen definierten, sollen deren familiären und geschäftlichen Netze, die sie mit weiteren Delegierten ihrer Stadt wie auch aus anderen Städten verbanden, vorgestellt werden. Im Blick auf die fast 2000 Delegierten, die an hansischen Tagen, Versammlungen und Gesandtschaften in der Zeit zwischen der Mitte des 14. Jahrhunderts und den 30er Jahren des 16. Jahrhunderts teilnahmen, muss das Untersuchungsfeld allerdings eingegrenzt werden. In den Untersuchungen sollen exemplarisch Hansetage wie die großen Versammlungen zu Johannis Baptista 1379 und 1418 vorgestellt werden. Dabei wird von den Vertretern Lübecks im Blick auf die unbestreitbar führende Rolle dieser Stadt, die zur Vorstellung Lübecks als „Haupt der Hanse" führte, ausgegangen. Wenn unsere aus dem Eingangsbeispiel gewonnenen Vermutungen stimmen, werden sich von den Lübecker Delegierten aus Netzwerke nachzeichnen lassen, die Delegierte anderer Hansestädte einbeziehen. Zunächst sollen allerdings einige grundlegende Einsichten in die Häufigkeit der Delegationen vorgestellt werden.

23 Zur Kritik an Pitz s. auch BEHRMANN, Willensbildung in der „Megalopolis", S.210f.

II Die Herren der Hanse (1356 bis 1516)

In der Mitte des 14. Jahrhunderts zeigte der Rat in vielen Städten des hansischen Raumes seine Bedeutung für die Stadt durch prächtige Neubauten und Umgestaltungen von Rathäusern. So wurde auch das Lübecker Rathaus in dieser Phase wesentlich vergrößert und umgeformt. Diese Bauten bezeugen auch heute noch durch ihre Position im Stadtraum und durch ihre Bauformen, die herrscherliche Stilelemente aufnahmen, den Machtanspruch des zentralen städtischen Verfassungsorgans. Die Bedeutung des Rates wurde den Bürgern mit dem Rathaus täglich vor Augen gestellt, und auch Besuchern von außen erschloss sich im Blick auf das Rathaus mit vielen Verweisen im Baukörper und Ausmalungen auf (städtische) Geschichte und die überzeitliche Ordnung Gottes die legitime Stellung des Rates.[24] In dieser Phase der Ratsherrschaft, die einige Jahrzehnte später wohl gerade auch wegen dieses neuen ratsherrlichen Selbstbewusstseins und der eingreifenden Kontrolle durch den Rat in mehreren hansischen Städten in Frage gestellt wurde,[25] kam es durch Probleme im Kontor des Deutschen Kaufmanns zu Brügge zu einer Absprache zwischen Vertretern der Räte von Hansestädten. Die innere Ordnung des Kaufmanns in Flandern wurde in klare Regeln gefasst. Vertreter der Räte aus Lübeck, Hamburg, Stralsund, Dortmund, Soest, Thorn und Elbing sowie aus Gotland und Livland, die sich zur Vorbereitung im Februar 1356 getroffen hatten,[26] approbierten die schon 1347 vom „Kaufmann zu Brügge" verfasste Ordnung.[27] Mit dieser Versammlung hansischer Ratsvertreter, die dann die Organisation des Brügger Kontors, die eigentlich überkommener Praxis folgte,[28] anerkannten, ist eine neue Organisationsform hansischen Interessenausgleichs zu erkennen. Diese „Tagfahrten" erlangten seit der Versammlung von 1358 in Lübeck eine große Bedeutung. Der „Hansetag"[29] entwickelte sich zum „maßgeblichen Leitungsorgan der Hanse", das „Entscheidungen in allen wirtschaftlich, rechtlich und politisch relevanten Fragen" traf.[30]

Zwischen der Mitte des 14. Jahrhunderts und der Mitte des 16. Jahrhunderts trafen sich Delegierte der Städte,[31] deren Bürger an den hansischen Privilegien partizipierten, über einige Zeit mehrmals jährlich und über längere Phasen häufig einmal im Jahr auf allgemeinen Tagen. Zusätzlich sind wir über häufige regionale Treffen der städtischen Vertreter in Preußen und dem Baltikum seit dem ausgehenden

---

24 Zur Annäherung an kirchliche Gestaltungselemente auch in der Innengestaltung s. DIENER-STAECKLING, Himmel über dem Rat.

25 S. zu „Aufläufen" und revolutionären Erhebungen EHBRECHT, Konsens und Konflikt.

26 Vgl. HR 1,1, S.125.

27 S. DIERCK, Älterleute, S.10ff.

28 S. HENN, Anfänge, S.52ff.

29 Hansetag ist ein von der Forschung geprägter Begriff. Der Überlieferung näher steht die Formulierung „Tagfahrt", s. HENN, Hansische Tagfahrten, S.1ff. und HAMMEL-KIESOW, Hanse, S.71f. Im Folgenden soll dennoch der Terminus Hansetag benutzt werden, um nicht so sehr die Fahrt sondern die jeweiligen Beratungen zu betonen.

30 S. HENN, Tagfahrten, S.1.

31 Die Datierung bezieht sich mit dem Ende auf die schon vorliegenden Rezesse der Hansetage. So wie es weiterhin Hansetage gab, wurden auch die Teilnehmer aufgeführt.

14. Jahrhundert informiert. Dem Ziel dieser Untersuchungen entsprechend sollen hier nur die Tage betrachtet werden, auf denen die *domini nuncii* namentlich aufgeführt sind.[32] Weiterhin soll der Blick eingeschränkt werden auf die allgemeinen Versammlungen oder die Hansetage, an denen Vertreter aus mehreren Städten beteiligt waren, von denen eine eine „Seestadt" war. Wenn wir für einige wichtige Städte die Vertretungen in der Phase von 1356 bis 1516 betrachten,[33] ergibt sich das folgende Bild.

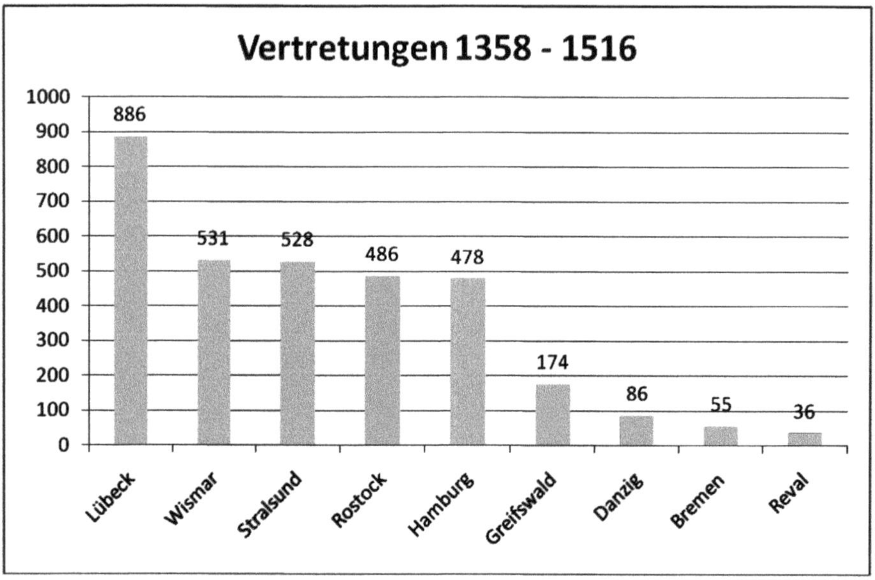

Die Unterschiede der Teilnahme an Tagen werden deutlich. Lübeck nahm bei weitem mit den meisten Herren an Verhandlungen teil, es folgten Wismar, Rostock, Stralsund, Greifswald und Hamburg. Wesentlich weniger Teilnehmer kamen aus Bremen, Danzig und Reval zu den allgemeinen Hansetagen.[34]

Wir wollen uns im ersten Untersuchungsschritt dem 14. Jahrhundert zuwenden. In dieser Phase der hansischen Geschichte folgten die Versammlungen dicht aufeinander. Das folgende Bild zeigt die Vertretungen der Stadträte, die sich besonders häufig durch Delegierte beteiligten. Als Endpunkt ist für die Übersicht 1408, das Jahr der Flucht des Alten Rates aus Lübeck, bestimmt worden. Wenn wir

32 Es werden also nicht alle Hansetage berücksichtigt. Für die folgenden Untersuchungen sind die Hansetage erfasst worden, von denen in den Rezessen die Teilnehmer zu Beginn namentlich genannt wurden, vgl. die chronologische Übersicht im Anhang.

33 Unter „Vertretung" soll die Anwesenheit eines Delegierten verstanden werden. Es wird nicht nach Personen unterschieden.

34 Anders sieht das Bild bei Einbeziehung der regionalen Versammlungen aus, da sich im Laufe des 15. Jahrhunderts die preußischen und livländischen Herren jährlich oder sogar mehrfach im Jahr trafen. So sind im Vergleich zu den 55 Bremer Vertretungen für Danzig für denselben Zeitraum 712 Vertretungen und für Reval 155 zu berücksichtigen.

die Vertretungen zwischen 1358 und 1408 betrachten, zeigt sich ein anderes Bild als in der Gesamtschau. Deutlicher noch treten die Städte an der westlichen Ostsee zwischen Lübeck und Greifswald hervor. Greifswald entsandte in dieser Phase mehr Delegierte als Livland mit drei und Westfalen mit sieben Hansestädten zusammen. Besonders viele Delegierte fanden sich an Hansetagen zu Johannis (24. Juni) ein. Von einer gut besuchten Tagung, derjenigen zu Johannis Baptista 1379 in Lübeck ausgehend, wollen wir die Delegierten und ihre Netzwerke vorstellen.

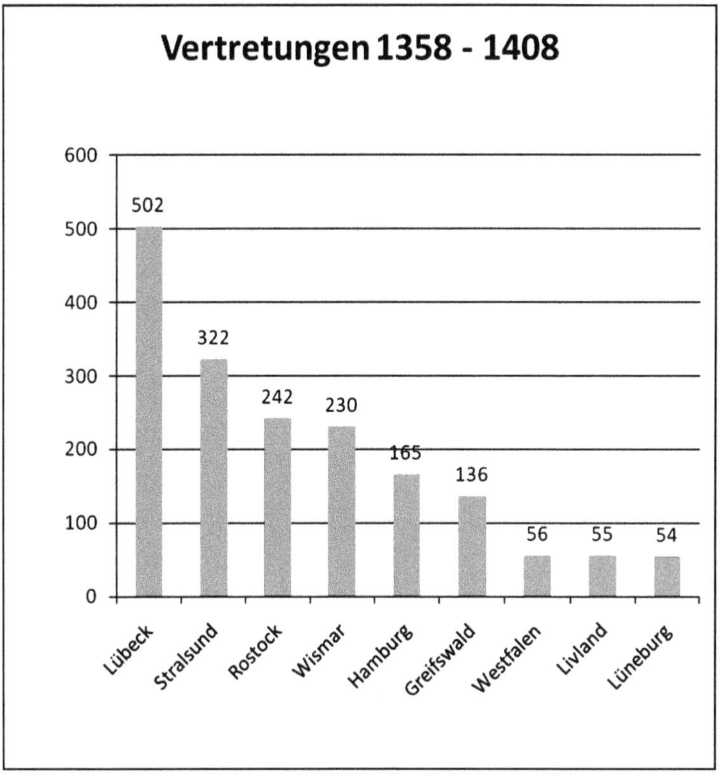

III Delegierte und Netzwerke

A Der Hansetag zu Johannis Baptista 1379

Am 24. Juni des Jahres 1379 trafen sich in Lübeck 47 *domini nuncii consulares* aus 25 Städten. Sie vertraten die „Seestädte" der Hanse von der Zuiderzee bis nach Reval/Tallinn und weiterhin solche aus Westfalen, aus dem heutigen Niedersachsen und aus Mitteldeutschland.
Die Delegierten trafen sich, um über Fragen des hansischen Handels und somit der hansischen Politik zu beraten. Im Zentrum der Beratungen stand, wie schon in den Einladungen zum Tag allen bekannt gemacht worden war, die Frage des Handels mit Brügge. Wegen der Probleme in Flandern beabsichtigte man sogar, das Kontor zu verlegen.[1]

Vor Beginn der Beratungen besuchten die Bürgermeister und Ratsherren der Städte am Johannistag, dem wichtigsten Festtag im Sommerhalbjahr, gemeinsam morgens den Gottesdienst in der Lübecker Marienkirche. In einer Prozession schritten die Delegierten dann in das nahe gelegene Rathaus. Mit dem gemeinsamen Sitzen im Lübecker Ratsgestühl im Gottesdienst wie mit der Prozession verdeutlichten sie, dass sie analog dem Ratskörper einen Körper bildeten.[2] Im Hansesaal des Lübecker Rathauses nahmen sie anschließend auch wieder wie der Rat Platz auf den dort stehenden Bänken, von denen nur eine Wange mit der Darstellung eines Propheten erhalten ist.
Abb. 1: Wange des Hansegestühls

1 S. zum Begriff Kontor und den hansischen Stapelplätzen HAMMEL-KIESOW, Hanse, S.48f., S.61ff.
2 Zum Körper des Rates s. POECK, Zeit des Rates, S.53ff.

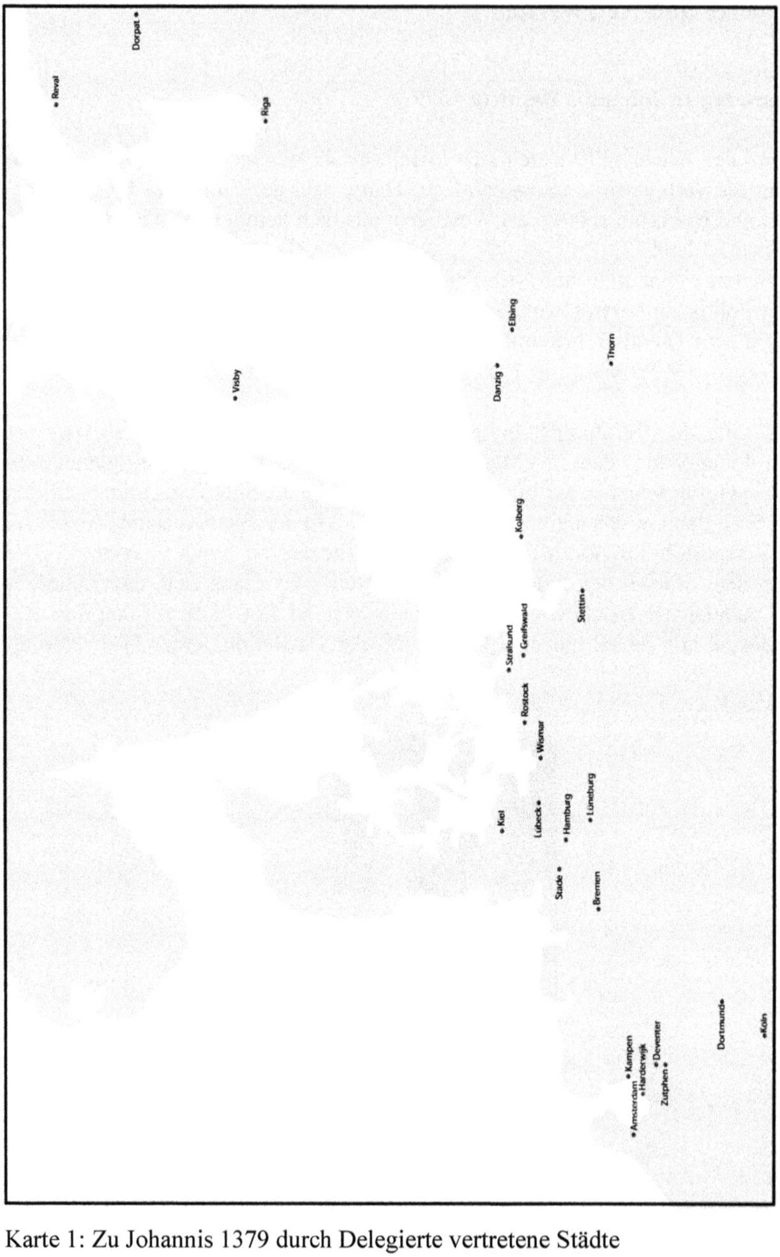

Karte 1: Zu Johannis 1379 durch Delegierte vertretene Städte

Auf der Bank im Lübecker Hansesaal saßen die Teilnehmer auf gleicher Höhe. Kein Delegierter wurde demnach durch die Höhe des Sitzes hervorgehoben. Eben diese Ordnung des Sitzens kannten die beteiligten Herren aus ihren heimatlichen Stadträten.[3] Die Delegierten fanden ihren Platz an der Stelle, an der schon ihre Vorgänger gesessen hatten. Zwar gab es im Laufe der Jahrzehnte um einige Positionen in der Sitzordnung immer wieder Konflikte, besonders wenn Städte nicht durchgängig vertreten wurden.[4] Fest stand aber schon seit den ersten Hansetagen, dass die Vertreter Lübecks den Vorsitz führten.

Sitzordnung zu Johannis Baptista 1379 in Lübeck

Plescow Pepersak Perceval Swerting Crispin van Ossenbrugge Lange

Holdenstede	Rike
Miles	Hertze
Hemeling	Wistrate
Gröning	Van Hereke
Van der Aa	Cordelitz
B. Wulflam	Rynhof
Ruge	Beteke
Crudener	Nase
Rampen	Doseborch
Dargetzow	Van Lennep
Witte	Durcop
Springintgud	Valenberch
Hoyke	Scheper
Geren	Ludekens
Van Stade	Ardensson
Travenol	Van Walle
Vorrad	Op der Est
Wacker	Opgang
Lange	
Schöpplinberg	
Borewold	

3 S. POECK, Rituale, passim.

4 Da es Probleme zwischen den Hamburger und Bremer Teilnehmern über die Reihenfolge und in der Prozession gab, sind wir über diesen festlichen Ablauf, den wir bei allen größeren hansischen Versammlungen voraussetzen können, unterrichtet, s. HILL, *Worden de van Bremen alles bovene geset.* Bremen auf Hansetagen im 14. und frühen 15. Jahrhundert, in: Hansische Tagfahrten, S.43-65 und BEHRMANN, Über Zeichen, Zeremoniell und Hansebegriff auf hansischen Tagfahrten, EBD, S.109-124.

Im Rezess der Versammlung vom Juni 1379 werden wie zumeist im ersten Paragraphen die anwesenden Delegierten mit Bezeichnung ihrer Heimatstadt aufgeführt. In diesem Rezess nun werden die Vertreter Lübecks in dieser Aufzählung ganz am Schluss genannt.[5] Es handelt sich wohl um eine freundliche Geste des Lübecker Stadtschreibers, der diesen Text niederschrieb und die Delegierten seiner Stadt ans Ende setzte.[6] Aus einer Vielzahl anderer spätmittelalterlicher Rezesse wie aus einer frühneuzeitlichen Zeichnung geht hervor, dass die Lübecker Vertreter in der Versammlung traditionell den Vorsitz hatten. Die Zeichnung des Münsteraner Delegierten vom Hansetag 1619 platziert die Lübecker Vertreter auf der Bank hinter dem Hansesyndikus und gibt dann in der Bildunterschrift die Folge der Stimmabgabe an, an deren Beginn Lübeck steht.[7] Diese Folge in der Abgabe der Stimmen entspricht der überlieferten Reihenfolge der Städtevertreter wie wir sie auch in den spätmittelalterlichen Rezessen finden.[8] Wir können für das Spätmittelalter von einer Sitzordnung ausgehen, in der die Ratsvertreter Lübecks am Kopfende der Bank sitzen und links und rechts von ihnen die Delegierten der anderen Städte, wie es dann 1418 nach dem Ende der innerlübeckischen Auseinandersetzungen erstmals auch schriftlich festgehalten wurde.[9]

Sieben Vertreter Lübecks werden 1379 namentlich aufgeführt.[10] Es handelt sich um die Bürgermeister Jakob Plescow, Hartmann Pepersak, Johan Perceval und die Ratsherren Simon Swerting, Segebodo Crispin, Hermann van Ossenbrugge und Johan Lange. Diese Vertreter Lübecks sind nur noch einmal zwei Jahre später am Johannistag des Jahres 1381 zusammen auf einem Hansetag aufgetreten, wie die

---

5 Vgl. die chronologische Übersicht im Anhang.

6 Entsprechend finden wir mehrfach die Mitglieder des Rates der gastgebenden Hansestadt am Schluss genannt, vgl. beispielsweise die Aufführung der Bremer Delegierten im August 1470, HR 2,7,604.

7 S. BRUNS, Platzordnung, S.186: *Litera A* [=Lübeck] *significat votum primum. B*[remen] *secundum, et ita per ordinem sedentium in latere aulae sinistro. Ubi K* [= Osnabrück] *votum suum dedit, proceditur in vovendo ad latus dexterum, atque ita L* [Hamburg] *edicit votum undecimum, M* [Lüneburg] *duodecimum, N* [Münster] *decimum tertium. Litera O* [Lübeck] *denotati qui et primo mentem suam explicarant juxta maiora pro decisione concludunt*. Nach der Zeichnung des Münsteraner Delegierten Dr. Heerde.

8 Anscheinend führten die Lübecker Vertreter zwar die Versammlung an, aber an zentraler Stelle saßen die Delegierten der gastgebenden Stadt. So berichtet Brandis in seinem „Diarium" vom Bremer Hansetag des Jahres 1496 von folgender Ordnung: zur Rechten (*vorderen hant*) Lübeck, Köln, Stralsund, Wismar, Braunschweig, Osnabrück, Hildesheim (*was ick*), Hannover, Minden, Stade, Herford, Paderborn; zur Linken (*lochteren hant*) Hamburg, Lüneburg, Münster, Deventer, Zwolle, Groningen, Kampen, *im middel des ratstoles seten de van Bremen* ... Vgl. BRANDIS, Diarium, S.143.

9 S. BEHRMANN, Zeichen, S.115f.

10 Manchmal wird auch der gesamte Rat summarisch aufgeführt, vgl. *Consules Lubicenses* im September 1397, im Juli 1401, im Mai 1447, am 25. September wie 1483 und 1484, vgl. HR 1,4,396, HR 1,5,15, HR 2,3,173 und 1471, HR 2,6,437, HR 3,1,380 und 396. In Bremen wird der ganze Rat ohne Namensnennung im Juli 1449 und im Juni 1460 erwähnt, vgl. HR 2,3,409 und 465; in Wesel ebenso im März 1462, vgl. HR 2,5,125. Deutlich wird andererseits im Juni 1461 betont, dass nicht der gesamte Lübecker Rat teilnahm: *etlike gedeputerde des erliken rades van Lubeke*, vgl. HR 2,5,63.

Übersicht zeigt.[11] Gleichzeitig wird durch diese Übersicht deutlich, wie stark sie in wechselnder Konstellation die Politik auf hansischen Versammlungen als Lübecker Vertreter zwischen 1363 und 1388 gestalteten.

Johan Perceval, der wie Jakob Plescow seit 1352 dem Rat angehörte, war noch wesentlich länger als jener auf Versammlungen präsent, nämlich bis zum März 1394. Er starb 1399. Bürgermeister Hartmann Pepersak, der seit 1369 im Rat saß, ist im Gegensatz zu den anderen sechs Herren nur bei hansischen Versammlungen in Lübeck nachzuweisen. Segebodo Crispin, der schon 1349 in den Rat kooptiert wurde, ist auf Hansetagen und in Verhandlungen erst seit 1363 anzutreffen. Auch sein geographischer Radius ist im Vergleich zu den anderen - bis auf Pepersak - beschränkt. Wir finden Crispin in Lübeck (15mal), in Rostock und Wismar (je 2mal), und in Stralsund (3mal). Ebenso ist Johan Lange, der seit 1368 im Rat war, hauptsächlich in diesen Städten auf Tagen erschienen. Allerdings hat er neben der Einnahme des Pfundzolls in den Jahren 1377/78 auch 1381 an den Verhandlungen in Schonen teilgenommen. Dorthin begleiteten ihn Simon Swerting und Hermann van Ossenbrugge. Letzterer hatte einen besonderen Schwerpunkt bei den Verhandlungen mit den nordischen Herren. So war er auch gemeinsam mit Gerd van Attendorn im Juli 1370 in Bohus. Hier wurde ausdrücklich festgehalten, dass sie Lübeck, Stralsund, Hamburg, Bremen, Rostock, Greifswald, Stettin, Kolberg, Stargard und die Städte in Livland, Riga, Dorpat, Reval, Pernau und alle *ex parte aliarum civitatum circumvicinarum* vertraten. Ebenso verhandelte er 1376 in Kalingborg/Korsör, 1381 gemeinsam mit Simon Swerting in Schonen, 1382 in Nyköping und 1384 wiederum mit Swerting auf Falster.

Allerdings sollen nicht die Verhandlungen und die daraus resultierenden politischen Aktionen der Hanse im Vordergrund der folgenden Betrachtungen stehen,[12] sie werden nur im Blick auf das Profil der Herren thematisiert, vielmehr sollen die Delegierten in ihren Beziehungsnetzen vorgestellt werden. Im Zentrum der ersten Betrachtung sollen die Lübecker Herren stehen, die zu Johannis 1379 mit den Delegierten aus anderen Hansestädten berieten. Sie werden im Blick auf ihre Ratszugehörigkeit, ihre Teilnahme an weiteren Tagen und - soweit es nach Lage der Überlieferungen möglich ist - in ihren Beziehungen zu Lübecker Delegierten und aus anderen Städten vorgestellt. Zur Einschätzung ihrer gemeinsamen Tätigkeit auf Hansetagen ist es sicherlich von Interesse zu wissen: Kannten sich diese Herren auch aus anderen Konstellationen? Waren sie vielleicht sogar verwandt oder hatten sie gemeinsame Geschäftsinteressen?

An erster Stelle können die verwandtschaftlichen Beziehungen dargestellt werden, da diese in der Überlieferung, besonders in den Testamenten recht genau zu verfolgen sind. An zweiter Stelle sollen Einsichten in das geschäftliche Beziehungsnetz zwischen diesen Herren und weiteren Ratsherren-Delegierten vorgestellt werden. Wir gehen davon aus, dass durch Verwandtschaft sowohl aus der Ursprungsfamilie wie auch durch Heiratsverbindungen enge persönliche Beziehungen hergestellt werden,

---

11 S. Anhang: Übersicht 1: Vertretungen der Lübecker Sieben von 1379. Aufgeführt werden nur Tage, an denen wenigstens zwei dieser Vertreter teilnahmen.

12 S. für die frühe Phase DAENELL, Blütezeit.

die - wie sich immer wieder zeigt - auch Einfluss auf Geschäfte und Handelsbeziehungen hatten. Auch aus Handelsgesellschaften, die häufig auch unter Verwandten eingegangen wurden, ist darüber hinaus ein jedenfalls für einige Zeit andauerndes Vertrauensverhältnis zu erkennen. So deuten mehrfache Transaktionen zwischen Partnern und/oder über höhere Summen auf vertrauensvolle Beziehungen. Ebenso können wir von derartigen Bindungen ausgehen, wenn Partner für einander bürgen, wenn sie, wie es in den Eintragungen immer wieder so bildhaft ausgedrückt wird: *coniuncta manu* für einander schwören.[13] Diese Informationen finden sich besonders häufig in den Stadtbüchern. Sind Handelsgesellschaften (*societates*) oder kapitalintensive wie länger dauernde Geschäftsverbindungen zwischen Delegierten aus unterschiedlichen Städten zu beobachten? Diesen Fragen ist nachzugehen. Dadurch ergeben sich auch einige Folgerungen für die Darstellung. Wenn unsere Einsicht in die Verbindung von Ratsherren, die wir aus der Einsetzung der Herren über die Schonenschen Schlösser gewonnen haben, über diesen Fall hinaus gilt, so gingen die Beziehungsnetze der beteiligten Herren auch über die Stadtmauer hinaus. Das bedeutet für die Darstellung, dass wir zwar von den Lübecker Delegierten des Tages zu Johannis 1379 ausgehen, aber an den entsprechenden Knotenpunkten zu den Delegierten anderer Städten übergehen und auch deren Netze in Umrissen vorstellen. So bietet die Vorstellung der Lübecker Delegierten jeweils den Ausgangspunkt der Betrachtung. Wenn sich ein über Lübeck ausgreifendes Netzwerk zeigt, wird dieses verfolgt. Innerhalb dieses Elements bilden die Teilnehmer von 1379 die erste Ebene. Weitere Ebenen, die zeitlich zurückgreifen wie auch vorweisen, werden nach Bedarf integriert.

---

13 Dieser Terminus weist auf die gemeinsame Eidesleistung hin.

1. Jakob Plescow

Deutlich geht aus der Übersicht zu den Hansetagen, auf denen die Lübecker Delegierten von 1379 erscheinen, schon hervor, wie stark Jakob Plescow an hansischen Versammlungen beteiligt war. Zwischen 1363 und dem 8. August 1381, als er auf dem Wege zu Verhandlungen in Novgorod in Rostock starb, wurde er insgesamt 57 Mal als Vertreter Lübecks genannt. Plescow nahm nicht nur an der Versammlung im November 1367 in Köln teil, welche als „Kölner Konföderation" den Grundstein zum siegreichen Kampf gegen den Dänenkönig legte, sondern auch an wichtigen Gesandtschaften wie 1373 in Novgorod, 1375 in Falsterbo, 1376 in Kalingborg und Korsör und 1379 in Brügge. Im Blick auf die Teilnahme und die Reihenfolge der Nennungen in den Rezessen ist wohl dem Historiker des Lübecker Rats zuzustimmen, der meinte, dass Plescow auf den Hansetagen den Vorsitz geführt habe und dass er „alle Fäden der lübischen Politik fest in seiner Hand" hielt.[1] Beginnen wir deshalb unsere Betrachtung mit einem der wichtigsten hansischen Delegierten im 14. Jahrhundert.

Ratsherr Jakob Plescow war kein gebürtiger Lübecker. Er wurde wie seine Cousins, die Brüder Swerting, in Visby auf Gotland geboren. Dort amtierte auch sein Vater als Ratsherr. 1341 erwarb Jakob Plescow mit seiner Mutter Margarete das Lübecker Bürgerrecht. Bei der Aufnahme bürgte ein Verwandter, nämlich Bernhard Plescow, für ihn. Bernhard Plescow wurde drei Jahre später in den Lübecker Rat kooptiert.[2] Jakob Plescows Mutter Margarete entstammte einer Visbyer Ratsfamilie. Sie war eine gebürtige Wise (Sapiens). Ihre Schwester Helenburg, also eine Tante Jakobs, heiratete den Visbyer Ratsherrn Hinrik (II.) Zobber. Wie eng die Verbindungen zwischen den führenden Familien Lübecks und Visbys zu dieser Zeit waren, zeigt sich beispielsweise daran, dass Hinrik (II.) Zobber als Sohn des Lübecker Ratsherrn Hinrik (I.) Zobber geboren wurde.[3] Dennoch wurde er in den Visbyer Rat gewählt! Schon im Blick auf diese Familie sehen wir die weitreichenden Verbindungen im Ostseeraum innerhalb der Ratsfamilien. Hillegund, eine Tochter Hinriks (II.) Zobber aus der Ehe mit Helenburg Wise, somit eine Cousine des Jakob Plescow, heiratete in ihrer erster Ehe den Visbyer Ratsherrn Wennemar van Essen. Van Essen hatte aus einer früheren Ehe mehrere Kinder, von denen der Sohn Wennemar Ratsherr in Dorpat wurde.[4] In zweiter Ehe verband sich Plescows Cousine Helenburg mit dem Lübecker Ratsherrn Arnold (II.) Plescow und schließlich in dritter mit dem Lübecker Bürgermeister Gottfried Travelmann.[5] Travelmann stammte aus Münster.[6] Er wurde 1370 in den Rat kooptiert und starb 1391 in Dorpat auf dem Weg zu Verhandlungen in Novgorod, nachdem er seit 1379 an wichtigen hansischen Versammlungen in Lübeck beteiligt gewesen war. Travelmann, ein angeheirateter Verwandter, saß also noch

1 S. FEHLING, Ratslinie, S.112.
2 S. WIEGANDT, Plescows, S.116.
3 S. WIEGANDt, Plescows S.77.
4 S. WIEGANDT, Plescows, S.77.
5 S. WIEGANDt, Plescows S.77, S.195f.
6 S. LAHRKAMP, Münsteraner Führungsschicht, S.33.

einige Jahre gemeinsam mit Jakob Plescow im Ratsstuhl und vertrat mit ihm gemeinsam Lübeck auf Tagen.[7]

Enge Verbindung hielt Jakob Plescow auch zu Arnold (II.) Plescow, dem zweiten Ehemann seiner Cousine Hillegund (geb. Zobber). Arnold (II.) Plescow amtierte als Ratsherr von 1359 bis 1363, trat aber nicht als Delegierter hervor. Sein Sohn Jordan Plescow nahm im frühen 15. Jahrhundert dann eine wichtige Rolle in der Lübecker wie der hansischen Politik wahr.[8] Arnold (II.) Plescow wurde von seinem Vetter Johan (II.) Plescow als Testamentsvollstrecker gemeinsam mit Jakob Plescow eingesetzt: ein deutlicher Hinweis auf das gegenseitige Vertrauen zwischen diesen Ratsherren.

1.1 Johan (II.) Plescow

Der Vertraute des Jakob Plescow, war ein Sohn des gleichnamigen Lübecker Bürgers. Sein Vater heiratete zu Beginn des 14. Jahrhunderts Alheid, die Tochter des Johan Gheismar. Gheismar war zunächst Lübecker Bürger, zog dann nach Stockholm und wurde dort in den Rat gewählt. 1338 kehrte Gheysmer wieder nach Lübeck zurück.[9] So waren durch seinen Schwiegervater schon wichtige Kontakte für Johan (II.) Plescow hergestellt. Plescow arbeitete eng mit Hinrik (II.) Zobber zusammen. Durch seine Mutter war er auch mit den Swarte in Stockholm verwandt. Diese Familie stellte dort mit Gerhard einen Ratsherrn.[10] Aus dieser Familie stammte sicherlich auch der Visbyer Ratsherr Johan Swarte, der auf dem Hansetag von 1381 in Lübeck Gotland vertrat. Johan (II.) Plescow amtierte als Lübecker Ratsherr von 1348 bis 1367 und trat auf Hansetagen besonders in der Zeit zwischen 1361 und 1367 in Erscheinung. Dabei verhandelte er auch 1363 in Nyköping. Schon durch seinen Onkel, den in Visby geborenen und in Lübeck zum Bürgermeister aufgestiegenen Hinrik (I.) Plescow, wie dessen Sohn Hinrik (II.) Plescow, der als Bürgermeister 1356 in Brügge die Ordnung des Kontors mit beriet, war Johan (II.) Plescow in die Lübecker Führungsschicht integriert. So war er mit den wichtigen politischen Aktionen dieser Zeit vertraut. In seinem Testament von 1362 setzte Johan (II.) Plescow neben seinen Vettern Arnold und Jakob Plescow auch seinen Schwager Thomas Morkerke als Vollstrecker ein.[11]

Durch seine erste Ehe mit Windelburg, einer Tochter des Lübecker Bürgermeisters Everhard van Alen, hatte Johan (II.) Plescow seine Verbindung mit Lübecker Ratsfamilien weiter ausgebaut. Seine Schwiegermutter war eine Tochter des Bürgermeisters Brun Warendorp (1289-1341) und eine Schwester des Bürgermeisters Gottschalk Warendorp (1343-1365).[12] Johan (II.) Plescows Neffe Brun (I.) Warendorp, der Sohn seines Schwagers Gottschalk, führte 1368/1369 die Truppen in Dänemark.[13]

---

7 S. WIEGANDt, Plescows S.205f. und LUTTERBECK, Rat, S.391.

8 S. WIEGANDT, Plescows, S.75ff. und LUTTERBECK, Rat, S.333f.

9 S. WIEGANDT, Plescows, S.135.

10 S. KOPPE, Lübeck-Stockholm, S.235.

11 S. LUTTERBECK, Rat, S.344.

12 S. WIEGANDT, Plescows, S.141.

13 So überbrachte beispielsweise Plescows Schwager, der Ratsherr Thideman Warendorp (1340-1366), im Auftrag des Rates 1349 Geschenke an Karl IV., s. LUTTERBECK, Rat, S.423. Mechthild, die Tochter des Thideman Warendorp, war mit dem Ritter Johan Thisenhusen ver-

Mit dem Ratsherrn Brun (II.) Warendorp ist Johan (II.) Plescow nicht gemeinsam auf Hansetagen zu finden, da dieser erst nach Plescows Tod als Delegierter auf Hansetagen auftrat. Demgegenüber erschien er mit seinem Cousin Bernhard Oldenborg mehrmals zwischen 1361 und 1365 auf Hansetagen.

Netz 1: Johan (II.) Plescow

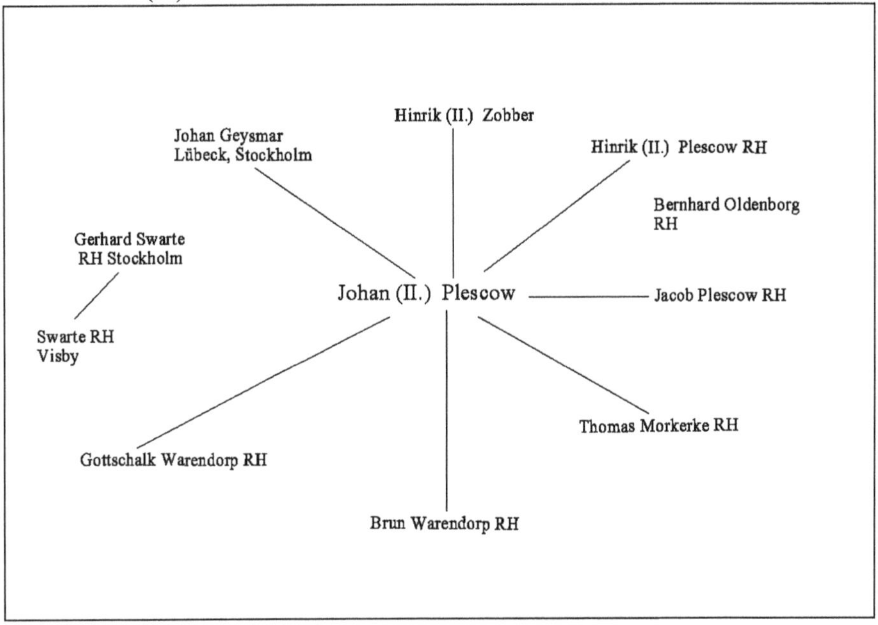

1.2 Bernhard Oldenborg

Bernhard Oldenborg gehörte seit 1352 dem Rat an und wurde im Juni 1367 in der Lübecker Marienkirche ermordet.[14] Er war mit Windelburg, einer Tochter des Hinrik (I.) Plescow und einer Halbschwester der Mutter des Ratsherrn Thideman van Alen (1327-1354), verheiratet.[15] Oldenborgs Schwester Telse wiederum heiratete seinen Schwager Hinrik (II.) Plescow, den 1358 verstorbenen Sohn Hinriks (I.) Plescow. 1356 waren Oldenborg und Hinrik (II.) Plescow gemeinsam in Brügge, um die Ordnung des Kontors zu autorisieren. Bernhard Oldenborg war einer der führenden Delegierten Lübecks auf den Hansetagen zwischen 1358 und 1366. Er verhandelte 1360 in Brügge, 1363 mit dem dänischen König und 1366 in Livland.[16] Geschäftlich war Ol-

heiratet, dessen Familie über hervorragende Kontakte ins Baltikum verfügte, s. LUTTERBECK, Rat, S.424.

14 S. LUTTERBECK, Rat, S.318f.

15 S. WIEGANDT, Plescows, S.59 Anm.162: „Ein Jahr später (1360) erscheint Hinrich van Loo als einer der Generalbevollmächtigten von Hinrichs II. Schwester Margareta und von seiner Halbschwester Windele, die mit Bernhard Oldenborg verheiratet war."

16 Vgl. HR 1,3, Nr.228.

denborg mit dem Stettiner Ratsherrn Hartwich vam Sunde und dem Stralsunder Ratsherrn Arnold van Soest verbunden.

1.3 Hartwich vam Sunde (Stettin)

Schon durch seinen Namen, den er in Stettin führte, ist Hartwich mit Stralsund in Verbindung zu bringen: Hartwic de Sundis/vamme Sunde. Erst durch den Namen seines Sohnes Henning, der in Stralsund als *dictus de Stetin, filius Hartwici de Sunde* charakterisiert wurde, sind die Beziehungen deutlich: Der Stettiner Ratsherr stammte aus Stralsund und wurde auch nach seiner Herkunft genannt, während demgegenüber sein Sohn in Stralsund durch den Hinweis auf Stettin näher gekennzeichnet wurde.

Netz 2: Hartwich vam Sunde

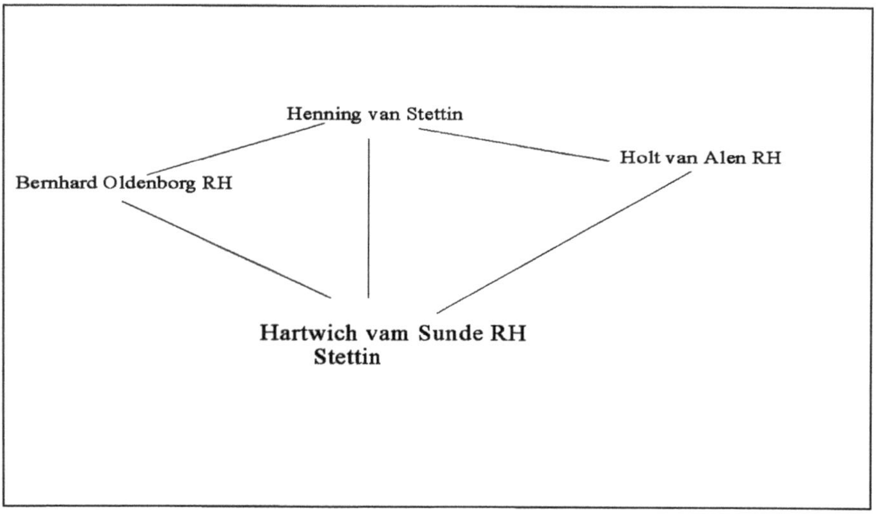

Bei der Nennung des Sohnes im Stralsunder Stadtbuch ging es allerdings nicht um Beziehungen zu Stralsunder Herren, sondern um geschäftliche Verbindungen mit den Lübecker Ratsherren Bernhard Oldenborg und Holt van Alen. Diese schuldeten dem Vater des Henning, also dem Stettiner Ratsherrn, 300 Mark.[17] Weiterhin bestätigte Henning zu demselben Datum, dass er in Stralsund von Werner van Alen 20 Talente Gros. im Auftrag des Bernhard Oldenborg erhalten habe.[18] Die Währungsangabe deutet auf Geschäfte der Beteiligten in Flandern hin. Der Stettiner Delegierte Hartwich

17 Der Betrag in Stralsunder Mark wird in der Notiz in lübische Mark umgerechnet, vgl. SCHROEDER, Liber I, Nr.276 (Mai 1361): *Henninghus de Sunde dictus de Stetin, filius Hartwici de Sunde, recognovit coram dominis camerariis a domino Alardo presbitero 450 mrc. sund. mon. pro 300 mrc. lub., in quibus domini Bernardus Oldenborch et Holt de Alen eidem Hartwico suo patri tenentur obligati …*

18 Vgl. SCHROEDER, Liber I, Nr.277 (Mai 1361): *Idem Henninghus amplius recognovit se sublevasse a Wernero de Alen 202 mrc. et 6 sol. sund. mon. ex parte domini Bernardi Oldenborch, consulis de Lubeke, pro illis 20 talentis gross., que idem Wernerus in Sundis sublevavit.*

vam Sunde, der aus Stralsund stammte und dorthin weiterhin Beziehungen pflegte, ist auf Tagen zwischen 1363 und 1371 zu finden.[19] Eine Übersicht bietet die Stettiner Delegierten von Beginn der Beteiligung der Gesandten dieser pommerschen Stadt im Jahre 1361 bis 1422 für drei und mehr Vertretungen.[20] Deutlich zeigt sich in den frühen 60er Jahren eine führende Rolle der Familie Wobbermyn, die drei Vertreter stellte. Henning Westfal führt die Stettiner Vertretungen mit 16 Präsenzen zwischen 1363 und 1375 an. Marquard Vorrad ist für Stettin auf elf Tagen zwischen 1363 und 1385 erschienen.[21]

Erstaunlicherweise finden wir in der zweiten Hälfte des 14. Jahrhunderts Vertreter aus zwei Städten mit diesem Namen. Neben dem Stettiner Delegierten begegnet auch der Lübecker Ratsherr Bertram Vorrad, dessen Bruder auch Marquard wie ihr Vater hieß.[22] In der ersten Hälfte des 15. Jahrhunderts sind noch zwei Danziger Ratsherren mit diesem Namen, Vater und Sohn, auf Tagen nachzuweisen: Peter Vorrad von 1406 bis 1411 und Hinrik Vorrad von 1428 bis 1448.[23] Ob diese Vertreter gleichen Namens aus Lübeck, Stettin und Danzig verwandt waren, ist zur Zeit nicht sicher zu entscheiden.

Hermann Pape, der 1358 in den Stettiner Rat eintrat und 1368 Bürgermeister wurde, nahm von 1361 bis zu seinem Tode 1369 an acht Tagen teil. Paul Travenol ist von 1375 bis 1410 auf sieben Tagen zu finden, Jageduvel auf fünf Tagen zwischen 1381 und 1405 und schließlich Gerhard Rode auf drei Tagen zwischen 1417 und 1422. Die Phase der intensivsten Beteiligung mehrerer Herren aus Stettin ist zwischen dem Beginn der 60er Jahre und dem Ende der 80er Jahre des 14. Jahrhunderts zu erkennen. Die Stettiner Delegierten standen nicht nur mit Lübecker Herren in Verbindung, sondern auch mit Stralsunder Delegierten, wie sich im Blick auf die Burow zeigt.

1.4 Johan Burow (Stralsund)

Schon Eler Burow, der Vater dieses Delegierten, saß von 1387 bis 1395 im Stralsunder Rat. Wie wir gesehen haben, stand Eler Burow bereits vor seiner Amtszeit in weiträumigen Verbindungen, die sich besonders in seiner Übernahme der Verwaltung der Schonenschen Schlösser im Jahre 1378 gemeinsam mit den Swerting, Swerdslipper und van Dorpen zeigte. Sein Sohn Johan Burow folgte ihm im Ratssitz nach und trat auch als Delegierter in den Jahren zwischen 1416 und 1427 in Erscheinung. Seine Bedeutung für die hansische Politik wird besonders daraus deutlich, dass er 1428 ge-

---

19 Zu den Amtszeiten der Stettiner Ratsherren s. BLÜMCKE, Ratslinie, S.61-148. Zu Hartwich vom Sunde kennt er auch nur die Daten aus den Hanserezessen, s. BLÜMCKE, Ratslinie, S.113.

20 Vgl. im Anhang Übersicht 2. Bis 1487 lassen sich Vertreter Stettins auf Tagen finden. S. die chronologische Übersicht.

21 Auch zur Amtszeit dieser Herren stützt sich Blümcke auf die Hanserezesse, vgl. BLÜMCKE, Ratslinie, S.114ff.

22 S. LUTTERBECK, Rat, S.406.

23 S. zu ihnen ZDRENKA, Rats- und Gerichtspatriziat 1, S.441ff. Nach Zdrenka soll der Danziger Ratsherr Johan Vorrad, der zwischen 1355 und 1368 amtierte, ein Sohn des Lübeckers Bertram Vorrad gewesen sein.

meinsam mit den Lübecker Herren Jakob Bramstede und Hermann Westfal Teile der Flotte führte.[24]

Mit seinem Bruder, der nach dem Vater Eler genannt war, arbeitete Johan Burow in Geschäften zusammen. So bürgte er mit ihm und weiteren Ratsherren für die Witwe des Brand Ronnegarve, als diese dem Rat eine Wechselstube übertrug.[25] Gemeinsam mit seinem Bruder Eler schuldet Johan Burow 1415 dem Stettiner Ratsherrn Gerhard Rode, den wir gerade in seiner Delegiertentätigkeit beobachtet hatten, 400 Mark.[26] Burow und Rode trafen sich auf Hansetagen im Mai 1417 in Rostock und Lübeck wie auch im Januar 1422 in Rostock.[27] Der Stettiner Bürgermeister Gerhard Rode hielt sich im August 1420 in Stralsund auf, als er von der Stadt 25 Mark Rente erhielt von den 100 Mark, welche Stralsund dem Vater seiner Frau Christine (geb. Quast) schuldete.[28] Rodes Schwiegervater, *dominus* Arnold Quast, war auch Ratsherr in Stettin. Als Delegierter nahm dessen Sohn Johan, der Neffe Rodes, am großen Lübecker Tag vom Juni 1434 teil. Eler Burow war mit einer Alveke verheiratet, die allem Anschein nach die Tochter des Stralsunder Ratsherrn Conrad Witte war.[29] Alveke heiratete nach Elers Tod den Greifswalder Bürgermeister Johan Hilgheman.[30] Bekannt ist diese Heirat aus einer Auszahlung des Johan Burow an seinen Greifswalder Kollegen. Johan Burow musste im Januar 1419 dem Greifswalder Bürgermeister Hilgheman 1200 Mark auszahlen,[31] die seiner ehemaligen Schwägerin Alveke aus

---

24 Vgl. LÜB UB 7, Nr.157.

25 Vgl. SCHROEDER, Liber II, Nr.20 (1411). Genannt werden neben Burow die Ratsherren Nicolaus van Lippe, Hermann Badyseren, Wolter Segefrid und auch dessen Bruder Christophorus.

26 Vgl. SCHROEDER, Liber II, Nr.200 (1415): *Dominus Johannes Burow et Elerus frater eius ... tenentur domino Gherardo Roden in Stetin ... 400 marc. ... Thomas Rode fuit presens et consensit in exscriptionem.*

27 Die Namensgleichheit führt zu der Vermutung, dass der Rostocker Ratsherr Gerhard Rode mit dem Stralsunder Delegierten Hermann Rode verwandt gewesen sein könnte.

28 Vgl. SCHROEDER, Liber II, Nr.500 (1420 August): *Dominus Gherhardus Rode, proconsul in Stettin habet 25 marc. redd. sund. in illis 100 marc. redd., quas civitas sigillavit domino Arnoldo Quast, ... sunt devoluti hereditario iure ad predictum dominum Gherardum per obitum Cristine uxoris sue, filie domini Arnoldi Quast. Hoc concessit coram consulatu Johannes Quast, filius eiusdem domini Arnoldi. Post hoc dominus Gherardus Rhode predictus personaliter constitutus coram consulatu assignavit et donavit donacionem, que est inter vivos, suis pueris Hinrico et Pelleken, genitis a prefata Christina prefatos 25 marc. redd. ...*

29 Alveke wird 1373 noch als Kind bei einer Abmachung zum Patronat der Vikarie der Elisabeth van Gnoyen im Zusammenhang mit einer Gruppe von Verwandten genannt. Die Elmehorst und ihre Erben verzichteten auf das Patronat. Es ging an: *dominus Johannes Wreen, Hinricus, Nicolaus et Conradus sui fratres, Nicolaus Rockut, relicta Symerstorp, uxor domini Ludeke de Kulpen, Johannes, Conradus et Alveke pueri domini Conradi Witten, Gheseke uxor Nicolai Seghefrid, Gherardus Pruce et soror sua, Gurges Brunswiik et soror sua.* Vgl. SCHROEDER, Liber I, Nr.510. Auch der Stralsunder Ratsherr Nicolaus Rokut war als Delegierter auf einem Hansetag 1368 in Rostock.

30 S. zum Greifswalder Bürgermeister Johan Hilgheman S.193,198f,202f.

31 Vgl. SCHROEDER, Liber II, Nr.387 (9. Januar 1419): *Dominus Johannes Hilgheman, proconsul in Gripeswold, recognovit se percepisse a domino Johanne Burowe pro parte Alveken uxoris sue, que quondam fuerit uxor Eleri Burow, 1200 marc. in dotem dicte Alveken ...* Die Verhandlungen zogen sich länger hin, vgl. auch SCHROEDER, Liber IV, Nrn.611, 612.

dem Erbe seines verstorbenen Bruders Eler zustanden: ein deutlicher Hinweis auf die engen Beziehungen der Ratsfamilien der beiden pommerschen Städte.

Johan Burow war gut mit weiteren Ratsherren verbunden. Er stand in engem Kontakt zu Wulf Wulflam, denn er war einer der Provisoren für die Witwe und Kinder nach dessen Tod.[32] Burow hatte weiterhin Geschäftsverbindungen zu den Stralsunder Ratsherren und Delegierten Conrad Bischop, Johan van Külpen, Arnold Poleman und Werner van Alen.[33] Diese hatten untereinander auch wieder geschäftliche Beziehungen, die sich zum Teil auf recht hohe Summen beliefen.[34] Arnold Poleman, der auf Hansetagen zwischen 1403 und 1407 anwesend war, war Englandfahrer.[35] Im Jahr 1411 war er Vogt auf Schonen und hatte dort auch persönliche Interessen.[36] So ist es nicht erstaunlich, dass er im September 1401 bei Verhandlungen in Lund erschien. Gemeinsam amtierte Poleman als Vogt auf Schonen mit Georg Marschalk aus Lübeck[37] und den Herren Peter Honase aus Preußen, Johan Schilder aus Kampen, Hinrik Witte aus Harderwijk, Yebunsaerd Lowenson aus Siriksee und Johan Simon Abbenson aus Amsterdam.[38] Von diesen vertraten Hinrik Witte zwischen 1385 und

---

32 Vgl. SCHROEDER, Liber IV, Nr.395 (12. April 1409). Zusammen mit Johan van Külpen, Arnold Poleman und Nicolaus van Lippe wird er genannt unter *den tutores id est bysorgehere Tideken Wulflam et sue sororis quam et sicut provisores Margarete, relicte domini Wulfardi Wulflam ...* Vgl. auch SCHROEDER, Liber III, Nr.629 (Dezember 1435).

33 Vgl. SCHROEDER, Liber II, Nr.143 (1413): *Dominus Johannes de Kulpen et sui heredes debent indempnes servare dominum Johannem Burow, Ludolphum, Hinricum, Martinum fratres dictos de Kulpen de 700 marc. ...* Es wird betont, dass es sich um Schulden *domini Johannis de Kulpen* und nicht *domini Johannis Burow* handele. Zur Verbindung mit Werner van Alen, der an der Versammlung vom 2. Juni 1420 in Schleswig teilnahm, vgl. SCHROEDER, Liber II, Nr.433 (1419 Dezember): Johannes Gryse überlässt den *dominis Johanni Burowe, Gotscalco Wydenbrugge, Wernero de Alen pro 60 marc. Sund. curiam suam.* Widenbrugge war im Englandhandel tätig, s. JENKS, England, S.976.

34 Vgl. beispielsweise zu den Delegierten Blome, Poleman, van Külpen und Voge SCHROEDER, Liber IV, Nr.438 (1412): *Dominus Johannes de Kulpen cum suo filio Ludekino et dominus Arnoldus Poleman cum suo filio Arnoldo coniuncta manu promiserunt civitatem servare indempnem de litera sigillata Tiderico de Borne super 3000 marc representanda civitati proximo festo b. Nicolai, quorum istorum den. habent dominus Johannes Kulpe et suus filius 1300 marc et dominus Arnoldus cum filio 1400 marc et dominus Nicolaus Voghe 300, pro quibus 300 marc et earum redd. dominus Nicolaus Voghe tamquam debitor et dominus Hinricus Blome tamquam fideiussor coniuncta manu promiserunt ... Ex parte domini Arnoldi defuncti servabunt dominos consules indempnes de premissis filius suus Arnoldus Poleman, Johannes Golvisse, Nicolaus Howeman et Hinricus de Kulpen manu cum coniuncta. Hoc ipsi promiserunt.*

35 S. JENKS, England, S.863.

36 Vgl. SCHROEDER, Liber IV, Nr.407 (1411): *Johannes Crevet, procurator Gotscalci Rubus ... in presencia domini Arnoldi Poleman et domini Johannis Kummerow statuit iuniori Arnoldo Poleman, filius domini Arnoldi Poleman, pro 84 marc. stantem bodam Gotscalci super Sundensem vittam cum tunnis iacentibus in boda et in dem haghene et cum universis, que habet super Schaniam ...*

37 Georg Marschalk, *pincerna* des Lübecker Rates *alias dictus de Hitzacker,* stand in geschäftlichem Kontakt mit Johan Wesselo, von dem er 1394 105 Mark lieh. Mit Marschalk bürgten Rainer van Calven und Johan vamme Horne, vgl. SIMON, Niederstadtbuch, S.862,2 (1394 Circumcisio).

38 Vgl. HUB 5, Nr.385 vom September 1399 mit einer Bestimmung zur Erhebung des Pfundgeldes auf Schonen.

1395 in Lübeck und Stralsund wie Johan Schilder 1399 und 1400 in Lübeck auch als Delegierte auf hansischen Versammlungen die Interessen ihrer Stadt.

Netz 3: Arnold Poleman

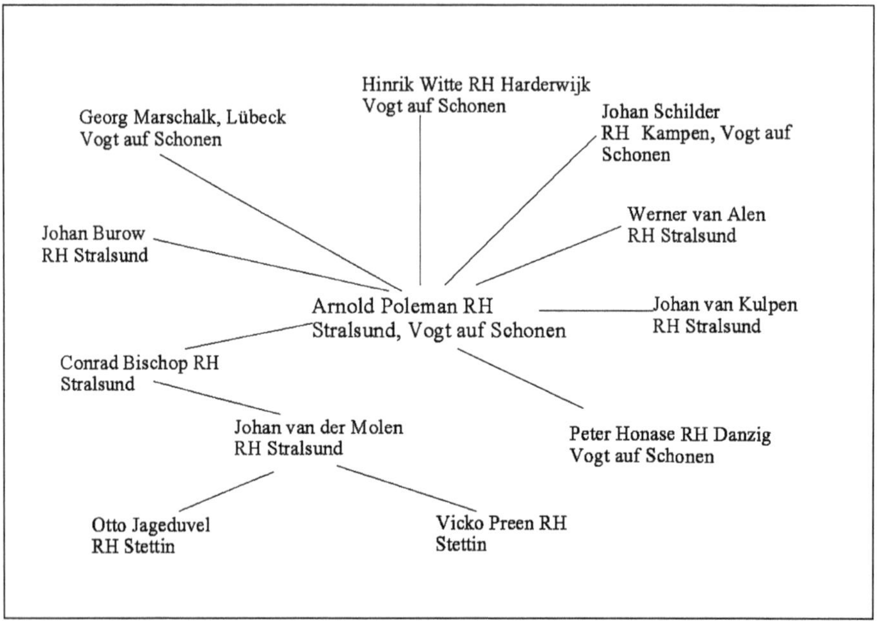

Der Danziger Ratsherr Peter Honase, dessen Vater Albert aus Osnabrück stammte,[39] ist auf regionalen Tagen in Preußen zwischen 1405 und 1409 aufgetreten. Poleman stand in Geschäftsverbindungen mit dem Großschäffer in Marienburg[40] und mit einem Braunschweiger Kaufmann, bei dem er Schulden hatte.[41] Andererseits hatte Polemans Ratskollege Conrad Bischop 1414 noch beträchtliche Schulden bei seiner Witwe.[42] Conrad Bischop wiederum, den wir schon mehrfach in geschäftlichen Beziehungen mit anderen Stralsunder Delegierten sahen, lieh 1418 von Hinrik Koler 700 Mark und musste ihm dafür eine Leibrente von 70 Mark jährlich zahlen.[43] Hinrik Koler war der Stiefsohn des Ratsherrn Johan van der Mohlen.[44] Johan van der Moh-

39 S. ZDRENKA, Rats- und Gerichtspatriziat 1, S.299.

40 Vgl. SCHROEDER, Liber I, Nr.956 (1400): *Promiserunt dominus Arnoldus Poleman pro 450 mrc. et Rotgherus Stenweghech pro 250 mrc. et Lambertus Poleman pro 200 mrc. ... date Godekino de Heyde civi in Danzke ex parte magni procuratoris in Marienborgh ...*

41 Für die Schulden musste er jährlich fünf Mark Sund. Zins zahlen, vgl. SCHROEDER, Liber IV, Nr.375 (17. April 1407).

42 Vgl. SCHROEDER, Liber II, Nrn.172, 173 (1414): *Dominus Conradus Biscop ... debet dare domine Reymborgi, relicte domini Arnoldi Poleman bone memorie, ad tempus vite sue ... 30 mrc. redd. annuatim ... Item dominus Conradus Biscop ... tenetur Reinborgi domine ... 200 mrc., pro quibus dabit annuatim ad redd. 16 mrc.*

43 Vgl. SCHROEDER, Liber II, Nr.355.

44 Vgl. SCHROEDER, Liber I, Nr.938. Er erhält von seiner Mutter Ghese 1399 *tertie dimidie*

len hatte weite Geschäftskontakte. Zusammen mit den Stralsunder Ratskollegen Gherstendorp und Hinrik Stute versprach er beispielsweise 1412, den Stralsunder Rat schadlos zu halten für *85 sexagenis bohem. gross. et 40 gross. 45 ducatum et 72 1/2 marc. Vinc.*, die der Stettiner Ratsherr Vicko Preen hatte und welche dem dortigen Bürgermeister Otto Jageduvel präsentiert wurden.[45] Dieser Stettiner Bürgermeister, der seine Stadt sechs Mal auf Tagen zwischen 1383 und 1405 vertrat, ist auch sonst in Kontakt mit dem Stralsunder Rat zu sehen. Er hatte vor 1412 der Stadt 1000 Mark geliehen.[46]

Netz 4: Johan Burow

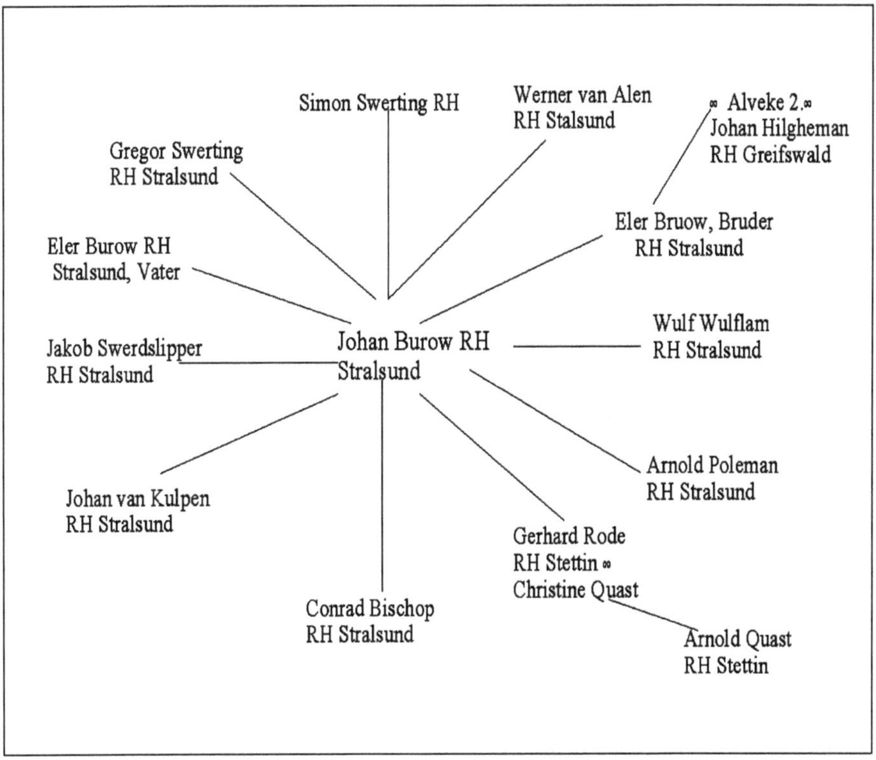

---

ossibode loca sua in Falsterbode sita pro 250 mrc.

45 Vgl. SCHROEDER, Liber I, Nr.908 (1396): *apud dominum Vickonem Preen, consulem Stetinenesem, ex parte Gherardi Heegher pie memorie existentibus et domino Ottoni Yaghenduvel proconsuli ibidem presentatis.* Ein Hinrik Preen ist 1442 Delegierter Stettins.

46 Vgl. SCHROEDER, Liber IV, Nr.415 (1412): *Dom. Conradus Biscop und Hinricus Koler sumpserunt super se literam, quam civitas sigillavit domino Ottoni Yageduvel super 1000 marc. ... pro quo idem dominus Conradus et Hinricus Koler et dominus Arnoldus Poleman et dominus Johannes Langhenek et Arnoldus Poleman, filius domini Arnoldi, coniuncta manu civitati promiserunt.*

Wie wir gesehen haben, standen die Stettiner Ratsherren Gerhard Rode, Vicko Preen und Otto Jageduvel in geschäftlichen Kontakten mit Stralsunder Herren. Die Betrachtung der wichtigen Kontakte des Johan Burow führte uns schon in das frühe 15. Jahrhundert und machte deutlich, dass die verwandtschaftlichen und geschäftlichen Verbindungen zwischen Delegierten nicht durch die Lübecker Probleme nach 1408 berührt wurden.

1.5 Arnold van Soest (Stralsund)

Der Stralsunder Ratsherr Arnold van Soest stand mit Lübecker Ratsherren und Kaufleuten wie Thomas Morkerke und dessen Bruder Albert,[47] Bernhard Oldenborg,[48] dem *dominus* Johan Lemgo[49] und Albert Travelmann in Kontakt. Arnold van Soest erschien zwischen 1380 und 1395 auf neun Tagen als Delegierter Stralsunds in Lübeck. Er hatte nicht nur in Lübeck Geschäftskontakte, sondern auch in Frankfurt.[50] Vertrauensvoll war auch seine Beziehung zum Lübecker Ratsherrn Holt van Alen (1356-1367), einem Verwandten des Bernhard Oldenborg.[51]

In Lübeck lebte ein Neffe des Arnold van Soest, der Kaufmann Wennemar van Essen.[52] Wennemar war ein Sohn des ehemaligen Visbyer Ratsherrn Thideman Loos, der in engen Kontakten zu den Plescow und besonders Jakob Plescow gestanden hatte.[53] Mit van Essen hatte Arnold van Soest über längere Zeit eine Handelsgesellschaft.

Wennemar van Essen, der 1363 mündig wurde,[54] stand seinerseits in enger Verbindung mit Thomas und Albert Morkerke, Johan Wesseler wie auch Goswin Klingenberg.[55] Auch mit dem bekannten Stockholmhändler Godekin Gamme aus Osna-

---

47 Wahrscheinlich bestand eine entferntere verwandtschaftliche Beziehung zu den Morkerke, da eine Tochter seines Cousins Johan Wesseler mit Thomas Morkerke verheiratet war, s. DIERCK-DÜNNE-BEIL-RÖßNER, Hansekaufleute, S.434.

48 1364 liehen sie gemeinsam Thideman van Remlingrode 392 Mark, vgl. SIMON, Niederstadtbuch, S.34,7 (1364 Jakobi); 1366 liehen sie Hermann van Essen 613 Mark, vgl. SIMON, Niederstadtbuch, S.84,8 (1366 Johannis Baptiste). In demselben Jahr bürgte Oldenborg für Arnold van Soest für den Betrag von 106 Mark, vgl. SIMON, Niederstadtbuch, S.90,6.

49 1380 schuldete Arnold van Soest dem Johan Lemgo 225 Mark, vgl. SIMON, Niederstadtbuch, S.444,6 (Severini).

50 Er kaufte 1396 *138 sexagenos bohemicalium grossorum et 22 grossos apud Johannem Schulte, consulem in Vranckenvorde*, vgl. SCHROEDER, Liber I, Nr.910.

51 Holt van Alen bürgte 1367 für die hohe Schuld von 405 Mark, die van Soest bei dem Lübecker Ratsherrn Albert Travelmann hatte, vgl. SIMON, Niederstadtbuch, S.108,9.

52 Vgl. SIMON, Niederstadtbuch, S.444,7 (1380 Severini): *... Wennemarus de Essen recognovit, quod omnia ... bona in Hemmingstorpe domino Arnoldo de Zozat avunculo suo simul cum eo pertinent coniuncta manu ...*

53 Vgl. SIMON, Niederstadtbuch, S.507,6 (1383). Zu Thideman Loos und seiner Verbindung zu den Plescow s. WIEGANDT, Plescows, S.41,62,64,78,118,150,208,212, 214,215.

54 Im September 1363 dankte Wennemar van Essen seinen Provisoren Bernhard Coesfeld und Johan Cerntin, vgl. SIMON, Niederstadtbuch, S.11,5. Zum Namen Loos vgl. SIMON, Niederstadtbuch, S.618,5.

55 Als Johan Wesseler den Kindern des Johan Sparenberg 107 Mark im Dezember 1376 schuldete, bürgten mit ihm Thomas Morkerke und Wennemar van Essen, vgl. SIMON, Niederstadtbuch, S.348,4. 1388 verkaufte Wesseler mit Morkerke eine Rente, vgl. LÜB UB 4, Nr.647. 1390 ver-

brück hatte er wohl eine Handelsgesellschaft, denn er musste noch 1401 an dessen Witwe Schulden zurückzahlen.[56] Wennemar van Essen stand auch in vertrautem geschäftlichen Kontakt mit dem Dorpater Ratsherrn Hermann Jachyn, für den er 1368 141 ½ *aureos* in Lübeck arrestieren ließ.[57] Diese erhielt er von Nicolaus Molenstrate. 1398 musste Wennemar van Essen vor dem Rat zugestehen, dass seine Beschwerden über den Ratsherrn Berthold Kerkring unbegründet seien. Er dankte diesem anschließend für seine *amicicia*.[58]

Netz 5: Wennemar van Essen

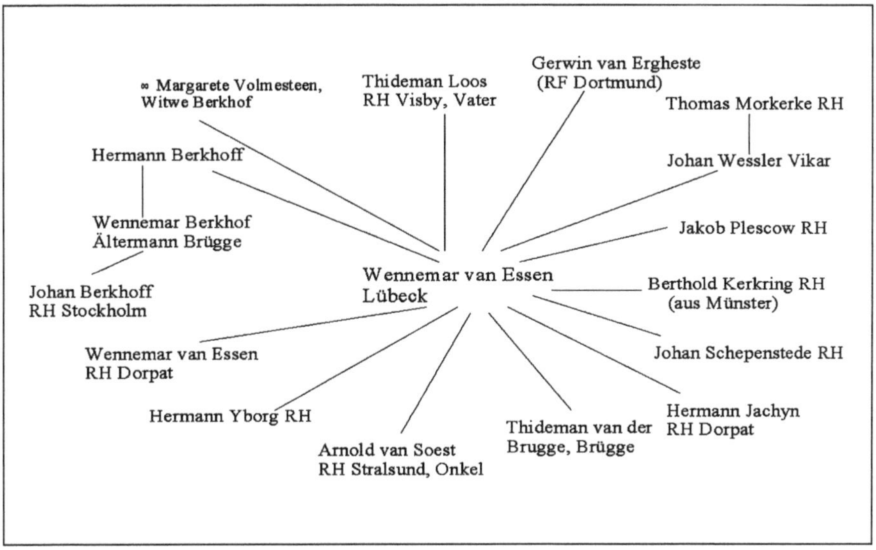

pflichtete er sich mit dem Ratsherrn Thomas Morkerke, ein *lifgedinghe* von 15 Mark an die Tochter Geseke des Willekin Reygher, Witwe des Nicolaus Bulow, zu zahlen, vgl. SIMON, Niederstadtbuch, S.740,1. Willekin Reyghers Schwester war mit Heyno Schonewedder verheiratet. Reygher wurde als Provisor gemeinsam mit Hermann Peternelle und den Brüdern Bernhard und Egbert Tusveld im Testament des Bernhard Tusveld eingesetzt, s. ASMUSSEN, Flandernfahrer, S.637. Schonewedders Bruder Gottschalk lebte seit 1363 in Königswinter. Heyno Schonewedder war 1368 als Provisor im Testament des Peter van Hereke benannt worden, s. ASMUSSEN, Flandernfahrer, S.704. Im April 1380 bürgte er gemeinsam mit Albert Morkerke und Goswin Klingenberg für den *advocatus* Martin van Snakenbeke *coniuncta manu*, vgl. SIMON, Niederstadtbuch, S.427,3.

56 Vgl. AHL, Niederstadtbuch zu 1401 Reminiscere.

57 Vgl. SIMON, Niederstadtbuch, S.142,2 (368 Katherine): *Sciendum, quod Wennemarus de Essen presens iuxta librum recognovit se sublevasse a Nicolao Molenstraten 141 ½ aureos, quos idem Wennemarus arrestavit ex parte domini Hermanni Jachyn consulis Tarbatensis sub Johanne Hattorp, et cum iusticia est prosecutus* ... Jachyn stammte aus einer Kolberger Ratsfamilie, die auch familiäre Verbindungen nach Dortmund hatte, s. RIEMANN, Kolberg, S.40: „So setzte ein Jachyn (1359) in seinem Testamente seinen Mutterschwestern in Dortmund Legate aus ...“ Riemann bezog sich auf die Kapitelsurkunden aus Kolberg, die verloren zu sein scheinen.

58 Vgl. SIMON, Niederstadtbuch, S.1005,1.

Mit Kerkring bestanden auch verwandtschaftliche Beziehungen, da dieser mit Wennemars Schwester Telse verheiratet war.[59] Van Essen, der auch wie sein Vater Loos genannt wurde, heiratete 1387 die Witwe des Flandernfahrers Hermann Berkhoff, mit dem er zuvor eine *societas* gehabt hatte.[60] Dessen Bruder Wennemar Berkhoff war 1362 Ältermann im Brügger Kontor gewesen[61] und stand in Kontakt mit führenden Kaufleuten und Ratsherren.[62] Die Lübecker Berkhoff waren mit dem Stockholmer Ratsherrn Johan Berkhoff verwandt.[63] Auch Wennemar van Essen hielt sich zeitweise in Brügge auf. So war er 1369 gemeinsam mit dem Lübecker Ratsherrn Hermann (II.) Yborg dort Gast des Thideman van dem Berghe.[64] 1392 hatte van Essen bei Gerwin van Ergheste 321 Mark Schulden. Dieser hatte auch dem Flandernfahrer Thideman Nienborch Geld geliehen und stand in Geschäftsverbindungen mit wichtigen Kaufleuten.[65] Der Name Ergheste weist nach Dortmund. Dort gab es eine Ratsfamilie dieses Namens.

Netz 6: Arnold van Soest

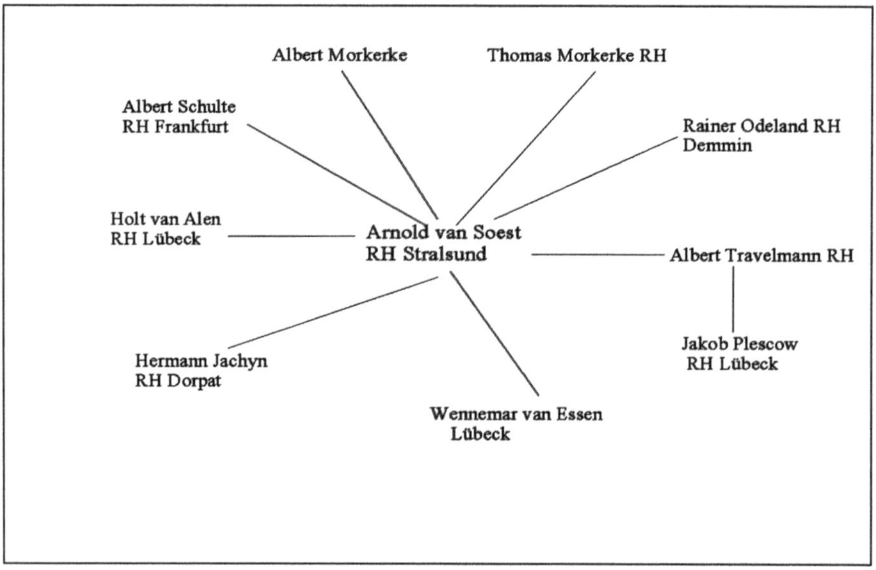

59 Vgl. SIMON, Niederstadtbuch, S.298,1 (1375 Abdon et Sennen).

60 Vgl. SIMON, Niederstadtbuch, S.618,5 (1387 Invocavit): ... *Wennemarus Loos alias dictus de Essen, qui noviter duxit in matrimonium Alheidim relictam Hermanni Berkhof* ...

61 Gemeinsam mit ihm amtierten für das lübisch-wendische Drittel Johan van der Heyde, für das westfälisch-preußische Alvin Rike und Hermann Cordelitz, für das gotländisch-livländische Stephan van Hentforde und Johan Quenteler, s. DIERCK, Älterleute, S.88. Vgl. zu den Cordelitz, die in Dortmund und Thorn Ratsherren stellten, S. 222f.

62 So beispielsweise zu Hermann Vorste s. S.223.

63 S. KOPPE, Lübeck-Stockholm, S.108f.

64 S. ASMUSSEN, Flandernfahrer, S.417.

65 S. ASMUSSEN, Flandernfahrer, S.547 und vgl. SIMON, Niederstadtbuch, S.807,2 (1392 Brixii).

1389 verbürgte Arnold van Soest sich für Olav Castorp, dessen Stiefkinder Jutta und Tilse beim Bürgermeister Rainer Oldeland in Demmin lebten und von diesem 36 Mark forderten.[66] Ob der Stralsunder Castorp mit den Lübecker Trägern dieses Namens verwandt war, muss offen bleiben. Die Vermutung liegt allerdings nahe. Arnold van Soest starb 1409. Danach ging sein beträchtliches Vermögen über auf seinen Schwiegersohn, den Ratsherren Hinrik Rubenow aus Greifswald, der sich seit 1404 an Hansetagen beteiligte.

1.6 Brun (I.) Warendorp

Brun (I.) Warendorp war ein Sohn des Ratsherrn Gottschalk Warendorp (1343-1365), der 1344 im Auftrag des Rates mit König Magnus von Schweden und Norwegen verhandelt hatte, und Enkel des gleichnamigen Ratsherrn Brun Warendorp (1289-1341).[67] Seine Mutter stammte aus der Familie Klingenberg, wobei die genauen Beziehungen bisher nicht deutlich sind. Seine Tante Gertrud war mit dem Ratsherrn Everhard van Alen (1328-1342) verheiratet.[68] Durch seine Schwester Telse war Brun (I.) Warendorp ein Schwager des Ratsherrn Segebodo Crispin.[69] Er selbst heiratete Ribbeke, eine Tochter des Ratsherrn Hermann van Wickede, der bis 1366 auf Hansetagen verhandelte.[70] Brun (I.) Warendorp wurde bald nach seinem Eintritt in den Rat im Jahre 1366 zu einer der führenden Gestalten in der Lübecker wie der gesamthansischen Politik. Er führte als Befehlshaber die Truppen im Krieg gegen den dänischen König Waldemar 1368/1369 und starb am 21. August 1369 in Schonen. Im Altarraum der Marienkirche zu Lübeck wurde er beigesetzt und durch ein Grabmal geehrt, das heute im Chorumgang steht. In der Umschrift wurde auf seine Ratszugehörigkeit wie seine Abstammung vom Bürgermeister Gottschalk Warendorp hingewiesen und schließlich seine militärische Funktion im Kampf in Dänemark betont.

Brun (I.) Warendorp hatte eine engere Verbindung zu dem hingerichteten Bürgermeister Johan Wittenborg. Dieser hatte ihn als Testamentsvollstrecker eingesetzt. Als solcher bestätigte Warendorp 1364 einen Kauf der Witwe Wittenborgs von Segebodo Crispin.[71]

Nur noch in einer weiteren Eintragung des Niederstadtbuches wird Warendorp erwähnt. Aus dieser vom Juni 1365 geht eine engere geschäftliche Beziehung mit seinem gleichnamigen Vetter Brun dem Jüngeren, Sohn des Ratsherrn Wilhelm Warendorp, hervor. Gemeinsam mit einem weiteren Verwandten namens Hinrik Waren-

---

66 Vgl. SCHROEDER, Liber I, Nr.820 (1389): *Dom. Arnoldus de Soest et Olavus Castorp ... indempnes de 36 marc. den. Sund. ex parte privignarum dicti Olavi, scilicet Jutteken et Tilseken, apud dominum Reynerum Oldeland proconsulem in Dymyn existentibus et per Mechtildem, uxorem dicti Olavi, matrem dictarum puellarum ... emonendis.*

67 S. LUTTERBECK, Rat, S.412ff.

68 S. LUTTERBECK, Rat, S.183.

69 S. LUTTERBECK, Rat, S.419.

70 S. zu van Wickede Kap.1.8.

71 Elisabeth Wittenborg kaufte die Hälfte einer Rente von 35 Mark, vgl. SIMON, Niederstadtbuch, S.26,3 (1364 Palmarum). Als Provisoren der Elisabeth werden genannt: *Dominus Seghebodo predictus, Bruno de Warendorp filius domini Godscalci et Johannes Laurencii.*

dorp schuldeten sie den Rittern Hummersbuttel die beträchtliche Summe von 1050 Mark.[72] Der gerade genannte Brun Warendorp *de junghe* trat zwar auch schon 1367 in den Rat ein, ist aber auf Hansetagen erst ab 1388 zu finden und dann nur auf solchen in Lübeck. Die Beteiligung Bruns (I.) Warendorp gemeinsam mit van Wickede an Hansetagen geht aus der Übersicht hervor.[73]

Netz 7: Brun (I.) Warendorp

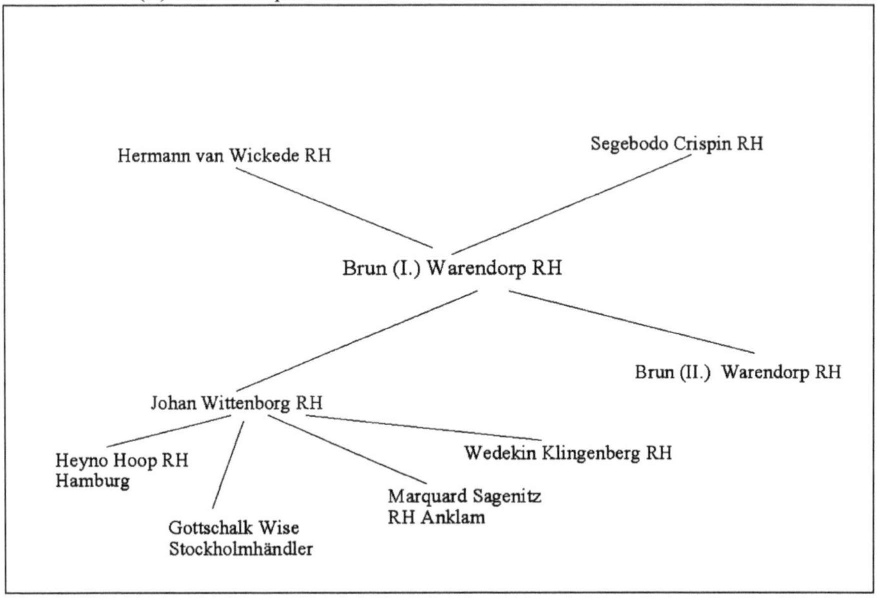

1.7 Johan Wittenborg

Im Gegensatz zu Brun (I.) Warendorp, der als Held in Lübeck erinnert wurde, bestrafte man den Verlierer der Seeschlacht vor Helsingborg 1362 nach längeren Verhandlungen mit dem Tode und richtete ihn auf dem Lübecker Marktplatz hin. Seine Memoria ist vielfach verdunkelt, so warf man ihm - einer kurzen Notiz des Chronisten Korner folgend, der erst nach 1430 seinen Bericht erstellte - Verrat vor.[74] Dieser Verrat konnte in der Forschung allerdings nie nachgewiesen werden. Weshalb Wittenborg eigentlich zum Tode verurteilt wurde, ist bis heute fraglich geblieben. Wenn wir nun unserer Blickrichtung folgend auf die Delegierten schauen, ergibt sich ein erstaunliches Faktum: Wittenborgs Freunde verlangten auf dem Hansetag zu Johannis Baptista 1363 seine Entlassung aus der Haft. Und sie forderten, dass sein Fall vor den hansischen Delegierten verhandelt werden solle, denn - wie sie ausführten - kannten sie die Anschuldigungen gegen ihn nicht. Ja, die Delegiertenversammlung hielt

72 Vgl. SIMON, Niederstadtbuch, S.62,3 (Corpus Christi).
73 S. im Anhang das Delegierten-Netzwerk 1: Warendorp, Wickede.
74 Vgl. SCHWALM, Korner, Chronica novella, S.284: *perperam egit in commisso et infideliter*.

schließlich fest, dass sie ihn nicht anklagen und ihn keiner Schuld bezichtigen wollten. Widerstand dagegen gab es von den Lübecker Delegierten. Sie bezogen sich auf den Hansetag von Stralsund, an dem Wittenborg selbst teilgenommen habe. Dort sei schon festgestellt worden, dass sein Handeln und seine Tat „als Grenzüberschreitung angesehen werden müsse".[75] Die Lübecker Delegierten beharrten auf einer Strafe; zusätzlich hätten sie noch *alias causas, quas haberent contra eum.*[76] Man geht in der Forschung zumeist von einer Übertretung des Handelsverbots mit Flandern aus.[77] Dementsprechend wurde Wittenborg in Lübeck angeklagt. Dort wurde auch die Verhandlung gegen ihn geführt. Festzuhalten ist also, dass Anklage und Verurteilung auf Betreiben der Lübecker Ratsherren zurückgehen. Dieser Gegensatz zwischen der Einschätzung der Delegierten aus anderen Städten und den Lübecker Vertretern ist erstaunlich. Betrachten wir das Netzwerk des Bürgermeisters, um mögliche Anhaltspunkte zu gewinnen.

In Lübeck war Wittenborg mit dem Ratsherrn Wedekin Klingenberg (1344 - 1350), einem seiner Geschäftspartner, Mitglied in einer Trinkgesellschaft, wohl der Vorläuferin der Zirkelgesellschaft.[78] Wedekin Klingenberg war der Schwiegervater der Ratsherren Gottfried Travelmann und Hermann van Warendorp.[79] Wittenborg wurde 1350 als Provisor im Testament des Ratsherrn Wedekin Warendorp eingesetzt.[80] So übernahm er auch nach dessen Tod gemeinsam mit den Herren Thideman Warendorp, Segebodo Crispin und Johan Perceval die Vormundschaft über die Tochter des Wedekin Warendorp.[81] Sie war die Schwester des Bischofs von Schleswig, Hinrik Warendorp. Durch seine Heirat mit einer Tochter des 1350 verstorbenen Ratsherren Arnold Bardewik hatte Wittenborg Kontakt zur Ratsfamilie Warendorp gefunden.[82] Allerdings haben diese Herren ihn dann in seinen großen Schwierigkeiten nicht unterstützt. Warum aber erhoben die anderen Delegierten keine Anklage? Wenn auch die Namen der Delegierten, die auf Wittenborgs Seite standen, nicht genannt werden, so können wir doch einige erschließen. Mit der Hamburger Familie Hoop, die mit Heyno einen Delegierten in dieser Zeit stellte,[83] war Wittenborg geschäftlich verbunden wie auch mit dem Stockholmhändler Gottschalk Wise, der vielfältige Kontakte zu Visbyer Familien hatte.[84]

---

75 Vgl. zum gesamten Komplex die schönen Ausführungen von MANTELS, Schiffshauptleute, S.179-232, hier S.188. Ausführlich mit „Leben und Tod, Geschäftsmoral und Amtsethos" Wittenborgs beschäftigt sich STEFKE, Wittenborch. Er sieht Korners Ausführungen recht positiv, s. STEFKE, Wittenborch, S.11.

76 Vgl. HR 1, S.135 §12. S. Zu den unterschiedlichen Fassungen jetzt STEFKE, Wittenborch, S.12f.

77 S. MOLLWO, Handlungsbuch, S.XV f.

78 Vgl. MOLLWO, Handlungsbuch, S.16f., Nr.II 50.

79 S. LUTTERBECK, Rat, S.232.

80 S. LUTTERBECK, Rat, S.425.

81 S. ASMUSSEN, Flandernfahrer, S.894 und LÜB UB 3, S.254f., 4, S.61f., S.66-68.

82 S. STEFKE, Wittenborch, S.44 ff.

83 Vgl. das Niederstadtbuch zu Vigilia Penthecostes 1354 bei MOLLWO, Handlungsbuch S.80, Nr.41: *Ghodeke Hoop civis hamburgensis presens ad librum recognovit manifeste, se dominis Bernardo Paal et Johanni Wittenborch consulibus et Johanni Warendorp, civi Lubicensi, quondam domini Wedekindi Clingenberch puerorum provisoribus ... 100 m.den. esse obligatum ...*

84 Zur Handelsgesellschaft mit Wiese vgl. MOLLWO, Handlungsbuch, Kap. II, S.47.

Weiterhin ist festzuhalten, dass der Anklamer Ratsherr Marquard Sagens/Sagenitz, der an Versammlungen zwischen 1361 und 1364 teilnahm, Wittenborgs Schwager war.[85] Sagens war mit vier Vertretungen einer der wichtigsten Delegierten Anklams, der nur von Hinrik Vos übertroffen wurde. Nach 1367 nahmen Vertreter dieser mecklenburgischen Stadt nur noch an drei Tagen im 14. Jahrhundert teil. Am großen Tag zu Johann Baptist 1418 beteiligten sich die Anklamer mit zwei Herren. Dann erschienen Gesandte dieser Stadt nur noch 1422 und von 1440 bis 1442, wie aus der Übersicht hervorgeht.[86] Wittenborg hatte also jedenfalls in Anklam einen Verbündeten, der ihm noch am 11. August 1363, also unmittelbar vor seiner Hinrichtung, die zwischen dem 15. August und 21. September vollzogen worden sein muss,[87] Mut zusprach und meinte, dass ihm kein Schaden zugefügt werden würde: *quod vobis dei per graciam non potest quicquam noceri.*[88] Wittenborgs Verbindungen zu Ratsherren-Delegierten anderer Städte, die wir bisher nur in Bruchstücken sehen können, waren belastbarer als die zu seinen Lübecker Kollegen.

1.8 Hermann van Wickede

Hermann van Wickede war schon seit 1327 Ratsherr und wurde 1351 zum Bürgermeister gewählt. Er starb 1367 und hat von 1358 bis 1365 an Tagen teilgenommen, nachdem er schon 1343 im Auftrag des Rates gemeinsam mit dem Ratsherrn Hinrik Pape (1332-1359) in Schweden mit König Magnus verhandelt hatte.[89] Mit einer Tochter Papes war van Wickede auch in erster Ehe verheiratet.[90] Eine Schwester des Hinrik Pape war mit dem Ratsherrn Rodingher Visch (1295-1319) verheiratet gewesen, zu dessen Nachkommen Hinrik Visch gehörte, dessen Schwiegersöhne dann zu den *socii* des Bernhard Niebur zählten.[91] Van Wickedes Tochter Ribbeke war mit Brun (I.) Warendorp verheiratet.[92] Dessen Schwester Telse wiederum war die Ehefrau des Ratsherrn Segebodo Crispin.[93] Dieser war auch am Treffen der hansischen Delegierten zu Johannis 1379 beteiligt.[94] Mehrfach erschienen van Wickede, Crispin und Oldenborg gemeinsam auf Tagen.[95] Zusammen nahmen sie teil am Hansetag zu Jo-

---

85 Vgl. MOLLWO, Handlungsbuch, S.XXXIIIf. Auf den Anklamer Schwager weist auch Stefke hin, s. STEFKE, Wittenborch, S.44. Zu weiteren Verwandten, den Warendorp in Anklam, s. STEFKE, Wittenborch, S.48.

86 Vgl. Anhang: Übersicht 3.: Anklamer Teilnehmer an Tagen (1358 - 1442).

87 Vgl. MOLLWO, Handlungsbuch, S.XIII.

88 Vgl. MOLLWO, Handlungsbuch, S.67. Der Brief des Anklamer Ratsherrn an *suo swagero dilecto* ist leider nur teilweise erhalten.

89 S. LUTTERBECK, Rat, S.431f. und vgl. LÜB UB II, S.771.

90 S. LUTTERBECK, Rat, S.324.

91 Zu Rodingher Visch s. LUTTERBECK, Rat, S.402. Wie der Lübecker mit der Dorpater Familie Visch verwandt war, ist im Augenblick nicht zu klären. Diese stand in Verbindungen mit den Ratsherren Brun (I.) Warendorp und Meteler, s. S.51.

92 S. zu diesem Lübecker Helden Kap. 1.6.

93 S. LUTTERBECK, Rat, S.249. Auch ein Sohn des Hermann van Wickede hieß Segebodo. Sicherlich war Segebodo Crispin sein Pate. Ebenso finden wir diesen Vornamen beim Sohn des Ratsherrn Jakob Holk, dem späteren Kolberger Delegierten.

94 S. zu Segebodo Crispin Kap. 5.

95 S. LUTTERBECK, Rat, S.326.

hannis Baptista 1363 in Lübeck, an demjenigen vom Mai 1364 und an demjenigen vom Mai 1365. Zum letzten Mal traten sie gemeinsam auf dem Hansetag zu Johannis Baptista 1366 auf.

In zweiter Ehe war van Wickede verheiratet mit Mechthild, einer Tochter des Bürgers Gerhard Witte. Mechthilds Bruder Thideman Witte handelte mit Ostwaren - Pelzen und Fellen - auch nach Frankfurt am Main und war bis zu seiner Insolvenz 1361 häufiger Geschäftspartner der Ratsherren Hermann und Johan Wittenborg.[96] Gemeinsam mit Segebodo Crispin und seinem Sohn Gottschalk war Hermann van Wickede Testamentsvollstrecker des Godekin Lange und Vormund von dessen Sohn Nicolaus.[97]

Nicolaus Lange war verwandt mit dem Flandernfahrer Arnold Lange, der wiederum mit einer Schwester des Ratsherrn Hinrik Constin verheiratet war. Constin trat 1381 als Delegierter auf. Ein *avunculus* dieses Arnold Lange war der Lübecker Ratsherr Johan Lange, der am Tag zu Johannis 1379 teilnahm.[98] Gemeinsam mit dem Bürgermeister Hermann Gallin und dem Ratsherrn Johan Perceval war Hermann van Wickede Vormund der Brüder Albert und Gottschalk des späteren Ratsherrn Thomas Morkerke, der nach 1380 häufig auf Hansetagen anzutreffen war.[99] Die Morkerke standen in engem Kontakt zu dem Ratsherrn Johan Niebur.

Zur näheren Umgebung des Hermann van Wickede gehörte Ratsherr Johan Klingenberg. Margarete, eine Schwester der Frau des Hermann van Wickede, war mit dem Ratsherrn Johan Klingenberg dem Jüngeren verheiratet worden. Dieser gehörte von 1368 bis 1371 dem Lübecker Rat an.[100] Zwischen Hermann van Wickede und den Klingenberg bestand auch eine weitere nicht ganz durchsichtige familiäre Beziehung, die sich im Blick auf das Erbe des Everhard Klingenberg, Johans Bruders, zeigte. Anscheinend war der Sohn Johan des Hermann van Wickede mit der Tochter des Johan Klingenberg verheiratet gewesen.[101] Der hier genannte Everhard Klingenberg war vielfach mit führenden Lübeckern geschäftlich verbunden. So schuldete ihm 1353 der Ratsherr Constin 100 Mark Bargeld in Prager Groschen.[102] Gemeinsam mit den Ratsherren Albert Travelmann, der an einem Tag im Jahre 1388 teilnahm, und

---

96 S. ASMUSSEN, Flandernfahrer, S.881 und KOPPE-KOPPE, Frankfurt-Händler, S.81-87.

97 Vgl. SIMON, Niederstadtbuch, S.11,5 (1363 Bartholomei): Nicolaus Lange, Sohn des Gottfried Lange, bestätigt vor dem Rat seinen Provisoren die richtige Ausübung ihrer Tätitgkeit und dankt ihnen, nämlich *dominos Hermannum, videlicet de Wickede, Seghebodonem Crispine cons(ules) ac Godscalcum de Wickede civem provisores suos* und er löste sie *ab omni huiusmodi cura tutoria*. Gottschalk van Wickede, der Sohn Hermanns, stand in geschäftlichem Kontakt mit Nicolaus Lange, vgl. SIMON, Niederstadtbuch, S.8,4 (1363 Assumpcio Marie): *Godscalcus de Wickede tenetur Nycolao Langhe 35 mr dn Lub sibi amicabiliter persolvendas*.

98 S. zu ihm Kap. 7.

99 Vgl. SIMON, Niederstadtbuch, S.,5 (1363 Bartholomei).

100 S. ASMUSSEN, Flandernfahrer, S.880 und LUTTERBECK, Rat, S.231.

101 Vor dem Rat bestätigte Everhard, der Sohn des Johan Klingenberg, dass seine Schwester Margret, *monialis in Reene,* bei der Stadt eine Rente von 15 Mark *wicbelde* hat, die er ihr überlassen hatte *toto tempore vite sue*. Die Schwester war zwischenzeitlich verstorben. Ihm stand von der Rente von diesem Zeitpunkt ab nur sieben Mark zu, nachdem acht Mark der Ribburg, *Johannis de Wickede domini Hermanni de Wickede filii et dicti Euerhardi alterius sororis filie*, zugesprochen wurden, vgl. SIMON, Niederstadtbuch, S.59,4 (1365 Cantate).

102 S. PAULI, Zustände 1, S.232, Nr.109 C.

Hinrik Constin, der 1381 auf einem Tag anwesend war und 1385 Verhandlungen in Dorpat führte, war Everhard Klingenbeg Testamentsvollstrecker des Ratsherrn Hinrik Rigbode (1359 - 1368).[103]

Nach Everhard Klingenbergs Tod wurde im August 1377 in der Lübecker Katharinenkirche ein Schiedsspruch über die Ansprüche seiner Schwestern, die Nonnen in Neukloster waren, gefällt. Dabei wurde Everhard Klingenbergs Seite vertreten von den Ratsherren Conrad van Urden und Hermann Lange, zu denen er demnach engere Beziehungen hatte und die er wohl als Provisoren eingesetzt hatte.[104] Geschlichtet wurde der Streit durch die Ratsherren Johan Schepenstede, Hartmann Pepersak und Hinrik van Loo.[105] Van Loo erschien 1379 und 1380 auf Hansetagen in Lübeck.

Ratsherr Johan Klingenberg der Jüngere arbeitete eng mit dem gleichnamigen Sohn des Ratsherrn Thideman van Alen zusammen. Dieser war mit Margarete, einer Schwester des Hinrik Plescow verheiratet. Hinrik Plescow nahm eine Tochter des Ratsherrn Bernhard Oldenborg zur Ehefrau. Plescows Halbschwester Windelburg war mit Oldenborg verheiratet worden.

So stand der jüngere Thideman van Alen in engem Kontakt mit dem Ratsherrn Oldenborg. Auch Hermann Warendorp, der Sohn des gleichnamigen Ratsherrn, der auch als Geschäftspartner des Arnold Buk begegnet, gehörte zu den Gesellschaftspartnern der Klingenberg und van Alen.[106] Thideman van Alen hatte andererseits über längere Jahre eine Handelsgesellschaft mit dem Ratsherrn Johan (II.) Plescow.[107] Mit

---

103 Wendela Stormers bestätigte vor dem Rat, dass sie von den Provisoren des *domini Hinrici Rigboden pie memorie,* nämlich von *dominis Alberto Trauelman et Hinrico Constantini consulibus ac Euerhardo Clinghenbergh* Schuldbriefe erhalten habe, vgl. SIMON, Niederstadtbuch, S.183,6 (1371 Viti). Nach dem Testament des Rigbode von 1366 waren mit den hier Genannten auch sein Bruder und der Ratsherr Johan Schepenstede als Provisoren eingesetzt worden, s. LUTTERBECK, Rat, S.351. Rigbode hatte engere Beziehungen nach Köln. Hermann Kuling, Sohn des Kölner Bürgers Johan Kuling, bestätigte 1382, dass er von Gertrud, der Witwe des Ratsherrn, für sich und seine Schwester Drudeke, Nonne in S. Walburg, 200 Mark erhalten habe, vgl. SIMON, Niederstadtbuch, S.488,1.

104 Weiterhin waren für Klingenberg erschienen die Bürger Detlev Mane, Thideman Gheismar, Hinrik Warendorp und Hermann van Dulmen.

105 Auf Befehl des Rates fällten die Herren Hartmann Pepersak, Johan Schepenstede und Hinrik van Loo einen Schiedsspruch zwischen den Provisoren des Everhard Klingenberg, den Herren Conrad van Urden, Hermann Lange, Detlev Mane, Thideman Gheismar, Hinrik Warendorp und Hermann van Dulmen auf einer Seite und den Provisoren der Schwestern des Everhard, die Nonnen in Neukloster waren, nämlich Rotger Kloot, Johan Schopping und Berthold Duvel: *sic quod predicti provisores Euerhardi ascribi fecerunt prenominatis monialibus redditus sexaginta mr wikbelde, videlicet quadraginta mr, quas eis pater earum, et viginti mr, quas predictus Euerhardus frater earum eis assignaverunt in suis testamentis, ipsis vero monialibus defunctis predicti redditus ad proximos heredes devolventur.* Vgl. SIMON, Niederstadtbuch, S.378,7 (1377 Decollatio Johannis Baptiste).

106 Thideman van Alen und Johan Klingenberg, Sohn des gleichnamigen Ratsherrn, hatten für Hermann van Warendorp, Sohn des gleichnamigen Ratsherrn, Löschungsvollmacht, vgl. SIMON, Niederstadtbuch, S.52,6 (1365 Circumcisio) und S.47,4 (1364 Clementis).

107 Vgl. zur gemeinsamen Schuld des Johan Plescow und des Thideman van Alen gegenüber dem Dorpater Bürger Hermann van Essen, der wiederum zur Verwandtschaft der Plescows gehörte, WIEGANDT, Plescows, S.151, S.165. 1365 schuldeten der Ratsherr Johan Plescow und Thideman van Alen *coniuncta manu* dem Vikko Westfal 275 Mark, vgl. SIMON, Niederstadtbuch, S.73,9 (1365 Martini). Als Ratsherr Johan Plescow 1364 dem Ratsherrn Albert Travelmann 283 Mark

diesem war er auch entfernt durch seine Mutter verwandt. Sie war eine Tochter des Bürgermeisters Hinrik (I.) Plescow.[108] Auch Albert, der Bruder des Ratsherrn Thomas Morkerke, wird bei ihren Geschäften als Beteiligter genannt. Er schuldete im August 1367 mit Thideman van Alen *coniuncta manu* dem Marquard Volkerstorp 80 Pfund Flämischer Groschen bis zu Johann Baptist des nächsten Jahres.[109] Zum Kreis der engen Geschäftspartner und Vertrauten des Thideman van Alen gehörten auch der Ratsherr Hinrik van Loo und Hinrik Schonewedder, die im Februar 1368 versprachen, sich um Probleme zu kümmern, die Hinrik mit dem Großschäffer von Königsberg hatte.[110]

Hinrik van Loo war 1332 Lübecker Bürger geworden.[111] Er wurde 1364 in den Rat kooptiert und starb 1386. In den Jahren 1379 und 1380 beteiligte er sich an Hansetagen in Lübeck. Verheiratet war er mit Mette, einer Tochter des Hinrik (II.) Plescow. Somit war er ein Schwager des Ratsherrn Bernhard Plescow (1393-1408). Dieser war wiederum ein Schwager des Arnold Sparenberg, der 1396 in den Rat kooptiert wurde, 1408 die Stadt verließ, 1416 in den Kompromissrat aufgenommen wurde und 1417 starb.[112] Nach dem Tode Hinriks van Loo heiratete seine Frau den Johan Hetveld.[113] Hetveld stand in geschäftlichen Kontakten mit dem Visbyer Ratsherrn Johan Vlaming, der im Oktober 1392 an dem Tag in Lübeck teilnahm.[114] Hetveld stammte aus der Hamburger Familie dieses Namens, die in der Mitte des 14. Jahrhunderts zwei Ratsherren gestellt hatte.[115] Ob er mit den in Thorn und Danzig im Rat sitzenden Trägern dieses Namens verwandt war, ist noch zu klären. Von diesen finden sich mehrere auf hansischen Tagen.

Mehrfach zeigt sich eine enge Verbindung des Lübeckers Hetveld mit Johan Oldenborg, dem späteren Mitglied des Neuen Rates.[116] So bürgte dieser auch für seine Schulden beim gotländischen Ratsherrn Johan Vlaming.[117] Hetveld setzte Oldenborg

---

schuldet, bürgten Thideman van Alen und der gebürtige Dortmunder Hermann Holt für ihn, vgl. SIMON, Niederstadtbuch, S.71,2 (1364 Feliciani) und S.774,4,5 (1391 Corporis Christi).

108 S. WIEGANDT, Plescows, Genealogie, S.85.

109 Vgl. SIMON, Niederstadtbuch, S.114,9 (1367 Bartholomei).

110 Vgl. SIMON, Niederstadtbuch, S.124,1 zu (1368 Cathedra Petri).

111 Vgl. AHLERS, Civilitates, S.32-31.

112 S. LUTTERBECK, Rat, S.336f.

113 Vgl. SIMON, Niederstadtbuch, S.651 (1388 Barbara). Zu diesem Datum teilte Johan Hetvelt dem Sohn Heynekin des Hinrik van Loo das Erbe von 515 Mark zu. Als Vormünder des Sohnes erschienen der Ratsherr Hinrik van Hachede und Tymmo vamme Kyle.

114 Vgl. SIMON, Niederstadtbuch, S.724,2 (1390 Reminiscere). Hetvelt schuldete zu der Zeit dem gotländischen Ratsherrn 217 Mark. Mit ihm bürgte *coniuncta manu* Johan Oldenborg. Johan Oldenborg hatte vor 1377 eine Gesellschaft mit Johan Crispin, vgl. SIMON, Niederstadtbuch, S.353,1 (1377 Felicis): Johan Oldenborg bestätigt, dass aller Streit mit Johan Crispin, *quondam socium suum*, beigelegt ist.

115 S. ASMUSSEN, Flandernfahrer, S.390 nach den Verfügungen des Testaments vom 3. September 1390. Mit dem Hamburger Bürger Johan Strote hatte er über längere Zeit eine Handelsgesellschaft. Vgl. zu 1406 LÜB UB 5, Nr.149 und ASMUSSEN, Flandernfahrer, S.391. Vgl. zur Zusammenarbeit Hetveld und Strote weiterhin AHL, Niederstadtbuch zu 1401 Visitatio Marie, 1405 Visitatio Marie und 1411 Laurencii.

116 Vgl. AHL, Niederstadtbuch zu 1405 Valentini, zu 1406 Ascensio Domini, zu 1406 Lucia.

117 Vgl. SIMON, Niederstadtbuch, S.724,2.

auch im September 1391 in seinem Testament als Provisor ein.[118] Oldenborgs Schwiegersöhne Johan Weselo und Klaus Wittenborg gehörten zu den aktiven Flandernfahrern.[119] Johan Oldenborg stand in geschäftlichem Kontakt mit Ulrich Niestad[120] wie auch in vertrauensvollem Verhältnis mit Hinrik Niestad. Die Schwester des Hinrik Niestad war die erste Frau des Nicolaus van Urden, des Bruders des Ratsherrn Conrad.[121] Auf eine mögliche Beziehung zu einer weiteren, nämlich Lüneburger Ratsfamilie, weist Oldenborgs *societas* mit Meinhard Sankenstede hin.[122] Sankenstede stand auch in geschäftlichem Kontakt in Brügge mit dem Ältermann Thideman Troest, der im Jahre 1370 gewählt worden war.[123] Johan Oldenborg war Flandern- wie Novgorodfahrer.[124] 1390 bürgte er für Schulden des Hermann Herbordes.[125]

Herbordes war in den Jahren 1389 und 1393 Ältermann des lübisch-wendischen Drittels in Brügge. Er kam aus Hamburg.[126] Oldenborg stand auch in engeren Geschäftsverbindungen zu der Gruppe um den Stockholmhändler Godekin Gamme.[127]

---

118 S. ASMUSSEN, Flandernfahrer, S.392. Vgl. auch AHL, Niederstadtbuch zu 1403 Omnium Sanctorum: *Dominus* Rainer van Calven und Henning Stonehavere haben Schulden bei Johan Oldenborg, Johan Weselo und Martin van Ossenbrugge.

119 Mit seinen Co-Provisoren stand er auch in geschäftlichen Kontakten. Weselos Tochter Taleke war mit dem Flandernfahrer Claus Wittenborg verheiratet, vgl. AHL, Testamente, Clawes Wittenborgh, 28. März 1414: *Item myt Taleken, mynem leven wyve, Johan Weselos dochtere, wart my to brudschatte viifhundert mark lub.* ... Seine besondere Beziehung zu den Karthäusern in Gent spricht dieser auch in seinem Testament an: *Item den cartuseren by Ghend, dar Hinric Steenbeke, ichteswanne myn gheselle, inne is, geve ik 100 mark lub, up dat se gode truweliken vor my bidden myt vigilien unde selemissen.* Wittenborg war mit Johan van der Heyde verwandt, wie aus seinem Testament hervorgeht: *Item isset, dat Telseke van der Heyde unde Taleke Schachtes, mynes broders dochtere, levet, wan ik aflyvich werde, so scholen myne vormundere isliker entrichten van mynem gude 100 mark lub* ... Die Auswahl seiner Provisoren zeigt, dass Wittenborgh sehr gute Kontake in der Lübecker Führungsschicht hatte: *Mine vormundere kese ik hern Hartich Krukowen, hern Hinrike Schenkenbergh, Hanse Darsowen, Enghelken Haghelsteen, Lubberte Wittenborghe, mynen broder, unde Hanse van der Heyde, mynen swagher* ... , vgl. AHL, Testamente, Clawes Wittenborgh, 28. März 1414. 1408 schuldeten Tymmo vamme Kyle, Johan Krowel und Bernhard Stekemest *coniuncta manu* Wittenborg 400 Mark, vgl. AHL, Niederstadtbuch zu 1408 Conversio Pauli.

120 So hatte er 1390 mit seinem Schwiegersohn, dem Flandernfahrer Johan Weselo von ihm 648 Mark geliehen, vgl. SIMON, Niederstadtbuch, S.750,4 (1390 Bartholomei).

121 Hinrik Niestad setzte ihn auch als Provisor ein, vgl. AHL, Testamente, Hinricus Niestad, 11. Februar 1400: *Provisores meos eligo dominum Henningum de Rintelen, Olricum Nyestad et Johannem Oldenborch in fossa piscatorum morantem.*

122 Zu den Sankenstede s. S.115,280,392,430.

123 Oldenborg beendete diese Handelsgesellschaft mit Meinhard Sankenstede 1388, vgl. SIMON, Niederstadtbuch S.658,2 (1388 Barnabe). Der Name Meino/Meinhard ist auch mehrfach in der Lüneburger Ratsfamilie Sankenstede zu finden, s. VON WITZENDORFF, Stammtafeln, S.99. Zu Thideman Troest, s. DIERCK, Älterleute, S.211f.

124 S. ASMUSSEN, Flandernfahrer, S.574.

125 Dieser hatte 212 Mark Schulden bei Johan Enundetwintich, vgl. SIMON, Niederstadtbuch, S.754.

126 S. DIERCK, Älterleute, S.146f.

127 Gemeinsam mit seinem Gast, dem aus Vreden stammenden Johan Koning, schuldete er Gamme 1384 die recht hohe Summe von 615 Mark, vgl. SIMON, Niederstadtbuch, S.544,4 (1384 Vitalis). Die Verbindung zu den im Stockholmhandel führenden Osnabrückern wie Gamme ist über den Schwager Oldenborgs, Johan van Ankum, zu erklären. Vgl. zur verwandtschaftlichen Bindung ASMUSSEN, Flandernfahrer, S.574. In Osnabrück amtierte zu dieser Zeit ein Johan van Ankum

Mit den Ratsherren Goswin Klingenberg und Thideman Junghe wurde Oldenborg 1406 im Testament des späteren Mitgliedes des Neuen Rates Hermann van Alen als Vollstrecker eingesetzt.[128]

Netz 8: Hermann van Wickede

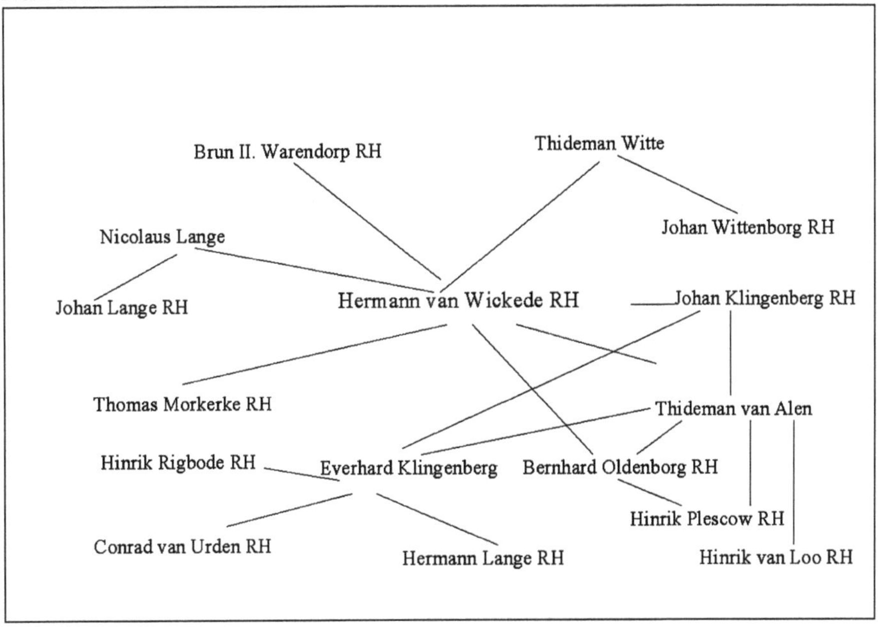

Die vielfältigen Verbindungen des Hermann van Wickede innerhalb der Lübecker Führungsgruppen durch direkte Beziehungen und vermittelt durch Verwandte sind mit diesem Blick auf die Kontakte seines „Schwipp-Schwagers" Johan Klingenberg und dessen Verwandtschaft nur teilweise beschrieben. Ein vertrauensvolles Verhältnis bestand auch zwischen van Wickede und Johan Crispin, dem Cousin des Ratsherrn Segebodo Crispin.[129] Familiär war van Wickede auch mit dem von 1352 bis

als Bürgermeister der Neustadt, s. CRABUS, Regesten, S.718 zu 1369, März.18. Mit Johan Koning aus Vreden war Oldenborg auch sonst in Geldgeschäften verbunden. Wahrscheinlich hatten sie über längere Zeit eine Handelsgesellschaft. So hatten sie 1385 recht hohe Schulden von über 450 Mark bei den Kindern des Hinrik Heidorn, vgl. SIMON, Niederstadtbuch, S.591,2 (1385 Jacobi). Eine Tochter Heidorns soll mit dem Lübecker Ratsherrn Hermann Dartzow (1451-1456), dem Sohn des gleichnamigen Ratsherrn (1350-1404) verheiratet gewesen sein, s. ASMUSSEN, Flandernfahrer, S.320. Van Ankum war mit Fenna Reynekinch verwandt, die 1369 Anteil am Erbe ihres in Lübeck verstorbenen Sohnes Alebrand, eines Stockholmhändlers einforderte, vgl. SIMON, Niederstadtbuch S.152,2. Fennas Schwiegersohn war Johan van Leden, der sicherlich zu der bekannten Osnabrücker Ratsfamilie gehörte.

128 Vgl. AHL, Testamente, Herman van Alen, 15. Mai 1406: *Mine vormundere kese ik hern Gosswiin Clinghenberghe, hern Tydeman Junghen, Johannes Oldenborghe in der Visschergrove, Tydeman van Alen unde Johannes Schepenstede.*

129 S. zu Crispin S.214ff.

1367 amtierenden Ratsherrn Bernhard Oldenborg verbunden. Dieser war der Stiefbruder seines Schwiegervaters.

1.9 Brun (II.) Warendorp

Der jüngere Brun Warendorp, *filius Wilelmi,* war ein Enkel des Lübecker Ratsherrn gleichen Namens (1289-1341) und Vetter des gleichnamigen Brun (I.) Warendorp, der während des Krieges gegen den dänischen König gestorben war. Durch die Großmutter seiner Frau Elisabeth war er mit den Klingenberg verwandt. Brun (II.) Warendorp wurde schon 1367 in den Rat gewählt, saß also noch zwei Jahre mit seinem gleichnamigen Cousin im Ratsstuhl. Erst seit 1388 nahm er an Hansetagen teil. Er wurde unter den Delegierten 15 Mal bei Versammlungen in Lübeck genannt. 1405 beendete er seine Delegiertentätigkeit. 1408 verließ Warendorp mit dem Alten Rat Lübeck und starb 1411 in Reinbeck.[130] Seine Schwester Helenburg war mit Jakob Plescow verheiratet worden. Eine weitere Schwester namens Margarethe war dem Ratsherrn und Delegierten Johan Schepenstede in die Ehe gegeben worden. Brun (II.) Warendorp selbst heiratete in erster Ehe eine Tochter des Werner Wullenpunt und in zweiter Gertrud, eine Tochter des Ratsherrn Johan Lange. Johan Lange nahm am Tag zu Johannis 1379 teil. Warendorps Tochter Elisabeth wurde mit dem Ratsherrn Hinrik Meteler verheiratet.[131] Dessen Vater Johan stammte aus Kamen, war seit 1358 im Rat und starb 1373.[132] Johan Meteler nahm 1365 an der Versammlung in Stralsund und an der zu Johannis 1368 in Lübeck teil.

Brun (II.) Warendorp gehörte zu den Mitgliedern der Zirkelgesellschaft.[133] Er wurde in vier Testamenten zwischen 1356 und 1367 von Jakob Plescow als Provisor eingesetzt, 1380 ebenso von Johan Schepenstede und 1395 von Hinrik Meteler. Brun (II.) Warendorp selbst bestimmte 1377 Jakob Plescow und Johan Schepenstede zu seinen Testamentsvollstreckern. 1390 setzte Warendorp als Provisoren die Ratsherren Gerhard van Attendorn, Rainer van Calven, Hinrik Meteler und Johan van Stove ein.[134] Brun (II.) Warendorp stand in engeren Kontakten mit Gottfried Travelmann[135]

---

130 S. LUTTERBECK, Rat, S.415.

131 S. LUTTERBECK, Rat, S.416.

132 Dieses geht eindeutig aus dem Testament des Everhard Russenberg vom März 1400 hervor, der ihn als seinen Onkel anspricht und auf Verwandtschaft in Kamen verweist: *Item do Everardo Metelers avunculo meo in Kamen commoranti 100 marcas lub. ...* Russenberg hatte auch eine engere Beziehung zum Ratsherrn Everhard Swarte (1352 - 1367), dessen Töchter er als seine *matertere* bezeichnete: *Item do duabus filiabus domini Everardi Swarten pie memorie materteris meis 5 marcarum redditus ad vitam utriusque solum duraturos. Item Conrado et Hermanno Westfal fratribus meis do cuilibet horum 50 marcas d. Cetera bona mea residua tam mobilia quam immobilia do domini Hinrico Metelere avunculo meo perpetue possidenda.* Vgl. AHL, Testamente, Everardus Rutzeberch, 31. März 1400. Vor welche Schwierigkeiten die Zuweisung zu Familien sich sieht, zeigt sich darin, dass Russenberg seine Brüder (wohl Halbbrüder) hier mit dem Familiennamen Westfal bezeichnete.

133 Vgl. LÜB UB 5, Nrn.222,659,580 und DÜNNEBEIL, Zirkel-Gesellschaft, S.76.

134 S. LUTTERBECK, Rat, S.416.

135 Beide wurden von Albert Tye 1374 als *plenipotentes procuratores* eingesetzt, die von Johan Sachtelevent 40 Mark Rente einziehen sollten. Vgl. SIMON, Niederstadtbuch, S.246,8 (1374 Misericordia).

und den van Alen und durch sie vermittelt auch mit Simon Swerting.[136] Wie sich sein Netzwerk in der Teilnahme an Hansetagen spiegelt, zeigt sich in der Übersicht.[137]

Netz 9: Brun II. Warendorp

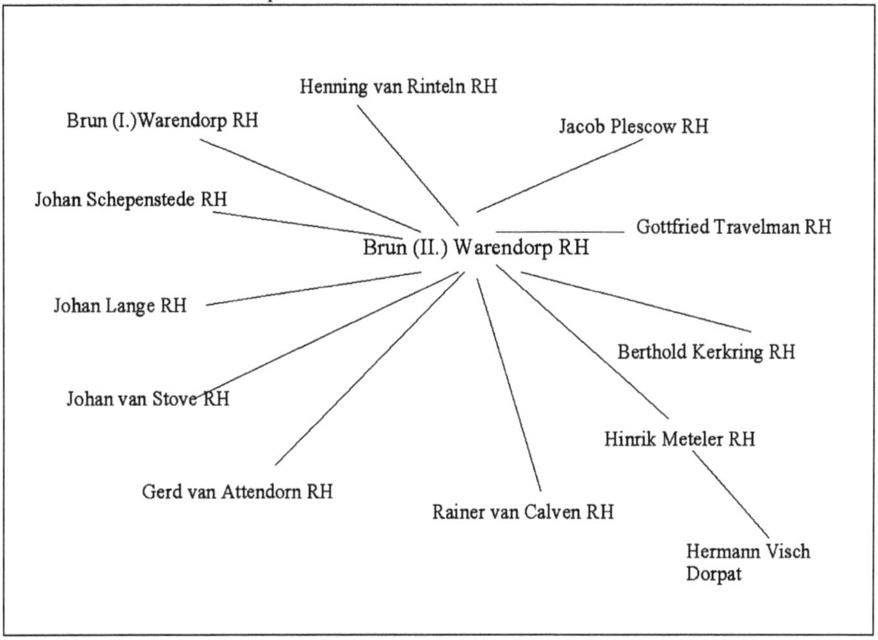

Gemeinsam mit seinem Schwiegersohn Hinrik Meteler hatte Warendorp geschäftliche Beziehungen zu der Dorpater Kaufmannsfamilie Visch.[138] Zusammen mit Berthold Kerkring war Brun (II.) Warendorp Vorsteher der Lübecker Petrikirche.[139] Bruns gleichnamiger Sohn, der 1428 einen Ratssitz erhielt, heiratete in erster Ehe eine Tochter des Ratsherrn Henning van Rinteln.[140] Mit diesem war Brun (II.) War-

136 Vgl. SIMON, Niederstadtbuch, S.661,6 (388 Processi et Martiniani) und S.690,4 (1389 Oculi): *Notandum, quod Hinricus de Allen tenetur magistro Arnoldo Zeppenhaghen in quinquaginta mr dn persolvendis in festo purificacionis beate Marie virginis proxime affuturo, pro quibus dominus Bruno Warendorp coniuncta manu promisit.*

137 S. Anhang: Delegierten-Netzwerk 2: Brun II. Warendorp.

138 1391 bestätigte der Dorpater Bürger Gherwin Steven, dass er von den Herren Brun Warendorp und Hinrik Meteler für den Dorpater Bürger Hermann Visch alles erhalten habe, was Hans Visch, der Bruder Hermanns, *in via Romana premortuus*, ihm testamentarisch überlassen hatte, *unde Hinricus vandem Oorde fideiussit, quod ex parte dicti Hermanni Visch debeat huc venire ad consilium una litera recongnicionis, quod predicta dona sint plene expedita et quod ipsi Tarbatenses fideiubeant in literis suis, quod propter hoc nulla monicio subsequatur, et Nicholaus Marlouwe cum dicto Hinrico vandem Orde similiter fideiussit ...* Vgl. SIMON, Niederstadtbuch, S.782,5 (1391 Jacobi).

139 Vgl. SIMON, Niederstadtbuch, S.1040,3 (1399 Oculi).

140 S. FEHLING, Ratslinie, S.71.

endorp mehrfach zusammen auf hansischen Versammlungen.[141] Im Spiegel der Delegiertentätigkeit zeigt sich, dass Johan Schepenstede, Simon Swerting und Gottfried Travelmann ihre gemeinsamen Vertretungen am Anfang des Jahres 1388 beendeten. Im August dieses Jahres begann Brun (II.) Warendorp seine Delegationen. Bis 1395 war er sieben Mal gemeinsam mit Gottfried Travelmann präsent. In den folgenden Jahren übernahm Henning van Rinteln eine führende Rolle. Mit ihm erschien Brun Warendorp der Jüngere auf fünf Tagen.

1.10 Thomas Morkerke

Morkerke kam anscheinend aus Lübeck. Sein Vater Johan gehörte allerdings nicht dem Rat an. Thomas Morkerke wurde 1365 in den Rat gewählt und amtierte bis zu seinem Tode im Jahre 1401. 1369 führte er die Truppen im dänischen Krieg, wie auch 1385 in Mecklenburg.[142] Morkerkes Schwester Alheyd war in erster Ehe mit dem Ratsherrn Thideman van Ulsen (1331-1350) verheiratet gewesen. Sie wurde in zweiter Ehe mit Johan (II.) Plescow verbunden. Dessen Tochter Christina war Morkerke zur Ehe gegeben worden.[143] Die Bindung zu diesem Ratsherrn, der von 1348 bis 1367 amtierte, war also durch diese doppelte Beziehung recht eng. Häufig ist Morkerke auch in gemeinsamen Geschäften mit Johan (II.) Plescow zu sehen.[144] Zusammen mit dem Ratsherrn Bernhard Plescow, der 1363 Verhandlungen mit Hamburg führte,[145] bürgte Morkerke 1365 *coniuncta manu* für Johan (II.) Plescow für den Betrag von 150 Mark.[146] An demselben Tag wurde auch eine weitere Bürgschaft der beiden Herren für Johan (II.) Plescow ebenfalls über 150 Mark eingetragen.[147] 1366 schuldete Johan (II.) Plescow seinem Schwiegersohn Morkerke, der in der Aegidienstraße eine *curia* besaß,[148] wegen der Mitgift seiner Tochter noch 500 Mark. Dafür überschrieb er ihm sein Wohnhaus am Koberg.[149] Als Morkerkes Frau vor 1369 verstarb, wurde die Hälfte der ihm noch zustehenden 500 Mark ausgezahlt. Über das Erbe seiner Frau musste sich Morkerke allerdings zu Pfingsten dieses Jahres mit Thideman Vorrad auseinandersetzen, der Gertrud, eine weitere Tochter Plescows, gehei-

---

141 S. das Delegierten-Netzwerk zu van Rinteln.

142 S. LUTTERBECK, Rat, S.307.

143 S. LUTTERBECK, Rat, S.307.

144 Vgl. SIMON, Niederstadtbuch, S.30,1 (1364): *Dominus Johannes Plescowe et Thomas Morkerke tenentur manu coniuncta Johanni Langhen in strata Brunonis 221 ½ mr festo nativitatis Christi proxime persolvendas.*

145 Vgl. MUB, Nr. 9141.

146 Vgl. SIMON, Niederstadtbuch, S.66,7 (1365 Laurencii). Johan (II.) Plescow schuldete diese Summe dem Hermann Crudener. Schon im Januar desselben Jahres hatte Plescow von ihm 134 Mark geliehen, vgl. SIMON, Niederstadtbuch, S.52,2.

147 Vgl. SIMON, Niederstadtbuch, S.66,8.

148 Als Nicolaus van der Rige dem Johan Kloot und dem Hinrik Sasse 1377 53 ½ Mark schuldete, verpfändete er sein Haus *prope curiam domini Thome Murkerken*, vgl. SIMON, Niederstadtbuch, S.380,3.

149 Vgl. SIMON, Niederstadtbuch, S.93,7 (Martini). Thideman Vorrad, der Mann einer weiteren Tochter Plescows, stimmte zu: *Istud factum est cum consensu ambarum filiarum dicti domini Johannis et maritorum earundem, videlicet dicti domini Thome et Thiderici Vorraad.*

ratet hatte.[150] Mit seinem „Schwipp-Schwager“ Thideman Vorrad besaß Morkerke gemeinsam Land und Abgaben bei Puttgarden *in terra Ymbrie*. An diesem Besitz waren auch Johan van Stockem, der in Kontakt mit führenden Kaufleuten stand,[151] und der Ritter Johan Thisenhusen beteiligt. Thisenhusen war mit einer Tochter des Bürgermeisters Thideman Warendorp verheiratet, wie aus einer Erbauseinandersetzung hervorgeht, in der auch die Ansprüche des Johan van Stockem zu befriedigen waren, dessen Bruder mit Gertrud, einer weiteren Tochter Warendorps verheiratet gewesen war.[152] Mit Thisenhusen tätigte Thideman Morkerke mehrfach Geschäfte.[153] 1385 war er für einen Verwandten von diesem mit Johan Niebur Provisor und Vertreter vor Gericht. Die Gegenseite des Vromold Warendorp wurde von den Ratsherren Gerd van Attendorn und Brun (II.) Warendorp vertreten.[154] Gestritten wurde um das Erbe der *Vellineschen*. Mit diesem Bezug auf die Stadt Fellin in Livland war sicherlich Elisabeth, die Witwe des dortigen Ratsherrn Gottschalk van Vellin gemeint.[155]

Nach dem Tode seiner Frau Alheid (geb. Plescow) heiratete Morkerke eine Tochter des Lübecker Bürgers Bruggemaker und schließlich in dritter Ehe Alheid, die Tochter des Ratsherrn Johan Wesseler (1351-1367).[156] Mit seinem Schwager, dem Vikar Johan Wesseler (junior),[157] und dessen *consanguineus* Wennemar van Essen ist Morkerke häufig in Geschäften zu sehen.[158] So bürgten sie 1376 gemeinsam für dessen Schulden von 107 Mark. 1380 schuldete Wennemar van Essen seinem *consanguineo* Wesseler 400 Mark. Für ihn bürgten die Ratsherren Morkerke und Schepenstede.[159] Diese Schulden rührten wohl aus einem Verkauf her, der 1377 erwähnt wird.

150 Nach dem Tode der Ehefrau des Thomas Morkerke wurden diesem in einer Erbteilung 500 Mark zugesprochen, von denen er bis dahin allerdings nur 250 Mark erhalten hatte. *Istud actum est anno domini 1369 pentecostes*. EBD.

151 S. zu van Stockem Netze 21 und 28.

152 Vgl. SIMON, Niederstadtbuch, S.582,4 (1385 Ascensio Domini). Anscheinend hatten die vier Partner Anspruch auf die Abgaben von 50 Mark *ex parte dotalicii*. Van Stockem, bei dem die Urkunden verbleiben sollen, hat, wie besonders vermerkt wird, Anspruch auf ein Viertel *ex parte Ghertrudis uxoris fratris sui*.

153 Vgl. beispielsweise SIMON, Niederstadtbuch, S. 381,2 (1377 Dyonisii): *Dominus Thomas Murkerke tenetur domino Johanni Thizenhuzen 214 mr dn in festo beati Michahelis proxime futuro persolvendas*.

154 Vgl. SIMON, Niederstadtbuch, S.590,3 (1385 Kiliani).

155 Zu der Schuld von 50 Mark des Mathias van Münster bei Elisabeth, *relicte domini Ghodschalci de Vellyn*, vgl. SIMON, Niederstadtbuch, S.51,3 (1364 Post Lucie).

156 S. LUTTERBECK, Rat, S.307.

157 Albert Morkerke verkaufte dem Johan Wesseler eine Rente von 30 Mark, vgl. SIMON, Niederstadtbuch, S.445,5 (1380 Symon et Jude).

158 Vgl. SIMON, Niederstadtbuch, S.348,4 (Conceptio Marie). Vgl. auch SIMON, Niederstadtbuch, S.502,5 (1382 Omnium Sanctorum): *Sciendum, quod provisores Symonis Zwartekop emerunt a domino Thoma Murkerken et Wennemaro de Essen redditus 13 mr dn pro ducentis mr Lub* ... Vgl. ebenso SIMON, Niederstadtbuch, S.576,3 (1385 Judica): *Notandum, quod dominus Thomas Murkerke consul huius civitatis et Wennemarus de Essen civis ibidem vendiderunt Petro Ludinghusen 33 mr redditus annuos sibi ad tempora vite sue persolvendas* ... Vgl. auch zum *lifghedinghe* von 15 Mark, welche Morkerke und Wennemar van Essen der Geseke Bulow, Tochter des Willekin Reyger, zahlen mussten, SIMON, Niederstadtbuch, S.740,1 (1390 Divisio apostolorum).

159 Vgl. SIMON, Niederstadtbuch, S.422,5 (1380 Epiphanie); zu van Essens *societas* mit Johan Wes-

Simon Swartecop kaufte im April dieses Jahres für 400 Mark von Arnold van Soest, Johan Wesseler und Wennemar van Essen eine Rente von 26 Mark im Dorf Hemmelsdorf.[160] Wennemar van Essen war ein Sohn des ehemaligen Visbyer Ratsherrn gleichen Namens, der nach Lübeck umgezogen war. Sein Bruder wiederum gleichen Namens war Ratsherr in Dorpat.[161] Der Lübecker Wennemar van Essen arbeitete eng, wie wir schon sahen, mit seinem Onkel, dem Stralsunder Ratsherrn und Delegierten Arnold van Soest zusammen.[162] Beide standen wiederum in Geschäftskontakten mit Morkerke. So schuldeten Arnold van Soest und Wennemar van Essen 1380 *coniuncta manu* Morkerke 360 Mark.[163] Thomas Morkerke stand auch in geschäftlichem Kontakt mit Johan Schepenstede,[164] Everhard Schepenstede und Gottschalk van Attendorn.[165] Beziehungen gab es auch zu der Familie van Ossenbrugge. 1382 schuldete Morkerke der Witwe Beate des Hinrik Schonewedder, der aus Dortmund stammte, zwanzig Mark Leibrente.[166] Beate Schonewedders Tochter war die Frau Ludekins, eines Sohnes des Ratsherrn Hermann van Ossenbrugge, der am Hansetag zu Johannis 1379 teilnahm.[167] Zu 1401 wird im Niederstadtbuch festgehalten, dass der Ratsherr Thideman Junghe dem Thomas Morkerke 545 Mark schuldete.[168] Einem Eintrag zu 1405 können wir entnehmen, dass Morkerke zu seinem Verwandten Jordan Plescow besonderes Vertrauen hatte, denn er hatte ihn als Provisor zusammen mit seinem Sohn Albert eingesetzt.[169] Morkerkes Tochter Taleke war mit Johan, dem Sohn des Ratsherrn Johan Lange, der am Hansetag zu Johannis 1379 teilnahm, verheiratet. Dieses geht aus einer Bestätigung der Auszahlung des Brautgeldes von 1100 Mark im

---

seler vgl. SIMON, Niederstadtbuch, S.463,6,7 (1381 Divisio apostolorum).

160 Auf die vorangehende Transaktion wird auch in einem Nachtrag zu dem Verkauf im Jahre 1377 hingewiesen, vgl. SIMON, Niederstadtbuch, S.365,4 (Misericordia).

161 S. WIEGANDT, Plescows, S.77 Anm.245.

162 S. zu Arnold van Soest S.38,40f.,139f.,142,204,206.

163 Vgl. SIMON, Niederstadtbuch, S.444,8 (1380 Severin).

164 Vgl. SIMON, Niederstadtbuch, S.331,1 (1376 Septem Fratrum). Morkerke schuldete Schepenstede und Rudolf Müntzer 210 Mark zu Epiphanias.

165 Vgl. SIMON, Niederstadtbuch, S. 320,8 (1376 Oculi). Hartmann Pepersak kaufte einen Hof und das halbe Dorf Gahlendorf auf Fehmarn für 300 Mark von Gottschalk van Attendorn. Für die rechtzeitige Überlassung der betreffenden Urkunden bürgten mit Attendorn dessen gleichnamiger Sohn, die Ratsherren Johan Schepenstede, Thomas Morkerke und Everhard Schepenstede.

166 Sein Bruder Albert Morkerke *cum eo promisit coniuncta manu.*Vgl. SIMON, Niederstadtbuch, S.488,4 (1382 Vocem Jocunditatis).

167 S. zu ihm Kap.6.

168 Vgl. AHL, Niederstadtbuch zu 1401 Invocavit: 2) *Dominus Tidemann Junghe consul huius civitatis coram hoc libro recognovit, se et suos heredes ex vero debito teneri domino Thome Morkerke proconsuli huius civitatis et suis veris heredibus V C et XLV M. Lub. ... in festo sancti Michaelis archangeli ... Et dominus Tidemannus impigneravit domino Thome et suis heredibus illas litteras, quas habere dinoscitur super duo milia marc. Lub. super castro Luderdeshus. In quibus ipse dominus Tidemannus habet mille marc. Lub. et dominus Hinricus Ghildehusen alias mille marc. Lub.* Die Urkunden darüber erhielt *dominus Hermann Yborg ad fideles manus* bis zur Begleichung der Schulden.

169 Vgl. AHL, Niederstadtbuch zu 1405 Dionysii: *Albertus filius domini Thome Morkerken et dominus Jordanus Plescow et Johannes Lange provisores domine Alheidis relicte eiusdem domini Thome ...*

November 1394 hervor.[170] Johan Lange setzte in seinem Testament vom September 1404 den Ratsherrn Johan Crispin wie die Bürger Johan Luneborg, Johan Schepenstede, Hintze Wattenschede und seinen Schwager Albert Morkerke, den Sohn des Ratsherrn Thomas, als Vollstrecker ein.[171] Morkerkes Bruder Albert, mit dem er Zeit seines Lebens gemeinsame Geschäfte tätigte und nach dem auch sein Sohn benannt war,[172] war mit Margarete, der Witwe des Ratsherrn Goswin Klingenberg verheiratet,[173] wie aus der Beilegung eines Streites im März 1384 mit deren Sohn aus erster Ehe hervorgeht.[174]

---

170 Vgl. SIMON, Niederstadtbuch, S.893,4 (1394 Clementis): *Notandum, quod Johannes Langhe filius domini Hermanni Langhen presens libro recongnovit se a domino Thoma Murkerken patre uxoris sue nomine dotis cum uxore sua Taleken plene percepisse mille et centum mr Lub dn. ...* Johan Lange wird nach 1400 häufig in Notizen des Niederstadtbuches durch diese Heirat näher gekennzeichnet, vgl. beispielsweise AHL, Niederstadtbuch zu 1400 Omnium Sanctorum: *Johan Lange habens filiam domini Thome Morkerken* schuldet Johan Meteler 114 Mark zu Martini des folgenden Jahres. Vgl. auch AHL, Niederstadtbuch zu 1401 Katherine: *Bernardus Stekemest senior recognovit ... se vendidisse ... Johanni Langen habenti filiam domini Thome Morkerken in bonis suis in Golvitze prope Wenzin ...* Von Heyno Stenhorst, dem Mann der Tochter Grete des Morkerke, ist in Lübeck sonst bisher nichts bekannt, vgl. SIMON, Niederstadtbuch, S.722,3 (1390 Scolastice): *... Heyno Stenhorst recongnovit se plene recepisse a domino Thome Murkerken illas 60 mr, quas sibi promisit in dotem cum uxore sua Greteken ...*

171 Vgl. AHL, Testamente, Johan Lange, 11. September 1404: *Vortmer alle miin ander ghut, dat vor unvorgheven is, beweghelik unde unbeweghelik, gheve ik der vorscreven Taleken, minem wive, unde Tomesen, Johanse unde Wedeken, mines soenes, unde der bord, ofte miin wiiff welk telende wert van miner weghene, liik under sik to deylene ... Mine vormundere kese ik hern Johan Crispiin, Johans Luneborch, Johans Schepensteden, Hintzen Wattenscheden unde Albert Morkerken, hern Tomas soen.*

172 Vgl. zur Gesellschaft der beiden Brüder beispielsweise SIMON, Niederstadtbuch, S.146,9 (1369 Oculi): *Dominus Thomas et Albertus fratres dicti Murkerken tenentur Hinrico Raad coniuncta manu 220 mr dn in festo pasche proxime futuro persolvendas ultra unum annum*. Vgl. auch SIMON, Niederstadtbuch, S.160,2 (1370 Conversio Pauli): *Dominus Thomas et Albertus fratres dicti Murkerken tenentur coniuncta manu Johanni Schopingh 222 mr in festo beati Michahelis proxime futuro persolvendas*. Vgl. ebenso SIMON, Niederstadtbuch, S.488,4 (1382 Vocem Jocunditatis). Bei der Zusage des Thomas, der Witwe Beate Schonewedder eine Leibrente zu zahlen, bürgte Albert Morkerke *frater suus ... coniuncta manu*. Vgl. auch zum guten Verhältnis der Brüder SIMON, Niederstadtbuch, S.701,4 (1389 Arnulfi): *Notandum, quod dominus Thomas Murkerke huius civitatis proconsul coram consilio recongnovit et fatebatur, quod hoc bene esset de suo beneplacito et consensu, quod mater eius et soror eius talia dona, que Gotscalcus Murkerke quondam frater eius ipsis in suo testamento assingnavit et dedit, ulterius dedissent et resingnassent Alberto Murkerken fratri ipsius*. Vgl. auch SIMON, Niederstadtbuch, S.917,2 (1395 Dyonisii). Albert Morkerke schuldete Henning Plaue, Detlev Bonhof und dem Notar Berthold 106 Mark, die der Bruderschaft *corporis Christi in summo* zustanden. Thomas Morkerke bürgte mit seinem Bruder, *quod bene persolvi debeat*.

173 1375 setzte der Priester Johan Schele Goswin Klingenberg als seinen Provisor ein und überließ dessen Frau Margarete wie der Kunegunde, der Frau des Hinrik van Warendorp, und der Gertrud, der Frau des Hinrik Sak, 20 Mark Rente *in cono bodarum* in der Nähe des Marktes, vgl. SIMON, Niederstadtbuch, S.299,1 (1375 Invencio sancti Stephani). Anscheinend waren diese Frauen näher verwandt; sollte es sich um Schwestern handeln? Goswin Klingenberg entstammt sicher der Ratsfamilie, obwohl eine genaue Zuordnung bisher nicht möglich ist.

174 1384 bestätigte Morkerke vor dem Rat, dass alle Streitigkeiten *ex parte Cristiani Klinghenberghes filii Margareten uxoris dicti Alberti suique previgni* mit dem verstorbenen Conrad van Urden beigelegt seien, vgl. SIMON, Niederstadtbuch, S.540,2 (1384 Oculi): ...

Albert Morkerke stand weiterhin in geschäftlichem Kontakt mit den Ratsherren Gerhard Dartzow,[175] Heyno van Hachede[176] und Johan Niebur.[177] Bei diesen guten Kontakten seines Vaters zu amtierenden Ratsherren und der Position seines Onkels im Rat erstaunt es nicht, dass Alberts Sohn Thideman, ein Neffe des Ratsherrn Thomas, 1416 nach Rückkehr des Alten Rates einen Ratssitz erhielt.

Netz 10: Thomas Morkerke

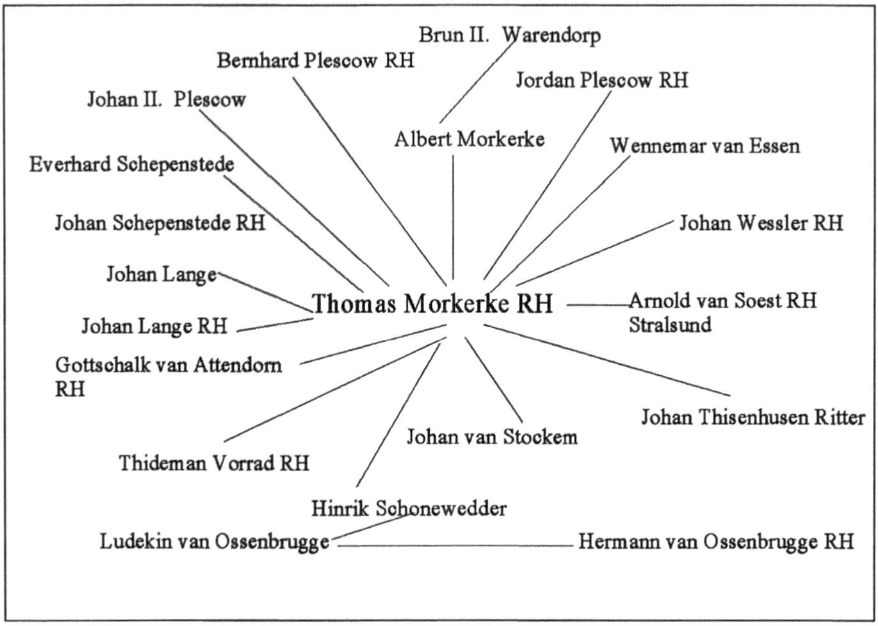

Er verhandelte in den folgenden Jahren bis 1420 „alljährlich mit König Erich, erst in Gottorp, dann in Kopenhagen, in Wordingborg und wieder in Kopenhagen." Auch 1421 war er an den Friedensverhandlungen in Gottorp und Flensburg beteiligt.[178] Thideman Morkerke war mit einer Tochter des Ratsherrn Brun (II.) Warendorp verheiratet.[179] Mit Thidemans Onkel Thomas Morkerke nahm sein Schwiegervater War-

dimisitque idem Albertus ex parte sui sueque uxoris predicte et suorum puerorum et heredum ex parteque Cristiani defuncti predicti Nicolaum de Vrden necque dicti domini Conradi heredes, provisores et omnes, quorum interest, ab omni ulteriori impeticione penitus quitos et solutos ...

175 Für Gerhard Dartzow wurde Morkerke Besitz in Siebenbäumen urkundlich überschrieben *ad fidas manus*. Vgl. SIMON, Niederstadtbuch, S.421,4 (1379).

176 Vgl. AHL, Niederstadtbuch, zu 1415 Margarete und zu 1416 X m. militum.

177 Vgl. SIMON, Niederstadtbuch, S.495,1 (1382 Arnolphi). Für die Schulden von 106 Mark des Martin Snakenbek, *advocatus,* bei den Kindern des Otto Sulverberner bürgen Albert Morkerke und Johan Niebur.

178 S. FEHLING, Ratslinie, S.67.

179 EBD. Lutterbeck führt diese Verbindung nicht auf, s. LUTTERBECK, Rat, S.416. Allerdings weisen spätere Verhandlungen zwischen der Witwe Gese und dem Sohn Bruno des Brun Warendorp jun. auf eine große Nähe hin, vgl. AHL, Niederstadtbuch zu 1416 Nativitas Christi: Gese,

endorp gemeinsam seit dem Treffen vom24. August 1388 an fünf Tagen teil. Neben diesen vielverzweigten innerstädtischen Beziehungen Thomas Morkerkes zu Ratsherren sind die erwähnten geschäftlichen Kontakte mit dem Stralsunder Ratsherrn Arnold van Soest nicht zu vergessen. Arnold van Soest war auch mit dem Lübecker Ratsherrn Bernhard Oldenborg geschäftlich verbunden, wie wir schon gesehen hatten.[180]

Van Soest war selbst auch wiederum Mittelpunkt eines Beziehungsnetzes, zu dem an wichtiger Stelle sein Schwiegersohn Hinrik Rubenow aus Greifswald gehörte. Morkerke stand sicherlich auch mit diesem in Kontakt.

1.11 Hinrik Rubenow (Greifswald)

Hinrik Rubenow war ein Sohn des Bürgermeisters Everhard Rubenow. 1395 wurde auch Hinrik Rubenow Bürgermeister in Greifswald. Er starb 1419. Seit 1404 ist Hinrik Rubenow auf insgesamt vier Hansetagen und Versammlungen erschienen: 1404 und 1407 in Lübeck, 1417 in Kopenhagen und schließlich auf dem gut besuchten Hansetag zu Johannis 1418 in Lübeck. Sein Sohn, nach dem Großvater Everhard (II.) Rubenow genannt, zog nach Stralsund und verheiratete sich dort mit der Tochter Wobbeke des Ratsherrn Nicolaus Segefrid, den wir schon aus seiner Zusammenarbeit mit den Swerting bei der Kontrolle über die Schonenschen Schlösser kennen. Engere Kontakte zwischen den Greifswalder Rubenow und den Stralsunder Segefrid, welche diese Ehe vorbereiteten, bestanden sicherlich schon zur Zeit der Delegiertentätigkeit. Eine weitere Tochter dieses Stralsunder Ratsherrn war mit dem Stralsunder Delegierten Simon van Urden verheiratet.[181] Mit Hinrik Rubenow gemeinsam war dieser auch auf dem Tag zu Johannis 1418 in Lübeck. Gemeinsam mit ihm bestätigte er auch denVertrag zwischen dem Lübecker Rat und dem Domkapitel im August 1418.[182] Mit einer Tochter des Hinrik Rubenow war auch Arnold Nienkerken verheiratet, bei dem es sich um einen Bruder des Ratsherrn Ludwig Nienkerken handelt. Ludwig Nienkerken wurde 1396 in den Rat gewählt und verstarb 1411. Er vertrat Stralsund auf der Versammlung in Kopenhagen im August 1398 und auf dem Hansetag in Wismar 1411. Der gleichnamige Sohn des Hinrik Rubenow wurde mit der Tochter Lutgard des Greifswalder Ratsherrn Johan Hilgheman verheiratet. Hilgheman war 1389 in den Rat eingetreten und 1418 Bürgermeister geworden. Er nahm am Hansetag im Mai

---

die Witwe, und Bruno, der Sohn *domini* Brun Warendorp, schulden *domino Tiderico Morkerken* 600 Mark. Vgl. auch zur Nähe zu dieser Familie AHL, Niederstadtbuch zu 1418 Margarete: Albert Salmensteen hat von den Provisoren *domini Petri Tisenhusen militis*, nämlich Thideman Junghe, Thideman Morkerken und Hinrik Holthusen 300 Flor. Ren. empfangen. Diese sollten dem Albert Salmensteen *coram Francfurden* ausbezahlt werden. Vgl. auch AHL, Niederstadtbuch zu 1430 Purificatio Marie: *Domina Heyleke relicta Tidemani Morkerken bone memorie cum consensu dominorum Hinrici Rapesulvers, Brunonis Warendorpes et Hinrici de Calven* erkennt an, dass sie dem *dom. Tidemanno Tzerentin* 300 Mark schuldet. Vgl. AHL, Testamente, Brun Warendorp, 13. Mai 1406: *Myne vormundere keze ik mynen vader, her Hinrik Meteler, Thydeke Murkerken.*

180 S. Kap. 1.2.

181 S. zu ihm S.193,194,196ff.

182 Vgl. LÜB UB 6, Nr.41.

1417 in Rostock/Lübeck teil wie auch im September 1420 an demjenigen in Stralsund. Die engen Verbindungen zwischen den Ratsfamilien in Greifswald und Stralsund zeigen sich auch wieder bei ihm. Hilgheman war in erster Ehe mit der Witwe des Stralsunder Delegierten Hermann Elmehorst verheiratet. In zweiter Ehe verband er sich mit der Witwe des Stralsunder Bürgers Eler Burow. Sie war die Schwägerin des Ratsherrn Johan Burow.[183] Die verwandtschaftlichen Beziehungen haben selbstverständlich auch geschäftliche zur Folge - oder diese gingen ihnen voraus.[184] Aus dieser Ehe stammten die schon erwähnte Lutgard und Katharina. Auch Katharina heiratete in die Familie Rubenow ein. Sie wurde mit dem Bürgermeister und Universitätsstifter Hinrik Rubenow junior vermählt.[185]

Netz 11: Hinrik Rubenow

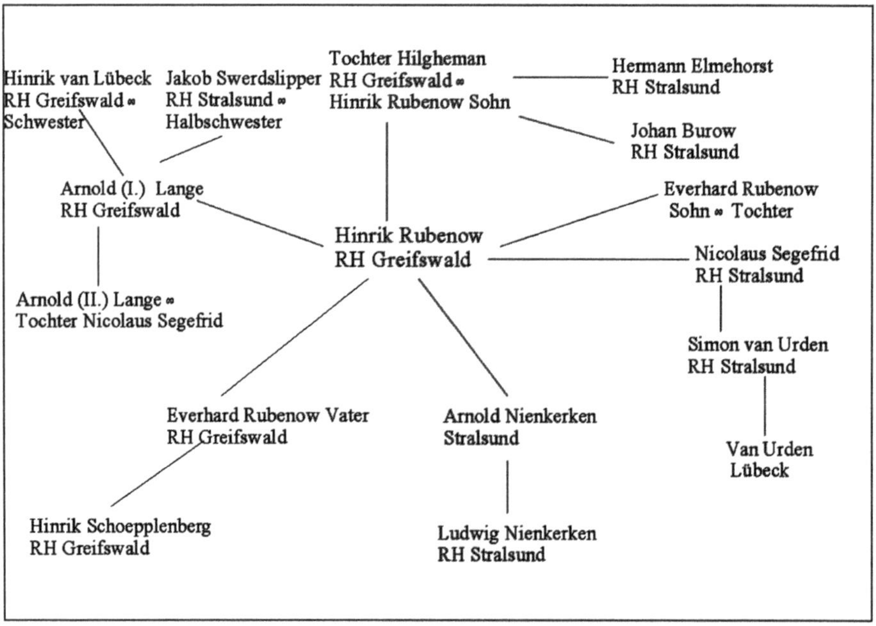

183 Zur Ehe mit Geseke Elemehorst vgl. SCHROEDER, Liber I, Nr.1033 (17.3. 1408): *Dissensiones fuerunt inter dominum Johannem Hilgheman, consulem Gripeswaldensem, pro parte suorum puerorum genitorum ex Gheseken, quondam uxore domini Hermanni Elmehorst et inter dominum Gotscalcum Wydenbrugge et suos contutores puerorum dicti domini Hermanni Elmehorst ... super redd. 22 1/2 marc., factis per Hinricum Butzkow, patrem dicte Gheseke, in suo testamento ...* Gelöst werden die Probleme *per dominos consules Sundenses presentibus dominis proconsulibus Gripeswaldensibus.*

184 Vgl. beispielsweise die Nennung der Delegierten 1412 bei SCHROEDER, Liber IV, Nr.414: *Johannes de Kulpen sumpsit super se literam, quam civitas sigillavit domino Hinrico Rubenow super 1000 marc. ... et debet civitatem ... servare quitam ... Pro quo ipse dominus Johannes de Kulpen et dominus Arnoldus Poleman et dominus Johannes Burow et dominus Henningus Wren et Ludeken de Kulpen coniuncta manu civitati promiserunt.*

185 S. PYL, Genealogien 4, S.198f.

1.12 Arnold Lange (Greifswald)

Elisabeth, eine Schwester des Bürgermeisters Hinrik Rubenow, war mit dem Greifswalder Ratsherrn Arnold (I.) Lange verheiratet worden.[186] Bei dieser Heirat zeigt sich, dass zwischen Everhard Rubenow und seinem Kollegen Hinrik Schoepplenberg ein besonderes Vertrauensverhältnis bestand.[187] Schoepplenberg war nämlich als Rubenows Prokurator tätig und händigte im August 1369 die Mitgift von Rubenows Tochter Elisabeth bei der Heirat an ihren Mann Arnold Lange aus.[188] Arnolds Vater Hinrik Lange gehörte auch schon dem Greifswalder Rat an (1338-1350). Sein Neffe Hinrik (II.) Lange, Arnolds Cousin, war 1360 in den Rat gewählt worden und starb 1382. Aus seiner ersten Ehe mit Gertrud Gorslaw ging eine Tochter hervor, die mit dem Ratsherrn Mathias Hohensee (1381-1388) verheiratet wurde. Hohensee war in erster Ehe mit einer Tochter des Hinrik Schoepplenberg verheiratet gewesen.[189] Nach dem Tode Hinriks (II.) Lange heiratete seine Witwe den Ratsherren Marquard Rusche und schließlich in einer weiteren Ehe den Ratsherrn Bernhard Wangelcow. Wangelcow war seit 1395 im Rat.[190] Er vertrat Greifswald auf dem Hansetag von 1396 in Lübeck und bei Verhandlungen 1399 in Nyköbing und 1405 auf Falster. Seine Stieftochter Heseke Lange - aus der ersten Ehe seiner Frau - verheiratete er vor 1405 mit Ludolf van Dorpen. Dieser war der Sohn des Stralsunder Ratsherrn Diderik van Dorpen, dessen Vater Bernhard an Hansetagen in den Jahren 1363 und 1364 teilgenommen hatte.[191] In zweiter Ehe verband sich Wangelcow mit Margarete, einer Tochter des Arnold (I.) Hilgheman. Arnold (I.) Hilgheman war ein Bruder des Ratsherrn Johan Hilgheman, der seit 1389 amtierte. Johans Neffe Arnold (II.) Hilgheman wurde auch 1428 in den Greifswalder Rat gewählt und verstarb 1465.

Wendele, eine Schwester des Arnold Lange, wurde mit dem Greifswalder Ratsherrn Hinrik van Lübeck verheiratet. Eine weitere Tochter des Hinrik Lange aus einer weiteren Ehe, also eine Halbschwester Arnolds namens Modeke, wurde dem Stralsunder Ratsherrn Jakob Swerdslipper in die Ehe gegeben.[192] Hinrik van Lübeck war also ein Schwager des Greifswalder Ratsherrn Lange. Auch Swerdslipper, der uns schon im Zusammenhang der Verwaltung der Schonenschen Schlösser begegnete, war mit Arnold Lange verwandt.

Arnold (I.) Lange wurde 1361 in den Rat aufgenommen, stieg 1370 zum Bürgermeister auf und verstarb 1382.[193] Mit seinem Schwager Hinrik van Lübeck ist er gemeinsam als Delegierter auf den Tagen vom November 1363 in Greifswald und vom Januar 1364 in Stralsund zu sehen. Arnold (I.) Lange vertrat Greifswald auf Hanseta-

---

186 S. PYL, Genealogien 4, S.136.

187 Everhard Rubenow war ursprünglich zum Kleriker bestimmt und hatte den Magister-Grad erworben.

188 Es bezog sich auf *quandam lapideam hereditatem transversalem in cono sitam in platea Pontis*, s. SCHOEPPLENBERG, Patricierfamilie, S.113.

189 S. PYL, Genealogien 4, S.131.

190 S. PYL, Genealogien 5, S.212f.

191 S. PYL, Genealogien 5, S.285f.

192 S. PYL, Genealogien 2, S.157 mit der Edition eines Eintrages aus dem Greifswalder Stadtbuch zu 1392.

193 S. PYL, Genealogien 4, S.135.

gen zwischen 1363 und 1379. Zum letzten Mal erschien er auf dem Tag zu Johannis des Jahres 1379 in Lübeck gemeinsam mit Jakob Plescow und Hinrik Schoepplenberg, mit dem er häufig gemeinsam aufgetreten war.

Mit seinem Schwiegervater Everhard Rubenow ist Lange auf folgenden Hansetagen gewesen: am 1. November 1363 in Greifswald, am 6. Januar 1364 in Stralsund, am 25. Februar 1370 in Stralsund, am 25. Mai 1371 in Stralsund und am 27. Oktober in Stralsund. Everhard Rubenow ist also nur an zwei Tagen nicht in Begleitung seines Schwiegersohnes Arnold Lange erschienen, nachdem dieser in den Rat eingetreten war.[194]

Langes gleichnamiger Sohn Arnold (II.) wurde 1381 nach dem Ausscheiden seines Vaters in den Rat gewählt. Er starb allerdings schon 1389. Auch Arnold (II.) hat sich in hansischen Angelegenheiten engagiert. Er war auf einem Hansetag, nämlich am 24. April 1384, und einer Gesandtschaft im Oktober desselben Jahres in Falsterbo. Verheiratet war Arnold (II.) Lange mit einer Tochter des Stralsunder Ratsherrn Nicolaus Segefrid.[195] Gemeinsam mit diesem beriet er 1384 auf dem Tag in Stralsund. Die gemeinsame Teilnahme an Hansetagen der Lange, Rubenow und Hilgheman geht aus der Übersicht hervor.[196]

Netz 12: Arnold Lange

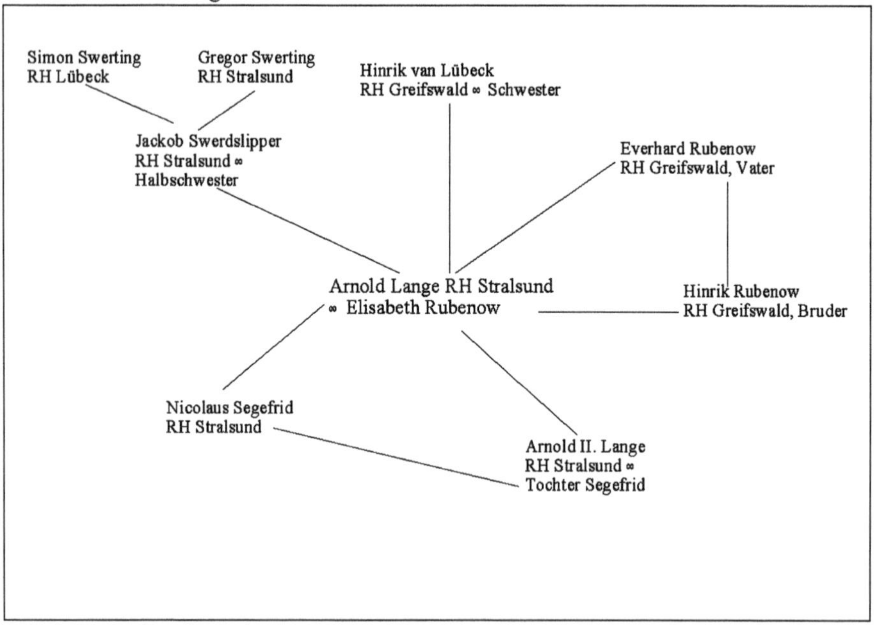

194 Zum Zeitpunkt des Tages vom 7. September 1361, an dem Rubenow erstmals auf einem Tag in Greifswald auftritt, war Lange noch nicht im Rat. Ohne Lange nahm Rubenow an den Tagen vom 18. Juni 1364 und 24. Juni 1367 in Stralsund teil.

195 S. Kap. 4.3.

196 S. im Anhang Delegierten-Netzwerk 3.

1.13 Hinrik Schoepplenberg (Greifswald)

Der Greifswalder Bürgermeister Hinrik Schoepplenberg stand, wie wir schon gesehen haben, in einem vertrauensvollen Verhältnis zum Bürgermeister Everhard Rubenow. Hinrik Schoepplenberg war ein Neffe des Greifswalder Bürgermeisters Diderik Schoepplenberg (1337-1344). Die Schoepplenberg stammten ursprünglich aus der Gegend von Arnsberg und sind seit dem frühen 14. Jahrhundert in Greifswald nachzuweisen.[197] Hinrik Schoepplenberg wurde 1351 in den Rat gewählt und kurz vor seinem Tode im Jahre 1382 Bürgermeister.[198] Er nahm zwischen 1358 und 1381 an 35 Hansetagen und Gesandtschaften teil. Schoepplenberg hatte enge Beziehungen zum Greifswalder Ratsherrn Hinrik Wruke. Er wurde gemeinsam mit Johan Bokholt von diesem als Testamentsvollstrecker eingesetzt. Wruke war vom städtischen Notar 1366 zum Ratsherrn aufgestiegen und vertrat in diesem Jahr Greifswald auf den Tagen in Lübeck und Rostock.[199]

Netz 13: Hinrik Schoepplenberg

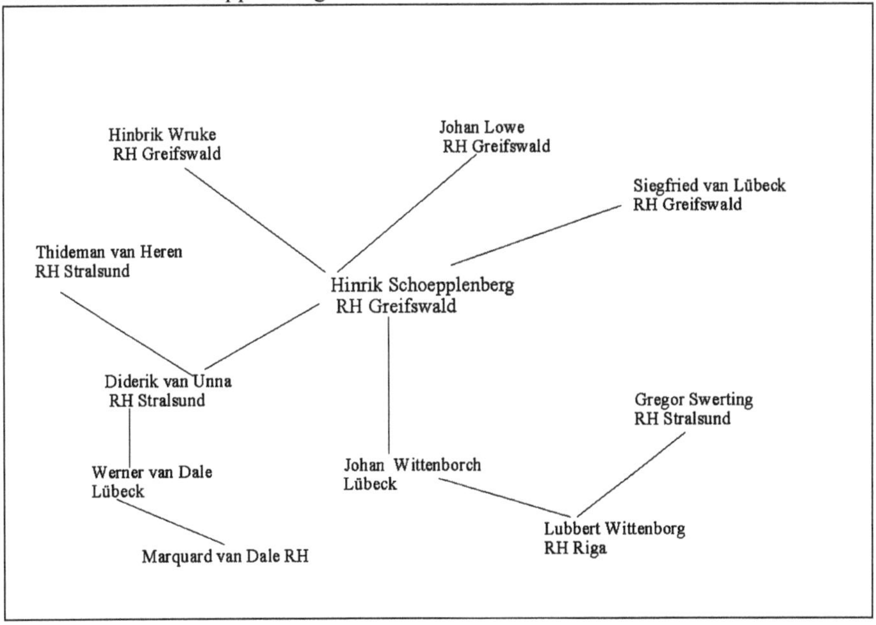

Verheiratet war Schoepplenberg mit Elisabeth Brasche, einer Tochter des Gottfried Brasche. Ihr Bruder Johan Brasche saß von 1360 bis 1400 im Greifswalder Rat, trat aber nicht als Delegierter in Erscheinung. Ob es zu dieser Zeit schon Beziehungen zu der Wismarer Ratsfamilie Buck gab, ist nicht sicher. Conrad Buck war als Vertreter

197 S. PYL-SCHOEPPLENBERG, Genealogien 3, S.2.

198 S. PYL, Genealogien 4, S.106.

199 Verheiratet war Wruke mit der Witwe des Bolto von Kiel (Ratsherr 1338-1350), s. PYL, Genealogien 4, S.138f.

Wismars auf elf Tagen zwischen 1400 und 1407. Sein Sohn Hinrik, der ab 1411 amtierte und 1427 Bürgermeister wurde, war mit Gesa Brasche, einer Nichte des Greifswalder Ratsherrn Johan Brasche verheiratet.[200] Elisabeth Brasches Mutter stammte aus der Greifswalder Ratsfamilie Dersekow. Ihr Großvater war der Ratsherr Lambert Warendorp.[201] Eine Tochter Lambert Warendorps, also eine Tante der Elisabeth, wurde mit dem Bürgermeister Johan Lowe (1382-1396) verheiratet, der zu Johannis 1385 beim Stralsunder Treffen unter den Teilnehmern aufgeführt ist. Auch Johans älterer Bruder Hinrik Lowe war Ratsmitglied (1367-1369).[202] Erst nach dessen Tod konnte Johan in den Rat eintreten.

Eine der Schwestern der Frau Schoepplenbergs war mit Siegfried van Lübeck *senior* verheiratet, eine andere mit dessen Neffen Siegfried van Lübeck *iunior* und schließlich eine dritte mit Siegfried Westfal, einem Sohn des Bürgermeisters Nikolaus Westfal.[203] Westfal saß seit 1353 im Greifswalder Rat und wurde 1357 Bürgermeister. Er nahm als solcher an Hansetagen zwischen 1358 und 1363 teil. Sein gleichnamiger Sohn, Siegfrieds Bruder, wurde 1389 in den Rat kooptiert und starb 1426.[204] Nikolaus (II.) Westfal beteiligte sich an den Beratungen auf dem Tag zu Lüneburg im April 1412. Die Spiegelung dieses Netzwerkes auf Hansetagen zeigt sich in der Übersicht im Anhang.[205] Hinrik Schoepplenberg war geschäftlich auch mit dem Stralsunder Ratsherrn Diderik van Unna verbunden.

1.14 Diderik van Unna (Stralsund)

Der Stralsunder Ratsherr Diderik van Unna stand in einer näheren Beziehung zu den Schoepplenberg. Dieses ergibt sich aus seiner Stiftung für die Tochter Hille des Bürgermeisters Hinrik. Van Unna stiftete nämlich für Hille, die mit seiner Tochter Kathrin als Nonne in Ribnitz lebte, eine Leibrente von 12 ½ Mark.[206] Diderik van Unna nahm an drei Hansetagen zwischen 1367 und 1385 teil, im Oktober 1367 in Rostock, im Oktober 1383 in Lübeck und schließlich am Johannistreffen 1385 in Lübeck. Er wird erstmalig 1341 bei einer Auseinandersetzung zwischen Stralsunder Ratsherren und dem Lübecker Bürger Werner van Dale zusammen mit seinem Bruder Peter als Provisor van Dales genannt. Anscheinend handelte es sich bei Peter um einen Sohn des 1336 verstorbenen Lübecker Ratsherrn Marquard van Dale.[207] Gemeinsam mit dem Stralsunder Wolter Ossenbrugge verpflichtete van Unna sich *ex parte civitatis*

200 S. PYL, Genealogien 4, S.167 und MÖHLMANN, Geschlechter, S.13f. Verwandt waren sie auch mit Nicolaus Buck, der Wismar auf sechs Tagen zwischen 1411 und 1427 vertrat.

201 S. PYL, Genealogien 4, S.44.

202 Hinrik und Johan Lowe waren Söhne des Ratsherrn Lorenz Lowe (1350-1366).

203 Aus Lowes zweiter Ehe stammte der Bürgermeister Conrad Lowe (1420-1443), s. PYL, Genealogien 5, S.225. Dessen Sohn Lorenz Lowe amtierte als Ratsherr von 1449 bis 1468. Er war ein Schwager des Ratsherrn Johan Meybom, der am Hansetag in Stralsund im Jahre 1442 teilnahm, s. PYL, Genealogien 5, S.257.

204 S. PYL, Genealogien 4, S.113. Nicolaus (I.) Westfal soll erst 1383 verstorben sein.

205 S. Anhang Delegierten-Netzwerk 4.

206 Vgl. SCHROEDER, Liber IV, Nr.123 (1. Oktober 1374).

207 Vgl. SCHROEDER, Liber I, Nr.131: *provisores dicti Werneri huius negocii constituti ab eo sunt Thidemannus de Unna et Petrus ...*

im März 1364 für Freibeuter, die auf eigenes Risiko gegen die Feinde der Städte aussegeln wollten.[208] 1367 wird van Unna als Ratsherr gemeinsam mit Johan Raceborch in Nachlassangelegenheiten eines Johan Wittenborg aus Lübeck genannt.[209] Der verstorbene Johan Wittenborg, um dessen Erbe sich van Unna und Raceborch kümmerten, war ein Verwandter des Rigischen Ratsherrn Lubbert Wittenborg, der in Kontakt mit dem Stralsunder Ratsherrn Gregor Swerting stand.[210] Raceborch trat später mit einem *dominus* Johan Grifenberg auf, der Kontakte nach Kolp und Stettin hatte.[211] Ob Grifenberg in einer dieser beiden Städte Ratsherr war, ist bisher nicht zu klären. Lubbert Wittenborg vertrat Riga auf dem Tag vom Juli 1401 in Lübeck. Wahrscheinlich war er mit dem gleichnamigen Lübecker Bürger verwandt. Dieser stand in Kontakt mit Pernau und bürgte 1397 gemeinsam mit dem Lübecker Borchard van Hildensem.[212]

Gemeinsam mit anderen Ratsherren war van Unna 1371 Provisor des verstorbenen Stralsunder Ratsherrn Thideman van Haren, der 1368 am Tag zu Johannis in Lübeck teilgenommen hatte.[213] Unter den Provisoren wird auch Thomas Nottorp genannt, der mehrfach in Geschäften mit Diderik van Unna wie auch weiteren Mitgliedern dieser Familie erscheint.[214] So versprachen Ratsherr Hinrik van Unna und Nottorp im Jahr 1378,[215] die Stralsunder Ratsherren schadlos halten zu wollen für das Erbe des Berthold van Lübeck. Dieses lag in Rostock beim Ratsherrn Johan Lowe.[216]

---

208 Vgl. SCHROEDER, Liber I, Nr.299 (Der Text bezieht sich zurück auf Nr.297): *volentibus velificare eventibus suis contra emulos civitatum*.

209 Vgl. SCHROEDER, Liber I, Nr.432 (1367): *Dominus Thidericus de Unna et Johannes Raazborgh promiserunt civitatem indempnem conservare ex parte bonorum hereditariorum Johannis Wittenborgh in Lubeke discedentis, super quibus habita est illic litera civitatis*. Auch schon 1346 ist Johan Raceborch in Kontakt mit Lübecker Ratsherren zu sehen, vgl. SCHROEDER, Liber I, Nr.319: *Johannes Raceborch habet litteram testimonialem dominorum de Lubeke super pecuniam* ..., vgl. SCHROEDER, Liber I, Nr.418, Liber IV, Nr.23.

210 Vgl. SCHROEDER, Liber I, Nr.853 und Nr.912 (1396): *Testamentarii Johannis Wittenborgh ... presentaverunt consolatui 140 mrc. racione decimi denarii bonorum per eum relictorum et perceptorum a Godekino Odeslo, procuratore domini Lubberti Wittenborgh et Lamberti fratris sui et racione aliorum in testamento eius expressorum*. Aus der Angabe des Zehnten wird deutlich, dass der verstorbene Johan Wittenborg ein recht bedeutendes Erbe hinterließ.

211 Vgl. SCHROEDER, Liber I, Nrn.541,950.

212 Vgl. SIMON, Niederstadtbuch, S.777,4 (1391 Bonifacii), S.971,2 (1397 Palmarum).

213 Vgl. SCHROEDER, Liber I, Nr.470: Johannes Heylardi, *concivis Monasteriensis*, ... bestätigt, dass er von den Provisoren des Thydeman de Haren, nämlich *dominos Gherardum Lowen, Tydemannum de Unna, Willekinum de Unna, Thomam Nottorp, Hinricum de Heren et Godeke de Heren ... de bonis hereditariis Hermanni Knop et Wesseli de Delden, sui nepotis* alles erhalten habe. Berthold van Lübeck scheint engere Beziehungen zu Münsteraner Bürgern gehabt zu haben, vgl. auch SCHROEDER, Liber I, Nr.593 (Mai 1378) *Johannes Vysteldigh civis in Monasterio Westvalie ... omnino contentus ... in huiusmodi donis sive legatis per Bertoldum de Lubeke bone memorie in ipsius testamento ipsi assignatis*.

214 Vgl. SCHROEDER, Liber I, Nr.565 (1376) zum Erbe des Johan Eghoff, der mit ihnen eine Handelsgesellschaft hatte. Vgl. ebenso SCHROEDER, Liber I, Nr.712 zum Erbe des Wilhelm Hartnagel in Mölln.

215 Hinrik van Unna stand geschäftlich mit dem Danziger Kaufmann Eberhard Dotbroke in Verbindung, s. DIERCK-DÜNNEBEIL-RÖßNER, Hansekaufleute, S.161.

216 Vgl. SCHROEDER, Liber I, Nr.583 (1378): *Dominus Hinricus de Unna consul et Thomas Nottorp promiserunt dominos consules Stralessundenses servare cautos et indempnes de omnibus bonis*

Auch der Lübecker Bürger Johan Wartberch, der mit einer Stieftochter des Johan Kubbeling aus der Braunschweiger Ratsfamilie verheiratet war, hatte Schulden bei dem verstorbenen Berthold van Lübeck.[217] Diese sollten für Lubbert van Unna und Norttorp vom Lübecker Ratsherrn Hermann Lange eingefordert werden.[218] Hermann Lange nahm 1376 als Delegierter am Tag in Stralsund teil.

Netz 14: Diderik van Unna

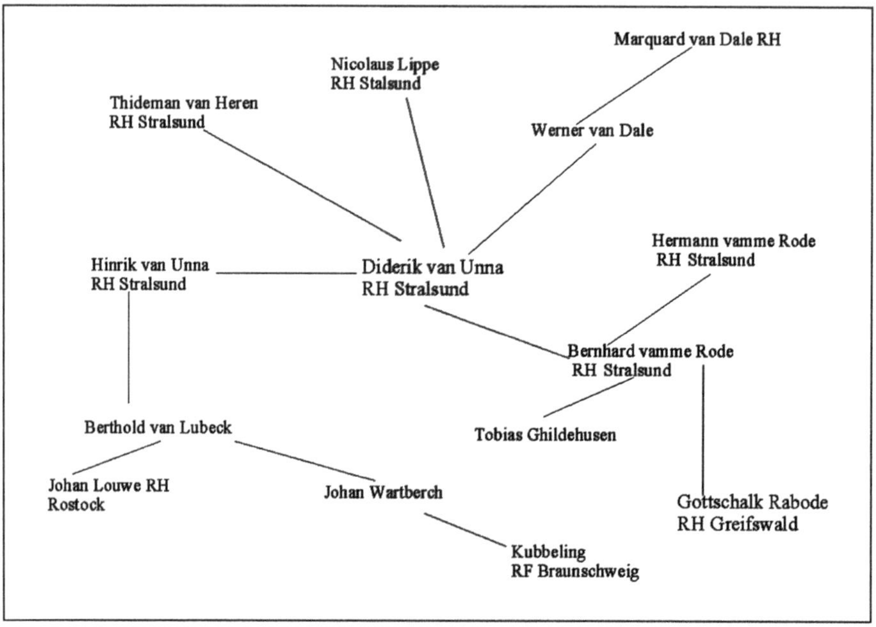

Eine Tochter des Diderik van Unna wurde mit dem künftigen Stralsunder Bürgermeister Nicolaus van Lippe verheiratet.[219] Nicolaus van Lippe amtierte von 1394 bis

per obitum Bertoldi de Lubeke apud dominum Johannem Louwen consulem in Rozstok retromissis, inibi ab eodem per Lubbertum de Unna, electum ad hoc procuratorem ... emonendis. Ob es zwischen der Rostocker und der Greifswalder Ratsfamilie dieses Namens verwandtschaftliche Beziehungen gab, ist noch zu klären.

217 Johan Wartberch ließ 1399 einen Schuldeintrag als Schwiegersohn Johan Kubbelings tilgen, vgl. SIMON, Niederstadtbuch, S.1060,6 (1399 Nativitas Marie): *et Johannes Wardeberch obtinuit deleri, quia idem Johannes habet in uxorem legitimam Geseken filiam Metten quondam uxoris predicti Johannis Kubeling.*

218 Vgl. SCHROEDER, Liber I, Nr.589 (1378): *Thomas Norttorp et Lubbertus de Unna promiserunt consules Stralessundenses cautos ... servare de 100 mrc. lub. den. 15 mrc. minus, emonendis et percipiendis per dominum Hermannum Langen consulem lubicensem a Johanne Wardberghe cive ibidem, nomine Bertoldi de Lubeke bone memorie.*

219 Ob es eine verwandtschaftliche Beziehung des Stralsunders van Lippe zu dem Kalmarer Bürgermeister Hinrik Lippe gab, ist nicht zu klären. Für diesen sollte der Lübecker Johan van Hachede 1376 aus dem Verkauf eines Schiffes in Lübeck 200 Mark erhalten, vgl. SIMON, Niederstadtbuch, S.337,1.

1433. 1427 beteiligte er sich an einem Hansetag in Stralsund.[220] Sein Sohn Mathias, der 1462 in den Rat kooptiert wurde,[221] war in seiner ersten Ehe mit einer Tochter des Markus van Külpen aus Stralsund und in einer zweiten mit einer Tochter des Greifswalder Bürgers Johan Schack verheiratet.[222] Seine Tochter Sophie gab Nicolaus van Lippe dem Greifswalder Bernhard van Lübeck zur Ehe, während deren Schwester Kunneke mit dem Greifswalder Bürger Hinrik van Lübeck verheiratet wurde. Beide Schwiegersöhne stammten aus der gleichnamigen Greifswalder Ratsfamilie.[223]

Bernhard van Lübeck war ein Sohn des Greifswalder Ratsherrn und Delegierten Bertram (I.) van Lübeck, der von 1417 bis 1433 amtierte. Auch Bernhards Mutter stammte aus Stralsund. Sie war eine Tochter des dortigen Ratsherrn Bernhard Wulfersdorp, der von 1396 bis 1409 im Rat saß.[224] Aus der Ehe Bernhards van Lübeck und Sophie, der Tochter des Nicolaus van Lippe, stammte ein Sohn, der nach Stralsund umzog und dort seine Tochter Gesa mit dem bekannten Bürgermeister Nicolaus Smiterlow verheiratete. Smiterlow gehörte zu den wichtigen Delegierten auf Hansetagen seit den 1520er Jahren.

Die Schwägerin des Nicolaus van Lippe, die Schwester seiner Frau, namens Gertrud war mit dem Stralsunder Ratsherrn Bernhard Rode, dem Sohn des Ratsherrn Hermann Rode verheiratet.[225] Es bestanden also recht enge Beziehungen zwischen Diderik van Unna und den Rode. Hermann Rode amtierte von 1358 bis 1381, seit 1376 als Bürgermeister. Während Bernhard Rode in den Jahren von 1394 bis 1400 bei Verhandlungen in Falsterbo, Kalmar und Helsingör zu finden war, vertrat sein Vater Hermann Stralsund auf 33 Tagen zwischen 1358 und 1388.[226] Es ist weiterhin zu fragen, ob es eine verwandtschaftliche Beziehung zwischen den Stralsunder Rode und dem Danziger Bürgermeister Albrecht Rode gab. Dieser arbeitete mit dem Stralsunder Ratsherrn Wulf Wulflam zusammen.[227] Der Stralsunder Ratsherr Bernhard Rode hatte Geschäftsbeziehungen zu dem Greifswalder Ratsherrn Gottschalk Rabode, einem Enkel des Lambert Warendorp.[228] Für Rode bürgten die Stralsunder Ratsherren

---

220 S. die Stammtafel bei KOEPPEN, Ratsfamilien, S.153 und die folgenden Anmerkungen.

221 Zu der Rolle des Mathias van Lippe und seiner Verstrickung in einen ungeklärten Mord wie Umsturzversuche in Stralsund s. KOEPPEN, Ratsfamilien, S.81ff. Koeppen kennzeichnet ihn nach der Überlieferung als „leidenschaftlich, jäh aufbrausend, unüberlegt und roh."

222 S. KOEPPEN, Ratsfamilien, S.153.

223 S. zu den van Lübeck Kap.1.15.

224 S. PYL, Genealogien 5, S.227.

225 Vgl. SCHROEDER, Liber I, Nr.100 (1372): *Thidemannus de Unna emit a camerariis 100 marc.redd. pro 1200 marc. monete.* Nr.100 b: *Hunc redd. ... percipiet Bernardus de Rode, gener dicti domini Thidemanni.* Vgl. auch SCHROEDER, Liber I, Nr.144 (1375 circa Johannis Baptiste): *Dominus Thidemannus de Unna consul et Bernardus de Rode ipsius gener coram dominis consulibus Stralessundensibus in hunc modum subsequentem concordarunt, quod idem Bernardus pro hereditariis omnibus bonis, sibi ex parte Ghertrudis sue uxoris per obitum Elyzabet ipsius sororis successis ... annuos 100 marc. redd., quos predictus dominus Thidemannus habuit vel habet cum dominis consulibus antedictis ...*

226 Die Spiegelung des Netzwerkes in den Delegationen zeigt sich in der Übersicht. S. Anhang: Delegierten-Netzwerk 5.

227 Zur Verbindung Rode-Wulflam s. Kap. 1.18.

228 Vgl. SCHROEDER, Liber II, Nr.416 (1412): *Dominus Bernardus de Rode et Alveke Brandes* übernehmen einen Schuldbrief, *quam civitas sigillavit domino Gottscalco Rabode super 1250 marc.*

und Delegierten Johan van Külpen und Eler Burow.[229] Eine vertrauensvolle Beziehung muss auch zwischen Bernhard Rode und dem Stralsunder Delegierten zum Hansetag vom Januar 1361 Johan Kannemaker bestanden haben, denn er wurde von diesem zum Provisor seiner Kinder eingesetzt.[230]

1418 bestätigte Bernhard Rode, dass die Schulden des Ratsherrn Tobias Ghildehusen bezahlt worden seien.[231] Tobias Ghildehusen war der Sohn des Stralsunder Bürgermeisters Albert Ghildehusen. Er arbeitete mit dem schon genannten Stralsunder Delegierten Johan von Külpen zusammen.[232] Dieser schuldete auch 1382 dem Hermann Rode, dessen Sohn der Schwiegersohn des Diderik van Unna war, die Summe von 500 Mark Sund.[233]

1.15 Die van Lübeck (Greifswald)

Mit mehreren Ratsfamilien Greifswalds waren die van Lübeck verwandtschaftlich verbunden, so mit den Lange und den Warendorp. Als Delegierter auf hansischen Versammlungen wird auch Siegfried van Lübeck genannt. Wahrscheinlich ist der jüngere Siegfried van Lübeck gemeint. Er war ein Sohn des Ratsherrn Hinrik van Lübeck senior (1338-1359). Siegfried der jüngere heiratete wie sein Onkel Siegfried senior eine Tochter des Ratsherrn Lowe. Da beide Siegfried van Lübeck zeitweise auch gemeinsam im Rat saßen, ist eine genaue Zuweisung allerdings schwer.[234] Für unseren Zusammenhang wichtig ist, dass beide nicht nur durch Herkunft sondern auch durch ihre Ehen mit den Töchtern Lowe mit dem Ratsherrn Lambert Warendorp in einem engen familiären Verhältnis standen.[235] Lambert Warendorp wurde 1338 in den Rat gewählt und verstarb 1368.[236] Er war recht häufig als Delegierter anzutreffen. Zwischen 1361 und 1368 beteiligte er sich an zwölf Hansetagen. Warendorps Enkelin Elisabeth Brasche wurde - wie wir schon sahen - mit Hinrik Schoepplenberg verhei-

---

...reddere istam literam liberam festo b. Nicolai proxime venturo pro quo promiserunt cum ipsis dominus Johannes de Kulpen, dominus Nicolaus de Lippia, dominus Hermannus Badyseren, Elerus Burow et Johannes Husman coniuncta manu.

229 Zu geschäftlichen Beziehungen mit dem Delegierten Gottfried von Bremen vgl. SCHROEDER, Liber II, Nr.72 (1412) (*coniuncta manu*).

230 Vgl. SCHROEDER, Liber I, Nr.871 (1391). Der Priester Johannes Kannemaker verkaufte seinen Brüdern Thiderik, Andreas und Mathias *10 marc. redd. vitalicii de 60 marc. vitalicii, quibus 60 marc. dominus Andreas Kannemaker quondam consul Sundensis, pater dicti domini Johannis et suorum fratrum, in testamento extreme eius voluntatis sepedicto domini Johanni deputavit.* Als Tutoren der unmündigen Kinder werden die Ratsherren Gottfried Nybe, Bernhard de Rode, Gerhard Kannemaker, Johan Holthusen und Diderik Lowe genannt.

231 Vgl. SCHROEDER, Liber II, Nr.383 (1418 circa Lucie).

232 Vgl. SCHROEDER, Liber II, Nr.320 (1399): Ratsherr Johan van Külpen und Tobias Ghildehusen erkennen an, dass *dominus Johannes de Molendino* vom Ratsherrn Albert Ghildehusen für 1000 Mark Sund. eine Rente von 100 Mark gekauft hat. Diese müssen Johan van Külpen und Tobias Ghildehusen zahlen.

233 Vgl. SCHROEDER, Liber II, Nr.210.

234 Auch Pyl hatte Probleme in der exakten Zuweisung, s. PYL, Genealogien 4, S.120f., S.134f.

235 Wenn das Datum der Heiraten auch nicht genau angegeben werden kann, so ist doch auch schon vor den Ehen ein Vertrauensverhältnis anzunehmen, als die Heiraten geplant wurden.

236 S. PYL, Genealogien 4, S.93.

ratet. Lambert Warendorp und Schoepplenberg nahmen gemeinsam an sechs Tagen teil.[237]

Siegfried van Lübeck wurde 1361 in den Rat gewählt, nachdem er zuvor in Prag studiert hatte.[238] Er vertrat Stralsund von 1368 bis 1371 auf Tagen in Rostock, Lübeck und Grevesmühlen. Sein Onkel, der Bürgermeister Hinrik van Lübeck, war ihm in dieser Funktion vorangegangen. Hinrik van Lübeck gehörte seit 1341 dem Greifswalder Rat an. Er wurde 1354 zum Bürgermeister gewählt und starb 1365. Hinrik van Lübeck ist zwischen 1361 und 1364 auf acht hansischen Versammlungen als Vertreter Greifswalds erschienen. Verheiratet war er - wie wir schon sahen - mit Wendele, einer Schwester des Ratsherrn Arnold (I.) Lange.[239]

Netz 15: Van Lübeck

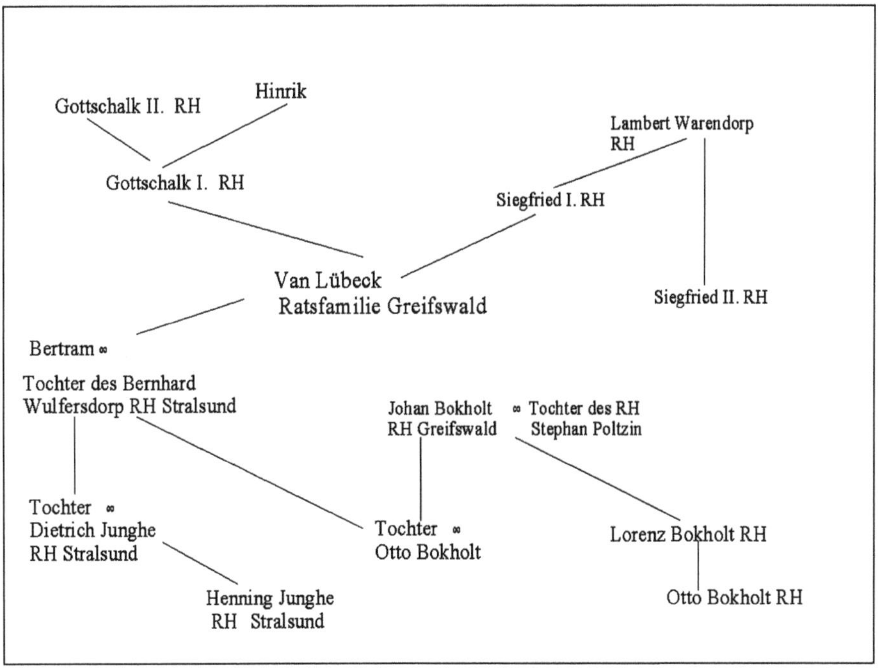

Der jüngere Bruder des Bürgermeisters Hinrik van Lübeck namens Gottschalk (I.) wurde 1364 Ratsherr und 1380 Bürgermeister, zusammen mit seinem Cousin Siegfried junior. Gottschalk (I.) van Lübeck starb 1382. Als Delegierter Greifswalds war er 1374 auf einem Hansetag, und mit den städtischen Abrechnungen wird er auf Hansetagen in den Jahren 1376 bis 1378 genannt.[240] Der gleichnamige Bürgermeister, der dann auf Hansetagen zwischen 1399 und 1405 erschien, war ein Sohn des gerade ge-

237 S. im Anhang Delegierten-Netzwerk 6.
238 S. PYL, Genealogien 4, S.134.
239 S. zu ihm S.59f.
240 Vgl. HR 1,2, Nrn.77, 171.

nannten Bürgermeisters Gottschalk (I.) van Lübeck und jüngerer Bruder des Bürgermeisters Hinrik van Lübeck, der die Stadt auf dem Tag von 1385 vertreten hat. Erst nach dem frühen Tod seines Bruders Walter trat Gottschalk (II.) van Lübeck 1395 in den Rat ein.[241] Gottschalk (II.) war im Flandernhandel engagiert, wovon seine Stiftung eines Armentisches in Brügge zeugt.[242] Sein Neffe Bertram van Lübeck, Sohn Walters (II.) van Lübeck und Enkel Gottschalks (I.) van Lübeck, wurde 1402 in den Rat gewählt. 1417 erlangte er das Bürgermeisteramt.

Bertram van Lübeck vertrat Greifswald auf Hansetagen 1403 in Rostock, 1405 und wiederum 1422 in Lübeck. Er starb 1432. Bertram van Lübeck war mit Katharina verheiratet, einer Tochter des Stralsunder Ratsherrn Bernhard Wulfersdorp.[243] Auch Bertrams Tochter Brigitte wurde nach Stralsund verheiratet. Brigittes Mann war der dortige Ratsherr Diderik Junghe (1460-1466). Der Sohn der Brigitte und des Diderik Junghe namens Henning wurde in Stralsund in den Rat kooptiert. Henning Junghe war 1485 als Stralsunder Delegierter auf dem Hansetag in Lübeck.

Dideriks Vater, Ratsherr Albert Junghe, trat nicht als Delegierter auf, war aber vielfältig in Geschäften zwischen den Niederlanden und den Orkneys tätig.[244] Er stand mit dem Stralsunder Ratsherrn Simon van Urden zusammen in Geschäftsbeziehungen zu den Söhnen des Lübecker Ratsherrn Conrad van Urden.[245] Albert Junghe unternahm auch gemeinsame Geschäfte mit dem Stralsunder Ratsherrn Hinrik van Haren, der als Delegierter im April 1440 in Lübeck erschien.[246] Ein Eintrag in den Stralsunder Liber Memorialis nach Alberts Tod zeigt uns, dass er auch in geschäftlichen Beziehungen zu dem Lübecker Bürger Gottfried Kerkring, dem Bruder des Ratsherrn Bertram, stand.[247] Die geschäftliche Beziehung zu dieser Lübecker Ratsfa-

---

241 Ursprünglich war er wohl für die geistliche Laufbahn vorgesehen, denn er hatte in Prag studiert, s. PYL, Genealogien 4, S.214.

242 S. RÖßNER, Memoria, S.358.

243 S. PYL, Genealogien 4, S.227.

244 Vgl. SCHROEDER, Liber II, Nr.648 (1422 Dominica Judica) zum Kauf eines in Kolberg gebauten Schiffes für 150 Mark. Sund. von dem Kolberger Bürger Otto Bere. Vgl. zu den Beziehungen auf die Orkneys SCHROEDER, Liber II, Nr.79 (1423 Elisabeth): *Litera quam consiliarii domini comitis de Orkeney, loquentes de 140 nobilibus, sigillarunt dominis consulariis Sundensibus, ista pertinet Alberto Jungen et suis heredibus* ... Zum Handel mit Holland und Dordrecht vgl. SCHROEDER, Liber III, Nr.52 (1423 Corporis Christi): *Albertus Junghe emit ab Hinrico Grote ... totam suam partem, quam habet in frumento, quod Alberto et ipsi Hinrico sumptum erat a comite Hollandie et civitate Dordraco, ita quod Albertus debet percipere omnem persolucionem* ... Vgl. auch Nr.539 (1433 circa Bartholomei).

245 Vgl. SCHROEDER, Liber III, Nr.539 (zu 1433 Bartholomei): *wedderlegghinge heben gedaen domini Symon de Orden et Albertus Junghe Gherardo de Orden, filio pie memorie domini Nicolai de Orden* ... Albert Junghe und die Kinder des Simon van Urden beendeten ihre Handelsgesellschaft (*sunt separati et divisi*).

246 Vgl. SCHROEDER, Liber III, Nr.704 (1438 Assumptionis Marie): Albrecht Junghe kaufte zusammen mit dem Ratsherrn Hinrik van Haren Haus und Hof in den Sundischen Wiesen, die oberhalb von Barth liegen.

247 Eine verwandtschaftliche Beziehung zum 1405 verstorbenen Ratsherrn Berthold Kerkring ist bisher nicht zu erkennen. Vgl. SCHROEDER, Liber V, Nr.281 (1447 Lamberti): *Una scriptura debet haberi in maiori libro seu registro civitatis ... quod dominus Albertus Yunghe consul pie memorie statuit Godfrido Kerkringe civi Lubicensi pro 200 marc. hereditatem suam in Ossenreyerstrate. Modo Gerlacus de Bremen procurator dicti Godfridi percepit has 200 marc. ab he-*

milie bestand weiterhin. Die erste Erwähnung seines Enkels Henning Junghe, des Ratsherrn und Delegierten von 1485, geschah 1455 im Zusammenhang mit Schulden bei dem Lübecker Ratsherrn Thomas Kerkring, dem Sohn Gottfrieds.[248]

Eine weitere Tochter des Bertram van Lübeck wurde mit dem Sohn Otto des Greifswalder Ratsherrn Johan Bokholt verheiratet. Johan Bokholt hatte studiert. Er war Magister und der Notar Greifswalds gewesen, bis er 1356 in den Rat aufstieg.[249] Bokholt heiratete eine Tochter des Ratsherrn Stephan Poltzin. Deren Schwestern waren den Ratsherren Gerhard Bokholt (1359-1362), einem Vetter Johans, und Walter van Essen in die Ehe gegeben worden.[250] Johan Bokholts Frau Sophie heiratete in zweiter Ehe den Ratsherrn Nicolaus Rose, der die Stadt zwischen 1382 und 1388 vertrat. Bokholts Sohn Lorenz folgte Vater und Stiefvater in der Delegiertentätigkeit und vertrat Greifswald auf dem Tag vom März 1394 in Lübeck und bei den Verhandlungen im Juli 1394 in Helsingborg. Von 1410 bis 1417 amtierte er als Bürgermeister. Sein Sohn Otto, der mit einer Tochter des Bertram van Lübeck verheiratet war, amtierte seit 1421 als Ratsherr und seit 1443 als Bürgermeister. Er starb 1451. Bürgermeister Otto Bokholt trat nicht auf Hansetagen in Erscheinung.

Jakob van Lübeck, ein Enkel des Ratsherrn Hinrik van Lübeck,[251] saß von 1416 bis 1434 im Rat, trat aber nur einmal als Delegierter in Rostock im Januar 1422 auf. Seine Tochter Elisabeth wurde mit dem Ratsherrn Diderik von Dorpen in Greifswald vermählt.[252] Diese Ratsfamilie stammte ursprünglich aus Stralsund und hatte weiterhin enge Beziehungen zur dortigen gleichnamigen Ratsfamilie, die mit Bernhard einen Delegierten gestellt hatte, der 1363 und 1364 mehrmals auf Tagen erschienen war.[253]

1.16 Johan Rughe (Stralsund)

Johan Rughe, der gemeinsam mit Bertram Wulflam und Diderik Crudener am Hansetag zu Johannis Baptista 1379 in Lübeck teilnahm, war häufig auf hansischen Versammlungen zwischen 1363 und 1388 zu finden. Zu seinem Delegiertenkollegen Bertram Wulflam bestanden vielleicht auch verwandtschaftliche Beziehungen. Rug-

---

redibus domini Alberti predicti ...

248 Vgl. SCHROEDER, Liber V, Nr.463 (13. August 1455) : *Pueri minorennes domini Alberti Yungen pie memorie, scilicet Heileke, Ilsebe et Albert erant obligati domino Tome Kerkringe pie memorie ... Tidericus et Henningus fratres ... condicti Jungen promiserunt ... Gerlaco de Bremen procuratori dictorum Kerkringe 300 marc. minus 12 marc.* 1440 wird auch eine Klage der Kinder des Albert Junghe gegen den Lübecker Bürger Hans Klecking um Güter auf Rügen vor dem Lübecker Rat entschieden, vgl. AHL, Niederstadtbuch zu 1448 Corpus Christi.

249 S. PYL, Genealogien 4, S.118.

250 S. PYL, Genealogien 4, S.127. Die Schwäger und Ratsherren Johan Bokholt, Gerhard Bokholt und Walter van Essen stifteten eine Vikarie in der Nicolai Kirche, vgl. PYL, Greifswalder Kirchen, S.342.

251 Hinrik van Lübeck war ein Bruder des Siegfried van Lübeck.

252 S. PYL, Pommersche Genealogien 4, S.240.

253 S. zu den van Dorpen S. 59. Die Teilnahme der van Lübeck an Hansetagen geht aus der Übersicht hervor. S. im Anhang: Delegierten-Netzwerk 6: Van Lübeck.

hes Tochter Margareta soll nach einem Zeugnis des 15. Jahrhunderts mit Wulf Wulflam, dem Sohn Bertrams, verheiratet gewesen sein.[254]

Wenigstens dreimal reiste Rughe zusammen mit seinem Stralsunder Kollegen Diderik van Unna zu Tagen, am 6. Oktober 1367, am 4. Oktober 1383 und am 24. Juni 1385. Im Juni 1369 schuldete dieser dem Ratsherrn Rughe 50 Mark, die er bis zum nächsten Pfingsten zurückzuzahlen versprach.[255] Andererseits hatte Rughe Schulden bei dem Greifswalder Bürgermeister Nicolaus Westfal, der zwischen 1358 und 1369 auf Hansetagen zu finden war. 1375 verpfändete er ihm für 350 Mark sein Wohnhaus in der Frankenstraße in Stralsund.[256] Im November 1363 hatten Rughe aus Stralsund und Westfal aus Greifswald gemeinsam an einem Tag teilgenommen.

Netz 16: Johan Rughe

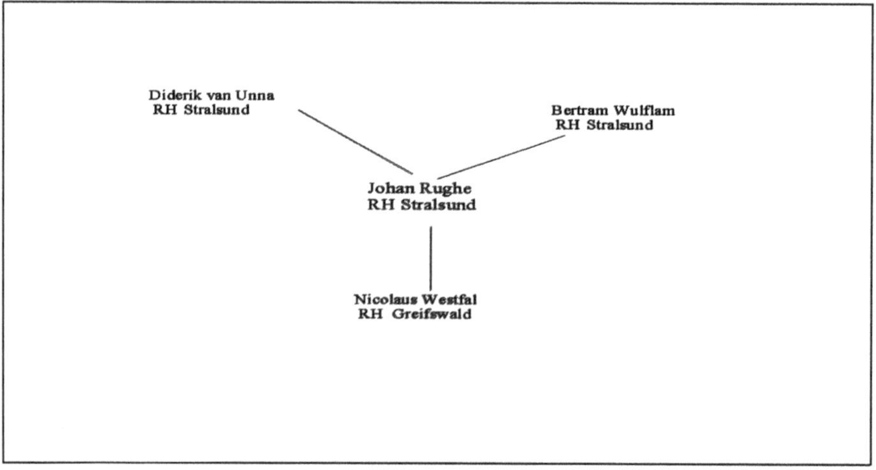

254 Dies behauptet nach urkundlichen Zeugnissen von 1435 und 1438 FABRICIUS, Kaland, S.22. Demgegenüber sieht Koeppen als die zweite Frau Wulf Wulflams Margarete Holthusen an, s. KOEPPEN, Ratsfamilien, S.145.

255 Vgl. SCHROEDER, Liber IV, Nr.62 (um 24. Juni 1369): *Dominus Thidericus de Unna tenetur domino Johanni Rughen 50 marc. den.*

256 Vgl. SCHROEDER, Liber IV, Nr.142 (um 24. Juni 1375): *Dominus Johannes Rughe statuit suam hereditatem in platea Francorum stantem, quam ipse inhabitat, domino Nicolao Westval proconsuli Gripeswaldensi pro 350 marc.den.* Geschäftsbeziehungen Rughes nach Danzig gehen aus einer Versicherung vom November 1376 hervor. Er versprach hier, den Stralsunder Rat schadlos zu halten bei Problemen, die aus einer Lieferung von Heringen entstehen könnten, die testamentarisch aus Danzig an das Stralsunder HeilGeist-Spital vermacht worden waren, vgl. SCHROEDER, Liber I, Nr.575 (1376 November): *Dominus Johannes Rughe promisit dominos consules Stralessundenses servare indempnes de 18 lagenis allecum, s. Spiritui in Zundis per Heynonem Schonekynd testamentaliter assignatis ... in Dantzik constitutis per Nicolaum de Heyde procuratorem ibidem extorquendis ...* Auch sein Sohn hatte Beziehungen nach Danzig. Im November 1421 wandte sich Johan Rughe (junior) gemeinsam mit Vicko Wulf an den Danziger Rat, um das Erbe des dort verstorbenen Bruders Eggard des Vicko Wulf zu erhalten, vgl. SCHROEDER, Liber II, Nr.617.

Die Betrachtung des mit dem Lübecker Ratsherrn Thomas Morkerke geschäftlich verbundenen Ratsherrn Arnold van Soest führte nicht nur nach Stralsund, sondern auch nach Greifswald, da der Greifswalder Delegierte Rubenow ein Schwiegersohn des van Soest war. Deutlich trat das enge Beziehungsgeflecht der Stralsunder und Greifswalder Delegierten vor Augen. Die Vertretungen der mit den Morkerke verbundenen Herren auf Tagen zeigen sich im Spiegel der Delegiertentätigkeit.[257] Die Städte übergreifende Interessengemeinschaft, die sich auf Hansetagen zu politischen Aktionen zusammenschloss, wird somit erkennbar.

Kehren wir nach der Betrachtung der Netzwerke der mit Jakob Plescow enger verbundenen Lübecker Ratsherren und deren Verbindungen zu weiteren Delegierten zu diesem zurück. Plescows Tochter Gertrud wurde mit dem späteren Lübecker Ratsherrn Thideman Vorrad verheiratet. Mit dessen Vater Bertram Vorrad ist Plescow seit 1362 auf vier Tagen erschienen.[258] Bertram Vorrad war seinerseits mit Elisabeth verheiratet, einer Tochter des Ratsherrn Hermann Blomenrod (1336-1359), der starke Flandernkontakte hatte.[259] Mit dem Schwager seiner Frau, Thideman Blomenrod, ist Vorrad mehrfach auch in Geschäften zu beobachten. Von diesem wurde er auch als Provisor im Testament von 1356 eingesetzt.[260] Engere geschäftliche Beziehungen hatte Vorrad auch zu den Ratsherren Johan Schepenstede und Jakob Plescow.[261]

Die Verbindung zu Schweden und Gotland blieb sowohl innerhalb der Familie Plescow wie auch besonders bei Jakob Plescow bestehen.[262] Zur weiteren Visbyer Verwandtschaft Jakob Plescows gehörten die van Flandern (oder Vlaming), die mit Hinrik van Flandern am Ende des Jahrhunderts einen wichtigen Vertreter auf Hansetagen stellten. Van Flandern war in den russischen Handelsfragen engagiert, wie sich an seiner Beteiligung an den Verhandlungen in Novgorod, der sog. Kreuzküssung Nieburs zeigt.[263] Nach Gottschalk Wises Tod im Juni 1369 wird die Verbindung zu Schwedenhändlern und ihrem wichtigen Handelsgut, dem Eisenerz deutlich.[264] Bei dieser Transaktion erschienen als Vermittler Johan Crispin, der Cousin des Lübecker Ratsherrn Segebodo Crispin, und der Kaufmann Hinrik Bernsterd. Bernsterd stammte aus Köln. Er war ein Schwager des aus Sluis bei Brügge kommenden Lübeckers Boldewin Speghelmaker, mit dem er auch Geschäfte tätigte.[265] Nicht nur durch Herkunft

257 S. im Anhang das Delegierten-Netzwerk 7.

258 Vgl. die chronologische Übersicht.

259 Zum Ratsherrn Hermann Blomenrod s. LUTTERBECK, Rat, S.204f.

260 Zu Thideman Blomenrod und gemeinsamen Geschäften mit Vorrad s. ASMUSSEN, Flandernfahrer, S.297. Zum Testament s. VON BRANDT, Regesten, Nr.612.

261 S. ASMUSSEN, Flandernfahrer, S.683, zu Geschäftsbeziehungen mit Hinrik Smilow S.721.

262 S. KOPPE, Lübeck-Stockholm, S.173 und WIEGANDt, Plescows, S.214.

263 S. LINDSTRÖM, Rathslinie, S.10. Hinrik van Flandern war anwesend auf den Tagen zu Lübeck am 24.6.1366, am 1.5.1388, zu Dorpat am 24.3.1392 und in Novgorod bei den Verhandlungen 1392, vgl. HR 1,1,331;1,3,384;1,4,45;1,4,52. Hinrik van Flandern zahlte auch mit seinem Kollegen Werner Grudevelt für Visby 1388 60 Silbermark, die dem dänischen König von Visby geschuldet waren, an die Lübecker Johan Krowel, Ludeke Horborch und Johan Brekwold aus, vgl. SIMON, Niederstadtbuch, S.658,4.

264 Vgl. SIMON, Niederstadtbuch, S.151,8 (1369 Viti).

265 Speghelmakers Mutter Ghertrud heiratete in zweiter Ehe den Lübecker Ratsherrn Hinrik Rikbode. Zur weiteren Verwandtschaft, zu Speghelmakers Testament und den Geschäften mit Bernsterd s. ASMUSSEN, Flandernfahrer, S.737f.

und Familie stand Bernsterd in europäischen Verbindungen, sondern auch durch seinen Handel.

Bernsterd war hauptsächlich im Baltikumhandel involviert. Dabei waren seine Partner in Lübeck neben Gottschalk Wise besonders die Ratsherren Johan Wittenborg, Albert Travelmann und Gottschalk van Attendorn, in Dorpat der Ratsherr Thideman Rutenbeke und in Riga die Ratsherren Ulf van Sunderen und Johan Langeside. Weiterhin sind als seine Partner aus Lübeck die Kaufleute Johan Wulf, ein Bruder des Pernauer Ratsherrn Conrad van Hurle, Thideman Loos und Johan van Verden, aus Dorpat Gerhard Poppen, Volmar Blomenberg, Hinrik van den Eken, und Simon Swartecop[266] und aus Riga Otto Rotermund zu nennen.[267]

Netz 17: Hinrik Bernsterd

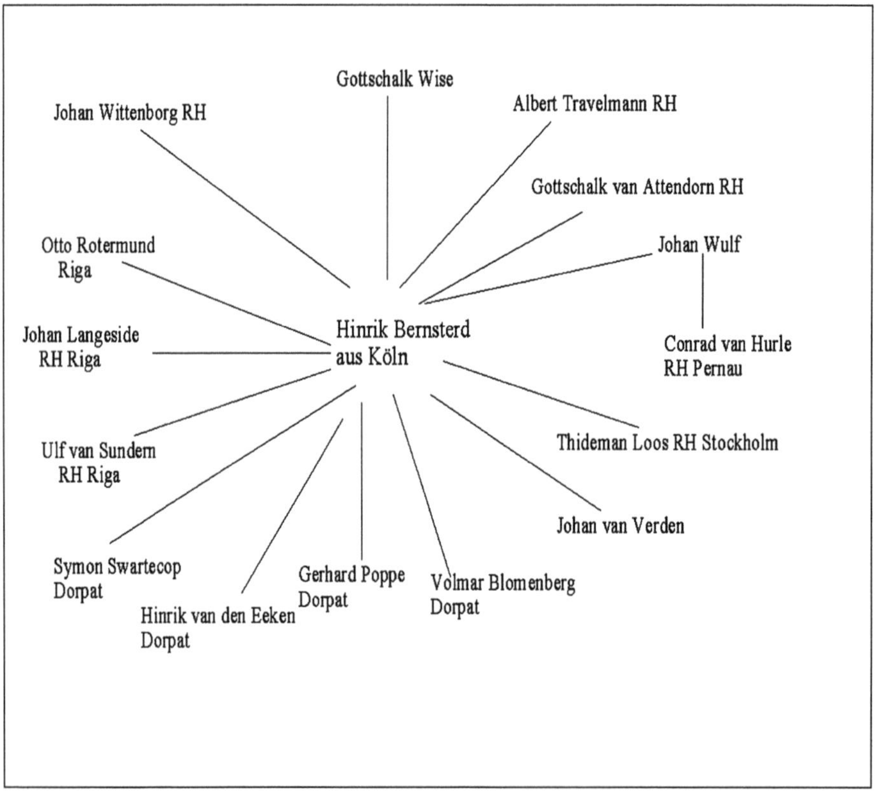

Die Notiz aus dem Lübecker Niederstadtbuch konnte uns im Blick auf Plescows Partner Bernsterd die weiträumigen Beziehungen wie die Mobilität dieser Personen vor Augen führen. Eine besonders starke Vertrauensbeziehung hatte Plescow zu dem

266 Simon Swartecop stammte aus Hildesheim. Zu seinen weiträumigen Verbindungen zu hansischen Kaufleuten und Ratsherren s. Netz 20..

267 S. KOPPE-KOPPE, Frankfurthändler, S.179f.

als vierten Lübecker Vertreter am Johannistag des Jahres 1379 aufgeführten Simon Swerting, seinem Cousin.[268] Er setzte ihn in vieren seiner Testamente als Provisor ein.[269] Weiterhin wurden von Jakob Plescow testamentarisch als Vollstrecker seines letzten Willens die Ratsherren Bernhard (II.) Plescow, Johan (II.) Plescow, Brun (II.) Warendorp, Albert Travelmann und Johan Schepenstede eingesetzt. Aus den Verfügungen nach Plescows Tod können wir ersehen, dass in seinem letzten Testament, das nicht überliefert ist, auch Johan Perceval als Provisor genannt worden war. Durchgängig zeigt sich in allen erhaltenen Testamenten auch das besondere Vertrauensverhältnis zu seinem Schwager Brun (II.) Warendorp. Plescows Schwager Johan Schepenstede taucht erst 1367 als Vollstrecker im letzten erhaltenen Testament auf. Da aus den 70er Jahren keine Testamente von Jakob Plescow erhalten sind, können wir nicht erkennen, wie sich die Konstellation änderte. Anscheinend gewann Johan Perceval in den 70er Jahren eine größere Bedeutung für Jakob Plescow.

Durch seine Ehe mit Herdeke,[270] einer Tochter des Wilhelm Warendorp, der zwar nicht im Rat saß, aber dennoch wohl wegen seines außergewöhnlichen Reichtums als *dominus* bezeichnet wurde, knüpfte Plescow um 1350 verwandtschaftliche Verbindungen mit weiteren Lübecker Ratsherren, so mit dem jüngeren Schwager Brun (II.) Warendorp, der seit den 80er Jahren des 14. Jahrhunderts nach dem Tode Plescows vielfach auf hansischen Versammlungen anzutreffen war.[271] Eine ältere Schwester der Frau des Jakob Plescow namens Telse hatte Thideman van Alen geehelicht. Die Familie van Alen unterhielt enge verwandtschaftliche Beziehungen zu einem anderen Zweig der Familie Plescow.[272] So war Hinrik (II.) Plescow, der 1356 in Brügge als Vertreter der *menen stede* an der Ordnung des Kontors beteiligt war, ein Schwager des gleichnamigen Vaters des Thideman van Alen.[273] Margarete, eine weitere Schwester der Frau Plescows, war seit 1350 mit dem Lübecker Ratsherrn Johan Schepenstede verheiratet. Dieser ist häufig - auch gemeinsam mit Plescow - auf Hansetagen anzutreffen.[274] Geseke, Jakobs Schwester, war seit 1347 mit Hinrik Travelmann verheiratet, einem Bruder des Ratsherrn Albert Travelmann, der 1388 auf einer Versammlung in Lübeck genannt wird.[275]

Nachdem so die vielfältigen verwandtschaftlichen Beziehungen des Jakob Plescow zu Lübecker Ratsherren und hansischen Vertretern deutlich wurden, sollen nur knapp noch seine geschäftlichen Verbindungen in diesem Kreis betrachtet werden. Schwerpunkt seiner Handelstätigkeit war anscheinend die Linie Lübeck-Visby-Livland mit Einbeziehung Festlandschwedens, obwohl er auch in Flandern handel-

268 S. LUTTERBECK, Rat, S.386.

269 S. LUTTERBECK, Rat, S.342.

270 Das Datum der Heirat kann nicht genau bestimmt werden. 1347 waren Jakob und Herdrad verlobt, s. WIEGANDT, Plescows, S.203. Sicherlich hat diese Heirat den Ratseintritt des Jakob Plescow im Jahre 1352 nicht gerade behindert.

271 S. die chronologische Übersicht.

272 Ein gleichnamiger Sohn arbeitete mehrfach mit dem Ratsherrn Johan (II.) Plescow zusammen.

273 Hinrik Plescows Schwester Margarete war mit dem älteren Thideman van Alen verheiratet, s. LUTTERBECK, Rat, S.185.

274 S. zu Schepenstede Kap. 1.20.

275 S. LUTTERBECK, Rat, S.390.

te.[276] Die Beziehungen zu Personen mit engen Verbindungen zu Visby und Gotland sind nicht nur im persönlichen Bereich sondern auch in seinen geschäftlichen Tätigkeiten eine wichtige Konstante im Leben des Bürgermeisters Jakob Plescow.[277] Als wichtige Partner in Geschäften und bei Krediten aus dem Kreis der Lübecker Ratsherren, die als Delegierte auf Hansetagen erschienen, sind zu nennen: Johan Schepenstede (1350), Bernhard Coesfeld (1359), Albert Travelmann (1361), Berthold Kerkring (1366,1369) und Hermann van Ossenbrugge (1371), der auch am Hansetag vom Juni 1379 beteiligt war.[278] Plescows Geschäftsbeziehungen beschränkten sich allerdings nicht auf Lübecker Teilnehmer an Hansetagen. Aus einer Notiz im Niederstadtbuch vom Juni 1373 erfahren wir, dass Plescow am 24. Juni desselben Jahres vor einer Reise nach Novgorod (*iturus Nogardiam*) seine Angelegenheiten regelte. Dabei teilte er mit, dass die beträchtlichen Renten in Stralsund, die unter anderem auf den Wohnhäusern des Ratsherrn Jakob Swerdslipper und des Ratsherrn Diderik Crudener am Markt lagen und Plescow im Stralsunder Stadtbuch zugeschrieben seien,[279] nicht ihm sondern seiner Schwester Gertrud zuständen.[280] Gertrud war die Witwe des Hinrik Travelmann. Dessen Bruder Albert saß im Lübecker Rat. Der in dieser Notiz als Schuldner genannte Stralsunder Ratsherr Swerdslipper war uns schon als Partner der Swerting bei der Verwaltung der Schonenschen Schlösser wie auch in seiner Eigenschaft als Schwager des Greifswalder Delegierten Arnold Lange begegnet. Swerdslipper stand auch in Geschäftsbeziehungen mit dem Lübecker Ratsherrn Johan Meteler. 1367 schuldete er ihm 216 Mark. Für diese Schuld bürgte mit ihm der Lübecker Ratsherr Simon Swerting.[281] Swerdslipper war weiterhin mit den Ghildehusen verwandt, die auf Gotland und in Stralsund Ratsherren stellten.[282] Obwohl der Stralsunder Ratsherr Swerdslipper nicht als Delegierter in Erscheinung trat, war er hervorragend mit Ratsfamilien in Hansestädten verbunden. Deshalb wurde ihm auch die Verwaltung der Schonenschen Schlösser mit übertragen.

Der ebenso in dieser Notiz des Lübecker Stadtbuchs als Schuldner Plescows genannte Stralsunder Ratsherr Crudener nahm mit ihm am Tag zu Johannis 1379 wie an zahlreichen weiteren teil.[283] Die Stralsunder Ratsfamilie Crudener stand mit dem dor-

---

276 S. ASMUSSEN, Flandernfahrer, S.613.

277 S. WIEGANDt, Plescows, S.214f.

278 Vgl. die ausführliche Auflistung bei WIEGANDT, Plescows, S.236-242.

279 Vgl. SIMON, Niederstadtbuch, S.222,4 (1373 Corpus Christi).

280 Vgl. SIMON, Niederstadtbuch, S.222,9: *premissas tamen pecunias sibi ad fideles manus sororis sue domine Gertrudis Hinrici Trauelman relicte fore asscriptas. Ipsasque et redditus inde debitos non sibi sed dicte sorori sue soli proprie et legitime pertinere*.

281 Vgl. SIMON, Niederstadtbuch, S.108,5. Die Überschreibung *consuli civitatis Zundensis*, die vom Editor in dieser Notiz auf Meteler bezogen wurde, meint sicherlich Swerdslipper. Meteler war Lübecker Ratsherr (1358-1373).

282 Dies geht aus einer späteren Notiz des Stralsunder Liber Memorialis zum Jahr 1443 hervor, in der die Vererbung der Grabstätte Swerdslippers durch die Witwe des Visbyer Bürgermeisters Nusse an ihren Stralsunder Onkel Ludolf Ghildehusen geregelt wurde. Swerdslipper wurde demnach in Stralsund bei den Minoriten beigesetzt, und sein Grab wurde durch einen besonderen Stein mit „drei Greifenklauen" hervorgehoben. Bestätigt wurde die Schenkung von den Stralsunder Ratsherren Albert Hertiger und Zabel Segefrid, die mit dem Herzog nach Visby gesegelt waren, vgl. SCHROEDER, Liber V, S.162 (17. August 1443).

283 Vgl. die chronologische Übersicht.

tigen Ratsherrn und Bürgermeister Bertram Wulflam in engem Kontakt. Wulflam wurde 1354 von dem Ratsherrn Gerhard Crudener als Provisor seines Testaments eingesetzt. Gerhards Sohn Diderik Crudener erschien zum ersten Mal 1368 auf einem Hansetag in Wismar und zum letzten Mal 1385 auf dem Tag in seiner Heimatstadt Stralsund. Hervorzuheben ist seine Beteiligung an den Verhandlungen in Schonen 1381. Er wird wohl bald danach verstorben sein. Sein Bruder Hermann folgte ihm im Ratsamt.[284] Im Juli 1382 wurde im Niederstadtbuch vermerkt, dass Plescow wiederum direkt vor seinem Aufbruch zu einer weiteren Reise nach Novgorod, auf der er sterben sollte, seine Renteneinkommen unter diejenigen seiner sechs Kinder verteilt hatte, die bisher noch nicht genügend berücksichtigt worden waren. Dabei wurden auch seine Renten aus Häusern in Stralsund erwähnt, die er zwischenzeitlich von seiner Schwester erworben hatte. Plescows Sohn Wilhelm erhielt jetzt 42 Mark Sundisch aus dem Haus des Ratsherrn Swerdslipper. Plescows Sohn Hinrik erhielt von den Renten, die Jakob Plescow und Berthold Kerkring gemeinsam zustanden,[285] 80 Mark Sundisch aus dem Haus des Ratsherrn Gregor Swerting und 56 Mark Sundisch aus dem Haus des Bürgermeisters Bertram Wulflam, das direkt neben dessen Wohnhaus lag. Für diese Renten hatten Plescow und Kerkring bedeutende Summen aufgebracht, Kerkring 1200 Mark Sundisch und Plescow 1000 Mark Sundisch.[286] Aus einem weiteren Eintrag dieses Tages wird deutlich, dass Plescow auch Geld in Rostock und in Wismar angelegt hatte. In Wismar war bei ihm die „Bucowesche" verschuldet. Es handelt sich wohl um die Frau des dortigen Ratsherrn und Delegierten Andreas Bukow, der auf Tagen zwischen 1363 und 1368 erschienen ist.[287] Nicht nur wird wiederum die enge Beziehung zu Lübecker Herren, zu Berthold Kerkring durch gemeinsamen Besitz und zu Perceval durch das Vertrauen, das sich in der Löschungsvollmacht zeigte, deutlich, sondern für unseren Blick auf die hansischen Versammlungen ist noch aufschlussreicher, dass auch Ratsherren und wichtige Delegierte anderer Städte eng - als Schuldner - mit Jakob Plescow geschäftlich verbunden waren. Im Blick auf den Beispieltag, den 24. Juni 1379, ist hervorzuheben, dass Andreas Bukow aus Wismar wie Bertram Wulflam und Diderik Crudener aus Stralsund mit Plescow gemeinsam auf der Bank der Delegierten saßen. Von diesen war sicherlich Bertram Wulflam der wichtigste Stralsunder Partner Plescows.

1.17 Bertram Wulflam (Stralsund)

Seit dem Beginn des 14. Jahrhunderts ist die Familie Wulflam in Stralsund nachzuweisen. Schon zu dieser Zeit gehörten sie zu den wohlhabenden Familien der Stadt.[288] Seit 1360 war Bertram Wulflam Mitglied des Stralsunder Rates. Er ist zum ersten

284 Dessen Witwe Witwe Gertrud wird 1395 erwähnt, vgl. SCHROEDER, Liber I, Nr.902 (post Katherine 1395): *Ghertrudis relicta domini Hermanni Crudener*.

285 Ein deutlicher Hinweis auf die enge geschäftliche Verbindung zwischen diesen beiden Lübecker Ratsherren und Delegierten.

286 Vgl. SIMON, Niederstadtbuch, S.493,5. Die enge Beziehung Plescows wie Kerkrings zu Perceval wird daraus deutlich, dass dieser Löschungsvollmacht hat: *est deleta de iussu consilii ad pronunciacionem domini Johannis Perczeual.*

287 Vgl. SIMON, Niederstadtbuch, S.493,4.

288 S. KOEPPEN, Ratsfamilien, S.42.

Mal 1362 auf einem Hansetag aufgetreten. Schon nach wenigen Amtsjahren als Ratsherr wurde Bertram Wulflam 1364 zum Bürgermeister gewählt. Wulflams hansische Politik fand sicherlich ihren Höhepunkt im Abschluss des Friedensvertrages mit dem dänischen König in Stralsund.[289] Ratsherr Conrad Wreen, der häufiger mit ihm gemeinsam auf Versammlungen erschien, muss vertrauensvolle Beziehungen zu den Wulflam gehabt haben, denn er setzte Bertrams Sohn, Wulf Wulflam, als Provisor ein. Durch die Heirat von Bertrams Sohn Nicolaus mit Gertrud Ghildehusen hatten sich die wichtigsten Ratsfamilien dieser Zeit in Stralsund auch familiär verbündet. Bertram Wulflam und Albert Ghildehusen bestimmten die gesamte Politik Stralsunds, wie sich besonders in den Anschuldigungen gegen sie während der Unruhen im Jahr 1391 zeigte.[290] Seit der Mitte der 80er Jahre trat noch Bertrams Sohn Wulf Wulflam zu ihnen. Er übernahm im hansischen Auftrag schon 1381 die Verwaltung der Schonenschen Schlösser und führte seit 1385 die Unternehmungen gegen die Seeräuber, allerdings ohne durchschlagenden Erfolg. Diesen hatte dann Carsten Sarnow aus Stralsund, der gegen die Machtkonzentration der Wulflam und Ghildehusen 1392 den Aufstand in der Stadt anführte. Die Wulflam und Ghildehusen flohen aus der Stadt.[291]

Netz 18: Die Wulflam

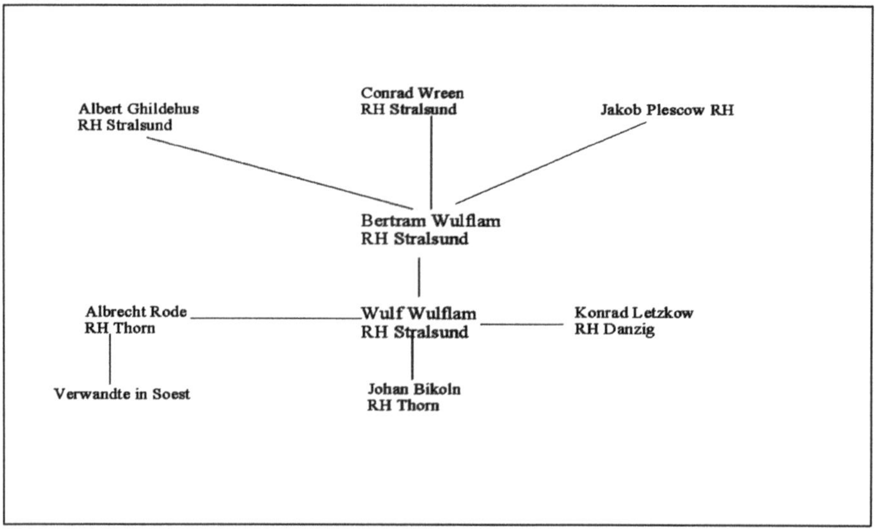

1.18 Wulf Wulflam (Stralsund)

Wulf Wulflam, Bertrams Sohn, saß seit 1395 im Rat. Er konnte in Stralsund Verbindungen mit wichtigen Ratsfamilien knüpfen, wie den van Külpen, Voet, Rockut und Semlow. So gehörte er auch gemeinsam mit den Ratsherren Johan Rockut, Gerhard

289 S. WERNICKE, Stralsunder Frieden.

290 Vgl. SCHROEDER, Liber I, Nr.867 (1391) zur Flucht aus Stralsund und zu den Vorwürfen wegen unkorrekter Finanzwirtschaft Nr.872.

291 S. KOEPPEN, Ratsfamilien, S.60ff. Bertram Wulflam verstarb vor der Rückkehr.

Papenhagen, Bernhard Wulverstorp und Berthold Kummerow zu den Testamentsvollstreckern des Conrad Wreen.[292] Wulflams Tochter Katharina heiratete nach seinem Tod im Jahre 1411 Mathias Darne. Dessen gleichnamiger Sohn beteiligte sich nach der Mitte des Jahrhunderts als Stralsunder Delegierter an Hansetagen.[293]

Wulf Wulflam wurde in der Zeit von 1395 bis 1409 zu einer der bestimmenden Persönlichkeiten in Hanseraum. Er nahm in dieser Zeit an 24 Hansetagen und Gesandtschaften teil.[294] Besonderes Engagement bewies er in den nordischen Reichen, wobei er eine besondere - auch finanzielle - Beziehung zu Königin Margarethe von Dänemark aufbaute.[295] Dabei arbeitete er mit den Bürgermeistern Conrad Letzkow aus Danzig und Albrecht Rode aus Thorn zusammen.

Diese beteiligten sich häufig an regionalen Tagen in Preußen. Gemeinsam waren sie auf den Tagen zu Marienburg im Mai 1405, im Februar 1406, im März, April und Juli 1407, im April 1408 und wiederum im April 1409. In Elbing trafen sie sich auf den regionalen Tagen im März 1409 und im Juni 1409. Weiterhin wird der Thorner Ratsherr Johan Bikoln genannt, der in dem *vorbunde* der Herren Wulflam, Rode und Letzkow war. [296] Conrad Letzkow stammte wahrscheinlich aus Wieringen bei Alkmaar in den Niederlanden.[297] Er wurde 1399 Ratsherr in Danzig und 1405 Bürgermeister. Er verstarb 1411. Letzkow war seit 1400 bis kurz vor seinem Tode immer wieder auf regionalen Versammlungen in Preußen zu finden. Im April 1410 nahm er auch an einem allgemeinen Hansetag in Hamburg teil. Im Juli 1400 beteiligte er sich gemeinsam mit Wulf Wulflam an den Verhandlungen in Kalmar. Letzkows Tochter Katharina war mit dem Ratsherrn Johan Buck verheiratet worden. Buck saß von 1434 bis 1448 im Danziger Rat.[298] Er nahm zwischen 1438 und 1440 an drei regionalen Tagen in Preußen teil. Verwandt war Johan Buck mit dem Danziger Ratsherrn Hinrik Buck.[299]

Wenden wir uns nach diesem Blick in die Verwandtschaft der Danziger Delegierten, die uns schon bis in die Mitte des 15. Jahrhunderts geführt hat, den weiteren Partnern Wulflams zu. Der Thorner Partner Albrecht Rode war 1397 zum Schöffen gewählt worden und wurde 1406 Bürgermeister. Er starb 1421. Rode hatte enge verwandtschaftliche Beziehungen nach Soest.[300] Er war häufig auf regionalen Tagen in Thorn und Elbing von 1405 bis 1420 anzutreffen. Johan Bikoln der Ältere aus Thorn gehörte dem dortigen Rat von 1397 bis 1412 an. Er nahm 1409 an einem Tag in Ma-

---

292 Vgl. SCHROEDER, Liber I, Nr.889 (1393): *Provisores seu testamentarii domini Conradi Wreen, videlicet domini Johannes Rockut, Gherardus Papenhaghen, Bernardus Wulverstorp, Wulfardus Wulflam et Bertoldus Cummerow.*

293 S. die chronologische Übersicht.

294 S. KOEPPEN, Ratsfamilien, S.65ff.

295 S. KOEPPEN, Ratsfamilien, S.62.

296 Vgl. HR 1,5, Nr.424. Zum Begriff s. LÜBBEN, Handwörterbuch, Sp.494.

297 S. ZDRENKA, Rats- und Gerichtspatriziat 1, S.335.

298 Ob er mit dem Lübecker Ratsherrn Hinrik Buk verwandt war, ist nicht sicher, s. ZDRENKA, Rats- und Gerichtspatriziat 1, S.230.

299 Er soll ein Halbbruder des Johan Buck gewesen sein. Hinrik Buck war mit einer Tochter des Altstädter Ratsherrn Johan Frone verheiratet, s. ZDRENKA, Rats- und Gerichtspatriziat 1, S.229.

300 Er war 1405 in Soest. Dort übertrug Meister Cesarius seinem Freunde und Magen Albrecht Rode und seinen Erben diverse Güter. Rode zahlte Cesarius eine Leibrente von 8 ungar. Gulden. Vgl. SEMRAU, Katalog, S. 84.

rienburg teil. Sein gleichnamiger Sohn saß von 1411 bis 1429 im Thorner Rat. Dieser vertrat seine Stadt vielfach zwischen1418 und 1426 auf regionalen Tagen in Preußen.[301]

Die Geschäftsverbindung des Stralsunder Ratsherrn Wulflam und der preußischen Bürgermeister weist uns daraufhin, dass die gemeinsamen Interessen dieser Handelspartner von den Vertretern auf den jeweiligen Versammlungen bedacht wurden. Die preußischen Delegierten Letzkow und Rode haben auf den Regionaltagen die Interessen Wulflams berücksichtigt, wie dieser wiederum die Interessen seiner preußischen Partner auf allgemeinen Tagen nicht außer Acht gelassen haben dürfte.

Kehren wir nach dem Einblick in die verwandtschaftlichen Beziehungen der preußischen Delegierten zu Plescow zurück. Auch Jakob Plescow stand in Kontakt mit einem Danziger Bürgermeister. Mit Johan Walrave, der auf regionalen Tagen in Preußen in Danzig und Marienburg 1377 und 1379 auftrat, hatte er 1371 geschäftliche Beziehungen.[302] Nicht nur mit den Stralsunder Wulflam wie führenden Ratsherren Wismars stand Plescow in finanziellen Beziehungen sondern auch mit dem wichtigsten Rostocker Delegierten in der zweiten Hälfte des 15. Jahrhunderts, mit Arnold Kröpelin. Dieser hatte nicht nur für 500 Mark Rost. eine Mühle an Jakob Plescow verpfändet, sondern auch für 100 Mark sein Wohnhaus hinter dem Chor von S. Jakobi in Rostock.[303] Kröpelin nahm gemeinsam mit Plescow am Hansetag vom 24. Juni 1379 in Lübeck teil.

1.19 Arnold Kröpelin (Rostock)

Zwischen 1358 und 1385 vertrat Kröpelin sechzig Mal die Interessen seiner Heimatstadt auf Tagen und in Verhandlungen. Verwandtschaftlich war Kröpelin mit der Rostocker Ratsfamilie Kyritz verbunden. Arnold Kröpelins Vater Conrad hatte sich in zweiter Ehe mit Ermengard Kyritz verbunden.[304] Durch die Einheirat seines Bruders Bernhard in die alte und bedeutende Ratsfamilie Kopmann,[305] wurden die familiären Beziehungen zu den Kyritz noch verstärkt, denn Johan Kyritz hatte eine andere Tochter des Arnold Kopmann namens Mechthild geheiratet.[306] Kyritz vertrat Rostock zwischen 1363 und 1376 auf sechsundzwanzig Hansetagen. Aus der Ehe des Bernhard Kröpelin und der Vredeke Kopmann ging eine Tochter, Elisabeth, hervor, die mit dem Ratsherrn Peter Vreden verheiratet wurde. Arnold Kröpelin selbst war verheiratet mit einer Tochter des Ratsherrn Lambert Rode, der am Hansetag vom Mai 1367 in Lübeck teilgenommen hat.[307] Ermengard, eine Schwester Kröpelins, wurde in eine

301 S. zu den Amtsdaten CZAJA, Miejscy Torunia, S.197.

302 Vgl. SIMON, Niederstadtbuch, S.179,6. Zum Verwandtschaftsgeflecht um Walrave, Stade und Huxer s. S.472.

303 Vgl. MUB 19, Nrn.11120,13300.

304 Vgl. MUB, Nr.6044. S. auch MÖHLMANN, Geschlechter und MÜNCH, Bürgermeister Rostocks und Wismars, S.59ff.

305 Er hatte Vredeke, eine Tochter des Bürgermeisters Arnold Kopmann, geheiratet, vgl. MUB, Nr.6158.

306 S. MÖHLMANN, Geschlechter, S.34.

307 Vgl. MUB, Nr.14823.

Ehe mit Hinrik Vrese gegeben.[308] Vrese nahm an zehn Tagen zwischen 1361 und 1365 teil. Auf mehreren Hansetagen beriet gemeinsam mit ihm der Schwiegervater seines Sohnes Peter Vrese, der von 1382 bis 1404 im Rostocker Rat saß. Peter Vrese hatte eine Tochter des Ratsherrn Ludolf van Gotland geheiratet.[309] Van Gotland nahm an sieben Hansetagen zwischen 1364 und 1375 teil.

Arnold Kröpelins Sohn Lambert vermählte sich mit Oda, einer Enkelin des Rostocker Bürgermeisters Töllner.[310] Arnolds Tochter Margarete heiratete in die Familie Horn ein, die mit Johan Horn am Anfang des 15. Jahrhunderts einen Delegierten stellte.[311] Durch die Heirat der Tochter Oda des Arnold Kröpelin mit Johan Grentze ergaben sich engere Kontakte mit dieser Familie, die mit Johan und dessen Bruder Gerd in dieser Phase auch Ratssendboten stellte,[312] wie auch mit der Ratsfamilie Kruse, da Ludwig Kruse mit Hedwig Grentze verehelicht war. Ludwig Kruse war zwischen 1377 und 1389 neun Mal auf Tagen.

Netz 19: Arnold Kröpelin

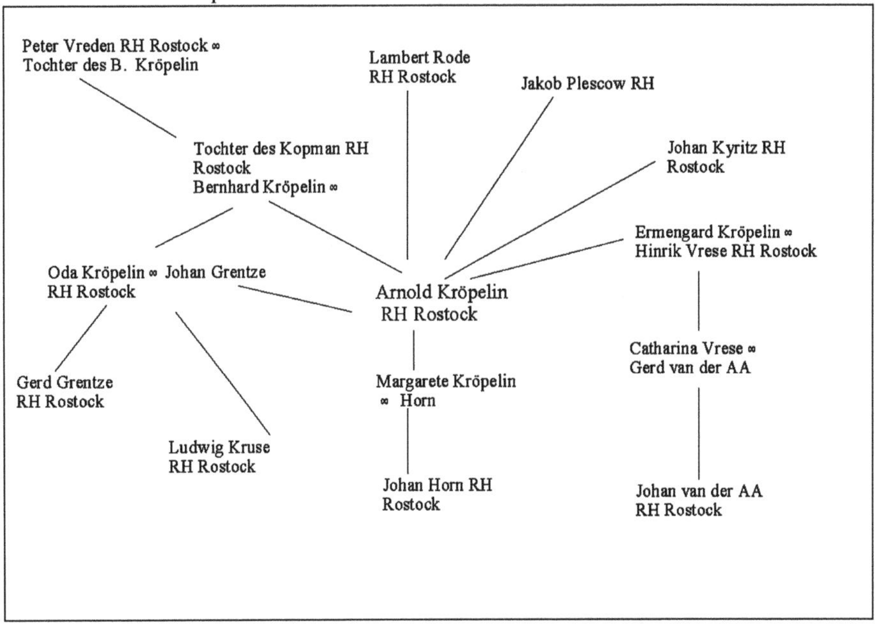

Wenn wir die Familien, die verwandtschaftliche Beziehungen zu den Kröpelins hatten, nun im Blick auf gemeinsame Vertretung in hansischen Angelegenheiten betrachten, so ergibt sich folgendes Bild: Zwischen 1363 und 1376 ist Kröpelin, der sich

308 Vgl. MUB, Nr.6158.
309 S. MÖHLMANN, Geschlechter, S.34.
310 Vgl. MUB, Nr.11146.
311 S. THIERFELDER, Kröpelin, S.132 und MÖHLMANN, Geschlechter, S.88.
312 Die Grentze standen durch die Ehe des Johan Grentze mit Anna, verw. Bukstok, auch mit den Bukstok in Kontakt, s. DIERCK-DÜNNEBEIL-RÖßNER, Hansekaufleute, S.87.

seit 1358 an den Beratungen beteiligt, sehr häufig mit Kyritz gemeinsam auf Tagen. Dieser begann seine Delegiertentätigkeit 1363. In den folgenden Jahren bis 1365 sind Kröpelin, Kyritz und Vrese mehrfach gemeinsam auf Tagen erschienen. Hinrik Vreses Schwester Catharina war in zweiter Ehe mit Gerd van der Aa verheiratet, dem Vater des Johan van der Aa, der dann zwischen 1376 und 1389 der wichtigste Vertreter Rostocks auf Hansetagen wurde.[313] Gemeinsam mit Kröpelin besuchte Johan van der Aa Versammlungen bis zu dessen Tode im Jahre 1385. Auch in den folgenden Jahrzehnten bis 1407 leitete er die hansische Politik Rostocks.[314] Für die Vertretung Rostocks auf Hansetagen ist diese familiäre Abfolge von Arnold Kröpelin auf Johan van der Aa hervorzuheben.

Die knappen Einblicke in das umfassende Familiengeflecht der Rostocker Delegierten sind noch durch die geschäftlichen Verbindungen zu ergänzen. Am Mühlenbesitz lassen sich schon Kontakte und gemeinsame Besitzungen aufzeigen.[315] Wie wir schon sahen, verpfändete Kröpelin seinen Mühlenbesitz an Jakob Plescow. Die Ratsherren Ludeke Bukstok und Diderik Hollogér teilten sich 1384 in den Besitz einer Kornmühle beim Mühlentor.[316] Holloger verkaufte vor 1402 seine Hälfte an den Ratsherrn Johan Wulf und dessen Bruder Diderik.[317] 1405 kauften diese beiden auch einen Teil einer Mühle von Reineke Grentze, verkauften dann 1408 ein Drittel an den Ratsherrn Ulrich Grulle. Grulle veräußerte 1410 seinen Anteil an den Ratsherrn Johan Otbrecht. 1415 verkaufte dieser wiederum einen Anteil an Grulle. 1417 werden im gemeinsamen Besitz dieser Kornmühle genannt: der Bürgermeister Ulrich Grulle, Hinrik Grentze und Lambert Wulf.[318] In demselben Jahr werden als gemeinsame Besitzer der zweiten Kornmühle am Mühlentor aufgeführt: Bürgermeister Hinrik Buk und Johan, der Sohn des Bürgermeisters Johan van der Aa. Bis zu diesem Zeitpunkt wurde van der Aa als Besitzer genannt.[319] Wir können also davon ausgehen, dass die Bürgermeister Buk und van der Aa eine gewisse Zeit lang diese Mühle gemeinsam besaßen. Buk und Johan van der Aa junior vertraten Rostock auf Tagen zu Beginn des 15. Jahrhunderts. Auch in den Besitz zweier weiterer Mühlen vor dem Mühlentor teilten sich Ratsfamilien. So besaß 1372 der Ratsherr Johan van Kyritz eine Kornmühle.[320] Anscheinend ging diese an den Ratsherrn Johan Make über. Dieser teilte sich nachweislich ab 1396 den Besitz mit dem Bürgermeister Winold Baggel.[321] 1389 besaßen die Ratsherren Hinrik Witte und Michael Rode die sogenannte *steenmole*, die fünfte Mühle an diesem Ort.[322] Schon 1354 hatte Johan van Kyritz eines Viertels dieser Mühle an Arnd Kröpelin getätigt.[323] Arnd Kröpelin kaufte 1389 ein Viertel und

313 S. MÖHLMANN, Geschlechter, S.34.
314 Die Nennungen zu 1419 und zu 1430 auf Tagen scheinen sich auf seinen gleichnamigen Sohn zu beziehen.
315 Die Hinweise zum Mühlenbesitz finden sich bei HAMELMANN, Rostock.
316 Vgl. MUB, Nr.11596.
317 S. HAMELMANN, Rostock, S.147.
318 S. HAMELMANN, Rostock, S.148.
319 S. HAMELMANN, Rostock, S.149.
320 Vgl. MUB, Nr.10288.
321 S. HAMELMANN, Rostock, S.149.
322 Vgl. MUB, Nr.12113.
323 Vgl. MUB, Nr.7916.

konnte 1395 die drei restlichen Viertel von Johan Kopmann erwerben.[324] Den Besitz der zehnten und elften Mühle teilen sich 1417 die Ratsherren Albert Klingenberg, Ulrich Everdes und Ludeke Vrese.[325] Die geschäftlichen Beziehungen zwischen den Rostocker Ratsherren sind sicherlich noch genauer darzustellen, hier sollen allerdings vorerst die Einblicke in die Verwandtschaft und den gemeinsamen Mühlenbesitz genügen. Die Verwandten und Partner des Arnd Kröpelin werden in ihrer Bedeutung für die Hansepolitik Rostocks im 14. und beginnenden 15. Jahrhundert im Spiegel der Delegiertentätigkeit vorgestellt.[326] Durch seine geschäftliche Beziehung zu Arnold Kröpelin hatte Jakob Plescow auch Zugang zu diesem Geflecht Rostocker Ratsherren, das die hansische Politik der Stadt im 14. Jahrhundert wesentlich bestimmte.

1.20 Johan Schepenstede

Auch Plescows Verwandte und Partner standen wiederum im Zentrum eigener weitreichenden Ratsherren-Netze. Dieses gilt auch für den wichtigen hansischen Politiker Johan Schepenstede. Johan Schepenstede war nicht nur familiär als Schwager, sondern auch geschäftlich mit Jakob Plescow verbunden. Schepenstede war neben Plescow einer der wichtigsten Lübecker Vertreter auf Hansetagen in der zweiten Hälfte des 14. Jahrhunderts. Zusätzlich nahm er als Befehlshaber eine bestimmende Rolle im Krieg gegen den Dänenkönig 1368/1369 ein. 1371 führte er in Dorpat und 1373 in Novgorod wichtige Handelsverhandlungen. Schließlich bildete er auch durch seinen Schwiegersohn Rainer van Calven und seinen Vertrauten, Johan Niebur, den Schwiegersohn seines Bruders Everhard, ein wichtiges Bindeglied zu den am Ende des Jahrhunderts führenden Hansepolitikern Lübecks.

Schepenstede war schon seit 1350 Mitglied des Rates. Er folgte im Ratssitz seinem 1340 gestorbenen gleichnamigen Vater.[327] Wie schon erwähnt, war er durch seine (zweite) Ehe mit Margarete Warendorp mit Jakob Plescow und Brun (II.) Warendorp verschwägert. Seine Tochter Margarete heiratete Rainer van Calven, der am Ende des 14. und zu Beginn des 15. Jahrhunderts eine wichtige Rolle auf hansischen Versammlungen und im Kampf gegen die Seeräuber spielte.[328]

In erster Ehe war Schepenstede verbunden gewesen mit Gertrud, einer Tochter des Hinrik Mur, Witwe des Lubbert Warendorp.[329] Eine Tochter aus dieser Ehe war mit dem Ratsherrn Johan Luneborg verheiratet worden. Dessen gleichnamiger Vater, der den Mittelpunkt seiner Aktivitäten nach Frankfurt/Main verlegt hatte, war schon stark im Osthandel engagiert gewesen.[330] Dieser ältere Johan Luneborg war auch in erster Ehe mit einer Tele Schepenstede verheiratet gewesen, deren Beziehungen zu den hier betrachteten Schepenstedes bisher nicht eindeutig zu klären ist. Es scheint sich um die Schwester des Großvaters des Johan Schepenstede zu handeln.[331]

---

324 Vgl. MUB, Nr.12819.
325 S. HAMELMANN, Rostock, S.148.
326 S. im Anhang Delegierten-Netzwerk 8.
327 S. LUTTERBECK, Rat, S.359.
328 S. zu van Calven Kap. 1.25.
329 S. LUTTERBECK, Rat, S.361.
330 S. KOPPE-KOPPE, Frankfurt-Händler, S.95 mit Anm.331.
331 Zu den Ehen und den daraus folgenden Problemen des älteren Johan Luneborg s. KOPPE-KOPPE,

Der Lübecker Ratsherr Johan Luneborg trat mehrfach als Prokurator des Dorpater Großkaufmanns Simon Swartecop auf, der aus Hildesheim stammte. So im Juli 1368 für Johan Crispin, der im Namen des Johan Teterow aus Stralsund Swartecop 253 Mark schuldete,[332] im August desselben Jahres, als Johan van der Waghe dem Swartecop etwa 235 Mark schuldete, im Juni 1369 als eine Kaufleutegruppe für den Ritter Brukdorp Schulden von 267 Mark anerkannte und als Nicolaus Stoltevoet 164 1/2 Mark schuldete,[333] im Juni des folgenden Jahres als Marquard Butzow 93 1/2 Mark, Nicolaus Stoltevoet 273 1/2 Mark, Hartmann Pepersak 447 Mark und Hermann Bikketut 205 1/2 Mark dem Swartecop schuldeten.[334]

Netz 20: Simon Swartecop

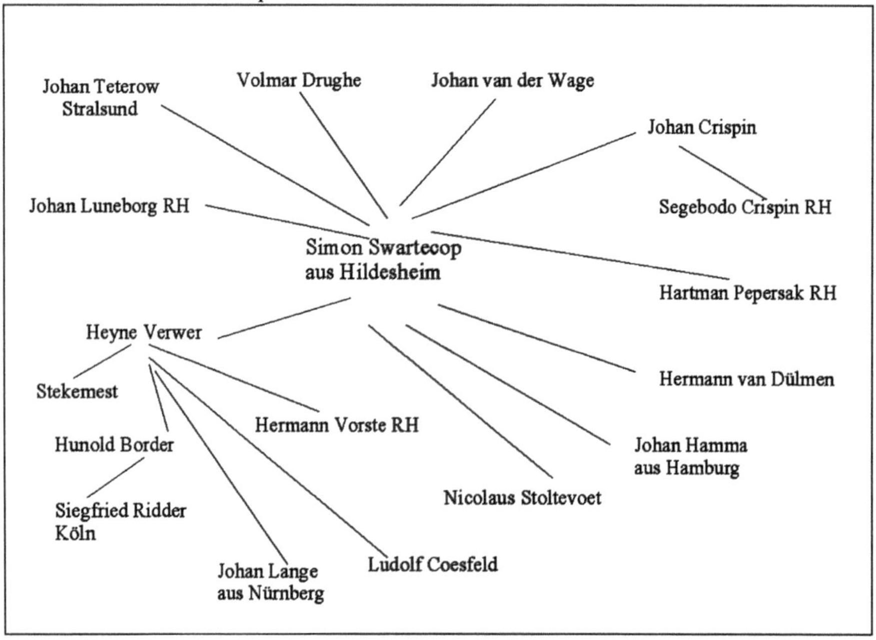

Im Juli dieses Jahres wurde Luneborg wiederum als Vertreter Swartecops in Lübeck genannt, als Heyne Verwer diesem 407 1/2 Mark schuldete; ebenso im September 1370 als Johan van der Waghe mit 217 1/2 Mark bei Swartecop verschuldet war[335] und wiederum im November dieses Jahres, als die Kaufleutegesellschaft Johan Ham-

Frankfurt-Händler, S.98f. Noch am Ende des 15. Jahrhunderts gab es Auseinandersetzungen zwischen den Frankfurter und Lübecker Mitgliedern der Familie um ein Elfenbeinkästchen mit dem „Konterfei Johan Luneborgs und seiner Ehefrau Tele Schepenstede", s. KOPPE-KOPPE, Frankfurt-Händler, S.99.

332 Vgl. SIMON, Niederstadtbuch, S.133,2.

333 Vgl. SIMON, Niederstadtbuch, S.151,5,7.

334 Vgl. SIMON, Niederstadtbuch, S.166,2,8,9,10.

335 Vgl. SIMON, Niederstadtbuch, S.172,7.

ma, Detlev Broye und Johan Krevet diesem 232 Mark schuldeten.[336] Auch als Hermann van Dülmen im November 1370 Swartecop 68 Mark schuldete und Hinrik Bernsterd im Mai 1372 394 Mark aufgenommen hatte, wurde Luneborg als Prokurator genannt.[337] Bei dieser engen Zusammenarbeit zwischen dem Lübecker und dem Dorpater verwundert es nicht, dass sie gemeinsam beim Lüneburger Rat eine Salzrente kauften.[338] Im Blick auf die hervorragenden Kontakte Luneborgs zu dem wichtigen Dorpater Großkaufmann, die auch auf seine eigenen Ostgeschäfte hinweisen, erstaunt es nicht, dass er 1373 im Auftrag des Rates in Novgorod verhandelte. Auch 1374 befand Luneborg sich wieder im Osten und ist in diesem Jahr in Reval gestorben.[339] Die Verhandlungstätigkeit in Novgorod wurde später von dem auch durch Heirat mit den Schepenstede verbundenen Ratsherrn Johan Niebur fortgeführt. Als Testamentsvollstrecker waren von Luneborg Gottschalk van Attendorn und Johan Schepenstede eingesetzt worden. Sie bekräftigten vor dem Rat, dass Hinrik Bernsterd noch ausstehende 400 Mark an Swartecop zurückgezahlt habe.[340] Johan Luneborg hatte auch sonst ausgezeichnete Kontakte, denn sein Onkel war der Bischof Johan Bochholt von Schleswig. Aus der Familie Luneborg saß in der Mitte des 15. Jahrhunderts wiederum ein Johan Luneborg im Rat. Er wurde Bürgermeister in Lübeck und nahm intensiv an hansischen Versammlungen teil.[341]

Selbst unsere Betrachtung, die im wesentlichen auf die Beziehungen zu weiteren Delegierten eingeschränkt blieb, zeigt im Beziehungsnetz der größeren und/oder über einen längeren Zeit andauernden geschäftlichen Transaktionen mit bestimmten Partnern, die oft aus einer *societas* resultierten und in anderen Fällen eine derartige Handelsgesellschaft vermuten lassen, dass zwischen diesen Partnern und weiteren Delegierten auch direkte, engere Kontakte bestanden. Es handelt sich also wirklich um ein Netz, das von verschiedenen Knotenpunkten aus beobachtet werden kann. Wenn wir uns hauptsächlich auf Schepenstedes Partner konzentrieren, so wird doch immer wieder deutlich, dass auch diese Partner Mittelpunkte von Netzen waren, die wiederum Ratsherren und Delegierte einbezogen.

Erstmalig wird Schepenstede im September 1363 als Gläubiger des Willekin Bust gemeinsam mit einer Reihe anderer Lübecker Kaufleute genannt, unter denen auch die Ratsherren Albert Junghe und Johan Meteler wie Schepenstedes Schwager Brun (II.) Warendorp und die Provisoren des Bürgermeisters Johan Wittenborg neben Hinrik Bernsterd, Hinrik Greverade und Nicolaus Molenstrate erwähnt werden.[342] Im Juni 1366 wurde Schepenstede bei der Auflösung der Handelsgesellschaft der Bern-

336 Vgl. SIMON, Niederstadtbuch, S.173,1.

337 Vgl. SIMON, Niederstadtbuch, S.174,7 und S.201,3.

338 Vgl. SIMON, Niederstadtbuch, S.201,6.

339 Vgl. HR 1,2, Nrn.68f. und BRAUNSCHWEIG UB, Nr.909 (23.4.1357 Lübeck).

340 Vgl. SIMON, Niederstadtbuch, S.223,7. Die Schulden Bernsterds bei Swartecop waren im Juni 1373 eingeschrieben worden. Wann die Provisoren Luneborgs eintragen ließen, dass das Geld zurückgezahlt sei, ist nicht genau bestimmt. Es geschah nach dem Tod Luneborgs.

341 Johan Luneborg amtierte ab 1428.

342 Vgl. SIMON, Niederstadtbuch, S.13,3 (1363 Mathei). Es handelt sich um 50 Mark jährlicher Rente. Zur Geschäftstätigkeit und zur Insolvenz des Willekin Bust, der aus der Altmark stammte, s. KOPPE-KOPPE, Frankfurt-Händler, S.88ff.

hard Pepersak und Hinrik Kok als Zeuge aufgeführt.[343] Im Dezember desselben Jahres bestätigte Nicolaus de Vemeren, der im Flandernhandel mit Schepenstedes Vetter Amelius engagiert war,[344] dass er Schepenstede 365 Mark zu treuen Händen für den Rigischen Bürger Hinrik Berner schuldete.[345] Ein deutlicher Hinweis auf eine enge Zusammenarbeit zwischen Schepenstede und Berner. Berner beteiligte sich zwei Jahre später als Rigaer Ratsherr erstmalig an einem Hansetag. Auch im Juni 1367 schuldete Nicolaus van Vemeren dem Schepenstede 100 Pfund Grote *pagamenti Flandrensis*. Der Betrag sollte an Johans *patruus* Amelius Schepenstede in Brügge ausbezahlt werden.[346] Sicherlich war Schepenstede auch stark am Handel nach Flandern beteiligt. So klagte er noch 1387 gegen die „Normannen", die ihm 1377 einen Schaden von 540 Mark zugefügt hätten.[347] Aus einem Eintrag im Januar 1374 ist zu erkennen, dass Schepenstede Handelsbeziehungen nach Thorn hatte. In diesem Jahr schuldete ihm der dortige Bürger Johan Knyper 322 Mark[348] Dieser hatte auch bei dem Stockholmer Bürgermeister Albert Grote Kredit.[349]

Im Juli 1376 werden diejenigen aufgeführt, die zum Teil beträchtliche Schulden bei Johan Schepenstede und dem Münzmeister Rudolf Müntzer (Monetarius) haben. Unter ihnen finden sich auch die Ratsherren Thomas Morkerke und Gottschalk van Attendorn. Morkerke schuldet ihnen 210 Mark, Gottschalk van Attendorn 105 Mark.[350] Weiterhin gehören Berthold und Everhard van Hereke, die Brüder des Ratsherrn Peter van Hereke, zu den Schuldnern. Sie mussten 157 Mark zahlen.[351] Erwähnenswert sind aus dieser Auflistung auch Werner Coesfeld und Ludeke Wilstede. Sie schuldeten Schepenstede und Müntzer 157 Mark.[352] Coesfeld stand in Kontakt mit dem Rigischen Ratsherrn Arnold Vorwerk, der in den Jahren 1368 und 1370 als Delegierter in Stralsund auftrat,[353] und dem im Osthandel engagierten Hinrik Bernsterd.[354] Auch Wilstede, dessen Handelsgesellschaft mit Werner Coesfeld bis zu seinem Tode andauerte, hatte wichtige Kontakte in Lübeck. So scheint er auch mit

---

343 Es wird besonders darauf hingewiesen, dass die Auflösung auf dem Friedhof von St. Marien statt fand., vgl. SIMON, Niederstadtbuch, S.2,3 1366 Viti).

344 Vgl. SIMON, Niederstadtbuch, S.108,7 (1367 Petri et Pauli).

345 Vgl. SIMON, Niederstadtbuch, S.94,2 (1366 Katerine): *Nicolaus de Vemeren tentur domino Johanni Schepenstede ad manus et ad usum Hinrici Berner civis Rigensis 365 ½ mr in festo Philippi et Jacobi apostolorum proxime futuro amicabiliter persolvendas, et est pro 21 frustis cere*.

346 Vgl. SIMON, Niederstadtbuch, S.108,7 (1367 Petri et Pauli). So ist wohl der Passus zu verstehen: *cum quo unus mercator altero satisfacere potest in Brugis in Flandria*. Dagegen meinen KOPPE-KOPPE, Frankfurt-Händler, S.206: „100 Pfd. Grote, die er gemeinsam mit einem anderen Kaufmann in Brügge Amelius Schepenstede ... zahlen soll."

347 Vgl. HR 1,3, S.349 und zum weiteren Handel mit Flandern ASMUSSEN, Flandernfahrer, S.684.

348 Vgl. SIMON, Niederstadtbuch, S.239,3. Knyper hatte sich auch etwas später mit A. Wintermast 286 Mark von Nicolaus van Camen geliehen, vgl. SIMON, Niederstadtbuch, S.301,6.

349 1375 schuldete Knyper dem Stockholmer Bürgermeister 356 Mark. Für Knyper bürgten Hermann van Camen und Degenhard Berndes. Vgl. SIMON, Niederstadtbuch, S.302,4.

350 Vgl. SIMON, Niederstadtbuch, S.331,1 (1376 Septem Fratrum).

351 Vgl. SIMON, Niederstadtbuch, S.331,4.

352 Vgl. SIMON, Niederstadtbuch, S.331,6.

353 Vorwerk nahm an den Tagen vom 6. Oktober 1368 in Stralsund und vom 25. Februar in Stralsund teil.

354 S. KOPPE-KOPPE, Frankfurthändler, S.180 mit Anm.738.

Markward Luchow,[355] einem Verwandten des Ratsherrn Amelius Luchow,[356] geschäftlich enger verbunden gewesen zu sein. Als Provisoren setzte Wilstede in seinem Testament den Ratsherrn Hermann Vorste und dessen Verwandten, den Flandernfahrer Bernhard Stekemest ein. Er hatte zu ihnen demnach Vertrauen.[357]

Im Juni 1378 schuldeten Schepenstede und der spätere Ratsherr Johan Niebur den Kindern des Hinrik Wulf, der seinerseits einer Visbyer Ratsfamilie entstammte und in engen Beziehungen zu Jakob Plescow stand, 107 Mark.[358] Anscheinend hatten sie mit Wulf eine Handelsgesellschaft. Gemeinsam mit Thomas Morkerke, der nach 1381 als Delegierter erschien, bürgte Schepenstede im Januar 1380 für Wennemar von Essen für den Betrag von 400 Mark.[359] Im Oktober 1380 schuldete Schepenstede gemeinsam mit Johan Niebur der Witwe des Hinrik Clare 436 Mark.[360] Clare war enger mit Johan Krowel, dem späteren Mitglied des Neuen Rates geschäftlich verbunden gewesen.[361] Dass Niebur in Schepenstede noch den wichtigen älteren Partner sieht, zeigt sich deutlich bei einer Bürgschaft für einen Bürger aus Biedenkopf. Dieser konnte keine ausreichenden schriftlichen Beweise vorlegen. Da bürgte Niebur für ihn und auf seine Bitte hin dann auch *dominus Johannes Schepenstede*.[362]

---

355 Auch Luchow hatte 1380 Schulden bei Schepenstede, vgl. SIMON, Niederstadtbuch, S.439,8 (1380 Magni): *Bernardus Belowe apotecarius et Ernestus Lenewandsnyder tenentur coniuncta manu domino Johanni Schepenstede 88 ½ mr dn ex parte Marquardi Luchowen in festo pasche persolvendas.*

356 Verwiesen wird auch noch auf einen weiteren späteren Eintrag mit derselben Aussage, vgl. SIMON, Niederstadtbuch, S.438,9 (1380 Assumptio Marie): *Sciendum, quod Marquardus Luchowe coram consilio incusavit Amilium Luchowe ex parte eiusdem Amilii et Hinrici sui fratris pie recordacionis, unde idem Amilius pro se et dicto fratre suo defuncto a prenominato Marquardo est penitus separatus cum pleno iure, ita quod de omnibus preteritis usque in hodiernum diem ipsos de cetero pro nullo poterit incusare neque heredes suos. Similem notam habes prima [13]90 epiphanie.* 1390 erhielt Luchow 10 Mark von Marquard Schiphorst zurück, der in Bergen verstorben war, vgl. SIMON, Niederstadtbuch, S.739,4 (1390 Processi). Schiphorst war ein *avunculus* des Ratsherrn Amelius Luchow, s. ASMUSSEN, Flandernfahrer, S.498. Im Juni 1381 hatte Luchow 140 Mark Schulden bei dem Ratsherrn Arnold Suderland, für die er zwei Häuser auf dem Klingenberg als Pfand einsetzte, vgl. SIMON, Niederstadtbuch, S.462,6 (1381 Viti).

357 Vgl. SIMON, Niederstadtbuch, S.423,7 (1380 Fabiani): *Notandum, quod Hermannus Vorste et Bernardus Stekemest presentes libro asserentes se provisores puerorum Ludekini Wilsteden; recognoverunt se huiusmodi 55 mr a Marquardo Lucchowen et Hinrico Cusuelt percepisse.* Vgl. auch die Erklärung des Sohnes Tymmo Wilstede bei seiner Mündigkeit, er dankt den Hermann Vorste, Bernhard Stekemest und Ludekin Zleyvoet, vgl. SIMON, Niederstadtbuch, S.624,5 (1387 Philippi et Jacobi).

358 Vgl. SIMON, Niederstadtbuch, S.407,4 (1378 Johannis et Pauli). Vgl. zu Hinrik Wulf auch WIEGANDT, Plescows, S.170, S.215.

359 Vgl. SIMON, Niederstadtbuch, S.422,5 (1380 Epiphanie).

360 Vgl. SIMON, Niederstadtbuch, S.444,2 (1380 Severini): *Dominus Johannes Schepenstede et Johannes Nyebur tenentur coniuncta manu Metteken relicte Hinrici Claren 436 mr dn sibi amicabiliter persolvendas in festo beati Michaelis proxime futuro persolvendas.* Mechthild, die hier genannte Witwe des Hinrik Clare, war die Tochter des Hinrik van Alen, vgl. SIMON, Niederstadtbuch, S.566,6 (1384 Andree).

361 Vgl. SIMON, Niederstadtbuch, S.293,6 (1375 Ascensio Domini): *Johannes Pape tenetur Johanni filio Johannis Krowel quinquaginta mr dn, pro quibus Hinricus Clare fideiussit.*

362 Vgl. SIMON, Niederstadtbuch, S.454,7.

Die Beziehung zu Johan Niebur, dem Schwiegersohn seines Bruders, wurde in den frühen 80er Jahren immer bestimmender. Allerdings blieb Niebur noch derjenige, der auf die Bürgschaft des Johan Schepenstede angewiesen war. Dieses zeigt sich deutlich bei einem Eintrag in das Niederstadtbuch zu Palmarum 1382. Rudolf Müntzer, der zuvor eng mit Schepenstede zusammengearbeitet hatte, und Johan Niebur kauften vom Ratsherrn Gottfried Travelmann für 900 Mark beim Lüneburger Rat eine Rente von 72 Mark. *Ad maiorem caucionem et securitatem* bürgten auf Bitte Nieburs Johan Schepenstede und Johan van Stockem.[363]

Johan van Stockem, der mit seinem Partner Schepenstede für Niebur bürgte, stammte aus Braunschweig und hatte Verwandte in Stockum bei Hamm und in Rostock.[364] Zum ersten Mal ist van Stockem in Lübeck als Bürger und Kaufmann gemeinsam mit dem künftigen Ratsherrn Johan Perceval, der auch aus Braunschweig kam, im Januar 1349 nachzuweisen. Zusammen kauften sie vom Ratsherrn Johan Molenstrate Ostgut für etwas über 782 Mark.

Netz 21: Johan van Stockem 1

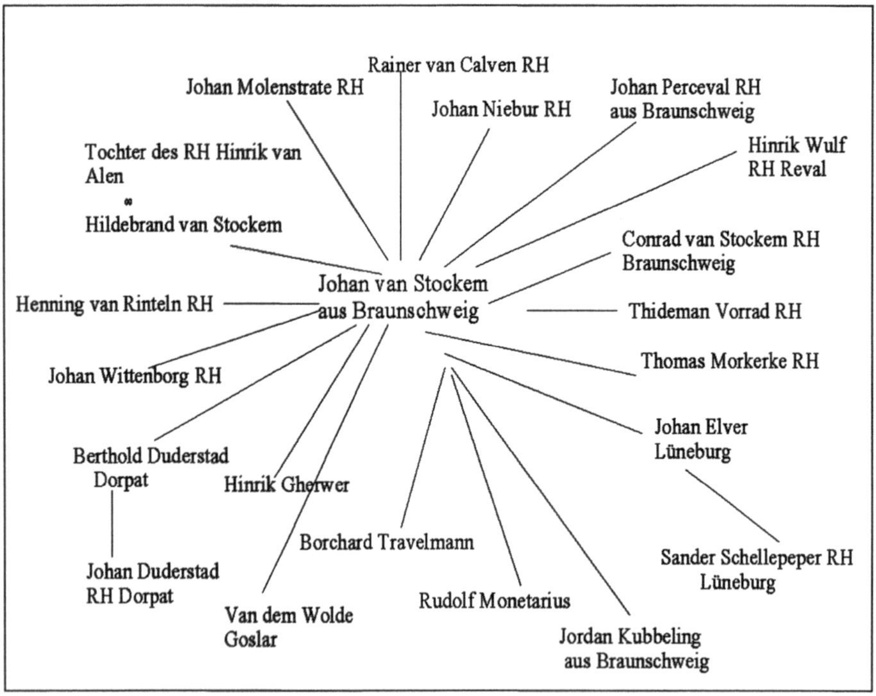

Zu dieser Zeit wurden van Stockems Brüder Hildebrand (Brand) und Ludolf in Lübeck noch als *hospites* bezeichnet. Zwei Jahre später siedelte Hildebrand van Stock-

363 Vgl. SIMON, Niederstadtbuch, S.484,1.
364 S. DIERCK, Älterleute, S.206 und ASMUSSEN, Flandernfahrer, S.755.

em nach Lübeck über.[365] Hier konnte er gleich in eine Ratsfamilie einheiraten. Ihm wurde die Tochter des Ratsherrn Hinrik van Alen, der von 1332 bis 1350 amtierte, zur Frau gegeben.[366] Sicherlich war es hilfreich, dass auch die van Stockem in Braunschweig zu dieser Zeit mit Conrad van Stockem einen Ratsherrn stellten.[367] Hildebrand van Stockem stand in Geschäftsbeziehungen mit dem Lübecker Bürgermeister Johan Wittenborg.[368] In Geldgeschäften war Hildebrand van Stockem auch mit dem Dorpater Bürger Berthold Duderstad verbunden,[369] dessen Bruder Volmar 1367 als *dominus* bezeichnet wurde.[370] Aus dieser Familie stammte auch der in der Mitte des 15. Jahrhunderts mehrfach auf regionalen Tagen in Livland erscheinende Johan Duderstad.

Hildebrand van Stockem stand weiterhin mit einem Mitglied der Lüneburger Ratsfamilie Elver in geschäftlichem Kontakt. Johan Elver forderte 1374 vor dem Lübecker Rat von Hildebrand die außergewöhnlich hohe Summe von 1530 Mark. Der Rat ließ ohne weitere Verhandlung eintragen: *ad ille Hildebrandus respondens negative.*[371] Johan Elver war Sülfmeister in Lüneburg. Er war mit Margaret Schellepeper verheiratet, deren Onkel Sander Schellepeper seit 1371 Ratsherr in Lüneburg war. Schellepeper nahm 1380 und 1381 an Hansetagen in Lübeck teil, 1387 verhandelte er in Mölln.[372]

Als Johan van Stockems Freunde werden 1383 genannt: Hinrik Gherwer, Borchard Travelmann und Rudolf Müntzer.[373] Mit Johan Thisenhusen und den Ratsherren Thideman Vorrad und Thomas Morkerke erhob van Stockem 50 Mark jährlich auf Fehmarn.[374] 1390 trat er mit Bertram van Rinteln und Rainer van Calven für Henning van Rinteln ein.[375] Durchgängig ist van Stockem in Geschäften mit Johan Niebur zu sehen. So bürgte er auch 1388 mit ihm zusammen für die Schulden von 650 Mark, die Rainer van Calven bei dem Dorpater Ratsherrn Herbord Kurler aufgenommen hatte. Löschungsvollmacht für den Rigaer Herren hatten die Lübecker Hermann Vorste und Hans Tymme.

---

365 S. KOPPE-KOPPE, Frankfurthändler, S.233.

366 S. ASMUSSEN, Flandernfahrer, S.752.

367 Conrad van Stockem amtierte als Braunschweiger Ratsherr von 1352 bis 1370, s. SPIEß, Ratsherren, S.200.

368 Vgl. MOLLWO, Handlungsbuch, S.33.

369 Ein Berthold Duderstad war mit Bernhard Stekemest Zeuge, als die Gesellschafter des Bergenfahrers Werner Coesfeld 1366 über ein Kapital von 1200 Mark abrechneten, s. BRUNS, Bergenfahrer, S.13.

370 Vgl. SIMON, Niederstadtbuch, S.114,8. Aus dieser Notiz ergibt sich auch, dass Berthold Provisor der Kinder und der Witwe des Thideman Luneborg, seiner Schwester, war. 1367 werden auch Ywan und Henning Duderstad aus Dorpat erwähnt, vgl. SIMON, Niederstadtbuch, S.105,11.

371 Vgl. SIMON, Niederstadtbuch, S.246,6.

372 Aus der Lüneburger Familie Elver nahm am Anfang des 16. Jahrhunderts ein Mitglied an Hansetagen teil, vgl. die chronologische Übersicht.

373 Vgl. SIMON, Niederstadtbuch z, S.523,1 (1383 Laurencii): ... *auxilio amicorum suorum et specialiter Johannis de Stokkem, Johannis Brutscow, Borchardi Traueneman et Rudolfi Monetarii* ...

374 Schepenstedes Frau Margaret war auch mit Ghese, der Frau des Thideman Vorrad verwandt, denn sie und Engelbert Thisenhusen werden 1416 als nächste Erben bezeichnet, vgl. LÜB UB 5, Nr.596 (8.9.1416). Vgl. SIMON, Niederstadtbuch, S.582,4 (1385 Ascensio domini).

375 Vgl. SIMON, Niederstadtbuch, S.736,2 (1390 Corporis Christi).

Gemeinsam hatten Niebur und van Stockem in der Lüneburger Saline investiert. Niebur schuldete van Stockem 1388 noch 675 Mark, wie aus seiner Bestätigung nach van Stockems Tod hervorgeht.[376] Van Stockem war auch im Handel mit Frankfurt tätig und hatte durch seine Partner Johan und Jordan Kubbeling Beziehungen nach Venedig.[377] Bekannt ist ihr gemeinsamer Handel mit Falken.[378]

Die Kubbeling waren Braunschweiger und stellten dort Ratsherren. Mitglieder der Familie waren um 1370 neben dem Handel mit dem Baltikum auch im Handel mit Süddeutschland und Italien engagiert.[379] Conrad Kubbeling *de Brunswich* und Johan van Stockem einigten sich 1378 nach dem Tode des Jordan Kubbeling wie auch seines Bruders Johan, die vielleicht in den Wirren der „Braunschweiger Schicht" umkamen,[380] mit Hinrik van dem Wolde aus Goslar über die Anteile an einer *societas*.[381] Hinrik van dem Wolde schuldete 1388 Hinrik Warendorp, dem Sohn des Ratsherrn Hermann, 100 Mark.[382] 1396 bestätigte der Braunschweiger Rat, dass van dem Wolde seine Schulden in der Höhe von 401 ½ Mark bei Achilles van Beven bezahlt habe.[383] Wie der Lübecker Bürger Hinrik van dem Wolde, der Schwiegervater des Stockholmhändlers Godekin Gamme, mit den genannten Personen verwandt war, ist im Augenblick nicht klar zu sehen.

Recht häufig, nämlich in den Jahren 1361, 1367, 1371 und 1377 war Johan van Stockem Vertreter der Kaufleute des lübisch-wendischen Drittels in Brügge:[384] ein deutlicher Hinweis auf das Vertrauen, das ihm von seinen Mitkaufleuten entgegengebracht wurde. 1361 vertrat Johan Niestad mit ihm das lübisch-wendische Drittel.[385] Für das westfälisch-preußische Drittel waren Hinrik Ekhof und Reinold van Winde gewählt, die aus Dortmund und Thorn kamen.[386] Für das gotländisch-livländische Drittel sprachen die Ältermänner Bodo Bolte und Gottfried van den Broke.[387] Bolte saß ab 1373 im Rat von Visby und wurde auch zum Bürgermeister gewählt.[388] Im September 1373 verhandelte er mit Gerd van Wederden als Vertreter Gotlands und mit Jakob Plescow und Johan Luneborg als Vertreter Lübecks mit den Russen in Novgorod.[389]

376 Vgl. SIMON, Niederstadtbuch, S.657,1.
377 S. KOPPE-KOPPE, Frankfurt-Händler, S.232-236.
378 Vgl. SIMON, Niederstadtbuch, Einleitung, S.17 und S.393,5.
379 S. KOPPE-KOPPE, Frankfurt-Händler, S.237.
380 S. KOPPE-KOPPE, Frankfurt-Händler, S.237.
381 Vgl. SIMON, Niederstadtbuch, S.357,6 (1376).
382 Vgl. SIMON, Niederstadtbuch, S.661,2. Thideman Gheismar und Conrad van Vloten bürgten für van dem Wolde.
383 Vgl. SIMON, Niederstadtbuch, S.955,2. Prokurator des Achilles van Beven war Hermann Meybonn. Ob die van Beven mit der gleichnamigen Lüneburger Ratsfamilie verwandt waren, ist noch zu überprüfen.
384 S. DIERCK, Älterleute, S.87,90,92,94.
385 S. zu den Niestad S.146-152,182f.
386 S. DIERCK, Älterleute, S.133, S.223.
387 S. DIERCK, Älterleute, S.87.
388 S. DIERCK, Älterleute, S.111.
389 Vgl. HR 1,2 Nr.68. Es ist zu fragen, ob der Rigische Ratsherr namens Johan Bolte, der am Hansetag zu Johannis 1366 teilnahm, mit ihm verwandt war.

1367 amtierten mit van Stockem für das lübisch-wendische Drittel Radeke Vrowendorp, für das westfälisch-preußische Drittel Johan Wistrate junior und Anton de Zundren, für das gotländisch-livländische Drittel Wolter van der Borch und Ludekin van Elten.[390] In diesem Jahr wurden auch als Vertreter des Kaufmanns zu Brügge bei der Kölner Versammlung Thideman van Hereke, Peter van Hereke und Hermann Hovet genannt.[391] Anscheinend handelt es sich um abgeordnete Achtzehnmänner des Brügger Kontors.[392] Die Nennung dieser Herren als teilnehmende Beobachter bei diesem wichtigen Hansetag weist uns daraufhin, dass im Brügger Kontor außer den Ältermännern weitere Kaufleute an den Entscheidungen beteiligt waren. Einige der hier genannten Herren traten in späteren Jahren auch als Delegierte auf Hansetagen in Erscheinung.

Vor ein Problem stellt die regionale Zuordnung des Ältermannes Radeke Vrowendorp, allerdings nur wenn man annimmt, dass die regionale Zuordnung im Brügger Kontor für die Dauer seines Lebens galt.[393] Während Vrowendorp nämlich in der Brügger Liste als Vertreter des lübisch-wendischen Drittels aufgeführt wird, deuten die sonstigen Informationen zu einem Träger dieses Namens im hansischen Umfeld auf einen Mann, der zu 1370 in Elbing genannt wird und dort seit 1374 im Rat saß. Dieser nahm im Mai dieses Jahres am Hansetag in Lübeck teil und starb wohl 1382.[394] Wenn wir uns von der Fixierung auf dauerndes Verweilen in einer Stadt, in der man Bürgerrecht erworben hatte, lösen, ergibt sich folgendes Bild: Vrowendorp heiratete wohl 1366 die Tochter des Lübecker Bürgers Conrad van Brile.[395] Vrowendorp wurde 1367 in Brügge als Vertreter des lübisch-wendischen Drittels genannt, war anscheinend zu dieser Zeit Lübecker Bürger. Einige Jahre später zog er nach Elbing und wurde dort spätestens 1374 in den Rat gewählt.[396] Gerade wegen seiner persönlichen Erfahrungen als Brügger Ältermann und wegen seiner so gewonnenen Beziehungen war Vrowendorp als Vertreter der preußischen Stadt auf dem Hansetag besonders geeignet.

Johan Wistrate, der in der Liste der Brügger Altermänner des Jahres 1367 als junior bezeichnet wird, stieg 1379 zum Dortmunder Ratsherrn auf und ist zwischen 1390 und 1400 vielfach in dieser Funktion in Dortmund nachzuweisen. Er war ein Cousin des Ratsherrn Everd Wistrate, der am Tag zu Johannis 1379 in Lübeck auf der Bank der Delegierten saß. Die besondere Beziehung dieser Familie zu Flandern zeigt sich auch darin, dass Everd Wistrate mit Jakob Plescow einer der hansischen Delegierten war, die vom September 1379 bis zum Februar 1380 mit dem Grafen von Flandern verhandelten.[397]

---

390 S. DIERCK, Älterleute, S.90.

391 Vgl. HR 1,1, Nr.416.

392 S. zur Funktion der Achtzehnmänner DIERCK, Älterleute, S.14ff.

393 S. auch DIERCK-DÜNNEBEIL-RÖßNER, Hansekaufleute, S.448.

394 S. DIERCK, Älterleute, S.216f.

395 Ein Albert van Brile stand als Magdeburger Bürger mit Johan van der Waghe und Gerhard Dartzow in Geschäftskontakten, vgl. SIMON, Niederstadtbuch, S.43,3 und S.157,5.

396 Zu seiner wirtschaftlichen Tätigkeit in Elbing seit 1370 s. DIERCK-DÜNNEBEIL-RÖßNER, Hansekaufleute, S.449.

397 Vgl. HR 1,2 S.213-227. Die anderen Delegierten waren Ludolf Holdenstede aus Hamburg und Johan Cordelitz aus Thorn.

Sicher stieg auch ein weiterer der 1367 mit van Stockem amtierenden Ältermänner in den Rat einer Hansestadt auf: Wolter van der Borch.[398] Er wurde im folgenden Jahr vom Dorpater Rat kooptiert. Als Delegierter nahm er an der hansischen Versammlung vom Oktober dieses Jahres in Stralsund teil, in der die Kölner Konföderation bestätigt und der Krieg gegen Dänemark vorbereitet wurde.[399] 1381 war er wiederum bei der großen Versammlung der hansischen Herren zum 24. Juni in Lübeck. Auch im Mai 1388 nahm er am Hansetag in Lübeck teil, auf dem die Fragen der Verhandlungen mit den Flamen und Holländern und Maßnahmen in Russland besprochen wurden. Schließlich beteiligte sich van der Borch an der Verhandlung des gotländisch-livländischen Drittels mit Lübeck im März 1392 in Dorpat. Auf diesem Tag ging es besonders um den Handel mit Tuchen und anderen Gütern nach Novgorod. Van der Borch stand auch mit Lübecker Kaufleuten in geschäftlichen Verbindungen. So schuldet er 1390 dem Hinrik van Essen 118 Mark, die er allerdings 1391 noch nicht bezahlt hatte.[400] Hinrik van Essen hatte seinerseits eine vertraute Beziehung zu Johan Crispin, der 1358 Achtzehnmann in Brügge war. Crispin setzte van Essen 1368, 1374 und 1380 in seinen Testamenten als Provisor gemeinsam mit dem Ratsherrn Segebodo Crispin ein.[401] Der zweite Ältermann des liv- und gotländischen Drittels im Jahr 1367 war Ludekin van Elten. Er ist zwar selbst nicht in den Rat gewählt worden, gehörte aber zu einer Familie, die Ratsherren in Dorpat, Reval und wahrscheinlich auch Visby stellte.[402]

Ludekin van Elten hatte auch Verwandte in Lübeck. Auf jeden Fall stand er in engeren Beziehungen zu dem gerade schon erwähnten Gläubiger des van der Borch, Hinrik van Essen,[403] und den Lübecker Ratsherren Perceval, van Ossenbrugge und Gottfried Travelmann. 1377 vertraten diese nämlich als *Procuratores* den Dorpater Bürger Ludekin van Elten in einer Auseinandersetzung mit dem Lübecker Helmich van Elten, der sicherlich mit diesem verwandt war, und Hermann van Camen.[404] Zu Ludekins Verwandtschaft gehörte auch Giseltrud van Elten, die mit dem Visbyer

398 S. zu ihm auch die Notiz bei DIERCK-DÜNNEBEIL-RÖßNER, Hansekaufleute, S.58f.

399 Vgl. HR 1,1, S.433-437. Im Februar 1369 beschäftigte sich eine regionale Versammlung in Pernau mit van der Borchs Ausgaben für seine Reisen, vgl. HR 1,3, S.28-31, Nr.29f.

400 Vgl. SIMON, Niederstadtbuch, S.729,6 (1390 Pasche). Zu Cantate 1391 verpfändet der Gläubiger Hinrik van Essen diese Schuld dem Johan Raven *nato de Byleuelde*, vgl. SIMON, Niederstadtbuch, S.770,1.

401 S. ASMUSSEN, Flandernfahrer, S.467f. Van Essens Tochter Hillegund wurde in erster Ehe mit einem van Wickede und in zweiter mit Hinrik van Camen verheiratet.

402 S. DIERCK, Älterleute, S.135. 1393 bezeugt Ludekin van Elten vor dem Revaler Rat, dass der in Dordrecht verstorbene Johan van Elten kurz vor seinem Tode ihm gesagt habe, dass er sein Erbe am liebsten dem Revaler Ratsherren Detmar van Elten gönne, der sein nächster Verwandter sei. S. DIERCK, Älterleute, S.135 und vgl. LEC UB 1,4 Nr.1459.

403 Bürgermeister Wolter van der Borch schuldete 1390 dem Hinrik van Essen in Lübeck 118 Mark, die Everhard Zoye *de dyocesi Darbatensi* ihm übergeben sollte, vgl. SIMON, Niederstadtbuch, S.729,7 und S.770,1 (1391).

404 Vgl. SIMON, Niederstadtbuch, S.380,8 (1377 Mathei): *Sciendum, quod domini Johannes Perseval et Hermannus Ozenbrugghe, Ghodeke Traueneman et Hinricus de Essen placitaverunt inter Arnoldum Misteman et Helmicum de Elten ex parte Ludeke de Elten civis Tarbatensis, cuius fuerunt plenipotentes procuratores, ex una et Hermannum de Camene ex altera pro illis 300 mr.*

Ratsherrn Hinrik Ghildehusen verheiratet worden war.[405] Der Vertreter Gotlands auf dem Tag vom Mai 1447, Johan van Elten, stammte aus dieser Familie.[406] Die Ratsfamilien Ghildehusen in Visby, Lübeck und Stralsund wiederum standen in näherer verwandtschaftlicher Verbindung mit den Yborg, den Plescow und den Swerting. Giseltrud van Elten war auch mit dem Lübecker Bürger Johan Vischbeke verwandt, einem Vetter des Visbyer Ratsherrn Marquard Vischbeke.[407]

Netz 22: Ludekin van Elten

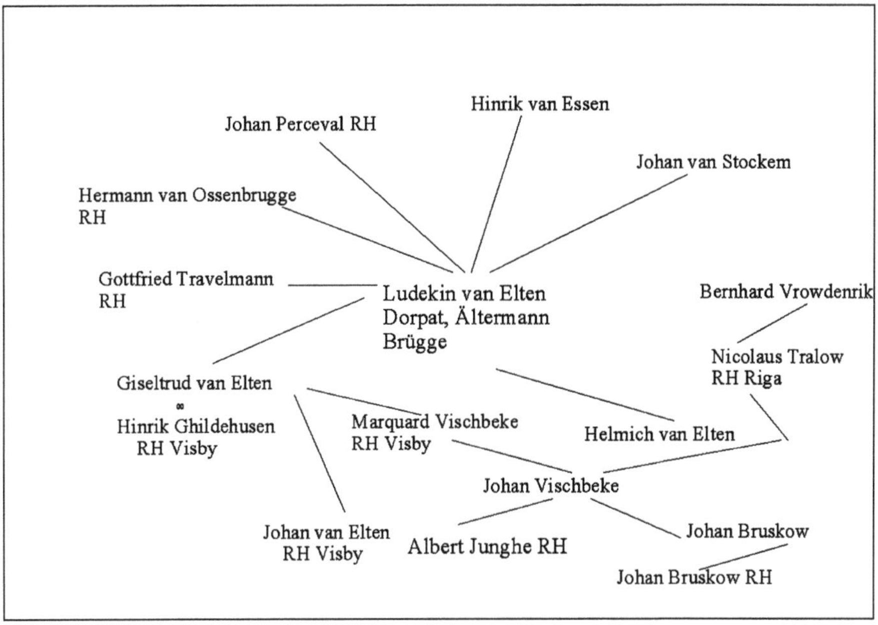

405 Vor dem Lübecker Rat bestätigten Johan Rave und Cergius van Lennep - als Provisoren der Kinder - mit dem ehemaligen Visbyer Ratsherrn Hinrik Ghildehusen, dass dieser nach dem Tod seiner Frau Giseltrud den gemeinsamen Kindern in der Erbteilung eine *magna hereditas* in Visby mit einem danebenliegenden kleinen Erbe übertragen habe. Dieses kleine Erbe habe ursprünglich dem Vater der Giseltrud, nämlich Johan van Elten gehört. vgl. SIMON, Niederstadtbuch, S.835,3 (1393 Corporis Christi).

406 Vgl. die chronologische Übersicht.

407 Die enge Verbindung Johan Vischbekes zu Schweden geht auch aus seinem Testament hervor. Er gab an das Hl. Geist-Hospital wie die Nikolaikirche in Västerås und an das Hl. Geist-Hospital in Stockholm je 1 Mark schwed., vgl. VON BRANDT, Regesten 1, Nr.416 und ASMUSSEN, Flandernfahrer, S.821. Zu 1382 ist im Lübecker Niederstadtbuch eine Transaktion von *tres cistas* im Werte von 23 Mark (anscheinend aus Schweden) für die Witwe Christina des Thideman Lange *de Monte Cupri* eingeschrieben, an der auch Vischbeke als Ausführender mit Johan Bruskow und Johan Rubowe beteiligt war, vgl. SIMON, Niederstadtbuch, S.499,7 (1382 Lamberti). Ein weiterer Johan Vischbeke war 1358 Bürger in Örebro, s. KOPPE, Lübeck-Stockholm, S.78: „Derselbe Zug Lübeck-Gotland-Mälaratal, der auch für das Geschlecht van Essen zu beobachten war, ist also auch für die Vysbeke festzustellen."

Ob diese Vischbeke mit der gleichnamigen Osnabrücker Ratsfamilie verwandt waren, ist zur Zeit nicht zu klären.[408] Diese Vermutung liegt nahe, weil im Lübecker Niederstadtbuch Träger dieses Namens erscheinen, die aus Elte bei Rheine kamen.[409] In der Erbauseinandersetzung des Ratsherrn Marquard Vischbeke mit dem Dekan Johan van Elten in Verden 1385 wird auch Vischbekes Schwiegersohn Johan Bruskow genannt.[410]

Netz 23: Johan Vischbeke

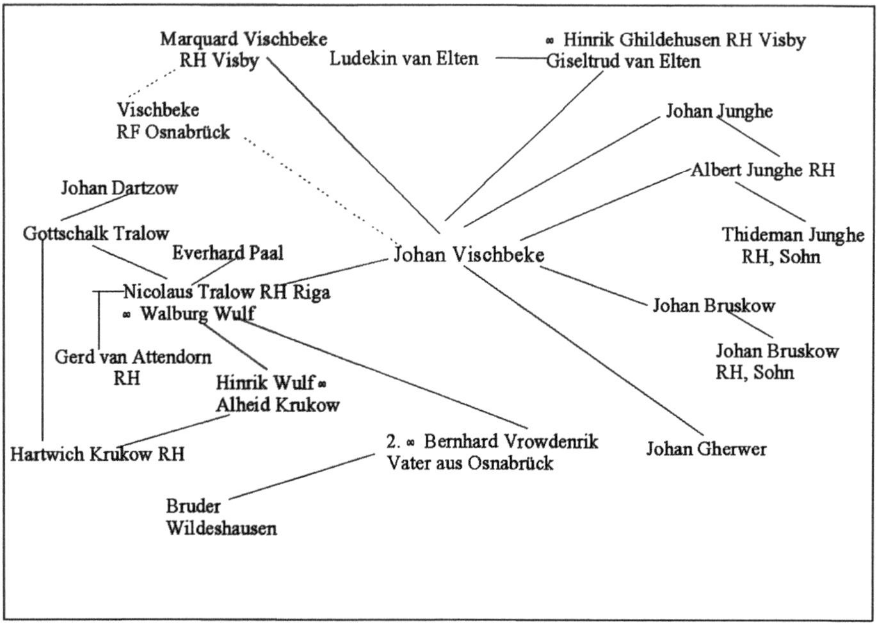

Bruskows gleichnamiger Sohn wurde 1439 in den Lübecker Rat gewählt und trat als Flottenführer hervor.[411] Dessen Sohn Brun Bruskow amtierte seit 1475 als Ratsherr und nahm als Delegierter an Hansetagen zwischen 1478 und 1484 teil.[412] Eine Handelsgesellschaft verband 1350 Johan Vischbeke mit den Brüdern Albert und Johan Junghe.[413] Albert Junghe wurde einige Jahre später in den Rat gewählt und amtierte

408 Als Ratsherren amtierten in Osnabrück seit dem 13. Jahrhundert Personen dieses Namens. Mit dem Vornamen Wichmann finden sich sowohl um 1270 wie auch um 1350 Ratsherren, vgl. beispielsweise OS UB 4,651;6,569. Hermann Visbeke saß um 1360 im Osnabrücker Rat, vgl. OS UB 6,647.

409 Zu den van Elte aus Rheine vgl. SIMON, Niederstadtbuch, S.182,5.

410 Vgl. SIMON, Niederstadtbuch, S.598,2 (1385 Dyonisii).

411 S. FEHLING, Ratslinie, S.73.

412 S. FEHLING, Ratslinie, S.80.

413 Vgl. VON BRANDT, Regesten 1, Nr.416.

von 1357 bis 1363 als Lübecker Ratsherr.[414] Sein Sohn Thideman folgte ihm 1391 im Ratssitz nach und als Delegierter auf Hansetagen 1416 und 1417.

1371 hatte Johan Vischbeke Schulden bei der Frau Walburg des Rigaer Ratsherrn Nicolaus Tralow.[415] Walburg stammte aus der Lübecker Familie Wulf.[416] Wie der Rigaer Ratsherr mit dem Lübecker Bürger Volrad Tralow verwandt war, ist nicht eindeutig zu bestimmen.[417] Zu dieser Familie gehörte auch Gottschalk Tralow, der 1419 sein Testament erstellte. Er setzte als Provisoren seinen Schwager, den Ratsherrn Johan Dartzow, und das ehemalige Mitglied des Neuen Rates Johan Krowel ein.[418] Aus der Notiz zum Erbe des Ratsherrn Tralow, der vor Mai 1372 verstorben sein muss, geht hervor, dass seine Testamentsvollstrecker in Lübeck der aus Dülmen stammende Flandernfahrer Everhard Paal und der Lübecker Ratsherr Gerd van Attendorn waren.[419] Zu dieser Zeit arbeitete Vischbeke auch mit Johan Gherwer und Hinrik Wulf enger zusammen, der sicherlich mit Walburg, der Witwe Tralows verwandt war.[420] Hinrik Wulf war mit Alheid, einer Tochter Johan Krukows, verheiratet, deren Bruder Hartwich später zum Neuen Rat in Lübeck gehörte.[421]

Walburg, die Witwe des Nicolaus Tralow, heiratete einige Jahre später den Flandernfahrer Bernhard Vrowdenrik, dessen Vater aus Osnabrück kam.[422] Auch Bernhard hatte dort noch enge Verwandte. Ein Bruder lebte in Wildeshausen.[423] Vrowdenrik hatte 1397 eine Handelsgesellschaft mit mehreren Personen, unter denen sich auch der Ratsherr Amelius Luchow, der auch nach England handelte,[424] und Johan van Minden befanden.[425] Vrowdenrik stand weiterhin in engen geschäftlichen Verbindungen zu den wichtigen Lübecker Kaufleuten Bernhard Stekemest und Tymmo vamme

414 S. LUTTERBECK, Rat, S.286.

415 Vgl. SIMON, Niederstadtbuch, S.181,4 (1371 Walburgis).

416 Dieses ergibt sich aus einer Notiz von Trinitatis 1371, welche die Gütertrennung Tralows und seiner Frau beschreibt. Sie wird hier Walburgis Wulves genannt, vgl. SIMON, Niederstadtbuch, S.182,3.

417 *Domina* Margareta, die Tochter des Volrad Tralow, war mit Helmold von Plesse verheiratet. Bei ihr hatte Arnold Plescow 412 Mark Schulden, vgl, SIMON, Niederstadtbuch, S.747,3 (1390 Assumpto Marie).

418 Vgl. AHL, Testamente, Gosschalk Tralouwe, 19. August 1416: *Item gheve ik Wobbeken, miner zuster, her Johan Darzouwen wyve, 10 mark lubesch. ... Mine vormundere kese ik her Johanne Darzouwen, minen om, und Hanse Crowele.*

419 Vgl. SIMON, Niederstadtbuch, S. 200,1 (Ascensio Domini).

420 Vgl. SIMON, Niederstadtbuch, S.176,3 (1371 Circumcisio).

421 S. KOPPE-KOPPE, Frankfurthändler, S.193.

422 Bei einem Erbstreit wird 1394 darauf hingewiesen, dass der Lübecker Bürger Bernhard Vrowdenrik und der Wildeshausener Bürger Johan Vrowdenrik wie auch Margaret, die Witwe des Nicolaus Rasseborch, Kinder von drei Brüdern sind, vgl. SIMON, Niederstadtbuch, S.890,2.

423 S. ASMUSSEN, Flandernfahrer, S.838f. 1396 bürgte Vrowdenrik gemeinsam mit Nicolaus van Stiten für den Wismarer Bürger Hinrik Haghemester, der die Tochter Berta des Berthold Leseman aus Lübeck geheiratet hatte, für dessen Schulden von 150 Mark bei seiner Schwiegermutter Zanneke, vgl. SIMON, Niederstadtbuch, S.956,2, S.982,2 (1397 Margarete). Im August 1399 hatte Vrowdenrik 220 Mark Schulden bei Johan Meteler, vgl. SIMON, Niederstadtbuch, S.1059,3 (Assumpcio Marie).

424 S. JENKS, England, S.931.

425 Vgl. SIMON, Niederstadtbuch, S.985,4 (1397 Petri ad vincula).

Kyle wie dem (späteren) Ratsherrn Johan Krowel.[426] Zwischen 1395 und 1398 legte Vrowdenrik Kapital in Rostock bei den Ratsherren Berthold Kerkhoff und Winold Baggel an.[427] Der dortige Ratsherr Gerhard Grentze schuldete ihm und Arnold Starke 400 Mark.[428] In zweiter Ehe war Vrowdenrik mit Windele, einer Tochter des Johan Stoltevoet, verheiratet.[429] Windeles Bruder war der Flandernfahrer Radeke Stoltevoet. Sie waren mit dem Lübecker Ratsherrn Dankward vam See (1366-1378) verwandt.[430] Dieser wurde als Stoltevoets Onkel bezeichnet.[431]

Netz 24: Bernhard Vrowdenrik

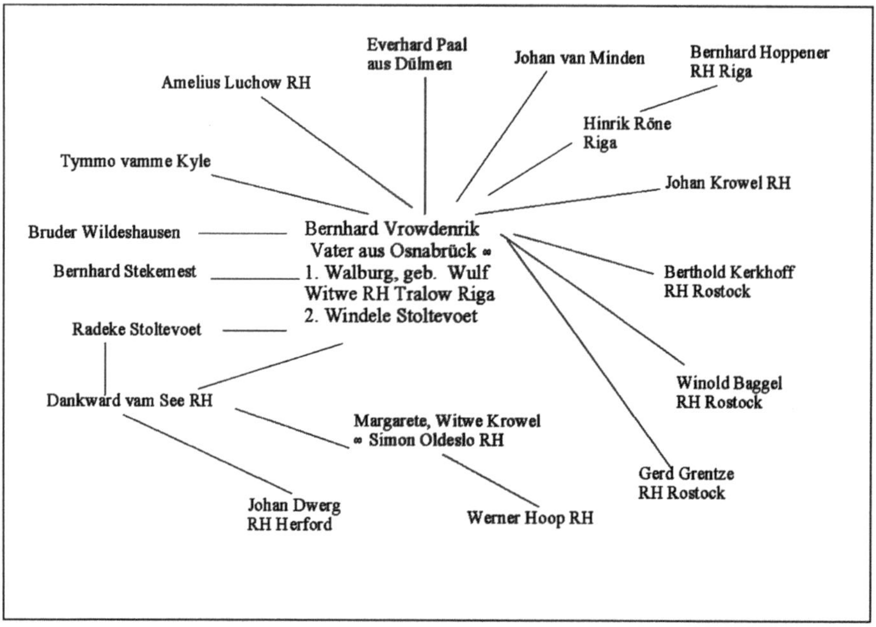

Die vam See hatten auch Verbindung nach Herford. Dort lebte Ludgard vam See, die Schwester Werners vam See. Ob sie in die Herforder Ratsfamilie Dwerg eingeheiratet hat, ist unklar. Allerdings war 1371 bei einem Erbfall ihr Prokurator der Bürgermeister der Herforder Neustadt Johan Dwerg.[432] Dessen Bruder, der bekannte Pfründenjäger Hermann Dwerg, der bei seinem Tode 1430 in Rom auch für das Grab seiner El-

426 1393 Letare verbürgte sich Vrowdenrik für die Schuld von 109 Mark des Marquard Walmerstorp in Wismar bei Tymmo vamme Kyle und Johan Schotte, vgl. SIMON, Niederstadtbuch, S.823,4. Vgl. auch AHL, Niederstadtbuch zu 1401 Sixti, 1402 Circumcisio, 1403 Oktav Epiphanie, 1404 Pentecostes (mit Hinrik Steen), 1406 Invocavit (mit Ludeke Boytin).

427 S. HEFENBROCK, Lübecker Kapitalsanlagen, S.85.

428 Erwähnt bei der Stiftung einer Vikarie in der Jakobikirche in Lübeck durch Radeke Stoltevoet, vgl. SHRU 6, S.1029-1031.

429 Vgl. SIMON, Niederstadtbuch, S.429,7 (1380 Marci).

430 S. ASMUSSEN, Flandernfahrer, S.763.

431 S. ASMUSSEN, Flandernfahrer, S.707.

432 Vgl. SIMON, Niederstadtbuch, S.176,1 (1371 Circumcisio).

tern in der Neustädter Johanniskirche zu Herford stiftete, hatte engere Beziehungen nach Lübeck. Er wollte auch in Lübeck seine Erinnerung gewahrt wissen. In seiner Studienstiftung berücksichtigte er neben seiner Heimatstadt die Orte, an denen er Pfründen besaß: Köln, Lüttich, Breslau, Deventer und Lübeck.[433]

Radeke Stoltevoet stand auch über seine Cousine Margarete in verwandtschaftlichem Kontakt mit den Krowel; Margarete heiratete nämlich in erster Ehe Johan Krowel, einen Verwandten des gleichnamigen Ratsherrn. In zweiter Ehe verband Margarete sich mit Simon Odeslo, der von 1408 bis 1411 dem Neuen Rat angehörte und 1412 starb.[434] Wie eng die Beziehungen zwischen diesen Familien waren, zeigt sich daran, dass Simon Odeslo 1408 gemeinsam mit den Mitgliedern des Neuen Rates Johan Schotte und Johan Krowel Provisor des Testaments des Johan vam See, eines Sohnes des Danquard vam See, war.[435]

Johan Krowels Schwester Adelheid wurde mit dem angesehenen Kaufmann Werner Hoop verheiratet, der „sowohl mit der Königin Margareta als auch dem König Albrecht Handelsverbindungen unterhielt." Auch Hoop gehörte von 1408 bis zu seinem Tod 1412 dem Neuen Rat in Lübeck an.[436]

Vrowdenrik arbeitete weiterhin eng mit dem Flandernfahrer Everhard Paal zusammen, der aus Dülmen kam und somit auch Ansprechpartner für Dülmener in Lübeck war.[437] Sein Onkel Bernhard Paal hatte von 1349 bis 1363 dem Lübecker Rat angehört.[438] Bernhards Sohn Hermann war mit einer Tochter des Ratsherrn Hermann van Ossenbrugge verheiratet, der am Hansetag von Juni 1379 teilnahm. Mit dem Wismarer Bürger Thideke Paal, der sicherlich mit ihm verwandt war, hatte Everhard Paal eine Handelsgesellschaft. Everhard Paal war ein *avunculus* des Johan Schepenstede, mit dem er 1376 gemeinsam die Hälfte des Dorfes Groß Schenkenberg kaufte.[439] Paal gehörte zu einem weitreichenden Familienverband. Eine Schwester, Ghese Krytensteen, war in Deventer verheiratet, eine weitere lebte in Stockholm.[440] Ever-

433 *Et volo quod istorum scholarium duo sint de Hervordia, duo de Colonia, duo de Leodia, duo de Vratislavia, duo de civitate Lubicensi et duo de Davantria*. S. GROTHE, Kroneburse of the faculty of law, S.272.

434 S. ASMUSSEN, Flandernfahrer, S.707.

435 Vgl. AHL, Niederstadtbuch zu 1410 Conceptio b. virginis: Johan Dartzow hatte von den Provisoren *Johannis vamme Zee, scilicet dominis Symone Odesloo, Johanni Schotte, Johanni Crowel juniore ex parte Wobbeke sue uxoris* 107 ½ Mark erhalten. Es handelte sich um den 1416 zum Ratsherrn eingesetzten Johan Dartzow, der in zweiter Ehe mit der Tochter Walburg des Ratsherrn Johan Niebur verheiratet war.

436 S. FEHLING, Ratslinie, S.58f.

437 Vgl. SIMON, Niederstadtbuch, S.862,4. Diderik Sunderhus aus Dülmen bestätigte, dass er alles, was seinem in Bergen getöteten Bruder Paal gehörte, von Everhard Paal erhalten hatte. Everhard habe dieses für seinen Bruder Johan aufbewahrt. Vgl. zu Everhard Paals Beteiligung an einer Dülmener Erbschaftsangelegenheit in Lübeck auch SIMON, Niederstadtbuch, S.872,3.

438 S. LUTTERBECK, Rat, S.323.

439 S. ASMUSSEN, Flandernfahrer, S.595f.

440 Vgl. SIMON, Niederstadtbuch, S.979,2 (1397 Corporis Christi): *Notandum, quod Gherardus Krytensteen civis in Dauantria presens huic libro recognovit sibi veraciter constare, qualiter Gheze Krytensteens mater eius ad sufficienciam sublevaverat a Euerhardo Paal fratre suo porcionem bonorum per mortem Lucken sororis sue in Stokholmis defuncte relictorum sibi iure hereditario competentem …*

hard Paal knüpfte Verbindungen innerhalb der hansischen Führungsgruppen durch seine Funktion als Äftermann des lübisch-wendischen Drittels in Dordrecht/Brügge in den Jahren 1360 und 1364.

1360 wird als sein Kollege nur Everhard Hetveld für das westfälisch-preußische Drittel genannt.[441] Auch Everhard Hetvelt war 1364 wiederum Ältermann des westfälisch-preußischen Drittels. Hetveld stammte aus Thorn und war mit dem Delegierten Hinrik Hetveld verwandt, der mehrfach zwischen 1386 und 1397 diese preußische Stadt auf Hansetagen und in Verhandlungen vertrat. Dieser Familie entstammt auch ein weiterer Everhard Hetveld, der 1389, 1398 und 1402 als Ältermann in Brügge erscheint. Everhard (II.) Hetveld wurde 1404 Schöffe in Thorn und 1412 Bürgermeister.[442] Er war zwischen 1407 und 1415 mehrfach auf Hansetagen zu sehen. Mitglieder dieser Familie vertraten Thorn auch im weiteren 15. Jahrhundert auf regionalen Tagen.

Netz 25: Everhard Paal

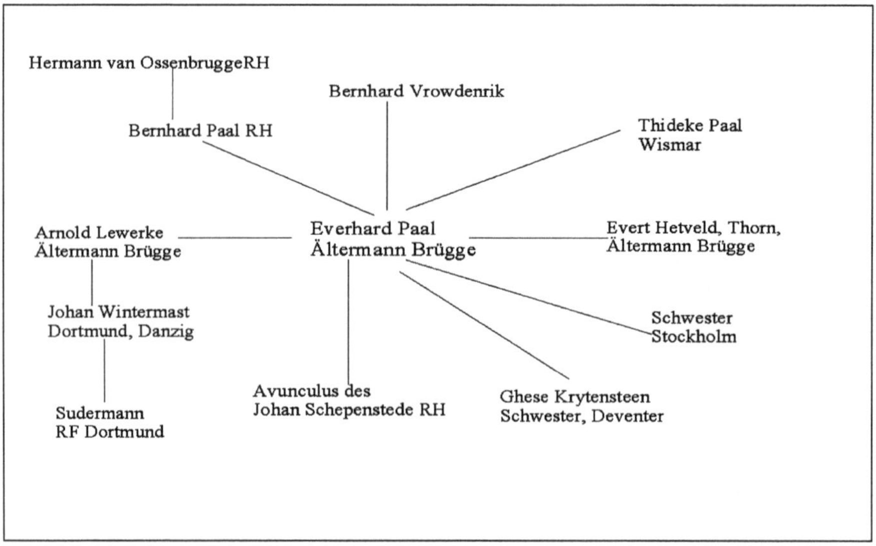

1364 amtierte mit Everhard Paal für das lübisch-wendische Drittel Arnold Lewerke, ein Neffe des Dortmunder Kaufmanns Johan Wintermast, der später nach Danzig umgezogen ist. Die Wintermast arbeiteten mit den Sudermann aus Dortmund zusammen, die dort Ratsherren stellten, bis es 1376 zu weitreichenden Auseinandersetzungen kam, in deren Verlauf Johan Sudermann in den Stein, das Gefängnis, zu Brügge gelegt wurde.[443] Ein gleichnamiges Mitglied der Familie Sudermann, die vielfältig

441 S. DIERCK, Älterleute, S.87.

442 Vgl. CZAJA, Miejscy Torunia, S.74ff.

443 Lewerke war Ältermann in den Jahren 1362, 1364, 1368 und 1372, s. DIERCK, Älterleute, S.87, 229f., ASMUSSEN, Flandernfahrer, S.490f., DIERCK-DÜNNEBEIL-RÖßNER, Hansekaufleute, S.272 f.

mit weiteren führenden Dortmunder Familien wie den van Wickede, Palsod, van Lunen, Brake, Lange, Hengstenberg, Swarte und Schonewedder verwandt war,[444] vertrat Dortmund auf dem Hansetag im Mai 1407 in Lübeck.[445]

Mit Everhard Paal hatte Vrowdenrik 1381 Löschungsvollmacht für Schulden, die Lübecker Bürger bei dem Rigaer Bürger Hinrik Röne hatten.[446] Röne war seinerseits in einer Handelsgesellschaft mit dem Rigaer Ratsherrn Bernhard Hoppener verbunden, der 1369 an Tagungen in Lübeck beteiligt war. Hoppener stand in geschäftlichen Kontakten mit den van Rinteln in Lübeck.[447] Ob eine Verwandtschaftsbeziehung zu den Hoppener in Osnabrück bestand, die in dieser Zeit mit Hinrik dort auch einen Ratsherrn stellten, muss im Augenblick offen bleiben.[448]

Kehren wir zu Johan van Stockem und seinen Kollegen im Amt des Brügger Ältermannes zurück. 1371 vertrat mit van Stockem zusammen Tymmo Hadewerk das lübisch-wendische Drittel, während das westfälisch-preußische Drittel von Hinrik Wistrate und Hinrik Huet und das gotländisch-livländische von Alard van Wederden und Thideman Bredenschede vertreten wurden.[449] Thideman Bredenschede war wahrscheinlich mit dem Visbyer Ratsherrn Johan Bredenschede verwandt.[450] Tymmo Hadewerk war auch im Jahre 1375 Brügger Ältermann.[451]

Seine Frau stammte wahrscheinlich aus Schweden.[452] Hadewerks gute Verbindungen nach Schweden zeigen sich auch darin, dass er mehrfach als Vertrauensmann von Stockholmer und Visbyer Ratsherren auftrat.[453] In einer Handelsgesellschaft war er mit dem Stockholmer Bürgermeister Gyso Wulfard verbunden, dessen Bruder Frederik Kölner Bürger war.[454] 1401 erhielt der Stockholmer Bürger Nicolaus Brasche von den Provisoren Hadewerks eine Summe Geldes, die 12 Mark an Wikbeld-Rente entsprach, für den Stockholmer Ratsherrn Hinrik van Loo.[455]

---

444 S. MEYER, Sudermanns, S.35 und THIER, Melius Hereditati, S.176f. und dort die Tafel S.145.

445 S. Anhang: Übersicht 6: Dortmund.

446 Vgl. SIMON, Niederstadtbuch S.468,7: Bernd Pleskow schuldete 16 Mark, S.469,4: Martin Klotecow schuldete 216 Mark. Gemeinsam mit Ludeke Boytin schuldete Vrowdenrik zu diesem Datum dem Rigischen Bürger 360 Mark.

447 Hoppener befand sich auch im Mai 1368 in Lübeck. Bertram van Rinteln bestätigte, dass er als *monitor et servitor* des Hoppener von Hinrik Molenstrate fast 500 Mark empfangen habe. Hoppener, der zu der Zeit in Lübeck war, bestätigt, dass er das Geld empfangen hat, vgl. SIMON, Niederstadtbuch, S.131,5.

448 Hinrik Hoppener amtierte als Osnabrücker Ratsherr von 1357 bis 1380, vgl. OS UB 6, Register. Ein Johan Hoppener ist am Beginn des 15. Jahrhunderts als Vertreter der Neustadt im Rat gewesen.

449 S. DIERCK, Älterleute, S.92. Hinrik Huet stammte aus Thorn, s. DIERCK, Älterleute, S.163.

450 S. DIERCK-DÜNNEBEIL-RÖßNER, Hansekaufleute, S.69, S.71.

451 S. DIERCK, Älterleute, S.141f.

452 Die Schwester seiner Frau war Nonne im Skokloster in Uppland/Schweden, s. KOPPE, Lübeck-Stockholm, S.184.

453 S. KOPPE, Lübeck-Stockholm, S.183f., S.238.

454 Frederik Wulfards Partner in umfangreichen Geschäften mit Wein war Thideman Bruwer, s. KOPPE, Lübeck-Stockholm, S.270ff. In Köln lebte auch ein Verwandter namens Johan Wulfard/Wolfart, der sowohl mit dem Stockholmer Ratsherrn Gyso Wulfard wie auch mit den Lübecker Großhändlern Johan van Stockem wie auch Wichman Drughe in engeren Geschäftsverbindungen stand, s. KOPPE, Lübeck-Stockholm, S.271.

455 Vgl. AHL, Niederstadtbuch zu 1401 Divisio apostolorum: *Nicolaus Brasche civis in Stockholmis*

Hadewerks Sohn Thideman heiratete eine Tochter des Ratsherrn Gottschalk van Attendorn. Thideman Hadewerk wurde auch 1428 in den Rat kooptiert. Er nahm 1436 an den Verhandlungen in Kopenhagen teil.[456] Dass sich auch zwischen führenden hansischen Familien langwierige und sogar blutige Auseinandersetzungen entwickelten, zeigt sich im Blick auf den Mord an Hadewerks Sohn Gobel in Reval. Gobels Bruder, der erwähnte Ratsherr Thideman, beschuldigte den Revaler Ratsherrn Gerd van der Beke, an der Tat beteiligt gewesen zu sein.[457]

Netz 26: Tymmo Hadewerk

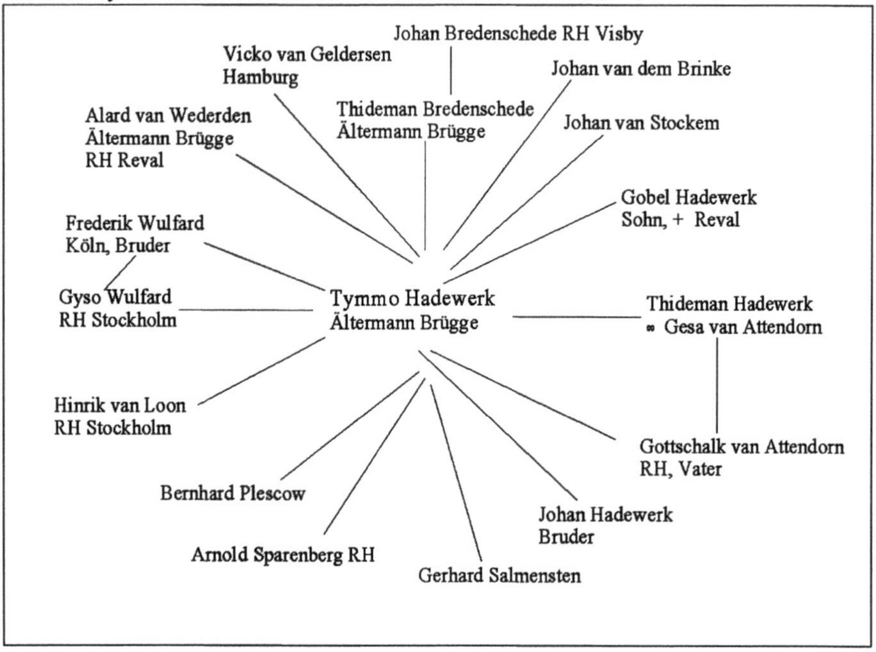

Kehren wir zu den Brügger Älterleuten des Jahres 1371 zurück. Hinrik Wistrate wurde auch 1376 für das westfälisch-preußische Drittel in dieses Amt gewählt. Er war ein Bruder des Dortmunder Ratsherrn Everd Wistrate, der am Tag zu Johannis 1379 in Lübeck teilnahm.[458] Alard van Wederden, einer der Vertreter des gotländisch-livländischen Drittels im Jahr 1371, wurde 1378 in den Rat seiner Heimatstadt Reval gewählt.[459] Nach seinem Tode im Jahre 1381 sorgten seine Testamentsvollstrecker für die Verwaltung des umfangreichen Erbes im Namen seiner unmündigen Kinder.

recognovit ... se a provisoribus Tymmonis Hadewerk sublevasse illam pecuniam totalem corresprondentem illis XII M. Lub. redditus wicbelde ex parte Hinrici van Loe consulis Stokholmensis.

456 S. ASMUSSEN, Flandernfahrer, S.361.

457 Vgl. HR 1,5, Nrn.400, 414, 416, 418 und DERRIK, Tafelgilde, S.51.

458 S. DIERCK, Älterleute, S.224.

459 S. VON BUNGE, Rathslinie, S.139 und GREIFFENHAGEN, Kämmereibücher, S.8.

Als Provisoren waren von ihm seine Ratskollegen Conrad Kegeler, Hinrik van der Hoye (1389 - 1405) sowie der Bürgermeister Johan Stoltevoet eingesetzt worden.[460] Der Revaler Johan Stoltevoet erschien gemeinsam mit dem Dorpater Ratsherrn Wynold Klinkrode auf dem Hansetag vom März 1394 in Lübeck. Klinkrode war seit 1392 Ratsherr in Dorpat. Zuvor aber soll er von 1389 bis 1390 Ratsherr in Reval gewesen sein.[461] Mit Stoltevoet stand er auch noch zu dieser Zeit in Geschäftsverbindungen. 1396 überbrachte er im Auftrag des Revaler Bürgermeisters Stoltevoet den Rezess vom Lübecker Hansetag. Klinkrode war beim Abschluss des Nieburfriedens in Novgorod, wo er auch schon 1392 verhandelt hatte.[462]

1377 erscheinen mit van Stockem für das lübisch-wendische Drittel Rolof in der Aa, für das westfälisch-preußische Johan van Rode und Hinrik Glohoven. Schließlich amtierten für das gotländisch-livländische Drittel *dominus* Gerhard van Wederden und Hinrik van Dorsten.[463] Ob in der Aa zu der aus Rostock bekannten Ratsfamilie van der Aa verwandtschaftliche Beziehungen hatte, ist bisher nicht zu klären.

Johan van Rode kam aus Dortmund. Er wurde 1379 in den Rat seiner Heimatstadt gewählt und saß bis 1405 im Rat.[464] Er war mit dem Lübecker Flandernfahrer Caesar van Rode verwandt, der seinerseits mehrere Verwandte in Schweden und auf Gotland hatte, zu denen auch der Visbyer Ratsherr Thideman van Rode gehörte.[465]

Netz 27: Caesar van Rode

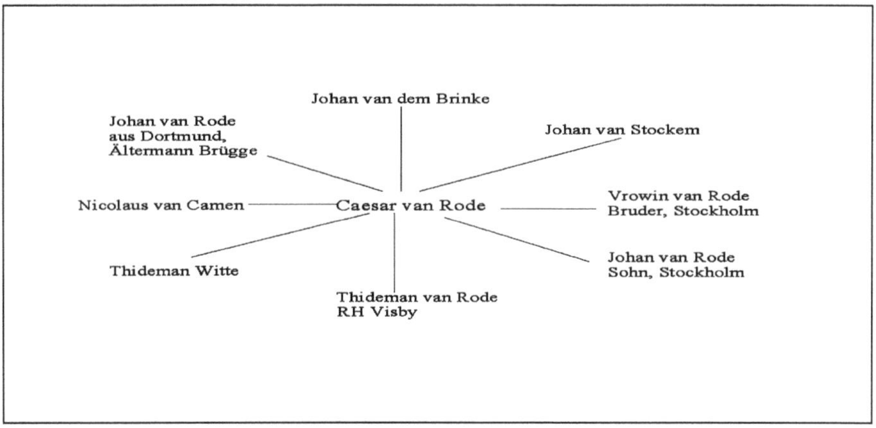

Caesars Bruder Vrowin lebte in Stockholm wie auch - wenigstens 1381 - sein Sohn Johan.[466] Dennoch wurde Vrowin, der Stockholmer Bürger war, von Caesar van Rode

460 S. DIERCK, Älterleute, S.219.

461 S. DIERCK-DÜNNEBEIL-RÖßNER, Hansekaufleute, S.113.

462 S. DIERCK-DÜNNEBEIL-RÖßNER, Hansekaufleute, S.114.

463 S. DIERCK, Älterleute, S.94. Hinrik van Dorsten war Revaler Bürger, s. DIERCK, Älterleute, S.131.

464 S. DIERCK, Älterleute, S.189.

465 S. ASMUSSEN, Flandernfahrer, S.650.

466 S. ASMUSSEN, Flandernfahrer, S.651.

in seinen Testamenten von 1372 und 1382 als Provisor benannt.[467] Gemeinsam mit den Lübecker Kaufleuten Thideman Witte, Nicolaus van Camen und Johan van dem Brinke besaß Caesar van Rode ein Schiff, das 1375 nach Brügge segeln sollte, aber gekapert wurde.[468] Gerhard van Wederden, ein naher Verwandter des Ratsherrn Alard van Wederden, wird schon in der Brügger Liste der Ältermänner als Ratsherr bezeichnet. Er war seit 1373 Mitglied des Visbyer Rates. In diesem Jahr war van Wederden mit Bodo Bolte aus Visby und anderen Delegierten der Hanse nach Novgorod gereist, um dort mit den Russen über in Schweden genommene Güter zu verhandeln und Frieden zu schließen.[469] Van Wederden nahm gemeinsam mit Johan Swarte am Hansetag zu Johannis 1381 in Lübeck teil.[470] Auch Johan Swarte war Ältermann in Brügge gewesen. Er amtierte dort 1375 für das gotländisch-livländische Drittel. 1381 war er in den Visbyer Rat kooptiert worden.[471]

Van Stockem hatte als mehrfacher Brügger Ältermann engen Kontakt mit Herren, die als Vertreter ihres Drittels amtierten. Diese standen, wie wir sahen, in weitreichenden Verwandtschafts- und Handelsbeziehungen und stiegen vielfach zu Ratsherren auf. Schepenstede und van Stockem boten im März 1382 Sicherheit für einen weiteren Kauf der Johan Niebur und Rudolf Müntzer, als diese 32 Mark Rente beim Lüneburger Rat vom *dominus* Johan Lemgo kauften.[472] Van Stockem wurde von Schepenstede in seinem Testament als Provisor eingesetzt, wie er selbst diesen auch 1368 dazu bestimmte.[473] Van Stockem hatte enge und vertrauensvolle Geschäftsbeziehungen zu Everhard Paal[474] und Johan Niebur, mit dem er auch gemeinsam Anteile an der Lüneburger Saline besaß.[475] Van Stockems gute Beziehungen beschränkten

467 Cesar van Rode wurde auch von dem Åboer Bürger Gerke Toyte als sein Lübecker Prokurator eingesetzt, s. ASMUSSEN, Flandernfahrer, S.654.

468 Vgl. HR 1,3 Nr.354 und ASMUSSEN, Flandernfahrer, S.653.

469 Vgl. HR 1,2, S.77f., Nr.68.

470 Vgl. die chronologische Übersicht. Eine verwandtschaftliche Beziehung zwischen dem Revaler Ratsherrn Alard van Wederden und dem Visbyer Ratsherrn Gerhard van Wederden ist sehr wahrscheinlich.

471 S. DIERCK, Älterleute, S.231f.

472 Vgl. SIMON, Niederstadtbuch, S.484,2 (Palmarum).

473 S. ASMUSSEN, Flandernfahrer, S.761. Van Stockem war auch gemeinsam mit Johan Schepenstede und Johan Niebur Provisor des Everhard Schepenstede, vgl. SIMON, Niederstadtbuch, S.587,6 (1385 Oktav Corporis Christi).

474 1386 verkauften die Provisoren des Everhard Paal Anteile an der Lüneburger Saline an Niebur, vgl. SIMON, Niederstadtbuch, S.609,2 (1386 Agathe): *Johannes Nyebur presens apud librum recongnovit, quod de illis 70 mr redditibus, quos ipse Johannes predictus emit a provisoribus Euerhardi Pauli et quos ipse Euerhardus habuit in theolonio saline Luneborgensis, pertineant Johanni de Stockem triginta marce redditus annui.* Vgl. zu den Lüneburger Renten, die er gemeinsam mit Niebur besaß, SIMON, Niederstadtbuch, S.666,1 (1388 Abdon et Sennes).

475 So bürgte er im März 1381 mit Schepenstede für ihn, vgl. SIMON, Niederstadtbuch, S.454,7. Im August desselben Jahres bürgte van Stockem *coniuncta manu* mit Niebur für dessen Schulden von 512 Mark bei Arnold Suderland, vgl. SIMON, Niederstadtbuch, S.467,3 (Thimotei). An demselben Tag bürgten van Stockum und Niebur für die Schulden des Gerhard Salmensteen von 461 Mark bei Arnold Suderland, ebd.,4. Vgl. auch SIMON, Niederstadtbuch, S.484,1 (1382 Palmarum) zu Renten in Lüneburg: *pro omni illo defectu prenominati Rudolfus et Johannes Niebur ipsis satisfaciant in toto et in parte; et ad maiorem caucionem et securitatem ad peticionem Rudolfi et Johannis Niebur predictorum promiserunt dominus Johannes Schepenstede et Johan-*

sich nicht auf die Lübecker Führungsschicht. Er stand auch in Geschäftsverbindungen zu Ratsherren aus Reval und Dorpat. So hatte er 1385 recht hohe Schulden beim Revaler Ratsherrn Hinrik Wulf, der auch in Verbindung mit Schepenstede und Niebur stand.[476]

Netz 28: Johan van Stockem 2

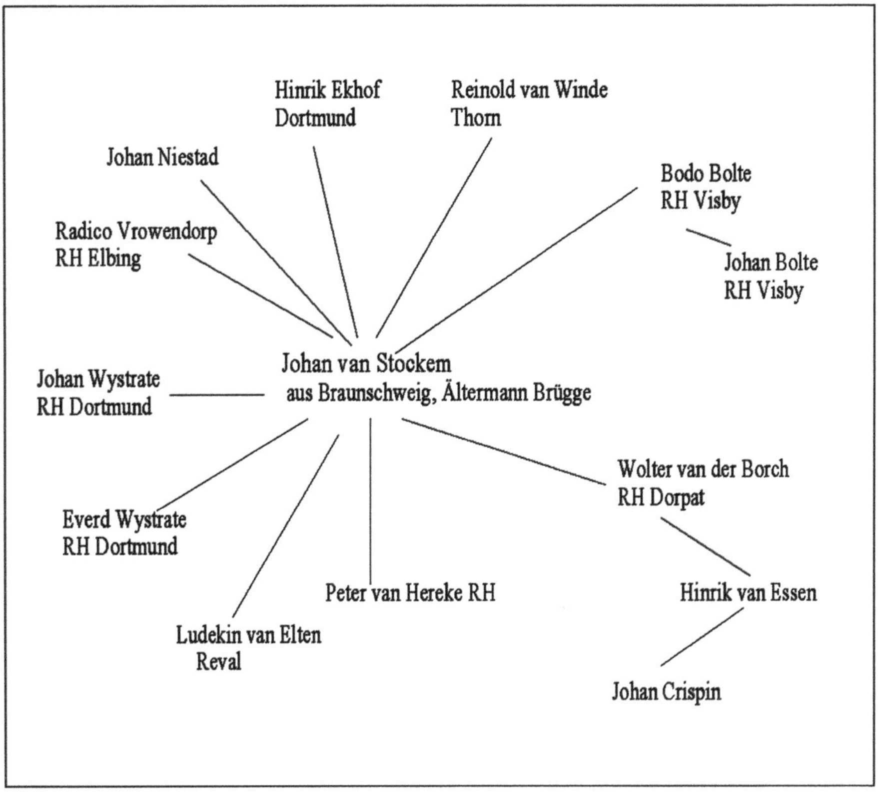

Wulf nahm als Vertreter Revals an Hansetagen teil. So vertrat er seine Stadt auf der Versammlung vom Februar 1370 in Stralsund. Zu regionalen Tagen reiste er mehrmals mit seinem Revaler Kollegen Conrad Kegeler, dessen Sohn mit einer Tochter des Revaler Bürgermeisters Hinrik Krowel verheiratet war, einem Verwandten des späteren Lübecker Ratsherrn Johan Krowel.[477] Wulf und Kegeler nahmen gemeinsam

nes Stokkem cum eis.

476 Vgl. SIMON, Niederstadtbuch, S.260,7 (1374 Inventio s. Stephani): *Johannes de Stokkem tenetur domino Hinrico Wulf consuli Reualiensi 720 mr dn in festo pasche proxime futuro persolvendas, ita quod tunc dicta pecunia sit persoluta.* Wulfs Prokurator in Lübeck war Johan van Stade, wie aus seiner Löschungsvollmacht hervorgeht, EBD.

477 S. DERRIK, Tafelgilde, S.115. Hinrik Wulf bürgte auch 1376 in Lübeck für den Dorpater Kaufmann Johan Krowel, vgl. SIMON, Niederstadtbuch, S.335,5. Ob dieser Dorpater zu dem Verwandtschaftsgeflecht der Ratsfamilie Krowel zu zählen ist, muß offen bleiben.

im April 1371 an einem Tag in Dorpat teil, wie auch die beiden zusammen mit Hinrik Krowel im September 1369 in Walk zu sehen waren. Im Februar 1369 war Kegeler mit dem Ratsherrn Richard Rike auf dem Städtetag in Pernau. Im Oktober 1370 nahm Kegeler dann mit dem Ratsherrn Hermann van dem Hove an einem Städtetag teil, der vermutlich in Wenden stattfand. Im Mai 1373 war er auf dem Hansetag zu Lübeck, auf dem beschlossen wurde, dass im September des Jahres Sendboten zu Verhandlungen über den Handel mit Russland nach Novgorod geschickt werden sollten. Am 29. September 1373 traf Kegeler sich in Novgorod mit beauftragten Ratsherren aus Lübeck, Visby, Riga und Dorpat, um die Skra des dortigen Kontors zu ändern. Nach seiner Rückkehr nahm er im Januar 1374 an einem Städtetag in Dorpat teil. Dort war er auch wieder im Juni 1374 mit dem Ratsherrn Hermann van dem Hove bei dem Land- und Städtetag. Zum letzten Mal ist der Revaler Ratsherr Kegeler als Delegierter im Januar 1376 mit dem Ratsherrn Johan Hamer auf einem Städtetag in Dorpat erschienen.[478] Hamer war dann einige Jahre später als Revaler Delegierter auf dem großen Tag vom 24. Juni 1379 in Lübeck. Er wurde als Provisor gemeinsam mit seinen Ratskollegen, dem Bürgermeister Johan van der Mohlen, Johan Scheper und Cord Palborn im Testament des Ratsherrn Boleman eingesetzt. Dieser stand seinerseits in geschäftlichem Kontakt mit Berthold Kerkring in Lübeck.[479] Cord Palborn hatte 1390 den Söhnen Bernhard und Arnold des Jakob Plescow 610 Mark geliehen. Besonderes Vertrauen hatte Palborn zu Gottfried Travelmann und Berthold Kerkring. Diese sollten als seine Vertreter in Lübeck handeln.[480]

Hermann van dem Hove stand seinerseits in engeren Geschäftsverbindungen mit dem Lübecker Bürger Nicolaus van Camen. Gemeinsam hatten sie 1378 dem Lübecker Ratsherrn Hartmann Pepersak und dem Bürger Bertram van Rinteln, dessen Bruder Henning 1396 in den Rat kooptiert wurde, die hohe Summe von 500 Mark geliehen.[481] Der Partner van Hoves, Nicolaus van Camen, stand in Kontakt zu dem Stockholmhändler Arnold van Lennep.[482] Van Camen hatte vielfältige verwandtschaftliche und geschäftliche Beziehungen zu Ratsherren in Lübeck und Stockholm.[483] So wohnte bei ihm während seiner Aufenthalte in Lübeck der Revaler Delegierte Richard Rike. Dieser nahm bei ihm im Juli 1368 10 Mark *to des koggen behof* auf, die im November desselben Jahres an seinen Kollegen Hermann van dem Hove bezahlt werden sollten.[484]

---

478 S. DERRIK, Tafelgilde, S.116. Ob es eine verwandtschaftliche Beziehung zwischen Cord Kegeler und dem Dorpater Ratsherrn Hinrik Kegeler gegeben hat, der im März 1392 an der regionalen Versammlung in Dorpat teilnahm, kann hier nicht geklärt werden.

479 Mit seinem Schwiegersohn Cord Palborn hatte er um 1389 eine Tonne Pelze von Wiesel und Hermelin im Wert von 240 Mark bei Berthold Kerkring in Lübeck, s. DERRIK, Tafelgilde, S.62.

480 Vgl. SIMON, Niederstadtbuch, S.743,4. 1391 ließ Travelmann, der zu einer Reise aufbrach, eintragen, dass auch Kerkring allein die Löschung vornehmen könne.

481 Nur Nicolaus van Camen hatte Löschungsvollmacht: *Nicolaus predictus solus est potens cancellare hanc scripturam*, vgl. SIMON, Niederstadtbuch, S.390,3 (1378 Marcelli).

482 Vgl. SIMON, Niederstadtbuch, S.309,7 (1375 Elisabeth). Aus einem Eintrag von 1377 zum Nachlaß des wichtigen Stockholmhändlers Johan van Ankum geht hervor, dass sie mit ihm eine Handelsgesellschaft hatten, vgl. SIMON, Niederstadtbuch, S.375,10.

483 S. zu dem führenden Stockholmgroßhändler Nicolaus van Camen KOPPE, Lübeck-Stockholm, S.161ff.

484 Rike war im März wie im Oktober des Jahres 1368 auf einem regionalen Tag in Reval.

Nicolaus van Camen war verwandt mit dem Stockholmfahrer Hermann van Camen. Verwandte von diesem lebten in Schweden: Thideman van Camen und Hannus van Camen in Stockholm wie auch Berend van Camen, der im Dalarner Kupferbergbau engagiert war.[485]

Netz 29: Nicolaus van Camen

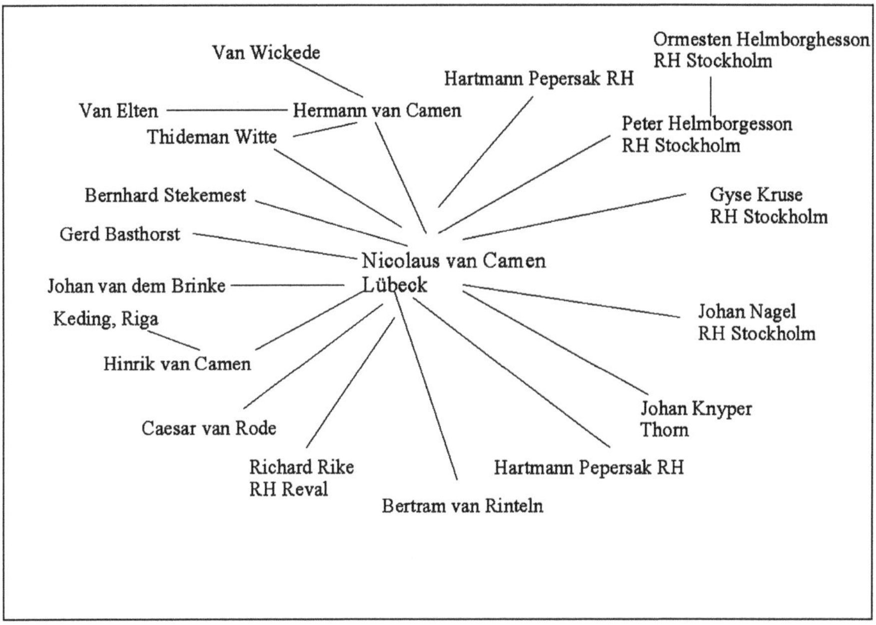

Ebenso war Nicolaus van Camen mit Hinrik van Camen und dem Ratsherrn Arnold Sparenberg (1396-1417), der auch aus Kamen stammte, verwandt.[486] Hinrik van Camen stand in enger geschäftlicher Verbindung mit dem Rigischen Bürger Hinrik Keding, der wiederum 1363 Johan van der Waghe 240 Mark,[487] 1367 Jakob Plescow 385 Mark und 1367 Johan Niebur die beträchtliche Summe von 1050 Mark vorstreckte.[488] Für diese Summen lieferte er wohl Ostwaren. Hermann van Camen handelte

485 S. ASMUSSEN, Flandernfahrer, S.432 und KOPPE, Lübeck-Stockholm, S.164f.

486 S. ASMUSSEN Flandernfahrer, S.432. Zu gemeinsamen Geschäften der Nicolaus van Camen und Arnold Sparenberg s. SIMON, Niederstadtbuch, S.179, 8 (1371 Letare) und S.240.7 (1374 Conversio Pauli).

487 Vgl. SIMON, Niederstadtbuch, S.12,5 (1363 Exaltatio s. Crucis).

488 Vgl. SIMON, Niederstadtbuch, S.108,6 (1367 Petri et Pauli): *Dominus Johannes Plescowe tenetur Hinrico Kedinghe de Riga 400 mr minus 15 mr Lub dn in festo pasche proximo amicabiliter persolvendas, pro quibus Thidemannus de Allen et Albertus Murkerke coniuncta manu fideiusserunt. Hinricus de Camen erit potens tollere istud debitum et delendi istam scripturam ...* Vgl. zu der finanziellen Potenz der Gruppe Keding, Hinrik van Camen, Wilhelm Hinkford die Schulden des Johan Niebur im Jahr 1383: *Johannes Niebur tenetur Hinrico Kedingh, Hinrico de Camene et Wilhelmo de Hincforde mille et quinquaginta mr dn minus 23 s et 3 dn; in festo pentecostes debent esse persolute, pro quibus dominus Johannes et Euerhardus fratres Schepenste-*

auch in Brügge und schuldete dort Simon Swerting Geld. Geschäftlich war Hermann van Camen mit Everhard Smylow[489] und dem Lübecker Frankfurthändler Thideman Witte,[490] dem Schwager des Ratsherrn Hermann van Wickede, verbunden.[491] Anscheinend bestand auch eine familiäre Beziehung zwischen der Familie van Camen und der Familie van Wickede. Hinrik van Camen war nämlich der Stiefvater des Gottschalk van Wickede. Für van Camen bürgten für seine Schulden von 630 Mark bei Schepenstede im Jahre 1376 Bernhard Stekemest und Everhard Smylow.[492] Smylow war Flandernfahrer und handelte mit dem Baltikum und Preußen, auch mit Wein und Reis.[493] Er war in einer Handelsgesellschaft mit dem wichtigen - ehemals Hamburger, später Lübecker - Kaufmann Hamma verbunden.[494]

Gemeinsam mit Gerd Basthorst war Nicolaus van Camen Testamentsvollstrecker des Stockholmer Bürgermeisters Peter Helmborghesson. Sie erhielten aus dem Erbe 5 Mark Silber, die in seiner Kiste in Lübeck lagen. Anscheinend hat der Stockholmer Bürgermeister ebenso wie der Rigaer Ratsherr Rike bei seinen Aufenthalten in Lübeck in van Camens Haus gewohnt, bevor er sich dort selbst ein Haus kaufte.[495] Helmborghessons Tochter hatte den Stockholmer Ratsherrn Ormesteen Petersson geheiratet.[496] Van Camen stand auch mit dem Stockholmer Bürgermeister Johan

---

de coniuncta manu promiserunt. Vgl. SIMON, Niederstadtbuch, S.524,6. Auch Hinkford hatte schon 1381 Johan Niebur und Partnern großzügig Waren überlassen, vgl. SIMON, Niederstadtbuch, S.464,5 (1381 Jacobi): *Johannes Niebur tenetur Wilhelmo de Hinkforde 472 mr et 14 s in festo pasche proxime futuro expedite persolvendas.* 6) *Gherhardus Salmensten et Johannes Niebur tenentur coniuncta manu Johanni Zozad de Riga et Johanni Schoping necnon Wilhelmo de Hinkforde ad suas fidas manus 469 mr in beatorum Philippi et Jacobi proxime futuro persolvendas.* 7) *Johannes de Stokkem et Martinus Klotecowe tenentur coniuncta manu Johanni de Zozad de Riga et ad suas fidas manus Johanni Schoping et Wilhelmo de Hinkforde 514 mr et 6 s in festo pasche proxime futuro expedite persolvendas.*

489 Sie schuldeten im August 1378 gemeinsam Simon Swerting *110 lb grossorum Flandricorum*, die sie bis Weihnachten in Brügge zahlen sollen, vgl. SIMON, Niederstadtbuch, S.412,3.

490 Witte wurde allerdings - wie später auch sein Geschäftspartner Willekin Bust - 1361/62 insolvent, s. KOPPE-KOPPE, Frankfurt-Händler, S.86.

491 Vgl. auch zu weiteren Kontakten - wohl eine Handelsgesellschaft - beispielsweise mit einem Ratsherrn aus Boizenburg wie auch dem Wessel Zeel, der wiederum in einer Handelsgesellschaft mit einem Hermann van Ossenbrugge verbunden war und Kontakte nach Riga hatte SIMON, Niederstadtbuch, S.98,6 (1367 Scolastice): *Sciendum, quod Hinricus Badeghowe consul Boycenburgensis presens ad librum ... recognovit se a Wesselo Zeles centum et octoginta mr et a Hermanno de Camen 26 mr et a Conrado Papen 16 mr Lub dn plene et totaliter recepisse et sublevasse, quam quidem pecuniam Hinricus Badegowe patruus eius ante mortem suam iuxta predictos depositam reliquit ...*

492 Vgl. SIMON, Niederstadtbuch, S. 331,2 (1376 Septem Fratrum): *Herman van Camene tenetur eisdem domino Johanni Schepensteden et Rudolpho Monetario 630 mr dn in festo epyphanie domini proxime futuro sine aliqua imbrigacione persolvendas, pro quibus Hinricus Knyf, Bernardus Stekemest et Euerhardus Smylowe cum ipso coniuncta manu promiserunt. Euerhardus Smylowe predictus promisit Bernardo Stekemeste ipsum in hoc promisso indempnem conservare.*

493 Er setzte den hier auch genannten Hinrik Knyf mit anderen 1366 zu Provisoren seines Testaments ein, s. ASMUSSEN, Flandernfahrer, S.722f.

494 S. KOPPE-KOPPE, Frankfurt-Händler, S.77-80.

495 1370 war Helmborghesson noch Bürgermeister in Stockholm, 1374 verfasste er in Lübeck sein Testament, s. KOPPE, Lübeck-Stockholm, S.164 und S.259f.

496 Vgl. SIMON, Niederstadtbuch S.406,5 (1378 Corporis Christi).

Naghel wie dem dortigen Ratsherrn Gyse Kruse in engeren geschäftlichen Verbindungen.[497]

1388 bürgte van Stockem wiederum mit Schepenstede und Niebur für Rainer van Calven, der bei dem Dorpater Ratsherrn Herbord Kurler die beträchtlichen Schulden von 650 Mark hatte.[498] Auf Anweisung von Hermann Vorste und Hans Tymme wurde der Eintrag später getilgt.[499] Ein deutlicher Hinweis auf die engen Beziehungen Vorstes zu Ratsherren seiner Heimatstadt Dorpat.[500] Kurler war zu Johannis 1363 und im Mai 1370 als Delegierter Dorpats auf hansischen Versammlungen. Dort war er auch mit Bertram Vorrad, dem Partner van Stockems, zusammengetroffen. Entfernter verwandt war Herbord Kurler mit Gobelin Kurler, der 1366 Ältermann für das gotländisch-livländische Drittel im Brügger Kontor war. 1379 saß Gobelin Kurler im Dortmunder Rat.[501] Ein weiterer unübersehbarer Hinweis auf die Mobilität der Mitglieder der hansischen Elite.

Mit Martin Klotecow, der auch enge Verbindungen nach Braunschweig hatte,[502] schuldete van Stockem 1381 dem Rigaer Johan van Soest 514 Mark.[503] Johans Bruder, der Ratsherr Rotger van Soest, nahm am regionalen Tag vom Februar 1369 in Pernau teil. Johan van Soest stand auch mit weiteren Lübeckern in Geschäftskontakten. 1381 hatte Niebur gemeinsam mit Gerhard Salmensteen von Johan van Soest 469 Mark aufgenommen.[504] Gerhard Salmensteen kam aus Frankfurt am Main und war ein Schwager des Bernhard Niebur, des Bruders von Johan Niebur. Salmensteen war verheiratet mit Elisabeth, einer Tochter Albert Morkerkes, eines Bruders des Ratsherrn Thomas.[505] Klotecow, der häufig im Lübecker Niederstadtbuch auftaucht[506] und

---

497 S. KOPPE, Lübeck-Stockholm, S.164, S.241 und S.272.

498 Vgl. SIMON, Niederstadtbuch, S.657,1 (1388 Bonifacii): *Notandum, quod coram libro constitutus Reynerus de Caluen recongnovit se teneri domino Herbordo Kurler in 650 mr Lub dn ..., pro quibus dominus Johannes Schepenstede, dominus Johannes Nyebur et Johannes de Stocken coniuncta manu promiserunt.*

499 EBD.: *Hermannus Vorste et Hans Tymme iusserunt cancellari.* Vorstes Vater nahm 1370 gemeinsam mit Hinrik Wulf aus Reval am Treffen in Stralsund teil.

500 Für Stekemest bürgte Vorste auch mit Heyne Verwer, Thideman Junghe und Radekin Wesseler, als dieser 1387 in Dorpat das Erbe des Hunold Border einforderte, vgl. SIMON, Niederstadtbuch, S.626,2. Border stand auch mit Siegfried Ridder in finanzieller Verbindung. 1385 hatte er ihm 80 Mark vorgestreckt. Ridder war Kölner Bürger, vgl. SIMON, Niederstadtbuch S.594,2; S.611,2; S.660,4. Er stand später in engem geschäftlichen Kontakt mit dem Sohn des Gerhard, dem Ratsherrn Hermann Dartzow, vgl. SIMON, Niederstadtbuch, S.660,4 (1388 Johannis Baptiste): ... *Syfridus Ridder civis Coloniensis recongnovit se teneri domino Hermanno Darczowen in 734 mr Lub dn et 8 s in festo penthecostes proximo futuro persolvendis* ... Johan van Alen war anscheinend zu dieser Zeit der Lübecker Bevollmächtigte Borders, da er die Rückzahlung bestätigte, vgl. SIMON, Niederstadtbuch, S.594,2.

501 S. DIERCK-DÜNNEBEIL-RÖßNER, Hansekaufleute, S.153.

502 Klotecow zahlte 1377 als Prokurator des Johan Pawel aus Braunschweig an die Witwe Mechthild des Egbert Bileshusen 160 Mark aus, vgl. SIMON, Niederstadtbuch, S.366,5.

503 Vgl. SIMON, Niederstadtbuch, S.464.

504 Vgl. SIMON, Niederstadtbuch, S.464,7,6.

505 S. KOPPE-KOPPE, Frankfurthändler, S.218.

506 1367 zahlte er Geld im Namen des Abtes von Doberan aus, vgl. SIMON, Niederstadtbuch, S.98,4. Bertram van Rostock schuldete ihm 1369 119 Mark, vgl. SIMON, Niederstadtbuch, S.150,11. Klotecow war der Vertraute des Everhard Ghodebus und konnte in dessen Namen Geld einneh-

dessen Bruder Hasso Vikar am Lübecker Dom war,[507] hatte selbst weitreichende Verbindungen und stand in geschäftlichem Kontakt mit führenden Lübecker Herren.

Netz 30: Martin Klotecow

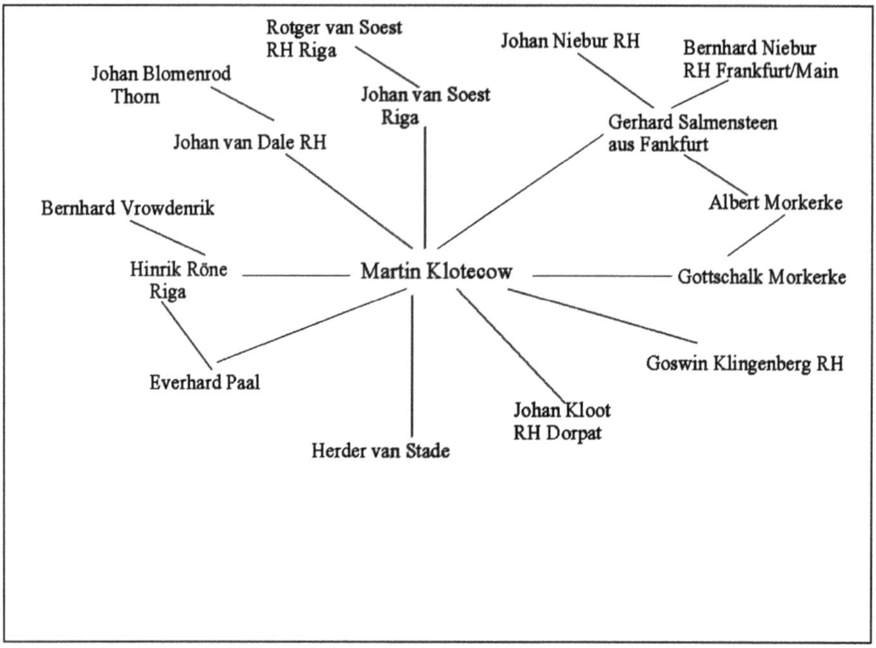

1378 schuldete Gottschalk Morkerke ihm und Goswin Klingenberg 200 Mark.[508] In demselben Jahr bürgte Klotecow in einem Streit mit dem Thorner Bürger Johan Blomenrod für den Lübecker Ratsherrn Johan vamme Dale und dessen Bruder Gerhard.[509] 1381 schuldete Klotecow dem Rigaer Bürger Hinrik Röne 216 Mark. Für diesen agierten als Prokuratoren in Lübeck Everhard Paal und Bernhard Vrowdenrik.[510] Gemeinsam mit Herder van Stade und Everhard Paal besaß Klotecow bis 1382

men, vgl. SIMON, Niederstadtbuch, S.305,2. Johan van Stockem schuldete dem Ghodebus 1375 320 Mark, vgl. SIMON, Niederstadtbuch, S.305,5. Gemeinsam mit Bernhard Stekemest lieh Klotecow 1383 Johan Horborg 64 Mark, vgl. SIMON, Niederstadtbuch, S.523,4. 1389 bürgte er für Stekemests Schulden von 106 Mark, vgl. SIMON, Niederstadtbuch, S.700,4. Klotecows Schwager war Johan van Buren. Seine Schwester hieß Taleke, vgl. SIMON, Niederstadtbuch, S.538,2. (1384).

507 Vgl. SIMON, Niederstadtbuch, S.689,3.

508 Vgl. SIMON, Niederstadtbuch, S.399,3.

509 Vgl. SIMON, Niederstadtbuch, S.407,5. Gerhard vamme Dale schuldete 1363 gemeinsam mit dem Kölner Bürger Gobel van Gruten dem Hermann Warendorp, dem Sohn des gleichnamigen Ratsherrn, 316 Mark, vgl. SIMON, Niederstadtbuch, S.14,2. Vamme Dale schuldete 1365 dem Dorpater Bürger Vrowin Vorwerk 300 Mark, vgl. SIMON, Niederstadtbuch, S.58,2.

510 Vgl. SIMON, Niederstadtbuch, S.469,4.

eine Rente von 120 Mark in der Lüneburger Saline.[511] Mit dem Ritter Tymmo Ascheberg schuldete er 1385 dem Lübecker Johanneskloster die hohe Summe von 1150 Mark.[512] Mit dem Dorpater Ratsherrn Johan Kloot hatte Klotecow bis zu seinem Tode im Jahre 1391 eine Handelsgesellschaft.[513]

Im Januar 1387 wurde Niebur erstmalig im Niederstadtbuch als d*ominus* bezeichnet, da er seit 1386 Ratsherr war. Die Rollen scheinen sich verkehrt zu haben. Nun musste Schepenstede ihm 100 Mark zahlen, weil er für einen Schuldner gebürgt hatte, der insolvent geworden war.[514] Diese Schuld war an den Stockholmfahrer Gerd Basthorst zu zahlen.[515] Auch dieser arbeitete nicht nur eng mit dem Ratsherrn Hermann Dartzow in Lübeck zusammen, sondern stand auch in weiträumigen Kontakten mit Ratsherren in Stockholm und Riga.[516] Im Juni 1388 sagte Niebur gemeinsam mit Schepenstede und van Stockem für Rainer van Calven für den recht hohen Betrag von 650 Mark gut, die dieser dem Dorpater Ratsherrn Herbord Kurler schuldete.[517] Letztmalig wird Schepenstede in einem Eintrag des Niederstadtbuchs zu Ostern 1393 erwähnt. Hier wurde festgehalten, dass eine Rente in der Lüneburger Saline seinen Kindern wie denen seines Bruders Everhard zustände. Zeugen waren Schepenstedes Schwiegersöhne, die Ratsherren Rainer van Calven und Johan Luneborg wie auch Johan Niebur, der Schwiegersohn seines Bruders Everhard und sein langjähriger Partner.[518]

Mit seinem Bruder Everhard verband Schepenstede zeitlebens eine enge geschäftliche Partnerschaft. Für seinen Bruder, der wesentlich häufiger noch bei Transaktionen im Niederstadtbuch zu beobachten ist, verbürgte sich Johan im August 1374 mit Everhard Paal gegenüber dem Ritter Johan von Thisenhusen für eine Schuld von

---

511 Vgl. SIMON, Niederstadtbuch, S.494,5.

512 Vgl. SIMON, Niederstadtbuch, S.595,2.

513 Vor dem September 1391 ist Klotecow verstorben. Zu Egidii dieses Jahres wurde die Vereinbarung zwischen seiner Witwe Ghese und Johan Kloot eingeschrieben, vgl. SIMON, Niederstadtbuch, S.787,3. Sicherlich handelt es sich im Blick auf die Schuldner um den Dorpater Ratsherrn, obwohl er hier noch nicht als *dominus* gekennzeichnet ist, vgl. auch SIMON, Niederstadtbuch, S.823,4 (1393 Letare).

514 Vgl. SIMON, Niederstadtbuch, S.613,3.

515 S. KOPPE, Lübeck-Stockholm, S.160.

516 Zu 1374 Corporis Christi ist in einer für die Beweiskraft interessanten Notiz festgehalten, dass er Bevollmächtigter des Stockholmer Ratsherrn Wilm Stenking war. Die Urkunde auf Papier genügte nicht, es musste eine Ausfertigung auf Pergament vorgelegt werden: *De isto portata est litera papirea de Stokholmis, unde adhuc debet literam pergameneam apportare*, vgl. SIMON, Niederstadtbuch, S.250,3. Aus einer Eintragung zu 1382 Jubilate wird deutlich, dass Basthorst mit Hermann Dartzow zusammenarbeitete, vgl. SIMON, Niederstadtbuch, S.486,4: *promisitque Hermannus Dartsowe cum dicto Gherhardo coniuncta manu eos iuxta eundem Bertoldum immonitos et indempnes conservare*. Basthorst stand in engem Kontakt mit dem Rigaer Kaufmann Hinrik Kemmerer, wie aus einem Eintrag nach Basthorsts Tod hervorgeht. Basthorst verwahrte für diesen Geld auf, vgl. SIMON, Niederstadtbuch, S.671,5 (1388 Lamberti).

517 Vgl. SIMON, Niederstadtbuch, S.657,1 (1388 Bonifacii). Hermann Vorste und Hans Thymme lassen den Eintrag später tilgen.

518 Vgl. SIMON, Niederstadtbuch, S.829,5.

212 Mark.[519] Thisenhusen war verheiratet mit Mechthild, einer Tochter des Lübecker Ratsherrn Thideman Warendorp (1340-1366).[520] 1376 sagte Schepenstede gemeinsam mit Thomas Morkerke, der noch nicht Ratsherr war, mit seinem Bruder Everhard und Gottschalk, dem Sohn des Ratsherrn Gerd van Attendorn, dem Ratsherrn Hartmann Pepersak zu, für etwaige Probleme beim Kauf einer Rente vom Ratsherrn Gottschalk van Attendorn einzustehen.[521] Im Juli 1376 wird festgehalten, dass Henning Niestad den Johan Schepenstede und Rudolf Müntzer 105 Mark schuldet. Mit dem Schuldner verbürgte sich Everhard Schepenstede *coniuncta manu*.[522] Die enge Verbindung zu seinem Bruder Everhard zeigt sich auch darin, dass Johan Schepenstede 1385 als dessen Provisor mit van Stockem und Niebur vor dem Rat auftrat. Gemeinsam beglichen sie Everhards Schulden bei der Witwe des Ludolf Coesfeld.[523]

Netz 31: Werner Coesfeld

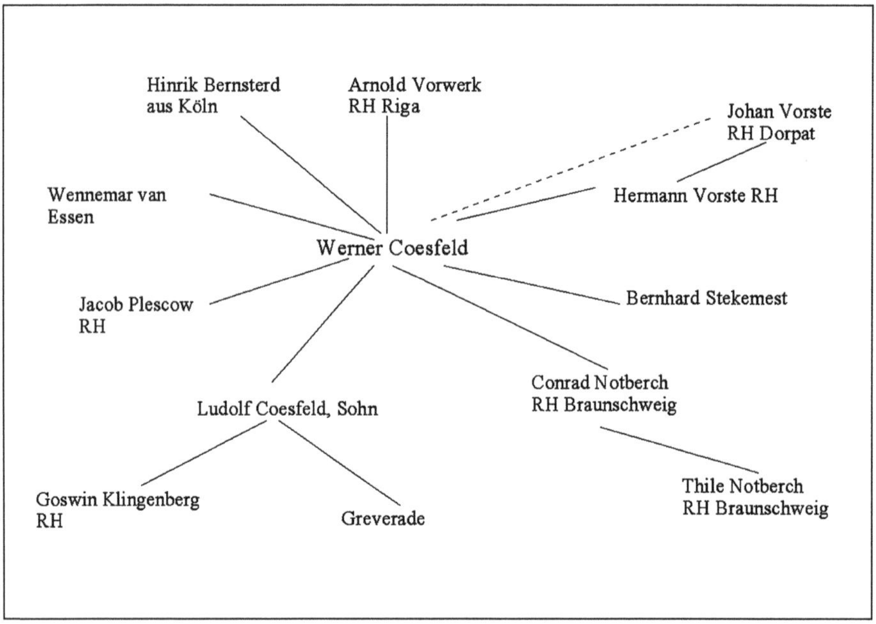

Anscheinend hatten Everhard Schepenstede und Ludolf Coesfeld eine Handelsgesellschaft. Coesfeld hatte 1383 von den Brüdern Bertram und Goswin Klingenberg Kredite aufgenommen.[524] Er stand in enger Verbindung mit Lübecker Frankfurthändlern

519 Vgl. SIMON, Niederstadtbuch, S.260,5 (1374 Inventio Stephani).

520 S. LUTTERBECK, Rat, S.424.

521 Vgl. SIMON, Niederstadtbuch, S.320,8.

522 Vgl. SIMON, Niederstadtbuch, S.332,7.

523 Vgl. SIMON, Niederstadtbuch, S.587,6 (1385 Octava Corporis Christi). Die Schulden beliefen sich auf 318 Mark.

524 Er schuldete diesen 130 Mark und 118 Mark, vgl. SIMON, Niederstadtbuch, S.522,1,2 (1383 Oswaldi regis).

und gehörte 1373 mit Johan Lange, Heyne Verwer, Hinrik Heydorn, Johan Grote und Lambert Soltwedel zu den Bürgen bei einem Schreiben des Rates für Peter und Johan Greverade gegen hessische Adelige.[525] Coesfeld hatte starke Interessen auf Falster, da er dort eine *boda panniscidarum* gekauft hatte.[526] Bei längeren Auseinandersetzungen mit seinem Sohn, dem Arzt (*cyrurgicus)* Arnold Ceppenhagen, in deren Verlauf dieser die Güter seines Vaters beschlagnahmen ließ, wurden als Bevollmächtigte auch der Ratsherr Hermann Vorste und Bernhard Stekemest genannt.[527]

Bernhard (II.) Stekemest war ein Cousin, da Coesfelds Vater Werner in erster Ehe mit einer Tochter Bernhards (I.) Stekemest verheiratet war.[528] Vorste und Stekemest, der auch 1404 mit dem Ratsherrn Jakob Holk in einer Handelsgesellschaft verbunden war,[529] tauchen noch recht häufig im Niederstadtbuch mit weitreichenden Verbindungen auf. Bernhard Stekemest und Ludeke Coesfeld schuldeten 1395 dem Ulrich Niestad 324 Mark. Mit ihnen bürgte Conrad Notberch *coniuncta manu.*[530]

Der Flandernfahrer Conrad Notberch stammte aus Braunschweig. Sein Vater Thile Notberch war Ratsherr der Braunschweiger Altstadt und wurde in der „Braunschweiger Schicht" vertrieben.[531] Anscheinend ist Conrad mit ihm nach Braunschweig zurückgekehrt, denn er ist 1380 als Braunschweiger Bürger nachzuweisen. Vor 1393 ist er nach Lübeck umgezogen.[532] Auch nach Hamburg scheint er gute Beziehungen gehabt zu haben. Notberch wird gemeinsam mit dem Hamburger Ratsherrn Johan Hoyer im Januar 1396 als Prokurator des Johan Vrytze Wantzenberg *propter unam literam procuratorialem* des Hamburger Rates genannt.[533]

---

525 Vgl. SIMON, Niederstadtbuch, S.212,4 (1373 Epiphanias). Zu Johan Grote, einem Partner des Bernhard Pepersak, der auch als Gläubiger mehrerer Nürnberger Venedigfahrer erscheint, und zu Hinrik Heydorn, einem ehemaligen Hannoveraner Kaufmann, vgl. KOPPE-KOPPE, Frankfurthändler, S.259f.

526 Diese verkaufte Coesfelds Witwe später an Johan Brunswik, vgl. SIMON, Niederstadtbuch, S.889,3 (1394 Undecim milium virginum).

527 Vgl. SIMON, Niederstadtbuch, S.666,3 (1388 Abdon et Sennen), S.707,6 1(389 Bartholomei).

528 Es muß sich um den Sohn des gleichnamigen Flandernfahrers handeln, da dieser 1386 verstorben ist, s. zum älteren Stekemest ASMUSSEN, Flandernfahrer, S.457. Die gleichmäßige Namensgebung erschwert die Zuordnung. Der hier erwähnte Bernhard Stekemest *iunior* wird am Beginn des 15. Jahrhunderts zum *senior*, während dann dessen gleichnamiger Sohn zum *iunior* wird. In seinem Testament vom 9. August 1401 bestimmte Coesfeld: *Provisores meos eligo dominum Hermannum Voersten, Godekinum Kerkring, Bernardum Stekemest et Hoyerum Odbernshusen*. Vgl. AHL, Testamente, zum Datum. Ebenso setzte auch Hermann Vorste ihn 1406 als Provisor ein: *Provisores meos eligo Bernardum Stekemeste, Ludekinum Cusvelt, Herbordum de Lynne*.

529 Vgl. AHL, Niederstadtbuch zu 1404 Quasimodo geniti: *Dominus Jacobus Holk et Bernardus Stekemest senior ... recognoverunt, se coniuncta manu teneri domino Conrado van Alen et Tidemanno suo fratri in LV m. Lub. nativitati Christi proxime futuro persolvendas*. Gelöscht wurde der Eintrag von den Ratsherren Johan Luneborg und Segebodo Crispin *tamquam propinquiores* im Jahre 1418, vgl. AHL, Niederstadtbuch zu 1418 Bartholomei.

530 Vgl. SIMON, Niederstadtbuch, S.905,3.

531 S. ASMUSSEN, Flandernfahrer, S.562.

532 S. MACK, Testamente Altstadt II, S.385.

533 Vgl. SIMON, Niederstadtbuch, S.925,1.

1393 schuldete der Rostocker Rat Notberch, Johan van Herford und Vicke van Stade 274 Mark Rost. Als Treuhänder des Rostocker Rates werden Bürgermeister Johan Hoyer aus Hamburg, Ratsherr Jordan Plescow aus Lübeck und Mathias van Borken aus Rostock genannt.[534] 1395 bürgte Notberch gemeinsam mit Willekin van Stade für die Hamburger Ratsherren Johan Hoyer und Johan Scrage, die von den Brüdern Hinrik und Johan Meteler in Lübeck 747 Mark geliehen hatten.[535] Hinrik Meteler amtierte von 1384 bis 1433 als Ratsherr. Er vertrat Lübeck auf dem großen Hansetag im Juni 1418. 1396 schuldete Notberch gemeinsam mit Hermann Vorste, Bernhard Stekemest und Ludeke Coesfeld der Zirkelgesellschaft 385 Mark.[536] Mit Bernhard Stekemest war Notberch 1398 Vormund Everhards, eines Sohnes des Ratsherrn Arnold Suderland.[537]

Netz 32: Conrad Notberch

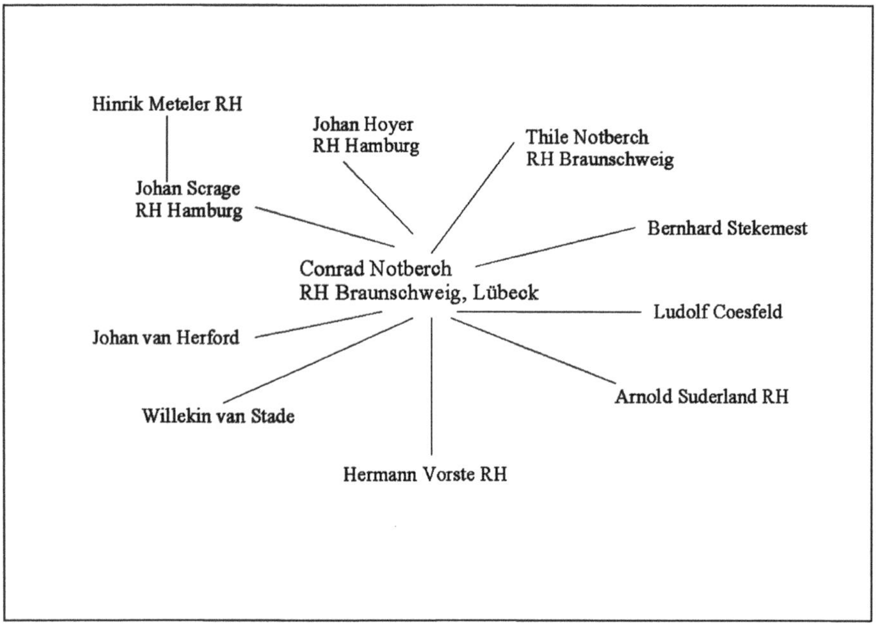

Bernhard Stekemest wird mehrfach in Geldgeschäften mit der Gruppe um Tymmo vamme Kyle, Johan Schotte, Johan Krowel und Ratsherren wie Johan Dartzow, Conrad van Alen, Ludwig Krull und Marquard Bonhorst genannt. Im Juni 1406 schuldete

534 S. HEFENBROCK, Kapitalsanlagen, S.91f.

535 Vgl. SIMON, Niederstadtbuch, S.907,2. Mit Johan Hoyer wird er neben einer Reihe weiterer Lübecker wie Gerhard Salmensteen, Wigger Brekwold, Tymmo vamme Kyle, Bernhard Stekemest im Zusammenhang des Bankrotts des Peter Huek genannt, vgl. AHL, Niederstadtbuch zu 1405 Assumptio Marie.

536 Vgl. LÜB UB 4, Nr.637.

537 Bis zu dessen vierundzwanzigsten Lebensjahr sollte er diese Funktion innehaben, vgl. SIMON, Niederstadtbuch, S.1027,4.

Stekemest mit seinem Sohn den Gottfried Kerkring, Johan Meteler und Johan Luneborg noch 66 Mark aus einer Handelsgesellschaft.[538] Zu Pfingsten 1401 wurde vermerkt, dass sie gemeinsam mit Coesfeld, Hinrik van Stade und dem späteren Ratsherrn Hermann Westfal[539] dem Tymmo vamme Kyle und dem künftigen Mitglied des Neuen Rates Johan Krowel wie Johan Schotte 109 Mark schuldeten zu Händen der Frau Beate des Dorpater Ratsherrn Johan Kloot.[540] Zum Jahresbeginn 1402 schuldeten Stekemest und sein gleichnamiger Sohn den Tymmo vamme Kyle, Johan Schotte und den beiden Johan Krowel (iunior und senior) 216 Mark,[541] im April 1402 schuldeten die beiden Stekemest dem Johan Dartzow 229 Mark;[542] im Januar 1403 schuldeten sie dem Ratsherrn Marquard Bonhorst 225 Mark;[543] im Februar 1406 schulde-

538 Vgl. AHL, Niederstadtbuch zu 1406 Johannes Baptista: *Bernardus Stekemest senior et Bernardus eius filius coram libro recognoverunt se coniuncta manu teneri Godekino Kerkering, Johanni Meteler et Johanni Luneborch ex parte societatis in LXVI m. Lub. Trinitatis proxime futuri persolvendas.*

539 Wahrscheinlich handelt es sich nicht mehr um den Hermann Westfal, der 1378 als Ältermann des lübisch-wendischen Drittels in Brügge amtiert hat, s. DIERCK, Älterleute, S.221ff. Eher ist anzunehmen, dass es der von 1406 bis 1408 und von 1416 bis 1440 im Rat sitzende Lübecker Ratsherr war, s. FEHLING, Ratslinie, S.56.

540 Vgl. AHL, Niederstadtbuch zu Pentecostes 1401: *Notandum quod dominus Hermannus Vorste (et Hermannus Westphal), Ludolphus Cosvelt, Bernardus Stekemest et Hinricus van Staden ... recognoverunt, se coniuncta manu teneri Tymmoni vamme Kyle, Johanni Crowel, Johanni Schotten, Johanni et Hold Krowel fratribus centum et IX M. Lub. ad usum et manus Beate uxoris domini Johannis Clot consulis Tarbatensis in festo Pasche* .... Schon zu 1399 Quasimodogeniti wird erwähnt: *Johannes Volkquerstorp presens libro recognovit se teneri Beate uxori domini Johannis Clot consulis Tarbatensis in 212 mr dn eis in festo pasche proxime venturo amicabiliter persolvendis. Item dictus Johannes Volquerstorp recognovit, quod dictas pecunias a Johanne Schotten et Johanne Crowel nomine provisorio dicte Beate sublevavit.* Vgl. SIMON, Niederstadtbuch, S.1044,6. Demnach waren Johan Schotte und Johan Krowel Provisoren der Beate. Anscheinend handelt es sich nicht um die Summe von 108 Mark, die zu Ascensio Domini 1396 als bezahlt eingeschrieben war, welche Ratsherr Thideman Junghe schuldete. Vgl. AHL, Niederstadtbuch zu 1400 Lucie: *Tymmo vamme Kyle, Johannes Crowel et Johannes Schotte presentes libro et coram consilio recognoverunt, se sublevasse ex parte Beate uxoris domini Johanis Klotes illas centum et VIII m. Lub., quas ei dominus Tidemannus Junghe tenebat* .... Vgl. zur Handelsgesellschaft der Stekemest, vamme Kyle und Krowel auch AHL, Niederstadtbuch zu 1406 Clementis: *Tymmo vamme Kyle, Bernardus Stekemest junior et Johannes Krowel presentes libro recognoverunt, se et suos heredes coniuncta manu teneri Hermanno van Gotingen, Petro Hartesberch, Petro Papen et Ludekino Mechowen in LXXXVIII m. Lub. in festo sancti Andree proximo venturo ... persolvendas.*

541 Vgl. AHL, Niederstadtbuch zu 1402 Circumcisio: *Bernardus Stekemest et Bernardus eius filius et Bernardus Vrowdenryk et Conradus Nutberg apud librum constituti recognoverunt, se et suos heredes (coniuncta manu) teneri Tymmoni vame Kyle, Johanni Schotten, Johanni Krowel seniori et Johanni Krowel iuniori in ducentas et XVI m. Lub. den. ...*

542 Vgl. AHL, Niederstadtbuch zu 1402 Quasimodogeniti: 3) *Bernardus Stekemest senior et Bernardus filius suus recognoverunt, se coniuncta manu teneri Johanni Dartzow in ducentas viginti novem m. Lub. nativitate Christi proximo affuturo persolvendas.*

543 Vgl. AHL, Niederstadtbuch zu 1403 Oktav Epiphanie: *Ludeke van Wenzyn, Bernardus Stekemest et Bernardus suus filius recognoverunt, se coniuncta manu teneri domino Marquardo Bonhorst in ducentas et XXV m. Lub. Martini proximo futuro persolvendas.*

ten sie den Brüdern Ludwig und Hinrik Krull, von denen Ludwig Mitglied des Neuen Rates wurde, 80 englische Nobiles.[544]

Netz 33: Bernhard Stekemest

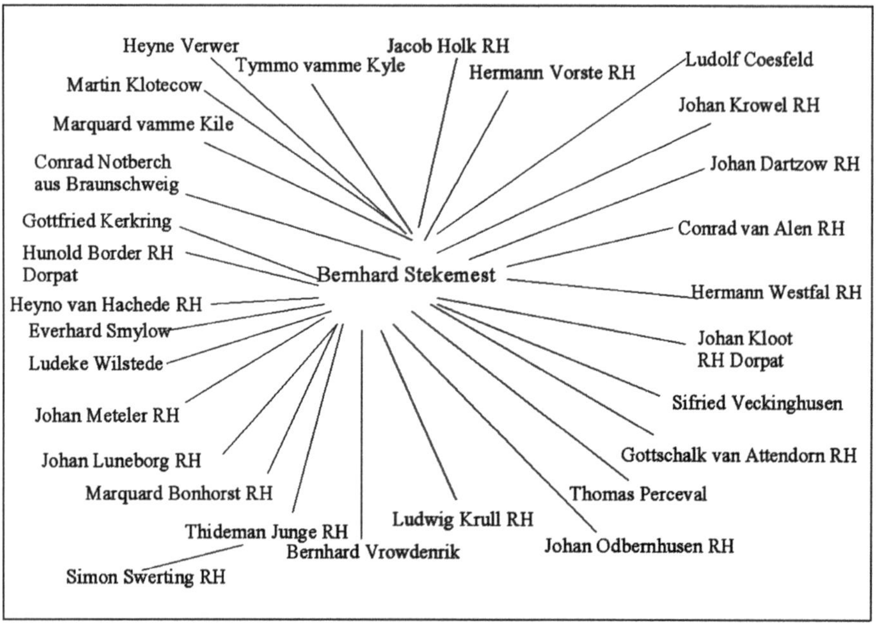

Im Dezember 1406 schuldeten Tymmo vamme Kyle, Bernhard Stekemest und Johan vamme Horne dem Gottschalk van Attendorn 220 Mark.[545] 1408 wurde zu Johannis Baptista eingetragen, dass Bernhard Stekemest senior und sein Sohn dem Thomas Perceval und Johan Luneborg wie dem Sieverd Veckinghusen *ex parte societatis* 45 Mark schuldeten.[546] Im Juni 1409 bestätigten Ratsherr Johan Krowel, Bernhard Stekemest senior und Johan vamme Sode als Vertreter der Gläubiger, dass sie von Peter Huek 1300 Mark erhalten hatten.[547] Der ältere Stekemest hatte besonderes Vertrauen zu Marquard vamme Kyle und Johan Krowel, die er als Provisoren einsetzte.[548]

544 Vgl. AHL, Niederstadtbuch zu 1406 Invocavit: *Bernardus Stekemest, Bernardus filius suus et Tymmo vamme Kyle ... recognoverunt, se et suos heredes coniuncta manu teneri Lodewico et Hinrico fratribus dictis Krull et suis heredibus in LXXX nob. anglicanis ...*

545 Vgl. AHL, Niederstadtbuch zu 1406 Thomas: *Tymmo van dem Kyle, Bernardus Stekemest et Johannes vamme Horne coram libro recognoverunt se coniuncta manu teneri Goschalko de Attendorn in ducentas et viginti m. Lub. nativitatis Christi proxime futuri ultra ad unum annum persolvendas.*

546 Vgl. AHL, Niederstadtbuch zu 1408 Johannes Baptista.

547 Vgl. AHL, Niederstadtbuch zu 1409 Decem milium militum: *Dominus Johannes Crowel, Bernhardus Stekemest senior, Johannes vamme Sode presentes coram consilio et apud hunc librum recognoverunt, se ex parte communium creditorum ... se percepisse a Petro Huek et sublevasse illas XIII C m. Lub. den ad usum communium creditorum dicti Petri ...*

548 Vgl. AHL, Testamente, Bernd Stekemest, de oldere, 27.2.1410: *Mine vormundere kese ik hern*

Im Blick auf die Partner des Everhard Schepenstede haben wir wiederum die vielfältigen verwandtschaftlichen und geschäftlichen Beziehungen erkennen können, die sich nicht auf Lübeck beschränkten, sondern weitere Städte wie Braunschweig, Dorpat, Riga, Stockholm, Visby und Frankfurt am Main einbezogen.[549] Auf die enge geschäftliche Zusammenarbeit zwischen Johan und seinem Bruder Everhard Schepenstede war schon hinzuweisen. Everhard Schepenstede hatte allerdings noch in anderer Hinsicht Bedeutung für seinen Bruder Johan. Deutlich wird mehrfach in den 1360er Jahren in den Einträgen des Stadtbuchs die enge Beziehung zwischen Everhard und seinem *socius* Bernhard Niebur, einem Lüneburger Bürger, angesprochen. Zum ersten Mal wird sie im November 1363 erwähnt (*in societate una*).[550] Wenig später tauchen Hinweise auf die Geschäfte des späteren Lübecker Ratsherrn Johan Niebur auf, von dem man aus seinem Testament bereits wusste, dass er enge Beziehungen zu Lüneburg hatte. Schon bisher wurde angenommen, dass er aus Lüneburg nach Lübeck kam.[551] Everhard Schepenstedes Tochter Katharina, die in erster Ehe mit Thideman Mornewech verheiratet gewesen war,[552] wurde in zweiter Ehe mit Johan Niebur verbunden.[553] Fraglos handelt es sich bei diesem Lüneburger Niebur um den Bruder von Schepenstedes Geschäftspartner Bernhard Niebur. Johan Niebur ist auch später durch seine engen finanziellen Beziehungen zu Lüneburg bekannt. Wie er geschäftlich in Lübeck mit Hilfe seines Schwiegervaters und dessen Bruder aufstieg, wurde er ebenso von Johan Schepenstede in die Welt der hansischen Politik eingeführt. Erst seit 1386 im Rat vertrat Niebur schon 1387 gemeinsam mit Schepenstede Lübeck auf einem Hansetag. Rainer van Calven, der Schwiegersohn des Johan Schepenstede, und Johan Niebur, der Schwiegersohn des Everhard Schepenstede, bestimmten am Ende des Jahrhunderts stark die hansische Politik.[554]

Johan Schepenstede wählte im Jahre 1380 zu seinen Testamentsvollstreckern Jakob Plescow und Brun (II.) Warendorp.[555] Diese Herren gehörten also zu seinen wichtigsten Vertrauten. Im Spiegel der Vertretungen zeigt sich, dass Schepenstede mit Jakob Plescow bis 1381 fünfmal gemeinsam auf Tagen erschien, von 1380 bis 1387 auch fünfmal mit Gottschalk van Attendorn und viermal zwischen 1383 und

---

Marquarde vanme Kyle, Corde Westphale, Hans Cruwel unde Bernde, minen sone. Als Ratszeugen werden bei der Erstellung seine Geschäftspartner Borchard van Hildensem und Johan Krowel genannt.

549 1376 schuldete Schepenstede dem Johan Greverade 140 Goldmünzen, die er ihm *in proximis nundinis* in Gold in Frankfurt zurückzahlen sollte, vgl. SIMON, Niederstadtbuch, S.330,4. Zum Frankfurthandel des Johan Greverade s. auch KOPPE-KOPPE, Frankfurthändler, S.78f. und S.259f.

550 Vgl. SIMON, Niederstadtbuch, S.16,3 (Martini).

551 S. LUTTERBECK, Rat, S.315.

552 Aus Uelzen ist später, zum 1. Januar 1430, ein Delegierter dieses Namens auf einem Hansetag zu finden, während die mit mehreren Familienmitgliedern über lange Jahrzehnte im Lübecker Rat vertretene Familie keine Delegierten stellte.

553 Fälschlich als Tochter des Johan Schepenstede bezeichnet bei ASMUSSEN, Flandernfahrer, S.529. Die Beziehung ist eindeutig aus einem Eintrag im Niederstadtbuch zu Reminiscere 1390 zu erkennen, in dem die Kinder des Everhard Schepenstede Niebur als ihren *sororius* bezeichnen und als Provisor einsetzen, vgl. SIMON, Niederstadtbuch, S.725,4.

554 Der Sohn Conrad des Everhard Schepenstede trat als Kleriker in das Lübecker Domkapitel ein.

555 S. LUTTERBECK, Rat, S.361.

1388 mit Gerd van Attendorn. Ebenso oft verhandelte er zusammen mit Morkerke auf Tagen und einmal 1387 gemeinsam mit Niebur und van Hereke. Mit dem Rigischen Herrn Berner war er einmal 1371 in Stralsund auf einer Versammlung. Die Spiegelung des Netzwerkes um Schepenstede auf Hansetagen zeigt sich in der Übersicht im Anhang.[556]

Netz 34: Johan Schepenstede

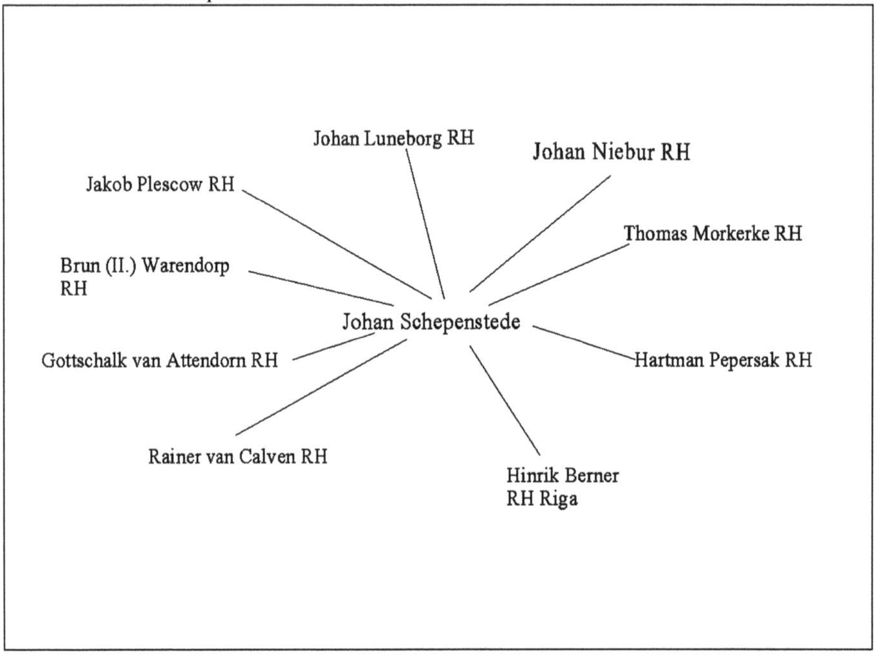

Schon Schepenstedes Vater war Ratsherr in Lübeck gewesen. Durch seine Heirat stand Johan Schepenstede in engen verwandtschaftlichen Beziehungen zu den Ratsherren Thomas Morkerke und Gottschalk van Attendorn. Durch die Verheiratung seiner Töchter mit den Ratsherren Johan Luneborg und Rainer van Calven zeigt sich seine zentrale Stellung im Verwandtschaftsnetz der Ratsherren-Delegierten, die noch durch den Schwiegersohn seines Bruders und seinen engen Geschäftspartner Johan Niebur verstärkt wurde. In einer Momentaufnahme vom Juli 1376 hatten wir die Herren gesehen, die bei ihm und dem Münzmeister Rudolf zum Teil bedeutende Schulden hatten. Es handelte sich um Lübecker Ratsherren und Kaufleute, die wie Werner Coesfeld, Hinrik Bernsterd, Ludeke Wilstede und Hermann van Camen wiederum in engeren Geschäftsbeziehungen zu anderen Ratsherren wie Arnold Vorwerk aus Riga und den Lübeckern Hermann Vorste, Simon Swerting und Sparenberg standen. Deutlich wurden die mehrfachen Verflechtungen innerhalb dieser hansischen Führungs-

556 S. Anhang: Delegierten-Netzwerk 9: Schepenstede, Partner.

gruppe. Im Blick auf Schepenstedes Geschäftspartner und Mann seiner Nichte Johan Niebur wollen wir dieses Delegiertennetzwerk noch deutlicher konturieren.

1.21 Johan Niebur

Niebur stand - wie wir schon gesehen haben - in engem Kontakt mit Jakob Plescow und Johan Schepenstede. 1386 wurde Niebur in den Lübecker Rat kooptiert. Bis zu seinem Tod im Jahre 1399 war er auf zehn hansischen Versammlungen und in Verhandlungen aktiv.[557] Dabei treten der Norden und als wichtigste Region der Osten mit Dorpat und Novgorod hervor. Seine Verhandlungen mit den Russen führten 1392 zu dem Vertrag, der bis zum Ende des hansischen Handels mit Novgorod immer wieder als grundlegend zitiert wurde: die „Kreuzküssung Nieburs".[558]

Aus unseren bisherigen Beobachtungen zu den Plescow können wir schon festhalten, dass die Akteure in diesem Netz nicht durch Herkunft und Geburt auf eine Stadt festgelegt waren, sondern dass sie zwischen wichtigen Handelsstädten wechselten. Betrachten wir also im Blick auf seine Verbindung zu Lübecker Ratsherren und zu Ratsherren aus anderen Städten den Delegierten Johan Niebur. Als erste für uns fassbare wichtige Kontaktperson ist sein Bruder Bernhard Niebur zu nennen. In der engen Zusammenarbeit mit Everhard Schepenstede folgte Johan seinem Bruder. Die Partnerschaft zwischen den Schepenstede und Bernhard Niebur, die sich vielleicht schon auf ältere familiäre Kontakte in Lüneburg stützte, legte auch die Grundlage des Lübecker Beziehungsgeflechts des hansischen Diplomaten Johan Niebur. Um die enge Verflechtung in der lübeckischen und hansischen Führungsschicht dieser Zeit zu zeigen, wollen wir vorab deshalb das Beziehungsnetz Bernhard Nieburs und seiner Geschäftspartner - soweit aus diesem Beziehungen zu hansischen Delegierten zu erkennen sind - betrachten, hauptsächlich nach der Überlieferung im Lübecker Niederstadtbuch. Dieses Netz des Bernhard Niebur reichte allerdings noch über den schon weiten hansischen Raum hinaus.

Bernhard und Johan Niebur entstammten einer Lüneburger Familie, die ursprünglich aus Uelzen stammte und dort Ratsherren stellte.[559] Auch Beziehungen zur Familie Schepenstede bestanden schon recht lange. So soll bereits Bernhards Großvater mit einer Tochter aus der Familie Schepenstede, die auch aus dieser Region kam, verheiratet gewesen sein.[560] Bernhard Niebur war als Gesellschaftspartner nicht nur mit Johan und Everhard Schepenstede verbunden, sondern auch mit deren Onkel Amelius Schepenstede.[561] Dieser lebte über längere Zeit in Brügge und war dort in den Jahren 1366 und 1370 Ältermann für das lübisch-wendische Drittel.[562] Betrachten

557 Im April 1389 beriet er auch mit den Delegierten der preußischen Städte.

558 Vgl. zu den Verhandlungen und zu seiner Person SCHUBERT, Bürgermeister Johan Niebur, S.53-65, allerdings noch ohne die Kenntnis der Einschreibungen im Niederstadtbuch.

559 So wird Johan Niebur, *ratman to Lubeke,* noch im Juni 1390 gemeinsam mit seinem Bruder Jakob, Mönch in Oldenstadt, bei einer Abmachung in Uelzen genannt, vgl. UB UELZEN, Nr.198 (2.6.1390).

560 S. KOPPE-KOPPE, Frankfurt-Händler, S.202f.

561 Zur Handelsgesellschaft Amelius Schepenstede - Bernhard Niebur gehörte auch Arnold Buk.

562 S. ASMUSSEN, Flandernfahrer, S.673f. Thideman van Hereke, Peter van Hereke und Hermann Hovet vertraten wenig später wohl als Achtzehnmänner Interessen des Brügger Kontors in Köln,

wir kurz die Kollegen des Amelius Schepenstede in Brügge. Wenn wir auch die persönlichen Beziehungen nicht beurteilen können, so ist doch festzuhalten, dass diese Kaufleute sich gut kannten und gemeinsam für den „Deutschen Kaufmann" in Brügge tätig waren. So konnten durch sie auch ihre Verwandten und Partner Kontakte zu den Amtskollegen herstellen. Amelius Schepenstede amtierte sowohl 1366 wie auch 1370 mit einem Caesar Hengstenberg zusammen, der beim westfälisch-preußischen Drittel genannt wird. Es ist anzunehmen, dass es sich in beiden Jahren um den Caesar Hengstenberg handelt, der seit den 70er Jahren als Ratsherr und 1378 als Bürgermeister in Dortmund genannt wird. Hengstenbergs gleichnamiger Sohn folgte ihm in diesem Amt und vertrat 1412 und 1418 Dortmund auf Hansetagen.

Allerdings ist nicht auszuschließen, dass es sich um einen gleichnamigen Verwandten der Dortmunder handelt, nämlich um den Thorner Ratsherrn, der von Dortmund nach Thorn gezogen war und dort seit 1355 im Rat saß.[563] Der Thorner Caesar Hengstenberg nahm im November 1367 an der hansischen Versammlung teil, die als „Kölner Konföderation" bekannt wurde.[564] Als Thorner Bürgermeister war er im Oktober 1368 auf einem Tag in Stralsund, der mit der Vorbereitung des Krieges gegen Dänemark beschäftigt war.[565] Der Thorner Bürgermeister war mit Hildebrand Hengstenberg verwandt, der eine Schwester des Ditmar Rebber geheiratet hatte. Rebber, der aus einer Soester Familie stammte,[566] vertrat Thorn auf dem ersten Hansetag im Januar 1358 in Lübeck. 1366 amtierte mit Schepenstede als Ältermann für das westfälisch-preußische Drittel Reinhold Hetveld. Er kam aus Danzig. Dort wurde er 1368 Schöffe und 1375 Ratsherr. In den Jahren 1388 und 1389 ist er als Delegierter nach Lübeck gereist.[567] Wahrscheinlich war sein Bruder Hinrik Hetveld Ratsherr in Thorn.[568] Hinrik Hetveld spielte auf den Hansetagen und den hansischen Gesandtschaften eine weit bedeutendere Rolle als sein Danziger Bruder. 1386 reiste er als Delegierter nach England, 1387 nach Dordrecht und Antwerpen, 1395 nach Lindholm und Skanör.[569] 1398 starb er auf einer Reise zu Verhandlungen in Kopenhagen.[570]

Für das gotländisch-livländische Drittel waren 1366 mit Schepenstede Peter Ludinkhusen und Gobelin Kurler im Amt. Letzterer war ein Bruder des Dorpater Ratsherrn Herbord Kurler, der in vielfältigen Verbindungen mit Lübecker Ratsherren und Kaufleuten stand. Kurler nahm an der hansischen Versammlung im Juni 1363 und an der vom Mai 1373 in Lübeck teil.

---

vgl. HR 1,1, Nr.416 (22.11.1367). 1370 amtierte mit Amelius Schepenstede Thideman Troest als Vertreter des lübisch-wendischen Drittels, mit Caesar Hengstenberg für das westfälisch-preußische Drittel Hinrik van Ruden. Thideman Troest scheint aus Lüneburg zu kommen, denn er hatte gemeinsam mit Hinrik Ammedorp und Meineke Sankenstede 1365 Waren in Brügge, die von den Gentern bei der Einnahme der Stadt geraubt wurden, s. HR 1,2, Nr.343 § 20 und HR 1,3, Nr.357.

563 S. DIERCK, Älterleute, S.143f.

564 S. DOLLINGER, Hanse, S.98 f. zu der „in mehrfacher Hinsicht in der Geschichte der Hanse" „außergewöhnlichen Bedeutung" dieses Hansetages; s. auch HAMMEL-KIESOW, Hanse, S.144.

565 S. DIERCK-DÜNNEBEIL-RÖßNER, Hansekaufleute, S.219 ff.

566 S. KLOCKE, Westfalen, S.104.

567 Vgl. die Übersicht zu Preußen.

568 S. DIERCK, Älterleute, S.151.

569 S. DIERCK, Älterleute, S.149.

570 S. HR 1,4, Nr.482.

Als Amelius Schepenstede als Ältermann in Brügge amtierte, hatte Bernhard Niebur sich schon Frankfurt am Main als dem Hauptziel seiner Handelstätigkeit zugewandt.[571] Dorthin war er 1366 von Lübeck aus umgezogen. 1373 erwarb er das Bürgerrecht in Frankfurt, heiratete in die Familie Salmensteyn ein und wurde 1379 Frankfurter Ratsherr.[572] Wir können also festhalten, dass in den 80er Jahren des 14. Jahrhunderts aus der Lüneburger Familie Niebur zwei Brüder zu Ratsherren aufstiegen, einer in Lübeck und einer in Frankfurt am Main.

Netz 35: Amelius Schepenstede

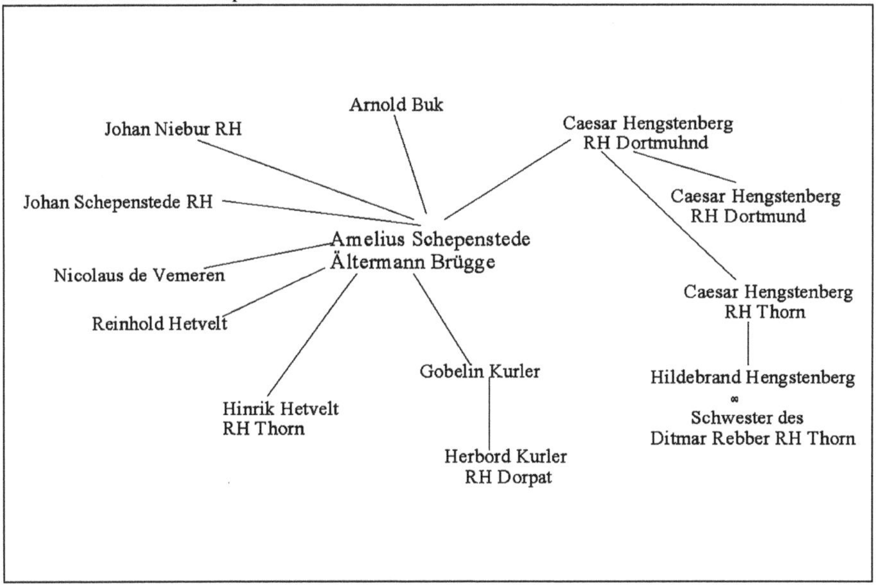

Gerhard Salmensteyn, der Schwager des Bernhard Niebur, zog dagegen von Frankfurt am Main nach Lübeck und verehelichte sich dort vor 1388 mit einer Tochter des Lübeckers Albert Morkerke.[573] Salmensteyn, der in Lübeck Salmensteen genannt wurde, war *socius* des Everhard Schepenstede.[574] Er gehörte seit 1396 zur Zirkelgesellschaft und war zur Zeit des Neuen Rates einer der *procuratores* dieser Gesellschaft.[575] Der Onkel seiner Frau war Thomas Morkerke, der als militärischer Führer

571 S. KOPPE-KOPPE, Frankfurt-Händler, S.207: „Er arbeitete damals schon in Richtung Frankfurt, Amelius Schepenstede hauptsächlich in Flandern."

572 S. KOPPE-KOPPE, Frankfurt-Händler, S.215f. Dort fand sich zu dieser Zeit ein weiterer Lüneburger, der in eine Ratsfamilie eingeheiratet hatte: Hinrik van der Oedeme, Sohn eines Lüneburger Bürgermeisters, zog 1382 nach Frankfurt und heiratete dort die Tochter des Bürgermeisters Hartwig Weiß van Limburg, s. VON WITZENDORFF, Stammtafeln, S.88.

573 Die Heirat mit Margareta geht aus Salmensteens Testament hervor, vgl. AHL, Testamente, Geherart Zalmsten, 23.8.1388. Salmensteen stand vielfach in Geschäften mit den Niestad.

574 Vgl. SIMON, Niederstadtbuch, S.190,4 (1371 Katherine).

575 Zum Datum seines Eintrits gemeinsam mit Johan Schotte vgl. DÜNNEBEIL, Zirkel-Gesellschaft, S.114 mit Anm.493. Johan Schotte war seit 1408 Mitglied des Neuen Rates und starb 1413. Er

1385 hervortrat und in den Jahren zwischen 1380 und 1398 die Politik der Städte auf Hansetagen mitbestimmte.[576] Salmensteens Schwester Ideke wurde mit Johan, dem Sohn des Jakob Plescow verheiratet.[577] Somit gehörte auch Jakob Plescow zum Beziehungsnetz der Niebur, Salmensteen, Schepenstede und Morkerke.

Im August 1364 werden wichtige Gläubiger des Bernhard Niebur genannt. Er schuldete zu diesem Zeitpunkt dem Gottschalk Wise knapp über 390 Mark. Everhard Schepenstede verbürgte sich auch dieses Mal für seinen *socius*.[578] Der hier genannte Lübecker Bürger Gottschalk Wise, ein „Rußlandkaufmann", stammte aus Dortmund und hatte engere Beziehungen zu wichtigen Familien im Hanseraum, so auch zu der gotländischen Familie dieses Namens, die mit den Plescow verwandt war.[579] Mit Arnold Buk schuldete er im August 1364 dem Hinrik Berner 472 Mark. Wiederum verbürgte sich Schepenstede für seinen Geschäftspartner.[580] Im September desselben Jahres schuldeten Niebur und Arnold Buk dem Ratsherrn Hermann van Wickede 358 Mark.[581] Everhard Schepenstede bürgte wieder für Niebur.[582]Auch Buk und Niebur waren demnach Partner einer Handelsgesellschaft. Betrachten wir kurz Arnold Buks Beziehungen.

Er war Schwiegersohn des Hinrik Visch und somit Schwager des Hermann Warendorp.[583] 1365 schuldeten Buk und Hermann Warendorp senior[584] dem Lübecker Stadtschreiber *coniuncta manu* 109 Mark.[585] Buk war auch mit Everhard Schepenstede in einer Handelsgesellschaft verbunden. 1366 hatte Schepenstede bei Johan van Verden Schulden in der ansehnlichen Höhe von etwas über 840 Mark. Buk bürgte für ihn.[586] Schepenstede schuldete zu Allerheiligen 1364 dem Johan Klingenberg, einem

---

wird im Text als *dominus* bezeichnet. Deshalb muß die Eintragung mit dem Hinweis auf ihre gemeinsame Tätigkeit in die Zeit zwischen 1408 und 1413 datiert werden, vgl. SIMON, Niederstadtbuch, S.1051,6 (1399 Barnabas).

576 S. zu Thomas Morkerke Kap. 1.10.

577 S. ASMUSSEN, Flandernfahrer, S.607.

578 Vgl. SIMON, Niederstadtbuch, S.35,3 (1364 Laurencii).

579 S. WIEGANDT, Plescows, Reg.Pos. So bezeichnet bei KOPPE-KOPPE, Frankfurt-Händler, S.206, s. S.244 mit Anm.1060 zur Dortmunder Herkunft.

580 Vgl. SIMON, Niederstadtbuch, S.35,4.

581 Dieser stand in vertrautem Verhältnis zur Familie Crispin, die mehrere Ratsherren stellte.

582 Vgl. SIMON, Niederstadtbuch, S.40,1 (1364 Michaelis).

583 Vgl. SIMON, Niederstadtbuch, S.43,4 (1364 Lucas ev.): *Hinricus Visch tenetur Arnoldo Bok et Hermanno Warendorp suageris suis 26 mr dn Lub monete.*

584 Es handelt sich sicherlich um den Sohn des Ratsherrn Hermann Warendorp, mit dem Niebur und Schepenstede auch sonst in geschäftlichem Kontakt standen, vgl. SIMON, Niederstadtbuch, S16,3 (1363 Martini): ... *Euerhardus Schepenstede et Bernardus Nyebur civis Luneburgensis tenentur Hermanno Warendorp filio domini Hermanni Warendorp 400 mr et 12 s pro una lasta cere ...* Warendorp hatte ein vertrautes Verhältnis zu Johan Klingenberg, dem Sohn des Ratsherrn, denn er räumte ihm Löschungsvollmacht ein, als ihm Dankward vam See und die Brüder Wrede 416 Mark schuldeten, vgl. SIMON, Niederstadtbuch, S.52,6 (1364 Circumcisio): *quia procurator eius.* Hermann Warendorps Vater, der 1350 verstorbene Ratsherr, war in erster Ehe mit einer Tochter des Johan Klingenberg verheiratet gewesen, also war der hier angesprochene Hermann durch seine Mutter mit den Klingenberg verwandt; Johan Klingenberg war demnach sein Vetter, s. LUTTERBECK, Rat, S.422.

585 Vgl. SIMON, Niederstadtbuch, S.72,7 (1365 Symon et Jude).

586 Vgl. SIMON, Niederstadtbuch, S.77,4 (1366 Conversio Pauli): *Euerhardus Schepenstede tenetur*

Sohn des Ratsherrn Wedekind Klingenberg (1344 - 1350), 415 Mark. Buk bürgte wiederum für ihn.[587]

Hinrik Berner, der als Gläubiger Buks und Nieburs schon erwähnt wurde, war seinerseits ein Partner des Johan Schepenstede. So hatte er schon 1353 eine Handelsgesellschaft mit ihm. Zu Ostern dieses Jahres wurde nämlich festgehalten, dass in ihrer *vera societate* zwei Drittel des Kapitals dem Ratsherrn Schepenstede gehörten und nur ein Drittel Berner.[588] Zu Pfingsten 1365 hatten Werner Walsrode und sein Schwiegersohn Hinrik Raad von Hinrik Berner 210 Mark geliehen. Aus den Bestimmungen zur Rückzahlung ergibt sich, dass (der künftige Ratsherr) Hartmann Pepersak, der am Hansetag zu Johannis 1379 teilnahm, Berners Vertrauter in Lübeck war. Berner ließ nämlich im Stadtbuch eintragen, dass Pepersak, falls er selbst zu Michaelis des Jahres, dem Datum der Rückzahlung, nicht in Lübeck anwesend sein sollte, Löschungsvollmacht hätte.[589] Die hier genannten Werner Walsrode und sein Schwiegersohn Hinrik Raad standen in engem geschäftlichen Kontakt, zumeist als Schuldner, mit Lübecker Ratsherren wie Meteler, dem sie zu Pfingsten 1365 110 Mark und im August desselben Jahres 275 Mark schuldeten,[590] und Albert Travelmann, von dem sie im November 1365 370 Mark geliehen hatten.[591] Dass Walsrode und Hinrik Raad für das Geschäft mit Fellen im Osten Geld aufnahmen, wird aus der zu Weihnachten 1365 erfassten Schuld bei Berthold Kerkring deutlich.[592] Weiterhin hatte ihnen Arnold Suderland 336 Mark im Jahr 1366 geliehen,[593] und ebenso die Warendorp 325 Mark im Jahr 1365.[594] Aber nicht nur in Lübeck hatten sie Geld aufgenommen, sondern auch bei dem Dorpater Ratsmitglied Hinrik van Herbede, von dem sie in diesem Jahr 360 1/2 Mark borgten.[595] Hinrik Raad, der mit seinen Söhnen Conrad und

---

Johanni de Verden 840 mr et 8 s Lub super proximo festo assumpcionis beate virginis expedite persolvendas, pro quibus Arnoldus Buk una cum dicto Euerhardo insolidum fideiussit, et super hiis idem Euerhardus promisit dictum Arnoldum reddere penitus indempnem.

587 Vgl. SIMON, Niederstadtbuch, S.45,4 (1364 Omnium Sanctorum).

588 Vgl. CORDES, Societates, S.94 (1353 Pasche): *Dominus Johannes Schepenstede et Hinricus Berner ... dixerunt se invicem habere in vera societate quandam summam pecunie, cuius summe tres partes dicto domino Johanni pertinent, quarta vero pars eiusdem summe soli dicto Hinrico pertinet et non magis.*

589 Vgl. SIMON, Niederstadtbuch, S.61,2 .

590 Vgl. SIMON, Niederstadtbuch, S.34,4. (1364 Jacobi) und S.67,7 (1365 Bartholomei).

591 Vgl. SIMON, Niederstadtbuch, S.73,5 (1365 Martini).

592 Für Kerkring hatte Jakob Plescow Löschungsvollmacht, vgl. SIMON, Niederstadtbuch, S.76,4: *Wernerus Walsrode tenetur Bertoldo Kerkeryngh 8000 varii operis minus 5 tymbariis, quodlibet 1000 pro 23 mr argenti proximo festo nativitatis Johannis baptiste persolvendas, pro quo Hinricus Rad una cum predicto Wernero manu coniuncta fideiussit; et si Bertoldus predictus presens non fuerit, extunc pecunia soluta dominus Jacobus Plescowe potens esse debet facere deleri hoc scriptum.* Vgl. ebenso zu 1366 Katherine (S.94,3): *Wernerus Walsrode et Meynekinus frater eius tenentur insolidum Bertoldo Kerkringh centum et quadraginta mr in festo pasche proxime futuro persolvendas. Dominus Jacobus Plescowe erit potens delere scripturam istam.*

593 Vgl. SIMON, Niederstadtbuch, S.89,5.

594 Vgl. SIMON, Niederstadtbuch, S.68,6 (1365 Exaltatio Crucis).

595 Vgl. SIMON, Niederstadtbuch, S.757,9: *Wernerus Walsrode et gener eius Hinricus Rad tenentur communi manu Bernardo Tusfeld et domino Hinrico de Herbede consuli in Tarbato 350 et 10 ½ mr in proximo beati Johannis baptiste persolvendas.* Herbede hatte eine Handelsgesellschaft mit dem Lübecker Bürger Bernhard Tuesfeld.

Diderik häufig im Niederstadtbuch erscheint, hatte auch enge Beziehungen nach Nürnberg. Der dortige Bürger Johan Lange, der auch mit Hartmann Pepersak in geschäftlichen Verbindungen stand,[596] hatte 1365 ein Haus an Raad verkauft. Nach dem Tode Raads heiratete Lange vor 1378 dann dessen Witwe Rixedis.[597]

Ob es eine Beziehung zwischen den Walsrode und Berner schon vor dessen Lübecker Zeit gab, bleibt noch zu überprüfen. Walsrode ist als Geschäftspartner des ehemaligen Braunschweigers Thideman van Brunswik bekannt.[598] Hinrik Berner stammte aus Hildesheim, wie aus seinem Testament vom April 1356 hervorgeht.[599]

Netz 36: Hinrik Berner

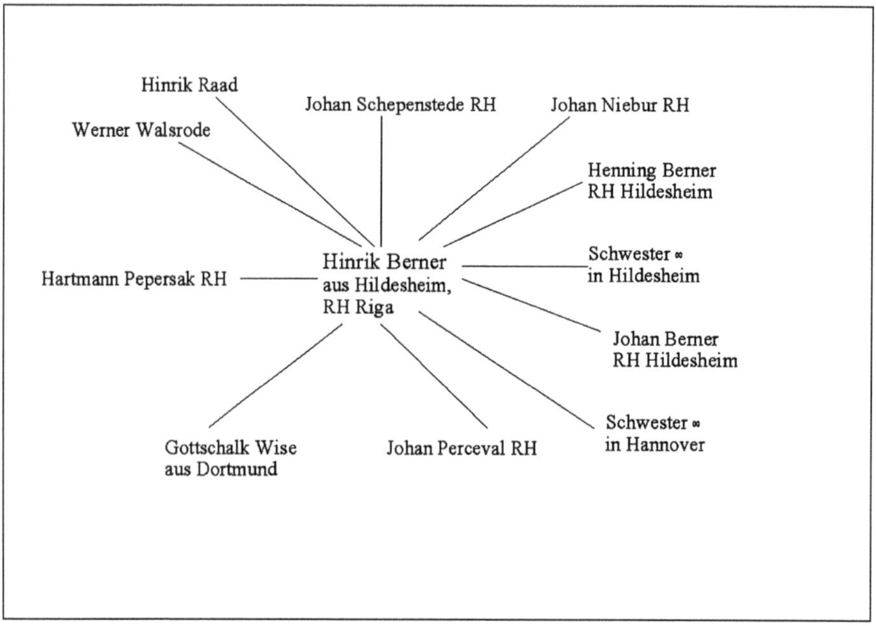

Er stieg allerdings in Riga in den Rat auf. Die Familie Berner stellte in Hildesheim in der zweiten Hälfte des 14. Jahrhunderts wenigstens zwei Ratsherren: Henning kurz vor 1350 und Johan, der zum Bürgermeister aufstieg, nach 1350.[600] Aus dieser Fami-

596 1374 schuldete Johan Lange dem Hartmann Pepersak 793 Mark. Für ihn bürgten Heyne Verwer, Johan Greverade und Johan Hamma, vgl. SIMON, Niederstadtbuch, S.272,5.

597 Johan Lange erhielt von den Provisoren Raads 400 Mark *de dotalicio Rixedis uxoris sue*, vgl. SIMON, Niederstadtbuch, S. 404,7 (1378). Vgl. auch SIMON, Niederstadtbuch, S.418,1 (1378): *Sciendum, quod Johannes Langhe de Nverenbergh presens huic libro recognovit se a provisoribus Hinrici Raad recepisse et ad plenam sufficienciam sublevasse quadringentas mr dn ex parte dotis cum Rixedi uxore sua ...*

598 Thideman van Brunswik hatte einen Bruder Johan van Brunswik, der Bürger in Söderköping war, s. KOPPE-KOPPE, Frankfurthändler, S.61.

599 Die Hildesheimer Schwester war mit Borchard van Melkeme verheiratet, vgl. VON BRANDT, Regesten 2, Nr.586.

600 Vgl. DOEBNER, HILDESHEIMER UB II, Nrn.2,8,132,318.

lie stammte auch Hinrik Berner, dessen eine Schwester in Hannover und eine andere in Hildesheim verheiratet war.[601] Berners Testament kann noch einmal die engen Verflechtungen zwischen den Personen aufzeigen: Als Provisoren benannte Hinrik Berner nämlich die Ratsherren Johan Schepenstede, Johan Perceval wie „seinen sehr lieben Freund“ Gottschalk Wise.[602]

Durch seine Heirat mit der Tochter des Everhard Schepenstede trat Johan Niebur auch in enge familiäre Verbindung zu deren Onkel Johan Schepenstede. 1375 ist er schon in wichtigen Geschäften mit führenden Lübeckern nachzuweisen. Gemeinsam mit Borchard Müntzer und Johan Stoop schuldete er im Juli dieses Jahres Gerd van Attendorn und Everhard Paal 330 Mark.[603] Johan Niebur stand nicht nur mit diesen Kaufleuten in engeren geschäftlichen Kontakten. Seine Hauptbezugspersonen waren seit den späten 70er Jahren neben den schon genannten Schepenstede und Plescow in Lübeck die Ratsherren Arnold Suderland,[604] Simon Swerting und Berthold Kerkring.[605] Eine besonders enge Beziehung scheint Niebur zu Rainer van Calven, der mit der Cousine seiner Frau verheiratet war, gehabt zu haben. Schon mit einem älteren Träger dieses Herkunftsnamens, Johan van Calven, stand Niebur in kapitalintensiven Unternehmungen.[606] Das Vertrauen, das Niebur seinem engen Geschäftspartner Rainer van Calven entgegenbrachte,[607] zeigt sich besonders daran, dass er diesen als einen seiner Testamentsvollstrecker benannte.[608] Zusammen mit van Calven gehörte

601 S. KOPPE-KOPPE, Frankfurthändler, S.244.

602 Vgl. VON BRANDT, Regesten II, Nr.586.

603 Das Geld war im Juli des nächsten Jahres zurückzuzahlen, vgl. SIMON, Niederstadtbuch, S.297,2 (1375 Jacobi). Mit Rudolf Müntzer schuldete Stoop, der mehrfach in Geldgeschäften im Niederstadtbuch zu sehen ist, im Juni 1377 *coniuncta manu* dem Johan Lange *in platea Brunonis* die hohe Summe von 1540 Mark, vgl. SIMON, Niederstadtbuch, S.370,2 (1377 Octava corporis Christi).

604 Vgl. zu Geschäften mit Suderland SIMON, Niederstadtbuch, S.367,8 (1377 Jubilate); im April 1382 wiederum mit Rudolf Müntzer in Bezug auf Lüneburger Salzrenten SIMON, Niederstadtbuch, S.486,2. Die enge Zusammenarbeit mit Rudolf Müntzer wird betont, da Niebur in seinem Namen handeln darf: *Rudolfus eundem Johannem ad subsequencia, antequam recederet, hic iuxta librum plenipotentem constituit* ... Auch im August 1381 hatte Niebur von Suderland 512 Mark geliehen, vgl. SIMON, Niederstadtbuch, S.467,3. Mit Niebur bürgte Johan van Stockem: *cum ipso promisit coniuncta manu.*

605 Vgl. SIMON, Niederstadtbuch, S.387,7 (1377 Lucie): *Johannes Niebur tenetur dominis Symoni Zwertingh et Gherhardo de Atendorn 560 mr dn in festo beatorum Philippi et Jacobi apostolorum persolvendas.* Vgl. auch SIMON, Niederstadtbuch, S.411,7 (1378 Maria Magdalena): *Johannes Niebur tenetur domino Simoni Zwertingh et Hermanno Yborgh 410 mr dn dominica letare proxime futura persolvendas.* Im August 1380 schuldeten Niebur und Salmensteen *coniuncta manu* Berthold Kerkring und Hinze Thoden 403 Mark. Zu demselben Datum wurde eine Schuld von 300 Mark Nieburs bei Gottfried Travelmann eingeschrieben, vgl. SIMON, Niederstadtbuch, S.438,2 und 4 (Assumptio Marie).

606 Vgl. SIMON, Niederstadtbuch, S.367,8. (1377 Jubilate): *Johannes Niebur et Johannes de Caluen tenentur coniuncta manu domino Arnoldo Zuderland septingentas mr minus 8 mr dn in festo beati Michahelis proxime futuro persolvendas.*

607 Vgl. SIMON, Niederstadtbuch, S.705,1 (1389): *Notandum, quod Reynerus de Kaluen presens libro recongnovit se teneri domino Johanni Vlaminghe consuli in Wysby Gotlandie in 500 mr Lub dn in festo assumpcionis Marie virginis proximo affuturo ultra unum annum persolvendis, pro quibus dominus Johannes Nyebur et Hinricus Witingh coniuncta manu fideiusserunt.*

608 Vgl. AHL, Testamente, 5. Juni 1399.

Niebur auch zu den Schaffern der Zirkelgesellschaft und nahm für diese bei den Ratsherren Hermann Dartzow, Marquard van Dame und Henning van Rinteln wie dem Bürger Hermann Mur, wohl einem Verwandten des Hinrik Mur, des ersten Schwiegervaters des Johan Schepenstede, einen hohen Kredit von 600 Mark auf.[609]

Zu Nieburs Lübecker Partnern gehörten neben den Schepenstede und deren Verwandten auch deren Partner wie Buk, Raad und Walsrode, die wiederum in Verwandtschafts- und Geschäftsbeziehungen zu weiteren Delegierten standen. Besonderes Vertrauen hatte Niebur zu den Lübecker Ratsherren und Delegierten Simon Swerting, Berthold Kerkring und Rainer van Calven. Festzuhalten ist, dass diese drei Ratsherren wie auch Niebur selbst nicht aus Lübeck stammten.

Netz 37: Johan Niebur

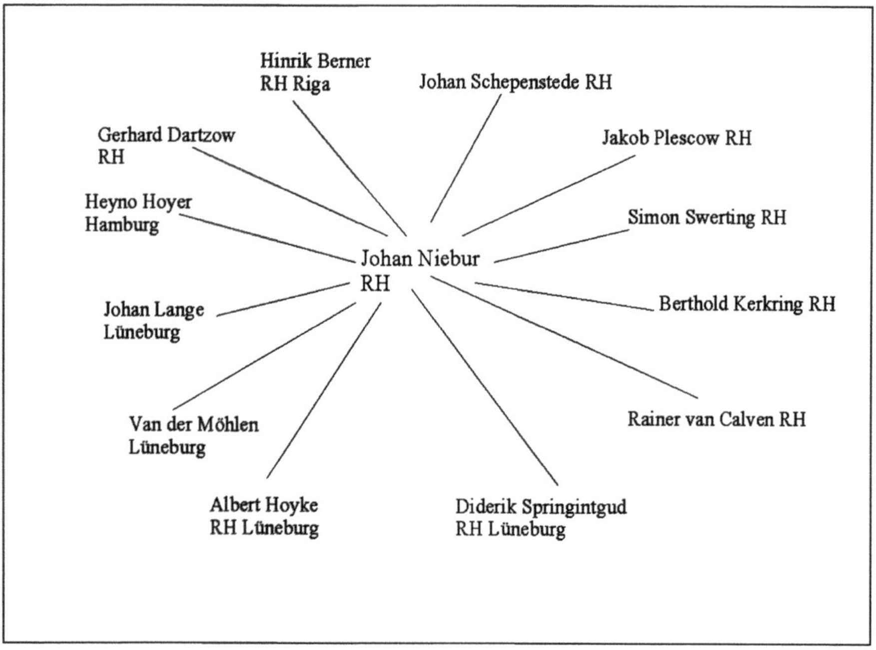

Johan Niebur stand auch als Lübecker Ratsherr in vielfältigen Kontakten zu seiner Heimatstadt Lüneburg. Immer wieder ist zu beobachten, dass er Kapital in Lüneburg, besonders in der Lüneburger Saline investiert. Am Anfang der 1390er Jahre beteiligte er sich schließlich mit mehr als 7100 Mark stärker als jeder andere Lübecker Bürger an Geldgeschäften in Lüneburg.[610] Lüneburg blieb ein zentraler Bezugspunkt für Johan Niebur. Noch in seinem Testament vom Juni 1399 sorgte er für seine Memorie wie die seiner Eltern und Geschwister in der Lüneburger Johanneskirche.[611] Zeit seines Lebens hatte er enge Kontakte nach Lüneburg. 1377 wird er bei einem Schuldein-

609 S. DÜNNEBEIL, Zirkelgesellschaft, S.68ff.

610 S. FRANKE, Geldgeber, S.98-102.

611 Vgl. AHL, Testamente, 5. Juni 1399.

trag des Lübecker Ratsherrn Gerhard Dartzow bei dem Lüneburger Bürger Hinrik van Erpensen als Zeuge genannt.[612] Hinrik war der Vater Mechthilds van Erpensen, die in erster Ehe mit dem Salzwedeler Ratsherrn Tile Schermer und in zweiter mit dem Lüneburger Ratsherrn Hartwich van der Möhlen verheiratet war.[613] In der Übersicht spiegelt sich das Netzwerk Nieburs in den Delegationen.[614]

1.22 Diderik Springintgud (Lüneburg)

1382 zu Divisio Apostolorum bestätigten die Lüneburger Ratsherren Diderik Springintgud und Albert Hoyke vor dem Lübecker Rat, dass der Lübecker Ratsherr Johan Niebur 80 Mark Rente in der dortigen Saline gekauft habe.[615] Springintgud und Hoyke befanden sich zu diesem Datum in der Travestadt, weil sie ebenso wie am Johannestag 1379 auch in den Verhandlungen der Städte, die am 24. Juni 1382 in Lübeck begannen, Lüneburg vertraten. Da Lübecker Ratsherren in starkem Maß ihr Kapital in der Lüneburger Saline anlegten, können wir davon ausgehen, dass es in diesem Zusammenhang auch zu weiteren Kontakten zwischen Lüneburger Sendboten und anderen Delegierten wegen Einkünften aus der Saline gekommen ist. Auf hansischen Versammlungen zwischen 1373 und 1387 erscheinen Hoyke und Springintgud bei Beratungen. Zwischen 1379 und 1384 sind sie auch gemeinsam auf solchen zu finden. Von insgesamt 33 Lüneburger Präsenzen auf hansischen Versammlungen im 14. Jahrhundert entfallen auf diese beiden Herren schon 21. Albert Hoyke und Diderik Springintgud bestimmten also als Lüneburger Bürgermeister in entscheidendem Maß die Hansepolitik ihrer Stadt.[616]

Im Spiegel wird deutlich, an welchen Tagen Hoyke und Springintgud teilnahmen und welche weiteren Herren aus anderen Städten dabei zweimal oder öfter mit ihnen beiden gemeinsam über hansische Fragen berieten.[617] Mit den Lübecker Herren Ossenbrugge, Pepersak, Simon Swerting trafen sie auf vier Tagen in Lübeck zusammen, und auch mit den Rostockern van der Aaa und Kröpelin wie Holdenstede aus Hamburg, Crudener aus Stralsund, Perceval aus Lübeck und Ruge aus Stralsund. In dichter Folge verhandelten sie zwischen 1379 und 1382 dreimal mit den Herren Gottschalk Nase aus Danzig,[618] Segebodo Crispin und Jakob Plescow aus Lübeck, Rike aus Kiel, Rampen, Bantzekow, Strumkendorp und Wessels aus Wismar sowie mit Gerd van Attendorn aus Lübeck und Bertram Horborch aus Hamburg je zweimal.

Lüneburger Ratsherren waren aber nicht nur im Blick auf die Saline sondern auch direkt geschäftlich mit dem Lübecker Ratsherrn Niebur verbunden, wie wir aus

612 Vgl. SIMON, Niederstadtbuch, S.360,6 (1377 Letare).

613 S. VON WITZENDORFF, Stammtafeln, S.38.

614 S. im Anhang das Delegierten-Netzwerk 10.

615 Gleichzeitig bestätigten sie, dass der Lübecker Ratsherr Hinrik Constin dort 40 Mark Rente gekauft habe, vgl. SIMON, Niederstadtbuch, S.494,6.

616 Gemeinsam sind sie auch sonst in wichtigen politischen Verhandlungen tätig, vgl. beispielsweise den Bericht der beiden Delegierten vom April 1372 über ihre Verhandlungen in Bernburg, vgl. LÜNEB UB, Nr.743.

617 S. im Anhang das Delegierten-Netzwerk 11.

618 Gottschalk Nase saß seit Mitte des 14. Jahrhunderts im Danziger Rat. Seit 1363 war er Bürgermeister. Er starb 1390. S. ZDRENKA, Rats- und Gerichtspatriziat 1, S.354.

einer Notiz vom Juni 1393 erfahren. Hier wird festgehalten, dass die Schulden des Diderik Springintgud von 30 Mark jährlicher Rente wie auch diejenigen derer van der Möhlen von 10 Mark und des Ratsherrn Johan Lange von 4 Mark bei Johan Niebur und Johan Mornewech von diesem Zeitpunkt ab insgesamt Mornewech zustehen sollten.[619]

Betrachten wir also die hier genannten Lüneburger Partner Nieburs. Die van der Möhlen stellten mit dem Bürgermeister Albert zu dieser Zeit einen wichtigen Delegierten auf Hansetagen. Auch der als Schuldner Nieburs genannte Lüneburger Ratsherr Johan (II.) Lange war im Mai 1389 wie im September desselben Jahres auf einem Treffen in Lübeck.

Schon der gleichnamige Vater des Johan Lange war Ratsherr in Lüneburg gewesen (1350 - 1358). Er war verheiratet mit Beate Hoyer, deren Bruder Heyno Ratsherr in Hamburg war und der auch als Delegierter an Hansetagen teilnahm. Der Hamburger Delegierte Hoyer war also ein Onkel des Lüneburger Ratsherren, der vor 1393 in Geschäftskontakten mit Niebur stand. Johan (II.) Lange wurde 1375 Ratsherr in Lüneburg und 1377 Bürgermeister. Er war verheiratet mit Elisabeth, einer Tochter des Lüneburger Ratsherrn van der Sülten. Johan (II.) Lange starb 1405.[620]

Als besonders wichtiger Lüneburger Delegierter ist Diderik (I.) Springintgud anzusehen, der auch in dieser Notiz genannt wird. Er gehörte seit 1362 zum Lüneburger Rat und saß seit 1367 auf dem Bürgermeisterstuhl. Springintgud nahm an zwölf hansischen Versammlungen zwischen 1373 und 1391 teil. Er starb 1393. Mit dem Ratsherrn Sander Schellepeper, der Lüneburg zwischen 1380 und 1387 auf Tagen vertrat,[621] war er familiär durch eine Doppelheirat eng verbunden. Schellepepers Tochter Hilleke hatte Springintguds Sohn Cord geheiratet, während Springintguds Tochter Ermengard den Bruder der Hilleke, Johan Schellepeper, einen künftigen Ratsherrn und Vertreter der Stadt auf Hansetagen, ehelichte.[622]

Diderik Springintguts gleichnamiger Sohn folgte ihm sowohl im Ratsherrenamt als auch als Gesandter auf Hansetagen. 1403 wurde er zum Ratsherrn in Lüneburg erwählt, von 1404 bis 1416 vertrat er seine Heimatstadt auf hansischen Versammlungen. Er starb 1417. Seine Schwester Elisabeth war, wie wir schon sahen, mit dem Hamburger Ratsherrn und Gesandten Hinrik Hoyer verheiratet. Während Diderik (II.) Springintgud in erster Ehe mit einer Tochter des Rembert van Moyden verheiratet war, verband er sich in zweiter Ehe mit Geseke van Boltzen.[623]

Geseke lieh 1424 nach dem Tod ihres Mannes dem Braunschweiger Herzog 900 Mark Lüneb.[624] Gesekes bedeutende finanzielle Mittel werden auch aus ihrem Testament von 1425 deutlich. Aus diesem ist zu schließen, dass Geseke zur Lüneburger Ratsfamilie Semmelbecker engere Beziehungen hatte, denn sie bezeichnete den Ratsherrn Johan Semmelbecker, den sie auch als ihren Testamentsvollstrecker einsetzte,

---

619 Vgl. SIMON, Niederstadtbuch, S.836,3. Johan Mornewech war ein Sohn des Ratsherrn Thideman Mornewech (1369-1373), der auch mit einer Tochter des Everhard Schepenstede verheiratet war, s. LUTTERBECK, Rat, S.314.

620 S. BÜTTNER, Genealogiae, zu Lange.

621 Vgl. die chronologische Übersicht.

622 Vgl. SCHOMAKER, Chronik S.39 und LÜN. CHRONIKEN S.424f.

623 S. VON WITZENDORFF, Stammtafeln, S.120.

624 Vgl. LÜB UB 6, Nr.626 (11. November 1424) und Nrn.635,649.

als ihren Verwandten (*bolen*).[625] Es handelt sich um den Sohn des Ratsherrn, der 1407 und 1408 auf Hansetagen erschien und 1409 sein Testament machte und in diesem Jahr starb.[626] In diesem Testament nannte Johan Semmelbecker den Ratsherrn Johan van der Möhlen seinen *om* und setzte ihn neben dem Bürgermeister Albert van der Möhlen als Provisor ein.[627] Zu der Frau des Bürgermeisters Albert van der Möhlen, der seit 1386 häufig auf Hansetagen auftrat und 1425 starb, hatte Geseke Springintgud ein sehr enges Vertrauensverhältnis, denn sie setzte diese als erste Testamentsvollstreckerin ein.[628] Weiterhin bestimmte Geseke ein größeres Legat für Albert Semmelbecker, den Sohn ihres *bolen* und Neffen ihrer Schwägerin Wobbeke Semmelbecker.[629] Gesekes Bruder Conrad von Boltzen, der seit 1384 Ratsherr war und 1402 starb, war nämlich mit Wobbeke Semmelbecker verheiratet, einer Tochter des Ratsherrn Johan (1362-1379), während andererseits der Ratsherr Johan Semmelbecker, Wobbekes Bruder, in erster Ehe mit Geseke Springintgud, einer Tochter des Ratsherrn Diderik (I.) verheiratet war.[630] Deren Sohn Albert Semmelbecker wurde 1436 in den Rat gewählt, wurde 1448 Bürgermeister und starb 1452. Er war in der Mitte des 15. Jahrhunderts häufig auf hansischen Versammlungen anzutreffen.[631] Johan, ein Sohn des Conrad van Boltzen und der Wobbeke Semmelbecker, war Sülfmeister in Lüneburg und stieg nicht in den Rat auf. Er war in zweiter Ehe mit Herteke Plescow aus Lübeck verheiratet.[632] Johans Schwester Beke van Boltzen wurde dem Hinrik Viskule, einem Sohn des gleichnamigen Bürgermeisters und Delegierten (1384-1438) in eine Ehe gegeben.[633]

Geseke Springintgud hatte enge Beziehungen nach Lübeck. Aus einem Haus bei S. Ägidien in Lübeck sicherte sie die Memoria ihrer beiden verstorbenen Männer zu Allerseelen im Kloster Rehna.[634] Nach ihrer Aussage war sie in erster Ehe mit einem Nicolaus van Urden verheiratet. Träger dieses Namens finden sich sowohl in Lüneburg wie auch in Braunschweig und Lübeck.[635] In den Auseinandersetzungen der Braunschweiger Schicht wurde der Ratsherr Nicolaus van Urden vertrieben. Er war ein Bruder des seit 1372 amtierenden Lübecker Ratsherrn Conrad van Urden, der

---

625 Vgl. REINHARDT, Testamente, Nr.75: *hern Johanne Schellepepere, mynen bolen, unde Herman Roden und bidde se, dat se dit testament annamen unde vullenbringende alse ik en wol to belove.*

626 S. VON WITZENDORFF, Stammtafeln, S.116.

627 Vgl. REINHARDT, Testamente, Nr.75.

628 EBD.: *dit testamend to vorstande kese ik de erbaren frouwen vor greten, hern Albertes van der Molen husfrouwen.*

629 Vgl. REINHARDT, Testamente, Nr.152. Bei dem hier genannten Albert Semmelbecker handelt es sich um den späteren Ratsherrn und hansischen Delegierten.

630 In dritter Ehe heiratete Johan Semmelbecker Lizeke Pepersak, eine Tochter des Lübecker Bürgers Hinrik Pepersak, s. VON WITZENDORFF, Stammtafeln, S.116.

631 S. VON WITZENDORFF, Stammtafeln, S.116 und vgl. zu seiner Delegiertentätigkeit die chronologische Übersicht.

632 S. VON WITZENDORFF, Stammtafeln, S.14.

633 S. VON WITZENDORFF, Stammtafeln, S.14 und S.141.

634 Vgl. REINHARDT, Testamente, Nr.75.

635 Vgl. zum Lübecker Nicolaus van Urden, dem Bruder des Ratsherrn Conrad, SIMON, Niederstadtbuch S.700,2; S.873,5; S.902,5 (vollj.); S.977,6; S.1030,5,9 und zu dem älteren Braunschweiger Bürger BRAUNSCHWEIG UB 6, Nrn. 2r,112i,286ae, 457,487,508,511k, 531,782j, 821, 838, 855.

auch aus Braunschweig stammte.[636] Geseke Springintgud (geb. van Boltzen) war anscheinend in erster Ehe mit Nicolaus, dem Sohn des Ratsherrn Conrad van Urden in Lübeck verheiratet.[637] Nicolaus van Urden amtierte nur von 1406 bis 1407 als Lübecker Ratsherr. Er war in erster Ehe mit Hildegard Dartzow, einer Tochter des Ratsherrn Gerhard Dartzow verheiratet gewesen.[638]

Netz 38: Diderik (I.) Springintgud

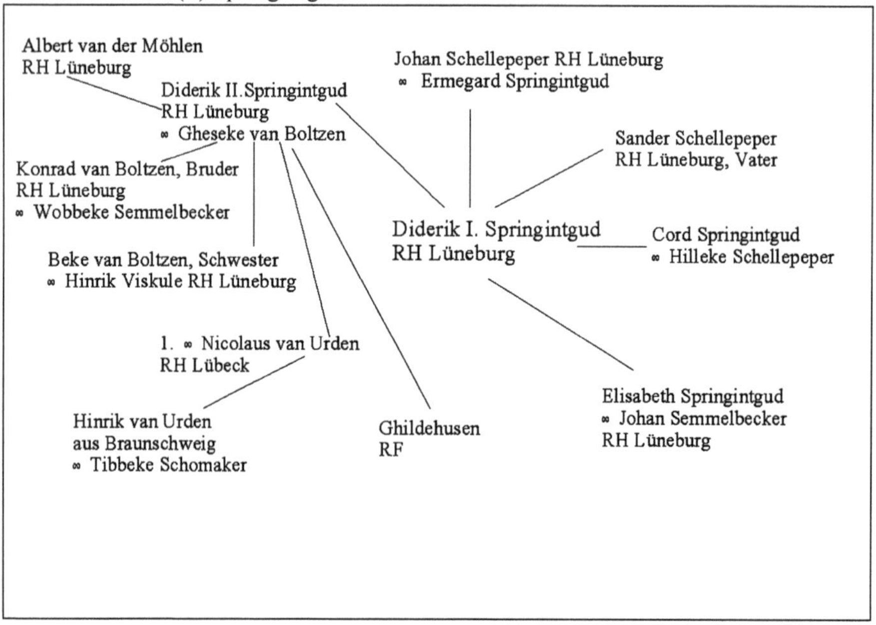

Weiterhin schenkte Geseke Springintgut aus ihrem Lübecker Besitz einer Nonne in Rehna, die aus der Visby-Lübecker-Stralsunder Ratsfamilie Ghildehusen stammte, eine Rente wie auch deren Schwester Geseke, die in Lübeck mit einem Mitglied der Familie Schonewedder verheiratet war.[639] Aus dem Testament der Geseke Springint-

636 S. VON WITZENDORFF, Stammtafeln, S.137.

637 S. VON WITZENDORFF, Stammtafeln, S.137.

638 1404 war Nicolaus van Urden noch mit Hildegard Dartzow verheiratet, vgl. AHL, Testamente, Nicolaus de Urden, 11. Juli 1404: *Item do Hilleken mee dilecte uxori 70 marcarum redditus perpetuos wikbelde. Etiam sibi do 100 marcas lub prompte pecunie, ad hoc sibi do omnia vestimenta sua corpori eius inscisa cum omnibus fabrilibus aureis et deauratis ad ea pertinentibus et aureas fibulas et omnis eius annulos. ... Provisores meos eligo dominos Hermannum Yborch et Tidemanum Junghen consules, Symonem de Urden meum fratrem, Johannem Dartzowen et Hermannum Dartzowen meos suageros ...*

639 Vgl. REINHARDT, Testamente, Nr.75: *Vortmer so hebbe ik to Lubeke bii Bernd Koninge twe voder und bii Hanse Schelen dem goltsmede eyn sulverne henghe, desset scholen myne testamentarii penningen unde dar veer mark geldes mede maken, der schal Ylsebe Gildehusen, closterfrouwen to Lune, bruken ere levedaghe, na erem dode Gheseke Schoneweders, ere suster to Lubeke ....* Zu dem Lübecker Flandernfahrer Everhard Schonewedder und seiner Verwandt-

gud konnten wir wiederum die vielfältigen Fäden erkennen, die Lüneburger und Lübecker Ratsfamilien verbanden.

1.23 Albert Hoyke (Lüneburg)

Albert Hoyke saß seit 1353 im Lüneburger Rat. 1371 wurde er zum Bürgermeister gewählt. Er wird letztmalig als Bürgermeister 1391 genannt und starb am Beginn des 15. Jahrhunderts, wohl im Juni 1406.[640] Albert Hoyke entstammte einer Lüneburger Ratsfamilie. Schon sein Vater Nicolaus Hoyke war 1341 zum Bürgermeister aufgestiegen. Albert Hoyke nahm an neun Hansetagen zwischen 1379 und 1388 teil. In erster Ehe war er mit einer Tochter des Ratsherrn Eylman Beve verheiratet gewesen.[641] Beve war seit 1376 Ratsherr. Er beteiligte sich am Hansetag in Lübeck vom Mai 1383. Eylman Beve war seinerseits mit Rixa Sodmeister verheiratet. Deren Vater, also der Großvater der Frau des Albert Hoyke, war Heyno Sodmeister, der am 1. Mai 1373 auf dem Tag zu Lübeck Lüneburg vertrat.[642] Eine Tochter des Eylman Beve war mit dem Lüneburger Ratsherrn Nicolaus Garlop (1395-1409) verheiratet.[643] Dessen Cousin Otto Garlop war 1386 vom Rat kooptiert worden. 1398 wurde er zum Bürgermeister gewählt. Otto Garlop beteiligte sich am Hansetag von 1412 in Lüneburg.[644] Adelheid, eine weitere Tochter des Lüneburger Ratsherrn Beve, war mit Ulrich, dem Sohn des Hannoveraner Bürgermeisters Ulrich Lutzeke verheiratet. Bürgermeister Lutzeke war am 24. Juni 1382 als Delegierter Hannovers auf dem Lübecker Tag erschienen. Dort traf er auch mit Albert Hoyke, dem „Schwipp-Schwager" seines Sohnes zusammen, der als Delegierter Lüneburgs teilnahm.[645] Hoyke, Springintgud und Johan Semmelbecker kannten Ulrich Lutzeke sicherlich schon wesentlich länger. 1371 vermerkte Springintgud auf einem Brief an den Braunschweiger Rat: *Domino Olrico Lutzeken detur.*[646] Hoyke, Springintgud, Semmelbecker und Lutzeke waren beispielsweise auch im Oktober 1373 anwesend, als die Herzöge von Sachsen den Städten Lüneburg, Hannover, Uelzen und Dannenberg Privilegien bestätigten.[647] Für Hannover war mit Lutzeke auch Johan van dem Steenhuse erschienen,

---

schaft s. ASMUSSEN, Flandernfahrer, S.697 ff.

640 Vgl. SCHOMAKER, Chronik S.38.

641 S. VON WITZENDORFF, Stammtafeln, S.60.

642 In zweiter Ehe heiratete Rixa Sodmeister (geb. Beve) den Lüneburger Ratsherrn Diderik Brömse, s. VON WITZENDORFF, Stammtafeln, S.60.

643 S. VON WITZENDORFF, Stammtafeln, S.40ff.

644 Sowohl sein Sohn Johan wie auch sein Enkel Ludolf Garlop erscheinen im 15. Jahrhundert als Delegierte auf Tagen, vgl. die chronologische Übersicht.

645 Aus dem Lüneburger Stadtbuch geht 1389 anläßlich einer Abmachung zur Mitgift nach dem Tode Ulrik Lutzekes hervor, dass es sich um den gleichnamigen Sohn des Hannoveraner Bürgermeisters handelt. Als Zeugen bekräftigten die Ratsherren Albert Hoyke und Hinrik Viskule den Verzicht der Alheid. Vgl. REINECKE, Stadtbuch, S.254: *Alheyd de ichteswanne echte husfrowe was Jungen Olrikes Lutzeken, den god beyde gnedich sy, by wolmacht eres lyves und erer synne unbedwungen mit vryem wilen und wolberadenem mode ... hebbe leddich und loos Olden Olrike Lutzeken, borgermestere to Honovere, ere morgengave und lifftucht ...*

646 Vgl. BRAUNSCHWEIG UB 6, Nr.615 (16.3.1371): *Thidericus Springintgud format.*

647 Vgl. UB Uelzen Nr.132 (18.10.1373).

ein Verwandter des Giselbert Niestad.[648] Ulrich Lutzeke aus Hannover stand auch mit den Lüneburger Ratsherren Albert Hoyke, Hinrik Viskule und dem derzeitigen Bürger und späteren Ratsherrn Hartwich van der Möhlen in engerer Verbindung.[649] Diese bestätigten im Mai 1392 als seine Provisoren, dass der Lüneburger Rat seinen Erben zu *truwer hant* 500 Mark schuldete.[650] Ob der Hannoveraner Bürgermeister mit dem Braunschweiger Ratsherrn des Sackes Henning Lutzeke (1363-1374) verwandt war, muss im Augenblick offen bleiben.[651] Fest steht aber, dass Ulrich Lutzeke mit dem Hildesheimer Ratsherrn Arnd Lutzeke verwandt war.[652] Arnds Vater, Johan Lutzeke d. Ältere, wurde um 1340 vom Hannoveraner Rat aufgefordert, das Erbe, *dat Olrike sin vader ervede mit Johanne in sameder were*, an seinen *vedderen* Ulrich Lutzeke in Hannover auszuzahlen.[653] Aus der Hildesheimer Ratsfamilie nahm Johan (II.) Lutzeke am Hansetag vom März 1427 in Braunschweig teil.

Albert Hoyke war in zweiter Ehe mit Bele Miles verheiratet, einer Tochter des Lüneburger Ratsherrn Hinrik Miles. Hinrik Miles war mit Bele van der Möhlen verheiratet,[654] deren Vater Nicolaus van der Möhlen um 1320 im Lüneburger Rat saß. Hinrik Miles gehörte seit 1332 zum Lüneburger Rat. Er starb 1366.[655] Er war ein Enkel des Hamburger Bürgermeisters Johan Miles, der 1329 starb.[656] Johan Miles stammte aus Salzwedel, wo sein Vater Christian Miles in den achtziger Jahren des 13. Jahrhunderts Bürgermeister war. Johan Miles war am Ende des 13. Jahrhunderts nach Hamburg gezogen. Er wurde in Hamburg in den Rat gewählt und stieg dort nach 1300 zum Bürgermeister auf. Johans Bruder, Christian Miles, zog von Salzwedel nach Lüneburg. Auch er wurde in den Rat gewählt. Er verstarb 1305 als Lüneburger Bürgermeister. Der Sohn des Lüneburgers Christian Miles mit Vornamen Johan zog nach Hamburg. Dessen gleichnamiger Sohn wurde 1334 in den Hamburger Rat kooptiert, und wurde 1343 zum Bürgermeister gewählt. Der Hamburger Bürgermeister Johan Miles starb 1359. In erster Ehe war Johan Miles mit einer Tochter des Hamburger Bürgermeisters Johan van dem Berge namens Gertrud verheiratet. Ein Enkel des Bürgermeisters Johan van dem Berge, Hinrik van dem Berge, war führend an der hansischen Vertretung Hamburgs im frühen 15. Jahrhundert beteiligt.[657] 1358 vertrat

---

648 Es handelt sich sehr wahrscheinlich um einen Schwager Niestads.

649 Van der Möhlen war uns schon als zweiter Gatte der Mechthild van Erpensen begegnet, die in erster Ehe mit dem Salzwedelner Ratsherrn Schermer verheiratet gewesen war.

650 Vgl. LÜNEB UB, Nr.1289.

651 Vgl. BRAUNSCHWEIG UB 6, Reg.Pos.

652 Auch im ausgehenden 15. Jahrhundert saßen noch Mitglieder dieser Familie im Hildesheimer Rat, s. BRANDIS, Diarium, Register.

653 Vgl. DOEBNER, Hildesheimer UB III, Nr.N 104. Der Vorname Ulrich scheint in der Hannoveraner Familie Lutzeke ein Leitname gewesen zu sein. Wir finden ihn auch bei den Niestad.

654 Vgl. STAHH Liber redd. Petri 1429 (135).

655 Bele war eine Tochter des Ratsherrn Nicolaus (II.) van der Möhlen, s. VON WITZENDORFF, Stammtafeln, S.77.

656 Nach Hamburg war auch Alberts Bruder Siegfried Hoyke umgezogen, der dort 1420 starb, s. VON WITZENDORFF, Stammtafeln, S.60.

657 Hinrik van dem Berge war auf zehn Hansetagen zwischen 1408 und 1421 anzutreffen. In zweiter Ehe war Johan Miles mit Gertrud Tholner, einer Tochter des Bürgermeisters Bertram Tholner, verheiratet, s. VON WITZENDORFF, Stammtafeln, S.77.

Johan Miles Hamburg auf zwei Versammlungen, einmal am 20. Januar in Lübeck und zum anderen am 6. Dezember in Rostock.

Netz 39: Albert Hoyke

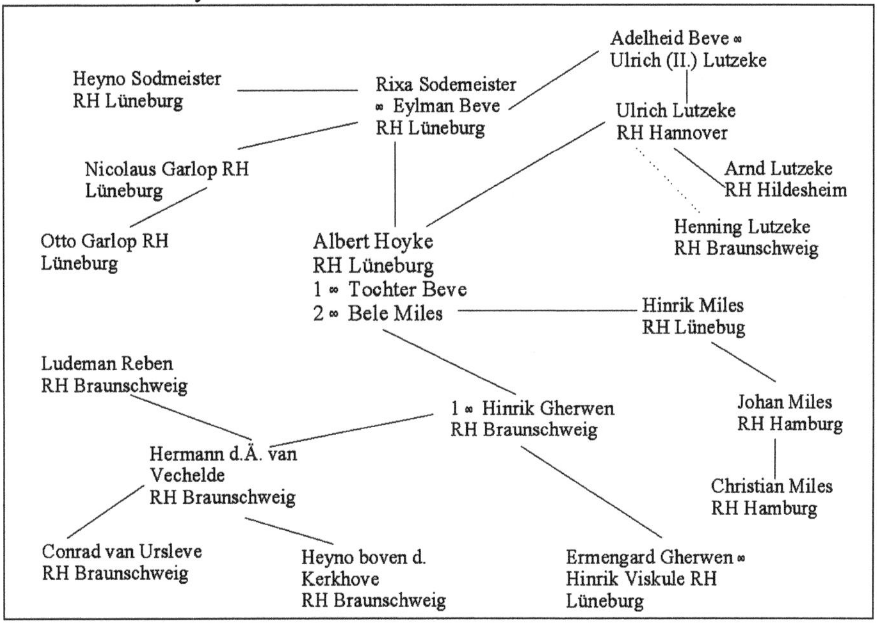

Wir sehen, dass diese Familien seit dem frühen 14. Jahrhundert zwischen Hamburg und Lüneburg hin- und herzogen und immer wieder in den Rat aufstiegen. So wandte sich auch Siegfried Hoyke, der Sohn der Bele (Miles) und des Albert Hoyke, wiederum von Lüneburg nach Hamburg. Dort saß sein Verwandter Christian Miles im Rat.

Die familiären Verbindungen dieser Familien beschränkten sich aber nicht auf Ratsfamilien in Hamburg und Lüneburg. Bele, die Tochter des Hinrik Miles und der Bele (van der Möhlen), die in zweiter Ehe mit Hoyke verheiratet war, war in erster Ehe mit dem Braunschweiger Ratsherrn Hinrik Gherwen (1363 - 1371) verbunden gewesen.[658] Ihre Tochter Ermengard Gherwen wurde in eine Ehe mit dem Lüneburger Ratsherrn Hinrik Viskule gegeben.[659] Hinrik Viskule saß seit 1384 im Lüneburger Rat und starb 1438. Er nahm zwischen 1403 und 1433 an 22 Hansetagen teil.

658 Vgl. BRAUNSCHWEIG UB 6, Nr.28 (12.3.1361) mit der Bestätigung des Lüneburger Rates des Verkaufs an den späteren Ratsherrn Johan Semelbecker: *Hinricus Gherwini, civis in Brunswich, ... vendidit ... Johani Semmelbecker, nostro concivi, ... unum chorum salis ..., quos ipse Hinricus Gherwini cum uxore sua nomine dotis accepit a Hinrico Miles* .... Vgl. auch Nr.859 (4.9.1374) mit dem Testament des Hinrik Gherwen: *To disseme testamente kese ik ok vormundere Belen, min vruwen, Weddeghen Abbetes, minen om* .... Auch im Braunschweiger Testament des Hinrik Gherwen „lassen sich Verbindungen nach Lübeck erkennen", s. WEGLAGE, Menschen und Vermächtnisse, S.316, Anm. 1197.

659 S. VON WITZENDORFF, Stammtafeln, S.141.

Verfolgen wir kurz die Verbindungen, die durch die Braunschweiger Ehe eröffnet wurden. Der Braunschweiger Ratsherr Hinrik Gherwen stand durch seinen *om* Hinrik boven dem Kerkhove und seine Schwägerin Margarete boven dem Kerkhove in engem Kontakt mit den Ratsherren aus dieser Familie, nämlich dem *langen* Hinrik Kerkhove (Ratsherr 1362-1374) und mit dessen Cousin Heyno, *olden Heynes* Sohn (Ratsherr 1361-1374).[660] Heynos Tochter Ilse boven dem Kerkhove wurde mit Hermann dem Älteren van Vechelde verheiratet. Er amtierte als Ratsherr der Braunschweiger Altstadt von 1380 bis 1419. Als Delegierter ist Hermann van Vechelde 1382 in Goslar, 1410 in Hamburg und 1417 in Rostock/Lübeck zu sehen.[661] Die Schwester seiner Frau mit Namen Aleke wurde mit dem Ratsherrn Conrad van Ursleve verheiratet. Van Ursleve amtierte als Ratsherr von 1390 bis 1432.[662] Er nahm am Hansetag vom September 1389 in Lübeck teil. Weiterhin hatte Gherwen durch diese Familie Verbindung zu den Braunschweiger van der Möhlen, die mit Cord einen Ratsherrn der Braunschweiger Neustadt stellten (1361-1368). Cord van der Möhlens Stiefvater Hermann Ruschere war wenig später Ratsherr des Braunschweiger Hagens (1362-1374). Er war verwandt mit dem Lüneburger Bürger Ludeman Ruschere, dessen Neffe Ludeman Reben im Juni 1382 in Goslar und im Mai 1383 in Lübeck als Delegierter Braunschweigs erschien.[663]

Von Lüneburger Ratsherren ausgehend konnten wir die vielfältigen, besonders durch Heiraten geknüpften Beziehungen zwischen Ratsfamilien in Lüneburg, Hamburg, Braunschweig und Hannover erkennen. Sicherlich umfassten diese Netze noch weitere Ratsherren in diesen und anderen Städten, die durch Geschäfte und Vertrauen mit den Herren verbunden waren und auch als Delegierte an Hansetagen teilnahmen. Bleiben wir allerdings zunächst bei den Miles.

1.24 Christian Miles (Hamburg)

Mit Christian Miles nahm am 24. Juni 1379 Ludolf Holdenstede am Hansetag in Lübeck teil. Zu dem an erster Stelle am Johannistag 1379 genannten Hamburger Delegierten Ludolf Holdenstede ist bisher wenig über seine familiären und geschäftlichen Beziehungen bekannt. Er saß seit 1369 im Hamburger Rat und amtierte seit 1375 als Bürgermeister. Holdenstede starb 1389. Auf 18 Hansetagen zwischen 1377 und 1388 erschien Holdenstede als Delegierter seiner Heimatstadt. Auf diesen Tagen traf er am häufigsten, nämlich vierzehn Mal mit Perceval aus Lübeck zusammen, zwölf Mal mit Hermann van Ossenbrugge aus Lübeck und ebenso oft mit Wessels aus Wismar und elf Mal mit Arnold Ruge aus Stralsund. Von den Hamburger Kollegen reiste Christian Miles sieben Mal mit ihm, Bertram Horborch sechs Mal. Bertram Horborch war mit einer Schwester des Christian Miles verheiratet.[664] In Geschäftsverbindungen

660 Vgl. das Testament der Margarete im BRAUNSCHWEIG UB 6, Nr.311 (25.4.1366) und die Reg. Pos. zu den genannten Herren.

661 S. die chronologische Übersicht und MACK, Testamente Altstadt II, S.291.

662 S. SPIEß, Ratsherren, S.218.

663 Vgl. BRAUNSCHWEIG UB 6, Nrn.164b,247,279,438,450,457,731a,802,873. Ein *om* des Ludeman Reben wird als Hermann van dem Sunde bezeichnet, vgl. Braunschweiger UB 6, Nrn.731j, 783d.

664 S. VON WITZENDORFF, Stammtafeln, S.77.

stand Holdenstede mit Vicco van Geldersen,[665] mit dem er auch gemeinsam Hamburg auf dem Hansetag vom Oktober 1380 in Wismar vertrat.

Der an zweiter Stelle des Hansetages vom Juni 1379 genannte Christian Miles saß seit 1374 im Hamburger Rat. Er wurde 1378 Bürgermeister und starb 1420. Christian Miles nahm zwischen 1377 und 1412 an 27 Hansetagen teil. Wir hatten schon gesehen, dass diese Hamburger und Lüneburger Ratsfamilie aus Salzwedel stammte. Auch Christian Miles hatte noch weitere Verbindungen nach Lüneburg. Er war in erster Ehe mit der Tochter Immeke des Lüneburger Bürgers Hudsinge verheiratet.[666] Nach dem Tod der Immeke wurden bei der Sicherung des mütterlichen Erbes für ihre Tochter Geseke in Hamburg deshalb auch Lüneburger Zeugen als deren *amici* aufgeführt.[667] Diese Tochter Geseke wurde mit dem Ratsherrn Hermann Bischoping (in dessen zweiter Ehe) verheiratet.[668] Hermann Bischoping nahm im Jahr 1363 an zwei Tagen teil, die den Krieg gegen Dänemark vorbereiteten.

Zur Hamburger Ratsfamilie Bischoping hatten auch die von Lüneburg nach Hamburg umgezogenen Hoyer engere verwandtschaftliche Beziehungen. So heiratete die Tochter Hilleke der Geseke und des Hermann Bischoping vor 1375 den Hamburger Ratsherrn Johan Hoyer,[669] der häufig auf hansischen Versammlungen anzutreffen war. Auch Johan Hoyer entstammt einer Lüneburg-Hamburger Ratsfamilie. Sein Vater Hinrik Hoyer war von Lüneburg nach Hamburg umgezogen. Johan Hoyer wurde 1377 in den Hamburger Rat kooptiert und amtierte seit 1389 als Bürgermeister. Er nahm als Hamburger Delegierter zwischen 1382 und 1401 an 14 hansischen Versammlungen teil. Hoyer blieb in vielfältigen Verbindungen mit Lüneburg. Im Oktober 1397 wird er bei Verhandlungen mit dem Lüneburger Rat genannt.[670] Zwischen 1402 und 1405 zog Johan Hoyer nach Lübeck um und arbeitete dort - wie auch schon zuvor - mit dem Ratsherrn Goswin Klingenberg zusammen. So wurde zu Aegidii 1405 in das Lübecker Niederstadtbuch eingeschrieben, dass Johan Hoyer noch als Bürger Hamburgs dem Herrn Goswin Klingenberg eine Rente von sieben Mark für ein Kapital von 105 Mark schuldete.[671] Zu Pfingsten 1402 hatten Klingenberg und Hoyer, der jetzt als *civis Lubicensis* bezeichnet wurde, von dem Ratsherrn Johan

665 S. NIRRNHEIM, Handlungsbuch, S. 86.

666 Vgl. STAHH, Liber contractuum, S.130 zu 1390/91.

667 Vgl. STAHH, Liber contractuum, S.108 (zu 1384): *amici Luder Hutzingh, Gherardus de Moyde, Johannes Lullestede cives Luneburgenses* ... Daneben wird als Zeuge Luder Bischoping, *civis Hamburgensis*, aufgeführt.

668 Vgl. das Necrolog der Hamburger Franziskaner zum 15. August: *Item Gheseke Bispinghes, quae fuit filia domini Christiani Militis, quae habet perpetuam memoriam.* S. VON WITZENDORFF, Stammtafeln, S.13.

669 Vgl. STAHH, Liber redd. S.Petri, 133 (1375) zur Ehe zwischen Hille Bischoping, Tochter des *dominus* Hermann, und Johan Hoyer, Sohn des *dominus* Hinrik Hoyer.

670 Vgl. LÜNEB UB Nr.1431 (2.10.1397).

671 Vgl. AHL, Niederstadtbuch zu 1405 Egidii: *Dominus Johannes Hoyer pro se et suis heredibus coram libro expresse recognovit, quod ... ipse et sui heredes, dum erat civis Hamburgensis, fideiubendo promiserunt domino Goswino Clingenberge et suis heredibus primo pro illis redditibus septem M. Lub. pro centum et quinque M.* ... Goswin Klingenberg stand auch in engeren Geschäftsbeziehungen mit dem Hamburger Bürgermeister Meinhard Buxtehude.

Wesseler 650 Mark geliehen.[672] Zu Jakobi 1406 wurde eine Schuld des Johan Hoyer von 431 1/2 Mark bei Klingenberg erfasst.[673]

Zwar war Johan Hoyer nach Lübeck gezogen und hatte seinen Ratssitz in Hamburg aufgegeben, doch Verwandte blieben im Hamburger Rat. Hinrik Hoyer, Sohn des Hamburger Ratsherren Albert Hoyer (1377-1387), eines Cousins des Vaters von Johan Hoyer, wurde 1413 in den Hamburger Rat kooptiert und trat häufig als hansischer Politiker auf Hansetagen zwischen 1416 und 1445 auf. Auch Hinrik Hoyer stellte wiederum Verbindungen zu einer führenden Lüneburger Ratsfamilie her. In einer Ehe verband er sich mit Elisabeth Springintgud, der Schwester des Ratsherren Diderik (II.) Springintgud aus Lüneburg. Ihr gemeinsamer Sohn Hinrik Hoyer zog dann wiederum von Hamburg nach Lüneburg und wurde dort Ratsherr. Er heiratete in erster Ehe Grete van Bardowiek aus der Lüneburger Ratsfamilie und in zweiter Ehe Wobbeke Stöterogge.[674] In einem Testament vom September 1451 weist Hoyer auf die verwandtschaftliche Verbindung zu seinem *ohm* Diderik Springintgud, *ok wandages radmanne to Luneborg*, hin.[675] Späterhin führt er noch genauer aus, dass er mit diesem wie dem Bürgermeister Albert Semmelbecker und den Schellepeper durch seine Mutter verwandt ist.[676] Er bedachte testamentarisch auch seinen Vetter Detlev Hoyer, *domheren to Lubeke*, mit fünf Mark.[677] Ebenso beschenkte er die Tochter des Ratsherren Johan Schellepeper, *borgermester Curdes sines sones*, Nonne im Konvent zu Medingen.[678] Als Provisoren benannte Hinrik Hoyer seinen *ohm,* den Bürgermeister Johan Springintgud, und dessen Kollegen Albert Semmelbecker, den Ratsherrn Albert van der Möhlen und den Stadtschreiber Marquard Mildehoved. Eine Tante des Hamburger Ratsherrn Hinrik Hoyer, die Schwester Tibbe seines Vaters Albert, war mit dem Hamburger Ratsherrn Albert van Geldersen verheiratet worden. Dessen Neffe Nicolaus van Geldersen, ein Sohn des gleichnamigen Hamburger Ratsherrn, wurde auch 1378 in den Hamburger Rat gewählt. Er ertrank im Dezember 1399 in der Elbe.[679] Nicolaus van Geldersen war als Delegierter auf drei Hansetagen zwischen 1387 und 1391, während ein weiterer Verwandter, der Ratsherr Vicco van Geldersen, Hamburg 1378 und 1380 auf Tagen vertrat. Der Hamburger Bürgermeister Christian Miles verband sich auch in seiner zweiten Ehe mit einer Lüneburger Ratsfamilie. Er heiratete vor 1394 Heseke,[680] eine Tochter des dortigen Ratsherrn Hinrik Sodmeister.

672 Vgl. AHL, Niederstadtbuch zu 1402 Pentecostes.

673 Vgl. AHL, Niederstadtbuch zu 1406 Jakobi: *Dominus Johannes Hoyer coram consilium recognovit se tenere domino Goswino Clingenberch in quadringentis et XXX I ½ M. Lub. pro quibus sibi redditus viginti septem m. Lub. in illis centum et decem M. Lub. sibi asscriptis in libro camerariorum huius civitatis in folio* ...

674 S. VON WITZENDORFF, Stammtafeln, S.57, S.122

675 Vgl. REINHARDT, Testamente, Nr.223.

676 EBD.: *Vordmer gheve und beschede ik mynen neghesten erven van myner moder wegen* ...

677 Ebd.

678 Ebd.

679 S. VON WITZENDORFF, Stammtafeln, S.58.

680 Der Name der zweiten Frau des Christian Miles geht aus einem Eintrag im Necrolog des Hamburger Franziskanerklosters zum 17. Juli hervort: *Obiit domina Heseke, uxor domini Christiani Miles proconsulis* ... Am 1. September ist im Necrolog der Dominikaner der Bürgermeister selbst mit einer Schenkung und seiner ersten Ehefrau verzeichnet: *Obiit Ymmeke, uxor domini Christiani Militis, qui habet perpetuam memoriam. Obiit Christianus Miles, qui dedit X marcas.*

In einem Verkauf dieses Jahres wird diese Beziehung deutlich angesprochen. Der Lüneburger Bürger Hinrik Sodmeister überließ seinen Schwägern, dem Dechanten Werner Miles und dessen Bruder, dem Bürgermeister Christian Miles, 245 Hamburger Mark Salzrente.[681] Sodmeister, der Schwiegervater des Miles, hatte sich am Hansetag vom Mai 1373 gemeinsam mit Diderik (I.) Springintgud beteiligt. Dort trafen sie auch auf Heyno Hoyer, einen weiteren Verwandten als Vertreter Hamburgs. Das Netzwerk zeigt sich wiederum im Spiegel der Delegationen.[682]

Die enge Verbindung zwischen den Lüneburger und Hamburger Ratsfamilien wurde überdeutlich. Wenn Söhne aus diesen Familien in die jeweils andere Stadt zogen, so trafen sie auf Verwandte, die im Rat saßen, heirateten in führende Familien ein und stiegen auch bald in den Rat auf. Die fast erblich erscheinende Mitgliedschaft in den Ratsgremien lässt die Grenzen zwischen den Städten als völlig unerheblich erscheinen.

1.25 Rainer van Calven

Kehren wir zu den Lübecker Delegierten zurück. Auch der in engem Kontakt mit dem ehemaligen Lüneburger Johan Niebur stehende Rainer van Calven war kein gebürtiger Lübecker. Er kam aus Stendal. Anscheinend entstammt er einer dortigen Ratsfamilie, denn um die Mitte des 15. Jahrhunderts finden sich zwei weitere Delegierte dieses Namens aus Stendal: Johan van Calven nahm am 12. März 1441 in Lübeck teil und Benedikt van Calven am Johannistag 1456 auch in Lübeck.[683] Rainer van Calven gehörte zu der Gruppe Lübecker Ratsherren, die von den 1390er Jahren bis zur Einsetzung des Neuen Rates im Jahre 1408 die Lübecker Hansepolitik prägten. 1393 wurde er in den Rat kooptiert. Zwischen 1393 und 1406 war er an fünf Hansetagen und an einer Gesandtschaft nach Amsterdam beteiligt. Auch nach dem Lübecker Verfassungskompromiss von 1416 nahm er noch an einigen Tagen teil. Durch seinen Schwiegervater Johan Schepenstede und Johan Niebur hatte er guten Zugang zu den führenden Herren.

Auch im Blick auf van Calvens Geschäftsverbindungen zeigt sich dieses Netz. Schon in seinem ersten Eintrag im Niederstadtbuch aus dem Juni 1388, in dem er als Schuldner erscheint, werden Johan Schepenstede, Johan Niebur und Johan van Stockem als seine Bürgen genannt. Sie bürgten für die recht hohe Summe von 650 Mark, die van Calven dem Dorpater Ratsherrn Herbord Kurler schuldete.[684] Rainer war nicht der erste van Calven aus Stendal, der in Kontakten mit Niebur stand. Schon 1385 hatten Niebur, Johan Gherwer und Henning van der Kameren 159 Mark an Wyneke Castorp bezahlt, die diesem *ex parte* Kunen Calven aus Stendal zustanden.[685]

681 Vgl. LÜNEB UB, Nr.1362 (1394).

682 S. Anhang: Delegierten-Netzwerk 12.

683 Am Ende des 15. Jahrhunderts amtierte Matheus Pakebusch als Lübecker Syndikus. Er wurde 1522 zum Ratsherrn und 1528 zum Bürgermeister gewählt. Er stammte aus der Stendaler Ratsfamilie, die 1454 und 1470 mit Arnd Pakebusch einen Delegierten stellte, vgl. die chronologische Übersicht.

684 Vgl. SIMON, Niederstadtbuch, S.657,1 (1388 Bonifacii).

685 Vgl. SIMON, Niederstadtbuch, S.599,1. Auch im April 1391 verschuldete sich eine Gruppe bestehend aus Heyno van Calven, Hans van der Linden und Johan Soltwedel mit 106 Mark, vgl.

Henning van der Kameren trat auch 1391 als Vormund gemeinsam mit einem Heyno van Calven auf.[686] Die van Kameren waren eine Kieler Ratsfamilie. In der Mitte des 15. Jahrhunderts erscheint ein Mitglied dieser Familie als Delegierter.[687] Mit einem weiteren Träger dieses Herkunftsnamens, einem Johan van Calven, stand Niebur in kapitalintensiven Unternehmungen. So verpflichteten sie sich gemeinsam 1376, den Kindern Niestad 660 Mark zurückzuzahlen;[688] 1377 hatten sie bei Arnold Suderland 692 Mark Schulden;[689] 1383 schuldeten sie Vlotede die hohe Summe von 1323 Mark.[690] In demselben Jahr schuldete Niebur dem Johan Lange aus der Braunstraße 693 Mark. Für Niebur bürgten *coniuncta manu* Johan van Stockem und Johan van Calven.[691] Dieser geschäftlich mit Niebur verbundene Johan van Calven stand auch in einem engeren Verhältnis zu Rainer van Calven. 1395 erklärte Johan, dass *omnia bona sua* dem Ratsherrn zuständen wie auch der künftige Gewinn.[692] Deutlich wird so, wenn wir auch die Familienverbindungen in Stendal noch nicht genau kennen, dass Rainer van Calven einem Verwandten nach Lübeck folgte. Sein Aufstieg war dort durch dessen Verbindungen vorbereitet.

Neben van Calvens Geschäften mit dem Dorpater Ratsherrn Kurler sind auch solche mit dem Rigaer Hinrik Keding festzuhalten.[693] 1388 schuldete er diesem gemeinsam mit Hinrik Witing 815 Mark.[694] Witing und Niebur bürgten auch für van Calven, als dieser 1389 bei dem Ratsherrn Johan Vlaming aus Visby 500 Mark Schulden hatte.[695] Vlaming nahm am Tag vom Oktober 1392 in Lübeck teil.[696] Er stand in näheren Beziehungen zu dem Danziger, später Lübecker Kaufmann Engelbert Nachtegal, mit dem zusammen er Geld beim Elbinger Rat angelegt hatte.[697]

Der Schwerpunkt der hansischen Politik van Calvens lag allerdings im Westen. So bezog sich auch noch eine Notiz des Niederstadtbuches vom August 1421 auf eine

---

SIMON, Niederstadtbuch, S.767,1.

686 Vgl. SIMON, Niederstadtbuch, S.767,1

687 Vgl. die chronologische Übersicht und s. zum Bürgermeister Henning van Kameren und seinen Lübecker Verwandten S.342,437,445.

688 Vgl. SIMON, Niederstadtbuch, S.337,5.

689 Vgl. SIMON, Niederstadtbuch, S.366,8.

690 Vgl. SIMON, Niederstadtbuch, S.524,3.

691 Vgl. SIMON, Niederstadtbuch, S.525,8.

692 Vgl. SIMON, Niederstadtbuch, S.908,1.

693 1390 schuldet van Calven Thomas Perceval, dem Sohn des Ratsherrn Johan, 410 Mark, vgl. SIMON, Niederstadtbuch, S.754,7. Thomas Perceval wurde 1414 in den Neuen Rat gewählt, s. FEHLING, Ratslinie, S.65.

694 Vgl. SIMON, Niederstadtbuch, S.660,1.

695 Vgl. SIMON, Niederstadtbuch, S.709,1 (1389): *Notandum, quod Reynerus de Kaluen presens libro recongnovit se teneri domino Johanni Vlaminghe consuli in Wysby Gotlandie in 500 mr Lub dn ..., pro quibus dominus Johannes Nyebur et Hinricus Witingh coniuncta manu fideiusserunt. Postea de anno 92 1100 virginum dominus Johannes Vlamingh presens libro constituit eundem Hinricum Wytingh in suum procuratorem ad percipiendum huiusmodi pecunias et scripturam facere cancellari.* Zu den Verbindungen mit Riga vgl. SIMON, Niederstadtbuch, S.660,2 (1388 Nativitas Johannis Baptiste).

696 Zu Johan Vlamings Auftreten als Delegierter vgl. die chronologische Übersicht.

697 In Lübeck arbeitete Nachtegal mit Peter Ritzeke und Johan vam Loo zusammen, s. DIERCK-DÜNNEBEIL-RÖßNER, Hansekaufleute, S.301f.

Quittung, die von Frankfurt am Main nach Seeland gesandt wurde.[698] Im November desselben Jahres verkauften van Calvens Witwe Margarete und sein Sohn Wilhelm eine Rente für 250 Mark an Gottfried Plescow.[699] Aus einer Abmachung der Witwe des Rainer van Calven als Erbin ihres Vaters (*dochter hern Johans Schepensteden*) von 1425 mit dem Lüneburger Rat geht hervor, dass alle Schulden bezahlt worden waren. Weiterhin wird aus dieser Notiz deutlich, dass Rainer van Calven als Provisoren in seinem letzten Testament neben seinen Söhnen auch Vritze (I.) Grawerd und Gottfried Plescow, der 1433 in den Rat aufstieg, eingesetzt hatte.[700]

Netz 40: Rainer van Calven

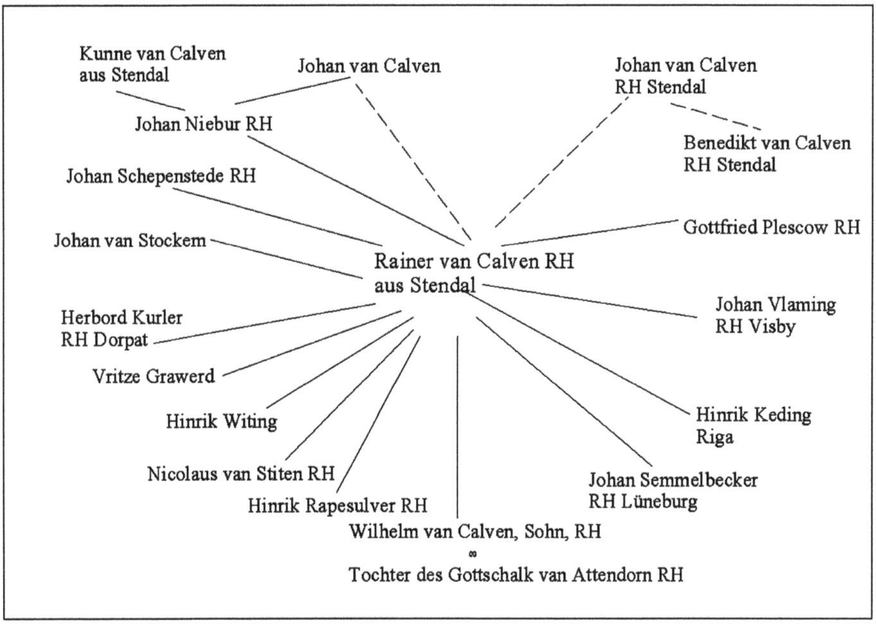

Aus einer im Juni des folgenden Jahres verfassten Notiz ergibt sich, dass Rainer van Calven zu Lebzeiten bei dem Lüneburger Ratsherrn Johan Semmelbecker 100 Mark Schulden hatte. Diese seien, so wird hier festgehalten, allerdings schon vor Jahren von dem Ratsherrn Hinrik Rapesulver im Namen van Calvens bezahlt worden. Als Vertreter des Rainer van Calven werden in dieser Angelegenheit die Ratsherren Hinrik Rapesulver und Nicolaus van Stiten erwähnt, während für Semmelbecker die Lüneburger Ratsherren Albert van der Möhlen und Johan Schellepeper standen.[701] Im

698 Vgl. LÜB UB 6, Nr.348 (29. August 1421). Anscheinend hatte van Calven zu dieser Zeit eine Handelsgesellschaft mit Johan Pape und Hermann Westfal.

699 Vgl. LÜB UB 6, Nr.362.

700 Vgl. LÜB UB 6, Nr.654.

701 Vgl. LÜB UB 6, Nr.755 (25. Juli 1425). Semmelbecker erklärte schließlich, die betreffenden Urkunden zurückzugeben. Allerdings hatte er bis zu diesem Datum das Vorhaben noch nicht ausgeführt.

Mai 1407 trafen sich Rainer van Calven und Johan Semmelbecker auf einem Tag zu Lübeck. Rainers Sohn Wilhelm van Calven, der uns schon begegnete, war in zweiter Ehe mit einer Tochter des Gottschalk van Attendorn verheiratet. Wilhelm van Calven verließ mit seinem Vater 1408 die Stadt. Er wurde nach seiner Rückkehr 1433 in den Rat kooptiert und gehörte um die Mitte des 15. Jahrhunderts zu den wichtigen hansischen Delegierten.

1.26 Plescows Netzwerk

Kehren wir zu Jakob Plescow zurück. Wir haben gesehen, wie vielfältig er mit Ratsherren und Delegierten in Lübeck, Visby, Stockholm, Stralsund, Rostock und Wismar durch Verwandtschaft und gemeinsame Geschäfte verbunden war. Damit ist allerdings sein Beziehungsnetz noch nicht annähernd erfasst. Sicherlich stand Jakob Plescow über die schon erwähnten Herren hinaus mit weiteren wichtigen Kaufleuten, die ihrerseits mit Ratsherren in Hansestädten verwandt waren, in vertrauensvollen Beziehungen. Dass eine genauere Betrachtung weitere Anhaltspunkte liefern kann, soll an nur einem Beispiel gezeigt werden. Jakob Plescow war mit Ertmar Brune und Hermann Petronelle von einem Johan Stolleker als Provisor benannt worden. In dieser Eigenschaft legten sie im Februar 1368 einen Streit mit der Frau eines Utrechter Bürgers bei. Der verstorbene Stolleker wurde sonst im Niederstadtbuch als Johan *de Monasterio* bezeichnet.[702] Er kam also aus Münster.[703] Petronille/Peternelle nun hieß eine bekannte Osnabrücker Ratsfamilie.[704] Der in Lübeck erwähnte Hermann Petronelle stand in Geschäftskontakten mit dem Kieler Ratsherrn Reklinghusen,[705] für dessen Schulden von 110 Mark bei Goswin Klingenberg er 1374 bürgte.[706] Petronelle hatte seinerseits als Testamentsvollstrecker Ertmar Brune, Bernhard Tusveld, Wilhelm Berewold und seinen Schwiegersohn Johan Schipman eingesetzt.[707] Schipman

702 Vgl. SIMON, Niederstadtbuch, S.124,4 (1368 Cathedra Petri): *Johannis de Monasterio alias dicti Stolleker*. Aus der folgenden Notiz geht hervor, dass Stolleker Hebele, die Frau des Utrechter Bürgers Egidius Clarebolt, in seinem Testament bedacht hatte.

703 Vgl. AHL, Niederstadtbuch zu 1437 Pentecost. Auch in Osnabrück finden sich später Träger dieses Namens mit Lübecker Kontakten. 1437 erhob der Osnabrücker Bürger Johan Stolleker Anspruch auf das Erbe des Thideman Selige in Lübeck. Derselbe bestätigte 1440, dass er von Johan Brune 36 Mark empfangen habe *ex parte Gerardi Vogel*. Vgl. AHL, Niederstadtbuch zu 1440 Corpus Christi. Das Geld war bei Johan Brune hinterlegt. Wir begegnen also denselben Familien, die noch in Kontakt standen.

704 In Osnabrück sind als Ratsherren nachgewiesen: um 1350 Hermann Petronille und zwischen 1352 und 1404 zwei Bürgermeister der Neustadt namens Wichmann Petronille, bei denen es sich wohl um Vater und Sohn handelt, vgl. OS UB 6,661; 6,573; 6,1171, STA Osnabrück, Dep. 3b 4, 382.

705 Ob der Kieler Ratsherr mit den in Lübeck und Lödöse nachgewiesenen Reklinghusen (und de Colonia) aus Recklinghausen, die mit den Rode und dem Recklinghäuser Ratsherrn Gruther verwandt waren, bleibt zu prüfen, s. KOPPE, Lübeck-Lödöse, S.20ff. Hinrik Reklinghusen pendelte zwischen Lübeck und Lödöse. Er behielt aber seinen Besitz in Lübeck: „Das Lübecker Recht erlaubte dagegen keinem Auswärtigen den Besitz von Grund und Boden oder Bodenrenten in der Stadt", s. KOPPE, Lübeck-Lödöse, S.22.

706 Vgl. SIMON, Niederstadtbuch, S.271,1 (1374 Elisabeth).

707 Vgl. SIMON, Niederstadtbuch, S.350,7 (1376 Thome). Dass es sich um seinen Schwiegersohn handelt, wird deutlich aus einem Eintrag zu Corporis Christi 1375: Hermann Peternelle und sein

behielt weiter Kontakt zu der Familie Peternelle, nämlich zu Jakob Peternelle.[708] Jakob wurde schließlich im Testament des Johan van Munster im Jahr 1441 als *ome* bezeichnet.[709] Deutlich sind die regionalen Beziehungen nach Westfalen.

Der als Provisor Peternelles erwähnte „Großkaufmann“ Ertmar Brune wurde auch von Jakob Plescow als Testamentsvollstrecker eingesetzt. Deshalb kam man zu der Vermutung, er könnte mit einer Tochter Plescows verheiratet gewesen sein.[710] Brune stammte anscheinend auch aus Münster. Dorthin schenkte er testamentarisch an die Überwasserkirche.[711] Er bedachte Jakob Plescow mit zehn Mark wie auch Hinrik Travelmann, den Sohn des gleichnamigen Ratsherrn. Auch sonst ist er in Lübeck mit (ehemaligen) Münsteranern zu beobachten. So lieh er 1371 gemeinsam mit Berthold Kerkring dem Hermann van Camen die stolze Summe von 600 Goldstücken.[712] Mit Borchard Losebeke und Hermann Dunker war er Testamentsvollstrecker des Werner Joob, *quondam civis Monasteriensis*. 1377 legte Brune einen daraus resultierenden Streit mit einem Bielefelder Vikar bei.[713]

Auch der als Provisor des Joob genannte Losebeke hatte engere Beziehungen in den westfälischen Raum. 1377 bekräftigte er mit dem Herforder Bürger Ditmar von Lemgo, dass Henneke de Löwe - auch er ein Herforder - keine weitere Forderungen mehr aus dem Erbe des Hermann Kunschop an den Lübecker Johan Grote stellen könnte.[714] Grote, bei dem Kunschop verstorben war,[715] war ein finanzstarker Kaufmann, der auch mit dem Frankfurt Bürger Jakob Lentzen in einer Gesellschaft verbunden war.[716] Grotes Bruder Hinrik Kok, mit dem er über Jahrzehnte gemeinsam Geschäfte betrieb, war bis 1361 in einer Handelsgesellschaft mit Bernhard Pepersak verbunden.[717] Der Wert ihrer gemeinsamen Handelsgesellschaft, die jedem zur Hälfte

---

swagerus Schipman schulden dem Hinrik Wenkesterne 119 Mark, vgl. SIMON, Niederstadtbuch, S.295,5.

708 1401 machte er Geschäfte mit Jakob Peternelle, wohl seinem Schwager, vgl. AHL, Niederstadtbuch zu 1401 Johan Baptist.

709 Vgl. AHL, Testamente, Johannes van Munster, 29. Januar 1441: *Item mynem ome Jacobe Peternellen geve ik 20 mark lubesch, unde syneme sone Jacobe geve ik mynen besten rok unde myn beste verdeboek.*

710 S. WIEGANDT, Plescows, S.206.

711 Brune bestimmte für die Überwasserkirche in Münster 24 Mark für Meßgewänder, s. VON BRANDT, Regesten 2, Nr.846 (17.10.1360).

712 Vgl. SIMON, Niederstadtbuch, S.191,3.

713 Vgl. SIMON, Niederstadtbuch, S.363,5. Die Frau dieses (ehemaligen?) Münsteraner Bürgers kam wohl aus Hildesheim, denn 1385 wird sie mit ihrem Sohn dort erwähnt. Vgl. SIMON, Niederstadtbuch, S.580,3 (1385 Marci): *morantes in Hildensem.*

714 Vgl. SIMON, Niederstadtbuch, S.378,3. Auch Losebeke könnte aus Herford kommen und nach der zwischen Salzuflen und Herford fließenden Loose benannt worden sein.

715 Anscheinend war Kunschop, der wohl auch aus Herford stammte, so eng mit Grote verbunden, dass dieser sich um dessen Exequien kümmerte.

716 Vgl. SIMON, Niederstadtbuch, S.475,8 (1381 Cecilie): *Sciendum, quod Alheydis uxor Johannis Harst presens coram consilio et iuxta librum recognovit cum suis provisoribus ipso marito demente se teneri et veraciter obligari Jacobo Lentzen civi Frankfordensi et Johanni Groten ad manus suas 300 aureos minus 9 aureis, de quibus tamen dicta domina persolvit 33 mr et 3 s. Item anno 1404 in vigilia Laurencii Hinricus Rapesuluer sue et Gertrudis matris sue nominis, cuius provisor existit, recognovit, quod predicte 112 ½ mr eis ad sufficienciam sunt solute.*

717 Vgl. SIMON, Niederstadtbuch, S.2,1-4.

gehörte, belief sich in Frankfurt, Erfurt, Lübeck und Riga zu dieser Zeit auf die erstaunliche Summe von 7620 Gulden. Kok war auch in einer Gesellschaft mit dem Lübecker Thideman Drughe verbunden. Dieser und sein älterer Bruder Wichman Drughe bürgten 1365 für einen Verwandten namens Volmar Drughe, der dem Simon Swartecop 585 Mark schuldete.[718] Auch ein weiteres Auftreten Losebekes vor dem Rat hing mit Erbansprüchen von Personen aus Minden-Ravensberg zusammen. 1397 kam Gisela Hagedorn mit einem Bestätigungsbrief *illorum de Byleuelde*, dass sie die Schwester des verstorbenen Albert Caneel sei. Diese Aussage wurde darüber hinaus durch feierlichen Eid der Hermann Dunker, Borchard Losebeke und Johan Dunker bestätigt.[719] Hermann Dunker trat auch 1397 als Testamentsvollstrecker eines Gerhard Bilevelt auf. Er erfüllt diese Aufgabe gemeinsam mit Werner Schopping. Die drei hatten eine *societas*, die sie für 300 Mark verkauften.[720] Anscheinend haben sie dann weitere Anteile aus dieser Gesellschaft an Gerhard Gruter und Johan Twent verkauft.[721]

Werner Schopping, dem 1397 der (künftige) Ratsherr Johan van Hameln eine Leibrente von 10 Mark schuldete,[722] kam wohl auch aus dem Münsterland. Nicht nur deutet sein Name auf den Ort Schöppingen hin, sondern er beschenkte testamentarisch auch eine Nichte in Münster[723] und hatte eine Gesellschaft mit Johan Schuttorp senior,[724] der 1404 in seinem Testament nach Schüttorf schenkte.[725] Schopping und Schuttorp wohnten zusammen in einem Haus, das ihnen auch gemeinsam gehörte.[726] Über die Geschäftspartner Schoppings und Schuttorps lassen sich weitere Hinweise

718 Vgl. SIMON, Niederstadtbuch, S.64,3 (1365 Margarete).

719 Vgl. SIMON, Niederstadtbuch, S.995,1.

720 Vgl. SIMON, Niederstadtbuch, S.969,5.

721 Vgl. SIMON, Niederstadtbuch, S. 969,6. Twent hieß auch in der Mitte des 14. Jahrhunderts eine Osnabrücker Ratsfamilie, s. POECK, Osnabrück, S.118f.

722 Vgl. SIMON, Niederstadtbuch, S.986,5.

723 Vgl. BRUNS, Bergenfahrer, S.44.

724 Schuttorp wurde auch testamentarisch von dem Bergenfahrer Ludeke Dynning mit Liegenschaften in Bergen beschenkt: *so gheve ik Johannes Schottorpe, Clawes van der Brugghen unde Enghelberd Nyemanne de helfte van den husen unde van den stoven, de ik to Bergen hebbe*, s. BRUNS, Bergenfahrer, S.32. Dynning schenkte an Kirchen und Spitäler in Coesfeld, Münster und Telgte. Dazu paßt, dass er als Provisoren auch neben Everhard Paal und Meinekin van Hamme die Ratsherren Albert und Gottfried Travelmann einsetzte. Meinekin van Hamme kam sicherlich auch aus der Region. Er schenkte testamentarisch nach Werl. Meinekin van Hamme wurde gemeinsam mit Johan Cusfeld, Ludeke van Ossenbrugge, Everhard Paal und Hinze Witte 1374 als Provisor von Hinrik Bischop eingesetzt. Dieser gab zu milden Zwecken 680 Mark nach Coesfeld und an seine Neffen Winterswikes in Westfalen 100 Mark. S. BRUNS, Bergenfahrer, S.32, S.14f. und S.20f. Und vgl. SIMON, Niederstadtbuch, S.330,9 (Juni 1376) zur Einahme der noch ausstehenden Summe von den Geschäftspartnern des Hinrik Bischop. Bischop stammte anscheinend aus Winterswijk. 1391 bestätigte *Hinricus Byscop de Winterswik*, dass er und seine Schwester Jutta von Meinekin van dem Hamme die 100 Mark erhalten hatten, die ihnen Hinrik Bischop testamentarisch zugesprochen hatte, vgl. SIMON, Niederstadtbuch, S.768,3.

725 Vgl. AHL, Testamente, Johannes Schuttorp senior, 4. November 1404: *Item do ad sanctam crucem in Schuttorpe 5 marcas lub ad structuram vel ad lumina.*

726 EBD.: *Item Wernero de Schopinge meo socio et commensali do 10 marcas lub. ... Item sciendum quod domus quam una cum Wernero de Schopinge inhabito sibi et michi in libro civitatis mobilis est asscripta et est libera et quita.*

auf den regionalen Zusammenhang finden, aus dem sie kamen. Schuttorp setzte als einen seiner Provisoren auch den Bergenfahrer Johan van Hameln, das spätere Mitglied des Neuen Rates in Lübeck, ein, der auch als Delegierter auf Hansetagen auftrat.[727] 1391 bestätigte Brune wiederum mit Berthold Kerkring die Schuld von 110 Mark des Gerhard van Unna, *civis Monasteriensis*, bei Gottfried Travelman.[728] Gerhard, ein Bruder des auch von Petronelle als Provisor eingesetzten Bernhard Tusveld, wurde 1376 in den Rat gewählt, starb aber schon in demselben Jahr.[729] Die Brüder Tusveld standen 1377 in Geschäften mit Hinrik Vinne aus Osnabrück.[730] Berewold, der gemeinsam mit Tusveld, Brune und Schipman von Petronelle als Testamentsvollstrecker benannt wurde, ist als Partner des aus einer Osnabrücker Ratsfamilie stammenden Stockholmhändlers Godekin Gamme bekannt.[731]

Dieser kurze Blick auf die Personen, die von Ertmar Brune 1368 gemeinsam mit Jakob Plescow als Testamentsvollstrecker eingesetzt wurden, lässt in Lübeck fortbestehende regionale Gemeinschaften aus Westfalen erkennen, deren Mitglieder wiederum mit Ratsfamilien in ihrer Herkunftsregion verbunden waren. Deutlich wurde, dass Plescows Netzwerk noch wesentlich mehr als die von uns bisher betrachteten Personen umfasste, die ihrerseits wiederum in Kontakt zu führenden Kaufleuten und Ratsherren in anderen Städten standen.

Ausgehend von den verwandtschaftlichen und geschäftlichen Beziehungen des Jakob Plescow zu anderen Delegierten haben wir die Beziehungsnetze der folgenden Ratsherren in Lübeck knapp umrissen:[732] Johan (II.) Plescow, Bernhard Oldenborg, Brun (I.) und Brun (II.) Warendorp, Hermann van Wickede, Thomas Morkerke und Johan Schepenstede. Johan Niebur und Rainer van Calven, die nicht mehr zusammen mit Plescow im Rat saßen, wurden schon vorgestellt, da die engen verwandtschaftlichen und geschäftlichen Verbindungen ein Eingehen auf sie nahelegten. Immer wieder wurden die vielfältigen familiären und geschäftlichen Beziehungen zwischen den Ratsherren und Angehörigen Lübecker Kaufmannsfamilien, die nicht im Rat saßen, deutlich. Beim Versuch, die Delegierten in ihren Netzwerken zu verorten, mussten wir bald Lübeck verlassen und andere Städte einbeziehen. Schon im Blick auf Plescow selbst waren seine Herkunft aus Visby und seine bleibende Verbindung mit dortigen und von dort stammenden Familien hervorzuheben. Das Geschäftsnetz des Bernhard Oldenborg zeigte dann eine Verbindung mit dem Stettiner Ratsherrn Hartwich vam Sunde, der aus Stralsund stammte, und auch zum Stralsunder Ratsherrn Arnold van Soest. Vam Sunde stand seinerseits in Geschäftskontakten zu Stettiner Herren, aber auch zum Stralsunder Ratsherrn Johan Burow. Johan Burow hatte engere Beziehungen zu seinen Stralsunder Kollegen. Von diesen ist Arnold Poleman her-

727 Auch die Provisoren Schuttorps kamen zumeist aus Westfalen: *Provisores meos eligo Wernerum de Schopinge, Johannem de Hamelen, Johannem Schuttorp in der Alfestraten et Bernardum Pris*. Bei seinem *om* Johan van Hameln wohnte der Bergenfahrer Tydeman Voghel: *Item gheve ik minen werde Johanne van Hamelen minen besten boech* ..., vgl. AHL, Testamente, 9. Mai 1406.

728 Vgl. SIMON, Niederstadtbuch, S.781,6 (1391 Margarethe).

729 S. LUTTERBECK, Rat, S.394.

730 Vgl. SIMON, Niederstadtbuch, S.211,3 (1377 Circumcisio).

731 S. POECK, Osnabrück, S.149f.

732 Auf weitere Mitglieder seines Netzwerkes wie beispielsweise Simon Swerting wird in der Darstellung der anderen Teilnehmer am Hansetag von Johannis 1379 eingegangen.

vorzuheben, der Stralsunder Vogt auf Schonen war. Mit ihm amtierten Herren aus den Hansestädten Danzig, Harderwijk und Kampen, die auch als Delegierte auf Hansetagen auftraten. Johans Vater, der Stralsunder Ratsherr Eler Burow, war uns schon in unserem Ausgangsbeispiel als ein Partner des Konsortiums zur Verwaltung der Schonenschen Schlösser begegnet. Nach dem Tode seines gleichnamigen Sohnes Eler Burow heiratete dessen Witwe Alveke, die wohl eine Tochter des Stralsunder Ratsherrn Brand Ronnegarve war, den Greifswalder Ratsherrn Johan Hilgheman: Wiederum ein deutlicher Hinweis auf die städteübergreifende Heiratspolitik dieser Familien.

Der Stralsunder Delegierte Arnold van Soest stand nicht nur mit dem Lübecker Ratsherrn Bernhard Oldenborg in Geschäftskontakten, sondern mit weiteren dortigen Ratsherren - unter ihnen Jakob Plescow - und arbeitete eng mit seinem Neffen, dem Lübecker Kaufmann Wennemar van Essen zusammen. Van Essen hatte weitreichende verwandtschaftliche und geschäftliche Kontakte im Hanseraum, die von Brügge, wo er als Ältermann amtierte, bis in den Dorpater und Stockholmer Rat reichten. Van Soest stand aber auch mit Greifswaldern in Kontakt. Seine Tochter verheiratete er mit dem dortigen Ratsherrn und Delegierten Hinrik Rubenow.

Von Rubenow ausgehend hatten wir einen Einblick in die Verwandtschaft zwischen den Greifswalder Ratsherren und Delegierten und deren Verbindungen mit Stralsunder Familien gewonnen. Mit Bertram Wulflam und Arnold Kröpelin, den Geschäftspartnern des Jakob Plescow, die häufig mit ihm auf Hansetagen berieten, konnten wir weitere Netze in Stralsund und Rostock nachzeichnen. Mit Plescows Partner Schepenstede und besonders dessen Schwiegersohn Johan Niebur aus Lüneburg zeigten sich enge Verbindungen zwischen Lüneburger und Hamburger Ratsherren, die über mehrere Generationen immer wieder erneuert wurden. Mitglieder dieser Ratsfamilien wechselten mehrfach zwischen Lüneburg und Hamburg, wurden in den jeweiligen Rat kooptiert und traten als Delegierte auf. Zu diesen Netzen gehörten auch Ratsherren in Braunschweig, Hildesheim und Hannover, die ebenso als Delegierte auf Hansetagen verhandelten. Mit Rainer van Calven wurde schließlich noch einmal die Mobilität dieser Herren betont. Er kam aus Stendal und folgte schon in Lübeck tätigen Verwandten. Aber er war ebenso wenig ein Aufsteiger wie Jakob Plescow. Auch seine Familie stellte in Stendal Ratsherren wie die Plescow und Swerting in Visby.

Wenn wir auch von der Betrachtung der Beziehungen des Jakob Plescow ausgingen, zeigte sich beim Fortschreiten der Untersuchung, dass die Knotenpunkte seines Netzes wiederum Zentren weiterer Netze waren. Unübersehbar deutlich wurde, dass Verwandte, Freunde, Vertraute und Geschäftspartner der Delegierten in den Räten vieler Hansestädte saßen. Auch Jakob Plescow hatte nicht nur in Lübeck (und Visby) enge Kontakte zu wichtigen hansischen Delegierten, sondern auch in anderen Seestädten, wie wir Plescows Verfügungen über sein Erbe entnehmen konnten. Schon Daenell hatte in seiner „Blütezeit der Hanse“ festgestellt, dass der Stralsunder Bürgermeister Bertram Wulflam gemeinsam mit dem Lübecker Bürgermeister Jakob Plescow der „hansischen Politik jahrzehntelang seinen Stempel aufgeprägt“ habe.[733] Daenell war von ihrem gemeinsamen Erscheinen auf Tagen und Versammlungen

733 S. DAENELL, Blütezeit 1, S.39.

ausgegangen. Wir haben darüber hinaus sehen können, dass diese Delegierten nicht nur durch politische Aktivitäten verbunden waren. Sie waren durch vielfache verwandtschaftliche und/oder geschäftliche Beziehungen verbunden.

Bevor wir zu Hartmann Pepersak, einem weiteren Teilnehmer des Lübecker Hansetages zu Johannis Baptista 1379, und zur Nachzeichnung von dessen Beziehungsnetz unter Delegierten und Ratsherren übergehen, wollen wir knapp die bisher am Beispiel des Jakob Plescow gewonnenen Einsichten zusammenfassen.

Plescow stammte aus einer gotländischen Ratsfamilie, die gute Kontakte im Ostseeraum hatte. Wie wir im Blick auf seine Verwandten, die Zobber und die van Loo gesehen haben, wechselten auch diese ihren Haupt-Wohnsitz zwischen Visby und Lübeck. Bei seinem Umzug nach Lübeck traf Jakob Plescow auf Verwandte, die dort schon im Rat saßen. Durch seine Heirat wie die seiner Verwandten war ein Netz geknüpft, das wichtige Delegierte umfasste: Simon Swerting, Gottfried Travelmann und Johan Schepenstede in Lübeck wie auch Gregor Swerting in Stralsund. Durch väterliche und mütterliche Verwandte stand Jakob Plescow schon in einem Netz von Ratsfamilien. Dieses hat er konsequent weiter ausgestaltet. Sicherlich konnten wir nur Ausschnitte erkennen, da wir uns auf Überlieferungen aus Lübeck, Lüneburg, Rostock, Stralsund und Wismar beschränken mussten. Verwandtschaftlich war Jakob Plescow mit Lübecker Delegierten, die auf Tagen - zum Teil gemeinsam mit ihm - erschienen, verbunden, nämlich mit Simon Swerting, Johan (II.) Plescow, Hinrik Plescow, Gottfried Travelmann, Albert Travelmann, Brun (II.) Warendorp, Johan Schepenstede, Thideman van Alen und Segebodo Crispin.

Diese Verbindungen bezogen sich nicht nur auf jeweils eine Person, sondern eröffneten auch Kontakte mit weiteren Mitgliedern dieser Familien. So stand Jakob Plescow durch seinen Schwager Johan Schepenstede in Beziehungen zu der Kaufleutegruppe um diesen und dessen Bruder Everhard Schepenstede. Everhard Schepenstedes Schwiegersohn Johan Niebur aus Lüneburg, der im ausgehenden 14. Jahrhundert eine wichtige Rolle in der Hansepolitik spielen sollte, gehörte zu diesem Kreis wie sein Bruder Bernhard Niebur, der nach Frankfurt am Main umzog und dort in den Rat kooptiert wurde. Nicht nur mit Lübecker Ratsherren war Plescow verwandtschaftlich verbunden, sondern auch mit Stralsunder Herren wie Gregor Swerting und Albert Ghildehusen. Gregor Swerting trat allerdings nur einmal in Plescows aktiver Zeit (1375) auf einem Tag auf, und Albert Ghildehusen erst nach Plescows Tod. Dennoch waren die Kontakte im Stralsunder Rat zweifellos schon vorher wichtig. Deutlicher noch sind die Beziehungen zu führenden Delegierten in Geschäften zu erkennen. Die bei Plescow verschuldeten Herren Andreas Bukow aus Wismar, Arnold Kröpelin aus Rostock wie Diderik Crudener und Bertram Wulflam aus Stralsund berieten häufig auf Hansetagen mit ihm.

Wenn wir diese Netze auch von Jakob Plescow ausgehend betrachtet haben, so zeigte sich doch immer wieder, dass zwischen Ratsherren und führenden Kaufleuten, die zu Plescows Netzwerk gehörten, vielfach nicht über Plescow vermittelte, sondern direkte Beziehungen bestanden. So waren beispielsweise die Stralsunder Ratsherren Bertram Wulflam und Albert Ghildehusen durch die Heirat ihrer Kinder verbunden. Derartige Verknüpfungen sind deutlich aus den schematischen Netzen zu erkennen. Sie sollen hier nicht noch einmal aufgeführt werden. Dass über die nachweislich direkt mit Plescow verwandtschaftlich und geschäftlich verbundenen Personen Zugang zu weiteren Ratsherren und Delegierten bestand, zeigt sich im Blick auf den Stralsunder Ratsherrn Jakob Swerdslipper. Wenn wir die Verwandtschaft dieses bei Plescow (zeitweise) verschuldeten Ratsherren, der seinerseits auch verwandtschaftliche Beziehungen nach Visby hatte, einbeziehen, hatte Plescow auch über den Greifswalder Delegierten Arnold Lange Kontakt mit den führenden Familien dieser Stadt, mit den van Lübeck, den Rubenow und den Segefrid. Sicherlich war Plescow auch mit Lange näher bekannt, denn dieser war der Halbbruder der Frau seines Stralsunder Geschäftspartners Jakob Swerdslipper. In den Spiegel der Delegiertentätigkeit wurden diese sicherlich vorhandenen Kontakte zu weiteren Delegiertenfamilien nicht aufgenommen.[734] Ebenso wenig werden hier die Vertretungen von den Delegierten erfasst, die mit Plescows Partner verbunden waren, wie beispielsweise Hartwich vam Sunde oder Arnold van Soest, die mit Bernhard Oldenborg in Geschäftskontakten standen. Deutlich wird, dass Johan (II.) Plescow dreimal im Jahr 1363 gemeinsam mit Jakob Plescow auf Tagen war. Dann erschien Johan nur noch an fünf Tagen, davon dreimal im Jahr 1367, immer zusammen mit Jakob Plescow. Brun (I.) Warendorp war mit Plescow auf Tagen ab Dezember 1366 präsent, mehrfach 1368 und 1369. Nur im November 1368 in Rostock befand er sich nicht in Begleitung von Jakob Plescow sondern von Segebodo Crispin und Johan Lange. Perceval beriet schon einige Monate vor Plescow, nämlich auf dem Hansetag vom November 1362 in Rostock mit über den Waffenstillstand mit dem dänischen König. Seit Januar 1363 dann, dem ersten Auftreten Jakob Plescows, bis zum Johannistag 1366 trat er elf Mal gemeinsam mit ihm in Erscheinung. Nach einer zweijährigen Pause war er dann bis zum Johannistag 1381 vierzehn Mal mit Plescow gemeinsam auf Tagen, zumeist in Lübeck, aber auch 1370 beim Friedensschluss in Stralsund. Ohne Plescow ist Perceval zu dessen Lebzeiten nur bei Verhandlungen 1375 in Brügge und 1376 in Stade zu sehen. Nach dem Tode Plescows nahm Perceval bis 1394 noch an achtzehn Tagen teil. Plescows Cousin Simon Swerting erschien erstmalig ohne ihn im Juni 1364 in Stralsund, als der Waffenstillstand mit dem dänischen König beraten wurde. Gemeinsam mit Plescow beteiligte Swerting sich in den Jahren 1367 bis 1369 an den Vorbereitungen des Krieges gegen den dänischen König.[735] Bis zum Tode Plescows ist Simon Swerting nach 1370 gemeinsam mit diesem auf zehn Tagen erschienen. Während Swerting 1375 mit dem Elbinger Bürgermeister Hartwich Beteke eine Gesandtschaftsreise nach Brügge, Frankreich und England durchführte, reiste sein Cousin Plescow 1379 mit den Herren Johan Cordelitz aus Thorn, Ludolf Holdenstede aus Hamburg und Everd Wistrate aus Dortmund nach Brügge und England.[736] Nach Plescows Tod war Swerting bis zum Mai 1388 noch auf achtzehn Hansetagen und bei Gesandtschaften in Nyköping (1382), Falsterbo (1384) und Dordrecht/Antwerpen (1387) zu sehen.

---

734 S. im Anhang Delegierten-Netzwerk 13: Jakob Plescow. Es sind nur die wichtigsten Kontakte erfasst. Zum möglichen Zugang Plescows über diese Kontaktpersonen zu weiteren Delegierten sind die Übersichten zu den Lübecker Delegierten heranzuziehen wie auch diejenigen zu Wulflam, Kröpelin und Lange.

735 Vgl. HR 1,1, S. 467, Nr.510, LÜB UB 3, S.799-801, Nr.729.

736 S. zu den Reisen mit weiterer Literatur BEHRMANN, Herrscher und Hansestädte, S.155.

Schon der Übersicht über die gemeinsame Teilnahme der Lübecker Delegierten vom Johannistag 1379 hatten wir entnehmen können, wie häufig der partnerschaftlich mit Plescow verbundene Hermann van Ossenbrugge mit ihm gemeinsam auf Tagen erschien. Zusätzlich ist noch auf Gottfried Travelmann hinzuweisen, der an zwei Tagen mit Plescow teilnahm, nämlich im Februar 1379 und im Februar 1381 jeweils in Lübeck. Berthold Kerkring begann erst nach Plescows Tod seine Karriere als Delegierter im Jahre 1393.

Johan Schepenstede trat erstmals im Februar 1368 in Lübeck mit Plescow auf einem Tag in Erscheinung und dann noch sechs Mal mit größeren Abständen mit ihm und noch auf weiteren sechs Tagen nach Plescows Tod bis 1388. Hervorzuheben ist seine Gesandtschaftsreise mit dem Visbyer Ratsherrn Daniel van der Heyde 1371 nach Novgorod, um die dortige Hofordnung - die Skra - zu überprüfen.[737]

Überaus deutlich wird im Spiegel der Vertretungen, dass nicht nur aus Lübeck Delegierte kamen, die als Partner Plescows anzusprechen sind und häufig mit ihm auf Hansetagen erschienen. Arnold Kröpelin aus Rostock erschien einundvierzig Mal gemeinsam als Delegierter mit Plescow zwischen 1363 und 1381. Bertram Wulflam aus Stralsund verhandelte mit Plescow auf vierzig Hansetagen in dieser Zeit. Mit Arnold Lange aus Greifswald beriet Plescow auf fünfzehn Tagen von 1363 bis 1379. Demgegenüber ergeben sich nur sieben gemeinsame Tage mit Crudener aus Stralsund zwischen 1368 und 1381 und fünf mit Andreas Bukow aus Wismar bis 1368.

---

737 S. ASMUSSEN, Flandernfahrer, S.685.

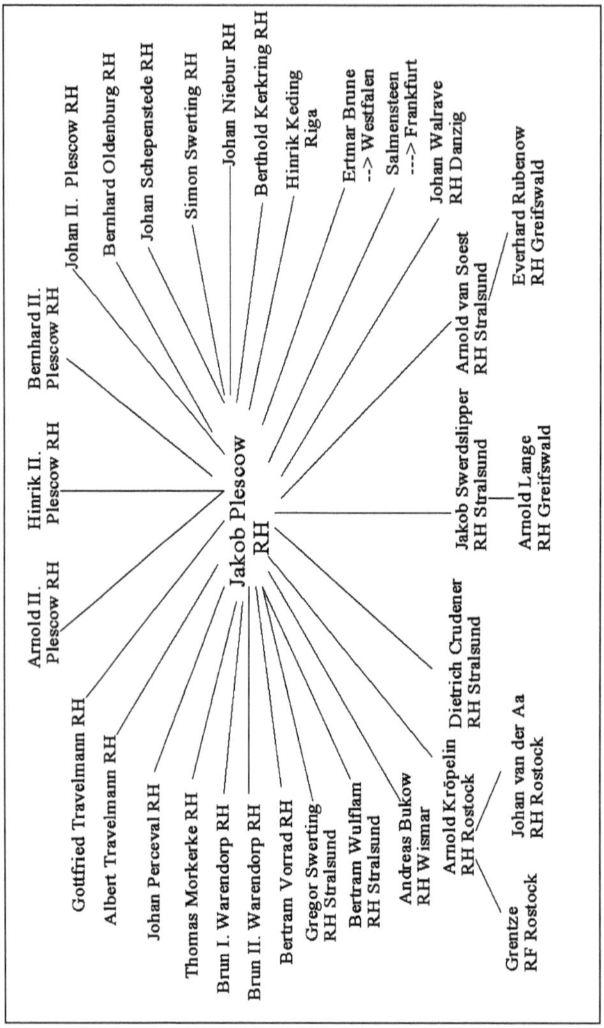

Netz 41: Jakob Plescow

2. Hartmann Pepersak

An zweiter Stelle der Lübecker Delegierten des Hansetages vom 24. Juni 1379 wird Hartmann Pepersak genannt. Pepersak stammte aus einer Hildesheimer Ratsfamilie. 1369 wurde er in den Lübecker Rat kooptiert.[738] Unsere Vermutung, dass es eine hansische Elite gab, deren Mitgliedern nicht nur in ihrer Geburtsstadt der Zugang zum Rat offenstand, wird durch die überraschend Schnelligkeit bestätigt, mit welcher Pepersak in den Lübecker Rat kooptiert wurde: Hartmann Pepersak ist 1367 noch als Beauftragter des Hildesheimer Rates in Lübeck nachzuweisen, zwei Jahre später gehörte er schon dem Lübecker Rat an![739] 1373 wurde Pepersak zum Bürgermeister gewählt. Von diesem Datum bis zu seinem Tode 1385 ist er auf 15 Hansetagen in Lübeck zu finden.[740] Mit Hildesheim und dortigen Familien blieb Hartmann Pepersak weiterhin auch in geschäftlichen Verbindungen.[741] Schon Hartmanns Bruder Bernhard Pepersak, der im Oktober 1345 Lübecker Bürger wurde, hatte enge Kontakte zu führenden Familien der Stadt geknüpft. Auch mit dem Dorpater, „aus Hildesheimer Geschlecht stammenden Großkaufmann", Simon Swartecop, der enger mit dem Lübecker Ratsherrn Johan Luneborg verbunden war und mit dem ehemaligen Kölner Hinrik Bernsterd zusammenarbeitete, stand Bernhard Pepersak in Geschäftsverbindungen.[742] Bei Bernhards Einbürgerung bürgte für ihn der Ratsherr Hinrik Pape (1332-1359), dessen Tochter Alheid er heiratete.[743] Sicherlich waren Pape und Bernhard Pepersak schon vor seinem Umzug nach Lübeck in einer Handelsgesellschaft verbunden. Mit Gertrud Pape, einer Schwester Alheids, war der Ratsherr Hermann van Wickede verheiratet. So hatten die Brüder Pepersak auch zu ihm und seiner Umgebung leichten Zugang. Geldgeschäfte tätigte Bernhard Pepersak mit dem Ratsherrn Gottschalk Warendorp und dem Bürger Wilhelm Warendorp. Im Handel nach Frankfurt arbeitete er mit den Lübecker Ratsherrn Johan Perceval, der aus Braunschweig stammte, Hinrik Constin[744] wie dem aus Hildesheim vertriebenen Ratsherrn Johan van Oppen zusammen.[745] Sicherlich kannten sich die Familien Oppen und Pepersak schon aus Hildesheim, denn auch die Pepersak gehörten zu den Hildesheimer Ratsfamilien. Ein enger Verwandter der Brüder Bernhard und Hartmann Pepersak, der auch Bernhard hieß, wurde Ratsherr in Hildesheim.[746] 1369 wollte Hartmann Erb-

---

738 S. LUTTERBECK, Rat, S.331.

739 S. KOPPE-KOPPE, Frankfurt-Händler, S.165.

740 Vgl. die chronologische Übersicht.

741 So stand Pepersak in Verbindung mit den Hildesheimer Ratsherren Hinrik Rotermund und dem *dominus* Thiderik van Lembeke, vgl. SIMON, Niederstadtbuch, S.212,1 und KOPPE-KOPPE, Frankfurthändler, S.249. *Domina* Adelheid, die Frau des Luder van Lembeke bestätigte 1376 in Gegenwart Pepersaks, dass sie von Jakob Plescow die ihr von Henning Meinerstorp zustehenden 184 Mark erhalten habe, vgl. SIMON, Niederstadtbuch, S.338,2.

742 S. KOPPE-KOPPE, Frankfurt-Händler, S.180, S.251.

743 Vgl. AHLERS, Civilitates, 1345,82 und LUTTERBECK, Rat, S.326.

744 Zu Hinrik Constins Verbindungen mit Arnold Lange und dem Ratsherrn Johan Lange, Everhard Klingenberg und den Meteler und Luneburg s. S.165f.,239,253,255,257ff.281,283,301,422.

745 Der Sohn des Hildesheimer Ratsherrn zog nach Frankfurt am Main, s. KOPPE-KOPPE, Frankfurt-Händler, S.166ff.

746 Mit ihm hatte Hartmann Pepersak langwierige Erbauseinandersetzungen, s. KOPPE-KOPPE, Frankfurt-Händler, S.165.

streitigkeiten mit seinen Verwandten Hermann und Henning Pepersak in Hildesheim beilegen.[747] Deshalb hatte der Lübecker Rat an den Hildesheimer geschrieben, um für ihn freies Geleit zu erlangen. Aus der Antwort des Hildesheimer Rates vom Mai des Jahres geht hervor, dass sich in Hildesheim für Pepersak *her Ghiselbrecht van der Nyenstad* eingesetzt hatte.[748]

Wenden wir uns diesem Herrn zu. Obwohl er nicht in den Lübecker Rat aufstieg, können wir mit ihm die vielfältigen Fäden verfolgen, welche die hansische Elite verbanden. So wurde späterhin auch eine familiäre Verbindung zwischen ihm und den Pepersak hergestellt: Nach 1366 heiratete Giselbert Niestad die Witwe Alheid des Bernhard Pepersak. *Dominus* Gislebert *de Nova Civitate* - oder niederdeutsch Niestad - trat zum ersten Male in Lübeck im Jahre 1355 in Erscheinung. Er lieh zu dieser Zeit den Lübecker Bürgern Johan Paternostermaker und Werner Vredeland, die im Handel mit Frankfurt am Main engagiert waren,[749] die recht hohen Beträge von 325 Mark und etwas über 300 Mark.[750] Die Summen empfangen sollte der Lübecker Bürger Gerhard Dartzow. Dartzow stammte aus Riga. Sein Bruder Hinrik Dartzow amtierte dort als Ratsherr.[751] Gerhard Dartzows Söhne Gerhard und Hermann wurden nach 1376 in den Lübecker Rat kooptiert.[752]

Giselbert Niestads geschäftliche Beziehungen zu führenden Personen in Riga und dem Baltikum blieben bestehen, auch wenn er nach 1373 im Niederstadtbuch nicht mehr als *dominus* hervorgehoben wurde.[753] Weiterhin war Giselbert de Nova Civitate in Geschäften mit Ratsherren und führenden Kaufleuten in Lübeck wie im Hanseraum engagiert.[754] Im September 1373 hatte er Rigischen Bürgern Geld gelie-

---

747 Auch dieser Hermann Pepersak war spätestens 1371 Ratsherr in Hildesheim, vgl. DOEBNER, Hildesheimer UB II, Nr.338.

748 Vgl. DOEBNER, Hildesheimer UB II, Nr.282. Anscheinend wollte Pepersak nach Hannover. Falls er nicht nach Hildesheim käme, wollte der Hildesheimer Rat ein oder zwei Ratsherren nach Hannover senden, um zwischen Hartmann und seinen Verwandten Hermann und Henning *vruntscap* zu *vinden*.

749 Werner Vredeland stammte aus Göttingen und arbeitete eng mit Paternostermaker in Lübeck und dem Lübecker Frankfurthändler Andreas van Rostock zusammen, vgl. KOPPE-KOPPE, Frankfurt-Händler, S.39-50. Die Frau eines Verwandten, des Brauers Meinard Vredeland, stammte aus Herford, vgl. VON BRANDT, Regesten II, Nr.862. Zur Gruppe um Werner Vredeland gehörte auch Borchard van Hildensem.

750 Vgl. KOPPE-KOPPE, Frankfurt-Händler, S.242.

751 S. ASMUSSEN, Flandernfahrer, S.319 zur Verwandtschaft mit dem Rigaer Ratsherrn.

752 S. ASMUSSEN, Flandernfahrer, S.319.

753 Mit seinem Verwandten Johan Niestad verlieh er im März 1372 Geld, vgl. SIMON, Niederstadtbuch, S.196,7 (1372 Letare): *Johan van dem Haghene tenetur domino Ghiselberto et Johanni dictis de Nova civitate 102 mr dn* ... 8) *Johannes Hamma iunior tenetur eisdem domino Ghiselberto et Johanni dictis de Nova civitate 67 mr dn minus 4 s in festo nativitatis beati Johannis baptiste persolvendas*. Der hier als Schuldner genannte Johan Hamma junior war ein Sohn des Hamburger Bürgers Vicko Hamma. Sein Onkel Johan Hamma senior war der „besondere Vertrauensmann der am Südwesthandel interessierten Lübecker, in Sonderheit der Nürnberger in Lübeck", s. KOPPE-KOPPE, Frankfurt-Händler, S.79. Im September desselben Jahres schuldete Giselbert Niestad dem Ratsherrn Arnold Suderland 923 Mark, vgl. SIMON, Niederstadtbuch, S.206,3. Im Januar 1373 hatte Niestad bei Christian Rode die recht hohe Summe von 680 Mark geliehen, vgl. SIMON, Niederstadtbuch, S.211,1.

754 Vgl. SIMON, Niederstadtbuch, S.263,7 (1374 Decollatio Johannis): *Ghizelbertus de Noua civitate*

hen.[755] Zu demselben Datum schuldete ihm und dem Rigischen Ratsherrn Bernhard Hoppener, mit dem Niestad sicherlich eine Handelsgesellschaft hatte,[756] eine Lübecker Kaufleutegruppe bestehend aus Ludeke van Molne,[757] Wessel Zeel und dem Ratsherrn Hermann van Ossenbrugge 424 Mark.[758] Diese Gruppe, vermehrt um Berthold Ritzerow, den *debitor principalis,* schuldete zu Pfingsten 1374 dem Giselbert *de Nova Civitate* und dem Hamburger Bürgermeister Hinrik Hoyer etwas mehr als 525 Mark.[759] Wir können daraus schließen, dass Niestad und der Hamburger Bürgermeister finanziell zusammenarbeiteten und wohl zu dieser Zeit in einer Gesellschaft verbunden waren. Im Juni dieses Jahres wurde festgehalten, dass Giselbert Niestad und Hartmann Pepersak die Lübecker Vertrauensleute des Rigischen Ratsherrn Hinrik Berner waren, der - wie wir schon gesehen haben - in engen Beziehungen zu Johan Schepenstede stand. Sie sollten in seinem Namen 165 Mark für die 30 Pfund Groschen von Johan van der Waghe einnehmen, die dieser schon im vorausgegangenen Jahr wohl in Brügge hatte zahlen wollen.[760] Noch nach dem Tode Berners forderte 1380 der Vertreter der Rigaer Provisoren, der Dortmunder Bürger Lambert Gruter,

---

tenetur domino Arnoldo Zuderland 335 ½ mr in festo pentecostes proxime futuro persolvendas.

755 Vgl. SIMON, Niederstadtbuch, S.231,5 (1373 Michaelis): *Harteke Gronowe et Willekinus Duzeborgh cives Rigenses tenentur Ghizelberto Nyestad 77 mr dn minus 4 s coniuncta manu in festo pasche proxime futuro persolvendas.* Hier wird Niestad erstmalig ohne das Attribut *dominus* aufgeführt. Anscheinend war er zwischenzeitlich Lübecker Bürger geworden.

756 1381 erhielt der Rigische Bürger Hinrik Röne für die Kinder des Ratsherrn Bernhard Hoppener von den Provisoren Giselbert Niestads noch 16 Mark, vgl. SIMON, Niederstadtbuch, S.468,7.

757 Ludeke van Molne ist gut in seinen Transaktionen im Niederstadtbuch zu verfolgen. Er stand auch in Kontakten mit Hinrik Clare, der mit Schepenstede wie mit Goswin Klingenberg verbunden war, vgl. SIMON, Niederstadtbuch, S.276,6 (1374 Thomas). Ihn umgibt im Wesentlichen eine Gruppe, die aus dem Notar Wantzenberg und dessen Bruder sowie Werner Sulverberner, Berthold Ritzerow und Hinrik Hidzaker besteht. Bei ihrer Insolvenz wird zu Oculi 1375 ihre Kaufmannsehre angesprochen, vgl. SIMON, Niederstadtbuch, S.286,8: *quod predicti Ludekinus, Wernerus et Hinricus ibidem arbitrabantur per fidem et honorem suum, quod ipsi debent monere secundum omne posse suum et omni diligencia, qua possunt, verum debitorem sive capitaneum cuiuslibet creditoris, cui promiserunt ad usum suum et nullius alterius et iuvare meliori modo, quo possunt, ad hoc, ut quilibet creditor a suo debitore persolvatur. ...*

758 Vgl. SIMON, Niederstadtbuch, S.231,9 (1373): *Ludeke van Molne, Wessel Zeel et Hermannus Ozenbrugghe tenentur coniuncta manu domino Bernardo Hoppenere consuli Rigensi et Ghizelberto de Nova civitate ad fidas manus suas 424 mr dn in festo pasche proxime futuro persolvendas.* Wessel Zeel stand auch in geschäftlichem Kontakt mit (dem späteren Ratsherrn) Arnold Sparenberg, vgl. SIMON, Niederstadtbuch, S.280,1 (1375 Aldegundis). Vgl. auch SIMON, Niederstadtbuch, S. 291,8 (1375 Jubilate): *Sciendum, quod Hermannus de Ozenbrugghe presens coram consilio impigneravit Wesselo Zeel redditus 8 mr wikbeld ... pro 150 mr, pro quibus dictus Wesselus pro eo fideiussit.*

759 Vgl. SIMON, Niederstadtbuch, S.249,4 (1374 Pentecostes): *Bertoldus de Ritzerowe debitor principalis, Ludeke de Molne, Wessel Zeel et Hermannus Ozenbrugghe tenentur coniuncta manu domino Hinrico Hoyeri proconsuli Hamburgensi et Ghizelberto Nyestad 526 mr minus viginti dn in festo pasche proxime futuro persolvendas.*

760 Vgl. SIMON, Niederstadtbuch, S.253,1 (1374 Johannis Baptiste). Im Text wird auf einen Eintrag zu Purificatio 1373 verwiesen, der nicht erhalten ist. Van der Waghe hatte 1372 dem Rigischen Bürgermeister Gerwin Winkel durch Gottschalk Arnsberg *de Riga* etwas über 575 Mark zurückzahlen lassen.

Geld von Niestad.[761] Niestads Handelsbeziehungen reichten bis nach Paris. Seine Nichte Hanne, die Witwe des Bernd Berniseken,[762] beauftragte ihn, die Güter ihres Mannes, die er in Paris *hinder sik ghelaten heft*, zu beschaffen.[763] Unter den Vormündern der Hanne Berniseken wird neben Helmold Westfal, welcher Vogt des Dompropstes in der Hildesheimer Neustadt war, auch Hans Berner *de middelste* genannt.[764] Also hatte Niestad auch - jedenfalls vermittelt - Beziehungen zu den Berner in Hildesheim. Ebenso stand er mit der Hildesheimer Ratsfamilie van dem Damme in Geschäftsbeziehungen.[765] Vertraute Beziehungen zwischen der Familie Niestad in Hannover und der Familie Lutzeke in Hildesheim, die ihrerseits mit der gleichnamigen Hannoveraner Ratsfamilie verwandt war, gab es schon im frühen 14. Jahrhundert.[766] Auch zu Hartmann Pepersak müssen beide Familien Vertrauen gehabt haben, denn er und sein Schwiegersohn van Rinteln wurden 1383 vom Hildesheimer Ratsherrn Sander Lutzeke und Lucke, der Witwe des Albert van Damme, beauftragt, das ihnen zustehende Erbe in Lübeck einzufordern.[767]

Niestads weitgespannten und kapitalkräftigen Beziehungen zeigen sich besonders deutlich an den Schulden des Kölner Erzbischofs,[768] die anscheinend zur Finanzierung des Besuches Karls IV. aufgenommen wurden. Erzbischof Friedrich III. bestätigte im August 1375 von Giselbert Niestad und Siegfrid Ridder 2000 Gulden, von den Brüdern Hermann und Gerhard Dartzow 2200 Gulden und von Hinrik Molenstrate und Hermann Bodenwerder zusammen 800 Gulden empfangen zu haben.[769] Diese

---

761 Vgl. SIMON, Niederstadtbuch, S.445,6.

762 Bernd Berniseken handelte auch mit Brügge. Auf der hansischen Versammlung im August 1358 wurden seine Klagen gegen Brügge verhandelt.

763 Vielleicht handelte es sich auch um das Eintreiben von Schulden. Auf eine Pfändung durch hansische Kaufleute 1412 in Paris machte vor kurzem Werner Paravicini aufmerksam, s. PARAVICINI, Lübecker Zwangsversteigerung, S. 457-468.

764 Vgl. DOEBNER, Hildesheimer UB II, Nr.187.

765 Vgl. DOEBNER, Hildesheimer UB II, Nr.696.

766 Vgl. DOEBNER, Hildesheimer UB III, Nr.N 84 zur Bitte des Johan Niestad aus Hannover an Johan Lutzeke d. Älteren in Hildesheim, seinen Sohn Ulrich vor dem dortigen Rat wegen seiner *verba aliqua indecentia* zu verteidigen. Die Memorie der Familie Lutzeke wurde in Hildesheim in der Andreaskirche zu St. Calixt (14. Oktober) auch vom gesamten Rat feierlich begangen, vgl. DOEBNER, Hildesheimer UB IV, Nr.33 vom 2. August 1428: *dat denne dre rade ... to der selemissen or opper don.*

767 Vgl. DOEBNER, Hildesheimer UB II, Nr.546 vom 31. Oktober 1383. Es handelte sich um das Erbe des Hildesheimer Bürgers Borchard van Mollem, des Vaters der Lucke, und der Frau des Sander Lutzeke. Albert van Mollem wurde am Anfang des 15. Jahrhunderts Hildesheimer Ratsherr und Bürgermeister und verstrickte sich dann in langwierige Auseinandersetzungen mit der Stadt, vgl. DOEBNER, Hildesheimer UB III, Registerposition.

768 1376 lieh Gislebert Niestad gemeinsam mit Arnold Suderland dem Elbinger Bürger Johan Nubeke 426 Mark, zu denen Niestad 284 Mark beisteuerte. Dafür übergab ihnen Nubeke Schuldbriefe des Rigischen Ratsherrn Bernhard Hoppener und des dortigen Bürgers Gottschalk Zedeler, die seinem gleichnamigem Vater ausgestellt worden waren, vgl. SIMON, Niederstadtbuch, S.336,5.

769 Vgl. SIMON, Niederstadtbuch, S.297,8 (1375 Jacobi): *Sciendum, quod Ghizelbertus de Noua Civitate, Siffridus Ridder, Nicolaus Molenstrate, Hermannus et Gherhardus fratres Dartzowe presentes huic libro recognoverunt et ita scribi petiverunt, quod de quinque milibus aureorum, quos dominum archiepiscopum Coloniensem sibi et Hinrico Molenstraten necnon Hermanno Bodenwerdere teneri asserebant, super quibus eciam se dixerunt habere eiusdem domini archi-*

außergewöhnlich hohe Transaktion weist auf ein recht starkes Vertrauensband zwischen Giselbert Niestad und dem Kölner Bürger Siegfrid Ridder hin.[770] Sie sind auch sonst von 1373 bis zum Tod Niestads, der vor dem April 1380 eingetreten ist, mehrfach in gemeinsamen Geschäften zu sehen.[771] Als Provisoren hatte Giselbert seinen Verwandten (*patruus*), den Flandernfahrer Johan Niestad, mit dem er wie auch Ridder in einer Handelsgesellschaft verbunden waren,[772] und Gerhard Dartzow eingesetzt. Zwischen Gerhard Dartzow, der seit 1376 als Ratsherr im Amt war, und den Niestad bestanden familiäre Beziehungen, denn Dartzows Sohn Conrad bezeichnete Giselbert Niestad als seinen *avunculum*. Gerhard Dartzow war Schwager von Pepersaks Frau. Sein Bruder Hermann Dartzow war auch im Jahr 1386 von Siegfried Ridder als sein Prokurator in Lübeck eingesetzt worden.[773]

Wenigstens bis 1370 trat *dominus* Giselbert de Nova Civitate gemeinsam mit dem Flandernfahrer und Brügger Ältermann Johan Niestad und dessen Bruder Ulrich, dem Schwiegervater des späteren Mitgliedes des Neuen Rates Ludwig Krull, auf. Diese lösten in diesem Jahr ihre Handelsgesellschaft auf.[774] Giselbert war ein *patruus* der Johan, Ulrich und Hinrik Niestad.[775] Ulrich Niestad heiratete Geseke van Alen,

---

episcopi patentem literam; pertinent Ghizelberto et Siffrido predictis duo milia aurei, item 800 aurei pertinent Hinrico Molenstraten et Hermanno Bodenwerder, item Hermanno et Gherhardo Dartzowen pertinent 2200 aurei. Vgl. zur Rückzahlung auch SIMON, Niederstadtbuch, S.660,4.

770 Als Kölner Bürger wird Ridder ab 1385 im Niederstadtbuch bezeichnet, vgl. SIMON, Niederstadtbuch, S.594,2 (1385 Laurencii): *Notandum, quod Sifridus Ridder civis Coloniensis apud librum recongnovit se teneri Honoldo Border in octoginta mr Lub in festo sancti Martini proximo sibi amicabiliter persolvendis.* Ridder schuldete im Juni 1388 dem Ratsherrn Hermann Dartzow 734 Mark, vgl. SIMON, Niederstadtbuch, S. 660,4 (1388 Nativitas Johannis Baptiste).

771 Kopeke Huskummer und Hinrik Potman schuldeten 1372 Siegfrid Ridder und Giselbert und Johan *dictis Nyestad* 70 Mark, vgl. SIMON, Niederstadtbuch, S.193,4 (Scolastice); Johan Zenewolde und Hinrik Berninkhusen schuldeten 1376 Giselbert Niestad und Siegfrid Ridder 90 Mark, vgl. SIMON, Niederstadtbuch, S.333,7 (Abdon et Sennen); Werner Swartekop und seine Frau schuldeten in demselben Jahr Giselbert Niestad und Siegfried Ridder 400 Mark, vgl. SIMON, Niederstadtbuch, S.348,7 (1376 Conceptio Marie); Johan Trappe schuldete 1378 den beiden 27 1/2 Mark, vgl. SIMON, Niederstadtbuch, S.413,1 (Donati Martiris). Vor dem 25. April 1380 ist Giselbert Niestad verstorben, da zu Marcus ev. dieses Jahres seine Provisoren von Siegfried Ridder aus ihrer gemeinsamen Handelsgesellschaft (*de societate, quam habuit cum patre eorum*) 550 Mark forderten, vgl. SIMON, Niederstadtbuch, S.429, 3. Aus einem Eintrag im Niederstadtbuch vom März 1385 geht hervor, dass Niestad zwei weitere Söhne hatte, Johan und Hinrik. Johan Niestad wurde als ihr *patruus* bezeichnet, vgl. SIMON, Niederstadtbuch, S.577, 4 (Palmarum).

772 Eine Handelsgesellschaft der beiden bestand wenigstens bis 1373, vgl. SIMON, Niederstadtbuch, S.223,9: *Sciendum, quod Johannes Nyestad et Siffridus Ridder presentes iuxta librum recognoverunt se in societate, quam hucusque habuerunt, ad invicem esse amicabiliter separatos ...*

773 Die Brüder Heyno und Hermann Bicketut schuldeten Ridder 176 Mark. Ridder setzte selbst vor dem Niederstadtbuch in Lübeck Hermann Dartzow, der auch anwesend war, ein *ad sublevandum huiusmodi pecuniam et faciendum hanc scripturam cancellari.* Vgl. SIMON, Niederstadtbuch, S.611,2.

774 Vgl. SIMON, Niederstadtbuch, S.164,9 (1370 Pascha): *Notandum, quod dominus Giselbertus, Johannes et Vlricus dicti de Noua Civitate recognoverunt coram consilio se in et de societate mercature inter eos hactenus habita esse separatos penitus et divisos ...*

775 Ihr Onkel, der Bruder ihres Vaters Thideman, hieß Johan Niestad, s. ASMUSSEN, Flandernfahrer, S.551. Beide stammten aus Neustadt bei Hannover und hatten dort einen Bruder Hinrik Tuot,

eine Tochter des Ratsherrn Holt van Alen.[776] Gesekes Bruder Conrad van Alen war von 1387 bis 1408 Ratsherr in Lübeck und starb 1410 in Hamburg. Conrad van Alen trat nicht als Delegierter hervor, führte aber die Truppen 1396 im Krieg gegen die Herzöge von Lüneburg und 1404 die lübische Flotte vor Jütland.[777] Johan Niestad war 1361 und 1365 Ältermann in Brügge. Er verstarb 1390.[778] Sein Bruder Ludeke Niestad wurde später zum Mitglied des Neuen Rates in Lübeck gewählt.[779] Johan Niestad stand mit einem Verwandten gleichen Namens in Hamburg in Geschäftskontakten. 1367 lieh er ihm 226 Mark und *1 aurum*.[780]

Aus unserer Betrachtung der Geschäftskontakte des Giselbert Niestad können wir folgern, dass es sich um dieselbe Person handelt, die bis in die 70er Jahre des 14. Jahrhunderts als *dominus* und danach ohne diesen Titel bei Rechtsgeschäften im Lübecker Stadtbuch erwähnt wurde. Anscheinend war er zunächst Ratsherr einer anderen Stadt und wurde dann Lübecker Bürger. Wo ist Giselbert Niestad Ratsherr gewesen? Mehrere Hinweise deuten auf Hannover. Vom Juli 1374 ist ein Schreiben des Hannoveraner Rates erhalten, das uns den Namen der Schwester Giselberts in Hannover enthüllt. Es handelt sich um eine verwitwete *domina* Hanne Berner.[781] Weiterhin wird ein Schwager des Giselbert namens Johan (van dem) Steenhus *iunior* erwähnt. Es handelt sich wohl um einen Bruder der verstorbenen Frau des Giselbert Niestad in Hannover.[782] In Hannover gab es schon vor der Mitte des 14. Jahrhunderts

---

der Priester war, vgl. SIMON, Niederstadtbuch, S.144,1 (1369 Agnetis): *Sciendum, quod dominus Hinricus Tuot presbiter de Noua ciuitate et Henninghus Niestad frater eius et Nicolaus Bussowe presentes iuxta librum recognoverunt sublevasse se omnia bona ipsis per Thidemannum Niestad pie memorie in suo testamento sunt assignata ...* Anscheinend war Tuot ihr Name in Neustadt. Nicolaus Bussow trat für seine Frau Alheyd auf, die wohl dieser Familie entstammte. Hans Bussow war der *swager* des Everd Moyelke, vgl. AHL, Testamente, 24. August 1413: *Item Hans Bussowen, mynem zwager, geve ik myn horn mid sulvere beslaghen. ... Mine voremundere kese ik her Tideman Sten, her Johanne Schonenberghe, her Hinrik Cropelin, Hans Bussowen und Hinrik Wintzenberg ...*

776 S. LUTTERBECK, Rat, S.551 mit Anm.6.

777 S. LUTTERBECK, Rat, S.181.

778 S. ASMUSSEN, Flandernfahrer, S.552. 1362 wurde Johan Niestad als Provisor im Testament des Marquard van Dame benannt, s. ASMUSSEN, Flanderfahrer, S.554. Vgl. auch SCHROEDER, Liber IV, Nr.56.

779 S. FEHLING, Ratslinie, S.63 und ASMUSSEN, Flandernfahrer, S.551.

780 Vgl. SIMON, Niederstadtbuch, S.100,5. Der Hamburger Johan Niestad schuldete 1366 dem Diderik Niestad in Lübeck 160 Mark und dessen Bruder Johan Niestad 130 Mark, vgl. SIMON, Niederstadtbuch, S.85,8 und 9 (1366 Margarete). 1373 schuldeten Eggard Krukow und Lambert Spanyerd dem Johan Niestad 175 1/2 Mark, vgl. SIMON, Niederstadtbuch, S.235,4 (1373). In demselben Jahr hatte sich Johan Collyn *de Magdeborch* 109 Mark von ihm geliehen. Für den Magdeburger bürgte Johan Gherwer, vgl. SIMON, Niederstadtbuch, S.300,2 (1375 Ciriaci).

781 Es ist anzunehmen, dass es verwandtschaftliche Bindungen zu der Ratsfamilie Berner in Hildesheim gab.

782 Vgl. UB HANNOVER I, Nr.461 und s. KOPPE-KOPPE, Frankfurt-Händler, S.244. Dieser Johan Steenhus war zwischen 1385 und 1390, dem Jahr seines Todes, in einer Handelsgesellschaft mit den Brüdern Arnold und Everhard Paal in Lübeck verbunden, vgl. SIMON, Niederstadtbuch, S.599,2 und S.731,1 (1390). Sie hatten gemeinsam dem Gerhard Steenhus vor 1389 die hohe Summe von 915 Mark geliehen, vgl. SIMON, Niederstadtbuch, S.710,4. 1388 wird Johan van dem Steenhus Jacobessone, *civis* Hannovers, erwähnt, der von dem Rigischen Bürger Hinrik Keding für den Hannoveraner Bürger Conrad van Hoverde 89 1/2 Mark erhalten hatte, vgl. SI-

einen Ratsherrn Robert Niestad, der enge Beziehungen in das Baltikum hatte.[783] Aus einem Eintrag zu Pfingsten 1374 ist eine weitere geschäftliche und wohl auch verwandtschaftliche Beziehung nach Hannover zu erkennen. Der Hannoveraner Bürger Conrad (van der) Niestad iunior, Sohn des auf einer Pilgerreise nach Rom verstorbenen Johan Niestad schuldete dem Giselbert Niestad 111 Mark.[784] Ein Sohn Giselberts hieß auch Conrad.

Netz 42: Giselbert Niestad

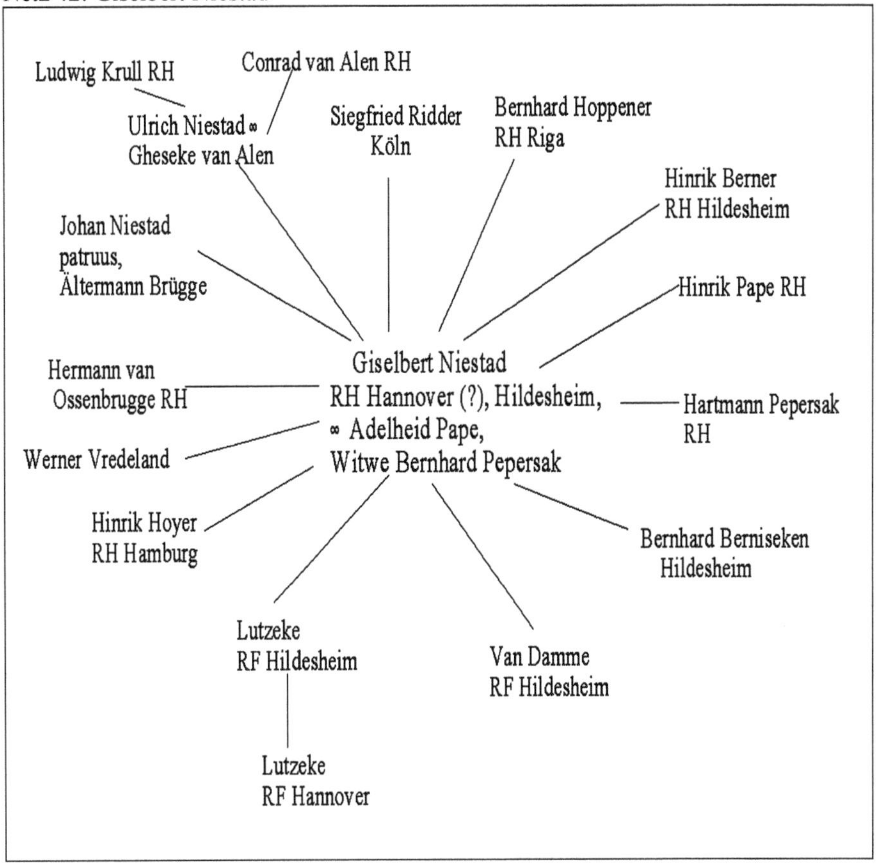

MON, Niederstadtbuch, S.659,4.

783 Robert (van) Niestad stand in enger Verbindung mit dem aus Lüneburg stammenden Lübecker Ratsherrn de Molendino (van der Möhlen), s. KOPPE-KOPPE, Frankfurt-Händler, S.241. Vgl. zum Testament des Dorpater Kaufmanns Johan van Coesfeld, der 1339 den Ratsherrn Robert van Niestad aus Hannover zum Provisor einsetzte, VON BRANDT, Regesten 1, Nr.175 und Regesten 2, S.170.

784 Vgl. SIMON, Niederstadtbuch, S.249,8 (1374 Pentecostes).

Dieser Conrad Niestad hat in Lübeck wenig Spuren hinterlassen. Sollte er sich wieder nach Hannover gewandt haben? Conrad Niestad wird erstmalig 1380 genannt, als Thideman Vorrad sich bei ihm mit 13 Mark jährlicher Rente verschuldete. Für Conrad nahm zunächst sein Onkel Ulrich Niestad das Geld in Empfang. 1406 bestätigten dann Hinrik und Johan, die Söhne Ulrichs, die Conrad 1382 als seine gesetzlichen Vertreter eingesetzt hatte,[785] dass alles Geld zurückbezahlt sei.[786] Obwohl Conrad Niestad noch zweimal in Geldgeschäften in Lübeck genannt wurde, scheint er sich nicht dauernd in der Stadt aufgehalten zu haben.[787]

1412 wird ein Roloff (van) Niestad aus Hannover als Delegierter beim Hansetag in Lüneburg genannt.[788] Auch im weiteren 15. Jahrhundert finden sich noch Angehörige dieser Familie in Lübeck und Riga, die weiterhin mit führenden Familien im Hanseraum in Verbindung stehen.[789] Dabei hielten sie immer noch Verbindung zu ihrem Herkunftsort Neustadt bei Hannover. So bestätigten 1437 der Neustädter Ratsherr Hermann Pying und der Bürger Vischer, dass sie das ihnen Zustehende aus dem Erbe des Arnold Niestad aus Lübeck erhalten hatten.[790] Mit einer gewissen Wahrscheinlichkeit ist also davon auszugehen, dass Giselbert Niestad Ratsherr in Hannover war, bevor er sich nach Hildesheim und Lübeck begab. Sicher ist, dass er in familiären Beziehungen zu Hannoveraner und Hildesheimer Ratsherren stand.

Nachdem wir das Beziehungsnetz des Vertrauten Pepersaks, des ehemaligen (Hannoveraner) Ratsherrn Giselbert Niestad, umrissen haben, der sich 1369 in Hildesheim für ihn einsetzte, wenden wir uns wieder dem Lübecker Bürgermeister zu. Verheiratet war Hartmann Pepersak mit Herdrad, einer Tochter des Ratsherrn Hermann Mornewech, die in erster Ehe mit dem Ratsherrn Bernhard Plescow verbunden gewesen war.[791] Im Dezember 1372 wird erwähnt, dass Pepersak gemeinsam mit Segebodo Crispin, dem vierten Lübecker Vertreter vom Juni 1379, Testamentsvollstre-

---

785 Vgl. SIMON, Niederstadtbuch, S.497,7: *Sciendum, quod Conradus filius Ghizelberti Niestad iam perfecte etatis presens coram consilio et iuxta librum recognovit se a suis provisoribus omnia per eos sibi debita plene percepisse; regratiabaturque eis de bona provisione, dimittens eos ab omni impeticione quitos et solutos. Elegit nihilominus Johannem et Vlricum fratres Niestad dictos suos patruos necnon Hermannum Dartsowen avunculum suum in suos legitimos curatores usque ad legitimum tempus in iure Lub. constitutum.*

786 Vgl. SIMON, Niederstadtbuch, S.429,2 (1380): *Item Vlricus Nyestad presens libro recongnovit se percepisse de ista pecunia ad usum Conradi Nyestad 214 mr. Item 20 mr. Postea anno 1406 profesto corporis Christi Hinricus et Johannes fratres dicti Niestat ex consensu Vlrici Niestat et iussu speciali iusserunt apud librum istam totam scripturam cancellari.*

787 Vgl. SIMON, Niederstadtbuch, S.725,5, S.920,7. Der Vorname Conrad erscheint auch bei den Verwandten in Hannover, vgl. SIMON, Niederstadtbuch, S.249,8 (1374).

788 Zu Roloff van Niestad vgl. die chronologische Übersicht.

789 Vgl. beispielsweise AHL, Niederstadtbuch zu 1432 Omnium sanctorum: Hinrik Niestad bestätigt, dass sein *avunculus* Arnold Niestad ihm nach Riga *1000 Replenewandes* geschickt habe, die ihm *dominus Conradus Brekewold proconsul ... et Hinricus Brekewold eius filius* übergeben hatten. Vgl. auch AHL, Niederstadtbuch zu 1443 Calixti: Ludeke Niestad, des *jungen Ludeken Nienstadt sone*, bekennt, dass er Herrn Johan Kolmann, Johan Pape, Peter Niestad und Hans Tankenhagen, *vormundere* des verstorbenen *olden* Niestad 40 Mark gegeben habe.

790 Vgl. AHL, Niederstadtbuch. Zu 1437 Palmarum werden genannt: *Hermann Pying consul tor Niestad et Johannes Visscher civis ibidem.* Provisoren des Arnold Niestad waren: Peter Niestad, Hinrik Niestad und Hinrik van Arnden.

791 S. LUTTERBECK, Rat, S.331.

cker seines Schwagers, des Ratsherrn Thideman Mornewech war. Mornewech war gleichzeitig mit Pepersak in den Rat gekommen, aber schon einige Jahre darauf verstorben.[792] Mornewechs Schwester, also die Schwägerin Pepersaks, war mit dem Ratsherrn Gerhard Dartzow verheiratet, der Lübeck 1384 in Stralsund vertrat.

Netz 43: Hartman Pepersak

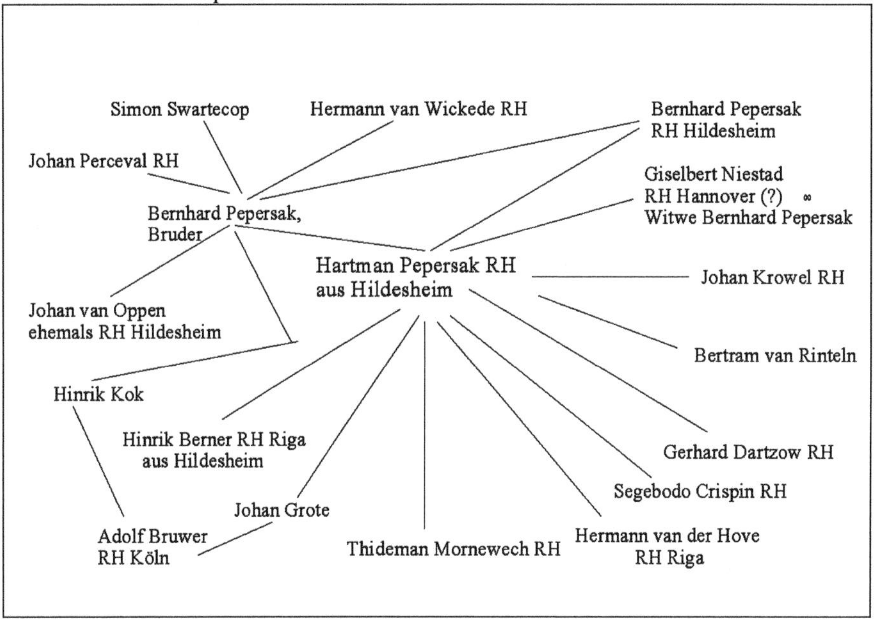

Pepersaks Tochter Tibbeke wurde mit Johan Krowel verheiratet, der später dem Neuen Rat in Lübeck angehörte. Krowels Schwester Beate hatte den Dorpater Ratsherrn Johan Kloot zum Mann.[793] Somit konnte Pepersak auch über diesen Kontakte, da die Beziehungen sicher schon vor der Heirat bestanden, in den Dorpater Rat herstellen.

792 Vgl. LÜB UB 4, Nr.370. Aus dem Eintrag wird deutlich, dass die genannten Herren wirklich als Provisoren des Testaments tätig wurden, vgl. auch SIMON, Niederstadtbuch, S.210,6 (Lucia): *Sciendum, quod dominus Thidericus Mornewech tenetur provisoribus testamenti patris sui, videlicet dominis Zeghebodo Crispyn et Hartmanno Peperzak, ducentas mr dn, quas idem pater suus legavit dandas in honorem dei, pro quibus ipsis 16 mr redditus ... coram consilio impigneravit, sic quod de hiis redditibus 10 mr tollent omni anno dandas in honorem dei, quousque dictas ducentas mr ipsis persolverit expedite.*

793 S. FEHLING, Ratslinie, Nr.435 und ASMUSSEN, Flandernfahrer, S.162. Vgl. SIMON, Niederstadtbuch, S.857,2 (1393 Cecilie): *Notandum, quod Johannes Krowel habens filiam domini Hartmanni Pepersak in uxorem, et Wolterus Heyse presentes libro recongnoverunt se teneri coniuncta manu Beate uxori domini Johannis Klot et fratribus suis Johanni, Holt et Ruchghero in quadringentis et viginti mr Lub dn in festo pasche proximo futuro persolvendis, de hac pecunia appertinent specialiter Beate predicte 315 mr et fratribus suis predictis 105 mr.*

Häufig wird Pepersak im Niederstadtbuch mit seinen weitreichenden Handelsbeziehungen nach Frankfurt am Main und Livland wie Schweden genannt.[794] Auch Hartmanns Bruder Bernhard Pepersak handelte schon intensiv nach Frankfurt. Deutlich geht dieses 1366 aus der Auflösung einer finanzstarken Handelsgesellschaft von Bernhard Pepersak und Hinrik Kok hervor, die auch Pelzwaren nach Frankfurt handelte und Silber aus Erfurt bezog.[795]

Mit Hinrik Kok und seinem Bruder Johan Grote, den wir schon als Testamentsvollstrecker des Herforders Kunschop kennengelernt haben, stand auch Hartmann Pepersak in engen geschäftlichen Beziehungen. Kok war ein bedeutender Lübecker Frankfurthändler, der auch Nürnberger Kaufleuten Geld lieh.[796] Kok wurde „Anfang der 90er Jahre einer der größten Geldgeber der Stadt Köln."[797] Er stand in engem Kontakt mit dem Kölner Ratsherrn Adolf Bruwer. 1401 bestätigte Johan Grote, dass Bruwer, der Testamentsvollstrecker seines Bruders in Köln, ihm alles ausgezahlt habe.[798] Adolf Bruwer nahm als Delegierter Kölns an den Hansetagen im Juli 1395, im Mai 1407 und zu Johannis Baptista 1418 teil.[799] Adolf Bruwer und sein Bruder Johan Bruwer handelten auch direkt mit Stockholm, wo ein Verwandter namens Gottschalk Bruwer lebte.[800]

Betrachten wir kurz die geschäftlichen Beziehungen Pepersaks zu hansischen Delegierten, soweit sie aus dem Lübecker Niederstadtbuch zu erkennen sind. Zu Pfingsten 1365 wird im Niederstadtbuch festgehalten, dass Pepersak 210 Mark von den lübischen Schuldnern des Rigischen Ratsherrn Hinrik Berner erhalten soll. Pepersak hatte Löschungsvollmacht in Berners Namen.[801]

Die enge Beziehung zu diesem aus Hildesheim stammenden Ratsherrn, der auch in Geschäften mit Schepenstede und Niebur verbunden war, bestand noch im Juni 1374 und scheint aus dem Handel mit Flandern zu resultieren. Johan van der Waghe schuldete zu dieser Zeit Hartmann Pepersak und Giselbert Niestad 165 Mark *ad manus domini Hinrici* Berner für 30 Pfund Gr. *pagamenti Flandrensis*.[802] Wir können

794 S. KOPPE-KOPPE, Frankfurt-Händler, S.249ff.

795 Vgl. SIMON, Niederstadtbuch, S.2,1f. (1366 Viti).

796 Zu den umfangreichen Anleihen der Nürnberger Conrad und Albrecht Ehinger wie des Conz Rybin s. KOPPE-KOPPE, Frankfurt-Händler, S.253.

797 S. KOPPE-KOPPE, Frankfurt-Händler, S.254.

798 Vgl. AHL, Niederstadtbuch zu 1401 Assumptio Marie: *Johannes Grote recognovit, quod dominus Adolphus Bruwer, consul Coloniensis, testamentarius Hinrici Kok, sibi satisfecit de omnibus et singulis ...*

799 Vgl. die chronologische Übersicht.

800 S. KOPPE, Lübeck-Stockholm, S.274f. Auch Pepersak hatte selbstverständlich Handelskontakte nach Stockholm. 1375 schuldeten ihm die Stockholmer Bürger Johan Lemhus und Gyse Kruse etwas über 293 Mark. Kruse saß seit 1387 im Stockholmer Rat, s. KOPPE, Lübeck-Stockholm, S.251.

801 Vgl. SIMON, Niederstadtbuch, S. 61,2: *et si idem Hinricus Berner non fuerit pro tunc presens in loco, tunc Hartmannus Peperzak poterit huiusmodi pecuniam sublevasse et facere deleri huiusmodi scripturam.* Die Schuldner waren Werner Walsrode und Hinrik Raad.

802 In dieser Notiz werden weitere wichtige Gläubiger des Flandernfahrers Johan van der Waghe genannt, vgl. SIMON, Niederstadtbuch, S.253,1: *Sciendum, quod Johannes van der Waghe constitutus coram consilio recognovit se teneri rite et racionabiliter ad solvendum ... Johanni de Hachede 150 mr dn eciam pro 30 lb gr scriptas octobris eodem anno; item Arnoldo Berkhof 272*

also von einem recht engen Vertrauensverhältnis zwischen dem Rigischen Ratsherrn, der an den großen Hansetagen vom 6. Oktober 1368 und vom 27. Oktober 1371 in Stralsund teilnahm, und dem Lübecker Ratsherrn ausgehen.

Pepersaks geschäftliche Beziehungen zu Segebodo Crispin waren in den 70er Jahren eng. Sie scheinen zu dieser Zeit gemeinsam eine *societas* gebildet zu haben. Beide hatten dem Rat im März 1376 für die hohe Summe von 1100 Mark gebürgt, die der Ratsherr Gottschalk van Attendorn schuldete.[803] Van Attendorn scheint zu der Zeit finanzielle Probleme gehabt zu haben, denn er verkaufte im März dieses Jahres auch eine Rente von 30 Mark im Dorf Altgalendorf bei Oldenburg[804] und im April des folgenden Jahres eine weitere Rente von zwei Höfen über 30 Mark aus dem Dorf Büssow an Hartmann Pepersak.[805] Pepersak hatte auch über längere Zeit eine Handelsgesellschaft mit Bertram van Rinteln, an der auch Bertrams Bruder Henning beteiligt war.[806] Bertram van Rinteln und Pepersak liehen 1378 gemeinsam von Nicolaus van Camen und dem Rigischen Ratsherrn Hermann van dem Hove 500 Mark.[807]

Pepersaks Delegiertentätigkeit wie diejenige seiner direkten Partner und der Delegierten, zu denen er schnellen Zugang hatte, ergibt sich aus der Übersicht.[808]

---

mr; item Johanni Hamma 40 lb gr pagamenti Flandrensis; item Bernardo Barenbrugghe 113 mr minus 4 s; item Vikken campsori 84 ½ mr et 2 ½ s. ... Für diese Schulden musste van der Waghe seinen gesamten Besitz (*omnia bona sua mobilia et immobilia intra civitatem et extra civitatem Lub.*) verpfänden. Van der Waghe hatte verwandtschaftliche Verbindungen zum Bürger Gottfried van Lübeck in Hannover, vgl. zur Auszahlung eines Erbes von 70 Mark HANNOVER UB Nr.392 (15. Juli 1360).

803 Dies geht aus einer Schuldanerkenntnis des gleichnamigen Sohnes hervor, vgl. SIMON, Niederstadtbuch, S.318,5: *Sciendum, quod Ghodschalcus de Atendorn domini Ghodschalci filius presens huic libro recognovit se promisisse et promisit iuxta librum dominis Hartmanno Peperzak, Zeghebodoni Crispyn se velle eos in illo promisso, quod promiserunt consulatui pro 1100 mr ex parte domini Ghodschalci patris sui, indempnes conservare ...* Dafür setzte Gottschalk van Attendorn der jüngere Rentenbriefe beim Wismarer Rat über 200 Mark als Sicherheit, vgl. SIMON, Niederstadtbuch, S.318,5 (1376 Invocavit).

804 Vgl. SIMON, Niederstadtbuch, S.320,8 (1376 Oculi). Für Gottschalk van Attendorn bürgten *coniuncta manu* die Ratsherren Johan Schepenstede, Thomas Morkerke und auch Everhard Schepenstede und Gottschalk van Attendorn, Gottschalks Sohn.

805 Vgl. LÜB UB 4, Nr.288 und SIMON, Niederstadtbuch, S.364,2 (1377 Misericordia).

806 Vgl. SIMON, Niederstadtbuch, S.579,1 (1385 Marci ewangeliste): *Notandum, quod dominus Hartmannus Pepersak, Bertrammus et Hennynghus fratres dicti de Rentelen recongnoverunt, quod Johannes Gherwer habeat terciam partem in illa summa pecuniarum, videlicet 1600 mr, in quibus Gherardus Hoken et sui compromissores predictis quatuor obligatur iuxta continenciam suarum literarum, quam ipse dominus Hartmannus habet ad fideles manus quatuor creditorum predictorum.*

807 Vgl. SIMON, Niederstadtbuch, S.832,6.

808 S. im Anhang Delegierten-Netzwerk 14.

2.1 Henning van Rinteln

Einer der wichtigsten Vertreter der jüngeren Generation, welche die Lübecker Hansepolitik um die Wende zum 15. Jahrhundert bestimmte, war der gerade erwähnte Henning van Rinteln. Als Vertreter Lübecks war er auf vier Versammlungen in Lübeck zu finden. Als Unterhändler trat er bei Verhandlungen in Nyköbing, Stade, Kalmar und Lund in Erscheinung. Er besaß anscheinend besondere militärische Fähigkeiten: Zusammen mit Jordan Plescow wurde er von der Versammlung zu Marienburg zum Hauptmann gewählt.[809] 1395 wurde unter ihrer Führung Stockholm eingenommen. Auch 1400 beim Kampf gegen die „Vitalienbrüder" bewies van Rinteln sein militärisches Können. Dass auch seine Verhandlungskunst im Rat geschätzt wurde, zeigt sich daran, dass er schon vor seinem Eintritt in den Rat im Jahr 1388 an Verhandlungen in Novgorod beteiligt war. Henning van Rinteln starb 1406 während eines Aufenthalts in Paris. Van Rinteln unternahm 1366 im Auftrag Bernhard Pepersaks eine Handelsreise nach Riga.[810] Hennings Bruder Bertram van Rinteln war in erster Ehe mit einer Nichte des Ratsherrn Peter van Hereke verheiratet.[811] In zweiter Ehe verband sich Bertram van Rinteln mit Alheyd, der Witwe des Johan van Ankum.[812] Alheyd war die Tochter des Wessel van Ossenbrugge.

Der Stockholm- und Flandernfahrer Johan van Ankum kam - wie der Name zeigt - aus der Osnabrücker Region. Seine Familie stellte dort Ratsherren.[813] In Osnabrück lebte seine Schwester Tale, die vor 1362 den dortigen Bürger Johan Ruste geheiratet hatte.[814] Van Ankum arbeitete eng mit Godekin Gamme zusammen, der aus einer Osnabrücker Ratsfamilie stammte.[815] In seinem Testament vom August 1380 setzte van Ankum neben anderen auch Johan Krowel als Provisor ein.[816] Van Ankums Tochter Modeke ist vor 1385 mit dem Flandernfahrer Johan Oldenborg verheiratet worden. Eine weitere Tochter van Ankums mit Namen Katharina wurde in eine Ehe mit dem Flandernfahrer Johan Weselo gegeben.[817] Weselo und Everhard van Hereke standen in Geschäftsverbindungen mit Hinrik Jenevelt, der seinerseits bedeutende Beträge von Gerhard Salmensteen und Hermann Dartzow lieh.[818] Wir sehen wiederum, in wie engen Verbindungen diese Personen standen: Bertram van Rinteln war in erster Ehe mit einer van Hereke verheiratet. Mit dieser Familie stand auch sein zweiter Schwiegervater in Verbindung. In seinem Testament von 1380 bedachte van Ankum auch Gobel van dem Sterne.[819]

---

809 Vgl. den Bericht des Revaler Ratsherrn Johan Stoltevoet vom 18. August 1395 HR 1,8, S.631-633.

810 Vgl. LÜB UB 3, Nr.566 und LUTTERBECK, Rat, S.349.

811 S. ASMUSSEN, Flandernfahrer, S.638.

812 S. KOPPE, Lübeck-Stockholm, S.147.

813 S. POECK, Osnabrück, S.144.

814 Er bedachte testamentarisch seine Schwester mit 40 Mark und gab seinen *avunculis* Hermann Hilger und dessen Bruder Johan je 5 Mark, vgl. VON BRANDT, Regesten 2, Nr.955.

815 S. KOPPE, Lübeck-Stockholm, S.142f.

816 S. ASMUSSEN, Flandernfahrer, S.282.

817 S. KOPPE, Lübeck-Stockholm, S.147.

818 Vgl. SIMON, Niederstadtbuch, S.667,7, S.678,2, S.894,3.

819 S. KOPPE, Lübeck-Stockholm, S.195.

Van dem Sterne stammte auch aus Osnabrück. Er war in den Jahren 1384 und 1385 einer der wichtigsten Lübecker Stockholmhändler und enger mit dem Stockholmer Bürgermeister Wilm Stenking verbunden.[820] Kurz vor dem Ende des 14. Jahrhunderts handelte er von Wismar aus, blieb aber in geschäftlicher Verbindung mit Lübeckern wie Johan Krowel. 1412 nahm van dem Sterne einen Kredit bei Borchard van Hildensem auf.[821] In Wismar wurde Gobel van dem Sterne in den Rat gewählt. Er nahm 1417 und 1420 an Hansetagen in Wismar teil.

Mit seinem Bruder Bertram war Henning van Rinteln durchgängig geschäftlich verbunden. Beide hatten geschäftliche Beziehungen zum Rigaer Ratsherrn Bernhard Hoppener, der 1369 an Versammlungen in Lübeck beteiligt war.[822] Mit seinem Bruder Bertram und Hartmann Pepersak besaß Henning van Rinteln gemeinsam Anteile am Zoll der Lüneburger Saline. Mit diesen beiden erwarb er auch 1385 Renten in Lüneburg. Es ging bei den Geldgeschäften der Brüder van Rinteln mehrfach um recht hohe Summen. Van Rinteln trat 1389 gemeinsam mit Johan Niebur und Johan Grote als Bürge für Borchard Holthusen auf.[823]

Borchard Holthusen bürgte 1388 mit Everhard van Hereke, den wir gerade in Verbindung mit Weselo gesehen hatten, Lambert van der Buken und Hinrik Witte dem Simon Swerting für das Erbe des vor Holland ertrunkenen Braunschweigers Bevenrot.[824] Holthusen wurde 1388 auch von dem Braunschweiger Bürger Henning Gheverdes als Prokurator in Lübeck eingesetzt.[825] Mit Borchard verwandt war Berthold Holthusen, der mit Hillegard, der Schwägerin des Ratsherrn Everhard Swarte (1352-1367), verheiratet war. Er benannte Johan Niebur als Provisor in seinem Testament von 1378.[826] Als Provisoren Berthold Holthusens handelten im August 1389 Werner Hoop und Arnold Grunow, mit denen er auch in einer *societas* verbunden war.[827] Holthusen hatte in seinem Testament auch den Thorner Schöffen Johan Goltberg bedacht, der von 1374 bis 1378 amtierte.[828]

---

820 S. KOPPE, Lübeck-Stockholm, S.196.

821 S. KOPPE, Lübeck-Stockholm, S.196.

822 Bertram van Rinteln wurde 1368 als Hoppeners *monitor et servitor* bezeichnet, als er von Hinrik Molenstrate die hohe Summe von knapp 500 Mark (*minus 8 s*) für Hoppener erhalten und das Geld im Schiff des Everhard van Essen *super eventura et fortuna eiusdem domini Bernardi* nach Riga geschickt hatte. Zu Pfingsten 1368 bestätigte Hoppener vor dem Niederstadtbuch, dass er das Geld erhalten habe, vgl. SIMON, Niederstadtbuch, S.131,5.

823 Vgl. SIMON, Niederstadtbuch, S.692,3 (1389 Judica).

824 Bei einem Schiffbruch im Mai war bei Schevelingen ein Gevehard Bevenroth, anscheinend ein Braunschweiger Bürger, ertrunken. Die Forderungen an dessen Nachlaß wurden unter dem Siegel des Simon Swerting bestätigt: *per literas respectivales nunciorum communium civitatum maritimarum pro tunc cum Flamingis ad placita Antwerpie congregatorum sub inpendenti sigillo domini Symonis Zwertingh.* Im Blick auf mögliche Probleme bürgte Everhard van Hereke mit den anderen. Vgl. SIMON, Niederstadtbuch, S.646,3 (1388 Conversio Pauli).

825 Vgl. SIMON, Niederstadtbuch, S.647,5 (1388 Brigide), S.688,5 (1389 Mathie).

826 Vgl. SIMON, Niederstadtbuch, S.691,5, S.692,3. S. auch ASMUSSEN, Flandernfahrer, S.53.

827 Arnold Grunow war ein Bruder des Borchard Holthusen, vgl. SIMON, Niederstadtbuch, S.703,5. Er hatte zu dieser Zeit noch Schulden von 400 Mark bei Berthold Holthusen, vgl. SIMON, Niederstadtbuch, S.705,2.

828 Goltberg stand in weiten geschäftlichen Kontakten. So ließ er 1387 in Lemberg das armenische Bad mit Arrest belegen, s. DIERCK-DÜNNEBEIL-RÖßNER, Hansekaufleute, S.185.

Arnold Grunow, ein Bruder der Holthusen, scheint sehr vermögend gewesen zu sein. 1391 hatte Hildebrand Varenwolt bei ihm aus einer *societas* in Bergen 980 Mark Schulden.[829] 1399 schuldete Grunow seinem Bruder Borchard Holthusen 330 Mark.[830] In Verbindung mit den Grunow standen auch Hinrik Luderot[831] und Brun Sprenger, der aus Eschede kam und Beziehungen nach Hildesheim hatte.[832] Anscheinend handelt es sich um eine Gruppe, die aus der Braunschweig-Hildesheimer Region kam und schon vor ihrer Lübecker Zeit in Verbindung stand. Im April 1385 bestätigten Hartmann Pepersak und die Brüder Bertram und Henning van Rinteln, dass der dritte Teil der Schuld von 1600 Mark, die Gerhard Hoke bei ihnen hatte, dem Johan Gherwer zustand.[833] Anscheinend handelte es sich um Handelsgeschäfte im Westen, denn der Gläubiger Gherwer war mit Dordrecht verbunden. Von dort forderten er und sein Bruder Hinze, der auch sonst gemeinsam mit van Rinteln „Genter Tuch" handelte, von einem Schuldner ihre Beträge zurück. Als ihre Zeugen wurden genannt: Johan van Stockem, Henning van Rinteln und Rainer van Calven.[834] Henning van Rinteln stand bis 1399 in einer Handelsgesellschaft mit Peter van der Linden und Kerstian Greverade.[835] Peter van der Linden war im ausgehenden 14. Jahrhundert „der führende Lübecker Stockholmgroßhändler."[836] Wahrscheinlich war er mit Wilhelm van der Linden verwandt, der 1405 eine Schuld von 2000 Mark bei Henning van Rinteln bestätigte.[837] Wilhelm war ein Sohn des Ratinger Bürgers Hermann van der Linden.[838] Sicherlich bestand auch ein Verwandtschaftsverhältnis zu den späteren van der Linden in Lübeck und im Baltikum.[839]

Der weitere Partner van Rintelns Kerstian Greverade zog spätestens 1400 nach Köln und wurde dort Ratsherr. 1396 war er noch Lübecker Bürger![840] Ohne seine verwandtschaftlichen Bindungen in Köln wäre der Aufstieg nicht möglich gewesen. Kerstian Greverade entstammte einer im Hanseraum verbreiteten Familie, die im 15. und frühen 16. Jahrhundert in unterschiedlichen Städten im Rat saß.[841] „Der mächtige

829 Vgl. SIMON, Niederstadtbuch, S.768,5.

830 Vgl. SIMON, Niederstadtbuch, S.1050,7.

831 Johan Grunow stand in Geschäften mit Hinrik Luderot und wurde von ihm auch als Provisor bedacht, vgl. AHL, Testamente, Hinrik Luderot, 15. April 1413.

832 Auch Sprenger setzte Grunow 1413 als Provisor ein, vgl. AHL, Testamente, Brun Sprenger, 17. August 1413.

833 Vgl. SIMON, Niederstadtbuch, S.580,1.

834 Vgl. SIMON, Niederstadtbuch, S.750,2 (1390 Bartholomei).

835 Eine Handelsgesellschaft van Rintelns mit Kerstian Greverade und dem Stockholmhändler Peter van der Linden wurde im März 1399 aufgelöst, vgl. SIMON, Niederstadtbuch, S.1041,4 (1399 Letare): *Notandum, quod dominus Hennynghus van Rentelyn et Petrus van der Linden ex una parte et Kerstianus Greuerode parte ex altera presentes huic libro recognoverunt se in omni societate sive contraposicione mercimoniali inter eos, videlicet inter dominum Hennynghum et Petrum ex una et Kerstianum parte ex altera, habita usque ad illum diem omnino et totaliter esse separatos et divisos ...* S. KOPPE, Lübeck-Stockholm, S.201.

836 Sein Handel „war auf das Spezialgeschäft mit Stockholm und Flandern aufgebaut," s. KOPPE, Lübeck-Stockholm, S.201.

837 Vgl. AHL, Niederstadtbuch zu 1405 Epiphanias.

838 S. KOPPE, Lübeck-Stockholm, S.202.

839 S. zu Herbord van der Linden S.278,283,295,346ff.,369.

840 S. schon KOPPE, Lübeck-Stockholm, S.200, S.278 und DIERCK, Älterleute, S.140.

841 Zu den Lübecker Bürgern und Fernhändlern Hinrik und Ludwig Greverade s. ASMUSSEN, Flan-

Fernhändler" Kerstian Greverade, „der unter anderem Faktor eines Fygen und seiner Gesellschaft in Ungarn und Österreich war",[842] war Flandernhändler und Ältermann des lübisch-wendischen Drittels im Brügger Kontor im Jahr 1389 und 1392 in Dordrecht.[843] 1389 amtierte mit ihm als Vertreter des westfälisch-preußischen Drittels Vrowin Sottrump. Sottrump wurde spätestens 1383 in den Dortmunder Rat kooptiert. Sottrump stand seinerseits mit dem Rigischen Ratsherrn Johan van Colne in einer Handelsgesellschaft.[844]

Mit den Greverade war van Rinteln weiterhin verbunden, denn 1408 erklärten seine Provisoren, dass die Handelsgesellschaft zwischen Hinrik Greverade senior, einem Verwandten Kerstians, und Henning wie dem Stockholmhändler Johan van Brugge aufgelöst worden sei.[845] Van Rintelns Beziehung zu dem schwedischen Ritter Jakob Abrahamsson scheint vertrauensvoll gewesen zu sein, denn Abrahamsson wies in seinem Testament auf das Geld hin, welches er bei ihm liegen hatte und setzte ihn gemeinsam mit Rainer van Calven als Testamentsvollstrecker ein.[846]

Besonders eng scheint Henning van Rinteln mit Rainer van Calven verbunden gewesen zu sein, denn dieser bürgte für ihn in einer delikaten Angelegenheit. Der Vorwurf lautete: Rinteln sollte gegen die Anordnungen der hansischen Versammlung Handel mit Flandern getrieben haben. Rainer van Calven, Bertram van Rinteln, Johan van Stockem und Hinze Gherwer bezeugten im Juni 1390 aber vor dem Lübecker Rat, dass das Tuch aus Gent, das Henning nach Hildesheim gehandelt hatte, vor dem

---

dernfahrer, S.345. In der Mitte des 15. Jahrhunderts saß ein Adolf Greverade im Lübecker Rat, der auch als Delegierter erschien. Ein Ludwig Greverade war in der zweiten Hälfte des 15. Jahrhunderts Stralsunder Bürgermeister und Delegierter, und ein Gerhard Greverade trat als Kölner Delegierter um 1500 auf, s. die chronologischen Übersicht. In Stockholm amtierte von 1367 bis 1389 als (deutscher) Bürgermeister Alf Greverade, Everd Greverade saß dort seit 1405 im Rat und wurde 1415 Bürgermeister, s. KOPPE, Lübeck-Stockholm, S.278.

842 S. KOPPE, Lübeck-Stockholm, S.278.

843 S. DIERCK, Älterleute, S.139f. 1389 amtierte mit Greverade für das lübisch-wendische Drittel Hermann Herbordes und für das gotländisch-livländische Johan van Wederden und Hinrik Ruggeberch. 1392 waren mit ihm gewählt für das lübisch-wendische Drittel Wessel Ossenbrugge und Johan Krowel aus Hamburg, für das westfälisch-preußische Drittel Thideman Eklinghof und Diderik Hoed, für das gotländisch-livländische Hermann Muddepennink und Thideman Ravenslage. S. DIERCK, Älterleute, S.96f. Der Vater des Thorner Bürgers Diderik Hoed stammte aus Dortmund, s. DIERCK, Älterleute, S.162.

844 S. DIERCK, Älterleute, S.201f.

845 Ein Testament van Rintelns ist nicht erhalten. Zur Verwandtschaft der Greverade s. ASMUSSEN, Flandernfahrer, S.346. Vgl. zur Gesellschaft mit Hinrik Greverade und Johan van der Brugge AHL, Niederstadtbuch zu 1408 Epiphanias: *Notandum quod provisores domini Henninghi van Rintelen coram libro constituti expresse recognoverunt, quod Hinricus Greverode senior et Johannes van der Brucge ab eis penitus separati sunt et divisi ex parte illius societatis quam cum dicto Henningho quamquam fecerunt ...*

846 Vgl. AHL, Testamente, Jacob Abramsson, ridder, 12. Mai 1401: *Ik beghere unde bidde, dat men alle desse vorscreven mines testamentes gifte entrichte unde utvordere van dem gelde, dat her Henningh van Rentelen heft in siner hode van miner wegen, unde bin ik wat sculdich, dat ik uppe de tyd vorgede, do ik van Lubek segelde, dat nicht betalt worde vor mineme dode, des ik nicht ne hope, dat scal men ok entrichten van dem gelde, dat ik bi deme vorbenomeden her Hennynghe stande hebbe. ... Ik kese to minen vormunderen her Reynere van Calven unde her Henninge van Rentelen.*

Handelsverbot der *communes civitates* gekauft worden sei.[847] Henning van Rinteln stammte ebenso wie Plescow und Pepersak nicht aus Lübeck.[848]

Netz 44: Henning van Rinteln

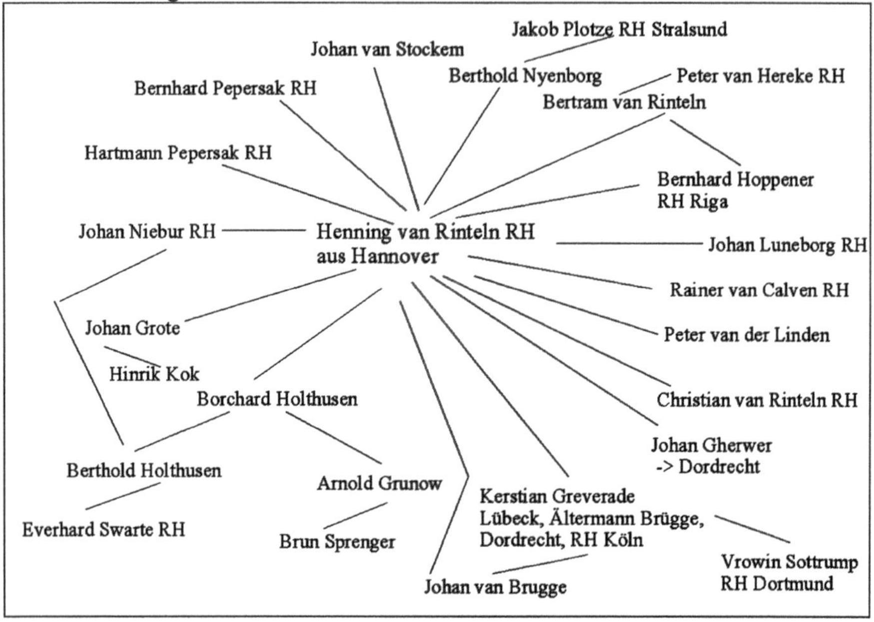

847 Vgl. SIMON, Niederstadtbuch, S.736,2 (1390 Corpus Christi): *Notandum, quod Henninghus de Rentelen impetravit literas testimoniales a consilio ad illos de Hildensem, quod illi 46 panni langhe Ghentesghe, qui in Hildensem venditi sunt, sint ante mandatum empti, quo communes civitates mandaverunt, quod communes mercatores non deberent cum Flaminghis mercandisare, et quod hoc verum est, promiserunt Johannes de Stockem, Bertrammus de Rentelen, Hincze Gherwer et Reynerus de Kaluen, et in hoc promisso ipse Henninghus tenebit suos fideiussores indempnes.*

848 S. schon KOPPE, Lübeck-Stockholm, S.198. Asmussens Zuweisung zu einem Vater Brand van Rinteln, der aus Reval eingewandert sein soll, überzeugt im Blick auf die Quellenaussagen nicht, s. ASMUSSEN, Flandernfahrer, S.638. Ob und in welcher Beziehung Henning zu Thideman van Rinteln stand, der 1413 sein Testament erstellte, ist nicht deutlich. Auffällig ist, dass Thideman, der Schuhmacher war und eine Schwester in Rinteln hatte, auch Beziehungen zu den van Minden hatte, vgl. AHL, Tideman van Rentelen, 26. März 1413: *Item Taleken, myner suster to Rentelen, gheve ik 8 mark lub to 1 quartere van 1 amsterdammeschen lakene, er vormyddelst mynen vormunderen to kopende und ute Lubek to vriende. ... Myne vormundere kese ik Corde van Mynden, mynen swagher, Detleve Meyer, mynen om, Merten Groten unde Gherlich Boden, den schomaker.* Mindenbezüge zeigen sich auch im Testament des Cord van Minden, vgl. AHL, Testamente, 14. Februar 1416. Johan Ghiseler schuldete 1393 dem Thideman van Minden 80 Mark, vgl. SIMON, Niederstadtbuch, S.850,4. Um diese Zeit amtierte in Minden ein Bürgermeister Hinrik Ghiseler, der als Stifter eines Hospitals hervortrat, s. SCHULTE, Macht auf Zeit, S.193f.

Aus dem Lübecker Niederstadtbuch erfahren wir in einer Erbauseinandersetzung, dass er und sein Bruder Bertram aus Hannover kamen. Dort hatten sie elterliches Erbgut.[849] Ursprünglich kam die Familie - vom Namen aus zu schließen - wohl aus Rinteln. Sicherlich bestanden verwandtschaftliche Beziehungen zu der Herforder Ratsfamilie, deren Mitglieder durchgängig von der Mitte des 14. Jahrhunderts bis zum 16. Jahrhundert im Ratssstuhl der Altstadt saßen.[850]

Verheiratet war Henning van Rinteln mit einer Tochter des vermögenden Lübecker Bürgers Berthold Nienborch.[851] Nienborch, der mit seinen Aktivitäten gut im Lübecker Niederstadtbuch zu verfolgen ist, starb vor dem April 1385. Er hatte 1374 gemeinsam mit Peter Voge und Hinrik Brukman bei den Rittern Meynerstorp Schulden in der erstaunlichen Höhe von 1239 Mark. Für sie bürgten vor dem Lübecker Bischof und Jakob Plescow die Kaufleute Johan Castorp, Nicolaus Kröpelin, Rainer van der Hoye und Hinrik Wittun.[852] Im November 1376 wurde festgehalten, dass Nienborch von Rodger van dem Kleye zwei Ringe zu treuen Händen für 31 Mark in seiner Verwahrung hatte.[853]

Nienborch stand auch in geschäftlichen Verbindungen zu dem Erzbischof von Lund.[854] Aus seiner Nachlassregelung geht hervor, dass Nienborch dem Erzbischof Geld geliehen hatte, der ihm dafür *clenodia* als Pfand aushändigte. Die Auszahlung und Regelung der Fragen wurde von dem Stralsunder Ratsherrn Jakob Plotze vorgenommen, dessen Vater Burchard Plotze auch schon im dortigen Rat saß.[855] Anscheinend gehörte zu den Provisoren Nienborchs auch Nicolaus Kröpelin.[856] Bis zu seinem Tode stand Nienborch in einer Handelsgesellschaft mit Hinrik van Stade.[857] Van Stade war im Jahre 1402 Ältermann des Brügger Kontors als Vertreter des gotländisch-livländischen Drittels. Gemeinsam mit Reinhold van Unna nahm van Stade als Vertreter des Kontors an der Versammlung vom 15. Mai 1407 in Lübeck teil. Anscheinend blieb er nicht an einem Ort. So zog er spätestens 1393 nach Brügge und engagierte sich mit Hildebrand Veckinghusen in einer Handelsgesellschaft, um nach Reval

849 Bertram und Henning van Rinteln bestätigen, dass sie alle Güter in Lübeck geteilt haben, nur ihre *bona immobilia*, die ihnen in Hannover *a parentibus suis ipsis sunt hereditata, sunt ipsis dumtaxat communia*. Von diesem Erbe kann Henning vorab 200 Mark *puri argenti* haben, vgl. SIMON, Niederstadtbuch, S.545,1 (1384 Cantate).

850 S. SCHINDLER, Vorfahren, S.158-176. Heiratsverbindungen bestanden auch zur Bielefelder Ratsfamilie van Grest. So war der Herforder Ratsherr Johan van Rinteln mit einer van Grest verheiratet. Deren Bruder Ludeke van Grest ist als Flandernhändler und Wohltäter des Brüggers St. Trudokloster nachgewiesen, s. RÖßNER, Memoria, S.330f.

851 S. FEHLING, Ratslinie, S.53.

852 Vgl. SIMON, Niederstadtbuch, S.261,6 (Inventio Stephani).

853 Rodger van dem Kleye wollte diese Ringe dem Rodger Bischop, *scolastico Verdensi*, übergeben, vgl. SIMON, Niederstadtbuch, S.346,6 (1376 Katherine).

854 Jakob Plotze aus Stralsund war als Prokurator des Erzbischofs in Lübeck, um die *pignera et clenodia*, welche die Testamentsvollstrecker Bertholds hatten und die diesem als Pfand übergeben worden waren, auszulösen, vgl. SIMON, Niederstadtbuch, S.574,1 (1385 Misericordias).

855 Vgl. SIMON, Niederstadtbuch, S.578,2: *pingnera et clenodia ... que ipse archiepiscopus eidem Bertoldo, dum vixit, inpingnoravit.*

856 Vgl. SIMON, Niederstadtbuch, S.455,5 (1381 Palmarum).

857 Vgl. SIMON, Niederstadtbuch, S.656,5 (1388 Trinitatis).

und Novgorod zu handeln.[858] Später soll van Stade sich in Danzig niedergelassen haben.[859] Wohl durch seine Zeit als Brügger Ältermann stand Hinrik van Stade in Kontakt mit dem reichen Kaufmann Wolter Heyse. Dieser bedachte ihn in seinem Testament von 1413.[860] Berthold Nienborch war mit den Flandernfahrern Everhard und Thideman Nienborch verwandt.[861] Everhard Nienborch war 1376 Ältermann in Brügge. Er war gemeinsam mit Jordan Alevelt für das lübisch-wendische Drittel, mit Hinrik Wistrate und Thideman Rebber für das westfälisch-preußische Drittel und Hermann Hoeft und Thideman Wermeskerke für das gotländisch-livländische Drittel gewählt worden.[862]

Jordan Alevelt kam aus Braunschweig. Dort amtierte er seit 1373 als Ratsherr und wurde durch die „Braunschweiger Schicht" 1374 aus der Stadt vertrieben.[863] Alefelds Schwester war mit dem Magdeburger Hinrik van Hotzensleve verheiratet worden.[864] Aus nicht ganz durchschaubaren Gründen wurde Alevelt 1378 mit Hermann Hosang und Thideman Rebber vom Hansetag für ein Jahr aus den Rechten des Deutschen Kaufmanns ausgeschlossen. Rebber war anscheinend ein Sohn des Thorner Delegierten Ditmar Rebber, dessen familiäre Beziehung zu den Hengstenberg schon angesprochen wurde. Thidemans Cousin Gottfried Rebber ist als Vertreter Thorns

---

858 Vgl. LEC UB 1 ,4, Sp. 500f., Nr.1669; S.81 Reg. Nr.1995.

859 S. VON WINTERFELD, Veckinchusen, S.10. Zu 1420 ist in Stralsund ein Hinrik van Stade *nuncius consularis de Dantzyk* belegt. Vgl. SCHROEDER, Liber II, Nr.506 (1420): *Dominus Hinricus de Stadis nuncius consularis de Dantzyk persolvit Hermanno et Petro patruis dictis Dordewant primas 100 marc. de 320 marc. ...* Die Dordewant bestätigten zu demselben Datum, dass sie die 320 Mark erhalten haben, *pro quibus dominus Symon de Orden fideiusserat ...* Hinrik van Stade war zu dieser Zeit im September 1420 als Delegierter in Stralsund zum Hansetag, vgl. SCHROEDER, Liber II, Nr.573 (Mai 1421): *De radessboden uth Prutzen, alse her Hinricus van Stade vnde her Peter Holste, hebben weset vor dem rade to deme Sunde mit Hinrik van der Lippe van Wisbu vmme schelinge willen vnde manynge, de de Hinrik heft to den van Torne ...* Bei dem Delegierten handelt es sich um den Danziger Ratsherrn, der seit 1411 amtierte und 1440 starb, s. ZDRENKA, Rats- und Gerichtspatriziat 1, S.409.

860 Vgl. AHL, Testamente, Wolter Heyse de oldere, 31. Juli 1413: *Item hern Johan Crouwels wive, Arnd Heysen wive, Fritsen Grawerdes wive unde Hans Crouwels wive, isliker geve ik 11 elen van enem swarten amsterdameschen. Item Johans Huxer unde Hinrik van Staden gheve ik to hope 2 sulverne schalen unde ½ leydesch laken ...*

861 Wie genau diese Verwandtschaftsbeziehung zu verstehen ist, muß im Augenblick offen bleiben. Fest steht, dass Berthold Nienborchs Neffe Bernhard, der Sohn seines Bruders Hinrik, mit Thideman Nienborch verwandt war. Vgl. zur Bestätigung des Empfangs des Erbes durch Bernhard SIMON, Niederstadtbuch, S.455,5 und zur Verwandtschaft SIMON, Niederstadtbuch, S.525,7.

862 Während Hoeft anscheinend dauernd in Brügge lebte und dort auch in den Jahren 1368, 1372 und 1381 als Ältermann amtierte, kam Wermeskerke aus Reval, s. DIERCK, Älterleute, S.155,221. Ein Verwandter, Johan Wermeskerke, war Lübecker Bürger und handelte mit Stockholm, s. KOPPE, Lübeck-Stockholm, S.206.

863 Jordan Aleveld wird im Dezember 1374 im Lübecker Niederstadtbuch im Zusammenhang seines Erbes von Hinrik Twelken, *civis Brunswicensis*, angesprochen. Er bestätigte, dass er alles vom Provisor Egbert Bilshusen erhalten habe, vgl. SIMON, Niederstadtbuch, S.291,3 (1374 Lucie). Egbert Bilshusen war Flandernfahrer und stand in Lübeck in geschäftlichem Kontakt mit dem Ratsherrn Suderland, Simon Swartecop, dem Magdeburger Bürger Johan Wulf und dem Braunschweiger Bürger Johan Pawel und Berthold Holthusen, vgl. SIMON, Niederstadtbuch, S.137,8; S.141,8; S.183,3;S.366,6; S.439,5; S.685,1.

864 Vgl. MAGDEBURG UB 1, 463.

vielfach auf regionalen Tagen zwischen 1388 und 1406 aufgetreten.[865] Bertholds Neffe Hinrik Nienborch stand in Geschäftsbeziehungen mit Borchard van Hildensem und dem Kölner Michael van dem Velde.[866]

Deutlich zeigen sich so die Kontakte des Everhard Nienborch zu wichtigen Kaufleuten und Ratsherren im Hanseraum. Dem entsprachen auch die Heiratsverbindungen. Eine Tochter Nienborchs war mit Everhard van Dulmen verheiratet worden, während eine weitere Detlev van der Helle zur Frau gegeben wurde.[867] Van Dulmen stand über Thideman Nagel in einer verwandtschaftlichen Beziehung zu dem Stockholmer Bürgermeister Johan Nagel.[868] Van der Helle war mit den van Hereke und Arnold Sparenberg verwandt. Geschäftlich war van der Helle mit Goswin Klingenberg und dem Stockholmer Ratsherrn Taan verbunden.[869] Die Beziehungen zu Sparenberg waren so eng, dass Nienborch ihn 1383 in seinem Testament als Provisor einsetzte.[870] Everhards Bruder Thideman Nienborch, der 1412 starb, war mit dem Stockholmer Ratsherrn Thideman Nienborch (1420-1432) verwandt.[871] Der Lübecker Thideman Nienborch stand auch mit dem Stockholmer Ratsherrn Godeke van Hamme in Geschäftsverbindungen.[872] 1384 bürgte Werner Hoop für seine Schulden von 200 Mark bei ihm.[873] Auch auf Falsterbo hatte Nienborch Interessen.[874] Entsprechend war er in einer Handelsgesellschaft mit Werner Hoop, dem späteren Mitglied des Neuen Rates, und Nicolaus Angelboo aus Schweden verbunden.[875] Mit seinem Sohn Everhard stand Nienborch in vielfältigen Geschäftsverbindungen mit Lübecker Kaufleuten und Ratsherren wie Hinrik Bonhorst, Hinrik van Wesele, Hinrik Meteler und seinem Bruder Johan, Hinrik up dem Orde, Hinrik Steen, Gottschalk Junghe und Hinrik Kröpelin. 1405 waren Vater und Sohn Treuhänder des Kalmarer Bürgers Thomas van Hemesode.[876] Everhard Nienborch, Thidemans Sohn, wurde mit Margarete Wintzenberg verheiratet, einer Schwester des Flandernfahrers Hinrik Wintzenberg.[877] Hinrik Wintzenberg war seinerseits mit Geseke Paal verheiratet, einer Tochter des Flandernfahrers Everhard Paal aus Dülmen.[878]

---

865 Zur Verwandtschaft s. ANSEHL, Thorns Seehandel, S.78f.

866 Vgl. SIMON, Niederstadtbuch, S.719,3; S.805,5.

867 S. ASMUSSEN, Flandernfahrer, S.538.

868 S. ASMUSSEN, Flandernfahrer, S.522f.

869 S. S.343.

870 Die weiteren Provisoren waren Gerhard Odeslo, Tymmo Hadewerk, Bernhard Plescow und Reyneke Ratelbant, s. ASMUSSEN, Flandernfahrer, S.541.

871 S. ASMUSSEN, Flandernfahrer, S.544.

872 1383 schuldete Nienborch dem Stockholmer Ratsherrn, für den in Lübeck Gerhard Odeslo als Prokurator auftrat, 100 Mark, s. KOPPE, Lübeck-Stockholm, S.220.

873 S. KOPPE, Lübeck-Stockholm, S.220.

874 1384 gab er dem Lübecker Vogt dort ein Darlehen. Dafür verpfändete dieser ihm eine Gewandschneiderbude, s. KOPPE, Lübeck-Stockholm, S.220.

875 1391 wurde die Gesellschaft aufgelöst, vgl. SIMON, Niederstadtbuch, S.775,4 (1391 Octava corporis Christi).

876 S. KOPPE, Lübeck-Stockholm, S.220.

877 S. ASMUSSEN, Flandernfahrer, S.544.

878 Geseke Paals Mutter Gertrud war die Tochter des Flandernfahrers Thideman Rover, s. KOPPE, Lübeck-Stockholm, S.221.

Wintzenberg war 1404 Ältermann in Brügge.[879] Er stand in Kontakt zu führenden Kaufleuten und Ratsherren während der Zeit des Neuen Rates in Lübeck. So wurde er gemeinsam mit den Ratsherren Thideman Steen, Johan Schonenberg, Hinrik Kröpelin und dem Bürger Hans Bussow von Everd Moyelke 1413 als Provisor eingesetzt.[880] Wintzenberg benannte selbst auch in seinem Testament vom Mai 1415 Everd Moyelke gemeinsam mit Albert van der Brugge, Hinrik up dem Orde und Johan Gherwer als Vollstrecker.[881] Es bestand auch eine familiäre Verbindung zu den Niestad.[882]

Wie wir sahen, ergaben sich durch die Heirat des Henning van Rinteln mit der Tochter des Berthold Nienborch vielfältige Kontakte zu Lübecker und weiteren hansischen Kaufleuten und Ratsherren. Van Rinteln verheiratete eine Tochter mit Johan Luneborg, dem Enkel des gleichnamigen Ratsherrn. Johan (II.) Luneborg wurde 1428 in den Lübecker Rat kooptiert und war in den 40er Jahren des 15. Jahrhunderts ein wichtiger Delegierter auf Hansetagen.[883] Henning van Rintelns Sohn Christian wurde mit einer Enkelin des Ratsherrn Hartmann Pepersak verheiratet, deren Vater Hinrik nicht in den Rat aufgestiegen war. Christian van Rinteln wurde 1426 in den Rat kooptiert und führte 1427 mit Johan (I.) Bere und Berthold Roland die lübischen Kriegsschiffe.[884] Er ist als Delegierter nicht aufgetreten. Van Rinteln, der 1431 starb, setzte in seinem Testament vom Mai dieses Jahres, *krank an lyve*, Ludwig Krull, den Ratsherrn Brun (III.) Warendorp, Thideman Brekelvelde und Hartmann Pepersak als Provisoren ein.[885] Es ergaben sich für Christian van Rinteln auch entferntere verwandtschaftliche Beziehungen zu Lüneburger Ratsherren.[886] Eine weitere Tochter Hennings war die erste Ehefrau des seit 1428 amtierenden Ratsherrn Brun (III.) Warendorp.[887]

879 S. DIERCK, Älterleute, S.101.

880 Vgl. AHL, Testamente, Everd Moyelke, 24. Agust 1413: *Mine voremundere kese ik her Tideman Sten, her Johanne Schonenberghe, her Hinrik Cropelin, Hans Bussowen und Hinrik Wintzenberg ...*

881 S. ASMUSSEN, Flandernfahrer, S.878.

882 S. S. 149..

883 S. FEHLING, Ratslinie, S.69.

884 Vgl. LÜB UB 7, Nr.29.

885 Vgl. AHL, Testamente, Kersten van Rentelen, 17. Mai 1431.

886 Vor seinem Tode im Jahre 1409 hatte der Lüneburger Johan van der Mohlen sich in dritter Ehe mit Lizeke Pepersak, einer Enkelin des Lübecker Ratsherrn Hermann Pepersak, verbunden.

887 Zu Brun (III.) Warendorps weiterer Ehe mit Katharina Kronert s. S.164.

3. Johan Perceval

Schon mehrfach ist uns in den bisherigen Betrachtungen Perceval im geschäftlichen Zusammenhang mit hansischen Ratsvertretern begegnet. Johan Perceval wechselte ebenso wie sein Ratskollege Hermann van Ossenbrugge seinen Namen in Lübeck. Perceval stammte aus Braunschweig und hieß dort Roseke. Er ist von 1362 bis 1394 auf einer Vielzahl von hansischen Versammlungen zu finden, insgesamt 46 Mal. Weiterhin reiste er im Auftrag des Rates 1363 zum dänischen König. Die Pläne für eine Novgorodreise 1366 zerschlugen sich, zeigen aber die ihm zugemutete Kompetenz. 1376 vermittelte er in den Stader Auseinandersetzungen.[888] Wie die Braunschweiger Roseke mit Ratsfamilien und führenden Kaufleuten verbunden waren, ist aus den bisher bekannten Überlieferungen nicht zu erkennen. Percevals Frau Ida war eine geborene Wetter, die mit den Dortmunder Mallinckrod verwandt gewesen sein soll.[889] Die Lübecker Wetter waren mit der Greifswalder Familie Wetter verwandt, aus der Johan Wetter stammte. Dieser gehörte von 1419 bis 1424 dem Rat an.[890] Percevals Tochter Ida, die nach der Mutter genannt war, wurde mit Segebodo Holk, dem Sohn des Jakob Holk verheiratet. Segebodo Holk kehrte nach Installation des Neuen Rates in Lübeck nach Kolberg zurück und wurde dort in den Rat gewählt.[891]

Im Lübecker Niederstadtbuch ist Perceval über die schon erwähnten Eintragungen hinaus selten gemeinsam mit anderen Ratsherren zu finden. Im August 1363 wird er als Vormund der Kinder des Johan Morkerke zusammen mit den Ratsherren Hermann van Wickede und Hermann Gallin genannt.[892] Hermann Gallin hatte zu ihm besonderes Vertrauen, denn er setzte Perceval als Testamentsvollstrecker ein.[893] Mit Hinrik Constin und Hartmann Pepersak fungierte Perceval 1372 als Schiedsmann im Streit des Simon Swerting mit den Verwandten seines Schwiegersohnes in Hannover.[894]

---

888 Als Vertreter Lübecks wird neben ihm Gerd van Attendorn genannt. Aus Hamburg waren Bertram Horborg und Hinrik Ybing und aus Buxtehude Thideman van Drenstede und Conrad Gryp beteiligt, vgl. HR 1,2, Nr.116.

889 S. PYL, Genealogien 5, S.245.

890 Im Januar 1392 erstellte der Bergenfahrer Johan Wetter sein Testament. Er gab an seinen Neffen Johan und dessen Schwester Geseke, die Kinder seines Bruders Hartwich in Greifswald, und schenkte auch an seine Geschwister in Westfalen. Im März 1392 bestätigte Hartwich Wetter aus Greifswald, dass alles, was Everhard Wetter ihm und den *filiis adhuc iuvenibus* im Testament zugesprochen hatte, von den Provisoren ausbezahlt worden sei, vgl. SIMON, Niederstadtbuch, S.801,6 und 7. Hartwich Wetter, der Bruder des Lübeckers Johan, war verheiratet mit einer Enkelin des Greifswalder Ratsherrn Winold van Dortmund, s. PYL, Genealogien 4, S.57. Johan, der Sohn des Hartwich Wetter, wurde in den Greifswalder Rat gewählt. Er war mit einer Tochter des dortigen Ratsherrn Johan Vlesch verheiratet, s. PYL, Genealogien 4, S.246.

891 1416 verkaufte Thomas Perceval, Johans Sohn, eine *curia* mit Margaret Holk, vgl. AHL, Niederstadtbuch zu 1416 Laurencii. Der gemeinsame Besitz deutet auf eine verwandtschaftliche Beziehung. Demnach war Ida, die Frau des Segebodo Holk eine Tochter des Ratsherrn Perceval, worauf schon deutlich genug der Vorname hinweist. Demgegenüber nimmt Asmussen an, dass Ida die Tochter eines weiteren Johan Perceval gewesen ist, s. ASMUSSEN, Flandernfahrer, S.398.

892 Vgl. SIMON, Niederstadtbuch, S.8,5 (1363 Assumptio Marie).

893 Gemeinsam mit ihm wurden benannt Hinrik van Aalen und Hinrik van Brakel, vgl. SIMON, Niederstadtbuch, S.616,6 (1387 Conversio Pauli).

894 Vgl. SIMON, Niederstadtbuch, S.194,6.

Auf Beziehungen Percevals nach Dorpat deuten zwei Einträge. 1371 übergab der Dorpater Bürger Hinrik Rodenborg dem Lübecker Ratsherrn Hinrik Constin eine Rente von 10 ½ Mark in Dänemark. Die Urkunden darüber befanden sich bei Perceval.[895] 1373 bestimmte Perceval gemeinsam mit dem Lübecker Ratsherrn Jakob Plescow und dem Hamburger Herren Ludolf Holdenstede eine Sühne für einen Totschlag.[896]

Netz 45: Johan Perceval

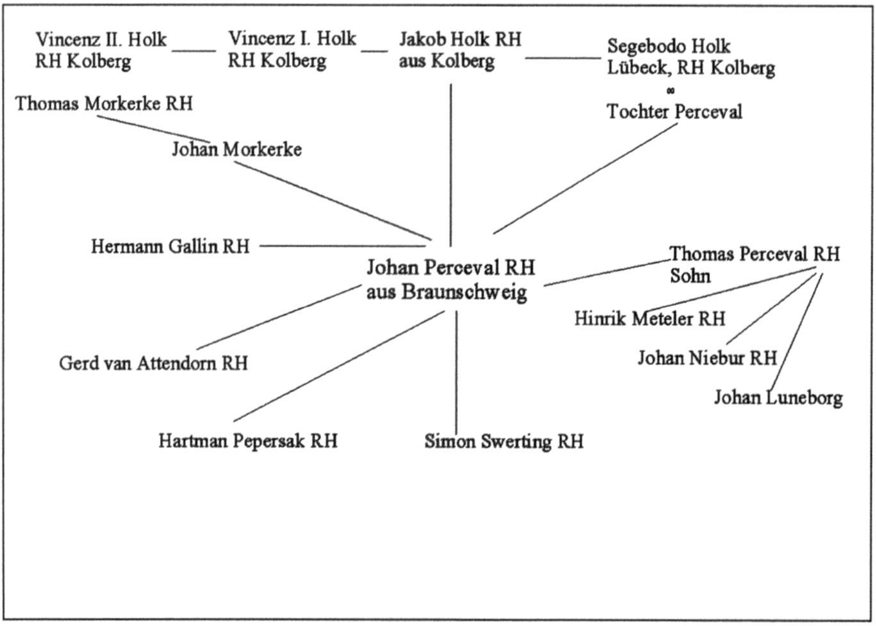

1375 erwarb Perceval mit anderen für 1200 Mark Sülzzollrenten in Lüneburg.[897] Gemeinsam mit den Ratsherren Gerd van Attendorn, Hartmann Pepersak und Simon Swerting besaß Perceval 50 Mark Rente beim Esslinger Zoll.[898] Mit den Thisenhusen stand Perceval in geschäftlichem Kontakt. Er nahm mit seinem Sohn Johan Geld für sie ein.[899] Percevals Sohn Thomas hatte 1399 Schulden bei dem Ratsherrn Hinrik Meteler.[900] Thomas Perceval wird im Juni 1408 auch mit 250 Mark Schulden bei Katharina, der Witwe des Johan Niebur, erwähnt.[901] Zu demselben Datum wird festge-

895 Vgl. SIMON, Niederstadtbuch, S.177,7 (1371 Oktav Epiphanie).

896 Vgl. SIMON, Niederstadtbuch, S.217,8 (1373 Letare).

897 S. FRANKE, Geldgeber, S.97.

898 Vgl. LÜB UB IV, Nr.528.

899 Vgl. SIMON, Niederstadtbuch, S.413,8 (1378 Donati). Auch im Juni 1385 ging es um dieses Geld. Die Perceval hatten aus der Thisenhusenschen Verbindung zu dieser Zeit noch 50 Mark Schulden bei Vromold Warendorp, vgl. SIMON, Niederstadtbuch, S.590,3.

900 Vgl. SIMON, Niederstadtbuch, S.10596 (1399 Assumptio Marie).

901 Vgl. AHL, Niederstadtbuch zu 1408 Johannes Baptist: Thomas Perceval bestätigt, dass er der

halten, dass Bernhard Stekemest und sein Sohn dem Thomas Perceval und Johan Luneborg wie Sieverd Veckinghusen Geld schulden *ex parte societatis.*[902] Thomas Perceval wurde 1414 in den Neuen Rat kooptiert und starb 1416. Wenden wir uns nun Jakob Holk zu, der durch die Ehe seines Sohnes mit Perceval in familiärer Beziehung stand.

3.1 Jakob Holk

Jakob Holk wird zum ersten Mal 1377 im Lübecker Niederstadtbuch mit einer Schuld bei dem Ratsherrn Gerd van Attendorn aufgeführt.[903] Bei seiner zweiten Nennung im Jahr 1389 handelte es sich dann um sein Erbe in Kolberg. Holk war kein gebürtiger Lübecker, sondern stammte aus dieser pommerschen Stadt. Der Abmachung über das väterliche Erbe können wir weiterhin entnehmen, dass der Vater des Lübecker Ratsherrn Jakob der Kolberger Bürgermeister Vinzenz (I.) Holk war.[904] Jakobs Brüder hießen Henning und Vinzenz. Der relativ seltene Vorname „Jakob" des Lübecker Ratsherrn lässt eine Verwandtschaft mit der Kolberger Ratsherrnfamilie David vermuten, aus der Jakob David auch zu dieser Zeit im Rat saß.

Verwandte des Jakob Holk bestimmten im 14. und 15. Jahrhundert in entscheidendem Maße die Kolberger Politik. Jakobs Vater Vinzenz (I.) saß seit 1364 im Rat und wurde Bürgermeister.[905] Jakobs älterer Bruder, der nach dem Vater benannt wurde, Vinzenz (II.) Holk war 1392 in den Kolberger Rat kooptiert worden. Er folgte 1393 seinem Vater auch im Bürgermeisteramt und nahm als Delegierter Kolbergs an den Hansetagen 1393 und 1394 in Lübeck teil.[906] Vinzenz (II.) Holk starb 1421.

Jakobs Sohn, Segebodo Holk, war sicherlich für eine Karriere in Lübeck bestimmt. So wurde er mit dem Leitnamen des mütterlichen Geschlechts, der Crispin, benannt und mit einer Enkelin des Bürgermeisters Perceval verheiratet, der 1399 verstarb. Die Frau des Segebodo Holk war nach ihrer Großmutter, der Frau Percevals, Ida benannt worden.[907]

Segebodo Holk kehrte mit seinem Vater 1408 nach Einsetzung des Neuen Rates in Lübeck nach Kolberg zurück. Dort wurde er bald in den Rat kooptiert und erschien

---

Katherine relicte Nyebures und *Everardo filio suo* 250 Mark schuldet.

902 EBD.

903 Vgl. SIMON, Niederstadtbuch, S.352,4 (Epiphanias 1377).

904 *Henninghus Holk de Colberghe frater domini Jacobi Holk consulis huius civitatis* bestätigt, dass er sich mit seinem Bruder über das Kolberger Erbe geeinigt habe. Solange ihr Vater lebte, sollte Henning jährlich 100 Mark Finkenaugen (*hoc sunt quinquaginta mr Lub dn*) erhalten, nach dem Tode des Vaters dann 200 Mark Finkenaugen, vgl. SIMON, Niederstadtbuch, S.700,1 (1389 Divisio apostolorum).

905 S. zu Vinzenz I. RIEMANN, Kolberg, S.213.

906 Vinzenz (II.) Holk stand auch in geschäftlichem Kontakt mit Stralsund, vgl. SCHROEDER, Liber II, Nr.208: *Dominus Vincencius Holk proconsul colbergensis dimisit Johannem Cremer famulum civitatis quitum et liberum ab omni computacione et ab omnibus, que dictus Johannes Cremer pro parte dicti domini Vincencii percepit usque ad presentem diem. Actum feria quinta in Penthecoste* (23. Mai 1415).

907 S. zu den Lebensdaten Percevals und zum Namen seiner Frau LUTTERBECK, Rat, S.330; s. zur Heirat Segebodo Holks mit Ida Perceval ASMUSSEN, Flandernfahrer, S.398.

beim großen Treffen zu Johannis 1418 als Gesandter Kolbergs in Lübeck.[908] Segebodo Holk war mit seinem Onkel Vinzenz (II.) geschäftlich verbunden. So kauften sie 1403 gemeinsam vom Kolberger Ratsherrn Wikbold Dobelsten eine Rente von neun Mark.[909] Engere Beziehungen bestanden auch zu den Kolberger Ratsfamilien Beyer, Stekeling, Horn, Wikboldi[910] und Glasenapp.[911]

Die Holk bestimmten als Bürgermeister und Delegierte in entscheidendem Maße die Politik Kolbergs mit der wichtigen Saline im ausgehenden 14. und beginnenden 15. Jahrhundert. Dementsprechend stand ihr sicherlich ansehnliches Wohnhaus dem Rathaus gegenüber neben denen anderer Ratsfamilien, wie der Wikbold und Dobelsten: *ex opposito theatri.*[912] Die Holk sorgten für ihre herausragende Memoria in der Stadt. Im Jahre 1423 verkauften nämlich die Vorsteher der Kolberger Kirche vom

---

908 Er wird nicht aufgeführt bei RIEMANN, Kolberg, Beilagen.

909 Vgl. LA GREIFSWALD, Rep. 38, Hs Kolberg 1, Fol.108 recto (1403 post festum s. Johannis Baptiste): 6) *dominus Vincencius Holk proconsul et Zeghebodo Holk emerunt a Wycboldo Dobelsten novem marcarum redditus* ... Die erhaltenen Teile des Kolberger Stadtbuches liegen in drei Bänden im Landesarchiv Greifswald. Nach früherer Einsichtnahme im Zusammenhang mit meiner Edition des Greifswalder Stadtbuchs wurde mir freundlicherweise durch Dr. Schoebel eine Aufnahme auf CD-Rom zur Verfügung gestellt, welche die Arbeit sehr erleichterte. Der Text ist in vieler Hinsicht interessant. So ist von mir in den nächsten Jahren eine Edition wenigstens des ersten Teiles (1373 - 1430) geplant.

910 Vgl. LA GREIFSWALD, Kolberger Stadtbuch, Fol.46 verso (1385 post Pascha): 2) *Wy bekenen, dat her Hinricus Palborn de provest van Stetyn unde her Jacob David hebben understan myt vruntscop ... de schelinghe tuschen Henningum Holke unde Katherinem sinen wive ghestlik edder werlik ... myd her Johan Stekelinghe, her Detmer Wicbolde, Hans Horn van der wroven weghene unde van Hennigh Holkes weghene Tydeman Hantebule unde Cort Beygher* ... 3) ... *Henningh Holkes wif ... dusent mark ... ere vrunt alze Stekeling, Hans Horn, Detmar Wykbolde* ... Conrad Beyer war uns schon als Vertrauter Jakob Holks begegnet. Die Kolberger Ratsfamilie Hantebule hatte 1350 noch nähere Verwandte in Dortmund, s. RIEMANN, Kolberg, S.40.

911 Vgl. LA GREIFSWALD, Kolberger Stadtbuch, Fol.7 verso (1374): *Recognoscimus quod dominus Vincencius Holk proconsul dedit cum consensu heredum suorum dimidium locum sartaginis, ab alia parte Persante in kota cum Hinrico Dobelsteen, Lubberto Glazenap suo avunculo; quod coram nobis sibi resignavit.* Die Glasenapp waren in große Schwierigkeiten geraten, da Berthold Glasenapp seinen Stiefvater, den Ratsherrn Detmar Dobelsten, in Bukow ermordet hatte. Im Stadtbuch findet sich eine detaillierte Beschreibung der Sühneleistungen, s. auch RIEMANN, Kolberg, S.82f. Einige Zeit später gab Berthold Glasenapp offiziell sein Bürgerrecht in Kolberg auf, vgl. LA GREIFSWALD, Kolberger Stadtbuch, Fol.16 verso (1377 post Pasche). Zu vergleichbaren Sühneleistungen vgl. POECK, Sühne durch Gedenken.

912 Vgl. LA GREIFSWALD, Kolberger Stadtbuch, Fol.74 recto (1392 *post festum sancti Johannis*): Der jüngere Vinzenz belastete das *domum Vincentii Holk ex opposito theatri*; vgl. auch Fol.99 verso (1401 *in jejunio*): 7) *Dominus Vincencius Holk proconsul impigneravit Dethmaro Hildebrande domum suam ex opposito theatri inter domos Suepenning et Wicboldi Dobelsten pro ducentis marcis minus tribus marcis* ... Vgl. auch Fol.139: 1) ... *emit a Detmaro Wicboldi domum juxta forum apud domum Vincencii Holk proconsulis* ... Aus seiner Kenntnis des Stadtbuchs faßte schon RIEMANN, Kolberg, S.52 zusammen: „Seitdem das Rathaus auf dem Markt stand, zogen sich die angesehenen Familien gerne auch in diese Straße. Hier wohnten besonders in dem oberen Teile [der alten Fischerstraße, *platea piscatorum* D.W.P.] in der Nähe des Marktes gegen 1400 die Gemelin, Strippow, Webele, Holk, Wachholt, Thene, Tolner, Dryvelow, Lymborch, de Bruke, Berthold, Wyse, David, Below, Münster, auch die Braunschweigs und Damitz haben hier ihre Häuser." Ob die Kolberger Below mit den gleichnamigen Greifswalder und Wismarer Ratsfamilien verwandt waren, ist zu fragen.

Dach der Holkschen Kapelle, die *sumptuoso plumbo* gedeckt war, das Blei für andere Kirchenaufgaben.[913] Auch durch die Stiftung eines Armenhauses sorgte Vinzenz (II.) Holk für seine Erinnerung in Kolberg,[914] so wie auch sein Bruder Jakob Holk eines in Lübeck gestiftet hatte.[915]

Allerdings bestimmten die Holk nicht allein die Hansepolitik Kolbergs. Während Kolberger Vertreter von 1363 bis 1370 auf hansischen Versammlungen recht häufig vertreten waren, hört mit Segebodo Holk 1418 die Beteiligung dieser Stadt für einige Jahre auf. Erstmalig wieder finden sich Vertreter dieser Stadt auf dem großen Hansetag vom Januar 1430. Danach sind Kolberger Ratsherren nur noch sporadisch im 15. Jahrhundert auf Hansetagen zu finden, nämlich am 12. März 1441, im Juni 1454, im August 1470 und schließlich am Johannistag 1487. Während wir wegen des Verlustes des ersten Kolberger Stadtbuches über die familiären und geschäftlichen Beziehungen der Kolberger Ratsherrn bis in die 70er Jahre des 14. Jahrhunderts wenig erfahren, bietet uns das zweite Kolberger Stadtbuch seit 1373 vielfältige Informationen. Wir können wenigstens in Umrissen verwandtschaftliche und geschäftliche Beziehungen zwischen den Delegierten des ausgehenden 14. Jahrhunderts und beginnenden 15. Jahrhunderts und führenden Familien der Stadt erkennen.[916]

Bald nach der Mitte des 14. Jahrhunderts traten vier Delegierte besonders hervor:[917] Berthold Pretemyn, Detlev Verchemyn, Henning Gemelin und Johan Beren-

---

913 Vgl. LA GREIFSWALD, Kolberger Stadtbuch, Fol.212 recto (1423): 3) *Recognoscimus quod capella ecclesie Colbergensi continue annexa ipsorum condictorum Holk olim autem tecta sumptuoso plumbo, quod plumbum provisores eiusdem ecclesie cum eorundem condictorum Holk consensu ... vendiderunt et pecuniam non modicam inde resultantem in eiusdem ecclesie utilitatem converterunt.* Dafür verpflichteten sich die Vorsteher, künftig für den Erhalt der Holkschen Kapelle, insbesondere des Daches und der Fenster zu sorgen. Cosmus von Simmer berichtet in seiner Chronik im frühen 17. Jahrhundert: *Anno 1414 hat Vincentius Hölke, Burgermeister zu Colberg bey gedachter Kirche eine Capell gebauwet, so man auch Holken-Capell nenen thut.* [*Mit Hülfe seines Bruders Jacobi.*] Vgl. VON STOJENTIN, Chronik des Cosmus von Simmer, S.91. Um 1500 wird in der Holkenkapelle eine Marienbrüderschaft erwähnt, s. RIEMANN, Kolberg, S.210.

914 S. RIEMANN, Kolberg, S.213: „Schon vor 1421 bestand ein wahrscheinlich vom Bürgermeister Vinzentius Holk begründetes Spital armer Leute, welches unter der Aufsicht von Wobbeke Holk, der Gattin des Bürgermeisters stand. In seinem Testamente (1421) übertrug dieser die Sorge für dasselbe seinem Sohne Hans ..." Wie sich an dieser Aussage zeigt, konnte Riemann noch auf weitere Überlieferungen zurückgreifen.

915 Das Holksche Armenhaus in Lübeck wird in Testamenten bedacht, vgl. beispielsweise AHL, Testamente, Johan bi dem Dore, 13. Mai 1403: *to deme huse der armen, de her Holk herberghet up den Poggenpole*; vgl. auch entsprechend AHL, Testamente, Hinrik Bonhorst, 7. September 1403.

916 Aus der Erbteilung des Johan Berenwold von 1373 (Fol.6 verso) geht schon deutlich hervor, dass es ein oder mehrere ältere Stadtbücher gab: *Recognoscimus quod Johannes Berenwolt nostri consilii socius dedit et assignavit Johanni suo filio, de prima eius uxore progenito, quartam partem loci sartaginis in kota cum Hinrico Gestyn, itam quartam partem orti extra valvam lapideam et dimidiam domum sitam in fine platee sancti Nicolaii pro hereditate sua materna. Et per hoc est ab eo separatus tamen dictus eius filius. Mansit ... in centum marcis vincorum den. Johannes Berenwolt pueri suo predicto obligatus, que superius in alio libro super predictam domum dicto suo filio erant ascripte et annotate.*

917 Vgl. im Anhang die Übersicht 5: Kolberger Delegierte.

wold. Pretemyn wurde 1361 in den Rat kooptiert und starb 1369.[918] Er nahm zwischen 1363 und 1369 an elf Tagen teil. Detlev Verchemin kam 1364 in den Rat und starb 1371.[919] Er beteiligte sich in dieser Zeit an fünf Tagen. Seine Tochter war mit Henning Witte verheiratet, der mit Vinzenz (I.) Holk gemeinsam Teile an einer Kote besaß.[920] Aus einer Eintragung im Niederstadtbuch zu seiner Witwe im Jahre 1377 geht weiter hervor, dass sie sich auch in den Besitz einer Saline mit Henning Kolberg und Nicolaus Mus teilte.[921] Während die Mus eine führende Familie in Kolberg waren, die auch später Ratsherren hervorbrachte, gehörten die Kolberg nicht nur zu den wichtigen Familien dieser Stadt, sondern sie stellten mit Hermann Kolberg auch einen Ratsherrn in Danzig.[922]

Hermann Kolberg trat 1358 in den Danziger Rat ein, wurde 1378 Bürgermeister und starb 1384. Er handelte, wie aus einer Notiz zu 1360 hervorgeht, zu dieser Zeit mit Kupfer und Tuchen über Stralsund und Lübeck mit Brügge.[923] Der Danziger Ratsherr Kolberg nahm an zwei Hansetagen in den achtziger Jahren des 14. Jahrhunderts in Lübeck teil.[924] Anscheinend handelte es sich bei ihm um den Bruder des Hennig Kolberg aus Kolberg.[925] Vielleicht waren sie aber auch Cousins. Auf jeden Fall sind sie näher verwandt gewesen, denn der Danziger Ratsherr stellte Forderungen an die Witwe des Kolbergers dessen Erbe betreffend. In der Fastenzeit des Jahres 1383 wurden diese Streitigkeiten in Kolberg beigelegt.[926]

Henning Gemelin, der aus einer Kolberger Familie stammte, die schon seit dem Ende des 13. Jahrhunderts Mitglieder des Rates stellte,[927] wurde 1364 Ratsherr, 1376 Bürgermeister und starb 1387. Er beteiligte sich zwischen 1364 und 1371 an sieben Hansetagen. Im Stadtbuch ist er nicht leicht von seinem Bruder Hinrik zu unterschei-

---

918 S. RIEMANN, Kolberg, Beilagen, S.109.

919 S. RIEMANN, Kolberg, Beilagen, S.109.

920 Vgl. LA GREIFSWALD, Kolberger Stadtbuch, Fol.12 verso (1375 post festum sancti Martini): 12) *Recognoscimus quod Henningh Witte cum uxore sua, filia Detlevi Verchemyn, dedit et assignavit relicte Detlevi Verchemyn pro dote sua unum locum sartaginis ab alia parte Persante situm in kota cum domino Vincentio Holk ...*

921 Vgl. LA GREIFSWALD, Kolberger Stadtbuch, Fol.16 verso (1377 post Pascha): 12) *Recognoscimus quod relicta Dethlevi Verchemyn, Henninghus Colberg et Nicolaus Mus emerunt a Johanne Schademan et a provisoribus puerorum Bernardi Hornevysch decimam sextam partem sartaginis ab ista parte Persante ...* Der hier genannte Johan Schademan war auch im Englandhandel tätig, s. JENKS, England, S.954.

922 S. zu seinen Amtszeiten ZDRENKA, Rats- und Gerichtspatriziat 1, S.319. Zdrenka vermutet eine Herkunft aus Elbing.

923 S. ANSEHL, Thorns Seehandel, S.89.

924 Vgl. die chronologische Übersicht.

925 Die Kolberg gehörten zu den alten Ratsfamilien der Stadt, vgl. RIEMANN, Kolberg, S.33. Ohne weitere Überlieferungen ist das genaue Verwandtschaftsverhältnis nicht zu klären.

926 Vgl. LA GREIFSWALD, Kolberger Stadtbuch, Fol.38 (1383 in jejunio): 6) *Recognoscimus quod omnis dissensio et controversia habita et orta inter Hermannum de Colberg, consulem in Dantzik, ex una et relictam Henninghi de Colberg quondam nostri concivis parte ex altera super hereditate per dictum Henninghum derelicta est sopita ...*

927 Johannes Gemelin senior 1294-1302, Gerard Gemelin 1301, Hinrik (I.) Gemelin 1308-1338, vgl. RIEMANN, Kolberg, Beilagen, S.108f. Die Frau Gertrud des Henning Gemelin stiftete 1372 die Gertrudenkapelle „vor dem Mühlentore in der Nähe des Hochgerichts gelegen." S. RIEMANN, Kolberg, S.58.

den.[928] Henning Gemelin ist mehrfach in Geschäften mit den Vinzenz Holk (senior und junior) zu beobachten. Mit Vinzenz (I.) Holk besaß er beispielsweise gemeinsam eine Salzstätte, an der Bürgermeister Ludwig Zuverke 1382 eine Rente kaufte.[929]

Ludwig Zuverke bildete in der zweiten Hälfte des 14. Jahrhunderts einen Knotenpunkt im verwandtschaftlichen und geschäftlichen Beziehungsnetz der Kolberger Ratsherren.[930] Er war mit einer Tochter des Ratsherrn Detmar Dobelsten (1358-1372) verheiratet. Diese ist vor 1373 verstorben, denn Zuverke übertrug in diesem Jahr seiner Tochter aus dieser Ehe ihr Erbe.[931] Mit einer weiteren Tochter Dobelstens war der in dieser Notiz genannte Ratsherr Jakob David verheiratet. Er war also ein Schwager Zuverkes.[932]

Einer der Testamentsvollstrecker Zuverkes war Paridam Brunswik.[933] Brunswik entstammte einer Familie, die schon seit dem 13. Jahrhundert in Kolberg Ratsherren

928 Vgl. LA GREIFSWALD, Kolberger Stadtbuch, Fol.10 recto (1375): ... *Hinricus Ghemelyn emit a (domino) Henningho Ghemelin (proconsule), fratre suo, domum suam, in qua dictus Henninghus moratur, sita in platea Piscatorum inter domos Henninghi Holk et relicte Paridam Wachholt ...*

929 Vgl. LA GREIFSWALD, Kolberger Stadtbuch, Fol.34 recto (1382 post festum circumcisionis Domini): 3) *Recognoscimus quod dominus Ludovicus Zuverke emit a domino Vincencio Holk seniore super medietatem loci sartaginis eiusdem domini Vincencii siti ab ista parte Persante in kota cum Henningho Gemelyn viginti quatuor marcarum den. Vynkenogen annuos redditus pro tricentis marcis.*

930 Ludwig Zuverke gehörte dem Kolberger Rat seit 1361 an. Seit 1375 war er Bürgermeister und starb nach Riemann im Jahr 1397, s. RIEMANN, Kolberg, Beilagen, S.109. Im Stadtbuch sind seine geschäftlichen Transaktionen gut zu verfolgen. Allerdings treten 1389 schon seine Testamentsvollstrecker auf. Deshalb ist er mit Sicherheit vor diesem Zeitpunkt verstorben. Vgl. LA GREIFSWALD, Kolberger Stadtbuch, Fol.89 verso (1389): 5) *Recognoscimus quod executores testamenti domini Ludowici Suverken emerunt a Nicolao Schademanne octo marcarum redditus ... super media domo eius sita ex opposito theatri prope domum relicte Zydelmannes pro centum marcis ...* (Ein Nicolaus Schademann war Ratsherr von 1383 bis 1413, s. RIEMANN, Kolberg, Beilagen, S.110.) 6) *Recognoscimus quod executores testamenti domini Ludowici Suverken emerunt a Hinrico Ghemeline seniore sedecim marcarum redditus ... in et super loco sartaginis sito ab ista parte Persante in kota cum Holke ... pro ducentis marcis ... Et hii redditus spectant ad vicariam Katherine Wachholtes filie dicti Lodowici ...* Reimer Wachholt war Ratsherr von 1406 bis 1413, s. RIEMANN, Kolberg, Beilagen, S.110.

931 Vgl. LA GREIFSWALD, Kolberger Stadtbuch, Fol.5 verso (Mo CCCo LXXIIIIo): 1) *Recognoscimus quod Lodewicus Zuverke assignavit filie sue, de filia domini Dethmari Dobelsten procreate, pro hereditate materna dimidiam suam domum, in qua moratur, terciam partem loci sartaginis ab alia parte Persante in kota cum Jacobo David, quatuor modios ordei et quatuor modios avene in curia Jacobi Zuverke in Zelnow, centum et quinquaginta et decem marcas, que scripte sunt super dimidium locum sartaginis Dethmari Dobelsten iunioris bone memorie, item quadringentas et quinquaginta marcas, pro quibus dicte sue filie terciam partem loci sartaginis ab alia* (korrigiert aus.: *ista) parte Persante et quartam partem suam ab ista parte Persante locavit, insuper unam cistam cum omnibus supellectilibus in ea contentis, que mater dicti pueri ad dictum Lodewicum portaverat et cetera ornamenta argentea et aurea, que in vita sua habuit et ad ipsum portaverunt et que ipse eciam dederat ac sibi, que in ista cista continentur.*

932 Vgl. LA GREIFSWALD, Kolberger Stadtbuch, Fol.21 recto (1378): 3) *Recognoscimus quod dominus Ludovicus Zuverke emit a swagero suo Jacobo David locum sartaginis ab alia parte Persante ... et medietatem domus, in qua idem Jacobus moratur site in platea Piscatorum inter domos relicte Webelen et Paridam et fratris sui dictorum Brunswyk ....*

933 Vgl. LA GREIFSWALD, Kolberger Stadtbuch, Fol.116 (1408 post Epiphanias).

stellte.[934] Paridam Brunswik gehörte dem Rat seit dem ausgehenden 14. Jahrhundert an. Er erschien als Delegierter im März 1394 auf einem Tag in Lübeck.[935] Brunswik, der auch mit Vinzenz (II.) Holk und anderen Ratsherren in geschäftlichen Transaktionen zu beobachten ist,[936] war mit einer Tochter des Ratsherrn Jakob David verheiratet, wie aus seiner Erbteilung von 1398 hervorgeht.[937] Jakob David war Ratsherr von 1364 bis wenigstens 1403.[938] In dieser Zeit trat er als Delegierter auf einem Hansetag im Juli 1368 in Lübeck in Erscheinung.[939] Mit Zuverke sorgte er gemeinsam für St.Georg und war auch geschäftlich mit ihm verbunden.[940] Auch Henning Gemelin hatte gemeinsamen Pfannenbesitz mit den Holk.[941] Hennings Sohn Hinrik kaufte 1401 von dem Ratsherrn Gottfried Webele einen Zins in einer Saline,[942] die dieser wiederum gemeinsam mit Vinzenz (II.) Holk besaß.[943] Zusammen als Provisoren erschienen Henning Gemelin und Johan (II.) Berenwold im Jahr 1381.[944]

---

934 Die Brunswik zeigten schon durch ihren Wohnsitz ihre besondere Stellung in der Stadt an, s. RIEMANN, Kolberg, S.48: „So lag die Kurie der Braunschweigs in ländlicher Abgeschiedenheit, durch zwei dazu gehörende Buden von der Straße gesondert, zwischen ihnen war die Einfahrt auf den Wirtschaftshof und zu dem Wohnhause, den Stallungen und Speichern."

935 Nach Riemann war Brunswik erst seit 1408 im Rat, s. RIEMANN, Kolberg, Beilagen, S.110.

936 Vgl. LA GREIFSWALD, Kolberger Stadtbuch, Fol.79 recto (1394 post festum Pasche) 7.) *Gherardus Below ... impigneravit domino Vincencio Holk, Paridam Brunswik, Lubbrecht Glasenappe, Hinrico Romer ... domum sitam in platea Piscatorum ...*

937 Vgl. LA GREIFSWALD, Kolberger Stadtbuch, Fol.91 verso (1398 post festum assumptionis beate Marie virginis): 6) *Paridam Brunswyk fecit divisionem hereditariam pueris suis ex filia Jacobi Davidis progenitis ...*

938 Er soll von 1364 bis 1385 im Rat gesessen haben, s. RIEMANN, Kolberg, Beilagen, S.110. Da wir einen Ratsherrn Jakob David aber noch 1403 auftreten sahen, muß er länger gelebt haben, falls er nicht einen gleichnamigen Sohn gehabt haben sollte, der auch Ratsmitglied wurde. Das ist nicht auszuschließen, allerdings bis jetzt auch aus dem Stadtbuch nicht zu beweisen. Zu 1403 s. oben die Notiz aus dem Kolberger Stadtbuch.

939 Vgl. die Übersicht Kolberg.

940 Vgl. LA GREIFSWALD, Kolberger Stadtbuch, Fol.10 verso (*Mo CCCo LXXV*) : 1) *Lodewicus Zuverke proconsul et Jacobus David camerarius* kaufen 30 Mark Zins für St. Georg. Auch später handelten sie gemeinsam für St. Georg, vgl. beispielsweise Fol.24 recto: Ludwig Zuverke und Jakob David werden 1378 als Vorsteher von St. Georg genannt; ebenso 1384 (Fol.40 verso). Vgl. zu gemeinsamen Geschäften Fol.21 recto (1378) : *Dominus Ludovicus Zuverke* kauft von seinem Schwager Jakob David *locum sartaginis*. Jakob David wohnte *in platea Piscatorum inter domos relicte Webelen et Paridam et fratris sui dictorum Brunswyk.*

941 Vgl. LA GREIFSWALD, Kolberger Stadtbuch, Fol.30 verso: 5) *Dominus* Ludwig Zuverke kauft von Vinzenz Holk. Er hat gemeinsamen Besitz der *sartaginis* mit Hinrik Ghemelyn. Vgl. auch Fol.76 verso (*Anno domini Mo CCCo XCo IIIo post festum nativitatis beate Marie*): 4) *Recognoscimus quod Herman van Eeden emit a dominis Vincencio Holk et Hinrico Ghemeline medium locum sartaginis ab alia parte Persante*

942 Rieman weist Webele nur für 1400 als Ratsherrn aus, vgl. RIEMANN, Kolberg, Beilage, S.110.

943 Vgl. LA GREIFSWALD, Kolberger Stadtbuch, Fol.99 verso (1401 in jejunio): 9) *Hinricus Ghemelin filius Henninghi emit a Godfrido Webelen octa marcarum redditus ... in et super loco sartaginis sito ab alia parte Persante in kota cum domino Jacobo Holk pro centum marcis ...*

944 Vgl. LA GREIFSWALD, Kolberger Stadtbuch, Fol.33 recto (1381): 7.) Henning Gemelin, Johan Berenwolt und Hinrik Gemelin sind Provisoren der Kinder des Heidenrik Boder *de filia Leonardi progeniti.*

Berenwold gehörte dem Rat seit 1363 an und war zwischen 1363 und 1379 auf fünfzehn Hansetagen zu finden. Er starb 1401.[945] Auch Berenwolds gleichnamiger Vater war schon Ratsherr gewesen.[946] Johan (II.) Berenwold arbeitete eng mit weiteren Kolberger Ratsherren zusammen. Mehrfach erschien er gemeinsam mit Paridam Brunswik. 1391 verliehen sie Geld, wofür ihnen ein *locum sartaginis* verpfändet wurde.[947] 1392 wurden sie gemeinsam bei einem Verkauf an Vinzenz (II.) Holk und Conrad Beyer genannt.[948] Zwischen den Holk und den Berenwolt bestand auch eine verwandtschaftliche Beziehung. Eine Tochter des Johan (II.) Berenwolt war mit dem späteren Ratsherrn und Bürgermeister Johan Holk, einem Sohn des Vinzenz (II.), verheiratet.[949]

Die engen verwandtschaftlichen Beziehungen der Kolberger Familien und der gemeinsame Pfannenbesitz reichten auch über die Stadt hinaus und schlossen Ratsfamilien benachbarter Städte wie Köslin ein.[950] Eine engere Zusammenarbeit ist für 1418 durch einen „Schifffahrtsvertrag" auch mit Rügenwalde zu erkennen.[951] So stand Kolberg am Ende des 14. Jahrhunderts „an der Spitze einer Anzahl pommerscher Städte ... Rügenwalde, Stolp, Treptow, Greiffenberg und Wollin."[952] Aber die familiä-

---

945 EBD.

946 Johannes (I.) Barenwold 1302 -1324 (oder 1364?), vgl. RIEMANN, Kolberg, Beilagen, S.109.

947 Vgl. LA GREIFSWALD, Kolberger Stadtbuch, Fol.66 (1391): 8) *Relicta Hinrici Langhe Peters impigneravit dominis Johanni Berenwolde proconsuli et Paridam Brunswyke locum sartaginis situm ab ista parte Persante ... pro quingentis marcis ...*

948 Vgl. LA GREIFSWALD, Kolberger Stadtbuch, Fol.73 verso (1392): *Recognoscimus quod dominus Vincencius Holk junior et Conradus Beygher emerunt a domino Johanne Berenwolt, Paridam Brunswik et Detmaro Wycbolde ... ex parte Johannis Vos de Cusselin domum sitam in platea institorum que fuit Stekelinges ....*

949 Vgl. LA GREIFSWALD, Kolberger Stadtbuch, Fol.141 recto (1411): 9) *Johannes Holk tenetur Hermanno Berenwold in trecentis marcis .... unum locum sartaginis iuxta fontem in cotha cum Jacobo Holk. Et est ille locum, quod dabit eidem Johanni Holk in dotem cum uxore sua ...* Johan Holk amtierte von 1423 bis 1437, vgl. zur Amtszeit RIEMANN, Kolberg, Beilagen, S.111.

950 Vgl. beispielsweise zur Verwandtschaft zwischen dem Kösliner Bürgermeister Christian Tymme und dem Kolberger Ratsherrn Dobelsten LA GREIFSWALD, Kolberger Stadtbuch, Fol.18 verso (1377): *Recognoscimus quod Kerstianus Tymme proconsul in Cusselyn resignavit ... domino Detmaro Dobelsten de consensu uxoris sue partem illam, in qua uxor sua hereditarie successit patri suo Hinrico Dobelsteen, loci sartaginis, in quo loco dictus Detmarus alias partes habuit.* Mit Tymme machte auch Hennig Kolberg Geschäfte, vgl. Fol.16 verso (1377 *post Pasche*): Henning Kolberg kauft einen halben *locum sartaginis a Krystiano Tymmen de Cussalyn.* Zu den städtischen Beziehungen vgl. auch RIEMANN, Kolberg, S.88: „Das schon 1299 genannte Körlin ... erscheint um 1380 mit lübischem Recht nach Kolberger Muster bewidmet. Auch Köslin ... hatte wenigstens in späterer Zeit das Zugrecht nach Kolberg. ... Selbst nichtstiftische Städte, wie Stolp und Schlawe, standen in demselben Verhältnis zum Kolberger Rate ... Die meisten der genannten Städte standen auch sonst in nahen Beziehungen zu Kolberg, und bei der Gründung mehrerer sind wohl Kolberger Bürger tätig gewesen. Zu den Familien, die lübisches Recht nach Kolberger Norm nach Stolpe verpflanzt haben, gehören die Darsows; ... einem Johannes Darsow wurde 1310 bei der Gründung der Stadt das Richteramt übertragen, und Nikolaus Darsow war dort 1350 Bürgermeister."

951 Vgl. RIEMANN, Kolberg, Beilagen, S.35f., Nr.29: Schiffahrtsvertrag zwischen Kolberg und Rügenwalde (9. Februar 1418).

952 S. RIEMANN, Kolberg, S.152. Delegierte aus diesen Städten werden auf Hansetagen sehr selten genannt. Im April 1412 ist Rügenwalde durch Hinrik Ketelist in Lüneburg vertreten. An den

ren Beziehungen der Ratsfamilien gingen noch über diesen Bereich hinaus. So stellte die Kolberger Ratsfamilie Horn[953] beispielsweise 1417 gleichzeitig einen Ratsherren in Kolberg wie in Stettin.[954] Wie wir schon im Blick auf Jakob Holk, der in Lübeck Kariere machte, und Hermann Kolberg, der in Danzig in den Rat aufstieg,[955] sehen konnten, reichten die Beziehungsnetze der führenden Kolberger Familien über die nähere Region hinaus.

Auch ein Mitglied der in Kolberg wichtigen Ratsfamilie Wikbold wurde in einer anderen Hansestadt in den Rat kooptiert: Vinzenz Wikbold war Greifswalder Ratsherr. Dass er ein enger Verwandter der Kolberger Wikbold, Bruder des Johan Wikbold und Cousin des Ratsherren und Delegierten Gerhard Wikbold war,[956] wird aus seiner Einsetzung als Vormund seines Neffen Wikbold Wikboldi (Ratsherr 1399 - 1402) und dessen Schwester Margarete im November 1376 deutlich. Gemeinsam mit ihm wurden als Provisoren die Brüder Henning und Vinzenz (II.) Holk wie Detmar Horn genannt. Verhandelt wurde die Angelegenheit vor dem Bürgermeister Vinzenz (I.) Holk.[957] Auch 1413 war der Greifswalder Ratsherr Vinzenz Wikbold an einer

---

Verhandlungen in Kopenhagen im April 1416 nehmen Vrolik Westfal und Hinrik aus Stolp, Johan Berndes aus Treptow und Slaweke Rosenow aus Wollin teil. In Kopenhagen war Kolberg nicht vertreten, dagegen Stargard durch Johan Warnow.

953 Schon vor 1392 handelten Bürgermeister Detmar Horn und die Ratsherren Tyderyk Rike und Hartwich Dobelsten gemeinsam mit Flandern, vgl. HUB 5, Nr.77 vom 5. Dezember 1392 mit einer Bitte Kolbergs an Lübeck um Ersatz des Schadens der genannten Herren von den flämischen Zahlungen für Detmar Horn, *de unzes rades borghermester was, Tyderyk Ryken, Hartwych Dobelsten unze kumpan des rades ... den ere schep und ere gud ghenomen wart, dar se an schaden umme ghekomen syn alze gut alz 300 nobelen.*

954 Vgl. LA GREIFSWALD, Kolberger Stadtbuch, Fol.179 verso (1417): 2) *Recognoscimus quod Teslaus Hazenvuot ... emit ab Everhardo Hoorn, consule Stetinensi, domum apud cimiterium apud Berenpyper, que olim pertinuit domino Hinrico Palborn ...* 3) *Recognoscimus quod Everardus Hoorn, noster conconsularis, ad fideles manus et nomine predicti Everhardi Hoorn, consulis Stetinensis, emit ... decem marcarum redditus ...* Der hier genannte Teslaus Hasenvut, der seit den zwanziger Jahren des 15. Jahrhunderts als Ratsherr amtierte, ist sonst auch in Verbindung mit Vinzenz Holk und Bodo Berenwold, dem Sohn Johans (II.) Berenwold und Bruder des Ratsherrn Hermann Berenwold (1411-1435, ab 1425 Bürgermeister), zu sehen. Vgl. beispielsweise LA GREIFSWALD, Kolberger Stadtbuch, Fol.142 verso (1412 post Epiphanias): 3) *Recognoscimus quod Vincencius Holk proconsul, Teslaus Hasenvuot, Bodo Berenwold ... fideiusserunt pro domino Jacobo Platen ... pro CCCC marcis ...*

955 Auch andere Kolberger Bürgersöhne zogen nach Danzig und behielten Kontakt zu Kolberger Ratsherren. Vgl. beispielsweise zu Johan Amelung LA GREIFSWALD, Kolberger Stadtbuch, Fol.10 verso (1375 post festum sancti Martini): 3) *Recognoscimus quod Michael Malnow emit unam quartam partem loci sartaginis ab ista parte Persante in kota cum filia Kunow a Johanne Amelunk cive in Dantzycke et ab eius matre; quam Tydericus Hasse noster socius tamquam procurator plenipotens coram nobis sibi resignavit.* Ein Johan Amelung ist als Danziger Schöffe, der ab 1382 amtierte, nachgewiesen, s. ZDRENKA, Rats- und Gerichtspatriziat 1, S.209.

956 Dieses vermutete auch schon Pyl, s. PYL, Genealogien 4, S.164. Gerhard Wikbold war seit 1364 Ratsherr und starb 1377. Er nahm am Hansetag zu Johannis Baptist 1368 in Lübeck teil.

957 Vgl. LA GREIFSWALD, Kolberger Stadtbuch, Fol.14 recto: *Hermoddis relicta Johannis Wicboldi bone memorie ... et tutores Wicboldi et Margarete ... Predictorum puerorum tutores sunt dominus Vincencius Wicboldi, frater dicti Johannis, Tydericus Hantebole, Hennighus et Vincencius fratres dicti Holk et Dethmarus Horn. Acta sunt hec anno domini MO CCCO LXXVIO septima die mensis Novembris.*

Schlichtung eines Streites um ein anderes Wikboldsches Erbe in Kolberg beteiligt. Wahrscheinlich handelte es sich um das Erbe seines Neffen Wikbold Wikboldi, eines Vertrauten des Jakob Holk. Dieser erscheint nur im ersten Jahrzehnt des 15. Jahrhunderts noch im Stadtbuch.[958] 1413 legte der Greifswalder Ratsherr Vinzenz Wikbold gemeinsam mit dem Kolberger Bürgermeister Vinzenz (II.) Holk den Streit bei.[959] Der Greifswalder Ratsherr ist also ein ganzes Menschenalter mit den Kolberger Verwandten in engerem Kontakt geblieben.

Vinzenz Wikbold, dessen außergewöhnlicher Vorname eine Verwandtschaft mit den Holk vermuten lässt, saß seit 1380 im Greifswalder Rat und starb 1418. Er vertrat Greifswald auf Hansetagen 1393 und 1402 in Lübeck und war im September 1393 bei den Verhandlungen in Schonen beteiligt.[960] An dieser Verhandlung nahm aus Kolberg Vinzenz (II.) Holk teil. Besonderes Kolberger Interesse an Schonen ist spätestens seit 1372 mit dem Erwerb einer Vitte, anschließend an *de Sundesche vitte unde de Stetynsche vitte*, durch den Kolberger Rat festzuhalten.[961] Wikbolds Tochter Tilseke wurde mit dem Greifswalder Ratsherrn Raphael Letzenitz verheiratet.[962] Dessen Vater Arnold Letzenitz vertrat als Greifswalder Bürgermeister seine Stadt auf den Tagen 1382 und 1384 in Stralsund, 1383 und 1394 in Lübeck. Gemeinsam mit Vinzenz Wikbold war er auch 1393 an den Verhandlungen in Schonen beteiligt.[963] Eine Tochter des Arnold Letzenitz war mit dem Greifswalder Ratsherrn Georg van Lübeck (1400-1415), einem Sohn des Ratsherrn Siegfried van Lübeck junior aus der Ehe mit Taleke Lowe, verheiratet.[964]

Kehren wir nach dem Blick auf die Verbindungen der Holk in Kolberg und auf die dort tonangebenden Ratsfamilien mit ihren überlokalen Beziehungen zu dem Lübecker Ratsherrn Jakob Holk zurück. Holk war zu der Zeit, als er sich mit seinem Bruder Henning über das väterliche Erbe einigte, schon seit zwei Jahren Lübecker Ratsherr. Sein Aufstieg in Lübeck wurde nicht nur durch seine Herkunft erleichtert,[965] sondern auch durch seine passende Lübecker Heirat. Holk vermählte sich mit Geseke,

958 Es handelt sich sicherlich um ein anderes Erbe der Familie Wikbold, da zwischenzeitlich Wikbold Wikboldi nicht mehr minderjährig war, sondern schon länger dem Rat angehörte.

959 Vgl. LA GREIFSWALD, Kolberger Stadtbuch, Fol.157 verso (1413 post Martini): 2) *Dominus Vincencius Wicbold consul Grypeswaldensis et Vincencius Holk noster proconsul arbitratores inter filios Wicboldi minorennes ... ex una et Nicolaum Wusseken ex altera parte ...*

960 Vgl. die chronologische Übersicht.

961 S. RIEMANN, Kolberg, Beilagen, S.29, Nr.46 (22. September 1372): König Waldemar III. von Dännemark verkauft den Kolbergern eine Vitte: *ene vitten op dem lande to Schonen twischen Schanore unde Valsterbade, de een anbeghin hebben scal, dar syk de Sundesche vitte unde de Stetynsche vitte endet, unde schal wesen also breit alse de Stetynsche vitte ...*

962 S. PYL, Genealogien 4, S.164.

963 S. PYL, Genealogien 4, S.163 und die chronologische Übersicht.

964 S. zu ihm PYL, Genealogien 4, S.225.

965 Wie wir schon gesehen haben, entstammte Jakob Holk einer der reichsten Kolberger Ratsfamilien, die mehrfach Bürgermeister stellte. S. zu den Holk in Kolberg auch TEPP, Kolberg im Spätmittelalter, S.618 mit Anm. 8: „Ein gutes Beispiel dafür, dass enge verwandtschaftliche Beziehungen zwischen Kolberger Ratsfamilien und den Ratsfamilien entfernterer Städte bestanden und ... gepflegt wurden, sind auch die im Lübecker Rat vertretenen Holk, eine der reichsten Kolberger Ratsfamilien ..."

einer Tochter des Segebodo Crispin.[966] Von 1398 bis 1405 war Holk Vertreter auf vier Hansetagen in Lübeck. Mit seinem Schwager Johan Crispin teilte Holk sich 1400 die Aufgaben als Führer im Kampf gegen die „Vitalienbrüder" in Friesland.[967] Diesen und Hermann Dartzow setzte er 1399 auch neben Goswin Klingenberg als Testamentsvollstrecker ein.[968] Geschäftliche Verbindungen mit Klingenberg werden kurz vor dem Ende des Jahrhunderts deutlich und lassen auf eine *societas* der beiden bis wenigstens 1403 schließen.[969]

Auch als Lübecker Ratsherr kümmerte Holk sich um Kolberger Angelegenheiten. So wurde im Frühjahr 1401 vermerkt, dass Holk dem Angehörigen einer Kolberger Ratsfamilie Geld aus einer testamentarischen Schenkung auszahlte.[970] Als 1392 der Kolberger Rat für Ratsherren und Bürger einen Anspruch auf Anteil an der Sühnezahlung der Flamen für geraubte Güter anmeldete, verwies er selbstverständlich auf den Herrn Jakob Holk, *juweme kumpane des rades*, der die Gelder für die Kolberger in Empfang nehmen sollte.[971] Nach der Einsetzung des Neuen Rates in Lübeck kehrte Holk nach Kolberg zurück und verstarb dort im Jahre 1414 oder wenig später.[972] Aber auch als Lübecker Ratsherr blieb er im Besitz seines Kolberger Erbes und verkaufte oder verpfändete selbst oder durch Prokuratoren, wenn er Bargeld brauchte, Teile seines dortigen Salzstättenbesitzes. So verpfändete im Januar 1393 Jakobs Bruder Vinzenz (II.) Holk für ihn eine Salzstätte (*locum sartaginis*) für 200 Mark Finkenau-

966 S. LUTTERBECK, Rat, S.280.

967 Vgl. CHRON. LÜB. 2, S.395.

968 Vgl. AHL, Testamente, 1399 April 29.

969 1398 schuldet Holk dem Goswin Klingenberg 264 Mark und auch 264 Mark Sundisch, vgl. SIMON, Niederstadtbuch, S.1009,4 (1398 Misericordia). Vgl. auch AHL, Niederstadtbuch zu 1403 Pentecostes: 4) *Notandum quod dominus Jacobus Holk coram libro recognovit se teneri domino Goswino Clingenberch in ducentum et duodecim marc. lub. ...*

970 Vgl. AHL, Niederstadtbuch zu 1401 Misericoridia: *Dominus Jacob Holk recognovit ... ad sufferenciam sublevasse a provisoribus Henninghi Zwarten illas centum et XV marcas, quas dictus Henningh deputavit in suo testamento Henningho filio sororis sue, quia antedictus Henninghus medio tempore mortuus est, ideo dicte pecunie fuerunt derelicte ad Margaretam uxorem Johannis Luperch civem Colbergensem. Et ad istius Margarete manum dictus dominus Jacobus dictam pecuniam sublevasset ...* Zu demselben Datum bestätigte auch Martin Kleyne, *civis Colbergensis*, dass er von den Provisoren des Henning Zwarten *ex parte* der Wendele und Katherine, der Töchter der Schwester des Henning, 50 Mark erhalten habe.

971 Vgl. HUB 5, Nr.77 vom 5. Dzember 1392: Der Kolberger Rat schreibt dem Lübecker Rat und bittet um Ersatz für die geschädigten Ratsherren und Bürger aus dem Vergleich mit den Flamen, nämlich für *Detmer Horn, de unzes rades borghermester was, deme God gnediych sy, Tyderyk Ryken, Hartwych Dobelsten, unze kumpan des rades* und zwei Bürger, *den ere schep und ere gud ghenomen wart, dar se an schaden umme ghekomen syn alze gut alz 300 nobelen*. Und der Rat bittet, dass *de vorbenomede schade her Jacob Holke, juweme kumpane des rades, antwerdet werde ...*

972 Zu seiner letzten Erwähnung als Lebender vgl. LA GREIFSWALD, Kolberger Stadtbuch, Fol.156 recto (1413 *post Bartholomei*): 1) *Recognoscimus quod dominus Jacobus Holk consul Lubicensis ut provisor vicarie ... emit ... octa marcarum annuos redditus*. Ob Holks Erwähnung bei der Zustimmung der Mitglieder des Alten Rates im Juni 1416 zur Entscheidung der zu wählenden Schiedsmänner über die Auseinandersetzung mit dem Neuen Rat sich noch direkt auf ihn als Lebenden bezieht, oder ob dieser Passus aus einer Vorlage übernommen wurde, ist schwer zu bestimmen. Von den Ratsherren, die sich zu dieser Zeit in Lübeck aufhielten, werden getrennt Jakob Holk und Hermann Westfal erwähnt als *buten Luebeke wesende*, vgl. HR 1,6, S.22.

gen.[973] 1397 verkaufte Jakob Holk selbst Teile seines Guthabens bei der Kolberger Stadtkasse. Davon ging ein Teil an den Sohn Hermann des Ratsherrn Johan (II.) Berenwold.[974] 1398 verpfändete Holks Kolberger Vertreter, der Ratsherr Conrad Beyer, wiederum für ihn einen Salinenanteil.[975] Wie im Text ausgeführt wird, befand sich dieser Teil in einer *kota* mit Hartwich Dobelsten, einem Angehörigen dieser Kolberger Ratsfamilie.[976] Diese Beobachtung nun gilt für große Teile der Saline: Vielfach teilten sich Kolberger Ratsfamilien in den Besitz der Koten.[977] Häufig verpfändeten und verkauften sie - ebenso wie Jakob Holk - Anteile. So war 1400 bei einem weiteren Verkauf auch ein Ratsmitglied Jakobs Rechtsvertreter. Wikbold Wikboldi verkaufte wiederum für Jakob Holk einen Pfannenanteil an ein Mitglied der Ratsfamilie Horn.[978] 1412 hören wir vom letzten Verkauf eines Anteils des Jakob Holk. Zu dieser Zeit war der Sohn Segebodo sein Prokurator in Kolberg.[979] 1400 schon hatte Wikbold Wikboldi vom Lübecker Ratsherrn Holk für den Kolberger Ratsherrn Mus *aream, sitam in Brotscharren* gekauft.[980]

---

973 Vgl. LA GREIFSWALD, Kolberger Stadtbuch, Fol.75 recto (Mo CCCo XCo IIIo post festum Epyphanias): *Recognoscimus quod Vincencius Holk procurator ... nomine domini Jacobi Holk impigneravit Michaheli Vos locum liberum sartaginis situm ab ista parte Persante ex opposito sancti Nicolai ... pro ducentis marcis ...* Anscheinend handelt es sich bei Nennungen von Mark im Kolberger Stadtbuch, wenn nicht anders vermerkt, um „Finkenaugen". Ein Finkenauge entsprach am Ende des 14. Jahrhunderts nach Ausweis der Angabe im Lübecker Niederstadtbuch einer halben lübischen Mark Pfennige, vgl. SIMON, Niederstadtbuch, S.700,1.

974 Vgl. LA GREIFSWALD, Kolberger Stadtbuch, Fol.91 recto (1397 post festum Penthecostes): 3) *Hermannus Berenwolt junior emit a domino Jacobo Holk consule in Lubeke vigintiquatuor marcarum redditus ... de pixide nostre civitatis ... pro trecentis marcis ...* 4) *Recognoscimus quod Nicolaus Schulte emit a domino Jacobo Holk consule in Lubeke vigintiquatuor marcarum redditus ... de pixide nostre civitatis ... pro trecentis marcis ...*

975 Conrad Beyer hatte für Holk auch bei der Anleihe von 1377 in Lübeck gebürgt.

976 Vgl. LA GREIFSWALD, Kolberger Stadtbuch, Fol.91 verso (1398 post festum assumptionis beate Marie virginis): 3) *Recognoscimus quod Conradus Beyer procurator constitutus ad hoc a domino Jacobo Holk ... impigneravit Elyo Herteghen locum sartaginis dicti domini Jacobi Holk consulis in Lubeke situm ab alia parte Persante in kota cum Hartwico Dobelstene pro ducentis marcis ...*

977 S. RIEMANN, Kolberg, S.120: „Die Koten waren teils zu 6, teils zu 4, einzelne auch nur zu 2 Pfannstätten (sartagines) eingerichtet." Um 1450 dann bestand die Kolberger Saline aus 216 Pfannstätten, die in 36 Koten zusammengefaßt waren, s. RIEMANN, Kolberg, S.132f.

978 Vgl. LA GREIFSWALD, Kolberger Stadtbuch, Fol.97 verso (1400 post Pasche): 9) *Recognoscimus quod Wycbold Wyboldi procurator domini Jacobi Holk consulis in Lubeke ad hoc constitutus impigneravit Hinrico Horn locum sartaginis situm ab alia parte Persante in kota cum Gotfrido Webelen ... pro trecentis marcis ...*

979 Vgl. LA GREIFSWALD, Kolberger Stadtbuch, Fol.121 verso (1408 post Penthecostes): 8) *Recognoscimus quod Hermannus Brutzeman emit a Seghebodo Holke procuratore patris sui domini Jacobi Holk ... unam lastam salis census ... pro ducentis marcis ...* Vgl. auch Fol.143 recto (1412 post Epiphanie): 5) *Recognoscimus quod Detmarus Horn emit a Zeghebode Holk procuratore domini Jacobi Holk consulis Lubicensis sui patris ad hoc specialiter constituto pro centum marcis et quinquaginta marcis duodecim marcas annuos redditus ... de et super loco sartaginis iacente ab ista parte Persante in cotha cum monialibus de Cosselyn prope viam ...*

980 Vgl. LA GREIFSWALD, Kolberger Stadtbuch, Fol.97 verso (1400 post Pasche): 14) *Recognoscimus quod Wycbold Wycboldi emit ad fideles manus ex parte Johannis Muus a domino Jacobo Holk aream sitam in platea Brotscharren ..., quam dominus Nicolaus Drevelow procuratorio nomine dicti Jacobi coram nobis resignavit.*

Obwohl Jakob Holk dem Lübecker Rat angehörte, behielt er dennoch Besitzrechte an Grund und Boden (Salinenteile und *area*) in Kolberg.

Netz 46: Jakob Holk

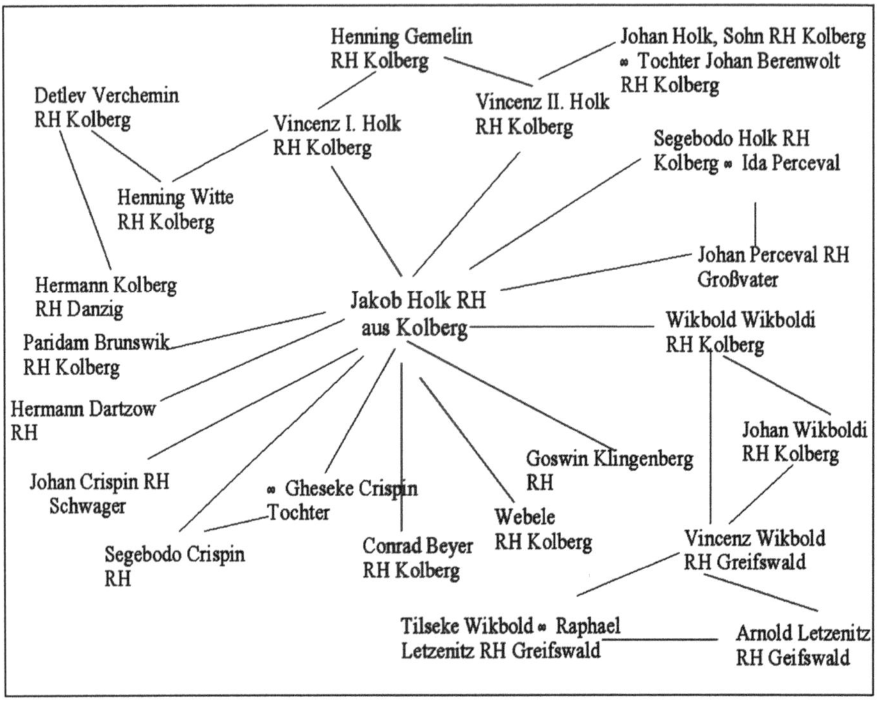

Dieses zeigt sich auch später um 1411,[981] als er dem Kolberger Bürgermeister Webele für eine Vikarie einen Zins von sechzehn Mark verkaufte. Ohne einen Prokurator verfügte der Lübecker Ratsherr Jakob Holk, der ausdrücklich als solcher bezeichnet wird, direkt über Besitz in Kolberg aus dem Erbe seines Vaters.[982]

981 Die Datierung dieser Seite der Handschrift des Kolberger Stadtbuches ist - wie auch die der vorangehenden und folgenden - durch Verlust des oberen linken Randes, auf dem normalerweise die Daten eingeschrieben wurden, erschwert. Die letzte eindeutige Datierung mit Angabe der Jahreszahl findet sich auf Fol.123 recto: 1410. Die nächste eindeutige Datierung folgt danach auf Fol.151 recto: 1413. Auf Fol.135 verso ist die Jahreszahl nicht mehr vorhanden, allerdings beginnt ein neues Jahr mit dieser Seite: *Anno ... post Epiphanias.* Mit großer Wahrscheinlichkeit handelt es sich also auf Fol.139 um das Jahr 1411.

982 Vgl. LA GREIFSWALD, Kolberger Stadtbuch, Fol.139 verso (1411): 6) *Recognoscimus quod dominus Webele proconsul ... emit a domino Jacobo Holk consule Lubicensi pro ducentis marcis sexdecim marcarum annuos redditus ... de libero loco sartaginis iacente ab ista parte Persante ... et est ille locum sartaginis, quod pater predicti domini Jacobi Holk emit a Nicolao Snaken ...* Vinzenz (I.) Holk kaufte die Pfanne und ließ den Kauf 1375 *post festum sancti Martini* in das Stadtbuch einschreiben, vgl. LA GREIFSWALD, Kolberger Stadtbuch, Fol.10 verso.

Wenig später verkaufte er wiederum für eine Vikarie eine jährliche Rente von 24 Mark, die auf einer Saline lag.[983] Am Beispiel Holks können wir beobachten, dass Beziehungen zu seiner Heimatstadt nicht nur durch seine Verwandtschaft bestehen bleiben, sondern auch durch Besitz, den er bei Kapitalbedarf auch beleiht. Im Spiegel der Delegationen zeigen sich die Vertretungen aus dem Familiengeflecht Kerkring und Holk. Dabei sind links die Kerkrings aus Münster abgesetzt, in der Mitte finden sich die Lübecker Delegierten und rechts getrennt die Kolberger Holk.[984]

Überaus deutlich wurden die engen Verwandtschafts- und Geschäftsbeziehungen der Kolberger Familien, die im ausgehenden 14. Jahrhundert und in den ersten Jahrzehnten des 15. Jahrhunderts Delegierte zu hansischen Verhandlungen sandten. Diese Beobachtung gilt allerdings nicht nur für die Stadt Kolberg. Wir konnten mit Jakob Holk einen wichtigen Lübecker Delegierten vorstellen, der trotz seiner Mitgliedschaft im Rat der Travestadt enge Verbindungen in seine Heimatstadt pflegte und dort seinen Besitz behielt. Jakob Holk war gut in die Lübecker Führungsschicht integriert, wie sich an seiner Heirat mit der Tochter des Segebodo Crispin zeigt. Holks Sohn wurde mit dem Leitnamen der Familie seiner Frau - Segebodo - benannt. Dieser wurde bald in die exklusive Lübecker Zirkelgesellschaft aufgenommen. Ihm schien eine Lübecker Ratskarriere vorgezeichnet. Allerdings wurden diese Pläne durch den Lübecker Aufruhr 1408 vereitelt. Jakob Holk verließ Lübeck und kehrte nach Kolberg zurück. Dort fand er Verwandte und Vertraute vor, mit denen er auch in der Zeit seiner Zugehörigkeit zum Lübecker Rat zusammengearbeitet hatte. Diese unterstützten seinen Sohn Segebodo beim Aufstieg in den Kolberger Rat. Auch Segebodo Holk zog wohl schon 1408 nach Kolberg. Dort stieg er schnell zum Ratsherrn auf und nahm beim großen Hansetag zu Johannis 1418 als Kolberger Delegierter teil.

Im Blick auf die Holk konnten wir besonders deutlich sehen, dass die Beziehungsnetze auch bei einem Umzug in eine andere Hansestadt und eine Karriere im dortigen Rat erhalten blieben. Während wir im Blick auf die Holk das Anknüpfen an alte Verbindungen in der Heimatstadt nach dem Scheitern des Lübecker Projekts beobachten konnten, zeigte sich für andere Familien wie die Horn, die Kolberg und die Wikbold, dass Familienmitglieder ebenso wie Jakob Holk die Stadt verließen und nach Stettin, Danzig und Greifswald umzogen. Dort stiegen sie in den Rat auf und tauchten als Delegierte auf Hansetagen auf wo sie mit Verwandten und Geschäftspartnern ihrer Familien zusammentrafen. Eine Übersicht zeigt die Kolberger Delega-

---

983 Vgl. LA Greifswald, Kolberger Stadtbuch, Fol.140 recto (1411): 3) *Dominus Jacobus Holk consul Lubicensis vendidit domino Nicholao Ryken vicario in ecclesia Colbergensi et Hermanno Berenwold ad fideles manus pro trecentis marcis viginti quatuor marcas annuos redditus ... de libero loco sartaginis iacente ab alia parte Persante prope fontem et ex alio latere usque Persantem in cotha cum Henningo Koldematz et filiabus Ambrosii Berteldes. Qui redditus spectant ad vicariam per dominum Bertoldum et Ambrosium fratres condicti Berteldes et per dictum dominum Nicolaum Ryken ... fundatam.* Kurz darauf verkaufte Holk wiederum, vgl. Fol.141 verso: 5) *Bodo Berenwold ad fideles manus et nomine domine Zanne vidue relicte Johannis Vos emit a domino Jacobo Holk consule Lubicensi pro centum Florenis Lubicensibus octo florenorum Lub. redditus super loco sartaginis iacente ab alia parte Persante iuxta fontem in cotha cum Johanne Holk.*

984 S. im Anhang Delegierten-Netzwerk 15.

tionen und zusätzlich die aus Kolberg stammenden Danziger und Greifswalder Ratsherren Kolberg und Wikbold mit dessen Verwandtschaft im Greifswalder Rat.[985]

985 S. im Anhang Übersicht 4: Kolberger Delegierte.

4. Simon Swerting

An vierter Stelle der Lübecker Vertreter des Hansetages wird zu Johannis Baptista 1379 Simon Swerting genannt. Er gehörte seit 1363 dem Rat an und stammte wie Jakob Plescow aus Visby. Dort war sein Vater Hermann Swerting bis zu seiner Hinrichtung im Jahre 1342 Bürgermeister gewesen.[986] Allerdings wanderten Simon und sein Bruder Gregor Swerting, der Ratsherr und Bürgermeister in Stralsund wurde,[987] nicht direkt nach dem gewaltsamen Tode des Vaters aus, sondern erst in den 50er Jahren des 14. Jahrhunderts. Zuerst wird Simon in Lübeck im Juli 1356 erwähnt.[988] In Lübeck verband Simon Swerting sich in erster Ehe mit Katharina Russenberg, deren Vater wahrscheinlich aus Dortmund kam.[989] Weitere Verwandte Katharinas waren in Dorpat zu finden. Katharina starb 1368 wohl an der Pest.[990] Eine nach der Mutter genannte Tochter Katharina aus dieser Ehe war in erster Ehe mit Hermann vamme Sode (de Puteo) aus Hannover verheiratet.[991] Mit dessen Onkel Johan Reinling in Hannover hatte Swerting 1372 eine Handelsgesellschaft, in die beide 70 Mark eingebracht hatten.[992] Zu demselben Datum wurde eine *societas* Swertings mit Gerhard Weyewint erfasst. Anscheinend stammte Weyewint aus der Mindener Ratsfamilie.[993] Die erste Ehe der Tochter Katharina geht aus einer Erbauseinandersetzung mit Swerting im Februar 1372 nach dem Tod des Schwiegersohnes Hermann hervor.[994] Forderungen an Swerting stellten die Brüder Hermanns, der Magister Burchard und Jakob.[995] Jakob vamme Sode war Bürger in Hannover.[996] Hermann vamme Sode, der Schwiegersohn Swertings, war im Livlandhandel engagiert. Man kam deshalb zu der Meinung, dass er „ein Livländer" war.[997] Wiederum zeigt sich an dieser Zuweisung, wie schwer wegen der Mobilität dieser Herren eine eindeutige Lokalisierung oft ist. In Lübeck stand Hermann vamme Sode in einer finanzkräftigen Gesellschaft mit

---

986 S. LINDSTRÖM, Rathslinie, S.7.

987 S. WIEGANDT, Swerting, S.36f.

988 S. WIEGANDT, Swerting, S.25.

989 S. WIEGANDT, Swerting, S.25f.

990 EBD. und KRÜGER, Bevölkerungsverschiebung, S.138f.

991 In zweiter Ehe wurde sie mit dem Ratsherrn Conrad van Urden verbunden, s. LUTTERBECK, Rat, S.387 und 398.

992 Vgl. SIMON, Niederstadtbuch, S.199,4.

993 S. SCHULTE, Macht auf Zeit, S.342ff, S.405ff.

994 Reinling hatte seinerseits eine Handelsgesellschaft mit seinen Neffen, den Brüdern de Puteo/vamme Sode. In diese Gesellschaft hatte jede Partei 36 Mark einbezahlt, vgl. SIMON, Niederstadtbuch, S.199,5.

995 Vgl. SIMON, Niederstadtbuch, S.194,5 (1372 Reminiscere). Bei einer Rückzahlung des Brand Koper aus Bodenwerder an die Provisoren des Hermann vamme Sode, nämlich Otto Hovesche, Hinrik van Borken, Gerhard Duvel und Hermann van Minden, wird auch auf den Bruder Hermanns, den Magister Burchard hingewiesen: *nullus fuit presens ex parte magistri Borchardi*, vgl. SIMON, Niederstadtbuch, S.300,9 (1375 Ciriaci).

996 Vgl. SIMON, Niederstadtbuch, S.194,6 (1372 Reminiscere). Mit den Brüdern des Hermann de Puteo namens Borchard und Reynling hatte Swerting eine *societa*s, die im April 1372 aufgelöst wurde, vgl. SIMON, Niederstadtbuch, S.199, 4 und 5.

997 S. KOPPE-KOPPE, Frankfurthändler, S.193 Anm.788.

Wilhelm Warendorp[998] wie auch mit dem Ratsherrn Johan Odbernhusen, den er als Prokurator einsetzte.[999]

Odbernhusen nahm am 9. Februar 1379 am Hansetag in Lübeck teil und starb 1380.[1000] Er hatte engere geschäftliche Beziehungen zum Lübecker Ratsherrn Hermann Vorste.[1001] Auch familiär waren die beiden verbunden. Odbernhusen war mit einer Tochter des Bernhard Stekemest verheiratet. Hermann Vorste war seinerseits mit einer Enkelin des Stekemest in einer Ehe verbunden. Vorstes Frau Margaret war nämlich eine Tochter des Werner Coesfeld und dessen Frau Margaret,[1002] die wiederum eine Tochter des Bernhard Stekemest war. Mehrfach sind Vorste und Stekemest auch in Geschäftsbeziehungen zu finden, so beispielsweise, als Vorste 1386 für 300 Mark eine Rente beim Lüneburger Rat kaufte.[1003] 1385 kaufte Vorste von Borchard Travelmann die Hälfte eines Dorfes bei Ratzeburg. Die andere Hälfte besaß Ratsherr Gottfried Travelmann.[1004]

Vorste hatte als ehemaliger Ältermann des Brügger Kontors engere Beziehungen zu Wennemar Berkhoff, der 1362 dort diese Position eingenommen hatte.[1005] Ihre vertrauensvolle Beziehung zeigt sich besonders daran, dass Vorste von ihm 1378 in seinem Testament als Provisor eingesetzt wurde.[1006] Vorste hatte mit Hinrik Berkhoff, einem nahen Verwandten Wennemars, eine *societas*, die sie 1384 auflösten.[1007] Die

---

998 Vgl. SIMON, Niederstadtuch, S.97,1 (1367 Conversio Pauli), S.120,6 (1367 Katherine): Everhard Schepenstede schuldet 612 Mark; S.138,5 (Johannis Baptiste): Conrad Russenberg schuldet 370 Mark; S.158,1 (1370 Circumcisio): Wilhelm Warendorp hat Löschungsvollmacht für vamme Sode; S.176,7 (1371 Circumcisio): Johan Niestad hat Löschungsvollmacht.

999 Vgl. SIMON, Niederstadtuch, S.175,8 (1371). Vamme Sode stand auch in geschäftlichen Verbindungen mit Hinrik Paternostermaker, dem später hingerichteten Führer des Aufstandes gegen den Lübecker Rat, s. VON BRANDT, Knochenhaueraufstände, S.164f.

1000 Paternostermaker schuldete Hermann de Puteo 424 Mark. Für Paternostermaker bürgte Hinrik Wulf. Odbernhusen hatte für de Puteo Löschungsvollmacht *ipso Hermanno absente*, vgl. SIMON, Niederstadtbuch, S.173,6 (1370 Omnium Sanctorum).

1001 Vorste hatte ihm Löschungsvollmacht über einen Betrag von 213 Mark erteilt, die Johan Hamma ihm schuldete. Die Geschäftsbeziehung muß also recht eng gewesen sein, vgl. SIMON, Niederstadtbuch, S.196,9 (Letare 1372): *Dominus Johannes Odbernshuzen erit potens delere hanc scripturam.* Für Christian Rode hatten 1372 Vorste oder Tutinghusen Löschungsvollmacht, als Christian Wulf diesem 200 Mark schuldete, vgl. SIMON, Niederstadtbuch, S.210,8. Dieselbe enge Verbindung zeigt sich im Blick auf die Schulden des *dominus* Giselbert Niestad bei Rode von 680 Mark und des Christian van Rode von 96 Mark, vgl. SIMON, Niederstadtbuch, S.211,1 und 2. Die Brüder Wichman und Conrad Totinghusen standen auch mit Jakob Plescow in Verbindung, 1371 liehen sie von ihm die beträchtliche Summe von 552 ½ Mark, vgl. SIMON, Niederstadtbuch, S.187,4.

1002 Selbstverständlich stand Vorste auch in geschäftlichen Beziehungen mit seinem Schwiegervater Werner Coesfeld.

1003 S. FRANKE, Geldgeber, S.52,101. Gemeinsam waren sie auch Vormünder des Ludeke Wilstede, vgl. SIMON, Niederstadtbuch, S.423,7 (1380 Fabiani).

1004 Vgl. SIMON, Niederstadtbuch, S.569,3 (1385 Octava Epiphanie).

1005 S. DIERCK, Älterleute, S.75,88,107.

1006 S. ASMUSSEN, Flandernfahrer, S.291.

1007 1384 hatte Vorste für Berkhoff und Reinekin van Pattensen Löschungsvollmacht, als diesen Johan Horborg und sein Sohn Johan 141 Mark schuldeten, vgl. SIMON, Niederstadtbuch, S.548,3. Zur Auflösung der Handelsgesellschaft im Jahr 1384 und der Abrechnung *racione societatis et contraposicionis*, vgl. SIMON, Niederstadtbuch, S.615,6. Zur Verwandtschaft s. AS-

Berkhoff wiederum arbeiteten mit dem Danziger Gottschalk Grote zusammen, dem Bruder des dortigen Ratsherrn Hinrik Grote, der auf dem Tag im März 1368 in Rostock erschien.[1008]

Netz 47: Hermann Vorste

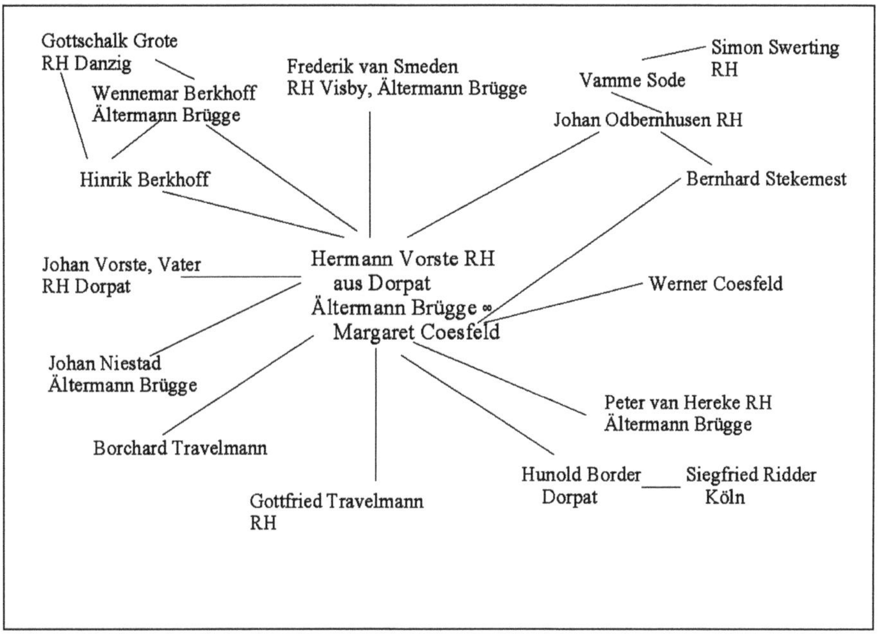

Vorste war 1365 Ältermann in Brügge. Dort vertrat er das gotländisch-livländische Viertel gemeinsam mit dem Visbyer Ratsherrn Frederik van Smeden, der am Hansetag vom Mai 1373 in Lübeck als Delegierter Gotlands teilnahm.[1009] Für das lübisch-wendische Drittel waren 1365 Johan Niestad und Peter van Hereke als Ältermänner

MUSSEN, Flandernfahrer, S.289. Ein weiterer Verwandter namens Peter Berkhoff hatte mit seinem Bruder Wineke Castorp 1368 Besitz in der Nähe von Dortmund, vgl. SIMON, Niederstadtbuch, S.133,1.

1008 Gottschalk Grote, Bruder *domini Hinrici Groten consulis in Danczeke*, stehen 32 Mark zu *ex parte Hildebrandi Groten de morte Johannis Gronowe quondam socii dicti Hildebrandi*. Über diese Summe sollte er bis Martini eine Bestätigung der Danziger Ratsherrn, wohl einen „Toversichtsbrief", vorlegen. Für Grote bürgten in Lübeck Arnold und Wennemar Berkhoff, vgl. SIMON, Niederstadtbuch, S.133,5 (1368). Zum Danziger Ratsherrn s. ZDRENKA, Rats- und Gerichtspatriziat 1, S.284. Der als Partner des Hildebrand Grote genannte Johan Grunow stand in Geschäftsbeziehungen zu Hinrik van Minden, vgl. SIMON, Niederstadtbuch, S.808,1 (1392 Cecilie). 1393 bürgte er auch für die Schulden von 106 Mark des Thideman Overdiek bei dem Ratsherrn Hinrik Meteler, vgl. SIMON, Niederstadtbuch, S.855,5. Johan Grunow war mit Arnold Grunow verwandt, dessen Brüder wiederum Berthold und Burchard Holthusen waren, vgl. SIMON, Niederstadtbuch, S.705,2 und S.703,5.

1009 S. DIERCK, Älterleute, S.200 .

gewählt.[1010] Zu dieser Zeit war also Vorste noch kein Lübecker Bürger. Er stammte aus Dorpat. Sein Vater Johan Vorste war dort Ratsherr und erschien als Delegierter 1369 und 1370 auf Hansetagen.

Wahrscheinlich ist Hermann Vorste gegen Ende der 60er Jahre Lübecker Bürger geworden. Seine Beziehungen zu Dorpat blieben allerdings bestehen. So bürgte er 1387 für den Dorpater Bürger Hunold Border.[1011] In Dorpat besaß Vorste noch 1388 drei Buden bei der *dudeschen Porten.*[1012] 1372 schrieb er gemeinsam mit dem Visbyer Ratsherrn Johan Prutze aus Novgorod an Dorpat und informierte Anfang September den Dorpater Rat über Novgoroder Beschlüsse.[1013] Vielleicht war er zu dieser Zeit auch Ältermann in Novgorod.[1014] Vorste hatte vertraute Beziehungen zum Lübecker Ratsherrn Peter van Hereke, mit dem er 1365 als Ältermann in Brügge amtierte. Diesen setzte er 1379 und 1385 als Testamentsvollstrecker ein.[1015]

Kehren wir zu Simon Swerting zurück. In zweiter Ehe heiratete Swerting Heilewig, eine Tochter des Lübecker Ratsherrn Everhard van Attendorn. Dieser war 1349 auf der Rückkehr von Jerusalem verstorben.[1016] Durch diese Ehe trat Swerting in enge familiäre Verbindung zu dem Lübecker Bischof Everhard van Attendorn, einem Bruder seiner Frau, wie auch zu Gerd van Attendorn, einem weiteren Bruder Heilewigs. Gerd van Attendorn war seit 1367 Ratsmitglied und bis zu seinem Tode im Jahre 1388 häufig in hansischen Angelegenheiten unterwegs.[1017] Swertings Tochter Katharina (wohl aus seiner zweiten Ehe)[1018] heiratete in dritter Ehe den Ratsherrn Thideman Junghe, der 1408 die Stadt verließ und nach seiner Rückkehr 1416 und 1417 auf Hansetagen erschien.[1019]

Simon Swerting gelangte 1363 in den Rat, als sein Vetter Jakob Plescow Bürgermeister wurde. Swerting begann bald darauf in entscheidender Weise in der Lübecker Hansepolitik mitzuwirken. Spätestens 1369 wurde auch Swerting zum Bürgermeister gewählt.[1020] Seit 1364 ist er auf Hansetagen zu finden. Häufig trat er gemeinsam mit seinem Cousin Jakob Plescow auf. Nach dessen Tod im Jahre 1381 übernahm Swerting die führende Rolle in der Lübecker Politik wie auch auf hansischen Versammlungen. Anscheinend besaß er besondere Kompetenz in Münzfragen und trat als „Fachmann für die Finanzierung des hansisch-dänischen Krieges" in den

1010 S. DIERCK, Älterleute, S.89.

1011 So erscheint er als Zeuge mit Hermann Vorste, Heyno Verwer, Thideman Junghe und Radekin Wesseler, als Bernhard Stekemest und Hermann Mur einen „Toversichtsbrief" an den Dorpater Rat erhielten *super bonis hereditariis per obitum Hunoldi Bordeer derelictis.* Vgl. SIMON, Niederstadtbuch, S.626,2 (1387 Trinitatis). Der hier als verstorben genannte Hunold Border stand seinerseits in geschäftlichen Kontakten mit Siegfried Ridder, vgl. SIMON, Niederstadtbuch, S.594,2 (1385 Laurencii).

1012 S. ASMUSSEN, Flandernfahrer, S.826.

1013 Vgl. HUB 4, Nr.424, S.177f.

1014 S. ASMUSSEN, Flandernfahrer, S.825.

1015 S. ASMUSSEN, Flandernfahrer, S.828.

1016 S. WIEGANDT, Swerting, S.25f.

1017 S. LUTTERBECK, Rat, S.191f.

1018 Oder sollte es sich um die vierte Ehe seiner Tochter Katharina handeln?

1019 S. WIEGANDT, Swerting, S.25.

1020 S. LUTTERBECK, Rat, S.386.

Vordergrund.[1021] Aber er beschränkte sich nicht auf Finanzierungsfragen. Swerting spielte eine wichtige Rolle in allen Fragen der Auseinandersetzung mit Dänemark, wenn auch seine besondere Kompetenz bei der Besetzung der Schoneschen Schlösser wie der Auseinandersetzung mit den Seeräubern zu erkennen ist. Ebenso war sein Einsatz im Westen für die gesamthansische Politik wichtig. So wurde er 1375 mit dem Elbinger Bürgermeister Hartwich Beteke für die Verhandlungen in Flandern und mit dem englischen König gewählt. Gemeinsam unternahmen sie eine Gesandtschaftsreise nach Flandern, Frankreich und England.[1022] Swerting war nicht nur als Gesandter in Flandern tätig, sondern durchgängig handelte er auch dorthin. So berührten 1385 die Verhandlungen über eine Verlegung des Stapels nach Dordrecht direkt auch seine eigenen kaufmännischen Interessen.[1023]

Dass Swerting sich auch um das metaphysische Heil des Rates und der Stadt sorgte, wird aus seinem Erwerb von Reliquien deutlich. Als Geschenk von König Eduard III. brachte er drei Reliquien des Hl. Thomas von Canterbury nach Lübeck. Sie wurden fortan in der Ratskapelle zu St. Gertrud verehrt.[1024] Ein Jahr vor seinem Tode begab Swerting sich 1387 noch einmal zu Verhandlungen mit den Flamen nach Antwerpen und Dordrecht.[1025] Häufig ist Simon Swerting auf Tagen gemeinsam mit seinem Schwager Gerd van Attendorn zu finden, der nach Simons Tod dann die Führung der hansischen Flandernpolitik übernahm.

Betrachten wir nach den verwandtschaftlichen Beziehungen zu anderen Delegierten nun knapp Swertings geschäftliche Verbindungen mit Vertretern auf Hansetagen, wie sie uns im Lübecker Niederstadtbuch begegnen. 1363 und 1364 wird Simon Swerting gemeinsam mit Hinrik van Loo, der ein Jahr nach ihm - 1364 - in den Rat aufstieg und mit Gerd van Attendorn verbunden war,[1026] mehrfach als Schuldner genannt. So schuldeten sie im Juni 1363 *coniuncta manu* dem Hinrik van Dortmund 300 Mark.[1027] Von diesem liehen sie wenig später weitere 300 Mark.[1028] Zu Weihnachten desselben Jahres schuldeten Swerting und van Loo den Flandernfahrern Marquard Volkerstorp und Radekin Swarte 610 Mark.[1029] Es ist also von einer *societas* der beiden auszugehen. Dem entspricht auch, dass sie im Dezember 1365 als Schuldner der Brüder van Urden erwähnt werden, von denen Conrad der Schwiegersohn des Simon

1021 S. WIEGANDT, Swerting, S.31.

1022 Vgl. HR 1,2, Nrn. 86,97,98,99 und HR 1,3, Nrn.67,68,81,82,107 und HUB 4, Nrn.510,517,519, 520. Das Brügger Kontor stellte in einem Dankschreiben den besonderen Einsatz der beiden heraus, vgl. HR 1,2, Nrn.118,119 und LÜB UB 4, Nr.297.

1023 S. ASMUSSEN, Flandernfahrer, S.784. Swertings Flandernhandel lässt sich auch noch zu 1384 und zu 1385 erkennen, vgl. SIMON, Niederstadtbuch, S.562,1 (1384 Decollacio Johannis): *Notandum, quod Thidemannus Losse tenetur domino Symoni Zwertingh 306 mr pro 14 pannis Brugensibus in festo pasche proximo futuro persolvendas.* Gleichzeitig deuten diese Geschäfte auf die Beziehung zu Thideman Loos hin, dessen Tochter Telse mit Berthold Kerkring verheiratet war.

1024 S. MANTELS, Reliquien der Ratskapelle zu St. Gertrud, S.327-340.

1025 Vgl. HR 1,2, Nr.342.

1026 Hinrik van Loo wird 1375 gemeinsam mit Gerd van Attendorn als Vormund erwähnt, vgl. SIMON, Niederstadtbuch, S.297,4 (1375 Jacobi).

1027 Vgl. SIMON, Niederstadtbuch, S.5,6 (1363 Petri et Pauli).

1028 Vgl. SIMON, Niederstadtbuch, S.6,4 (1363 Divisio apostolorum).

1029 Vgl. SIMON, Niederstadtbuch, S.21,3 (1363 Nativitas Christi).

Swerting war.[1030] Im August 1377 schlichtete Hinrik van Loo gemeinsam mit Pepersak und Johan Schepenstede einen Erbstreit mit den Nonnen von Neukloster, an dem Conrad van Urden als Provisor des Everhard Klingenberg beteiligt war.[1031] Unter den Vertretern der Nonnen wird bei dieser Gelegenheit zusammen mit Rotger Kloot, der mit seinen Geschäften häufig im Niederstadtbuch genannt wird,[1032] auch Johan Schopping aufgeführt. Schopping, der mit Telseke, einer Schwester des Martin Klotecow verheiratet war,[1033] stand bis zu seinem Tod vor 1390 in Geschäftsbeziehungen mit Gerhard vamme Dale, Thideman van Alen, Johan Hamma, Johan Witte, Johan Horborg und Johan van der Waghe, die ihm alle Geld schuldeten.[1034] Schopping hatte auch 1375 dem Wismarer Bürger Ditmar Wessel 428 Mark geliehen. Für Ditmar bürgte der Wismarer Bürgermeister Hinrik Wessel.[1035] Hinrik Wessel vertrat Wismar zwischen 1363 und 1388 recht häufig auf Tagen. Schopping stand auch in geschäftlicher Beziehung zu Berthold Nienborch, dem Schwiegervater des Delegierten Henning van Rinteln.[1036]

Gemeinsam mit Burchard Plotze, dem Vater des Stralsunder Ratsherrn Jakob Plotze, der in die Nachlassregelung des Berthold Nienborch mit dem Lunder Erzbischof involviert war, ist Simon Swerting mehrfach auf hansischen Versammlungen zu finden. Burchard Plotze begegnet als Delegierter Stralsunds in den 60er, 70er und frühen 80er Jahren des 14. Jahrhunderts.[1037] Sein Sohn stand auch weiterhin geschäftlich mit Simon Swerting in Verbindung. Vor dem Ratsherrn Gerd van Attendorn und

1030 Vgl. SIMON, Niederstadtbuch, S.75,3 (1365 Thomas): *Dominus Symon Swertingh tenetur Conrado et Nycolao fratribus dictis de Vrden 236 mr Lub dn proximo festo sancti Jacobi expagandas.* 4) *Dominus Hinricus van me Loo tenetur Conrado et Nycolao fratribus dictis de Vrden 340 mr Lub dn proximo festo sancti Jacobi expagandas.* Van Urden hatte die Tochter Katharina des Simon Swerting geheiratet, die in erster Ehe mit Hermann vamme Sode verheiratet gewesen war.

1031 Vgl. SIMON, Niederstadtbuch, S.378,7 (1377 Decollatio Johannis): *Sciendum, quod per dominos Hartmannum Peperzak, Johannem Schepensteden, Hinricum de Loo ex iussu consulatus placitatum est in ecclesia beate Katherine inter provisores Euerhardi Klinghenberg pie memorie, videlicet dominos Conradum de Vrden, Hermannum Langhen, Detleuum Manen, Thidemannum Gheysmer, Hinricum Warendorp et Hermannum de Dulmen ex una et provisores sororum dicti Euerhardi Windelen et Alheydis monialium in novo claustro, videlicet Rotgherum Cloot, Johannem Schoping et Bertoldum Dovel ex parte dictarum monialium parte ex altera ...*

1032 Rotger Kloot war mit dem Dorpater Ratsherrn dieses Namens verwandt. S. zu den Kloot Reg.Pos.

1033 Zu Klotecows weitreichenden Beziehungen s. Netz 30.

1034 Vgl. SIMON, Niederstadtbuch, S.50,2, S.122,1, S.146,3, S.164,3, S.177,4, S.349,5. Johan van der Waghe war ein Verwandter des Ratsherrn Johan Wesseler. Er schuldete ihm 1374 200 Mark, vgl. SIMON, Niederstadtbuch, S.268,7.

1035 Vgl. SIMON, Niederstadtbuch, S.303,1 (1375 Egidii): *Ditmarus Wesseli civis Wismariensis tenetur Johanni Schoping in platea Menghonis 428 mr dn in festo beati Michahelis proxime futuro ultra unum annum persolvendas, pro quibus dominus Hinricus Wessel proconsul, Nicolaus Kryvetze et Hinricus Braxator cives Wismarienses coniuncta manu cum ipso promiserunt.*

1036 Vgl. SIMON, Niederstadtbuch, S.203,1 (1372 Margarete). Anscheinend lebte in van Rintelns Haus auch ein Mitglied der Familie Nienborch, denn Eyler van Minden schenkte in seinem Testament auch der *filie Stacii Nyenborghes cum domino Henningo de Rintelen existenti* 10 Mark, vgl. AHL, Testamente, Eyler van Minden, 27. Juni 1402.

1037 Vgl. die chronologische Übersicht.

Thideman Swerdslipper, dem Sohn des Ratsherren Jakob, bestätigte er im Dezember 1385, dass er von Swerting das Geld für den Kauf einer Rente von 12 Mark - wohl in Stralsund - erhalten habe.[1038]

Swertings Beziehungen nach Stralsund waren eng und nicht auf Kontakte zu seinem Bruder Gregor beschränkt. Im August 1366 und wiederum ein Jahr später im Juni bürgte er *coniuncta manu* für Schulden des Stralsunder Ratsherrn Jakob Swerdslipper bei Stralsunder und Lübecker Ratsherren.[1039] Auch noch im Jahre 1378 bürgte Swerting für eine Schuld von 352 Mark des Sohnes dieses Stralsunder Ratsherrn bei seinem Lübecker Kollegen Berthold Kerkring.[1040]

Netz 48: Simon Swerting

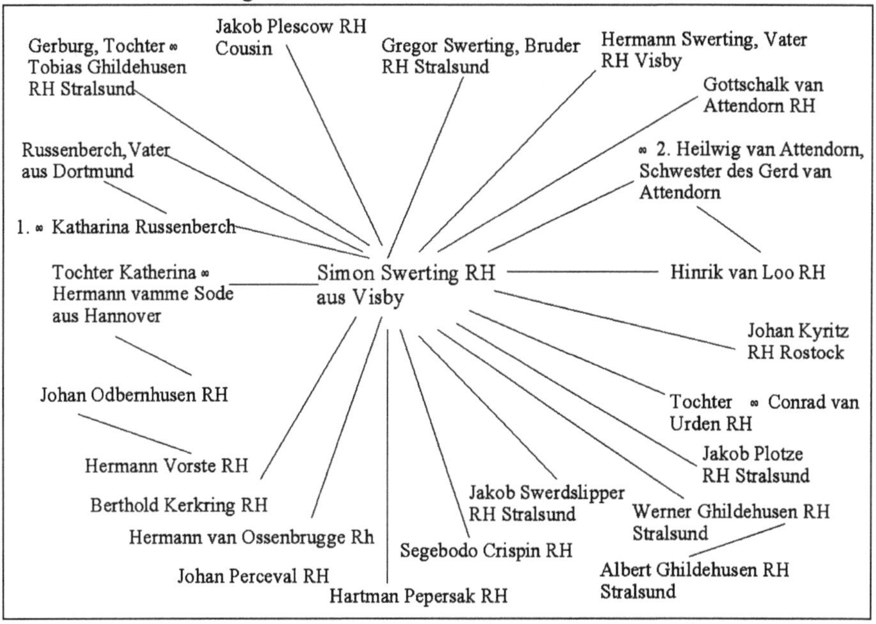

1038 Vgl. SIMON, Niederstadtbuch, S.604,2 (1385 Thomas).

1039 Vgl. SIMON, Niederstadtbuch, S.89,7 (1366 Decollatio Johannis): *Dominus Jacobus Swerdsliper consul Sundensis tenetur Arnoldo de Lubeke 130 mr Lub dn proximo Jacobi persolvendas, pro quibus cum ipso dominus Simon Swertyngh coniuncta manu compromisit.* Vgl. SIMON, Niederstadtbuch, S.108,5 (1367 Petri et Pauli): *Dominus Jacobus Zwerdsliper tenetur domino Johanni Metler consuli ... 216 mr Lub dn in festo beati Johannis babtiste, videlicet in nativitate eius proxime futuro, amicabiliter persolvendas, pro quibus dominus Symon Zwertingh cum ipso insolidum compromisit.*

1040 Vgl. SIMON, Niederstadtbuch, S.89,7 (Divisio Apostolorum): *Sciendum, quod Thid. filius domini Jacobi Zwertslipere consulis Zundensis presens huic libro recognovit se teneri Bertoldo Kerkringhe 352 mr et 12 s dn pro pannis pulcris, quos dixit se emisse ad usum patris sui predicti et sui, ante festum Pasche proxime futurum persolvendas, pro quibus dominus Symon Zwerting presens iuxta librum fideiussit.*

Swerdslipper war uns schon als Partner Swertings bei der Aufsicht über die Schonenschen Schlösser und als Schuldner des Jakob Plescow begegnet. Swerting hatte spätestens am Ende der 80er Jahre eine Handelsgesellschaft mit dem Stralsunder Ratsherren Werner Ghildehusen, wie im Juli 1387 aus den beträchtlichen Schulden von 120 Goldnobeln eines Dove auf Schonen bei ihnen hervorgeht.[1041] Ghildehusen hatte im April 1388 dann aus gemeinsamen Unternehmungen noch beträchtliche Schulden von über 640 Mark bei Swerting, die zu Simons Lebzeiten nicht abbezahlt wurden.[1042] Werner war ein Bruder des Stralsunder Bürgermeisters Albert Ghildehusen. Albert Ghildehusen ist seit den 80er Jahren als Stralsunder Gesandter auf Hansetagen zu finden. Im Blick auf diese Beziehungen zu Stralsunder Herren ist nicht zu vergessen, dass Simons Bruder Gregor Swerting dort Ratsherr und Bürgermeister war. So war auch wohl ein Aufstieg eines Sohnes des Lübecker Ratsherrn Swerting in Stralsund geplant. Dieser hieß wie sein Vater Simon, zog nach Stralsund, konnte dort aber anscheinend nicht in den Rat aufsteigen.[1043]

Im April 1369 schuldete Ratsherr Gottschalk van Attendorn dem Simon Swerting fünf Last Kupfer und Osemund aus Schweden, welches in Lübeck auszuliefern war.[1044] Van Attendorn verbürgte sich auch mit seinem gleichnamigen Sohn und seinem Neffen Gerd und Johan Wesseler bei dem Verkauf des Dorfes Warstorp an Simon Swerting und Segebodo Crispin, für alle entstehenden Probleme aufzukommen.[1045] Gemeinsame Geschäfte verbanden also Simon Swerting und Segebodo Crispin, die Teilnehmer des Hansetages vom Johannistag 1379. Aus einem Eintrag vom Mai 1374 erfahren wir, dass Swerting mit dem Ratsherrn Hermann van Ossenbrugge und einem Schiffer Steenbeke zu gleichen Teilen eine Holk besaß.[1046] Der Schiffer

---

1041 Vgl. SIMON, Niederstadtbuch, S.640,3 (1387 Barbara): *Notandum, quod Thidemannus Loos presens apud librum recongnovit se promisisse domino Symoni Zwertingh et Wernero Ghildehusen, et promittit pro Yessoni Duuen pro 120 nobula bona de auro et pondero* ... Vgl. auch die folgenden Einträge mit weiteren Bürgen für diese hohe Summe.

1042 Vgl. SIMON, Niederstadtbuch, S.654,3 und 4 (1388 Cantate): *Notandum, quod Wernerus Ghildehusen presens apud librum recongnovit se teneri domino Symoni Zwertinghe in 212 mr Lub dn in festo nativitatis Christi proximo futuro persolvendis.* 4) *Notandum, quod Wernerus Ghildehusen presens apud librum recongnovit se teneri domino Symoni Zwertingh in 432 mr Lub dn in festo pasche proximo futuro persolvendis.* Auch nach Simons Tode schuldete Ghildehusen noch 232 Mark, vgl. SIMON, Niederstadtbuch, S.690,3 (1389 Oculi): *Notandum, quod Wernerus Ghildehusen presens huic libro recognovit se teneri domine Heylwighe relicte domini Symonis Zwerting et heredibus suis in 232 mr dn persolvendis in festo beati Michaelis proxime affuturo.*

1043 Vgl. SCHROEDER, Liber I, Nr.869. Aus der Nennung der Vormünder seiner Kinder im September 1422 wird deutlich, dass Simon Swerting der Jüngere Kontakte zu führenden Familien und Ratsherren in Stralsund hatte: *domini Johannes Kulpen, Henningus Wren et Henningus Witte, tutores quondam puerorum Symonis Zwerting*, vgl. SCHROEDER, Liber II, Nr.677.

1044 Vgl. SIMON, Niederstadtbuch, S.149,6 (1369 Misericordias).

1045 Vgl. SIMON, Niederstadtbuch, S.200,5 (1372 Ascensio Domini).

1046 Vgl. SIMON, Niederstadtbuch, S.248,2. Zu Margarete 1377 wurden Swerting und van Ossenbrugge als Fachleute *per consilium civitatum maritimarum tunc Lub. congregatos* bei einer Streitschlichtung um eine Holk eingesetzt, die von Nicolaus Molenstrate, Hermann Bodenwerder (beide aus Lübeck), Bernhard Ludinkhusen aus Danzig und Jakob Hinrikson aus Aberdeen von Detlev Klinkrode für 100 Nobeln und 10 Mark gekauft worden war, vgl. SIMON, Niederstadtbuch, S.375,5.

verkaufte den Ratsherren seinen Anteil.[1047] Swertings Interesse am Schiffsbau geht auch aus einer späteren Notiz hervor. Im April 1380 wird die Schlichtung eines Streites *ex parte lignorum navalium* zwischen ihm und einem Nicolaus Guldenvoet erwähnt.[1048]

Im Oktober 1374 wird im Niederstadtbuch, das zu diesem Zweck mit auf den Marienkirchhof genommen wurde,[1049] in einem längeren Text festgehalten, dass Swerting für das beträchtliche Kapital von 700 Mark dem Paternostermacher Thideman Wilde, der kinderlos war,[1050] eine jährliche Leibrente von 67 Mark versprach.[1051] Als Bürgen erschienen mit Swerting sein Schwager Gerd van Attendorn und sein Schwiegersohn Conrad van Urden.[1052] Diesen Bürgen setzte Swerting zur Sicherheit seinen Anteil von 500 Mark am Esslinger Zoll wie seine Rente beim Rostocker Rat, die er für 300 Mark gekauft hatte.[1053]

Aus einem späteren Hinweis im November 1377 erfahren wir, dass Swerting den Anteil am Esslinger Zoll gemeinsam mit Johan Perceval, Hartmann Pepersak und Gerd van Attendorn erstanden hatte.[1054] Die Lübecker Teilnehmer am Hansetag zu Johannis Baptista 1379 waren also auch geschäftlich verbunden.

Im November 1381 bestätigte der Kanoniker Jakob Plescow, ein Sohn des gleichnamigen Ratsherren, dass er vom väterlichen Erbe die 20 Mark Leibrente erhalten habe, die auf dem Hause des Simon Swerting lagen (*ut in libro hereditatum scrip-*

1047 Vgl. SIMON, Niederstadtbuch, S.248,2 (1374 Ascensio domini): *Notandum, quod Johannes Stenbeke nauclerus presens ad istum librum sponte recognovit et expresse se legitime vendidisse et dimisisse dominis Symoni Suertingh et Hermanno de Osenbrugghe suam terciam partem, quam habuit in navi dicta hollik, quam ipse ducebat, que ipsis tribus pariter pertinebat ...*

1048 Vgl. SIMON, Niederstadtbuch, S.427,4 (1380 Misericordias Domini). Guldenvoet scheint im Schiffsbau involviert gewesen zu sein, denn zu Epiphanias 1385 wird im Niederstadtbuch festgehalten, dass Simon Swerting, Gerd van Attendorn und Hermann van Ossenbrugge von Guldenvoet gehört hätten, als sie vierzehn Tage vor Christi Geburt zu Verhandlungen in Oldeslo waren, dass *idem Nicolaus confessus fuisset coram eis se teneri Euerhardo de Ereken in 34 ½ mr et quod pro huiusmodi pecunia sibi quandam navim iacentem vppe der wisch cum lingnis inibi iacentibus et prope existentibus realiter inpingnorasset, dixerunt eciam dicti domini, quod idem Nicolaus de anno presenti in estate hoc idem fuisset coram consilio confessus*, vgl. SIMON, Niederstadtbuch, S.568,3. Auch schon im Oktober 1383 wird auf Guldenvoets Tätigkeit hingewiesen. Er setzte als Pfand für 90 Mark eine von ihm erbaute neue Kogge ein, die zu der Zeit *in Travena* entstand, vgl. SIMON, Niederstadtbuch, S.528,1 (Calixti).

1049 Vgl. SIMON, Niederstadtbuch, S.267,1 (1374 Symon et Jude): *Acta et conscripta sunt hec anno domini 1374 in crastino sancti Severini episcopi in cimiterio beate Marie virginis Lub in presencia istius libri de consensu partis utriusque predicte.*

1050 Thideman Wilde war Paternostermacher, vgl. SIMON, Niederstadtbuch, S.990,1 (1397 In profesto 11000 Virginum). Zu demselben Datum setzte Wilde zwei weitere Paternostermacher als seine Erben ein.

1051 Vgl. SIMON, Niederstadtbuch, S.267,1 (1374 Symon et Jude).

1052 Vgl. SIMON, Niederstadtbuch, S.267,1 (1374 Symon et Jude): *Pro premissis firmiter observandis domini Gherardus de Atendorn et Conradus de Vrden consules Lub presentes eciam ad hunc librum una cum et pro dicto domino Symone et heredibus suis dicto Thidemanno coniuncta manu fideiusserunt ...*

1053 EBD.

1054 Vgl. SIMON, Niederstadtbuch, S.348,5 (1377 Martini). Vgl. auch die Notiz zu Laurencii bei SIMON, Niederstadtbuch, S.594,3.

tum est).[1055] Andererseits schuldete Johan, ein Sohn des Ratsherrn Dethard Sachtelevend, dem Simon Swerting im Jahre 1384 64 Mark für eine Lieferung Wachs. Dieses deutet auf Swertings fortdauernden Handel mit dem Osten hin.[1056] Schließlich ist bekannt, dass Swerting 1385 dem Rostocker Ratsherrn Johan Kyritz ein Darlehen von 300 Mark gab.[1057] Die Übersicht stellt das Beziehungsnetz des Simon Swerting und seiner Partner auf Hansetagen vor Augen. Rechts abgesetzt sind auch bisher nur als vermittelt nachzuweisende Kontakte aufgenommen (Vorste, Wessels).[1058]

4.1 Gregor Swerting (Stralsund)

Als Swertings Tochter mit dem Stralsunder Ratsherrn Tobias Ghildehusen verheiratet wurde, verließ sie zwar Lübeck, fand aber in Stralsund nahe Verwandte vor. Ihr Onkel Gregor Swerting, der Bruder ihres Vaters, war Ratsherr und Bürgermeister in der Stadt am Strelasund. Auch Gregor Swerting war wie sein Bruder Simon in Visby auf Gotland geboren worden und aufgewachsen. Auf welchem Wege und warum er nach Stralsund ging, ist bisher nicht zu beantworten. Sicherlich gab es weitere ehemalige Visbyer Bürger in Stralsund. Neben den Ghildehusen ist der Ratsherr Wennemar Buchhorn zu nennen. Er setzte Gregor Swerting als Testamentsvollstrecker ein. Buchhorn nahm am Hansetag vom 24. Juni 1366 in Lübeck teil.[1059]

Erstmals 1354 ist Swerting in Stralsund nachzuweisen. 1368 wurde er in den dortigen Rat gewählt, und spätestens seit 1378 war er Bürgermeister. Ein besonderer Schwerpunkt der Interessen Swertings, die sich auch deutlich auf Flandern bezogen,[1060] lag im Norden. So war er von Juni 1378 bis Ende Oktober 1380, wie wir schon zu Beginn gesehen haben, einer der Verwalter der Schonenschen Schlösser, dieser für die hansischen Handelswege wichtigen Festungen.[1061] Deshalb hielt Gregor Swerting sich recht oft in Dänemark und Schweden auf. Er nahm das Pfundgeld ein und verhandelte mit den dänischen Unterhändlern. Dort fand er auch seinen Tod. Swerting wurde 1394 bei Verhandlungen in Dänemark erschlagen.[1062] Gerade im Verhältnis zu den nordischen Mächten lässt sich eine koordinierte Zusammenarbeit der beiden Brüder und Bürgermeister in Lübeck und Stralsund festhalten. Mit diesen beiden als Zentrum wurde in der Übernahme der Schonenschen Schlösser eine Gruppe von eng verbundenen *vrunden* angesprochen. Von den in diesem Zusammenhang

---

1055 Vgl. SIMON, Niederstadtbuch, S.474,2 (1381 Brixii).

1056 Vgl. SIMON, Niederstadtbuch, S.561,5 (1384 Augustini).

1057 Vgl. MUB 20, Nr.11691.

1058 S. im Anhang Delegierten-Netzwerk 16.

1059 Vgl. HR1,1, Nr.376 und WIEGANDT, Swerting, S.35.

1060 Vgl. die Tage vom 5. April in Lübeck, vom 31. Mai 1383 in Lübeck, vom 17. März 1389 in Lübeck, vom 1. Mai 1389 in Lübeck, vom 27. September 1389, vom 11. November 1391 in Hamburg und vom 3. März 1394 in Lübeck.

1061 Die Verwaltung wird angesprochen auf dem Tag zu Rostock vom 15. Juli 1375. Am 30. Mai 1378 wurden auf dem Tag in Stralsund die Schlösser an Swerting und Segefrid übergeben. Auf dem Tag zu Wismar vom 21. Oktober 1380 übernahmen dann Peter Stromkendorp und Wulf Wulflam die Schlösser.

1062 S. KOEPPEN, Ratsfamilien, S.58f.

genannten Stralsunder Partnern waren auch Johan Burow, der Sohn von Swertings Freund Eler Burow, und Nicolaus Segefrid auf Tagen anwesend.

Vom Delegierten Hermann van Dorpen ist bisher nur bekannt, dass er aus einer alten Stralsunder Ratsfamilie stammte und enge Verwandte in Greifswald hatte.[1063]

Nicolaus Segefrid arbeitete mit Gregor Swerting in der Verwaltung der Sundschlösser zusammen. Deshalb war er auch auf Hansetagen, die sich mit diesen Fragen befassten, wie bei Verhandlungen im Norden mit ihm zusammen anzutreffen.

4.2 Nicolaus Segefrid (Stralsund)

Schon ein Jahr nach seiner Wahl in den Rat reiste Segefrid 1372 mit dem Stralsunder Bürgermeister Johan Rughe nach Tönsberg.[1064] Allerdings geriet Segefrid bei der gemeinsamen Verwaltung der Schonenschen Schlösser mit Swerting in Schwierigkeiten. In einem Schreiben an Danzig wurde ihm sogar vorgeworfen *vorredir der menen stede* zu sein.[1065] Segefrid traf auch in Stralsund nicht nur auf Zustimmung. 1392 kam es zu einem Mordversuch gegen ihn durch den Ratsherrn Hermann Hosang.[1066] 1390 wurde Segefrid Bürgermeister. Er nahm als solcher an Hansetagen bis zum Juli 1394 teil.

Schon Koeppen hat in seiner Darstellung der Stralsunder Ratsfamilien „die großartige Heiratspolitik" der Familie Segefrid hervorgehoben, die seit der Zeit des Nicolaus zu beobachten ist.[1067] Er betonte bereits, dass diese verwandtschaftlichen Verbindungen sich nicht auf Stralsund beschränkten, sondern „Greifswalder Patriziergeschlechter" einschlossen.[1068] In unserem Zusammenhang sollen aus diesen vielfältigen Verknüpfungen nur die wichtigsten vorgestellt werden. So verheiratete Segefrid seinen Sohn Walter mit Gertrud, einer Tochter des Stralsunder Ratsherrn Gerlach Badisern.[1069] Der Sohn Magnus des Nicolaus Segefrid wurde mit Mechthild, einer Tochter des Stralsunder Bürgermeisters Simon van Urden vermählt. Simon van Urden kam aus Lübeck.[1070] Ein weiterer Sohn des Nicolaus Segefrid mit Namen Sabel wurde 1431 in den Rat gewählt, 1445 wurde er Bürgermeister. Sabel Segefrid starb 1451. Er nahm an einem Hansetag im April 1440 in Lübeck teil. Sabel Segefrid war mehrfach verheiratet, in zweiter Ehe mit einer Tochter des Stralsunder Ratsherrn Hin-

---

1063 S. PYL, Genealogien 4, S.286.

1064 Aber Segefrids Interessen lagen nicht nur im Norden. Wie wir aus einem Eintrag in das Stralsunder Stadtbuch erfahren, handelte er auch in Brügge. Vgl. SCHROEDER, Liber I, Nr.559 (1376): *dominus Nicolaus Zeghevryd promisit dominos consules sundenses indempnes servare super ....bonis ... domino Levino Everbolt in Brugge per Florenkinum Vrangenberch misso, ibidem extorquendis per Vrouwinum Zoltrump procuratorem ex parte Alheydis dicti Florenkini uxoris et suorum puerorum ab eodem Florenkino generatorum, quorum nomine predictus dominus Nicolaus ... fideiussit.* Zu Livin Everbout in Brügge s. RÖßNER, Memoria, S.409.

1065 S. KOEPPEN, Ratsfamilien, S.57.

1066 S. FOCK, Pommern 4, S.96f.

1067 S. KOEPPEN, Ratsfamilien, S.58.

1068 S. KOEPPEN, Ratsfamilien, S.59.

1069 Auch Walter Segefrid wurde am Beginn des 15. Jahrhunderts Ratsherr, tauchte aber nicht auf hansischen Versammlungen auf.

1070 S. KOEPPEN, Ratsfamilien, S.130ff.

rik Ghildehusen.[1071] Sabels gleichnamiger Sohn, der 1472 einen Ratssitz erhielt und 1482 Bürgermeister wurde, erschien als Gesandter auf den Hansetagen im August 1474 und im Juli 1475 in Lübeck.[1072] Sabels des Älteren Tochter Wobbeke war mit dem Bürgermeister Johan van Vloten verheiratet, der auch am Ende des 15. Jahrhunderts als Stralsunder Delegierter erschien.[1073] Zwar ist die familiäre Beziehung zwischen Nicolaus Segefrid und dem Ratsherrn Nicolaus Voge, der an Hansetagen zwischen 1398 und 1413 teilnahm, nicht eindeutig zu beschreiben, aber mit Sicherheit bestand eine engere Verbindung.[1074] Voge bestimmte nämlich 1381 mit seinem Bruder Conrad eine ihrer Familie zustehende Vikarie für einen Sohn des Nicolaus Segefrid.[1075]

Netz 49: Nicolaus Segefrid

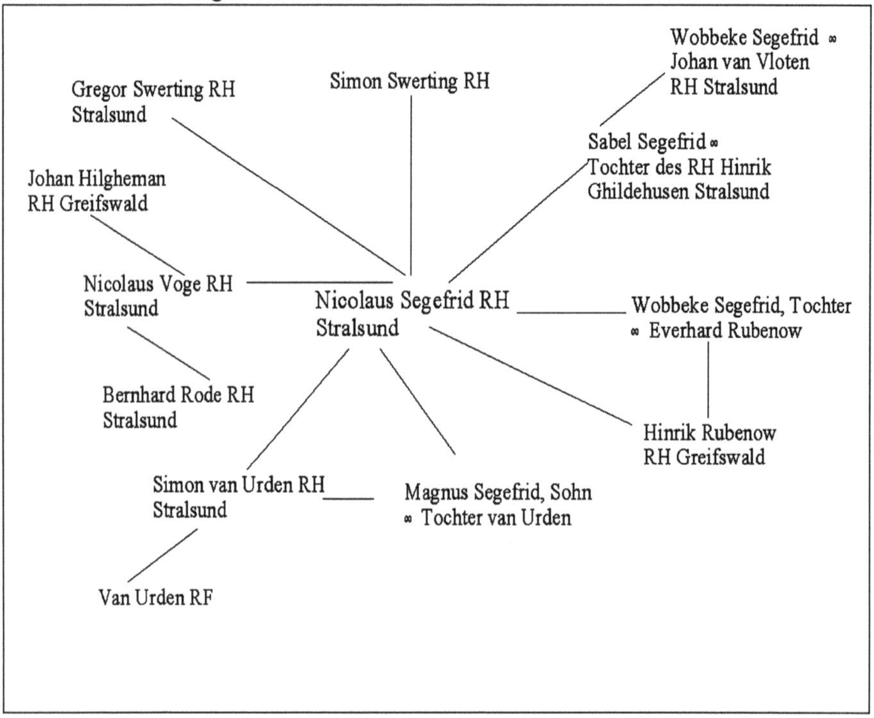

1071 S. KOEPPEN, Ratsfamilien, S.134.

1072 Vgl. die chronologische Übersicht.

1073 Eine Tochter aus dieser Ehe wurde mit dem Bürgermeister Hinrik Schütting vermählt, der Stralsund auf dem Tag zu Bremen im Mai 1498 vertrat, vgl. die chronologische Übersicht.

1074 Die familiären Beziehungen für diese Familie sind für diese Zeit nicht einfach zu rekonstruieren, s. KOEPPEN, Ratsfamilien, S.148ff.

1075 Vgl. SCHROEDER, Liber I, Nr.675 (2. April 1381).

Nicolaus Voge, der „nach Wulf Wulflams Tod die Leitung der Stralsunder Außenpolitik übernahm",[1076] stand auch in engeren Beziehungen zu seinem Stralsunder Kollegen Bernhard Rode und in geschäftlichem Kontakt mit dem Greifswalder Ratsherrn Johan Hilgheman, der 1417 und 1420 auf Tagen erschien.[1077] Mit den Heiratsverbindungen der Familie Segefrid haben wir schon einen Blick in die langfristigen Beziehungen unter Delegierten geworfen.

4.3 Simon van Urden (Stralsund)

Simon van Urden war ein Sohn des Lübecker Ratsherrn Conrad van Urden, der seinerseits aus Braunschweig stammte.[1078] Simons Bruder, Nicolaus van Urden, saß nur kurz, nämlich von 1406 bis zu seinem Tode im folgenden Jahre im Lübecker Rat.[1079] Nicolaus van Urden setzte seinen Bruder Simon auch in seinem Testament vom Juli 1404 als Provisor ein, allerdings ohne jeden Hinweis auf Stralsund. Sollte Simon van Urden zu dieser Zeit noch Lübecker Bürger gewesen sein? Eine Schwester der Brüder Nicolaus und Simon van Urden mit Namen Hanne wurde mit einem Angehörigen der Braunschweiger Ratsfamilie Kale verheiratet.[1080] Die Verbindungen nach Braunschweig bestanden also noch. Hannes Mann, Hans (I.) Kale, saß von 1414 bis 1424 im Braunschweiger Rat. Auch ihr Sohn, Hans (II.) Kale, wurde in den Rat gewählt. Er amtierte von 1440 bis 1452.[1081] Im Februar des Jahres 1450 nahm Hans (II.) Kale am Bremer Hansetag teil.

Henning van Urden, ein Bruder der Nicolaus und Simon van Urden, zog nach Hamburg und heiratete dort Margarethe van Erpensen aus der Lüneburger Familie. Margarethe war ihrerseits entfernt mit Mechthild van Erpensen verwandt, welche mit dem Salzwedelner Ratsherrn Tile Schermer verheiratet gewesen war.[1082] Ein weiterer Bruder namens Hinrik van Urden zog nach Lüneburg und heiratete dort um 1417 Tibbeke Schomaker. Deren Schwester Sophie wurde um 1439 dem seit 1458 amtierenden Ratsherrn Diderik (III.) Springintgud zur Frau gegeben.[1083] Anna, eine Tochter Hinriks van Urden, wurde mit dem Lüneburger Ratsherrn Johan Schele verheira-

---

1076 S. KOEPPEN, Ratsfamilien, S.72. Zu Voges Auftreten auf Hansetagen und bei Verhandlungen zwischen 1398 in Kopenhagen und 1413 in Nyköbing vgl. die chronologische Übersicht.

1077 Vgl. SCHROEDER, Liber II, Nr.82.

1078 S. zu ihm S.125f.,181,186,193ff.,211f.

1079 Zu den Amtsdaten des Nicolaus van Urden s. FEHLING, Ratslinie, S.56. Die Verwandtschaft zwischen Nicolaus und Simon geht aus einem Eintrag im Niederstadtbuch hervor, vgl. AHL, Niederstadtbuch zu 1407 Elisabeth. Der Eintrag verweist auf 1374 Symon et Jude zurück (*que incipit: „Notum sit quod dominus Symon"*... vgl. SIMON, Niederstadtbuch, S.267,1) und berichtet von der Einsetzung des Johan Dartzow als Bürgen *in loco domini Nicolai de Orden defuncti*. Im folgenden Eintrag verspricht Simon van Urden, *civis Stralessundensis*, den Johan Dartzow schadlos zu halten *in fideiussione, quam fecit in locum domini Nicolai van Orden fratris sui*.

1080 Die Familie Kale stellte vom frühen 14. Jahrhundert bis zum Beginn des 17. Jahrhunderts Ratsherren der Braunschweiger Altstadt, s. SPIEß, Ratsherren, S.141f.

1081 S. SPIEß, Ratsherren, S.141.

1082 Zu Mechthild van Erpensen s. Reg.Pos.

1083 S. VON WITZENDORFF, Stammtafeln, S.115. Conrad van Urden hatte in den siebziger und achtziger Jahren in der Lüneburger Saline investiert, s. LUTTERBECK, Rat, S.398.

tet.[1084] Eine weitere Tochter wurde dem Lüneburger Ratsherrn Johan van Witzendorff zur Ehe gegeben.[1085] Deutlich wird aus dem Blick auf die Wohnorte und Heiraten der Kinder des Lübecker Ratsherrn Conrad van Urden, der selbst aus Braunschweig kam, dass diese Familie nicht an eine Stadt gebunden war.

Der Lübecker Ratsherr Conrad van Urden war mit der Tochter Katharina des Simon Swerting verheiratet gewesen. Wohl nach dem Großvater mütterlicherseits war deshalb der Stralsunder Ratsherr Simon genannt worden. Es bestanden also auch verwandtschaftliche Beziehungen zum Stralsunder Bürgermeister Gregor Swerting.[1086] Ob Simon wie sein Bruder Nicolaus noch nach dem Tode seines Vaters Conrad im Jahre 1383 im Haushalt des neuen Gatten seiner Mutter, des Lübecker Ratsherrn Thideman Junghe lebte, ist nicht sicher auszumachen. Sicherlich aber hatten sie näheren persönlichen Kontakt.

Betrachten wir deshalb kurz das Umfeld seines Stiefvaters. Thideman Junghe war ein Sohn des Lübecker Ratsherrn Albert Junghe (1357-1363), der mit Gertrud, einer Tochter des Hermann van Alen verheiratet gewesen war. Thideman war zwar seit 1391 Ratsherr, trat aber erst mit dem Lübecker Verfassungskompromiss 1416 und 1417 als Vertreter auf Hansetagen in Erscheinung. Er war verheiratet mit Katharina, der Tochter des Simon Swerting, die schon zwei Männer überlebt hatte, nämlich Hermann vamme Sode und Conrad van Urden. Somit musste Thideman auch in Rechtsgeschäften an Stelle des Conrad van Urden eintreten. 1391 übernahm er die Bürgschaft für die Leibrente,[1087] welche dem Flandernfahrer Wilde zugesichert worden war, denn schon beim Abschluss war abgemacht worden, dass nach dem Tode eines Bürgen ein neuer gestellt werden musste.[1088]

Wenn er auch nicht zu den führenden Delegierten Lübecks gehörte, so nahm Thideman Junghe doch an zwei Hansetagen teil. Er stand in geschäftlichem Kontakt sowohl mit dem Stralsunder Ratsherrn Simon van Urden wie auch mit dessen Lübecker Verwandten. Auf beiden Tagen, auf denen Junghe erschien, nämlich dem 25. November 1416 und dem 20. Januar 1417 in Lübeck, traf er auf seinen Stiefsohn und Geschäftspartner Simon van Urden als Vertreter Stralsunds.

Simon van Urden ist auf Hansetagen als Stralsunder Delegierter von 1413 bis 1422 zu beobachten.[1089] Seine dauernde enge Verbindung mit Lübeck wird auch aus seiner Teilnahme an dem Vertrag vom August 1418 zwischen dem dortigen Rat und

---

1084 In erster Ehe war Schele mit Wobbeke van Bardowiek verheiratet gewesen. Johan Scheles gleichnamiger Enkel zog nach Hamburg und heiratete um 1520 eine Schwester des Hamburger Ratsherrn Mathias Redem, s. VON WITZENDORFF, Stammtafeln, S.104.

1085 S. VON WITZENDORFF, Stammtafeln, S.149. Johans Kinder wurden mit Kindern von anderen Ratsfamilien wie den Töbing und Lange verheiratet. Sein gleichnamiger Sohn wurde 1499 in den Rat gewählt und nahm im Februar 1506 am Lübecker Hansetag teil.

1086 S. FEHLING, Ratslinie, S.443 und LUTTERBECK, Rat, S.288.

1087 Vgl. zur letzten diesbezüglichen Eintragung, die Führung und Kontrolle des Niederstadtbuches deutlich vor Augen stellt, SIMON, Niederstadtbuch, S.976,4 (1397 Vocem Jocunditatis): *Notandum, quod dominus Tydemannus Junge institutus fideiussor Tydemanno Wilden per dominum Gherardum de Attendorn in locum domini Conradi de Vrden ...*

1088 Vgl. SIMON, Niederstadtbuch, S.267,1.: *Si eciam contingeret unum ex eisdem fideiussoribus mori, tunc alter supervivens tenebitur alium fideiussorem dicto Thidemanno equeplatentem sistere et instaurare in locum defuncti.*

1089 Vgl. die chronologische Übersicht.

dem Domkapitel deutlich.[1090] Im März 1384 wurde ein Streit zwischen Conrad van Urden und Albert Morkerke beigelegt. Albert war ein Bruder des Ratsherrn Thomas Morkerke und hatte Margaret, die Tochter des Gerhard Witte und Witwe des Ratsherrn Johan Klingenberg, geheiratet und für seinen Stiefsohn Christian Forderungen an die van Urden gestellt.[1091] Wie schon Conrad van Urden, so stand auch sein Sohn Nicolaus in geschäftlichem Kontakt mit den van Rinteln. Conrad van Urden schuldete 1381 dem Bertram van Rinteln 400 Mark.[1092] Dagegen hatten seit 1389 die Brüder Henning und Bertram van Rinteln recht hohe Beträge von den Söhnen Conrads geliehen, so im Juli 1389 530 Mark,[1093] im Dezember 1389 309 Mark[1094] und im Mai 1390 424 Mark.[1095] Weiterhin bestanden engere familiäre Kontakte von Seiten der van Urden zur Familie des 1359 verstorbenen Bürgermeisters Hinrik Pape (1332-1359), des Schwiegervaters des Hermann van Wickede und des Giselbert Niestad.[1096] Gemeinsam mit Ulrich Niestad, der 1383 in Lübeck als Prokurator des Visbyer Bürgermeisters Conrad van dem Berge auftrat,[1097] war Nicolaus van Urden Vormund der Kinder des Conrad van Urden.[1098] Conrad van dem Berge stand seinerseits in einer Handelsgesellschaft mit dem Visbyer Ratsherrn Johan Prutze. Gemeinsam mit dem Visbyer Bürger Rotger Middeldorp hatten sie Geld beim Lübecker Rat angelegt, wie aus einer Nachlasssache hervorgeht.[1099] Dass der Visbyer Ratsherr Johan Prutze mit der Stralsunder Ratsfamilie dieses Namens verwandt war, ist anzunehmen, aber bisher nicht eindeutig nachzuweisen. Conrad van dem Berge erschien auf dem Hansetag vom September 1389 in Lübeck.

1090 Vgl. LÜB UB 6, Nr.41 (6. August 1418).

1091 Margarete soll später noch mit dem Ratsherrn Goswin Klingenberg verheiratet gewesen sein, s. LUTTERBECK, Rat, S.28. Vgl. zur Beilegung des Streites SIMON, Niederstadtbuch, S.540,2 (1384 Oculi): *Sciendum, ... quod omnis impeticio et dissencio omnesque computaciones, quas idem Albertus habuit cum domino Conrado de Vrden pie recordacionis, est penitus et omnino finita ..., que videlicet fuit ex parte Cristiani Klinghenberghes filii Margareten uxoris dicti Alberti suique previgni ...*

1092 Vgl. SIMON, Niederstadtbuch, S.473,5 (1381 Lucas ev).

1093 Vgl. SIMON, Niederstadtbuch, S.663,2 (1389 Divisio apostolorum).

1094 Vgl. SIMON, Niederstadtbuch, S.714,4 (1389 Barbare).

1095 Vgl. SIMON, Niederstadtbuch, S.733,3 (1390 Cantate). Weiterhin schuldeten Johan Oldenborg und Bertram van Rinteln den Söhnen des Conrad zu 1394 Quasimodogeniti 424 Mark, die zum nächsten Osterfest zurückzuzahlen waren, vgl. SIMON, Niederstadtbuch, S.874,5. Diese waren allerdings erst 1396 zurückbezahlt, vgl. SIMON, Niederstadtbuch, S.395,2 (1396 Cantate).

1096 Für Papes gleichnamigen Sohn, einen Priester, hatte der ältere Nicolaus von Urden, der Bruder des Ratsherrn Conrad, Vollmacht, vgl. SIMON, Niederstadtbuch, S.881,5 (1394 Processi et Martiniani). Zu den Vertrauten des Ratsherrn Pape gehörte auch Johan Glusing, der mit Nicolaus van Urden gemeinsam die Urkunden übernehmen sollte, vgl. SIMON, Niederstadtbuch, S.829,3 (1393 Pasche), vgl. auch SIMON, Niederstadtbuch, S.698,1. Zu Glusing und seiner Beziehung zu den Ghildehusen s. S.201.

1097 Vgl. SIMON, Niederstadtbuch, S.525,4.

1098 Vgl. SIMON, Niederstadtbuch, S.520,2 (1383 10000 militum): *Bertold van Stove tenetur Nicolao de Vrden et Vlrico Niestad provisoribus puerorum domini Conradi de Vrden ad usus eorundem puerorum 181 mr 12 s in festo pasche proxime futuro persolvendas, pro quibus Andreas Holste cum eo promisit coniuncta manu.*

1099 Vgl. LÜB UB 7, Nr.631 (14.4.1435).

Verwandtschaftliche Beziehungen bestanden zwischen den van Urden und den Niestad. Die Schwester Telse der Brüder Johan, Ulrich und Hinrik Niestad, die wir schon in Verbindung mit dem ehemaligen (Hannoveraner) Ratsherrn Gislebert Niestad gesehen haben, war mit dem Bruder Nicolaus des Ratsherrn Conrad van Urden verheiratet worden.[1100] Diese Beziehungen waren mit geschäftlichen Kontakten zwischen den Familien verknüpft. So schuldete im November 1398 der Neffe der Telse, Nicolaus van Urden, dem Hinrik Niestad 107 Mark.[1101]

In seinem Testament vom Juli 1404 benannte Nicolaus van Urden als Provisoren die Ratsherren Hermann Yborg und Thideman Junghe, seinen Bruder Simon und seine *suageros* Johan und Hermann, die Söhne des Ratsherrn Hermann Dartzow.[1102] Wie sich aus seinem Testament ergibt, war Nicolaus van Urden zu der Zeit mit Hilleke, der Tochter des 1404 verstorbenen Ratsherrn Hermann Dartzow, verheiratet.[1103] So stand Simon van Urden auch durch die Ehe seines Bruders zu den Dartzow in Lübeck in näheren Beziehungen. Gerhard Dartzow war 1384 Delegierter auf dem Hansetag in Stralsund. Sein Bruder Hermann, der Schwager des Nicolaus van Urden, war zwischen 1394 und 1403 achtmal auf Tagen in Lübeck anzutreffen. Der Stralsunder Ratsherr Simon van Urden stand mit dieser Familie auch in geschäftlichem Kontakt. Von Hermann Dartzows gleichnamigem Sohn kaufte er 1424 ein Eckgrundstück in Lübeck bei der Petrikirche in der Nähe der Trave. Seine Neffen, die Söhne des Lübecker Ratsherrn Nicolaus van Urden, wollten ihm helfen, dass der Besitz dieser *hereditas* ihm in dem Stadtbuch zugeschrieben würde, *in quo hereditates solent scribi.*[1104] Der Stralsunder Ratsherr besaß also eine *hereditas*, ein „Erbe" in Lübeck. Mit diesem Lübecker Besitz war es van Urden jederzeit möglich, Kapital in Lübeck aufzunehmen.[1105]

1100 Dieses geht aus dem Testament des Hinrik Niestad hervor. Er bedachte auch die Tochter seines Bruders Ulrich und wählte diesen und den Ratsherrn Henning van Rinteln zu Provisoren. Vgl. AHL, Testamente, Hinricus Niestad, 11. Februar 1400: *Item do Telseken de Urden sorori mee de prompcioribus meis bonis 300 marcas lub. Et Nicolao eius filio do omnia mea argentea fabrilia. Item Gheseken filie Olrici Nyestades do 200 marcas lub. Residua omnia bona mea mobilia et immobilia qualiacumque existencia do Johanni meo fratri. Provisores meos eligo dominum Henningum de Rintelen, Olricum Nyestad et Johannem Oldenborch in fossa piscatorum morantem.* Es bestand eine engere Verbindung zwischen der hier genannten Telse van Urden und dem Mitglied des Neuen Rates Hartwich Krukow.

1101 Vgl. SIMON, Niederstadtbuch, S.1030,5 (1398 Martini).

1102 S. LUTTERBECK, Rat, S.255 und vgl. AHL, Testamente, 11. Juli 1404: *Provisores meos eligo dominos Hermannum Yborch et Tidemanum Junghen consules, Symonem de Urden meum fratrem, Johannem Dartzowen et Hermannum Dartzowen meos suageros ..*

1103 Diese Ehe ist nicht erfasst bei LUTTERBECK, Rat, S.255.

1104 Vgl. SCHROEDER, Liber III, Nr.106 (1424): *Conradus et Gherardus fratres dicti de Urden, filii domini Nicolai de Urden, quondam consulis Lubicensis, recognoverunt, quod dominus Symon de Urden proconsul Sundensis propriis suis pecuniis emit ab Hermanno Dartzowe, civi Lubicensi, proprietatem hereditatis angularis site in dicta civitate Lubicensi in platea dicta Depenowe infra ecclesiam s. Petri prope Travene. Item dicti fratres debent adhuc iuvare, quod dicto domino Symoni et suis heredibus dictus Hermannus Dartzow faciet scribi in librum civitatis Lubicensis, in quo hereditates solent scribi, dictam proprietatem hereditatis angularis predicte.*

1105 S. dagegen zu der Bindung bürgerlicher Rechte an derartigen Besitz in der Stadt ISENMANN, Stadt, S.92: „Die Bürgergemeinde war eine Grundbesitzergemeinde, sie beruhte auf der Hausgesessenheit."

Das familiäre und geschäftliche Geflecht der van Urden umfasste also wichtige Delegierte in Lübeck und Stralsund und schloss durch die Verbindung mit anderen Familien wie den Niestad, Ratsherren in Hannover, Visby und dem Baltikum ein. Andererseits hatten wir Simon van Urden schon in gemeinsamen Unternehmungen mit dem Stralsunder Bürgermeister Albert Ghildehusen gesehen.[1106]

Netz 50: Simon van Urden

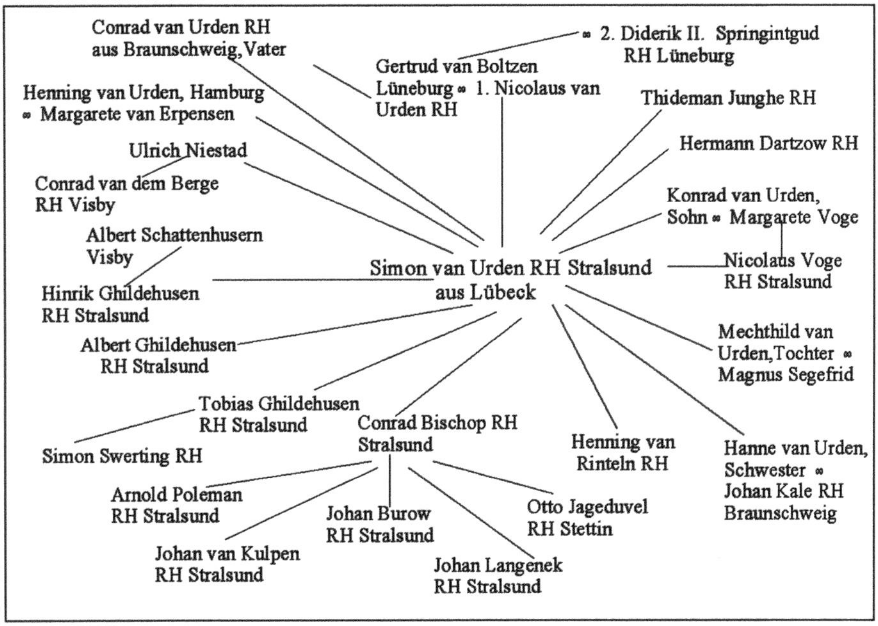

Die Verbindungen Simons mit Ratsfamilien bezog auch die Stralsunder Ratsfamilie Segefrid ein. Mechthild, eine Tochter des Stralsunder Ratsherrn Simon van Urden, war mit dem Sohn Magnus des Nicolaus Segefrid verheiratet.[1107] Magnus Segefrid hatte als Olderman der Gewandschneider eine wichtige Funktion in Stralsund, stieg aber nicht in den Rat auf, wohl weil direkte Verwandte schon im Rat saßen.[1108] Sabel Segefrid, der Bruder des Magnus, gehörte dann in der Mitte des 15. Jahrhunderts zu den Vertretern Stralsunds auf Hansetagen. Gemeinsam standen die drei Brüder Segefrid, nämlich Sabel, Magnus und Wedigo, der Priester wurde, 1420 in Geschäftsbeziehungen zu dem Lübecker Hinrik Plescow, der die Witwe des Ratsherrn Tobias Ghildehusen aus Stralsund geheiratet hatte. Sie setzten auch gemeinsam ihre Ansprüche

1106 S. Kap. 4.4..

1107 S. KOEPPEN, Ratsfamilien, S.130.

1108 Mit dem ehemaligen Oldermann der Gewandschneider und Ratsherrn Albert Junghe ist Magnus in gemeinsamen Geschäften zu sehen wie auch mit Hinrik van Urden und dem Ratsherrn Werner Schild in Grimmen, vgl. SCHROEDER, Liber III, Nrn.249,533,637. Interne Probleme zwischen dem Ratsherrn Wolter und seinen Brüdern Sabel, Magnus und Wedego räumte er kurz vor seinem Tode 1426 aus, vgl. SCHROEDER, Liber V, Nr.6 (3. Dezember 1426).

gegen ihren Bruder, den Stralsunder Ratsherrn Wolter Segefrid (1406-1426) durch.[1109] Conrad van Urden, ein Sohn des Ratsherrn Simon, wurde mit Margarete Voge, einer Tochter des Stralsunder Bürgermeisters Nicolaus Voge verheiratet.[1110] Margarete Voge war in erster Ehe mit dem Ratsherrn Arnold Brandenburg verheiratet gewesen. Nach dem Tod des Conrad van Urden heiratete sie in dritter Ehe Magnus van Alen.[1111]

Auch Magnus van Alen wurde Ratsherr in Stralsund. Er war ein Sohn des Ratsherrn Werner van Alen, der im Juni 1420 am Hansetag in Schleswig teilnahm.[1112] Nicolaus Voge stand seinerseits, wie wir schon gesehen haben, in engerer Verbindung mit den Wulflam und den Rode in Stralsund wie auch mit dem Greifswalder Ratsherrn Johan Hilgheman.[1113]

Eine weitere Tochter des Ratsherrn Voge namens Metteke war mit dem Stralsunder Bürgermeister Johan Bere verheiratet worden.[1114] Auch Voges Sohn Otto heiratete eine Tochter dieses Ratsherrn.[1115] Otto Voge, der von 1432 bis 1475 amtierte, nahm erstmals im Mai 1442 als Bürgermeister an einem Hansetag in Stralsund teil. 1445, 1447 und 1449 war er auf den Hansetagen in Lübeck zugegen. Er konnte einen geplanten Aufstand in Stralsund 1453 vereiteln. In der Folge überdehnte er seine Machtansprüche aber und musste in demselben Jahr die Stadt verlassen. Voges Streit mit Stralsund beschäftigte auch mehrere Hansetage bis zu seiner ehrenvollen Rückkehr 1458. Als Bürgermeister nahm er zuletzt am Lübecker Hansetag von 1472 teil.[1116]

Wohl durch die Großelterngeneration hatte Simon van Urden auch Beziehungen zu den Ghildehusen und nach Visby. So schuldete Simon 1420 dem Albert Schattenhusen und seiner Frau Mette in Visby 100 Mark Sund.[1117] Die Schattenhusen wiederum erbten 1413 von dem Visbyer Ratsherrn Hinrik Ghildehusen auch dessen Güter in Stralsund. Aus dem entsprechenden Eintrag im Stralsunder Stadtbuch geht hervor,

---

1109 Vgl. SCHROEDER, Liber II, Nr.448. Der Betrag belief sich auf 700 Mark Sundisch.

1110 S. VON WITZENDORFF, Stammtafeln, S.138.

1111 S. KOEPPEN, Ratsfamilien, S.150f.

1112 Magnus van Alen hat eine Pilgerfahrt ins Heilige Land gemacht. Vor dem Aufbruch hatte er ein Testament erstellt, *in quo donavit domino Wernero de Alen suo patruo ... 20 marc. redd. ... in curia domini Zeghevridi. Sed quando reversus est de terra sancta, tunc fregit istud testamentum* ... Vgl. SCHROEDER, Liber II, Nr.517 (25.11. 1420).

1113 Wie der Rigische Ratsherr Hartwich Segefrid mit den Stralsundern verbunden war, bleibt noch zu klären. Er nahm als Vertreter Rigas am Hansetag 1423 in Lübeck teil und reiste bis 1435 zu drei regionalen Tagen. Vom Lübecker Tag gibt es einen Bericht Segefrids an seine Ratskollegen, vgl. LEC UB 1,7, Nr.1. Segefrid war führend an Verhandlungen in Novgorod wie auch mit Pskov beteiligt, vgl. LEC UB 1,7, Nrn. 300,341,348,349. Ratsherr Segefrid siegelte in Riga mit Thisenhusen im März 1433, vgl. LÜB UB 7, Nr.528. Vgl. auch zu Segefrids hansischer Tätigkeit, besonders in Verbindung mit dem Londoner Kontor LEC UB 1,9, Nrn.263ff. und 269, s. auch dort Nrn.551, 844.

1114 S. KOEPPEN, Ratsfamilien, S.151.

1115 In erster Ehe war Otto Voge mit Taleke Krukow verheiratet gewesen, s. KOEPPEN, Ratsfamilien, S.148.

1116 S. KOEPPEN, Ratsfamilien, S.90ff.

1117 Vgl. SCHROEDER, Liber IV, Nr.568.

dass Mette Schattenhusen aus Stralsund stammte.[1118] Wahrscheinlich war sie eine geborene Ghildehusen.[1119] Simon van Urden gehörte weiterhin mit den Ratsherren und Stralsunder Delegierten Conrad Bischop, Johan Langenek und Henning Wreen zu den Vormündern der Gherburg, der Witwe des Tobias Ghildehusen.[1120] Gherburg war eine Tochter des Simon Swerting aus seiner zweiten Ehe mit Heilewig, einer Tochter Everhards van Attendorn.[1121] Zusammen mit Conrad Bischop nahm Simon van Urden 1405 Geld für Diderik van Unna an. Sicherlich standen diese drei zu dieser Zeit in einer Handelsgesellschaft.[1122] Conrad Bischop trat mit van Urden gemeinsam auf fünf Hansetagen in Erscheinung.[1123] Bischop stand in geschäftlicher Verbindung mit den Stralsunder Ratsherren und Delegierten Arnold Poleman, Johan van Külpen, Johan Langenek und Johan Burow.[1124] Bischop hatte weiterhin geschäftliche Beziehungen zum Stettiner Ratsherrn Otto Jageduvel, der auch der Stadt Stralsund Geld geliehen hatte.[1125] In Stettin hat sich Jageduvel durch die Stiftung eines „Collegium" für 24 arme Kinder eine dauernde Erinnerung geschaffen.[1126] Dort wurde er auch zu seinem Todestag, dem 9. September (1412), jährlich erinnert.[1127] Seine Memoria wurde auch im Bild festgehalten.[1128] Hier sieht man den Stettiner Bürgermeister und

---

1118 Vgl. SCHROEDER, Liber IV, Nr.453 (1413): *Bona hereditaria per mortem domini Hinrici Gildehus consulis quondam in Wisbu, in nostra civitate derelicta et apud quoscunque existentia et in Sundis inventa ad Albertum Schattenhusen per uxorem Metteken suam devoluta ...*

1119 Vgl. SCHROEDER, Liber II, Nr.168.

1120 Vgl. SCHROEDER, Liber II, Nr.204 (1415): *Gherburg relicta Tobie vendidit domino Johanni Hilgheman bona, que dicta sunt Uzelitze et Dummervitze cum eorum attinenciis in terra Rugie situata ... Hii sunt provisores: dominus Conradus Biscop, dominus Johannes Langenek, dominus Henningus Wren, dominus Symon de Urden et Hinricus Poggenborgh.*

1121 S. LUTTERBECK, Rat, S.387.

1122 Vgl. SCHROEDER, Liber I, Nr.1014 (1405) *Dominus Conradus Biscop, Symon van Orden, Reynerus Rapezulver acceperunt ... ad usum Thiderici de Unna, in remotis argentis, 200 mrc. ...*

1123 Eine Tochter des Conrad Bischop war mit einem Mitglied der Ratsfamilie Badisern verheiratet, vgl. SCHROEDER, Liber III, Nr.588 (1435): *Dominus Conradus Bischop proconsul et Bernardus de Zutfelde consul et Gherlacus Badysern, tutores et provisores Conradi, Nicolai, Kunneken, Barbare et Taleken, filiorum et filiarum pie memorie domini Hermanni Badyseren de eo et Reymborgi filia dicti domini Conradi Biscop genitorum.*

1124 Vgl. SCHROEDER, Liber II, Nr.413 (24. März 1412): Ratsherr Arnold Poleman und sein Sohn Arnold schulden dem Rat und der Stadt 4000 Mark. Sund. Für sie bürgen *coniuncta manu*: *dominus Johannes de Kulpen, dominus Johannes Burow, dominus Conradus Bisscup, dominus Lubbertus Thevyn, Lambertus Poleman, Elerus Burow et Hinricus Koler.*

1125 Vgl. SCHROEDER, Liber IV, Nr.415 (1412): *Dominus Conradus Bisscup et Hinricus Koler sumpserunt super se literam, quam civitas sigillavit domino Ottoni Yageduvel super 1000 mrc. ... et debent civitatem servare quitam et liberam ... pro quo idem dominus Conradus et Hinricus Koler et dominus Arnoldus Poleman et dominus Johannes Langhenek ... coniuncta manu civitati promiserunt.*

1126 Vgl. zur Geschichte dieser Institution, verfasst „zur fünfhundertsten Wiederkehr des Tages, an dem dasselbe einstmals zuerst gestiftet wurde", WEHRMANN, Jageteufelsches Collegium, S.1-64.

1127 Zum Todestag s. WEHRMANN, Jageteufelsches Collegium, S.12.

1128 Wann dieses Bild geschaffen wurde, ist nicht klar. Erstmals erwähnt wird es zu 1586: „Friedeborn erzählt, dass ein Bild Jageteufels im Collegium vorhanden sei, welches 1586 renoviert sei." S. WEHRMANN, Jageteufelsches Collegium, S.12. Das Bild ist dann noch 1774, 1827 und 1871 renoviert worden. Heute befindet es sich wieder in Stettin, im ehemaligen Rathaus, jetzt einem Museum.

hansischen Delegierten im Kreis der Kinder, für deren Unterbringung und Ausbildung er sorgte. Eine Umschrift weist auf Namen und Leistung hin.[1129]

4.4 Albert Ghildehusen (Stralsund)

Albert Ghildehusen hatte schon durch seine Frau Christina, die aus der Familie Loos stammte,[1130] Kontakt zu führenden Familien im Ostseeraum. Mitglieder dieser Familie waren uns bereits mehrfach begegnet. Durch die Ehe seines Sohnes Tobias mit Gherburg Swerting, einer Tochter des Lübecker Ratsherrn Simon Swerting, knüpfte Ghildehusen eine engere Verbindung mit Simon, dessen Bruder Gregor Swerting in Stralsund und deren Lübecker Verwandten wie Jakob Plescow. Diese Heiratsverbindung wird aus Erbstreitigkeiten zu Beginn des 15. Jahrhunderts deutlich. Nachdem nämlich Tobias Ghildehusen vor 1416 verstorben war,[1131] wurde seine Witwe Gherborg mit Hinrik Plescow, dem Sohn des Lübecker Ratsherrn Bernhard Plescow (1393-1408), verheiratet. Über das Erbe des Stralsunder Ratsherrn Tobias Ghildehusen kam es dann vor 1420 zum Streit mit dem Sohn des ehemaligen Visbyer Ratsherrn Hinrik Ghildehusen in Lübeck, der interessanterweise auch Albert hieß.[1132] Tobias Ghildehusen wurde in den Stralsunder Rat gewählt und beteiligte sich als Delegierter an den Tagen von 1402 in Lübeck und 1404 in Marienburg.[1133]

Entsprechend der Verbindung mit Simon Swerting in Lübeck durch die Ehe seines Sohnes verband sich Ghildehusen in Stralsund durch die Ehe seiner Tochter Gertrud mit Nicolaus Wulflam, dem Sohn des Bertram Wulflam, mit seinem Bürgermei-

1129 *Ex hac pictura Jageteuffeli collige formam // qui virtute fuit vir veterique fide. // Nulla tuum teris adiment oblivia nomen, // hoc tuus in pueros, consul, habebit amor.*

1130 Die Ehe wird 1400 im Verzicht des Mönches Diderik Loos angesprochen, vgl. AHL, Niederstadtbuch zu 1400 Cathedra Petri: *Thidericus Los de ordine s. Johannis Baptiste renunciavit ... in bonis per mortem Cristine sororis sue, uxoris quondam domini Alberti Ghildehusen proconsulis Stralesundensis.*

1131 Dass Tobias der Sohn des Bürgermeisters Albert Ghildehusen war, geht aus einem Streit hervor, der 1416 nach dem Tod des Tobias beigelegt wurde, vgl. SCHROEDER, Liber II, Nr.275: *Causa inter dominum Albertum Ghildehusen quondam proconsulem sundensem ex una et Hinricum Gildehusen habitantem in Bodenstrate parte altera bone memorie, et post inter dominum Tobiam Ghildehusen filium domini Alberti et inter dominum Hinricum presbiterum, Hermannum, Everhardum et Johannem fratres dictos Ghildehusen ... est omnino et penitus per testamentarios dicti domini Tobie et per amicos dictorum fratrum amicabiliter composita ...*

1132 Endgültig wurde der Streit zu Oculi 1420 beigelegt, vgl. SCHROEDER, Liber II, Nr.450: *Albertus Gildehus de Lubeke, domini Hinrici Gildehus filius, ... sub secreto consulum Lubicensium dimisit Gherborgem, uxorem Hinrici Plescow et ipsum Hinricum quitos, liberos et solutos ab omni monicione, quam habebat contra eos ... de testamento Tobie Gildehus ... et e converso Hinricus Plescow pro uxore sua cum consensu proximorum uxoris sue dimisit ... Albertum Ghildehus ... ab omni monicione ...* Vgl. auch SCHROEDER, Liber II, Nr.383 (1418 circa Lucie).

1133 Tobias Ghildehusen stand in geschäftlichen Verbindungen mit den Brüdern Vos in Lübeck, vgl. SCHROEDER, Liber IV, Nr.348 (1402): *Wennemarus Vos civis Lub. deputavit ... domino Thiderico Vos sui fratri illos 30 marc redd., quos dominus Tobias Ghildehusen tenetur exsolvere racione 400 marc devolutarum ad Wennemarum predictum per obitum Cristine quondam sororis dictorum Wenemari et Thiderici, pro qua summa quedam bode in Kulpestrate site sunt per dominum Tobiam impignerate et in registro civitatis pro pignore inscripte.*

sterkollegen auch familiär.[1134] Da Nicolaus Wulflam schon 1396 verstarb, wurde Gertrud in zweiter Ehe mit Ludolf van Külpen verheiratet, dem Enkel des gleichnamigen Stralsunder Ratsherrn, der sehr häufig als Delegierter zu sehen war. Ratsherr Johan van Külpen, Ludolfs Vater, war mit einer Elisabeth verehelicht, die in erster Ehe mit einem Ghildehusen verheiratet gewesen war.[1135] Die Beziehungen des Stralsunder Ratsherrn Albert Ghildehusen zu den Ghildehusen in Lübeck waren eng. So sollte 1395 dem ehemaligen Visbyer Ratsherrn Hinrik Ghildehusen, der nach Lübeck umgezogen war, Geld dorthin gebracht werden. Dieses schuldete ihm der verstorbene Stralsunder Ratsherr Werner Ghildehusen. Er war ein Bruder Alberts.[1136] Werner Ghildehusen hatte zuvor häufig mit den Swerting zusammengearbeitet. Mit Simon Swerting hatte er dem Yesso Dove eine bedeutende Summe in Goldnobeln geliehen. Für die Rückzahlung bürgten 1387 Thideman Loos, Wennemar Loos, Johan Koning, Johan van Utrecht und Hermann van Ossenbrugge.[1137] 1388 schuldete Werner Ghildehusen dem Simon Swerting 645 Mark.[1138]

Für Geldgeschäfte des Lübeckers Johan Glusing mit Hinrik Ghildehusen bürgte Albert in Stralsund.[1139] 1394 stand Albert Ghildehusen von der Visbyer Verwandtschaft, nämlich von Elisabeth van Kalmar und Gerhard van Essende, ein Teil des Erbes zu, das in Lübeck aufbewahrt wurde. Als Prokurator war in dieser Angelegenheit

---

1134 S. KOEPPEN, Ratsfamilien, S.142.

1135 S. KOEPPEN, Ratsfamilien, S.142. Vgl. auch SCHROEDER, Liber II, Nr.320 zur familiären Beziehung. Ratsherr Johan van Külpen und Tobias Ghildehusen erkennen an, dass der Ratsherr Johan van der Molen von Albert Ghildehusen *pie memorie* für 1000 Mark Sund. eine Rente von 100 Mark jährlich gekauft habe.

1136 Vgl. SCHROEDER, Liber IV, Nr.49 (April 1369): *Domini consules vendiderunt Alberto, Wernero et Johanni fratribus dictis Gildehus 100 mrc. redd. ...*

1137 1387 bürgte Thideman Loos den Herren Simon Swerting und Werner Ghildehusen für die Schuld von 120 Goldnobeln des Yesso Duve. Falls Duve die Summe nicht in Schonen bis Michaelis zahlen würde, dann würde Loos die Zahlung übernehmen und für je einen Nobel 27 Schilling Lüb. zahlen, vgl. SIMON, Niederstadtbuch, S.640,3 (1387 Barbare).

1138 Vgl. SIMON, Niederstadtbuch, S.654,3,4 (1388 Cantate): *Notandum, quod Wernerus Ghildehusen presens apud librum recongnovit se teneri domino Symoni Zwertinghe in 212 mr Lub dn in festo nativitatis Christi proximo futuro persolvendis.* 4) *Notandum, quod Wernerus Ghildehusen presens apud librum recongnovit se teneri domino Symoni Zwertingh in 432 mr Lub dn in festo pasche proximo futuro persolvendis.* 1389 war die Summe noch nicht ganz zurückgezahlt, Werner Ghildehusen schuldete Heilwig, der Witwe des Simon Swerting, noch 232 Mark, vgl. SIMON, Niederstadtbuch, S.690,3 (1389 Oculi).

1139 Vgl. SCHROEDER, Liber I, Nr.899 (1394): *Dominus Albertus Ghildehusen promisit servare consulatum indempnem super hoc, quod consulatus iussit Johannem Clusingh civem lubicensem presentare domino Hinrico Ghildehusen civi lubicensi pecuniam, quam Johannes Clusingh sub se habuit nomine domini Werneri Ghildehusen ...* Wie genau diese Transaktionen in den beteiligten Städten festgehalten wurden, zeigt uns das Gegenstück aus dem Lübecker Stadtbuch, vgl. SIMON, Niederstadtbuch, S.907,3 (1395 Trinitatis): *Notandum, quod dominus Hinricus Ghildehusen presens libro recongnovit se percepisse a Johanne Glusink racione cuiusdam litere aperte civitatis Sundensis 91 ½ mr minus 18 dn Lub dn de parte illius cupri, quod dominus Wernerus Ghildehusen quondam consul Sundensis sibi hic destinavit, unde idem dominus Hinricus Ghildehusen dimisit eundem Johannem Glusink huius pecunie nomine penitus quitum et solutum.* Hieraus wird deutlich, dass es sich bei den gemeinsamen Geschäften um den Import von Kupfer - sicherlich aus Schweden - handelte.

für den Stralsunder Bürgermeister der Lübecker Ratsherr Berthold Kerkring tätig.[1140] In früheren Fällen war Ghildehusens Bevollmächtigter in Lübeck Bürgermeister Jakob Plescow gewesen.[1141]

Albert Ghildehusen handelte, zum Teil gemeinsam mit dem späteren Stralsunder Ratsherrn und Delegierten Werner van Alen, mit Flandern und Preußen. Ghildehusen hatte einen gleichnamigen Verwandten in Thorn. Dort wurden seine Forderungen von Conrad Hosang vertreten.[1142] Dieser war ein Bruder des Hermann Hosang, der 1375 und 1377 als Brügger Ältermann des lübisch-wendischen Drittels amtierte und 1384 in den Stralsunder Rat gewählt wurde.[1143] Hermann Hosang war gemeinsam mit Johan Ruge als Delegierter Stralsunds auf dem Hansetag im Mai 1388 in Lübeck. Er wurde allerdings später - wohl 1391 - wegen eines Mordversuchs an dem Stralsunder Ratsherrn Segefrid gerädert.[1144]

Ghildehusen stammte auch selbst aus einer gotländischen Familie und war mit dem Lübecker Ratsherrn Hermann (II.) Yborg verwandt.[1145] Yborg war ein Stiefbruder von Alberts Cousin Hinrik (II.) Ghildehusen.[1146] Yborg war geschäftlich mit dem Stralsunder Ratsherrn Hermann Elmehorst verbunden, der auf den Hansetagen von 1394 in Helsingborg und 1395 in Falsterbo erschien.[1147] Später vor der Mitte des 15.

1140 Vgl. SCHROEDER, Liber I, Nr.894 (1394): *Dominus Albertus Ghildehus promisit ... indempnes de bonis hereditariis, per mortem Elizabeth de Kalmaren et de bonis hereditariis per mortem Gherardi de Essende in Lubeke relictis, devolutis ad uxorem Cristinam dicti domini Alberti et monendis per Bertoldum Kerkring in Lubeke consulem, procuratorem ipsius domini Alberti ...*

1141 S. WIEGANDT, Plescows, S.208.

1142 Vgl. SCHROEDER, Liber I, Nr.479 (1384): *Dominus Albertus Ghildehus promisit dominos consules indempnes observare de 100 cyntenariis plumbi et aliis bonis hereditariis Alberti Ghildehus, per Conradum Hozank, procuratorem suum in Thorun extorquendis ...* Vgl. auch SCHROEDER, Liber I, Nr.742 (1384): *Dominus Albertus Ghildehusen, Wernerus de Alen et Everhardus van der Beke ... indempnes de 20 talentis gross. per obitum Johannis Monnyk in Prusya defunctum penes Rotcherum Scriver Brugis in Flandria retromissis et per Conradum Hosank emonendis ...*

1143 Ihr Bruder Hinrik war vor 1384 bei Dordrecht ertrunken, vgl. SCHROEDER, Liber I, Nr.743 (1384). Für Hermann und Conrad Hosang verpflichteten sich im Zusammenhang von dessen Erbe der Stralsunder Ratsherr Heyno Badiseren und sein Bruder Gerlach. Bei der Versammlung zu Stralsund vom Mai 1378 werden als Sendboten des Kaufmanns zu Brügge genannt: Hermann Hosang, Tydeman Rebber und Tydeman Greverade. Sie waren wohl zu der Zeit Achtzehnmänner, nachdem sie im Vorjahr Ältermänner waren, s. DIERCK, Älterleute, S.94.

1144 S. KIESEWETTER, Hosang, S.35.

1145 Im Juni 1379 bestätigte *Hinricus Ghildehus, Cifridi filius, sundensis oppidanus*, der Vormund des Sohnes des Visbyer Bürgers Gerhard Poggenborg, dass *dominus Albertus Ghildehus consul Sundensis* dem Kind die bedeutende Summe von 1170 Mark Sund. ausbezahlt habe, vgl. SCHROEDER, Liber IV, Nr.189. Der Name Poggenborg erscheint auch am Beginn des 15. Jahrhunderts im Umkreis der Ghildehusen, als die Witwe Gherburg des Tobias Ghildehusen an den Greifswalder Ratsherrn Johan Hilgheman Güter auf Rügen verkaufte. Zu Gherburgs Provisoren gehörte neben den Ratsherren Conrad Bischop, Johan Langenek, Henning Wreen und Simon van Urden auch Hinrik Poggenborg, vgl. SCHROEDER, Liber II, Nr.204 (27. April 1415). Poggenborg wird auch 1416 bei einer Verpflichtung für den Münzer mit Nicolaus Swerdfeger, Thomas van Unna, Gerd Ghildehusen und anderen genannt, vgl. SCHROEDER, Liber II, Nr.264f.

1146 S. Kap.6.1.

1147 Vgl. SIMON, Niederstadtbuch, S.933,4 (Misericordia Domini). Elmehorst war geschäftlich auch mit Ludolf van Dortmund verbunden. Gemeinsam mit Lambert Morrian wollten sie den Stral-

Jahrhunderts wurden angeheiratete Verwandte der Stralsunder Elmehorst in Stettin mit Namen Leppin genannt.[1148] Sollte es sich beim dem Stettiner Delegierten Berthold Leppin, der 1363 auf Tagen erschien, um einen Vorfahren gehandelt haben? Elmehorsts Frau Geseke war die Tochter des Hinrik Butzkow, der weithin Kontakte im Hanseraum hatte.[1149] Gesekes Mutter Margarete kam auch aus einer bisher nicht bekannten finanzkräftigen Familie, da ihr von ihrer Mutter das Recht über eine Kapelle in der Marienkirche in Stralsund zustand.[1150] Nach dem Tod des Elmehorst heiratete seine Witwe Geseke den Greifswalder Ratsherrn und Delegierten Johan Hilgheman.[1151]

Netz 51: Albert Ghildehusen

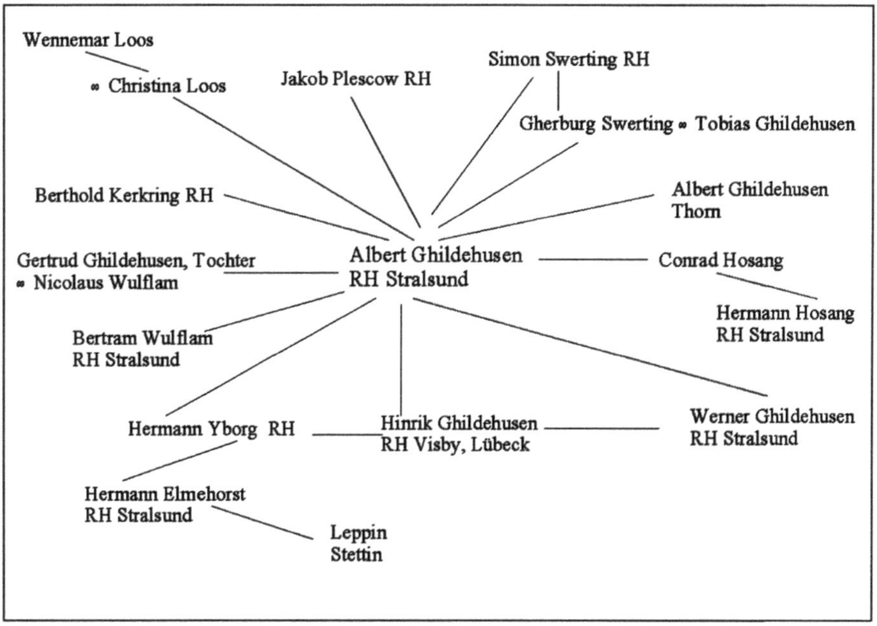

sunder Rat schadlos halten bei der Eintreibung der Schulden des Everhard Vulland auf Seeland (*in Korckyn Zalandye*), vgl. SCHROEDER, Liber I, Nr.485 (1371).

1148 Vgl. SCHROEDER, Liber V, Nr.128 (Juli 1442): *Hermannus Leppyn civis Stettinensis frater legitimus Wendelen Elmehorstes pie memorie*.

1149 Vgl. SCHROEDER, Liber I, Nrn.437,466,481 (für Rotger Vifhusen in Stockholm eintreiben), Nr.482 (Reval), Nr.841 (Wismar).

1150 Vgl. SCHROEDER, Liber II, Nr.70 (1412) *Margareta, relicta Hinrici Butzkow, cum consensu domini Johannis Hilgheman et Jacobi de Grymme, tutorum eius* übergibt das Recht an der Kapelle dem *domino Goswyno Wydenbrugge ... capellam quam habebat in ecclesia b. Virginis ad ipsam devolutam ex parte matris sue*.

1151 S. zu Johan Hilgheman S.57,59193,198.

4.5 Gottschalk und Gerd van Attendorn

Zu den Vertrauten des Simon Swerting im Lübecker Rat gehörten Gottschalk und Gerd van Attendorn. Der ältere war Gottschalk van Attendorn, er war ein Onkel des Gerd. Dennoch erscheint er erst später als dieser als Delegierter auf Hansetagen und zwar von 1380 bis 1387 und nur auf solchen in Lübeck. Obwohl er anscheinend eine nicht so prominente Rolle auf den hansischen Versammlungen wie sein Neffe gespielt hat, wollen wir kurz sein persönliches und geschäftliches Umfeld betrachten. Gottschalks Bruder Everhard van Attendorn war nur ein Jahr lang im Rat, von 1348 bis 1349.[1152]

Gottschalk folgte ihm 1356 auf dem Ratssitz. Er heiratete Tibburg, die Witwe des Hermann Mornewech. Johan, ein Sohn des Ratsherrn Johan Wesseler (1351-1367), bezeichnete ihn als seinen *suagerus*. Dies bedeutet in diesem Fall Schwiegersohn, denn aus einem Eintrag im Niederstadtbuch nach dem Tode der Tochter Gertrud des Gottschalk van Attendorn wird ersichtlich, dass diese mit Johan Wesseler verheiratet gewesen war.[1153] Da die Schwester Margarete des Johan Wesseler den Ratsherrn Thomas Morkerke geheiratet hatte, bestand also auch zwischen diesem und Gottschalk van Attendorn eine entferntere familiäre Beziehung.[1154] Weiterhin gab es familiäre Beziehungen zum Stralsunder Ratsherrn Arnold van Soest, einem Cousin Wesselers.[1155] Van Attendorns Verwandtschaft mit Johan Schepenstede ist nicht eindeutig zu klären. Er bezeichnete diesen als *avunculus*,[1156] während er dessen Bruder dagegen *swagerus* nannte.[1157] Mit Johan Schepenstede war van Attendorn auch geschäftlich verbunden.[1158] Auch mit Everhard Schepenstede ist Gottschalk van Attendorn mehrfach in Geschäftsbeziehungen zu sehen. So schuldete Everhard Schepenstede im November 1368 dem Kanoniker Paul Hake die außerordentlich hohe Summe von 1000 Lübecker Goldgulden. Gottschalk van Attendorn bürgte für ihn.[1159]

Im Dezember 1365 wurde im Niederstadtbuch festgehalten, dass Gottschalk van Attendorn von der ihm zustehenden beachtlichen Rente *(wikbelde)* von 200 Mark beim Rat von Wismar, die er vom mecklenburgischen Herzog für 2000 Mark gekauft hatte, 100 Mark für 1000 Mark Kapital verkauft hatte. Mit ihm bürgte *coniuncta ma-*

1152 S. LUTTERBECK, Rat, S.191.

1153 Vgl. SIMON, Niederstadtbuch, S.306,1 (1375 Luce ewangeliste): *Sciendum, quod constituti iuxta librum Johannes Weslere et Ghodschalcus filius domini Ghodschalci de Atendorn cum pleno consensu domini Ghodschalci predicti et Gherhardi de Atendorn ibidem presencium concordaverunt inter se super restitucione medietatis dotis, quam dictus Johannes Weslere prenominato Ghodschalco tenebatur facere ex parte Ghertrudis quondam uxoris dicti Johannis prenominati Ghodschalci sororis pie recordacionis ...*

1154 Vgl. SIMON, Niederstadtbuch, S.197,4 (1372 Quasimodogeniti).

1155 S. DIERCK-DÜNNEBEIL-RÖßNER, Hansekaufleute, S.434.

1156 S. ASMUSSEN, Flandernfahrer, S.679.

1157 S. LUTTERBECK, Rat, S.194 mit Anm.1005.

1158 Vgl. SIMON, Niederstadtbuch, S.331,1 und 5 (1376 Septem Fratrum).

1159 Vgl. SIMON, Niederstadtbuch, S.141,2 (Martini 1368): *Euerhardus Schepenstede tenetur domino Paulo Haken mille aureos Lub, pro quibus dominus Ghodschalcus de Atendorn cum ipso coniuncta manu promisit, et dictus Euerhardus dominum Ghodschalcum debet indempnem conservare ...*

nu sein Neffe Gerd van Attendorn für pünktliche Ausführung.[1160] 1369 überließ Gottschalk van Attendorn dann dem Ratsherrn Hermann van Ossenbrugge 50 Mark dieser Rente.[1161]

Netz 52: Gottschalk van Attendorn

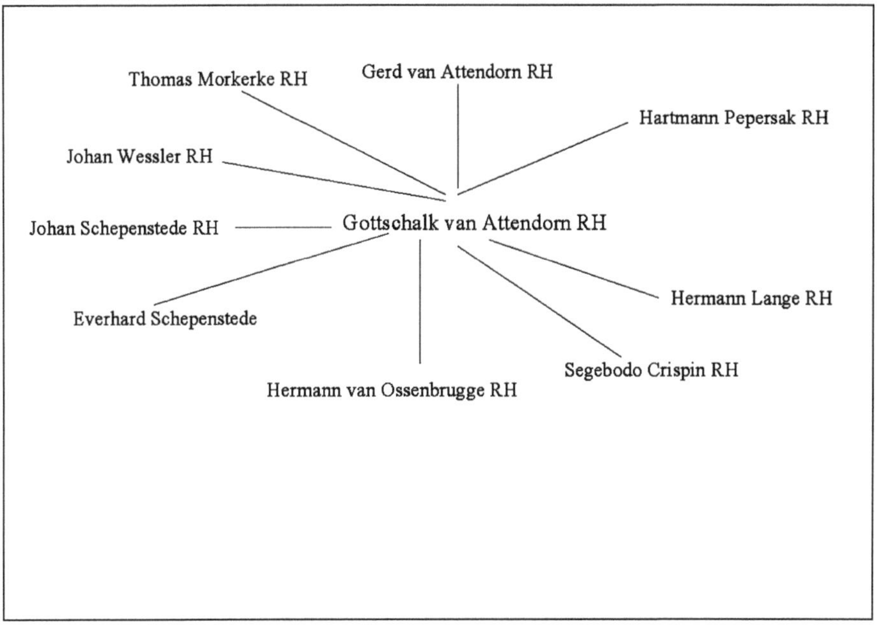

1372 verpfändete van Attendorn sein Haus in der Königstraße und ein Dorf mit Hof und Mühle für 2000 Mark an seinen Neffen Gerd.[1162] Im Mai dieses Jahres verpflichtete er sich gemeinsam mit seinem gleichnamigen Sohn und seinem Neffen wie Johan Wesseler gegenüber den Ratsherren Simon Swerting und Segebodo Crispin *coniuncta manu*, alle aus dem Verkauf des Dorfes Warstorpe an sie herrührenden Verbindlichkeiten zu erfüllen.[1163] Im März 1376 bürgten für Gottschalk van Attendorns beträchtliche Schuld von 1100 Mark beim Lübecker Rat die Ratsherren Hartmann Pepersak und Segebodo Crispin. Dafür bot van Attendorn ihnen als Sicherheit seine schon genannte Rente beim Wismarer Rat.[1164] Im März 1377 wurde festgehalten, dass van Attendorn dem Ratsherrn Hermann Lange, der am Tag zu Johannis 1379 teilnahm, 300 Mark schuldete. Diese sollten auch aus seiner Rente beim Wismarer Rat beglichen werden. Aus dem Eintrag geht weiter hervor, dass Hermann Lange zu der Gruppe von Ratsherren gehört, die beim Lübecker Rat für van Attendorn gebürgt hatte.[1165]

1160 Vgl. MUB 19, Nr.9423.
1161 Vgl. MUB 19, Nr.9951.
1162 Vgl. SIMON, Niederstadtbuch, S.209,1.
1163 Vgl. SIMON, Niederstadtbuch, S.200,5.
1164 Vgl. SIMON, Niederstadtbuch, S.318,2. (1376 Invocavit).
1165 Vgl. SIMON, Niederstadtbuch, S.359,4 (1377 Oculi).

Gottschalk van Attendorns persönliches Umfeld, wie es aus dem Niederstadtbuch zu beschreiben ist, beschränkt sich auf seinen Bruder und seinen Neffen Gerd, die Ratsherren Pepersak, Wesseler, Morkerke, Crispin und Johan Schepenstede wie dessen Bruder Everhard. Seine geschäftlichen Aktivitäten zeigen sich nach diesen Notizen in der späteren Phase als nicht besonders erfolgreich.

Gottschalks Neffe Gerd, der Sohn seines Bruders, des Ratsherrn Everhard van Attendorn, gehörte, wie wir schon sahen, in der zweiten Hälfte des 14. Jahrhunderts zu den herausragenden Lübecker Vertretern auf Hansetagen. Sein besonderes Interesse galt den Flandernbeziehungen und dem Norden.[1166] Seine Verbindungen zum Norden beschränkten sich allerdings nicht auf Geschäfte und Diplomatie. Er stiftete auch eine Vikarie in Kalmar.[1167] Gerd van Attendorn ehelichte Geseke, eine Tochter des Ratsherrn Abraham Bere (1352-1357).[1168] Bere hatte vor der Jahrhundertmitte eine Gesellschaft mit Gerhard Dartzow, die sehr hohe Schulden von etwa 1267 Mark aufnahm.[1169] Durch die Heirat seiner Schwester Heilewig war Gerd van Attendorn ein Schwager des Simon Swerting. Mit diesem hatte er auch geschäftliche Verbindungen. Als Simon Swerting im Oktober 1374 eine Rente von 67 Mark an Thideman Wilde verkaufte, bürgten die Ratsherren Gerd van Attendorn und Conrad van Urden für ihn.[1170] Im Dezember 1377 schuldete der künftige Ratsherr Johan Niebur den Simon Swerting und Gerd van Attendorn 560 Mark.[1171]

Auch 1378 wurde festgehalten, dass diese Ratsherren gemeinsam 108 Mark an Hinrik Witte und Johan Hamma verliehen hatten.[1172]

Noch fast vierzehn Jahre nach Swertings Tod war Gerd van Attendorn auf Hansetagen zu finden, häufig gemeinsam mit dem Bruder seines Schwagers, dem Stralsunder Ratsherrn Gregor Swerting. Mit dem Ältermann des Brügger (und Dordrechter) Kontors Everhard Paal, der seinerseits in engem Kontakt zu Johan Schepenstede stand, hatte van Attendorn auch eine Handelsgesellschaft.[1173] Gemeinsam liehen sie im Juli 1375 dem Borchard Müntzer, dem künftigen Ratsherrn Johan Niebur und Johan Stoop 330 Mark.[1174] Im April 1377 bürgten Gerd van Attendorn, Everhard Paal und Johan Krumvoet für eine Gruppe, die aus dem Stralsunder Ratsherrn Arnold van Soest, Johan Wesseler und Wennemar von Essen bestand, als Simon Swartecop von

---

1166 S. schon WIEGANDT, Swerting, S.33.

1167 Der Kalmarer Ratsherr Brun Sture bestätigte 1396 den Empfang von Urkunden für die Vikarie, vgl. SIMON, Niederstadtbuch, S.949,3 (1396 Michaelis).

1168 S. LUTTERBECK, Rat, S.192.

1169 S. LUTTERBECK, Rat, S.204.

1170 Vgl. SIMON, Niederstadtbuch, S.267,1.

1171 Vgl. SIMON, Niederstadtbuch, S.387, 7 (1377 Lucie): *Johannes Niebur tenetur dominis Symoni Zwertingh et Gherhardo de Atendorn 560 mr dn in festo beatorum Philippi et Jacobi apostolorum persolvendas.*

1172 Vgl. SIMON, Niederstadtbuch, S.400,3 (1378 Quasimodogeniti).

1173 Everhard Paal war ein Neffe des Lübecker Ratsherrn Bernhard Paal (1349-1363). Er hatte engere Beziehungen nach Dülmen in Westfalen. 1380 wird er als *avunculus* des Johan Schepenstede bezeichnet, s. ASMUSSEN, Flandernfahrer, S.595. Paal stand in Geschäftsbeziehungen zu Johan Schepenstede. Gemeinsam mit ihm kaufte er im Juni 1376 für 160 Mark die Hälfte des Dorfes Groß Schenkenberg. In seinem Testament vom 16.10.1383 setzte er Johan und Everhard Schepenstede als Haupterben ein, falls seine Tochter und Enkelin vor ihnen sterben sollten.

1174 Vgl. SIMON, Niederstadtbuch, S.297,2 (1375 Jacobi).

diesen eine Rente für 400 Mark kaufte.[1175] Mit Hartmann Pepersak, Johan Perceval und Simon Swerting beteiligte sich Gerd van Attendorn 1377 am Kauf der Rente beim Esslinger Zoll, der bei der Überfahrt über die Elbe erhoben wurde.[1176] In zweiter Ehe verband er sich mit der Mutter der Ratsherren Gerhard und Hermann Dartzow. Mit Hermann Dartzow, der ihn 1390 in seinem Testament als Provisor benannte, erschien er 1392 gemeinsam als Lübecker Delegierter auf einem Hansetag. Als Testamentsvollstrecker wurde Gerd van Attendorn 1390 von Brun (II.) Warendorp eingesetzt.[1177] Die Hansetage, auf denen die beiden van Attendorn mit Delegierten erschienen, die mit ihnen verwandtschaftlich oder geschäftlich verbunden waren, gehen aus dem Spiegel der Delegationen hervor.[1178]

Netz 53: Gerd van Attendorn

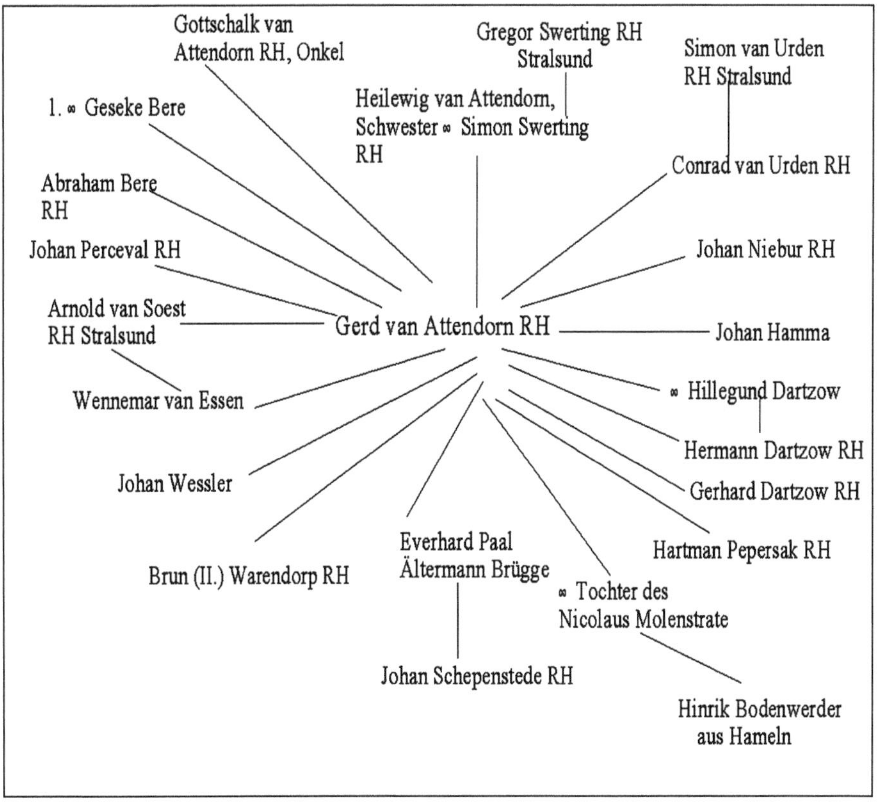

1175 Vgl. SIMON, Niederstadtbuch, S.365,4 (1377 Misericordia).
1176 Vgl. LÜB UB 4, Nr.528.
1177 S. LUTTERBECK, Rat, S.193.
1178 S. im Anhang das Delegierten-Netzwerk 17.

4.6 Hermann Dartzow

Hermann Dartzows Bruders Gerhard, der von 1376 bis 1386 im Rat saß, nahm eine herausgehobene Stellung in der Stadt ein, wie sich am Aufenthalt Karls IV. in seinem Haus bei dessen Besuch in Lübeck zeigt.[1179] Gerhard Dartzow vertrat Lübeck auf dem Hansetag vom April 1384 in Stralsund. Er arbeitete auch in Geschäften eng mit seinem Bruder Hermann zusammen.[1180] In Geschäftsbeziehungen stand Hermann 1382 mit der Rostocker Ratsfamilie Bukstok. Er hatte Ludolf Bukstok 200 Mark geliehen. Für Ludolf bürgten die Rostocker Ratsherren Bernhard und Hinrik Bukstok.[1181] Erst nach Gerhards Tod konnte Hermann Dartzow nach den Regeln der Lübecker Ratswahl einen Ratssitz einnehmen. Von 1387 bis zu seinem Tode 1404 gehörte er dem Rat an und ist auf acht Hansetagen in Lübeck zu sehen. 1401 verhandelte er in Lüneburg. Seine Mutter Hillegund heiratete nach dem Tod ihres Mannes Gerhard Dartzow den Ratsherrn Gerd van Attendorn.[1182] Hermann Dartzow war in erster Ehe mit Alheid, einer Tochter des Johan Spyker verheiratet. In zweiter Ehe verband er sich mit Mechthild, einer Tochter des Nicolaus Molenstrate.[1183]

Ein Blick auf den zweiten Schwiegervater des Hermann Dartzow, Nicolaus Molenstrate, kann uns noch einmal vor Augen führen, wie eng die Beziehungen zwischen Lübecker Kaufleuten, Ratsherren und Delegierten waren. Nicolaus Molenstrate war ein Sohn des Ratsherrn Johan Molenstrate, der von 1336 bis 1350 im Lübecker Rat gesessen hatte.[1184] Nicolaus Molenstrate stand in vielfachen geschäftlichen Kontakten mit führenden Lübeckern, häufig gemeinsam mit seinem Bruder Hinrik. Im November 1368 wird erwähnt, dass Wennemar van Essen von Molenstrate 141 ½ *aureos* erhalten habe, die er im Namen des Dorpater Ratsherrn Hermann Jachin in Beschlag genommen hatte.[1185] Der Ratsherr Gottschalk van Attendorn schuldete im Mai 1370 Hinrik Molenstrate 146 *aureos Vngaricos*, die er ihm in Köln zurückzahlen sollte. Nicolaus Molenstrate hatte Löschungsvollmacht.[1186]

1179 S. HOFFMANN, Besuch Kaiser Karls IV., S.73f.

1180 Vgl. zur geschäftlichen Zusammenarbeit der Brüder Gerhard und Hermann Dartzow SIMON, Niederstadtbuch, S.192,4 (1372 Agnete), S.297,8 (1375 Jacobi), S.304,2 (1375 Mauricii), S.311,3 (1375 Nicolaii), S.315, 8 (1376 Conversio s. Pauli), S.340,5 (1376 Dionysii), S.345,5 (1376 Elisabeth), S.427,6 (1380 Misericordia Domini). 1382 erwarben die beiden Brüder das Dorf Krummesse, das halbe Dorf Niemark, einen Teil des Sees bei Beidendorf und das halbe Dorf Grinau mit Wald. Sie investierten dafür 3200 Mark, vgl. LÜB UB 4, Nrn.406-409, Nr.432.

1181 Vgl. SIMON, Niederstadtbuch, S.491,1.

1182 S. ASMUSSEN, Flandernfahrer, S.319 mit Anm.5.

1183 S. ASMUSSEN, Flandernfahrer, S.319.

1184 S. LUTTERBECK, Rat, S.302.

1185 Vgl. SIMON, Niederstadtbuch, S.142,2 (1368 Katerina). Mit dem Ratsherrn und Delegierten Thomas Morkerke bürgte van Essen 1376 *coniuncta manu* für die Schulden von dessen Verwandten, des Ratsherrn Johan Wesseler. Dieser war auch mit ihm verwandt. Vgl. SIMON, Niederstadtbuch, S.348,4 (1376 Conceptio Marie).

1186 Vgl. SIMON, Niederstadtbuch, S.165,8 (1370 Cantate): *Dominus Ghodschalcus de Atendorn tenetur Hinrico Molenstraten 146 aureos Vngaricos aut Boemicos in festo assumpcionis beate Marie virginis proxime futuro infra civitatem Coloniensem persolvendos ... Nicolaus Molenstrate frater suus erit potens tollere istud debitum et delendi hanc scripturam.* Auf eine Tätigkeit der Molenstrates als Wechsler verweist auch der nächstfolgende Eintrag im Niederstadtbuch. Vgl.

Im Oktober 1374 bestätigte Molenstrate Hermann Bodenwerder, dem Schwiegersohn seines Bruders Hinrik, eine Rente auf einem Haus, das diesem durch die Heirat mit Gertrud, der Tochter des Hinrik Molenstrate, zugefallen war.[1187] Bodenwerder war uns schon gemeinsam mit Hinrik Molenstrate im Zusammenhang mit Ridder und Niestad und der beträchtlichen Anleihe des Kölner Erzbischofs begegnet.[1188]

Netz 54: Hinrik Molenstrate

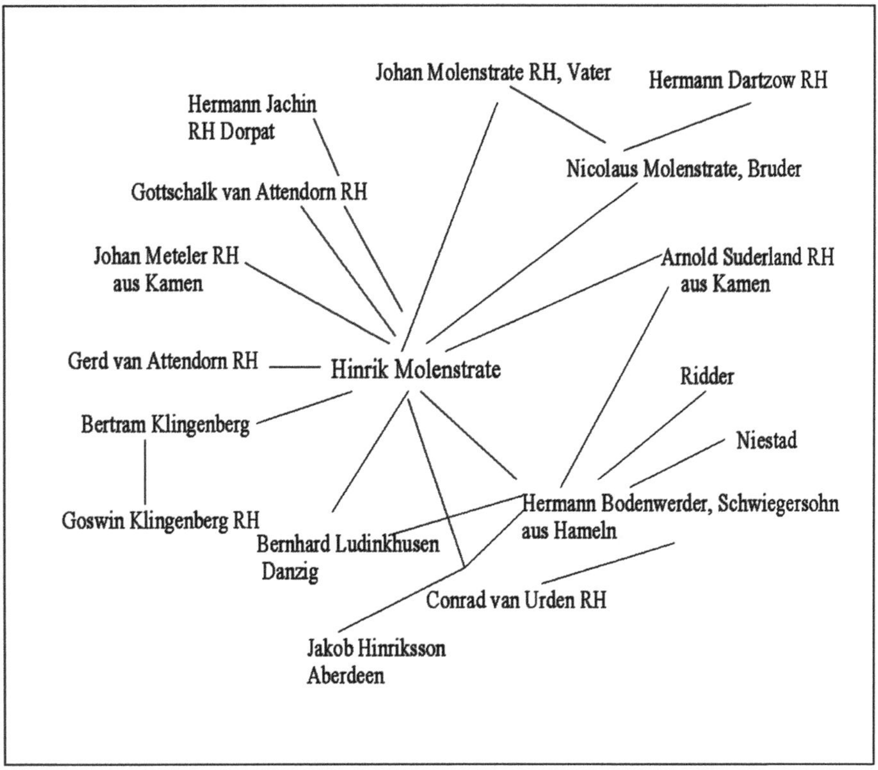

Hermann Bodenwerder stammte aus Hameln.[1189] Er ist in vielfältigen Geschäftskontakten mit führenden Lübeckern zu sehen. So schuldete er beispielsweise 1376 dem Ratsherrn Conrad van Urden 156 Mark.[1190]

SIMON, Niederstadtbuch, S.165,9: *Cesarius de Rode tenetur Hinrico Molenstraten 200 aureos Vngaricos aut Boemicos in festo beati Michahelis infra civitatem Coloniensem persolvendos. ... Nicolaus Molenstrate frater dicti Hinrici erit potens delendi hanc scripturam ipso Hinrico non presente.*

1187 Vgl. SIMON, Niederstadtbuch, S.267,4 (1374 Symonis et Jude).

1188 S. S.148.

1189 Sein Vater, *Hermannus Bodenwerder civis in Hamelen pater Hermanni Bodenwerder quondam civis Lub pie defuncti*, forderte im Mai 1381 vor dem Lübecker Rat die 60 Mark, die ihm sein Sohn im Testament hinterlassen hatte, vgl. SIMON, Niederstadtbuch, S.459,2 (1381 Seruatii).

1190 Vgl. SIMON, Niederstadtbuch. S.292,1 (1375 Vrbani).

Die weitgespannten Interessen Bodenwerders und des Nicolaus Molenstrate zeigen sich im Kauf eines Schiffes, einer Holk, gemeinsam mit Bernhard Ludinkhusen aus Danzig und Jakob Hinriksson aus Aberdeen von Detlev Klinkrode während der Versammlung der hansischen Delegierten zu Johannis 1377 in Lübeck.[1191] Hinrik Molenstrate und sein Schwiegersohn Bodenwerder hatten engere Kontakte zu Gerd van Attendorn, der späterhin als Provisor der Kinder auftrat. Aus diesem Eintrag zur Versorgung der Kinder werden auch Bodenwerders Geschäfte mit Hamburger Kaufleuten deutlich.[1192]

1372 ist Nicolaus Molenstrate mit den Brüdern Bertram und Goswin Klingenberg zu sehen. Ihnen gemeinsam schuldete der Propst des Klosters Preetz 220 Mark.[1193] Daraus ist zu folgern, dass die drei zu dieser Zeit in einer Handelsgesellschaft verbunden waren. Im September 1370 kam es in der Katharinenkirche zu einer Verhandlung, in der Molenstrate von seinen Forderungen an den Ratsherrn Johan Meteler Abstand nehmen musste.[1194] Ebenso stand Molenstrate - auch gemeinsam mit Bodenwerder - in Geschäftsverbindung mit dem Ratsherrn Arnold Suderland (1370-1382), der wie Johan Meteler aus Kamen stammte und besonders im Handel nach Stockholm, dem Baltikum und Russland engagiert war.[1195]

Suderland hatte ein besonderes Vertrauensverhältnis zum Ratsherrn Arnold Sparenberg, denn er setzte ihn zum Provisor ein, wie er entsprechend ebenso von Sparenberg benannt wurde. Auch Sparenberg stammte aus Kamen.[1196] Er war mit dem Lübecker Ratsherrn Bernhard Plescow (1393-1408) durch seine *modderen* Telseke verwandt.[1197] Mit Plescow, Tymmo und Johan Hadewerk wurde Sparenberg 1385 von dem Stockholmer Bürgermeister Gyso Wulfard mit der Rückforderung von Gütern betraut.[1198] Diese Personengruppe war anscheinend auch in die Geschäfte Wulfards mit dem Kölner Bürger Hinrich Kaltbecker involviert. Sie bestätigten nämlich im

---

1191 Sie kauften gemeinsam von Detlev Klinkrode für 100 Nobeln und 10 Mark *quandam navem holk*. Nicht recht verständlich ist der Sinn der Aussage, dass Klinkrode den Kauf garantiert: *pre domino Narwen et pre se ipso, videlicet Detleuo*, vgl. SIMON, Niederstadtbuch, S.5 (1377 Margarete). Auf den Kauf folgte ein Streit zwischen den Parteien, der auf einem Hansetag von Simon Swerting und Hermann van Ossenbrugge beigelegt wurde. Auch im August 1377 bestätigte Jakob Hinriksson Scotus aus Aberdeen Schulden von 300 Mark, die er bis zum September (Nativitas Marie) entweder in Lübeck in lübischer Währung oder in Flandern mit 60 Pfund Groschen zurückzahlen wollte, vgl. SIMON, Niederstadtbuch, S.377,7.

1192 Vgl. SIMON, Niederstadtbuch, S.704,4 (1389 Stephani). Es handelt sich um *Conradus Kymmer et Conradus de Borye ambo cives Hamborgenses*.

1193 Vgl. SIMON, Niederstadtbuch, S.198,8 (1372 Misericordia) und S.219,5 (1373 Misericordia).

1194 Für Meteler traten als Zeugen auf die Ratsherren Gottschalk van Attendorn und Arnold Suderland wie die Bürger Nicolaus van Camen, Hinrik Westfal und Arnold Sparenberg, vgl. SIMON, Niederstadtbuch, S.171,6 (1370 Nativitas Marie).

1195 S. LUTTERBECK, Rat, S.383 und SIMON, Niederstadtbuch, S.269,1 (1374 Omnium Sanctorum) und S.430,6 (1380 Ascensio Domini).

1196 S. LUTTERBECK, Rat, S.383.

1197 S. ASMUSSEN, Flandernfahrer, S.728. In welcher verwandtschaftlichen Beziehung er zu Willekin van Camen stand, ist nicht deutlich zu erkennen. Willekin van Camen schenkte 1419 in seinem Testament an *her* Jordan Plescow und dessen Frau Kerstin, an Heleke Travelmann, Greteke Plescow und Bernhard Travelmann. Zu seinen Provisoren erwählte er Johan Boytin, Johan Lange und Conrad Hoge, vgl. AHL, Testamente, Wilken van Camen, 27. März 1419.

1198 S. ASMUSSEN, Flandernfahrer, S.734.

Oktober 1394, dass Wulfards Witwe Margarete von dem Kölner 700 Gulden erhalten habe und somit keine Forderungen mehr stellen könne.[1199] 1389 bürgte Hermann Vorste *coniuncta manu* mit ihm für Sparenbergs Schulden von 206 Mark bei Reimar Oldendorp.[1200] Sparenbergs Schwiegersohn Borchard van Hildensem gehörte später dem Neuen Rat an und vertrat Lübeck auch als Delegierter.

Sparenberg ist nicht als Delegierter auf Hansetagen erschienen, allerdings führte er 1398/99 die lübische Flotte.[1201] In seinem Testament vom 9. November 1401 setzte er seinen Schwager, den Ratsherrn Bernhard Plescow, den Flandernfahrer Reyneke Ratelband, der enge Beziehungen nach Wesel und Amsterdam hatte,[1202] und die späteren Mitglieder des Neuen Rates Eler Stange, der Sparenbergs *matertera* Gertrud geheiratet hatte, und seinen Schwiegersohn Borchard van Hildensem als Provisoren ein.[1203]

Aus dem Testament geht hervor, dass Sparenberg mit dem Ratsherrn Henning van Rinteln gemeinsam eine bedeutende Summe zum Rentenkauf bei dem Grafen von Holstein angelegt hatte.[1204] Im Haus des Ratsherrn Goswin Klingenberg hatte er demnach eine Wikbeld-Rente von 15 Mark.[1205] Kehren wir nach dem Blick auf die vielfältigen Verbindungen der Molenstrate mit führenden Lübecker Ratsherren zu Hermann Dartzow zurück.

Durch die Verheiratung seiner Tochter Hilleke mit dem Sohn Nicolaus des Ratsherrn Conrad van Urden erhielt Dartzow nicht nur zu dieser Familie engeren Kontakt sondern auch zu den Swerting, denn Katharina, die Mutter der Hilleke, war eine Tochter des Simon Swerting.[1206] Sein Sohn Hermann (II.) Dartzow heiratete eine

---

1199 Vgl. SIMON, Niederstadtbuch, S.889,4. Kaltbecker scheint auch Beziehungen nach Lennep gehabt zu haben, denn zu Gereon 1394 erschien er mit einem „Toversichtsbrief" (*literas respectivales illorum de Lenepe*), um die Güter des verstorbenen Heyno van dem Velde von Wessel Reklinghusen und Marquard Munt in Lübeck einzufordern, vgl. SIMON, Niederstadtbuch, S.887,3.

1200 Vgl. SIMON, Niederstadtbuch, S.695,3.

1201 Vgl. HR 1,8,983.

1202 S. ASMUSSEN, Flandernfahrer, S.626-631. In seinem wenige Tage später aufgesetzten Testament vom November 1401 bestimmte Ratelbant allerdings nicht Sparenberg als einen der Provisoren, sondern er setzte Johan Oldenborg, Hinrik Gherwer, Goswin Kumhar, Frederik Kortsak und seinen Sohn Johan ein, vgl. AHL, Testamente, Reyner Ratelband, 16. November 1401. Zu Ratelbants Beziehungen nach Wesel und Amsterdam vgl. SIMON, Niederstadtbuch, S.390,6 (1378).

1203 Vgl. AHL, Testamente, Arnold Sparenberch, 9.11.1401: *Mine vormundere kese ik hern Bernd Plescowen, Reyneken Ratelband, Eler Stanghen, Hartwich Kopman unde Borchard van Hildensem, den jungheren, minen swagher.*

1204 Vgl. AHL, Testamente, Arnold Sparenberch, 9.11.1401: *Ok si witlik, dat her Henning van Rintelen unde ik hebben mit greven Alberten van Holsten 40 mark rente, de horen hern Henningen halff unde my halff, unde he heft den openen breff dar up.*

1205 Vgl. AHL, Testamente, Arnold Sparenberch, 9.11.1401: *Item hebbe ik 15 mark rente wikbelde in hern Goswiin Klinghenberghes hus, de bescheyde ik to ewigen tiden to behoeff armer lude, de mede to badene to ewighen tiden, des jares schal men darvor vorschoten 3 mark lub., werden se utgheloset, so schal men se weder anleggen.*

1206 Zu Conrad van Urden und seiner Frau Katharina, Tochter des Simon Swerting, s. LUTTERBECK, Rat, S.398. Nicolaus van Urden erstellte am 11. Juli 1404 ein Testament, in dem er seine Frau Hilleke bedachte mit *70 marcarum redditus perpetuos wikbelde. Etiam sibi do 100 marcas lub*

Tochter des Hermann van Stiten.[1207] Nicht nur in Lübeck und Stralsund bestanden allerdings verwandtschaftliche Bindungen zu Ratsherren, sondern auch in Riga. Der dortige Ratsherr Gerhard Dartzow war ein Onkel des Lübeckers.[1208]

Netz 55: Hermann Dartzow

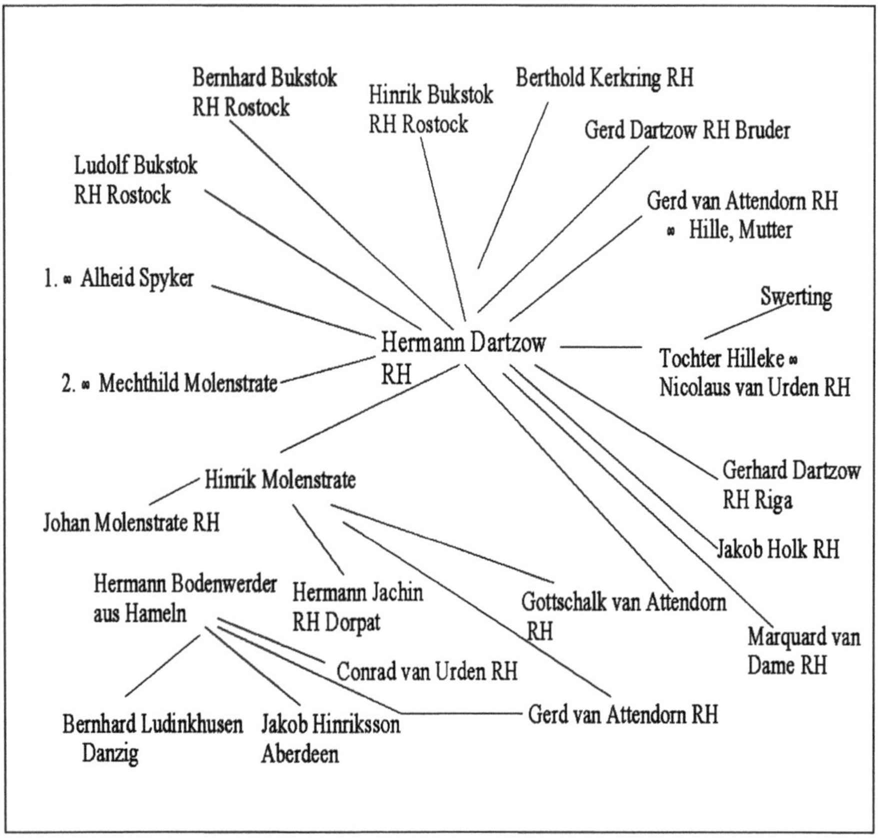

Hermann Dartzow bestimmte nach dem Tode seines Bruders, den er gemeinsam mit Gerd van Attendorn als Provisor 1376 in seinem Testament eingesetzt hatte, 1390 wiederum van Attendorn und Marquard van Dame zu Testamentsvollstreckern. Er selbst wurde 1392 von Berthold Kerkring und 1399 von Jakob Holk als solcher ein-

prompte pecunie ... Als Provisoren setzte Nicolaus van Urden ein: *dominos Hermannum Yborch et Tidemanum Junghen consules, Symonem de Urden meum fratrem, Johannem Dartzowen et Hermannum Dartzowen meos suageros*. Vgl. AHL, Testamente zum Datum.

1207 S. FEHLING, Ratslinie, S.75. Hermann (II.) Dartzow amtierte von 1451 bis 1456. In seinem Testament spricht er seinen *swegere* Hermann Hetveld an, vgl. AHL, Testamente, Hermen Darsouw de oldere, radman, 13. August 1456.

1208 S. ASMUSSEN, Flandernfahrer, S.319.

gesetzt.[1209] Während Marquard van Dame, der seit 1408 Bürgermeister war, erst nach seiner Rückkehr mit dem Alten Rat 1416 auf einigen Tagen in Lübeck und Rostock zu finden ist, spielten Kerkring und Holk gemeinsam mit Henning van Rinteln schon vor der Einsetzung des Neuen Rates in Lübeck eine bedeutende Rolle in hansischen Angelegenheiten. Das Netzwerk der Dartzow auf Hansetagen zeigt sich im Spiegel der Übersicht.[1210]

1209 S. LUTTERBECK, Rat, S.255.

1210 S. im Anhang das Delegierten-Netzwerk 18.

5. Segebodo Crispin

An fünfter Stelle der Lübecker Delegierten der Versammlung vom Johannistag 1379 wird Segebodo Crispin genannt. Sein Vater ist nicht zum Ratsherrn aufgestiegen, während sein Großvater gleichen Namens von 1290 bis 1323 dem Rat angehörte.[1211] Unser Segebodo Crispin nahm schon 1349 einen Ratsstuhl ein und blieb bis zu seinem Tode im Jahre 1388 im Rat. Seine Mutter Elisabeth war eine Tochter des Bürgermeisters Hermann Mornewech (1308-1338).[1212] Wie aus einem Eintrag im Niederstadtbuch im Dezember 1372 hervorgeht, war Crispin gemeinsam mit Hartmann Pepersak Testamentsvollstrecker des Johan Mornewech, eines Bruders des Ratsherrn Hermann Mornewech. Pepersak war mit einer Tochter Hermann Mornewechs verheiratet.[1213] Segebodo Crispin heiratete Elisabeth, eine Tochter des Ratsherrn Gottschalk Warendorp. Somit war Elisabeths Bruder Brun (I.) Warendorp, ein Führer im Kampf gegen den dänischen König, Crispins Schwager. Brun (I.) Warendorp war seinerseits mit Ribbeke, einer Tochter des Ratsherrn Hermann van Wickede verheiratet, der in einem engeren Vertrauensverhältnis zu Segebodos Cousin Johan Crispin stand.

Segebodo Crispin war nicht nur durch seine Verwandtschaft im Lübecker Rat gut integriert, sondern auch durch seine geschäftliche Tätigkeit. Segebodo arbeitete eng mit seinem Cousin Johan Crispin zusammen. Beispielsweise schuldete ihnen der Propst von Angermünde im Dezember 1374 170 Goldgulden. Dafür übergab er ihnen eine Kiste mit Büchern *utriusque iuris et diversorum facultatum*. Falls die Schuld nicht rechtzeitig bezahlt würde, dürften die Crispin die Bücher verkaufen.[1214]

1211 S. LUTTERBECK, Rat, S.247.

1212 S. LUTTERBECK, Rat, S.310.

1213 Der Ratsherr Thideman Mornewech (1369-1373) war also ein Cousin der Frau Pepersaks wie auch Crispins. Der Vater Thidemans, Johan Mornewech, war nicht in den Rat aufgestiegen. Thideman Mornewech bereitete sich anscheinend auf eine Reise nach Italien vor, auf der er im nächsten Jahr sterben sollte, und ordnete seine Geschäfte. Deshalb zahlte er den genannten Testamentsvollstreckern die 200 Mark aus, die sein Vater in *honorem Dei* festgelegt hatte, vgl. SIMON, Niederstadtbuch, S.210, 6.

1214 Den Schlüssel für diese Kiste bewahrte der Lübecker Notar Jakob van Cinnendorp auf. Besonders wird darauf hingewiesen, dass die Verhandlung im Schreiberhaus des Jakob beim Marienkirchhof stattfand: *Acta sunt hec anno domini 1374 die dominica proxima post diem sancte Lucie virginis in casa scriptorali dicti Jacobi apud cimiterium ecclesie beate Marie virginis Lub presentibus ambabus partibus et consentientibus ad premissa.* Vgl. SIMON, Niederstadtbuch, S.274,3 (1374 Thome).

Abb.2: Segebodo Crispin und seine Frau Elisabeth (Warendorp)

Werfen wir einen Blick auf Johan Crispin, Segebodos Cousin, den wir gerade in Zusammenarbeit mit dem Ratsherrn gesehen haben, um noch einmal die Verflechtung innerhalb der hansestädtischen Eliten aufzuzeigen. Johan Crispin wurde kein Mitglied des Rates, hatte aber dennoch gute und weitreichende Beziehungen. Er war ein Enkel des Lübecker Ratsherrn Segebodo (I.) Crispin. Johans gleichnamiger Vater war nach Kulm gezogen.[1215] Bei Crispins Einbürgerung in Lübeck bürgte 1353 Ratsherr Hermann van Wickede für ihn.[1216] Van Wickedes Tochter war mit dem Schwager von Crispins Cousin verheiratet. Johan Crispin hatte also schon vor dem Beginn seiner Zeit als Lübecker Bürger gute Beziehungen zu führenden Herren dieser Stadt. Das erstaunt bei seiner Herkunft nicht. Crispins *patruus* war der Flandern- und Novgorodfahrer Johan Oldenborg, der später dem Neuen Rat in Lübeck angehörte. Weiterhin war Johan Crispin auch mit den van Hereke verwandt, denn er bedachte in seinem Testament von 1380 seinen *avunculus* Thideman van Hereke in Dortmund.[1217]

Eine Handelsgesellschaft mit Hermann van Wickede löste Crispin im April 1360 auf,[1218] eine weitere im März 1361.[1219] Er blieb dennoch in vertrauter Beziehung mit ihm, denn 1369 trat er als van Wickedes Provisor auf.[1220] Johan Crispin war stark im Flandernhandel involviert. Davon zeugt auch seine Wahl zum Achtzehnmann in Dordrecht im Jahr 1358.[1221] Dieses Amt übte er gemeinsam mit Dethard Morkerke aus. Dethard war ein Sohn des Johan Morkerke, der mit Margareta, einer Schwester des Ratsherrn Johan Wesseler (1351-1367) verheiratet gewesen war. Morkerkes Schwester heiratete den Flandernfahrer Johan van der Waghe.[1222] Ein weiterer Schwager Morkerkes war Marquard van Dame, dessen gleichnamiger Sohn 1389 in den Rat gewählt wurde. Dieser amtierte 1408 als Bürgermeister und trat 1416 und 1417 als Delegierter Lübecks auf.[1223] Der ältere van Dame setzte Morkerke gemeinsam mit Johan Wittenborg, Johan und Everhard Schepenstede, Hermann van Winsen und Johan Niestad als Provisor in seinen Testamenten ein.[1224]

Betrachten wir mit Hermann van Winsen, dem Provisor des Marquard van Dame, noch einmal die überstädtische Verflechtung der hansischen Elite. Der Name deutet auf seinen Herkunftsort Winsen an der Luhe hin. In seinem Testament sprach van Winsen Verwandte in Hamburg an. Man vermutete deshalb, dass van Winsen aus Hamburg stammte.[1225] Allerdings bedachte van Winsen in seinem Testament auch Verwandte im Lüneburger Raum, so einen *avunculus*, den *dominus* Nicolaus van Medingen.[1226] Auch zwei weitere Onkel namens Helmold und Hinrik Lange wurden

---

1215 S. ASMUSSEN, Flandernfahrer, S.463.

1216 S. AHLERS, Civilitates, S.125.

1217 S. ASMUSSEN, Flandernfahrer, S.464.

1218 Vgl. FRIEDLAND, Societates, Nr.94.

1219 S. ASMUSSEN, Flandernfahrer, S.466.

1220 Vgl. LÜB UB 3, Nr.592, S.627, Anm.2,16.

1221 S. ASMUSSEN, Flandernfahrer, S.464.

1222 S. zu van der Waghes Beziehungen Reg.Pos.

1223 S. LUTTERBECK, Rat, S.252.

1224 S. ASMUSSEN, Flandernfahrer, S.519ff.

1225 S. KOPPE, Lübeck-Stockholm, S.135.

1226 Ein Ludolf van Winsen war am Beginn des 14. Jahrhunderts Propst in Medingen. Ein Hermann van Winsen, der 1359 als Bürger Lüneburgs bezeichnet wurde, hatte eine Tochter Margarete, die

von ihm als *domini* bezeichnet.[1227] Es ist ohne weitere Überlieferungen zur Zeit nicht zu entscheiden, ob es sich bei den genannten Personen um Ratsherren oder Priester handelte, denen ja auch der Titel *dominus* zustand. Allerdings ist für die Zeit zwischen 1354 und 1384 ein Priester Hinrik Lange aus der gleichnamigen Lüneburger Ratsfamilie in Medingen nachzuweisen. Weiterhin ist aus dieser Familie ein etwas jüngerer Priester Nicolaus bekannt.[1228] Der Nachname einer weiteren Verwandten (*matertera*), die van Winsen bedachte und die Nonne im Kloster Medingen war, weist allerdings eindeutig auf Lüneburg und eine dortige Ratsfamilie hin: Tibbeke Schomaker.[1229] Hermann van Winsen, der Provisor des van Dame, war also mit der Lüneburger Ratsfamilie Schomaker verwandt.

Van Winsen war in erster Ehe mit Mechthild Sachtelevend, der Tochter des Lübecker Ratsherrn und Delegierten Dethard Sachtelevend, verheiratet.[1230] Van Winsen hatte Handelsgesellschaften mit dem älteren Marquard van Dame und Johan Raceborch.[1231] 1367 wird van Winsens Verbindung mit dem aus Hildesheim kommenden Hermann van dem Solte angesprochen.[1232] Van Winsen benannte in seinen Testamenten neben dem Ratsherrn Johan Lange eine Reihe von Provisoren aus finanzkräftigen Lübecker Familien, und er wurde auch selbst von wichtigen Kaufherren als Testamentsvollstrecker eingesetzt.[1233] Mit Johan Lange war er gemeinsam vor 1371 in Flandern.[1234] Auch mit dem Flandernfahrer Thideman Gheismar verband ihn eine vertrauensvolle Beziehung. Ihm sprach er in seinem Testament von 1363 zwei Pfund Grote und in dem von 1374 zwanzig Mark zu. Gheismar setzte ihn seinerseits auch in seinem Testament als Provisor ein.[1235] Der Lübecker Bürger Thideman Gheismar stand in einem Beziehungsnetz, das Ratsherren im nördlichen Ostseeraum einschloss. So bedachte er in seinem Testament auch den Visbyer Ratsherr Bernhard van Scheningen.[1236] Thideman Gheismar stammte aus Stockholm und war ein Verwandter des dortigen Ratsherrn Johan Gheismar. In dieser Familie zeigt sich wiederum die Mobi-

---

mit Johan Perceval aus Lübeck verheiratet wurde. Ludolf van Winsen, ein Neffe Hermanns, war mit Margarete Töbing verheiratet, s. VON WITZENDORFF, Stammtafeln, S.145. Ein Bruder Hermanns van Winsen war mit Beate Lange, einer Tochter des Lüneburger Ratsherrn Johan Lange, verheiratet, der 1358 starb. Dieser Ratsherr war seinerseits mit Beate Hoyer verheiratet gewesen, s. VON WITZENDORFF, Stammtafeln, S.69.

1227 S. ASMUSSEN, Flandernfahrer, S.870.

1228 S. VON WITZENDORFF, Stammtafeln, S.68.

1229 S. ASMUSSEN, Flandernfahrer, S.870.

1230 In zweiter Ehe heiratete er Telse, die Witwe des Lübecker Bürgers Heyno Stuve. Deren Herkunftsfamilie ist bisher nicht bekannt, s. ASMUSSEN, Flandernfahrer, S.869.

1231 S. zu weiteren Partnern ASMUSSEN, Flandernfahrer, S.873.

1232 Hinrik Pape und Johan Grote schuldeten ihnen 260 Mark, vgl. SIMON, Niederstadtbuch, S.110,4. Nach Hermanns Tod wurde sein Erbe an seinen Vater Johan van dem Solte übergeben, vgl. SIMON, Niederstadtbuch, S.132,3.

1233 S. KOPPE, Lübeck-Stockholm, S.132, S.136.

1234 S. ASMUSSEN, Flandernfahrer, S.875.

1235 S. KOPPE, Lübeck-Stockholm, S.195.

1236 S. KOPPE, Lübeck-Stockholm, S.194. Als Provisoren benannte Gheismar am 29. Juni 1371 Gottfried van Kleye, Hinrik Wulf, Wennemar Berkhoff, Hermann van Winsen und Henning van Northem.

lität der hansischen Elite: Johan Gheismars Vater war von Lübeck nach Stockholm gezogen, Johan zog dann wieder nach Lübeck.[1237]

Auch der durch van Winsen als Provisor benannte Detlev Mane war vielfältig in die Lübecker Führungsschicht integriert. So trat er 1374 als Vertrauensmann des Everhard Klingenberg auf.[1238] Mane war verheiratet mit Taleke, einer Tochter des Ratsherrn Albert Junghe und der Geseke van Alen.[1239] Somit war der Ratsherr Thideman Junghe sein Schwager.[1240] Die Schwester Christina von Manes Frau wurde in eine Ehe mit Ludeke Coesfeld gegeben. Ludeke Coesfeld, ein Verwandter des Flandernfahrers Bernhard Coesfeld, war uns schon als Partner einer Gesellschaft begegnet, zu der auch der Ratsherr Hermann Vorste und Bernhard Stekemest gehörten.[1241] Manes Tochter wurde mit Gerd van Attendorn, dem Sohn des gleichnamigen Ratsherrn verheiratet.[1242] Diesen verwandtschaftlichen Beziehungen entsprachen auch Manes geschäftliche. Mit dem Kanoniker Albert Stralendorp, mit dem er mehrfach zusammenarbeitete,[1243] hatte er 1367 Jakob Plescow 300 Mark geliehen[1244] und 1373 Johan Hamma senior 108 Mark.[1245] Mit Tymmo vamme Kyle, mit dem er mehrfach genannt wird,[1246] schuldete Mane 1373 den Gerhard Hamborg und Hinrik Vinne aus Osnabrück *ex parte Marquardi Schiphorst* 85 Mark.[1247] In diese Transaktion war auch der aus Osnabrück stammende Hermann van Ossenbrugge eingebunden.[1248] Mane hatte auch gute Kontakte nach Schweden. So sollte er im September 1376 ein

---

1237 S. KOPPE, Lübeck-Stockholm, S.194 und zu seinem gleichnamigen Vater, der nach Stockholm zog, KOPPE-KOPPE, Frankfurthändler, S.88. In welcher Beziehung Thideman zu dem *dominus* Reimer van Gheismar stand, der 1410 als Deputierter des Rates gemeinsam mit Heyno Sobbe genannt wird, ist noch zu klären. In der Liste der Ratsherren erscheint Reimer van Gheismar nicht, wird hier aber als Mitglied des Rates angesprochen, vgl. AHL, Niederstadtbuch zu 1410 Cantate. Reimer van Gheismar wird 1393 gemeinsam mit Robeke Nyemarket als Schuldner des Ratsherrn Hinrik Meteler über 106 Mark erwähnt, vgl. SIMON, Niederstadtbuch, S.855,4 (1393 Symonis et Jude). Reimer van Gheismars Vater hieß Conrad, seine Mutter Herdeke, vgl. die Erbteilung AHL, Niederstadtbuch zu 1410 Alexii. Schon Conrad Gheismar stand mit Johan Meteler in geschäftlicher Verbindung. 1366 schuldete er diesem mit dem Ratsherrn Bernhard Oldenborg 413 Mark, vgl. SIMON, Niederstadtbuch, S.94,6. 1370 hatte Conrad Gheismar gemeinsam mit Gerhard Dartzow dem Johan Gherwer 172 Mark geliehen, vgl. SIMON, Niederstadtbuch, S.166,6.

1238 S. S.46,186..

1239 S. ASMUSSEN, Flandernfahrer, S.426.

1240 Vgl. SIMON, Niederstadtbuch, S.734,2 (1390).

1241 S. oben S. 110.

1242 Vgl. SIMON, Niederstadtbuch, S.902,1 (1395).

1243 1367 schuldete ihnen der Ratsherr Bernhard Oldenborg 600 Mark *in aureo pagamento*, vgl. SIMON, Niederstadtbuch, S.19,5. Vgl. auch SIMON, Niederstadtbuch, S.28,1 (1364) und S.70,7 (1365). Johan Junghe, Hinrik van Leeste und Johan van der Helle schuldeten ihnen 300 Mark. Mane wurde 1367 als Provisor mit Hinrik van Leeste genannt, vgl. SIMON, Niederstadtbuch, S.98,4.

1244 Plescow sollte die Summe auch *in auro* zurückzahlen, vgl. SIMON, Niederstadtbuch, S.117,4.

1245 Vgl. SIMON, Niederstadtbuch, S.210,4.

1246 Vgl. SIMON, Niederstadtbuch, S.169,6 (1370), S.176,5 (1371).

1247 Vgl. SIMON, Niederstadtbuch, S.211,3.

1248 Vgl. SIMON, Niederstadtbuch, S.255,1 (1374).

Schiff für Hermann van der Owe verkaufen und von dem Erlös Johan van Hachede 200 Mark im Namen des Kalmarer Bürgermeisters Hinrik Lippe übergeben.[1249]

Netz 56: Hermann van Winsen

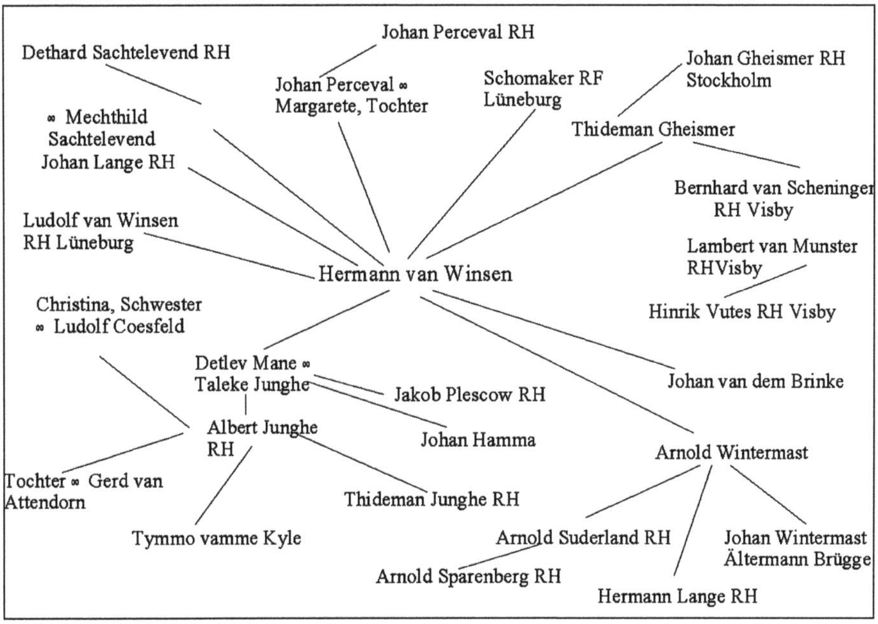

Auch Hermann van Winsen konnte auf schwedische Kontakte zurückgreifen. Zum Visbyer Ratsherrn Hinrik Vutes bestanden vertrauensvolle Beziehungen. Gemeinsam mit den Flandernfahrern Johan van dem Brinke und Arnold Wintermast übermittelte van Winsen 226 Mark im Jahre 1372 an die Witwe des Hinrik Vutes, die ihr von dem verstorbenen Visbyer Ratsherrn Lambert van Munster zustanden.[1250] Van Munster nahm am Hansetag vom 24. Juni 1363 in Lübeck als gotländischer Delegierter teil. Der hier genannte Arnold Wintermast war verwandt mit Johan Wintermast, der 1365 Ältermann des westfälisch-preußischen Drittels in Brügge war und aus Dortmund stammte.[1251] Wenn auch Arnold Wintermast nicht durch ein derartiges Amt hervorgehoben war, so ist doch festzuhalten, dass er in engeren Geschäftsbeziehungen zu Lübecker Ratsherren und Delegierten stand. Wintermast verlieh gemeinsam mit dem Ratsherrn Arnold Suderland, der aus Kamen stammte, höhere Summen wie auch mit dem Ratsherrn Hermann Lange.[1252] Sicherlich war er mit diesem in einer Handelsge-

1249 Vgl. SIMON, Niederstadtbuch, S.337,1.

1250 Es waren noch mehr Personen in diese Transaktion eingebunden. Jakob Pleskow hatte die Summe von dem Visbyer Ratsherrn erhalten, an die drei Lübecker übergeben, die sie dann an Albert, den Sohn des Burchard van Stockholm auszahlten, dem die Witwe des Hinrik Vutes Geld schuldete, vgl. SIMON, Niederstadtbuch, S.203,2.

1251 S. DIERCK, Älterleute, S.229.

1252 Vgl. SIMON, Niederstadtbuch, S.146,6 (1369 Oculi). Wintermast hatte 337 Mark Schulden bei

sellschaft verbunden. Arnold Wintermast zeigte weiterhin durch seine testamentarische Einsetzung von Provisoren, dass er Zugang zur Lübecker Führungsschicht hatte. Er benannte nämlich Arnold Suderland, Nicolaus van Camen und Arnold Sparenberg.[1253]

Auch der Flandernfahrer Johan van dem Brinke, der mit van Winsen als Prokurator der Visbyer Ratsherrenwitwe in Lübeck genannt wurde, hatte ausgezeichnete Beziehungen nach Schweden. Er stammte wahrscheinlich aus Dortmund[1254] oder der Umgebung von Witten.[1255] Allerdings ist festzuhalten, dass van dem Brinke auch enge Beziehungen nach Rheine in Westfalen hatte.[1256] Westfälische Beziehungen hatte auch der Visbyer Bürger Gerhard van dem Brinke, der wohl mit Johan verwandt war. Gerhard van dem Brinke einigte sich 1385 mit dem Priester Werner Lansink aus der Diözese Münster über das Erbe des Kaufmanns Rutger Lansink. Als Lansinks *hospes* in Lübeck wird in diesem Zusammenhang Tymmo Hadewerk erwähnt.[1257] Hadewerk zahlte 1398 dem Gerhard van dem Brinke die hohe Summe von 900 Mark zurück, welche ihm Marquard Vryborch und Hartwich Kopmann schuldeten.[1258] Sicherlich bestanden auch geschäftliche Beziehungen zwischen Hadewerk und dem Lübecker van dem Brinke. Noch Hadewerks Sohn, der Ratsherr Thideman, schuldete 1434 den Brüdern Werner und Johan van dem Brinke 100 Mark.[1259] Der Visbyer Gerhard van dem Brinke stand 1406 in geschäftlichem Kontakt mit Johan Monnek.[1260] Monnek war mit einer Tochter des Johan Luchow verheiratet.[1261] Deren Onkel war der Lübecker Ratsherr Amelius Luchow (1368-1402).[1262] 1411 zahlte Monnek der Witwe Gherburg und dem Sohn Hinrik des Gerhard van dem Brinke zustehendes Geld zurück.[1263] Mit dem Visbyer Gerhard van dem Brinke war auch der Lübecker Bürgermeister Hinrik Westhof geschäftlich verbunden. Nach seinem Tode musste

---

dem Ratsherrn Johan Meteler. Suderland bürgte mit Wintermast *coniuncta manu*. 1373 hatten Wintermast und Suderland gemeinsam 122 Mark verliehen, vgl. SIMON, Niederstadtbuch, S.214,4. 1374 schuldete Nicolaus Stoltevoet Godeke van Hamme und Wintermast 110 Mark, vgl. SIMON, Niederstadtbuch, S.249,6. In demselbem Jahr wurde zu Corporis Christi festgehalten, dass der künftige Ratsherr Hermann van Ossenbrugge gemeinsam mit Ludeke van Mölln dem Ratsherrn Hermann Lange und dem Wintermast etwas über 232 Mark schulden, vgl. SIMON, Niederstadtbuch, S.250,5.

1253 S. ASMUSSEN, Flandernfahrer, S.734 und KOPPE, Lübeck-Stockholm, S.182.

1254 Das vermutet Koppe, s. KOPPE, Lübeck-Stockholm, S.153.

1255 Zu dieser Annahme s. ASMUSSEN, Flandernfahrer, S.312.

1256 Ludeke van Elten, ein Bürger dieser Stadt, erhielt von ihm 1371 das Erbe seines gleichnamigen Onkels, vgl. SIMON, Niederstadtbuch, S.182,5.

1257 Vgl. SIMON, Niederstadtbuch, S.588,4.

1258 Vgl. SIMON, Niederstadtbuch, S.1002,5. Vryborch, Notberch und Hartwich Kopmann hatten auch 1401 eine Handelsgesellschaft und standen in geschäftlicher Beziehung zu Goswin Klingenberg und dem Hamburger Bürgermeister Meinard Buxtehude. 1401 beschwerten sich diese drei darüber, dass der Erzbischof Otto von Bremen schiffbrüchiges Gut, das aus Flandern kam, in der Oste beschlagnahmt hatte. Davon gehörte ihnen Gut im Werte von 860 Mark, s. ASMUSSEN, Flandernfahrer, S.448.

1259 Vgl. AHL, Niederstadtbuch zu 1434 Maria Magdalena.

1260 Vgl. AHL, Niederstadtbuch zu 1406 Reminiscere.

1261 Vgl. SIMON, Niederstadtbuch, S.762,2 und S.1039,3.

1262 Zu Amelius Luchow s. ASMUSSEN, Flandernfahrer, S.497ff.

1263 Vgl. AHL, Niederstadtbuch zu 1411 Thimothei.

sein Sohn Johan Westhof dem van dem Brinke und den Kindern des Bürgers Vos dort noch 400 Mark ausbezahlen.[1264]

Netz 57: Johan van dem Brinke

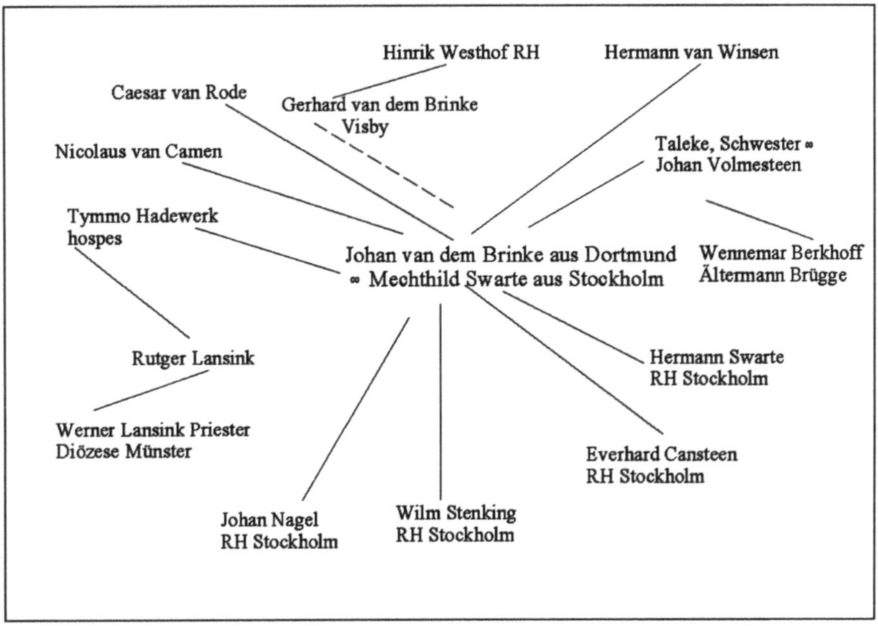

Mechthild, die Frau des Lübeckers Johan van dem Brinke, kam aus Stockholm. Sie war eine Schwester des dortigen Bürgermeisters Hermann Swarte.[1265] Van dem Brinkes Handelspartner in Schweden waren neben seinem Schwiegervater die Stockholmer Bürgermeister und Ratsherren Everhard Cansteen,[1266] Johan Naghel und Wilm Stenking.[1267] Gemeinsam mit Johan Krowel und Arnold Wintermast wie den Stockholmer Ratsherren Hermann Swarte, Johan Naghel und Godekin van Hamme wurde van dem Brinke auch als Provisor im Testament des Everhard Cansteen im April

1264 Vgl. SIMON, Niederstadtbuch, S.1048,4 (1399 Ascensio Domini).

1265 S. zu ihm und seinen Beziehungen zu Jakob Pleskow Kap.1.1.

1266 1374 wurde er als Prokurator Cansteens genannt, als Hinrik van Brakel seine Schulden von 250 Mark einschreiben ließ, vgl. SIMON, Niederstadtbuch, S.273,4. Van Brakel war einer der Provisoren des Thiderik Raad, eines Sohnes des Hinrik Raad, vgl. SIMON, Niederstadtbuch, S.435,4. Van Brakel war näher verbunden oder vielleicht auch verwandt mit dem 1365 verstorbenen Ratsherrn Hermann Gallin, der ihm in seinem Testament Legate aussetzte, vgl. SIMON, Niederstadtbuch, S.616,2 (1387). Für Cansteen handelte er auch 1374 als Bevollmächtigter, vgl. SIMON, Niederstadtbuch, S.272,6. S. zu Everhard Cansteen auch KOPPE, Lübeck-Stockholm, S.234: „Des Stockholmer Bürgermeisters Bluts- und Anverwandte lebten auf dem Faluner Kupferberg, in Westerås, in Stockholm, in Wisby und in Lübeck; überall waren es Männer höchsten öffentlichen Ansehens: Bergunternehmer, Großhändler, Ratsherren und Domherren ..."

1267 S. KOPPE, Lübeck-Stockholm, S.168.

1376 eingesetzt.[1268] Van dem Brinke hatte auch verwandtschaftliche Beziehungen zu weiteren Flandernfahrern. Seine Schwester Taleke war mit Johan Volmesteen verheiratet worden.[1269]

Netz 58: Wennemar Berkhoff

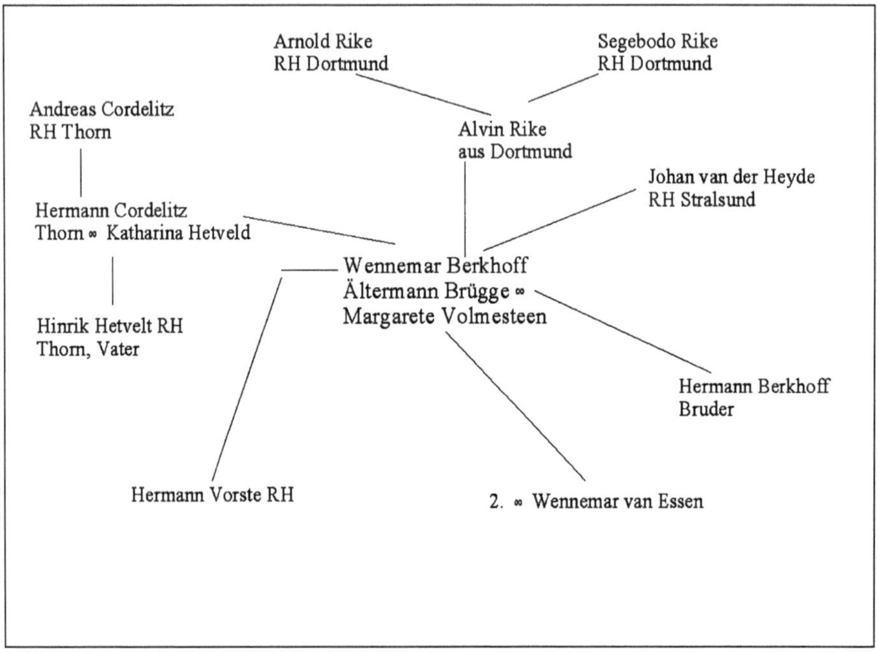

Volmesteens Schwester Margarete war ehelich mit Wennemar Berkhoff verbunden, der 1362 Ältermann in Brügge war.[1270] Gemeinsam mit Berkhoff amtierte für das lübisch-wendische Drittel in diesem Jahr Johan van der Heyde, der ab 1368 als Stralsunder Ratsherr auftaucht. Für das westfälisch-preußische Drittel waren gewählt Alvin Rike und Hermann Cordelitz. Rike entstammte der gleichnamigen Dortmunder Ratsfamilie, die mit Arnold und Segebodo zu dieser Zeit Ratsherren stellte.[1271] Bei Hermann Cordelitz handelt es sich wohl um den Thorner, der 1387 als Delegierter zu Königin Margarete reiste.[1272] Sein Bruder Andreas Cordelitz gehörte von 1411 bis 1416 dem Thorner Rat an.[1273] Ob der genannte Hermann Cordelitz oder ein naher gleichnamiger Verwandter mit Katharina Hetveld verheiratet war, ist nicht sicher zu

1268 S. ASMUSSEN, Flandernfahrer, S.344.

1269 S. ASMUSSEN, Flandernfahrer, S.311.

1270 S. ASMUSSEN, Flandernfahrer, S.289. Nach seinem Tode ließ seine Witwe 1388 im Niederstadtbuch einschreiben, dass alle Ansprüche des Johan Barenbrugghe aus der gemeinsamen Handelsgesellschaft beglichen seien, vgl. SIMON, Niederstadtbuch, S.651,1.

1271 S. DIERCK, Älterleute, S.186.

1272 Vgl. HR 1,4 Nr.185 § 5.

1273 Vgl. CZAJA, Miejscy Torunia, S.96ff.

klären. Katharina war eine Tochter des Thorner Ratsherrn und Delegierten Hinrik Hetveld, der am Ende des 14. Jahrhunderts Thorn auf wichtigen Tagen vertrat. Die Familie Hetveld trat dann in der ersten Hälfte des 15. Jahrhunderts mit mehreren Mitgliedern in der Vertretung Thorns auf Hansetagen hervor.

In gemeinsamen Geschäften ist Wennemar Berkhoff mit seinem Bruder Hermann zu sehen.[1274] Diesen setzte er auch neben dem künftigen Ratsherrn Hermann Vorste und seinem Verwandten Arnold Berkhoff als Provisor ein.[1275] Hermann Berkhoffs Witwe wurde nach seinem Tod mit Wennemar van Essen verheiratet.[1276]

Wir sahen, dass Hermann van Winsen in Verbindung zu wichtigen Lübecker Kaufleuten stand, die ihrerseits vielfältige Kontakte zu Ratsherren in Zentren hansischen Handels hatten. Hermann van Winsen starb 1374. Seine Tochter Margarete heiratete wohl kurz vor 1380 den gleichnamigen Sohn des Ratsherrn Johan Perceval.[1277] Diese Verbindung weist noch einmal auf van Winsens Rang hin. Hermann van Winsen stammte wahrscheinlich aus einer Familie, die in Lüneburg Ratsherren stellte.

Ludolf van Winsen, wohl ein Neffe Hermanns, wurde 1403 in den Lüneburger Rat gewählt und erschien auf zwei Hansetagen, nämlich 1407 in Lübeck und 1412 in Lüneburg. Ludolf van Winsen hatte Margarete Töbing geheiratet.[1278] Deren Bruder, der auch Ludolf hieß, war 1395 in den Lüneburger Rat aufgestiegen und starb 1438. Ludolfs Bruder Meino Töbing war in einer Ehe mit der Tochter Ilsabe des Lüneburger Ratsherrn Ditmar Duckel verbunden. Ditmar war ein Sohn des Bremer Ratsherrn Johan Duckel, der in der Mitte des 14. Jahrhunderts Bremen verlassen musste.[1279] Ditmar (I.) Duckel wurde 1388 Ratsherr in Lüneburg und starb 1406. In erster Ehe war er mit Gertrud Zabel verheiratet und in zweiter Ehe mit Gertrud Sankenstede, einer Tochter des Ratsherrn Nicolaus Sankenstede.[1280] Nicolaus Sankenstede, der 1397 in den Lüneburger Rat eintrat und 1418 starb, war mit Margarete Semmelbecker verheiratet. Deren Schwester Elisabeth war die Frau des Ratsherrn Johan Hoyeman.[1281] Hoyemans Schwester Walburg war mit dem Lüneburger Wandschneider Hinrik van Peine verheiratet.[1282] Dieser stammte aus der Braunschweiger Ratsfamilie gleichen Namens, die zwischen dem 13. und dem 16. Jahrhundert Ratsherren stellte.[1283] Hoyeman, der 1401 starb, war im November 1391 mit Springintgud auf dem Hansetag in Hamburg.

Der Bruder der Margarete, Frau des Nicolaus Sankenstede, Nicolaus Semmelbecker, war mit Armgard van der Möhlen verheiratet. Sein Sohn Ditmar wurde 1436 in den Rat gewählt.[1284] Ein weiterer Bruder Johan Semmelbecker war dreimal verheira-

1274 Vgl. beispielsweise SIMON, Niederstadtbuch, S.31,5 (1364), S.48,1 (1364).
1275 S. ASMUSSEN, Flandernfahrer, S.291.
1276 Zu Wennemar van Essen s. Reg.Pos..
1277 S. ASMUSSEN, Flandernfahrer, S.870 und AHL, Niederstadtbuch zu 1411 Vincentii.
1278 S. VON WITZENDORFF, Stammtafeln, S.145.
1279 S. zu den Unruhen SCHWARZWÄLDER, Bannerlauf.
1280 S. VON WITZENDORFF, Stammtafeln, S.99.
1281 S. S.386.
1282 S. VON WITZENDORFF, Stammtafeln, S.90.
1283 S. SPIEß, Ratsherren, S.177f.
1284 S. VON WITZENDORFF, Stammtafeln, S.116f.

tet, in erster Ehe mit Gesche Springintgud, in zweiter mit Tibbeke von Grönhagen und in dritter mit Lizeke Pepersak, der Enkelin des Lübecker Ratsherrn Hartmann Pepersak.[1285]

Netz 59: Ditmar Duckel

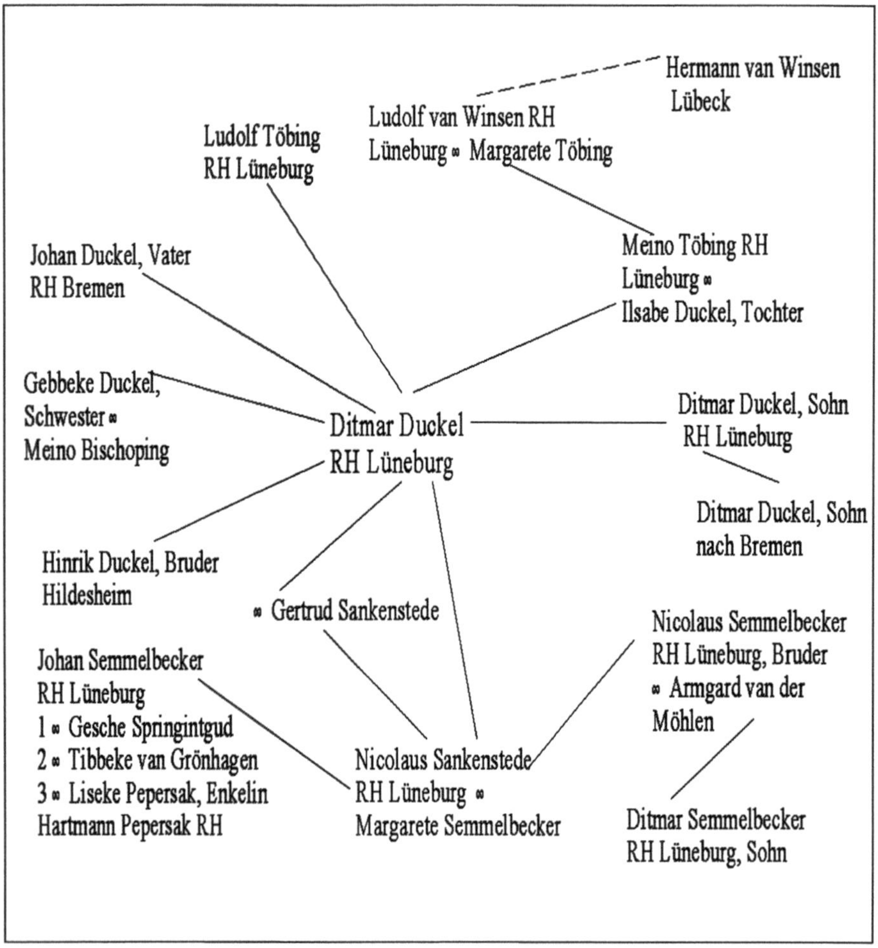

Duckels Sohn Ditmar (II.), der Bruder der Ilsabe und des Meino, stieg 1420 in den Lüneburger Rat auf. Ein weiterer Bruder Hinrik zog 1425 nach Hildesheim. Dort verpachtete er Güter an den Bremer Bürgermeister Herbord Duckel.[1286] Deutlich zeigt sich so in den Geschäfts- und Heiratsverbindungen zwischen Lübecker, Lüneburger und Bremer Bürgern und Ratsfamilien die hansische Elite.

1285 S. von Witzendorff, Stammtafeln, S.115f.
1286 Vgl. Hildesheimer UB III, Nr.1178, 1300.

Kehren wir zu Johan Crispin zurück. Dessen Beziehungsgeflecht weist noch weitere wichtige Knotenpunkte auf.

Netz 60: Johan Crispin

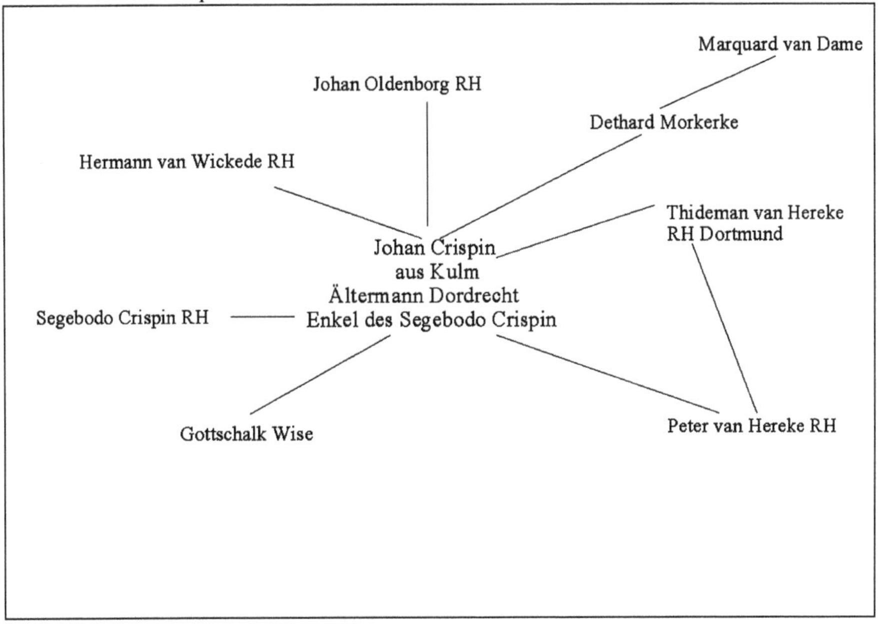

1367 war er als Provisor für Johan Junghe tätig.[1287] Auch Gottschalk Wise, der vor 1369 verstorben ist, stand in engem Kontakt mit Crispin.[1288] Dieses Vertrauensverhältnis zeigt sich besonders daran, dass er ihn zum Testamentsvollstrecker wählte. So zahlte Crispin als Provisor des Gottschalk Wise nach dessen Tod auch Schulden nach Schweden.[1289] Großes Vertrauen hatte Johan Crispin selbst zum Ratsherrn Peter van Hereke, den er in seinem letzten Testament als Vollstrecker einsetzte.[1290] Zu dieser Familie und ihrem Herkunftsort Dortmund hatte Johan Crispin besondere Beziehungen. Er stiftete für das Neue Hospital in Dortmund und bedachte seinen dortigen *avunculus* Thideman van Hereke.[1291] Anscheinend handelt es sich um den Dortmunder Delegierten der Versammlung zu Johannis 1379.[1292]

Mit seinem Vetter, dem Ratsherrn Segebodo Crispin, hat Johan nicht nur gemeinsame Geschäfte getätigt, sondern sie verband auch die Sorge um die Familienkapelle

1287 Vgl. SIMON, Niederstadtbuch, S.116,7.

1288 Johan Crispin stand in Brügge mit Italienern in Kontakt, s. KOPPE-KOPPE, Frankfurt-Händler, S.238 Anm.1029.

1289 S. KOPPE, Lübeck-Stockholm, S.89.

1290 S. ASMUSSEN, Flandernfahrer, S.468.

1291 S. ASMUSSEN, Flandernfahrer, S.464.

1292 S. zu van Hereke S. 89,115,216..

in der Katharinenkirche in Lübeck.[1293] So erstaunt es nicht, dass Johan seinen Cousin Segebodo in seinen Testamenten als Provisor einsetzte.[1294]

Wie schon im Blick auf die Bürgschaft für die hohen Schulden des Gottschalk van Attendorn beim Lübecker Rat erwähnt, bürgten die Ratsherren Pepersak, Crispin und Hermann Lange gemeinsam für diesen.[1295] Auch aus einem weiteren Eintrag vom März 1376 ist die enge Zusammenarbeit zwischen Segebodo Crispin und Hermann Lange zu ersehen. Für die Schulden des Hinrik Korsner von 100 Golddukaten bei Crispin, die in Venedig zurückgezahlt werden sollten, hatte Hermann Lange die Löschungsvollmacht.[1296]

Netz 61: Segebodo Crispin

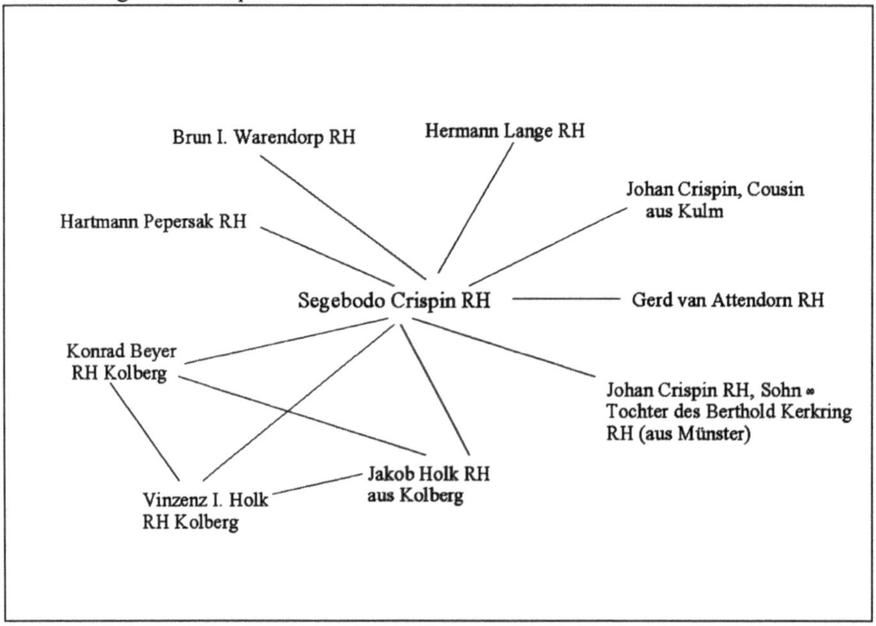

Hermann Lange bürgte im Januar 1377 mit dem Kolberger Bürger Conrad Beyer, der in seiner Heimatstadt später auch in den Rat gewählt wurde, für die Schulden des Jakob Holk aus Kolberg bei Gerd van Attendorn von 110 Mark.[1297] Anscheinend hatten Crispin und Holk auch eine *societas*. Gemeinsam bürgten sie 1383 mit dem wohl aus Westfalen stammenden Priester Egbert van Horste für eine Schuld von 110

1293 Vgl. LÜB UB 4, Nr.362.

1294 S. ASMUSSEN, Flandernfahrer, S.467f.

1295 Vgl. SIMON, Niederstadtbuch, S.318,2. (1376 Invocavit). Schuldner war van Attendorn.

1296 Vgl. SIMON, Niederstadtbuch, S.319,1 (1376 Adriani).

1297 Vgl. SIMON, Niederstadtbuch, S.352,4 (Epiphanias 1377): *Jacobus Holk de Colberghe tenetur domino Gherhardo de Atendorn 110 mr dn in festo epyphanie domini proxime futurum, ... pro quibus dominus Hermannus Langhe fideiussit; et Conradus Beyer civis Colbergensis cum ipso promisit coniuncta manu.*

Mark.[1298] Crispins Beziehungen zu Westfalen sind sicherlich durch die Ehe seines Sohnes Johan mit der Tochter des Ratsherrn Berthold Kerkring, der aus Münster stammte, verstärkt worden.

Dieser Sohn Segebodos Crispin, der nach seinem Onkel Johan genannt worden war, führte 1400/1401 und 1405 den Kampf gegen die Vitalienbrüder an der Oosterems.[1299] 1416 und 1417 war er an Verhandlungen in Dänemark beteiligt. Seine Schwester Geseke heiratete, wie schon erwähnt, den Lübecker Ratsherrn Jakob Holk. Bevor wir zu dem verwandtschaftlich mit Crispin verbundenen Delegierten Kerkring übergehen, soll ein kurzer Blick auf die van Hereke geworfen werden, von denen Thideman in der Versammlung am Johannistag 1379 Dortmund vertrat.

5.1 Thideman van Hereke (Dortmund), Peter van Hereke (Lübeck)

Delegierte aus Westfalen sind im 14. Jahrhundert recht selten auf Tagen anzutreffen, wenn sich auch bei der Approbation der Brügger Kontorordnung 1356 je ein Vertreter aus Dortmund und Soest wohl wegen der besonderen westfälischen Interessen am Flandernhandel beteiligte. Am Tag vom 24. Juni 1379 nahmen zwei Vertreter aus Dortmund teil: Everhard Wistrate und Thideman van Hereke. Alle Präsenzen Dortmunder Herren von 1356 bis 1516 belaufen sich nur auf neunundzwanzig. Aus der Übersicht werden die beteiligten Personen und auch die großen Lücken in der Teilnahme deutlich.[1300] Von den 1379 genannten Delegierten nahm nur Wistrate an vier Tagen von 1379 bis 1389 teil. Er war 1369/1370 Āltermann des westfälisch-preußischen Drittels in Brügge gewesen. Seit 1379 war er Dortmunder Ratsherr und amtierte seit 1381 als Bürgermeister. Wistrate verstarb 1398.[1301] Thideman van Hereke saß nur einmal, nämlich 1379, auf der Bank der Herren der Hanse. Wie wir schon sahen, waren Johan Crispin und somit auch Segebodo Crispin mit Thideman van Hereke, dem Dortmunder Delegierten des Tages zu Johannis 1379 verwandt. Auch ein weiterer Verwandter des Dortmunder Ratsherrn saß im Jahr 1387 im Lübecker Ratsstuhl. Es handelt sich um Peter van Hereke. Dieser starb bald nach seiner Kooptation und nahm nur an der Versammlung vom Oktober dieses Jahres in Lübeck teil. Peter van Hereke war enger mit dem Ratsherrn Johan Lange verbunden, denn dieser setzte ihn testamentarisch als Provisor ein. Peter van Hereke war 1365 gemeinsam mit Jo-

---

1298 Vgl. SIMON, Niederstadtbuch, S.528,4 (1383 Calixti): *Dominus Egbertus de Horste tenetur pueris Johannis van dem Springhe Johanni et Mechtildi 110 mr dn in festo beati Michahelis proxime futuro persolvendas, pro quibus dominus Zeghebodo Crispyn et Jacobus Holk cum ipso promiserunt coniuncta manu.* Auch zu Marcelli 1381 hatte Segebodo Crispin schon für Egbert van Horste gebürgt*: Egbertus de Horste tenetur Hermanno Dinnyngh 106 mr dn festo purificacionis Marie ultra unum annum persolvendas, pro quibus dominus Zeghebodo Crispyn fideiussit* ... vgl. SIMON, Niederstadtbuch, S.450,3. Gemeinsam mit Johan Crispin bürgte Egbert van Horste 1388 für eine Schuld des Hinrik van dem Broke *morans in castro tu dem Bruke in dyocesi Osnabrugensi*, vgl. SIMON, Niederstadtbuch, S.674,6 (Oktav Martini). Zu 1370 wird ein Johan van Horst, *civis Monasteriensis*, erwähnt, vgl. SIMON, Niederstadtbuch, S.168,2.

1299 Vgl. CHRON. LÜB. 2, S.395.

1300 S. im Anhang Übersicht 6: Dortmunder Delegierte.

1301 Zu seinem wirtschaftlichem und amtlichen Handeln in Dortmund s.. DIERCK-DÜNNEBEIL-RÖßNER, Hansekaufleute, S.496f.

han Niestad, einem Verwandten des (Hannoveraner Ratsherrn) Giselbert Niestad, Ältermann für das lübisch-wendische Drittel in Brügge.[1302] Mit ihm amtierte für das gotländisch-livländische Drittel der spätere Lübecker Ratsherr Hermann Vorste, der zu dieser Zeit noch Dorpater Bürger war.[1303] Mit großer Wahrscheinlichkeit stammte van Hereke aus Dortmund, da er in seinem Testament Legate dorthin gab.[1304] Er vermachte in seinem Testament von 1368 auch Geldbeträge an einen dortigen Ratsherrn, *dominus* Johan van Hereke.[1305]

Die Beziehungen zu Dortmunder Familien behielt Peter van Hereke auch in Lübeck. Darauf deutet seine zweite Ehe mit Margarete, einer Tochter des Nicolaus Schattin, hin. Diese war in erster Ehe mit Johan van Dortmund verheiratet gewesen.[1306] Margaretes Sohn aus der Ehe mit van Dortmund namens Albert wurde Priester.[1307] So wird er auch in dem Testament des Sieverd Veckinghusen angesprochen, der sowohl Grete, *hern Peters wedewe van Hereke*, wie ihren Sohn, *hern* Albert, 1406 bedachte.[1308] Sieverd Veckinghusen, der 1399 in Brügge das gotländisch-livländische Drittel vertrat, heiratete in erster Ehe Liseke, eine Tochter des Lübecker Ratsherrn Peter van Hereke.[1309] Diesen bedachte er auch in seinem Testament.[1310] Sieverd Veckinghusen kam wie sein Bruder Hildebrand aus Westfalen, wahrscheinlich aus Radevormwald. Neben geistlichen Institutionen in Lübeck sprach er die dortige Kirche in seinem Testament von 1406 an wie auch Kirchen in Dorpat.[1311] In Dorpat beschenkte er die Kinder des Herrn Hinrik Scriver. In Riga bedachte er die Kinder des Ratsherrn Caesar Veckinghusen.[1312] Der Rigaer Ratsherr Caesar Veckinghusen wird

1302 S. ASMUSSEN, Flandernfahrer, S.552. Johan Niestad war war auch schon 1361 Ältermann gemeinsam mit Johan van Stockem gewesen.

1303 S. DIERCK, Älterleute, S.89 und ASMUSSEN, Flandernfahrer, S.825.

1304 S. LUTTERBECK, Rat, S.277.

1305 S. ASMUSSEN, Flandernfahrer, S.379.

1306 Van Hereke war in erster Ehe mit einer Telseke verheiratet, die vor 1382 verstorben sein muß, denn in diesem Jahr sorgte er für die Versorgung der Kinder, *quos videlicet genuit a Telzeken prima uxore sua,* vgl. SIMON, Niederstadtbuch, S.494,1 (1382 Divisio Apostolorum). Johan van Dortmund ist auch vor 1382 verstorben, s. ASMUSSEN, Flandernfahrer, S.329. Wahrscheinlich fand die zweite Heirat van Herekes in diesem Jahr statt.

1307 S. ASMUSSEN, Flandernfahrer, S.330 zum Testament seines Bruders Hinrik van Dortmund.

1308 Vgl. AHL, Testamente, Sivert Veckinghusen, 9. Mai 1406.

1309 S. ASMUSSEN, Flandernfahrer, S.801. 1409 werden Sieverd Veckinghusen, Johan Tymme und Thideman Semme als *proximiores heredes* der Margarete, Witwe des Ratsherrn Peter van Hereke, genannt, vgl. AHL, Niederstadtbuch zu 1409 Dorothee.

1310 Vgl. AHL, Testamente, Sivert Veckinghusen, 9. Mai 1406: *Item gheve ik Greten, hern Peters wedewen van Hereke, unde hern Alberte van Dorptmunde, erem sone, unde mester Hinrike, erem brodere, yewelken 10 mark lub.*

1311 EBD.: *Item to Darpte gheve ik to sunte Annen capellen in der kerken sunte Johannis unde to Unser Vrowen kerken unde to den Prediker broderen yewelker stede 10 mark lub myner selen to guder dechtnisse. Item schal men maken Rixen Veckinghusen, clostervrowen to Cerntiin, 6 mark lifliker rente to eren levende, unde den clostervrowen darsulves gheve ik 10 mark lub, malkem sin part in de hant to donde, dat se unsen heren got vor my bidden. Item to dem hospitale achter deme Hilghen Gheste gheve ik 5 mark lub. Item to der kerken to Rode vor dem Wolde gheve ik 10 mark lub to dem buwete.*

1312 EBD.: *Item her Hinrik Scrivers kinderen to Darpte gheve ik 60 mark lub. Item her Zories Veckinghusen kinderen to Righe gheve ik 30 mark lub. Item Hildebrande, mynem brodere, gheve ik*

1369 als Delegierter bei einem regionalen Tag genannt. Er war sicherlich mit den Brüdern Sieverd und Hildebrand verwandt.[1313] Ein weiterer Bruder namens Johan war Ratsherr der Stadt Wenden in Livland.[1314]

In erster Ehe war Hildebrand Veckinghusen mit Lyseke, einer Schwester des Dortmunder Ratsherrn Claus Swarte, verheiratet gewesen. Lyseke verstarb 1397 oder 1398. In zweiter Ehe verband Hildebrand Veckinghusen sich mit einer Tochter des Rigaer Kaufmanns Engelbrecht Witte.[1315] Hildebrands Tochter Taleke aus der ersten Ehe wurde kurz nach 1400 mit Peter van Dame verheiratet, einem Verwandten des Lübecker Ratsherrn Marquard van Dame.[1316] Marquard van Dame trat auf den Hansetagen 1416 und 1417 in Lübeck und Rostock auf.[1317]

Sieverd Veckinghusen hatte in Lübeck Vertraute in führenden Kreisen. 1406 wurde er von dem Ratsherrn Marquard Bonhorst als Provisor benannt. Sieverds Sohn Hildebrand heiratete eine Tochter des Vritze (I.) Grawerd, deren Schwester mit dem Ratsherrn Johan Segeberg verheiratet war.[1318] Als Vormünder der Kinder Sieverds werden nach dessen Tod 1435 der Ratsherr Johan Hoveman, Johan Gherwer[1319] und Berthold van Lune genannt.[1320] 1436 werden als weitere Provisoren Peter van der Linden, Engelbert Veckinghusen und Hinrik Lipperade aufgeführt, als ein Rentenbrief, der zur Ausstattung der von Peter van Hereke gestifteten Vikarie in der Marienkirche gehörte, verkauft wurde.[1321]

Kehren wir, nachdem uns der Blick auf die Veckinghusen noch einmal die engen Verbindungen innerhalb der kaufmännischen und politischen Führungsgruppe in der östlichen Ostsee vor Augen gestellt hat, zu Peter van Hereke zurück. Auch in Lübeck war van Hereke gut positioniert. Sein Bruder Everhard van Hereke, der auch nach England handelte,[1322] war Schwiegervater des Bertram van Rinteln, eines Bruders des Ratsherrn Henning.[1323] Die Brüder Berthold und Everhard van Hereke sind oft, auch in gemeinsamen Geschäften, im Niederstadtbuch zu finden. Sie standen in geschäftlichem Kontakt mit Johan Schepenstede. So wurden sie auch 1367 unter den Schuldnern des Johan Schepenstede aufgeführt.[1324] Eine Schwester der Brüder van Hereke

---

200 mark lub unde 2 van mynen mynnesten sulvern kannen unde 3 van mynen mynnesten sulvern schalen.

1313 Vgl. HR 1,3, Nr.29.

1314 S. ASMUSSEN, Flandernfahrer, S.792.

1315 S. DIERCK, Älterleute, S.214.

1316 S. ASMUSSEN, Flandernfahrer, S.793.

1317 Vgl. die chronologische Übersicht.

1318 S. FEHLING, Ratslinie, S.68 und vgl. AHL, Testamente, Vritze Grawerd, 23. Oktober 1441: *Mine vormundere kese ik Vritzen unde Corde, myne oldesten sones, Hans Kerkringhe, Hildebrand Veckinghusen, myner dochter manne, Hanse Vismarken, Corde van Calven unde hern Hartwighe van Eltzen, mynen swaghere ...*

1319 Johan Gherwer ist wohl der Sohn des älteren Johan Gherwer. In seinem Testament von 1436 zeigen sich enge Verbingungen zu den Greverade.

1320 Vgl. AHL, Niederstadtbuch zu 1435 Jacobi.

1321 Vgl. LÜB UB 7, Nr.686 und ASMUSSEN, Flandernfahrer, S.809.

1322 S. JENKS, England, S.905.

1323 In zweiter Ehe heiratete Bertram van Rinteln Alheyd Ossenbrugge, die Witwe des Johan van Ankum, s. ASMUSSEN, Flandernfahrer, S.638.

1324 Vgl. SIMON, Niederstadtbuch, S.331,4.

war mit Hinrik van Alen verheiratet,[1325] der 1390 dem Everhard van Hereke, *genero suo*, 420 Mark schuldete.[1326] Somit bestanden auch familiäre Beziehungen zu Hinrik Clare, der mit van Alens Tochter verheiratet war.

Everhard van Hereke hielt sich 1388 in Antwerpen auf. Er hatte besonderes Interesse am Heringsfang. Im August dieses Jahres erhielt er den gesamten Heringstran in Falsterbo und Skanör von König Olav von Norwegen und Dänemark.[1327] Dass sein Bruder bei der Vorbereitung dieses Privilegs beteiligt war, ist anzunehmen. Everhard stand auch in geschäftlichen Beziehungen zu Wigger Brekwold[1328] und dem Bürgermeister Fynwedder in Söderköping. Von diesem hatte er 100 Mark geliehen, die er dessen Schwiegersohn Magnus Junghe 1391 zurückzahlte, nachdem der Bürgermeister auf einer Pilgerreise nach Jerusalem verstorben war.[1329] Von Johan Stange, dem Sohn des Mitgliedes des Neuen Rates Eler Stange, wurde Everhard van Hereke 1421 als Provisor eingesetzt.[1330]

Everhard van Hereke hatte ebenso enge Verbindungen nach Reval. 1436 wurde er von Everd Witte, der wohl mit dem dortigen Ratsherrn Gerd Wittte verwandt war und in diesem Jahr sein Testament erstellte,[1331] als sein *om* bezeichnet.[1332] Anscheinend war Everhard van Herekes Frau eine geborene Witte, denn auch Everd Wittes Bruder Hans bedachte 1427 besonders die Frau und Kinder seines *om* in seinem Testament.[1333] Everd Witte hatte sehr enge Beziehungen nach Reval und Narwa. Er war Bruder der Kindergilde in Reval.[1334] Wittes *swager* war der zur Zeit der Testaments-

---

1325 1409 bezeichnete Everhard van Hereke die Frau des Hermann van Alen, der Mitglied des Neuen Rates war, als seine Schwester. Weiterhin wird zu diesem Datum auch eine Verwandtschaft mit Johan van Helle und dem *dominus* Arnd Sparenberg angesprochen. Vgl. AHL, Niederstadtbuch zu 1409 Quasimodogeniti.

1326 Vgl. SIMON, Niederstadtbuch, S.741,1 (1390 Allexii).

1327 Vgl. LÜB UB 4, S.521, Nr.473.

1328 Vgl. AHL, Niederstadtbuch zu 1408 Conceptio Marie.

1329 Vgl. SIMON, Niederstadtbuch, S.784,2: *Notandum, quod Magnus Yunghe de Zuderkopinghe habens filiam Fynwedders quondam proconsulis in Zuderkopinghe in uxorem, qui mortuus est in via Romana, presens libro recongnovit se plene percepisse ab Euerhardo van Hereke illas centum mr, in quibus dictus Euerhardus ipsi Fynweddere fuerat obligatus* ..., vgl. SIMON, Niederstadtbuch, S.784,2 (1391 Sixti).

1330 Vgl. AHL, Testamente, 22. Juli 1421: *Mine vormundere kese ik Engelen Haghelsteen, Bertolt Herentrey, Johan Stangen, mynes vaders broder, Hans Oldenborgh, Hinrik Ghisen, mynes wives vader, Ghert Kastorpe, Evert van Hereke, Werner Wulve ...*

1331 Zum Revaler Ratsherrn Gerd Witte, der von 1384 bis 1423 amtierte, s. DIERCK-DÜNNEBEIL-RÖßNER, Hansekaufleute, S.490 ff. Gerd Witte schloß 1392 gemeinsam mit Niebur den Vertrag in Novgorod ab. 1392 und 1405 beteiligte er sich an regionalen Tagen in Livland.

1332 Vgl. AHL, Testamente, Everd Witte, 14. August 1436.

1333 Vgl. AHL, Testamente, Hans Witte, 28. Juni 1427: *mynes omes Everdes husvrowen van Herike geve ik samentliken een ypersch laken to klederen. ... Item mynes omes Everdes van Herike dochter Katherinen geve ik 50 mark lub, unde siner dochter Barbaren geve ik 15 mark lub, Kerstinen, siner dochter, der clostervrowen, geve ik sovele wandes, alse se behovet to enem mantele. Item sinen anderen kinderen, alse Bertolde, Hanse, Everde unde Telseken, geve ik islikem 10 mark lub.* Witte setzte in diesem Testament Everhard van Hereke auch als Provisor ein.

1334 Vgl. AHL, Testamente, Everd Witte, 14. August 1436: *Item to Revele geve ik to vormeringhe der almyssen, de men holt to deme Hilgen Gheeste ut der kinder ghilde, dar ik broder inne byn, 1 mark ewighes gheldes myner sele na to troste. Item der swarte monke kerken to Revele geve ik 5 mark lub to dem buwe. Item den blinden prester her Peter Groninghe to Revele geve ik 5 mark,*

erstellung verstorbene Revaler Bürger Everbern Palborn, der seinerseits ein Schwager der dortigen Ratsherren Cord Palborn und Johan Palmedag war.[1335] Cord Palborn, der von 1384 bis 1394 amtierte, hatte vertrauensvolle geschäftliche Beziehungen zum Lübecker Ratsherrn Berthold Kerkring.[1336] Auch Palmedag war ein Schwager des Everd Witte, nämlich der Mann seiner Schwester Grete.[1337] Der Revaler Ratsherr Johan Palmedag,[1338] der seit 1407 im Rat saß und 1433 ausgeschlossen wurde und nach Lübeck zurückzog, war ein Bruder des Lübecker Bürgers Gerd Palmedag.[1339]

Ein Verwandter des Everhard van Hereke, Bertram van Hereke, war Bürger in Stettin. Er forderte 1408 als nächster Erbe des Everard, *filii Everardi van Hereke*, sein Erbe in Lübeck ein, da *nullus propinquior* sei.[1340] Der Name van Hereke findet sich auch bei weiteren Ratsherren, die als Delegierte auf Hansetagen auftraten.[1341] So wurde Kulm bis in die Mitte des 15. Jahrhunderts von Mitgliedern einer Familie dieses Namens vertreten. Ertmar van Hereke begegnet als Delegierter der preußischen Städte schon beim Johannistag von 1363. Er ist bis zum Treffen vom 1. Mai 1373 sieben Mal auf Tagen zu finden. Als Delegierter folgte ihm ein Johan van Hereke, anscheinend sein Sohn, der zwischen 1403 und 1408 regionale Versammlungen besuchte. Schließlich findet sich noch ein Thideman van Hereke zwischen 1427 und 1441. Wesentlich später erschien auf regionalen Tagen zwischen 1468 und 1477 wiederum ein Thideman van Hereke, dieses Mal als Vertreter Dorpats. Der Vater dieses Thideman stammte wohl aus Dortmund.[1342] Für die anderen van Hereke sind ver-

---

dat he unsen heren god vor my bidde. Item sunte Birgitten closter by Revele geve ik 5 mark lub to dem buwe. Item der kerspel kerken to der Narwe geve ik 5 mark lub to dem buwe.

1335 Zu Palborn s. DERRIK, Tafelgilde, S.61, S.146f.

1336 EBD.: „Um 1389 besaß seine Gesellschaft mit seinem Schwiegervater Johan Bolemann eine Tonne Pelzwerk im Wert von 240 Mark, die in Herrn Berthold Kerkrings Keller in Lübeck lagerte." Johan Boleman amtierte als Revaler Ratsherr von 1359 bis 1374.

1337 Vgl. AHL, Testamente, Everd Witte, 14. August 1436: *Item so geve ik myner suster Ghreteken Palmedages 200 mark lub, unde ereme sone Hinrik Palmedage geve ik to syner kopenschop 50 mark lub ... Item scholen myne vormundere maken 5 mark wicbelde rente, der schal Lyseke Palmedaghes, de clostervrowe bruken to erem levende ...*

1338 Palmedag war am 23. Januar 1418 mit Bürgermeister Gerd Witte, Dunevar und Hinrik van Telchte auf einem Städtetag in Wolmar.

1339 Dieser beschenkte ihn und setzte ihn gemeinsam mit Everd Witte als Provisor ein, vgl. AHL, Testamente, Gerd Palmedach, 13. Februar 1440: *Item so geve ik mynem broder her Johan de sulveren schalen, dar de Jurgen inne steit unde zinem sone enen sulveren beker to ener dechtenisse miner sele ... Mine vormundere kese ik her Johan Palmedach unde Hinrik Palmedach, mynen sone, Evert Witten, Hans Ekholte unde Curd Kistenbuk*. Gerd Palmedag war mit einer Tochter des Hinrik Witte verheiratet, vgl. SIMON, Niederstadtbuch, S.1038,3 (1399 Carnisprivii) mit der Bestätigung des Gerd Palmedag, dass er den Brautschatz von 300 Mark und die *vestimenta* erhalten habe. Sein Schwiegervater Hinrik Witte bestätigt, dass er *Gherardo Palmedach marito filie sue in centum mr dn Lub*. verschuldet sei.

1340 Vgl. AHL, Niederstadtbuch zu 1408 Invocavit.

1341 Ob der als Bürger Mindens genannte Dethard van Hereke auch zur Verwandtschaft gehörte, muß offen bleiben, vgl. AHL, Niederstadtbuch zu 1406 Clementis: *Mechthild relicta Dethardi de Hereke, civis Mindensis.*

1342 Jedenfalls für den späteren Dorpater Ratsherrn ist eine deutliche Beziehung zu Dortmund nachzuweisen. Dessen „Vater van Heyrrecke wurde am 29. Mai 1416 vom Dortmunder Rat ermächtigt, seine Belange im Nachlaßstreit mit Peter van der Volme zu vertreten. Dieser zog sich bis zum 25. Juni 1417 hin." S. DERRICK, Tafelgilde, S.96.

wandtschaftliche Verbindungen nach Dortmund wie auch untereinander wahrscheinlich, können aber bisher nicht belegt werden.

Netz 62: Peter van Hereke

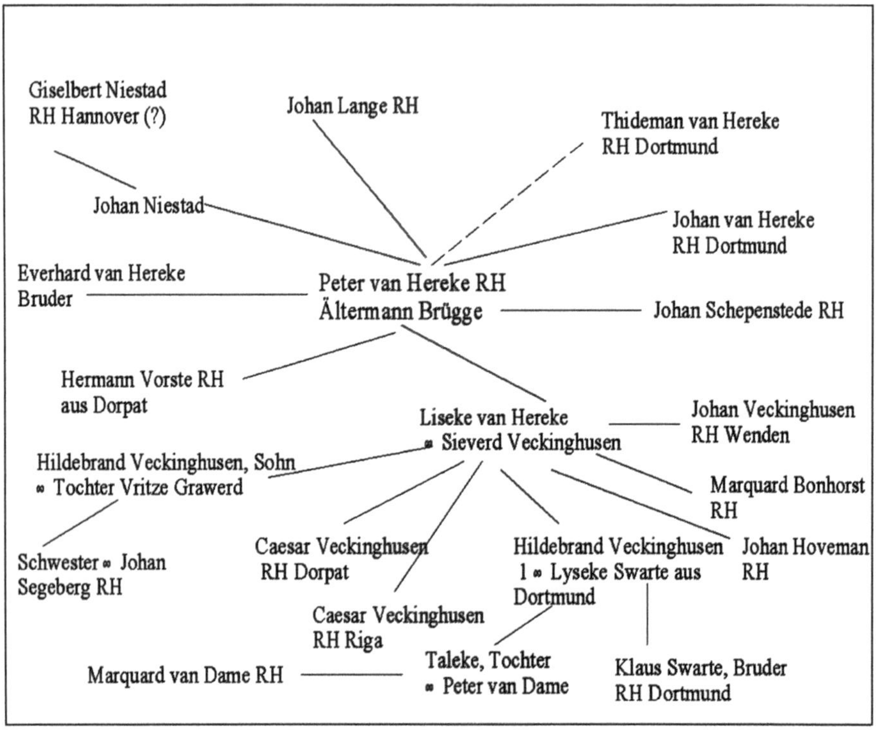

Engere Kontakte gab es auch zwischen Peter van Hereke und dem Lübecker Hermann Vorste, der zwischen 1384 und 1401 im Rat saß.[1343] Van Hereke stand auch in geschäftlicher Verbindung mit der Stralsunder Ratsfamilie Ghildehusen. So bürgte er im Dezember 1385 gemeinsam mit Hinrik van Essen, Johan Oldenborg und Johan Ghernegrot für den Stralsunder Ratsherrn Hinrik Ghildehusen bei dem Hamburger Ratsherrn Vicco van Geldersen, der 1378 und 1380 an Tagen in Lübeck und Wismar teilnahm.[1344] Aus den testamentarischen Verfügungen Peters van Hereke geht hervor, dass er besonderes Vertrauen zu den Herren Johan Lange und Hermann Vorste hatte, die er als Provisoren einsetzte.[1345] Auch diese bestimmten ihn ihrerseits dazu wie auch Berthold Kerkring.

1343 S. LUTTERBECK, Rat, S.408f.

1344 Vgl. NIRRNHEIM, Handlungsbuch, S.80, 471. Vicco von Geldersen nahm teil an den Versammlungen vom 25. November 1378 in Lübeck und vom 21. Oktober 1380 in Wismar. Albert Ghildehusen an denen vom Johannistag 1385 in Stralsund, vom 19. Juli 1386 in Lübeck und vom 28. Oktober 1386 in Lübeck, wie vom 9. Oktober 1387 und vom Johannistag 1390 ebenso in Lübeck. Gemeinsam waren sie also nicht auf Tagen zu finden.

1345 S. LUTTERBECK, Rat, S.277.

5.2 Berthold Kerkring

Kerkring war uns schon in gemeinsamen geschäftlichen Unternehmungen mit Jakob Plescow begegnet. Diese Verbindung war wegen ihrer gemeinsamen Visby-Verwandtschaft naheliegend, denn Kerkring hatte die Tochter Elisabeth des dortigen Ratsherrn Thideman Loos, eine Schwester Wennemars van Essen, geheiratet.[1346] Somit bestanden enge Kontakte zu Stralsunder Ratsherren.[1347] Berthold Kerkring stammte aus Münster. An der Ratskirche St. Lamberti in Münster wollte er auch seine Memoria sichern. In seinen Testamenten von 1387 und 1392 stiftete er für Glasfenster in dieser Kirche.[1348] Kerkring war auch Ansprechpartner für Personen aus dieser Region in Lübeck. So verbürgte er sich 1381 bei einer Erbschaft für Werner Bodeker aus Warendorf.[1349] Als Gerhard van Unna, *civis Monasteriensis*, 1391 von Gottfried Travelmann 110 Mark lieh, bürgte Kerkring mit Ertmar Brune für ihn.[1350] Kerkring war mit der Münsteraner Ratsfamilie gleichen Namens verwandt, aus der ein Johan Kerkring am Tag vom Mai 1383 und ebenso an dem zu Johannis 1418 in Lübeck teilnahm.[1351]

Berthold Kerkring trat 1384 in den Lübecker Rat ein und verstarb 1405. Geschäftlich war er neben Jakob Plescow mit den Stralsunder Ratsherrn Gregor Swerting und Jakob Swerdslipper verbunden. So bürgte er 1373 für die Schuld von 400 Mark, die Swerting bei Herder van Stade hatte.[1352] 1378 hatte Swerdslipper bei Kerkring 352 Mark Schulden für *pannis pulcris*. Für Swerdslipper bürgte der Lübecker Ratsherr Simon Swerting.[1353] 1380 schuldeten Johan Niebur und Gerhard Salmensteen dem Berthold Kerkring und dem Münsteraner Hinze van Thoden 843 Mark.[1354] 1390 wird Kerkring mit Gottfried Travelmann als Prokurator des Revaler Ratsherrn

1346 S. LUTTERBECK, Rat, S.223 und vgl. SIMON, Niederstadtbuch, S.298,1 (1375 Abdon et Sennen) zu der Rente von 100 Mark Sundisch beim Stralsunder Rat, die Kerkring mit seiner Frau erhalten hatte.

1347 Van Essen war ein Neffe des Stralsunder Ratsherrn Arnold van Soest.

1348 Vgl. AHL, Testamente 1387 Mai 23. und 1392 Nov. 26. 1421 kam es zu Problemen um das Erbe des Münsteraner Bürgers Berthold Kerkring mit dem Lübecker Rat, vgl. LÜB UB 7, 343 (5. August 1421).

1349 Bodeker hatte von dem ehemaligen Warendorfer Hinrik Korf in Lübeck geerbt, vgl. SIMON, Niederstadtbuch, S.463,1 (1381).

1350 Vgl. SIMON, Niederstadtbuch, S.781,6. Zu Ertmar Brune und seinen Kontakten zu Jakob Plescow s. S.136ff.

1351 Durch den Verlust großer Teile der mittelalterlichen Überlieferungen Münsters durch den Eingriff der Täufer ist nicht zu klären, ob er sich wirklich um eine Person handelt, oder ob es zwei Mitglieder (Vater und Sohn) dieser Familie waren.

1352 Vgl. SIMON, Niederstadtbuch, S.224,4.

1353 Vgl. SIMON, Niederstadtbuch, S.410,6.

1354 Vgl. SIMON, Niederstadtbuch, S.438,2. Auch Hinze van Thoden kam aus Münster. Sein Bruder Bernhard stand in geschäftlichen Beziehungen zum Lübecker Ratsherrn Jakob Plescow. Im Juli 1368 ist im Niederstadtbuch erfasst, dass Hinze van Thoden mit einem „Toversichtsbrief" aus Münster *(litera ... civitatis Monasteriensis)* nach Lübeck kam. Er bestätigte, dass er alle Güter seines Bruders Bernhard von Jakob Plescow erhalten habe. Vgl. SIMON, Niederstadtbuch, S.134,6.

Conrad Palborn genannt, als dieser den Brüdern Bernhard und Arnold Plescow 610 Mark lieh.[1355]

Geschäftlich war Kerkring auch mit der *domina* Elisabeth van Kalmar verbunden.[1356] Kerkring nahm an neun Versammlungen in Lübeck zwischen 1393 und 1403 teil. Seine Tochter Alheyd heiratete, wie schon erwähnt, den Sohn Johan des Segebodo Crispin. Diesen setzte Kerkring auch neben Hermann Dartzow 1392 als Vollstrecker seines letzten Willens ein.[1357] Thomas Kerkring, der Sohn seines Bruders Gottfried, amtierte später in der Mitte des 15. Jahrhunderts als Lübecker Ratsherr und Delegierter.

Netz 63: Berthold Kerkring

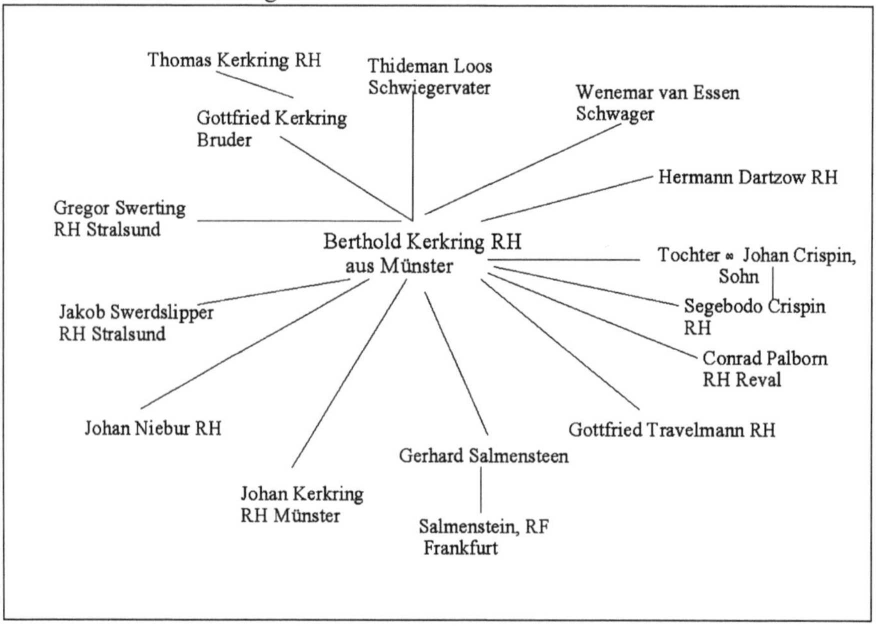

5.3 Gottfried Travelmann

Gottfried Travelmann wurde 1370 zum Lübecker Rat kooptiert und 1390 zum Bürgermeister gewählt. Er war auf insgesamt acht Tagen zwischen 1379 und 1390 nur in Lübeck zu sehen. Allerdings ist seine Bedeutung für die hansische Politik damit nicht zureichend beschrieben. Er hatte anscheinend besondere Beziehungen zu Novgorod, denn er starb, vom Rat zu Verhandlungen beauftragt, 1391 auf dem Wege dorthin in Dorpat.[1358] Auch Travelmann war Lübecker Neubürger. Er stammte aus der gleich-

1355 Vgl. SIMON, Niederstadtbuch, S.743,4.
1356 Vgl. SIMON, Niederstadtbuch, S.808,5.
1357 Vgl. AHL, Testamente zum 26. November 1392.
1358 S. LUTTERBECK, Rat, S.391.

namigen Münsteraner Ratsfamilie.[1359] Travelmann verheiratete sich in erster Ehe mit einer Schwester des Ratsherrn Wedekin Klingenberg (1344-1350), einer Tante des Delegierten Goswin Klingenberg.[1360] In zweiter Ehe verband er sich mit Hillegund, einer Tochter des Hinrik Zobber. Diese war vorher schon mit Wennemar van Essende und dem Ratsherrn Arnold Plescow verheiratet gewesen. Dadurch wurde Travelmann ein Schwager des Hermann Yborg und trat in ein familiäres Verhältnis zu Jakob Plescow, Simon Swerting sowie Gregor Swerting.[1361]

Aus der Münsteraner Herkunft ist wohl das besondere Vertrauensverhältnis zu Berthold Kerkring zu erklären, wenn nicht sogar ein Verwandtschaftsverhältnis anzunehmen ist. Gottfried wie auch Albert Travelmann pflegten geschäftliche Beziehungen nach Münster.[1362] Der dortige Bürger Gerhard van Unna schuldete ihnen im Juli 1391 etwas über 110 Mark.[1363] Zwar teilten Gottfried Travelmann und sein Bruder Burchard 1373 ihr Erbe, aber auch später sind sie mehrfach in gemeinsamen geschäftlichen Aktionen zu sehen.[1364] Burchard ist auch in gemeinsamen kapitalintensiven Geschäften mit Albert Travelmann zu beobachten. Gottfried und Albert Travelmann erwarben 374 gemeinsam 100 Mark Rente für den Einsatz von 1000 Mark beim Rostocker Rat.[1365] Im August 1383 wurde Burchard als Freund des Hinrik Gherwer bezeichnet.[1366] Gemeinsam mit Hermann Vorste besaß Burchard Travelmann 1385 ein Dorf. Dieser Anteil ging nach seinem Tode an seinen Bruder Gottfried über.[1367] Aus den Schulden des Hermann Dartzow und des Nicolaus Wittenborg bei seinen Kindern im September 1390 ergibt sich, dass Burchard auch mit diesen in geschäftlichen Verbindungen, wohl einer Gesellschaft, stand.[1368] Gottfried Travelmann wurde von Berthold Kerkring als Provisor eingesetzt.[1369] Auch Travelmann bestimmte Kerkring neben seinem Schwiegersohn Thideman Drughe und seinem Schwager Hermann Yborg als Testamentsvollstrecker.[1370] Schon im September 1395 bürgten diese drei neben

---

1359 S. LAHRKAMP, Münsters wirtschaftliche Führungsschichten, S.33.

1360 S. LUTTERBECK, Rat, S.392.

1361 S. LUTTERBECK, Rat, S.392.

1362 Auch der Ratsherr Albert Travelmann scheint engere Beziehungen nach Münster gehabt zu haben. 1367 trat er als Zeuge bei einer Schuldanerkennung des Münsteraner Bürgers Burchard Travelmann, der denselben Vornamen wie sein Bruder hatte, beim Rostocker Rat als Zeuge auf, vgl. HUB IV, Nr.207.

1363 Vgl. SIMON, Niederstadtbuch, S.781,6 (1391 Margarete): ... *in premissis presentes fuerunt ad maiorem noticiam dominus Bertoldus Kerkringh et Ertmarus Brune, qui sic premissa fieri audiverunt.*

1364 Vgl. SIMON, Niederstadtbuch, S.235,5. Im März 1381 kauften sie gemeinsam die Güter des verstorbenen Volmar Buxtehude, vgl. SIMON, Niederstadtbuch, S.453,6. Von Hinrik Buxtehude erwarben sie im März 1384 eine *cota* in Klein Perkentin, vgl. SIMON, Niederstadtbuch, S.541,4.

1365 Vgl. MUB 20, Nr.10623.

1366 Vgl. SIMON, Niederstadtbuch, S.523,1.

1367 Vgl. SIMON, Niederstadtbuch, S.569,3.

1368 Vgl. SIMON, Niederstadtbuch, S.752,1 (1390 Mauricii).

1369 Vgl. AHL, Testamente, 1387 Mai 23.

1370 Dies ergibt sich aus einer Erklärung seines Sohnes Godeke vor dem Niederstadtbuch im August 1397, vgl. SIMON, Niederstadtbuch, S.988,5: *Notandum, quod Godeke filius domini Gotfridi Trauelmans presens huic libro autoritate suorum provisorum, videlicet dominorum Bertoldi Kerkringh et Hermanni Yborch et Tidemanni Drughen, recognovit se teneri Gherwino Vmmenberch in 213 mr dn Lub. ...*

Bernhard Travelmann, dem Sohn Gottfrieds, als Provisoren der Hillegund, der Witwe Gottfrieds, für die Schulden von 200 Mark bei dem Visbyer Ratsherrn Johan Vlaming. Die Schulden rührten wohl aus einer Gesellschaft Vlamings und Travelmanns her.[1371] Mit Kerkring gemeinsam hatte Travelmann Geschäftsbeziehungen zu Conrad Palborn.[1372] Als die Brüder Bernhard und Arnold Plescow diesem im August 1390 610 Mark schuldeten, waren Gottfried Travelmann und Berthold Kerkring befugt, die Summe im Namen des Revaler Ratsherrn zu empfangen.[1373]

Travelmann stand auch in weiteren Kontakten mit Livland. So war er 1384 von dem Dorpater Bürger Johan Klinkrode als Prokurator in Lübeck eingesetzt worden, als dieser dem Conrad van Vlotede 200 Mark schuldete.[1374] Vlotede arbeitete mit Arnold Ceppenhagen, seinem *socero,* zusammen.[1375] Aus einer Abmachung zu Schulden des Magisters Ceppenhagen zeigt sich 1388, dass auch Eler Stange, künftiges Mitglied des Neuen Rates, zu dieser Gesellschaft gehörte.[1376] 1383 hatte Vlotede die außergewöhnlich hohe Summe von 1323 Mark an Johan Niebur und Johan van Calven verliehen.[1377] Als Hinrik van dem Wolde aus Goslar 1388 Hinrik Warendorp, dem Sohn des Ratsherrn Hermann, 100 Mark schuldete, bürgten für ihn van Vlotede und Thideman Gheismar.[1378] 1390 schuldete van Vlotede mit Johan Kerkberch den Brüdern Dartzow 1280 Mark.[1379] 1399 schließlich war er mit 285 Mark bei Johan Krowel, einem künftigen Mitglied des Neuen Rates, verschuldet.[1380]

Schon durch seine Verwandten Yborg und den Visbyer Ratsherrn Hinrik Ghildehusen hatte Gottfried Travelmann Kontakte nach Gotland. Damit sind seine engen Visbyverbindungen aber noch nicht zureichend beschrieben. Nach Travelmanns Tod mussten seine Frau und Kinder im September 1395 Schulden von 200 Mark bei dem Visbyer Ratsherrn Johan Vlaming begleichen.[1381] Vlaming vertrat Gotland auf dem

---

1371 Vgl. SIMON, Niederstadtbuch, S.915,4 (1395 Exaltatio sancte crucis).

1372 Zu den Palborn s. Reg.Pos.

1373 Travelmann bestätigte 1391, dass Kerkring auch allein das Geld annehmen und den Eintrag löschen lassen könne, vgl. SIMON, Niederstadtbuch, S. 743,4 (1390 Vincula Petri): ... *premissas 610 mr dn potentes erunt percipere domini Gotfridus Trauelman et Bertoldus Kerkring, ipsique facient hanc scripturam cancellari. Item de anno 91 in octava decollacionis Johannis baptiste dominus Gotfridus Trauelman tunc abfuturus coram consilio recongnovit, quod, quando hec pecunia persolveretur, quod tunc dominus Bertoldus Kerkringh hanc scripturam poterit facere cancellari.*

1374 Vgl. SIMON, Niederstadtbuch, S.548,4. Im Blick auf die Klinkrode, deren Familie wir hier nicht weiter verfolgen können, zeigt sich wiederum eine Verflechtung, die - wie so oft in den Hansestädten - Mitglieder in unterschiedlichen Städten in Geschäften zusammenarbeiten ließ. So bestätigte 1368 Johan Klinkrode, der Sohn Hermanns, der sich in Stockholm aufhielt, dass er von dem gleichnamigen Lübecker Bürger Johan Klinkrode für sich und seinen Bruder Wineke für 4 Last Osemund 115 Mark erhalten hat. Vgl. SIMON, Niederstadtbuch, S.134,3.

1375 Vgl. SIMON, Niederstadtbuch, S.626,5 und S.961,3 (1397).

1376 Vgl. SIMON, Niederstadtbuch, S.655,8

1377 Vgl. SIMON, Niederstadtbuch, S.525,3. Es bürgte Rudolf Müntzer.

1378 Vgl. SIMON, Niederstadtbuch, S.661,2. Der Flandernfahrer Gheismar war mit der gleichnamigen Stockholmer Ratsfamilie verwandt, s. ASMUSSEN, Flandernfahrer, S.339f.

1379 Vgl. SIMON, Niederstadtbuch, S.725,1.

1380 Vgl. SIMON, Niederstadtbuch, S.1061,5.

1381 Als Provisoren der Hillegund, der Witwe Travelmanns, die mit ihr *coniuncta manu* bürgten, werden genannt: *Provisores tunc presentes erant domini Bertrammus Kerkringh et Hermannus*

Hansetag vom 16. Oktober 1392. Ein Verwandter Johans, Hinrik Vlaming, nahm gemeinsam mit Travelmann am Treffen vom Mai 1388 in Lübeck teil.

Netz 64: Gottfried Travelmann

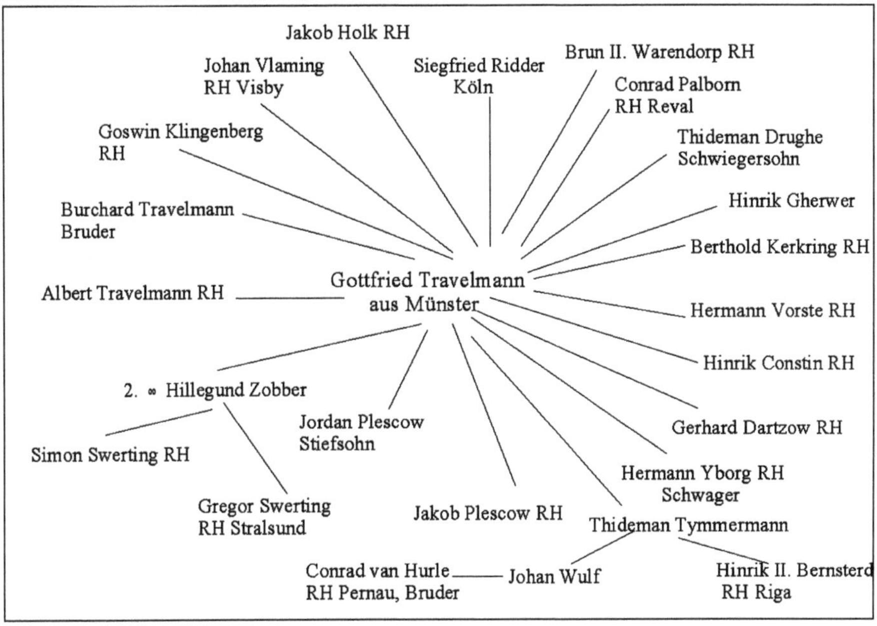

Travelmann arbeitete mit Jakob Plescow und Simon Swerting, mit denen er durch seine Frau in familiären Beziehungen stand, auch geschäftlich zusammen. Seine geschäftliche und politische Nähe zu Brun (II.) Warendorp wurde schon angesprochen.[1382] Mit Gerhard Dartzow stand er in Geschäftsverbindungen mit dem Revaler Ratsherrn Albert van Verden, der an den Hansetagen zu Johannis 1366 und 1375 in Lübeck teilnahm.[1383] Albert van Verden war ein Schwager des Revaler Ratsherrn Hinrik Krowel.[1384] Gottfried Travelmann hatte wohl eine besonders enge Beziehung zu dem künftigen Ratsherrn und Sendboten Jordan Plescow.[1385] Dieser war sein Stiefsohn.[1386] Schwiegersohn des Gottfried Travelmann war Thideman Drughe. Diese Heirat war für Drughe finanziell nicht unattraktiv, denn Travelmann konnte seiner

---

Yborch consules, Tydemannus Droghe et Bernardus Trauelman cives. Gleichzeitig wird festgehalten, dass Hinrik Wyting als Prokurator Vlamings eingesetzt war: *dominus Johannes Vlamingh fecit plenipotentem procuratorem ad hoc Hinricum Wytyngh, ut hanc scripturam cancellari iubere potest, postquam a predictis provisoribus pretactam summam ducentarum mr sublevaverit.* Vgl. SIMON, Niederstadtbuch, S.915,4 (1395 Exaltatio s. Crucis).

1382 S. zu Brun (I.) Warendorp Kap 1.6.

1383 S. DIERCK-DÜNNEBEIL-RÖßNER, Hansekaufleute, S.54.

1384 S. DIERCK-DÜNNEBEIL-RÖßNER, Hansekaufleute, S.127.

1385 Vgl. SIMON, Niederstadtbuch, S.758,1 (1391 Conversio Pauli).

1386 S. LUTTERBECK, Rat, S.347.

Tochter bei der Hochzeit 1000 Mark mitgeben.[1387] Drughe hatte engere Kontakte zu Goswin Klingenberg.[1388]

Zeit seines Lebens stand Gottfried Travelmann in engem geschäftlichem Kontakt mit seinem Bruder Burchard. Wie schon erwähnt, ist Gottfried Travelmann mehrmals in geschäftlichen Kontakten mit Johan Niebur zu beobachten. Auch mit dem Osthändler und Kölner Bürger Siegfried Ridder wie weiteren Kölnern stand er in Geschäftskontakten. In die Regelung dieser Geschäftsbeziehungen, die nach Travelmanns Tod erfasst wurden, war auch Jakob Holk eingebunden. Er sollte dem Kölner Bürger Gerwin van Oldenbrekelenvelde noch ausstehende Verbindlichkeiten von 175 Mark plus 18 Mark *a dominis camerariis* ausbezahlen,[1389] die wohl aus einer Handelsgesellschaft zwischen Travelmann und dem auch zwischenzeitlich verstorbenen Kölner Gerwin van der Treppen herrührten.[1390]

Schon im Juni des vorangegangenen Jahres findet sich der folgende Eintrag: Die Ratsherren Conrad van Alen und Hermann Vorste, vom Rat zur Klärung beauftragt, berichten, dass sie von Thideman Tymmerman und Siegfried Ridder erfahren hätten, dass diese *coniuncta manu* dem Herrn Gottfried Travelmann etwas weniger als 504 Mark schuldeten.[1391] Auch diese recht hohe Forderung deutet auf Geschäfte in Köln hin. Der hier gemeinsam mit Ridder als Schuldner genannte Thideman Tymmerman stand seinerseits in engem Kontakt mit dem Bruder Johan Wulf des Pernauer Ratsherrn Conrad van Hurle, mit *dominus* Hinrik Bernsterd dem Jüngeren[1392] wie mit dem künftigen Mitglied des Neuen Rates Borchard van Hildensem, mit dem Wulf auch schon zuvor Geschäfte in Pernau tätigte.[1393] Mit Willekin van Stade und Johan Brandenborch waren Tymmerman und van Hildensem von Johan Wulf als Provisoren eingesetzt worden.[1394] Die Spiegelung des Travelmannschen Beziehungsnetzes auf Hansetagen geht aus der Übersicht hervor.[1395]

1387 Dieses ergibt sich aus einer Notiz vom August 1390. Anscheinend bereitete sich Travelmann auf seine Reise nach Novgorod vor und ordnete seine Angelegenheiten, vgl. SIMON, Niederstadtbuch, S.748,5 (1390 Magni): *Notandum, quod Tydemannus Droghe presens huic libro recognovit se plenarie ad sufficienciam suam a domino Gotfrido Trauelman percepisse mille mr dn nomine dotis cum uxore sua Margareta predicti domini Gotfridi filia.* Direkt voran geht diesem Eintrag die Bestätigung der Brüder Goswin und Bertram Klingenberg, dass sie Drughe 210 Mark schulden.

1388 S. zu Johan Drughe junior S.283f.

1389 Anscheinend war ein Teil des Geldes in Anleihen der Stadt Lübeck angelegt.

1390 Da Holk kein Bestätigungsschreiben aus Köln vorlegen konnte, musste er eidlich bestätigen, dass keine weiteren Forderungen erhoben würden: *Et quia dominus Jacobus Holk predictus non habuit super hoc literas respectivales, ideo pro se et suis heredibus fideiussit, quod ulterior monicio huius pecunie causa non sequetur.* Vgl. SIMON, Niederstadtbuch, S.807,4 (1392 Brixii).

1391 Die Aussage wurde dann von Thideman Tymmermann vor dem Rat bestätigt: *Dictus eciam Thidemannus Tymmerman postmodum presens libro recongnovit oretenus in propria persona, quod premissa vera sunt, ut est prescriptum.* Vgl. SIMON, Niederstadtbuch, S.778,5 (1391 Viti).

1392 Der ältere Hinrik Bernsterd war bald nach dem März 1376 verstorben, s. KOPPE-KOPPE, Frankfurthändler, S.180

1393 Johan Wulf und Borchard van Hildensem hatten für den Pernauer Bürger Johan Dinslaken vom *domino* Hinrik Bernsterd 36 Mark erhalten, vgl. SIMON, Niederstadtbuch, S.687,4 (1389 Mathie).

1394 Vgl. SIMON, Niederstadtbuch, S.939,4 (1396 Octav Corporis Christi): *Notandum, quod dominus Conradus van Hurle consul in Pernowe coram consilio et apud hunc librum recognovit, quod*

5.4 Goswin Klingenberg

Wie wir schon sahen, war Goswin Klingenberg eng mit Jakob Holk verbunden. Dieser setzte ihn 1399 als Provisor in seinem Testament ein.[1396] Gemeinsam mit Holk nahm Klingenberg an den Verhandlungen in Stade teil und mehrfach an Tagen in Lübeck. Schon Goswins Vater Wedekin Klingenberg saß von 1344 bis 1350 im Lübecker Rat. Goswins Großmutter war eine Tochter des Ratsherrn Wedekin van Revele (1301-1309). Deren Schwester war mit dem Ratsherrn Hermann Warendorp (1309-1333) verheiratet.[1397] Ein Cousin des Wedekin Klingenberg war der Ratsherr Wedekin Warendorp (1343-1350), dessen Bruder Hinrik Bischof von Schleswig wurde. Verheiratet war Wedekin Warendorp mit Alheyd, einer Tochter des Segebodo Crispin, des Vaters des gleichnamigen Ratsherrn.[1398]

Goswin Klingenberg wurde 1382 in den Rat kooptiert und stieg spätestens 1397 zum Bürgermeister auf.[1399] Mit dem Alten Rat verließ er 1408 die Stadt und starb 1416 in Lüneburg. Ob er verwandtschaftliche Beziehungen nach Lüneburg hatte, ist bisher nicht zu erkennen. Allerdings hatte er geschäftliche Verbindungen dorthin, denn er wird in den 80er Jahren mit Gerd van Attendorn und Thomas Morkerke als Treuhänder für die großen Investitionen des Johan Niebur in der Lüneburger Saline genannt.[1400] Ebenso verkaufte er 1402 dem Lüneburger Ratsherrn Ludolf Töbing einen Weg - eine Solenleitung - auf der Sülze.[1401] Mit Töbing traf er wieder am 22. April 1403 beim Hansetag in Lübeck zusammen. Weiterhin hatte Klingenberg 1389 gemeinsam mit seinem Bruder Bertram eine Handelsgesellschaft mit dem Lüneburger Hartwich Beve. In diesem Jahr zahlten sie Vromold Warendorp 434 Mark zurück.[1402] Hartwich Beve gehörte einer Lüneburger Ratsfamilie an und saß seit 1391 selbst im dortigen Rat.[1403] Hartwichs Onkel Albert Beve lebte einige Zeit in Lübeck und zog dann nach Lüneburg zurück.[1404] Klingenberg hatte ein besonderes Vertrauensverhältnis zu Hinrik Constin.

Constins Schwester war, wie wir schon gesehen haben, mit einem Arnold Lange verheiratet, dessen *avunculus* der Teilnehmer des Tages vom Juni 1379, Johan Lange, war.[1405] Hinrik Constin setzte Klingenberg 1386 in seinem Testament als Vollstrecker

---

Borchardus van Hyldensem, Wyllekinus van Staden, Tydekinus Tymmerman et Johannes Brandenborch testamentarii Johannis Wulues fratris eiusdem domini Conradi sibi sufficientem de omnibus bonis per mortem eiusdem Johannis relictis fecissent computacionem ...

1395 Sie ist eingeschränkt auf den Zeitraum, der durch Travelmanns Delegiertentätigkeit vorgegeben ist. S. im Anhang Delegierten-Netzwerk 19: Gottfried Travelmann.

1396 S. LUTTERBECK, Rat, S.281.

1397 S. LUTTERBECK, Rat, S.350.

1398 S. LUTTERBECK, Rat, S.425.

1399 S. LUTTERBECK, Rat, S.227f.

1400 S. FRANKE, Geldgeber, S.53f.

1401 Vgl. LÜNEB UB Nr.1532 (10. März 1402).

1402 Vgl. SIMON, Niederstadtbuch, S.713,7.

1403 S. VON WITZENDORFF, Stammtafeln, S.11.

1404 Hartwichs Mutter Margaret van der Möhlen war eine Schwägerin des Ratsherrn Johan Viskule. S. VON WITZENDORFF, Stammtafeln, S.80.

1405 S. S.45.

ein.[1406] Constin gehörte seit 1368 zum Lübecker Rat und war 1381 auf dem Lübecker Hansetag. Er verhandelte auch 1385 im Auftrag des Rates in Dorpat.[1407] Constins Schwiegervater war Johan Meteler, der seit 1358 im Rat saß. Meteler nahm am Hansetag zu Johannis Baptista 1368 in Lübeck teil. Sein Sohn Hinrik Meteler amtierte als Ratsherr von 1384 bis 1433. In erster Ehe war er mit Elisabeth, einer Tochter Bruns (II.) Warendorp, in zweiter mit der Witwe des Gerd Odeslo und in dritter mit Telseke van Wickede verheiratet.[1408]

Mehrfach ist Klingenberg in geschäftlichen Transaktionen mit Hinrik Luchow zu sehen. Hinrik Luchow hatte mit seinem Bruder, dem Ratsherrn Amelius Luchow (1389-1402), eine Handelsgesellschaft. Hinrik Luchow und Hinrik Hamma schuldeten 1373 Klingenberg *coniuncta manu* 220 Mark.[1409] Hinrik Luchows Frau Margarete, die vor Oktober 1376 verstarb, war eine Schwester des Flandernfahrers Radeke Spegheler, der auch im Baltikumhandel engagiert war.[1410] Aus einer Notiz des Niederstadtbuchs zu Margaretes Erbe geht hervor, dass eine weitere Schwester Speghelers mit dem Revaler Bürger Johan Caporie verheiratet war.[1411] Johans Bruder Hinrik Caporie saß im Revaler Rat. Johan Caporie war in einer weiteren Ehe mit einer Schwester des Revaler Ratsherrn Johan Vashold verheiratet, der von 1386 bis 1407 amtierte.[1412]

Klingenberg stand in finanziellen Beziehungen zum Erzbischof Fromold von Vyfhusen, für dessen Schulden von 500 Mark Rigisch bei Hinrik Brunswik er 1378 bürgte.[1413] Klingenberg ist auch in geschäftlichen Kontakten mit Albert Morkerke, dem Bruder des Ratsherrn Thomas Morkerke, zu finden.[1414] Die Verbindung zu den Morkerke war nicht nur geschäftlicher Natur, sondern beruhte auf angeheirateter Verwandtschaft. Albert Morkerke hatte die Witwe des Ratsherrn Johan Klingenberg (1368-1371) geheiratet.[1415]

Bei Thideman Drughe,[1416] einem Schwiegersohn des Ratsherrn Gottfried Travelmann, hatten Goswin Klingenberg und sein Bruder Bertram im August 1390 die beträchtlichen Schulden von 424 Mark.[1417] Ebenso stand Goswin Klingenberg geschäftlich mit dem Kieler Ratsherrn Johan Reklinghusen in Verbindung.

1406 S. LUTTERBECK, Rat, S.236.

1407 S. LUTTERBECK, Rat, S.235.

1408 S. LUTTERBECK, Rat, S.298.

1409 Vgl. SIMON, Niederstadtbuch, S.218,5 (1373 Cena Domini).

1410 S. ASMUSSEN, Flandernfahrer, S.735ff.

1411 Vgl. SIMON, Niederstadtbuch, S.343,2 (1376).

1412 S. DERRIK, Tafelgilde, S.217f.

1413 Vgl. SIMON, Niederstadtbuch, S.403,7

1414 So bürgt er beispielsweise *coniuncta manu* im Oktober 1382 für dessen Schulden von 100 Mark, vgl. SIMON, Niederstadtbuch, S.500,2. Schon im April 1380 hatte er gemeinsam mit Albert Morkerke und Wennemar van Essen für eine Schuld von 107 Mark des Martin van Snakenbeke, *advocatus,* gebürgt, vgl. SIMON, Niederstadtbuch, S.427,3 (1380 Misericordia).

1415 Albert Morkerke bestätigte im März 1384, dass alle Auseinandersetzungen mit dem verstorbenen Conrad van Urden beigelegt seien. Der Streit ging um das Erbe des Christian Klingenberg, Sohn der Margarete und Stiefsohn Alberts, vgl. SIMON, Niederstadtbuch, S.540,2 (1384 Oculi).

1416 Mit Thideman Drughe stand auch Albert Morkerkes gleichnamiger Sohn 1428 in Geschäftskontakten, vgl. LÜB UB 7, Nr.144.

1417 Vgl. SIMON, Niederstadtbuch, S.748,4 (1390 Magni).

Dieser hatte ihm und seinem Bruder Bertram im November 1374 geschuldete 110 Mark bezahlt.[1418] Über seine Tätigkeit im Flandernhandel hinaus ist Klingenbergs besonderes Interesse am Handel mit Schonen festzuhalten. Im Dezember 1397 wurde in das Lübecker Niederstadtbuch eingetragen, dass Goswin Klingenberg in Falsterbo die Hälfte einer Wandschneiderbude, nämlich die *secunda boda a castro*, und zwei Schuhmacherbuden von Berthold Plote gekauft hatte.[1419]

Netz 65: Goswin Klingenberg

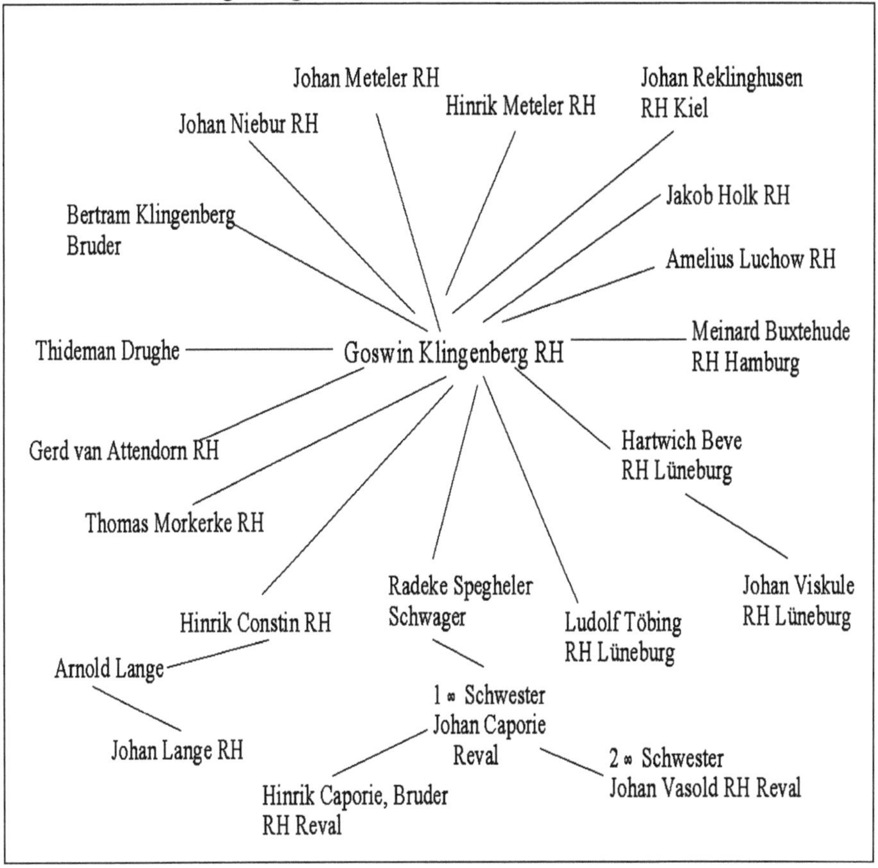

1418 Für den Kieler Ratsherrn hatte Hermann Petronelle gebürgt, vgl. SIMON, Niederstadtbuch, S.271,1 (1374 Elizabeth).

1419 Vgl. SIMON, Niederstadtbuch, S.997,5,6 (1397 Thomas). Plote hatte vertraute Beziehungen zu Gobelin Kloot, dem Verwandten des Dorpater Ratsherrn Johan Kloot. Von Goswin Kloot wurde Plote als Provisor eingesetzt, vgl. SIMON, Niederstadtbuch, S.524,3 (1383 Magni). 1393 bürgte er für die Schuld des Detlev van der Helle bei dem Stockholmer Bürgermeister Taan, vgl. SIMON, Niederstadtbuch, S.913,2 (1395 Ypoliti).

Aber nicht nur mit Kiel und Schonen stand er in engen Beziehungen, sondern auch mit Hamburger Ratsherren. Im Juni 1406 bestätigte vor dem Lübecker Stadtbuch Marquard Vryborch im Namen des Hamburger Bürgermeisters Meinard Buxtehude eine Schuld von 112 Mark bei Goswin Klingenberg. Diese sollte bis Ostern des folgenden Jahres zurückgezahlt werden.[1420] Buxtehude wurde 1395 Hamburger Ratsherr, saß ab 1397 auf dem Bürgermeisterstuhl und starb 1413. Er beteiligte sich an 11 Tagen zwischen 1400 und 1412.[1421]

Im Spiegel der Delegationen werden die Präsenzen der Ratsherren Hoyer und Buxtehude aus Hamburg wie diejenigen des Goswin Klingenberg und seiner Partner Jakob Holk und Morkerke deutlich.[1422] Goswin Klingenberg ist demnach mit Johan Hoyer zweimal zusammen auf einem Tag anzutreffen (12. April und 25. Juli 1398) und mit Buxtehude fünfmal.

1420 Vgl. AHL, Niederstadtbuch zu 1406 Corpus Christi: *Marquardus Friborch coram libro recognovit, se et suos heredes fideiussisse domino Goswino Clingenberch ex parte domini Meynardi Buxtehude proconsulis Hamburgensis pro centum et XII M. Pasche proxime futurum persolvendis.* Marquard Vryborch war Flandernfahrer und stand 1401 in einer Handelsgesellschaft mit Conrad Notberch und dem (künftigen) Lübecker Ratsherrn Hartwich Kopmann, s. ASMUSSEN, Flandernfahrer, S.836f.

1421 Auch mit dem Lüneburger Albert Hoyke stand Buxtehude in geschäftlichen Beziehungen. So verkaufte dieser ihm für 150 Mark einen Fuder Salz (Rente).

1422 S. Anhang: Delegierten-Netzwerk 20: Buxtehude.

6. Hermann van Ossenbrugge

Hermann van Ossenbrugge wird an sechster Stelle der Lübecker Vertreter zu Johannis Baptista 1379 genannt. Mit dem Namen wurde auf seine Herkunft aus Osnabrück hingewiesen. Schon früher vermutete man, dass er aus Osnabrück stammte, da er in seinem Testament dorthin gab.[1423] Diese Vermutungen sind nun zu erhärten. Hermanns Schwester Regula Wasmodink war 1359 mit dem Osnabrücker Münzmeister Hinrik Bante, der einem Wiedenbrücker Ratsgeschlecht entstammte, verheiratet.[1424] Also hieß wahrscheinlich auch der Lübecker Ratsherr ursprünglich in seiner Heimatregion Wasmodink.[1425] Hermann van Ossenbrugge war stark am Stockholm-Handel beteiligt, in dem ehemalige Osnabrücker in der zweiten Hälfte des 14. Jahrhunderts eine führende Stellung innehatten.[1426] Aber nicht nur in Stockholm hatte er wichtige Handelspartner. Er war der erste Ältermann der Bergenfahrer, der in den Lübecker Rat aufstieg.[1427] Diese besondere Verbindung zu den nordischen Reichen zeigt sich auch in seiner hansepolitischen Tätigkeit. Sieben Mal ist er bei Verhandlungen dort zu treffen: auf Schonen, in Bohus und Tönsberg.

Durch einen Geschäftspartner stand van Ossenbrugge mit Dortmund in Kontakt. Im September 1367 erklärte Thidekin von Dortmund, dass er alles erhalten hat, was sein Schwager Johan Kok, *socius domini Hermanni Ozenbrugghe*, seiner Frau testamentarisch vermacht hatte.[1428] Gemeinsam mit den Ratsherren Johan Perceval, Gottfried Travelmann und Hinrik van Essen trat van Ossenbrugge 1377 als Vertreter des Dorpater Bürgers Ludeke van Elten in einem Streit auf.[1429] Beziehungen van Ossenbrugges zu einem Dorpater Ratsherren, nämlich Hinrik Raceborg, gehen aus einem Eintrag vom Juli 1365 hervor.[1430] Auch mit dem Hamburger Ratsherrn Hinrik Hoyer stand er in geschäftlichen Beziehungen. Zu Pfingsten 1374 finden wir im Lübecker Niederstadtbuch die Notiz, dass er mit seinen Geschäftspartnern Ludeke van Mölln, Wessel Zeel und Berthold van Ritzerow, dem *debitor principalis*, dem Hamburger Ratsherren Hoyer und dem Giselbert Niestad etwas weniger als 526 Mark schuldet.[1431]

Verheiratet war Hermann van Ossenbrugge mit Gertrud, der Witwe des Johan Schottorp.[1432] Von seinen drei Söhnen schaffte es Hermann, in das Lübecker Domkapitel einzutreten. Von Michael ist kaum etwas zu hören, während der dritte, Ludekin, häufiger im Niederstadtbuch erwähnt wird.[1433] Ludekin van Ossenbrugge

---

1423 Vgl. BRUNS, Bergenfahrer, S.CLXXI. Zur „überragenden Stellung" Lübecks im Bergener Kontor, s. BRUNS, Bergenfahrer, S. IXff.

1424 Zu Bante vgl. CRABUS, St. Johann, S.327 mit Anm.2005.

1425 S. SCHMIDT-CZAJA, Wiedenbrück, S.172-175.

1426 S. KOPPE, Lübeck-Stockholm, S.172.

1427 S. BRUNS, Bergenfahrer, S. CXLIV.

1428 Vgl. SIMON, Niederstadtbuch, S.115,1 (1367 Nativitas Marie).

1429 Vgl. SIMON, Niederstadtbuch, S.380,8 (1377 Mathei).

1430 Vgl. SIMON, Niederstadtbuch, S.65,2 (1365 Marie Magdalene). In die Transaktion waren Johan Odbernshusen und Nicolaus van der Mohlen einbezogen.

1431 Vgl. SIMON, Niederstadtbuch, S.249,4.

1432 S. LUTTERBECK, Rat, S.322. Der Name ihres ersten Mannes deutet auch nach Westfalen.

1433 Zur Aufteilung des Erbes nach Hermanns Tod zu Johan Baptist 1393 vgl. SIMON,

war mit einer Tochter des Hinrik Schonewedder verheiratet. Schonewedder stammte aus Dortmund[1434] und war wahrscheinlich mit der gleichnamigen Dortmunder Ratsfamilie verwandt.[1435]

Netz 66: Hermann van Ossenbrugge

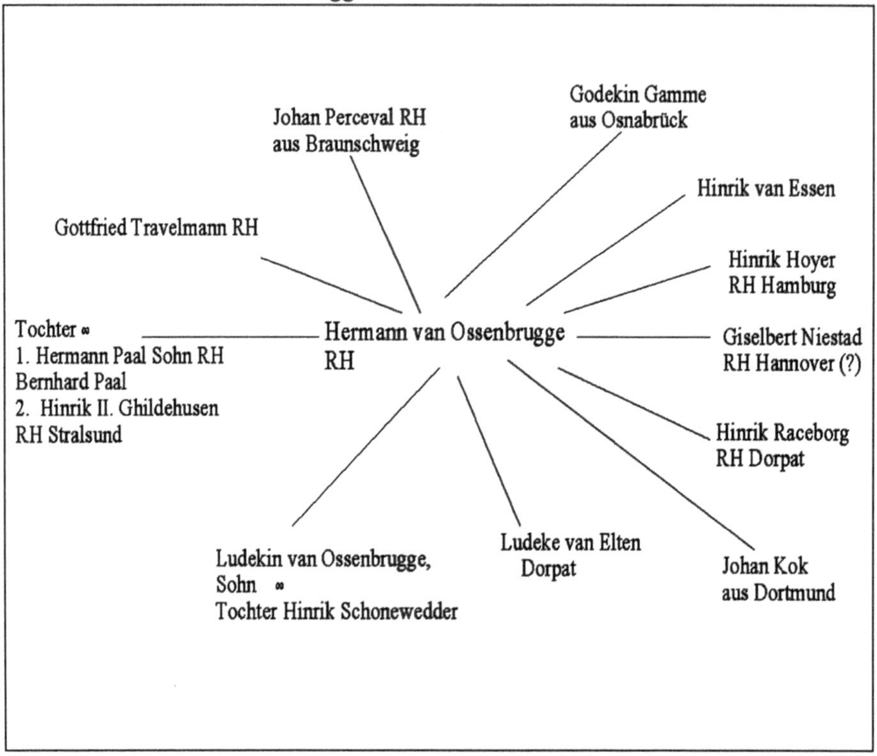

Eine Tochter van Ossenbrugges war mit Hermann Paal, dem Sohn des Ratsherrn Bernhard Paal (1349-1363) verheiratet.[1436] Bernhard Paal stammte aus Dülmen und hatte enge Beziehungen zu Dülmenern.[1437] Er war auch mit dem Flandernfahrer

---

Niederstadtbuch, S.840,1.

1434 Vgl. zu verwandten Schonewedder in Lübeck ASMUSSEN, Flandernfahrer, S.696-705.

1435 Zu den Schonewedder in Dortmund vgl. RÜBEL, Dortmunder Urkundenbuch 2, S.448; vgl. auch MEYER, Sudermanns, S.9f.

1436 Vgl. SIMON, Niederstadtbuch, S.512,4 (1383 Marci ev.): *Sciendum, quod Hermannus Paal gener domini Hermanni de Ozenbrugge presens huic libro recognovit expresse se eidem domino Hermanno in tricentis mr dn Lub rite et rationabiliter teneri et esse obligatum.*

1437 1363 löste Johan van Dulmen, Bruder des Willekin van Dulmen, vor dem Rat den Ratsherrn Bernhard Paal von aller *cura tutoriali*, die er gemeinsam mit dem verstorbenen Bruno Holt und Conrad Westfal wie Johan Volkerstorp für ihn ausgeübt hatte, vgl. SIMON, Niederstadtbuch, S.9,1 (1363 Bartholomäi).

Everhard Paal in einer Gesellschaft verbunden und wohl auch verwandt, wie aus einer Notiz zur Auszahlung eines Erbes vom September 1376 hervorgeht.[1438]

6.1 Hermann (II.) Yborg

Hermann Yborg kam aus Visby auf Gotland, wo sein gleichnamiger Vater schon Ratsherr gewesen war. Hermann (I.) Yborg hatte als Vertreter Visbys 1363 am großen Hansetag zu Johannis Baptista in Lübeck teilgenommen. Hermann (II.) Yborg zog nach Lübeck um, wurde dort 1384 Ratsherr und verließ 1408 mit dem Alten Rat die Stadt. Er starb am 20. April 1410 in Lüneburg.[1439] Hermann (II.) Yborg beteiligte sich als Vertreter Lübecks an acht Hansetagen zwischen 1400 und 1407.[1440] Durch seine Herkunft aus Visby war Yborg mit Jakob Plescow und Simon wie Gregor Swerting verwandt. Welch engen Kontakt Yborg zu Gottfried Travelmann hatte, war schon zu erwähnen.[1441] Da Yborgs Mutter Elisabeth in zweiter Ehe den Visbyer Ratsherrn Hinrik (I.) Ghildehusen heiratete, war deren Sohn, der Visbyer Ratsherr Hinrik (II.) Ghildehusen, der später auch nach Lübeck zog,[1442] sein Stiefbruder.[1443] Hinrik (II.) Ghildehusen war in zweiter Ehe mit einer Tochter Hermanns van Ossenbrugge verheiratet.[1444] Also bestanden auch zwischen Yborg und seinem Kollegen im Rat van Ossenbrugge familiäre Bindungen.[1445] Diese erleichterten van Ossenbrugge sicherlich auch den Zugang zu Yborgs Halbbruder Hinrik (II.) Ghildehusen. Ghildehusen hatte enge Beziehungen zu Stralsunder Ratsherren. Diese Beziehungen zu Stralsund waren verwandtschaftlich begründet: Sein Cousin Albert Ghildehusen war dort Bürgermeister. Wie wir schon gesehen haben, war durch die Heirat einer Tochter des Albert Ghildehusen mit Nicolaus Wulflam, dem Sohn des Bürgermeisters Bertram Wulflam in Stralsund, und andererseits seines Sohnes Tobias Ghildehusen mit einer Tochter Simon Swertings ein städteübergreifendes Netz geschaffen worden. Zu diesem Netz gehörten auch Hinrik (II.) Ghildehusen und sein Halbbruder Hermann (II.) Yborg. Mit den Yborg haben wir wiederum Mitglieder der hansischen Elite vorstellen können, die in ein weit reichendes Netz eingebunden waren und sich als Delegierte an Hansetagen beteiligten. Besonders deutlich wird die überstädtische Vertretung im Blick auf Vater und Sohn: Hermann (I.) Yborg war Ratsherr in Visby und Vertreter dieser gotländischen Stadt auf einem Hansetag. Sein Sohn Hermann (II.) Yborg war Lübecker Ratsherr und Delegierter.

1438 Vgl. SIMON, Niederstadtbuch, S.338,1 (1376 Mauricii): *Sciendum, quod Hermannus Paal presens huic libro recognovit se ab Euerhardo Paal recepisse et penitus sublevasse omnia et singula, que sibi per eum debebantur quocumque modo ex parte omnium computacionum et societatis, quam habuit cum patre suo et cum ipsomet ...*

1439 S. LUTTERBECK, Rat, S.284.

1440 Vgl. die chronologische Übersicht.

1441 S. Kap. 5.3.

1442 S. zu Johan Rave und Caesar van Lennep, den Provisoren der Kinder aus erster Ehe, S.362.

1443 S. LUTTERBECK, Rat, S.284.

1444 S. ASMUSSEN, Flandernfahrer, S.416.

1445 Der Name deutet auf Iburg bei Osnabrück hin. Wahrscheinlich stammte die Familie ursprünglich aus dieser Region. Ob es schon früher Kontakte zu der Herkunftsfamilie des Hermann van Ossenbrugge (Wasmodink) gegeben hat, bleibt zu überprüfen.

Durch seinen Halbbruder hatte Yborg schon nähere Kontakte zu den Stralsunder Ghildehusen,[1446] die ebenso auf Hansetagen anzutreffen waren. Diese wurden durch die Ehe seiner Schwägerin, einer Schwester seiner Frau Elisabeth, mit einem Ghildehusen noch verstärkt.

Netz 67: Hermann (II.) Yborg

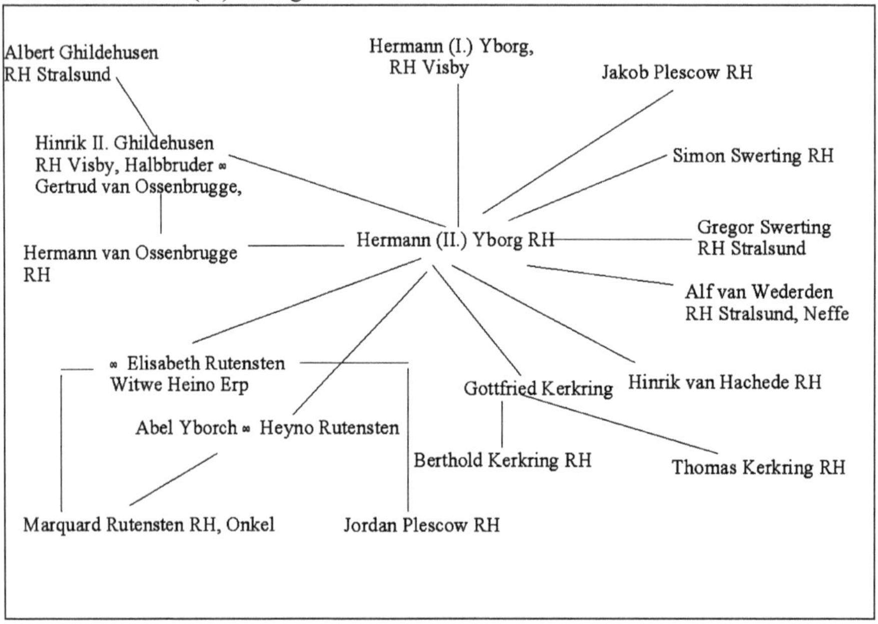

Diese Verbindungen zeigen sich auch im Testament der Elisabeth Yborg. Elisabeth Yborg war eine Tochter des Johan Rutensten. Sie war in erster Ehe mit Heyno Erp verheiratet gewesen, dem Vater des seit 1418 amtierenden Ratsherrn Albert Erp.[1447]

1446 Yborg stand in Stralsund in geschäftlichen Beziehungen mit dem Ratsherrn Hermann Elmehorst. Hinrik (II.) Ghildehusen bestätigte 1398, dass 32 Mark Sund. jährlicher Rente vom Erbe des Stralsunder Ratsherrn Hermann Elmehorst *et in bodis sibi adiacentibus sytis in cono billikenhaghen*, die ihm im Stralsunder Stadtbucher zugeschrieben sind, *veraciter ... domino Hermanno Yborch fratri suo* gehören. Weiterhin stellte er klar, dass auch die 20 Mark Sund. jährlicher Rente *in dimidietate hereditatis Magni van Alen syte in der Vrankestrate* seinem Bruder zustehen, vgl. SIMON, Niederstadtbuch, S.933,3 (1398 Misericordias Domini). Zu Elmehorst s. S.58,202,446.

1447 Im Oktober 1391 bestätigte Yborg den Provisoren des Heyno Erp, dass er *vigore testamenti ipsius Heynonis nichil desideraret* außer den 100 Mark, die seiner Frau zugesprochen waren, vgl. SIMON, Niederstadtbuch, S.790,3 (1391 Dyonisii). Anscheinend bestand eine verwandtschaftliche Beziehung zwischen dem Lübecker Heyno Erp und dem Bremer Bürger Hinrik Erp. Dieser war ein Bruder des Bernhard Crumbeen, Dekan zu St. Ansgari. Er erhob in Lübeck mehrfach im Namen einer Erbengemeinschaft Anspruch auf das Erbe des in Bergen verstorbenen Johan Steding, vgl. SIMON, Niederstadtbuch, S.208,9, S.225,7, S.226,1 und 2, S.263,1. Erp Crumbeen war *socius* des Bergenfahrers Johan Steding aus Bremen, der 1369 sein

Elisabeths Onkel Marquard Rutensten gehörte zwischen 1365 und 1367 dem Rat an.[1448] Wohl seit 1391 bestand die Ehe mit Yborg.[1449] Aus dem Testament der Elisabeth Yborg vom August 1421 können wir weitere Vertraute und Verwandte erkennen. An erster Stelle sorgte sie für angemessene Erinnerung für ihren Mann, sich selbst und ihre Eltern.[1450] Weiterhin schenkte sie an Beginen und Arme.[1451] Dem Ratsherrn Jordan Plescow vermachte sie ihren besten goldenen Ring, ihrem Enkel (*dochter sone*) Gottfried Kerkring ihr großes *handvat* und 10 Mark für *een klenode*. Ebenso erhielt Hinrik van Hachede ein Kleinod im Wert von 6 Mark wie Marquard Vinke fünf Mark zum Kauf eines solchen.[1452] Elisabeth Yborg vermachte ihrer Schwester Ghese Ghildehusen ihr großes Bett und der Ghese van Hachede ihren

---

Testament erstellte, s. BRUNS, Bergenfahrer, S.17.

1448 S. Lutterbeck, Rat, S. 534.

1449 S. ASMUSSEN, Flandernfahrer, S.667 Anm.5.

1450 Vgl. AHL, Testamente, Telse Yborges, 7. August 1421: *Item den presteren in Unser Vrowen kerken myssen holdende geve ik samentliken 38 mark pen, 3 mark ewiges geldes mede to kopende, mynen man, hern Hermanne, mi, unser beyder olderen unde unse kyndere alle yar in deme dage myner jartiid samentliken dar vore to begande mit vigilien unde selemyssen to ewigen tiiden. Ik wyl ik, dat myne vormundere kopen scholen ene mark geldes alle yar den cappelanen to Unser Leven Vrowen in ere hande to antwordende, dar vore se mynes mannes, miner unde unser kyndere tosamende denken schoen van deme predikstole in allen hochtiiden na wonheyt der kerken ewichliken. Item den prediker broderen to der Borgh unde den mynren broderen to sunte Katherinen geve ik isliker stede 5 mark, dar vore se myner denken scolen 10 yar umme van eren predikstolen. ...*

1451 EBD.: *Item den bagynen in deme Kranen convente geve ik 5 mark mang se like to delende. Item den armen kranken to dem Hilgen Geeste uppe den bedden liggende geve ik 2 mark, islikem syn deel dar van in de hande to donde. Item den elenden seken to sunte Jurien vor Lubek geve ik 3 mark, islikem syn pard in de hand to rekende. Item geve ik in godes ere 10 mark lub, graw wand unde scho mede to kopende den armen to kledinge. Item den armen luden, de in godes ere maeltide myt my hebben unde de almyssen van my holen, geve ik yewelikem 1 par scho, dat se god vor my bidden. Item wyl ik, dat myne vormundere een jar umme alle mandage baden laten 12 arme lude, en na dem bade ene gude maeltiid to ghevende umme salicheit myner selen. Item den cartuseren to der Arnesboken geve ik 5 mark to erem buwe. Item to dem buwe des cloesters to Rene geve ik 5 mark.*

1452 EBD.: *Item hern Jordane Plescowen geve ik myn beste guldene vingeren. Item Godeken Kerkringe, myner dochter sone, geve ik myn grote handvat unde 10 mark pen vor een klennode. Item Hinrike van Hacheden geve ik 1 klenode van 6 marken. Item Marquard Vinken geve ik 5 mark, een klenode mede to kopende.* Marquard Vinke stand in vertrauten Beziehungen zu dem Ratsherrn Johan Lange wie zu dessem Sohn, mit dem er 1408 eine Handelsgesellschaft hatte. Der gleichnamige Sohn des Ratsherrn wird durch seine Ehe näher bestimmt (*habens filiam domini Thome Morkerken*), vgl. AHL, Niederstadtbuch zu 1408 Conversio Pauli. Vinke wurde vom Ratsherrn Lange auch testamentarisch als Provisor eingesetz, wie aus Einträgen im Niederstadtbuch hervorgeht. Die Tutoren der *honesta domina Taleke, relicta quondam domini Johannis Langhen consulis Lub.*, nämlich Hinrik Wattenschede, Marquard Vinke, Albert Morkerke, Hinrik Holste und Johan Luneborg stimmen einem Verkauf zu, vgl. AHL, Niederstadtbuch zu 1408 Conversio Pauli, zu 1409 Dorothee und zu 1415 Remigii. Der hier auch als Provisor genannte Hinrik Wattenschede stand in vertrauten Beziehungen zu den Bonhorst und van Ghetelen. So bezeichnete er diese 1410 in einem Brief aus Danzig als seine *leven vrunde*, vgl. HUB 5, Nr.950 (25. Mai 1410). Wattenschede wurde 1406 vom Flandernfahrer Johan Luneborg zum Testamentsvollstrecker bestimmt, s. ASMUSSEN, Flandernfahrer, S.508.

schwarzen Hoyken mit Hermelinfutter. Gertrud Yborg, Nonne auf Gotland, sollte drei Mark erhalten.[1453] Auch an weitere Damen aus den Familien Ghildehusen und Hachede, die Nonnen in Lüneburg und Zerrentin waren, gingen Gaben.[1454]

Weiterhin sollte *her* Johan Luchow, wohl ein Sohn des Ratsherrn Amelius Luchow, eine silberne Schale bekommen und Herr Hartwig, ihr *om*, eine Mark.[1455] Zu Vormündern bestimmte sie den Ratsherrn Jordan Plescow und die Bürger Hinrik van Hachede, Marquard Vinke[1456] wie ihren Bruder Heyno Rutensten.[1457] Elisabeths Vater Johan Rutensten war mit Alheyd, einer Tochter des Johan van Hachede, verheiratet gewesen.[1458] Elisabeths Bruder Heyno Rutensten, der 1406 starb, war mit Abel, einer Tochter des Ratsherrn Hermann (I.) Yborg verheiratet.[1459] Somit sind die Beziehungen zu den Hachede, die auch im Testament angesprochen werden, zu erklären. Bei dem hier genannten Hinrik van Hachede handelt es sich um den Sohn des gleichnamigen Ratsherrn, der 1382 in den Rat gewählt wurde und im November 1403 verstarb. Ratsherr Hinrik van Hachede, ein entfernter Verwandter, nahm seit 1399 gemeinsam mit Hermann (II.) Yborg an vier Hansetagen teil.[1460]

Der im Testament bedachte Gottfried Kerkring, Enkel der Elisabeth Yborg, ist selbst nicht in den Rat aufgestiegen. Er war wohl ein Neffe des Ratsherrn Berthold Kerkring.[1461] Gottfried Kerkring ist in geschäftlichen Beziehungen mit Thomas, dem

---

1453 Vgl. AHL, Testamente, Telse Yborges, 7. August 1421: *Item Ghesen Gyldehusen, myner suster, geve ik myn grote bedde myt deme hovetpole. Item Ghesen van Hacheden gheve ik mynen swarten hoyken myt deme hermelen vodere. Item Gertrude Yborges, clostervrowen to Godlande geve ik 3 mark.*

1454 Ebd: *Item Telse Gyldehusen to Lune geve ik 2 mark. Item vor Telsen Langen, cloestervrowen to Rene, geve ik 1 sulverne schalen, unde Anneken Gyldehusen darsulves geve ik 2 mark. Item Telseken van Hacheden to Tzerntiin unde Heyken Kropeliins hiir to sunte Johanse geve ik isliker 2 mark.*

1455 Ebd: *Item hern Johanne Luchowen geve ik ene sulverne schalen, unde hern Hartwige, mynem ome, geve ik 1 mark lub.*

1456 Marquard Vinke war Mitglied der Zirkel-Gesellschaft, vgl. Simon, Niederstadtbuch, S. 1051,3 (1399 Barnabas). Er hatte besonders enge Beziehungen zu Diderik van Hachede, mit dem er eine Handelsgesellschaft führte, wie aus seinem Testament hervorgeht: *Item wes ik van Diderikes van Hacheden weghene upgheboret hebbe van syner rente unde wedder van syner weghene utegheven unde entrichtet hebbe, dat vind men in mynem rekenboke enkede unde warliken bescreven, dar mach men sik na richten. Unde boven de rekenschop byn ik nemende anders schuldich, dat neme ik up myne sele ...* Vgl. AHL, Testamente, Marquard Vinke, 4. August 1431. Geschäftlich war er auch mit den Brüdern van Helle verbunden, die sowohl im März 1392 wie auch im August 1395 jeweils 200 Mark Schulden bei ihm hatten, vgl. Simon, Niederstadtbuch, S.802,2 und S.913,1.

1457 Vgl. AHL, Testamente, Telse Yborges, 7. August 1421: *Mine vormundere keyse ik hern Jordane Plesccowen, Hinrike van Hacheden, Marquarde Vinken unde Heynen, mynen broder. Alle vorescreven stucke wyl ik stede unde vast holden, bet ik se wytliken wedderrope.*

1458 Ebd. Vgl. auch AHL, Niederstadtbuch zu 1405 Judica: 5) *Heyno Rutensteen filius Johannis Rutensteen coram hoc libro dimisit penitus quitum et solutum ab omni alia monicione dominum Heynonem de Hachede et suos heredes ...*

1459 S. Asmussen, Flandernfahrer, S.667, Anm.5.

1460 Vgl. die chronologische Übersicht.

1461 1386 erkannten in einer Notiz die Provisoren des Jakob Plescow an, dass die 28 Mark Rente, die Jakob im Haus des Bürgermeisters Bertram Wulflam, das seinem Wohnhaus direkt benachbart ist, Gottfried Kerkring übertragen worden waren. Verwiesen wird auf den Eintrag in *registro*

Sohn des Ratsherrn Berthold Kerkring, in Stralsund nachzuweisen.[1462] Gottfried Kerkring erbte 1441 das Wohnhaus der Elisabeth Yborg in der Johannisstraße zu Lübeck, das sie sich 1424 gekauft hatte.[1463]

Der Neffe des Berthold Kerkring, der Sohn seines Bruders Gottfried, Thomas Kerkring, wurde 1428 zum Ratsherrn gewählt und verstarb 1451.[1464] Er nahm einmal im März 1441 an einem Hansetag in Lübeck teil. Dort traf er auf seinen Verwandten Klaus Kerkring aus Münster.

6.2 Hinrik Westhof

Der seit 1372 amtierende Ratsherr Hinrik Westhof verließ 1408 mit dem Alten Rat die Stadt. Bis zu diesem Zeitpunkt war dieser Flandern- und Schonenfahrer, der aus Lübeck stammte und 1392 Bürgermeister wurde, recht häufig auf hansischen Versammlungen zu finden: Zwischen 1388 und 1407 allein zwanzig Mal in Lübeck, 1385 in Stralsund, 1391 in Hamburg und 1403 in Wismar. Er nahm 1384 an Verhandlungen in Falsterbo, öfter in Skanör, Helsingborg und schließlich 1405 in Amsterdam und Den Haag teil. Gemeinsam mit dem Stralsunder Ratsherrn Gregor Swerting wurde er auf dem Tag zu Johannis Baptista 1385 in Stralsund beauftragt, König Olav von Dänemark in Helsingborg die Schonenschen Schlösser zu übergeben.[1465] Zusammen mit dem Hamburger Bürgermeister Johan Hoyer reiste Westhof 1393 nach Flandern, um eine verabredete Sühne in Empfang zu nehmen. Dann sollte der Stapel wieder von Dordrecht nach Brügge zurückverlegt werden. Westhof starb 1415 vor der Rückkehr des Alten Rates nach Lübeck.

Verheiratet war Westhof mit Gertrud, einer Tochter des Lübecker Bürgers Lambert Reygher. Deren Bruder Goswin Reygher gehörte wie auch Westhof selbst und sein wohl nach dem Schwager benannter Sohn Goswin der Zirkelgesellschaft an.[1466] Die Einträge im Niederstadtbuch, in denen Westhof genannt wird, beziehen sich zumeist auf Streitschlichtungen, die er mit anderen Ratsherren im Auftrag des

---

civitatis Zundensis und die *litera aperta*, die Berthold Kerkring hatte. Gleichzeitig wurde auf den gemeinsamen Besitz Jakob Plescows und Berthold Kerkrings von 40 Mark Sundisch im Haus des Teterow in Stralsund hingewiesen. Vgl. SIMON, Niederstadtbuch, S.606,1 (1386 Felicis). Johan Teterow wurde auch im Juli 1368 als Schuldner erwähnt. Für die 250 Mark, die Johan Crispin dem Simon Swartecop schuldete, erklärte er sich zum Hauptschuldner: *Johannes Teterow civis Zundensis ... recognovit se esse principalem debitorem*, vgl. SIMON, Niederstadtbuch, S.133,2 (1368 Margarete).

1462 Vgl. AHL, Niederstadtbuch zu 1434 Odalrici: Thomas Kerkrink, *filius domini Bertoldi Kerkring*, verkaufte an Gottfried Kerkring eine Rente von 56 Mark. Sund. in Stralsund. Hierauf bezieht sich anscheinend auch die Notiz vom September 1447, welche den Nachweis über den Besitz des Gottfrid Kerkring aus einer Transaktion mit dem Stralsunder Ratsherrn Albert Junghe führt, vgl. SCHROEDER, Liber V, Nr.281.

1463 S. ASMUSSEN, Flandernfahrer, S.419.

1464 Vgl. zu Gottfrieds Gaben an seinen Sohn SCHROEDER, Liber II, Nr.90 (1413).

1465 Vgl. HR 1,2 S.345, Nr.293.

1466 S. DÜNNEBEIL, Zirkelgesellschaft, S.215, S.217ff. In seinem Testament von 1406 verweist Westhof auf eine testamentarische Gabe des schon verstorbenen Goswin an seine Schwester: *Item Ghertrud uxor mea dilecta habebit illos triginta marcarum redditus quos Gosswinus frater eius pie memorie eidem in suo testamenteo legavit ...*

Rates vornahm.[1467] Seine persönlichen und geschäftlichen Beziehungen werden hieraus nicht besonders deutlich. 1384 bürgte Johan Niebur für ihn beim Kauf einer Rente für 120 Mark in der Lüneburger Saline.[1468] Gemeinsam mit Johan Niebur und den Hamburger Bürgermeistern Kersten Miles und Johan Hoyer vermittelte Westhof 1396 in Streitigkeiten um einen Sülzhilfevertrag in Lüneburg. 1401 wurde schließlich unter seiner Mitwirkung wie der von Hermann Dartzow und Rainer van Calven eine wirksame Hilfe beschlossen.[1469] Mit Albert van der Brugge und Werner Hoop übergab Westhof einem Gesandten der päpstlichen Kurie im Auftrag des Bischofs von Roskilde 422 fränkische Kronen und 400 Mark.[1470] Mit Thomas Morkerke war Westhof 1385 Vorsteher der Aegidienkirche.[1471] Westhof wurde 1378 von Wennemar Berkhoff als Provisor bestimmt, 1383 vom Lübecker Ratssekretär Johan Vritze, 1383 von Gerhard Westhof und 1384, 1386 und 1389 von Bernhard Vrowdenrik.[1472] Aus Westhofs eigenen Testamenten ist sein besonderes Vertrauen zu Tymmo vamme Kyle zu erkennen, der seinerseits in engen geschäftlichen Kontakten zu führenden Kaufleuten und späteren Mitgliedern des Neuen Rates stand.[1473] In seinem letzten Testament vom Juni 1406 setzte Westhof seine Söhne, Thideman van Alen, den Bruder des Ratsherrn Conrad, und Johan vamme Sode als Vollstecker ein.[1474]

Der im Testament genannte Thideman van Alen war mit führenden Kaufleuten und Ratsherren wie Vorste und Johan Plescow geschäftlich eng verbunden. Sein Vater war Ratsherr Holt van Alen, der von 1356 bis 1367 amtierte.[1475] Holt van Alen war mit Gertrud, einer Tochter des Conrad Westfal, verheiratet. Westfal stand in engem, auch verwandtschaftlichen Kontakt mit den Schonewedder, die mit Hermann van Ossenbrugge durch eine Heirat verbunden waren. Verwandt war Holt van Alen mit den Ratsherren Bernhard Coesfeld und Bernhard Oldenborg, die er auch neben Hinrik Westhof als Provisoren in seinem Testament von 1363 als Vollstrecker

1467 So auch eine Notiz zu Sophie 1403, in der Bezug genommen wird auf eine *littera* vom *domino Hinrico Westhof et Jacobo Jerchow tunc advocato Lub. in Valsterbode sigillata*. In diesem Brief an den Revaler Rat wird von den Brüdern Johan und Heyno van Hachede das Erbe ihres vor Bornholm ertrunkenen Bruders Reynard van Hachede eingefordert, das sich bei *dominum Arnoldum Sassenberge coconsulare* in Reval befindet, vgl. AHL, Niederstadtbuch.

1468 S. FRANKE, Geldgeber, S.48, S.99.

1469 S. FRANKE, Geldgeber, S.58.

1470 Vgl. LÜB UB 5, Nr.131 (30.7.1405).

1471 1395 Vorsteher von St.Petri und 1399 war er Provisor des Heilig-Geist-Spitals, s. ASMUSSEN, Flandernfahrer, S.861.

1472 S. ASMUSSEN, Flandernfahrer, S.863.

1473 Er setzte Tymmo vamme Kyle sowohl in seinen Testamenten von 1367 wie auch von 1383 als Provisor ein, s. ASMUSSEN, Flandernfahrer, S.862.

1474 Vgl. AHL, Testamente, Hinricus Westhof, 15. Juni 1406: *Provisores meos eligo dominum Hinricum filium meum dilectum, Tidemanum de Alen, Johannem de Zode, Johannem et Gosswinum Westhoff filios meos ...* Der an erster Stelle genannte Hinrik (II.) war Priester, für den Hinrik schon - wie er betonte - genug bezahlt hatte: *Item pro domino Hinrico Westhof canonico filio meo multa exposui.* Er hinterließ ihm noch 200 Mark und Geschmeide und hoffte, dass er ein Kanonikat erwerben möchte: *Si deus disposuerit quod unam curiam canonicalem oportebit eum de jure ad inhabitandum acceptare, ultra ista sibi do duas pateras argenteas et quattuor coclearia argentea et meum optimum cingulum argenteum ...*

1475 S. LUTTERBECK, Rat, S.186.

benannte.[1476] Thidemans Bruder, der Ratsherr Conrad van Alen (1387-1408), trat nicht als Sendbote auf, befehligte aber 1404 die lübischen Schiffe vor Jütland.[1477]

Hinriks Sohn Johan Westhof setzte in seinem Testament von 1400 seinen Vater, Hermann (II.) Yborg und wiederum Johan vamme Sode, als Vollstrecker ein.[1478] Daraus können wir auf eine engere Beziehung auch zwischen Hinrik Westhof und Yborg schließen. Ob der hier genannte Johan vamme Sode, der sowohl von Hinrik Westhof wie seinem Sohn als Provisor benannt wurde, mit Hermann, dem ersten Schwiegersohn des Simon Swerting, verwandt war, ist zur Zeit nicht zu klären.

Netz 68: Hinrik Westhof

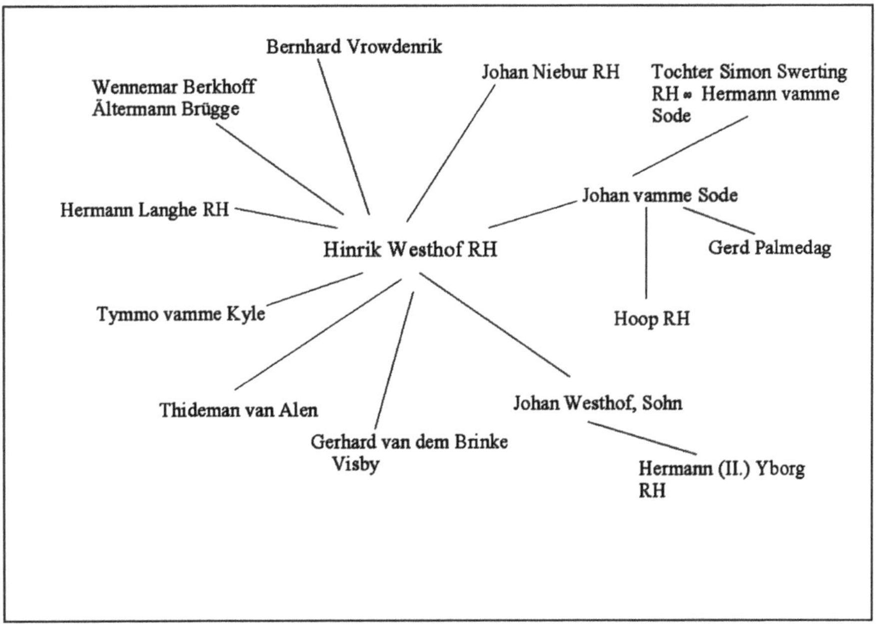

Vamme Sode stand 1399 in finanziellen Beziehungen mit Gerd Palmedag.[1479] Im Mai 1407 sollte Werner Hoop die Schuld von 500 Mark, die er bei König Albrecht von Schweden hatte, an Johan vamme Sode, den Kanzler Johan van Bentlage, Hermann Westfal und Rolf van Kutteskruch zurückzahlen.[1480] Johans Bruder Hinrik vamme Sode benannte in seinem Testament vom April 1415 diesen, den Ratsherrn Hinrik Kröpelin, Brand Hoyman, Albert Morkerke und Gottschalk van Attendorn als Provisoren.[1481] Er sprach auch in einem früheren Testament eine Verwandtschaft zu

1476 S. LUTTERBECK, Rat, S.186.

1477 S. LUTTERBECK, Rat, S.181.

1478 Vgl. AHL, Testamente, Johannes Westhof, 19. Februar 1400: *Mine vormundere kese ik hern Hinrik Westhoff, minen vader, hern Hermen Yborch unde Johanne vamme Sode.*

1479 Vgl. SIMON, Niederstadtbuch, S.1044,3 (1399 Quasimodogeniti).

1480 Vgl. LÜB UB 5, Nr.168.

1481 Vgl. AHL, Testamente, Hinric vamme Zode, 14. April 1415: *Mine vormundere kese ik hern*

den van Attendorn an. Er war mit einer Tochter des Ratsherrn Gerd van Attendorn verheiratet.[1482]

Johan Westhof, Hinriks Sohn, blieb während der Zeit des Exils des Alten Rates in Lübeck und ist mehrfach mit Mitgliedern des Neuen Rates und deren Gesellschaften zu sehen.[1483] Er hatte auch engere Geschäftsbeziehungen nach Visby. 1399 schuldete er den Töchtern des verstorbenen Visbyer Bürgers Hinrik Vos 400 Mark, die Gerhard van dem Brinke, *civis in Wisbu*, in deren Namen einnehmen sollte.[1484] Johan Westhof war mit Mechthild Molenstrate, der Witwe des Hermann Dartzow, verheiratet. Ihre Tochter Gertrud wurde dem Thomas Kerkring in eine Ehe gegeben. Kerkring wurde 1428 in den Rat kooptiert.[1485]

Hinrike Kropelyne, Johanne vamme Sode, mynen broder, Brande Hoyeman, Alberte Morekerke unde Gosschalke van Atendorn ... Es handelt sich um den Sohn des Ratsherrn Gerd van Attendorn.

1482 Vgl. AHL, Testamente, Hinrik vamme Sode, 13. Mai 1406: *Mine vormundere kese ik Johan vamme Sode, minen broder, Bertolde van Zegeberge, Godschalke van Atendorn, Gherde van Atendorn, mines wives broder, Hasse Scope unde Hinrik Starken, myne ome* ...

1483 Gemeinsam mit Tymmo vamme Kyle trat er 1408 auf, vgl. AHL, Niederstadtbuch zu 1408 Nativitas Christi; mit Gottschalk van Attendorn junior hatte er 1409 Schulden beim Ratsherrn Borchard van Hildensem, vgl. AHL, Niederstadtbuch zu1409 Misericordias.

1484 Vgl. SIMON, Niederstadtbuch, S.1048,4 (1399 Ascensio Domini).

1485 S. Fehling, Ratslinie, S.71.

7. Johan Lange

Zu seinem Ratskollegen Hermann van Ossenbrugge hatte Johan Lange ein besonderes Vertrauensverhältnis, denn er setzte ihn in seinen Testamenten zum Vollstrecker ein.[1486] Wahrscheinlich kam auch Johan Lange wie van Ossenbrugge aus Osnabrück. Johan Lange wird in Lübeck allerdings nicht durch seinen Herkunftsort sondern durch den Hinweis auf seinen Wohnsitz näher gekennzeichnet: aus der Mengstraße. So war er von weiteren Trägern dieses Namens im derzeitigen Lübeck zu unterscheiden.[1487] Lange wurde 1368 in den Rat gewählt und starb 1385. Seit seinem Ratseintritt war er auf insgesamt zwölf Hansetagen anzutreffen. Schon im ersten Jahr seiner Ratszugehörigkeit reiste er nach Rostock. 1371 und 1374 war er in Stralsund bei den Beratungen zugegen, wie auch 1378 und 1382. 1381 nahm er an den Verhandlungen in Schonen teil. Zu Schonen hatte er engere Beziehungen, denn er war der Erbe eines gleichnamigen *advocatus Scaniensis*.[1488] Anscheinend hatte er auch Kontakte in Braunsberg in Preußen. 1369 beendete Lange mit Hinrik Constin einen Streit des Sohnes des dortigen Ratsherrn Ditmar van der Lippe mit seiner Mutter.[1489] 1368 wie auch 1377/1378 war Lange mit der Einnahme des Pfundzolls betraut. In Lübeck saß er auf der Bank der Hanseherren in den Jahren 1375, 1377, 1379, 1381 und 1382. Nach 1382 wird er bis zu seinem Tode - vier Jahre später - nicht mehr auf Tagen genannt. Verheiratet war Lange mit Elisabeth, einer Tochter des Stockholmer Bürgers Johan Tasche.[1490] Tasche stand in den 1380er Jahren in Geschäftsbeziehungen mit Gerhard Basthorst und Johan Howeschild in Lübeck.[1491] Wahrscheinlich war der Lübecker Howeschild mit der bekannten Brügger Familie dieses Namens verwandt.[1492]

1486 S. LUTTERBECK, Rat, S.291.

1487 S. zu den unterschiedlichen Personen mit dem Namen Johan Lange im Lübeck des 14. Jahrhunderts KOPPE-KOPPE, Frankfurthändler, S.80 mit Anm.265. Der Name Johan Lange taucht mehrfach im Lübecker Niederstadtbuch des 14. Jahrhunderts mit dem Zusatz *dominus* auf. Einmal ist damit ein Priester gemeint und zum anderen unser Ratsherr und Delegierter. Der Priester Johan Lange und sein Bruder Hinrik sind Söhne des Johan Lange, der immer mit dem Zusatz *in platea Brunonis* genannt wird, vgl. SIMON, Niederstadtbuch, Register.

1488 S. LUTTERBECK, Rat, S.291.

1489 Vgl. SIMON, Niederstadtbuch, S.151,1 (1369 Viti).

1490 S. KOPPE-KOPPE, Frankfurthändler, S.80.

1491 Vgl. SIMON, Niederstadtbuch, S.517,1 (1383 Bonifacii). Gerd Basthorst war Stockholmhändler und ein Bruder des Flandernfahrers Johan Basthorst, s. ASMUSSEN, Flandernfahrer, S.84.

1492 Johan Howeschild war mit Hinrik Howeschild verwandt, vgl. SIMON, Niederstadtbuch, S.517,1. Hinrik Howeschild wurde im Dezember 1387 von Jakob Kalf *de Swecia*, der auf Pilgereise gehen wollte (*intendebat peregrinari ad Terram Sanctam*), gemeinsam mit den Brüdern Johan und Hinrik Gherwer, Hinrik Wenkesterne und Hildebrand van Areboghen als Prokurator eingesetzt, vgl. SIMON, Niederstadtbuch, S.642,3 (1387 Concepcio Marie). Wenkesterne ist häufig als Gläubiger im Niederstadtbuch aufgeführt. Zumeist scheinen seine Schuldner nicht den führenden Kaufleuten anzugehören. Aber er lieh auch bekannten Kaufleuten Geld. 1373 schuldeten ihm Ludeke van Molne und Hermann van Ossenbrugge 100 Mark, vgl. SIMON, Niederstadtbuch, S.215,3 (Invocavit). 1375 schuldeten ihm Hermann Peternelle und sein Schwiegersohn Johan Schipman 119 Mark, vgl. SIMON, Niederstadtbuch, S.295,5 (Corporis Christi). 1385 schuldeten ihm Peter van Alen und der Englandfahrer Hermann van Dulmen 62 1/2 Mark, vgl. SIMON, Niederstadtbuch, S.590,2 (Kyliani) und JENKS, England, S.883. 1387 hatte Wenkesterne dem Nicolaus Krukow 200 Mark geliehen, vgl. SIMON, Niederstadtbuch, S.620,5 (Oculi). 1394 schuldeten

Langes Sohn Marquard stand mit Everhard Nienborch und Albert Lippe über längere Zeit in einer Handelsgesellschaft.[1493] Marquard Lange starb vor 1408. Seine Witwe wurde mit Nicolaus Brömse verheiratet. 1408 bezeugten Ratsherr Gerhard Hogeman, Bertram Klingenberg und Gottschalk van Attendorn, dass Brömse als Mitgift der Witwe Marquards 63 Mark Rente versprochen waren.

Der Schwiegersohn Langes, Nicolaus Brömse, stammte sicherlich aus der gleichnamigen Lüneburger Ratsfamilie.[1494] Ein Neffe des Nicolaus, Hinrik Brömse, ein Sohn seines Bruders, des Lüneburger Ratsherrn Diderik (II.) Brömse, der von 1433 bis 1460 im Rat saß, zog auch nach Lübeck. Hinrik Brömse wurde in den Lübecker Rat kooptiert und beteiligte sich am Ende des 15. Jahrhunderts an Hansetagen.[1495]

Langes Sohn Johan war mit der Tochter Taleke des Ratsherrn Thomas Morkerke verheiratet worden. Dieses geht aus einer Notiz vom November 1394 hervor, welche die Auszahlung des beträchtlichen Brautgeldes von 1100 Mark bestätigt.[1496] Langes erste Nennung im Niederstadtbuch im Oktober 1373 weist auf eine Verbindung nach Westfalen hin. Es ging um eine Rente in Wismar, die der Ratsherr Hunold Boekenforde aus Geseke mit einem „Toversichtsbrief“ (*literam pleni respectus*) seines Rates einforderte. Die entsprechenden Urkunden befanden sich bei Johan Lange, der sie als Prokurator von dem verstorbenen Bürger Gesekes Albert Beker erhalten hatte. Boe-

---

ihm Engelke Hagelsten und Eler Stange 214 Mark, vgl. SIMON, Niederstadtbuch, S.883,5 (Vincula Petri). Zum Brügger Makler Gottschalk Howeschild s. ASMUSSEN, Flandernfahrer, S.393-395.

1493 1401 schuldete Marquard Lange gemeinsam mit Everhard Nienborch und Albert Lippe dem Bernhard Tusveld 600 Mark, vgl. AHL, Niederstadtbuch zu 1401 Thome. 1403 hatte er wiederum mit Albert Lippe Schulden bei Hermann Lammeshoved. In demselben Jahr waren sie auch bei Hinrik Ghise verschuldet, vgl. AHL, Niederstadtbuch zu 1403 Invocavit und Judica. 1403 hatten Albert Lippe und Marquard Lange auch Schulden bei Borchard van Hildensem, vgl. AHL, Niederstadtbuch zu 1403 Gordiani et Epimachi. 1404 war er in einer Handelsgesellschaft mit Albert Lippe, Hinrik Niestad und Hermann van Stiten verbunden, die bei dem Ratsherrn Goswin Klingenberg Schulden hatte, vgl. AHL, Niederstadtbuch zu 1404 Margarete. 1405 war Lange wiederum mit Albert Lippe und Hinrik Niestad bei Hermann Lammeshoved verschuldet, vgl. AHL, Niederstadtbuch zu 1405 Marcelli. 1403 wurde Marquard Lange gemeinsam mit Johan Schotte, Cord van Vloten und Tymmo vamme Kyle von Marquard Volkmerstorp als Provisor benannt, vgl. AHL, Testamente, Marquardus Volkmerstorp, 29. September 1403. Volkmerstorp bedachte in seinem Testament auch den Sohn Johan des Ratsherrn Hermann Lange: *Item gheve ik Hanse Langen, hern Hermens sone, 5 sulverne schalen unde 10 mark lub.*

1494 Vgl. AHL, Niederstadtbuch zu 1408 Quasimodogeniti. Am Ende des 14. Jahrhunderts wird in Lübeck ein Nicolaus Brömse genannt. Er war ein Sohn des Lüneburger Bürgers Luder Brömse, der 1373 als verstorben erwähnt wird im Zusammenhang mit dem Erbe seines Bruders Diderik gen. Grundlinges, vgl. SIMON, Niederstadtbuch, S.236,8 (1373 Lucie). In Lüneburg ist dessen Neffe Nicolaus Brömse als Sohn des Luder Brömse und der Alheid van der Möhlen bekannt. Sein Onkel Thideman wurde auch Grundling genannt, s. VON WITZENDORFF, Stammtafeln, S.18. Ein weiterer Nicolaus Brömse, der auch aus Lüneburg kam, wurde 1431 als Provisor von Segebodo Crispin, dem Sohn des Ratsherrn Johan, eingesetzt, vgl. AHL, Testamente, Segebodo Crispin, 19. April 1431. Dieser Nicolaus Brömse war ein Sohn des Lüneburger Ratsherrn Diderik Brömse, der 1400 verstarb, s. VON WITZENDORFF, Stammtafeln, S.19. Höchstwahrscheinlich war Nicolaus der Sohn des Lüneburger Ratsherrn und der Mann der Tochter des Lübecker Ratsherrn.

1495 Zu den Brömse s. Reg.Pos.

1496 Vgl. SIMON, Niederstadtbuch, S.893,4 (1394 Clementis).

kenforde verkaufte die Rente für 400 Mark *in auro* an Lange.[1497] Zusammen mit seinem Ratskollegen Hermann van Ossenbrugge wurde Lange an demselben Tag die Überprüfung der Auflösung einer *societas* durch zwei Brüder aus Burgsteinfurt, die im Englandhandel engagiert waren, übertragen.[1498]

Schon 1371 waren diese beiden Ratsherren als Schiedsleute bei einer Nachlasssache aus Osnabrück beteiligt gewesen.[1499] Im März 1376 erschienen auf Bitten der Witwe Gertrud des Ratsherrn Hinrik Rikbode und ihres Sohnes aus erster Ehe, Boldewin Speyghelmaker, wie ihrer Provisoren, nämlich der Ratsherren Albert Travelmann, ihres Schwiegersohnes,[1500] und des Johan Lange die Ratsherren Gottfried Travelmann und Conrad van Urden bei Hinrik Bernsterd, der krank zu Hause lag und *ad presencia consulatus venire non posset.*[1501] Sie forderten diesen auf zu erklären, ob er Forderungen an Gertrud Rikbode habe. Dieses verneinte er.[1502] Aus der Einsetzung als Testamentsvollstrecker und Vormund ist eine vertrauensvolle Beziehung Langes zum Ratsherrn Hinrik Rikbode zu erschließen.[1503] Ebenso wurde Lange 1368 und 1382 von seinem Ratskollegen Peter van Hereke als Testamentsvollstrecker eingesetzt.[1504]

Im April 1380 war Lange mit seinem Kollegen Hinrik Schonenberg (1376-1384) an der Schlichtung eines Streites zwischen Simon Swerting und Nicolaus Guldenvoet beteiligt.[1505] Der hier genannte Hinrik Schonenberg war ein Bruder des Tymmo Schonenberg, der zusammen mit Lambert von der Boeken und Marquard Mund dem Johan Lange im August 1375 für drei Prahme 218 Mark schuldete.[1506] Lange stand auch in geschäftlicher Verbindung mit Borchard von Hildensem, der später zum Neuen Rat gehörte. Dieser schuldete Langes Witwe Telse im Februar 1388 noch den Betrag von 108 Mark.[1507]

Ob Lange Kontakte nach England hatte, ist nicht sicher.[1508] In Lüneburg hatte er 1371 insgesamt den hohen Betrag von 3000 Mark in Renten angelegt.[1509] Über die

---

1497 Vgl. SIMON, Niederstadtbuch, S.232,3 (1373 Symonis et Jude). Vgl. auch MUB Nr.10489 (1373).

1498 Vgl. SIMON, Niederstadtbuch, S.232,6.

1499 Die Provisoren des Johan Lange *de Ozenbrugghe*, der Ratsherr Danquard vam See, Johan van Hachede, Johan Ossenbrugge und Hinrik van Hachede hatten einen Streit mit Peter Burow *de Imbria* um ein Viertel eines Ackers. Dieser Streit wurde von den genannten Ratsherren beigelegt. Vgl. SIMON, Niederstadtbuch, S.184,8 (Petri et Pauli).

1500 Ihre gleichnamige Tochter war mit Albert Travelmann verheiratet, s. LUTTERBECK, Rat, S.351.

1501 S. zu Bernsterds Beziehungen S. 71f.,83f.,114,145,238,317,344,395.

1502 Vgl. SIMON, Niederstadtbuch, S.324,7 (1376 Judica).

1503 Aus den bisher bekannten Testamenten ging ein besonderes Vertrauen des Hinrik Rikbode zu den Ratsherren Johan Klingenberg, Hinrik Constin und Albert Travelmann hervor, s. LUTTERBECK, Rat, S.351.

1504 S. LUTTERBECK, Rat, S.291.

1505 Vgl. SIMON, Niederstadtbuch, S.427,4 (1380 Misericordia Domini).

1506 Vgl. SIMON, Niederstadtbuch, S.300,3 (1375 Ciriaci). 1376 war diese Schuld nur zum Teil zurückbezahlt. Zu Ciriaci dieses Jahres bestätigen Lambert von der Boeken und Timmo Schoenebergh, dass sie *coniuncta manu domino Johanni Langhen 118 M. dn in festo Pasche proxime futuro* zahlen wollen, vgl. SIMON, Niederstadtbuch, S.334,7.

1507 Vgl. SIMON, Niederstadtbuch, S.648,3 (1386 Invocavit).

1508 S. LUTTERBECK, Rat, S.291 zu dem Johannes Longus *mercator de Hansa Alemannie*, der 1348 und 1351 erwähnt wird.

societas Langes mit Ulrich van Gettelde, die er am Anfang des Jahres 1377 auflöste, ist nichts weiter zu erfahren.[1510]

Netz 69: Johan Lange

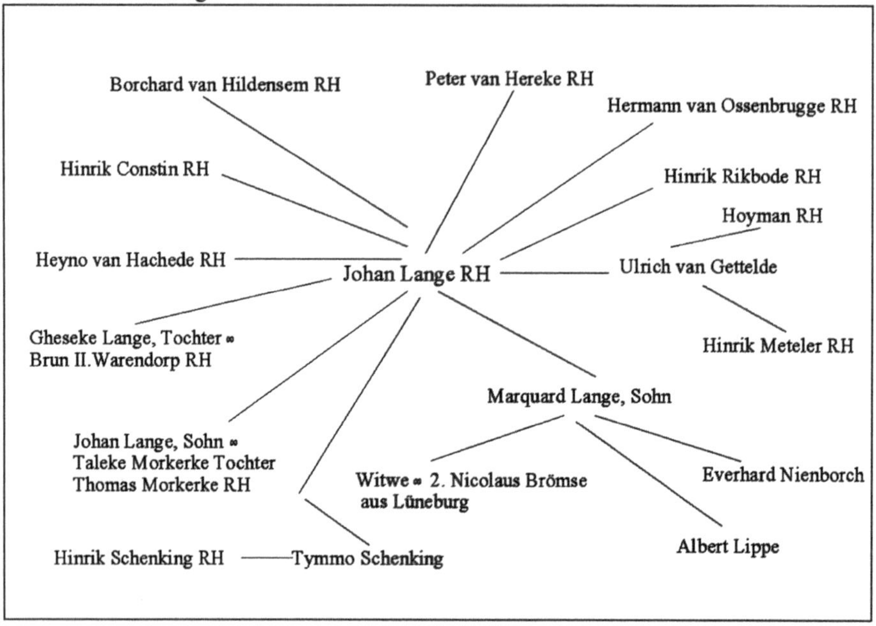

Die van Gettelde arbeiteten mit dem Ratsherrn Gerhard Hogeman, der auch im Zusammenhang mit Marquard Langes Witwe begegnet, zusammen. Hogeman und die Brüder Ditmar und Mathias van Gettelde schuldeten im Juli 1389 den Brüdern Meteler 432 Mark.[1511] Gerhard Hogeman gehörte dem Rat von 1402 bis 1408 und von 1416 bis 1418 an. Er stand in engerer Verbindung mit Rainer van Calven,[1512] Berthold van Rinteln, Johan Schotte, Simon Odeslo,[1513] Marquard Bonhorst und Gott-

1509 S. FRANKE, Geldgeber, S.96.

1510 Vgl. SIMON, Niederstadtbuch, S.381,2 (1377 Circumcisio).

1511 Vgl. SIMON, Niederstadtbuch, S.702,3 (1389 Jacobi). Heyno vamme Sode bürgte für die van Gettelde, vgl. SIMON, Niederstadtbuch, S.648,3 (1386 Invocavit). Die van Gettelde/van Ghetelen sind im frühen 15. Jahrhundert in vielfältigen Bindungen zu beobachten. Mathias van Ghetelen wurde als Provisor eingesetzt von Johan Kollmann. Brand van Ghetelen benannte Kollmann und Detmar van Thunen als Provisoren, und er wurde von Johan Kollmann als Vollstrecker eingesetzt.

1512 Van Calven und Hogeman verpflichteten sich 1400, die 200 Mark, die sie von den Provisoren des Lübecker Bischofs hatten, ordnungsgemäß zu verwenden. Der Nießbrauch stand Margaret, der Witwe Johan Schepenstedes, für die Zeit ihres Lebens zu. Danach sollte die Summe an das Domkapitel und an den Konvent in Ahrensbök gehen, vgl. AHL, Niederstadtbuch zu 1400 Jubilate.

1513 Hogeman hatte 1405 eine Handelsgesellschaft mit Berthold van Rinteln, Johan Schotte und Simon Odeslo, vgl. AHL, Niederstadtbuch zu 1405 Pauli.

schalk Holste.[1514] Hogemans Frau Soffeke war die Tochter des Johan vamme Sode.[1515]

Lange setzte in seinen Testamenten von 1382, 1383 und 1385 seine Ratskollegen Hinrik Constin,[1516] Heyno van Hachede, Peter van Hereke, Hermann van Ossenbrugge und seinen Schwiegersohn Brun (II.) Warendorp zu Vollstreckern ein.[1517] Die meisten dieser Herren übernahmen in den späten achtziger Jahren Funktionen auf dem Hansetag. So bildet der zu Johannis 1379 an letzter Stelle der Lübecker Delegierten genannte Johan Lange eine Klammer zu der folgenden Generation der Vertreter seiner Stadt.

7.1 Heyno und Hinrik van Hachede

Im letzten Jahrzehnt des 14. Jahrhunderts und kurz nach der Jahrhundertwende finden wir mehrfach die Cousins Heyno und Hinrik van Hachede auf Hansetagen und in Verhandlungen. Hinrik van Hachede wurde 1382 in den Rat gewählt und verstarb 1403. 1385 war Hinrik van Hachede als Gesandter in Dorpat.[1518] Er nahm zwischen 1393 und 1402 an fünf Hansetagen in Lübeck teil. Verheiratet war Hinrik van Hachede in erster Ehe mit einer Tochter des Conrad Russenberg und in zweiter mit einer Tochter des Johan Westfal.[1519] Weiterhin war Hinrik van Hachede mit dem Ratsherrn Marquard Rutensten (1365-1367) verschwägert. Rutensten war vor seiner Amtszeit im Rat Vogt der lübischen Vitte in Schonen gewesen.[1520] Rutenstens Bruder Johan war mit Alheyd, der Schwester des Hinrik van Hachede, verehelicht. Johan Rutenstens Tochter Elisabeth war in zweiter Ehe mit dem Ratsherrn Hermann (II.) Yborg verheiratet.[1521] In erster Ehe war sie mit Heyno Erp verheiratet gewesen, dem Vater des seit 1416 amtierenden Ratsherrn Albert Erp.[1522] Hinrik van Hachedes erster Schwiegervater Conrad Russenberg war mit Bernhard van Hildensem geschäftlich eng verbunden. So war Russenberg 1363 gemeinsam mit diesem, Johan Paternostermaker, Johan Lange und Wennemar Berkhoff Testamentsvollstrecker des Hinrik

1514 Vgl. seine Einsetzung als Provisor zum Teil gemeinsam mit Marquard Bonhorst durch Wedege van Plesse, Gottschalk Holste und Hermann van Alen AHL, Testamente 1401, 28. Juni 1402, 15. Mai 1406.

1515 Dieses geht aus dem Testament des Hinrik vamme Sode, Johans Bruder, hervor, vgl. AHL, Testamente, Hinrik vamme Zode, 24. August 1413. Gerhards Sohn (Hilde-)Brand Hogeman hatte engeren Kontakt mit Borchard Holthusen, vgl. AHL, Testamente, Tale, Wedewe Borchard Holthusen, 20. Mai 1434.

1516 Der auch als Provisor genannte Johan van Stove, der seit 1391 Ratsmitglied war, starb schon 1400 und trat nicht auf Tagen in Erscheinung, s. zu ihm LUTTERBECK, Rat, S.233.

1517 S. LUTTERBECK, Rat, S.291.

1518 Vgl. LÜB UB 4, 459.

1519 S. LUTTERBECK, Rat, S.269.

1520 S. LUTTERBECK, Rat, S.354.

1521 S. ASMUSSEN, Flandernfahrer, S.667 und S.335.

1522 Vgl. SIMON, Niederstadtbuch, S.492,1 (1382 Petri et Pauli): *Sciendum, quod Hinricus, Johannes et Albertus fratres dicti Erp presentes huic libro recognoverunt se a provisoribus Heynonis Erp recepisse et ad sufficienciam sublevasse 150 mr dn, videlicet quilibet eorum 50 mr, quas idem Heyno ipsis legavit in suo testamento; dimittentes eos ab omni ulteriori impeticione quitos et solutos.*

Wynkop.[1523] Wynkop wie Paternostermaker waren Frankfurthändler.[1524] Dieses gilt auch für Bernhard van Hildensem.[1525] Van Hildensem hatte Verwandte in Rinteln. Der dortige Ratsherr Johan Wedewink kümmerte sich 1367 um die Auszahlung des Erbes.[1526]

Van Hildensem stammte wohl aus dieser Region, ist aber anscheinend aus Hildesheim nach Lübeck gekommen. Unmittelbar vor seinem Tode hatte Bernhard van Hildensem 1363 Russenberg noch 300 Mark geliehen.[1527] Über sein Testament und Russenbergs Forderungen kam es zu einem langwierigen Streit, der erst 1373 beendet wurde.[1528] Russenberg war auch verwandtschaftlich mit van Hildensem verbunden. Darauf deuten schon seine Forderungen an das Erbe hin. Deutlicher noch wird die Beziehung 1368 angesprochen. Aus einem Eintrag dieses Jahres geht hervor, dass Russenberg der *sororius* des Johan van Hildensem war.[1529] Allem Anschein nach handelte es sich bei dem hier genannten Schwestermann des Conrad Russenberg, Johan van Hildensem, um den sonst auch als Johan *de Lobeke de Hildensem* bezeichneten Kaufmann.[1530] Er war enger mit dem finanzstarken und einflussreichen Bergenfahrer Herder van Stade,[1531] verbunden, den er auch als Prokurator einsetzte.[1532] Er wählte diesen auch zu seinem Testamentsvollstrecker.[1533] Gemeinsam mit Johan van

---

1523 Vgl. SIMON, Niederstadtbuch, S.12,7 (1363 Exaltatio s. Crucis).

1524 S. KOPPE-KOPPE, Frankfurthändler, S.118ff., S.180ff. Sie halten Conrad Russenberg für einen „Freund" des Bernhard van Hildensem, S.188. Johan Paternostermaker war der Vater des Führers des gescheiterten Aufstandes in Lübeck.

1525 S. KOPPE-KOPPE, Frankfurthändler, S.48ff.

1526 Vgl. SIMON, Niederstadtbuch, S.116,2 (1367 Remigii): *Sciendum, quod Johannes Wedewink consul in Rintelen constitutus prope librum recognovit se a provisoribus Bernardi de Hildensem penitus et plenarie sustulisse centum mr dn ad usus et ad manus consanguineorum suorum in Rintelen, quas idem Bernardus ipsis assignavit in suo testamento ...*

1527 Vgl. SIMON, Niederstadtbuch, S.5,1 (1363 Petri et Pauli).

1528 Vgl. SIMON, Niederstadtbuch, S.219,3 (1373 Misericordia Domini).

1529 Vgl. SIMON, Niederstadtbuch, S.140,8 (1368 Lucas): *Sciendum, quod Johannes de Hildensem constitutus coram consilio recognovit se a Conrado Ruscenberg sororio suo ex parte Margarete sororis sue recepisse et penitus sublevasse omnia et singula, que sibi ex parte hereditarie divisionis debebantur ...*

1530 S. zu ihm S. 261f. Zu unterscheiden ist ein weiterer Johan de Lobeke de Hannovere, der mit Bernhard Handorp aus Münster verwandt war, vgl. SIMON, Niederstadtbuch, S.159,6 (1370) und S.926,5 (1396 Agathe). Lobeke bezieht sich hier wohl auf das westfälische Lübbecke.

1531 Zum Streit um Herders Besitz in Bergen nach seinem Tod (*in plathea sive ortu, qui vulgariter eynerdes gharde nuncupatur*) vgl. SIMON, Niederstadtbuch, S.908,2 (1395). Herder van Stade war mit den Ratsherren Simon Swerting, Hinrik Constin und den Bürgern Wilhelm Osterwych, Johan Niestad und Rudolf Müntzer an der Beendigung der Streitigkeiten zwischen den Frankfurthändlern Kubbeling aus Braunschweig mit Hinrik van dem Wolde aus Goslar beteiligt. Vgl. SIMON, Niederstadtbuch, S.393,5 (1378 Scolastica).

1532 Zur Leibrente von 6 Mark, die er ihm zahlen musste, vgl. SIMON, Niederstadtbuch, S.416,5 (1378 Exaltatio s. Crucis). Herder van Stade hatte 1372 Löschungsvollmacht für Johan Lobeke van Hildensem, vgl. SIMON, Niederstadtbuch, S.202,1 (1372 Petri et Pauli).

1533 1378 wird Herder van Stade als Provisor des Johan van Lobeke bezeichnet, vgl. SIMON, Niederstadtbuch, S.406,2 (1378 Corpus Christi). Herder van Stade war mit den Huskummer, den Odenpe und Klotecow verwandt, vgl. SIMON, Niederstadtbuch, S.670,5 (1388 Decollatio Johannis), S.689,3 (1389 Gertrudis). Kopeke Huskummer und seine Frau schuldeten Johan de Lobeke van Hildensem 53 Mark. Der hier genannte Huskummer hatte auch Kredit bei Siegfried Ridder und

Lune und Hermann van der Mohlen kaufte van Stade im Juni 1374 den Brüdern Wantzenberg eine im folgenden Jahre fällige Schuldverschreibung in der beträchtlichen Höhe von 1200 Mark des Rates von Lüneburg ab. Die Urkunde sollte bei Johan van Lune verbleiben.[1534] 1382 erhielten Herder van Stade und die zwischenzeitlich als Partner eingetretenen Martin Klotecow und Everhard Paal ihre Einlage zurück. Der Lüneburger Rat verkaufte die Salinenrente weiter an die Ratsherren Hinrik Constin und Johan Niebur.[1535]

Der in einer Handelsgesellschaft mit van Hildensem und van der Mohlen verbundene Johan van Lune war Flandernfahrer und hatte enge Beziehungen nach Schweden.[1536] Seine Familie stammte aus Dortmund.[1537] In Lödöse hatte er einen Geschäftspartner namens Johan Wellinghof, der auch aus einer Dortmunder Familie stammte.[1538] Dessen Tochter heiratete er.[1539] Mit Wellinghofs Witwe Cecilia und ihrem zweiten Mann Joachim Bukhof kam es zu Auseinandersetzungen. Schließlich sollten van Lune die Schulden von 91 Pfund Fläm. 1366 in Brügge ausbezahlt werden.[1540] Johans Sohn Thideman van Lune bestätigte 1393, dass er keine Forderungen an das Erbe der Cecilia Wellinghof mehr habe.[1541] Aus einer weiteren Bestätigung Thidemans von 1398 geht hervor, dass Nicolaus van Urden zu den Provisoren der Cecilia Wellinghof gehörte. Er hinterließ ihr testamentarisch auch Wikbeldrenten von acht Mark.[1542]

---

den Niestad, vgl. SIMON, Niederstadtbuch, S.193,4 (1372 Scolastica): *Kopeke Huskummer, Hinricus Potman tenentur coniuncta manu Siffrido Ridder et Ghiseberto et Johanni dictis Nyestad ad suas fidas manus 70 mr dn in festo beati Michahelis persolvendas*. Im Oktober 1390 erhielten die Frau des Albert van Stade und Geseke Huskummer vom Rat „Toversichtsbriefe" an *illos de Hamborch et Thorun*, um das Erbe des Jakob Dunker einzufordern, vgl. SIMON, Niederstadtbuch, S.753,2 (1390 Remigii). Für die beiden traten als Zeugen auf: Johan van Buren, Hinrik Sparke und Thideman Odenpe. Thideman Odenpe stand in Geschäftskontakten mit dem Kölner Bürger Michael van dem Velde. So hatte er ihm 1390 168 Mark geliehen, vgl. SIMON, Niederstadtbuch, S.751,3 (1390 Exaltatio s. Crucis).

1534 Vgl. SIMON, Niederstadtbuch, S.252,7 (1374 Viti).

1535 Vgl. SIMON, Niederstadtbuch, S.494,5,6,7 (1382 Divisio apostolorum).

1536 Zu van Lunes Handel mit Lödöse s. KOPPE, Lübeck und Lödöse, S.11 und S.15: „Schwieriger ist es das Verhältnis der Lübecker Grosshändler Johan und Tideman de Lune sowie Nikolaus und Conrad van Orden zum Lödösehandel zu erklären. Sie waren bei weitem die geachtetesten und beliebtesten Vertrauensleute der Lödöser Lübeckhändler."Auf einen Namensvetter machte Koppe aufmerksam. Dieser Johan van Lune „aus der Beckerstraße" war 1366 mit einer Tochter des Lödösers Gerhard Lange verlobt, s. KOPPE, Lübeck-Lödöse, S.24.

1537 Dort lebte noch eine Schwester, s. KOPPE, Lübeck-Lödöse, S.30.

1538 S. KOPPE, Lübeck-Lödöse, S.26f.

1539 Vgl. SIMON, Niederstadtbuch, S.60,3.

1540 Vgl. SIMON, Niederstadtbuch, S.57,2.

1541 Ein Legat einer Cylia Wellinghof von 50 Mark wird angesprochen, das eine Taleke, *filia Gudackers de Swecia*, erhält. Thideman van Lune, Johans Sohn, bekräftigte auf Forderungen an die Provisoren zu verzichten, vgl. SIMON, Niederstadtbuch, S. 845,3. Vgl. auch entsprechend SIMON, Niederstadtbuch, S.992,1 mit der Bestätigung des Engelbert Gudacker und der Alheid Pallenson, vgl. auch SIMON, Niederstadtbuch, S.996,2 (1397). Talekes Vater Engelbert Gudacker *de Svecia* war im Sommer 1386 zu Verhandlungen mit dem Rat nach Rostock gereist, s. KOPPE, Lübeck-Lödöse, S.25.

1542 Vgl. SIMON, Niederstadtbuch, S.996,2. Cecilia Wellinghof hatte an die Predigerbrüder und die Petrikirche wie die Olafskirche in Lödöse geschenkt. S. auch KOPPE, Lübeck-Lödöse, S.25.

Dass auch Johan van Lune ausgezeichnete Kontakte hatte, zeigt sich daran, dass der Bischof von Västeras ihm eine Kiste mit 100 Mark und 11 Silbermark zur Aufbewahrung übergab.[1543] Mit Hinrik Dapper, der aus Visby und dessen Frau Gertrud aus Stockholm kam,[1544] schuldet Johan van Lune 1366 den Räten in Lübeck und Stralsund jeweils 200 Mark für ein Schiff, das im Stralsunder Hafen lag.[1545]

Netz 70: Johan van Lune

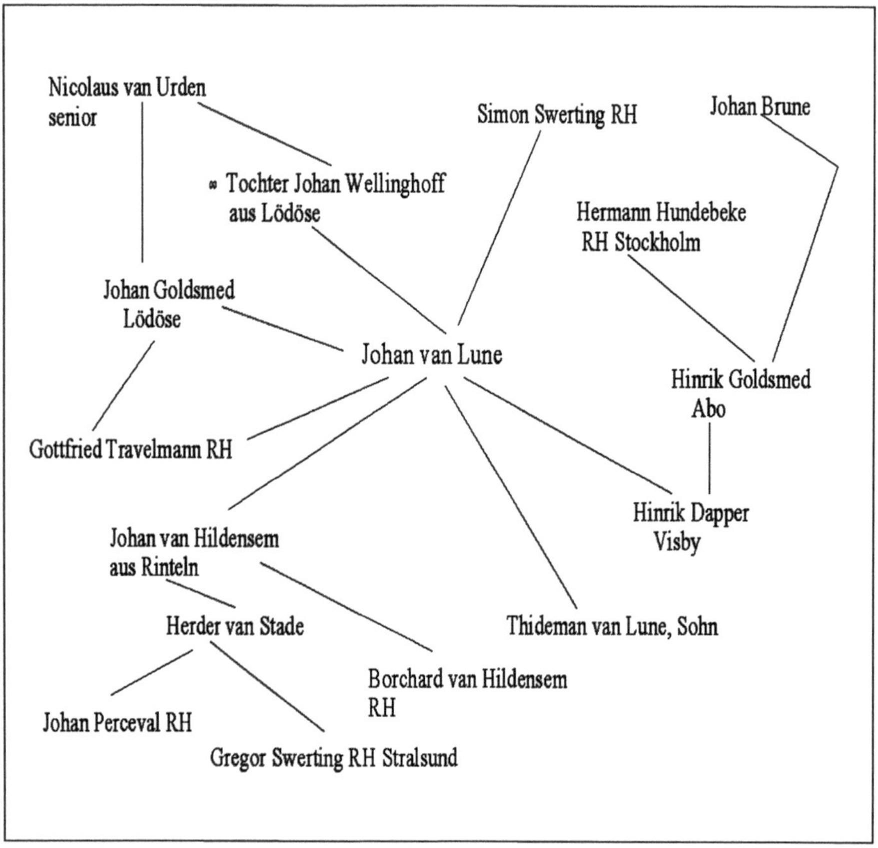

1543 Dass die Kiste zurückgegeben worden sei, bezeugten im April 1397 Willekin van dem Berge, Bürgermeister in Lödöse, Thideman van Lune, Hinrik Bokholt und Johan Pattenhusen, vgl. SIMON, Niederstadtbuch, S.968,5.

1544 S. ASMUSSEN, Flandernfahrer, S.318 und SIMON, Niederstadtbuch, S.131,2 (1368): *Sciendum, quod Hintze Wolterszone portans literam pleni respectus civitatis Stokholmensis de eo, quod fuit proximus heres Ghertrudis quondam uxoris Hinrici Dappers, constitutus coram consilio recognovit se recepisse ab eodem Hinrico Dapper omnia, que sibi ex parte eiusdem Ghertrudis tamquam vero heredi debebantur, dimisitque eundem Hinricum et omnes, quorum interest, ab omni impeticione pro eo quitos et solutos.*

1545 Vgl. SIMON, Niederstadtbuch, S.80,1.

In zweiter Ehe verband sich Dapper mit einer Walburg, deren Herkunftsfamilie bisher nicht zu eruieren ist. Sie besaß vor 1378 ein Haus in der Königstraße in Lübeck. Dieses Haus wurde von Thideman Goldsmet aus Åbo mit Hilfe seiner Prokuratoren Simon Swerting, Hermann Hundebeke und Johan Brune *cum respectu consulum in Abowe* gekauft.[1546] Bei dem hier erwähnten Hermann Hundebeke handelte es sich um den ehemaligen Stockholmer Ratsherrn, dessen Familie aus Dülmen stammte. „In Schweden hatten die Hundebeke um die Mitte des [14.] Jahrhunderts eine bedeutende Rolle gespielt."[1547] Hermann Hundebeke war in Lübeck besonders mit dem auch aus Dülmen stammenden Everhard Paal verbunden.[1548] Ein Johan Hundebeke hat für Stockholm am Hansetag vom 24. Juni 1366 in Lübeck teilgenommen. Hermann Hundebekes Bruder Albert lebte in Reval.[1549] Eine Tochter des Albert Hundebeke, eine Nichte Hermanns, war mit dem Bürgermeister Gottschalk Wermeskerke in Stockholm verheiratet. Hermanns Tochter war mit dem Stockholmer Bürgermeister Wilm Stenking verheiratet worden.[1550] Schon in dieser knappen Notiz zum Hauskauf eines Kaufmanns aus Åbo zeigte es sich, dass die Prokuratoren eines Åboer Bürgers mit Ratsherren in Stockholm, Lübeck und Reval verwandt waren.

Simon Swerting, den wir gerade als Prokurator des Thidekin Goldsmet beobachtet hatten, stand auch in Geschäftsverbindung mit Johan van Lune. 1368 schuldete der Stralsunder Ratsherr Jakob Swerdslipper dem Lübecker Simon Swerting für flämische Tuche 385 Mark. Das Geld wollte er Johan van Lune auszahlen.[1551] Anscheinend handelt es sich um einen Verwandten des Johan Goldsmed, der 1384 als *de Ludehuzen* (aus Lödöse) bezeichnet wurde, als Gottfried Travelmann ihm 200 Mark schuldete. Johan van Lune bürgte für Travelmann. Johan Goldsmed setzte wenig später vor dem Niederstadtbuch Johan van Lune und Nicolaus van Urden als seine Prokuratoren ein.[1552] 1385 schuldete Nicolaus van Urden dem Johan Goldsmed, *civi in Ludehusen*, 200 Mark.[1553] Van Urden zahlte diese Summe erst 1395 an Johans Sohn Wichard Goldsmed zurück. 1391 bestätigten Wichard und Gereke, die Söhne des Johan *aurifabri* in Lödöse, dass sie ihr Erbe erhalten hatten.[1554] Im Blick auf Johan van Lune, den Partner des Johan van Hildensem, zeigte sich wiederum das die Ostsee umspannende Netz der Kaufleute (und Goldschmiede).

Herder van Stade, der Partner van Lunes, stand in finanziellen Beziehungen zum Lübecker Ratsherrn Perceval[1555] wie dem Stralsunder Ratsherrn Gregor Swerting, mit

1546 Vgl. SIMON, Niederstadtbuch, S.416,7.

1547 Wahrscheinlich war er noch in Dülmen geboren worden, s. KOPPE, Lübeck-Stockholm, S.249.

1548 S. KOPPE, Lübeck-Stockholm, S.249.

1549 Auch ein weiterer Bruder namens Gerhard Hundebeke war Revaler Fernhändler, s. KOPPE, Lübeck-Stockholm, S.249.

1550 S. KOPPE, Lübeck-Stockholm, S.249.

1551 Vgl. SIMON, Niederstadtbuch, S.132,9. Die hier vom Hg. vorgelegte Ergänzung *Symonem Zwert(sliper)* ist zu korrigieren in *Symonem Zwert(ing)*.

1552 Vgl. SIMON, Niederstadtbuch, S. 544,5.

1553 Vgl. SIMON, Niederstadtbuch, S.587,5.

1554 Vgl. SIMON, Niederstadtbuch, S.778,6.

1555 Die Provisoren des Hermann Peternelle schuldeten dem Johanniter *domino Gherhardo Klint* 60 Lüb. Goldgulden, und *dominus Johannes Perseval et Herderus de Stade potentes erunt tollere istud debitum et delere hanc scripturam ispo domino Gherhardo non presente*, vgl. SIMON, Niederstadtbuch, S.350,7 (1376 Thomas).

dem gemeinsam Berthold Kerkring bürgte,[1556] und Stralsunder wie Bremer Bürgern.[1557] Ausgehend von Johan van Hildensem, dem Partner des Conrad Russenberg, hatte sich uns wiederum eine geschäftlich und zum Teil verwandtschaftlich verbundene Gruppe von Kaufleuten und Ratsherren in Lübeck, Schweden und dem schwedischen Finnland (Åbo/Turku) gezeigt.

Russenberg stand 1366 in Geschäftsbeziehungen mit Hinrik und Amelius Luchow,[1558] Wilhelm Warendorp,[1559] Gerd van Attendorn[1560] und mit den Brüdern Conrad und Nicolaus van Urden.[1561] Er hatte anscheinend engere Beziehungen nach Soest. So sorgte er 1369 dafür, dass eine Schuld nach einem Todesfall dorthin ausgezahlt wurde.[1562] Ob Russenberg mit dem aus Westfalen stammenden Ratsherrn Everhard Russenberg verwandt war, ist ebenso wenig zu klären wie die Frage, ob er wie der spätere Ratsherr Johan Russenberg, der seit 1428 amtierte, aus Kleve stammte.[1563]

Kehren wir nach der Betrachtung der Umgebung des Schwiegervaters Hinriks van Hachede zu dessen Beziehungsnetz zurück. Mit Bernhard Stekemest (senior), der

---

1556 Vgl. SIMON, Niederstadtbuch, S. 4 (1373 Odolrici): *Dominus Gregorius Suertingh consul Sundensis tenetur Herdero de Stade 400 mr Lub dn proximo festo pasche persolvendas, pro quibus una cum eo Bertoldus Kerkrinc coniuncta manu fideiussit.*

1557 Vgl. SIMON, Niederstadtbuch, S.82,4 (1366 Ascensio Domini): *Sciendum, quod constituti coram consilio Herderus de Stade potens ex parte Radeke Zassen civis Zundensis ... et Mechtildis uxor Henninghi Gherdowe civis in Celle cum pleno respectu eiusdem civitatis Celle, qui Radeke et Mechtildis predicti fuerunt veri heredes Eleri de Celle felicis recordacionis, prout in eadem litera respectus legitime fuit probatum, recognoverunt se a provisoribus testamenti eiusdem Eleri omne, quod ipsis debebatur ex parte hereditatis dicti Eleri, plene et totaliter sustulisse ...* Zu Bremen vgl. SIMON, Niederstadtbuch, S.208,2 (1372 Omnium Sanctorum): *Insuper Herderus de Stade presens iuxta librum recognovit se a Hinrico Erpes in precedentibus scripturis nominato recepisse et sublevasse 42 mr ad fidas manus Johannis et Helmerici filiorum Wulfardi Edeboldes in precedentibus scripturis tactorum, que ipsis de testamento Johannis Steding debebantur.* In den vorangehenden Texten werden die Empfänger in Bremen angesprochen: *Hinricus Erpes, dominus Bernardus Crumbeen decanus apud sanctum Anscarium in Bremis fratris sui et Alheydis uxoris Bernardi van der Sture et Berten uxoris Wulfardi Edeboldes.* Vgl. auch SIMON, Niederstadtbuch, S.615,1 (1387 Felicis): *Notandum, quod apud librum constitutus Bernardus Stedingh civis Bremensis dimisit et quitavit Herderum de Stade, heredes et provisores suos ab omni monicione et inpeticione racione provisionis, ex quo idem Herderus de Stade ipsius Bernardi fuerat provisor ...*

1558 Vgl. SIMON, Niederstadtbuch, S.138,5 (1368 Decollatio Johannis): *Conradus Ruscenbergh tenetur Hinrico Luchowe et Milio fratri suo 91 mr dn in carnisprivio proxime futuro persolvendas ...* Vgl. zur Abzahlung SIMON, Niederstadtbuch, S.232,1 (1373 Symonis et Jude).

1559 Vgl. SIMON, Niederstadtbuch, S.138,6 (1368 Decollatio Johannis): *Conradus Russenberg tenetur Wilhelmo Warendorp et Hermanno van dem Zode 370 mr dn in festo pasche proxime futuro persolvendas ...*

1560 Vgl. SIMON, Niederstadtbuch, S110,2 (1367 Jacobi): *Conradus Ruscenbergh tenetur domino Gherhardo de Atendorn 410 mr persolvendas amicabiliter in festo beatorum Philippi et Jacobi apostolorum proxime futuro.*

1561 Vgl. SIMON, Niederstadtbuch, S.88,6 (1366 Bartholomei): *Conradus Russenbergh tenetur Johanni de Lune et Conrado et Nycolao fratribus dictis de Vrden 265 ½ mr Lub dn super proximo festo Michaelis ultra ad unum annum continuum exsolvendas.*

1562 Gobelin Wanthof hatte vor dem Soester Rat Conrad Russenberg als *potentem procuratorem* eingesetzt. Wanthof erhielt aus dem Erbe des Lambert van Borken 37 1/2 Mark, vgl. SIMON, Niederstadtbuch, S.148,5 (1369 Judica).

1563 S. LUTTERBECK, Rat, S.353 und FEHLING, Ratslinie, S.68f.

verwandtschaftlich mit ihm verbunden war,[1564] bürgte Hinrik van Hachede 1380 für Bernhard Vrowdenrik, der die Tochter des Flandernfahrers Radeke Stoltevoet geheiratet hatte.[1565] In zweiter Ehe wurde Margaret, die Cousine des Radeke Stoltevoet, mit dem Mitglied des Neuen Rates Simon Odeslo (1408-1411) verbunden.[1566] Aus dem Testament des Simon Odeslo von 1405 geht seine enge Verbundenheit mit weiteren Mitgliedern des Rates hervor. So setzte er neben seinem Stiefsohn Johan Krowel auch Johan Schotte, der seit 1406 Ratsherr war, wie den gleichzeitig mit diesem in den Rat gelangten Conrad Brekwold und die späteren Angehörigen des Neuen Rates Marquard Schutte (1413-1416) und Otto Lenzeke (1409-1410) als Provisoren ein. Dabei betonte er durch eine Weinschenkung auch seine Verbundenheit mit den Ratsherren Marquard van Dame und Arnd Sparenberg.[1567] In finanziellen Transaktionen ist Odeslo mehrfach mit Johan Schotte,[1568] mit den Krowel[1569] wie auch mit dem Ratsherrn Albert van der Brugge zu sehen.[1570] Simon Odeslo war auch mit den Niestad[1571] wie den Gherwer geschäftlich verbunden.[1572]

Hinrik van Hachede stand in vielfältigen geschäftlichen Verbindungen. 1388 wurde eine Auseinandersetzung mit seinem Neffen Heyno Rutensten beendet.[1573]

1564 Stekemest war mit Wobbeke Ossenbrugghe, einer Schwester des Johan Ossenbrugge, verheiratet, der wiederum die Schwester Alheyd des Hinrik van Hachede geehelicht hatte, s. ASMUSSEN, Flandernfahrer, S.743.

1565 Vgl. SIMON, Niederstadtbuch, S.429,7 (1380 Marcus): *Ista scriptura cancellata est iussu consilii, quia dominus Hinricus de Haccheden et Bernardus Stekemest fideiusserunt, quod Bernardus Vroudenrik ipsius Wyndelken nunc maritus amplius vigore huiusmodi scripture non monebit.*

1566 S. ASMUSSEN, Flandernfahrer, S.707 und die folgende Anm.

1567 Vgl. AHL, Testamente, Symon Odosclo 13. August 1405: *Johan Schotten myn besten vingheren. ... Vortmer her Marquarde van Damen unde her Arnt Sparenberghe enem jewelken 3 stoveken wines. ... Mine vormundere kese ik Johan Schotten, Marquart Schutten, Kort Brekewolt, Otto Lenseke, Hans Krowel, myn steff sone ...*

1568 Vgl. AHL, Niederstadtbuch zu 1401 Agnetis, zu 1405 Johannis et Pauli, zu 1408 Pentecostes, zu 1409 Circumcisio und zu 1410 11 Mille virginum.

1569 Vgl. AHL, Niederstadtbuch zu 1408 Dorothea..

1570 Vgl. SIMON, Niederstadtbuch, S. 445,1 (1380 Symon et Jude). Vgl. auch SIMON, Niederstadtbuch, S.434,4 (1380 Johannis Baptista).

1571 Henning Niestad bestätigte 1388, dass er mit seiner Frau Helena 300 Mark empfangen habe, die ihr zuständen *in casu, quo ipsum Henninghum premori contingat.* Mit ihm bürgten Simon Odeslo, Arnold van der Matten, Heyno Bredereme und Johan Niestad, der Sohn Thidemans, vgl. SIMON, Niederstadtbuch, S.644,4 (1388 Circumcisio). Vgl. auch SIMON, Niederstadtbuch, S.764,1 (1391 Palmarum) und die Bestätigung des Johan Niestad, dass er sein Erbe von Simon Odeslo und Johan Niestad empfangen habe, SIMON, Niederstadtbuch, S.856,5 (1393 Martini).

1572 Vgl. AHL, Niederstadtbuch zu 1408 Divisio Apostolorum: 7) *Hinricus Gherwer senior in presencia libri consitutus recognovit, se et suos heredes tenere domino Symoni Odeslo et Marquardo Schutten in IIII C et XXXII marc. Lub. ... Reynerus Ratelband alias van der Finsten dictus et Johannes Gherwer cum suis heredibus cum predicto Hinrico Gherwer coniuncta manu fideiubendo promiserunt.*

1573 Heyno Rutensten hatte mit Hinrik van Hachede *avunculo suo discordias et controversias racione pecuniarum ... ex parte Dytmarchiorum et eciam racione tutorum provisionis necnon racione pecunie triginta mr.* Die dreißig Mark forderte Rutensten *occasione societatis, quam ipse Heyno Rutensten habuit cum Heyneken de Haccheden iuniori.* Durch Vermittlung von Freunden konnten sie sich einigen. Vgl. SIMON, Niederstadtbuch, S.653,1 (1388 Jubilate).

Heyno war ein Sohn des Johan Rutensten, der in seinem Testament von 1358 auch Hinrik van Hachede als Provisor eingesetzt hatte.[1574] Ein Teil der Probleme mit dem Neffen Heyno Rutensten rührte daher. 1390 schuldete Willekin van Stade dem Hinrik van Hachede für Wachs den recht hohen Betrag von 422 ½ Mark.[1575] Die Schulden des Marquard Papendorp bei van Hachede für Wachs, die sich zu demselben Datum auf 373 Mark beliefen, deuten auf seinen ausgeprägten Osthandel.[1576]

Hachedes Geschäftspartner Willekin van Stade hatte weiträumige Beziehungen zu Kaufleuten und Ratsherren. So stand er in geschäftlichem Kontakt mit Borchard van Hildensem und Johan Wulf, dem Bruder des Pernauer Ratsherrn van Hurle. Van Stade hatte 1392 eine Handelsgesellschaft mit Gerhard Wulf, Thiderik Gardelagen und dem Hamburger Bürger Johan Wiggersen.[1577] 1395 schuldete er mit dem ehemaligen Braunschweiger Conrad Notberch, der uns schon im Zusammenhang mit den Niestadt begegnet war, den Hamburger Ratsherren Johan Hoyer und Marquard Schreye 747 Mark.[1578] Weiterhin ist er in größeren finanziellen Transaktionen zu sehen mit dem Priester Hinrik Pape, einem Sohn des gleichnamigen Lübecker Bürgermeisters,[1579] und den Meteler.[1580] Van Stade handelte mit Bier in Brügge, mit Hering nach Braunschweig und mit Tuch nach Stralsund.[1581] Ein Stettiner Kaufmann hatte so großes Vertrauen zu ihm, dass er ihm 1000 Mark zu treuen Händen überließ.[1582] Willekin van Stade war mit den Bremer Bürgern Erp verwandt.[1583] Johan, der Sohn Hinriks van Hachede, war nicht so geschäftstüchtig. Mehrfach musste sein Vater ihn unterstützen und seine Schulden bezahlen.[1584] Johan van Hachede ist einige Male in Geschäftsverbindungen mit Tymmo vamme Kyle zu sehen. Dieser hatte eine Tochter des Johan van Hachede geheiratet hatte, war also mit ihm familiär verbunden. Tym-

1574 S. ASMUSSEN, Flandernfahrer, S.670.

1575 Vgl. SIMON, Niederstadtbuch, S.730,6 (1390 Quasimodogeniti).

1576 Vgl. SIMON, Niederstadtbuch, S.730,7.

1577 Der Magdeburger Bürger Heyse Oldenrode schuldete ihnen im März 1392 650 Mark, vgl. SIMON, Niederstadtbuch, S.803,3 (1392 Letare).

1578 Diese Schuldverschreibung war von den Brüdern Meteler aufgekauft worden, vgl. SIMON, Niederstadtbuch, S.907,2 (1395 Trinitatis): *Notandum, quod Willekinus van Stade et Conradus Nutberch presentes libro recongnoverunt, quod ipsis bene constaret, quod dominus Hinricus Metheler et Johannes frater eius haberent literam patentem dominorum Johannis Hoyer et Marquardi Screghen proconsulis Hamborgensis super 747 mr dn, in quibus ipsis tenentur obligati ...*

1579 Gemeinsam mit Johan Oldenborg *morans super platheam piscium* schuldete er ihm 1394 214 Mark. Gelöscht wurde der Eintrag von Nicolaus van Urden, vgl. SIMON, Niederstadtbuch, S.881,5 (1394 Processi et Martiniani).

1580 Willekin van Stade, Johan van Stade und Johan van Vorden schuldeten den Brüdern Hinrik und Johan Meteler 340 Mark, vgl. SIMON, Niederstadtbuch, S.864,5 (1394 Purificatio Marie). 1395 schuldete van Stade allein ihnen 356 Mark. Tymmo Hadewerk bürgte für ihn, vgl. SIMON, Niederstadtbuch, S.911,2 (1395 Divisio apostolorum).

1581 S. ASMUSSEN, Flandernfahrer, S.741f.

1582 Vgl. SIMON, Niederstadtbuch, S.752,4 (1390 Mauricii): *Notandum, quod Willekinus van Stade presens libro recongnovit apud se habere mille mr Lub dn, qui Rulauo de Anklem de Stetyn veraciter appertinerent.*

1583 Vgl. SIMON, Niederstadtbuch, S.942,5 (1396 Arnolfi): *Notandum, quod Heyno van Staden presens huic libro recognovit se percepisse et sublevasse a testamentariis Tydemanni Erpes quatuor nobula ad usum Wyllekini van Staden filii fratris sui ...*

1584 Vgl. SIMON, Niederstadtbuch, S.1022,5 (1398 Laurencii).

mo vamme Kyle war ein Bruder des Mitgliedes des Neuen Rates Marquard vamme Kyle (1408-1409) und taucht seit Ende des 14. Jahrhunderts und im ersten Jahrzehnt des 15. Jahrhunderts sehr oft im Niederstadtbuch auf.

Er wird häufig in Transaktionen genannt, oft zusammen mit seinen wichtigsten Partnern, nämlich Amelius (II.) Luchow, dem Sohn des gleichnamigen Ratsherrn, und dem Ratsherrn Johan Schotte.

Netz 71: Tymmo vamme Kyle

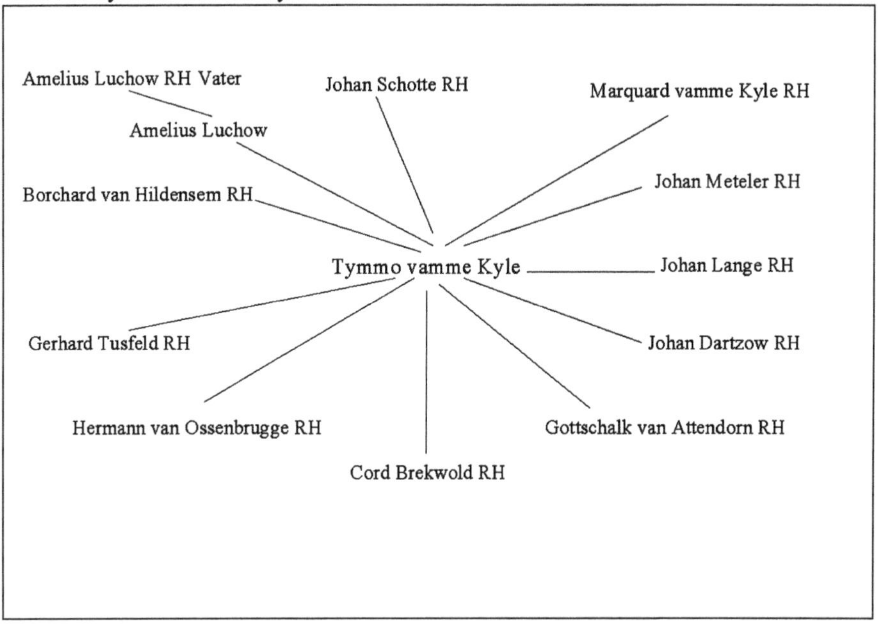

Weiterhin tätigte Tymmo vamme Kyle mehrfach Geschäfte mit den Ratsherren Gerhard Tusveld, Hermann van Ossenbrugge, Gottschalk Attendorn, Johan Meteler, Johan Lange, Johan Dartzow und Conrad Brekwold.[1585] Die Ratsherren Hinrik und Heyno van Hachede werden 1397 gemeinsam genannt, als sie im Auftrag des Rates einen Streit beendeten.[1586] Auf Hansetagen sind sie nicht zusammen zu finden. Heyno wurde 1387 in den Rat kooptiert und starb 1405. Er ist bei Verhandlungen im Norden

1585 Vgl. SIMON, Niederstadtbuch, S.156,1; 169,6; 176,5; 211,3; 220,1; 230,5; 230,6; 252,2; 255,1; 278,2; 287,3; 349,3; 374,4; 405,2; 405,3; 448,5; 456,8; 465,7; 589,1; 614,2; 631,4; 634,3; 676,2; 823,4; 825,3; 843,3; 918,3; 937,1; 1028,1; 1030,4. Vgl. AHL, Niederstadtbuch zu 1403 Visitatio Marie, zu 1404 Margarete, zu 1405 Carnisprivium, zu 1405 Visitatio Marie, zu 1405 Andree, zu 1405 Lucie, zu 1406 Blasii, zu 1406 Ascensio, zu 1406 Margarete, zu 1406 Omnium Sanctorum, zu 1406 Clementis, zu 1406 Thomas, zu 1407 Judica, zu 1407 Palmarum, zu 1407 Misericordia, zu 1408 Epiphanias, zu 1408 Conversio Pauli, zu 1408 Dorothea, zu 1408 Brictii, zu 1408 Nativitas Christi, zu 1409 Vincula Petri, zu 1409 Laurencii, zu 1409 Simonis et Jude, zu 1409 Katherine, zu 1409 Vincentii, zu 1409 Vincula Petri, zu 1409 Laurencii, zu 1411 Epiphanias, zu 1411 Pauli, zu 1411 Divisio Apostolorum, zu 1411 Ruffi.

1586 Vgl. SIMON, Niederstadtbuch, S.960,4 (1397 Prisce).

anzutreffen, 1394 in Helsingborg und 1400 in Kalmar. Auf Hansetagen war er 1403 in Wismar und 1404 in Lübeck. Heyno van Hachedes Tochter Eileke heiratete den Ratsherrn Nicolaus Kröpelin (1406-1408), der 1408 in Lübeck verblieb und 1413 starb. Dessen Bruder Hinrik Kröpelin gehörte dem Neuen Rat an (1410-1414).

Netz 72: Hinrik van Hachede

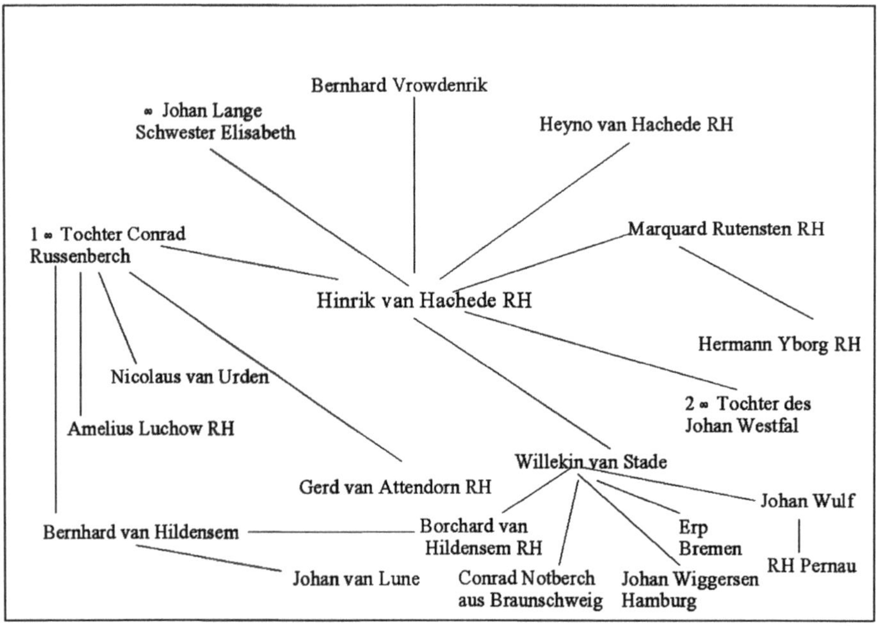

Heyno van Hachede stand in geschäftlichen Kontakten mit dem Ratsherrn Gerhard Tusveld (1376), dem Bürger Wessel Zeel, der auch Geschäftsbeziehungen mit Hermann van Ossenbrugge und den Niestad hatte,[1587] Conrad Huxer,[1588] den Brüdern van der Helle[1589] und den Rutensten.[1590]

1587 Vgl. SIMON, Niederstadtbuch, S.219,2 (1373 Misericordia) und S.249,4 (1374 Pentecostes).

1588 Conrad Huxer war Stiefvater des Johan, Sohn des Hinrik Niestad. Ihm schuldete er 1382 als mütterliches Erbe 210 Mark. Für Huxer bürgten Hinrik Cerntin, Vikko van Wedele und *Heyneke van Hachede*, vgl. SIMON, Niederstadtbuch, S.495,3 (1382 Arnolphi).

1589 Johan van der Helle schuldete Johan Schiphorst 100 Mark. Für ihn bürgten Marquard van der Mohlen und Heyno van Hachede, vgl. SIMON, Niederstadtbuch, S.598,3 (1385 Dyonisii). 1388 schuldete van der Helle dem Johan, Sohn des Johan Luchow, *qui fuit advocatus in Molne*, 100 Mark. Mit ihm bürgte Ratsherr Heyno van Hachede, vgl. SIMON, Niederstadtbuch, S.650,5 (1388 Judica). Vgl. auch SIMON, Niederstadtbuch, S. 764,4 (1391 Palmarum): *Notandum, quod Detleuus et Johannes fratres dicti vander Helle presentes libro recongnoverunt se teneri Abeleken filie domini Gherardi Tusuelt in ducentis mr in festo pasche proximo ultra unum annum persolvendis, pro quibus dominus Heyno de Haccheden cum predictis Detleuo et Johanni coniuncta manu fideiussit.*

1590 Vgl. SIMON, Niederstadtbuch, S.423,5 (1380 Fabiani): *Ludeke Rutensten tenetur Detleuo Hauerland 100 mr dn in festo nativitatis Christi proxime futuro persolvendas, pro quibus Hinricus*

Johan und Hinrik, die Söhne des Heyno van Hachede, scheinen sich im Gegensatz zu ihrem Cousin geschäftlich durchgesetzt zu haben. Sie sind in häufigem Kontakt mit Ratsherren wie Arnold Sparenberg,[1591] Hermann Vorste,[1592] Nicolaus Kröpelin[1593] und den Mitgliedern des Neuen Rates Borchard van Hildensem,[1594] Gottschalk Junghe[1595] und Ditmar van Thunen[1596] wie auch den Stekemest[1597] und den Steen[1598] mit zum Teil recht hohen Beträgen zu sehen. Wahrscheinlich bestanden auch zwischen ihnen allen verwandtschaftliche Beziehungen. Erkennen können wir diese wenigstens zwischen den Kröpelin und den van Hachede. Schon Nicolaus Kröpelin hatte

---

Cerntyn et Heyneke van Hachede cum ipso coniuncta manu promiserunt.

1591 Vgl. AHL, Niederstadtbuch zu 1407 Dyonisii: *Notandum quod Borchardus van Hyldensem et Johannes, filius domini Heynonis de Hacheden, presentes huic libro recognoverunt, se et suos heredes teneri domino Arnoldo Sparenberch et suis heredibus in centum et sex m. Lub. den. in festo sancti Michaelis proxime venturo persolvendas.*

1592 Vgl. AHL, Niederstadtbuch zu 1410 Visitatio Marie: *Dominus Hinricus Cropelin, Johannes de Hacheden et Hinricus fratres, filii domini Heynonis de Hacheden, presentes libro recognoverunt, se ... coniuncta manu teneri Margarete relicte et Hermanno filio domini Hermanni Vorsten ... in C et XX marc. Lub.* Vgl. zu einem weiteren Sohn des Vorste auch AHL, Niederstadtbuch zu 1406 Mathei: *Notandum quod Matheus filius domini Hermanni Vorsten coram consilio et hoc libro constitutus iam perfecte etatis expresse recognovit, quod ... dictus pater suus sibi, matri sue, Hermanno et Beleken pueris suis in testamento suo certa bona assignaverat insimul habenda.*

1593 Vgl. AHL, Niederstadtbuch zu 1407 Nativitas Marie: *Dominus Cropelin, Everhardus Nyenborch, Gherardus Colbeke et Johannes filius domini Heynonis de Hachede presentes huic libro recognoverunt, se sublevasse de Walmode Odesloo de consensu suorum provisorum III C et X marc. Lub. den. ad usum Alheidis van der Helle ...*

1594 Vgl. AHL, Niederstadtbuch zu 1408 Cecilie: *Johannes van Hachede, filius domini Heynonis de Hacheden, presens libro recognovit, se ... teneri domino Borchardo de Hildensem ... in centum marc. Lub. den.* Vgl. AHL, Niederstadtbuch zu 1408 Conceptio beate Virginis: *Dominus Borchardus de Hildensem, Engelbertus Haghelsten, Johannes de Hacheden presentes libro recognoverunt se ... teneri coniuncta manu Gherardo Palmedach ... in centum marc. Lub. den. ...*

1595 Vgl. AHL, Niederstadtbuch zu 1408 Cecilie: *Johannes de Hachede, filius domini Heynonis de Hachede quondam huius civitatis proconsul, in presentia huius libri recognovit, se ... teneri domino Godschalco Jungen ... in centum et decem marc. Lub. ...*

1596 Vgl. AHL, Niederstadtbuch zu 1409 Laurencii: *Hinricus Span, Tymmo vamme Kile et Johannes van Hachede presentes huic libro recognoverunt, se teneri domino Detmaro de Thunen in centum marc. Lub. den. ...*

1597 Vgl. AHL, Niederstadtbuch zu 1408 Elisabeth: 3) *Bernardus Stekemest senior, Marquardus Schutte, Tymmo vamme Kyle, Ludeke Vlenseborch, Johannes de Hachede, filius domini Heynonis de Hachede ..., fideiubendo promiserunt in presencia huius libri Gherardo Rosen coniuncta manu dare XI C marc. Lub. den. infra octavam festi sancti Martini proxime affuturo.* 11.) *Dominus Nicolaus van Boekwolde miles, Tidemannus Nienborch et Everhardus filius suus, Bernardus Stekemest senior et Bernardus filius suus, Hermannus Tessin et Johannes van Hachede, filius domini Heynonis, presentes libro recognoverunt, se ... coniuncta manu teneri Johanni Meteler ... mille et III ½ marc. Lub. Martini proximo futuri persolvendas.* 12.) *Dominus Nicolaus prescriptus recognovit ... se velle prescriptos Tidemannum Nienborch et Everardum filium suum, Bernardum Stekemest et Bernadum filium suum, Hermannum Tessin et Johannem de Hachede ... ad ambas summas totales in duabus scripturis scriptas indempnes preservare.*

1598 Vgl. AHL, Niederstadtbuch zu 1408 Dorothea: 10.) *Dominus Nicolaus van Boekwolde miles, Tidemannus Nienborch et Everardus filius suus, Bernardus Stekemest senior et Bernardus filius suus, Hermannus Tessin et Johannes de Hachede, filius domini Heynonis, presentes libro rcognoverunt, se ... coniuncta manu teneri Hinrico Steen ... in VIII C et LXXXII marc. ...*

sich mit Eileke, Heyno van Hachedes Tochter, verbunden. Und sowohl Hinrik, der Sohn des Heyno van Hachede, als auch Nicolaus, der Sohn des Nicolaus Kröpelin, waren die Schwäger des reichen Kaufmannes und Bergenfahrers Hinrik Goldenbogen. Goldenbogen hatte auch eine Tochter aus dieser Familie geheiratet.[1599]

Mit dem Beziehungsnetz der Hachede konnten wir ein weiteres Mal die vielfältigen verwandtschaftlichen und geschäftlichen Verknüpfungen zwischen führenden Kaufmannsfamilien erkennen. Im Spiegel der Delegationen zeigt sich, wie Mitglieder dieses Ratsherren-Netzes sich an Hansetagen beteiligten. Es wird deutlich, dass auch Mitglieder des Lübecker Neuen Rates einbezogen waren.[1600]

1599 Vgl. AHL, Testamente, Hinrik Goldenboghe, 5. Mai 1441: *Item mynem swaghere Hinrike van Hacheden, hern Heynen sone, totekene ik 50 arnoldesche guldene ... Item mynem swagher Clawes Cropeline geve ik 4 rinsche guldene to guder dechtnisse. Item Telzeken Cropelines unde Heleken van der Helle geve ik isliker 2 rinsche guldene, dat ze god vor my bidden ... Item soverne alse Hinrik van Hacheden, mynes wyves broder sik sunder ansprak unde unbekummert hebben moghe, zo is dat myn wylle, dat em myne vormundere, solanghe alse he levet, yarlykes besorghen unde hantreken van mynen guderen 8 mark lubesch to syner vryen brukinghe.*

1600 S. im Anhang Delegierten-Netzwerk 21: Van Hachede.

8. Delegierte und Netzwerke

Bevor wir uns den Delegierten vom Johannistag 1418 in Lübeck zuwenden, sollen knapp unsere bisher gewonnen Einsichten zusammengefasst werden. Durch die Betrachtung des Konsortiums, das 1378 die Verwaltung der Schonenschen Schlössser übernahm, wurde deutlich, dass Ratsherren aus Lübeck und Stralsund, Verwandte und *vrunde*, sich zusammenschlossen. Es zeigte sich, dass Verwandtschaft und Freundschaft Ratsherren aus unterschiedlichen Hansestädten verband, gemeinsam verfolgten sie ihre Interessen. Im Blick auf die im Ausgangsbeispiel genannten Personen wurde eine Reihe von Fragen entwickelt, mit denen wir die Delegierten zu Hansetagen betrachteten. Zentral war dabei die leitende Frage nach den Bindungen zwischen den Ratsherren.

Die Delegierten eines wichtigen Hansetages, desjenigen vom Johannistag 1379, haben wir unter dieser Frage beobachtet. Dieser Hansetag wurde gewählt, weil er noch einmal die wichtigsten Akteure der Phase der Auseinandersetzung mit dem dänischen König versammelte und im Mittelbereich zwischen dem Beginn der Hansetage mit namentlicher Kennzeichnung der Delegierten (1358) und der Einsetzung eines revolutionären Rates in Lübeck liegt (1408).

Eingeschränkt wurde der Blick auf die Lübecker Delegierten dieses Tages, um von ihnen aus Netze zu erkennen. Für den als ersten auf dem Tag zu Johannis 1379 genannten Lübecker Delegierten, Jakob Plescow, konnten wir ein umfassendes Delegierten-Beziehungsnetz aufweisen, das nicht nur zahlreiche direkte und angeheiratete Verwandte umfasste, sondern auch wichtige Delegierte anderer Hansestädte, die geschäftlich mit ihm verbunden waren. Deutlich zeigte sich dann im Blick auf Schepenstede, dass diese Herren nicht nur mit anderen Ratsherren verwandtschaftlich und/oder geschäftlich verbunden waren. Ihre Netze bezogen wichtige Kaufleute mit ein. Exemplarisch wurden Mitglieder der hansischen Kaufmannselite vorgestellt, die wiederum Verbindungen zu Ratsherren und wichtigen Kaufleuten auch in anderen Hansestädten hatten. Dieses Netz erweitert sich noch wesentlich, wenn Plescows Cousin Simon Swerting und dessen vielfältigen verwandtschaftlichen und geschäftlichen Kontakte einbezogen wurden. Deutlich wurde immer wieder, dass die Verbindungen sich mehrfach kreuzten. Besonders fiel dieses bei den Herren auf, die von Gotland kamen, den Plescow, den Swerting, den Ghildehusen und Yborg. Aber diese Familien waren keine „Gotländer". Sie stammten ursprünglich aus anderen Regionen, wie sich am Namen der Yborg aus Iburg noch ablesen lässt.

Diese Mobilität ist wohl das wichtigste Charakteristikum der hansischen Elite. Sie war überaus deutlich für die Lübecker Delegierten zum Hansetag vom Juni 1379 festzustellen. Nur Segebodo Crispin war von den sieben Lübecker Delegierten dieses Tages ein gebürtiger Lübecker. Hermann van Ossenbrugge weist durch seinen Namen schon auf seine Heimatstadt hin: Osnabrück. Wahrscheinlich stammte auch Johan Lange von dort. Hartmann Pepersak kam aus Hildesheim, Johan Perceval aus Braunschweig. Jakob Plescow und Simon Swerting stammten aus Visby. Mit Yborg, der auch von Gotland kam, zeigte sich besonders deutlich die familiäre Vertretung: Schon sein Vater war als Delegierter Visbys auf einem Hansetag gewesen. Für die anderen Lübecker Delegierten war dieses nicht zu beobachten, wohl einfach deshalb, weil in der vorangegangenen Generation die Institution der Hansetage noch nicht voll entwickelt war. Aber sie alle - bis auf Perceval, dessen Verwandtschaft im Dunkeln liegt - teilten eine wichtige Eigenschaft mit Yborg: Sie entstammten Ratsfamilien.

Diese Beobachtung gilt durchgängig für die hier vorgestellten hansischen Delegierten. Den Aufstieg in die Lübecker Führungsschicht konnten wir in einigen Fällen genauer beobachten. Sowohl Niebur wie Pepersak folgten ihren Brüdern nach Lübeck. Diese hatten schon wichtige Verbindungen geknüpft. Im Blick auf Bernhard Niebur, den Bruder Johans, zeigte sich ein noch weiterer Horizont. Er zog nach Frankfurt am Main und wurde dort Ratsherr, während sein Frankfurter Schwager Salmensteen sich in Lübeck niederließ.

Vielfach bestanden schon familiäre Beziehungen zwischen Lübecker Ratsherren und Ratsherren in anderen Städten, wie wir es bei den Schepenstede feststellen konnten. Diese Netzbildung war nicht auf Lübeck beschränkt. Nachdem wir schon bei der Darstellung des Nieburschen Netzes die vielfältigen Verknüpfungen zwischen Lüneburger und Hamburger Herren aufweisen konnten, trat uns mit Jakob Holk aus Kolberg noch einmal deutlich die überstädtische Verknüpfung vor Augen. Holk stammte aus einer Kolberger Ratsfamilie. Sein Vater Vinzenz (I.) beteiligte sich an Hansetagen. Jakob Holk heiratete in die Lübecker Ratsfamilie Crispin ein und benannte seinen Sohn mit dem Leitnamen dieses Geschlechts (Segebodo). Holk wurde in den Lübecker Rat kooptiert. Er und sein Sohn wurden Mitglieder der exclusiven Zirkel-Gesellschaft in Lübeck. Dem Sohn schien eine große Lübecker Zukunft offen zu stehen. Der Umsturz von 1408 beendete diese Hoffnungen. Jakob und Segebodo Holk kehrten nach Kolberg zurück. Segebodo Holk wurde bald in den Kolberger Rat kooptiert. Er trat in die Fußstapfen seines Großvaters Vinzenz (I.) Holk wie seines Onkels Vinzenz (II.) Holk, die Kolberg auf Hansetagen vertreten hatten. Segebodo Holk erschien 1418 als Delegierter Kolbergs auf dem großen Lübecker Hansetag zu Johannis Baptista, während sein Vater 1405 Lübeck vertreten hatte.

Die unedierte reichhaltige Kolberger Stadtbuch-Überlieferung ermöglichte uns, verwandtschaftliche Beziehungen zwischen Kolberger, Greifswalder und Danziger Ratsfamilien aufzuzeigen. Es zeigten sich weiterhin Beziehungsnetze, die auch Ratsherren aus kleineren Städten einschlossen, die nur zeitweise Delegierte sandten. Im Blick auf Anklam, Salzwedel und auch Kolberg stellt sich von diesen Beobachtungen ausgehend die Frage, ob diese Städte nur solange Vertreter zu den Hansetagen schickten wie es familiäre und geschäftliche Beziehungen zu Ratsfamilien in führenden Städten wie Lübeck und Braunschweig gab.

Wir sahen, dass Ratsfamilien nicht nur in einer Stadt Ehe- und Geschäftspartner suchten. Engere Netze, die über längere Zeit immer wieder verknüpft wurden, konnten wir zwischen Ratsfamilien in Lübeck und Lüneburg, in Lüneburg und Hamburg wie in Stralsund und Greifswald aufzeigen. Lübeck als wichtiger Handelsmittelpunkt hatte große Anziehungskraft für Mitglieder von Ratsfamilien im gesamten Hanseraum. Eine beträchtliche Anzahl der Lübecker Delegierten stammte aus anderen Hansestädten, wie wir eingangs schon im Blick auf die Swerting feststellten.[1601] Immer

1601 Grundsätzlich ist zu bedenken, dass Mitgliedern von Ratsfamilien der Umzug in eine andere Stadt den Zugang zum Rat ermöglichte, wenn in ihrer Herkunftsstadt schon Vater oder Brüder im Rat saßen. Eine Kooptation war bekanntlich in den meisten Hansestädten nicht möglich,

wieder war im Blick auf die Delegierten ihre Herkunft anzusprechen. Wenn wir auch schon die Mobilität der Herren ansprachen, so ist doch eine wesentliche Einsicht aus unseren Untersuchungen für das Verständnis der Politik leitenden Interessen der Delegierten ebenso wichtig: Die Herren Delegierten entstammten mit großer Mehrheit Familien, die schon Mitglieder im Rat einer Stadt stellten. Wir haben diese Kontinuität in der Ratszugehörigkeit mit dem Begriff Ratsfamilien gekennzeichnet. Diese städteübergreifende soziale Zugehörigkeit führte zu Heiratsverbindungen. Mitglieder von Ratsfamilien aus anderen Städten konnten in Lübeck recht schnell in führende Familien einheiraten, wie wir an den Plescow, den Niebur und Jakob Holk gesehen haben. Andererseits wurden Töchter aus Lübecker Familien auch an Ratsherren in anderen Städten verheiratet, wie wir es für Lüneburg und Anklam beobachten konnten.

Unsere Betrachtung ging von Lübeck aus. Sicherlich sind verwandtschaftliche Bindungen zwischen Ratsfamilien in Hansestädten von anderen Städten aus ebenso deutlich zu beschreiben. Von den Lübecker Ratsfamilien hatten wir schon enge derartige Beziehungen besonders deutlich zwischen Lüneburg und Hamburg vorstellen können. Heiratsverbindungen machten auch deutlich, dass Lübecker Ratsfamilien nicht nur mit anderen Ratsfamilien Verbindung suchten: Töchter wurden mit wichtigen Kaufleuten, die Funktionen als Ältermänner in den Kontoren oder von Fahrervereinigungen (Flandernfahrer, Bergenfahrer) übernahmen, verheiratet. Die Beziehung zwischen dem Hansetag und den Kontoren ist also vor diesem sozialen Hintergrund sicher nicht als ein Unterordnungsverhältnis von Befehl und Gehorsam zu begreifen. Darauf deutet auch die fortschreitende Einbeziehung von Kontorsvertretern an Hansetagen hin.

Wenn wir abschließend die Zahlenverhältnisse betrachten, zeigt sich, dass die mit Lübecker Herren direkt oder indirekt verwandtschaftlich und/oder geschäftlich verbundenen Herren von der Mitte des 14. Jahrhunderts bis zum Lübecker Umsturz von 1408 etwa ein Drittel aller Delegationen ausmachte. In einer Übersicht sind wichtige Herren aus Hamburg, Lübeck, Lüneburg und Greifswald mit ihrer Teilnahme an Hansetagen und Verhandlungen zusammengefasst.[1602] Aus diesem Spiegel geht deutlich die jahrelange gemeinsame Vertretung zwischen den 60er Jahren und den 80er Jahren des 14. Jahrhunderts der verwandtschaftlich und geschäftlich verbundenen Herren Plescow (Hinrik, Johan II., Jakob), Bernhard Oldenborg, Arnold Lange, Arnd vam Sunde, Hermann van Wickede, Simon Swerting und Hermann van Ossenbrugge hervor. Zusätzlich ist an die vielfachen Vertretungen der Herren Arnd Kröpelin und Bertram Wulflam zu erinnern.

---

wenn direkte Familienmitglieder schon im Rat waren.

1602 S. im Anhang: Mehrfache Teilnahme an Hansetagen (1358-1390). Abkürzungen unter Stadt: Greifswald = HG, Hamburg = HH, Lübeck = HL, Lüneburg = LB.

B Der Hansetag zu Johannis Baptista 1418

Zu Johannis Baptista 1418 versammelten sich in Lübeck 52 Delegierte aus 31 Städten.[1] Auch das Brügger Kontor beteiligte sich mit drei Vertretern. Unter den Herren befanden sich Delegierte aus Städten, die relativ selten auf Tagen zu finden sind, so aus Köln und den westfälischen Städten Osnabrück und Münster wie auch aus Buxtehude, Stade, Salzwedel, Stargard und Stendal. Sicherlich resultierte diese besonders aktive Beteiligung aus den Problemen um das „Haupt der Hanse" in den vorangegangenen Jahren. Durch die Einsetzung des Neuen Rates in Lübeck 1408,[2] der sich bis 1416 gegen vielfältige Interventionen halten konnte, war die Bedeutung Lübecks für die politische Willensbildung in der Hanse unübersehbar deutlich geworden. Deshalb wurden auf diesem Hansetag auch grundsätzliche Bestimmungen zur Zulassung zu den Beratungen und für künftiges Verhalten bei innerstädtischen Auseinandersetzungen getroffen, um in Zukunft hansische Politik durch derartige Probleme nicht mehr zu gefährden.[3] In unserem Zusammenhang ist die wichtigste Bestimmung, dass künftig nur noch geschworene Ratsherren als Vertreter der Städte akzeptiert wurden.[4] Allerdings zeigte unsere Untersuchung der Delegierten im 14. Jahrhundert, dass im Wesentlichen dieser Grundsatz schon vorher galt.

Aus der Karte werden die Städte ersichtlich, aus denen Delegierte gekommen waren.[5] Von den Herren hatten wir schon einige kennengelernt: Adolf Bruwer aus Köln war Testamentsvollstrecker des Hinrik Kok, des Bruders des Lübeckers Johan Grote. Der Englandfahrer Bruwer war auch mit den Stockholmer Wulfard verbunden und handelt in diesen Raum.[6] Schon 1401 war Bruwer in Lübeck gewesen.[7] Simon van Urden, Sohn des Lübecker Ratsherrn Conrad van Urden, war nach Stralsund gezogen und vertrat 1418 diese Stadt. Auch Mitglieder der Dortmunder Ratsfamilie Hengstenberg, von denen Caesar auf diesem Tag anwesend war und sich besonders gegen den Beschluss wandte, dass nur Bürger einer Hansestadt an den Privilegien teilhaben sollten,[8] waren uns schon begegnet. Ebenso hatten wir schon Segebodo Holk kennengelernt, der in Lübeck geboren worden war und jetzt Kolberg vertrat. Hinrik Rubenow und Johan Hilgheman aus Greifswald wie auch Johan Burow aus Stralsund hatten wir schon in ihren Verbindungen gesehen. Ob die auf diesem Tage genannten Herren Gerd Below aus Wismar und Nicolaus Below aus Greifswald ver-

---

1 Der im Rezess als letzter aufgeführte Vertreter Soests kam zu spät und konnte sich an den Beratungen nicht beteiligen. Zu den Namen und der Reihenfolge s. die chronologische Übersicht im Anhang.

2 S. PITZ, Bürgereinung, S.125ff. und POECK, Rituale, S.178ff.

3 S. zu den einzelnen rechtlich verbindlichen Schritten zuletzt PITZ, Bürgereinung, S.126ff.

4 S. HR 1,6, Nr.557 und zur Abgrenzung zu den Notaren HR 2,3 Nr.288 §10,11 und PITZ, Bürgereinung, S.53, S.146ff. Zu dem „Im Eide sitzen" s. POECK, Rituale, passim. So durfte beim Lübecker Tag vom 12. März 1441 der Breslauer Vogt Nicolaus Cremer nicht unter den Delegierten sitzen, da er kein *gesworen radman* war, s. HR 2,2, Nr.352.

5 S. Karte 2: Zu Johannis 1418 durch Delegierte vertretene Städte.

6 S. JENKS, England, S.869.

7 S. KOPPE, Lübeck-Stockholm, S.274f.

8 S. HR 1,6 S.535, S.549, S.595f. und HR 1,7, S.13ff.

wandt waren, bleibt zu untersuchen, wie auch die Frage, ob sie mit der gleichnamigen Kolberger Ratsfamilie zusammenhingen. Der Vertreter Münsters, Ratsherr Johan Schenking hatte höchstwahrscheinlich familiäre Beziehungen nach Lübeck. Er war wohl mit dem Mitglied des Neuen Rates in Lübeck, Hinrik Schenking, verwandt.[9] Allerdings soll im Folgenden nicht von diesen uns schon bekannten Beziehungen ausgegangen werden, sondern wir wollen im Blick auf andere Herren unsere Betrachtung der Verbindungen zwischen Delegierten verfolgen. Wiederum soll auch für die Nachzeichnung von Netzwerken der zu Johannis 1418 versammelten Delegierten von den Lübecker Vertretern ausgegangen werden, um von ihnen aus die Verbindungslinien vorzustellen. Die Auswahl der Lübecker Delegierten zu diesem Hansetag war noch von den vorangegangenen Problemen in der Stadt und ihrer Lösung geprägt. Nach der Einigung zwischen dem revolutionären Neuen Rat und dem Alten Rat im Jahre 1416 waren nämlich einige Mitglieder des Neuen Rates im Rat verblieben und einige Herren wieder eingesetzt worden, die schon vor 1408 in den Rat kooptiert worden waren.

9 Schenking ist mehrfach in Zusammenhang mit den Travelman und den Kerkring, die aus Münster kamen, zu sehen.

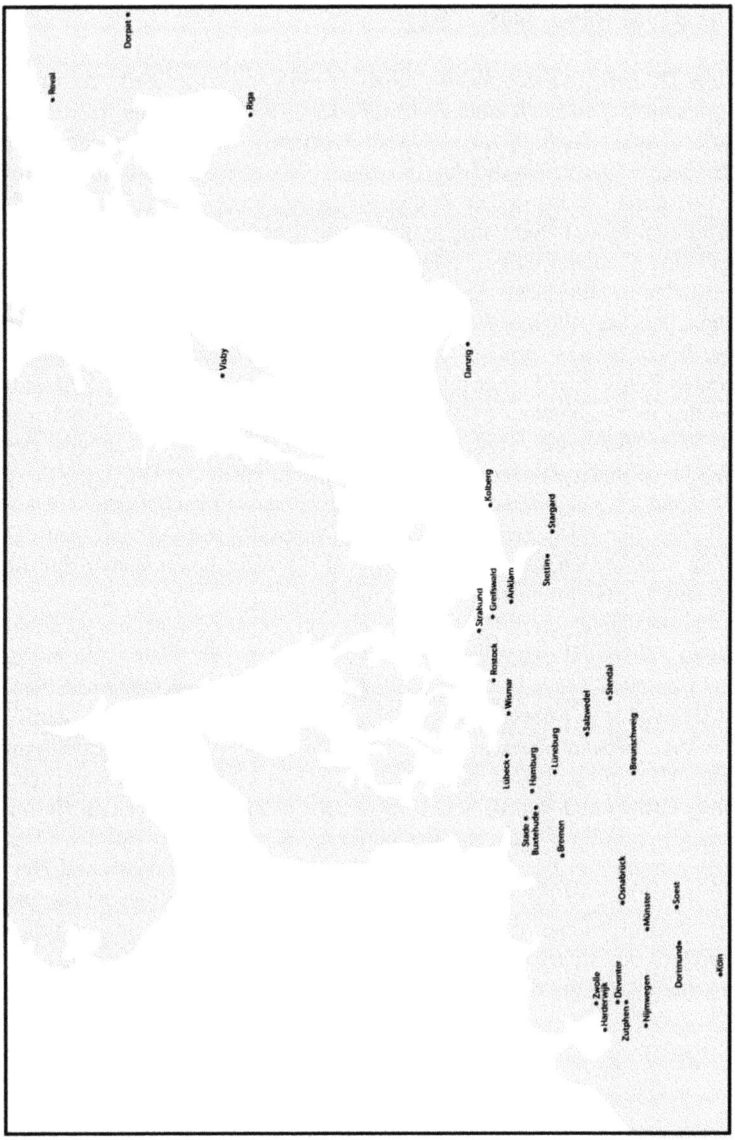

Karte 2: Zu Johannis Baptista 1418 durch Delegierte vertretene Städte

1. Delegierte des Neuen Rates (1408 - 1416)

Bevor wir uns Thidemann Steen, der zu Johannis 1418 an letzter Stelle der Lübecker Vertreter genannt ist, und den anderen Mitgliedern des Neuen Rates zuwenden, die als Delegierte Lübecks auch noch nach 1416 erschienen, wollen wir einen Blick auf die Lübecker Vertreter werfen, die nur zwischen 1408 und 1416 auf Hansetagen auftraten. Die Auflistung der Hansetage in dieser Zeit zeigt uns einige Besonderheiten. An erster Stelle ist festzuhalten, dass in den ersten drei Jahren nach dem Auszug des Alten Rates keine Versammlung in Lübeck stattfand. Erst im Juli 1411 traf man sich wieder in der Travestadt. Beim Treffen vom Juli 1410 in Wismar waren Delegierte des Neuen Lübecker Rates anwesend. Es handelt sich um Hermann van Alen und Eler Stange, die im Rezess an erster Stelle genannt sind.[10] Allerdings wurden die Vertreter des Neuen Rates, Eler Stange und Thidemann Steen, 1412 zu den Verhandlungen in Lüneburg nicht zugelassen. Dieses weist auf die schwierige Position der Delegierten des Neuen Rates hin. Für uns stellt sich im Blick auf die Mitglieder des Neuen Rates in Lübeck nach unseren bisherigen Beobachtungen die Frage, ob diese Herren wirklich *homines novi* waren oder ob sie nicht verwandtschaftlich und geschäftlich mit bisher führenden Familien in Lübeck und/oder mit Angehörigen der Kaufmannselite in anderen Städten verbunden waren. Dabei wollen wir auch auf die Chancen ihrer Nachkommen im hansischen Raum achten.

Von den Lübecker Delegierten waren Hermann van Alen und Eler Stange direkt mit der Einsetzung 1408 zu Bürgermeistern gewählt worden. Van Alen nahm bis zu seinem Tode 1411 an zwei Tagen im Jahr 1410, nämlich im Juli in Wismar und beim Münzrezess im Dezember in Lübeck teil. Eler Stange, der 1418 „hochbetagt" starb,[11] beteiligte sich an drei Versammlungen, zweimal an den schon genannten gemeinsam mit Hermann van Alen und weiterhin noch im Juli 1411 in Lübeck. Auf zwei Tagen waren noch Johan Growe und Hinrik Sobbe anwesend, während die übrigen Herren des Neuen Rates nur jeweils einmal auf Versammlungen erschienen: Borchard van Hildensem im Dezember 1410 in Lübeck, Hartwich Krukow, Gerd Mars und Hermann Vinke im Juli 1411 in Lübeck, Marquard Schutte, Hinrik Schonenberg und Hinrik Melberg neben Thideman Steen bei den Verhandlungen mit dem dänischen König und Vertretern des Lübecker Alten Rates 1416 in Kopenhagen. Wenden wir uns Herren des Neuen Rates zu, die als Vertreter Lübecks auf Hansetagen erschienen.

---

10 Deutlich wiesen die Mitglieder des Neuen Rates Eler Stange und Thideman Steen die Aufforderung zur Beilegung des Streites in Lübeck zurück. Sie betonten, dass es auf dem Hansetag um Probleme der Hanse ginge: *umme der stede unde copmans zake* Deshalb wären sie gekommen *umme des copmans besten willen, de beide to lande unde to watere*. Vgl. HR 1,6, S.54.

11 S. FEHLING, Ratslinie, Nr.449.

1.1 Eler Stange

Eler Stange war „einer der eifrigsten und leidenschaftlichsten Wortführer der gegen den Alten Rat auftretenden Bürger."[12] Er wurde 1408 zum Bürgermeister gewählt und vertrat die Politik des Neuen Rates auch vor dem Hofgericht zu Heidelberg und 1416 in Kopenhagen bei König Erich. Stange wurde nicht in den Kompromissrat von 1416 übernommen. Sein Testament vom April 1418, also zwei Jahre nach seinem Ausschluss aus dem Rat verfasst, gibt uns wichtige Hinweise auf sein familiäres Umfeld und zeigt die Personen seines Vertrauens. Seine Frau Gertrud wird als verstorben erwähnt. Es ist unklar, aus welcher Familie sie stammte.[13] Das Haupterbe ging an Stanges Sohn Johan.[14] Eler Stange gab testamentarisch seinem Bruder Johan dreißig Mark und dessen Sohn zwanzig Mark. Weiterhin wurde auch die Tochter seines Bruders bedacht.[15] Eine Tochter von Stanges Schwester war mit einem Castorp verheiratet, wohl mit Gerd Castorp.[16] Als Testamentsvollstrecker setzte Stange ein: *Engelen Hagelstene, Bertold Herentrey, Johan Stangen, mynen broder, Gerd Castorpe unde Johanse, mynen sone.*[17]

Wenden wir uns Stanges Provisoren zu. Ihnen brachte er großes Vertrauen entgegen. Es ist anzunehmen, dass er auch mit deren näherem Umfeld bekannt war. Diese Vermutung bestätigt sich sogleich im Blick auf den ersten von ihm benannten Testamentsvollstrecker. Engelke Hagelsten stand in engen Beziehungen zum Ratsherrn Arnd Sparenberg, der ihn in seinem Testament vom 14. Juli 1385 als Vollstrecker gemeinsam mit Eler Stange benannte.[18] Hagelsten stammte aus Kamen[19] und hatte bis

---

12 S. FEHLING, Ratslinie, S.57.

13 Vgl. AHL, Testamente Eler Stanghe, 4. April 1418: *Item so wil ik, dat men schal maken 1 mark gheldes to dem Hilgen Gheste, dar me myner unde myner husvrouwen Gertrud vor denke... unde ok na deme sermone.* Die folgenden ausführlichen Nachweise aus den Lübecker Testamenten der ersten Hälfte des 15. Jahrhunderts sind aus den Transskriptionen geschöpft, die Gunnar Meyer (Kiel) erstellt hat. Für die Überlassung der Transskriptionen sei ihm ganz herzlich gedankt.

14 EBD.: *Item al myn andere overscheryge gud, bewegelik unde unbeweghelik, id sy, welkerleye id sy, geve ik Johanse, mynem sone ...*

15 EBD.: *Item mynem brodere Johan Stangen geve ik 30 mark unde Hanse, synem sone, geve ik 20 mark. Item weret, dat Katherine, mynes broder dochter, to manne beraden worde, so geve ik er de 3 boden, de ik hebbe ...*

16 EBD.: *Item scholen myne vormundere myner suster to der gantzen tyd eres levendes yewelkes yares geven 5 mark lubesch. Item myner suster manne unde Abelken Castorpes, myner suster dochter, unde Tymmeken, eren brodere, yewelken geve ik 5 mark. Item geve ik Hinrike Planken, myner suster sone, 10 mark.*

17 Werneke van Dortmund gab in seinem Testament von 1419 an die Kirchen in Wattenscheid und Castorp, und er vermachte dem *her* Hinrik Castorp 200 Mark, vgl. AHL, Testamente, Werneke van Dorpmunde, 16. September 1419: *Item geve ik 5 rinsche guldene in dat godeshus to Wattenschede. Item geve ik in dat godeshus to Castorpe 2 rinsche gulden. Item geve ik Beaten, myner zuster dochter, 10 mark. Item geve ik Hinrike, minem brodere, 10 mark. ... Item geve ik Lutten, mines broder dochter, 5 mark. Item geve ik her Hinrike Castorpe 200 mark.*

18 Vgl. AHL, Testamente, Arnd Sparenberch, 9. November 1401: *Mine vormundere kese ik hern Bernd Plescowen, Reyneken Ratelband, Eler Stanghen, Hartwich Kopman unde Borchard van Hildensem, den jungheren, minen swagher.*

19 Vgl. AHL, Testamente, Engelke Haghelsten, 25. Juni 1428: *Item tho Kamen in Westfalen geve ik*

1395 eine Handelsgesellschaft mit Sparenberg. Auch Arnd Sparenberg kam aus Kamen.[20] Er war mit dem herausragenden Stockholmhändler Nicolaus van Camen verwandt.[21] Sparenberg arbeitete eng mit seinem auch aus Kamen stammenden „Freund", dem Ratsherrn Arnold Suderland, zusammen.[22] Zu 1394 erfahren wir nicht nur, dass Hagelsten und Eler Stange gemeinsame Geschäfte betrieben,[23] sondern auch, dass Stange *thorifex* (Harnischmacher) war.[24] In gemeinsamen Geschäften mit Abraham Brodersson, Herbord van der Linden und Borchard van Hildensem sehen wir Stange und Hagelsten auch 1401,[25] 1408 nur Hagelsten mit *dominus* Borchard van Hildensem und Johan van Hachede, dem Sohn des Ratsherrn Hinrik van Hachede,[26] schließlich Hagelsten und van Hildensem 1409.[27] Noch in seinem Testament vom Januar 1418 sprach Hagelsten von einer *selschop* mit Bernhard Plescow, dem Sohn des gleichnamigen Ratsherrn.[28] Ratsherr Bernhard Plescow hatte nicht 1408 mit dem Alten Rat die Stadt verlassen. Er war 1412 in Lübeck verstorben.[29] Der Frau Telse des Ratsherrn überließ Hagelsten testamentarisch noch zehn Mark.[30]

Auch mit Johan Dartzow aus Riga, der sicherlich mit der gleichnamigen Lübecker Ratsfamilie verwandt war, stand Hagelsten in vertrautem Kontakt. 1421 wurde Hagelsten von Johan Dartzow *van der Righe*,[31] als Provisor gemeinsam mit dem

---

10 rinsche gulden in de kerspelkerken to dem buwe und gheve darsulves in den Hilgen Gheist 5 rinsche gulden.

20 Vgl. SIMON, Niederstadtbuch, S.902,3 (1395 Vitalis): *Notandum, quod Arnoldus Sparenbergh presens libro recongnovit, quod Enghelkinum Haghelsten ab omni impeticione racione societatis, contraposicionis et omnium aliarum occasionum nomine et impeticionum habitarum usque in hodiernum diem dimitteret penitus et omnino quitum et solutum.* Zur Herkunft aus Kamen s. KOPPE, Lübeck-Stockholm, S.179.

21 Koppe beschreibt diesen als „glänzendste Gestalt" der jüngeren Stockholmhändler Lübecks, s. KOPPE, Lübeck-Stockholm, S.177. Verwandte lebten in Werl in Westfalen und in Stockholm. EBD.

22 Suderland war mit den van Hovele in Dortmund verwandt, s. KOPPE, Lübeck-Stockholm, S.181.

23 Dieses taten sie auch 1397, und wiederum war Hagelsten der Schuldner, vgl. SIMON, Niederstadtbuch, S.971,4 (1397 Palmarum): *Notandum, quod Engelkinus Haghelsteen presens huic libro recognovit se teneri Margarete relicte Nicolai Peperkornes et Elero Stangen ad fidas manus nomine eiusdem Margarete in 150 mr dn Lub. ...*

24 Vgl. SIMON, Niederstadtbuch, S.883,5 (1394 Vincula Petri): *Notandum, quod Enghelke Haghelsten et Elerus Stanghe thorifex presentes libro recongnoverunt se teneri coniuncta manu Hinrico Wenkesterne in 214 mr Lub dn in festo beati Jacobi apostoli maioris proximo futuro persolvendis, sed Enghelke Haghelsten tenebit Elerum Stanghen in hoc contractu indempnem.*

25 Vgl. AHL, Niederstadtbuch zu 1401 Cathedra Petri.

26 Sie schuldeten Gerhard Palmedag 100 Mark, vgl. AHL, Niederstadtbuch zu 1408 Conceptio Marie.

27 Vgl. AHL, Niederstadtbuch zu 1409 Abdon et Sennen.

28 Dessen Vetter war Jordan Plescow, einer der Wortführer des Alten Rates in den Auseinandersetzungen um die rechte Herrschaft in Lübeck zwischen 1408 und 1416.

29 S. LUTTERBECK, Rat, S.336. Vgl. AHL, Testamente, Enghelke Haghelsten, 9. Januar 1418: *Item Bernd Plescowen geve ik qwiit wedderlecghinge unde selschop, de ik myt eme hebbe.*

30 EBD.: *Item Hermanne, myme brodere, gheve ik 5 mark unde islikem syner kindere gheve ik 5 mark. Item Beken, Hinrikes Grypeshorns dochter, geve ik 100 mark penninge, unde Telsen Plescowen geve ik 10 mark.*

31 Als Provisoren benannte Johan Dartzow aus Riga neben Hagelsten und Everd Moyelke, Gerwin Ummenberg und Johan Barenbrugge, vgl. AHL, Testamente, Johan Dartzouwe van der Ryghe,

ehemaligen Mitglied des Neuen Rates Everhard Moyelke eingesetzt. Johan Dartzow gab in seinem in Lübeck abgefassten Testament an seine Verwandten aus der Ratsfamilie Dartzow in Riga[32] wie an den Rigischen Ratsherrn Wolter Rode Legate aus seinem Besitz in Wismar.[33] Dabei nannte er als Gewährsmann für seinen Wismarer Besitz den dortigen Ratsherrn Hinrik van Haren.[34]

Der von Dartzow als Provisor benannte Everhard Moyelke, der durch die Stiftung eines Armenhauses für inneren Frieden in der Stadt und sein Seelenheil sorgte, amtierte als Ratsherr von 1408 bis 1416.[35] Er wählte 1413 in seinem Testament als Provisoren die Ratsherren Thideman Steen, Johan Schonenberg, Hinrik Kröpelin und die Bürger Johan Bussow und Hinrik Wintzenberg.[36] Bussow war Moyelkes Schwager.[37] Zum Testamentsvollstrecker wurde Moyelke auch benannt von den Ratsherren

---

29. Mai 1421. Dartzow wurde im Oktober 1419 von Gerwin Ummenberg als Provisor benannt, vgl. AHL, Testamente, Gherwyn Ummenbergh, 23. Oktober 1419. Ummenberg kam wohl aus Dorpat und hatte Verwandte in Pernau: *Item to Darpte to Unser Leven Vrowen, to sunte Johanse, to den swarten monniken unde to des Hilgen Ghestes kerken gev ik to isliker stede 5 mark rigesch, alle to dem buwe. Item to dem buwe sunte Jacobs kerken to Darpte geve ik 2 mark righesch. Item darsulves tho sunte Katherinen kerken geve ik 2 mark rigesch to dem buwe, unde den beghevene juncvrowen in dersulven kerken geve ik samentliken 4 mark rigesch, isliker ere deel darvan in de hand to donde, uppe dat se god vor my bidden. Item to sunte Jurien to Darpte geve ik 1 mark rygesch to dem buwe, unde den elenden seken darsulves geve ik 4 mark rigesch. ... Item isset, dat Hinrik Elkens, wonaftich to der Pernowe, unde Cord van dem Brinke, myne ome, beyde leven mynen dot, so geve ik islikem 100 mark lubesch, unde Cordes suster geve ik 10 guldene, levet se mynen doet ...* Ob der hier genannte Cord van dem Brinke mit den Brüdern Johan und Werner van dem Brinke in Lübeck oder dem Stockholmer Gerhard van dem Brinke verwandt war, bleibt zu prüfen.

32 Die Rigischen Dartzow waren im 14. Jahrhundert noch mit denen in Lübeck verbunden, s. EHRHARDT, Familie, S.125.

33 Vgl. AHL, Testamente, Johan Dartzouwe van der Ryghe, 29. Mai 1421: *2 erve* [in Wismar] *gheve ik na myme dode her Wolter Roden kinderen, oft se id leven.* [Zwei weitere Erben in Wismar] *geve ik Hinric Dartzowen, her Cord Dartzowen sone, de to Wenden in Lyfflande gheboren is. Item so gheve dessem sulven Hinrike, isset, dat he levet mynen dot, myne schipkisten, mynen noppensak, alle myne bedde want, alze dekene, lakene unde myne besten 2 boke, dit scolen em myne vormundere senden an her Wolter Roden to der Righe.*

34 EBD.: *Item myne 48 mark jarliker rente, de ik hebbe tor Wismer in veer husen, alse dar der stad bok utwiset unde her Hinrik van Haren wol wet, wor se beleghen synd, de geve ik hern Wolter Roden kinderen tor Ryghe, de van mynes broders hern Hinrik Darsouwen dochter gheboren synd. Myne vormundere kese ik Evert Moyelken, Engelken Haghelsteen unde Johan Varenbrugghen.* Ob es ein Verwandtschaftsverhältnis zum gleichnamigen Stralsunder Ratsherren gab, der am Hansetag vom April 1440 in Stralsund beteiligt war, ist noch aus den Stralsunder Stadtbüchern zu klären.

35 S. FEHLING, Ratslinie, S.59.

36 Vgl. AHL, Testamente, Everhard Moyelke, 25.1.1413: *Mine voremundere kese ik her Tideman Sten, her Johanne Schonenberghe, her Hinrik Cropelin, Hans Bussowen und Hinrik Wintzenberg.*

37 Everd Moyelke sprach in seinem Testament seine Verwandtschaft mit Johan Bussow an. Mit seinem Neffen Gereke Bussow hatte Moyelke eine Handelsgesellschaft, vgl. AHL, Testamente, Everhard Moyelke, 25.1.1413: *Item Hans Bussowen, mynem zwager, geve ik myn horn mid sulvere beslaghen. Item geve ik Gereke Bussowen, myner zuster zone, veftich lub mark tovoren, darane aftoslande allent, dat ik em schuldich byn unde dat he myd my heft.* Wie genau Verwandtschaftsbeziehungen bezeichnet wurden, zeigt sich in dem Testament des Lambert Pape. Er

Amelius Luchow,[38] Thideman Steen,[39] von den Bürgern Hinrik Arndes,[40] Hinrik Brand[41] und dem ehemaligen Stader Nicolaus Sworne.[42] Auch der Flandernfahrer und Brügger Ältermann Wintzenberg vertraute Moyelke und benannte ihn als Provisor gemeinsam mit dem Ratsherren Albert van der Brugge.[43] Hinrik Wintzenberg war 1404 gemeinsam mit Klaus Warendorp in Brügge Ältermann des lübisch-wendischen Drittels. Mit ihnen amtierten für das westfälisch-preußische Drittel Thideman Swarte und Rotger Hetveld und für das gotländisch-livländische Gerd Lenzendik, Frank van der Nyden und wahrscheinlich noch Meinard Menking.[44] Menking wurde 1410 in den Revaler Rat gewählt und starb 1414. Im März 1405 hielt er sich in Lübeck auf.[45]

Der Brügger Ältermann Thideman Swarte war ein Sohn des Dortmunder Ratsherrn Nicolaus Swarte und stieg selbst auch 1398 in den dortigen Rat auf.[46] Gerd Lenzendik stammte aus Soest, zog nach Dorpat um und starb 1440 in Brügge.[47] Er war auch 1416 Ältermann in Brügge und vertrat noch 1437 das Kontor bei Verhandlungen in Deventer.[48] Lenzendik tätigte vielfach Geschäfte mit den Veckinghusen.[49] Hinrik Wintzenberg war mit Geseke Paal verheiratet, einer Tochter des Flandernfahrers Everhard Paal, der in enger Beziehung zu Dülmen stand und mit Bernhard Vrowdenrik zusammenarbeitete.[50] Wintzenbergs Nichte, die Tochter des Bernhard Paal, heiratete einen Lemgoer Ratsherrn.[51]

---

bestimmte: *Mine vormundere kese ik Hinrike Schonenberch, Johanne Witmund, Hildebrande Meyer unde Hanse Bussowen, myner husvrowen swagher* ... Schenkenberg erscheint auch als Provisor in den Testamenten der Brüder Hinrik und Gerd Bussow, vgl. AHL, Testamente, Hinrik Bussow, 27. März 1409 und Gerd Bussow, 24. März 1411. Hinrik Bussows Frau war mit Thideman Castorp verwandt. Er war ihr *oem* und schuldete zur Zeit der Testamentsausstellung noch Teile des Brautschatzes: *Item sy witlik, dat mi mit minem wive Tylseken wart ghelovet tho brutschatte 350 mark, des brutschattes hebbe ik entfanghen 170 mark, unde ere oem Tideman Castorp is dessulven brutschattes noch schuldich 100 mark unde 80 mark.*

38 Vgl. AHL, Testamente, Mylies Luchouwe, 17. Mai 1406: *Mine vormundere keyse ik Johanne Schonenberghe, Peter Nyenborghe, Everde Moyelken unde junghen Borcharde van Hyldensem.*

39 Vgl. AHL, Testamente, Tideman Sten, 24. Mai 1409.

40 Vgl. AHL, Testamente, Hinrik Arndes, 1. September 1421.

41 Hinrik Brand hatte einen Cousin namens Meino Sankenstede in Lüneburg. Er war der Sohn seiner mütterlichen Tante. Zu Meino Sankenstede, der mit der Tochter des Lüneburger Ratsherren Ludolf Töbing verheiratet war, s. unten S.392,430 Vgl. AHL, Testamente, Hinrik Brandes, 6. September 1429: *Item Meyneken Senkensteden, myner moder suster sone to Luneborch wonende geve ik by nascreven beschedinghe 200 mark lub, unde sinen vulbroderen unde vulsusteren, de werlik sint, geve ik desghelykes by beschede islikem 50 mark lub.*

42 Vgl. AHL, Testamente, Clawes Swoorne, 20. April 1431.

43 Vgl. AHL, Testamente, Hinrik Wyntzenberch, 16. Mai 1415: *Mine vormundere keyse ik hern Everd Moyelken, hern Albert tor Brucgen, Hinrik up dem Orde unde Johannes Gherwer.*

44 S. DIERCK, Älterleute, S.101.

45 Vgl. HR 1,5 Nr.225, §7.

46 S. DIERCK, Älterleute, S.235.

47 S. DIERCK, Älterleute, S.167 und sein Testament HUB 8, S.285ff.

48 Vgl. HR 1,1 Nr.210, HR1,6, Nr.332.

49 Vgl. STIEDA, Briefwechsel, Nrn.272, 290, 294, 301, 332, 368, 382, 389, 396, 453, 499. Zur Verwandtschaft s. HUB 7,1 S.408, S.444.

50 S. ASMUSSEN, Flandernfahrer, S.876.

51 S. S.464.

Neben der engen Verbindung zur Familie des Ratsherrn Bernhard Plescow ist für Hagelsten auch eine ebenso deutliche zur Familie des Borchard van Hildensem festzuhalten.

Netz 73: Engelke Hagelsten

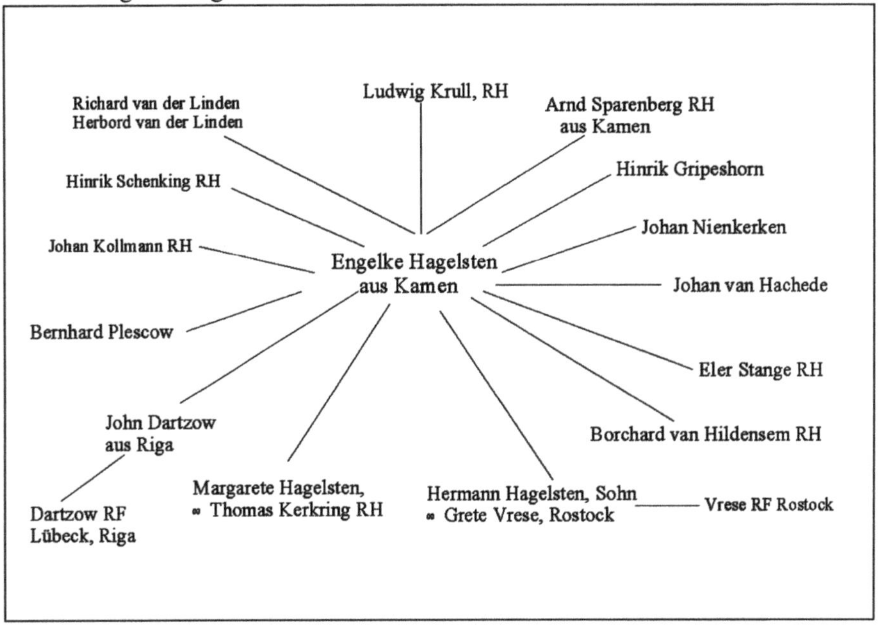

Testamentarisch bedachte er nämlich auch die Schwiegertochter des Ratsherrn Borchard van Hildensem.[52] Seine Tochter Margarete verheiratete Hagelsten mit dem Ratsherrn Thomas Kerkring, der von 1428 bis 1451 amtierte.[53] Hagelstens Sohn Hermann verband sich mit der Tochter Grete des Rostocker Ratsherrn Ludeke Vrese aus der gleichnamigen Ratsfamilie, die mit Hinrik und Hermann Vrese im 14. Jahrhundert Delegierte gestellt hatte.[54] Als Testamentsvollstrecker setzte Hagelsten neben dem Ratsherrn Ludwig Krull die Bürger Hinrik Schenking, der von 1408 bis 1416 im Neuen Rat gesessen hatte, Hinrik Grypeshorn,[55] Hans Nienkerken und Johan Kollmann ein.

52 Hagelsten hinterließ *Greteken, Borchardes wyve van Hildensem*, fünf Mark. Es handelte sich um die Frau des Sohnes des Ratsherrn, vgl. AHL, Testamente, Enghelke Haghelsten, 9. Januar 1418.

53 S. FEHLING, Ratslinie, S.71.

54 Vgl. AHL, Niederstadtbuch zu 1447 Pasce: *Her* Ludeke Vrese *ratman to Rostok unde Jochim Witte borger darsulves* als Vormünder der Frau Grete, Tochter des Ludeke Vrese und Witwe des Hermann Hagelsten, *up ene siden* setzen sich mit *de olde* Bertram Luneborg, Hinrik Constin und Marquard Mattes als *testamentarii* des Hermann Hagelsten auseinander.

55 Auch zur Familie Grypeshorn bestanden engere Verbindungen. Hagelsten vermachte der Tochter des Hinrik Grypeshorn, namens Beke, 100 Mark, vgl. AHL, Testamente, Enghelke Haghelsten, 9. Januar 1418. 1411 wurde Hinrik Grypeshorn als Hagelstens *swagerus* bezeichnet, vgl. AHL, Niederstadtbuch zu 1411 Oculi. Grypeshorn gehörte mit dem Ratsherrn Jordan Plescow

Während Ludwig Krull zu dieser Zeit noch im 1416 neu geformten Rat saß, musste der zuletzt genannte Johan Kollmann diesen in jenem Jahr verlassen. Kollmann war Schonenfahrer[56] und gehörte gemeinsam mit Stange von 1414 bis 1416 dem Neuen Rat an. Er war mit einer Tochter des Hinrik Boytin verheiratet.[57] Als Vormünder setzte Kollmann 1415 neben anderen das Mitglied des Neuen Rates Ludeke Niestad, den künftigen Ratsherrn Johan (I.) Bere und Franziskus Boytin ein.[58] Kollmann arbeitete mit Tideke van Celle und Helmich van Celle zusammen.[59]

Diese stammten sicherlich aus Celle, woher auch die Kollmann kamen.[60] Auch Ludeke van Celle, dessen Bruder Mönch im Aegidienkloster zu Braunschweig war, setzte Kollmann als Provisor ein.[61] Kollmans Sohn Johan wurde 1428 Ratsherr und 1443 Bürgermeister.[62] Er nahm 1440, 1441 und 1442 an Hansetagen in Lübeck und Stralsund teil wie auch vielfach an Verhandlungen.

---

und Diderik van Nodelen zu den Provisoren des Wilhelm Schonewedder. Dieses wird deutlich aus einer Schuldanerkenntnis der Hinrik Vlederman, Jakob van Hachede und Kersten Volle über 318 Mark bei Grete, der Witwe Schonewedders. Vgl. AHL, Niederstadtbuch zu 1439 Quasimodo geniti.

56 Eine besondere Verbindung mit Schonen wird auch noch in seinem Testament deutlich, vgl. AHL, Testamente, Johan Colleman, 30. August 1415: *Item uppe Schonen in sunte Olaves kerken geve ik to wine unde to oblaten 8 ß grote. Item geve ik to der broderschop sunte Jurgens tho Valsterboden in sunte Gertruden kerken 5 ß grote. Item her Hildebrande, de dersulven broderschop cappellan is, dem geve ik 5 ß grote, dat he truwelike vor my bidde.*

57 S. Fehling, Ratslinie, S.65. Er bedachte auch einen Schwager, der wie der Schwiegervater hieß und wohl Priester war, in seinem Testament: *Item her Hinrik Boytine geve ik 5 mark unde wil, dat em mine vormundere utrichten de tiit sines levendes jewelkes jares 10 mark ... so langhe, als he levet*, vgl. AHL, Testamente, Johan Colleman, 30. August 1415.

58 Vgl. AHL, Testamente Johan Colleman, 30. August 1415: *Mine vormundere keise ik her Ludeken Nyenstade, Hans Beren, Cord Brand, Brand van Ghetelen, Franciscus Boytin unde Tideken van Celle.* Der Schmied Cord Brand setzte in seinem Testament vom 22. Mai 1419 ebenso Kollmann als Vormund ein: *Mine vormundere kese ik Johanne Koleman, Hermanne Ritterman, Tideken Koleman unde Herman Brande, mynen broder.* Vgl. AHL, Testamente Cord Brand, 22. Mai 1419. Auch Brand van Ghetelen benannte Kollmann als Provisor: *Mine vormundere kese ik hern Detmare van Thunen, Johanne Koleman, Corde van Ghetelen, mynen broder, unde Ludeken van Ghetelen, mynen oem.* Vgl. AHL, Testamente, Brand van Ghetelen 25. April 1421. Hermann Ritterman schuldete zu Pfingsten 1432 der Witwe des Ratsherrn Hermann (II.) Yborg 106 Mark, vgl. AHL, Niederstadtbuch zu 1432 Pentecostes.

59 Vgl. AHL, Testamente 30. August 1415: *Item Tideke van Celle, minem ome, levet he minen doet, so gheve ik em 50 mark lub. Item heft Hans Vreden, myn oem, myn gheld, de helfte van minem dele, de geve ik em qwyd. Weret ok, dat he van mi ghescheden were alse van der selschop wegen unde levede minen doet, so geve ik em 40 mark. Item isset, dat de vorbenomede Tideke van Celle unde Hans van Vreden leveden minen doet, so geve ik en samentlike mine halve boden, de ik to Valsterbode hebbe ... Item geve ik Helmich van Celle de selschop qwyd, de ik mit em hebbe, unde wes he my schuldich is.*

60 Vgl. das Testament des Tydeke Kollmann AHL, Testamente, 5. April 1425 : *Ok geve ik in de kerken to Heele by Tzelle viif mark to eren buwete. ... Item myne vormundere kese ik Johan Colmanne, olde Hinrik Punde, Curt Brande, Ludeken Westede unde Hanse van Vreiden.*

61 Vgl. AHL, Testamente, Ludeke van Tzelle, 2. März 1435: *Mine vormundere kese ik her Johan Kolleman, Johan Witike, Hans Egghen und Peter Nyestat.*

62 S. Fehling, Ratslinie, S.70f.

Hinrik Schenking, der wohl aus Münster kam, war seit 1408 Mitglied des Neuen Rates und schied 1416 aus. 1426 wurde er wieder in den Rat kooptiert.[63] Schenking hatte engen Kontakt zu seinem Schwager Bernhard Travelmann, dem Neffen des Ratsherrn Gottfried Travelmann.[64]

Für Bernhard Travelmann bürgte Schenking 1398 gemeinsam mit Herbord van der Linden für einen Betrag von 192 Mark.[65] Mit van der Linden ist Schenking auch zu Pfingsten 1402 zu sehen. Sie hatten zu dieser Zeit eine Handelsgesellschaft mit dem Dorpater Bürger Johan van den Eeken.[66] Ein Verwandter Johans, Werner van den Eeken, war als Dorpater Bürger auch Prokurator der Lübecker Bürger Albert Grote und Amelius Kruse gewesen. Werner van den Eeken, der auch in Geschäftskontakten mit den Wintzenberg stand,[67] hatte 1365 Conrad Russenberg 490 Mark geliehen.[68] Mit Mitgliedern der Familie van der Linden stand Schenking weiterhin in guten Beziehungen. So wurde er gemeinsam mit Hagelsten 1422 als Provisor von Richard van der Linden eingesetzt.[69]

Richard van der Linden stand 1397 in Geschäftskontakten mit Johan Drughe,[70] der im Schwedenhandel engagiert war. 1395 bürgten Thideman Castorp und Drughe für Jakob Eklo, der Schulden von 321 Mark beim Stockholmer Ratsherrn Erik Caan hatte.[71] Bei Problemen auf Bornholm wurde Drughe 1401 mit seinem Cousin Thideman und einer Gruppe führender Lübecker Kaufleute in einem Brief an den Erzbi-

63 S. FEHLING, Ratslinie, S.62.

64 Zur Verwandtschaft vgl. AHL, Testamente, Gerd Grymminkhusen, 6. Februar 1416: *Item Bernde Travelmanne, der Schenkingeschen broder, Tymme Haddewerke unde Hans Drugen, jewelkem geve ik eyn sulvern kros van minen dren sulvern krosen*. In Riga war ein Onkel Grymminkhusens Bürger. Dieser Johan Grymminkhusen, *alias dictus de Minden*, fordert 1388 sein Erbteil nach dem Tode seines Bruders in Lübeck ein, vgl. SIMON, Niederstadtbuch, S.661,1.

65 Vgl. SIMON, Niederstadtbuch, S.1011,7 (1398 Cantate). Vgl. zu demselben Vorgang auch noch AHL, Niederstadtbuch zu 1401 Judica. Vgl. zu ihren finanziellen Beziehungen auch AHL, Niederstadtbuch zu 1403 Omnium Sanctorum: *Hinricus Schenking coram consilio constitutus recognovit, se ad sufferenciam sublevasse a Bernardo Travelmann omnia quecumque sibi debebantur tam ex parte dotis, quam accepit cum uxore sua Gertrude sorore dicti Bernardi ...*

66 Vgl. AHL, Niederstadtbuch zu 1402 Pentecostes: 4) *Notandum quod Hinricus Schenking, Herbodus van Lynne et Johannes van den Eeken (civis Tarpatensis) apud hunc librum constituti recognoverunt, se in omni societate et contraposicione inter eos usque in presentem diem habita esse penitus et ex toto divisos ...*

67 Vgl. SIMON, Niederstadtbuch, S.72,2.

68 Vgl. SIMON, Niederstadtbuch, S.34,2 und 5 (1364 Jacobi), S.72,1 (1365 Symonis et Jude).

69 Vgl. AHL, Testamente, Richard van der Linden, 12. November 1422: *Mine vormundere kese ik Engelken Haghelsten, Hinric Schenkinc unde Lambrech Pentel, borghere to Lubek.*

70 Vgl. SIMON, Niederstadtbuch, S.982,1 (1397 Margarete): *Notandum, quod Hinricus Constyn et Johannes Drughe iunior presentes huic libro recognoverunt teneri coniuncta manu Rychardo van der Lynden in 320 mr dn Lub ...* Schon im Juni 1391 wurde festgehalten, dass Johan Drughe junior dem Hinrik Constin, Sohn des gleichnamigen Ratsherrn, 550 Mark schuldete, vgl. SIMON, Niederstadtbuch, S.780,2. Constin bestimmte für ihn in seinem Testament auch ein Legat: *Vortmer gheve ik deme junghen Johannes Drughen 9 mark lub to syneme live ...* Und er setzte ihn auch als einen seiner Provisoren ein: *To vormunderen kese ik her Johan Constini, mynen broder, her Hinrik Metler unde her Marquard van Damen unde junghen Johans Drughen*. Vgl. AHL, Testamente, Hinrik Constin,15. Mai 1406.

71 Vgl. SIMON, Niederstadtbuch, S.898,4 (1395 Reminiscere).

schof von Uppsala genannt.[72] Johan Drughe ist mehrfach mit seinem Cousin Thideman Drughe in Geschäften zu finden. Dieser bedachte ihn auch in seinen Testamenten von 1420 und 1427.[73]

Thideman Drughe hatten wir schon in Kontakten mit Hinrik Kok und Kölner Kaufleuten und Ratsherren gesehen. Häufig taucht er im Niederstadtbuch mit seinen Geschäften auf.[74] Thideman Drughe war Schwiegersohn des Gottfried Travelmann.[75] Er hatte somit auch eine familiäre Beziehung zum Stiefsohn Travelmanns, dem Ratsherrn Jordan Plescow.

Drughe war geschäftlich mit dem Ratsherrn Goswin Klingenberg[76] und dem bekannten Flandernhändler Wolter Heyse verbunden, der seinerseits in engeren Geschäftsbeziehungen zu Johan Krowel stand.[77] So setzte Thideman Drughe auch 1420 seine Vertrauten als Provisoren ein: *Mine vormundere kese ik her Jorden Pleskouwen, Wolter Heysen, Hans Drugen und Clawes Hope*.[78]

---

72 Diesen Brief sollte Nicolaus van Stiten überbringen, vgl. AHL, Niederstadtbuch zu 1401 Martini: *Notandum quod domini consules dederunt litteras suas quitanciales civibus eorum infrascriptis utpote domino Hermanno Dartzow, Johanni et Hinrico fratribus dictis vamme Zode, Andree Holsten, Cifrido Fockinchusen, Hinrico Schenkking, Hinrico Koning, Marquardo Folquerstorp, Tidemanni et Johanni Drugen, Johanni Tyme, Tiderico Kastorp, Hinrico Gherwer, Nicolao et Conradi fratribus dictis van Styten, Herberdo van Lynne, Hinrico Bokham, Conrado van Affelen, Martino Ozenbrucge et Godscalco van Wickede ad dominum Jacobum archiepiscopum ecclesie Lundensis* ... Vgl. zu seinen Verbindungen nach Stockholm auch SIMON, Niederstadtbuch, S.898, 4: *Notandum, quod Jacobus Eekloo presens libro recongnovit se teneri Eryco Caan de Stockesholm in 321 mr Lub dn ..., pro quibus Thideke Kastorp et Johannes Drughe iunior coniuncta manu pro se et suis heredibus cum dicto Jacobo Eekloo principali fideiusserunt.*

73 Vgl. AHL, Testamente, Tydeman Drughe, 3. November 1420: *Item van desser vorscreven renthe to Vemeren beschede ik her Jordane Pleskouwen, Kerstinen van der Molen, Druden Hopes, myner modderken, unde Hans Drugen, minem vedderen, jewelken personen 7 mark, alle jar up to borende de wile, dat se levet.*

74 Vgl. SIMON, Niederstadtbuch, Register.

75 Seine Frau Margaret starb vor 1404, als Drughe den gemeinsamen Kindern ihr Erbteil zusprach, vgl. AHL, Niederstadtbuch zu 1404 Andree: *Tidemannus Drughe coram consilio ... recognovit, se pueris suis Gheseken, Godeken, Wichmanno, Hinrico, Greteken et Jordano a Greteken uxore sua, filia domini Godekini Travelmans, genitos ultra proprietatem domus sue, quam inhabitat, eis iam in superiori libro asscriptam dedisse omnia bona matris ...*

76 Zur geschäftlichen Verbindung mit den Brüdern Klingenberg vgl. SIMON, Niederstadtbuch, S.748,4 (1390 Magni): *Notandum, quod dominus Ghoswinus Clingenberch et Bertrammus frater eius apud hunc librum constituti recognoverunt se coniuncta manu teneri Tydemanno Drughen in 424 mr dn persolvendis in festo nativitatis Johannis baptiste proxime futuro*. Vgl. auch AHL, Niederstadtbuch zu 1403 Johan Baptist, zu 1403 Katherina. Zu 1404 Exaltatio Crucis sind Schulden Drughes bei Borchard van Hildensem erfaßt: *Tidemann Drughe coram libro recognovit, se et suos heredes teneri Borchardo van Hildensem juniori ... in III C et LXXXIX m. tribus sol. et tribus den. ...* Vgl. zu seiner Verbindung mit Reval AHL, Niederstadtbuch zu 1409 Arnolphi: *Tidemannus Drughe ... recognovit, se et suos heredes teneri Hinrico Koning ... in centum marc. Lub. ...* Drughes Handel mit Reval scheint nicht immer erfolgreich gewesen zu sein. So wurden 1405 dort Güter wegen Drughes Schulden beschlagnahmt, vgl. LÜB UB 5, Nr.690.

77 S. zu den gemeinsamen Schulden der Heyse und Krowel bei Beate Kloot S.153,340.. Zu Heyse als „Schwedengroßhändler" s. KOPPE, Lübeck-Stockholm, S.210f.

78 Vgl. AHL, Testamente, Tydeman Drughe, 3. November 1420. Drughe gab auch testamentarisch

Hinrik Schenking, den Drughe 1427 als Provisor benannte, wurde 1426 wiederum in den Rat kooptiert. Er starb 1436.[79]

Netz 74: Thideman Drughe

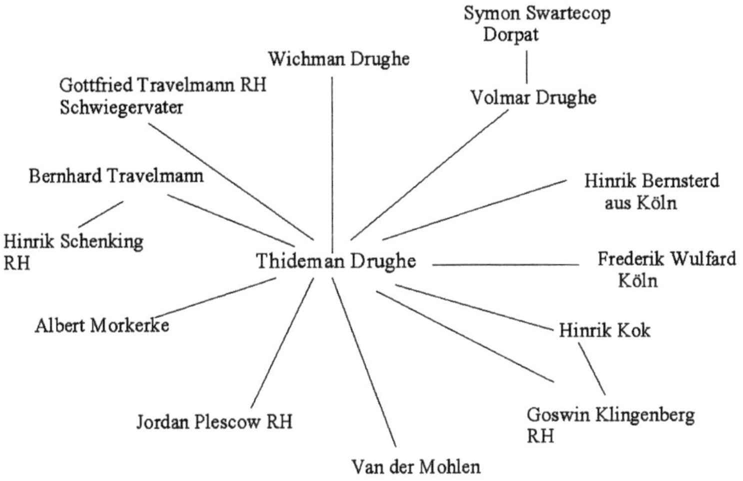

Gemeinsam mit den Ratsherren Goswin Klingenberg und Gottfried Kerkring wie den Bürgern Johan Scheele und den Brüdern Nicolaus und Hinrik Kröpelin war er Vormund des Sohnes des Ratsherrn Hinrik Rikbode.[80] Auch von Hinrik Niestad wurde er als Testamentsvollstrecker erwählt.[81] Weiterhin zeigt sich in der Einsetzung als Tes-

an die Zirkel-Gesellschaft: *so schal me desse vorscreven 6 mark gheldes gheven to sunte Katherinen in de almissen tafelen to der cirkeler bruderscop. ... Mine vormundere, de kese ik her Hinrik Schenkink, Alberd Morkerken, Hans Drughen, Jorden Pleskowen und Hans Langhen.* Vgl. AHL, Testamente, Tydeman Drughe, 28. Mai 1427. Ob es eine verwandtschaftliche Beziehung zu dem Revaler Ratsherrn Rodger Drughe gab, ist bisher nicht zu klären. Vgl. beispielsweise zu dessen Lübecker Verbindungen LÜB UB 5, Nr.378 (1399).

79 Vgl. Fehling, Ratslinie, S.62.

80 Vgl. AHL, Niederstadtbuch zu 1404 Bartholomei: *Dominus Goswinus Clingenberch, Godekinus Kerkering et Hinricus Schenking, provisores puerorum Hinrici Rikboden et Marquardus filius eiusdem Hinrici Ricboden, item Johannes Schele et Nicolaus et Hinricus fratres, dicti Cropelin creditores Nicolai Stor dimiserunt penitus quitum et solutum predictum Nicolaum ex parte omnium illorum debitorum ...* Vgl. ebenso AHL, Niederstadtbuch zu 1404 Peter und Paul: *Dominus Goswinus Clingenberch, Godfridus Kerkering, Hinricus Schenking, Johannes Scheele, Nicolaus et Hinricus fratres, dicti Cropelin, provisores puerorum Hinrici Ricboden cum Marquardo Ricbode filio eiusdem ... renuntiaverunt omnibus illis debitis, in quibus Nicolaus Stoer dictis pueris adhucusque exstitit obligatus ...*

81 Vgl. AHL, Niederstadtbuch zu 1406 Corpus Christi: *Johannes Tymme (et) Hinricus Schenking,*

tamentsvollstrecker auch eine vertrauensvolle Beziehung Schenkings zu den Brüdern Hinrik und Johan Travelmann,[82] zu Gottfried Kerkring, dem Bruder des Ratsherrn Berthold,[83] wie auch zu Hartwich Kopmann.

Netz 75: Hinrik Schenking

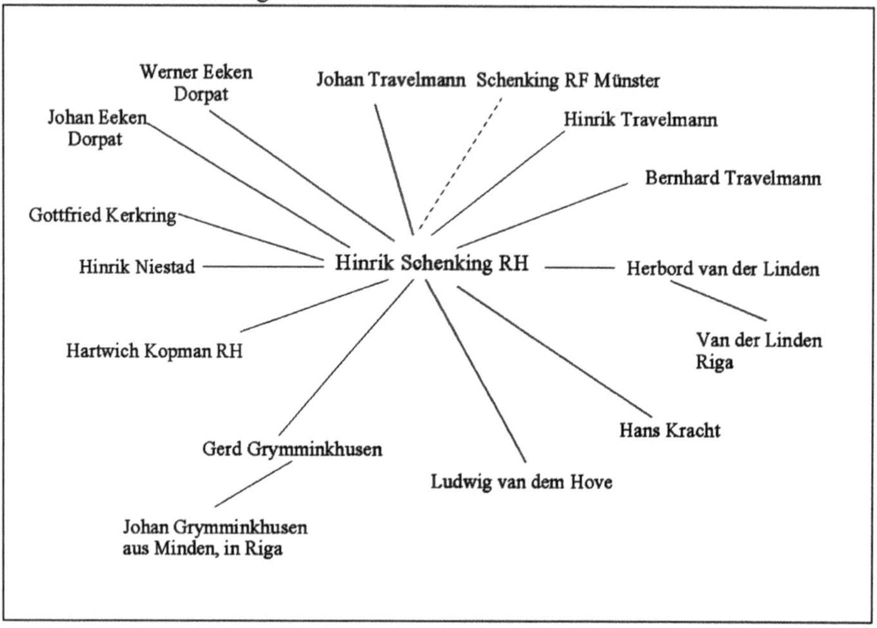

Kopmann benannte als seinen Provisor auch das Mitglied des Neuen Rates Hartwich Krukow neben Tymmo Hadewerk und Johan Bere, der 1416 in den Rat eintrat.[84] Zu-

provisores Katherine relicte Hinrici Niestat coram libro constituti recognoverunt, quod provisores eiusdem Hinrici ipsis omnia illa expediverunt ... tam ex parte dotis dicte Katherine quam et omnium debitorum que fuerunt Bergis Norwegie ...

82 Vgl. AHL, Testamente, Hinrik Travelman, 9. August 1403: *Mine vormundere kese ik Godeken Kerkring, Johan Steenhus, Hinrik Schenking unde Bernd Travelman, Borchardes soen.* Der hier erwähnte Johan Steenhus handelte nach England und war 1383 Ältermann des Deutschen Kaufmanns in Boston gewesen, s. JENKS, England, S.966. Vgl. AHL, Testamente, Johan Travelman, 10. August 1403: *Mine vormundere kese ik Godeken Kerkring, Johan Steenhus, Hinrik Schenking unde Bernd Travelman, Borchardes soen.*

83 Vgl. AHL, Testamente, Godeke Kerkring, 19. Mai 1406: *Mine vormundere kese ik Hinrike Schenkinghe, Godschalke Wyckede, Godeken Plescouwe unde minen sone Thomas.*

84 Vgl. AHL, Testamente, Hartwich Kopman, 5. August1413: *Mine vormundere kese ik her Hartwich Crukouwen, Tymmen Hadewerke, Hans Beren unde Hinrik Schenkink.* Auch der Bruder Albert Schenking setzte Tymmo Hadewerk mit ihm gemeinsam ein: *Item gheve ik Gheseken Schenkinges, mynes broder wyve, 50 mark. Mine vormundere kese ik Hinric Schenkinge unde Bertold Herentrey, borghere to Lubek.* Vgl. AHL, Testamente, Albert Schenkinc, 7. August 1421.

sammen mit Hagelsten wurde Schenking als Provisor eingesetzt in dem Testament des Klaus Kreved, des „Gesellen" des Rigischen Ratsherrn Eggerd Berkhoff.[85]

Schenking stand in guten Beziehungen zu Hans Kracht, der ihn zusammen mit Nicolaus van Stiten, dem Englandfahrer Nicolaus Karbow und Bernd Scharbow als Testamentsvollstrecker einsetzte.[86] Auch Ludwig van dem Hove erwählte 1415 Schenking gemeinsam mit Berthold Herentrey zu seinem Testamentsvollstrecker.[87] Van dem Hove kam aus Schwelm.[88] Er schenkte testamentarisch an die dortige Marienkirche wie an Kirchen und Klöster in Dortmund. In Köln wollte er ebenso erinnert werden.[89] Zu seinen Dortmunder Verwandten, die er testamentarisch bedachte, gehörte auch der Richter Hans Hoppenrike. Van dem Hoves Gaben sollten aus seinem Besitz in Brügge entrichtet werden.[90] Ludwig van dem Hove hatte besonderes Vertrauen zu Everd vamme Schiide, dem Mitglied einer Dortmunder Ratsfamilie. Vamme Schiide sollte mit Reinold Swarte über die Ausführung der testamentarischen Bestimmungen van dem Hoves wachen.[91] Vamme Schiide amtierte 1402 als Vertreter des westfälisch-preußischen Drittels als Ältermann in Dordrecht.[92] Everd vamme Schiide hatte weitreichende finanzielle Interessen. 1404 wurde im Stralsunder Stadt-

---

85 Klaus Kreved, *anders gheheten Osterrik*, stammte aus Stettin (*gebaren to Stettin*). Er schenkte an Kirchen in Riga und Lemsal und bezeichnete den Rigischen Ratsherrn Eggerd Berkhoff als seinen *heren to Rige* und nannte ihn als Provisor wie auch Hinrik Vorstenberg aus Lemsal, vgl. AHL, Testamente, Clawes Kreved, 31. August 1413: *Mine vormundere kese ik hern Eggerd Berkhove, minen heren to Rige, Hinrik Vorstenberch to Leemseel, hern Hinrik Schenkink unde Ludeke van deme Holme.*

86 Vgl. AHL, Testamente, Hans Kracht, 21. Juli 1421: *Mine vormundere kese ik hern Nicolawese van Styten, Hinrik Schenkinge, Clawes Karbowen und Bernd Scharbowen.* S. zu Karbow JENKS, England, S.916.

87 Vgl. AHL, Testamente, Lodewich van dem Hove, 23. November 1415: *Mine vormundere kese ik Hinric Schenkink, Bertolt Herentry, borgher to Lubeke.*

88 Vgl. AHL, Testamente, Lodewich van dem Hove, 23. November 1415: *Ik, Lodewiich van dem Hove, bordich to Swelme in der herschop des greven van der Marke in Westfalen.*

89 EBD.: *Item gheve ik to dem buwe Unser Vrowen kerken to Swelme 30 rynesche ghuldene. Item gheve ik in dat closter to sunte Antonyes to Kolne 30 rynesche ghulden, dar scolen se my vor myt vigilien unde selemissen beghan, alse ik en des belove.*

90 EBD.: *Item Losen van Langervelde unde Rixen unde Fyen, sinen susteren, Hinric Hoppenrike unde Wighel unde Ghesen, sinen susteren, unde Ghertrud, mynes vedderen dochter ghenomet Hans, de richter, dit sint myne neghesten erfnamen, des gheve ik eneme jewelken vorbenomed 8 schilling lubesch, dar mede schede ik se unde dele se van al myme ghude. Item al myn andere ghud, beweghelik ofte unbeweghelik, id si in clenoden, in redeme ghelde, in schult, in wat ghude id sii, wan desse vorscreven ghifte entrichted is unde myne bigraft unde myn andere schult betalet is, dat dar over blift, dat gheve ik Hinric Hoppenrikke unde sinen kinderen. ... Desse vorscreven ghifte scolen entrichten Herman Kerkhof unde Peter van der Eek, ligger to Brugge in Vlanderen van mynem ghude.*

91 Vgl. AHL, Testamente, Lodewiich van dem Hove, 23. November 1415: *Item gheve ik to der tafelen to Dortmunde to sunte Reynolde to helpe 3 rynesche ghuldene, de scal me antwarden Reynolt Swarten. Item gheve ik den swarten monneken to Dortmunde 3 rynesche ghuldene to ereme buwe, de scal me antwarden Everde van dem Schide.*

92 S. DIERCK, Älterleute, S.196f. Everds Vater Johan war seit 1379 Ratsherr in Dortmund, sein Bruder Alf vamme Schiide saß seit 1385 im Rat.

buch vermerkt, dass er mit seinem Bruder Adolf, *consul in Tremonia*, eine Rente von 100 Mark Sund. für einen Kapitaleinsatz von 1100 Mark Sund. gekauft hatte.[93]

Ludwig van dem Hove hatte intensive Geschäftsverbindungen nach Zutphen.[94] Mit Hartwich Brekwold stand er in gemeinsamen Geschäften mit dem Bürger Hermann Steenhus und Diderik Lutzeke aus Hannover. Diderik war mit dem Hannoveraner Bürgermeister Ulrich Lutzeke verwandt.[95] In das Geschäft einbezogen war auch der *magister civium* Hinrik vam Holte in Dorpat.[96] Ludwig van dem Hove war mit dem Englandfahrer Johan van dem Hove verwandt,[97] der einen jüngeren Ludwig van dem Hove, seinen Neffen, als Testamentsvollstrecker gemeinsam mit seinen *zwegern* Hartwich und Cord Brekwold einsetze.[98] Cord Brekwold wurde 1406 in den Rat kooptiert. Allerdings trat er erst nach 1416 als Delegierter auf.[99] Mit den Brekwold war auch Eler Stange verbunden. Gemeinsam mit den Brüdern Johan und Emekin Brekwold wurde Eler Stange, *platenslegher*, 1403 von Johan Schallun als Provisor eingesetzt.[100] Johan van dem Hove kam aus dem Bergischen Land und verstarb vor dem Sommer 1438.[101] Johans Brüder, die in Lennep wohnten, bestätigten in diesem Jahr, dass sie von dessen Provisoren, dem Ratsherrn Johan Kollmann und den Bürgern Johan Kerkring, Johan Richardes und Ludwig van dem Hove 369 Mark erhalten hatten.[102]

Die Zusammenarbeit mit Brekwold lag für van dem Hove nahe, da dessen Tochter mit seinem Sohn Johan verheiratet war. Diesen setzte Hartwich Brekwold auch als

---

93 Vgl. SCHROEDER, Liber IV, Nr.365 (28. September 1404).

94 1440 schuldeten 1440 Arnold de Hovele und Tydemmann Rantze, Bürger in Zutphen, van dem Hove 70 Mark, vgl. AHL, Niederstadtbuch zu 1440 Michaelis. 1445 hatte van dem Hove dem Arnold de Grove aus Zutphen 36 Mark vorgestreckt, vgl. AHL, Niederstadtbuch zu 1445 Egidii.

95 Zu Ulrich Lutzeke und seinen Lüneburger Verwandten s. S.127f.

96 Vgl. AHL, Niederstadtbuch zu 1430 Nicolaus: Hermann van Steenhus, Bürger Hannovers, hat von Hartwich Brekwold *ad usum Tideriki Lutzeke* 40 Gulden empfangen, die *dominus* Hinrik vam Holte, *magister civium* in Dorpat, *overkofft hefft super Hartwicum antedictum nomine et ex parte Lodowici van der Hoven ...*

97 S. JENKS, England, S.911.

98 Vgl. AHL, Testamente, Hans van der Hoven, 9. August 1436.

99 Zu Brekwold s. Kap.2.3.

100 Vgl. AHL, Testamente, Johannes Schallun, 22. November 1403: *Provisores meos eligo Johannem et Emekinum fratres dictos Brekewold, Elerum Stanghen, den platensleger, et Johannem et Hennekinum meos filios.*

101 Vgl. AHL, Testamente, Hans van der Hoven, 9. August 1436: *Item gheve ik mynen twen broderen unde eyner suster myn vaderlike erve, alset licht in dem Bergischen lande. Item gheve ik myner leven moder 200 rinsche gulden, unde wan se vorstorven is, so scholen myne vorscreven brodere unde sustere de 200 rinsche gulden entfanghen unde de samentliken under sick to delende to lykeme dele. Item gheve ik mynem broder Thies unde synen kinderen 150 rinsche gulden. Item mynem broder Zelis gheve ik 150 rinsche gulden. ... Item Lodewige van der Hoven, mynem neven, gheve ik 100 mark, uppe dat he mynen armen broderen unde susteren deste gutliker unde ghuder theer sy ... Mine vormundere kese ik Hartwich Brekewolde unde Corde Brekewolde, myne zwegere, Hermen Gleysemanne unde Eler van Varle ...*

102 Vgl. AHL, Niederstadtbuch zu 1438 Martini.Van dem Hove hatte sie in seinem letzten Testament auch bedacht, vgl. AHL, Testamente, Hans van dem Hove, 14. Januar 1438: *Item Thiese, mynem brodere, unde synen kynderen wonaftich tor Vetten Hennen gheve ik samentliken 300 mark lubesch. Item Tzelis, mynem broder, gheve ik 150 mark lubesch. Item myner suster Stynen unde eren kynderen gheve ik 150 mark lubesch.*

Provisor in seinem Testament von 1436 ein. In ihm bedachte er auch Ludwig van dem Hove.[103] Ludwig van dem Hove hatte einen Halbbruder Pilgrim, der 1447 sein Erbe in Lübeck einforderte.[104] Ob es eine Verbindung zu Cord van dem Hove gab, der mit einer Tochter des Flandernfahrers Johan Hetveld, der aus Hamburg kam, verheiratet war,[105] ist nicht sicher. Den Sohn Cords, Engelke van dem Hove, bedachte Hermann Hetveld 1447 in seinem Testament.[106]

Netz 76: Ludwig van dem Hove

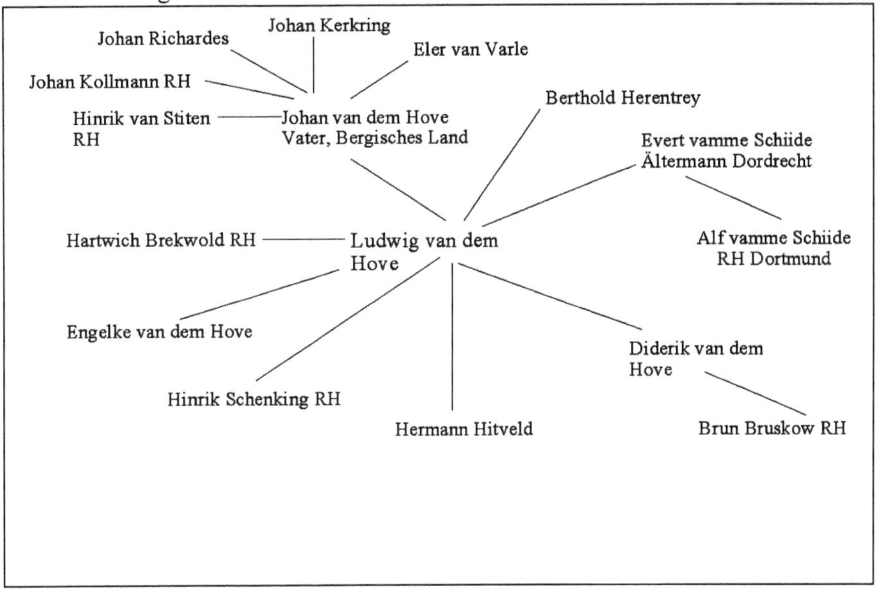

Im Blick auf zwei von Eler Stange eingesetzte Provisoren zeigten sich weitreichende Verbindungen. Da die persönlichen Beziehungsnetze aus den Übersichten deutlich

103 Vgl. AHL, Testamente, Hartich Brekewold, 5. August 1436: *Item Lodewige van der Hove geve ik alle myne kledere behalven den swarten pelsrok unde den swarten hoyken mit grawen wande gevodert, de schal hebben Marquard, myn knecht, dat he myner bi denke. ... Mine vormundere kese ik mynen leven vader, Corde, mynen leven broder, Ffritzen Grawerde unde Hanse van der Hove, minen swagher ...* In zweiter Ehe wurde Margaret nach dem Tode des Johan van dem Hove mit dem Ratsherrn Hinrik van Stiten verbunden, s. FEHLING, Ratslinie, S.74.

104 Sein Anspruch wurde allerdings vom Ratsherrn Hinrik van Stiten zurückgewiesen, da Ludwigs Mutter noch in Lübeck lebte, vgl. AHL, Niederstadtbuch zu 1447 Calixti.

105 S. ASMUSSEN, Flandernfahrer, S.390.

106 Vgl. AHL, Testamente, Hermen Hitveld, 15. April 1447: *Item mynem ome Hermen Evinghusen by nascrevenen beschede geve ik myne groten sulvernen kannen, sosse myne besten sulvenen krose unde twe sulverne glasevote over vorghuldet, alzo dat he de vort erven schole na synem dode synen rechten erven. Item Enghelken van dem Hove, myner suster sone, totekene ik ene andere myne sulvernen kannen unde sos sulverne krose, sulke alze ik mynem ome Hermen Evinghusen totekend hebbe, eme de smyde to antwordende, wan he ene erlike husvrouwen nympt, unde na syneme dode to ervende desulven smyde uppe syne rechten erven.*

hervorgehen, soll hier nur noch zusammenfassend der „Kontakt-Raum" angesprochen werden. Hagelsten hatte engere Beziehungen zu Ratsherren, die wie er aus Kamen stammten, und nach Riga, Dortmund, Dorpat und Rostock. Als Provisoren setzte er mit Kollmann, Krull und Schenking (ehemalige) Ratsherren ein. Kollmanns Verwandte und Partner kamen aus Celle, Braunschweig und Dorpat. Über seinen Vertrauten Schenking gab es Kontaktmöglichkeiten in Münster und über die van dem Hove in Schwelm, Lennep, Dortmund und Zutphen.

Gerd Castorp wurde auch von Stange als Provisor eingesetzt. Castorp war wahrscheinlich der Mann von Stanges Nichte. Er stand in näherem Kontakt zu Marquard Bonhorst, der auch wie Eler Stange im Neuen Rat saß. Bonhorst setzte 1406 in seinem Testament Castorp ein Legat von fünf Mark aus.[107] Castorp erscheint auch 1421 als Vollstrecker im Testament des Johan Stange, Elers Sohn. Aus diesem Testament geht hervor, dass Elers Sohn Johan Stange mit der Tochter des Hinrik Ghise verheiratet war.[108]

Netz 77: Hinrik Ghise

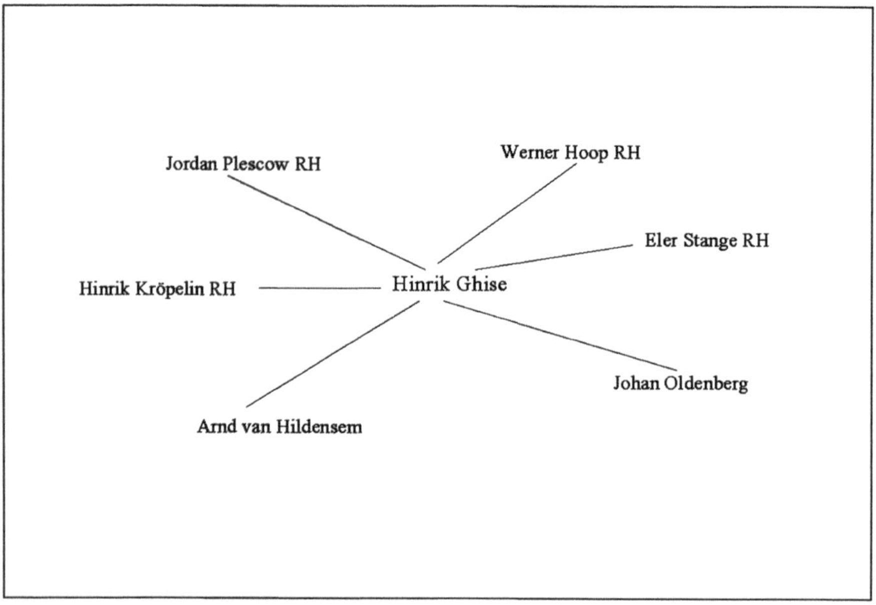

Hinrik Ghise ist mit vielfältigen Geschäftsbeziehungen im Niederstadtbuch zu verfolgen. Der Schwiegervater des Johan Stange stand in geschäftlichen Kontakten mit den Ratsherren Johan Hoyer (aus Hamburg),[109] Jordan Plescow, [110] Werner Hoop, der in

107 Vgl. AHL, Testamente, Marquard Bonhorst, 4. Juni 1406: *Item Hinrik Castorpe unde Gherd Castorpe geve ik yewelken 5 mark lub.*

108 Vgl. AHL, Testamente, Hans Stange, 22. Juli 1421: *Mine vormundere kese ik Engelen Haghelsteen, Bertolt Herentrey, Johan Stangen, mynes vaders broder, Hans Oldenborgh, Hinrik Ghisen, mynes wives vader, Ghert Kastorpe, Evert van Hereke, Werner Wulve.*

109 Vgl. AHL, Niederstadtbuch zu 1404 Andree: *Dominus Johannes Hoyer et Gheseke eius uxor*

dritter Ehe mit der wohlhabenden Witwe des Wyneke Castorp verheiratet war,[111] und Hinrik Kröpelin.[112] In seinem Testament vom Dezember 1428 sprach Ghise auch seine Tochter Metteke, die Frau des Johan Stange an.[113] Als Provisoren setzte Ghise neben seinen Söhnen seinen Schwiegersohn Johan Oldenberg und Arnd van Hildensem ein.[114] Die Verbindung zwischen den Hoop und den Stange blieb bestehen. Im September 1424 versprach Johan Stange, Elers Sohn, dem Peter Hoop, Werners Sohn, 220 Mark, wenn er von der Pilgerfahrt nach Santiago zurückkehren sollte. Sicherlich waren für diese Zahlung von Peter Hoop memoriale Leistungen für den verstorbenen Eler Stange zu erbringen.[115]

Arnd van Hildensem, der Provisor Ghises, taucht neben Arnd Heyse im Testament des Borchard Schonenberg von 1435 auf. Er wurde von diesem als *oem* bezeichnet und mit dem Sohn des Wolter Heyse als Provisor eingesetzt. Schonenberg stiftete eine Kapelle im Lübecker Burgkloster, wo sein Vater begraben war. In seinem Testament vom März 1435 setzte Borchard Schonenberg neben Arnd Heyse als Provisoren weitere Verwandte ein: *Hermen Wulve, mynen swagher, Arnde van Hildensem, mynen oem, unde Corde Brekewolde, hern Cordes sone.*[116] Der an erster Stelle

---

coram libro recognoverunt, se... teneri Hinrico Ghisen in IIII C et L marc. Lub. Martini proxime futuro persolvendas.

110 Vgl. AHL, Niederstadtbuch zu 1404 Andree: *Dominus Jordanus Plescow coram libro constitutus recognovit, se ... teneri Hinrico Ghysen et suis heredibus in ducentis et XX marc. Lub. ...* Vgl. auch AHL, Niederstadtbuch zu 1405 Lucie: *Dominus Jordanus Plescowe presens huic libro recognovit, se et suos heredes teneri Hinrico Ghisen et suis heredibus in ducentas et XXIIII marc. Lub. ... pro quo Tydemannus van Alen et Marquardus Lange cum prescripto domino Jordano coniuncta manu fideiubendo promiserunt.*

111 Zu Hoops Ehen mit Telseke Cordeshagen, Benedicta Knyf, Mechthild, Witwe des Wyneke Castorp, und schließlich mit Alheyd (Taleke) Krowel s. ASMUSSEN, Flandernfahrer, S.402. Mechthilds bedeutende Mitgift von 3000 Mark geht aus dem Erbe ihrer Söhne hervor, vgl. AHL, Niederstadtbuch zu 1407 Judica: *Wernerus Hoep exseparavit a se Petrum, Wernekinum et Godfridum filios suos ab uxore sua Mechtildi genitos et in porcionem sue materne hereditatis assignavit, eis consentientibus suis provisoribus utpote Herbordo vander Lynen et Hermanno van Gotingen et Gherardo Lippen et Johanne Aalsteker, tria milia marc. Lub., cuilibet eorum mille marc. Lub. ...* Vgl. auch AHL, Niederstadtbuch zu 1407 Thomas apostol.: *Wernerus Hoep et Gherardus Lippe coram libro recognoverunt, se et suos heredes coniuncta manu teneri Hinrico Ghisen et suis heredibus in tricentis et XXXIII marc. Lub. nativitatis Christi proxime futuro ultra ad unum annum persolvendas.* Gerhard Lippe war der Schwager Hoops, s. KOPPE, Lübeck-Stockholm, S.225.

112 Vgl. AHL, Niederstadtbuch zu 1409 Circumcisio: *Albertus Lippe, Hinricus Cropelin et Amelius Luchowe in presencia libri recognoverunt, se et suos heredes teneri coniuncta manu IIII C et XLVIII marc. Lub. den. Hinrico Ghisen et suis heredibus nativitatis Christi proxime affuturo amicabiliter persolvendas.*

113 Vgl. AHL, Testamente, Hinrik Ghise, 3. Dezember 1428: *Item Gheseken Oldenberghes unde Metteken Stangen, mynen twen dochteren, gheve ik isliker 5 mark.*

114 EBD.: *Mine vormundere kese ik Hans Oldenberghe, mynen swagher, Arnde van Hildensem, Tideken, Deghenere unde Borcharde, myne dre sones.*

115 Vgl. LÜB UB 6, Nr.617. Im Januar 1425 wurde die Zusage mit dem Versprechen einer Zahlung von 350 Mark wiederholt, vgl. LÜB UB 6, Nr.640.

116 Vgl. AHL, Testamente, Borchard Schonenberch, 24. März 1435: *Item to Oldenborch to der kerken unde to der Hilgenhaven to erer kerken gheve ik an jewelike stede 5 mark lub to eren buweten. Item wil ik, dat myne vormundere van mynem redesten kopen 40 secke kolen, den ar-*

der Provisoren genannte Hermann Wulf war Schonenbergs Schwiegersohn. Wulf war ein Neffe des Mitgliedes des Neuen Rates Hartwich Krukow.[117] Wulfs Halbschwester Margarete war in erster Ehe mit dem Flandernhändler Hartwich Kopmann und in zweiter mit dem Ratsherrn Johan (I.) Bere verheiratet.[118] Ihr Name geht aus dem Testament Hartwich Kopmanns vom November 1428 hervor.[119] Als Margarets Bruder wird Franziskus Boytin genannt;[120] sie muss also eine geborene Boytin gewesen sein.[121]

Netz 78: Schonenberg

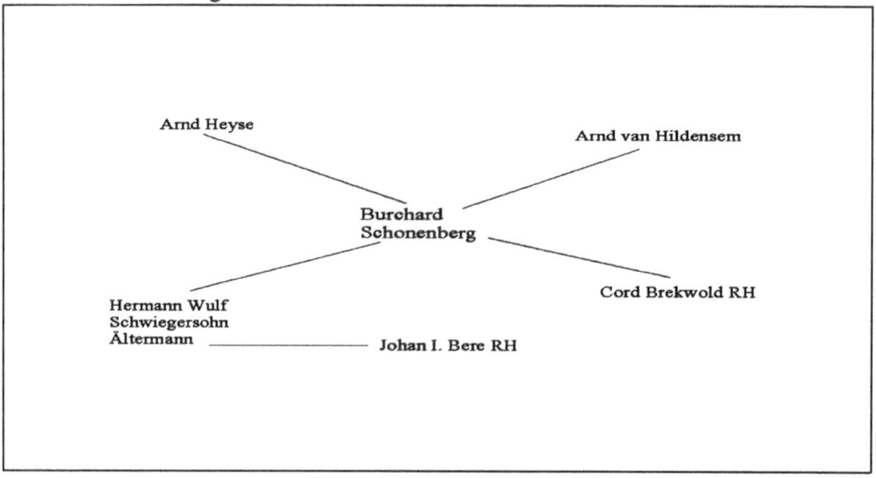

men elenden zeken to sunte Jurien to erer vuringhe to hulpe. Item den monniken to der Borch gheve ik to ener cappellen to buwende, alse Merten Osenbrucge seliger dechtnisse heft buwen laten, und mit alsulker tobehoringe behalven dat glase vinster, 50 mark.

117 Vgl. AHL, Testamente, Hartich Krokouwe, 15. März 1415: *Item gheve ik Hermen Wulve, myner suster zone, enen sulveren nap, de is to hope sculpet unde dar steyt to beyden enden myn wapent up. Item gheve ik eme en guldene vingeren, dar steyt boven uppe eyn saffer unde neddene eyn parle.*

118 S. zu Bere Reg.Pos.

119 Da sie als Kopmans *modderen* bezeichnet wurde, muß der Testator der gleichnamige Sohn des älteren Kopmanns sein. Er hat zeitweise in Rostock studiert, s. RÖẞNER, Memoria, S.310. Bere stammte aus einer Lüneburger Ratsfamilie. Er erschien zwischen 1430 und 1442 auf Hansetagen und führte auch die lübische Flotte.

120 Zu den Boytin und ihren Verbindungen s. auch S.282,295f.,380,407f.

121 Vgl. AHL, Testamente, Hartwicus Coepman, 27. November 1428: *Item hern Johan Beren husvrowen Greteken, myner modderen, geve ik 350 mark lub. Item Frans Boytine, erem brodere, geve ik 350 mark lub. Item Hermen Wulves, erem halfbrodere, geve ik 50 mark lub, unde synen kynderen geve ik samentliken 300 mark lub, en to erem besten to kerende.* Hartwich d. J. war Flandernfahrer. Er schenkte auch testamentarisch zwanzig Mark an die Zisterzienser bei Gent. Als Provisoren setzte Kopmann Johan Bere, Hildebrand Losseking und Franziskus Boytin ein: *Mine vormundere kese ik hern Johanne Beren, mynen zwagher, Hildebrande Losekyngh unde Frans Boytine ...*

Hartwich (II.) Kopmann stand in besonders engen Beziehungen zu dem Mitglied des Neuen Rates Hartwich Krukow und dem künftigen Ratsherrn Johan (I.) Bere.[122] Sein gleichnamiger Vater Hartwich (I.) Kopmann stammte aus Kamen.[123] Dieser hatte besonderes Vertrauen zu Hartwich Krukow und Johan (I.) Bere, da er sie als seine Provisoren benannte.[124] Der ältere Kopmann war auch Flandernfahrer gewesen. 1397/1398 war er Ältermann des lübisch-wendischen Drittels in Brügge.[125] Gleichzeitig mit ihm amtierte als Vertreter des westfälisch-preußischen Drittels Thideman van Hovele. Van Hovele war Dortmunder Ratsherr und Sohn des gleichnamigen Dortmunder Bürgermeisters, der 1389 und 1390 an Hansetagen in Lübeck teilnahm.[126] Van Hovele arbeitete mit dem Ratsherrn Ditmar Clepping zusammen. Dieser war ein Verwandter des Ratsherrn Hermann Clepping, der 1387 in Dordrecht für die Hanse verhandelte und sich 1391 am Hansetag in Hamburg beteiligte. Verheiratet war Clepping mit Gertrud, einer Tochter des Johan Suderman.[127] 1393 schuldete Everd Wistrate, der am Hansetag zu Johannis 1379 teilnahm, Clepping und van Hovele 100 fl. 1394 hatten van Hovele und Clepping Forderungen von etwas über 100 fl. an die Witwe des verstorbenen Johan Reckart in Frankfurt am Main.[128]

Als Vertreter des gotländisch-livländischen Drittels war 1397/98 Thideman van Nienlo gewählt worden. Seit spätestens 1407 amtierte er als Ratsherr in Riga. Als Vertreter seiner Stadt verhandelte er mit den Friesen in Den Haag, dem Herzog von Burgund in Gent und dem englischen König, zeitweise gemeinsam mit dem Dorpater Ratsherrn Ywan Eppenschede.[129] Allerdings beschränkten sich Nienlos Interessen nicht auf den Westen. Im April 1410 war er in Dorpat, um mit dem Rat über Probleme im Novgoroder Kontor zu beraten.[130] Sein Partner Eppenschede wurde seinerseits als Vertreter des gotländisch-livländischen Drittels 1401 in Brügge gewählt.[131] Gemeinsam mit ihm war für dieses Drittel Hinrik Stolte gewählt worden, während für das westfälisch-preußische ein Namensvetter Johan Eppenschede und Johan Vasan amtierten. Für das lübisch-wendische Drittel werden der spätere Hamburger Ratsherr Erik van Tzeven und Johan Zederstorp genannt.[132] Erik van Tzeven amtierte von 1414 bis 1450 und nahm am Hansetag zu Johannis Baptista 1418 teil.

---

122 Diese setzte er neben Tymmo Hadewerk und Hinrik Schenking als Provisoren ein.

123 S. KOPPE, Lübeck-Stockholm, S.185.

124 Vgl. AHL, Testamente, Hartwich Kopman, 5. August 1413: *Mine vormundere kese ik her Hartwich Crukouwen, Tymmen Hadewerke, Hans Beren unde Hinrik Schenkink.*

125 S. DIERCK, Älterleute, S.99f., S.106.

126 S. DIERCK, Älterleute, S.160. Dierck schließt nicht aus, dass es sich bei dem genannten Ältermann auch um den Bürgermeister handeln könnte.

127 Sie erhielt 1394 nach Cleppings Tod eine Leibrente aus Ypern, s. RÜBEL, Dortmunder UB 2, Nr.371.

128 S. DIERCK, Älterleute, S.161.

129 S. DIERCK, Älterleute, S.177. Ob Vrolik Nienlo, der 1437 als Vorsteher des Novgoroder Kontors einen Brief an den Revaler Rat schrieb, mit Thideman verwandt war, muß offen bleiben. Vgl. LEC UB 1,9, Nr.155. 1438 war Vrolik Nienlo Prokurator des Dorpater Ratsherrn Willem up dem Orde, vgl. LEC UB 1,9, Nr.473.

130 Vgl. HR 1,5 Nrn.392,406. Vgl. auch LEC UB 1,4, Nrn.670,1772.

131 S. DIERCK, Älterleute, S.136.

132 S. DIERCK, Älterleute, S.100.

Auch Hermann Wulf, der Schwiegersohn Schonenbergs, war Ältermann des lübisch-wendischen Drittels in Brügge und nahm als Vertreter des Kontors an diesem großen Hansetag teil.[133] In einer Handelsgesellschaft war Wulf bis 1417 mit Gerd Ulrikes und Hermann Dartzow verbunden.[134] Mit Gottfried Kerkring war er Lehensherr einer Vikarie in der obersten Kapelle an der Südseite der Lübecker Marienkirche. Anscheinend rührte diese Funktion aus gemeinsamer Tätigkeit als Testamentsvollstrecker des Jakob van der Mohlen her.[135] Zu den van der Mohlen hatte schon Wulfs Schwiegervater Johan Schonenberg Verbindungen. 1400 wurde dieser nämlich von Marquard van der Mohlen, der seinerseits in vertrautem Verhältnis zu Radeke Lange, dem Brügger Ältermann von 1372 stand,[136] als Testamentsvollstrecker benannt.[137] Weiterhin werden Gottfried Kerkring, Nicolaus van Stiten und Johan Plescow in dieser Funktion erwähnt.

Johan (III.) Plescow war ein Sohn des Ratsherrn Jakob. Er wurde als Provisor benannt, weil seine Schwester Margaret mit Marquard van der Mohlen verheiratet war.[138] Auch Gottfried Kerkring wurde sicherlich wegen seiner Beziehung zu den Plescow als Testamentsvollstrecker eingesetzt. Er war mit Herdeke Plescow, einer Schwester der Margaret und des Johan (III.) Plescow, verheiratet.[139]

Hartwich Krukow, der Vertraute des älteren Kopmann, hatte seinerseits eine enge Beziehung zu den van Urden, die mit Conrad (1372 - 1383) und Nicolaus van Urden (1406 - 1407) Mitglieder des Rates stellten. Krukow überließ nämlich 1415 in seinem Testament Telseke van Urden das Haus, in dem sie wohnte. Weiterhin schuldete er Telseke und ihrem Bruder Johan Niestad, dessen Bruder der Schwiegervater des Ratsherrn Ludwig Krull war, eine Leibrente.[140] Telseke war verheiratet mit Nicolaus, dem Bruder des Ratsherrn Conrad van Urden, also eine Tante des gleichnamigen Mitgliedes des Alten Rates. So stand Krukow auch in entfernteren, verwandtschaftli-

---

133 Vgl. HR 1,6 Nr.556 a: *Ok was hiir de copman van Brucge, alze Hermen Wulff, Gerd Lentzendiik unde Georgius Rubit.* Wulf war auch in den Jahren 1413 und 1417 Ältermann in Brügge, vgl. HUB 5, Nr.1116, HR 1,6, Nr.421a.

134 Vgl. HR 1,6, Nr.450. Hermann Dartzow war auch im Englandhandel aktiv, s. JENKS, England, S.876.

135 S. ASMUSSEN, Flandernfahrer, S.903.

136 Marquard van der Mohlen wurde 1364 gemeinsam mit Hinrik Schonenberg *senior* als Provisor im Testament des Radeke Langhe eingesetzt, s. ASMUSSEN, Flandernfahrer, S.483.

137 Vgl. AHL, Testamente, Marquardus de Molendino, 20. Februar 1400: *Provisores meos eligo Godekinum Kerkring, Johannem Schonenberch, Nicolaum de Stiten et Johannem Plescowen.*

138 S. ASMUSSEN, Flandernfahrer, S.607.

139 EBD. Auch Thomas Kerkring schenkte in seinem Testament an *Marquardes van der Molen dochter*, vgl. AHL, Testamente, 16. März 1421.Weiterhin bestand eine Beziehung zu Thideman Drughe. Dieser gab 1420 in seinem Testament auch an *her* Jordan Plescow, Kerstin van der Mohlen und seine *modderken* Drude Hoop, vgl. AHL, Testamente, Tydeman Drughe, November 1420.

140 Vgl. AHL, Testamente, Hartich Krokouwe, 15. März 1415: *Item gheve ik Telzeken van Urden dat hus, dar sy ynne wonet ... Item bin ik schuldich Telzeken van Urden unde Hanse Nyestade, ereme brodere, 12 mark gheldes to erer beyder lyve in alzodaner wiis, wanner er en vorstervet, so schal de helfte der rente dot wesen, wan de andere vorstervet, zo schal de rente mit alle dot wesen, desse vorscreven rente schal utgheven Tydeman Brekelvelt, de gyfft en darto van siner eghen weghene 12 mark gheldes, desse 24 mark gheldes sin wy en beyden sculdich to ereme lyve.*

chen Beziehungen zu dem Stralsunder Ratsherrn Simon van Urden, der von 1413 bis 1423 auf Tagen erschien, wie auch zu den Dartzow.

Hartwich Krukow war mit einer Tochter des Bertram van Rinteln verheiratet. Deren Schwester Mechthild war mit dem Flandernfahrer Thideman Brekelveld verehelicht. Auch Brekelvelds Kinder heirateten in wichtige Lübecker Familien ein. Sein Sohn Everd wurde in erster Ehe mit Mechthild, einer Tochter des Vritze (I.) Grawerd, und in zweiter Ehe mit Heleke Russenberg, einer Tochter des Ratsherrn Johan Russenberg, verbunden. Brekelvelds Sohn Johan heiratete Alheid, eine Tochter des Ratsherrn Hermann Dartzow, während Brekelvelds Tochter Anna in eine Ehe mit Johan Dartzow, dem Sohn des gleichnamigen Ratsherrn, gegeben wurde.[141] Die Familie Brekelveld war mit den Dartzow also durch eine Doppelheirat verbunden. Mit seinem Schwager, dem Ratsherrn Christian van Rinteln, war Brekelveld auch geschäftlich liiert. Dieser setzte ihn 1431 neben Ludwig Krull als Testamentsvollstrecker ein.[142] Schließlich hatte Brekelveld eine vertrauensvolle Beziehung zum Rigischen Ratsherrn Albrecht Stockmann, von dem er als Provisor benannt wurde.[143]

Netz 79: Hartwich Krukow

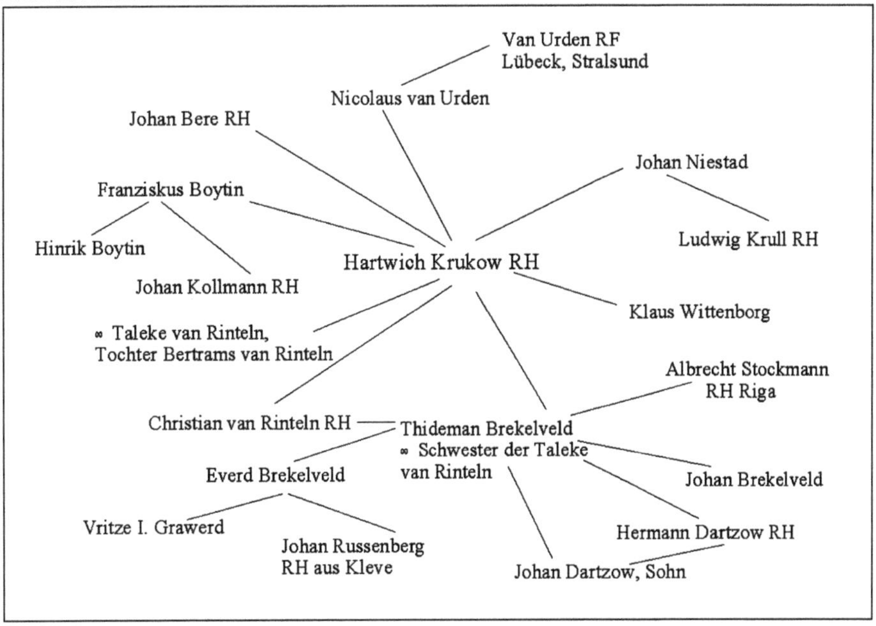

Hartwich Krukow wählte zu einem seiner Testamentsvollstrecker Johan (I.) Bere, der 1416 in den Rat aufgenommen wurde. Ebenso benannte er dessen Schwiegervater Franziskus Boytin. Boytin war Krukows Neffe, der Sohn seiner Schwester.[144] Sicher-

141 S. ASMUSSEN, Flandernfahrer, S.303f.

142 Vgl. AHL, Testamente, Rentelen, 17. Mai 1431.

143 S. ASMUSSEN, Flandernfahrer, S.307f.

144 EBD.: *Item gheve ik Franciscus Boytine, myner suster zone, twe guldene vingeren, in deme enen*

lich bestand auch ein Verwandtschaftsverhältnis zu Hinrik Boytin, dem Schwiegervater des Johan Kollman.[145]

Krukow wurde 1405 als Provisor gemeinsam mit Johan van Hervorde und Arnd Heyse von Cord Hoop eingesetzt.[146] Johan van Hervorde wurde 1408 in den Neuen Rat gewählt und verblieb 1416 im Rat.[147] Im Niederstadtbuch ist er vor 1400 nur einmal als Gläubiger des Lüneburger Bürgers Gruttemaker erwähnt.[148] Im Juli 1415 wird er in einer Transaktion als Ratsherr erwähnt.[149] 1431 werden die Provisoren seines Testaments und Vormünder seiner Kinder aufgeführt. Es handelt sich um den Ratsherrn Johan Segeberg, um Johan (II.) Bruskow, der 1439 in den Rat aufstieg, und um Hinrik Bramstede, einen Bruder des Ratsherrn Jakob Bramstede.[150] Zu Michaelis 1435 bestätigte van Hervordes gleichnamiger Sohn, dass er von seinen Provisoren alles erhalten habe und mit 200 Mark zum eigenen Handel ausgestattet worden sei.[151]

1414 wurde Krukow im Testament des Klaus Wittenborg als Vormund benannt, gemeinsam mit seinem Kollegen im Neuen Rat Hinrik Schenkenberg (1409-1412),[152] mit Johan Dartzow, der 1416 in den Rat kam, mit Engelke Hagelsten und Johan van der Heyde.[153] An der Nennung Hagelstens und Johans van der Heyde sehen wir wiederum, wie eng das Beziehungsnetz der führenden Lübecker Familien geknüpft war.

Johan van der Heyde, der auch nach England handelte,[154] war Schwager des Johan Weselo und somit auch mit Johan Oldenborg verwandt, der dem Neuen Rat an-

---

steyt eyn saffer, dat my sin moder gaff, in deme anderen steyt eyn parle. Item gheve ik Greteken, siner suster, ok eyn guldene vingeren mit ener parlen. ... Mine vormundere kese ik Merten Osenbruggen, Johanne Beren, Tydeman Brekelvelde, Gert Grymminghusen unde Franciscus Boytine ... Krukow scheinen seine Zeichen und Wappen sehr am Herzen gelegen zu haben. So stiftet er auch für das Kartäuserkloster in Gent einen Kelch mit dem Zeichen seines Ringes: *Item gheve ik mynen sulveren dusink in myner kysten to eneme kelke, den schal men vorgulden mit mynen signete, dat ik pleghe to dreghende over myner hant, dessen kelk unde wat dat beter is, dat gheve ik in dat kartuser closter vor Ghent.* Vgl. zu ihm auch RÖẞNER, Memoria, S.315. Krukow scheint ein ausgeprägtes Interesse an Kunst gehabt zu haben, denn in seiner Kammer hing ein *malde bret*, das er dem Neffen Wulf überließ.

145 S. zu Hinrik Boytin S.282,407.

146 Vgl. AHL, Testamente, Cord Hope, 21. September 1405: *Mine vormundere kese ik Hartwich Krukowe, Johans Hervorden unde Arnd Heysen.*

147 S. FEHLING, Ratslinie, S.469.

148 Vgl. SIMON, Niederstadtbuch, S.867,5 (1394 Invocavit): *Johannes Gruttemaker civis Luneborgensis presens libro recongnovit se teneri Johanni Heruerden in centum et quinquaginta mr Lub* ... Gruttemaker stand auch in Kontakt mit Herbord van der Linden. EBD. Ebenso hatte er Schulden bei Hinrik up dem Orde, vgl. SIMON, Niederstadtbuch, S.868,1 (1394 Reminiscere).

149 Vgl. AHL, Niederstadtbuch zu 1415 Visitatio Marie.

150 Vgl. AHL, Niederstadtbuch zu 1431 Nativitas Marie: *Dominus Gerrardus Seretze consul Lubicensis recognovit, ... quod dominus Johannes Segenberge consul Lubicensis, Johannes Brutzkaw et Hinricus Bramstede, provisores puerorum domini Johannis de Hervorde vendiderunt domum dicti domini Johannis Johanni Kerkringe*. Aus dem Erlös habe er, *dominus* Gerhard Seretze, 600 Mark erhalten. Deshalb ließ Seretze eine *scriptura in libro presenti* vom Jahr 1422 Egidii tilgen.

151 Vgl. AHL, Niederstadtbuch zu 1435 Michaelis.

152 S. FEHLING, Ratslinie, S.62.

153 Vgl. AHL, Testamente, Clawes Wittenborgh, 1414 März 28: *Mine vormundere kese ik hern Hartich Krukowen, hern Hinrike Schenkenbergh, Hanse Darsowen, Enghelken Haghelsteen, Lubberte Wittenborghe, mynen broder, unde Hanse van der Heyde, mynen swagher ...*

154 S. JENKS, England, S.905.

gehörte. Van der Heyde war in erster Ehe mit einer Tochter des Bergenfahrers Lambert van Hulren verheiratet gewesen.[155] Er hatte in zweiter Ehe Telseke, eine Tochter des Lubbert Wittenborg, geheiratet. Telseke wurde im Testament ihres Onkels Klaus Wittenborg, der in Geschäftskontakten mit Ratsherren wie Schotte und Kröpelin stand, großzügig bedacht.[156] Verwandtschaftlich war Wittenborg auch mit den Brüdern Johan und Hermann Hilge, „den führenden Vertretern des alten Osnabrücker Kreises im Stockholmhandel von 1400",[157] verbunden. Diese waren ihrerseits mit Johan van Ankum und Marquard Schutte verwandt.[158] Ob Johan David, mit dem Johan Hilge 1399 eine Handelsgesellschaft hatte,[159] mit der gleichnamigen Kolberger

155 Vgl. AHL, Niederstadtbuch zu 1407 Septem Fratrum: *Johannes van der Heyde habens filiam Lamberti de Hulren in uxorem presens libro recognovit se teneri provisoribus Lamberti, Brunonis, Johannis, puerorum eiusdem Lamberti de Hulren ad usum eorundem puerorum in centum VIII marc. Lub. den. in festo Pasche proxime venturo persolvendis.* Van Hulren ist vor Michaelis 1403 verstorben, vgl. AHL, Niederstadtbuch zu 1403 Michaelis: *Elisabeth relicta Lamberti van Hulren et Johannes Witte* ... Mit Johan Witte ist van Hulren mehrfach in gemeinsamen Geschäften zu sehen, vgl. SIMON, Niederstadtbuch, S.1011,3 (1398 Cantate): *Notandum, quod Lambertus van Hurlen et Johannes Witte presentes huic libro recognoverunt, se et suos heredes teneri Hanseken et Telseken pueris Johannis Eenvndetwintich in centum et sex mr Lub in festo pasche proxime venturo persolvendis.* Vgl. ebenso SIMON, Niederstadtbuch, S.1013,7 (1398 Pentecostes): *Notandum, quod Hinricus Kracht presens huic libro recognovit, se teneri Lamberto van Hurlen et Johanni Witten in centum et sex mr dn Lub in festo pasche proxime venturo amicabiliter persolvendis, pro quibus Johannes Coesvelt et Ludekinus Ploneker mercatores de Bergis tamquam principales creditores fideiubendo promiserunt.* Van Hulren wurde im August 1395 als Provisor im Testament des Bergenfahrers Johan Witte gemeinsam mit Hinrik Bonhorst und Marquard Bonhorst eingesetzt, s. BRUNS, Bergenfahrer, S.36.

156 Vgl. AHL, Testamente, Clawes Wyttenborg, 23. August 1422: *Item Telseken, mynes broder dochter, geve ik de 20 nobelen, de my Hans van der Heyde, ere man, schuldich is, unde Taleken Schachtes, mynes broder dochter, geve ik 50 mark. Item Elseben, myner suster dochter, geve ik 9 mark, de my ere man Razeborgh schuldich is. Item Kunneken, myner suster dochter, Albert Swertveghers wyve, geve ik 5 mark. Item levet Cord Blomberg unde Clawes Hertzeveld, myner suster sones, mynen doet, so geve ik islikem 5 mark penninge. Item isset, dat Telseke van der Heyde unde Taleke Schachtes, mynes broders dochtere, levet, wan ik aflyvich werde, so scholen myne vormundere isliker entrichten van mynem gude 100 mark lub. ...*

157 S. KOPPE, Lübeck-Stockholm, S.203.

158 Hermann Hilge war mit dem Stockholmhändler Johan van Ankum verwandt. Vgl. AHL, Testamente, Johan Hilge, 7. August 1413: *Item hern Marquard Schutten wyve Hilleken, myner modderen, unde Taleken, Clawes Wittenborges wyve, unde Greteken, Tideken Bockholtes dochter, jewelker geve ik 5 mark to eren doke pennynghen. ... Mine vormundere kese ik hern Marquard Schutten, Engelke Hilgen, myner suster sone, Hinrike vamme Sode, Johanne van der Bruggen unde Marquard Schelen ...* Engelke Hilge nahm als Vertreter des Kontors in Oslo an den Verhandlungen vom Juli 1413 in Nyborg teil, vgl. HR 1,6,108. Johan Hilge bedachte auch einen Verwandten in Stockholm: *Item Hanse Hilgen, de tom Holme is, geve ik alle myne wullenen unde lynnenen cledere to mynem lyve gesneden.* Die Brüder Hilge standen über lange Jahre in geschäftlichem Kontakt mit Hermann Sorebeke, dessen Bruder Hinrik als *civis Monasteriensis* bezeichnet wurde, vgl. SIMON, Niederstadtbuch, S.1030,2 und AHL, Niederstadtbuch zu 1409 Viti und zu 1410 Corpus Christi. Hinrik Sorebeke wird auch 1410 zu 11 Tausend Jungfrauen erwähnt. In Stockholm lebte ein Verwandter namens Gerd Sorebeke, s. KOPPE, Lübeck-Stockholm, S.120, S.205.

159 Vgl. SIMON, Niederstadtbuch, S.1054, 2 (1399 Visitacio Marie): *Johannes Dauid presens libro recognovit, quod Johannes Hilge dedit sibi 24 mr dn in contraposicionem societatis inite inter*

Ratsfamilie verwandt war, ist bisher aus der Lübecker Überlieferung nicht nachzuweisen. Die Brüder Hilge standen ihrerseits in vertrauensvollem Kontakt zu Johan Weselo.[160]

Johan Hilge war enger mit den Hundebeke verbunden. 1387 übergab er das Erbe des im Meer ertrunkenen Gerhard Hundebeke an dessen Bruder Hermann zusammen mit dessen Testament. Hermann Hundebeke bestätigte 1387 den Empfang in der Lübecker Katharinenkirche in Gegenwart der Ratsherren Hinrik Westhof und Hinrik van Hachede.[161] Hundebeke war vor seinem Umzug nach Lübeck Ratsherr in Stockholm gewesen.[162] Sein Vater Johan Hundebeke nahm im Juni 1366 an einem Hansetag in Lübeck teil. Hermann Hundebekes Tochter Margaret wurde mit Gobelin Swarte verheiratet, dessen Sohn Hermann Ratsherr in Stockholm wurde.[163] Hermann Swartes Schwester Mechthild war die Frau des Johan van dem Brinke.[164] Im Blick auf diese Beziehungen zu den Hundebeke ist es nicht erstaunlich, dass die Brüder Hilge auch sonst in Kontakt mit Stockholmer Ratsherrn zu finden sind. So schuldete Johan Hilge 1391 dem Stockholmer Bürgermeister Wilm Stenking 120 Mark.[165] Von diesem wurde er mit seinem Bruder Hermann im November 1392 als Provisor benannt.[166] Stenking wurde seinerseits von Johan van dem Brinke als Provisor eingesetzt.[167]

Auch Hermann Hilge hatte starke Interessen im Norden. 1398 bestätigte der Stockholmer Bürger Johan Poryn, dass Hilge gemeinsam mit Johan van Minden als Testamentsvollstrecker die seinem Stiefsohn geschuldete Summe ausbezahlt hatte.[168]

---

ipsos. Recognovit eciam dictus Johannes Dauid, quod, quidquid habeat ex parte huius contraposicionis aut lucratus fuerit, hoc totum pro medietate est Johannis Hilgen quodque ad presens aliam pecuniam seu contraposicionem. S. auch KOPPE, Lübeck-Stockholm, S.205.

160 Vgl. AHL, Niederstadtbuch zu 1400 Jacobi: Johan Weselo erkennt an, dass er dem Johan Hilge 50 Mark schuldet, die dieser ihm in einer Notlage (*in necessitate*) gab. Er will sie innerhalb des gegenwärtigen Jahres dem Johan oder dessen Bruder Hermann Hilge oder deren Erben freundschaftlich (*amicabiliter et expedite*) zurückzahlen. 1399 hatte Hermann Hilge dem Hinrik van Bremen und dem Braunschweiger Bürger Gottschalk van der Heyde 80 Mark geliehen. Peter van der Linden hatte Löschungsvollmacht, vgl. SIMON, Niederstadtbuch, S.1059,2.

161 *In presencia dominorum Hinrici Westhof et Hinrici de Hacchede* bestätigte Hundebeke, dass er von Johan Hilge *53 Fl. auri* und *unam rullam contenentem testamentum Gherardi Hundebeken ultra mare defuncti*, seines Bruders, erhalten habe, vgl. SIMON, Niederstadtbuch, S.615,5 (1387 Felicis).

162 S. KOPPE, Lübeck-Stockholm, S.248f.

163 Vgl. SIMON, Niederstadtbuch, S.264,4 (1374 Nativitas Marie): *Hermannus, filius Ghobelini Zwarten, cuius mater fuit Margareta filia Hermanni Hunnenbeken de Stockholmis ...*

164 Vgl. SIMON, Niederstadtbuch, S.928,1: *Notandum, quod Mechtyldis van den Brinke relicta Johannis van den Brinke presens apud hunc librum constituta autoritate et consensu suorum proximorum et provisorum eius libere dimisit et irrevocabiliter resignavit domino Hermanno Swarten fratri suo consuli Stokholmensi omne ius et proprietates, quod et quas ipsa habuerit in bonis hereditariis sibi per mortem domini Euerhardi Kanstens et sue matris domine Gherdeken in terra Swecie competere valentibus.*

165 Vgl. SIMON, Niederstadtbuch, S.784,4 (1391 Syxti).

166 S. ASMUSSEN, Flandernfahrer, S.605.

167 S. ASMUSSEN, Flandernfahrer, S.315.

168 Johan Poryn war Stockholmer Bürger, vgl. SIMON, Niederstadtbuch, S.1023,5. Er arbeitete auch mit Johan van Minden zusammen. 1398 bestätigte er, dass er von den Testamentsvollstreckern des Herrn Wilm Stenking, *olim proconsulis in Stokholmis*, alles erhalten habe. Er löste Johan van Minden und Hermann Hilge von allen Forderungen, vgl. SIMON, Niederstadtbuch, S.1025,8

1406 wandte sich der Kalmarer Bürgermeister Hinrik Remscher im Namen des schwedischen Königs an Hilge.[169] Remscher hatte 1378 dem Lübecker Kaufmann Rotger van der Kleye 100 Mark geliehen.[170] Rotger van der Kleye stand seinerseits in engeren Beziehungen zu dem Lübecker Ratsherrn Hermann Vorste.

Netz 80: Rotger van der Kleye

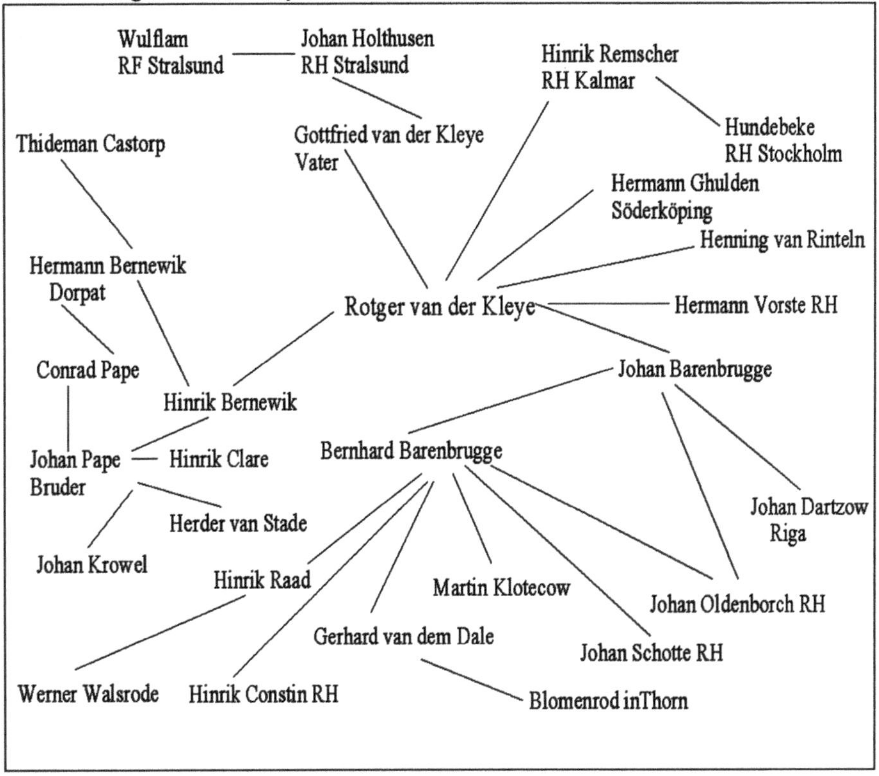

Dieser setzte ihn 1379 neben dem Ratsherrn Johan Odbernhusen, der auch nach England handelte,[171] und Bernhard Stekemest als Provisor ein. Auch 1388 benannte er ihn in seinem Testament neben Winnekin Castorp, Bernhard Stekemest und Rodolph van Grolle.[172] Hermann Vorste bürgte auch 1381 für van der Kleye, als dieser von

(1398 Egidii).

169 S. zu den großen Schulden Hermann Hilges in Schweden KOPPE, Lübeck-Stockholm, S.205f. Hermann Hilge ist vor Corpus Christi 1410 verstorben, vgl. AHL, Niederstadtbuch zum Datum mit einer Verfügung für die Kinder Hermanns.

170 Vgl. SIMON, Niederstadtbuch, S.402,3. Vor 1396 hatte er drei Teile eines Schiffes an den Danziger Schiffer Johan Berser verkauft, der diese weiterveräußerte an eine Gesellschaft aus Andreas van Hachede, Thideman Nienborch und Johan Brussche, vgl. SIMON, Niederstadtbuch, S.922,2.

171 S. JENKS, England, S.941.

172 S. ASMUSSEN, Flandernfahrer, S.383, S.828.

den Provisoren des Johan van Ankum 300 Mark für Berthold van Gandersen erhalten hatte.[173]

1374 bestätigt Rotger van der Kleye, dass er von seinem Vater Gottfried sein Erbe erhalten habe.[174] Gottfried van der Kleye stand in Beziehungen zu Johan Holthusen, einem Mitglied dieser Stralsunder Ratsfamilie.[175] 1366 hatte er eine Handelsgesellschaft mit Herbord Witing.[176] Witing arbeitete mit den Wintzenberg,[177] den Brüdern Thideman und Paul van Alen,[178] Johan Hamma senior[179] und Werner Sulverberner zusammen.[180] Wahrscheinlich war Hinrik Witing, der am Ende des Jahrhunderts in vielfältigen Kontakten mit führenden Kaufleuten stand, ein Sohn Herbords.[181]

1376 wollte Berthold Nienborch zwei Ringe für Rotger van der Kleye an Rotger Bischop, *scholastico Verdensi*, verkaufen.[182] 1378 erhielt van der Kleye von dem Kalmarer Bürger Gottschalk Hulschede 150 Mark zur Verwahrung.[183] Auch 1380 und 1382 wird erwähnt, dass van der Kleye an Kalmarer Bürger Geld zurückbezahlt habe.[184] Ebenso schuldete er 1387 dem aus Kalmar stammenden Priester Johan Hinrici in der Diözese Lönköping 200 Mark, die er Henning van Rinteln ausbezahlte.[185] 1382 bürgte van der Kleye für Hinrik Bernewik.[186] Er verbürgte sich auch für dessen Erbe im November 1370 gemeinsam mit dessen Brüdern.[187] Hinrik Bernewik bürgte 1384 gemeinsam mit Martin Klotecow für eine Schuld des Bernhard Barenbrugge von 135 Mark.[188]

Barenbrugge stand mit führenden Lübecker Kaufleuten in geschäftlichen Verbindungen.[189] Die Bernewik hatten enge Beziehungen nach Dorpat. 1397 wurden in ei-

---

173 Vgl. SIMON, Niederstadtbuch, S.449,4.

174 Vgl. SIMON, Niederstadtbuch, S.263,5.

175 Vgl. SIMON, Niederstadtbuch, S.63,5 (1365). Holthusen war 1391 gemeinsam mit Gottfried Nybe, Bernhard vam Rode und Thiderik Lowe Tutor der Kinder des verstorbenen Ratsherrn Andreas Kannemaker, vgl. SCHROEDER, Liber I, Nr.871 (1391). Ob Thiderik Lowe mit der gleichnamigen Greifswalder Ratsfamilie verwandt war, bleibt zu untersuchen.

176 Vgl. SIMON, Niederstadtbuch, S.91,1 (1366).

177 Vgl. SIMON, Niederstadtbuch, S.100,7 (1367), S.156,1 (1369).

178 Vgl. SIMON, Niederstadtbuch, S.130,6 (1368).

179 Vgl. SIMON, Niederstadtbuch, S.181,9 (1371).

180 Vgl. SIMON, Niederstadtbuch, S.227,9 (1373). Sulverberner schuldete ihm 200 Mark.

181 S. zu Hinrik Witing S.121,134,236,378ff.

182 Vgl. SIMON, Niederstadtbuch, S.346,6.

183 Vgl. SIMON, Niederstadtbuch, S.401,7.

184 Vgl. SIMON, Niederstadtbuch, S.430,4 und S.487,6. Im letzten Fall betrug die Summe 300 Mark, von der die Hälfte auf Rotgers Vater Gottfried entfiel. 1388 liehen die hier genannten Personen 70 Mark von Rotger van der Kleye, vgl. SIMON, Niederstadtbuch, S.654,7.

185 Vgl. SIMON, Niederstadtbuch, S.635,1.

186 Vgl. SIMON, Niederstadtbuch, S.489,1.

187 Vgl. SIMON, Niederstadtbuch, S.174,1 (1370 Martini).

188 Vgl. SIMON, Niederstadtbuch, S.543,6 (1384 Quasimodogeniti).

189 Bernhard Barenbrugge erscheint oft im Niederstadtbuch. 1364 schuldete er Hinrik Raad 110 Mark und 1364 220 Mark *in auro*, vgl. SIMON, Niederstadtbuch, S.31,4 (1364 Barnabe), S.36,1 (1364 Ypoliti). 1364 mußte Gottfried Bernewik seinen Gläubigern, unter denen auch Barenbrugge war, alle *supellectilia* seines Hauses, die aufgezählt werden und unter denen auch auf *24 cussinos Persicos* hingewiesen wird, für eine Schuld von 250 Mark überlassen, vgl. SIMON, Niederstadtbuch, S.50,6 (1364 Post Lucie). Im Oktober 1367 bürgte Barenbrugge gemeinsam mit

nem „Toversichtsbrief“ aus Dorpat Conrad Pape und Thideman Castorp als Prokuratoren des Hermann Bernewik eingesetzt.[190] Da ein Bruder des Hinrik Bernewik Johan Pape hieß,[191] war wohl auch Conrad Pape mit Bernewik verwandt.[192] Aus den Verpflichtungen, die von der Witwe Dedeke des Rotger van Kleye nach seinem Tod im November 1388 erfasst wurden, geht wiederum die Verbindung nach Schweden hervor. So schuldete Rotger dem Hermann Ghulden, Bürger in Söderköping, noch 140 Mark.[193]

Kehren wir zu Johan van der Heyde zurück. Er saß seit 1408 im Neuen Rat, wurde allerdings 1416 nicht in den Kompromissrat übernommen.[194] Van der Heyde stand in guten Beziehungen zu Heyne Bode, der bei ihm wohnte[195] und testamentarisch nach Elze und Gronau bei Hannover schenkte.[196] Van der Heydes Frau verwahr-

---

Berthold van Hereke, dem Bruder des Ratsherrn Peter van Hereke, Hinrik Schonenberg und anderen für die Schulden des Heilig-Geist-Spitals und der Nonnen des Johannesklosters bei Albert van Camen, vgl. SIMON, Niederstadtbuch, S.117,8 (1367 Galli). 1373 schuldete er dem Ratsherrn Hinrik Constin 273 1/2 Mark, vgl. SIMON, Niederstadtbuch, S.230,8 (1373 Lamberti). 1374 bei der Aufzählung der Schulden des Johan van der Waghe wurde Barenbrugge mit 113 Mark erwähnt, vgl. SIMON, Niederstadtbuch, S.253,1 (1374 Johannis Baptiste). Barenbrugge wird als einer der Bürgen mit Martin Klotecow und Gerhard vamme Dale 1378 in dem Streit zwischen denen vamme Dale und dem Thorner Bürger Johan Blomenrod genannt, vgl. SIMON, Niederstadtbuch, S.407,5. Nach Barenbrugges Tod mußten Martin Klotecow und Hinrik Bernewik noch 150 Mark zurückgezahlt werden, vgl. SIMON, Niederstadtbuch, S.539,7 (1384 Mathie). Diese beiden scheinen auch seine Provisoren gewesen zu sein, denn sie bürgten 1384 für die Rückzahlung seiner Schulden an Johan Schotte, vgl. SIMON, Niederstadtbuch, S.543,6 (1384 Quasimodogeniti).

190 Vgl. SIMON, Niederstadtbuch, S.980,3 (1397 Petri et Pauli).

191 Vgl. SIMON, Niederstadtbuch, S.174,1. Pape ist häufig im Niederstadtbuch mit seinen Geschäften erfaßt. 1375 schuldete er dem Johan, Sohn des Johan Krowel, 50 Mark, vgl. SIMON, Niederstadtbuch, S.293,6 (1375 Ascensio). Für ihn bürgte Hinrik Clare, der uns schon im Zusammenhang mit Schepenstede begegnete. 1376 schuldete Pape Herder van Stade 157 Mark *nomine fideiussorio*, vgl. SIMON, Niederstadtbuch, S.346,3 (Katherine). 1385 schuldeten ihm und Heinekin van Hachede senior, Hinrik van Essen und Vromold Warendorp 17 *lastas salis*, vgl. SIMON, Niederstadtbuch, S.584,5 (Pentecostes). Mit Herder van Stade verbanden Pape verwandtschaftliche Beziehungen. Heyno van Stade bezeichnete ihn in seinem Testament als seinen *avunculus*, vgl. AHL, Testamente, Heyno van Stade, 30. September 1403: *Item do Johanni Papen meo avunculo libras meas ponderales cum suis loconibus proprie mit eren loden et 15 marcas lub.* Van Stade setzte Pape auch als Provisor ein. Heyno van Stade war ein Neffe des Bergenfahrers Hinrik van Stade, der 1369 sein Testament erstellte und als einen seiner Provisoren Everhard Paal benannte, s. BRUNS, Bergenfahrer, S.15.

192 1382 schuldete Hinrik Bernewik den Conrad Pape, Thideman Vlegenkroch und Hinrik Landman 53 1/2 Mark, vgl. SIMON, Niederstadtbuch, S.489,1. Denselben schuldeten 1384 die Brüder Albert und Gerd van der Heyde 21 1/2 Mark, vgl. SIMON, Niederstadtbuch, S.546,8. Im Mai 1384 schuldeten denselben die Marquard Cruceveld, Johan Mowe und Hinrik Stange 53 1/2 Mark, vgl. SIMON, Niederstadtbuch, S.547,6.

193 Vgl. SIMON, Niederstadtbuch, S.675,2.

194 S. FEHLING, Ratslinie, S.59.

195 Vgl. AHL, Testamente, Heyne Bode, 10. April 1428: *Item Johanne van der Heyde, mynem werde, geve ik mynen groten guldenen boch. Item Ludeken van der Heyde, synem brodere, geve ik mynen guldenen boch, den grotesten dar neghest.*

196 S. BRUNS, Bergenfahrer, S.60.

te Wertgegenstände für Heyne Bode in einer Kiste.[197] Der Bergenfahrer Bode war ein Onkel des Ludeke van Hameln, dem er 1428 in seinem Testament sein Haus in Bergen schenkte.[198] Der Bruder des Ludeke van Hameln war der Ratsherr Johan van Hameln,[199] der auch Bergenfahrer war, nach England handelte und als Ältermann von 1401 bis 1407 amtierte.[200]

Bode, der testamentarisch einen *vorguldeden compasse* verschenkte, gab auch an Ludeke Kapestok, der aus Hildesheim kam,[201] und Bertram Berner, der dort wohnte.[202] Auch die van der Heyde hatten Beziehungen nach Hildesheim. Wahrscheinlich stammten sie aus der Region. Sie wurden nämlich als Provisoren von Diderik van der Heyde eingesetzt. Dieser kam aus Algermissen bei Hildesheim. Diderik Bruder Hans, der nach diesem Ort genannt wurde, wohnte in Halberstadt.[203] Van der Heydes Bruder Ludeke war Schwiegersohn des Marquard Schele,[204] der seinerseits mit den Greverade verwandt war.[205] Wie die verwandtschaftliche Verbindung zu Jordan van der Heyde aussah, der Hinrik und Ludwig Greverade als *sine swegere* bezeichnete, ist nicht ganz durchsichtig.[206] Ludwig und Alf Greverade wurden auch 1451 gemeinsam

---

197 Vgl. AHL, Testamente, Heyne Bode, 10. April 1428: *Item wil ik, dat myne vormundere entfangen schullen van Hermen Meyere 100 mark unde 68 mark lub, de he my schuldich is, to brukinghe mynes testamentes to hebbende. Ok scholen ze entfanghen van myner werdynnen, Johan van der Heyde husvrowen, myn sulversmyde unde 100 stuccke unde 7 stucke goldes, de maket vyveundenegentich mark unde 5 scilling an lubeschen payemente, alse ik er dat to guder vorwaringhe in ere kysten antwardet hebbe ...*

198 EBD.: I*tem Ludeken van Hamelen, myner suster sone, geve ik myne hus, de ik hebbe in deme Mikkelgarden up der Zudersyden to Bergen mit alle erer tobehoringe, alse ze dar staen.*

199 Vgl. SIMON, Niederstadtbuch, S.735,3 (1390 Trinitatis). Johan vamme Hamme verkaufte dem *Johanno van Hamelen et Ludekino fratri suo* für 300 Mark seinen Anteil an ihrer gemeinsamen Handelsgesellschaft.

200 S. BRUNS, Bergenfahrer, S.288 und JENKS, England, S.901.

201 Kapestoks Frau Grete war die Schwester des Brun Sprenger. Vgl. das Testament des Brun Sprenger, AHL, Testamente, 17. August 1413: *Item mynen broderen Hanse unde Hinrike unde Greteken Kapestockes, myner suster, geve ik samentliken 40 mark lub.*

202 Vgl. AHL, Testamente, Heyne Bode, 10. April 1428: *Item Ludeken Kapestocke geve ik 10 mark lubesch. Item Bertramme Berner to Hildensem wonende geve ik ene nye vynnesche deken unde ene sulverne scalen van den twe, dede vote hebben. Item Elzeben Woltmans to Gronowe wonende gheve ik 4 mark lub, unde darsulves Bertold Meyers dochter Drudeken geve ik 10 mark lub.* Ob Bertram Berner mit der Hildesheimer Ratsfamilie Berner verwandt war, aus welcher der Rigische Ratsherr Hinrik Berner stammte, ist nicht klar zu erkennen.

203 Vgl. AHL, Testamente, Dyderik van der Heyde, 9. November 1428: *Int erste Hanse van Algermissen, mynem brodere to Halverstad wonende, geve ik 10 mark lub unde mynen besten hoyken. Item Dyderike, mynem broder to Algermissen, geve ik 10 mark lub und mynen besten rok mit dem vodere.*

204 Es gab einen älteren Ludeke van der Heyde in Lübeck, der vor Juni 1397 verstorben war. Dessen Frau Abelke war die Tochter der Margarete, die in dritter Ehe Lambert Overenkerken geheiratet hatte, vgl. SIMON, Niederstadtbuch, S.979,1 (1397 Corporis Christi).

205 Vgl. AHL, Testamente, Ludeke van der Heyde, 18. November 1430.

206 Van der Heyde schenkte auch nach Himmelpforten bei Stade. Vgl. AHL, Testamente, Yorden van der Heyde, 22. Juli 1436: *Mine vormundere kese ik Lodewich Greveroden unde Hinrike Greveroden, myne swegere ...* Ludwig Greverade wurde 1450 von Werner Grambeke als *swager* bezeichnet, der ihn als Provisor einsetzte, vgl. AHL, Testamente, Werner Grambeke, 10. November 1450. Grambeke war *sweger* des Ratsherrn Johan (II.) Gherwer, vgl. AHL, Testamente,

von dem 1460 bis 1479 als Ältermann der Bergenfahrer amtierenden Everd Halehalsche, der aus Schüttorf kam, als Provisor eingesetzt.[207]

Alf Greverade wurde 1455 in den Lübecker Rat gewählt. Er starb zu Pfingsten 1481.[208] Greverade beschenkte 1478 in seinem Testament seine *ome* Hinrik und Alf Greverade, die er auch als Provisoren einsetzte.[209] Aus der Familie Loss bedachte er Hans Loss in Rostock mit 400 Mark, seinen *om* Kersten Loss in Hamburg mit 300 Mark und die Frau und Kinder des verstorbenen Revaler Marten Loss mit 300 Mark. Weiterhin sollten seine Cousinen, die Schwestern Anneke Prume und Gertrud Claholt, deren Mann Hermann Claholt er auch als Provisor einsetzte, am Rest des Vermögens beteiligt werden.[210]Auch Greverades Schwager Hermann Claholt, der aus Münster stammte,[211] wurde 1484 in den Rat kooptiert. Er starb 1498.[212]

Hermann Maßmann, der eine führende Rolle in hansischen Angelegenheiten nach 1500 in Verhandlungen und als Befehlshaber der Flotte spielte, war mit Claholt verwandt.[213] Mit dem Münsteraner Bernd Claholt, dem Bruder Hermanns, stand Greverade auch in geschäftlichen Verbindungen. Dieser schuldete ihm 1461 300 rh. Gulden.[214] Sicherlich hatten die drei eine Handelsgesellschaft, denn 1463 schuldete Bernd Claholt seinem Bruder Hermann 200 Rh. Gulden.[215] Hermann Claholt stand auch in engeren geschäftlichen Verbindungen mit dem Schwager Greverades, Hinrik Prume.[216] Prume, der Anneke, die Cousine des Alf Greverade, geheiratet hatte, kam aus Dortmund und war durch seine Mutter mit den Castorp und den Eggerd verwandt.[217] Sein Neffe Johan Eggerd amtierte seit 1481 als Ratsherr in Danzig und starb 1491.[218] Die nur knapp angedeuteten weitreichenden familiären Beziehungen lassen die Greverade als eine der führenden Familien im hansischen Raum erkennen.

Kehren wir zu van der Heyde zurück. 1430 schuldete Johan van der Heyde gemeinsam mit Ludeke Westede, der in allen Testamenten des Diderik Kollmann als

---

Johan Gerwer, radman, 17. August 1451.

207 S. BRUNS, Bergenfahrer, S.88, S.97 und S.288. In seinem Testament vom Oktober 1479 setzte Halehalsche dann als Provisoren seinen Mit-Ältermann und Ratsherrn Brand Hogeveld wie auch Hinrik Ebeling und Johan Overenkerken ein, s. BRUNS, Bergenfahrer, S.122.

208 S. FEHLING, Ratslinie, S.77.

209 Ob mit einem *om* der Stralsunder Ratsherr Alf Greverade gemeint war, der seine Stadt auf Hansetagen 1445 und 1449 in Lübeck, vertrat, muß im Augenblick offen bleiben.

210 Vgl. AHL, Testamente, Alf Greverode, 13. Januar 1478. Es handelt sich um Töchter Hinrik Greverade des Älteren.

211 Hermann Claholt und Bernd Claholt, *brodere van Monster*, einigten sich im Juni 1456 über die Teilung ihres Erbes, vgl. AHL, Niederstadtbuch zu 1456 Viti. Ein weiterer Bruder *her* Johan Claholt war Priester in Münster, vgl. AHL, Niederstadtbuch zu 1457 Bartholomei.

212 S. FEHLING, Ratslinie, S.83.

213 Er bezeichnete Hermann Claholt als seinen *ohm*, beschenkte ihn mit seiner *groteste sulveren kanne* und gab dessen Kindern 100 rh. Gulden, vgl. AHL, Testamente, Herman Meßman, 18. Juni 1497.

214 Vgl. AHL, Niederstadtbuch zu 1461 Bartholomei.

215 Vgl. AHL, Niederstadtbuch zu 1463 Lucie.

216 1470 schuldeten sie gemeinsam dem *inwaner* Diderik Bodewin eine Leibrente von 60 Mark, vgl. AHL, Niederstadtbuch zu 1470 Visitatio Marie.

217 Prumes Schwester Windele war mit dem Bruder seiner Frau, Hinrik Greverade dem Jüngeren, verheiratet worden, s. NEUMANN, Castorp, S.108 Anm.113.

218 S. ZDRENKA, Rats- und Gerichtspatriziat 1, S.253.

Provisor genannt wird, *coniuncta manu* dem Ratsherrn Johan Gherwer 108 Mark.[219] 1438 wird er mit Johan Kollmann und Johan Broling als Vormund der Witwe Taleke des Ratsherrn Albert Erp genannt.[220] Aber nicht nur in Lübeck stand van der Heyde in Verbindung mit führenden Familien und Ratsherren, sondern auch in Reval. Im Juni 1439 wird seine *selschop* mit dem Revaler Bürgermeister Hinrik Schelewend erwähnt.[221] Dieser Revaler Bürgermeister war auch als Delegierter in Lübeck. Er nahm am Hansetag zu Johannis 1426 teil. Schelewends gleichnamiger Sohn wird mehrfach nach 1458 auf regionalen Treffen in Livland als Teilnehmer erwähnt.[222]

Van der Heyde wurde 1413 im Testament des Hinrik van der Braken, der aus Osna-brück stammte, mit 50 Mark bedacht.[223] 1421 wurde er von Klaus Schutte als Provisor benannt.[224] Schutte schenkte für seine Memoria an Magdeburger Institutionen. Sicherlich kam er von dort.[225] Die Schwester der Frau des Johan van der Heyde wurde mit dem Mitglied des Neuen Rates Hermann Rettrum verheiratet.[226] Rettrum war Stiefvater des Thiderik Wulf, der ihm in seinem Testament von 1418 zwei *heringhuse* zusprach.[227]

---

219 Vgl. AHL, Niederstadtbuch zu 1430 Omnium Sanctorum.

220 Vgl. AHL, Niederstadtbuch zu 1438 Pasce.

221 Vgl. AHL, Niederstadtbuch zu 1439 Viti: 2. Johan van der Heyde ist in einer *selschopp* mit *her Hinrik Schelewend, borgermester to Revele*. Er bekennt, dass er von *Hermen Hitveld borger to Lub. to behoff* des Herrn Wolters van Loo, *compthur to Revele*, 800 Mark empfangen hat, *welke 800 M. Lub. her Heyneman Swan radman to Revele von Wolter van Lo in Reval* empfangen und *upgeboret hadde*.

222 Zu Ludenschede s. DERRIK, Tafelgilde, S.116. Vom 29. September bis 3. Oktober 1430 war er mit den Ratsherren Kost van Borstel und Hinrik Schelewent auf dem Ständetag in Wolmar.

223 Vgl. AHL, Testamente, Hinrik van dem Braken, 10. August 1413. S. zu van der Braken und Johan van Heyde auch S.353f.,393.

224 Vgl. AHL, Testamente, Clawes Schutte, 28. August 1421: *Myne vormundere kese ik Everde van Hereke, Ludeken Lammeshovet, Jacobe Bramsteden, Ludeken van der Heyde unde Hinrike Nyestat unde wil, dat Jacob Kerkhoff de oldere, myn oem, unde syn sone vorgenomet schole gans mechtich wesen, myt mynen vormunderen in allen dinghen to donde ...* Der als Provisor genannte Kerkhoff ist Schuttes *om* aus Magdeburg, mit dem er eine finanzstarke *selschop* hat: *Ok totekene ik en denne 500 rynsche guldene, de ik ghelecht hebbe in de selschop, de ik hebbe myt Jacob Kerkhove, mynem ome to Meydeborgh, desulven myne kindere ok bynnen der unmundighen tyd dar van to bodende unde to vorstande.*

225 EBD.: *Item to Meydeborgh geve ik to dem buwe sunte Marien Magdalenen kerken 5 mark lubesch. Den predeker broderen [geve ik] 5 mark lub, unde den mynren broderen darsulves geve ik 5 mark lub to dem buwe. Item den augustineren to Meydeborgh, to sunte Agneten unde sunte Laurentius kerken geve ik isliker stede 5 mark lub to dem buwe. Item darsulves den seken to deme Hilghen Gheeste geve ik 5 mark, unde den elenden seken vor Meydeborgh geve ik desgelikes 5 mark lub mang se like to delende.*

226 S. FEHLING, Ratslinie, S.61. Gemeinsam wurden sie von dem Stralsunder Bürger Johan Ludinghusen in seinem Testament als Provisoren eingesetzt: *Provisores meos eligo Johannem de Mynden iuxta Travenam, Johannem van der Heyde et Hermannum Ritterum*. Vgl. AHL, Testamente, Johannes Ludinghusen, 24. Dezember 1405. Als Stralsunder Bürger wird er bezeichnet bei SIMON, Niederstadtbuch, S. 415,1.

227 Vgl. AHL, Testamente, Tidericus Wulf, 10. Januar 1418: *Item geve ik mynem steffvadere Hermen van Rittrem 2 heringhuse mit den garden dar to belegen.* Und er bedenkt auch seine Mutter: *Item geve ik myner moder Abelken 100 unde 20 mark.*

Wulfs Schwester Taleke war mit Hinrik Brekwold, einem Sohn des Ratsherrn Cord Brekwold, verheiratet worden.[228] Wulf sprach in seinem Testament auch seinen *om* Johan van der Heyde an.[229] Auch zu den Erp hatte Wulf recht enge Beziehungen, denn er schenkte seiner *modderen* Taleken Erp und ihrem Sohn, seinem *om*,[230] zwanzig Mark. Für seinen *leven swager*, den Ratsherrn Albert Erp, der 1416 in den Rat kooptiert wurde, bestimmte er zehn Mark für ein Schmuckstück.[231]

Netz 81: Johan van der Heyde

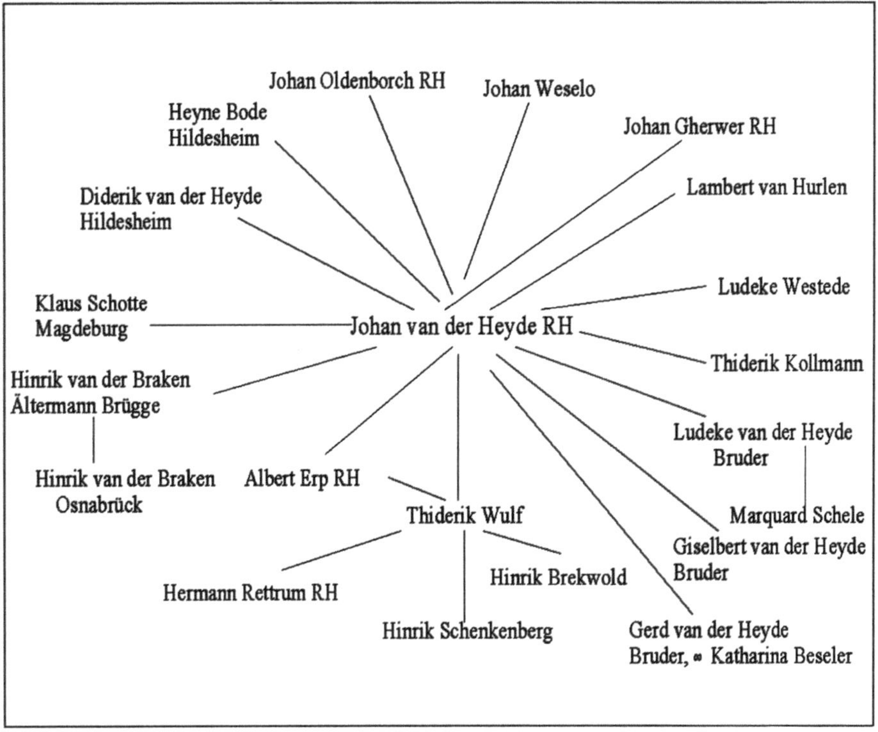

228 Ebd.: *Item geve ik myner suster Taleken, Hinrik Brekewoldes wive, 11 mark geldes wicbelde ..., der se bruken schal to erem spelegelde al de wile se levet sunder yemendes wedder secgend, unde wanne se stervet, so scholen se vallen up ere negesten.* Hinrik und Johan Brekwold besaßen zusammen mit anderen Lübecker Bürgern 1421 ein Schiff (*kreyer*), das nach dem Tod des Schiffers in Reval lag, vgl. HUB 6, Nr.365.

229 Vgl. AHL, Testamente, Tidericus Wulf, 10. Januar 1418: *Item geve ik Johanne van der Heyde, mynem ome, unde sinen kinderen tosamende 60 mark. Item geve ik Alve van der Heyden, mynem ome, 10 mark.* Ein weiterer *om* Wulfs lebte in Uelzen: *Item geve ik Tideken Ramme, mynem ome to Ultzen, 10 mark.*

230 Ebd.: *Item geve ik myner modderen Taleken Erpes unde ereme sone Hans Godebussen, mynem ome, tosamende 20 mark.*

231 Ebd.: *Item geve ik hern Albert Erpe, mynem leven swager, 10 mark to enem clenode.*

Erp hatte eine Schwester des Johan van der Heyde geheiratet.[232] Als Provisoren setzte Wulf seine Schwäger Albert Erp und Hinrik Brekwold wie seinen Stiefvater Rettrum und seinen Onkel Johan van der Heyde ein.[233] Ein weiteres Legat ging an seine *moddere* Metteke Schenkenberg.[234] Die Schenkenberg standen in engem Kontakt mit den Wulf. Sie werden vielfach in deren Testamenten erwähnt. Wie wir schon sahen, gehörte zu dieser Familie auch Hinrik Schenkenberg, der von 1409 bis 1412 im Rat saß.

Netz 82: Hermann Wulf

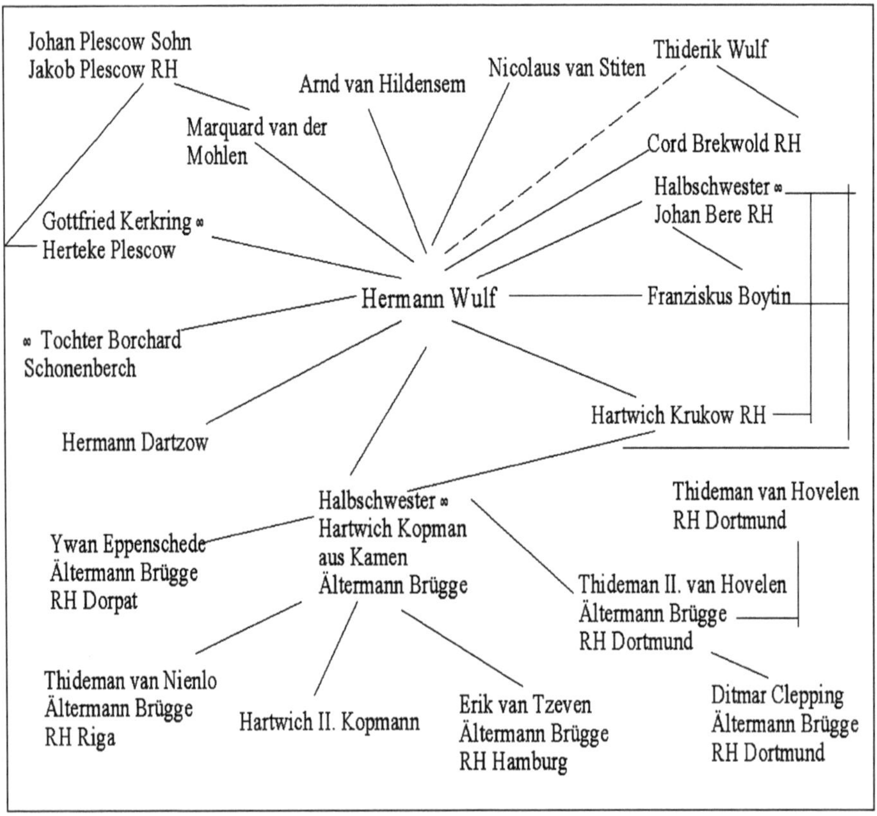

Unübersehbar deutlich wurden im Blick auf die Beziehungsnetze der Testamentsprovisoren des Eler Stange die sich mehrfach kreuzenden verwandtschaftlichen Bindun-

232 S. FEHLING, Ratslinie, S.66.

233 Vgl. AHL, Testamente, Tidericus Wulf, 10. Januar 1418: *Mine vormundere kese ik hern Albert Erpe, Johan van der Heyde, mynen oem, Hermen van Rittrem unde Hinrik Brekewolde, mynen zwager.*

234 EBD.: *Item geve ik Telseken van Dorpmunde, Wobbeken van Heveren, Metteken Schenkenberges, mynen modderen, unde Abelen van Benesen ... ener yewelken 3 mark to enem klenode, dar se myner by denken.*

gen zwischen den Mitgliedern des Neuen Rates wie auch die weit über Lübeck hinausreichenden Kontakte zu führenden Kaufleuten. Diese hatten enge Beziehungen beispielsweise nach Kamen, Osnabrück, Hildesheim, Magdeburg, Stralsund, Stockholm, Kalmar und Reval.

1.2 Hermann van Alen

Hermann van Alen, der als Bürgermeister am 29. Mai 1411 starb, war ein Sohn des Flandernfahrers Hinrik van Alen und seiner zweiten Frau Mechthild, einer Tochter des Ratsherrn Hinrik Buck (1341-1353).[235] Besonderes Vertrauen hatte Conrad Ruslov zu Hinrik van Alen, denn er benannte ihn zusammen mit Nicolaus Tankenhagen und Heino Greverade als Provisor. Ebenso wurde van Alen gemeinsam mit dem Ratsherrn Johan Perceval vom Bürgermeister Hermann Gallin als Testamentsvollstrecker bestimmt. Auch in weiteren Testamenten zeigt sich die Nähe Hinriks van Alen zu führenden Lübecker Familien.[236] In zweiter Ehe verband er sich mit der Tochter des Ratsherrn Hinrik Buck. Aus dieser Ehe stammten Margareta und der künftige Ratsherr Hermann. Vor 1396 heiratete Margareta van Alen Everhard van Hereke, den Bruder des 1387 verstorbenen Ratsherrn Peter van Hereke. Schon vor dieser Heirat bestanden auch Beziehungen zwischen Hermann van Alen und Peter van Hereke. Van Alen gab im August 1387 eine Ehrenerklärung für Simon vamme Kyle ab. In dieser Sache vertraten Gottfried Travelmann, Hinrik Westhof und Peter van Hereke den Beschuldigten.[237]

Van Alens Halbschwester aus der ersten Ehe des Vaters namens Mechthild war mit Hinrik Clare verheiratet, der uns schon im Zusammenhang mit Johan Schepenstede begegnet war. Clare hatte bis zu seinem Tode enger mit Johan Krowel zusammengearbeitet, der dem Neuen Rat angehörte. Auch van Alen hatte näheren Kontakt zu Schepenstede und Niebur. Im Juni 1401 wurde im Niederstadtbuch festgehalten, dass van Alen Katharina, der Witwe des Ratsherrn Johan Niebur, Geld geliehen hatte.[238] Zu seiner Halbschwester Mechthild hatte Hermann van Alen durchgängig eine gute Beziehung, wie sich noch in seinem Testament vom Mai 1406 zeigt.[239] Auch der

---

235 Hinrik van Alen hatte auch Beziehungen nach Nordhorn im Bistum Münster. Hinrik Calveswinkel und er bestätigten 1398 *coniuncta manu*, dass sie *domino Ludolpho Vroude plebano in Northorne* 70 Mark schuldeten, vgl. SIMON, Niederstadtbuch, S.1008,5. Hinrik Calveswinkel setzte als einen seiner Testamentsvollstrecker Peter Steen, den Bruder Thidemans, ein.

236 S. ASMUSSEN, Flandernfahrer, S.274f.

237 Vgl. LÜB UB 4, Nr.489 und ASMUSSEN, Flandernfahrer, S.382.

238 Vgl. AHL, Niederstadtbuch zu 1401 Viti: *Katherina, relicta domini Johannis Niebur, presens libro cum consensu suorum provisorum recognovit se teneri Hermanno van Alen in quinquaginta marc. Lub. in festo nativitatis Christi proxime futuro persolvendas. Pro quibus una cum ipsa dominus Reynerus van Calven, Gherardus Hoyeman, Gherardus Volmesten et Thomas Perseval coniuncta manu fideiusserunt.*

239 Dem Bruder schuldete sie 1388 zu Vocem Jocunditatis 110 Mark, vgl. SIMON, Niederstadtbuch, S.655,6: *Notandum, quod apud librum constituta Mechtildis relicta Hinrici Claren una cum provisoribus suis recongnovit se teneri Hermanno de Alen fratri suo in 110 mr sibi amicabiliter persolvendis.* Späterhin ist sie wohl ins Kloster Zerrentin eingetreten. 1406 vermachte ihr nämlich ihr Bruder Hermann in seinem Testament: *Item min suster Mette Claren to Cerntiin, de scal hebben 3 boden beleghen in der Visschergrove und 4 boden beleghen up der Enghelschen*

Ratsherr Thideman Junghe war - wohl durch seine Mutter - mit Hermann van Alen verwandt. Seine Mutter Gertrud war eine Tochter eines älteren Hermann van Alen.[240] Zu Invocavit 1402 bestätigte Junghe, der 1408 die Stadt verließ und 1416 wieder in den Rat eintrat, dass er das Besetzungsrecht von zwei Benefizien in der Petrikirche in Lübeck habe. Das erste Benefizium sollte künftig Hermann van Alen besetzen.[241] Auch an einer Vikarie, die von Hermann Gallin gestiftet wurde, hatte van Alen Rechte.[242] Wahrscheinlich kamen diese Rechte von seiner Mutter, einer geborenen Buck. Auch Gallin war mit einer Buck verheiratet gewesen.[243]

Netz 83: Hermann van Alen

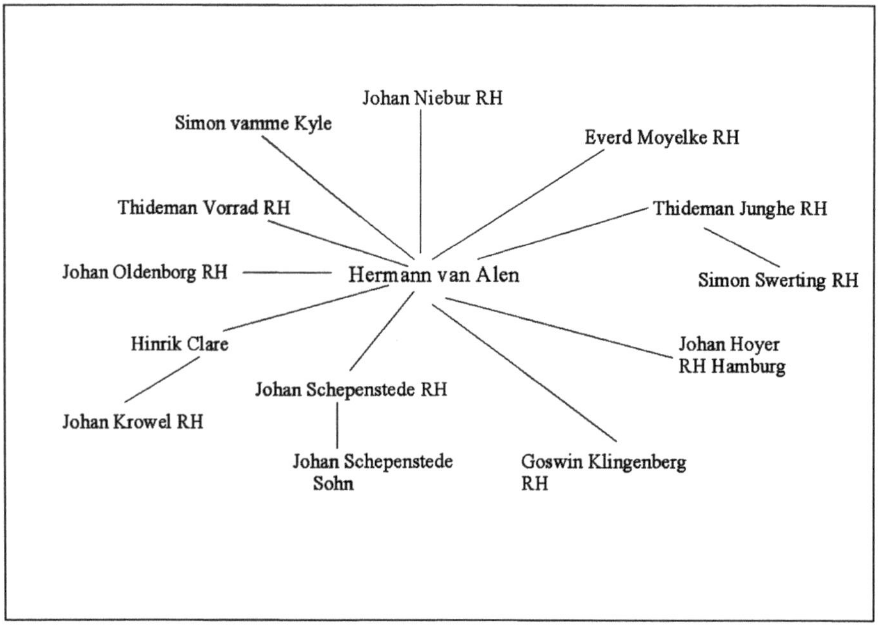

Während seiner Amtszeit als Ratsherr ist van Alen in geschäftlichen Beziehungen mit seinem Kollegen Everhard Moyelke und dem ehemaligen Hamburger Ratsherrn Johan Hoyer nachzuweisen.[244] Weiterhin hatte van Alen vertraute Beziehungen zu Thi-

wysch. Vgl. AHL, Testamente, Herman van Alen, 15. Mai 1406.

240 S. LUTTERBECK, Rat, S.287.

241 Vgl. AHL, Niederstadtbuch zum Datum.

242 Es kam darüber zum Streit mit Johan Perceval, der von Gallin als Testamentsvollstrecker eingesetzt worden war. 1411 bestätigte Hermann van Alen, vom Lüneburger Rat 107 Mark für die Vikarie Gallins erhalten zu haben. Davon habe er für *melioratione capelle et suorum vitreorum fenestarum 3 marc. 6 sol.* ausgegeben. In einem Nachtrag zu diesem Text wird festgehalten, dass *dominus* Thomas Perceval und Everard Junghe von Hermann van Alen durch die Hand des Nicolaus Robele 50 Mark für die Kapelle erhalten haben. Vgl. AHL, Niederstadtbuch zu 1411 Vincentii.

243 S. LUTTERBECK, Rat, S.260.

244 Vgl. AHL, Niederstadtbuch zu 1408 Ypoliti: *Dominus Everardus Moyelke et Hermannus Runge*

deman Vorrad, denn er wurde 1410 als einer der Vormünder von dessen Witwe Ghese erwähnt.[245]

Zu seinem späteren Kollegen im Neuen Rat, Johan Oldenborg, der von 1408 bis 1413 amtierte, bestand schon 1401 ein besonderes Vertrauensverhältnis, denn dieser setzte ihn in diesem Jahr gemeinsam mit Paul van Alen als Testamentsvollstrecker ein.[246] Ebenso wählte Hermann van Alen in seinem Testament vom Mai 1406 auch Johan Oldenborg als Provisor neben den Ratsherren Goswin Klingenberg, Thideman Junghe und den Bürgern Thideman van Alen und Johan Schepenstede, einem Sohn des gleichnamigen Ratsherren.[247] Die Wahl seiner Testamentsvollstrecker wie seine Mitgliedschaft in der Zirkelgesellschaft zeigen, dass Hermann van Alen auch vor seinem Eintritt in den Neuen Rat schon zur Lübecker Führungsschicht gehörte.

Diese Beobachtung gilt auch für weitere Mitglieder des Neuen Rates, so für Johan Lange. Dieser war ein Sohn des Ratsherrn Hermann Lange und Schwiegersohn des Ratsherrn Thomas Morkerke.[248] Ebenso trifft sie für Johan Krowel zu, der dem Neuen Rat von 1408 bis zu seinem Tode 1416 angehörte. Er entstammte zwar keiner Lübecker Ratsfamilie, war aber mit einer Tochter des Ratsherrn Hartmann Pepersak verheiratet.[249] Anscheinend war dieses für seine Einschätzung in der Stadt wichtig, denn er wird häufig mit dem Hinweis auf diese Eheverbindung - *qui habet filiam domini Hartmanni Pepersak* - gekennzeichnet.[250] Nach dieser Heirat ist er auch in Geschäftsverbindungen mit weiteren Ratsherren zu finden.[251]

---

recognoverunt se et suos heredes coniuncta manu teneri domino Hermanno de Alen et Paulo de Alen ... in III C marc. Lub. ... Und vgl. zu 1410 Jeronimi: *Dominus Johannes Hoyer ... recognovit se et suos heredes tenere domino Hermanno de Alen in II C et XVI marc. Lub. amicabiliter persolvendas ...*

245 Vgl. AHL, Niederstadtbuch zu 1410 Omnium Sanctorum: 2.) *Notandum quod Ghese Vorrades, relicta domini Thidemanni Vorrades, coram consilio elegit et consensit in suos provisores et tutores honorabiles (viros) dominum Hermannum de Alen proconsulem civitatis Lub. et Paulum van Alen ...* beim Verkauf ihrer Güter in Stokelsdorf.

246 Vgl. AHL, Testamente, Johannes Oldenborch, 26. Juni 1401: *Provisores meos eligo Paulum de Allen, Johannem Barenbrugen, Hermannum de Alen et Hartwicum de Vemeren ...*

247 Vgl. AHL, Testamente, Herman van Alen, 1406 Mai 15: *Mine vormundere kese ik hern Gosswin Clinghenberghe, hern Tydeman Junghen, Johannes Oldenborghe in der Visschergrove, Tydeman van Alen unde Johannes Schepenstede ...*

248 S. FEHLING, Ratslinie, S.57.

249 Er spricht in seinem Testament selbst diese Verbindung ausführlich mit der Mitgift an, vgl. AHL, Testamente, Johan Crowel, 17. Juli 1415: *Item beghere ik witlik to wesende, dat my myt Tibbeken, mynen wyve, to brudschatte worden bynnen Lubek 57 ½ mark geldes ewigher jarliker rente na lude der stadboke to Lubek. Ok synd my myt er anghekomen to Luneborch upper sulten druddehalfhundert mark hovedstoles, de ik noch nicht al untfanghen hebbe, hierumme wil ik, dat se den sulven eren brudschat wedderhebben schal, unde dar to van mynem gude, wes ik van den 250 marken to Luneborch entfanghen hebbe, unde ok ynmanen schole to erer behuf, wes noch van den sulven penningen nastendich is. Ok schal se wedderhebben, wes se van clederen, smyde unde ingedome to my brochte.*

250 Vgl. beispielsweise die Eintragungen bei SIMON, Niederstadtbuch, S.802,7 (1392 Oculi): *Notandum, quod Johannes Krowel, qui habet filiam domini Hartmanni Pepersak, presens libro recongnovit se teneri Johanni filio domini Dankquardi van de Zee in 212 mr Lub ...* Vgl. auch SIMON, Niederstadtbuch, S.924,6 (1396 Octava Epiphanie).

251 Wie beispielsweise zu Hermann Dartzow, vgl. SIMON, Niederstadtbuch, S. 789,1 (1391 Mauricii): *Notandum, quod Johannes Krowel presens libro recongnovit se teneri domino Her-*

Allerdings hatte schon sein gleichnamiger Halbbruder ausgezeichnete Verbindungen geknüpft.[252] Von besonderer Bedeutung war dessen Geschäftsverbindung mit dem Erzbischof von Uppsala.[253] Wenn Johan Krowel auch keiner Lübecker Ratsfamilie angehörte, so stand er doch in verwandtschaftlichen und geschäftlichen Beziehungen zu Mitgliedern von Ratsfamilien im Baltikum und in Schweden. So war er mit dem Stockholmer Ratsherrn Heidenreich Lubberhusen verwandt.[254] Im März 1396 wurde festgehalten, dass die Provisoren Krowels, nämlich Johan Schotte und Gottfried Vrese, seinen Neffen Johann, Holt und Rutger aus der Erbschaft des Stockholmer Bürgermeisters Everhard Cansten und dessen Mutter Gerdeke zustehende Abgaben von 25 Mark Rente in Lüneburg überschrieben hatten. Ein weiterer Teil der Abgaben in Lüneburg fiel an den Ratsherrn Hinrik van Loon und den Bürger Johan van Horn in Stockholm.[255] Van Loon war auch ein Geschäftspartner des Simon Swerting.[256] Seine Neffen bedachte Krowel in seinem Testament vom Jahre 1415.[257] Auch sein Neffe Niestad in Stockholm wurde im Testament beschenkt. 1408 stand Krowel noch in geschäftlichem Kontakt mit Stockholm. Im September dieses Jahres wurde festgehalten, dass Johan Krowel dem Lübecker Bürger Hermann Stormer 159 Mark schuldet.[258]

---

manno Darczowen in 660 mr Lub in festo beati Michaelis proximo ultra unum annum persolvendis.

252 Zur Zusammenarbeit mit seinem Halbbruder vgl. SIMON, Niederstadtbuch, S.787,6 (1391 Egidii): *Notandum, quod Johannes Krowel senior et Ruthgerus Krowel semifratres ambo presentes libro recongnoverunt se in omnibus bonis mobilibus et in omni societate seu contraposicione mercimoniali habitis usque in hodiernum diem penitus separatos et divisos et quod litere, quas sibi mutuo dederunt super hoc, debent esse mortificate et complanate. Preterea dictus Rutgherus recognovit, quod tercia pars omnium bonorum et debitorum, que habet in Swecia, appertineat ipsi Johanni Krowel predicto.*

253 S. KOPPE, Lübeck-Stockholm, S.193: „Johan Crowel verkaufte also als Kommissionär des Uppsalaer Erzbischofs schwedische Gerste in Lübeck und arbeitete als dessen Treuhänder mit den Erlösen und anderen ihm anvertrauten erzbischöflichen Geldern."

254 S. ASMUSSEN, Flandernfahrer, S.470. Koppe faßte zusammen: „Das große Geschlecht der Crowel ist in der zweiten Hälfte des Jahrhunderts in angesehenen Stellungen nicht allein in Lübeck, sondern auch in Reval, Dorpat, in Wisby, Brügge, Hamburg und Lüneburg anzutreffen." S. KOPPE, Lübeck-Stockholm, S.192.

255 Vgl. SIMON, Niederstadtbuch, S.929,1 (1396 Oculi). Die Stockholmer bestätigten im Januar 1396 in Lübeck, dass sie alles rechtmäßig von Johan Schotte und Gottfried Vrese erhalten hatten, vgl. SIMON, Niederstadtbuch, S.925,2 (1396 Marcelli): *quod Johannes Schotte et Godekinus Vreese fecissent eis plenam et sufficientem computacionem de omnibus bonis prescriptis, que sub se vel in eorum potestate habuerunt ...* Vgl. auch SIMON, Niederstadtbuch, S.929,1 (1396 Oculi).

256 Vgl. SIMON, Niederstadtbuch, S.21,3 (1363 Nativitatis Christi): *Sciendum, quod dominus Symon Zwertyngh et Hinricus van Loon tenentur coniunctim sive insolidum Marquardo Volquerstorpe et Radekino Swarten 610 mr Lub dn ipsis octo dies post festum nativitatis beati Johannis baptiste proxime futuro amicabiliter persolvendas, ita tamen quod quilibet istorum creditorum alio absente sit potens istam scripturam delendi.*

257 Vgl. AHL, Testamente, Johan Crowel, 17. Juli 1415: *Item isset, dat Hans unde Holt Crowele, brodere, myne ome, Beate, ere suster, unde Hanseke, myn pade, des sulven Hanses sone, levet mynen dot, so gheve ik islikem 50 mark lub.* Vgl. AHL, Testamente, Johan Crowel, 17. Juli 1415.

258 Vgl. AHL, Niederstadtbuch zu 1408 Michaelis.

Mit Schotte und Krowel standen der Ratsherr Hermann Vorste, der aus Dorpat stammte, und seine Verwandten wie Stekemest und Coesfeld in engerer geschäftlicher Verbindung.[259] Die als Provisoren Krowels genannten Herren Vrese und Schotte waren familiär verbunden. Johan Schotte war der Schwiegersohn des Gottfried Vrese.[260] Der reiche Lübecker Kaufmann Johan Schotte, Mitglied der Zirkelgesellschaft, der mit sehr vielen führenden Lübeckern geschäftlich zusammenarbeitete, wurde 1406 in den Rat kooptiert. 1408 weigerte er sich, in den Neuen Rat einzutreten, obwohl er in der Stadt blieb.[261] Gemeinsam standen Vrese und Schotte in Geschäftsverbindungen mit dem Stockholmer Ratsherrn Everhard Cansten, dem sie 1396 eine Schuld von 593 Mark zurückzahlten.[262]

Vertreter des Stockholmer Ratsherrn in Lübeck war Tymmo Hadewerk. Hadewerk war 1371 und 1375 Ältermann in Brügge gewesen.[263] Er stammte aus Kamen und hatte Verwandte in Hamm.[264] Hadewerk war mit Mechthild Berninkhusen verheiratet, deren Vater Stockholmer Bürger war.[265] Auch Tymmos Bruder Johan Hadewerk war im Stockholmhandel engagiert.[266] Mit Gerhard Salmensteen, dem aus Frankfurt am Main stammenden Verwandten Nieburs, tätigte Hadewerk bedeutende finanzielle Transaktionen zwischen Köln und Stockholm, nämlich zwischen dem Kölner Bürger Frederik Wulfard und dem Stockholmer Ratsherrn Giso Wulfard. Sicherlich waren der Kölner Bürger und der Stockholmer Ratsherr verwandt.[267] Mit dem Ratsherrn Arnd Sparenberg war Hadewerk 1389 in einer Handelsgesellschaft verbunden.[268] Mit Sparenbergs Schwager, dem Ratsherrn Arnold Plescow, schuldete Hadewerk 1395 der Zirkelgesellschaft 205 Mark.[269] Auch mit dem gotländischen Delegierten Johan Vlaming stand Hadewerk in geschäftlichen Beziehungen.[270] Tym-

---

259 Vgl. beispielsweise AHL, Niederstadtbuch zu 1401 Pentecostes.

260 Vgl. LÜB UB 5, Nr.99 (1404).

261 S. FEHLING, Ratslinie, S.54.

262 Vgl. SIMON, Niederstadtbuch, S.932,3.

263 S. ASMUSSEN, Flandernfahrer, S.361f.

264 Vgl. SIMON, Niederstadtbuch, S.932,3 (1396 Judica). Deshalb rechnet Koppe ihn auch zur „Sparenbergschen Gruppe", s. KOPPE, Lübeck-Stockholm, S.183.

265 Vgl. SIMON, Niederstadtbuch, S.697,6.

266 S. KOPPE, Lübeck-Stockholm, S.186.

267 Gerhard Salmensteen hatte in Köln 1000 Fl. *auri*. Das Geld überließ er Tymmo Hadewerk und Hinrik Cordshagen. Diese sollten das Geld dem Kölner Frederik Wulfard übergeben *ad usum domini Gysonis Wulfart consulis Stockesholmensis*. Vgl. SIMON, Niederstadtbuch, S.665,2 (1388 Magdalene). Vgl. zu Hadewerks Beziehungen zu den Wulfard in Stockholm auch SIMON, Niederstadtbuch, S.887,1 (1394 Gereonis) und S.889,4 (11000 Virginum).

268 Arnold Sparenberg und Tymmo Hadewerk hatten Löschungsvollmacht für die Summe von 387 Mark, welche Gerhard Hoyman und Heyno vamme Sode dem Thideman Grabe schuldeten. Anscheinend hatten sie eine Handelsgesellschaft mit Grabe. Vgl. SIMON, Niederstadtbuch, S.708,6 (1389 Egidii 6).

269 Anscheinend war Ratsherr Bernhard Plescow der Hauptschuldner, vgl. SIMON, Niederstadtbuch, S.911,3 (1395 Divisio apostolorum). *Notandum, quod dominus Bernardus Plescowe et Tymmo Hadewerk presentes libro recongnoverunt se teneri coniuncta manu Gherardo Zalmesten, Johanni Schotten et Bernardo Stekemest ad usum societatis illius, qui portant circulum, in 205 mr Lub dn in festo sancte trinitatis proximo futuro persolvendis. Tamen dominus Bernardus Plescowe promisit dictum Tymmonem Hadewerk in hoc contractu indempnem conservare.*

270 Vlaming bestätigte, dass er von Hinrik Witing die 875 Mark erhalten hatte, die Tymmo Hade-

mo Hadewerk handelte als Prokurator für den Hamburger Ratsherrn Vicko van Geldersen, der in geschäftlichem Kontakt mit dem älteren Johan Krowel stand.[271] Van Geldersen nahm an den Hansetagen vom Herbst 1378 in Lübeck und vom Herbst 1380 in Wismar teil. Für van Geldersen nahm Hadewerk Geld in Lübeck ein.[272] Hadewerk bestimmte Arnd Sparenberg, der auch aus Kamen stammte, zu seinem Provisor, wie auch er von diesem als solcher eingesetzt wurde.[273] Hadewerks Sohn Thideman heiratete eine Tochter Gottschalks van Attendorn. Thideman Hadewerk wurde 1428 in den Rat kooptiert und trat als Delegierter in Erscheinung. Er starb 1446. Hadewerk war mit Peter Wilde aus Wismar im Juni 1436 an den Ausgleichsverhandlungen in Kopenhagen zwischen König Erich und den Schweden beteiligt.[274]

Krowel war geschäftlich enger mit Wolter Heyse dem Älteren, einem führenden Stockholmhändler verbunden,[275] der über Hamburg und Lübeck Kupfer, Wolle und Butter handelte.[276] 1413 bedachte dieser in seinem Testament auch Krowels Frau neben der Frau des Vritze (I.) Grawerd mit elf Ellen von einem *swarten amsterdameschen* Laken.[277] Heyse sorgte für seine Memoria in Institutionen in Lübeck und Umgebung und besonders bei den Kartäusern. Er stiftete an Kartäuser in Ahrensbök, Brügge, Gent,[278] Köln, Hildesheim, bei Rostock und Stettin. Er gab auch in das Heilige Land.[279] Heyse vergass auch nicht, für seine Erinnerung in Schweden und auf Gotland zu sorgen.[280] Weiterhin schenkte er an Kirchen, Mönche und Arme in Dord-

---

werk, Marquard Vryborch und Hinrik Koning von ihm geliehen hatten, vgl. SIMON, Niederstadtbuch, S.933,6 (1396 Misericordias). 1401 bestätigte der Stockholmer Bürger Nicolaus Brasche, *se a provisoribus Tymmonis Hadewerk sublevasse illam pecuniam totalem correspondentem illis XII marc. Lub. redditus wicbelde ex parte Hinrici van Loe consulis Stockholmensis*. Vgl. AHL, Niederstadtbuch zu 1401 Divisio Apostolorum.

271 S. KOPPE, Lübeck-Stockholm, S.192.

272 Vgl. NIRRNHEIM, Handlungsbuch, Nr.552.

273 S. ASMUSSEN, Flandernfahrer, S.366.

274 S. FEHLING, Ratslinie, S.69.

275 Bei Wolter Heyse waren um 1400 Bürger in Stralsund, Parchim, Stendal und Einbeck verschuldet. Hauptsächlich legte er aber sein Geld in Schweden an. Wahrscheinlich war er mit dem Stockholmer Ratsherrn Mathias Heyse verwandt, s. KOPPE, Lübeck-Stockholm, S.210f.

276 Vgl. SPRANDEL, Pfundzollbuch, S.22, S.24.

277 Vgl. AHL, Testamente, Wolter Heyse de oldere, 31. Juli 1413: *Item Johans Huxer unde Hinrik van Staden gheve ik to hope 2 sulverne schalen unde ½ leydesch laken ...*

278 S. RÖßNER, Memoria, S.338.

279 Vgl. AHL, Testamente, Wolter Heyse de oldere, 31. Juli 1413: *Item den carthuseren to der Arnesboken gheve ik 100 mark vor 1 ewige misse to troste miner sele unde dat to schriven in ere register in to komenden tiiden gode vor my to biddende. Item den carthusen to Colne unde den carthuseren by Hildensem gheve ik isliker stede 20 rinsche gulden. Item den carthuseren bi Rosteke gheve ik 20 mark lub unde den carthuseren by Stettin 10 mark lub. Item den carthuseren by Brugghe gheve ik 25 mark ... unde to der karthuserinnen bi Brugghe 2 punt grote. Item den carthuseren bi Ghend gheve ik 4 punt grote. ... Item gheve ik 20 ducaten den broderen up den Berghe to Syon in deme hilghen lande*.

280 EBD.: *Item to deme Stockholme den swarten monneken unde to deme Hilgen Gheiste gheve ik to isliker stede 20 mark lub. Item darsulves to den grawen monneken unde tho der kerspelkerken gheve ik to isliker kerken to dem buwe 15 mark lub. Item darsulves to sunte Claren gheve ik 15 mark, isliker clostervrouwen ere pard in de hand to donde. Item tho Gotlande den clostervrouwen gheve ik 10 mark, en de in de hande to donde, unde 10 mark to dem buwe*.

recht.[281] Aber er wollte in diesen Orten nicht nur wegen seiner Handelstätigkeit erinnert werden, sondern er hatte auch Verwandte und Freunde in Brügge und Holland.[282] Heyse benannte Johan Krowel und Vritze (I.) Grawerd unter seinen Provisoren.[283] Eng war auch seine Zusammenarbeit mit Thideman Drughe, dem Schwiegersohn des Gottfried Travelmann. Krowel war in Geschäften für den Erzbischof von Uppsala tätig. Dabei stand er mit dem Stockholmer Ratsherrn Cord Kerkhoff in Verbindung.[284]

Netz 84: Johan Krowel

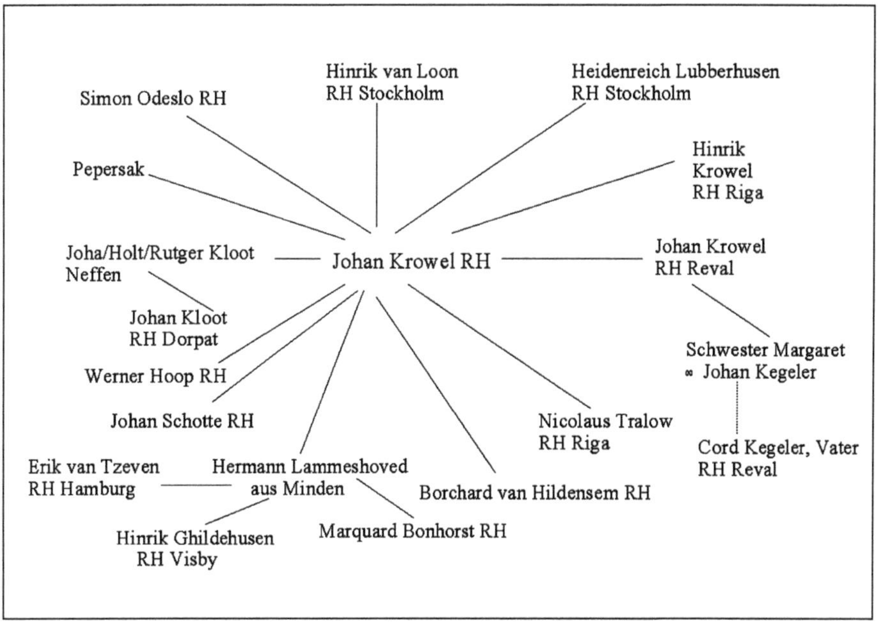

281 EBD.: *Item to Dordrecht den monneken, den kerken unde den gasthusen, de binnen der stede beleghen sind, unde den utseteschen luden, de negest bi der stede wonen, gheve ik tosamende under sik to schichtende 10 libra grote vlamesch payment.*

282 EBD.: *Item mynem ome Johanne Boch to Brugge unde synen kinderen gheve ik to hope 25 punt grote. Item Wilm Boch, minem ome, schal men untrichten de tiid sines levendes alle jaer 20 mark lub van minem redesten gude. Item minen vrunden, de in Holland wonen unde nicht begaved sind in dessem testamente, gheve ik 100 mark lub under sik to delende.* Noch 1427 war Heyse in Brügge, um Schulden einzutreiben, s. PAULI, Zustände, 2, S.134.

283 Vgl. AHL, Testamente, Wolter Heyse de oldere, 31. Juli 1413: *Mine vormundere kese ik her Johan Crouwel, Fritze Grawerd, Arnd Heysen, Kerstien Haken, Ludeke Wulf unde Wolter Heysen, minen om ...* Vritze Grawerd setzte auch Wolter Heyse als einen Provisor ein und beschenkte ihn, vgl. AHL, Testamente, Friitse Grawerd, 10. August 1413: *Item Wolter Heisen, den olderen, gheve ik 100 mark lub unde mine besten sulveren kannen unde myn beste gulden vingheren. Item Arnd Heisen unde Johans van der Bruggen, juwelken geve ik 20 mark.* Mit Grawerd wurde Heyse auch als Provisor benannt von Hermann Storm, der großzügig an Kirchen und Institutionen in Westerars, Areboghen, Stockholm und an Klosterfrauen auf Gotland, nach Uppsala und Sigtuna schenkte, vgl. AHL, Testamente, Herman Storm, 24. März 1415.

284 S. ASMUSSEN, Flandernfahrer, S.473.

Johan Krowels gleichnamiger Verwandter war Ratsherr in Reval.[285] Dieser wurde 1388 in den dortigen Rat gewählt. Nach der Ratslinie gehörte Johan Krowel dem Revaler Rat bis 1423 an. Er war ein Sohn des Revaler Hinrik Krowel, der von 1381 bis 1385 als Ratsherr und von 1388 bis 1389 als Bürgermeister amtierte. Hinrik Krowel und somit auch sein Sohn Johan waren mit dem Visbyer Ratsherrn Gottschalk Krowel verwandt. Hinrik Krowel war im Jahr 1375 als Revaler Delegierter auf einem regionalen Tag in Riga, der anscheinend den livländischen Städten zur Vorbereitung des Hansetages zu Lübeck vom 24. Juni 1375 diente.[286] Hinrik Krowels Tochter Margarete war mit Johan Kegeler, dem Sohn des Revaler Bürgermeisters Cord Kegeler, verheiratet.[287]

Die Nichte Beate des Lübeckers Johan Krowel hatte den Dorpater Ratsherrn Johan Kloot geheiratet.[288] Mehrfach wird im Niederstadtbuch darauf hingewiesen, dass Krowel allein oder mit anderen Beate Kloot Geld schuldet.[289] Dabei wird deutlich, dass Krowel mit der Gruppe um Johan Schotte zusammenarbeitete, mit dem später auch sein gleichnamiger Sohn eine Handelsgesellschaft führte.[290]

---

285 S. ASMUSSEN, Flandernfahrer, S.470.

286 S. zu den Revaler Ratsherren namens Krowel DERRIK, Tafelgilde, S.119ff.

287 S. zur Zusammenarbeit mit dem Revaler Ratsherrn Hinrik Wulf oben S.102.

288 Beate war die Schwester der Brüder Johan, Holt und Rotger. Ob es eine verwandtschaftliche Beziehung zwischem dem Lemgoer Kaufmann Hinrik Kloot, der auch nach Pernau in Livland handelte, und Johan Kloot gab, ist noch zu überprüfen, s. HEMANN, Lemgos Handel, S.198. Im Juli 1398 wurde festgehalten, dass die Erben des älteren Rutger Kloot ihren Anteil erhalten hatten. Dabei wurden auch Alheid, die Frau des *dominus* Thideric Runge, und Margaret, die Witwe des Everhard Tolner genannt, s. SIMON, Niederstadtbuch, S.1020,2. Sollte Runge aus Stade kommen? Ein Stader Ratsherr Berthold Runge nahm am Hansetag vom Mai 1422 in Lübeck teil.

289 Vgl. SIMON, Niederstadtbuch, S.857,2 (1393 Cecilie): *Notandum, quod Johannes Krowel habens filiam domini Hartmanni Pepersak in uxorem, et Wolterus Heyse presentes libro recongnoverunt se teneri coniuncta manu Beate uxori domini Johannis Klot et fratribus suis Johanni, Holt et Ruchghero in quadringentis et viginti mr Lub dn in festo pasche proximo futuro persolvendis, de hac pecunia appertinent specialiter Beate predicte 315 mr et fratribus suis predictis 105 mr.*

290 Vgl. SIMON, Niederstadtbuch, S.823,4 (1393 Letare): *Notandum, quod Marquardus Walmerstorp de Wysmaria presens libro recongnovit se teneri Tymmoni van dem Kyle, Godeken Vresen, Johanni Schotten et Johanni Krowel in 109 mr Lub. ... Preterea dicti quatuor creditores recognoverunt, quod hec pecunia appertineat Beate uxori domini Johannis Klot. Ista scriptura cancellata est ad iussum Johannis Schotten et Johannis Krowel prescriptorum.* Vgl. weiterhin AHL, Niederstadtbuch zu 1400 Lucie: *Tymmo vamme Kyle, Johannes Krowel et Johannes Schotte presentes libro et coram consilio recognoverunt, se sublevasse ex parte Beate uxoris domini Johannis Klotes illas centum et VIII m. Lub., quas ei dominus Tideman Junghe tenebat iuxta attestacionem cuiusdam scripture super anno XCVI ascensionis Domini nunc cancellate ...* Die genaue Buchführung des Niederstadtbuches wird aus dem Nachtrag zum dortigen Text deutlich. Zu einem 1396 erstellten Text wurde nach dem Dezember 1400 die Löschung festgehalten. Dabei wurde der vorangehende Text mit seinen Anfangsworten zitiert. Vgl. SIMON, Niederstadtbuch, S.937,1 (1396 Ascensio Domini). Zuletzt werden Schulden bei Beate Kloot erwähnt zu 1408 Pentecostes, vgl. AHL, Niederstadtbuch zum Datum. Vgl. zur Zusammenarbeit der Johan Krowel (senior und iunior) und Schotte und/oder Tymmo vamme Kyle AHL, Niederstadtbuch zu 1402 Circumcisio, zu 1402 Vitalis, zu 1403 Divisio Apostolorum, zu 1405 Trinitatis, zu 1406 Clementis, zu 1410 Cosmas et Damian, zu 1410 Ante Portam Latinam, zu 1410 Trinitatis und zu 1410 Andree.

Auch Schotte stand in engeren Handelsbeziehungen mit einem Revaler Ratsherrn. 1397 schrieb der Lübecker Rat an den Revaler, dass 100 Pack Braunschweigscher Laken zu Unrecht dort festgehalten würden. Diese Ware sei von Johan Glusing,[291] Johan Schotte und Radekin Wesseler zwei Jahre zuvor zum Verkauf an den Bürgermeister Johan Stoltevoet nach Reval geschickt worden.[292]

Krowel hatte, wie wir sahen, enge verwandtschaftliche und geschäftliche Bindungen zu führenden hansischen Kaufleuten und Ratsherren in Reval, Visby und Dorpat. Weiterhin war ein gleichnamiger Verwandter, wohl ein Neffe des Ratsherrn Krowel, mit Agnes Vinke verheiratet, Tochter des Lubbert Vinke. Dieser tauchte auch mehrfach gemeinsam mit Tymmo vamme Kyle (und Bernhard Stekemest) auf.[293] Im Februar 1412 hatten sie beispielsweise gemeinsam Schulden von etwas über 200 Mark bei Hermann Lammeshoved.[294] Lammeshoved gehörte zu einer Familie, die aus Minden stammte und dort in der Mitte des 14. Jahrhunderts einen Ratsherrn stellte.[295]

Die Lammeshoved in Lübeck behielten untereinander Kontakt und auch mit Minden.[296] Von Ludeke Lammeshoved ist eine schöne vergoldete Gedenktafel aus

---

291 Zu Glusings Beziehungen zu Broling, van Wickede und van Essen s. S.195,201,372,418.

292 Vgl. HUB 5, Nr.263 (6. Juni 1397).

293 Vgl. AHL, Niederstadhuch zu 1411 Feria 6. ante Cantate: *Tymmo van deme Kyle et Johannes Crowel, habens in uxorem filiam Lubberti Vinken, recognoverunt, se et suos heredes coniuncta manu obligatos fore magistro Paulo Oldenborch notario consulatus et suis heredibus in centum et viginti marc. Lub. ...*

294 Vgl. AHL, Niederstadhuch zu 1412 Cathedra Petri: *Notandum quod Tymmo de Kyle et Johannes Krowel, habens filiam Lubberti Vinken in uxorem, presentes coram libro recognoverunt, se et suos heredes coniuncta manu teneri Hermanno Lammeshovet et suis heredibus in II C et XVI marc. Lub. in festo nativitatis Christi proxime futuro amicabiliter expedite persolvendas.* Er stand auch früher schon in geschäftlichen Kontakten zu Tymmo vamme Kyle, der ihm 1411 240 Mark schuldete, vgl. AHL, Niederstadtbuch zu 1411 Pauli.

295 Vgl. SCHULTE, Macht auf Zeit, S.389.

296 Mitglieder der Familie werden mehrfach in Lübecker Testamenten erwähnt, vgl. AHL, Testamente, Eylerus de Minden, 27. Juni 1402: *Item Brunoni Lammeshovede et Arnoldo de Ome in Minda do cuilibet 10 marcas lub. Item assigno 20 marcas inter pauperes meos amicos in Minda distribuendas, sciendum quod provisoribus meis videbitur expedire. Item Ludekino Lammeshovede et Hebelen Sluters mee hospite cuilibet do 1 argenteam patheram.* Hebele war die Frau des Lambert Sluter. Sie war eine *matertera* des Bergenfahrers Hinrik Holtkamp, der 1384 sein Testament erstellte, s. BRUNS, Bergenfahrer, S.31. Ein Eler van Minden wird 1368 im Testament des Richard van Minden, der auch nach Minden schenkt, als *socius* bezeichnet, s. BRUNS, Bergenfahrer, S.15. Eler van Minden handelte auch nach England, s. JENKS, England, S.936. Vgl. auch AHL, Testamente, Hinrik Notlike, 7. April 1403: *... Unde dar schal Ludeke Lammeshovet vore stan so lange, dat eme dunket, dat het sulven vorwaren kone. ... Item Wikbolte van Wulbeke 3 mark unde Brun Lammeshovede to Mynden 3 mark lub unde Ludeken Lammeshovede 5 mark lub.* Vgl. auch das Testament des Bergenfahrers Hartwich Lammeshoved AHL, Testamente, 20. Juni 1421: *Item geve ik Lammeshovedes broder kindere 10 mark. ... Item geve ik Markquarde Lammeshovede to Berghen 1 noblen to 1 boghe. Item geve ik Hanse Lammeshovede und Dyderike Stemmermanne 50 mark und 2 noblen to 2 boghen. Item geve ik Corde van Mynden myner selschop to Berghen 2 noblen to 1 boghe. Item sy witlik, dat de brutscad, den ik scholde had hebben mit mynem wyve Telseken, de was benomet so gud also vefftehalff hundert mark, dar hebbe ik van untfangen 2 ½ hundert mark, ik wyl, dat myne vormundere er de gutliken wedder untrichten, und de anderen 2 hundert mark van dem brutschatte, de stan noch by erem vader, de*

der Petrikirche erhalten. Auf ihr sehen wir unterhalb der Kreuzigung Ludeke Lammeshoved und seine Frau Grete mit ihren Wappenschilden.[297]

Die Lammeshoved standen in Lübeck mit Eyler van Minden wie auch mit Hinrik Bonhorst in Verbindung.[298] Bonhorsts Frau war in erster Ehe mit einem Arndes, wohl Heidenreich,[299] verheiratet gewesen. 1387 schuldete Hinrik Bonhorst seinem Stiefsohn Gevehard Arndes 200 Mark, die ihm Thideman Erp übergab.[300] Erp stand auch in geschäftlichem Kontakt mit Gerd van Minden, einem Verwandten Bonhorsts.[301] Erp hatte Geschäftsbeziehungen zu Bürgern Perlebergs,[302] zu Johan van Hachede,[303] zu den van Stade[304] wie zu ehemaligen Buxtehuder Bürgern.[305] Gemeinsam mit Nicolaus Kröpelin und Nicolaus van Urden handelte er als Provisor.[306] Ein Mitglied der Familie Lammeshoved stand um 1430 in geschäftlichem Kontakt mit dem Hamburger Ratsherrn Erich van Tzeven.[307] Auch der Blick auf die Lammeshoved aus der Mindener Ratsfamilie weist wiederum auf die weiten Kontakte hin. 1400 hatte Hermann Lammeshoved dem Visbyer Ratsherrn Hinrik Ghildehusen 430 Mark geliehen. Für Ghildehusen bürgten Gerhard Voged und Ludolf van Ossenbrugge, ein Sohn des Ratsherrn Hermann.[308]

---

scal se sulven van eme manen, dar to geve ik er alle ere cleder to erem live sneden mit deme vruweliken smyde und 50 mark lubesch ... 1421 setzte sich ein Mitglied dieser Familie für den Loskauf eines Hörigen gemeinsam mit dem Mindener Bürger Johan Glynhorst ein. Dieser Hörige wurde von den Barkhausen zurückgefordert. Deutlich ist auch hier der regionale Zusammenhang, vgl. LÜB UB 6, Nr.776.

297 Inschrift: *Dit let maken Ludeke Lammeshoft unde sin husvrowe Grete upme Kolemarked.* S. WITTSTOCK, Annen-Museum, S.240.

298 Vgl. AHL, Testamente, Eylerus de Mynden, 27. Jui 1402. Hier werden als Provisoren Hinrik Bonhorst und Ludekin Lammeshoved neben Eyler van Ome und Johan Blanke genannt.

299 Vgl. SIMON, Niederstadtbuch, S.361,5, S.514,6, S.662,2.

300 Vgl. SIMON, Niederstadtbuch, S.639,6.

301 Im Dezember 1383 schuldete ihm Gerhard van Minden 60 Mark, vgl. SIMON, Niederstadtbuch, S.640,2 (Barbare).

302 1377 hatte Erp mit seinem Bruder Heyno und Johan Crispin dem Albert Hamelmann aus Perleberg 114 Mark geliehen, vgl. SIMON, Niederstadtbuch, S.366,2 (1377 Jubilate).

303 1370 stand er in einer Gesellschaft mit Johan van Hachede, Hinrik Wulf und anderen, die Johan Wulf und seiner Frau 209 Mark geliehen hatten, vgl. SIMON, Niederstadtbuch, S.165,1 (1370 Cantate). Hinrik Wulf handelte auch nach England und war 1413 Ältermann des Deutschen Kaufmanns in Brügge, s. JENKS, England, S.981.

304 Vor dem Juli 1396 ist Erp verstorben, denn in diesem Monat bestätigte Heyno van Stade, dass er von Erps Provisoren für seinen Neffen Willekin van Stade *quatuor nobula* empfangen hat, vgl. SIMON, Niederstadtbuch, S.942,5 (Arnolfi).

305 1393 wurde Erp als *proximus amicus* des verstorbenen, wohl aus Buxtehude stammenden Peter Vughen und seiner Frau Telse bezeichnet, vgl. SIMON, Niederstadtbuch, S.842,1 (Margarete). Zu Vughe in Buxtehude vgl. SIMON, Niederstadtbuch, S.737,3 (1390 Corporis Christi).

306 Mit Nicolaus Kröpelin war er 1377 Provisor der Kinder des Lobeke, vgl. SIMON, Niederstadtbuch, S.379,9 (1377 Nativitas Marie). Mit Nicolaus van Urden wurde er 1387 als Provisor der Mechthild Woltbeke genannt, vgl. SIMON, Niederstadtbuch, S.635,2 (1387 Galli).

307 Vgl. AHL, Niederstadtbuch zu 1432 Omnium sanctorum: Lucas Lammeshoved schuldet dem Hamburger Ratsherrn Erik van Tzeven 192 Mark.

308 Vgl. AHL, Niederstadtbuch zu 1400 Judica.

Gerhard Voged stand schon 1381 mit Hermann van Ossenbrugge in finanzieller Verbindung. Er hatte ihm den hohen Betrag von 740 Mark geliehen.[309] Auch sonst trat Voged vielfach als Finanzier größerer Summen in Erscheinung. 1374 lieh er gemeinsam mit Lambert van Godebus der Margaret Boyeneven und ihrem Sohn, dem Schweriner Vogt, 1000 Lüb. Goldmünzen.[310] Mit dem Propst in Rehna lieh Voged dem Hinrik Schonenberg junior in demselben Jahr 300 Mark.[311] Dessen Vater, der Ratsherr Hinrik Schonenberg, schuldete 1377 Voged und dem Schweriner Elekten Marquard Beermann 2800 Mark.[312] 1381 streckte Voged dem bekannten Stockholmhändler Godekin Gamme, der aus Osnabrück kam, 430 Mark vor.[313] Vor 1382 hatte Voged die Witwe des Arnold Provest geheiratet, denn in diesem Jahr fand er seine Stiefsöhne Johan, Rektor der Kirche in Vietlübbe, und Arnold, Mönch in Dobberan, mit jeweils 50 Mark ab.[314] Arnold Provest war gemeinsam mit Hinrik Bernsterd in sehr aufwendigen Geschäften mit Gottschalk van Attendorn verbunden gewesen. 1365 hatten Bernsterd und Provest ihm 1000 Mark *in auro* geliehen, mit denen Attendorn eine Wikbeldrente beim Wismarer Rat kaufte.[315]

Mit Rainer van Calven besaß Voged Anteile an dem Dorf Ritzerau, die er 1393 verkaufte.[316] Zu dieser Zeit benötigte er Bargeld, denn er lieh mit Johan (I.) Bruskow von dem Stockholmer Engelbert Vrowenlof, alias Wulfard,[317] den hohen Betrag von 1500 Mark.[318] Anscheinend konnte Voged die Summe nicht rechtzeitig zurückbezahlen, denn 1399 musste er Wulfard einen Zins in Herrenburg für 200 Mark abtreten.[319] 1398 war Voged mit Volrad van Bockwold in ein Geldgeschäft der Partner Johan und Hinrik Gherwer, Hinrik up dem Orde, Johan Glusing und Johan Kerkberch mit dem Herzog von Schleswig *ex parte mercatorum* aus Krakau mit 600 Mark involviert.[320] In engerer Beziehung stand Voged auch zu den Puschel aus Thorn, von denen der Magister Jakob in Lübeck lebte. Ihm wurde von seinem Bruder Mathias, der Schöffe in der Neustadt Thorn war, in seinem Testament 600 Mark für die Einrichtung einer Vikarie zugesprochen. Das Recht an der Vikarie übergab Jakob Puschel 1397 an Ger-

309 Vgl. SIMON, Niederstadtbuch, S.531,4.
310 Vgl. SIMON, Niederstadtbuch, S.245,5.
311 Vgl. SIMON, Niederstadtbuch, S.255,3.
312 Vgl. SIMON, Niederstadtbuch, S.352,6. 1380 waren die Schulden noch nicht zurückbezahlt, vgl. SIMON, Niederstadtbuch, S.432,4. Und 1383 standen immer noch 700 Mark offen, vgl. SIMON, Niederstadtbuch, S.529,5.
313 Vgl. SIMON, Niederstadtbuch, S.463,4. In demselben Jahr schuldete Voged der Witwe des Hermann Bodenwerder 110 Mark, vgl. SIMON, Niederstadtbuch, S.472,3.
314 Vgl. SIMON, Niederstadtbuch, S.500,1.
315 Vgl. SIMON, Niederstadtbuch, S.75,2.
316 Vgl. SIMON, Niederstadtbuch, S.831,6.
317 So wurde Vrowenlof 1393 bezeichnet bei einer Anleihe des Johan Oldenborg mit Partnern von 318 *nobulis anglicanis*, vgl. SIMON, Niederstadtbuch, S. 822,4. Zur Familie s. ASMUSSEN, Flandernfahrer, S.500.
318 Vgl. SIMON, Niederstadtbuch, S.855,3.
319 Vgl. SIMON, Niederstadtbuch, S.1046,6.
320 Vgl. SIMON, Niederstadtbuch, S.1000,1.

hard Voged.[321] Gerhard Voged war anscheinend mit dem Kalmarer Ratsherrn Johan Voged verwandt, dessen Frau 1411 als *civis Lubecensis* bezeichnet wurde.[322]

Taleke, die Schwester des Johan Krowel, heiratete 1407 den reichen Schonenfahrer Werner Hoop,[323] der 1408 in den Neuen Rat gewählt wurde.[324] Zu der Familie Krowel bestanden auch schon vorher familiäre Beziehungen. 1384 bezeugten die Schwäger Hoops, Gottfried, Heyno und Johan Gerstede, dass sie keine Forderungen mehr an Krowel hätten *ex parte hereditatis paterne quam materne*. Der gleichnamige Vater des Ratsherrn Johan Krowel war in zweiter Ehe mit Katharina Gerstede verheiratet gewesen.[325]

Hoop stand auch früher schon in geschäftlichen Verbindungen mit Rotger Kloot, einem Verwandten der Krowel. So hatte er 1393 von diesem und dessen Partner Wynold Castorp 300 Mark geliehen.[326] Hoop hatte vertraute Beziehungen nach Stade zu Albert Holdenstede,[327] der vielleicht mit der gleichnamigen Hamburger Ratsfamilie verwandt war. Anscheinend kam auch Hoops Bruder Johan, der mit ihm nur bei der Übernahme des Esslinger Zolls genannt wurde, nicht aus Lübeck. Von ihm wurde 1385 vermerkt, dass er die Aufsicht über den Zoll führen sollte. Erst so kam er in eine Beziehung zum Lübecker Rat. Vielleicht kam Johan Hoop auch aus Hamburg.[328]

Werner Hoop war mit dem Stralsunder Bürgermeister Gregor Swerting und dem dortigen Ratsherrn Lambert Poleman gut bekannt. Swerting und weitere Stralsunder Bürger benannten Hoop als Bevollmächtigten für die Entgegennahme ihrer Anteile an den flämischen Entschädigungszahlungen. Unter den geschädigten Stralsundern Bürgern wird auch Lambert Poleman genannt. Es handelt sich um den Bruder des Arnold Poleman, der als Delegierter Stralsunds zwischen 1403 und 1407 erschien.[329]

Hoop war stark im Stockholmhandel engagiert. Gemeinsam mit Thideman Nienborch und Reyneke Ratelband bildete er „einen selbständigen, untereinander eng ver-

---

321 Vgl. SIMON, Niederstadtbuch, S.985,1.

322 Vgl. AHL, Niederstadtbuch zu 1411 Feria 4. post Quasimodogeniti: *Arnoldus Grambeke et Johan van Camen testificaverunt medio ipsorum juramento, quod Johannes Voghed, consul Calmariensis, et Margareta eius uxor, civis Lub., sunt proximi heredes ad bona derelicta post obitum Elizabeth vidue magistri Ludolphi balistarii.*

323 Es war die zweite Ehe des Werner Hoop. Aus Hoops Testament vom April 1406 - vor der neuerlichen Heirat - wird in der Versorgung seiner drei Söhne sein Reichtum offenbar: Jeder von ihnen erhält 1000 Mark. Vgl. AHL, Testamente, Werner Hoop, 13. April 1406: *Item gheve ik myneme sone Petere 1000 mark ... Item so gheve ik Werneken, myneme sone, 1000 mark ... Item gheve ik Ghodeken, myneme sone, 1000 mark ...*

324 S. FEHLING, Ratslinie, S.58f.

325 Johannes Krowel, *habens filiam Alheidis Gersteden in uxorem*, betätigt, dass er dieser 367 1/2 Mark schuldet, vgl. SIMON, Niederstadtbuch, S.661,3 (1388 Processi); s. auch zu den etwas schwierigen Verwandtschaftsbeziehungen ASMUSSEN, Flandernfahrer, S.470.

326 Vgl. SIMON, Niederstadtbuch, S.835,1 und S.872,6.

327 Auch in Hamburg begegnet der Name Hoop. Albert Holdenstede schuldete Hinrik Warendorp, dem Sohn des Ratsherrn Hermann, 100 Mark, vgl. SIMON, Niederstadtbuch, S.797,2 (1392 Epiphanie). Holdenstede stand weiterhin in geschäftlichen Kontakten mit Henning van Rinteln, dem er 1383 45 Mark schuldete, vgl. SIMON, Niederstadtbuch, S.526,4 (1383 Eufemie).

328 Vgl. SIMON, Niederstadtbuch, S.594,3 (1385 Laurencii): *Et quia Johannes Hoop predictus ipsum thelonium custodire debet et sublevare, ideo domini consules civitatis Lub ipsum in servitorem suum acceptaverunt ...*

329 Vgl. LÜB UB 4, Nr.583.

bundenen Kreis innerhalb der Lübecker Stockholmhändlerschaft."[330] Auch in Flandern hatte Hoop Interessen. Vor 1408 bürgte bei einem Streit in Brügge Berthold Herentrey für ihn.[331] Ebenso war Hoop im Baltikum engagiert. 1384 schuldete er gemeinsam mit Thiderik Nienborch dem *domino* Gottschalk Stocker in Fellin 550 Mark.[332]

Netz 85: Werner Hoop

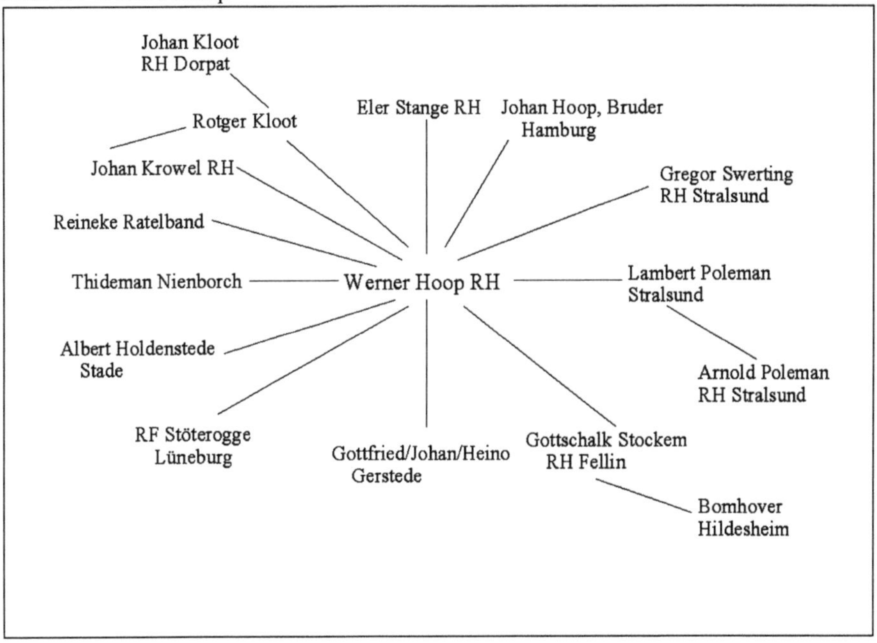

330 S. KOPPE, Lübeck-Stockholm, S.218. Werner Hoop ist auch später in Geschäften mit dem Flandernfahrer Ratelbant zu finden, vgl. AHL, Niederstadtbuch zu 1404 Anne: 3.) *Wernerus Hoep et Reynekinus Ratelbant coram libro recognoverunt, se coniuncta manu teneri Borchardo van Hildensem juniori in tricentis et XXX marc. Lub. Jacobi proxime futuro persolvendas*. 4.) *Wernerus Hoep coram libro recognovit pro se et suis heredibus, quod Reinekem Ratelbant et suos heredes in prescripto debito indempnes penitus preservare*. Ratelbant wurde als Testamentsvollstrecker gemeinsam mit Eler Stange von Arnd Sparenberg eingesetzt, vgl. AHL, Testamente, Arnd Sparenberch, 9. November 1401: *Mine vormundere kese ik hern Bernd Plescowen, Reyneken Ratelband, Eler Stanghen, Hartwich Kopman unde Borchard van Hildensem, den jungheren, minen swagher*. Sparenberg war demnach der Schwiegervater des (jüngeren) Borchard van Hildensem.

331 Vgl. AHL, Niederstadtbuch zu 1408 Conversio Pauli: *Wernerus Hoep recognovit, quod sicut Bertoldus Herentrey mercator pro eo fideiussit in villa Brugensi flandr. pro LX lb. gr. in causa, que vertebatur inter dictum Wernerum ex una et Petrum Broek et Matheum van de Broke*.

332 Gottschalk Stocker setzte als seinen Lübecker Bevollmächtigten Arnold van Lennep ein, vgl. SIMON, Niederstadtbuch, S.556,3 (1384 Petri ad vincula): ... *dominus Gotscalcus creditor constituit Arnoldum de Lenepe presentem apud hunc librum in suum verum et plenipotentem procuratorem*.

Der Felliner Ratsherr Stocker stand in verwandtschaftlichen Beziehungen zu den Bomhower in Hildesheim, die Forderungen an sein Erbe stellten.[333] Aus dieser Felliner Ratsfamilie trat im Juni 1437 ein Cord Stocker, wohl Gottschalks Sohn, als Delegierter bei einem regionalen Treffen in Pernau auf. Hoop arbeitete in Lübeck auch mit dem Ratsherrn Hinrik Westhof, den Veckinghusen und Hinrik up dem Orde zusammen.[334]

Weiterhin hatte Hoop engere Beziehungen nach Lüneburg. Er überließ testamentarisch Elseke, der Tochter des Ludeke Stöterogge, die nach seiner Aussage mit einem Schomaker verheiratet gewesen war, 50 Mark.[335] Die Lüneburger Ratsfamilie Stöterogge stellte am Ende des 15. Jahrhunderts Delegierte. Bei dem im Testament angesprochenen Schomaker scheint es sich um ein Mitglied der Familie Schomaker zu handeln, die mit den Springintgud familiär verbunden war und seit der Mitte des 15. Jahrhunderts mit Delegierten auf Hansetagen vertreten war.

Auch der Blick auf weitere Mitglieder des Neuen Rates wie Hermann van Alen und Johan Krowel ließ wiederum die engen Beziehungen innerhalb der Lübecker führenden Kaufleute wie zu Ratsherren in vielen Städten erkennen, von denen hier nur noch diejenigen nach Thorn, Stralsund, Fellin und Hildesheim erwähnt werden sollen.

Im Dezember 1410 wurden im Niederstadtbuch recht hohe Schulden erfasst. An erster Stelle wurde eingetragen, dass die Herren Johan Krowel und Johan Hoyer gemeinsam mit Albert Lippe, Johan Krowel junior und Everhard Nienborch dem Ratsherrn Borchard van Hildensem und Diderik Tzerrentin 578 Mark schuldeten. An zweiter Stelle folgten Schulden von 700 Mark derselben Herren bei den Brüdern Ludwig und Hinrik *dictis Crul*.[336]

1.3 Ludwig Krull

Ludwig Krull gehörte von 1413 bis 1416 dem Neuen Rat an. Er trat aber erst nach dem Verfassungskompromiss, bei dem er im Rat verblieb, als hansischer Politiker in Erscheinung. 1422 führte er gemeinsam mit Thideman Steen die Flotte in der Nordsee, 1424 vermittelte er im Streit zwischen Bremen und den Friesen, und an Hansetagen nahm er 1426 und 1430 teil. Krull war verheiratet mit Gertrud, einer Tochter des

---

333 Vgl. SIMON, Niederstadtbuch, S.44,4 (1364). Es gab auch eine Münsteraner Ratsfamilie dieses Namens, aus der Bernd Bomhower nach Lübeck umzog und dort in den Rat aufstieg. Er nahm am Münsteraner Hansetag im Jahre 1510 teil.

334 S. S.345.

335 Vgl. AHL, Testamente, Werner Hoop, 13. April 1406: *Item so gheve ik Elzeken, Ludeken Stoterogghen dochter, de hadde enen man to Luneborch, de ys doet, de hete Schomaker, 50 mark.*

336 Vgl. AHL, Niederstadtbuch zu 1410 Lucie: *Domini Johannes Crowel et Johannes Hoyer, Albertus Lippe, Johannes Crowel junior et Everhardus Nyenborch presentes libro recognoverunt se ... coniuncta manu teneri domino Borchardo de Hildensem seniori et Tiderico Tzerntyn ... in V C et LXXVI marc. ...* 2.) *Domini Johannes Crowel et Johannes Hoyer, Albertus Lippe, Johannes Crowel junior et Everhardus Nyenborch presentes libro recognoverunt, se ... coniuncta manu teneri Lodewico et Hinrico fratribus dictis Crul ... in VII C marc. Lub. ...*

Ulrich Niestad.[337] Niestad war mit dem ehemaligen (Hannoveraner) Ratsherrn Gislebert Niestad verwandt, dessen weitreichende Beziehungen wir schon beobachtet haben. Krulls Schwager Johan Niestad hatte besonderes Vertrauen zu Johan Schotte und Johan Krowel, die er als Provisoren bestimmte.[338] Um das Erbe von Krulls Frau gab es nach dem Tode ihres Vaters Probleme mit dem Ratsherrn Cord van Alen und seinem Bruder Thideman. Diese erhoben auch Ansprüche. Das Krull von Seiten des Schwiegervaters zugekommene Erbe wurde deshalb in seinem Wert geschätzt. Über die Schätzung des Vermögens berichtete Krull genau in seinem Testament.[339] Die Ansprüche wurden anscheinend aus der ersten Ehe der Frau des Hinrik Niestad mit Jakob van Alen abgeleitet.[340] Krulls Schwiegervater Ulrich Niestad selbst war allerdings in erster Ehe mit Geseke van Alen, einer Tochter des Ratsherrn Holt van Alen (1356-1367), verheiratet gewesen.[341]

Wohl aus dieser Ehe wurden die Ansprüche seiner *ome* hergeleitet. Die Forderungen wurden erhoben von Cord van Alen, der seit 1387 im Rat saß. Van Alen zog 1408 mit dem Alten Rat aus der Stadt und starb 1410 in Hamburg. Er beteiligte sich aktiv an der hansischen Politik, war 1396 Befehlshaber im Krieg der Städte Lübeck,

---

337 Die bedeutende Mitgift erwähnte Krull 1422 in seinem Testament: *Item sii witlik, dat my mit Ghezeke, mynem wive, to brutschatte worden 26 marke wicbelde renthe in dem huse to dem Rene tegen deme radhuse unde darto 100 rede marke lubesch, welken brutschat men er also gud wedder entrichten schal* … Vgl. AHL, Testamente, Lodewich Crul, 11. Januar 1422.

338 Emekin van Poggetze schuldete 1401 Johan Niestad, *filio Hinrici Niestad*, 236 Mark. Dafür setzte er als Pfand *proprietatem sue hereditatis site in Piscatorum fossa in cono plathee dicte Ellerbroek cum bodis et aliis suis adiacentibus*. Im Nachtrag werden seine Provisoren erwähnt: *Notandum quod prescripta scripta fuerunt cancellata ad iussum Jo<hannis> Schotten et Johannis Krowel provisorum Johannis Niestad prescripti*. Vgl. AHL, Niederstadtbuch zu 1401 Cathedra Petri.

339 Vgl. AHL, Testamente, Lodewich Crul, 11. Januar 1422: *Item na dode Ulrik Nyestades, eres vaders unde erer brodere begerden her Cord und Tideman van Alen, ere ome, to wetende, wes my togekomen were vormiddelst dode Ulrikes erbenomed ... Des nemen se unde ik de gezustorven schatters unde leten schatten alle varende gud, dat my van en togekomen was an golde, guldenen, vorguldenen unde sulvernen smyde, an redem gelde, ingedomete unde resscop, unde wes des was van varender have nicht mit alle utgenomen, alse dat de summe van alleme lep uppe 600 unde 70 marke na lude der stad neddersten bokes, des wil ik, dat men mynem wive erbenomed dit alle vorgerored also gud alse 600 unde 70 marke gudliken wedder entrichte*. Im Juni 1407 wurde im Niederstadtbuch festgehalten, dass Ludwig Krull vor Herrn Cord van Alen, Thideman van Alen wie vor seinem Bruder Hinrik Krull bestätigte, dass *omnia illa mobilia bona quecumque illa sunt, que ad ipsum venerint nomine uxoris sue Gheseken filie Ulrici Niestat* im Werte von 570 Mark aus dem Testament des Ulrich ausbezahlt wurden, da auch Holt, Everhard und Ulrich, die Brüder der Frau, inzwischen verstorben waren. Vgl. AHL, Niederstadtbuch zu 1407 Viti.

340 Hinrik Niestads Frau Katharina war zuvor mit Jakob van Alen verheiratet gewesen, vgl. AHL, Niederstadtbuch zu 1402 Elisabeth: *Katherina relicta* (*Jacobi van Alen*) *nunc uxor Hinrici Niestad* ... Vgl. ebenso AHL, Niederstadtbuch zu 1403 Scolastica: *Hinricus Niestad cum uxore sua Katherina pridem relicta Jacobi van Alen* ... Die van Alen standen in geschäftlicher Verbindung mit dem Ratsherrn Jakob Holk, vgl. AHL, Niederstadtbuch zu 1404 Quasimodo geniti: *Dominus Jacobus Holk et Bernardus Stekemest senior coram libro constituti recognoverunt, se coniuncta manu teneri domino Conrado van Alen et Tidemanno suo fratri in LV marc. Lub.*

341 S. zu ihm LUTTERBECK, Rat, S.186. Zur Verwandtschaft s. auch genauer ASMUSSEN, Flandernfahrer, S.551 Anm.6 und LÜB UB 4, S.288.

Hamburg und Lüneburg gegen die Herzöge von Lüneburg und 1404 Befehlshaber der lübischen Schiffe vor Jütland.[342]

Netz 86: Ludwig Krull

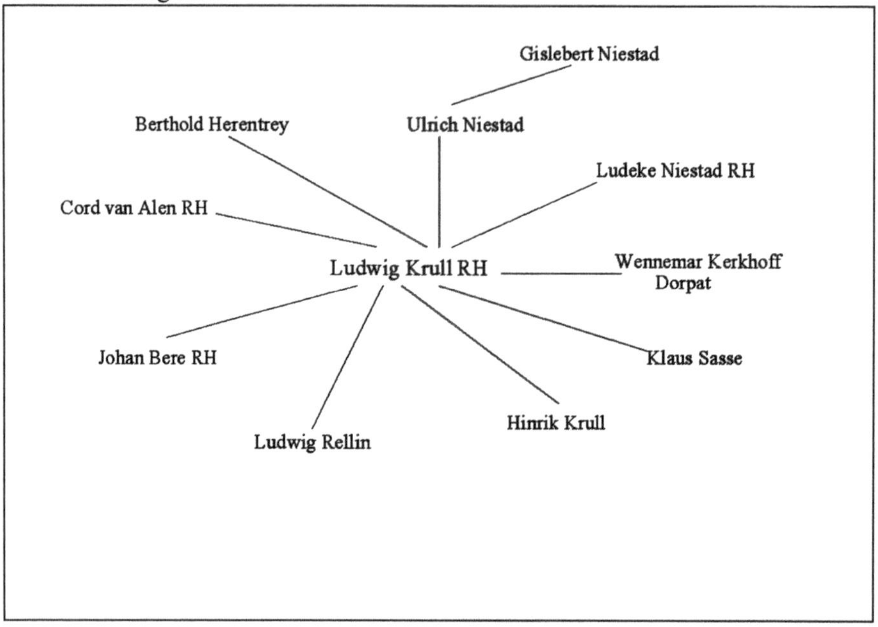

Erstmals ist Krull im Niederstadtbuch als Mitglied einer *societas* mit den Brüdern Must 1385 zu sehen.[343] Seit spätestens 1402 hatte Krull eine Handelsgesellschaft mit dem Lübecker Bürger Berthold Herentrey, der in diesem Jahr Ältermann in Brügge war, und Wennemar Kerkhoff, der später nach Dorpat umzog.[344] Mit den Verwandten seiner Frau, den Niestad, ist Krull 1407 in geschäftlichen Kontakten zu sehen.[345]

---

342 S. LUTTERBECK, Rat, S.181.

343 Die Gesellschaft, aus der die Brüder Hinrik und Johan Must dem Krull 1385 noch 400 Mark schuldeten, wurde 1387 endgültig beendet, vgl. SIMON, Niederstadtbuch, S.593,1 (1385 Vincula Petri). Hinrik Must hatte 1383 Albert Holdenstede 66 Mark geliehen, vgl. SIMON, Niederstadtbuch, S.526,5 (1383 Eufemie). Gemeinsam mit seinem Bruder Johan hatte Hinrik Must 1384 Nicolaus Molenstrate 60 Mark ausgeliehen, vgl. SIMON, Niederstadtbuch, S.550,2 (1384 Viti). Hinrik Must stand in einem Vertrauensverhältnis zu den Brüdern Henning und Bertram van Rinteln. Die van Rinteln ließen 1387 einen Schuldeintrag in seinem Namen löschen, vgl. SIMON, Niederstadtbuch, S.619,6 (1387 Reminiscere). 1387 setzte Hinrik Must die Brüder van Rinteln als *suos legitimos procuratores generales* ein. Dieses bestätigten Albert Travelmann und Hinrik van Hachede vor dem Rat, vgl. SIMON, Niederstadtbuch, S.636,5 (1387 Luce).

344 S. ASMUSSEN, Flandernfahrer, S.388 und HUB 5, Nr.770 vom 6. April 1407: *Wennemar Kerkhoff nu borger to Darpte.*

345 Vgl. AHL, Niederstadtbuch zu 1407 Petri et Pauli: *Notandum quod Hinricus Nyestad et frater suus Johannes de consensu suorum provisorum presentes coram libro dimiserunt Lodowicum Krul et suos heredes ab omni monitione ...*

Im Testament seines *swager* Hermann Burmester vom Dezember 1418 wurde Krull als Provisor eingesetzt und erhielt auch eine Gabe.[346] Aus Krulls Testament von 1422 geht hervor, dass seine Schwester Ludwig Rellin geheiratet hatte. Mit Rellin führte Krull bis 1407 eine Handelsgesellschaft.[347] Ludeke Niestad, Krulls Schwager, handelte nach England und saß auch in den Jahren 1411 und 1412 im Neuen Rat.[348] Er trat nicht als Delegierter in Erscheinung.[349] Im November 1433 bestätigte der Konvent des Lübecker Dominikanerklosters, dass er jeden Tag in der von Krull im Namen Mariens, Cosmas und Damians gestifteten Kapelle in der *norder siden jegen den hogen altare in vnsen nyen kore myt ysernern scranke vnde vorguldeden loueren dar bouen* eine Messe mit Orgelbegleitung singen wollte.[350] Krull hatte also für eine ratsherrliche Memoria gesorgt. In dieser Zusage der Mönche werden auch Krulls Provisoren genannt. Es handelt sich um den Ratsherrn Johan (I.) Bere und die Bürger Hinrik Krull, Ludwigs Bruder, und Klaus Sasse, Ludwigs Neffen.[351]

1.4 Hermann Vinke

Hermann Vinke war Ältermann der Schonenfahrer. 1405 wird er in dieser Funktion gemeinsam mit Hinrik Bonhorst und Peter Nienborch genannt.[352] Nienborch war mit Geseke, einer Tochter des Ratsherrn Amelius Luchow, verheiratet. Luchow amtierte von 1389 bis 1402.[353] Die Großmutter seiner Frau war eine geborene Schonenberg. So bestanden verwandtschaftliche Beziehungen auch zum Ratsherrn Hinrik Schonenberg (1376 - 1384). Weiterhin war der Ratsherr Johan van Stove ein Onkel von Nienborchs Frau. Van Stove war wiederum mit dem Ratsherrn Johan Lange verwandt, der am Tag zu Johannis 1379 teilgenommen hatte.[354] Eine Schwester der Frau Nienborchs heiratete in zweiter Ehe einen Ratsherrn Hermann van Haghen, von dem bisher nicht bekannt ist, in welcher Stadt er im Rate saß.[355]

---

346 Vgl. AHL, Testamente, Herman Burmester, 19. Dezember 1418: *Item heren Lodewich Crulle, mynem zwager, geve ik 1 lubeschen gulden, 1 par hozen mede to kopende.*

347 Vgl. AHL, Niederstadtbuch zu 1406 Margarete: *Lodewicus Krul et Hinricus Relliin presentes huic libro recognoverunt, se in omni societate mercimoniali hactenus inter eos habita ... penitus esse separatos et divisos.*

348 S. JENKS, England, S.940.

349 S. ASMUSSEN, Flandernfahrer, S.551 und FEHLING, Ratslinie, S.63.

350 Vgl. LÜB UB 7, Nr.552 (29. November 1433). Das Ehepaar Krull hatte die Kapelle insgesamt ausgestaltet und auch *oppe dat altare twe belde sunte Cosme et Damiani mit erer passien* geschenkt.

351 In seinem Testament bedachte er auch diesen und merkte dabei an, dass es sich um seine Neffen handelte: *33 marke wicbelden renthe vorvallen uppe Clawese Sassen unde uppe Lodewige Relline, myner erbenomeden suster kindere* ... Vgl. AHL, Testamente, Lodewich Crul, 11. Januar 1422.

352 Vgl. AHL, Niederstadtbuch zu 1406 Invocavit: *Wolterus Schildesort coram consilio recognovit, se et suos heredes teneri Hinrico Bonhorst, Petro Nienborch et Hermanno Vinken provisoribus et tutoribus societatis de Schonenvarer in centum et decem marc.*

353 S. LUTTERBECK, Rat, S.294.

354 S. LUTTERBECK, Rat, S.381.

355 S. ASMUSSEN, Flandernfahrer, S.498. Ob es sich um einen Verwandten der Braunschweiger Ratsfamilie dieses Namens handelt, ist nicht sicher. In Braunschweig war Ludeke (II.) van dem Hagen seit 1375 Ratsherr und seit 1388 Bürgermeister. Sein Neffe war Henneke (II.) van dem

1406 war Vinke Mitglied des Sechziger-Ausschusses.[356] Er gehörte dem Neuen Rat von 1411 bis 1416 an. 1411 war Vinke mit Johan Growe in Brügge, um die Altermänner zur Anerkennung des Neuen Rates zu gewinnen. Allerdings hatten sie keinen Erfolg.[357] Vinke war in erster Ehe mit einer Tochter des Lübecker Bürgers Heyno Vrome verheiratet.[358] Sein Schwiegervater hatte eine vertrauensvolle Beziehung zu Gerhard Erp. Diesen setzte er neben seinem Bruder Nicolaus in seinem Testament von 1403 als Provisor ein. Vrome kam anscheinend aus der Nähe von Perleberg. Dorthin gab er testamentarisch.[359] In Kontakt mit einem Perleberger Bürger hatten wir auch schon Thideman Erp, den Bruder Gerhards, gesehen. Im April 1383 schuldete auch Heyno Vrome, *civis in Parleberch*, dem Thideman Erp in Lübeck 200 Mark.[360] Vromes gleichnamiger Sohn ist von Perleberg nach Lübeck umgezogen.[361] Nicht nur mit den Erp, die mit Albert Erp ein Mitglied des Neuen Rates stellten, waren die Vrome verbunden, sondern auch mit den Brekwold. Schon im Testament des Nicolaus Vrome wurde Cord Brekwold als Vollstrecker benannt.[362]

In zweiter Ehe soll Vinke mit einer Tochter des Ludeke Luneborg verbunden gewesen sein.[363] Dieses kann nicht zutreffen. Es muss sich um einen anderen Träger dieses Namens handeln, der 1405 im Testament des älteren Ludeke Luneborg als Schwiegersohn genannt wurde.[364] Zu dieser Zeit war Vinke noch mit Vromes Tochter verheiratet. Vrome benannte sowohl 1404 wie auch 1414 seinen Schwiegersohn, den er im späteren Testament als *her* bezeichnete, als Vollstrecker.[365] Eindeutig war also

---

Hagen, der mit Eggeling (II.) Strobeke verwandt war, s. MACK, Testamente 1, S.159. Auch in Stade ist ein Ratsherr van Hagen belegt. Jakob vamme Hagen nahm als Vertreter Stades an fünf Hansetagen zwischen 1407 und 1441 teil.

356 S. FEHLING, Ratslinie, S.200.

357 Vgl. LÜB UB 5, Nr.366. Vgl. auch den Bericht der Alf und Everd vamme Schiide aus Dortmund in HUB 5, Nr.1022 vom 29. August 1411.

358 Demgegenüber meinte Fehling, dass er in erster Ehe mit einer Tochter des Hinrik Vrieman verheiratet gewesen sei, s. FEHLING, Ratslinie, S.63.

359 Vgl. AHL, Testamente, Heyno Vrome, 8. März 1403: *Item do ad structuram ecclesie ter Beke prope Parleberch 20 marcas lub.*

360 Vgl. SIMON, Niederstadtbuch, S.513,5 (1383 Vitalis).

361 Darauf deuten die Nennungen seiner Brüder hin, vgl. SIMON, Niederstadtbuch, S.652,4.

362 Vgl. AHL, Testamente, Heyno Vrome, 8. März 1403.

363 S. ASMUSSEN, Flandernfahrer, S.819.

364 Vgl. AHL, Testamente, Ludeke Luneborch, 21. Juli 1405: *Item de eyghendom des huses, dar Herman Vinke, miner dochter man, inne wonet, de steet mi varende toghescreven in der stad boke, also wil ik, dat men en varende schal toscriven Hermen Vinken, miner dochter manne.* Auch in seinem Testament vom Juli 1415 bezeichnete Luneborg Hermann Vinke als seinen Schwiegersohn. Er führte ihn aber nicht als „Herrn" auf, vgl. AHL, Testamente, Ludeke Luneborch, 21. Juli 1405: *Item de eyghendom des huses, dar Hermen Vinke, miner dochter man, inne wonet, de steet mi varende toghescreven in der stad boke, also wil ik, dat men en varende schal toscriven Hermen Vinken, miner dochter manne. ... Mine vormundere kese ik Drewes Holsten, Ludeken Luneborch, Hermen Vinken, miner dochter man, unde Steenvelt, werkmester to sunte Jacob.*

365 Vgl. AHL, Testamente, Heyno Vrome, 8. März 1403: *Item do filie mee uxori Hermanni Vinken 100 marcas lub et omni utensilia domus mee.* Vgl. AHL, Testamente, Heyno Vrome, 9. März 1414: *Item so geve ik myner dochter, her Hermen Vinken wive, 400 mark.* Vinke wurde auch vom Bruder seines Schwiegervaters als Provisor benannt, vgl. AHL, Testamente, Clawes Vrome, 10. Januar 1404: *Mine vormundere kese ik Heynen Vromen unde Hermen Vromen, mine brodere, Hermen Vinken, Cord Brekewold unde Marquard Ghodebus.*

der Ratsherr Vinke gemeint. Allerdings bestanden vertrauensvolle Beziehungen zwischen Vinke und Luneborg, denn dieser wurde im Testament Luneborgs von 1413 als Provisor eingesetzt.[366] Die Familie Luneborg hatte engere Beziehungen nach Lüneburg, wie der Name schon andeutet. Aus dem Testament des jüngeren Ludeke Luneborg, der den älteren als seinen *om* bezeichnet, geht hervor, dass eine Schwester in Lüneburg lebte.[367] Der ältere Luneborg wurde 1400 von Richard van Hannover als Testamentsvollstrecker eingesetzt. Richard van Hannover stand in Kontakt mit Heyno van Calven, dessen Töchter er testamentarisch bedachte.[368] Heyno van Calven war seinerseits mit dem Ratsherrn Rainer van Calven verwandt. Als Provisoren benannte der jüngere Luneborg Rutger Castorp und Klaus David, seinen *swagher*. Auch zu der Familie Holste bestanden verwandtschaftliche Verbindungen. So bedachte Johan (I.) Luneborg im Juli 1435 testamentarisch Hinrik Holste, den Mann seiner verstorbenen Schwester, mit der beträchtlichen *lyfrente* von 15 Mark.[369] Als Provisoren setzte Luneborg unter anderen den Ratsherrn Wilhelm van Calven, Thideman Brekelveld und Johan van Wickede ein.[370] Van Wickede wurde 1452 in den Rat kooptiert. Er war mit einer Tochter des Bürgermeisters Johan Luneborg verheiratet.[371] Van Wickede erhielt im Testament seines Schwiegervaters von 1438 *to guder vruntschop* 1000 Mark.[372] In seinem eigenen Testament von 1471 bestimmte er kurz vor seinem Tode für Bürgermeister Berthold Witik seinen goldenen Ring, *maket myt roseken myt einem sophire*.[373]

Der als Provisor von Ludeke Luneborg bestimmte Drewes Holste erstellte selbst 1413 ein Testament, in welchem er als Provisoren Hinrik Bonhorst, Johan Steenbeke und Johan Brekwold einsetzte.[374] Aus dem Testament des Emeke Brekwold vom Au-

---

366 Vgl. AHL, Testamente, Ludeke Luneborch de oldere, 1413: *Mine vormundere kese ik her Johan van der Heide, her Nosselman Bonstorp, her Hermen Vinke, Ludeke Luneborch, minen om, Clawes David, miner dochter man, unde Hans Luneborch.*

367 Vgl. AHL, Testamente, Ludeke Luneborch de junghere, 13. September 1402: *Item gheve ik Greteken, myner suster to Luneborch, 20 mark lub. Item gheve ik minen broder Clawese, de to Tostede wonet, twe lub grawe lakene, dat laken van 4 marken, dar scal he sik unde sine kindere mede kleden. Item mynes broder Heynen, deme god gnedich sy, siner dochter, de to Stempne wonet, gheve ik eyn half schone laken van 12 marken to hoyken unde to rocke.*

368 Vgl. AHL, Testamente, Richardus de Honovere, 21. April 1400: *Item tribus filiabus Heynonis de Calve videlicet moniali Greteken et Telseken do cuilibet earum 10 marcas lub.*

369 Vgl. AHL, Testamente, Hans Luneborch, 11. Juli 1435: *Item Hinrike Holsten, de myne suster ghehad hadde, gheve ik 15 mark lyfrente, de scholen myne vormundere kopen vor 150 mark lub, dat he myner dar bi denke unde gode to denste werde.* Johan (I.) Luneborg war der Vater des gleichnamigen Lübecker Ratsherrn Johan (II.) Luneborg.

370 EBD.: *Mine vormundere kese ik hern Wilme van Calven, Tidemanne Brekelvelde, Willem Rinkhove, Bertramme, mynen broder, Hanse van Wickeden unde Hanse, mynen sone* ... Luneborgs gleichnamiger Vater hatte auch Johan Crispin und Johan Schepenstede benannt, vgl. AHL, Testamente, Hans Luneborch, 10. Mai 1406: *Mine vormundere keze ik her Johan Crispin, Hans Schepensteden, Hans Langen, minen swagher, Hinrik Watteschneden, Kersten Haken unde minen sone Hanseken Luneborch.*

371 S. FEHLING, Ratslinie, S.77. Zu dem Ratsherrn Johan Luneborg s. auch DIERCK- DÜNNEBEIL-RÖßNER, Hansekaufleute, S.286f.

372 Vgl. AHL, Testamente, Johan Luneborch radman, Himmelfahrt 1438.

373 Vgl. AHL, Testamente, Hans van Wickede, 22. April 1471.

374 Vgl. AHL, Testamente, Drewes Holste, 18. August 1413.

gust 1413 geht hervor, dass Holste zu mehreren Mitgliedern dieser Familie Beziehungen hatte. Emeke Brekwold überließ nämlich seinem Bruder Johan *den schouwer, den my Drewes Holste gaff.*[375] Der auch von Holste als Provisor genannte Hinrik Bonhorst war ein naher Verwandter, wohl ein Cousin, des Ratsherrn Marquard Bonhorst. Hinrik Bonhorst setzte Marquard Bonhorst und die Erp im August 1401 als Provisoren ein.[376] Auch andere Träger des Namens Holste standen in engerer Verbindung zu Marquard Bonhorst. So schenkte Marquard Holste d. Jüngere, der einen gleichnamigen *om* hatte,[377] am 14. August 1416 testamentarisch an Taleke, die Tochter des Ratsherrn, einen *guldenen boch.* Zwei silberne Schalen, sechs silberne Löffel und all sein *ander ghud* bestimmte er für Marquard Bonhorst.[378]

Netz 87: Marquard Bonhorst

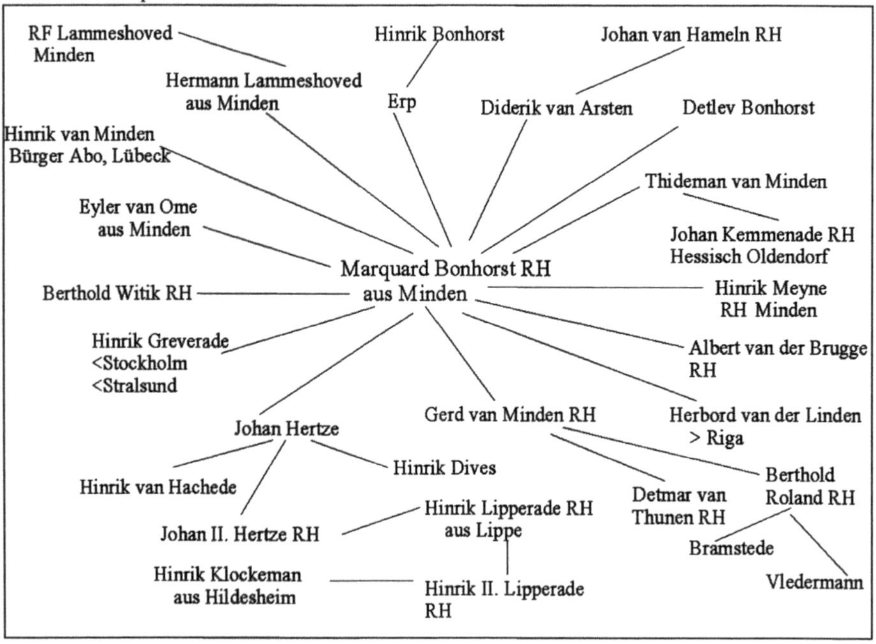

Hermann Vinke ist mehrfach in Geschäften mit seinem Bruder, dem Flandernfahrer Conrad, der auch nach England handelte,[379] zu sehen.[380] Anscheinend hatte auch Vinke gute Kontakte zum Brügger Kontor, da er mit Growe zu Verhandlungen dorthin

375 Vgl. AHL, Testamente, Emeke Brekwold, 2. August 1413.

376 Vgl. AHL, Testamente, Hinrik Bonhorst, 13. August 1401.

377 Die genauen Beziehungen zu dem Bostoner Ältermann des Deutschen Kaufmanns Johan Holste sind noch zu klären, s. JENKS, England, S.907.

378 Vgl. AHL, Testamente, Drewes Holste, 18. August 1413.

379 S. JENKS, England, S.889.

380 S. ASMUSSEN, Flandernfahrer, S.819f. Gemeinsam mit dem Flandernfahrer Tymme Ponstorp und Tymme Swarte war er 1401 Gefangener der Hermann van Munster und Hermann Grotehues. Vgl. LÜB UB 5, S.27f, Nr.22.

gesandt wurde. Besonders gute Beziehungen verbanden ihn mit dem Ratsherrn Lange, mit dem er eine Handelsgesellschaft hatte. Von diesem wurde er auch als Provisor in seinem Testament eingesetzt.[381] Verwandt war Hermann Vinke mit dem jüngeren Hinrik Vinke, der Goldschmied war.[382] Hinrik Vinke stand in näherem Kontakt mit Heyne Vrome, dem Schwiegervater des Hermann Vinke. Dieser setzte ihn 1414 als Provisor ein.[383] Gemeinsam mit Hermann Vinke wurde Hinrik Vinke im Testament des Hinrik Honnikesbuttel vom Juni 1414 als Vollstrecker benannt.[384]

Netz 88: Hermann Vinke

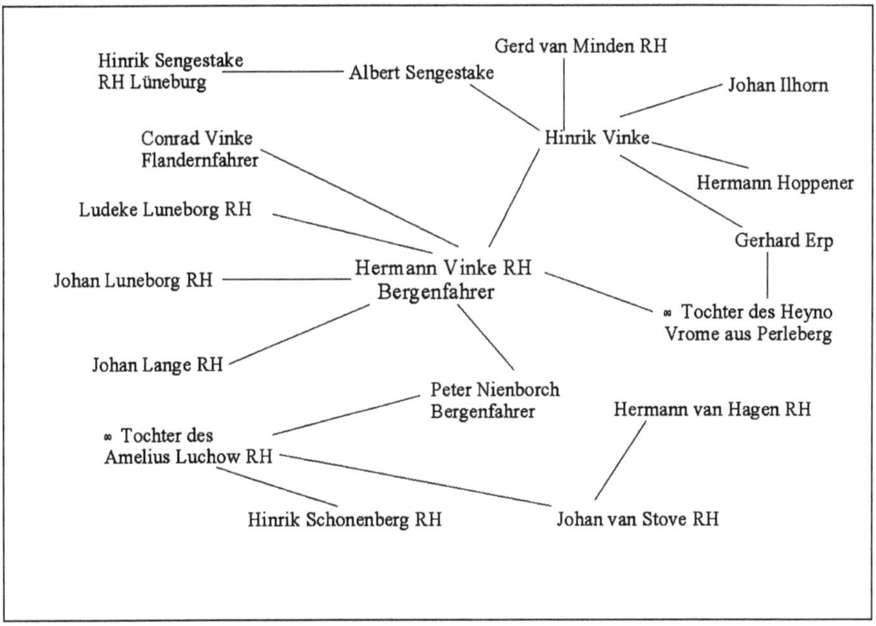

Hinrik Vinke ist vielfach in Kontakten mit führenden Kaufleuten zu beobachten. So wurde er 1436 von Hinrik van Hachede gemeinsam mit den Ratsherren Thomas Kerkring, Gerd van Minden und den Bürgern Hinrik Dives, Kersten Beseler und Detlev Bonhorst als Provisor eingesetzt.[385] Vielleicht kam Hinrik Vinke aus Braun-

381 Vgl. AHL, Niederstadtbuch zu 1415 Remigii.

382 In mehreren Testamenten wird Hinrik Vinke als Goldschmied bezeichnet. Im Mai 1431 hatte er einen Kelch Christians van Rinteln zu Hause, vgl. AHL, Testamente, Kersten van Rentelen, 7. Mai 1431: *Item den kelk, den Hinrik Vinke, de goldsmit, van myner weghene hefft, wil ik, dat myne vormundere vort bereden laten unde wol vorgulden unde antwarden ene to mynem altare to der Borch achter in deme chore ...* Auch als Goldschmied wurde Vinke bezeichnet im Testament des Swarte Peter, *schepebuwere*, vom 8. Oktober 1441. Mit Hinrik van Minden trat der Goldschmied Hinrik Vinke als Bürge für eine Forderung an den Kalmarer Rat 1437 vor dem Lübecker Rat auf, vgl. AHL, Niederstadtbuch zu 1437 Corpus Christi.

383 Vgl. AHL, Testamente, Heyno Vrome, 9. März 1414.

384 Vgl. AHL, Testamente, Hinrik Honnikesbuttel, 6. Juni 1414.

385 Vgl. AHL, Testamente, Hinrik van Hacheden, 21. Juli 1436.

schweig, denn er schenkte in seinem Testament an seine Schwester, die dort lebte.[386] Durch die Wahl seiner Provisoren zeigte Vinke, dass er ausgezeichnete Kontakte in Lübeck und auch über Sengestake vermittelt in Lüneburg hatte: *Mine vormundere kese ik Gherd Erp, Gherde van Mynden, Hanse Ilhorne, Hermanne Hoppener unde Alberte Senghestaken.*[387] Albert Sengestake stammte aus Lüneburg. Ein Verwandter, Hinrik Sengestake, war in den 50er Jahren Bürgermeister in Lüneburg.[388] Im nächsten Testament Vinkes trat noch Hermann Dartzow zu den Provisoren.[389] Anscheinend hielt Vinke sich nicht immer in Lübeck auf, denn in seinem Testament vom Mai 1435 wies er daraufhin, dass er sein Grab bei den Franziskanern finden wollte, falls er in Lübeck sterben sollte.[390]

1.5 Johan Growe

Johan Growe, der mit Vinke nach Brügge reiste, um im Kontor Zustimmung zum Neuen Rat zu gewinnen, war Ältermann der Bergenfahrer gewesen.[391] Gemeinsam mit den Ältermännern Ludeke Ossenbrugge, Gobele Schoneke,[392] Albert van der Brugge, Johan van Hameln und Diderik van Aasten stiftete er 1401 die Vikarie der Bergenfahrer in der Lübecker Marienkirche.[393] Growe trat 1408 in den Rat ein und blieb bis 1416 Ratsmitglied. In den Jahren 1411 und 1412 amtierte Growe als Bürgermeister. Besondere Beziehungen verbanden ihn mit Bergenfahrern, die ihn mehrfach in Testamenten bedachten oder ihn als Testamentsvollstrecker einsetzten.[394] So benannte ihn beispielsweise auch Johan Schuttorp, der aus Schüttorf kam[395] und dessen *ome* zu der Zeit in Bergen lebten, als Vollstrecker gemeinsam mit dem Ratsherrn Albert van der Brugge.[396]

---

386 Vgl. AHL, Testamente, Hinrik Vynke, 3 September 1425: *Item myner suster Beken wonende to Brunswiik geve ik 20 mark lubesch, unde eren kinderen geve ik jewelkem 10 mark lubesch.*

387 Vgl. AHL, Testamente, Hinrik Vynke, 3. September 1425. Vinke wurde selbst auch als Provisor von Albert Sengestake eingesetzt, vgl. AHL, Testamente, Albert Senghestake, 14. Juli 1436: *Mine vormundere kese ik Hans Overkampe, Hinrik Vinken unde Yordane van der Heyde.*

388 S. zu Hinrik Sengestake S.385.

389 Vgl. AHL, Testamente, Hinrik Vynke, 26. August 1436.

390 Vgl. AHL, Testamente, Hinrik Vynke, 19. Mai 1435: *Weret over, dat ik bynnen Lubek nicht enstorve, so beschede ik to dem buwe Unser Leven Vrouwen kerken 5 mark lubesch. Item isset, dat ik bynnen Lubek sterve, so kese ik myne graft in deme ummeghanghe sunte Katherinen clostere to hebbende unde beschede den broderen darsulves vor myne graft unde vor de beghenknisse 10 mark lubesch.*

391 Growe war 1401 Ältermann, s. BRUNS, Bergenfahrer, S.288.

392 Schoneke erstellte 1372 sein Testament und gab an Verwandte in Dortmund und Danzig, s. BRUNS, Bergenfahrer, S.20.

393 S. BRUNS, Bergenfahrer, S.290.

394 S. MEYER, Paläosoziometrie.

395 Nach Schüttorf schenkte auch testamentarisch der Bergenfahrer Wilken van Bentheim, s. BRUNS, Bergenfahrer, S.35.

396 Vgl. AHL, Testamente, Johan Schuttorp, 13. Mai 1414: *Item Johanse Sparveerlinghe to Schuttorpe gheve ik 10 mark lub. Item Ghereken unde Jacobe Schuttorpe, mynem omen to Berghen wesende, geve ik tosamende alle myn harnsch und 2 grawe lakene. ... Mine vormundere kese ik hern Johanne Groven, hern Alberte van der Brugghen, Bertolde Kreghel, Hanse Papen, Lamberte Ekey unde Ghereken und Jacobe, myne vorscreven ome to Berghen wesende ...*

Growe wurde mit Schuttorp als Provisor von Hinrik Vegesak eingesetzt, der engere Beziehungen nach Warendorf und Münster hatte. Vegesak spendete für die durch einen Brand zerstörte Kirche in Warendorf und gab seinen Schwestern in Beckum und Münster je fünfzehn Mark.[397] Vegesak hatte auch einen Vertrauten in Stralsund. Er ernannte den Stralsunder Bürger Hermann Oldendorp zu einem seiner Provisoren.[398]

Mit Albert van der Brugge wurde Growe 1407 von Hinrik van Olden als Provisor benannt.[399] In diesem Testament wird Lambert Ekey erwähnt.[400] Auch Ekey war Bergenfahrer und hatte eine Handelsgesellschaft mit einem Revaler Bürger.[401] Ekey war mit einer Tochter des Johan Luneborg verheiratet.[402] Dieses war anscheinend Ekeys erste Ehe. Aus welcher Familie Ekeys zweite Frau stammte, ist nicht bekannt. Seine dritte Frau Telse war eine Tochter Merten Gropengheters.[403] Gropengheter war recht vermögend. Er gab seiner Frau testamentarisch 500 Mark, ebenso seiner Tochter Telse, der Frau des Ekey. Als Provisoren benannte Gropengheter neben anderen Albert Erp und Tydeke Schopping. Schopping war *swagher* (Schwiegersohn) des Johan van Brylen, der auch einen Sohn, *hern* Hermen Bryle, testamentarisch bedachte.[404] Schopping, der auch von Growe beschenkt und als Provisor eingesetzt wurde,[405]

---

397 *Item to Warendorpe in Westvalen to dem buwe der vorbranden kerken gheve ik 10 mark lub. ... Item myner suster Gheseken Pocgheters to Bekhem gheve ik 15 mark lub. Item myner suster Haseken to Munster wonaftich gheve ik 15 mark lub. ...* Vgl. AHL, Testamente, Hinrik Veghesak, 20. Mai 1406.

398 EBD.: *Myne vormundere kese ik Johannes Groven, Johannes Schuttorpe, Hinrik Hoenreyegher, Kerstien Nyestade, Herman Oldendorpe, borgher to deme Sunde ...* Zu Hinrik Honerjeger, dessen Schwester in Greifswald lebte, s. S.337,405,435,454,471.

399 Vgl. AHL, Testamente, Hinrik van Olden, 20. September 1407: *Mine vormundere keise ik her Alberte van der Brucghen, Johannes Groven, Curd Zemelow unde Johanne Hund ...*

400 Auch Lambert Velthusen, der wohl aus Coesfeld kam und dorthin und nach Lette für seine Memoria schenkte, hinterließ seiner Tochter ein Bett und seine eiserne Kiste in *Lambert Ekeyes hus*, s. BRUNS, Bergenfahrer, S.65. Velthusen setzte als einen seiner Provisoren Hinrik Ghyse zu Coesfeld ein.

401 Vgl. LEC UB 1,9, Nr.287. Lambert Ekey und Bernd van dem Bere aus Lübeck hatten eine Handelsgesellschaft mit dem Revaler Hans Tzindorp, der 1438 aus Reval flüchtete.

402 Vgl. AHL, Testamente, Lambert Eekey, 31. Juli 1426: *Item Katherinen Luneborghes, mynes wyves moder, geve ik 50 mark.*

403 Vgl. AHL, Testamente, Taleke Gropengheters, 14. Juli 1435. Telse ist die Tochter der Taleke. Ekeys Frau wird auch bedacht im Testament ihres Bruders vgl. AHL, Testamente, Merten Gropengheter, 9. September 1440. Vgl. AHL, Testamente, Merten Gropengheter, 24. Januar 1423. Lambert Ekey wurde auch als Provisor benannt von seiner Schwiegermutter Taleke, der Witwe des Merten Gropengheter, vgl. AHL, Testamente, Taleke Gropengeter, 14. Juli 1435.

404 Vgl. AHL, Testamente, Johan van Brylen, 29. Oktober 1424.

405 Vgl. AHL, Testamente, Johan Grove 3. April 1421: *Item Johan Rungen kynderen, des bergher-varers, geve ik samentliken 20 mark, unde syner dochter, Lambert Overenkerken wyve, geve ik sunderges 4 mark. Item Johanne van dem Berne und Tydeman Schopinge geve ik islikem ene myner sulvernen soltvate, unde Peter Huke geve ik ene nobelen.* Die Frau des hier genannten Overenkerken wurde auch von Growe testamentarisch bedacht. Lambert Overenkerken wurde auch von seinem Schwager Nicolaus Wichman gemeinsam mit dem Ratsherren Johan Hoveman (1428 - 1447) und Hartwich Brekwold zum Vollstrecker bestimmt: *Mine vormundere kese ik hern Johan Hoveman, Hans Gherwer, mynen oem, Lamberte Overenkerken, mynen swagher, Hartwighe Brekewold und Arnd Wichman, mynen broder.* Vgl. AHL, Testamente, Claus Wich-

bedachte in seinem Testament vom September 1419 seinen Bruder Hermann wie seine *vedderen* Hans und Hermann Schopping. Tydeke Schoping hatte engere Beziehungen zu der Familie van Thunen. Er beschenkte 1419 testamentarisch seinen *paden* Johan van Thunen und setzte den Ratsherrn Dethmar van Thunen als Vollstrecker ein.[406]

Auch Brun Sprenger war Patenonkel des Ludeke, eines Sohnes des Dethmar van Thunen, der gemeinsam mit Growe im Rat saß.[407] Der Patensohn Sprengers, Ludeke van Thunen, wurde 1472 in den Lübecker Rat kooptiert und 1475 zum Bürgermeister gewählt. Er nahm an Hansetagen und Verhandlungen am Ende des Jahrhunderts teil und starb 1501.[408] Sprenger war sehr vermögend und hatte länger in Boston und Bergen gelebt.[409]

Sprenger schenkte nach Hildesheim, woher er wohl kam, und an das Kloster Escherde, wo seine Schwester und Verwandte lebten.[410] In Hildesheim bedachte er Bertram Berner, der ebenso testamentarisch von Heyno Bode beschenkt wurde.[411]

Einer von Sprengers Vettern hieß Hans Sprenger.[412] Wahrscheinlich handelt es sich um den in Hildesheim in der Zeit um 1430 amtierenden Ratsherrn Hans Sprenger.[413]

---

man, 2. Juni 1428.

406 Vgl. AHL, Testamente, Tideke Schoping, 3. März 1419: *Item Hanse van Thunen, mynen paden, gheve ik 5 mark.*

407 Vgl. AHL, Testamente, Brun Sprenger, 17. August 1413: *Item Ludeken, hern Detmars van Tunen sone, mynem paden, geve ik 20 mark.*

408 S. FEHLING, Ratslinie, S.79.

409 EBD.: *Item in Engeland to Bustene den grawen monken geve ik 12 nobelen, unde islikem anderen clostere darsulves geve ik 1 nobelen, alle to dem buwe. ... Item to Bergen in Norwegene geve ik 2 leste teres to behuf der kerken, de dar belegen synd. Item den elenden seken darsulves geve ik 1 stucke mels unde 1 tunnen beres. Item schal men darsulves holden den armen notroftighen mynschen 3 bade to troste myner selen. Darto geve ik 100 mark ok to Bergen, den armen to gevende in clederen unde schon, unde des ersten stillen vrigdaghes na mynem dode scal men dar geven 10 mark lub armen mynschen delsam in de hande. Item to Unser Vrowen kerken darsulves to behuf der ewighen missen, de de Bergervarer dar makende werdet, geve ik 10 mark lub, unde hern Hennynghe darsulves lesende geve ik 5 mark, upp dat he god truweliken vor my bidde, unde ik wil, dat myne negesten vrunde, de denne to Berghen synd, alle desse gave darsulves unde in Engeland van my gegheven truweliken entrichten scholen dat erste, alse se myne vormundere en ton handen schicken, unde don darby, alse se rede darvore gheven willen dem rechtverdighen gode.*

410 Vgl. AHL, Testamente, Brun Sprenger, 17. August 1413: *Item in dem lande to Sassen to Esscherde dem juncvrowen clostere geve ik 30 mark lub to dem buwe, unde isliker clostervrowen darsulves geve ik 2 ß rede in de hand to donde, up dat se god truweliken vor my bidden unde my in ere denkebok scryven unde myner denken laten. Item darsulves myner suster geve ik 20 mark unde Greteken unde Gheseken Sprengers, al darsulves, geve ik tosamende 20 mark, up dat se god vor my bidden. ...* Weiterhin bedachte er *her* Hinrik Koling in Gronow.

411 EBD.: *Item Bertramme Berner to Hildensem wonende geve ik ene nye vynnesche deken unde ene sulverne scalen van den twe, dede vote hebben.* Zu Bode, der bei van der Heyde wohnte, s. S.301f.

412 EBD.: *Item de wederlegghinge myt der selscop, de ik myt Ludeken Pynning hebbe, geve ik Hanse Sprenger, mynem vedderen.*

413 Die Sprenger zählten im 15. Jahrhundert in Hildesheim zu den führenden Bürgern. So merkt Brandis zu 1472 an: *Hermen Sprenger was de wolgeholdenste borger, dat hyr in dem lande*

Eine Schwester des Brun Sprenger war mit Ludeke Kapestok verheiratet worden. Mit Mitgliedern dieser Familie stand Sprenger auch in geschäftlichen Beziehungen.

Netz 89: Brun Sprenger

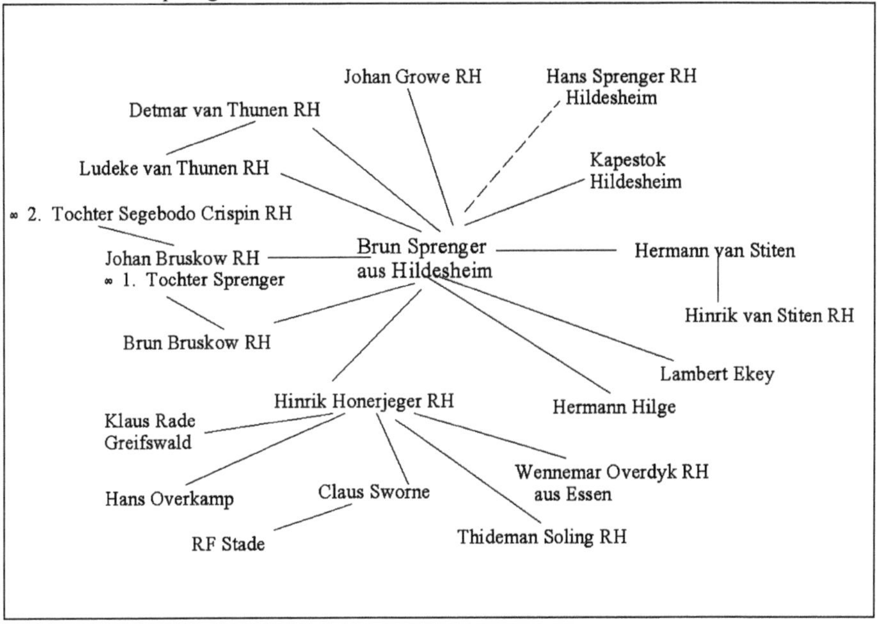

Die Kapestok gehörten zu einem Kreis von Kaufleuten und Bergenfahrern, die sich gegenseitig beschenkten und als Testamentsvollstrecker einsetzten. Sie hatten besondere Bindungen nach Braunschweig und Hildesheim. Anscheinend kamen sie aus dieser Region. Zu diesem Kreis gehörten Klaus Bernsteen,[414] Klaus Ingemer, Schwiegersohn des Englandfahrers Helmich Kapestok,[415] Diderik, Sohn des Hinrik,[416] der Verwandte in Wallensen bei Stadtoldendorf, in Bodenwerder und im Kloster Amelungsborn hatte,[417] Tyle Middeldorp[418] und Hinrik Klockeman.[419] Weiterhin

nergen syns gelyke en was. Dat syne wort wort geachtet up tein dusend gulden. Vgl. BRANDIS, Diarium, S.34.

414 Vgl. AHL, Testamente, Clawes Bernsteen, 8. April 1434.

415 Vgl. AHL, Testamente, Clawes Yngemer, 1. März 1445 und s. JENKS, England, S.915.

416 Vgl. AHL, Testamente, Dyderik Hinrikes, 2. September 1436: *Item den zeken vor Allevelde unde den zeken vor Gronowe in dem Homborgeschen lande beleghen unde den zeken to Berghen in Norweghen gheve ik an islike stede 5 mark, islikem sin deel darvan to handrekende. Item gheve ik in godes ere den armen luden to Berghen, de des meyst behoff hebben, 10 mark lub. Dar schal men en mede kopen grawe wand, se darmede to kledende. ... Item gheve ik in de kerken to Wallenzen in dem Homborgesche lande to dem buwe 10 mark. Item den closter juncvrouwen to Esscherte gheve ik 10 mark, de lyke under en to delende, isliker ere deel in de hande to donde*. Es handelt sich um Wallensen bei Stadtoldendorf und um die Klöster Escherde bei Hildesheim und Kemnade bei Bodenwerder.

417 EBD.: *Item gheve ik mynem broder Heyneman Bruynghes, wonende to Wallenzen, 100 unde 20*

bestimmte Sprenger testamentarisch für Hermann van Stiten, den Vater des künftigen Ratsherrn Hinrik, zwei silberne Schalen und hinterließ dessen Frau und Kindern Geld.[420] Als Provisor wurde von Sprenger neben Johan Growe und dessen Ratskollegen Dethmar van Thunen und Hinrik Honerjeger (1413 - 1416)[421] auch der Bürger Lambert Ekey eingesetzt.[422] Honerjegers Tochter Kunigunde heiratete in zweiter Ehe den Ratsherrn Wennemar Overdyk (1452 - 1461), der aus Essen kam.[423] Overdyk, der Mitglied einer Bruderschaft im Kartäuserkloster in Brügge war, war mit der Frau des Rigaer Ratsherren Hinrik Weling verwandt, die er in seinem Testament von 1451 bedachte.[424] Weling nahm 1453 und 1458 an regionalen Tagen in Livland teil. In Riga lebte auch Overdyks Bruder Johan, während eine Schwester, Drudeke Varenbostel, in Essen wohnte, deren Sohn dort Kanoniker war. Anscheinend war ein Verwandter seines Schwagers Varenbostel Lübecker Bürger. Diesen setzte Overdyk als Provisor ein.[425]

---

mark lub, unde myner suster Berteken Holeweghes darsulves gheve ik 100 mark lub. Item mynes vedderen kinderen, alse hern Johanne Bonkenzen, enem monnike to Amelungesborn, unde Hinrike Bonkenzen, enem borger to dem Bodenwerder, gheve ik 40 mark.

418 Vgl. AHL, Testamente, Tyle Middeldorp, 6. August 1436: *Item gheve ik to Gronouwe beleghen in dem lande to Sassen 2 mark lubesch, weghe unde steghe darsulves darvan to beterende. Item gheve ik in de kerken to Gronouwe 2 mark to dem buwe. Item gheve ik den elenden zeken vor Gronouwe 10 mark, jewelikem sin deel in de hande to rekende. Item gheve ik to Esscherte in dat juncvrouwen closter 10 mark, de to delende in de hande der closter juncvrouwen, de dar ynnen begheven synt, dat se gode vor my bidde. .... Item gheve ik den elenden zeken vor Allevelde 3 mark, jewelikem sin deel in de hande to rekende. Item gheve ik to Wallanzen belegen in dem lande to Homborch to dem buwe der kerken 4 mark. ... Item mynem brodere Tylen to Gronowe und synen kinderen gheve ik 20 mark, dar to gheve ik em 10 elen leydesch wandes.* Middeldorp war Bergenfahrer: *Item gheve ik mynem kinde to Berghen in Norweghen 6 mark. ... Item gheve ik Dyderik Hinrikes 1 sware nobelen. ... Mine vormundere kese ik Helmich Kapestocke, Hanse Bruns, Dyderike Bremer unde Dyderike Hinrikes ...*

419 Zu Hinrik Klockemann s. S.336,424,444..

420 Vgl. AHL, Testamente, Brun Sprenger, 17. August 1413: *Item Hermanne van Stiten geve ik 2 myne besten sulvernen schalen. Item Leneken, synem wyve, geve ik 1 nobelen to enem boghe, unde synen kinderen geve ik tosamende 20 mark.*

421 S. FEHLING, Ratslinie, S.75.

422 Vgl. AHL, Testamente, Brun Sprenger, 17. August 1413: *Mine vormundere kese ik hern Johanne Groven, hern Detmare van Tunen, hern Hinrike Honerjeger unde Lamberte Ekey.*

423 In seinem Testament schenkt Overdyk an seine Schwester in Essen und deren Sohn, den Kanoniker Johan Varenborstel, vgl. AHL, Testamente, Wennemer Overdyk, 16. August 1451. In erster Ehe war Kunigunde mit Hinrik van der Heyde verheiratet gewesen, s. FEHLING, Ratslinie, S.75f. Hinrik van der Heyde stand in Geschäftsbeziehungen mit den Brüdern Hinrik und Johan Meteler, vgl. AHL, Niederstadtbuch zu 1402 Viti. Kunigunde muß bei der Abfassung des Testaments ihres Vaters recht jung gewesen sein. Er hatte eigentlich gewünscht, dass sie in ein Kloster eintreten sollte, vgl. AHL, Testamente, Hinrik Honreyegher, 4. August 1421: *Isset ok, dat myn dochter Kunneke wyl clostervrowe werden, so wyl ik, dat men se hiir in sunte Johannis clostere begheve unde unde er myne vormundere maken 20 mark rente to tyden eres levendes to brukende ...*

424 Vgl. AHL, Testamente, Wennemer Overdyk, 16. August 1451: *myner modderen heren Hinrik Weylyen tor Rige husfrowen 60 M. Lub.* Er schenke an die Kartäuser in Brügge 20 Rhein. Gulden.

425 EBD. Als weitere Provisoren neben Diderik Varenborstel benannte er die Ratsherren Johan Broling und Hinrik Ebeling.

Schon wesentlich früher war eine ältere Tochter Honerjegers mit dem ab 1428 amtierenden Ratsherrn Thideman Soling verheiratet worden, der 1436 starb.[426] Honerjegers Schwester war mit einem Nikolaus Rode in Greifswald verheiratet. Ob es sich um den dort seit 1418 amtierenden Ratsherrn handelte, der 1429 verstarb, ist nicht sicher.[427]

Honerjeger bedachte auch ein Mitglied der Familie Ilhorn und setzte als Provisoren den Ratsherren Dethmar van Thunen, Thideman Soling, seiner *dochter man,* Johan Overkamp, Detlev Haverland und Johan Vrydag ein.[428] Soling und Overkamp wurden auch von dem aus einer Stadener Ratsfamilie stammenden Nicolaus Sworne als Provisoren benannt.[429] Thideman Soling hatte gemeinsam mit Amelius Luchow eine Papiermühle eingerichtet, über deren Ausstattung es 1425 zum Streit kam.[430] 1434 bestätigte Johan Vinke, dass er in *plena compositione mercatorum* mit dem Herrn Thideman Soling sei.[431] Zu derselben Zeit wurde festgehalten, dass Thiderik Molenkote und Hermann Hilge Schulden von 90 Mark bei Soling hatten.[432] Hermann Hilge hielt sich 1425 in Novgorod auf. Vor 1437 hatte er eine Handelsgesellschaft mit dem Revaler Ratsherrn Johan Oldendorp.[433]

Hilges Geschäftspartner Oldendorp war von 1421 bis 1448 Ratsherr in Reval. Oldendorps Nichte Alke Dychtlynk lebte in Münster. Sie forderte im Juni 1448 als Tochter seiner Schwester mit einem „Toversichtsbrief" als nächste Erbin von ihrem Onkel ihr Erbe ein. Johan Oldendorp war mit Elsebe, einer Schwester des Hapsaler Domherren Gerd Saffenberg verheiratet. Der Bergenfahrer Bernd Ossenbrugge, der aus Osnabrück kam, war eng mit Hermann Hilge verbunden. Er beschenkte ihn und überließ ihm in seinem Testament die Wahl seines Begräbnisortes.[434] Hermann Hilge war ein Sohn des gleichnamigen aus Osnabrück stammenden Lübecker Bürgers,[435]

---

426 Honerjeger bedachte sie in seinem Testament: *Item Greteken Solinges, myner dochter, geve ik 70 mark to hulpe to hebbende, wan ere man een hus kofft*, vgl. AHL, Testamente, Hinrik Honreyegher, 4. August 1421: *Item myner suster, Clawes Roden wyve tome Grypeswolde, geve ik dat halve blawe ypersche laken, dat my ut Vlanderen komende werd.*

427 S. PYL, Genealogien 4, S.242ff.

428 Weiterhin bestimmt er, dass *Taleke, myn leve husvrowe, myt mynen vormunderen in desme testamente alle ding to donde unde to latende schole vulmechtich wesen.* Vgl. AHL, Testamente, Hinrik Honreyegher, 4. August 1421.

429 Vgl. AHL, Testamente, Clawes Swoorne, 20. April 1431: *Mine Vormundere kese ik hern Tydemanne Solingh, Everd Moyelken, Hans Overkamp unde Hinrik Dyves.*

430 Vgl. AHL, Niederstadtbuch zu 1430 Divisio apostolorum.

431 Vgl. AHL, Niederstadtbuch zu 1434 Assumptio Marie. Zur Handelsgesellschaft gehörten auch Hinrik Allerdes und Diderik Berndesson aus Hamburg.

432 Vgl. AHL, Niederstadtbuch zu 1434 Assumptio Marie.

433 Seine Schulden aus einer *wedderlegginge* bei *her* Johan Oldendorp wollte Hilge zahlen, vgl. AHL, Niederstadtbuch zu 1437 Judica. Zum Aufenthalt in Novgorod vgl. LEC UB 1,7, Nr.362. Oldendorp stand seinerseits in Geschäftskontakten mit dem Dorpater Ratsherrn Hartwich Cothusen, vgl. LEC UB 1,7 Nr.377 (17. Dezember 1425).

434 Vgl. AHL, Testamente, Bernd Osenbrugge, 27. Mai 1439: *Item myne graft kese ik dar ze Hermen Hilghe gerne hebben wyl unde geve dar ene tafelen van 10 marken lubesch in de ere sunte Marien Magdalenen vor myne dechtnisse. ... Item Hermen Hillighen geve ik mynen besten guldenen boech unde mynen sulvernen nap, dar sunte Olaves bylde up steyt.*

435 Die Söhne des Hermann Hilge, nämlich Hermann, Lambert und Hinrik wurden 1410 genannt, als Hermann Sorebeke seine Schulden bestätigte, vgl. AHL, Niederstadtbuch zu 1410 Oktav

den wir schon in Kontakt mit Weselo, Hundebeke und Herren im Norden gesehen hatten.[436]

Im Blick auf Hilge, den Geschäftspartner Solings, zeigt sich die Problematik der so eindeutig erscheinenden Zuweisung des Bürgerrechts. Im Lübecker Niederstadtbuch wurde 1434 eingetragen, dass es im September 1431 zu Problemen kam. Als Hermann Hilge zu dieser Zeit mit den Revaler Ratsherren Kost van Borstel und Hermann Lippe in Wyborg war, forderte er vom Statthalter Christern Nigelsson seine beschlagnahmten Güter zurück. Nigelsson weigerte sich, weil die Güter seinen Feinden, den Lübeckern, gehörten. Da antwortete ihm Hilge: *ik holde my to Revale to hus unde nich to Lubeke*. Nigelssson forderte ihn auf, dieses mit zwölf Männern zu beschwören. Hilge lehnte ab, da er nicht genug Eideshelfer habe.[437] Aus Lübeck forderte Hilge 1440 von den Revaler Ratsherren Gerlich Witte und Albert Rumor 50 Mark, die ihm noch aus einer Handelsgesellschaft mit ihrem Schwager, dem Ratsherrn Hermann Lippe, zustanden.[438] Im August dieses Jahres wurde Hilge dann von König Christoph von Dänemark in einem Brief an den Revaler Rat als *inwaner* von Lübeck bezeichnet.[439] Der Streit war auch im Mai 1442 noch nicht beigelegt, wie Ratsherr Albert Rumor vom Hansetag in einem Brief an den Revaler Rat berichtete.[440]

Wenn auch Hilge in Wyborg im Blick auf seine Bürgerschaft gelogen haben sollte, bleibt doch festzuhalten, dass die Situation so war, dass er annehmen konnte, damit durchzukommen. Allerdings erscheint es wahrscheinlicher, dass er zu dieser Zeit wirklich Revaler Bürger war. Dann verlegte er seinen Lebensmittelpunkt nach Lübeck und wurde dort als „Einwohner" angesehen, also nicht als Vollbürger. Sollte er sein Revaler Bürgerrecht behalten haben? Wenn diese Frage auch nicht endgültig entschieden werden kann, zeigt sie doch, dass das Bürgerrecht in einer Stadt nicht immer klar zu erkennen war. Schon die hansische Versammlung vom Juni 1418 musste einschärfen, dass *nymand yn twen steden borger wesen* sollte.[441] Also scheint es sich um eine häufiger vorkommende Erscheinung gehandelt zu haben. Weiterhin wurde deutlich, dass Hilge sowohl mit Revaler und Dorpater Ratsherren wie auch dem Lübecker Ratsherrn Soling zusammenarbeitete. Ebenso hatte er eine enge Beziehung zu dem Lübecker Ratsherrn Karsten Ekhof, den er in seinem Testament beschenkte und als Vollstrecker einsetzte.[442] Über ihn konnten also leicht Kontakte zwi-

---

Corporis Christi. Johan Hilge bedachte sie auch testamentarisch. Aus seinen Verfügungen geht hervor, dass Hinrik Hilge den geistlichen Stand wählen wollte: *Item isset, dat Hinric, mynes broder sone, gestlik wert, alse he my secht heft, so gheve ik em 250 mark pen*. Auch die weiteren Söhne Hermanns wurden bedacht: *Item Lemmeken, mynes broder sone, geve ik tovoren 50 mark, mynen noppensak unde myne noppenpole, unde Hanseken, mynes broder sone, geve ik tovoren myn armborst, myn speet unde 9 gropen. Item Hermeken, mynes broder sone, geve ik tovoren 2 missinges ketele, 1 groten schapen unde myn swert.*

436 Die unterschiedliche Graphie der Nachnamen Hilge/Hilger findet sich auch schon im Blick auf die älteren Hilge, vgl. SIMON, Niederstadtbuch, Reg.

437 Vgl. LÜB UB 7, Nr.728.

438 Vgl. LEC UB 1,9, Nr.607: *Gescreven in Lubeke*.

439 Vgl. LEC UB 1,9, Nr.645.

440 Vgl. LEC UB 1,9, Nr.859.

441 Vgl. HR 1,4, Nr.557.

442 Vgl. AHL, Testamente, Hermen Hilge, 21. Juli 1440: *Item gheve ik hern Kersten Ekhoff unde syner husvrouwen malk 1 nobelen, unde synen dren dochteren geve ik elker 1 lubeschen gulden. ...*

schen den Revaler Herren Lippe, Rumor, Witte und Thideman Soling wie Karsten Ekhof in Lübeck hergestellt werden.

1435 schuldete Soling dem Sekretär des Brügger Kontors Johan Swin eine Leibrente von zwanzig Mark.[443] Wie aus einer Notiz zu 1437 hervorgeht, stand Soling mit Engelbert Veckinghusen in geschäftlicher Verbindung.[444] Mit den Herren Hermann Westfal, Johan Bere, Johan Russenberg und Jakob Bramstede führte er die Lübeckische Flotte im Juli 1428.[445]

Kehren wir zu den Verbindungen zurück, die sich im Testament des Brun Sprenger zeigen. Besonders bedachte Sprenger in seinem Testament seine noch unverheiratete und wohl recht junge Tochter Grete.[446] Diese wurde später mit Johan (II.) Bruskow, der ab 1439 im Rat saß, verheiratet. Den gemeinsamen Kindern übergab Bruskow im Jahr 1449 das ihnen zustehende Erbe. Die Söhne Henneke und Brun Bruskow, der spätere Ratsherr und Delegierte, erhielten ein recht großes Erbe von 2000 Mark.[447] In zweiter Ehe war Johan (II.) Bruskow mit Adelheid verheiratet, einer Tochter des Segebodo Crispin. Durch ihre Mutter war Bruskows zweite Frau eine Enkelin des Berthold Kerkring, und durch ihre Tante Geseke war sie mit den Holk in Kolberg verwandt. Adelheid wurde nach 1449, dem Todesjahr Bruskows, mit dem Ratsherrn Berthold Witik verheiratet.[448] Gemeinsam mit dem Ratsherrn Hinrik Lipperode und Klaus Wildeshusen kaufte Bruskow 1442 einen *kreyer*.[449] Sie waren also zu

---

Mine vormundere kese ik hern Kernsten Ekhoff, Hanse Hilgen, mynen broder, Clawes Steenbeken, Bernde Ozenbrugggen unde Hinrike van Dytten unde wil, dat Anneke, myn wiff, mede rade unde mechtich sy in dessem testamente lyk mynen anderen vormunderen ... Ekhof wurde auch von dem Ratsherrn Albert van der Brugge als Provisor benannt.

443 Vgl. AHL, Niederstadtbuch zu 1435 Reminiscere. Zu 1432 Scolastice wurde eingetragen, dass Johan Swin, *clericus Aldermannorum* in Brügge, Prokurator des Lübecker Bürgers Hinrik van der Heyde bei einem Hausverkauf war. Sicherlich handelte es sich um den ersten Mann der Kunigunde Honerjeger. Er war wohl Goldschmied, vgl. das Testament (12. März 1419) des Hermen Gronouwe, der ihn als Provisor einsetzte: *Hinrik van der Heyde, de goltsmyt.* Anscheinend handelt es sich um denselben Hinrik van der Heyde, der 1440 Geld nach Reval überwies für einen Gereke Hober, *de sprake Rusch unde Estensch to lerende*, vgl. LÜB UB 7, Nr.844. Vormünder des verstorbenen Gereke waren Gerd Erp, Hinrik van Vloten und Albert Meding. Sie überwiesen die 46 Mark.

444 Vgl. AHL, Niederstadtbuch zu 1437 Nativitas Marie.

445 Vgl. LÜB UB 7, Nr.191.

446 Vgl. AHL, Testamente, Brun Sprenger, 17. August 1413: *Item Greteken, myner leven dochter, geve ik den eghendom mynes huses in der Molenstraten unde den egendom mynes ordes an Unser Vorwen steghelen also varende, alse se my toscreven stan in der stad boke to Lubek, darto geve ik er alle cledere, de ere moder to dreghende plach, myt alleme clenode unde smyde darto behorende, gulden, vorguldet unde sulverne, alle myn resschop unde ingedome des huses, dar ik inne wone, unde 600 rede mark, unde wert se beraden na myner vormundere unde erer negesten vrunde willen, so totekene ik er darto 400 mark, er vrundliken to untrichtende.*

447 Vgl. AHL, Niederstadtbuch zu 1447 Scolastice. Brun Bruskow wurde 1475 in den Rat gewählt.

448 S. FEHLING, Ratslinie, S.73.

449 Vgl. AHL, Niederstadtbuch zu 1442 Misericordias Domini: *Schipher* Herbord Grote verkauft ein *kreyer- schip* an Herrn Hinrik Lipperode, Herrn Johan Brutzkow, *radmanne* und Klaus Wildeshusen.

der Zeit in einer Handelsgesellschaft verbunden. Bruskows Schwester Telse war die Frau des Diderik van dem Hove,[450] der mit Johan van dem Hove verwandt war.

Diderik van dem Hove setzte in seinem Testament von 1440 die Ratsherren Johan (II.) Bruskow und Johan Gherwer wie die Bürger Gerd Kortsak und Hinrik Klockeman als Provisoren ein.[451] Ob auch Engelke van dem Hove mit Diderik verwandt war, kann nicht sicher bestimmt werden, ist aber wahrscheinlich. Engelke van dem Hove gab testamentarisch an seinen Neffen Hermann van Northem, seine Onkel mütterlicherseits Hermann und Hilmer Hitveld, wie seine Tanten Geseke Hitveld und Anneke Botevur. Als Provisoren setzte er Hermann Hitveld und Hermann Evinghusen ein.[452] Auch zwischen diesen beiden bestand eine verwandtschaftliche Beziehung, wie aus dem einige Jahre später erstellten Testament des Englandfahrers Hermann Hitveld hervorgeht.[453] Hitveld war der *om* Evinghusens, dem er testamentarisch 100 Mark zusprach.[454] Der im Testament erwähnte Thideman Evinghusen, der auch nach England handelte,[455] wurde 1472 in den Rat kooptiert. Er vertrat Lübeck auf dem Hansetag von 1476. Evinghusen war mit Katharina Lange verheiratet. Evinghusens Nichte, Tochter seines Bruders Hermann, wurde Jasper Lange zur Frau gegeben.[456] Hermann Hitveld, der 1460 in den Rat gewählt wurde, war mit Katharina, einer Tochter Hermanns van Stiten verheiratet.[457]

Auch Growe bedachte in seinem Testament von 1421 Dethmar van Thunen und dessen Frau Soffeke, seine *modderen.*[458] Aber nicht nur mit Bergenfahrern und ande-

---

450 1441 bestätigte Thidekin van dem Hove, der mit Telseke, *soror domini Johannis Brutzkowen*, verheiratet war, dass diese ihr Erbteil erhalten hatte, vgl. AHL, Niederstadtbuch zu 1441 Martini.

451 Vgl. AHL, Testamente, Diderik van dem Hove, 21. Mai 1440: *Mine vormundere kese ik her Johan Brutzkowe, her Johan Gherwer, Hermanne Kutzowen, Gherd Kortzake unde Hinrik Klokkeman unde wyl, dat Telseke myn leve husvrowe, myt en vrye vulle macht hebben schole to donde unde to latende in allen dingen ...*

452 Vgl. AHL, Testamente, Enghelke vamme Hove, 25. August 1441: *Mine vormundere kese ik Hermanne Hitvelde unde Hermanne Ebinghusen, myne ome, Ludeken van Emsen unde Hans Botevure, myne swaghere ...*

453 Vgl. AHL, Testamente, Hermen Hitveld, 15. April 1447: *Item mynem ome Hermen Evinghusen by nascrevenen beschede geve ik myne groten sulvernen kannen, sosse myne besten sulvenen krose unde twe sulverne glasevote over vorghuldet, alzo dat he de vort erven schole na synem dode synen rechten erven. ... Item myner suster dochter Soffeken, der klostervrouwen, unde her Hinrike Evinghusen, monneke tor borgh, Bernde Evinghusen unde Tydeman Evynghusen totekene ik jewelkeme 5 mark rente solange, alze se leved, jarlikes to brukende. Item Hermen Butevur, myner suster sone, totekene ik jarlikes to sineme live 10 mark rente, dar men ene mede to der schole holden scholen. Weret sake, dat he nicht ghestlik werden wolde, so schal he der rente denne nicht leng bruken.* Zum Englandhandel s. JENKS, England, S.907.

454 Vgl. AHL, Testamente, Tideman Evinckhusen, 21. Januar 1463.

455 S. JENKS, England, S.886.

456 Sowohl Thideman Evinghusen wie auch Jasper Lange werden als *sweger* im Testament des Peter Droge von 1475 bezeichnet, vgl. AHL, Testamente, Peter Droge, 20. Dezember 1475.

457 S. FEHLING, Ratslinie, S.78.

458 Vgl. AHL, Testamente, Johan Grove, 3. April 1421: *Item hern Detmare van Tunen geve ik myne 2 kleynen sulvernen schalen, unde Soffeken, syner husvrowen, myner modderen, unde eren kynderen samentliken geve ik 40 mark.* Es bestand auch eine Verwandtschaft mit den Dartzow: *Item Metteken, Policarpus Darsowen husvrowen, myner modderen, geve ik 30 mark unde myne grotesten sulvernen schalen, unde Policarpus, eren manne, geve ik 10 mark pen.* Die Verbin-

ren Ratsherren war Growe durch Verwandtschaft und Vertrauen verbunden, sondern auch mit Flandernfahrern.[459] Growes Schwester Wibbeke, die vor 1388 verstarb, war mit dem Flandernfahrer Thideman Gheismar verheiratet gewesen, der wahrscheinlich aus Stockholm stammte. Gheismar bedachte in seinem Testament auch die Kinder des Visbyer Ratsherrn Bernhard van Scheningen.[460]

Es steht außer Frage, dass das Mitglied des Neuen Rates in Lübeck, Johan Growe, selbst gute Kontakte in Lübeck, Bergen, Stockholm, Visby und Flandern hatte. Durch seine Vertrauten, von denen wir den bedeutenden Kaufmann Brun Sprenger etwas genauer betrachteten, konnte Stove jederzeit in Beziehungen treten zu deren Verwandten in Hildesheim, Braunschweig, Stadtoldendorf und Bodenwerder. In Lübeck hatte Sprenger besonderes Vertrauen zu Hinrik Honerjeger, der auch im Neuen Rat saß. Durch Honerjeger ließen sich Kontakte nach Essen, Greifswald, Stade, Reval und Osnabrück herstellen.

1.6 Borchard van Hildensem

Wie Hermann Vinke war auch Borchard van Hildensem Ältermann der Schonenfahrer. Er war als Delegierter Lübecks 1410 und bei Verhandlungen in Mölln 1408 zu sehen. Die Vielfalt der ihn betreffenden Nachrichten im Niederstadtbuch lassen sein weitverzweigtes familiäres und besonders auch wirtschaftliches Beziehungsfeld erkennen. Van Hildensem soll deshalb etwas ausführlicher vorgestellt werden. Auch bei seinen wichtigsten Partnern soll der weite verwandtschaftliche und geschäftliche Horizont angedeutet werden.

Wie sein Name anzeigt, stammte Borchard aus Hildesheim. Dort gab es seit dem 13. Jahrhundert eine Ratsfamilie, die mit Zunamen Borchard oder *hern* Borchard benannt wurde. Der Lübecker Borchard (van Hildensem) war sicherlich mit dieser Familie verwandt.[461] 1374 trat Borchard van Hildensem zum ersten Mal im Niederstadtbuch in Erscheinung und zwar in Verbindung mit Johan van Lobeke.[462] Der hier ge-

---

dung zu den Bergenfahrern ist auch hier zu sehen: *Item Johan Rungen kynderen, des berghervarers, geve ik samentliken 20 mark, unde syner dochter, Lambert Overenkerken wyve, geve ik sunderges 4 mark.* Overenkerken trat zuerst am Ende des 14. Jahrhunderts im Niederstadtbuch in Erscheinung. Im Juni 1397 wurde er als Ehemann der Margaret, Witwe des Hinrik Liscow, erwähnt. Liscow war seinerseits der Stiefvater des Ludekin van der Heyde, vgl. SIMON, Niederstadtbuch, S.979,1.

459 Anscheinend handelte Growe auch selbst mit Flandern. So wird er 1393 bei einem Schadensersatz gemeinsam mit Johan van der Heyde genannt, vgl. SIMON, Niederstadtbuch, S.846,3 (1393 Assumptio Marie).

460 Vgl. SIMON, Niederstadtbuch, S.654,6 (1388 Cantate): ... *Johan Groue recongnovit et dixit se plenum heriscindium recepisse a Thidemanno Gheysmer sororio suo racione Wibeken sororis sue defuncte uxoris Thidemanni predicti* ... Zu Thideman Gheismar s. ASMUSSEN, Flandernfahrer, S.339ff. Dieser arbeitete eng mit Hermann van Winsen und Henning van Northem zusammen, s. KOPPE, Lübeck-Stockholm, S.175f.

461 Vgl. zu den Ratsherren aus dieser Familie HILDESHEIM UB 3, Nrn. 42,43,N.46,N.58, N.60,N.63, N.82,N.83 und Hildesheim UB 2, Nrn.2,8.

462 Vgl. SIMON, Niederstadtbuch, S.249,1 (1374 Pentecostes): *Detleuus de Tzule tenetur Johanni Lobeke 115 mr dn in festo nativitatis Christi proxime futuro persolvendas et Borchardo de Hildensem ad suas fidas manus.*

nannte Johan van Lobeke hatte einen *patruus*, der genauso hieß und aus Hannover stammte. Dessen Bruder Volkmar, wohl ein Onkel unseres Johan van Lobeke, ist mehrfach im Niederstadtbuch zu finden. Zu den älteren Vertretern dieses Namens gehörte auch Ernst van Lobeke, dem zu Allerheiligen 1366 Johan Lange, *consul Kylensis*, 70 Mark schuldete. Der Kieler Ratsherr Johan Lange war zwischen 1363 und 1367 auf Hansetagen zu finden. Ein weiterer Bruder Johans, Hinrik van Lobeke, starb vor 1374. In diesem Jahr schuldete der bekannte Lübeck-Stockholmer Großhändler und Flandernfahrer Thideman Gheismar, den wir gerade als Growes Schwager kennengelernt haben, Gertrud, der Witwe des Hinrik van Lobeke, 57 1/2 Mark. Diese zahlte Nicolaus Stoer ihr aus.[463] Stoer hatte wohl eine Handelsgesellschaft mit Hinrik van Lobeke. Wahrscheinlich kam Stoer aus Hamburg. Er hatte einen Verwandten, Johan Stoer, der Ratsherr in Dorpat war. Der Dorpater Ratsherr nahm im November 1391 an dem Hansetag in Hamburg teil. In seinen Testamenten setzte der Lübecker Stoer die Ratsherren Johan Odbernhusen und Arnold Suderland wie Nicolaus Kröpelin und Johan Nienborch als Provisoren ein.[464] Wie schon erwähnt, stammte Johan van Lobeke aus Hildesheim.[465]

Wohl durch die Hildesheimer Herkunft gab es eine Beziehung zu Borchard van Hildensem. Van Hildensem handelte 1378 als van Lobekes Vertreter, als Hartmann Pepersak, der auch aus Hildesheim kam, und der *advocatus* Nicolaus Steenbeke diesem 130 Mark schuldeten.[466] Mit Herder van Stade stand van Lobeke in engerer geschäftlicher Verbindung. Van Stade hatte für ihn Löschungsvollmacht.[467] Johan van Lobeke ist 1382 wohl kinderlos verstorben. Die Kinder seiner drei Schwestern bestätigten im November dieses Jahres, dass sie alle seine testamentarischen Gaben von Borchard van Hildensem erhalten hatten. Van Hildensem war also van Lobekes Testamentsvollstrecker.[468]

Eine enge Beziehung bestand ebenso zwischen Borchard van Hildensem und Berthold Plote.[469] Plote stand in geschäftlichen Verbindungen mit Kaufleuten und Ratsherren sowohl in Lübeck wie auch in Stockholm. Er hatte mit Vikko van Wedele

---

463 S. ASMUSSEN, Flandernfahrer, S.344.

464 S. ASMUSSEN, Flandernfahrer, S.766-768.

465 Der Ortsname „Lobeke" bezieht sich auf Lopke im Hildesheimischen, vgl. HILDESHEIM UB, Registerposition. In Hildesheim findet sich der Name häufiger, so hieß beispielsweise in den 1360er Jahren der Protonotar des Rates Hinrik van Lopke, vgl. HILDESHEIM UB 2, Nrn.232, 254,255,257,268.

466 Vgl. SIMON, Niederstadtbuch, S.398,1: *Dominus Hartmannus Peperzak et Nicolaus Stenbeke advocatus tenentur coniuncta manu Johanni Lobeken 130 mr in festo pasche proxime futuro persolvendas ultra unum annum, quas eciam Borchardo de Hildensem ad fidas manus eiusdem Johannis promiserunt.* Steenbeke war Advokat der Stadt Lübeck und oft in finanziellen Beziehungen mit führenden Kaufleuten wie auch Adeligen zu sehen.

467 Kopeke Huskummer und seine Frau schuldeten *Johanni Lobeken de Hildensem* 53 Mark. Herder van Stade hatte Löschungsvollmacht, vgl. SIMON, Niederstadtbuch, S.202,1 (1372 Petri et Pauli): *Herderus de Stade erit potens tollere istud debitum et delere hanc scripturam dicto Johanne non presente.*

468 Vgl. SIMON, Niederstadtbuch, S.503,5 (1382 Brixii).

469 Zu 1378 Omnium Sanctorum schuldete Plote den Kindern des Hinrik Nienborch 106 Mark. Für ihn bürgten *coniuncta manu* Borchard van Hildensem und Vikko van Wedele, vgl. SIMON, Niederstadtbuch, S.419,6. Vgl. auch SIMON, Niederstadtbuch, S.426,2 (1380 Pasche).

eine *societas*. Wedele stand wiederum in engem Kontakt mit Johan van der Heyde, dem Brügger Ältermann des Jahres 1362.[470] Van der Heyde unterhielt seinerseits geschäftliche Beziehungen in Flandern zu dem Hamburger Ratsherrn Vicko van Geldersen.[471] 1393 war Vikko van Wedele, der Partner Plotes, gemeinsam mit den späteren Ratsherrn Werner Hoop und Nicolaus van Urden von einer Arrestierung von Heringen in Rostock betroffen.[472] Für Hinrik Bonhorst, den Cousin des Marquard Bonhorst, sagte van Wedele 1381 gut.[473] Hinrik Bonhorst wiederum stand in engem Kontakt mit den Brüdern Erp und setzte diese neben seinem Cousin als Provisoren 1401 in seinem Testament ein.[474] Albert Erp wurde 1416 in den Rat gewählt und nahm an den Verhandlungen im August und Oktober 1416 in Lübeck teil.

1383 war Vikko van Wedele Testamentsvollstrecker der Witwe Telse des Gobel Kloot gemeinsam mit Berthold Plote und den Söhnen der Telse, Rotger und Gerhard Kloot.[475] Telse war die Schwester des Alwin Blomenrod aus Soest. Blomenrod wurde charakterisiert als „der typisch westfälisch-lübische Kaufmann, der unverheiratet sein Leben lang vor allem im Nordseeraum mit Brügge und dem Stapelhof zu London als Hauptrouten um die Mitte des 14. Jahrhunderts gewirkt hat."[476] Ein sicherlich verwandter Träger dieses Namens war zu derselben Zeit in Thorn tätig und hatte engere Beziehungen nach Stockholm.[477] Dessen Sohn Johan Blomenrod setzte 1378 bei rechtlichen Auseinandersetzungen in Lübeck mit den Brüdern vamme Dale als seine Bevollmächtigte Rotger Kloot, Thideman van Alen und Hermann van Dulmen ein.[478] Die Beziehungen zu van Dulmen rührten wahrscheinlich vom Vater des hier Genannten her. Der Ratsherr Hermann van Dulmen (1350) war mit einer Tochter des Hermann Blomenrod verheiratet gewesen.[479] Die Beziehungen zu Kloot stammten aus

470 S. ASMUSSEN, Flandernfahrer, S.371 zur Einsetzung als Provisor in dessen Testament, wie auch in demjenigen des Bergenfahrers Hinrik Spilling, s. ASMUSSEN, Flandernfahrer, S.526.

471 S. KOPPE, Lübeck-Stockholm, S.191.

472 S. ASMUSSEN, Flandernfahrer, S.411.

473 Vgl. SIMON, Niederstadtbuch, S.452,3 (1381 Scolastice).

474 Vgl. zu den guten Beziehungen zwischen Hinrik und Marquard Bonhorst das Testament Hinriks vom 13. August 1401 (AHL, Testamente, zum Datum): *Provisores meos eligo Marquardum Bonhorst, Gherardum Erp, Albertum Erp et Hermannum Bonhorst meum avunculum.*

475 Vgl. zur Einsetzung des Sohnes Gerhard als Bevollmächtigten von den Provisoren SIMON, Niederstadtbuch, S.524,3 (1383 Magni).

476 S. KOPPE-KOPPE, Frankfurthändler, S.157.

477 Testamentarisch hatte Blomenrod dem Gise Kruse, einem Stockholmer Bürger, Schmuck vermacht. Kruse stand auch in Geschäftskontakt mit Hartmann Pepersak, vgl. SIMON, Niederstadtbuch, S.156,9 (1369 Omnium Sanctorum): *Sciendum, quod Ghize Cruzen constitutus coram consilio recognovit se ... recepisse totaliter et omnino omnia et singula clenodia et fabrilia, que ipsa alias receperat ab Aluino Blomenrod ante mortem suam, cuius anima in pace requiescat, que clenodia et fabrilia estimata fuerunt per aurifabros ad valorem 24 mr dn. ...* Vgl. SIMON, Niederstadtbuch, S.304,1 (1375 Mauricii): *Ghize Cruze civis in Stokholme et Johannes Lemhus tenentur coniuncta manu domino Hartmanno Peperzak 300 mr minus 7 ½ mr in festo nativitatis beati Johannis baptiste persolvendas.*

478 Vgl. SIMON, Niederstadtbuch, S. 391,7 (1378 Vincencii). Zur Thorner Erbaufteilung des Alwin Blomenrod unter seinen Söhnen Johan und Tillman im Jahr 1374 seiner Güter, die auch in Kulm lagen, vgl. KACZMARSZYK, Liber Scabinorum, Nr.38. Zu Blomenrod s. auch ANSEHL, Thorns Seehandel, S.101f.

479 S. LUTTERBECK, Rat, S.258.

der Heirat des Gobel Kloot. Welche Verwandtschaftsverhältnisse zwischen dem Thorner und dem Kölner Johan Blomenrod bestanden, muss im Augenblick offen bleiben, solche sind aber aus dem gemeinsamen Soester Hintergrund als sicher anzunehmen.[480] Gerhard Kloot, Sohn der Telse und des Gobel, der mit einer Tochter des Hinrik Witte verheiratet war, ist häufig im Lübecker Niederstadtbuch mit seinen geschäftlichen Transaktionen zu sehen. Er wurde von Rotger Kloot, der auch als Gläubiger des Everhard van Hereke erscheint, in seinem Testament als *patruus* bezeichnet.[481] Sicherlich gab es auch eine verwandtschaftliche Beziehung zu dem Dorpater Ratsherrn Johan Kloot, der mit Beate, der Schwester des Johan Krowel, verheiratet war. Die Frau Telse des Gobel Kloot war mit Berthold Plote verwandt.[482] 1384 kaufte Berthold Plote mit Johan Schonenberg, der auch von 1408 bis 1413 dem Neuen Rat angehörte,[483] eine *boda* in Valsterbo.[484] Schonenberg, dessen Verwandtschaftsverhältnis zu dem Ratsherrn Hinrik Schonenberg (1376 - 1384) nicht deutlich zu erkennen ist, arbeitete auch mit seinem Schwager, dem Ratsherrn Amelius Luchow (1389 - 1402) zusammen.[485] Luchow war seinerseits wiederum ein Schwager des Hinrik Schonenberg.[486] Er hatte eine Handelsgesellschaft mit dem Ratsherrn Goswin Klingenberg.[487] Im Juli 1390 schuldete Plote dem Ratsherrn Goswin Klingenberg 20 Mark.[488] 1397 verkaufte er diesem Ratsherrn eine halbe *boda panniscidarum* in Falsterbo auf Schonen neben derjenigen, die er mit Johan Schonenberg besaß.[489]

480 S. DÖSSELER, Soests auswärtige Beziehungen, S.85.

481 Vgl. SIMON, Niederstadtbuch, S.950,5 (1396 Dyonisii): *Notandum, quod Gherardo Cloot patruo suo et pueris eiusdem legavit Rutgerus Cloot in suo testamento 212 mr dn, pro quibus Euerhardus van Hereke eidem Rutghero proprietatem tocius hereditatis sui ...*

482 Vgl. SIMON, Niederstadtbuch, S.524,4 (1383 Magni): *Sciendum eciam, quod Bertoldus Plote presens coram consilio et iuxta librum recognovit se a Gherhardo Kloot recepisse omnia et singula, que sibi per Telzen Kloten matrem ipsius Gherhardi in suo testamento sunt assignata ...*

483 S. FEHLING, Ratslinie, S.58.

484 Vgl. SIMON, Niederstadtbuch, S.703,1 (1389 Abdon et Sennes). 1394 schulden Plote und Schonenberg gemeinsam den Kindern des Arnold Grevesmolen 106 Mark, vgl. SIMON, Niederstadtbuch, S.907,5 (Trinitatis).

485 Sie schuldeten 1388 der Tochter Katharina des Vicko Westfal 153 Mark, vgl. SIMON, Niederstadtbuch, S.668,3. Schonenberg ist 1410 in engem Kontakt mit Cord Brekwold zu sehen. Die Gegenposition nahmen in einem Streit Hinrik Gherwer und Marquard Schutte ein. Vgl. AHL, Niederstadtbuch zu 1410 Martini.

486 1388 schuldeten Plote und Gerhard Wulf dem Ditmar Rehorst 138 Mark, vgl. SIMON, Niederstadtbuch, S.670,2 (1388 Decollatio Johannis). Eine der Töchter des Rehorst war mit dem Ratsherrn Hinrik Schonenberg verheiratet, während eine weitere mit Amelius Luchow in dessen zweiter Ehe nach 1382 verbunden war, s. ASMUSSEN, Flandernfahrer, S.769.

487 Zur Verwandtschaft mit dem Ratsherrn Hinrik Schonenberg, dessen Schwester Gerburg die Frau des Luchow war, s. ASMUSSEN, Flandernfahrer, S.498. Zur Handelsgesellschaft des Johan Schonenberg mit dem Hamburger Kaufmann Wintberg vgl. SIMON, Niederstadtbuch, S.876,2 (1394 Cantate): *Notandum, quod Wernerus Wintbergh civis Hamburgensis una cum Johanne Schonenberch cive Lub presens huic libro recognovit, qualiter ipsi habeant in societate mercimoniali bona ad valorem sexcentarum mr Lub et quod de huiusmodi 600 mr sibi Wernero sextus dn, videlicet 100 mr dn, dumtaxat appertineant. Insuper idem Wernerus recognovit se predicto Johanni Schonenbergh teneri in 21 mr dn amicabiliter persolvendis.*

488 Vgl. SIMON, Niederstadtbuch, S.741,2 (1390 Alexii).

489 Vgl. SIMON, Niederstadtbuch, S.997,5 (1397 Thomas).

Plotes Partner Gerhard Wulf, der 1400 zu den Provisoren der Leichnamsbruderschaft im Lübecker Burgkloster gehörte,[490] stand mit Johan Schotte und Johan Dartzow wie auch mit Reyneke Ratelband in Geschäftsverbindungen.[491]

Netz 90: Berthold Plote

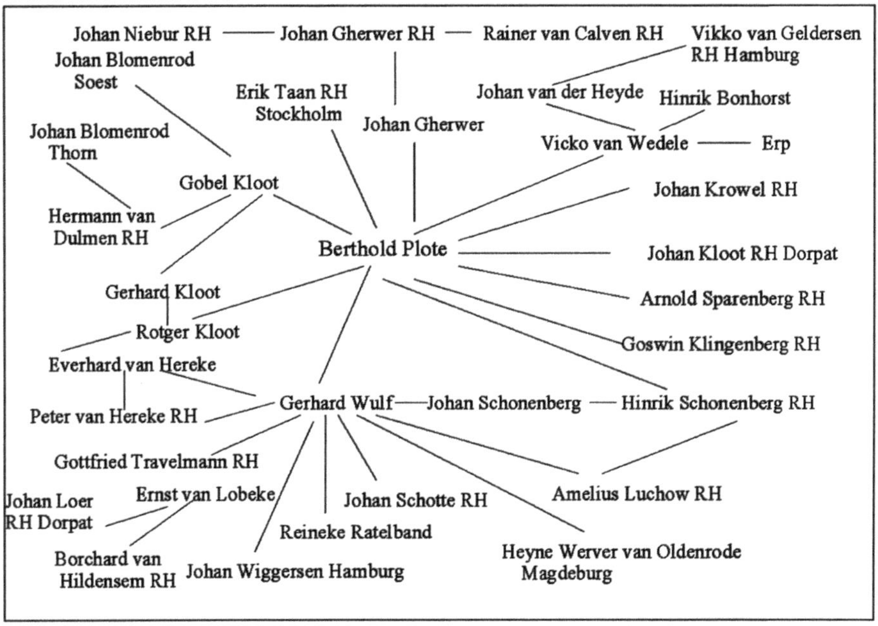

Auch mit Ernst van Lobeke tätigte er Geschäfte.[492] Dabei trat er gemeinsam mit dem Flandernfahrer Heyne Verwer auf, der ein *swagerus* des Ludeke Coesfeld war.[493]

490 Vgl. AHL, Niederstadtbuch zu 1400 Sixti: Johannes Brandenborch, Johannnes Koning *in platea beati Johannis*, Otto Lentzeke und Gerhard Wulf, die Provisoren der Leichnamsbruderschaft zur Burg, erkennen für sich und ihre Nachfolger an, dass sie Hinrik Wulf 150 Mark schulden und diese zu Michaelis des folgenden Jahres *amicabiliter* zurückzahlen werden. 1393 waren Johan Gherwer, Berthold Plote, Johan Oldenborg und Johan Schonenberg Provisoren dieser Bruderschaft im Lübecker Dominikanerkloster, vgl. LÜB UB 4, Nr.690.

491 Vgl. SIMON, Niederstadtbuch, S. 494,4 (1382 Divisio Apostolorum): *Gherhardus Wulf tenetur Gherhardo Odeslo centum mr dn in festo nativitatis beati Johannis baptiste proxime futuro persolvendas, pro quibus Reyneke Ratelband cum ipso promisit coniuncta manu; dictus Gherhardus promisit eundem Reynekinum in hoc promisso indempnem conservare*. Vgl. AHL, Niederstadtbuch zu 1400 Annunciatio Marie: 1.) Gherardus Wulf verpflichtet sich *ex parte Bernardi Brunswig* von 25 Mark den Johan Schotte, Johan Dartzow und Gherwin van Engesten und *aliisque creditoribus* die Hälfte zu Ostern zu geben.

492 Vgl. SIMON, Niederstadtbuch, S.673,6 (1388 Galli): *Notandum, quod Heyno Verwer, Johannes de Staden et Gherardus Wulf presentes libro recongnoverunt se teneri Ernesto de Lobeke coniuncta manu in centum mr Lub ...*

493 S. ASMUSSEN, Flandernfahrer, S.816.

Besonders deutlich sind Wulfs Beziehungen nach Magdeburg und in den dortigen Geschäften auch mit Gottfried Travelmann.[494]

1395 schuldete Plote gemeinsam mit Kerstian Brusche,[495] der seinerseits mit Rotger Kloot und Peter van Hereke verbunden war,[496] Johan Gherwer 296 1/2 Mark.[497] Johan Gherwer ist mit seinem Bruder Hinrik in vielfältigen Verbindungen zu anderen Lübecker Kaufleuten und Ratsherren im Niederstadtbuch zu verfolgen. Ihre Beziehungen zu Hartmann Pepersak und den van Rinteln wurden schon erwähnt.[498] Ebenso hatten sie Geschäftskontakte zu Johan Niebur[499] und zu Johan Kloot.[500] Die Gherwer hatten weiterhin geschäftliche Verbindungen nach Magdeburg,[501] Verden,[502] Stendal,[503] Hamburg,[504] Schweden und Visby.[505] Besonders eng

---

494 Vgl. SIMON, Niederstadtbuch, S.762,1 (1391 Oculi): *Notandum, quod Heyso van Oldenrode civis Magdeborgensis presens libro recongnovit se fore obligatum domino Gotfrido Trauelman proconsuli huius civitatis in 120 pannis Magdeborgensibus parvis pannis blauiis, sic quod inter decem debent esse duo, unus rubei et alter viridi coloris, et hos pannos sibi presentare et deliberare debet hic infra civitatem Lub in festo beati Martini episcopi proximo futuro, et pro hoc fideiussit Gherardus Wulf pro se et suis heredibus cum dicto Heysone coniuncta manu ...* Vgl. zu Problemen um in Perleberg beschlagnahmte Güter, die Johan und Hinrik Gherwer, Johan Weselo und Gerhard Wulf aus Magdeburg führten, SIMON, Niederstadtbuch, S.680,1 (1389 Ephiphanias). Aus einem Eintrag im März 1392 geht hervor, dass zu der Handelsgesellschaft auch der Hamburger Kaufmann Johan Wigherssen gehörte, vgl. SIMON, Niederstadtbuch, S.803,3.

495 Brusche hatte in einer Nachlaßangelegenheit auch mit den Holländern zu tun. Dabei unterstützten ihn die Delegierten, die im Mai 1387 *cum Flamingis ad placita Antwerpie* versammelt waren. Die Güter wurden *sub inpedenti sigillo domini Symonis Zwertingh* eingefordert. Dabei bürgten *coniuncta manu* für Brusche *Euerhardus de Hereke, Lambertus van der Boken, Hinricus Witte et Borchardus Holthusen.* Anscheinend hatte Brusche engere Beziehungen nach Braunschweig, denn es wurde abschließend vermerkt: *Notandum, quod premissa scriptura est cancellata de mandato consilii super quandam literam respectivalem missam hic a consilio Brunswicensi.* Vgl. SIMON, Niederstadtbuch, S. 646,3 (1388 Conversio Pauli).

496 Für Everhard van Hereke bürgten 1388 Rotger Kloot, Peter van Hereke, Kersten Brusche, Ludeke Ovenesch und Peter Geysmar dem dänischen König, als er diesem den gesamten *heringsmer* für zwei Jahre zusprach, vgl. SIMON, Niederstadtbuch, S.668,5.

497 Vgl. SIMON, Niederstadtbuch, S.900,6.

498 Vgl. auch SIMON, Niederstadtbuch, S.701,1: *Notandum, quod Hinricus Gherwer presens libro recongnovit se teneri Ruthghero Oueruelt in quadringentis mr Lub dn sibi in festo nativitatis Johannis baptiste proximo futuro persolvendis, pro quibus Johannes Gherwer frater dicti Hinrici et Henninghus de Rentelen coniuncta manu fideiusserunt, tamen ultimo sic concordaverunt, quod volentes in hoc contractu separari, debet unus altri ad dimidium annum antea predicere. Insuper Rucgherus presciptus recongnovit, quod Hinricus Gherwer prescriptus persolvit 200 mr de pecunia prescript; totum est solutum.*

499 Gemeinsam mit Johan Niebur und Henning van der Kameren schuldete Johan Gherwer 1385 dem Wynekin Castorp und dem Johan Wernekin 159 Mark. Wie die Schuldner betonten: *pecunia est ex parte Kunen Kaluen de Stendel.* Vgl. SIMON, Niederstadtbuch, S.599,1 (1385 Luce ewangeliste).

500 Hinrik Gherwer schuldete 1385 dem Johan Kloot 100 Mark. Sein Bruder Johan bürgte *coniuncta manu* mit ihm. Vgl. SIMON, Niederstadtbuch, S.603,4 (1385 Lucie).

501 1375 schuldete Johan Collyn aus Magdeburg Johan Niebur 109 Mark. Gherwer bürgte für ihn, vgl. SIMON, Niederstadtbuch, S.300,3 (1375 Cyriacus).

502 Vgl. SIMON, Niederstadtbuch, S.335,7 (1376 Thimothei): *Sciendum, quod, quia Conradus Camermester advocatus in Vorden asserit se pro Ottone Storm exposuisse 160 mr Lub dn, quod*

war ihr Kontakt mit den van Calven aus Stendal und mit dem Ratsherrn Rainer van Calven in Lübeck.[506] Johan Gherwers gleichnamiger Sohn wurde 1416 in den Rat kooptiert und trat als Delegierter 1434 in Marienburg und 1441 in Lübeck in Erscheinung. 1433 vermittelte er bei den Auseinandersetzungen zwischen dem Neuen und dem Alten Rat in Bremen.[507]

Johan (II.) Gherwer starb 1460. Er war mit Ludwig Greverade verwandt, den er als Testamentsvollstrecker einsetzte. In seinem Testament von 1451 beschenkte er auch seine Tochter Kerstin Greverade.[508] Johans Sohn Hinrik Gherwer schuldete 1432 dem Ludwig Greverade, *swagero suo*, zwölf Mark für einen *pantzern*.[509] Als 1443 der Rat für Johan Gherwer einen „Toversichtsbrief" an den Rat in Seehusen schickte, um das Erbe des Arnold Stoltevoet zu erhalten, bürgten für Gherwer sein Ratskollege Johan Bruskow und Ludwig Greverade.[510] 1395 schuldet Plote gemeinsam mit Detlev van der Helle dem Stockholmer Ratsherrn Erik Taan 160 ½ Mark.[511] 1397 kaufte er in Visby vom dortigen Bürger Nicolaus Molner ein Viertel eines Schiffes - *een ewer* - mit Namen „Marienknecht". Die anderen drei Viertel gehörten dem Lübecker Ratsherrn Arnd Sparenberg, dem Schwiegervater des Borchard van Hildensem.[512]

Otto predictus negat, promiserunt magister Arnoldus Ceppenhaghen, Wernerus Cusveld et Johannes Gherwer et Borchardus Monetarius consulatui Lub. ...

503 1395 verfaßte der Lübecker Rat *ad instanciam puerorum quondam Nicolai Schonewolt* einen „Toversichtsbrief" an den Stendaler Rat. *Gherardus Plantekowe, Thideke Steer, Johannes et Hinricus fratres dicti Gherwer promiserunt ipsos dominos consules occasione dicte respectivalis indempnes conservare.* Vgl. SIMON, Niederstadtbuch, S.900,5 (1395 Letare).

504 Als 1394 der Hamburger Bürger Hermann Sasse vor dem Lübecker Rat bestätigte, dass er von Johan Luneborg, dem Sohn des gleichnamigen Ratsherrn, 200 Mark geliehen hatte, bürgten mit ihm *coniuncta manu* Johan und Hinrik Gherwer. Vgl. SIMON, Niederstadtbuch, S.876,2 (1394 Cantate).

505 Zu seiner Verbindung mit dem Visbyer Ratsherrn Marquard Vischbek vgl. SIMON, Niederstadtbuch, S.598,2 (1385 Dyonisii). Vgl. auch zu weiteren Beziehungen nach Schweden SIMON, Niederstadtbuch, S.642,3 (1387 Conceptio Marie), S.714,3 (1389 Barbara).

506 In einem Vergleich nach einem Mord werden Johan Gherwer und Heyno van Calven als Geschäftspartner des Hermann van Dulmen und des getöteten Hinrik Soltwedel erwähnt, vgl. SIMON, Niederstadtbuch, S.656,1 (1388).

507 Vgl. die chronologische Übersicht im Anhang.

508 Vgl. AHL, Testamente, Johan Gerwer, radman, 17. August 1451.

509 Vgl. AHL, Niederstadtbuch zu 1432 Letare.

510 Vgl. AHL, Niederstadtbuch zu 1443 Vocem Jocunditatis.

511 Vgl. SIMON, Niederstadtbuch, S.913,2 (1395 Ypoliti): *Detleuus van der Helle presens libro recongnovit se teneri Eryco Taan de Stokkesholmis in 160 ½ mr Lub dn in festo pasche proximo futuro persolvendis; et Bertoldus Plote presens libro recongnovit se coniuncta manu cum dicto Detleuo fideiussisse pro pecunia memorata ...* Vgl. auch AHL, Niederstadtbuch zu 1407 Galli. Im Mai 1398 bürgte Detlev van der Helle mit Berthold Plote für dessen Schulden von 190 Mark bei Jakob Eklo und Gerwin Ummenberch, vgl. SIMON, Niederstadtbuch, S.1010,2 (1398 Cantate). 1395 bürgten Thideke Castorp und Johan Drughe für Jakob Eklo, der auch von dem Stockholmer Eric Taan 321 Mark lieh, vgl. SIMON, Niederstadtbuch, S.898,4.

512 Nicolaus Molner, *civis in Wysbu Gotlandie*, bestätigte vor dem Niederstadtbuch, dass er dem Berthold Plote verkauft habe: *unam quartam seu unum quartale unius navis vulgariter dicte een euer nominate Marienknecht et quod alie tres partes navis eiusdem antea pertinebant et adhuc pertineant domino Arnoldo Sparenberch.* Vgl. SIMON, Niederstadtbuch, S.992,2 (1397 Omnium

Auch Borchard van Hildensem besaß Schiffe. 1387 schuldete ihm Johan Kyl Raceborch 100 Mark. Dafür verpfändete dieser seine vier Schiffe *dictas Praame*.[513] Diese kaufte van Hildensem dann 1388 für 70 Mark. Johannes Kyl Raceborch nutzte sie allerdings weiter.[514] Im Dezember 1387 hatte van Hildensem bei Hinrik Redingstorp, einem Ratsherrn von Neustadt in Holstein, 55 Mark Schulden.[515] 1389 erhielt van Hildensem gemeinsam mit Johan Wulf, dem Bruder des Pernauer Ratsherrn Conrad van Hurle,[516] vom *dominus* Hinrik Bernsterd für den Pernauer Bürger Johan Dinslaken 36 Mark.[517] Der Neffe des Johan Wulf, Johan van Hurle, trat als Delegierter Pernaus zwischen 1435 und 1441 auf regionalen Tagen in Livland auf.

Mit Johan Weselo schuldete van Hildensem 1389 dem Nicolaus Wichman 404 Mark.[518] Johan Weselo war verheiratet mit Katharina van Ankum und somit ein Schwager des Flandernfahrers und Ratsherrn Johan Oldenborg, der mit van Hildensem im Neuen Rat saß. Weselo selbst handelte auch mit Bernstein nach Flandern.[519] Der Schwiegersohn Weselos, Klaus Wittenborg,[520] stand in geschäftlichem Kontakt mit den Mitgliedern des Neuen Rates Hartwich Krukow und Hinrik Schenkenberg, die er auch 1414 in seinem Testament zu Provisoren einsetzte.[521]

Im August 1390 bürgten van Hildensem und Tymmo Ascheberg für Schulden von 300 Mark des Simon Odeslo.[522] Odeslo, der mit einer Tochter des Ratsherrn Dankward vamme See (1366 - 1378) verheiratet war,[523] wurde Mitglied des Neuen Rates und 1409 zum Bürgermeister gewählt.[524] Er hatte besonderes Vertrauen zu Cord Brekwold, den er als Provisor in seinem Testament einsetzte.[525]

1397 schuldete van Hildensem als Hauptschuldner gemeinsam mit Tymmo Ascheberg und Johan Schonenberg dem Ratsherrn Hinrik Meteler und dessen Bruder

---

sanctorum).

513 Der Liegeort der Schiffe wurde angegeben: *quarum due sunt in Trauena et due sunt in Wokenisse*. Vgl. SIMON, Niederstadtbuch, S.630,2 (1387 Jacobi).

514 Vgl. SIMON, Niederstadtbuch, S.675,4 (1388 Katherine). Im Juni 1392 Johannis Baptista wurde van Hildensem und Otto van der Heyde ein Sechstel der Kogge des Schiffers Johan van Münster wie eine *boda panniscidarum* in Valsterbo für 100 Mark verpfändet, vgl. SIMON, Niederstadtbuch, S.779,6.

515 Vgl. SIMON, Niederstadtbuch, S.643,2 (1387 Thomas).

516 Der Lübecker Wulf war ein Bruder des Pernauer Ratsherr Conrad van Hurle. Vgl. SIMON, Niederstadtbuch, S.939,4 (Octava corporis Christi).

517 Vgl. SIMON, Niederstadtbuch, S.687,4 (1389 Mathie).

518 Vgl. SIMON, Niederstadtbuch, S.740, (1389 Divisio apostolorum). Wichman war ein Schwager des Lambert Overenkerken und nannte Johan Gherwer seinen *om*.

519 S. ASMUSSEN, Flandernfahrer, S.847f.

520 Vgl. AHL, Testamente, Clawes Wittenborgh, 28. März 1414: *Item myt Taleken, mynem leven wyve, Johan Weselos dochtere, wart my to brudschatte viifhundert mark lub. ...*

521 EBD.: *Mine vormundere kese ik hern Hartich Krukowen, hern Hinrike Schenkenbergh, Hanse Darsowen, Enghelken Haghelsteen, Lubberte Wittenborghe, mynen broder, unde Hanse van der Heyde, mynen swagher ...*

522 Vgl. SIMON, Niederstadtbuch, S.749,2 (1390 Bartholomei).

523 Dankward vamme See trat nicht als Delegierter in Erscheinung. Er führte im Kampf gegen König Waldemar 1370 ein Schiff, vgl. LÜB UB 3, Nr.737.

524 S. FEHLING, Ratslinie, S.448.

525 S. zu Odeslo auch Netz 107.

Johan 440 Mark.[526] Meteler war seit 1384 im Rat und verließ Lübeck 1408. Er wurde 1416 wiederum in den Ratsstuhl eingesetzt und war als Teilnehmer bei einem Hansetag 1418 anwesend.[527] Mit Hinrik Nienborch[528] hatte van Hildensem 1390 Michael van dem Velde, *civis Coloniensis*, 360 Mark geliehen.[529] Van dem Velde war mit dem Kölner Bürger Kaltbecker verwandt,[530] den wir schon in Geschäftskontakten mit dem Stockholmer Bürgermeister Wulfard gesehen haben. Anscheinend handelt es sich bei Michael van dem Velde um einen Verwandten des Kölner Ratsherrn Hinrik van dem Velde, der gemeinsam mit Adolf Bruwer in Geschäftskontakten mit dem Lübecker Hinrik Kok stand. Hinrik van dem Velde nahm als Kölner Vertreter am Hansetag vom Juli 1399 in Lübeck teil.

Der Flandernfahrer Everhard Nienborch, ein Verwandter Hinriks, war 1376 gemeinsam mit Jordan Alevelt Ältermann des lübisch-wendischen Drittels in Brügge.[531] Wahrscheinlich war der Flandernfahrer Thideman Nienborch Everhards Bruder.[532] Sie waren mit dem Stockholmer Ratsherrn Thideke Nienborch verwandt, der von 1420 bis 1432 im Rat saß.[533]

Auch der Lübecker Thideman Nienborch hatte enge Handelsbeziehungen nach Stockholm. So lieh er 1383 vom dortigen Ratsherrn Gottfried van dem Hamme 100 Mark.[534] In seinen vielfältigen Beziehungen nach Dänemark und Schweden wie auch zum Felliner Bürgermeister Stocker ist er mehrfach in einer Handelsgesellschaft mit dem späteren Mitglied des Neuen Rates Werner Hoop zu sehen. Everhard Nienborchs Tochter Taleke war mit Detlev van der Helle verheiratet,[535] der auch in Geschäftsbeziehungen mit van Hildensem stand. Die enge Verbindung zu Partnern van Hilden-

---

526 Vgl. SIMON, Niederstadtbuch, S.983,2 (1397 Arnolfi): *Notandum, quod Borchardus van Hyldensym senior, Tymmo Asscheberch et Johannes Schonenberch presentes huic libro recognoverunt se teneri coniuncta manu domino Hinrico Metelere et Johanni eius fratri in 440 mr dn Lub in festo beati Jacobi proxime venturo ultra annum amicabiliter persolvendis. Antedictus tamen Borchardus recognovit se in hoc esse principalem debitorem.*

527 S. LUTTERBECK, Rat, S.297f.

528 Als Plote im November 1378 den Kindern des Hinrik Nienborch 106 Mark schuldete, bürgten für ihn van Hildensem und Vikko van Wedele, vgl. SIMON, Niederstadtbuch, S.419,6.

529 Vgl. SIMON, Niederstadtbuch, S.719,3 (Epiphanias 1390).

530 Hinrik van dem Velde, Johan Greverade und Hinrik Kaltbecker forderten 1397 von Zieriksee 5 1/2 Last Heringe aus einem Kampener Schiff zurück, vgl. HUB 4, Nr.295.

531 S. DIERCK, Älterleute, S.93. Gemeinsam mit Alevelt, Peter Lodder, Tymmo Hadewerk und Johan Hoving wird Nienborch 1378 der Handel in Flandern untersagt, da diese sich dem Recht des Kaufmanns widersetzt haben. Ihnen wird auf dem Tag zu Johannis 1379 in Lübeck dann wieder der Handel gestattet, s. ASMUSSEN, Flandernfahrer, S.542.

532 S. ASMUSSEN, Flandernfahrer, S.543. Thideman Nienborchs Sohn Everhard war mit Margareta Wintzenberg, der Schwester des Flandernfahrers Hinrik Wintzenberg verheiratet. Da Albert van der Brugge Elisabeth, die Witwe des Everhard Paal, heiratete, bestand auch späterhin eine verwandtschaftliche Beziehung zu den Wintzenberg. So bedachte van der Brugge auch Margarete, Hinriks Frau, in seinem Testament. In welcher verwandtschaftlicher Beziehung Wintzenberg und van der Brugge zu den Ilhorn standen, muß im Augenblick offen bleiben.

533 S. ASMUSSEN, Flandernfahrer, S.544.

534 S. KOPPE, Lübeck-Stockholm, S.221.

535 Detlev van der Helle stand in engen Geschäftsverbindungen zu Berthold Plote. Sie hatten sicherlich über längere Zeit eine Handelsgesellschaft.

sems wird auch aus Nienborchs Testament von 1383 deutlich. Er setzte als Provisoren neben anderen Tymmo Hadewerk, Arnd Sparenberg und Bernhard Plescow ein.[536]

Netz 91: Everhard Nienborch

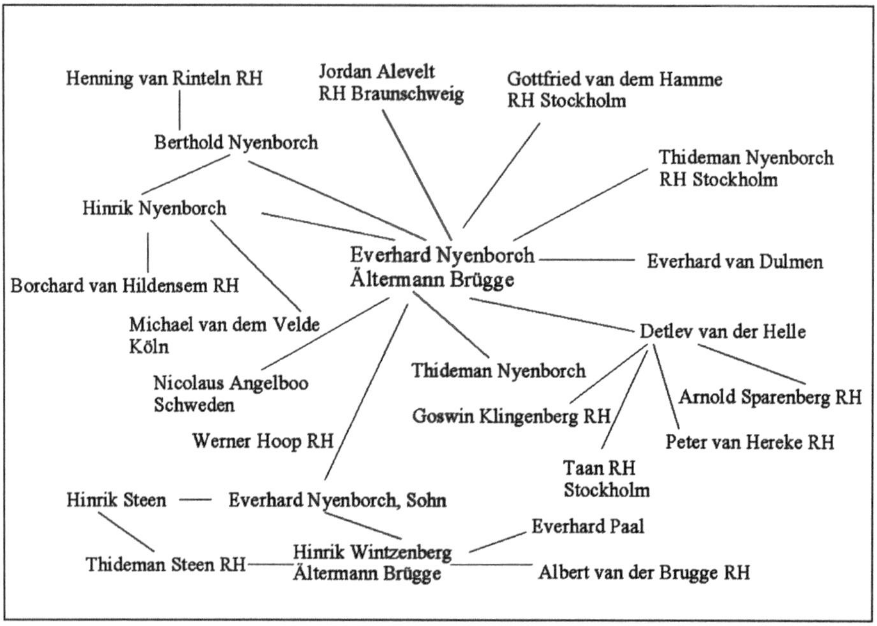

1397 schuldete van Hildensem Johan Rehorst, dem Schwager des Amelius Luchow, 205 Mark.[537] Zu demselben Datum wird bestätigt, dass Hildensem 200 Mark an den Ratsherrn Nicolaus Kröpelin zurückgezahlt hat.[538] 1401 bürgte van Hildensem gemeinsam mit dem Flandernfahrer Herbord van der Linden und dem künftigen Bürgermeister Eler Stange dem Rat bei einem Schreiben an den Statthalter Abraham Brodersson wegen Tuches, das nach einem Schiffbruch geraubt worden war.[539] 1407 schuldeten Everhard, Sohn des Everhard van Hereke, und Herbord van der Linden dem Borchard van Hildensem 30 Mark.[540]

---

536 S. ASMUSSEN, Flandernfahrer, S.541.

537 Im August 1418 verpfändete Amelius Luchow, Sohn des Ratsherrn, Borchard van Hildensem für 108 Mark einen Hof, vgl. LÜB UB 6, Nr.48.

538 Vgl. SIMON, Niederstadtbuch, S.991,5 (1397 Symonis et Jude).

539 Vgl. AHL, Niederstadtbuch zu 1401 Cathedra Petri: 2.) *Notandum quod consilium dedit litteras suas respectivales concivi eorum Engelkino Haghelsten ad dominum Abraham Brodersson super ... receptcione unius terling ... Et pro hac fideiussores sui fuerunt Elerus Stange, Herbordus van Lynne et Borchardus van Hildensem ...*

540 Vgl. AHL, Niederstadtbuch zu 1407 Viti: *Everardus, filius Everardi van Hereke, et Herbordus van Lynne coram libro recognoverunt, se et suos heredes teneri Borchardo de Hildensem et suis heredibus in tricentis marc.* Vgl. zur Zusammenarbeit zwischen Herbord van der Linden und Hereke auch AHL, Niederstadtbuch zu 1407 Reminiscere: *Everardus, filius Everardi de Hereke, et Herbordus van der Lynden coram libro recognoverunt, se cum suis heredibus coniuncta manu*

Herbord van der Linden stand auch mit Jakob, dem Sohn des Ratsherrn Peter van Hereke, in geschäftlichem Kontakt. 1395 bestätigte der Rat von Oldeslo, dass diese beiden dort 900 Mark in Höfen angelegt hatten.[541] Herbord van der Linden wurde 1382 von dem Ratsherrn Peter van Hereke als Provisor eingesetzt wie auch 1406 von Ludeke Coesfeld. Mit van der Linden wird 1407 als Vormund der Kinder des Werner Hoop auch Johan Alsteker genannt.[542] Der Schonenfahrer Alsteker gehörte nur im Jahre 1408 dem Rat an.[543] Mit ihm zusammen schuldete Hoop 1408 dem Johan Meteler, Sohn des Schonenfahrers und Ratsherrn Johan Meteler, der von 1358 bis 1373 amtierte, 450 Mark Sund.[544] Johan Meteler vertrat Lübeck auf Hansetagen 1365 in Stralsund und 1368 in Lübeck. Ratsherr Hinrik Meteler (1384 - 1433) war Sohn Johans des Älteren und ein Bruder des jüngeren Johan.[545] Er vertrat Lübeck 1418 auf einem Hansetag und war in erster Ehe mit einer Tochter des Brun (II.) Warendorp und in dritter mit einer Tochter des Hinrik van Wickede verheiratet.[546] Der eigentliche Schuldner war allerdings Hoop, der Alsteker für dessen Bürgschaft für drei Jahre den *heringsmer* in Dänemark übertrug.[547] Beide waren also Schonenfahrer. Die enge Beziehung zu Alsteker blieb bestehen, denn Werner Hoop setzte ihn in seinen Testamenten von 1406 und 1410 als Provisor ein.[548] Auch Hoops Sohn Peter wählte Alsteker im Jahr 1421 zu einem seiner Vollstrecker.[549] Mit den Flandernfahrern Werner Hoop und Reyneke Ratelband war zwischen 1401 und 1404 mehrfach van Hildensems gleichnamiger Sohn in Geschäften tätig.[550]

---

teneri Johanni Lullenhusen in centum marc. Lub.

541 Vgl. SIMON, Niederstadtbuch, S.902,2 (1395 Vitalis).

542 Vgl. AHL, Niederstadtbuch zu 1407 Judica.

543 S. FEHLING, Ratslinie, S.59. Er stand in engeren Beziehungen zu Hoop und wurde von ihm auch als Provisor benannt, s. ASMUSSEN, Flandernfahrer, S.412. Alstekers Frau war eine geborene Horn. Vgl. AHL, Testamente, Johan Alsteker, 29. August 1416. Alsteker setzte neben Busse van Minden auch Johan (I.) Witik als Provisor ein.

544 Vgl. AHL, Niederstadtbuch zu 1408 Dorothea: *Wernerus Hop et Johannes Alsteker coram libro constituti recognoverunt, se et suos heredes teneri coniuncta manu Johanni Meteler et suis heredibus in IIII C et L marc. Sund. ...*

545 Die beiden Brüder hatten sicherlich um 1400 eine Handelsgesellschaft, denn sie hatten 1401 den Hermann van Stiten und Arnold Warendorp zusammen 583 Mark geliehen, vgl. AHL, Niederstadtbuch zu 1401 Johannes Baptist.

546 S. LUTTERBECK, Rat, S.298. Vgl. auch die Sicherung der Familienmemoria bei den Lübecker Dominikanern LÜB UB 7, Nr.567 (1433).

547 EBD.: *Wernerus Hop coram libro recognovit, quod Johannes Alsteker debet sublevare suum heringsmer ... per tres annos proxime futuros propter illam pecuniam ...*

548 Vgl. AHL, Testamente, Werner Hoop, 13. April 1406: *Mine vormundere kese ik Peter Hoope, mynen sone, unde Ghert Lippen, Johan Alsteker, Johan Borstede, Reyner van den Finsten, Ludeken Greven.* Vgl. auch AHL, Testamente, Werner Hoop, 31.12.1410: *Myne vormundere kese ik Johan Aelstekere, Johan Borsteden, Hermanne van Gotynghen, Hinrike upme Orde, Gerd Lippen, Peter Hope, Godeke Hope.* Der in beiden Testamenten genannte Gerd Lippe war der Schwiegervater der Gertrud Hoop, vgl. AHL, Testamente, Peter Hoep, 3. Juli 1421: *Item miner suster Ghertrud Lippen geve ik 10 mark rente to ereme lyve to makende van myneme gude.*

549 Vgl. AHL, Testamente, Peter Hoep, 3. Juli 1421: *Mine vormundere kese ik Johanne Alsteker, Alberte Herkensee, Godeken, mynen broder, unde Kopeken van der Loekwisch ...*

550 S. zu ihnen S. Reg.Pos.

Durch seine Beziehungen zu den Hereke ist Hoop auch in Verbindung mit den Veckinghusen zu finden. Siverd Veckinghusen, der in erster Ehe mit Elisabeth, einer Tochter des Ratsherrn Peter van Hereke verheiratet war, ließ durch Hoop ein Haus verkaufen und setzte ihn als Provisor in seinem Testament vom September 1405 ein.[551] 1411 hat van der Linden gemeinsam mit Thideman Brekelveld Güter von Siverd Veckinghusen erhalten.[552] Van der Linden stand auch gemeinsam mit Everhard van Hereke in Geschäftskontakten mit dem Ratsherrn Hermann Vorste. Noch 1410 schuldeten sie dessen Witwe und Sohn 110 Mark.[553] Van der Linden war mit einer Schwester des Gerd van Minden verheiratet, wie aus dessen Testament vom Juli 1414 hervorgeht.[554] Aus van Mindens testamentarischen Bestimmungen wird deutlich, dass van der Linden zu dieser Zeit finanziell nicht gut dastand, denn sein Schwager Gerd sicherte seiner Schwester den Nießbrauch eines Hauses unter der Bedingung zu: *sunder hinder unde ansprake unde bekummernisse der schuldenere mynes swagers Herbordes van der Linden.* Als Vormünder setzte van Minden neben van der Linden auch seinen weiteren Schwager Marquard Bonhorst neben Berthold Roland ein.[555]

Der Englandfahrer Bonhorst gehörte von 1402 bis 1408 und wiederum von 1416 bis 1432 dem Rat an.[556] Berthold Roland war ein Sohn des Lübecker Bürgers Johan Roland. Er wurde 1416 aus dem Neuen Rat übernommen. Roland ist auf Hansetagen in den zwanziger Jahren zu sehen. Er stand in vertrauten und verwandtschaftlichen Beziehungen nicht nur zu dem Ratsherrn Gerd van Minden sondern auch zu den Bramstede und zu Hinrik Vlederman. Verwandt waren die Brüder Roland auch mit Berthold Lange,[557] der wohl aus Dortmund stammte. Lange bedachte in seinem Tes-

---

551 Vgl. AHL, Testamente, Siverd Veckinghusen, 9. Mai 1406: *Item gheve ik Greten, hern Peters wedewen van Hereke, unde hern Alberte van Dorptmunde, erem sone, unde mester Hinrike, erem brodere, yewelken 10 mark lub. Item gheve ik Herberdes kinderen van Lynne 100 mark lub. ... Mine vormunderen kese ik Hildebrande Veckinghusen, mynen broder, Johanne Tymmen, Hinrike up dem Orde, Herborde van Lynnen, Tydeman Brekelvede unde Willem Richardes unde Boden van Stockem.*

552 Vgl. AHL, Niederstadtbuch zu 1411 Thomas: 3) *Notandum Herbordus de Linden et Tydeman Brekelevelt presentes coram consulatu ... recognoverunt, quod omnia bona que ex parte Sifridi Vikkinghusen sublevando receperunt ...*

553 Vgl. AHL, Niederstadtbuch zu 1410 Laurencii: *Herbordus van Lynden et Everhardus de Hereke presentes libro recognoverunt se .... coniuncta manu teneri Margarete relicte et Hermanno filio domini Hermanni Vorste C et X marc. Lub.* Auch der 1416 in den Rat eingetretene Johan Dartzow schuldete zu dieser Zeit den Erben des Hermann Vorste 110 Mark, vgl. EBD.: *Johannes Dartzowe presens libro recognovit se et suos heredes teneri Margarete relicte et Hermanno filio domini Hermanni Vorsten quondam consulis huius civitatis et ipsorum heredibus in centum et X marc. Lub.*

554 Van Mindens Mutter Mette, die in zweiter Ehe Marquard Bonhorst geheiratet hatte, bedachte in ihrem Testament auch ihre Tochter: *Item myner dochter Ghezeken van der Linden geve ik mynen besten swarten hoyken myt deme vodere, alze he is, unde mynen besten swarten rok umme mynen willen to dregende. Dar to wil ik, dat er myn sone Detleff maken unde besorghen schole 6 mark yarliker rente to ereme lyve* ... Vgl. AHL, Testamente, Mette, *saligen hern Marquard Bonhorstes wedewe*, 4. Mai 1443.

555 Vgl. AHL, Testamente, 18. Juli 1414: *Myne vormundere kese ik her Marquard Bonhorst, Herborde van der Linden, Bertold Rolande unde Hanse van Mynden, mynen broder.*

556 S. FEHLING, Ratslinie, S.54. S. JENKS, England, S.864.

557 Vgl. AHL, Testamente, Bertold Langhe, 22. Dezember 1417: *Item hern Bertold Rolandes, myns*

tament von 1417 Kirchen dort, in Hagen und in Herdecke wie auch in Livland.[558] Als Provisoren setzte Lange seinen *om* Berthold Roland, seinen *om* Willem Richardes, Everhard van Hereke und Hinrik van der Beke ein.[559]

Herbord van der Linden in Lübeck war eng mit dem Revaler Bürger Gerd van der Linden verwandt. Wahrscheinlich waren sie Brüder. Gerd van der Linden schenkte testamentarisch an die Witwe des Herbord van der Linden in Lübeck und dessen Söhne.[560] Er bedachte auch weitere Verwandte in Dortmund. Als Provisoren benannte Gerd van der Linden seine *leven vrunde* Thideman Lovenschede, Hans Roterd, Everd van der Linden und Everd Roterd. Für den Lübecker Ratsherrn Gerd van Minden bestimmte er *twe schippunt wasses.*[561] Der Revaler Gerd van der Linden wurde auch 1436 im Testament des Lübeckers Everd Witte, der mit den Palmedag verwandt war, bedacht.[562]

Im Dezember 1401 bestätigten Luder Lutzow senior und Ratsherr Jordan Plescow *coniuncta manu*, dass sie van Hildensem 110 Mark schuldeten.[563] Mehrfach wird Borchard van Hildensem zusammen mit Thideman Tzerrentin und Jordan Plescow als Besitzer der Güter Pronstorp und Bovensdorf genannt. Thideman Tzerrentin war Schonenfahrer. 1416 wurde er in den Rat aufgenommen und blieb bis zu seinem Tode 1437 im Rat.[564] Tzerrentin handelte auch mit dem Osten. 1427 kam es zu einer Auseinandersetzung um Waren in Reval. Sein Bruder Hinrik Tzerrentin war sein Partner, der für ihn in Reval und Novgorod Geschäfte tätigte. Dieser hielt sich zu der Zeit in Reval auf.[565] Gemeinsam mit Cord Brekwold war Thideman Tzerrentin über Jahre

---

omes, kinderen gheve ik samendliken 20 mark lubesch. Item gheve ik mynem ome, hern Johanne Roland, 5 mark lubesch unde mynen swarten rok mit beverwammen ghevodert, unde sinen brodere Tideken Rolande gheve ik 6 rinssche gulden. Vort geve ik eren brodere Herman Rolande 5 rinssche gulden, mynen swarten rok mit den openen mowen, mine tasschen unde myn mest myt sulvere beslagen.

558 EBD.: *Item den prediker broderen to Dorpmunde geve ik 6 rinssche gulden unde den mynren broderen 5 rinssche gulden to dem buwe. Item geve ik 20 rinssche gulden to enem ewigen lichte vor deme hilgen lichame in der kerken to Bole to bernende. Item geve ik in de kerken to Haghene to wyne unde to oblaten 5 rinssche gulden. Item in de kerken to Herrike geve ik ok 5 rinssche gulden to oblaten unde to wyne. Item den swarten monken to Revele geve ik 5 rinssche guldene unde in sunte Berigitten closter by Revele geve ik 30 rinssche gulden. Item to Darpte geve ik to dem buwe Unser Leven Vrowen kerken 4 rinssche gulden unde to dem ewigen lichte, dat dar sulves uppe deme stenenen pylre vor deme lichame bernet, geve ik 6 rinssche gulden. Item den monken to Darpte geve ik 6 rinssche gulden unde darsulves to sunte Johanse 6 rinssche gulden unde to deme juncvrowen clostere 5 rinssche gulden, al to deme buwe.*

559 EBD.: *Myne vormundere keyse ik hern Bertolde Roland, Wyllem Rychardes, Everde van Herrike unde Hinrike van der Beke.*

560 Die Söhne Herbords van der Linden bestätigten im August, dass sie ihr Erbe empfangen hatten, vgl. LEC UB 1,9, Nr.644.

561 Vgl. LEC UB 1,9, Nr.911 (November 1442).

562 Vgl. AHL, Testamente, Evert Witte, 14. August 1436: *Item Gherde van Linden to Revele geve ik mynen besten bogh unde myn beslagen syden vordeken.*

563 Vgl. AHL, Niederstadtbuch zu 1401 Thomas: *Luderus Lutzow senior et dominus Jordanus Plescow apud librum recognoverunt, se teneri coniuncta manu Borchardo de Hildensem juniori in centum et X marc. Lub., nativitas Christi proxime futuro persolvendas.*

564 S. FEHLING, Ratslinie, S.67.

565 Vgl. LÜB UB 7, Nr.20.

Vorsteher der Petri-Kirche.[566] Zusammen mit den Ratsherren Albert Erp und Johan (I.) Bere kaufte er 1430 Mühlensteine.[567] Mit dem Ratsherrn Johan Gherwer tätigte er 1436 Geldgeschäfte mit den Grafen von Beichlingen.[568] Als Provisor wurde Tzerrentin 1417 von Johan Schonenberg, dem Geschäftspartner van Hildensems, benannt.[569] Im Januar 1430 nahm Tzerrentin an einem Hansetag in Lübeck teil.

Netz 92: Borchard van Hildensem

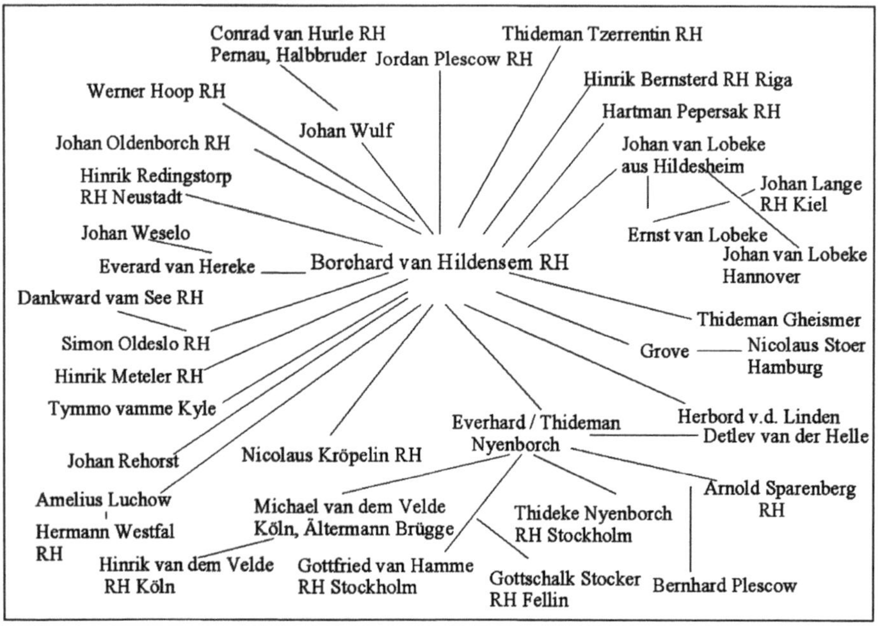

Im Februar 1408 bestätigte Borchard van Hildensem, dass er von Tymmo vamme Kyle 680 Mark erhalten habe von den insgesamt 700 Mark, die dieser ihm und Thideman Tzerrentin schuldete.[570] Zu Jacobi 1416 findet sich im Niederstadtbuch, dass der Ratsherr Hermann Westfal, der auf Hansetagen zwischen 1421 und 1430 erschien, und Peter Dykman bei van Hildensem 104 Mark aufgenommen hatten.[571] Hermann Westfal, dessen Sohn Arnold zum Lübecker Bischof aufsteigen sollte, war in zweiter Ehe mit Adelheid Möller verheiratet.[572] Westfal wurde 1431 von Segebodo

566 Vgl. LÜB UB 7, Nr.86 (1427) und Nr.412 (1430).

567 Vgl. LÜB UB 7, Nr.430.

568 Vgl. LÜB UB 7, Nr.694.

569 Vgl. AHL, Testamente Johan Schonenbergh, 22. Mai 1417: *Mine vormundere keyse ik hern Nycolaus van Styten, hern Tideman Tzerntiin, Borcharde van Hildensem, Herman van Stiten, Hanse Schonenbergh, Borcharde unde Hinricus, myne sons.*

570 Vgl. AHL, Niederstadtbuch zu 1408 Dorothea.

571 Vgl. AHL, Niederstadtbuch zu 1416 Jacobi: *Dominus Hermannus Westphal consul Lubicensis et Petrus Dykman presentes libro recognoverunt, se ... coniuncta manu teneri Borchardo de Hildensem ... in centum et IIIIor Flor. Lub., quilibet Florenus pro XVII sol. Lub. ...*

572 S. FEHLING, Ratslinie, S.56.

Crispin, dem Sohn des Ratsherrn Johan, gemeinsam mit Nicolaus Brömse, dem Bruder des Lüneburger Ratsherrn Diderik (II.) Brömse,[573] in dessen Testament als Provisor eingesetzt.[574]

Anscheinend hatte Borchard van Hildensem gute Kontakte nach Stade, denn 1419 sandte die dortige Bürgerschaft, die wegen ihrer Haltung gegenüber einigen Ratsherren Gefahr lief „verhanst" zu werden, einen Rechtfertigungsbrief an ihre *zunderghen vrunde*, Marquard Schotte und Borchard van Hildensem, wie den *ghemenen borgheren, kopmannen unde ambachten* nach Lübeck.[575]

1421 wurde Borchard van Hildensem als Vertreter der Gläubiger des Rudolf Cumhar bei dessen Konkurs gemeinsam mit Jakob Yerchow, Vritze (I.) Grawerd und Thideman Schopping genannt.[576] Aus seiner letzten Nennung im Niederstadtbuch im Juni 1421 werden noch einmal van Hildensems Reichtum wie auch seine enge Verbindung mit führenden Personen Lübecks deutlich. Zu diesem Datum wurde nämlich der Verkauf seiner Güter, die er gemeinsam mit Jordan Plescow und Thideman Tzerrentin besaß, an den Bürgermeister Plescow eingetragen.[577]

Die Betrachtung des Borchard van Hildensem hat noch einmal klar vor Augen gestellt, dass die Mitglieder des Neuen Rates in vielfältigen engen Beziehungen zu führenden Kaufleuten und Ratsherren standen. So stammte van Hildensem nicht nur aus einer Hildesheimer Ratsfamilie, sondern war als Schwiegersohn des aus Kamen kommenden Ratsherrn Sparenberg mit dessen Vertrauten verbunden. Durch den auch aus Hildesheim stammenden van Lobeke konnte van Hildensem Verbindung herstellen zu Ratsherren in Kiel, Hamburg und Dorpat. Sein Partner Berthold Plote hatte engere Beziehungen nach Stockholm wie zu den Kloot, von denen ein Verwandter in Dorpat im Rat saß, und den Blomenrod, die aus Soest kamen und in Thorn einen Ratsherrn stellten. Weiterhin war Plote enger mit Gerhard Wulf verbunden, der seinerseits in Magdeburg engagiert war. Geschäftsbeziehungen hatte van Hildensem mit einem Ratsherrn von Neustadt in Holstein wie einem Ratsherrn in Pernau in Estland und einem Kölner Bürger, der wohl mit einem dortigen Ratsherrn verwandt war.

1.7 Thideman Steen

Steen heiratete in zweiter Ehe eine Tochter des aus einer Dorpater Ratsfamilie stammenden Lübecker Ratsherrn Hermann Vorste. Ob diese Ehe vor oder nach seiner Übernahme aus dem Neuen Rat in den Kompromissrat im Jahre 1416 geschlossen wurde, ist leider nicht zu bestimmen. Aber da Absprachen sicherlich schon über längere Zeit das Ereignis vorbereiteten, waren durch diese Heirat Steens Chancen zum Verbleib im Rat sicherlich nicht schlechter geworden.[578] Steen war als Ältermann der

573 Der Lübecker Bürger Nicolaus Brömse war ein Bruder des Lüneburger Ratsherrn, wie aus ihrer Erbteilung hervorgeht, vgl. LÜB UB 7, Nr.828.

574 Vgl. AHL, Testamente, Segebode Crispin, 19. April 1431: *Mine vormundere kese ik her Johanne Crispin, mynen vader, her Hermen Westfal, Claus Bromsen unde Bertolde Crispin, mynen broder ...*

575 Vgl. LÜB UB 6, Nr.132 (31.Oktober 1419).

576 Vgl. LÜB UB 6, Nr.323.

577 Vgl. LÜB UB 6, Nr.336.

578 Zur langwierigen Vorbereitung und den genauen Absprachen derartiger Heiratsprojekte vgl.

Schonenfahrer 1408 in den Sechziger-Ausschuss gewählt worden, der die finanziellen Aktionen des Rates beobachten sollte. Er gehörte auch dem Neuen Rat an. In dieser Zeit trat er als Delegierter Lübecks nicht hervor. Erstmalig ist Steen 1416 in Kopenhagen als Vertreter bei den Verhandlungen zu finden, auf welchen der Kompromiss zwischen Altem und Neuen Rat vorbereitet wurde.

Steen hat das besondere Interesse der Historiker gefunden, da er nach diplomatischen Erfolgen 1427 Bürgermeister wurde, dann aber im Herbst desselben Jahres eine folgenreiche Niederlage als Befehlshaber der hansischen Flotte verschuldete.[579] Nach einer Gefängnishaft in Ketten bis zum September 1428 wurde er schließlich zu Martini 1430 auf „Verwendung mehrerer Hansestädte und des Herzogs von Braunschweig" zu Hausarrest begnadigt.[580] Schließlich wurde er 1434 auf freien Fuß gesetzt.[581] Am 13. Februar 1428 wandte sich der Braunschweiger Rat an die Lüneburger Ratsherren Hinrik Viskule, Otto Garlop, Johan Schellepeper und Klaus Gronhagen und erklärte,[582] dass Steen sich nur an die gegebenen Befehle gehalten habe und deshalb nicht zu bestrafen sei.[583] Die Lüneburger Herren schrieben daraufhin schon am folgenden Tag an die Göttinger Ratsherren Hans Swanenvogel und Cord van dem Brinke und setzten sich auch für Steen ein.[584] Die Göttinger Herren sprachen sich dann ihrerseits auch für Steens Unschuld aus.[585] Vom 27. Februar 1428 ist ein Brief der genannten Lüneburger Ratsherren erhalten, die vom Lübecker Rat forderten, bis zum Hansetag sich nicht an Thideman Steen zu *vorgripen*. Beigelegt dem Schreiben an den Lübecker Rat waren die Briefe ihrer *vrunde* aus Braunschweig und Göttingen. Aus dem Lüneburger Brief geht hervor, dass sie die Initiative ergriffen hatten.[586] Die Ratsherren dieser Städte setzten sich auch beim Braunschweiger Herzog für Steen ein, der wiederum in Lübeck intervenierte.[587] Zeitgleich musste der Herzog auch für den gleichnamigen Sohn des Göttinger Bürgermeisters Swanenvogel gute Worte beim Lübecker Rat einlegen. Der Rat hatte den Lübecker Bürger Swanenvogel in das Gefängnis setzen lassen *umme overger word willen* gegen den Rat und besonders gegen einige Ratsherren. Anscheinend hängen beide Vorfälle zusammen. Der Sohn des Göttinger Ratsherrn scheint die Einschätzung des Verhalten Steens durch den Lübecker Rat nicht geteilt zu haben und brachte das wohl zum Ausdruck.[588] Ein wei-

---

auch BRANDIS, Diarium, S.32f, S.42f., S.177. 1420 verfügte Steen über das Erbe seiner Töchter aus erster Ehe, vgl. LÜB UB 6, Nr.231.

579 S. MANTELS, Die hansischen Schiffshauptleute, S.270ff.

580 Vgl. AHL, Niederstadtbuch zu 1430 Martini: *Notandum quod anno domini millesimo CCCC XXX Martini dominus Tidemanus Steen fecit juramentum intrandi ad domum suam et de dicta domo non exeundi cuius tenorem in vulgari sequitur et est talis …*

581 S. FEHLING, Ratslinie, Nr.467.

582 König Sigismund beauftragte 1430 den Rat von Braunschweig, die Freilassung Steens in Lübeck zu besorgen und ihm zu berichten, vgl. LÜB UB 7, Nr.390 (1.5.1430).

583 Vgl. LÜB UB 7, Nr.105.

584 Vgl. LÜB UB 7, Nr.106.

585 Vgl. LÜB UB 7, Nr.111.

586 Vgl. LÜB UB 7, Nr.114: *Ok sende wij iw in dessem breue sodannen breff, alse wij den van Gottingen gescreuen hadden, unde in der suluen (wijse) hadde wij ok den van Brunswig gescreuen.*

587 Vgl. LÜB UB 7, Nr.170 mit der Antwort des Lübecker Rates an den Herzog vom Juni 1428.

588 Vgl. LÜB UB 7, Nr.174.

terer Sohn des Göttinger Ratsherrn, Wedekind (I.) Swanenvogel, nahm später im Mai 1447 am großen Hansetag in Lübeck teil.[589]

Bei Steens Begnadigung zum Hausarrest im November 1430 bürgten für ihn Johan van der Heyde, Hinrik Vlederman, Jakob van Hachede und Hinrik Dives.[590] Ihr Verhältnis zu Steen war also auch noch nach dessen Sturz intakt. Dives handelte nach Flandern, nach England und nach Livland.[591] Gemeinsam mit Otto Meier, dem Vater des späteren Ratsherrn Johan Meier, betrieb er eine Reederei.[592] Wahrscheinlich war der spätere Ratsherr David Divessen, der mit einer Tochter des Ratsherrn Johan Tzina verheiratet war,[593] sein Sohn. David Divessen nahm an fünf Hansetagen zwischen 1503 und 1507 teil.

Johan van der Heyde war gemeinsam mit Steen Ratsherr im Neuen Rat gewesen und 1416 ausgeschieden.[594] Schon vor ihrer gemeinsamen Zeit im Rat müssen Steen und van der Heyde sich recht gut als Schonenfahrer gekannt haben. Wir haben schon gesehen, dass van der Heyde sowohl mit dem Mitglied des Neuen Rates Hermann Rettrum verwandt war wie auch etwas entfernter mit den Ratsherren Hinrik Schenkenberg, der 1412 ausschied, und Cord Brekwold. Van der Heyde ist mehrfach in Geschäften mit einem weiteren Mitglied des Neuen Rates, Johan Krowel, zu finden.[595] Johan van der Heydes Bruder Adolf hatte diesen gemeinsam mit dem Ratsherrn Albert Erp als Provisor eingesetzt.[596] Erp soll mit einer Schwester der van der Heyde verheiratet gewesen sein.[597] Gemeinsam mit seinem Bruder Ludeke wurde van der Heyde 1423 als Provisor im Testament des Johan Wytmund benannt.[598]

Wahrscheinlich hatte Johan van der Heyde nähere Beziehungen nach Braunschweig, denn im Lübecker Niederstadtbuch des 14.Jahrhunderts taucht mehrfach ein Braunschweiger Bürger Godekin van der Heyde auf.[599] Johan van der Heyde und Johan Wulf wurden auch im Testament des Bergenfahrers Hinrik van der Braken bedacht.[600] Dessen Tochter Rixe lebte in Osnabrück.[601] Daher kam sicherlich auch van

589 Die Göttinger Swanenvogel, die den Leitnamen Wedekind trugen, saßen wenigstens bis zum Beginn des 16. Jahrhunderts im Göttinger Rat. Wedekind I. von 1438 bis 1460, Wedekind II. von 1460 bis 1467 und Wedekind III. von 1497 bis 1513, vgl. GÖTTINGER UB Reg.Pos.

590 Vgl. AHL, Niederstadtbuch zu 1430 Martini: *Ok loven wy vorscreven Johan van der Heyde, Hinrik Vlederman, Jacop van Hachede unde Hinrik Dives sammetlike den erbenomeden heren dem rade ...* Dives, Vlederman und Hachede hatten auch schon im September 1428 bei Steens Lösung von den Ketten im Gefängnis für ihn gebürgt, vgl. LÜB UB 7, Nr.234.

591 S. JENKS, England, S.879.

592 S. STARK, Lübeck und Danzig, S.237.

593 S. FEHLING, Ratslinie, S.85.

594 S. FEHLING, Ratslinie, S.59.

595 Zu den gemeinsamen Geschäften s. ASMUSSEN, Flandernfahrer, S.473.

596 Die Provisoren Albert Erp, Hermann Rettrum, Johan van der Heyde und Werner Hozering werden bei Johans testamentarischen Stiftung einer Vikarie in St. Jürgen vor Lübeck genannt, vgl. LÜB UB 7, Nr.422 (24. Dezember 1430).

597 S. FEHLING, Ratslinie, S.66.

598 Vgl. AHL, Testamente, Johan Wytmund, 18. Juli 1423. Wytmunds Schwester lebte in Ratingen. Gemeinsam werden zu Provisoren Ludeke van der Heyde und Johan Wytmund im Testament des Hinrik Meier vom 27. September 1415 ernannt. Weiterhin benannte Meier seinen Bruder, den *hern* Johan Meier.

599 Vgl. SIMON, Niederstadtbuch, S. 357,3; S.396,6; S.679,6; S.719,6; S.1059,2; S.1065,2.

600 EBD.: *Item so geve ik Johan Wulve unde Johan van der Heyde enem isliken 50 mark lub van*

der Braken.[602] 1413 beschenkte er in seinem Testament das Stift St. Johann in der Osnabrücker Neustadt.[603] In Osnabrück bedachte er auch den Herrn Johan Melle, bei dem seine Tochter Rixe lebte.[604] Dieser sollte dafür besondere Kleidung erhalten, einen schwarzen gefütterten Rock mit einer schwarzen Mütze und einen grauen Rock *ghevodert myt lamfellen*. Anscheinend handelte es sich bei dem Vormund der Tochter um den seit 1382 als Osnabrücker Bürgermeister amtierenden Johan van Melle.[605] Van der Braken setzte als Provisoren neben seinen Verwandten Hinrik und Johan van der Braken, Johan Gerding und Johan Hagedorn[606] auch den Bergenfahrer Diderik van Aasten, Johan Wulf und Eler van Ome ein.[607] Die Nennung des Diderik van Aasten und des Eler van Ome weist auf regionale Zusammengehörigkeit aus Ostwestfalen hin. Ome hatte enge Mindener Beziehungen,[608] während der Ältermann der Bergenfahrer van Aasten wohl aus Rinteln kam.[609] Van Aastens Schwester war mit dem Warendorfer Bürger Diderik de Lodege verheiratet.[610] Mit van Aasten hatte van der Braken 1401 eine Handelsgesellschaft.[611] Mit Johan van der Heyde wird van der Braken in geschäftlichen Angelegenheiten im Niederstadtbuch 1407 und 1410 genannt.[612] Mit Diderik van Aasten und Hermann Stuve hatte er 1411 Schulden bei Johan van dem Hove und auch bei Johan Molenkote. Nur mit Diderik van Aasten nahm

---

mynem gude ...

601 Vgl. AHL, Testamente, Hinrik van dem Braken, 10. August 1413: *Item so geve ik Rixzen, myner dochter, to Ozenbrucge 100 mark, dar scal men se af beraden. Item so hebbe ik ene kisten to Ozenbrucge to Bloetlosen huis, de scal se darto hebben mit al deme, dat dar ynne is, behalven myne kledere, de in der kisten syn, de schal Blotloze hebben, darto zo geve ik Rixzen, myner dochter, ene stuve grones wandes unde 2 par van mynen besten lakenen unde 2 par van mynen besten kussenen. Ok so geve ik er 8 sulverne lepele. ...*

602 Van der Braken bestätigte im März 1398, dass er mit seinen Brüdern Hermann, Ludekin und Egbert das ihnen zustehende Erbe von den Testamentsvollstreckern des Johan Holtkamp erhalten habe. Holtkamp stammte wohl auch aus Osnabrück. Zusätzlich wurde auch Johan Wulf von Holtkamp testamentarisch bedacht, vgl. SIMON, Niederstadtbuch, S.1005,3.

603 Vgl. AHL, Testamente, Hinrik van dem Braken, 10. August 1413: *Item so geve ik to sunte Johannes kerken to Ozenbrucghe to deckene 5 mark lub.*

604 EBD.: *Item so wil ik, dat men geve hern Johan Mellen vor myner dochter Rixsen koste vor 3 yaer na moghelicheit.*

605 Vgl. OS UB VI, Register.

606 Gerding und Hagedorn hatten 1415 eine Handelsgesellschaft mit Tideke Schoping: *Item Hans Haghedorne unde Hans Gherdinge, myner selschop, gheve ik samentliken 20 mark.* Vgl. AHL, Testamente, Tideke Schoping, 3. März 1419. Gerding wurde auch als Provisor eingesetzt vom Bergenfahrer Cord Grotehus, der aus Beckum stammte: *Item to Beeckhem in Westfalen, dar ik geboren bin, wyl ik, dat men in de parre kerken besorgen unde geven schole to eneme myssewede eyn gut sydenen stucke myt aller tobehoringhe rede maket, dat darsulves blyven schole to godes denste vor myne dechtnisse.* Vgl. AHL, Testamente, Cord Grotehus, 26. August 1438.

607 Vgl. AHL, Testamente, Hinrik van dem Braken, 10. August 1413: *Dydericus van Aasten, Bertold Kreghelt, Johan Wulve, Hans Haghedorne, Hans Gerdinge, Eler van Omen, Hinrik Myddelstorpe, Hinrike van dem Braken unde Hannese van dem Braken.*

608 S. zu Ome auch S.316,447f.

609 Van Aasten war 1388 und von 1401 bis 1407 Ältermann, s. BRUNS, Bergenfahrer, S.288.

610 Vgl. AHL, Niederstadtbuch zu 1412 Jubilate.

611 Vgl. AHL, Niederstadtbuch zu 1410 Jubilate. 1410 Viti haben sie Schulden bei Johan Gerverd.

612 Vgl. AHL, Niederstadtbuch zu 1407 Barbara und zu 1410 Marcus Evangeliste.

van der Braken 1411 und 1412 Geld bei Tymmo Hadewerk und Gottfried Plescow auf.[613]

In demselben Jahr hatte er gemeinsam mit Diderik van Aasten, Hermann Semme und Lambert Overenkerken Schulden bei Grete Begemann.[614] Van der Braken setzte sich auch 1393 für van der Schuren aus Osnabrück ein, als der sein Erbe in Lübeck einforderte.[615] Verwandt war Hinrik van der Braken mit dem gleichnamigen Ältermann, der 1388 in Dordrecht das westfälisch-preußische Drittel vertrat. Wahrscheinlich handelt es sich bei diesem um den Dortmunder Ratsherrn, der zwischen 1386 und 1392 im Rat saß.[616]

Hinrik Vlederman, der auch für Steen bürgte, kam aus Münster. In seinem Testament vom Dezember 1417 gab er an Kirchen und seine *vrunde* dort.[617] Ob sein im Testament erwähnter Bruder, *her* Johan Vlederman, in Münster im Rat saß, ist bisher nicht nachzuweisen.[618] Testamentarisch bestimmte Hinrik Vledermann für Berthold Roland 35 Mark. Roland war Mitglied des Sechziger Ausschusses gewesen und 1416 in den Lübecker Rat übernommen worden. Roland nahm am Hansetag vom Mai 1422 gemeinsam mit Steen teil. 1427 bei der Belagerung Flensburgs befehligte Roland die Lübecker Flotte. Auch sein Bruder Tydeke Roland wurde in Vledermans Testament

613 Vgl. AHL, Niederstadtbuch zu 1411 11 Mille Virg.

614 Vgl. AHL, Niederstadtbuch zu 1412 Dorothee. Lambert Overenkerken war mit einer Tochter des Bergenfahrers Johan Runge verheiratet. Seine Frau wurde testamentarisch von Johan Growe beschenkt, der auch an seine *modderen*, die Frau des Ratsherrn Dethmar van Thunen schenkte: *Item Metteken, Policarpus Darsowen husvrowen, myner modderen, geve ik 30 mark unde myne grotesten sulvernen schalen, unde Policarpus, eren manne, geve ik 10 mark pen. Item Johan Rungen kynderen, des berghervarers, geve ik samentliken 20 mark, unde syner dochter, Lambert Overenkerken wyve, geve ik sunderges 4 mark.* Vgl. AHL, Testamente, Johan Grove, 3. April 1421.

615 Diderik van der Schuren, Sohn des Friedrich van der Schuren, kam mit einem „Toversichtsbrief" aus Osnabrück, um das Erbe des in Bergen getöteten Ludolf van der Schuren einzufordern. *Unde idem Thidericus van der Schuren filius Frederici van der Schuren presens libro recongnovit se sui et dicti sui patruelis nomine, cuius extitit procurator, ut dicta litera respectivalis docet, a Heydenrico Borneholme et Hinrico van dem Brake dicta bona plene et integre percepisse.* Vgl. SIMON, Niederstadtbuch, S.846,4 (1393 Assumpcio Marie).

616 S. DIERCK, Älterleute, S.115.

617 Vgl. AHL Testamente, Hinrik Vlederman, 21. Dezember 1417: *Item so geve ik to Munster den clostervrowen to sunte Egidium 50 rinssche guldene, de men en in ewige rente leggen schal jarlikes to entfangende unde den juncvrowen, de dar ghekronet sind, like in de hande to delende, dar vor se my alle yar began scholen mit vigilien unde selemissen unde myne dechtnisse holden to ewigen tyden. Item darsulves to deme buwe Unser Leven Vrowen over water geve ik 15 rinsche gulden unde des ghelikesto sunte Ludger 15 rinssche gulden to dem buwe. Item so geve ik 50 rinsche gulden, darvan schal men eeliken beraden 4 bederve juncvrowen van den armesten, demen bynnen Munster utvragen kan. ... Item myn korallen veftich, dat ok in mynem vorescreven rocke licht, geve ik Unser Leven Vrowen to deme olden dome to Munster. Item so geve ik Alberte, dem tender, mynem ome, 13 rinssche guldene. Item geve ik Gesen Heydenrikes, Brun Steens dochter, miner modderen, 15 rinssche gulden. Item myner modderen Greten, wonende in myns vader huse, unde eren kinderen, de myt er ungeschichtet sitten, geve ik samentliken 10 rinssche gulden, unde erer dochter Elseben besunderen 10 rinssche gulden. Item Elseben, Albertes, des tenders, suster, geve ik 5 rinssche gulden. Item der maghet, de myt Hans Oldenberge is, geve ik 7 rinssche gulden, unde desse myne vorbenomeden vrunde wonet to Munster.*

618 EBD.: *Item so geve ik hern Johanne Vlederman, mynen brodere, 10 mark lubesch ...*

bedacht.[619] Aus dem Testament, das Tydeke Roland 1437 erstellte, ergibt sich eine verwandtschaftliche Beziehung zwischen den Plescow und den Bramstede wie zwischen diesen und dem Ratsherrn Roland. Tydeke bezeichnete nämlich sowohl den Ratsherrn Jakob Bramstede wie auch Hinrik Bramstede, den Bruder des Ratsherrn Jakob Bramstede, als seinen *om.*[620] Auch Vlederman bestimmte testamentarisch für Hinrik Bramstede Geld.[621]

Netz 93: Hinrik Vlederman

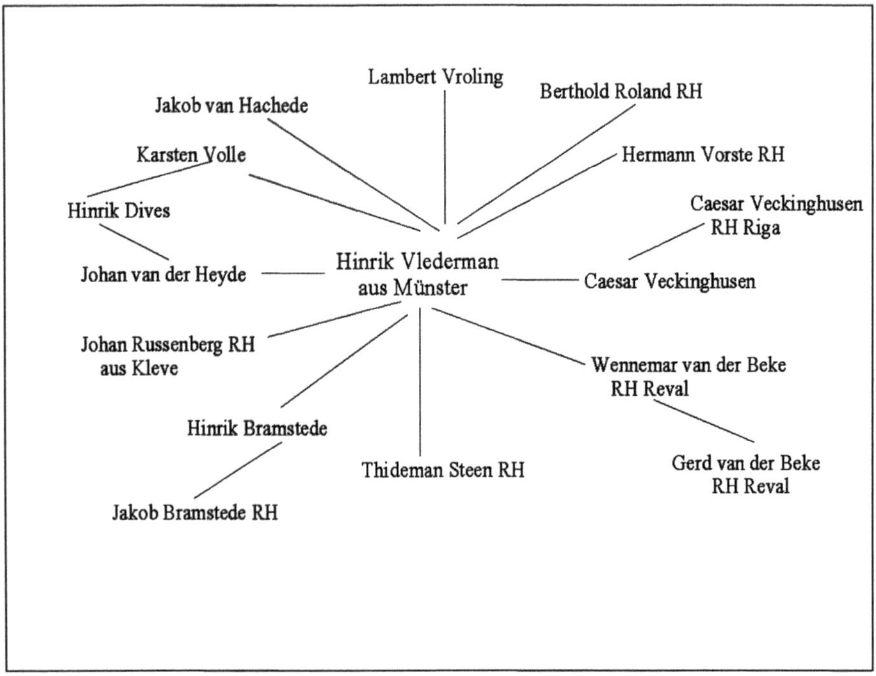

Geschäftlich war Vlederman über längere Zeit mit Jakob van Hachede und Christian Volle verbunden. 1432 schuldeten Vlederman und Volle dem Ratsherrn Nicolaus

619 Ebd.: *Item so geve ik hern Bertold Rolande to Lubek 35 mark lubesch unde sinen broderen hern Johanne, Tideken unde Hermanne geve ik samentliken 15 mark lubesch*. Johan Roland, der Vater des Ratsherrn, stand in Geschäftsbeziehungen mit dem Kaufmann Fritz Pels aus Nürnberg. 1370 hatte er diesem 550 Mark geliehen. Für den Nürnberger bürgten Johan Hamma senior, Peter Cuper und Johan Greverade, vgl. SIMON, Niederstadtbuch, S.173,4.

620 Vgl. AHL Testamente, Tydeke Rolant, 24. April 1437: *Item hern Jacobes Bramsteden, mynes omes, sone Jacob geve ik 20 mark lub, unde Hinrik Bramsteden, mynes omes, sone Hinrike geve ik ok 20 mark lub.* Gottfried, Sohn des Ratsherrn Jakob Plescow, war in erster Ehe mit Katharina Bramstede verheiratet gewesen, s. ASMUSSEN, Flandernfahrer, S.607.

621 EBD. Dass es sich um Brüder handelt, wird deutlich aus dem Testament des Johan van Herike, vgl. AHL Testamente, Johan van Herike, 30. November 1419.

Robele 300 Mark.[622] Robele gehörte dem Rat von 1428 bis 1433 an. Er war mit der Witwe des Mitgliedes des Neuen Rates Hermann van Alen verheiratet.[623]

1436 schuldete Caesar Veckinghusen den Vledermann, van Hachede und Volle 100 Mark.[624] 1437 hatten diese drei vom Ratsherrn Johan Russenberg den hohen Betrag von 1300 Mark geliehen.[625] 1441 waren Vlederman, van Hachede und Volle dem Lambert Vroling 788 Mark schuldig.[626] Die geschäftlich enge Verbindung zwischen Vledermann, van Hachede und Volle bestand also nachweislich über fast zehn Jahre. Vlederman bedachte Volle auch in seinem Testament.[627] Vlederman war über längere Zeit in einer *societas* mit Johan Richardes verbunden, der uns schon im Zusammenhang mit den van dem Hove begegnete.[628] Gemeinsam schuldeten Vlederman und Richardes 1432 dem Ratsherrn Hinrik Rapesulver 500 Mark.[629] 1434 waren sie bei dem Ratsherrn Johan (I.) Bere ebenso mit 500 Mark verschuldet.[630] Im darauf folgenden Jahr liehen sie vom Bürgermeister Johan Russenberg auch wieder etwas über 500 Mark.[631] Ihm waren Vledermann und Richardes gemeinsam mit Volle im Juni desselben Jahres 1100 Mark schuldig.[632] Vlederman hatte enge Beziehungen nach Livland.[633] Dort lebte er im Haus des seit 1430 amtierenden Revaler Ratsherrn Wennemar van der Beke, den er auch in seinem Testament bedachte.[634]

Wennemar van der Beke war ein Sohn des Revaler Ratsherrn Gerd van der Beke, der auf dem Hansetag im Februar 1398 in Lübeck war.[635] Gerd war seinerseits ein Sohn des Revaler Bürgermeisters Hinrik van der Beke, der 1384 oder 1385 starb. Mit Ludolf Dunevar war Gerd van der Beke im Dezember 1404 auf einem regionalen Tag in Pernau und im März 1405 mit Henning Rumor auf einem solchen in Walk. Die

622 Vgl. AHL, Niederstadtbuch zu 1432 Invocavit.

623 S. FEHLING, Ratslinie, S.71. Marquard Robele, der Vater des Nicolaus, der wohl nach dessem Bruder benannt wurde, erschien am Ende des 14. Jahrhunderts mehrfach in Verbindung mit den Warsow und den Bicchel, vgl. SIMON, Niederstadtbuch, S.716,5, S.773,6, S.814,4. Nicolaus Robele der Ältere verstarb vor 1389, vgl. SIMON, Niederstadtbuch, S.701,3.

624 Vgl. AHL, Niederstadtbuch zu 1436 Pantaleonis.

625 Vgl. AHL, Niederstadtbuch zu 1437 Nicolaus.

626 Vgl. AHL, Testamente, Lambert Vrolingh, 17. März 1441.

627 Vgl. AHL, Testamente, Hinrik Vlederman, 21. Dezember 1417: *Item Kerstian Vollen geve ik 7 rinssche gulden unde mynen blawen rok.*

628 S. S.288,365,368,463.

629 Vgl. AHL, Niederstadtbuch zu 1432 Judica.

630 Vgl. AHL, Niederstadtbuch zu 1434 Vocem Jocunditatis. Mit ihnen wird als dritter Partner Kersten Volle genannt.

631 Vgl. AHL, Niederstadtbuch zu 1435 Letare. Es handelt sich um 503 Mark 3 sol.

632 Vgl. AHL, Niederstadtbuch zu 1435 Peter und Paul. Vgl. auch zu 1436 Dionysii: Hinrik Vlederman, Johan Richardes und Kersten Vollen schulden *domino* Johan Russenberg 900 Mark.

633 Vgl. AHL, Testamente, Hinrik Vlederman, 21. Dezember 1417: *Item so geve ik to Revele to sunte Olaves kerken, to sunte Nycolaus kerken unde den monniken to isliker stede 7 rinssche guldene to deme buwe. Item to Darpte geve ik to deme buwe Unser Leven Vrowen 6 rinssche gulden unde to deme lichte dat dar sulves uppe deme stenenen pylre vor deme hilgen lichame bernet, gheve ik 15 rinssche guldene. Item den monken to Darpte geve ik 10 rinssche guldene unde to sunte Johanse 8 rinssche gulden, al to dem buwe.*

634 S. zu ihm DERRIK, Tafelgilde, S.52ff. Vgl. AHL, Testamente, Hinrik Vlederman, 21. Dezember 1417: *Item to Revele geve ik mynem werde Wennemar van der Beke 6 rinssche gulden.*

635 Der Rezess dieses Tages wurde erst im April erstellt, vgl. HR 1,7, Nr.34, S.16.

Dunevar stammten wohl ursprünglich aus Lübeck. Sie sind seit Ende des 13. Jahrhunderts in Reval nachweisbar. Auch der Vater des Delegierten von 1404 hieß schon Ludolf Dunevar.

Netz 94: Ludolf Dunevar

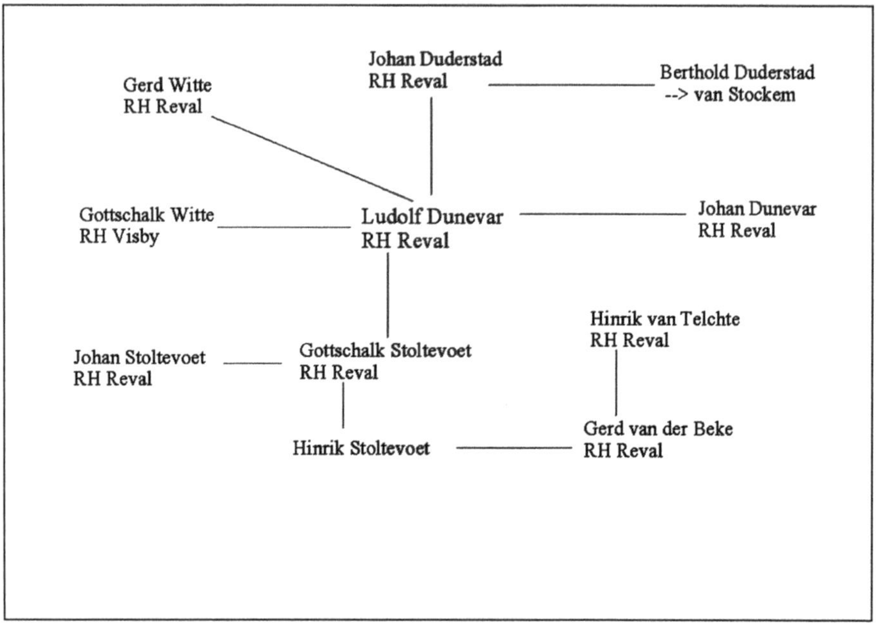

Dieser war ein Bruder des Revaler Ratsherrn Johan Dunevar. Nach dem Tode seines Vaters waren 1367 die Revaler Ratsherren Johan Dunevar, Johan Duderstad, Hermann Weldighe und Johan van der Mohlen die Provisoren des Ludolf Dunevar. Der hier genannte Johan Duderstad war der Vater des Berthold Duderstad, den wir schon in Geschäftskontakten mit dem Lübecker Hildebrand van Stockem sahen.[636] Ein „Toversichtsbrief" aus Visby vom Juli 1429 weist auf weitere verwandtschaftliche Verbindungen hin. In diesem Schreiben wurde bestätigt, dass Gertrud Gelreman, die Tochter des verstorbenen Visbyer Ratsherrn Gottschalk Witte, Anspruch auf das Erbe ihrer Mutter hatte. Diese war die Witwe des Ludolf Dunevar. Ebenso waren die Frauen der Revaler Ratsherren Gottschalk Stoltevoet und Gerd Witte erbberechtigt.

Johan Stoltevoet, Gottschalks Sohn, vertrat Reval auf regionalen Tagen zwischen 1394 und 1402, während Gerd Witte auf regionalen Tagen zwischen 1392 und 1405 auftrat. Diese Herren waren also ebenfalls wie der Visbyer Ratsherr mit Töchtern aus der Familie Witte verheiratet.[637] Auch Gerd van der Beke gehörte zu diesem Kreis. Seine erste Frau war eine Tochter des Hinrik Stoltevoet, des Bruders des Ratsherrn Gottschalk Stoltevoet. In zweiter Ehe verband van der Beke sich mit einer Tochter

636 S. S.87.

637 S. DERRIK, Tafelgilde, S.76.

des Volfart Rosendal, der Bürgermeister in Åbo war.[638] Die Revaler van der Beke waren ebenso wie die Kegeler und Rode mit den Krowel verwandt.[639]

Van der Bekes Schwester Wendele war mit dem Revaler Bürgermeister Hinrik van Telchte verheiratet, der auch an Hansetagen teilnahm. Van Telchte war 1391 gemeinsam mit Johan Stoltevoet zu Verhandlungen in Novgorod wie aus einem Schreiben des Rates von Visby hervorgeht.[640] Im Januar 1418 nahm van Telchte mit Gerd Witte, Ludolf Dunevar und Johan Palmedag an einem Städtetag in Wolmar teil. Johan Palmedag saß seit 1407 im Revaler Rat.[641] Palmedag war im Januar 1418 mit Bürgermeister Gerd Witte, Dunevar und Hinrik van Telchte auf einem Städtetag in Wolmar. Er verhandelte 1423 und 1425 in Novgorod.[642] 1433 wurde Palmedag aus dem Rat ausgeschlossen und zog nach Lübeck. Anscheinend kam er auch aus Lübeck. Dort lebte sein Bruder Gerd Palmedag.[643] Im Juni 1418 nahm van Telchte an dem großen Tag in Lübeck zusammen mit Richard Lange teil. Nachdem er 1422 in Lübeck und 1423 in Wismar auf Hansetagen war,[644] erschien van Telchte nicht mehr auf hansischen Versammlungen.

Verwandtschaftliche Bindungen bestanden zwischen den Revaler Ratsherren van der Beke und den van der Beke in Lübeck, die aus Münster kamen und in Livland wie Novgorod handelten. So bedachte Diderik van der Beke in seinem Testament von 1447 die Überwasserkirche in Münster.[645] Auch in Reval und Narwa sorgte er für seine Memoria.[646] In den Testamenten seines Onkels Johan und seines Cousins Bernd

---

638 In Åbo hielt sich van der Beke auch wohl während seiner Pobleme mit Tymmo Hadewerk auf, der ihm Totschlag an seinem Bruder Gobel Hadewerk vorwarf, s. DIERCK-DÜNNEBEIL-RÖßNER, Hansekaufleute, S.15, S.21.

639 S. DIERCK-DÜNNEBEIL-RÖßNER, Hansekaufleute, S.140.

640 S. DERRIK, Tafelgilde, S.203.

641 S. DERRIK, Tafelgilde, S.147.

642 Vgl. HR 2,1, S.186.

643 Dieser beschenkte ihn und setzte ihn gemeinsam mit Everd Witte als Provisor ein, vgl. AHL, Testamente, Gerd Palmedach, 13. Februar 1440: *Item so geve ik mynem broder her Johan de sulveren schalen, dar de Jurgen inne steit unde zinem sone enen sulveren beker to ener dechtenisse miner sele ... Mine vormundere kese ik her Johan Palmedach unde Hinrik Palmedach, mynen sone, Evert Witten, Hans Ekholte unde Curd Kistenbuk*. Gerd Palmedag war mit einer Tochter des Hinrik Witte verheiratet, vgl. SIMON, Niederstadtbuch, S.1038,3 (1399 Carnisprivii) mit der Bestätigung des Gerd Palmedag, dass er den Brautschatz von 300 Mark und die *vestimenta* erhalten habe. Sein Schwiegervater Hinrik Witte bestätigte, dass er *Gherardo Palmedach marito filie sue in centum mr dn Lub*. schuldet.

644 Als Revaler Vertreter erschien 1423 mit ihm gemeinsam der Ratsherr Cord Snussel, der von 1412 bis 1424 amtierte, s. DERRIK, Tafelgilde, S.199. Dessen Sohn Bernd Snussel zog nach Danzig um und saß dort 1442/1443 im Rat. Er wurde abgesetzt und zog nach Lübeck, wo er nach 1453 verstarb, s. ZDRENKA, Rats- und Gerichtspatriziat 1, S.407.

645 Vgl. AHL, Testamente, Diderik van der Beke, 20. September 1447: *Item to Munster geve ik Unser Vrouwen kerken 10 rinsche ghulden to eren buwe, dat men dar unsen heren god vor my bidde.*

646 EBD.: *Item to Revele sunte Aleves kerken, sunte Nicolai unde der monneken kerken geve ik isliker stede 15 mark rigesch to dem buwe. Item den klostervrouwen darsulves geve ik 10 mark rigesch to dem buwe unde isliker juncvrouwen darsulves 4 ß rigesch in ere hande to donde, dat se alle unsen heren god truwelken vor my bidden. Item sunte Ghertrude kapellen to Revele geve ik 8 mark rigesch to dem buwe. Item den armen in deme Hilgengeste to Revele geve ik isliken 2 ß rigesch in de hande to donde unde in der ersten vasten na myneme dode en samentliken 1 tunne*

zeigt sich die Verbindung mit Westfalen und der weite regionale Rahmen, in dem sie handelten.[647] Bernd van der Beke wollte in der Lambertikirche zu Münster erinnert werden. Auch bedachte er seinen Bruder Johan van der Beke und dessen Söhne, die 1413 in Münster lebten.[648] Bernd van der Beke betonte in seinem Testament die Beziehungen zu Stockholm und Danzig.[649]

Seit 1411 saß in der (Rechten Stadt) Danzig ein Gerd van der Beke im Rat. Seit 1413 war er Bürgermeister.[650] Als solcher wird er auch in einem Schreiben an Reval vom März 1427 erwähnt.[651] Zwischen 1416 und 1429 nahm Gerd van der Beke an neunzehn regionalen Versammlungen in Preußen teil. Sein Schwiegersohn Hermann Stargard, der von 1443 bis zu seinem Tode 1461 amtierte, folgte ihm als Delegierter auf regionalen Tagen zwischen 1447 und 1450. Gerd van der Bekes Vater Johan war mit einer Ursula verheiratet gewesen. Diese setzte sich 1404 in Thorn über das Erbe ihrer Schwester mit dem dortigen Ratsherrn Johan Beringer auseinander.[652] Mit Margaret van der Beke, wohl einer Nichte Gerds, war Wilhelm Jordan verheiratet, der zwischen 1433 und 1461 im Danziger Rat saß.[653] Jordan nahm 1441 an einem Tag in Marienburg teil. Öfter finden wir auf regionalen Tagen in Preußen Johan vom Stein (de Lapide), dessen Sohn Meinard mit Lucie van der Beke, einer Schwester Marga-

---

schonsches heringes to erer vodinge to delende. Desgelikes geve ik den elenden seken to sunte Johanse to Revele in der ersten vasten na myneme 1 tunne schonsches heringes to erer koste samentliken to brukende unde dar to jewelkem 3 schillinge rigesch in ere hande to langende, dat se alle unsen heren god vor my bidden. Item to Narwe Unser Leven Vrouwen kerken geve ik 10 mark rigesch to dem buwe.

647 Diderik van der Beke handelte von der *Baye* nach Livland, wie aus einem Vertrag mit dem Schiffer Thideman Borger, *borger to Hamborch*, zu Ostern 1437 hervorgeht, vgl. AHL, Niederstadtbuch zu 1437 Pasce.

648 Vgl. AHL, Testamente, Bernd van der Beke, 1. August 1413: *Item to sunte Lambertes kerken to Munstere to dem buwe geve ik 5 rynsche guldene. Item geve ik Johanne van der Beke, mynem brodere, unde synen twen sones Hinrike unde Bernde 40 rynsche guldene.*

649 EBD.: *Item to dem buwe der bukerken to dem Stokholme in Sweden geve ik 5 rynsche gulden. Item to den swarten monken darsulves to dem buwe geve ik 5 rynsche guldene. Item to dem buwe Unser Leven Vrowen kerken to Dantzk in Prussen geve ik 3 mark prusch. Item to dem buwe sunte Johannis kerken darsulves geve ik 3 mark prusch. Item den swarten monken darsulves to dem buwe geve ik 2 mark prusch. Item darsulves up der olden stad den seken to sunte Jurian geve ik 3 mark prusch, dar en der best behuf to is. Item den seken vrowen up der jungen stad darsulves geve ik 3 mark prusch, unde desgelikes geve ik 3 mark den seken by den witten monken vor Dantzk, en de to untrichtende, dar se des mest noet und behuff to hebben.*

650 S. ZDRENKA, Rats- und Gerichtspatriziat 1, S.218f.

651 Der Revaler Ratsherr Berthold Hunninghusen schrieb 1427 aus Danzig an seine Ratskollegen und berichtete über die Verhandlungen. Dabei erwähnte er: *Do wy to Dansseke quemen, do bat ons de raed to gast; do sede uns her Gerd van der Beke, dat de Pruessche stede tohoep wesen solden by deme mester des donredages vor mydvasten und dar solde de scryver vam Zunde ok wesen.* Vgl. LEC UB 1,7, Nr.590. Vgl.auch HR 1,6, Nrn.256,292; 1,7, Nrn.509, 687 § 8, 746, 773,790,818,821,826,873; 1,8, Nrn.32,132,181,182 § 8, 188,199,215,295,395,546,578, 669,697, 701,780; 2,1, Nr.381 § 98. Auch van der Bekes Sohn Joachim wurde 1455 Ratsherr in Danzig, s. ZDRENKA, Rats- und Gerichtspatriziat 1, S.220.

652 Beringer amtierte von 1398 bis 1421. Er einigte sich 1404 mit der Witwe des *her Johan von der Beke van Danczik* über das Erbe ihrer Schwester Grithen Crosschelynne. Beringer schuldete ihr noch 200 Mark, s. KACZMARCZYK, Liber scabinorum, S.100.

653 S. ZDRENKA, Rats- und Gerichtspatriziat 1, S.306.

rets, verheiratet war. Johan vom Stein beteiligte sich zwischen 1404 und 1410 an acht regionalen Tagen. Johans Vater Meinhard (I.) vom Stein, der seit 1372 im Danziger Rat saß und kurz vor der Jahrhundertwende starb,[654] hatte schon im September 1397 an einem Hansetag in Lübeck teilgenommen. Meinhard (II.) vom Stein, der nach seinem Großvater genannt war, nahm zwischen 1438 und 1449 an drei regionalen Tagen teil.[655]

Ob es Verwandtschaftsbeziehungen zwischen den Münsteranern und dem Danziger Ratsherrn und somit auch zwischen diesem und dem Revaler gab, ist bisher nicht eindeutig zu klären, aber als sehr wahrscheinlich anzunehmen. Ob die Visbyer und Felliner Ratsfamilien dieses Namens zu diesen und untereinander in verwandtschaftlichen Beziehungen standen, ist nach unseren bisherigen Erfahrungen nicht von der Hand zu weisen.[656] Eine nähere persönliche Bekanntschaft zwischen dem Danziger Ratsherrn Johan (II.) Hamer und den Revaler van der Beke ist auf jeden Fall anzunehmen. Johan (II.) Hamer, der auch nach England handelte,[657] war ein Sohn des gleichnamigen Revaler Bürgermeisters. Dieser war mit einer Tochter des Revaler Ratsherrn Hinrik van der Beke verheiratet gewesen. Somit war Johan (II.) Hamer ein Schwager des Revaler Ratsherrn Gerd van der Beke. Johan (II.) Hamer saß seit 1411 im Danziger Rat und wurde 1414 Bürgermeister. Er starb 1433.[658] Zwischen 1407 und 1432 nahm er an 25 regionalen Tagen in Preußen teil. 1418 war er auf dem großen Hansetag zu Johannes Baptista in Lübeck.

Eine engere Beziehung ist sicherlich zwischen den Münsteraner van der Beke und dem Lübecker Johan van der Beke anzunehmen, denn auch dieser schenkte 1415 in seinem Testament nach Westfalen und Lippe, nämlich nach Telgte, Warendorf, Soest und Lemgo.[659] Johan van der Beke schuldete 1382 dem Rotger Kloot 85 Mark[660] und hatte 1385 Schulden beim Lübecker Hermann Dartzow.[661] In demselben Jahr schuldete van der Beke dem Ratsherrn Arnold Scharbow in Wenden in Livland 75 Mark, die von dessen Bruder nach dem Tode des Ratsherrn zurückgefordert wurden.[662] Als Prokurator war von den Provisoren Hinrik Brukman eingesetzt worden, der Löschungsvollmacht besaß.[663]

654 S. ZDRENKA, Rats- und Gerichtspatriziat 1, S.415.

655 S. zu den vom Stein und ihren Verwandten im späten 15. Jahrhundert den Ausblick.

656 In Minden gab es eine Ratsfamilie dieses Namens, die vielleicht auch verwandt war. S. SCHULTE, Macht auf Zeit, Reg. s.v. Beke, van der, up der und Rivo, de.

657 S. JENKS, England, S.901.

658 S. ZDRENKA, Rats- und Gerichtspatriziat 1, S.289.

659 Vgl. AHL, Testamente, Johans van der Beke, 27. Februar 1415: *Item to Warendorpe in Westfalen to der tafelen des altares sunte Katherinen geve ik 10 mark lub. Unde vrowe Wendelken unde Greteken, clostervrowen to Lemegowe, geve ik samentliken 6 mark lub. Item mynen vedderen Hinrike to dem Messche, wonachtich to Telghete, geve ik 5 mark. ... Item Metteken tor Sterne, clostervrowen to dem Paradyse by Soest geve ik 8 rinsche gulden.*

660 Vgl. SIMON, Niederstadtbuch, S.486,3.

661 Johan van der Beke schuldete Hermann Dartzow und Nicolaus Wittenborg fast 130 Mark, von denen er nach einem Jahr 20 Mark und dann jährlich 22 Mark zurückzahlen sollte, vgl. SIMON, Niederstadtbuch, S.593,2 (Petri ad vincula).

662 Vgl. SIMON, Niederstadtbuch, S.588,2 (1385 Viti): *Notandum, quod Johannes vander Beke tenetur provisoribus Werneri Schabowen fratris domini Arnoldi Schabowen consulis in Wenden in 75 mr Lub ... Item Brant van Zegheberghe presens apud librum promisit coniuncta manu cum*

Brukman war mit Margareta Ceppenhagen verheiratet, deren Vater der Arzt Arnold Ceppenhagen war, der wiederum mit den Coesfeld in familiärer Verbindung stand. Die Scharbow im livländischen Wenden standen auch in Beziehungen zu dem Lübecker Bürger Thideman Bodenwerder aus Hameln.[664] 1384 erhielten Ratsherr Arnold Scharbow und Johan Scharbow aufgrund einer testamentarischen Verfügung Bodenwerders 60 Mark.[665] Wie Thideman Bodenwerder mit Brun Bodenwerder,[666] der 1389 gemeinsam mit Johan Ekhof von dem Felliner Ratsherrn Gottschalk Stocker als Prokurator eingesetzt wurde, verwandt war, ist nicht ganz durchsichtig.[667] Brun Bodenwerder stand auch in Beziehungen zu dem Stockholmer Bürger Conrad Kallendorp. Dieser hatte 1389 bei ihm 280 Mark hinterlegt.[668]

Kallendorp war mit dem Lübecker Bürger Arnold van Lennep, der aus Lennep kam, verwandt.[669] Arnold van Lennep gehörte im letzten Viertel des 14. Jahrhunderts zu den herausragenden Lübecker Stockholmhändlern. Sein Bruder Gobelin van Lennep war nach Stockholm gezogen. Ein Verwandter namens Gottschalk van Lennep lebte in Finnland wie auch später Caesar van Lennep.[670] Arnold van Lennep bedachte in seinen Testamenten von 1376 und 1380 auch seine beiden Brüder Heine und Johan in Åbo. 1378 sind dann ein Laurenicus van Lennep, Bürgermeister in Åbo, und Heine van Lennep, Ratsherr in Åbo, belegt. 1386 bestätigte Hennekin Leinäpää, Bürger Åbos, dass seine Schwester Nese in Leinäpää zu den nächsten Erben des verstorbenen Lübecker Bürgers Arnold van Lennep gehört.[671] Sicherlich zählte zu den Verwandten auch Johan van Lennep, ein Sohn des Revaler Ratsherrn Reimbold van Lennep. Johan van Lennep zog nach Visby und wurde dort Ratsherr. Als Vertreter Visbys nahm er am Lübecker Hansetag zu Johannis Baptista 1379 teil.

Wahrscheinlich war Conrad Kallendorp auch mit dem Lübecker Gottschalk Kallendorp verwandt, der 1413 in seinem Testament an erster Stelle Jakob Jerchow neben Johan van dem Hove, Berthold van der Vorde und Johan van der Brugge als Pro-

---

dicto Johanne van der Beke satisfacere pro defectu.

663 EBD.: *Hinricus Brukman erit potens tollere pecunias istas et facere cancellari scripturam.*

664 Vgl. zu seinen Brüdern Haring in Bredenbeke bei Bodenwerder SIMON, Niederstadtbuch, S.468,2. Ob es sich noch um den 1354 im Testament des Lödösehändlers Arnold van Hameln genannten Thideman van Hameln handelt, ist fraglich, s. KOPPE, Lübeck-Lödöse, S.33.

665 Vgl. SIMON, Niederstadtbuch, S.545,3,4 und S.554,5 (1384). Vgl. auch SIMON, Niederstadtbuch, S.462,1 (1381). Ebenso wurden in Bodenwerders Testament auch die Wendener Bürger Johan Bodenhagen, Hinrik und Gottfried Roper mit 30 Mark, 25 Mark und 55 ½ Mark bedacht, vgl. SIMON, Niederstadtbuch, S.554,6; S.559,2,3; S.560,1.

666 Als Lübecker Stockholmhändler sind in den 60er Jahren des 14. Jahrhunderts die Brüder Brun und Arnd Bodenwerder bekannt, während ein Johan Bodenwerder *(Bowdenwerder)* als Englandfahrer zwischen 1420 und 1439 belegt ist, s. KOPPE, Lübeck-Stockholm, S.121 und JENKS, England, S.867.

667 Vgl. SIMON, Niederstadtbuch, S.707,3,4.

668 Vgl. SIMON, Niederstadtbuch, S.718,2. Als Bodenwerder 1391 an der Lepra erkrankte, überließ er sein ganzes Vermögen seiner Frau Hille unter der Voraussetzung, dass ihm alles rückübertragen würde, *si dispocione Dei suam infirmitatem lepre evaderet infra annum.*Vgl. SIMON, Niederstadtbuch, S.771,3.

669 Vgl. SIMON, Niederstadtbuch, S.772,6. Zu Lenneps Herkunft s. KOPPE, Lübeck-Stockholm, S.187.

670 S. KOPPE, Lübeck-Stockholm, S.187f.

671 EBD.

visor einsetzte.[672] Jerchow war im Mai 1395 vom Stockholmer Kallendorp als Prokurator in Lübeck zur Einnahme von 100 Mark von Alheid, der Witwe des Johan Rave, benannt worden.[673]

Jerchow war auch als Vollstrecker eingesetzt worden von Gerd Grymminkhusen, der Krukows Frau Taleke und die Frau des Thideman Brekelveld als seine *modderen* bezeichnete und in enger geschäftlicher Beziehung zu Johan Drughe stand.[674] Ebenso bestimmte Hinrik Gherwer 1416 Jerchow zum Vollstrecker.[675] 1413 wurde er von Berthold van der Vorde benannt,[676] der an Institutionen in Stockholm schenkte.[677] Der Stockholmhändler van der Vorde[678] war selbst 1413 als Provisor von Hinrik van der Beke eingesetzt worden,[679] in demselben Jahr ebenso von Johan Wermeskerke, der auch testamentarisch nach Stockholm schenkte und mit dem Stockholmer Bür-

---

672 Vgl. AHL, Testamente, Gosschalk Kallendorp, 5. August 1413: *Item mynem om Hans Callendorp gheve ik de 20 mark qwid, de he my schuldich is, darto geve ik em 20 mark lub. ... Johan van der Hove geve ik mine sulveren kannen. ... Mine vormundere kese ik Jacob Jerchouwen, Johan van der Hove, Bertold van der Vorde unde Johan van der Bruggen.*

673 Vgl. SIMON, Niederstadtbuch, S.904,1: *Notandum, quod Alheydis relicta Johannis Rauen cum provisoribus suis presens libro et auctoritate eorundem provisorum suorum recongnovit se teneri Conrado Kallendorpe civi in Stokkesholmis in centum mr Lub dn in festo nativitatis Christi proximo venturo persolvendis. Ista scriptura cancellata est ex iussu consilii eo, quod Jacobus Jerchowe erat plenipotens procurator antedicti Conradi Kallendorpe ad faciendum cancellari prescriptam scripturam secundum attestacionem libri iudicii.* Jerchow hatte 1398 eine Gesellschaft mit Hinrik Brunswik. Gemeinsam schuldeten sie Marquard Vryborg und Hinrik van Westen 401 Mark, vgl. SIMON, Niederstadtbuch, S.1011,6. Hinrik Brunswik wurde als Vollstrecker benannt von Albert Ghosler, dessen Schwester in Lüneburg lebte, von Bode Lowe und Hans Bliffert, vgl. AHL, Testamente, Albert Ghosler, 9. August 1434, Bode Louwe, 7. November 1436, Hans Bliffert, 19. Juli 1445.

674 Vgl. AHL, Testamente, Gerd Grymminkhusen, 6. Februar 1416: *Item Jacob Yerchowen geve ik 1 verdendel van enem swarten yperschen lakene. ... Item Clawese Wittenborge, minem swager, geve ik 1 verdendel van enem gronen yperschen lakene. ... Item Taleken Crucowen, miner modderen, unde eren kinderen geve ik 400 mark lik under sik to delende. Item der sulven Taleken geve ik alle myn beddewand, ingedome unde resschop. Item Tideman Brekelvelde geve ik 100 mark. Item Bernde Travelmanne, der Schenkingeschen broder, Tymme Haddewerke unde Hans Drugen, jewelkem geve ik eyn sulvern kros van minen dren sulvern krosen. Item dem sulven Drugen 400 mark. Item Metteken Brekelveldes, miner modderen, unde eren kinderen, geve ik 400 mark lik under sik to delende. Item miner modderen Taleken Wittenborges geve ik eyn guldene vingeren mit dem clenen saphire, unde dar to geve ik er 150 mark penninge. Item miner modderen Hilleken Schutten geve ik eyn clenode van 20 Mark ...* Grymminkhusen wurde auch von Hartwich Krukow als Provisor eingesetzt.

675 Vgl. AHL, Testamente, Hinrik Gerwer, 1. März 1416: *Mine vormundere kese ik her Johan Schonenberch, Jacob Yerchowen, Hans Gerwer, minen vedderen, Hans, minen sone, und Jacob Straten ...*

676 Zu van der Vordes Handelsunternehmen s. KOPPE, Lübeck-Stockholm, S.208f.

677 Vgl. AHL, Testamente, Bertold van der Vorde, 11. August 413: *Item dergheliik to deme Holme den swarten monneken unde den grawen monneken gheve ik to islikeme clostere 10 mark swedesch in de kokene, dat islik misseprester darsulves my na lese 1 selemisse unde 1 vigilie unde de anderen truweliken to biddende vor mine sele. ... Mine vormundere kese ik Jacob Jerchouwen, Johan van der Hove, Hans van der Bruggen unde Hinrik van der Beken.*

678 S. zu ihm KOPPE, Lübeck-Stockholm, S.208ff.

679 Vgl. AHL, Testamente, Hinrik van der Beke, 7. September 1413.

germeister Gottschalk Wermeskerke verwandt war.[680] 1415 wurde van der Vorde von Ludeke Wulff[681] und 1424 von Johan van Dulmen als Vollstrecker benannt.[682]

Netz 95: Diderik van der Beke

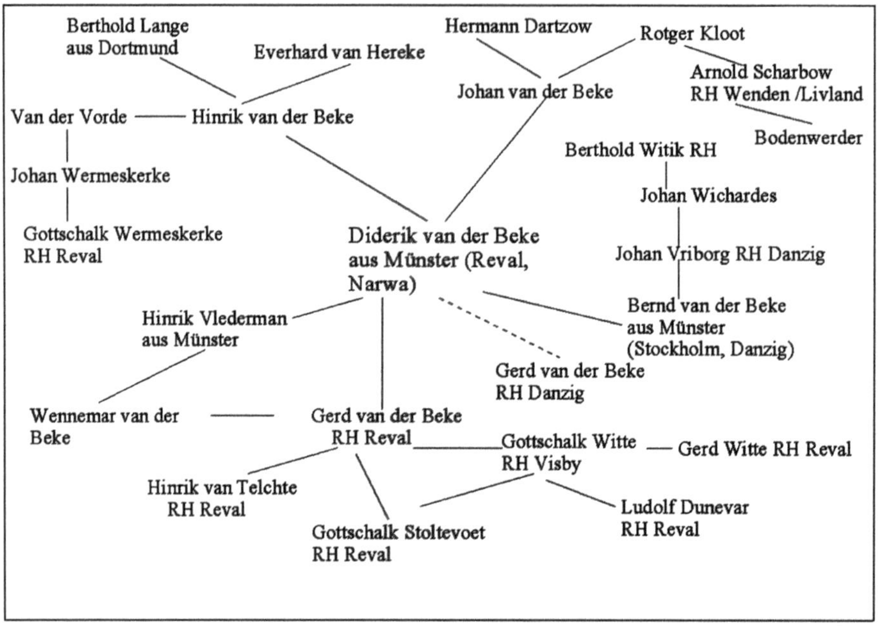

Auch Hermann van der Beke, der Vetter Gerds und Hinriks, schenkte nach Münster. Dort wohnte seine Schwester.[683] Er gab an die Überwasserkirche wie an die Ratskirche Lamberti und bedachte weitere Verwandte in Münster und bei Soest.[684] Der Sohn

680 Vgl. AHL, Testamente, Johans Wormeskerken, 29. September 1413: *Item gheve ik den swarten broderen to dem Holme in Sweden 3 mark lub. ... Myne vormundere kese ik Curd Semelowen, Bertolde van der Vorde unde Johannes van der Bruggen.* Eine Verwandtschaft zum Brügger Ältermann Thideman Wermeskerke aus Reval ist naheliegend. Zum „Stockholmer Großhändler" Wermeskerke s. auch KOPPE, Lübeck-Stockholm, S.206.

681 Vgl. AHL, Testamente, Ludeke Wulff, 1415: *Mine vormundere kese ik hern Hinrik Schenkenberge, Wolter Heysen, den olderen, Hans Diikhoff, Hans Schenkenberge, Albert Erp unde Bertold van der Vorde.*

682 Vgl. AHL, Testamente, Johan van Dulmen, 17. Mai 1424: *Myne vormundere kese ik Bertolt van der Vorde, Hans Specht unde Hinrik Sevelt.*

683 Vgl. AHL, Testamente, Johans van der Beke, 27. Februar 1415: *Item werd Metteke, myn suster, bynnen Munster to manne beraden na myner vormundere beheghelicheid, so beschede ik er 80 rinsche gulden, schege des nicht, so geve ik er men 20 gulden.* Auch unter seinen Provisoren befand sich einer, der anscheinend aus Münster stammt: *Mine vormundere keyse ik Johannese van Munster, Andreas van Alen unde Hinrike van der Beke.*

684 Vgl. AHL, Testamente, Herman van der Beke, 4. Oktober 1422: *Item to dem buwe Unser Leven Vorwen kerken over water to Munster geve ik 3 rinsche gulden. Item darsulves to sunte Lambertes kerken geve ik 5 rinsche gulden to dem buwe. ... Item Asselen Veghesackes to Munster unde eren kynderen geve ik samentliken 20 rinsche gulden.*

eines Verwandten aus Münster begleitete ihn auf seinen Reisen.[685] Hermann van der Beke hielt sich anscheinend öfter in Danzig auf, wie aus seinem Testament[686] und einem „Toversichtsbrief" des Lübecker Rates aus dem Jahre 1437 hervorgeht.

In diesem Brief wandte sich der Lübecker Rat an den Danziger Ratsherren Johan Vriborch. Vriborch stammte wahrscheinlich aus Thorn. Er saß seit 1444 im Danziger Rat und starb 1457. Vriborch nahm zwischen 1448 und 1452 an vier regionalen Versammlungen in Elbing, Danzig und Marienburg teil. Er sollte, so die Lübecker Forderung von 1437, den Provisoren des in Danzig verstorbenen Johan Wichardes dessen Erbe aushändigen. Als Provisoren des Wichardes werden genannt: Johan Holthusen, Berthold Witik, Johan Gyse und Bernd van der Beke.[687] Aus einem weiteren Schreiben von Pfingsten 1437 geht hervor, dass Wichardes eine Ladung Salz bei dem Danziger Ratsherrn zurückgelassen hatte. Für Wichardes forderten seine Provisoren die Ladung zurück.[688] Johan Wichardes hatte im Oktober 1436 selbst ein Testament aufgesetzt, in welchem er Bernd van der Beke neben Bernd Ghildehus in Münster bedachte und ihn gemeinsam mit Berthold Witik als Provisor einsetzte.[689]

Johan Richardes, den wir schon in engerem Kontakt mit Vlederman sahen, hatte auch nähere Beziehungen nach Münster, wo seine Tochter lebte, und zu den van dem Hove. Gemeinsam mit Johan Kollman, Johan Kerkring und Ludwig van dem Hove war er 1438 Provisor des Johan van dem Hove, aus dessen Erbe 369 Mark von den Brüdern van dem Hove aus Lennep eingefordert wurden. Johan van dem Hove, der in vielfältigen Geschäftskontakten im Niederstadtbuch in den ersten Jahrzehnten des 15. Jahrhunderts erscheint, hatte engere Beziehungen zum Ratsherrn Johan Kollman. Als van dem Hove im Januar 1438 sein Testament aufsetzte, bezeichnete er diesen, den er auch als Provisor benannte, als seinen *besunderghen leven vrunde*.[690] Nach van dem Hoves Tod wurde seine Witwe in zweiter Ehe mit Hartwich Brekwold verheiratet.[691]

---

685 EBD.: *Item Ghertrude, Johan Wychardes dochter to Munster, geve ik 8 rinsche gulden. Item Hanse, Johan Wychardes sone, de myt my is, geve ik quiit wedderlegginge unde selschop, de ik myt em hebbe, darto geve ik em mynen grawen rok myt smaschen ghevodert unde mynen swarten hoyken, den ik to Dantzk hebbe, unde ene myner swarten kogelen.*

686 Dort hatte er noch einen schwarzen Hoyken (s. die vorige Anm.) und dorthin schenkte er auch: *Item den grawen monneken in dem Poggenpole to Dantzk geve ik 3 arnamsche guden to dem buwe. Item den kranken to deme elenden hove geve ik 5 arnamsche gulden under en like to delende. Item den seken by deme hilgen lichame unde to sunte Jacobe by den wytten monneken geve ik isliker stede 5 arnamsche guldene, unde den seken to sunte Jurien up der Oldenstad geve ik 4 arnamsche guldene, yo mang se lyke to delende.*

687 Vgl. AHL, Niederstadtbuch zu 1437 Epiphanias.

688 Vgl. AHL, Niederstadtbuch zu 1437 Pentecost.

689 Vgl. AHL, Testamente, Hans Wichardes, 6. Oktober 1436. Vgl. auch AHL, Niederstadtbuch zu 1437 Corpus Christi: Johan Yserman aus Münster erscheint mit einem Brief des Rates von Münster. Johan Holthusen, Berthold Witik, Johan Gysen, Bernhard van der Beke werden als Provisoren des Johan Wichardes *bone memorie* genannt.

690 Vgl. AHL, Testamente, Hans van dem Hove, 5. Januar 1438: *Item hern Johan Kolmanne, mynen besunderghen leven vrunde, gheve ik 6 sulverne gobletten, myner dar by to denkende.*

691 Nach Fehling soll van dem Hoves Witwe mit Hinrik van Stiten verheiratet worden sein, s. FEHLING, Ratslinie, S.74. Hinrik van Stiten heiratete in zweiter Ehe Margarete, eine Tochter des Gerhard Vinke, Witwe des Hinrik Steen. Erstaunen muß die Formulierung im Testament Johans van dem Hove von 1436: *Mine vormundere kese ik Hartwich Brekewolde unde Corde Brekewolde, myne zwegere ...* Vgl. AHL, Testamente, Hans van der Hove, 9. August 1436.

Johan van dem Hoves Sohn Ulrich dankte 1438 seinen Provisoren Thideman Steen und seinem Stiefvater Hartwich Brekwold.[692] Willem Richardes, Bruder des Johan, war *om* des Berthold Lange aus Dortmund.[693] Lange war seinerseits mit den Roland verwandt. Willem Richardes hatte das Vertrauen des Siverd Veckinghusen. Dieser setzte ihn gemeinsam mit Hinrik up dem Orde als Provisor ein. Siverd Veckinghusen beschenkte den *her* Hinrik Scriver in Dorpat, die Kinder des Ratsherrn Caesar Veckinghusen in Riga wie die Witwe des Ratsherrn Peter van Hereke in Lübeck.[694] Deutlich zeigte sich noch einmal in unserer Betrachtung ein Netz, das Ratsherren und Kaufleute in Städten an der Ostsee und in Westfalen verband.

Hinrik up dem Orde hatte eng mit den Veckinghusen und Brekelveld zusammengearbeitet und stand auch in vertrauensvoller Beziehung zu Werner Hoop, der ihn 1410 als Provisor benannte.[695] Up dem Orde gewinnt Interesse im Blick auf die Richardes, weil der Revaler Bürgermeister Ghise Richardes, der anscheinend mit den Lübeckern dieses Namens verwandt war, in engen familiären Beziehungen zu den up dem Orde stand.[696] 1430 übernahm Ghise Richardes nämlich das Erbe seines Vaters Hermann up dem Orde aus Westhofen und wenig später auch das seines Bruders Martin. Ihre Schwester Kathrin (Richardes) lebte in Münster.[697] Dazu passt, dass Richardes auch mit Münster handelte. 1439 hatte der Bischof von Münster Waren des Richardes beschlagnehmen lassen.[698] Vlederman, der - wie wir schon sahen - Bezie-

---

692 Vgl. AHL, Niederstadtbuch zu 1438 Viti et Modesti.

693 Vgl. AHL, Testamente, Bertold Lange, 22. Dezember 1417: *Item mynes omes Wyllem Richardes kinderen geve ik tosamende 20 mark lubesch, unde Everdes kinderen van Heryke geve ik sametliken 5 mark lubesch.* Wohl aus gemeinsamer Handelstätigkeit in Dorpat stand Lange in Beziehungen mit Vlederman, der ihn testamentarisch beschenkte: *Item so gheve ik Bertold Langen 50 mark lubesch unde dat harnsch, dat de jungen hebben in Liiflande, de wy wederlecht hebben.*

694 Vgl. AHL, Testamente, Sivert Veckinghusen, 9. Mai 1406: *Item Hildebrande, mynem brodere, gheve ik 200 mark lub unde 2 van mynen mynnesten sulvern kannen unde 3 van mynen mynnesten sulvern schalen. Item her Alberte Trolpe unde Hinrike Tyten, yewelkem gheve ik 20 mark lub. Item gheve ik Tydeman Brekelveldes 20 mark lub. Item gheve ik Hinrik Sparken kinderen 10 mark lub. Item gheve ik Johan Tymmen kinderen 10 mark lub. Item gheve ik Greten, hern Peters wedewen van Hereke, unde hern Alberte van Dorptmunde, erem sone, unde mester Hinrike, erem brodere, yewelken 10 mark lub. Item gheve ik Herberdes kinderen van Lynne 100 mark lub. Item Hinrike up dem Orde gheve ik 10 mark lub. Item gheve ik Cornelies, mynem sone, 100 mark. Item gheve ik Dedeken van dem Bokele, myner suster, 12 rinsche ghulden. Item gheve ik erem sone Johannes van dem Bokele 10 mark lub. Item sy witlik, dat ik mynem wive Liseken hebbe ghemaket 10 mark liifliker rente.* Der hier erwähnte Hinrik Spark war im Englandhandel tätig, s. JENKS, England, S.963.

695 Vgl. AHL, Testamente, Werner Hoep, 31. Dezember 1410 und ASMUSSEN, Flandernfahrer, S.306-308. Gemeinsame Geschäfte hatten Hoop und up dem Orde mit einem Danziger Kaufmann gemacht, vgl. HR 1,4, Nr.618 §9.

696 Auch Hinrik up dem Orde hatte Beziehungen nach Reval. 1438 wird eine Bürgschaft dort angesprochen, vgl. AHL, Niederstadtbuch zu 1438 Dionysii.

697 S. DERRIK, Tafelgilde, S.160.

698 Es handelte sich um „3 Stro Wachs und 2 Tonnen Pelzwerk", vgl. den Brief der hansischen Versammlung von Wolmar vom Januar 1441 an den Bischof von Münster LEC UB 1, 9, Nr.692.

hungen nach Münster hatte, schuldete 1447 Richardes 50 Mark *vor wand* nach dem Tod der Kathrin Richardes.[699]

1436 stand der Revaler Ratsherr in finanziellen Beziehungen mit Johan van Borstel, dem Schwiegersohn des Lübecker Ratsherrn Johan (I.) Bere. Van Borstel war ein Bruder des Revaler Ratsherrn Gottschalk van Borstel.[700] Johan van Borstel stand in vertrauensvollen Beziehungen zu seinem Schwiegervater Johan (I.) Bere wie auch zu Gerhard Wale, Engelbert Veckinghusen und Conrad van Calven. Diese setzten sich 1439 für ihn bei einem Streit um die Abrechnung aus einer Handelsgesellschaft mit van dem Wege, Ludwig und Alf Greverade und Everd Brekelveld ein. Die Verhandlung fand im Hause Brekelvelds statt.[701]

Die van Borstel gehörten zu einer Familie mit weitreichenden Kontakten im östlichen Hanseraum. Eine Tochter des Revaler Bürgermeisters Kost van Borstel, der häufig auf regionalen Hansetagen zu finden war,[702] war mit Johan Brekelveld verheiratet worden. Eine zweite Tochter war dem ehemaligen Bürgermeister Åbos, Jakob Vrese, zur Ehe gegeben worden. Eine weitere Tochter war mit dem Lübecker Joachim Grawerd verheiratet worden. Grawerd zog um 1460 nach Reval, während sein Schwager Johan van Borstel nach Lübeck übersiedelte.[703] Johans Sohn Klaus van Borstel wurde mit Wibke Basedow verheiratet, die schon zwei Männer überlebt hatte: nämlich den Ratsherrn Gottfried Burmester und Godeke Plescow, einen Sohn des Ratsherrn Gottfried Plescow. Godekes Schwester war mit dem Revaler Ratsherrn Jakob van der Mohlen verheiratet worden. Godeke Plescow bedachten seinen Neffen, den Revaler Ratsherrn Jakob van der Mohlen, in seinem Testament von 1451.[704] Burmester war Bergenfahrer und saß von 1455 bis 1459 im Lübecker Rat. Er nahm 1455 an den Verhandlungen mit König Christian I. in Flensburg teil.[705] Wibkes Bru-

699 Vgl. AHL, Niederstadtbuch zu 1447 Misericordias Domini.

700 1436 erkannte Johan van Borstel, *swager* des Ratsherrn Johan (I.) Bere, an, dass sein Bruder Gottschalk van Borstel und Johan Honebole, *civis Reval.*, den Ghise Richardes, *civis Reval.*, und Lubbert Holthusen, *civis Reval.*, 90 Flor. Rhen. schuldeten Vgl. AHL, Niederstadtbuch zu 1436 Exaltatio Crucis. Gottschalk van Borstel wurde im März 1435 Revaler Bürger, s. DERRIK, Tafelgilde, S.63 und VOLKERT, Stammfolge Revaler Geschlechter, S.101.

701 Vgl. AHL, Niederstadtbuch zu 1439 Misericordias Domini: 3. Dienstag vor Pasche *do was vergaddert in Evert Brekelveldes huse van Johan Borstels wegen* (eine Seite) *her Johan Bere, Gerardus de Wale, Engelbrecht Veckinghusen, Cord van Calven* und (von der anderen Seite) *van Hanses wegen van deme Wege her Tydeman van deme Wege, Lodwich Greverode, Hans Kerkring, Alff Greverode, Evert Brekelvelde, Cord van deme Wege*. Der Streit wurde beigelegt: Hans van Borstele mußte 250 Mark. zahlen und seine *zeddele* einsehen lassen. Cord van Calven hatte eine Handelsgesellschaft mit dem Revaler Hans Snakenborg, der 1440 in Novgorod verstorben war, vgl. LEC UB 1,9, Nr.576. Mit diesem war auch Vritze (I.) Grawerd in einer Handelsgesellschaft verbunden, vgl. LEC UB 1,9, Nrn.559 und 568.

702 S. DERRIK, Tafelgilde, S.63: „Er genoß das Vertrauen des jeweiligen Ordensmeisters und wurde deshalb häufig namentlich zu Versammlungen gebeten und war sogar in Ordensangelegenheiten auf Reisen."

703 S. KRUSE, Wibke Basedow, S.393 und VOLKERT, Stammfolge, S.101.

704 Vgl. AHL, Testamente, Godeke Plescow, 26. Juli 1451.

705 Aus seinem Testament vom April 1459 geht hervor, dass Burmesters Schwester in Barth lebte, s. BRUNS, Bergenfahrer, S.101. Als seine Provisoren setzte Burmester Diderik und Bernd Basedow, Bertram van Rinteln, Hinrik Möller und Hermann Wittenborg ein. Zur Abrechnung im Jahr 1460 über seine Gesellschaftsanteile in Bergen, s. BRUNS, Bergenfahrer, S.170f. Burmester war

der Diderik Basedow wurde 1477 in den Rat kooptiert. Er starb 1501. 1498 nahm er an dem Hansetag in Bremen teil.[706] Basedow war mit Elisabeth,[707] einer Tochter des 1451 verstorbenen Ratsherrn Jordan Plescow verheiratet.[708] Basedows Schwester Tibbeke war mit dem Ratsherrn Volmar Warendorp, einem Sohn des Ratsherrn Brun (III.) Warendorp, verheiratet worden. Volmar Warendorp amtierte von 1475 bis 1504.[709] Er nahm am Lübecker Hansetag vom Mai 1487 teil.

Netz 96: Johan Richardes

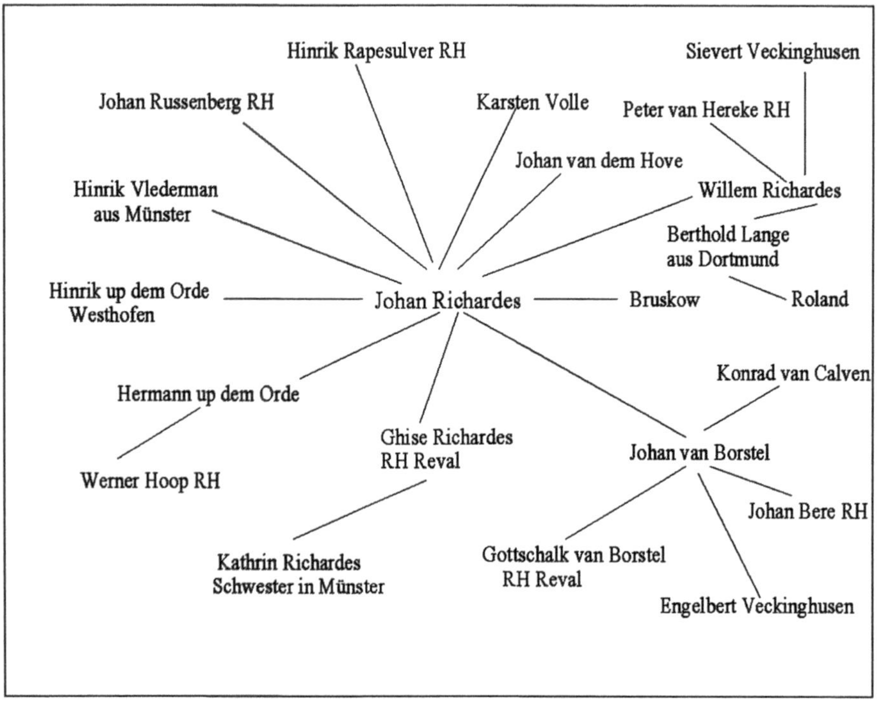

Kehren wir zu Richardes zurück. 1428 wurde Ghise Richardes Revaler Bürger und 1432 Ratsherr. Bald schon beteiligte er sich an regionalen Tagen.[710] Im Juni 1434 nahm er mit dem Revaler Bürgermeister Hermann Lippe am Hansetag in Lübeck teil. Im Oktober 1438 war er mit den Ratsherren Johan Sunnenschin und Albert Rumor, dem Schwager Lippes, auf dem Land- und Städtetag zu Walk, auf dem der Konflikt

im Handel sehr erfolgreich. Bei seinem Tode verfügte er über 4800 Mark bar und 105 Mark an Renten, s. BRUNS, Bergenfahrer, S.CXLIV.

706 Die Basedow waren im ersten Drittel des 14. Jahrhunderts nach Lüneburg umgezogen. Auch Dideriks und Wibkes Vater Bernhard Basedow war mit einer Lüneburgerin verheiratet, nämlich mit Alheid van Bardowiek, s. VON WITZENDORFF, Stammtafeln, S.3.

707 Deren älterer Halbbruder war Joachim Grawerd, s. KRUSE, Wibke Basedow, S.383.

708 S. FEHLING, Ratslinie, S.81.

709 S. FEHLING, Ratslinie, S.80.

710 Diese Informationen nach DERRIK, Tafelgilde, S.161f.

zwischen den „Rheinländern" und „Westfalen" im Deutschen Orden beigelegt wurde. Im Februar 1440 beteiligte Richardes sich mit seinem Kollegen Gerd Grimmert an einem Tag in Wolmar. Im Winter desselben Jahres war er mit dem Ratsherrn Heineman Swan als Vertreter auf dem Landtag in Fellin. Am 22. Januar 1441 nahm er als Bürgermeister mit Gerd Grimmert in Wolmar am Städtetag teil. Im Februar 1442 war er mit dem Ratsherrn Marquard Bretholt auf dem Städtetag in Wolmar und in Riga.

Im März 1443 beteiligte Richardes sich mit den Ratsherren Gottschalk Timmermann und Marquard Bretholt an dem Städtetag zu Pernau, auf dem die Abberufung der deutschen Kaufleute aus Novgorod beschlossen wurde. Im Juli 1444 war er mit den Ratsherren Gerd Grimmert und Gottschalk Borstel auf dem Städtetag zu Wolmar. Vor dem 12. März 1446 war er mit Kost van Borstel und Marquard Bretholt wiederum auf einem Tag in Narwa, dessen Besendung am 12. Dezember 1445 die livländischen Städte in Wolmar beschlossen hatten. Am 2. April 1434 traf er sich in Lübeck mit Hermann Hilge wegen eines Revaler Briefes nach Wyborg, in dem Hilges Gut *vorschreven* wurde. Es handelte sich wohl um die Probleme, die auch 1437 zur Sprache kamen.[711]

Der Lübecker Hinrik up dem Orde, der sicherlich enger mit den Richardes verwandt war, ist häufig als Provisor in den Testamenten des frühen 15. Jahrhunderts eingesetzt worden. Im Oktober 1402 wurde er benannt von Heyno Strelitze, der einen Bruder in Pernau hatte und auch nach Lemsal schenkte.[712] 1403 wurde up dem Orde gemeinsam mit Johan Glusing, der in engem Kontakt mit dem Stralsunder Ratsherrn Werner Ghildehusen stand, als Vollstrecker von Hinrik van Essen benannt.[713] 1406 setzte ihn Johan van Rode als Provisor ein. Van Rode stiftete für die Kirche in Radevormwald und bedachte dort wie in Köln Verwandte. Er hatte engere Beziehungen zu den Brekwold, die er beschenkte und auch als Provisoren benannte. Johan van Rode war Patenonkel des Hinrik Brekwold.[714] 1410 wurde Hinrik up dem Orde von dem Ratsherrn Werner Hoop als Vollstrecker benannt und 1413 von seinem Bruder Hermann up dem Orde, der nach Gent und an die Kirche in Wipperfürt schenkte.[715] In

711 Zu Hilge s. S.297ff.,333f.,380,458.

712 Vgl. AHL, Testamente, Heyno Strelitze, 7 Oktober 1402: *Item Barbaren filie fratris mei in Perenaw do 40 marcas lub. Item seniori filie Johannis Smedes in Lemsel et Michaeli eius fratri cuilibet do 20 marcas lub et aliis pueris dicti Johannis Smedes do 20 marcas lub. ... Provisores meos eligo Hinricum uppen Orde, Tidemanum Castorp et Herbordum de Lynne.*

713 Vgl. AHL, Testamente, Hinricus de Essene, 23. November 1403: *Provisores meos eligo Hinricum uppen Orde, Johannem Glusing, Johannem Luneborch, Gosschalcum de Wickede et Hinricum meum filium.*

714 Vgl. AHL, Testamente, Johan van Rode, 7. April 1406: *Item geve ik minem paden Hinrik Brekewolde dat achtede part in deme coggen, den Seghebart Wennemerssone voret. Darto geve ik em minen sulveren duzink, den sin vader heft, unde 1 guldenen rink. ... Item Hans Brekewoldes dochter, de to Rene begeven is, 10 mark unde den anderen kinderen, de Brekewolde horen, yslikem 5 mark to eren lerepenninghen, unde Emeken Brekewoldes kinderen yslikeme 5 mark to eren lerepenningen. Item geve ik to Rode vor dem Wolde 10 rinsche gulden to dem buwe der kerken. Item darsulves Gosschalkes kinderen van der Smytten islikem 10 rinsche guldene. Item Taleken Slademans dochter to Colne 10 rinsche gulden. ... Mine vormundere keze ik Johan Brekewolde, Emeken Brekewolde, Hermen van dem Velde unde Hinrik up dem Orde.*

715 Vgl. AHL, Testamente, Hermen up dem Orde, 28. Juli 1413: *Item in Westvalen to Roede to der kerken unde to Wippervorde geve ik isliker kerken 25 mark to deme buwe. ... Mine vormundere*

einem späteren Testament vom Januar 1419 wiederholte Hermann up dem Orde diese Bestimmungen und sprach noch genauer seine Verwandten in Radevormwald und Wipperfürt an. In diesem Testament wurde auch Willem Richardes als Provisor eingesetzt.[716] 1415 wurde Hinrik up dem Orde von dem Brügger Ältermann des Jahres 1404, Hinrik Wintzenberg, gemeinsam mit den Ratsherren Everd Moyelke und Albert van der Brugge wie dem Bürger Johan Gherwer als Provisor benannt.[717]

Kommen wir nun bei der Betrachtung des Beziehungsgeflechtes der Vertrauten Steens, die für ihn bei der Entlassung aus der Kerkerhaft bürgten, zu Jakob van Hachede. Van Hachede hat in der Lübecker Überlieferung weniger Spuren als die bisher betrachteten Partner Steens hinterlassen. 1431 schuldete er Hinrik Rapesulver fast 700 Mark.[718] 1440 machten sowohl Hinrik Vlederman wie auch Jakob van Hachede Konkurs.[719] Geschäftlich war van Hachede 1436 mit Peter Veckinghusen in Reval verbunden.[720]

Van Hachedes Tochter Lyseke wird im Testament des Hinrik upper Heyde erwähnt, der Güter in Westfalen vermachte.[721] Als Testamentsvollstrecker wurde van Hachede gemeinsam mit Hinrik Wintzenberg, Everhard Nienborch und Wyneke vamme Orde 1431 von Marquard Vinke eingesetzt.[722] Sowohl 1432 wie auch 1436 benannte ihn in dieser Funktion auch Arnd Heyse.[723] Jakob van Hachede schenkte in seinem Testament von 1436 an den Bruder seiner Mutter, der in Brügge wohnte, und dessen Sohn Jakob Vlugge wie seine uneheliche Tochter.[724] Unter seinen Provisoren benannte van Hachede neben Vlugge Ludwig und Hinrik Greverade.[725] Greverade,

---

kese ik minen vorbenomeden broder Hinrik up den Orde, Tideman Brekervelt unde Hinrik Winsenberge. Eine Stiftung Hermanns in der Lübecker Marienkirche, die mit 100 Mark bedacht wurde, wird in dem Testament Ludwig Krulls angesprochen. Sollte er das Geld noch in Verwahrung gehabt haben? Vgl. AHL, Testamente, Lodewich Crul, 11. Januar 1422: *Item mit 100 marken schal men eyne ewige almissen maken to Unser Leven Vrowen kerken, alse Hermen up dem Orde begund heft.*

716 Vgl. AHL, Testamente, Hermen up dem Orde de oldere, 1. Januar 1419: *Mine vormundere kese ik Hinrike upme Orde, mynen broder, Hildebrande Vockinghusen, Tidemanne Brekelveld unde Willem Richardes.*

717 Vgl. AHL, Testamente, Hinrik Wynzenberch, 16. Mai 1415.

718 Vgl. AHL, Niederstadtbuch zu 1431 Lucas.

719 Vgl. zur Auflistung der beträchtlichen Schulden und den Namen der Gläubiger LÜB UB 7, Nr.830.

720 Vgl. LEC UB 1,9, Nr.221.

721 Vgl. AHL, Testamente, Hinrik upper Heyde, 18. Juli1436: *... unde dar to, wes ik in Westfalen hebbe. ... Item Jacobes van Hacheden dochter Lyseken geve ik 10 mark lub ut der selschop, de wy tosamende hebben.*

722 Vgl. AHL, Testamente, Marquard Vinke, 4. August 1431. Vinke war mit den vamme Kyle verwandt: *Item Tymmen unde Arnde vamme Kyle unde Taleken, erer suster, de myne neghesten erfnamen synt, gheve ik yewelkem 2 mark lub.*

723 Vgl. AHL, Testamente, Arnd Heyse, 9. Oktober 1432 und 24. Juli 1436.

724 Vgl. AHL, Testamente, Jacob van Hacheden, 3. August 1436: *Item geve ik myner moder broder, de dar wonet to Brugge in Vlanderen, de het Jacob Betzendorp, 30 mark. Item geve ik myner moder brodersone, ene den heten ze Jacob Vlugghe, myne kiste, myne cleder en deel, wes ik hir na vorgeve in desser scrifft, anders schal he de cleder al hebben. Item myn kuntoer, dar to 70 mark. Item geve ik eynem medekin, dat myn vorworven dochter is, hundert mark.*

725 EBD.: *Hir to kese ik myne vormundere unde bidde se umme de leve godes, dat se dit vorderen*

Schwiegersohn des Lübecker Notars Hertze, war mit dem Stralsunder Albert Clepping geschäftlich verbunden. Mit ihm kam es im Jahr 1420 zum Streit.[726]

Wie der Stralsunder mit den Dortmunder Clepping verwandt war, ist schwer zu erkennen. Allerdings gab es deutliche familiäre Verbindungen zwischen Stralsunder Ratsfamilien und den Dortmundern. Johan Vrydag in Stralsund war am Ende des 14. Jahrhunderts mit einer Tochter des Hinrik Clepping in Dortmund verheiratet.[727] Ein Ditmar Clepping, Sohn des Bürgermeisters Hermann, starb vor 1395 in Stralsund.[728] Wie der Stralsunder Ratsherr Conrad Clepping, der vor 1367 verstarb, mit diesen Familien verwandt war, ist noch zu klären.[729] Beziehungen blieben auch im 15. Jahrhundert bestehen. 1422 bestätigte in Stralsund Wigger Clepping *van Dortmunde, her Hermen Clippinges sone des borghermesters,* dass er dem Danziger Bürger Peter Bredeveld 30 1/2 Pfund Flämisch schuldete.[730] Wiggers Vater, Hermann Clepping, verhandelte 1387 in Dordrecht für die Hanse und beteiligte sich 1391 am Hansetag in Hamburg.

Kehren wir nach der Betrachtung seiner Partner, die für ihn bei der Entlassung aus der Kerkerhaft bürgten, und ihrer Verbindungen zu Thideman Steen zurück. Steen stammte wohl aus Hildesheim, denn er war allem Anschein nach mit dem Hildesheimer Bürger Henning Steen verwandt, der 1393 dem Lübecker Ratsherrn Hinrik Westhof 30 Mark schuldete.[731] 1423 schrieb der Hildesheimer Rat wegen eines Problems mit Weinverkauf an Steen.[732] Ob er auch mit dem Hildesheimer Protonotar in den 1420er und 1430er Jahren und späteren Hildesheimer Bürgermeister Berthold Steen verwandt war, ist bisher nicht eindeutig zu klären.[733] Seit 1430 saß ein weiterer

---

unde vullenbringen, also ik en des to betruwe. Int erste Lodewich Greveroden, Hinrik Greveroden, Hinrik Wygen, den schomaker, Hinrik Wissendorpe unde Jacob Vlugge ...

726 Für Hinrik Greverade und Albert Clepping setzten sich 1425 die Räte von Stralsund und Greifswald in einem Brief an Lübeck ein, vgl. LÜB UB 6, Nr.641. 1421 schon verwandte sich der Rat von Stralsund in einem Brief für Hinrik Greverade im Streit mit Albert Clepping, vgl. LÜB UB 6, Nr.814. S. auch zum Streit Greverades mit Clepping um den Wein aus La Rochelle SCHROEDER, Liber II, Nr.549 (1421).

727 Auf das Erbe *Hinrici Clipping, in Tremonia defuncti,* erhob Johan Vrydag Anspruch *nomine sui et sue uxoris Mudeken, filie quondam domini Conradi Clipping felicis memorie, qui dicti Hinrici frater erat carnalis et legitimus.* Vgl. SCHROEDER, Liber I, Nr.744 (1384).

728 Vgl. DORTMUNDER UB II, S.629, Nr.891.

729 Vgl. SCHROEDER, Liber I, Nr.424.

730 Vgl. SCHROEDER, Liber II, Nr.642 (März 1422).

731 Vgl. SIMON, Niederstadtbuch, S.832,6. Henning Steen bürgt 1388 in Lübeck für Henning Gheverdes, *civis Brunswicensis,* der das Erbe des Gevehard de Bevenroth, der vor Scheveningen ertrunken war, einforderte, vgl. SIMON, Niederstadtbuch, S.647,2. In Hildesheim wird ein Bürger Henning Steen mehrfach erwähnt. Anscheinend ist er bei einer Ladung eines Göttinger Bürgers gerade auf der Reise, die ihn auch nach Lübeck führte, vgl. HILDESHEIM UB 2, Nr.1096 zum 31. Juli 1399: *Ok is uns witlik, dat Henning Steyn to der tid, alse de ladinge quam, nich to huse enwas unde noch nicht to hus komen en is.* Auch einer der Söhne Thidemans hieß Henning. Henning Steen, *filius domini Tidemani Steen,* erklärt sich mit seinem Erbe einverstanden, vgl. AHL, Niederstadtbuch zu 1435 Conceptio Marie.

732 Vgl. HILDESHEIM UB 3, Nr.1036.

733 Vgl. zum Protonotar Berthold Steen HILDESHEIM UB 3 Reg.Pos. und zum Bürgermeister HILDESHEIM UB 4, Nrn.549,553,558,591.

Träger dieses Namens im Hildesheimer Rat: Andreas Steen.[734] Dieser vertrat mehrfach Hildesheims Interessen vor den hansischen Delegierten und nahm auch am Johannistag 1456 am Treffen in Lübeck teil.[735]

Sicherlich verwandt war Thideman mit dem Lübecker Bürger Hinrik Steen, denn er hatte für diesen Löschungsvollmacht und rechnete im Dezember 1437 mit ihm ab.[736] Es handelte sich wohl nicht mehr um den Hinrik Steen, der mehrfach seit den 70er Jahren des 14. Jahrhunderts[737] in geschäftlichen Transaktionen im Niederstadtbuch zu beobachten ist,[738] sondern um dessen gleichnamigen Sohn. Hinrik Steen war mit einer Tochter des Gerhard Vinke verheiratet, die nach seinem Tode dem Ratsherrn Hinrik van Stiten in die Ehe gegeben wurde.[739]

Thideman Steen ist im Lübecker Niederstadtbuch erst nach 1400 zu finden. Gemeinsam mit Berthold van der Oest und Thideman Castorp erkannte er im Februar 1401 an, dass sie den Hartwich Krukow, Marquard Schutte, Friedrich Kortsak und Albert van Ulssen[740] 200 Mark schuldeten.[741] Hartwich Krukow und Marquard Schut-

---

734 Vgl. HILDESHEIM UB 4, Nrn.107,200,357,362.

735 So entschuldigte Andreas Steen 1450 das Fernbleiben der Hildesheimer Gesandten, vgl. HR 2,3, Nrn.649,672,652.

736 Vgl. AHL, Niederstadtbuch zu 1411 Marcus evangelista: *Nicolaus Westfal presens libro recognovit, se et suos heredes teneri Hinrico Steen et suis heredibus in II C et XX marc. Lub. Pasche proxime affuturo persolvendas* ... Überschriebener Nachtrag: *Iussu domini Tideman Steen deletum, qui in hoc erat potens.*

737 Im Dezember 1377 verglichen sich die Brüder Hinrik und Johan Steen über ihr Erbe, vgl. SIMON, Niederstadtbuch, S.386,2 (1377 Barbare): *Sciendum, quod Hinricus et Johannes fratres dicti Steen presentes huic libro recognoverunt se in omnibus bonis suis esse penitus separatos et divisos, quia eciam dixerunt se nulla bona immobilia simul habuisse.*

738 Hinrik Steen wird dabei häufig als Gläubiger genannt, vgl. SIMON, Niederstadtbuch, S.400,4 (1378 Quasimodogeniti): Marquard Schiphorst schuldet ihm 100 Mark. Für diesen bürgt (*coniuncta manu*) Arnold van der Brugge. Zu 1388 Assumptio Marie: Hinric Schindelef schuldet Hinrik Steen 60 Mark. Mit ihm verpflichtet sich (*coniuncta manu*) Johannes vam Horne. Vgl. SIMON, Niederstadtbuch, S.669,1. Zu 1389 Egidii: Johan Niestad schuldet dem Hinrik Steen 219 Mark. Zu 1394 Symonis et Jude: Margareta, Witwe des Nicolaus Peperkorn, schuldet Hinrik Steen 152 Mark. Zu 1397 Jacobi: *Notandum, quod Hinricus van dem Orde et Johannes Ghluzingh presentes huic libro recognoverunt se fideiubendo promisisse coniuncta manu Hinrico Steen pro Gherardo vam Reys pro 700 mr dn Lub minus 1 mr in festo pasche proxime venturo persolvendis. Postea apud hunc librum constitutus Gotscalcus van Wickeden recognovit, quod de prescripta pecunia 700 mr vult super termino pretacto persolvere 233 mr.* Vgl. SIMON, Niederstadtbuch, S.984,3.

739 S. FEHLING, Ratslinie, S.74.

740 Albert van Ulssen wurde als Provisor von Johan bi dem Dore eingesetzt. Bi dem Dore bedachte besonders Verwandte in Kolberg und in der Nähe: *Item miner modderen, Tessekens wive to Wartkowe bi Kolberghe, unde Telseken van Scherven, erer dochter, unde Telseken Voeghelers to Colberghe, minen modderen, gheve ik 1 terling wandes ... Item gheve ik Langen Hanse unde Langen Hinrike, minen oemen bi Colberghe, unde eren kinderen tosamen 200 mark.* ... Anscheinend lebte Bi dem Dore hauptsächlich in Kolberg und nur zeitweise in Lübeck. In Kolberg befanden sich auch seine Waffen, die er vererbte: *Item dit vorscreven harnasch is in minen kisten to Colberghe. ... Darto gheve ik en 6 enghelsche lakene, de ik hebbe in miner herberghen in Detlef Haverlandes hus to Lubek.* Als Kolberger bedachte er auch das von Jakob Holk in Lübeck gestiftete Armenhaus: *Item to deme ellenden hus in der Klokgheterstraten, to deme huse der armen, de her Jacob Holk herberghet up den Pogghenpole* .... Der Wandschneider bi dem Dore stand auch in Geschäftskontakten mit Johan van Lubeck in Stralsund: *desse terling steet in Jo-*

te gehörten, wie wir schon gesehen haben, später auch dem Neuen Rat an. Die hier genannte Schuld übernahmen sie für den Flandernfahrer Peter Ritzeke,[742] der vielfach in geschäftlichen Verbindungen mit Ratsherren und führenden Kaufleuten zu sehen ist.[743]

Netz 97: Peter Ritzeke

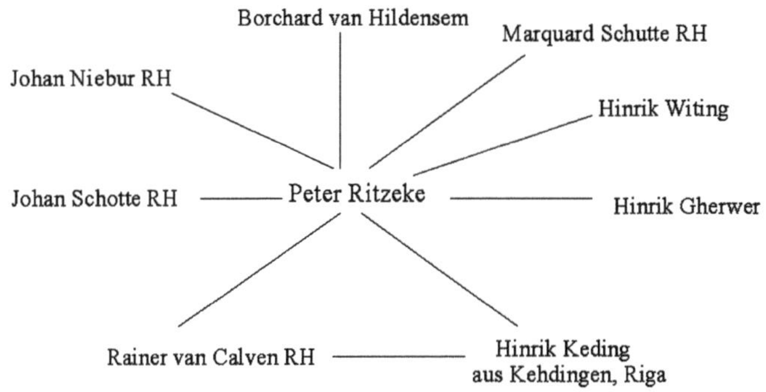

Gemeinsam hatten Ritzeke und Johan Niebur schon vor 1387 Schaden von mehreren Last Heringen in Damme und Sluis erlitten.[744] 1391 lösten sie eine Handelsgesellschaft auf.[745] Später müssen sich Niebur und Ritzeke wieder verbunden haben, denn 1399 beendeten sie erneut eine *societas*.[746]

hans hus van Lubek in der Boden straten to deme Sunde. Vgl. AHL, Testamente, Johan bi dem Dore, 13. Mai 1403.

741 Vgl. AHL, Niederstadtbuch zu 1401 Cathedra Petri: *Bertoldus van der Oest, Tidemann Castorp et Tidekinus Steen presentes libro recognoverunt se coniuncta manu teneri Hartwico Krukow, Marquardo Schutten, Friderico Kortsak et Alberto de Ulssen in ducentis marc. Lub. ... Recognoverunt etiam quod predictas IIc marcas tenentur ex parte Petri Ritzeken*.

742 S. ASMUSSEN, Flandernfahrer, S.647f.

743 Seit den 1390er Jahren arbeitete Ritzeke mit dem ehemaligen Danziger Bürger Engelbert Nachtegal zusammen, der nach Lübeck umgezogen war. Nachtegal stand weiterhin in engem geschäftlichen Kontakt mit der Elbinger Kaufmannschaft. Gemeinsam mit dem Visbyer Ratsherrn Johan Vlaming erhielt er eine Leibrente aus Elbing, s. DIERCK-DÜNNEBEIL-RÖẞNER, Hansekaufleute, S.302.

744 Vgl. HR 1,3, S.362, Nr.353 §1 bis §4.

745 Vgl. SIMON, Niederstadtbuch, S.786,4 (1391 Octava assumpcionis Marie): ... *Petrus Riczeke presens huic libro recognovit se domino Johanni Nyebur teneri in 800 mr dn persolvendis in*

1395 schuldete Ritzeke dem Borchard van Hildensem 452 Mark.[747] Ritzeke ist auch in finanzieller Verbindung mit Herbord van der Linden und Everhard van Hereke zu sehen,[748] wie auch mit Wennemar van Essen[749] und Johan Schotte.[750] Besonders eng war Ritzekes Zusammenarbeit mit Hinrik Witing. Gemeinsam schuldeten sie zu Pfingsten 1391 dem Johan Grote den außerordentlich hohen Betrag von 2741 Mark. Für Ritzeke und Witing bürgten Johan Niebur, Rainer van Calven und Hinrik Gherwer.[751] Im Juni desselben Jahres schuldeten Ritzeke und Witing dem Rigischen Bürger Hinrik Keding, der auch Johan und Jakob Plescow wie Johan Niebur bedeutende Summen lieh, 636 Mark.[752]

1390 schon hatten Witing und Rainer van Calven bei Keding die Summe von 747 Mark geliehen. Keding setzte als seine Provisoren Richard Semmelbecker und Wilhelm van Hemforden ein.[753] Semmelbecker, der möglicherweise mit der gleichnamigen Lüneburger Ratsfamilie verwandt war, kam auch aus Riga. Er zog um1385 nach Lübeck.[754] In seinem Testament von 1390 bedachte er neben Lübeck stark Institutionen in Riga.[755] Demnach hatte er weiterhin eine besondere persönliche Beziehung zu dieser Stadt.[756] Semmelbecker war 1378 Ältermann in Brügge für das gotländisch-livländische Drittel gewesen.

Auch mit Hinrik Schonenberg, einem Sohn des gleichnamigen Brügger Āltermannes und einem Verwandten des gleichnamigen Lübecker Ratsherrn (1376 -

---

festo pasche proxime futuro. Et cum hoc est omnimoda societas hactenus inter eos habita finaliter complanata, prout iidem dominus Johannes et Petrus hic presentes ambo recognoverunt.

746 Vgl. SIMON, Niederstadtbuch, S.1044,7 (1399 Quasimodogeniti): ... *Petrus Ritzeke presens libro recognovit se teneri domino Johanni Nyebur in 318 mr dn sibi amicabiliter persolvendis. Et cum hoc est omnimoda societas hactenus inter eos habita finaliter complanata, prout iidem recognoverunt.* Ritzeke wurde auch 1399 von Niebur als Provisor eingesetzt, s. ASMUSSEN, Flandernfahrer, S.649.

747 Vgl. SIMON, Niederstadtbuch, S.920,5 (1395 Elisabeth).

748 Vgl. SIMON, Niederstadtbuch, S.894,3 (1394 Thome): *Notandum, quod Johannes van dem Horne et Herbordus de Lynnen nomine Euerhardi de Hereke, Heyno van dem Reeke, Peter Rytzeke et Godekinus Sandowe presentes libro recognoverunt se teneri coniuncta manu Gherardo Rosen 330 mr Lub dn ex parte Hinrici Geneueldes in festo nativitatis Christi proximo venturo amicabiliter persolvendas.*

749 Wennemar van Essen schuldete 1392 dem Gherwin van Ergeste 321 Mark. Für ihn bürgten *coniuncta manu* Johan Rave und Peter Ritzeke, vgl. SIMON, Niederstadtbuch, S.807,2 (1392 Brixii).

750 Ritzeke schuldete Schotte im Februar 1391 491 Mark, die bis Michaelis zurückzuzahlen waren, vgl. SIMON, Niederstadtbuch, S.723,3 (1390 Invocavit).

751 Vgl. SIMON, Niederstadtbuch, S. 108,6 (1367 Petri et Pauli). Vgl. auch SIMON, Niederstadtbuch, S.780,7: *Notandum, quod Petrus Ryczeke et Hinricus Wytingh presentes libro recongnoverunt se teneri Johanni Groten in sancti Johannis plathea moranti in 2741 mr Lub in festo penthecostes proximo futuro persolvendis, pro quibus dominus Johannes Nyebur, Reynerus van Caluen et Hinricus Gherwer coniuncta manu fideiusserunt cum Petro et Hinrico Witingh antedictis.*

752 Im Namen Kedings hatten Richard Semmelbecker oder Wilhelm van Hemforden Löschungsvollmacht, vgl. SIMON, Niederstadtbuch, S.780,7 (1391 Petri et Pauli).

753 In demselben Jahr hatte Keding auch einem Königsberger Bürger 80 Mark Preuß. geliehen, vgl. SIMON, Niederstadtbuch, S.736,1.

754 S. DIERCK-DÜNNEBEIL-RÖßNER, Hansekaufleute, S.382.

755 S. die Übersicht bei ASMUSSEN, Flandernfahrer, S.239.

756 Vgl. SIMON, Niederstadtbuch, S.745,3.

1384), stand Keding in finanziellen Beziehungen. 1389 hatte er ihm 100 Mark geliehen.[757] Keding stammte sicherlich aus dem Lande Kehdingen.[758] 1384 schuldete Heyne van Hachede dem Keding 100 Mark. Für den Schuldner bürgte sein Namensvetter, der ab 1387 als Ratsherr amtierte.[759] In demselben Jahr löste Keding die Handelsgesellschaft mit Bernhard Tusveld auf, der ihm noch 160 Mark schuldete.[760] Auch bei Simon Swerting hatte Tusfeld, der mit dem Flandernfahrer Hermann Paal zusammen bürgte,[761] Kredit. Dieser lieh ihm 1384 120 Mark.[762]

Netz 98: Hinrik Keding

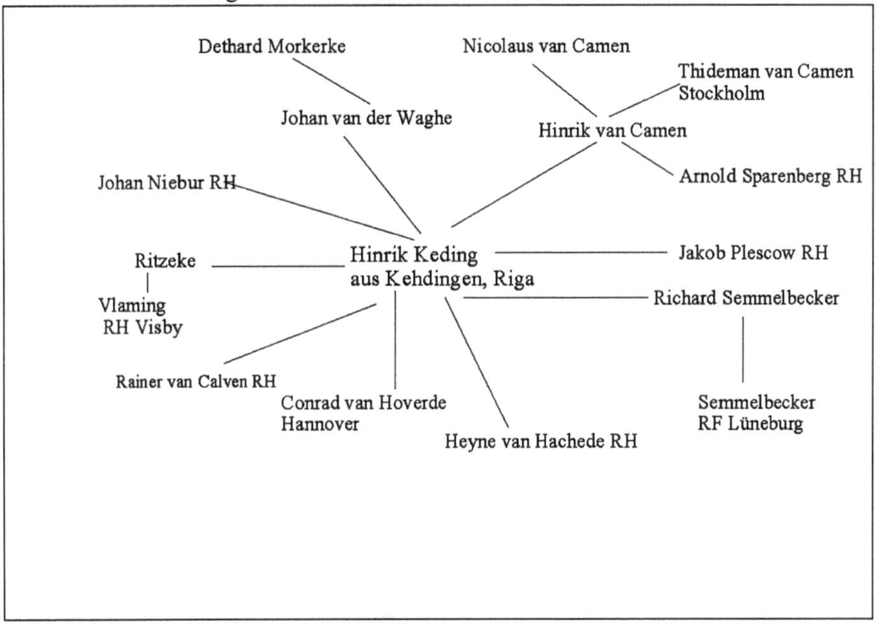

Tusfeld stand in einem Vertrauensverhältnis zu dem Flandernfahrer Willekin Reygher, der ihn mit seinen Brüdern und Hermann Peternelle als Provisor im Testament von 1354 einsetzte.[763] Auch Peternelle, der wohl aus Osnabrück kam, benannte Tusfeld als Provisor.[764] 1388 zeigt sich, dass Keding auch mit Kaufleuten in Hannover in

757 Vgl. SIMON, Niederstadtbuch, S.695,2.

758 1382 bestätigte Hinrik Cluver *de terra Kedinghie* vor dem Niederstadtbuch, dass er von Hinrik Keding, dem Bruder seiner Frau, alles aus dem Erbe des verstorbenen Martin Keding erhalten habe, vgl. SIMON, Niederstadtbuch, S.490,2. Ein Hinrik Keding wurde 1381 von dem Bergenfahrer Heidenreich van Stade als Provisor eingesetzt, s. BRUNS, Bergenfahrer, S.29.

759 Vgl. SIMON, Niederstadtbuch, S.550,4.

760 Vgl. SIMON, Niederstadtbuch, S.558,1.

761 Vgl. SIMON, Niederstadtbuch, S.287,7 (1375).

762 Vgl. SIMON, Niederstadtbuch, S.552,6.

763 S. ASMUSSEN, Flandernfahrer, S.637.

764 Vgl. SIMON, Niederstadtbuch, S.350,7 (1377). Zu Peternelle, der wahrscheinlich mit der gleichnamigen Osnabrücker Ratsfamilie verwandt war, s. S. 38,136,253.

finanziellem Kontakt stand. Er hatte in diesem Jahr an den dortigen Bürger Conrad van Hoverde 90 Mark zurückbezahlt.[765] Der Rigaer Bürger Hinrik Keding hatte besonderes Vertrauen zu Hinrik van Camen in Lübeck, den er 1363 und 1364 als Prokurator für das dem Johan van der Waghe geliehene Geld von 240 und 312 Mark benannte.[766] Wahrscheinlich stammte Johan van der Waghe aus Reval oder Dorpat.[767] Er war verheiratet mit Elisabeth, einer Schwester des Dethard Morkerke, dem Achtzehnmann der Hanse des Jahres 1358 in Dordrecht.[768] Somit stand er in entfernteren verwandtschaftlichen Beziehungen zu Johan Schepenstede und Thomas Morkerke.[769]

In geschäftlichen Beziehungen stand van der Waghe mit den Brüdern Johan und Hinrik Hamma aus Hamburg,[770] mit Magdeburger Kaufleuten[771] und mit dem Lübecker Hinrik van Dortmund, dem er 1366 302 Mark schuldete.[772] 1368 hatte van der Waghe bei dem Dorpater Eberhard Vote, der anscheinend mit dem Visbyer Ratsherrn Hinrik Vote verwandt war, Schulden von etwa 112 Mark.[773] Als einer der Prokuratoren, die im Namen Votes das Geld erhalten sollten, wurde Conrad Tutinghusen genannt.

Tutinghusen war 1371 mit seinem Bruder Wichman bei Jakob Plescow mit 552 1/2 Mark verschuldet.[774] Conrad und Wichman Tutinghusen stammten aus Soest und handelten nicht nur mit Preußen,[775] sondern hatten auch Verwandte in Thorn.[776] Von den Thorner Tutinghusen stieg Johan 1406 in den Rat auf.[777] Auch 1368 sind mehrfach Schulden des Johan van der Waghe erfasst. So schuldete er in diesem Jahr dem Simon Swartecop fast 235 Mark,[778] dem Johan van Lobeke und dem Hinrik Bikketut

765 Vgl. SIMON, Niederstadtbuch, S.659,4.

766 Vgl. SIMON, Niederstadtbuch, S.12,5 und S.41,5.

767 S. ASMUSSEN, Flandernfahrer, S.92.

768 S. DIERCK, Älterleute, S.79, S.174f.

769 S. ASMUSSEN, Flandernfahrer, S.160 mit der Genealogie.

770 Vgl. SIMON, Niederstadtbuch, S.40,7 (1363): *Johannes Hamma senior et Hinricus Hamma tenentur coniuncta manu Johanni van der Waghe 370 mr festo pasche proximo expedite persolvendas.*

771 Vgl. SIMON, Niederstadtbuch, S.43,3 (1364): *Kone Koper et Albertus van dem Briele cives in Magdeborch tenentur coniuncta manu Johanni van der Waghe 286 mr minus 4 s Lub dn festo purificacionis beate Marie virginis proximo expedite persolvendas. De hac pecunia pertinent Heynoni Stoltenbergh 82 mr minus 18 dn.*

772 Vgl. SIMON, Niederstadtbuch, S.86,6. In demselben Jahr schuldete er auch Johan Hasse 386 Mark, vgl. SIMON, Niederstadtbuch, S.91,6.

773 Vgl. SIMON, Niederstadtbuch, S.134,9: *Johan van der Waghe tenetur Euerhardo Vote de Tarbato 112 mr dn minus 5 ½ s in festo pentecostes proxime futuro persolvendas.*

774 Vgl. SIMON, Niederstadtbuch, S.187,4.

775 S. AHNSEHL, Thorns Seehandel, S.112.

776 Bekannt sind aus dem Lübecker Testament des Gottfried Tutinghusen vom 17. Februar 1358 noch zwei weitere Brüder mit Namen Hermann und Hinrik. Der Testator gab testamentarisch an seinen *avunculus*, den Priester Gottfried in Soest, s. VON BRANDT, Regesten.

777 S. AHNSEHL, Thorns Seehandel, S.113.

778 Als Prokurator Simons, der in seiner *absencia* Löschungsvollmacht hat, wird der Ratsherr Johan Luneborg genannt, vgl. SIMON, Niederstadtbuch, S.136,7 (1368). Vgl. auch SIMON, Niederstadtbuch, S.172,7 (1370): *Johannes de Libra tenetur Simoni Zwartecop 217 ½ mr dn in festo nativitatis beati Johannis baptiste proxime futuro persolvendas. Dominus Johannes de Luneborgh erit potens tollere istud debitum et delere hanc scripturam Simone non presente.*

206 1/2 Mark.[779] Hermann, Sohn des Ratsherrn Gottschalk Warendorp, hatte 1369 125 Mark von van der Waghe geliehen, wie ebenso Heyne van Stade 200 Mark in diesem Jahr.[780] 1370 und 1371 nahm van der Waghe wieder Geld auf, nämlich 348 Mark von Hermann vamme Sode[781] und 243 Mark von dem Ratsherrn Brun (II.) Warendorp.[782] Anfang Juni 1371 hatte er auch von Johan Niestad und Siegfried Ridder 450 Mark oder 100 Pfund Flämisch geliehen, die er Mitte August in Brügge zurückzahlen sollte.[783] 1372 bürgte van der Waghe für den Hamburger Bürger Thede van Stendal dem Hermann Dartzow für 174 Mark.[784] 1373 konnte er dem Rigaer Bürgermeister Gerwin Winkel die von diesem geforderten 575 Mark zurückzahlen.[785] In demselben Jahr nahm van der Waghe bei Volmar Buxtehude 206 Mark auf und bestätigte,[786] dass er Hinrik Berner in Brügge vier Wochen nach Ostern 30 Pfund Fläm. zurückzahlen werde.[787] Zu Pfingsten des Jahres wollte er auch Johan van Hachede und seinem Sohn Hinrik in Brügge 30 Pfund Fläm., die 150 Mark entsprachen, wie auch Marquard Volkerstorp 100 Pfund Fläm. zurückzahlen.[788]

Anscheinend hatte van der Waghe zu viele Schulden angesammelt, denn zu Johan Baptist 1374 musste er vor dem Niederstadtbuch *omnia bona sua* einsetzen, um die Gläubiger zufriedenzustellen.[789] Außer den schon erwähnten Verpflichtungen van der Waghes werden hier weitere bei Arnold Berkhoff (272 Mark), bei Bernhard Barenbrugge (114 Mark) und bei dem Wechsler Vicke (84 Mark) aufgeführt. Es wird darauf hingewiesen, dass die Schulden bei Hinrik Berner an dessen Lübecker Vertraute Hartmann Pepersak und Giselbert Niestad zu zahlen seien. Bei der Aufzählung des Besitzes, den van der Waghe in die Waagschale werfen konnte, wurde auch das Haus des Ratsherrn Johan Wesseler erwähnt, das durch Erbgang an ihn gekommen war.[790] 1378 schuldete van der Waghe mit seinem Sohn Ludolf dem Johan Vischbeke 31 Mark. Mit ihnen bürgte *coniuncta manu* Reineke van der Hoye.[791] Van der Hoye

---

779 Die Summe sollte *ad unam quindenam post proximum festum pasche* bezahlt werden. Dieses geschah, wie Biekketut bezeugte, vgl. SIMON, Niederstadtbuch, S.140,7 (1368).

780 Vgl. SIMON, Niederstadtbuch, S.140,10, S.149,4.

781 Vgl. SIMON, Niederstadtbuch, S.175,8.

782 Vgl. SIMON, Niederstadtbuch, S.178,6. Zu diesem Zeitpunkt hatte er noch 89 Mark Schulden bei Hermann vamme Sode, S.178,7.

783 Vgl. SIMON, Niederstadtbuch, S.182,8.

784 Vgl. SIMON, Niederstadtbuch, S.196,1. Auch für dessen Schulden bei Niestad bürgte van der Waghe 1373, vgl. SIMON, Niederstadtbuch, S.217,4: *Tede van Stendele tenetur Johanni Nyestad 136 mr dn in festo beati Martini proxime futuro persolvendas, pro quibus Bertoldus Douel cum ipso coniuncta manu fideiussit. Johannes de Libra in vigilia beati Bartholomei in eodem anno sequente presens iuxta librum promisit eidem Bertoldo Douel eripere a debito ...*

785 Gottschalk Arnsberg aus Riga bestätigte, dass er *ad usus et ad manus domini Gherwini Winkel proconsulis Rigensis* das Geld erhalten habe, vgl. SIMON, Niederstadtbuch, S.201,5.

786 Vgl. SIMON, Niederstadtbuch, S.216,4.

787 Vgl. SIMON, Niederstadtbuch, S.241,4.

788 Vgl. SIMON, Niederstadtbuch, S.243,2 und S.245,7.

789 Vgl. SIMON, Niederstadtbuch, S.253,1. Aus diesem Eintrag geht eindeutig hervor, dass mit den erstaunlicherweise an denselben Tagen aufzufindenden unterschiedlichen Namensformen Johannes de Libra und Johan van der Wage eine Person gemeint ist.

790 Vgl. SIMON, Niederstadtbuch, S.253,1.

791 Vgl. SIMON, Niederstadtbuch, S.410,2.

hatte 1369 Johan Halfwinner 350 Mark geliehen, für die Hinrik van Essen bürgte.[792] 1372 schuldete er Johan Crispin 176 Mark, für die er sein Wohnhaus auf dem Klingenberg, das unter dem Namen *tu dem halven mane* bekannt war, verpfändete.[793] Van der Hoye bürgte 1372 für die Schuld von 32 Mark des Ratsherrn Hermann van Herford bei dem Magister Arnold Ceppenhagen.[794] Im folgenden Jahr schuldete er gemeinsam mit Johan Ravenswold, der mit Everhard Cansteen in Stockholm, Conrad van Urden, Hermann Vorste, den Brüdern Dartzow und Hinrik Westhof in finanziellen Kontakten stand,[795] den Kindern des Rigischen Ratsherrn Nicolaus Tralow 110 Mark.[796] Mit Johan Castorp, Nicolaus Kröpelin und Hinrik Withun bürgte van der Hoye für den außergewöhnlich hohen Betrag von 1239 Mark, die eine Gruppe um Berthold Nienborch den Rittern Meynerstorp schuldete.[797]

Im Blick auf die verwandtschaftlichen und geschäftlichen Beziehungen Johan van der Waghes zeigten sich wiederum die engen Verbindungen, welche führende Personen in weiteren Städten einbezogen. Durch seine Lübecker Heirat war van der Waghe, der aus Livland kam, mit den Morkerke und wohl auch Johan Wesseler verbunden. Kredit hatte er bis 1374 nicht nur bei führenden Lübecker Kaufleuten und Flandernfahrer sondern auch bei dem Rigaer Ratsherrn Berner wie dem dortigen Bürgermeister Winkel. Anscheinend konnte van der Waghe durch den Einsatz seines Vermögens die Probleme 1374 lösen, denn im Herbst desselben Jahres nahm er wiederum in Lübeck einmal 200 Mark und einmal 21 Mark auf.[798] 1375 verschuldete er sich mit Johan Sachtelevend bei dem Ratsherrn Conrad van Urden mit 42 Mark.[799] 1378 schließlich bürgte van der Hoye für ihn.[800] Wenn auch sein Kredit nach 1374 eingeschränkt war, gelang es van der Waghe dennoch, kleinere Summen bei wichtigen Herren aufzunehmen.

Ebenso waren 1390 Witing und Rainer van Calven bei Keding mit dem Betrag von 747 Mark verschuldet.[801] Aber nicht nur mit Johan Schepenstede, Johan Nie-

---

792 Vgl. SIMON, Niederstadtbuch, S.155,6.

793 Vgl. SIMON, Niederstadtbuch, S.206,6.

794 Vgl. SIMON, Niederstadtbuch, S.209,4.

795 1374 schuldete er mit seinem Bruder Timmo dem Stockholmer Bürgermeister 70 Mark, vgl. SIMON, Niederstadtbuch, S.272,6. 1375 schuldete er *domino* Conrad van Urden 49 Mark, vgl. SIMON, Niederstadtbuch, S.291,4. In demselben Jahr nahm er bei Hermann Vorste 39 Mark auf, vgl. SIMON, Niederstadtbuch, S.302,8. Mit Reyneke Mentze schuldete er auch 1375 den Brüdern Hermann und Gerhard Dartzow 147 Mark. Für sie bürgte Reyneke van der Hoye, vgl. SIMON, Niederstadtbuch, S.304,2. Auch 1375 nahm er bei Nicolaus Stoltevoet 49 Mark auf, vgl. SIMON, Niederstadtbuch, S.308,4. 1376 schuldete Johan wiederum mit seinem Bruder Tymmo dem Ratsherrn Hinrik Westhof 67 ½ Mark, vgl. SIMON, Niederstadtbuch, S.313,5.

796 Vgl. SIMON, Niederstadtbuch, S.223,8.

797 Vgl. SIMON, Niederstadtbuch, S.261,6.

798 200 Mark nahm er bei Johan Schoping in der Mengstraße auf und setzte als Pfand das Haus des Johan Wesseler, vgl. SIMON, Niederstadtbuch, S.268,7. Von Gottschalk Morkerke erhielt er 21 Mark, für die der städtische Notar Jakob Cynnendorp bürgte, vgl. SIMON, Niederstadtbuch, S.275,7.

799 Vgl. SIMON, Niederstadtbuch, S.291,5.

800 Vgl. SIMON, Niederstadtbuch, S.410,2.

801 Richard Semmelbecker oder Wilm van Erphorden waren zur Löschung bevollmächtigt, vgl. SIMON, Niederstadtbuch, S.736,1 (1390 Corporis Christi).

bur[802] und van Calven arbeitete Hinrik Witing, der auch mit Flandern handelte,[803] eng zusammen,[804] sondern besonders vertrauensvoll war seine Beziehung zu dem Visbyer Ratsherrn und Delegierten Johan Vlaming. Als Rainer van Calven diesem 500 Mark im Jahr 1392 schuldete, für die Johan Niebur bürgte, setzte Vlaming, der in Lübeck vor dem Stadtbuch erschienen war, Hinrik Witing *in suum procuratorem* ein.[805] Schon 1389 hatte Witing im Namen Vlamings einen Eintrag über eine Schuld von 200 Mark löschen lassen, für welche Johan Schonenberg gebürgt hatte.

Schuldner waren die Brüder van Stiten, von denen Nicolaus 1402 in den Rat gewählt wurde und 1408 die Stadt verließ.[806] Nicolaus van Stiten war 1403 und 1406 als Gesandter des Rates in Livland, 1407 als Delegierter auf einem Hansetag. 1411 vertrat er die Rechte des Alten Rates gegen die Wortführer des Neuen Rates in Brügge. Von 1416 bis 1422 nahm er dann an neun weiteren Hansetagen teil. Aus einer Bestätigung seiner Witwe Abele, einer Tochter Gerhard Tusfelds, und seines Sohnes Jakob im Jahre 1437 geht hervor, dass Nicolaus van Stiten mit dem Rostocker Ratsherrn Winold Baggel zusammenarbeitete. Baggel nahm an zwei Hansetagen 1417 in Wismar und 1420 in Schleswig teil. Sie hatten gemeinsam Schulden von 200 Mark bei Brand van Ghetelen, der mit Ludeke Niestad, wie den Kollmann und auch den van Thunen in vertrauensvollen Beziehungen stand.[807] Brand van Ghetelen setzte beispielsweise in seinen Testamenten 1421 und 1425 den Ratsherrn Dethmar van Thunen als Provisor ein.[808]

802 Vgl. auch noch SIMON, Niederstadtbuch, S.613,3 (1387 Octav Innocentium): *Notandum, quod dominus Johannes Nyebur presens apud librum recongnovit se plene habuisse et recepisse a domino Johanne Schepensteden illas centum mr Lub dn, pro quibus idem dominus Johannes Schepenstede Hinrico Witinghe fideiusserat pro Bertoldo Grusser.*

803 Vgl. SIMON, Niederstadtbuch, S.662,6 (1388 Margarete): *Notandum, quod apud librum constituti Thidemannus Scraghe et Wyneke de Vnna recongnoverunt se teneri Hinrico Wytingh et Enghelkino Nachteghalen coniuncta manu in 25 lb grossorum Flamici pagamenti in festo beati Michaelis aut ad octo dies postea proximis, prout tunc Flamicum pagamentum hic in civitate Lub persolvitur, persolvendis, quod, si non facerent, promiserunt solvere, quidquid ipse Hinricus Witingh propter ea occasione dampni vel expensarum sustineret.*

804 1388 schuldeten Rainer van Calven und Hinrik Witing dem Keding bis Pfingsten 813 1/2 Mark. Wilhelm van Hemforden oder Richard Semmelbecker waren zur Löschung bevollmächtigt, vgl. SIMON, Niederstadtbuch, S.660,2 (1388 Johannes Baptista).

805 Rainer van Calven schuldete dem *domino Johanni Vlaminghe consuli in Wysby Gotlandie* 500 Mark. Johan Niebur und Hinrik Witing bürgten mit ihm. Vgl. SIMON, Niederstadtbuch, S.705,1 (1389 Cyriaci): *Postea de anno 92 1100 virginum dominus Johannes Vlamingh presens libro constituit eundem Hinricum Wytingh in suum procuratorem ad percipiendum huiusmodi pecunias et scripturam facere cancellari.*

806 Die Brüder Nicolaus, Conrad und Hermann van Stiten schuldeten *domino Johanni Vlaminghe consuli in Wysbu Gotlandie* 200 Mark. Für sie bürgte Johan Schonenberg; *et Hinricus Witingh erit potens tollere has pecunias et scripturam facere cancellari. Hinricus Wytingh presens libro iussit scripturam cancellari.* Vgl. SIMON, Niederstadtbuch, S.709,1 (1389). Vgl. SIMON, Niederstadtbuch, S.933,4 (1396) zu einer weiteren Bestätigung der Rückzahlung einer Schuld von 200 Mark, welche die Brüder van Stiten gemeinsam mit Johan Schonenberg aufgenommen hatten.

807 1437 schuldeten Abelke, die Witwe des Nicolaus van Stiten, ihr Sohn Jakob und Winold Baggel aus Rostock dem Brand van Ghetelen 200 Mark, vgl. AHL, Niederstadtbuch zu 1437 Nativitas Christi.

808 Vgl. AHL, Testamente, Brand van Ghetelen, 29. April 1421: *Mine vormundere kese ik hern Detmare van Thunen, Johanne Koleman, Corde van Ghetelen, mynen broder, unde Ludeken van*

1395 hatte Vlaming den Hinrik Witing bevollmächtigt, in seinem Namen von Hillegund, der Witwe des Gottfried Travelmann, 200 Mark einzunehmen und den entsprechenden Eintrag im Niederstadtbuch löschen zu lassen. Als von Travelmann eingesetzte Provisoren werden die Ratsherren Bertram Kerkring und Hermann (II.) Yborg wie die Bürger Thideman Drughe und Bernhard Travelmann genannt.[809] Allerdings war Vlaming im November des Jahres doch selbst in Lübeck und veranlasste die Streichung.[810] 1396 bestätigte Vlaming, dass er von Witing mehrere Summen erhalten habe. Hier erscheinen auch weitere größere Beträge, so die 840 Mark, die Vlaming den Johan Oldenborg, Mitglied des Neuen Rates, Bertram van Rinteln und Hermann Hilge geliehen hatte.[811]

Im Blick auf Ritzeke und Witing haben wir wiederum die engen Verbindungen der führenden Kaufleute zu Mitgliedern des Alten wie des Neuen Rates in Lübeck und zu Ratsherren und Delegierten aus anderen Hansestädten erkennen können.

Kehren wir zu Thideman Steen zurück. Wie wir gesehen haben, arbeitete er mit Berthold van der Osten und Thidekin Castorp zusammen. So bürgte van der Osten 1401 für Steens Schulden von 200 Mark.[812] Van der Osten sagte ebenso 1393 schon für Tymmo Boytin gut, einem Verwandten des Franziskus Boytin.[813] Boytin stand 1408 in Verbindung mit dem Ratsherrn Marquard Bonhorst.[814] Sicherlich hatten auch Castorp und van der Osten eine Handelsgesellschaft. 1397 schuldeten sie gemeinsam den Brüdern van der Helle 200 Mark. Für sie bürgte Ratsherr Heino van Hachede.[815] Die Brüder Helle hatten wir schon im Zusammenhang mit Marquard Vinke und Ber-

---

Ghetelen, mynen oem ... Vgl. das Testament des Brand van Ghetelen, 15. August 1425: *Item hern Detmare van Thunen, Johanne Kolman unde Ludeken van Getelen, mynem ome, geve ik islikem ene engelsche nobelen enen guldenen ryngh van to makende. ... Mine vormundere kese ik hern Detmare van Thunen, Johanne Koleman, Corde van Ghetelen, mynen broder, unde Ludeken van Ghetelen, mynen om ...*

809 *Provisores tunc presentes erant domini Bertrammus Kerkringh et Hermannus Yborch consules, Tydemannus Droghe et Bernardus Trauelman cives.* Vgl. SIMON, Niederstadtbuch, S.915,4.

810 Vgl. SIMON, Niederstadtbuch, S.915,4: *Insuper antedictus dominus Johannes Vlamingh fecit plenipotentem procuratorem ad hoc Hinricum Wytyngh, ut hanc scripturam cancellari iubere potest, postquam a predictis provisoribus pretactam summam ducentarum mr sublevaverit. Antedictus dominus Johannes Vlamingh presens huic libro personaliter iussit cancellari istam scripturam anno 98 Andree apostoli.*

811 Vgl. SIMON, Niederstadtbuch, S.933,5 (1396 Misericordias).

812 Vgl. AHL, Niederstadtbuch zu 1401 Judica: *Tidemanus Steen presens libro recognovit se teneri Matheo van Hoseden et Godekino super cambium in II c marc. lub. in festo Pasche proxime futuro ultra ad unum annum ..., pro quibus una cum dicto Tidemanno Bertoldus van der Ost coniuncta manu fidejussit.* 1405 bürgten Goswin Cumhar und Thideman Steen gemeinsam mit Marquard van der Mohlen, Reyneke Ratelband, Berthold van der Osten, Thidemann Castorp und Hermann van Stiten dem Rat für 2000 Mark *pro cambio et moneta Lub. ex parte Rolanni Kumhar ...* Vgl. AHL, Niederstadtbuch zu 1405 Visitatio Marie.

813 Tymmo Boytin schuldete 1393 dem Thideman Timmermann 106 Mark, vgl. SIMON, Niederstadtbuch, S.842,5 (1393 Margarete). Das Verwandtschaftsverhältnis ist nicht ganz durchsichtig, vgl. auch das Testament des Tymmo Boytin, AHL, Testamente, Timme Boytin, 23. September 1413.

814 Vgl. AHL, Niederstadtbuch zu 1408 Vincula Petri.

815 Vgl. SIMON, Niederstadtbuch, S.986,1 (1397 Assumpcio Marie).

thold Plote beobachtet.[816] Mit Arnold Schulte, der auch mit Laurencius Wale zusammenarbeitete,[817] hatte Steen eine Handelsgesellschaft, die 1409 aufgelöst wurde.[818] Ein Kampener Bürger schuldete ihm 1414 Geld.[819] Steens Ratskollege Johan Lange, mit dem er wenigstens bis 1415 eine Handelsgesellschaft hatte,[820] verpfändet ihm 1415 für 110 Mark eine *stupa*.[821] Ebenso hatte das Mitglied des Neuen Rates Hinrik Kröpelin bei Steen in diesem Jahr 220 Mark Schulden.[822]

Auch nach seinem Sturz ist Steen noch in Verbindung mit anderen Ratsherren zu sehen. So war er bis 1436 mit Cord Brekwold Vormund des Ludwig van dem Hove. Hartwich Brekwold, Cords Sohn, war der Stiefvater des Ulrich van dem Hove.[823] In demselben Jahr übernahm Steen von dem Danziger Ratsherrn Hinrik Focke die halbe *societas*, die dieser mit dem Revaler Ratsherrn Diderik Upperheide und dem Lübecker Bürger Peter Steen hatte.[824] Focke, der wahrscheinlich aus Elbing stammte, saß seit 1435 im Danziger Rat und nahm an regionalen Tagen in Preußen teil.[825]

Peter Steens genaue verwandtschaftliche Beziehung zu Thideman Steen ist kaum zu klären. Eine solche ist aber anzunehmen, denn Thideman hatte so großes Vertrauen zu ihm, dass er ihm mit Christian Beseler und Detlev Bonhorst, dessen Verwandte uns schon begegnet waren, die Aufsicht über seine Stiftung an das Hl.-Geist-Spital übertrug.[826] Christian Beseler, dem Thideman Steen vertraute, gehörte zu den finanz-

---

816 Zur Zusammenarbeit der Brüder Helle mit Marquard Vinke und Plote s. oben S.337f.,345.

817 Vgl. AHL, Niederstadtbuch zu 1411 Inventio Stephani. Wale arbeitete auch mit den Stekemest und Tusfeld zusammen, vgl. AHL, Niederstadtbuch zu 1410 Feria 6. ante Pentecostes. Er war verheiratet mit Mechthild, der Tochter des Johan van Northem, die vor 1410 starb, vgl. AHL, Niederstadtbuch zu 1410 Johannes Baptista.

818 Arnoldus Schulte *presens libro recognovit societatem illam quam dominus Tidemannus Steen secum habuit ... inter eos est amicabiliter separata ...* Vgl. AHL, Niederstadtbuch zu 1409 Philippi et Jacobi.

819 Vgl. AHL, Niederstadtbuch zu 1414 Dyonisii: *Tidekinus Vogeler civis Kampensis* schuldet *Thideman Steen proconsuli huius civitatis XIII Lb. grossorum et 5 sol.*

820 Diese *societas* wurde nach dem Tod Langes 1415 im folgenden Jahr beendet, vgl. AHL, Niederstadtbuch zu 1416 Valentini. Steen gehörte zu den Vormündern der Kinder des Johan Lange. Hermann Lange, Sohn des verstorbenen Johan Lange, wurde volljährig und dankte seinen Vormündern: *dominis Johanni Luneborg, Tideman Steen, Alberto Morkerken, Hinric Crumvote, Marquard Vincke*, vgl. AHL, Niederstadtbuch zu 1433 Corpus Christi. Vgl. auch AHL, Niederstadtbuch zu 1436 Jubilate zu Problemen mit der Witwe des Johan Lange.

821 Vgl. AHL, Niederstadtbuch zu 1415 Agathe.

822 Vgl. AHL, Niederstadtbuch zu 1415 Jubilate.

823 Vgl. AHL, Niederstadtbuch zu 1436 Viti et Modesti: *Ulricus van der Hove, filius Johannis van der Hove, iam perfecte etatis coram concilio et hoc libro regraciabat suis provisoribus, videlicet domino Thidemanno Stene et Hartwico Brekwolde suo privigno de bona provisione et computacione ...*

824 Vgl. AHL, Niederstadtbuch zu 1436 Johannes Baptist: *Dominus Hinricus Focke consul* Danzig hat eine *societas* mit Diderik Upperheide, *consul Revaliensis*. Er verkauft an Thideman Steen die halbe *societas, quam habuit cum Tiderico Upperheide et cum Petro Stene civi Lubec.*

825 Es ist zu fragen, auf wen sich die Nennungen des gleichnamigen Kulmer Ratsherrn zwischen 1445 und 1450 beziehen. Hinrik Focke stand auch mit Hamburger Bürgern in Geschäftsverbindungen, vgl. AHL, Niederstadtbuch zu 1430 Purificatio: Der Lübecker Rat verfaßte einen Brief an den Hamburger Rat für Hinrik Focke. Es ging um Laken. Für Focke bürgten Gottfried Hoop, Jakob van Hachede und Peter Steen.

826 Thideman Steen setzte Peter Steen als Provisor ein, als er 1441 in Gegenwart der Ratsherren

starken Kaufleuten. Mit seinem Bruder Gottfried Beseler, der ihn in seinem Testament großzügig bedachte,[827] forderte er im Juli 1440 das Erbe ihres Bruders Gerd Beseler aus Reval ein. Von ihrem Bruder Gise wurde gesagt, dass er zu dieser Zeit *by dem bysscoppe van Oesele* war.[828]

Gottfried Beseler war mit einer Tochter des Ratsherrn Johan Kollmann verheiratet.[829] Aus seinem Testament von 1436 wird das Beziehungsnetz deutlich. Beselers Schwester Katharina war in erster Ehe mit Gerd van der Heyde, einem Bruder Johans van der Heyde,[830] verheiratet. In zweiter Ehe wurde sie mit Bernd Boysenborg verbunden.[831] Beseler bedachte sie in seinem Testament von 1436 großzügig.[832] Bernd

---

Jakob Bramstede, Hinrik Lipperode und des Bürgermeisters Johan Kollmann in seinem Haus eine Rente für das Hl.Geist-Spital festlegte, vgl. AHL, Niederstadtbuch zu 1441 Michaelis: *de ersame her Tideman Steen in sineme huse umme salicheit willen siner unde syner vrunde selen myt wolberademe mode unde gudeme vryen willen* bestimmte eine Rente von 15 Mark für das Spital. *Mechtich schalen wesen: Kersten Beseler, Hinrik Dyves unde Peter Steen.* Diese Verfügung wurde auf Bitte des Herrn Thideman im Stadtbuch eingetragen. Beseler und Dives wurden auch von Hinrik van Hachede in seinem Testament vom 21. Juli 1436 als Provisoren eingesetzt: *Mine vormundere kese ik her Thomas Kerkryngh, hern Gherde van Mynden, Hinrike Dives, Hinrik Vinken, Kersten Beseler unde Detleff Boenhorst.* Vgl. AHL, Testamente, 21. Juli 1436.

827 *Item Kersten Beselere, mynem brodere, geve ik 2700 mark lub unde myn tafelsmyde, sosteyn elen rodes scharlakens, eyn nye voder van lebardes poten, mynen swarten hoyken myt dem menken vodere by sodanen beschede, dat he, soverne yd em ghelevet, unsen brodere Ghisen tokeren schole jarlikes, solanghe alse he levet, 10 mark lub, kennet Kersten, dattet an ene beschedet is.* Vgl. AHL, Testamente, Godeke Bezeler, 31. Juli 1436.

828 Vgl. LEC UB 1,9, Nr.614. Mit der Erhebung des Nachlasses in Reval waren beauftragt: Der Lübecker Peter Steen und Hermann Stor, Albert Beermann und Hans Kurre. Es wurde eine genaue Auflistung der seit dem Jahre 1436 gesandten und empfangenen Waren aus der Handelsgesellschaft der drei Brüder beigelegt. Erwähnt wurde auch die Schwester Katharina, Ehefrau des Bernd Boysenborg.

829 Vgl. AHL, Testamente, Herman Kolman, 18. August 1443: *Mine vormundere kese ik her Johanne Kolman, mynen leven vader, her Gherde van Mynden, Godeke Beseler, minen swager, unde mester Hinrike, minen broder.*

830 Als seine Brüder bezeichnete Ludeke van der Heyde Giselbert, Gerd und Johan in seinem Testament, vgl. AHL, Testamente, Ludeke van der Heyde, 24. Juni 1415.

831 Vgl. AHL, Testamente, Godeke Bezeler, 31. Juli 1436: *Item wil ik, dat myne vormundere vor 600 mark lub kopen scholen 30 mark wicbelde rente, unde de rente geve ik myner suster Katherinen Boysenborges tho brukende, solanghe alse se levet. Unde na erem dode scholen van der rente tokomen eren kinderen, de se heft van Boysenborge, soverne alse de vullenkomen mundich werden, 10 mark geldes, unde eren dochteren, de se heft van Gherde van der Heyde, yft se to manne beraden werden, 20 mark geldes erflik to hebbende.* Die zur Zeit der Testamentsausstellung schon verstorbene Schwester Hilleke war mit einem Pakebusch verheiratet gewesen: *Item der sulven myner suster Katherinen twen dochteren, dese heft van Gherde van der Heyde, unde myner suster Gheseken Vlowikes twen dochteren unde myner suster Hilleken Pakebusches seliger dechtnisse dren kinderen totekene ik allen samentliken 1000 mark lub by sodanen beschede, dat myne vormundere den kinderen de pennynghe vorstan unde vortkeren scholen unde ere beste dar mede don to eren vromen, went dat se vullenkomen mundich werden oft to manne beraden, welk erer de tyd levet, de schal syn andeel hebben vor ene gave.*

832 Vgl. AHL, Testamente, Bernd Boysenborch, 29. Feburar 1436: *Item miner leven moder totekene ik 100 mark, de schalmen antworden Katherinen, miner husvrouwen, dar van schal se vorstan mine moder de wile, dat myn moder levet, und wenner dat se vorstorven is und wes dar denne van overblift na erem dode, dat schal Metteke, myn suster, hebben. ... Item Katherinen und*

Boysenborg setzte als Provisoren Christian Beseler, Johan Hilge, den künftigen Ratsherren Johan Broling und Hinrik Glusing ein.[833] Selbstverständlich standen sie auch in geschäftlichen Verbindungen. Zu Pfingsten 1434 empfing Boysenborg für Christian Beseler vom Notar Paul Oldenborg 90 Mark in Bischofsgulden.[834] Boysenborg war auch an der Handelsgesellschaft der Brüder Beseler beteiligt.[835] In Rostock ist eine Familie Beseler bekannt,[836] die mit Everhard Beseler einen Delegierten zu den Hansetagen vom Juli 1368 und 1375 stellte.

Netz 99: Thideman Steen

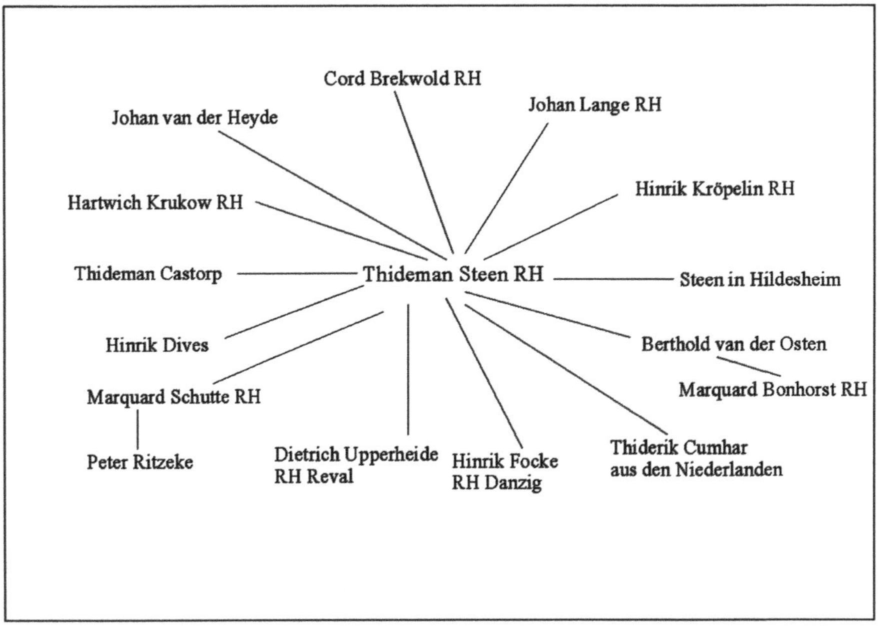

Gheseken, myner husvrouwen sunderge kindere, gheve ik samentliken 40 mark. Item Katherinen, miner leven husvrouwen, und unser beyder kinderen, den gheve ik samentliken dat hus, dar ik inne wone, und alle ingedome dessulven huses an varnder have und alle mine cledere, de unvorgeven sint. Dar to gheve ik en noch 1600 mark van minen guderen.

833 Vgl. AHL, Testamente, Bernd Boysenborch, 29. Feburar 1436: *Mine vormundere kese ik Kersten Beselere, Hanse Hilgen, Hanse Brolinge und Hinrike Glusinge.*

834 Vgl. AHL, Niederstadtbuch zu 1434 Pentecostes.

835 1438 hatte er an den in Reval lebenden Gerd Beseler Güter gesandt „4 weiße Kirsei, das Stück zu 13 Mark, sowie ein rothes englisches Tuch von 34 Ellen, die Elle zu 1 Gulden". Dagegen hatte er von Gerd Beseler „1 Schiffpfund Wachs" erhalten, vgl. LEC UB 1,9, Nr.617. Auch Boysenborg beauftragte Peter Steen mit der Abrechnung in Reval.

836 Der Verlust des Hermann Beseler aus Rostock an Heringen im Wert von 6 Pfund Gr. sollte aus der flämischen Entschädigung bezahlt werden. Für Beseler und die Erben des Rostockers Berthold Lange setzte sich der Rostocker Rat in einem Schreiben an den Lübecker Rat ein. Bevollmächtigt wurde 1393 der künftige Ratsherr Werner Hoop, vgl. HANS UB 5, S.74f. Nr.126, LÜB UB 4, Nr.590 Anm.1, HR 1,4, Nr.92, S.84.

Peter Steen erschien in den 30er und 40er Jahren mehrfach in Geschäften mit Lübecker Ratsherren und Kaufleuten. 1432 schuldete er dem Bürgermeister Hinrik Rapesulver 462 Mark.[837] Mit Rapesulver war Peter Steen länger geschäftlich verbunden, denn er schuldete noch 1442 *der Rapesulverschen wegen* Hinrik Sundesbeke 100 Mark.[838] Dem Vorsteher der Jakobikirche, dem Ratsherrn Johan Klingenberg,[839] schuldete Steen 1432 zum Läuten der Glocke *„Ave Maria"* zur gewohnten Stunde in dieser Kirche 110 Mark.[840]

Mit Johan Holthusen und dem Goldschmied Hinrik Vinke, einem Verwandten des Mitgliedes des Neuen Rates Hermann Vinke, war er 1435 Vormund der Kinder des Hinrik Calveswinkel[841] und verhandelte mit deren Stiefvater Conrad van der Linden.[842] Zu 1436 und zu 1442 bestätigten Schiffer, dass sie für Peter Steen Salz aus der Biscaya nach Reval bringen sollten. 1436 war an einer derartigen Ladung auch Kersten Volle beteiligt.[843]

1437 hatte Thideman Steen dem Diderik Cumhar etwas über 114 Mark geliehen.[844] Cumhar war ein Sohn des Goswin Cumhar *campsor*, der in Lübecker und Lüneburger Überlieferungen erscheint. Er wurde auch in Goswin Cumhars Testament von 1422 erwähnt.[845] In diesem Testament werden die besonderen Beziehungen Cumhars in die Niederlande deutlich. Er wollte seine liturgische Erinnerung sichern in Zaltbommel, wo er Verwandte hatte, in Deventer,[846] in Utrecht, woher er wohl stammte,[847] und in Wismar.[848] Aus Wismar wählte er auch einen seiner Provisoren, den Ratsherrn Hinrik van Haren. Weiterhin betraute Cumhar mit dieser Aufgabe sei-

837 Vgl. AHL, Niederstadtbuch zu 1432 Decollatio Johannis Baptiste.

838 Vgl. AHL, Niederstadtbuch zu 1442 Cantate.

839 Zu Klingenbergs Englandhandel s. JENKS, England, S.919.

840 Vgl. AHL, Niederstadtbuch zu 1432 Dionysii.

841 1433 waren sie mit Klaus van Werden von Calveswinkel als Provisoren eingesetzt worden, vgl. AHL, Testamente, Hinrik Calveswinkel: *Myne vormundere kese ik Hans Holthusen, Clawese van Werden, Peter Stene unde Hinrik Vynken.*

842 Vgl. AHL, Niederstadtbuch zu 1435 Trinitatis.

843 Vgl. AHL, Niederstadtbuch zu 1436 Circumcisio: *Schipher* Johan Badendorp bestätigt, dass er einen Kogge von der Baye nach Reval segeln soll mit *800 soltes last vor elven mark Rig. 1 ferd.* für Peter Steen und Kersten Vollen; AHL, Niederstadtbuch zu 1442 Letare: *Schipher* Kord Liding bestätigt, dass er für Peter Steen *400 last soltes* in der Baye laden und in Reval löschen soll.

844 Vgl. AHL, Niederstadtbuch zu 1437 Pentecostes.

845 Vgl. AHL, Testamente, Gosswin Comhar, 25. September 1422.

846 EBD.: *Item to der groten kerken to Deventer unde Unser Vrowen kerken unde der kerken uppe deme Berghe unde deme Hilghen Gheeste, jewelker kerken gheve ik 1 ryneschen ghulden to dem buwe. Item den grawen broderen to Deventer gheve ik 3 rynesche ghulden to ereme buwe. ... unde den seken vor Deventer gheve ik 2 rynesche ghulden under sik to delende.*

847 EBD.: *Item to Utrecht in der burkerken gheve ik 2 rynesche ghulden to ereme buwe. Item gheve ik enem armen bedderven prestere 16 mark lubesch, dat he en jar alle daghe missen lese unde bidde god vor my unde vor myner olderen sele unde vor alle de sele, de my ghut ghedaen hebben.*

848 EBD.: *Item gheve ik to der Wismer jewelker kerken to ereme buwe 1 ryneschen ghulden unde ok darsulves in jewelk closter to ereme buwe 1 ryneschen ghulden. Item to sunte Jacobe vor der Wismer 1 ryneschen ghulden to deme buwe unde den armen seken, de dar inne liggen, 1 ryneschen ghulden under sik to delende ...*

nen Neffen Diderik.[849] Cumhar stand in vielfältigen Geschäftskontakten. Die Beziehung zu Steen hatten wir schon erwähnt. Mit dem Lübecker Diderik van Nodelen und Giso Kenninghusen aus Osnabrück hatte Cumhar 1437 eine Handelsgesellschaft[850] wie auch mit dem Lüneburger Hinrik Sengestake. 1433 schuldete er diesem 587 Mark.[851]

Hinrik Sengestake war von 1454 bis 1456 Bürgermeister in Lüneburg. Einen nahen Verwandten von ihm, Bruder oder Cousin, den Lübecker Bürger Albert Sengestake haben wir schon in Verbindungen mit Hinrik Vinke kennengelernt.[852] Hinrik Sengestake forderte 1440 Alberts Erbe in Lübeck ein.[853]

Sengestake war mit Wobbeke Elver verheiratet. Deren Onkel Johan Elver war mit Margarete Schellepeper in einer Ehe verbunden.[854] Margaretes Cousin, Johan Schellepeper, saß seit 1407 im Lüneburger Rat. Er starb 1448. Zwischen 1416 und 1447 nahm er an zwölf Hansetagen teil. Johan Schellepeper war mit Armgard Springintgud verheiratet, einer Tochter des Delegierten Diderik (I.) Springintgud, wahrscheinlich aus dessen erster Ehe mit Ermengard Beve.[855] Sie war eine Schwester des Delegierten Diderik (II.) Springintgud, der zwischen 1403 und 1416 auf sechs Hansetagen war. Durch die Schwester Geseke (geb. Springintgud) seiner Frau war der Ratsherr Albert Semmelbecker, der seit 1448 Bürgermeister war, Schellepepers Neffe. Albert Semmelbecker vertrat 1439 einmal die Stadt auf einem Hansetag. Johan Schellepepers Schwester Hilleke war in einer Ehe mit Conrad Springintgud verbunden, einem Bruder oder Halbbruder der Ermengard. Schellepepers Tochter Armgard heiratete den Ratsherrn Hinrik (I.) Hoyeman. Hoyeman war ein Sohn des Ditmar Hoyeman, der mit Beate van Abbenburg verheiratet gewesen war.[856] Beates Schwes-

849 EBD.: *Myne vormundere kese ik Hans Brunswiik, Clawes Robeke unde Herman Hoppener, borghere to Lubek, unde desse vorbenomeden vormundere scolen nenerleye dynk doen an dessen vorscreven stucken, id sy denne myt witschop unde willen hern Hinrikes van Harn, radmannes to der Wismer, unde Diderkes Comhar, myner suster sone.*

850 Vgl. AHL, Niederstadtbuch zu 1437 Pauli. Pfingsten 1439 bestätigte Thidemans Sohn Conrad Steen, dass er alles vom Vater erhalten habe, vgl. AHL, Niederstadtbuch zu 1439 Pentecostes.

851 Vgl. AHL, Niederstadtbuch zu 1433 Quasimodgeniti. Diderik Cumhar war 1442 tot. In diesem Jahr berichtete der Revaler Delegierte aus Lübeck an Reval und erwähnte den Tod Dideriks. Weiterhin berichtete er von seinem Versuch, Ywan Cumhar zu überzeugen nach Reval zu kommen: *Ywen Kunhar yn velen worden unde myt reden by alsodanken besschede, dat yk ene geleydet hebbe myt syner husvrowen to Revel to komende ... Unde de broder Dyderyck Kumhar de is dot; se hebben swarliken over uns geklaget.*

852 Allerdings ist bisher nicht zu klären, ob Hinrik sein Bruder oder sein Vetter war. Beide beschenkte er in seinem Testament: *Item Hinrike, mynem brodere, geve ik myne sulvernen kannen unde 50 mark lub, unde sinen kynderen geve ik yslikem 50 mark lub. Item Hermens, myns broders, kynderen geve ik yslikem 50 mark lub. Item Hinrikes Senghestaken, mynes vedderen, dochter kynderen geve ik islikem 10 mark lub.* Vgl. AHL, Testamente, Albert Senghestake, 14. Juli 1436. Sengestake schenkte für seine Memoria nach Walsrode: *den clostervrowen to Walsrode geve ik ok 20 mark in de hande to delende, dat ze unsen heren god truwelken vor my bidden ...*

853 Vgl. AHL, Niederstadtbuch zu 1440 Bartholomei. 1433 schuldete Diderik Cumhar dem Hinrik Sengestake, *civis Luneburgensis*, 785 Mark, vgl. AHL, Niederstadtbuch zu 1433 Quasimodogeniti.

854 S. VON WITZENDORFF, Stammtafeln, S.118, S.105.

855 Auch deren Vater Eylman Beve war uns schon als Delegierter Lüneburgs begegnet.

856 S. VON WITZENDORFF, Stammtafeln, S.53.

ter war Hinrik Viskule in die Ehe gegeben worden.[857] Hinrik (I.) Hoyemans Onkel Johan Hoyeman vertrat Lüneburg auf dem Hansetag von 1391.[858] Johan Hoyeman war mit Elisabeth Semmelbecker, einer Tochter des 1379 verstorbenen Ratsherrn Johan Semmelbecker, verheiratet.[859] Hinrik (I.) Hoyeman wurde 1423 in den Rat kooptiert. Er starb 1456. Zwischen 1427 und 1440 nahm er an vier Hansetagen teil. Johan Hoyemans Schwester Mechthild war mit dem Ratsherrn Hinrik Bere verheiratet worden. Hinrik Bere wurde 1395 in den Rat kooptiert und 1409 zum Bürgermeister gewählt.[860] Als solcher nahm er als Lüneburger Vertreter an drei Hansetagen zwischen 1410 und 1412 teil. Beres Sohn Johan zog nach Lübeck und wurde dort Ratsherr.[861]

Auch Hinriks Sohn, Hinrik (II.) Hoyeman, wurde 1463 in den Lüneburger Rat gewählt. Er heiratete Gesche Brömse.[862] Gesches Vater Diderik (II.) Brömse saß seit 1433 im Lüneburger Rat. Gesches Bruder Hinrik Brömse zog nach Lübeck um und stieg dort in den Rat auf.[863] Ihre Schwester Richel wurde mit dem Lüneburger Ratsherrn Cord Stöterogge verheiratet.[864]

Hinriks (I.) Hoyeman wesentlich ältere Cousine Margarete Hoyeman wurde mit Albert (III.) van der Möhlen verheiratet. Albert (III.) van der Möhlen wurde in den Rat gewählt und nahm am 24. Juni 1418 am großen Hansetag in Lübeck gemeinsam mit Johan Schellepeper teil. Die van der Möhlen, nach ihrem Wappen als die mit den drei Rädern bezeichnet, stellten seit dem Anfang des 14. Jahrhunderts Ratsherren in Lüneburg. Ein Verwandter des Lüneburger Vertreters von 1418, der auch Albert van der Möhlen hieß, war am Beginn des 14. Jahrhunderts nach Lübeck umgezogen. Dort war er 1327 zum Ratsherrn gewählt worden. Er verstarb 1332.[865] Die Verbindung zwischen den Familien blieb recht eng, denn der Lüneburger Ratsherr Albert van der Möhlen schenkte seinem gleichnamigen Enkel, dem Sohn des Lübecker Ratsherrn, einen Anteil an der Saline.[866]

Der Lüneburger Albert (III.) van der Möhlen, der 1418 am Tag in Lübeck teilnahm,[867] war 1386 in den Rat seiner Heimatstadt gewählt worden und stieg 1393 zum Bürgermeister auf. Erstmalig ist er 1401 auf einem Hansetag in Lübeck zu finden. Letztmalig war er 1423 auf einer hansischen Versammlung - auch wieder in Lübeck - anwesend. Er starb 1425. Das Testament des Albert (III.) van der Möhlen vom Juli 1425 ist erhalten. Wahrscheinlich ist es kurz vor seinem Tode entstanden, denn er

---

857 S. VON WITZENDORFF, Stammtafeln, S.1.

858 S. die chronologische Übersicht.

859 S. VON WITZENDORFF, Stammtafeln, S.115.

860 S. VON WITZENDORFF, Stammtafeln, S.8.

861 S. unten S.389.

862 S. VON WITZENDORFF, Stammtafeln, S.53.

863 S. VON WITZENDORFF, Stammtafeln, S.20.

864 S. VON WITZENDORFF, Stammtafeln, S.19. Gesches Bruder Wilhelm war Novgorodfahrer und wurde 1494 von den Russen gefangengenommen und starb auf der Rückfahrt 1495.

865 S. LUTTERBECK, Rat, S.301.

866 *Albertus de Molendino dedit filio suo Alberto de Molendino filio, filii sui Alberti quondam consulis in Lubeke, duo dominia duarum sartiginarum in domo Berdinge* ..., vgl. REINECKE, Lüneburgs ältestes Stadtbuch, S.139.

867 Das besondere Vertrauen, das ihm in Lübeck entgegengebracht wurde, zeigt sich auch in seiner Teilnahme am Vertrag zwischen Rat und Domkapitel im August 1418, vgl. LÜB UB 6, Nr.41.

bezeichnet sich in ihm als *krank an dem live*. Ebenso ist das Testament seiner Frau Margarete vom Juni 1431 erhalten. Gemeinsame Kinder werden in beiden Testamenten nicht erwähnt. Bürgermeister Albert (III.) van der Möhlen wählte als seine Vollstrecker die Ratsherren Otto Garlop, Hinrik Bere, Johan Schellepeper, Johan van der Möhlen und seine Frau.[868] Wie Johan Schellepeper, sein Begleiter zum Hansetag im Juni 1418, sind auch die anderen hier genannten Bürgermeister und Ratsherren, denen er besonderes Vertrauen entgegenbrachte, mit ihm gemeinsam auf Tagen zu finden. Margarete van der Möhlen, Albrechts (III.) Frau, stammte aus der Salzwedelner Ratsfamilie Chuden.[869] Aus ihrem Testament wird eine besondere Verbindung mit Hamburg deutlich. Margarete hatte für eine Messe *van deme hilgen lychamme* im Heilig-Geist-Spital am Markt, die dort jeweils donnerstags gesungen wurde, zehn Mark festgelegt. Neben vielfältigen Gaben für Arme bedachte sie auch die Memorie ihres Mannes und gab für die Kommende des (Ratsherrn) Heyno Miles.[870]

Ein weiterer Ratsherr aus der Familie van der Möhlen weist uns wiederum auf umfassende Heiratsnetze in der hansischen Elite hin. Hartwich van der Möhlen, der 1407 in den Lüneburger Rat kooptiert wurde und bis November 1422 belegt ist,[871] heiratete die Witwe Metteke des Salzwedelner Ratsherrn Tyle Schermer. Schermer erschien auf dem Hansetag von 1412 in Lüneburg.[872] Besonders interessant ist diese Verbindung, da aus Salzwedel nur wenige Delegierte bekannt sind. Stefan Luchstede, Klaus Molnow und Schermer beteiligten sich 1412. Hermann Chuden, der Bruder der Margarete van der Möhlen, war 1418 auf dem Hansetag, Tile Wolter 1441 und schließlich Johan Allingsted 1447.

Metteke, die Frau des Hartwich van der Möhlen, entstammte der Lüneburger Familie van Erpensen.[873] Ihr Vater Hinrik van Erpensen hatte geschäftliche Kontakte zu dem Lübecker Ratsherrn Gerhard Dartzow. 1377 verpflichtet sich van Erpensen in einer etwas umständlichen Abmachung, dem Lübecker Ratsherrn jährlich zwanzig Mark zu zahlen.[874] Ein Bruder Mettekes ist der am Ende des 14. Jahrhunderts in Lübeck erwähnte Johan van Erpensen, *quondam civis Luneborgensis*.[875] Dessen Sohn Bernhard stand in engerem Kontakt zu den Wantzenberg, die mit Frederik den Notar des Herzogs von Sachsen-Lauenburg und mit Johan den Notar der Stadt Lübeck stellten. 1390 traf Frederik Wantzenberg eine Abmachung mit der Äbtissin in Zerrentin zu den 115 Mark, die er von den dortigen Nonnen Elisabeth Pund und Margarete van

868 Vgl. REINHARDT, Testamente, Nr.155.

869 Ihr Bruder war Magdeburger Kanoniker. Sie hatten engere Beziehungen nach Uelzen. Schon 1307 schenkte ein Hermann van Chuden aus Salzwedel in Uelzen, vgl. Uelzener UB, Nr.8 (1307). Der Delegierte von 1418, der Bürgermeister Hermann van Chuden, beendigte 1405 eine Fehde in Uelzen, vgl. Uelzener UB, Nr.272 (7.4.1405).

870 Vgl. REINHARDT, Testamente, Nr.166.

871 Vgl. REINHARDT, Testamente, Nr.145.

872 Aus dem Testament der Metteke vom Juli 1451, die noch ein drittes Mal heiratete, geht diese Verbindung hervor, vgl. REINHARDT, Testamente, Nr.220.

873 S. VON WITZENDORFF, Stammtafeln, S.38.

874 Gerhard Dartzow überschrieb dem Johan Warendorp für den Lüneburger Bürger zwanzig Mark Rente im Haus des Wennemar Berkhoff. Dafür verpflichteten sich Hinrik van Erpensen und Gertrud, die Witwe des Conrad Brugger, diesen Betrag wiederum an Dartzow zu zahlen. Für Hinrik van Erpensen bürgte auch Johan Niebur, vgl. SIMON, Niederstadtbuch, S.360,6.

875 Vgl. SIMON, Niederstadtbuch, S.1048,7 (1399 Vocem Jocunditatis).

Erpensen hatte.[876] 1399 wird nach dem Tode Frederik Wantzenbergs aus einer Abmachung seiner Witwe mit Bernhard, dem Sohn des Johan van Erpensen, deutlich, dass sein Sohn Frederik sich in zweiter Ehe mit dieser verbunden hatte.[877] Die Wantzenberg hatten 1384 gemeinsam mit den Brüdern Werner und Johan Hoop den Esslinger Zoll für ein Jahr gepachtet.[878]

Wahrscheinlich stand Albert (III.) van der Möhlen schon in Kontakt mit dem Hamburger Ratsherrn Hinrik Ibing, der auch als Delegierter auftrat. Van der Möhlens Kinder verkauften später die Ratsmühle in Lüneburg, nach der die Familie ihren Namen führte, an diesen Hamburger Bürgermeister und den Lüneburger Diderik van der Möhlen.[879] Johan van der Möhlen, Jakobs Sohn, aus der verwandten gleichnamigen Familie, die nach ihrem Wappen „mit den Jungfrauenköpfen" unterschieden wird, war in erster Ehe mit Alheid Viskule verheiratet gewesen, einer Schwester des Bürgermeisters Hinrik (II.) Viskule.[880] Dieser war ein Sohn des gleichnamigen Bürgermeisters, der 1371 während der Verteidigung der Stadt getötet worden war. Hinrik (II.) Viskule vertrat in den ersten Jahrzehnten des 15. Jahrhunderts am häufigsten Lüneburg auf Hansetagen, nämlich sechsundzwanzig Mal zwischen 1403 und 1433. Viskule hatte sich in erster Ehe mit Ermengard Gherwen verbunden, einer Tochter des Braunschweiger Ratsherrn Hinrik Gherwen. Deren Mutter Bele war, wie wir schon gesehen hatten, eine Tochter des Heyno Miles.

Wenn wir mögliche verwandtschaftliche Beziehungen auch noch nicht kennen, so ist doch die besondere Beziehung des Lüneburger Rates zu dem Braunschweiger Ratsherrn Eggeling Strobeke festzuhalten. Ob der Braunschweiger Delegierte Tile Strobeke, der auf einem Tag 1417 in Braunschweig anwesend war, mit Eggeling Strobeke verwandt war, ist bisher nicht klar.[881] Tile Strobeke war mit einer Tochter des Ratsherrn Cord van Ursleve verheiratet, der von 1389 bis 1430 amtierte.[882] Er nahm sowohl 1389 wie auch 1427 an Hansetagen in Braunschweig teil. Der Lüneburger Rat bot Eggeling Strobeke im Juni 1395 wegen seiner vielen Verdienste für die Stadt freie Wohnung in Lüneburg.[883] Strobeke hatte die Braunschweiger auf dem Tag 1391 in Hamburg vertreten. Auf diesem Tag saßen bei den Beratungen in Hamburg in seiner unmittelbaren Nähe die Lüneburger Gesandten Diderik (I.) Springintgud und Johan Hoyeman. Nicht nur Strobeke zählte in dieser Zeit zu den *amicis dilectis* des Lüneburger Rates, sondern auch der Delegierte Hermann van Vechelde,[884] der Braunschweig dreimal, nämlich 1382 in Goslar, 1410 in Hamburg und 1417 in Ros-

876 Vgl. SIMON, Niederstadtbuch, S.721,1. Margarete Pund aus Mölln war mit Hans, dem Sohn des Hinrik van Erpensen verheiratet, s. VON WITZENDORFF, Stammtafeln, S.39.

877 Vgl. SIMON, Niederstadtbuch, S.1047,8.

878 Vgl. LÜB UB 4, Nr.528,4.

879 Vgl. LÜNEB UB, Nr.1171.

880 Der Sohn Albert des Johan van der Möhlen und der Alheid Viskule war zwischen 1450 und 1469 einer der wichtigen Vertreter Lüneburgs auf Hansetagen.

881 Tile Strobeke amtierte von 1412 bis 1439, s. SPIEß, Ratsherren, S.201.

882 S. SPIEß, Ratsherren, S.218.

883 Vgl. LÜNEB UB Nr.1372, 30.6.1395.

884 Hermann (I.) van Vechelde soll zwischen 1380 und 1419 im Amt gewesen sein, s. SPIEß, Ratsherren, S.221. 1388 wurde er bei Winsen zum Ritter geschlagen.

tock/Lübeck vertrat.[885] Van Vecheldes Sohn Albert folgte ihm im Ratssitz und als Delegierter. Er nahm am Hansetag von 1427 in Braunschweig teil.[886] Albert van Vecheldes gleichnamiger Neffe, ein Enkel des Hermann van Vechelde, beteiligte sich schließlich am Hansetag 1494 in Bremen.[887]

Der Lüneburger Ratsherr Johan van der Möhlen, Jakobs Sohn, war nach der Aussage seines Testaments mit Alheid Viskule, einer Schwester des Ratsherrn Hinrik Viskule verheiratet gewesen. In einer weiteren Ehe verband van der Möhlen sich mit Elisabeth Semmelbecker.[888] Sie war die Schwester des Johan Semmelbecker, der am Beginn des 15. Jahrhunderts auf drei hansischen Versammlungen erschien. Johan van der Möhlen bestimmt in seinem Testament vom August 1413 die Ratsherren Hinrik Viskule, Hinrik Bere und Johan Semmelbecker zu seinen Provisoren.[889] Schließlich soll van der Möhlen noch Lizeke Pepersak, eine Enkelin des Lübecker Ratsherrn Hartmann Pepersak, geheiratet haben.[890] Johan van Boltzen war ein Sohn aus der Ehe der Schwägerin Wobbeke des van der Möhlen, einer Schwester des Johan Semmelbecker, mit dem Ratsherrn Conrad van Boltzen. Dieser wählte in zweiter Ehe auch eine Lübeckerin, nämlich Herteke Plescow. Wobbeke van Boltzen (geb. Semmelbecker) bestimmte für sie testamentarisch *dre sulverne bekere, de se me gaff, do se hir van Lubeken qwam.*[891]

Ditmar Hoyeman, der durch seine Tante Margarete in familiären Beziehungen mit den van der Möhlen stand, war seit 1392 Ratsherr. Er war verheiratet mit Elisabeth Semmelbecker. Ein weiterer Cousin, der denselben Namen wie sein Vater trug, Ditmar Hoyeman, zog nach Lübeck und stand dort in Geschäftsverbindung mit Rudolf Müntzer, Giselbert Niestad und Bertram van Rinteln.[892]

---

885 Vgl. LÜNEB UB Nr.1486.

886 Albert (I.) van Vechelde gehörte dem Braunschweiger Rat von 1423 bis 1455 an, s. SPIEß, Ratsherren, S.220.

887 Albert (II.) van Vechelde war ein Sohn des Wechslers Hermann van Vechelde, eines Sohnes Hermanns (I.) van Vechelde, s. SPIEß, Ratsherren, S.220f. Albrecht (II.) saß von1459 bis 1501 im Braunschweiger Rat.

888 Vgl. REINHARDT, Testamente, Nr.95: *Ik geve Hinrik Visculen, mines vorwives Alheide vullbrodere, dat hus, dat nu tor tiid de schole tho sunte Johannis is ...*

889 Vgl. REINHARDT, Testamente, Nr.95.

890 S. BÜTTNER, Genealogiae, Taf. Semmelbecker. Demnach wäre er in erster Ehe mit Geseke Springintgud verheiratet gewesen, einer Tochter des Diderik Springintgud, und in zweiter Ehe mit Tibbeke Gronhagen, die 1406 verstorben sein soll.

891 Vgl. REINHARDT, Testamente, Nr.160. Aus dem Testament geht auch hervor, dass die Töchter Wobbeke und Beke aus der Ehe des Conrad van Boltzen mit Wobbeke Semmelbecker in die Familien Schomaker und Viskule einheirateten. Wobbeke wurde dem Sohn Nicolaus des Ratsherrn Hinrik Schomaker, der auch nach England handelte, in die Ehe gegeben, während Beke den Sohn Hinrik des Ratsherrn Hinrik Viskule heiratete. S. JENKS, England, S.956. Anscheinend konnte Beke Viskule wie ihre Mutter Wobbeke lesen, denn sie überließ ihr im Testament *myne besten boeke twe, de van den festen syn und darto de tafelen, dar dat hilgedom inne is.* Eine weitere Tochter namens Taleke lebte im *convente* zu Lübeck, vgl. REINHARDT, Testamente, Nr.160. Auch das wesentlich frühere Testament ihres Mannes Cord van Boltzen ist überliefert, vgl. REINHARDT, Testamente, Nr.61 (Mai 1402).

892 Hoyeman stand in engerer Verbindung mit Hinrik van Eltze, vgl. SIMON, Niederstadtbuch, S. 214, S.221. Giselbert Niestad schuldete Hoyeman 1378 250 Mark, vgl. SIMON, Niederstadtbuch, S.420,7 (1378 Elisabeth). Mit Rudolf Müntzer hatte er 1381 Schulden von 300 Mark bei Lude-

Johan Schellepeper folgte auch als Vertreter Lüneburgs dem Bruder seiner Frau, der von 1404 bis 1417 als Delegierter anzutreffen war. Johan Schellepeper wurde 1431 zum Bürgermeister gewählt und vertrat die Interessen seiner Familie und Lüneburgs auf Hansetagen von 1416 bis 1447, einem Jahr vor seinem Tode. Auch 1418 beteiligte er sich am großen Hansetag in Lübeck. Schellepeper hatte sich, wie wir schon sahen, für Thideman Steen im Verfahren eingesetzt. Durch die Ehen seiner Kinder hatte Johan Schellepeper mit wichtigen Lüneburger Familien Verbindungen geschaffen: Zu den Töbing durch die Doppelheirat seines Sohnes Cord mit Tibbeke Töbing und seiner Tochter Geseke mit Meino Töbing, den Kindern des gleichnamigen Wandschneiders und Barmeisters, zu den Hoyeman durch die Ehe seiner Tochter Greteke mit dem Ratsherrn Hinrik (I.) Hoyeman und zu den Elver durch diejenige seines Sohnes Diderik mit Margarete, Tochter des Ratsherrn Albert Elver.

Schon Johans Vater, Sander Schellepeper, hatte seit 1371 im Lüneburger Rat gesessen. Sander Schellepeper kam aus Goslar. In Lüneburg hatte er Margarete, die Tochter des Ratsherrn Johan Hardestorpes, geheiratet. Sander Schellepeper verstarb 1390. Er ist als Gesandter Lüneburgs auf den Tagen 1380 in Lübeck und 1387 in Mölln zu finden. Sander Schellepeper hatte auch geschäftliche Beziehungen zum Hannoveraner Rat.[893]

Cord Schellepeper, Johans Sohn, stieg 1452 in den Lüneburger Rat auf.[894] Er wurde 1477 Bürgermeister und nahm an den Hansetagen von 1465 in Hamburg und 1471 in Lübeck teil. Verheiratet war Cord Schellepeper mit Tibbeke Töbing.[895] Sein Schwiegervater Meino (I.) Töbing war mit Ilsabe Duckel verheiratet.[896] Ilsabes Vater war der Lüneburger Ratsherr Ditmar (I.) Duckel, der seit 1375 amtierte. Ditmars Vater Johan Duckel war Ratsherr in Bremen gewesen, hatte Bremen aber in den Unruhen um 1349 verlassen und war nach Lüneburg gekommen. In Bremen amtierte in der Zeit von 1360 bis 1392 ein Verwandter namens Sifrid Duckel als Ratsherr.[897] Der Lüneburger Ditmar (I.) Duckel war mit Gertrud Sankenstede verheiratet.[898] Sein Sohn Ditmar (II.) Duckel wurde 1420 Ratsherr in Lüneburg. Dessen gleichnamiger Sohn

---

kin Dining und Nicolaus Hummermann, vgl. SIMON, Niederstadtbuch, S.457,4 (1381 Godhardi). Mit Hinrik Deventer, Hinrik Tankenhagen und Henneke Witzendorp gehörte er 1381 zu den Provisoren des Ludekin van dem Loo, vgl. SIMON, Niederstadtbuch, S.467,1 (1381 Thimotei). Hinrik Tankenhagen war Englandfahrer, s. JENKS, England, S.875. Mit Tymmo Boldesen schuldete Hoyeman 1383 Bertram van Rinteln 310 Mark, vgl. SIMON, Niederstadtbuch, S.532,7 (1383 Lucie). Hoyeman hatte verwandtschaftliche Beziehungen nach Kolberg.1388 bestätigte der dortige Bürger Sibern Borntyn, der einen „Toversichtsbrief" vorlegte, dass er von den Testamentsvollstreckern des Ditmar Hoyeman 242 1/2 Mark erhalten habe, vgl. SIMON, Niederstadtbuch, S.657,2 (1388 Bonefacii).

893 Dieses geht aus einem Problem nach seinem Tode hervor. Der Hannoveraner Rat beschwerte sich in Lüneburg, dass Schellepeper 400 Mark nicht ordnungsgemäß ausgezahlt habe. Sanders Erben wiesen diesen Vorwurf zurück, vgl. LÜNEB UB, Nr.1276.

894 S. VON WITZENDORFF, Stammtafeln, S.105.

895 Sowohl Metteke, Großmutter der Tibekke, Frau des älteren Ludolf Töbing, wie auch ihre Mutter, die auch Tibbeke hieß, entstammten der Hamburger Familie Alverdingen, vgl. BÜTTNER, Genealogiae, Taf. Töbing.

896 S. VON WITZENDORFF, Stammtafeln, S.131.

897 S. LÜBCKE, Bremer Rat, S.58.

898 S. VON WITZENDORFF, Stammtafeln, S.29.

zog nach Bremen, wo zwischen 1408 und 1432 ein Verwandter, Herbord Duckel, im Rat saß.[899] Wie wir schon sahen, war Ditmar (I.) Duckels Tochter Ilsabe mit Meino (I.) Töbing verheiratet. Meino (II.) Töbing, Sohn des Meino und Bruder der Tibbeke, hatte die Schwester Gesche des Cord Schellepeper geheiratet.[900] Meino (II.) Töbing wurde 1457 in den Lüneburger Rat gewählt. Sein gleichnamiger Sohn, der seit 1482 zum Rat gehörte, nahm zwischen 1491 und 1505 an sechs Hansetagen teil. Vertreter der Familie Schellepeper bestimmten ebenso am Ende des 15. und am Beginn des 16. Jahrhunderts wesentlich die Hansepolitik der Stadt Lüneburg.

Der Onkel der Frau Tibbeke des Cord Schellepeper, Ludolf Töbing, war 1403 auf einem Hansetag erschienen. Ludolf Töbing hatte enge Beziehungen zu dem Lübecker Bürger Johan Steenbeke. Für diesen leistete er 1399 eine Zahlung.[901] Steenbeke hatte in Lüneburg einen *patruus*, Johan Lubbersted, den er auch bedachte. Es handelt sich um einen Verwandten des 1409 verstorbenen Johan van Lubbersted, der mit Oda van Pentze aus der Lüneburger Ratsfamilie verheiratet war.[902] Verwandte der Oda van Pentze waren nach Lübeck umgezogen und standen in Kontakt mit dem Ratsherrn Johan van Attendorn. Nach dessen Tod erhielten sie 1373 vom Testamentsvollstrecker Johan Wantzenberg 26 Mark.[903] Steenbeke setzte Töbing auch im Dezember 1405 und im Mai 1414 in seinen Testamenten als Vollstrecker ein.[904] Steenbeke schenkte für seine Memoria nach Slawe in Pommern und nach Bispingen in der Lüneburger Heide.[905] Besonders fühlte er sich aber Flensburg verbunden. Dorthin gab er an alle fünf Kirchen.[906] Im zweiten Testament aus dem Jahre 1414[907]

---

899 S. LÜBCKE, Bremer Rat, S.71.

900 S. VON WITZENDORFF, Stammtafeln, S.131.

901 Steenbeke schuldete Elisabeth, der Tochter des Nicolaus Glaswert, 35 Mark. Bis zur Rückzahlung sollte er sie *de victu et vestitu aliisque necessariis providere*. Mit Steenbeke verbürgten sich Conrad vamme Springe und Hinrik Stolte.Vor dem Lüneburger Rat bestätigte Elisabeth, dass Steenbeke die Summe zurückgezahlt habe. Der Lüneburger Rat sandte *quadam litera patenti*, in welchen versichert wurde, dass Elisabeth die Summe *a domino Ludekino Toben consule ibidem sublevasse nomine Johannis Steenbeken predicti*. Vgl. SIMON, Niederstadtbuch, S.1052,2 (1399 Viti). Conrad vamme Springe stammte aus Springe am Deister, vgl. sein Testament vom 19. Mai 1406. Er war verheiratet mit Grete, einer Tochter des Everd Warendorp, vgl. AHL, Testamente, Everd Warendorpe, 2. Mai 1402.

902 Vgl. AHL, Testamente, Johan Stenbeke 20.12. 1405: *Item do fratri Johanni Lubbersteden meo patruo in Luneborch 20 marcas*. S. VON WITZENDORFF, Stammtafeln, S.74.

903 Genannt werden Heyneke und Segehard, *filii Zeghehardi de Pentze quondam civis Luneburgensis*, vgl. SIMON, Niederstadtbuch, S.26,6 (1373 Margarete).

904 Vgl. AHL, Testamente, Johan Stenbeke 20.12. 1405: *Provisores meos eligo dompnum Luderum Tobing consulem luneborgensem, Petrum van der Linden, Conradum van deme Springe, Hinricum Stolten cives lubicenses et Ottonem fratrem meum.*

905 EBD.: *Item fratribus carthusiensis in Arnesboken prope Lubek et fratribus cartusiensis in oppido Slawe in terra Pomeren do cuilibet loco 50 marcas lub ut habeant me in eterna memoria et specialiter in anniversario meo in quolibet loco predictorum celebrabunt missas necnon vigilias in honorem dei anime mee in salutem. ... Item ad structuram ecclesiarum in Bispinghe et to Raven cuilibet loco do 20 marcas.*

906 EBD.: *Item do quinque ecclesiis in Vlensborch scilicet ecclesie beate Marie virginis, ecclesie sancti spiritus, ecclesie sancti Johannis, ecclesie sancti Nicolai et ecclesie beati Georgii omnia debita mea que habeo in ducatu Sleswicensi equaliter inter se dividenda et habenda ad structuras earundem.*

nannte er sich Johan Steenbeke *van Flensborch* und stiftete mit 800 Mark einen Altar in der Kapelle *to den Stegelen* in Lübeck, für welchen sein Bruder und der Lüneburger Ratsherr Ludolf Töbing die *leenwar* haben sollten.[908] Bemerkenswert ist, dass Johan Steenbeke, der enge Beziehungen in die Lüneburger Region hatte, in Flensburg und auch in Pommern erinnert werden wollte und einen Lüneburger Ratsherren als Testamentsvollstrecker einsetzte.

Ludolf Töbing selbst setzte in seinem Lüneburger Testament von 1434 neben dem Ratsherrn Johan Garlop auch seinen Schwiegersohn Meino Sankenstede als Provisor ein.[909] Meino Sankenstede hatte einen Cousin namens Hinrik Brandes in Lübeck, der ihn in seinem Testament berücksichtigte.[910] Die Sankenstede spielten eine wichtige Rolle in der Vertretung Lüneburgs auf Hansetagen im ausgehenden 15. und frühen 16. Jahrhundert.[911] Der Lübecker Verwandte der Sankenstede, Brandes, stand in vertrauensvollen Beziehungen zum Ratsherrn Everd Moyelke. Er wurde von diesem als Provisor eingesetzt, wie er selbst ihn auch als solchen benannte.

Mit Thideman Steen, dem Mitglied des Neuen Rates, der 1416 in den Kompromissrat übernommen wurde und führende Positionen in der lübeckisch-hansischen Politik bis zu seinem Sturz einnahm, konnten wir noch einmal die enge Verflechtung der hansischen Elite aus unterschiedlichen Städten vorstellen, die sich in der Beteiligung an Hansetagen spiegelte. Nur einige Punkte sollen zusammenfassend genannt werden. Wohl aus einer Hildesheimer Ratsfamilie stammend verband Steen sich als Mitglied des Neuen Rates in zweiter Ehe mit einer Tochter des Lübecker Ratsherrn Vorste, der selbst aus einer Dorpater Ratsfamilie kam. Geschäftlich war Steen auch mit dem Flandernfahrer Peter Ritzeke verbunden, der seinerseits in größeren Transaktionen mit Niebur, van Hildensem, Witing und dem aus dem Lande Kehdingen stammenden Rigaer Bürger Keding zusammenarbeitete. 1436 übernahm Steen vom Danziger Ratsherrn Hinrik Focke einen Anteil an einer Handelsgesellschaft mit dessen Kollegen Upperheide. Diesen Anteil hatte zuvor Peter Steen, ein Verwandter. Peter Steen stand seinerseits in Geschäftskontakten mit Hinrik Rapesulver.

Für Thideman Steen setzten sich nach seinem Sturz Braunschweiger, Lüneburger und Göttinger Ratsherren beim Lübecker Rat ein. Sie erreichten im Gegensatz zu dem Verfahren bei dem etwas über 70 Jahre früheren Fall des Bürgermeisters Wittenborg

907 In diesem Testament erscheinen außer Töbing andere Provisoren, vgl. AHL, Testamente, Johan Steenbeke van Flensborch 16. Mai 1414.: *Mine vormundere keyse ik hern Luder Tobingh, Otten, mynen broder, Ludeken Lutterlo, Gherde van dem Polle, Gherde van Olfften unde Hinrike, mynen vedderen.*

908 Vgl. AHL, Testamente, Johan Steenbeke van Flensborch 16. Mai 1414: *scal de leenwar blyven by mynem brodere Otten sinen kinderen, hern Ludeken Tobingh, raetman to Luneborch unde erer erven.*

909 Vgl. REINHARDT, Testamente, Nr.175 (21. Juni 1434): *kese ik to minen testamenteren hern Johanne Garlope, radmanne, Meyneken Tobinge, mynen broder, Meyneken Sangkensteden unde Hanse Tobinge, mynen sone ...* Sankenstede hatte Töbings Tochter Margarete geheiratet, vgl. VON WITZENDORFF, Stammtafeln, S.130.

910 Vgl. AHL, Testamente, Hinrik Brandes, 6. September 1429: *Item Meyneken Senkensteden, myner moder suster sone to Luneborch wonende geve ik by nascreven beschedinghe 200 mark lub ... Item Henneken Brandes, myns halfbroders neghesten erven, gheve ik 15 mark lub.*

911 Vgl. die chronologische Übersicht.

eine Begnadigung. Dieser Einsatz weist auf Steens gute Kontakte zu Ratsherren dieser Städte hin.

Wir haben mit Steens Vertrauten Johan van der Heyde, Hinrik Vlederman, Jakob van Hachede und Hinrik Dives, die 1430 für ihn bürgten, umfassende Beziehungsnetze vorstellen können. Dives war durch seinen ausgedehnten Handel, seine Partnerschaft mit Otto Meier, dem Vater des künftigen Ratsherrn Johan Meier, und wie der Aufstieg seines Sohnes in den Rat deutlich zeigt, der Lübecker Führungsschicht zuzuordnen. Van der Heyde, der selbst auch dem Neuen Rat angehört hatte, war mit weiteren Mitgliedern dieses Gremiums wie Hermann Rettrum, Hinrik Schenkenberg wie auch den Brekwold und den Erp verwandtschaftlich verbunden. Sicherlich hatte er engere Beziehungen nach Braunschweig. In engen Kontakten stand van der Heyde mit Hinrik van der Braken, der mit dem gleichnamigen Brügger Ältermann und Dortmunder Ratsherrn verwandt war und zu dem Osnabrücker Ratsherrn Johan van Melle in einem engen Vertrauensverhältnis stand.

Hinrik Vlederman stammte aus Münster. Er hatte Vertrauen zu Berthold Roland, der 1416 in den Rat aufgenommen wurde und mit Steen an Hansetagen und militärischen Aktionen teilnahm. Vledermann hatte engeren Kontakt zu dem Revaler Ratsherrn Wennemar van der Beke. In dessen Haus lebte er, wenn er in Reval war. Durch van der Beke hatte Vledermann Zugang zu einer Gruppe von verwandtschaftlich verbundenen Ratsherren in Reval, Visby und Åbo. Die Revaler van der Beke waren mit den Lübeckern van der Beke verwandt. Diese kamen aus Münster und handelten im Ostseeraum, in Stockholm, Danzig, Reval und Narwa. Wahrscheinlich gab es auch verwandtschaftliche Bindungen zwischen den (Münsteraner-) Lübeckern und dem Danziger Ratsherrn Gerd van der Beke, der sich zwischen 1416 und 1429 vielfach an regionalen Hansetagen in Preußen beteiligte. Ebenso saßen (angeheiratete) Verwandte des Gerd van der Beke, die Jordan und vom Stein, im Danziger Rat und beteiligten sich an regionalen Tagen. Auch bei dem wohl verwandten Johan van der Beke aus Lübeck zeigten sich Beziehungsnetze, die in den Rat von Wenden in Livland, nach Stockholm und nach Finnland reichten. Schließlich standen die (Münsteraner-) Lübecker van der Beke auch mit dem Danziger Ratsherrn Vriborch in engerem Kontakt, der wiederum mit den Lübecker Richardes geschäftlich verbunden war. Die Richardes hatten engere Beziehungen nach Dortmund und zu den Veckinghusen, die in Riga einen Ratsherrn stellten. In Reval amtierte Ghise Richardes als Bürgermeister. Ghise Richardes stammte aus Westhofen. Seine Schwester lebte in Münster. Von den Richardes wurde unser Blick auf die van Borstel gelenkt. Mit dieser Familie konnten wir wiederum die engen verwandtschaftlichenVerbindungen zwischen Revaler und Lübecker Ratsherren vorstellen.

Jakob van Hachede, der Vertraute Steens, stand in engeren geschäftlichen Beziehungen zu dem Lübecker Ratsherren Hinrik Rapesulver und zu Peter Veckinghusen in Reval. Er hatte nahe Verwandte in Brügge.

Mit Peter Steen, Christian Beseler und Detlev Bonhorst, denen Steen 1441 die Sorge für seine Stiftung übertrug, konnten wir wiederum Verbindungen zu führenden Lübecker Familien (Kollmann, Broling, Vinke) aufzeigen. Steens Geschäftspartner Diderik Cumhar führte uns noch einmal nach Lüneburg und zeigte die engen Verwandtschaftsbeziehungen der dortigen Ratsherren und Delegierten. Allerdings nicht nur in Lüneburg. So stammte Margarete, die Frau des Lüneburger Ratsherrn Albrecht (III.) van der Möhlen, aus der Salzwedelner Ratsfamilie Chuden, die auch Delegierte stellte. Anscheinend war die Frau van der Möhlens auch mit der Hamburger Ratsfamilie Miles verwandt. Sowohl Albrecht (III.) van der Möhlen wie auch Hermann Chuden nahmen am Hansetag zu Johannis 1418 in Lübeck teil. Auch die Tochter des Lüneburger Bürgers van Erpensen, dessen Sohn Johan Bürger in Lübeck wurde, war in erster Ehe mit einem Salzwedelner Ratsherrn und Delegierten verheiratet, nämlich mit Tyle Schermer. Ebenso zeigte sich eine Verbindung von der Lüneburger Ratsfamilie Töbing zur Bremer Ratsfamilie Duckel.

1.8 Zusammenfassung

Im Blick auf die Mitglieder des Neuen Rates in Lübeck, die zwischen 1408 und 1416 als Delegierte erschienen und zum Teil in den Kompromissrat von 1416 übernommen wurden, zeigte sich: Sie gehörten durch Verwandtschaft und Heiraten wie Geschäftstätigkeit zur hansischen Elite. Ihre Kontakte wie die ihrer Vertrauten beschränkten sich nicht auf Lübecker Ratsfamilien, sondern bezogen Mitglieder von Ratsfamilien und führende Kaufleute in vielen Hansestädten ein. Fassen wir nur noch ganz knapp einige Punkte zusammen. Stange, der als „Revolutionär" angesehen wurde, war durch die Heirat seines Sohnes mit einer Tochter des Hinrik Ghise mit diesem verbunden. Ghise stand seinerseits in vielfältigen Kontakten mit Ratsherren wie dem Hamburger Johan Hoyer und dem reichen Kaufmann und Mitglied des Neuen Rates Werner Hoop, der wiederum gute Beziehungen zu Stralsunder Ratsherren hatte. Stanges Nichte hatte einen Castorp geheiratet, der auch vielfach mit führenden Herren verbunden war. Die Betrachtung des von Stange eingesetzten Provisoren Hagelsten zeigte weitreichende Beziehungsnetze. Hagelsten kam aus Kamen und war so schon mit ehemaligen Kamenern wie den Ratsherren Arnd Sparenberg und Arnold Suderland bekannt, mit denen er auch in Lübeck in Verbindung stand. Die Heiraten der Kinder Hagelstens zeigen die Einschätzung seiner Familie: Sein Sohn heiratete eine Tochter aus der Rostocker Ratsfamilie Vrese, während seine Tochter den (künftigen Lübecker Ratsherrn) Thomas Kerkring, der wiederum mit der gleichnamigen Münsteraner Ratsfamilie verwandt war, ehelichte. Hagelstens Kontakte bezogen auch Mitglieder der Ratsfamilie Dartzow in Lübeck und Riga wie die Plescow und van der Linden ein.

Van Alen hatte schon durch seinen Vater Zugang zu führenden Lübecker Familien. Seine Schwester war mit dem Bruder des Ratsherrn Peter van Hereke verheiratet worden. Die van Hereke waren mit der gleichnamigen Dortmunder Ratsfamilie verwandt. In engeren Geschäftsbeziehungen stand van Alen zu Schepenstede und Niebur. Als Provisoren benannte er in seinem Testament die Ratsherren Goswin Klingenberg und Thideman Junghe, mit dem er auch verwandt war.

Das weitreichende Beziehungsnetz des Johan Krowel, der mit einer Tochter Hartmann Pepersaks verheiratet war, stellt noch einmal den nordeuropäischen Radius vor: Krowel hatte verwandtschaftliche Beziehungen zu Ratsherren in Stockholm, Dorpat, Reval und Visby. Krowels Partner Werner Hoop, der aus Dorpat stammte und auch dem Lübecker Neuen Rat angehörte, hatte verwandtschaftliche Beziehungen zu der Lüneburger Ratsfamilie Stöterogge. Ludwig Krull, der 1416 in den Kompromissrat übernommen wurde, war durch seine Frau mit den Niestad und den van

Alen wie entfernter mit den van Urden verwandt. Auch Krulls Schwager Ludeke Niestad gehörte dem Neuen Rat an.

Hermann Vinke war Ältermann der Schonenfahrer. Durch seine Frau hatte er Beziehungen nach Perleberg, zu den Erp wie auch zu den Brekwold. Verwandt war er mit dem Goldschmied Hinrik Vinke, dessen Schwester in Braunschweig lebte und der in engem Kontakt zu dem Lübecker Bürger Albert Sengestake stand. Sengestake kam aus Lüneburg. Sein Lüneburger Bruder (oder Cousin) Hinrik Sengestake stand in verwandtschaftlichen Beziehungen zu dortigen Ratsfamilien wie den Elver, Schellepeper und Springintgud. Hinrik Sengestake wurde in den Rat kooptiert und in der Mitte des 15. Jahrhunderts Bürgermeister in Lüneburg.

Johan Growe war Ältermann der Bergenfahrer und stand somit in Kontakt mit seinem Amtskollegen Albert van der Brugge, der seit 1402 im Rat saß. Growe hatte vertrauensvolle Beziehungen zu den van Thunen und zum reichen Lübecker Brun Sprenger, der stark im Bergen- und Englandhandel engagiert war. Sprenger stammte aus einer Hildesheimer Ratsfamilie und hatte enge Beziehungen in Lübeck zu den van Thunen und zu den van Stiten. Sprenger gehörte zu einem Kreis von führenden Kaufleuten aus Braunschweig und Hildesheim, die sich in ihren Lübecker Testamenten beschenkten und gegenseitig als Vollstrecker einsetzten. Seine Tochter Grete wurde später mit dem Ratsherrn Johan (II.) Bruskow verheiratet. Einer von Sprengers Partnern war Honerjeger, dessen Tochter den Ratsherrn Thideman Soling heiratete. Eine weitere Tochter Honerjegers wurde später mit dem aus Essen stammenden Ratsherrn Overdyk verehelicht. Soling hatte nähere Beziehungen zu Johan Ilhorn, der eine Tochter des Mitgliedes des Neuen Rates, Johan Lange, geheiratet hatte. Ilhorn handelte auch mit England und hatte Verwandte in Danzig.[912] Johan Lange war ein Sohn des Ratsherrn Hermann Lange und mit einer Tochter des Ratsherrn Thomas Morkerke verheiratet. In besonders engem Kontakt stand Lange zu seinem Amtskollegen Hermann Vinke. Johan Growe war durch seine Schwester mit dem Flandernfahrer Thideman Gheismar familiär verbunden. Gheismar hatte enge Beziehungen zu Stockholmer und Visbyer Ratsherren. Sicherlich konnte auch Growe auf diese Kontakte zurückgreifen.

Borchard van Hildensem stammte wahrscheinlich aus einer Hildesheimer Ratsfamilie. Er war Ältermann der Schonenfahrer. Verheiratet war er in erster Ehe mit einer Tochter des Ratsherrn Arnd Sparenberg. Durch Sparenberg bestanden Beziehungen zu Ratsherren in Stockholm und in Fellin in Livland. Van Hildensem hatte verwandtschaftliche und geschäftliche Kontakte zu außerordentlich vielen Ratsherren und Kaufleuten. Knapp sollen nur die wichtigsten Bezugspunkte außerhalb Lübecks noch einmal aufgezeigt werden. Van Hildensem stand in Verbindung mit der Pernauer Ratsfamilie van Hurle, deren Lübecker Verwandten und mit Johan Lobeke aus Hildesheim, der wiederum engere Beziehungen zu Hartmann Pepersak, nach Hannover und zu einem Kieler Ratsherrn hatte. Durch Everard van Hereke und Werner Hoop konnte van Hildensem auch Kontakte nach Dortmund und Reval herstellen. Über Herbord van der Linden bestanden Möglichkeiten, Beziehungen sowohl mit den van Minden wie auch mit den Hereke, den Veckinghusen und deren livländischen Verwandten aufzunehmen. Sowohl mit dem ehemaligen Kölner Hinrik Bernsterd, der

912 S. JENKS, England, S.912. Zu den Danziger Beziehungen s. den Ausblick.

vielfältige Kontakte im Baltikum hatte, wie dem Kölner van dem Velde, der wohl mit einem dortigen Ratsherrn verwandt war, stand van Hildensem in Geschäftskontakten. Von seinen intensiven geschäftlichen Beziehungen mit Lübecker Ratsherren sei nur auf diejenigen mit Plescow, Tzerrentin und Westhof hingewiesen.

Thideman Steen, der 1416 in den Kompromissrat übernommen wurde und erst danach als Delegierter auf Hansetagen auftrat, zeigte schon durch seine Ehe mit einer Tochter des Ratsherrn Vorste, dass er beste Beziehungen hatte. Gerade aus den Problemen um seine Haft nach der militärischen Niederlage wird deutlich, in wie engen Verbindungen er zu Ratsherren in Braunschweig, Lüneburg und Göttingen stand, die sich für ihn einsetzten. Wahrscheinlich kam Steen aus Hildesheim und war mit der dortigen Ratsfamilie dieses Namens verwandt. Im Blick auf seine Vertrauten Johan van der Heyde, Hinrik Vlederman und Hinrik Dives, die er als Testamentsvollstrecker bestimmte, zeigten sich Netze, die Ratsherren in unterschiedlichen Städten einschlossen. In Lübeck blieb Steen auch nach seinem Sturz in Verbindung mit Cord Brekwold. 1436 stand er in Geschäftskontakten mit dem Danziger Ratsherrn Hinrik Focke wie dem Revaler Ratsherrn Diderik Upperheide. Wie sich die Netzwerke dieser Ratsherren in der Beteiligung an Hansetagen spiegeln, zeigt sich in der Übersicht.[913]

913 S. im Anhang Delegierten-Netzwerk 22.

2. Delegierte des Alten Rates

Beim Hansetag zu Johannis 1418 werden vor dem aus dem Neuen Rat übernommenen Vertreter Thideman Steen, der an letzter Stelle genannt wird, fünf Lübecker Ratsherren aufgeführt. An erster Stelle wird der 1389 in den Rat kooptierte Jordan Plescow genannt. Es folgen Hinrik Rapesulver und Cord Brekwold, die seit 1406 im Rat saßen, und schließlich Albert van der Brugge und Nicolaus van Stiten, die 1402 in den Rat kooptiert worden waren. Wenden wir uns diesen Herren zu und versuchen sie in ihren Beziehungsnetzen zu situieren.

2.1 Jordan Plescow

Jordan Plescow gilt trotz seines mehrjährigen Exils in der Historiographie als einer der wichtigen Führer der Hanse. Durch seine Mutter Hillegund, eine Tochter des Visbyer Ratsherrn Hinrik Zobber, war Jordan von Geburt an mit gotländischen Familien verbunden.[913] Als Stiefsohn des Gottfried Travelmann hatte er auch Kontakt zu dessen Partnern. Allerdings hatte Jordan als Sohn des Ratsherrn Arnold Plescow, der 1363 verstorben war, schon gute Chancen, in den Lübecker Rat aufzusteigen. Nachdem Jordan Plescow 1389 in den Rat gewählt worden war, vertrat er 1391 Lübeck beim Hamburger Hansetag, 1394 beim Rostocker wie auch dann zwischen 1403 und 1407 fünfmal auf weiteren Hansetagen. 1402 wurde er zum Bürgermeister gewählt. Plescow nahm an den wichtigen hansischen Verhandlungen 1399 in Nyköbing, 1400 in Kalmar, 1401 in Holland, 1404 in Wadstena und schließlich 1416 auf Lolland teil. Er führte die Truppen bei der Besetzung Stockholms in den Jahren 1395 und 1396 und bei militärischen Aktionen 1404.[914] Diese herausragende Rolle in der lübeckischen und hansischen Politik wurde durch die Einsetzung des Neuen Rates in Lübeck 1408 unterbrochen. Bis zur Wiedereinsetzung 1416 war Jordan Plescow der Wortführer des Alten Rates. In dieser Phase konnte er nicht an Hansetagen als Vertreter Lübecks teilnehmen. Das war ihm erst wieder nach 1416 möglich. Dann übernahm er bis 1425 eine führende Rolle in der Lübecker Hansepolitik. Bald nach seiner letzten diplomatischen Reise nach Brügge im Auftrage der *menen stede* ist er im Oktober 1425 verstorben.

Aus welcher Familie Jordans Frau Kerstin stammte, ist bisher nicht bekannt.[915] Im Lübecker Niederstadtbuch hat Plescow kaum Spuren hinterlassen. Deutlich sind seine Verbindungen mit Borchard van Hildensem. 1401 schuldete er diesem gemeinsam mit Thomas Lutzow 110 Mark.[916] 1407 werden die bis dahin erhaltenen Renten aus den gemeinsamen Besitzungen mit van Hildensem und Tzerrentin erwähnt.[917] Mit

913 S. LUTTERBECK, Rat, S.346f.

914 Vgl. HR 1,4, 292, HR 1,4, 299,352 und HR 1,8,983.

915 Vgl. LÜB UB 7, Nr.485.

916 Vgl. AHL, Niederstadtbuch zu 1401 Thomas: *Luderus Lutzow senior et dominus Jordanus Plescow recognoverunt ... se teneri coniuncta manu Borchardo de Hildensem iuniori in centum et X marcis Lub.* Tzerrentin war Mitglied des Neuen Rates und blieb Ratsherr.

917 Vgl. AHL, Niederstadtbuch zu 1407 Corpus Christi: *Dominus Jordanus Plescow coram libro recognovit quod ex parte illorum bonorum, que ipse cum Borchardo de Hildensem et Tidemanno Cerntin hucusque habuit ...*

den Nienborch,[918] Hinrik Niestad,[919] Hinrik Ghise[920] und den Hilge[921] stand Plescow in Geschäftskontakten. Für Alheid, die Witwe des Bürgermeisters Thomas Morkerke, wie auch für Thideman Drughe trat er als Provisor auf.[922] Im Testament der Telse Yborg, der Witwe des Ratsherrn Hermann, wurde Plescow 1421 mit ihrem besten *guldene vingeren* bedacht.[923] Er wurde auch von ihr als Provisor gemeinsam mit Hinrik van Hachede, Marquard Vinke[924] und Heyne Rutensten eingesetzt.[925] Im August 1423 musste Plescow Renten als Sicherheit einsetzen. Für 200 Mark verpfändete er Gerhard Salmensteen, dem aus Frankfurt stammenden Verwandten der Niebur, Renten in Prohnstorf.

Aus Plescows Unternehmungen in der hansischen Politik geht eine engere Zusammenarbeit mit den Lübecker Ratsherren Diderik Morkerke, Thideman Steen und Rapesulver wie dem Wismarer Bürgermeister Bantzekow hervor.[926] Plescows gleichnamiger Sohn wurde 1439 in den Rat kooptiert und starb 1451. Er war mit der Witwe des Vritze (I.) Grawerd verheiratet.[927] Jordan (II.) Plescow hatte seine Tochter Ida mit

---

918 Vgl. AHL, Niederstadtbuch zu 1402 Cantate: *Dominus Jordanus Plescow proconsul huius civitatis presens libro recognovit, se et suos heredes teneri Tidemanno Nienberch et Everardo ipsius filio suisque heredibus in ducentis et XXVIII marcis Lub. den. …*

919 Vgl. AHL, Niederstadtbuch zu 1404 Jubilate: *Dominus Jordanus Plescow et Hinricus Niestat coram libro constituti recognoverunt, se et suos heredes teneri coniuncta manu domino Johanni Sassen et Hinrico Wenkesterne in centum marc. Lub. ...*

920 Vgl. AHL, Niederstadtbuch zu 1404 Andree: *Dominus Jordanus Plescow coram libro constitutus recognovit, se et suos heredes teneri Hinrico Ghysen ... in ducentis et XX marc. Lub. ...*

921 Vgl. AHL, Niederstadtbuch zu 1403 Divisio apostolorum: *Dominus Jordanus Plescow coram libro recognovit, se et suos heredes teneri Gorgies Plackall et suis heredibus in centum et LXVIII marc. Lub. Jacobi proxime futuro ultra ad duos annos persolvendas.* 1407 Conceptio Marie bestätigt Sifrid Veckinghusen *ad sufferenciam sublevasse a domino Jordano prescripto pecunias prescriptas ...*

922 Vgl. AHL, Niederstadtbuch zu 1405 Dyonisii: *Notandum quod Albertus, filius domini Thome Morkerken quondam proconsulis huius civitatis, dominus Jordanus Plescow et Johannes Lange provisores domine Alheidis relicte eiusdem domine Thome coram consilio et huic libro recognoverunt, quod idem Albertus et domina Alheidis prescripta et suus filius Thomas sunt in suis bonis separati et divisi.* Vgl. auch AHL, Niederstadtbuch zu 1410 Visitatio Marie: *Tidemannus Drughe et Wolterus Heyse presentes libro recognoverunt, se ... coniuncta manu teneri pueris dicti Tidemanni Drugen in centum marc. Lub. ... Dominus Jordanus Plescow proconsul huius civitatis coram libro recognovit, se prefatas C marc. Lub. sublevasse ... a Woltero Heisen ad usum puerorum Tidemanni Drugen ...*

923 Vgl. AHL, Testamente, Telse Yborg, 7. August 1421: *Item hern Jordane Plescowen geve ik myn beste guldene vingeren. ... Mine vormundere keyse ik hern Jordane Plescowen, Hinrike van Hacheden, Marquarde Vinken unde Heynen, mynen broder.*

924 Marquard Vinke, Mitglied der Zirkelgesellschaft, stand in geschäftlichen Kontakten mit den van der Helle. 1392 schuldete ihm Detlev van der Helle 200 Mark, vgl. SIMON, Niederstadtbuch, S.802,2 (1392 Oculi). Zur Mitgliedschaft in der Zirkelgesellschaft s. DÜNNEBEIL, Zirkel-Gesellschaft, S.78, S.208, S.220.

925 Anscheinend handelt es sich bei Heyno Rutensten um den Sohn des Heyno Rutensten, der mit Abel, der Tochter des Ratsherrn Hermann Yborg verheiratet war und 1404 verstarb. Somit wäre der hier genannte Heyno ein Enkel des Johan van Hachede gewesen, s. ASMUSSEN, Flandernfahrer, S.667.

926 Vgl. LÜB UB 6, Nrn.244, 263,327.

927 S. FEHLING, Ratslinie, S.73.

dem künftigen Ratsherrn Ludeke Bere verheiratet.[928] Jordan (II.) ist nicht als Delegierter auf Hansetagen erschienen. Wie sich dieses Netzwerk Plescows auf Hansetagen darstellt, zeigt die Übersicht.[929]

2.2 Albert van der Brugge

Albert van der Brugge war 1401 Ältermann der Lübecker Bergenfahrer.[930] 1404 führte er gemeinsam mit Conrad van Alen die Lübecker Kriegsschiffe in der Ostsee. 1405 nahm er an der Gesandtschaft nach Falsterbo teil, die mit Königin Margaretha verhandelte. 1407 trat er als Delegierter auf dem Lübecker Hansetag auf. Er blieb 1408 in der Stadt, gehörte während dieser Zeit aber nicht dem Rat an. 1416 trat er wieder in den Rat ein und hat Lübeck auf mehreren Hansetagen bis 1424 vertreten. Er starb 1430.[931]

Verheiratet war van der Brugge mit Elisabeth, einer Tochter des Bürgers Thideman Rover. Diese war in erster Ehe mit Everhard Paal verbunden gewesen.[932] Mit Gerhard Paal, einem Verwandten des ersten Mannes seiner Frau, führte van der Brugge vor 1400 eine Handelsgesellschaft.[933] Van der Brugge schenkte testamentarisch an Personen in Dülmen und der Umgebung, woher die Paal stammten.[934] In seinem Testament bedachte er auch Geseke Wintzenberg, Greteke Ilhorn und Elsebe Timmermann.[935] Geseke war eine Tochter des Flandernfahrers und Brügger Ältermanns Hinrik Wintzenberg, der auch seinerseits van der Brugge zu seinem Provisor bestimmt hatte. Wintzenberg hatten wir schon in seinen Kontakten zu Moyelke, Werner van den Eeken, Hinrik up dem Orde und Nienborch beobachtet. Greteke Ilhorn, Witwe des Engelbert Veckinghusen,[936] war mit Hinrik Ebeling in dessen erster Ehe

928 Vgl. AHL, Testamente, Jorden Pleskowe de oldere, hern Jorden Pleskowen borgermesters sone, 5. August 1451.

929 S. Anhang: Mehrfache Vertretungen.

930 S. BRUNS, Bergenfahrer, S.288.

931 S. FEHLING, Ratslinie, S.53f.

932 EBD. Zu Rover s. ASMUSSEN, Flandernfahrer, S.662ff.

933 S. ASMUSSEN, Flandernfahrer, S.595 und AHL, Niederstadtbuch zu 1400 Johann Baptist: Die Provisoren *Gerardi Paels* bestätigen, dass Albert van der Brugge alles ausgezahlt hat aus deren *societas*. Vgl. auch das Testament Albert van der Brugges vom 12. März 1427 (AHL, Testamente): *Item Taleken Paels, myner steefdochter, geve ik 20 mark unde de sulvernen schalen, de my van deme bisschoppe wart. Item Evert Pale geve ik quiit 100 mark unde 19 mark, de he my schuldich is, unde darto geve ik em 30 mark reder pen.*

934 EBD.: *Item levet Gheseken unde Hilleke Wessels dochtere to Holtepdorp to Dulmen mynen dot, so geve ik isliker 10 rynsche gulden. Item Alberte unde Bernd Udinge to Dulmen geve ik islikem 10 rinsche guldene.*

935 EBD.: *Item Gheseken Wynsenberghes, Greteken Ilhorns, Heleken Eekhoves unde Elzebeen Tymmermans geve ik isliker 10 mark to spelepennynghen.*

936 Sie wurde im Testament des Engelbert reichlich bedacht: *Item wil ik, dat Gheseke, myn leve husvrowe, eren brudschat unde wes ze anders to my brochte tovoren an wedderhebben schole unbeworen. Dar enboven geve ik er 600 mark lub van mynem redesten unde alle kledere, smyde unde klenode, de ze to erem lyve plecht to dreghende, alze er de gegheven sint. Dar to gheve ik er de helfte quiit unde vryg mynes huses, dar ik ynne wone, unde de helfte alle mynes ynghedomes, uthgenomen myn tafelsmyde, dar schal se anders nicht af hebben, wen dat ik er in myn bok totekend hebbe.* Vgl. AHL, Testamente, Enghelbrecht Vekkinkhusen, 12. Juni 1434.

verheiratet worden.[937] Hinrik Ebeling wurde 1457 in den Rat kooptiert und starb 1475. Seine Frau Greteke war durch ihre Mutter eine Enkelin des Mitgliedes des Neuen Rates, Johan Lange. Gretekes Vater Johan Ilhorn, der in vertrautem Verhältnis zu Hinrik Vinke stand,[938] stieg nicht in den Rat auf. Sicherlich war auch Cord Ilhorn, der nach Danzig umzog, mit ihnen verwandt.[939]

Van der Brugge arbeitete 1406 mit dem Ratsherrn Hinrik Westhof, der durch seinen Verwandten Gerhard Westhof auch Kontakte nach Bergen hatte,[940] und Werner Hoop, der zu dieser Zeit noch als *civis* bezeichnet wurde, zusammen.[941] Gemeinsam mit Jordan Plescow gehörte van der Brugge 1406 zu den Vorstehern der Aegidienkirche.[942] Sein Cousin war der Thorner Ratsherr Giso van der Brugge, den er auch in seinem Testament bedachte.[943] Der Thorner Ratsherr ist allerdings vor Albert verstorben. Albert van der Brugge wurde nach Gisos Tod im Jahre 1430 „als nächster Erbe" ein Anteil zugesprochen.[944] Leider ist zu Zeit nicht zu klären, ob der ältere Dorpater Ratsherr Gottschalk van der Brugge mit ihnen verwandt war.[945] In seinem Testament setzte Albert van der Brugge als Vollstrecker neben Karsten Ekhof, der 1433 in den Rat kooptiert wurde, und Hermann Dartzow, der seit 1451 im Rat saß, Johan Ilhorn, Ludeke Holthusen, der auch 1414 von Herbord van Rinteln als Provisor

---

Veckinghusen setzte als seine Provisoren ein: *Hildebrande Vekkinkhusen, mynen broder, Johan Ilhorne, Hinrik Lipperoden unde Hildebrande Vekkinkhusen, Syverdes sone ...*

937 Ebeling heiratete in zweiter Ehe Gertrud, eine Tochter des Johan Kerkring, und in dritter Gertrud Möller, s. FEHLING, Ratslinie, S.75.

938 Johan Ilhorn wurde von Hinrik Vinke mit Gerd Erp, Gerd van Minden, Hermann Hoppener und Albert Sengestake als Provisor benannt. Johan Ilhorn war mit Bernd van der Vechte verwandt, der aus Vechta kam und dorthin für seine Memoria schenkte: *Item sunte Jurgens kerken tor Vechte geve ik 30 mark lubesch to deme buwe. Item tor Vechte in dat hospitael geve ik to behof der armen 10 mark lubesch.* Vgl. AHL, Testamente, Bernd van der Vechte, 29. Mai 1450. Er bedachte auch einen Johan Ilhorn: *Item Hanse Ilhorn, mynes broder dochter zone vorbenomet, isset, dat he sik wol richtet na myner vormunder guden rade, so geve ik eme myn gordel unde myn mest, beyde myt sulver beslagen, unde dar to geve ik em besundergen siner kopenschop to hulpe 50 mark lubesch van mynem redesten gude.*

939 S. zu den Danziger Ilhorn und ihren Beziehungen den Ausblick .

940 S. das Testament des Gerhard Westhof, in welchem er den Ratsherrn Hinrik Westhof als Provisor einsetzte, bei BRUNS, Bergenfahrer, S.30f. Gerhard Westhof schenkte an Verwandte in Westfalen und gab für seine Memoria nach Wismar.

941 Vgl. AHL, Niederstadtbuch zu 1406 Oculi: *Mester Gherd Kumhar coram libro recognovit, se ad sufferenciam sublevasse a dominis Hinrico Westhof et Alberto van der Brugge consulibus et Wernero Hop cive Lub. ex parte domini Petri episcopi IIII C et XXII coronat. Franc. et IIII C marc. Lub.* Berthold van der Oest, Tidekinus Steen und Goswin Kumhar bürgten dafür, dass *mester* Gherd keine weiteren Forderungen an den Bischof stellte.

942 Vgl. AHL, Niederstadtbuch zu 1406 Jubilate.

943 Vgl. AHL, Testamente, Albert van der Brugghe, 12. März, 1427: *Item mynem vedderen hern Ghysen van der Brugghen, radmanne to Thorn in Prusen, unde sinen kynderen gheve ik samentliken 100 mark lub ...*

944 Vgl. SCHNOBEL, Geschlechter, s.v. Brugge: „nächster Erbe (28. September 1430) des dominus Ghise de Ponte, consul Thorn." Ghiso van der Brugge amtierte als Ratsherr in Thorn von 1422-1430, vgl. CZAJA, Miejscy Torunia, S.105, S.111. Späterhin gab es auch in Thorn einen Ratsherrn Albert van der Brugge, der sicherlich mit ihnen verwandt war.

945 Der Dorpater Ratsherr stand mit dem Lübecker Bürger Johan Brand 1380 in einer Handelsgesellschaft, vgl. SIMON, Niederstadtbuch, S.436,4.

benannt worden war,[946] und Hermann Robeke ein.[947] Festzuhalten ist, dass van der Brugge nicht nur in engen Kontakten mit Lübecker Herren stand, sondern dass er auch mit Thorner und Danziger Ratsherren verwandt war.

2.3 Cord Brekwold

Cord Brekwold gehörte dem Rat zwischen 1406 und 1408 und von 1416 bis 1447 an. „Die Ratslinie behauptet, dass er ein Alter von fast 100 Jahren erreicht habe."[948] Brekwold verblieb nach Einsetzung des Neuen Rates in Lübeck. Sowohl er selbst wie auch sein Bruder Wigger, mit dem er eng zusammenarbeitete,[949] und sein Sohn Hartwich betätigten sich auch während dieser Phase geschäftlich.[950] Brekwold hatte besondere Beziehungen nach Kalmar. Dort unterstützte er mit beträchtlichen Summen eine Vikarie.[951] Weiterhin hatte die Familie ihre Memoria im Stift Verden gesichert.[952] Gemeinsam mit Wigger schuldete Cord Brekwold 1389 dem Kalmarer Bürgermeister Johan Brasche 200 Mark.[953] Alle drei Brüder schuldeten zusammen 1411

---

946 Vgl. AHL, Testamente, Herbord van Ryntelen, 1. April 1414.

947 *Mine vormundere kese ik Kerstian Eekhoff, Hanse Ylhorne, Hermanne Dartzowen, Ludeken Holthusen unde Herman Ropeken*, vgl. AHL, Testamente, Albert van der Brugghe, 12. März 1427.

948 S. FEHLING, Ratslinie, S.55.

949 Wigger Brekwold bürgte für seinen Bruder Conrad 1385, als dieser Schulden von 106 Mark bei Hermann Schomaker in Gadebusch hatte, vgl. SIMON, Niederstadtbuch, S.595,1 (1385 Decollacio Johannis baptiste). 1399 schuldeten beide Brüder von einem Kauf von Gütern dem Vromold Warendorp 100 Mark, vgl. SIMON, Niederstadtbuch, S.1063,4 und 5 (1399 Katherine). Vgl. auch AHL, Niederstadtbuch zu 1401 Oculi: *Gherardus Voghet, Wicgerus et Conradus fratres dicti Brekewolt recognoverunt, se coniuncta manu teneri domino Hermanno van Ganderssen presbitero in Molne, Ottoni Ritzerowe et Hinrico de Crummesse in II C marc. Lub. in festo beati Martini episcopi proxime futuro amicabiliter persolvendas.* Vgl. auch AHL, Niederstadtbuch zu 1401 Lucie: *Wicgerus et Conradus fratres dicti Brekewolt presentes libro recognoverunt, se coniuncta manu teneri relicte Vickonis Scharpenberch, Hinrico van Crummesse et Johanni van Tripze in centum et octo marc. Lub. den.* Vgl. auch AHL, Niederstadtbuch zu 1407 Palmarum: *Dominus Conradus et Wicgerus fratres dicti Brekewolt coram libro recognoverunt, se et suos heredes coniuncta manu teneri Everardo van Hereke in nonaginta marc. Lub. ...*

950 Vgl. AHL, Niederstadtbuch zu 1409 Ascensio Domini: *Hartwicus filius domini Conradi Brekewold in presencia huius libri recognovit, se ... emisse ab Ottone Lentzeke quedam bona immobilia ... pro II ½ C et XV marc. Lub. den.* Mit Lentzeke hatte auch Cord Brekwold schon zusammengearbeitet und ihn in Erbstreitigkeiten unterstützt, vgl. AHL, Niederstadtbuch zu 1406 Corpus Christi: *Johannes Schonenberch et Conradus Brekewold ex parte Ottonis Lentzeke. Johannes Peling et Johannes Mentzow ex parte Hinrici Strengelyn et provisorum Margarete Lentzeke ...*

951 Vgl. AHL, Niederstadtbuch zu 1439 Johannis Baptista: *Jon Barse, civis Kalmariensis*, hat von *domino Conrado Brekewold* 9 Mark *ad usum domini Johannis Witten ex parte sue vicarie* in Kalmar empfangen. Mit seinem gleichnamigen Sohn wollte er auch 1447 100 Mark *wedder anleggen to der vicarie.* Es handelte sich um die S. Nikolaus Vikarie, wie aus dem Text hervorgeht, vgl. AHL, Niederstadtbuch zu 1447 Viti.

952 Vgl. AHL, Niederstadtbuch zu 1449 Circumcisio Domini: Cord Brekewold, Sohn des Bürgermeisters, bestätigt dem *her Albert Kerkhun mester in der Arstedie* die Zahlungen für die ewige Vikarie in der Pfarrkirche *binnen Schuse* im Stift Verden.

953 Vgl. SIMON, Niederstadtbuch, S.697,3 (1389 Pentecostes).

diesem Bürgermeister 418 Mark.[954] Ob zwischen dem Kalmarer Ratsherrn und den Greifswalder und Stralsunder Trägern dieses Namens verwandtschaftliche Beziehungen bestanden, ist zu fragen. Sicherlich verwandt war Johan Brasche aus Kalmar mit dem Stockholmer Bürger Nicolaus Brasche, der in Kontakt mit den Provisoren des Lübeckers Tymmo Hadewerk stand. Auseinandersetzungen um eine Erbschaft hatte Brasche mit dem Lübecker Johan van Vorden, der seinerseits in geschäftlichem Kontakt mit dem Ratsherrn Hinrik Meteler stand.[955] Ob eine Verwandtschaft zwischen dem Lübecker und dem gleichnamigen Stockholmer Bürgermeister Johan van Vorden bestand, ist bisher nicht nachzuweisen. Dieser hatte bis 1438 eine Handelsgesellschaft mit Hermann Rembeke und Johan (I.) Bere in Lübeck.[956] Hermann Rembeke war Ratsherr in Stockholm.[957] Er stand in vertrauensvollen Beziehungen zum Lübecker Lambert Vroling.[958] Dieser setzte ihn in seinen Testamenten als Provisor ein.[959]

1418 wurde Brekwold zum Bürgermeister gewählt und war danach in wichtigen Gesandtschaften und auf vielen Hansetagen bis 1441 engagiert. Cords Vater war der Lübecker Bürger Hartwich Brekwold. Verheiratet war Cord mit Mechthild, der Witwe des Hinrik Schomaker aus Gadebusch.[960] Aus welcher Familie sie stammte, ist bisher nicht bekannt. Brekwold arbeitete mit Willekin van Stade zusammen, der auch mit Borchard van Hildensem und anderen Mitgliedern des Neuen Rates in Kontakt stand.[961] Brekwold lieh Geld von den Provisoren der Kinder des Ludekin Rasman.[962]

---

954 Vgl. AHL, Niederstadtbuch zu 1411 Letare: *Dominus Conradus Brekewold, Wicger eius frater et Hartwicus dicti domini Conradi filius presentes libro recognoverunt, se coniuncta manu teneri Johanni Braschen et suis heredibus in IIII C et XVIII marc. Lub. ...*

955 Gemeinsam hatte er mit Willekin und Johan van Stade bei den Brüdern Meteler 340 Mark Schulden, vgl. SIMON, Niederstadtbuch, S.864,5 (1394 Purificatio Marie).

956 Vgl. AHL, Niederstadtbuch zu 1438 Agathe. Der Stockholmer Bürgermeister wird in diesem Eintrag als verstorben bezeichnet (*bone memorie*).

957 1437 erhielt Rotger van Dortmund von Telse, der Witwe des Thideman Bodenswengel, 70 Mark und 62 *sware Engelsche Nobele ad usum domini Hermanni Rembeken consulis Holmensis.* Vgl. AHL, Niederstadtbuch zu 1437 Pentecost. Thideman Bodenswengel setzte 1424 als einen seiner Provisoren Vritze (I.) Grawerd ein: *Mine vormundere kese ik Vritzen Grawerde, Johanne van dem Berge, myner dochter man, Ludeken Westeden unde Everd Rovere ...* Vgl. AHL, Testamente, Tideman Bodenswengel, 8. Mai 1424.

958 Zu Lambert Vrolings Beziehungsnetz s. Netz 100.

959 Vgl. AHL, Testamente, Lambert Vrolingh 17. März 1441: *Mine vormundere kese ik her Hermen Rembeken, Clawes Karbouwen, Hermen Hitvelde, Alberte van Unna unde Hinrike Rodeken ...* Vgl. auch AHL, Testamente, Lambert Vrolingh, 17. Mai 1443, 1. September 1446. In den beiden letzten Testamenten wurde Rembeke nicht mehr als *her* bezeichnet.

960 Vgl. SIMON, Niederstadtbuch, S.667,2 (1388 Sixti): *Notandum, quod coram consilio constituta Mechtildis uxor Conradi Brekewolt una cum dicto Conrado marito suo et de eius consensu recongnovit se recepisse plenum heriscindium a Hinrico Schomakere de Ghodebusse nomine Hermanni pueri sui, quem habuit a priore marito suo Hermanno Schumaker fratre eiusdem Hinrici ...*

961 Zu Willekin van Stade s. S..110,238,264,316,432. In Brekwolds Haus hielt sich 1391 Conrad van Oeyden auf, vgl. SIMON, Niederstadtbuch, S.783,2 (1391 Abdon et Sennes): *Notandum, quod Johannes Zoltwedel, Johannes Wernekens, Bertold Hoghe et Conradus Wernekens presentes libro recongnoverunt se teneri coniuncta manu Conrado van Oeyden et Conrado Brekewolt suo hospiti ad suas fidas manus in 106 mr Lub. ...*

962 Die Eintragungen im Niederstadtbuch zeigen deutlich, dass die Verfügungen des Testaments ausgeführt wurden. Weiterhin wird deutlich, dass die Ausführung kontrolliert wurde. Vgl. AHL,

Rasman stand durch seine Frau mit den Erp in familiären wie geschäftlichen Beziehungen zu Tymmo vamme Kyle und den Niestad.[963] Mit Hinrik Niestad und seinen Verwandten hatten Brekwold und sein Sohn auch im Handel mit Reval zu tun.[964] Die Verbindung zu den Niestad blieb über längere Zeit bestehen. So erhielt der Sohn Hartwich des Cord Brekwold 1435 eine Gabe im Testament des Arnd Niestad zugesprochen und wurde von diesem als Provisor benannt.[965]

Arnd Niestad stammte aus Neustadt bei Hannover (*dar ik geboren byn*). Er schenkte in seinem Testament auch dorthin.[966] Seine Erinnerung wollte er auch in Livland sichern.[967] Arnds Frau Telseke war eine geborene van dem Berge. Niestad gab in seinem Testament auch an seinen Schwager Hans van dem Berge *(mynes wives*

Niederstadtbuch zu 1403 Lucie: *Wernekinus Rasman coram libro constitutus recognovit, se a provisoribus Ludekini Rasman ad sufferenciam sublevasse illas quinquaginta marc. Lub., quas sibi dictus Ludekinus in suo legavit testamento ... Ludekinus Rasman coram libro recognovit, se a provisoribus Ludekini Rasman ad sufferenciam sublevasse illas XX marc. Lub., quas dictus Ludekinus in suo legavit testamento ... Johannes et Conradus fratres dicti Rasman coram libro constituti recognoverunt, se a provisoribus Ludekini Rasman fratris ipsorum ad sufferenciam sublevasse illas centum marc. Lub. ... Hermannus Lammeshovet coram libro constitutus recognovit, se et suos heredes teneri pueris Ludekini Rasman ac eorum provisoribus ... in trecentis marc. Lub. ... Conradus Brekewolt coram libro recognovit, se et suos heredes teneri pueris Ludekini Rasman ac eorum provisoribus ... in ducentis marc. Lub.*

963 Vgl. AHL, Niederstadtbuch zu 1403 Visitatio Marie: *Hinricus Niestat, Tymmo vamme Kyle et Hinricus Pepersak coram libro recognoverunt, se et suos heredes coniuncta manu teneri Johanni Meteler in VC quinque marc. Lub Pentecostes proxime futuro persolvendis ... Ghezeke relicta Ludekini Rasman coram libro constituta recognovit se ad sufferenciam sublevasse a provisoribus dicti Ludekini illas II ½ C marc. Lub., quas idem Ludekinus ei dedit in suo testamento, dimisitque dictos provisores pretextu illius ab omni alia monicione penitus quitos ... Hec recognicio facta est consentientibus provisoribus et proximis eiusdem Ghezeke utpote Mathie Verecgede fratre eius, Gherardo Erp, Alberto Erp, Ernesto Lobeke ...* Geseke, die Witwe des Ludekin Rasman, war also eine geborenen Veregge. Vgl. auch AHL, Niederstadtbuch zu 1403 Magdalene: *Ludekinus Niestat coram libro recognovit se teneri Johanni, Gherardo, Tidekino, Jodoco, Mathie et Alheydi pueris Ludekini Rasman in ducentis et L marc. Lub. Martini proxime futuro expedite persolvendis.*

964 Vgl. AHL, Niederstadtbuch zu 1432 Omnium sanctorum: *Hinricus Nienstat coram concilio ... recognovit, quod suus avunculus Arnoldus Nienstat missit sibi ad civitatem Rigensem ... XC rep lenewandes, quas sibi dominus Conradus Brekewold, proconsul ... et Hartwicus Brekewolt eius filius, presentaverunt, et quod ipse dictas X C rep lenewandes in civitate Rigensi sublevavit et percepit et ulterius vendidit. Dictusque Hinricus Nienstat coram concilio ... approbavit, quod ipse cum pecuniis, que de et ex prefatis rep lenewendes provenissent, emebat kabelgarn et vlas ad usum et nutum Johannis, filii Johannis Bergis bone memorie, fratris uxoris antedicti Arnoldi, cui istud prefatum rep lenewand eciam appertinebant ...* Das Gut wurde mit der Rigischen Flotte geraubt. Der hier erwähnte Johan Berg wird auch als Bruder der Frau des Arnd Niestad in dessen Testament angesprochen, vgl. AHL Testamente, Arnd Nyestad, 7. Mai 1435.

965 Niestad setzte neben Brekwold seine Verwandten, den *olden* Hinrik Niestad, seinen *om* Peter Niestad und Hinrik van Minden als Provisoren ein. Vgl. AHL, Testamente, Arnd Nyestad, 7. Mai 1435: *Hartwich Brekewolde unde Tybben, syner husvrouwen, geve ik islikem 5 mark lubesch en klenode mede to kopende.*

966 EBD.: *Item der kerken to der Nyenstad by Honovere, dar ik geboren byn, gheve ik 5 mark to dem buwe, unde darsulves gheve ik eyn licht van enem halven lyspunt wasses vor deme hilghen cruce to bernende.*

967 EBD.: *Item tor Saelsen in Lyflande gheve ik 5 mark ryghes der kerken to deme buwe.*

brodere). Er bedachte ebenso einen weiteren Träger dieses Namens, den älteren Hans van dem Berge, der bei ihm im Haus lebte.[968] Ob es eine verwandtschaftliche Beziehung auch zu Ludeke van dem Berge gab, der bei Johan Krowel wohnte, ist nicht klar zu erkennen.[969] Wie schon erwähnt, stand Ulrich Niestad in geschäftlichen Kontakten mit dem Visbyer Ratsherrn Conrad van dem Berge.[970] Nahe liegt es, auch hier eine verwandtschaftliche Verbindung anzunehmen. Ob auch der 1397 erwähnte Bürgermeister von Lödöse, Willekin van dem Berge, in diesem Zusammenhang zu sehen ist, kann zur Zeit nicht entschieden werden. Willekin van dem Berge hatte 1397 eine Handelsgesellschaft mit Hinrik Bokholt, Johan Pattenhusen und Thideman van Lune. Sie hatten von Johan van Lune eine Kiste mit 200 Mark und 11 Mark *puri argenti* erhalten.[971] Thideman van Lune war geschäftlich enger mit Joachim van Bokhem verbunden. Dieser wird zuletzt 1378 mit Schulden von 300 Mark bei ihm genannt. Joachim und sein Bruder Conrad van Bokhem waren Stralsunder Bürger und sind auch in Geschäften mit Johan Hamma aus Hamburg nachzuweisen.[972] Joachim van Bokhems (Stief-) Tochter war mit Johan van Lune, einem Verwandten Thidemans, verheiratet. Zwischen van Bokhems Frau Cecilia und ihrem Schwiegersohn kam es 1365 zu einem Streit um die Mitgift. Es wurde bestimmt, dass Cecilia vorab 400 Mark aus ihrem *liggende grunde*, den sie in Schweden hatte, zustanden.[973] Aus einem etwas späteren Eintrag geht hervor, dass Cecilia zuvor mit dem Lödöser Bürger Johan Willinkhof verheiratet gewesen war.[974]

In welcher Beziehung Jakob van dem Berge zu den schon genannten Trägern dieses Namens steht, ist nicht deutlich zu erkennen. Anscheinend war er auch mit Niestad verwandt. Jakob van dem Berge erstellte im September 1447 in Lübeck sein Testament. In diesem nannte er auch einen Bruder Johan van dem Berge und eine Schwester Taleke, die in Stralsund lebte. Jakob van dem Berge ernannte zu seinen Provisoren Gerd de Walen, Godeke Heyne *de olden*, Berthold van der Heyde und seinen Bruder Johan.[975] Jakobs Bruder Johan van dem Berge war Schwiegersohn des Thideman Bodenswengel. Dieser setzte unter anderen Vritze (I.) Grawerd und Everd Rover als Provisoren ein.[976] Ein Bruder Rovers lebte in Riga. 1431 stellte ihm der

---

968 EBD: *Hans Berghe dem olderen, de myt my tohus is, gheve ik mynen swarten rok myt beberwammen gevodert.*

969 Ludeke van dem Berge bezeichnete Johan Krowel als seinen *werd*, vgl. AHL, Testamente, Ludeke van dem Berghe 15. November 1419.

970 S. S.195.

971 Vgl. SIMON, Niederstadtbuch, S.968,5. Ebenso ist ein verwandtschaftlicher Zusammenhang mit dem Mitglied des Neuen Rates Volland van dem Berge, der Schuhmacher gewesen sein soll und von 1411 bis 1416 im Rat saß, nicht auszuschließen. S. FEHLING, Ratslinie, S.63.

972 Bokhem schuldete 1364 Johan Crispin 237 1/2 Mark, vgl. SIMON, Niederstadtbuch, S.29,5. Sie waren Stralsunder Bürger, s. KOPPE-KOPPE, Frankfurt-Händler, S.123.

973 Vgl. SIMON, Niederstadtbuch, S.55,5.

974 Vgl. SIMON, Niederstadtbuch, S.60,3.

975 Vgl. AHL, Testamente, Jacob van dem Berghe, 2. September 1447.

976 Vgl. AHL, Testamente, Tideman Bodenswenghel, 8. Mai, 1424: *Mine vormundere kese ik Vritzen Grawerde, Johanne van dem Berge, myner dochter man, Ludeken Westeden unde Everd Rovere unde wyl, dat Telseke, myn leve wiiff, myt mynen vormunderen in desme testamente vulmechtich sy to donde in allen dingen.* Bodenswengel arbeitete mit Hinrik van Elzen und Heyne van Stade zusammen. 1374 schuldeten sie dem Stockholmer Wilm Stenking 252 Mark. Für

Lübecker Rat einen „Toversichtsbrief“ an den dortigen Rat zur Einforderung des Erbes seines Bruders Conrad Rover aus.[977] Everd Rover wird auch als Provisor gemeinsam mit dem (ehemaligen Ratsherrn) Hinrik Honerjeger im Testament des Johan Grote von 1418 genannt.[978] Johan Grote hatte seinerseits engere Beziehungen zu Werner Schopping, der aus dem Münsterland stammte.[979] Johan Grotes Schwiegersohn war Gerd van Olfen, der auch gemeinsam mit Rover als Provisor im Testament des Werner van Mentze aufgeführt wird.[980] Van Mentze setzte auch einen Verwandten, Hans van Mentze, als Provisor ein. Der Name deutet auf Mainz hin. Bei Hans van Mentze lebte Cord Matesval, der aus Paderborn stammte und dessen Bruder Mönch im Karthäuserkloster in Mainz war. Ein Onkel wohnte in Stade.[981] Überdeutlich zeigt sich wieder, dass nicht nur Ratsherren räumlich weit ausgreifende Verwandtschaftsbeziehungen hatten.

Berthold van der Heyde, der von Jakob van dem Berge als Vollstrecker benannt wurde, stand auch in geschäftlichen Kontakten mit dem Ratsherrn Johan Russenberg,[982] der aus Kleve stammte,[983] und Dortmunder Bürgern.[984] Van der Heyde wurde auch im Testament des Hinrik Bremer bedacht, der aus der Rintelner Region kam. Bremer sorgte für seine Erinnerung in Rinteln und Obernkirchen.[985] Er bedachte Taleke Erp, die Nonnen Barbara Bramstede und Alheid, die Tochter des Ratsherrn Peter

---

den Stockholmer Bürgermeister nahm Gerhard Basthorst das Geld in Empfang, vgl. SIMON, Niederstadtbuch, S.255,4 (1374 Kyliani).

977 Vgl. AHL, Niederstadtbuch zu 1431 Lucas.

978 Vgl. AHL, Testamente, Johan Grote, 18. August 1418.

979 Zu Werner Schopping s. S. 138.

980 Vgl. AHL, Testamente, Werner van Mentze, 10. Dezember 1425.

981 Vgl. AHL, Testamente, Cord Matesvel, anders genomet Korff, 29. Januar 1421: *Item hern Hinrike Matesvel, myneme brodere, wesende in deme carthuser clostere by Mentze, geve ik 10 mark lubesch unde beghere, dat he god vor my bidde. Item myner suster Gheseken unde eren kynderen to Palborne geve ik tosamende 100 mark lubesch, unde ereme manne gheve ik alle myne kledere to myneme lyve ghesneden, utghenomen mynen besten rok myt wande ghevodert. Item myner moder wonaftich to Palborne geve ik 50 mark lubesch. Item den kinderen Albertes van Borken, myner moder broder darsulves, gheve ik samentliken 10 mark lubesch. Item Godschalke van Borken, myner moder broder, wonaftich to Stade, geve ik quiit de pen, de he my schuldich is, dar to geve ik em mynen besten rok myt wande ghevodert vore utetekent.*

982 Vgl. AHL, Niederstadtbuch zu 1433 Oculi.

983 In seinem Testament vom Juni 1451 gab er auch nach Kleve, *dar ik gheboren bin*, s. BRUNS, Bergenfahrer, S.88. Als Provisor setzte er den Ratsherrn Gerd van Minden und den Notar Johan Hertze ein.

984 Vgl. AHL, Niederstadtbuch zu 1432 Decollatio Johannis Baptiste: Johannes Makenberch, ein Dortmunder *civis*, schuldete Berthold van der Heyde *in duobus bonis Pantzen ferreis, gevelde Pantzen.* 1433 hatte van der Heyde gemeinsam mit Hinrik Gripeshorn und Johan Nienkerken Schulden bei dem Kalmarer *magister civium* Hinrik Lassan, vgl. AHL, Niederstadtbuch zu 1433 Maria Magdalena.

985 Vgl. AHL, Testamente, Hinrik Bremer, 6. März 1445: *Item in dat closter to Ryntelen geve ik 50 mark lubesch to dem buwe unde darsulves begheven Wobben Vullen unde Beaten Badenhorst geve ik yeweliker 5 mark lubesch. Item in dat closter to Overenkerken geve ik 50 mark lubesch to deme buwe begherende, dat de gheestliken personen in den beyden closteren wesende unsen heren god alle vor my bidden.*

van Borken in Wismar, jeweils mit einer silbernen Schale.[986] Peter van Borken nahm an den Hansetagen 1442 in Stralsund, 1445 in Lübeck und 1450 in Bremen teil.

Zur Verwandtschaft Niestads gehörte auch Tymmo van dem Berge, der aus Kamen stammte und Verwandte in Stockholm hatte.[987] Dieser beschenkte 1404 in seinem Testament Hartwich Kopmann, den er als Provisor einsetzte, wie die Kinder Tymmo Hadewerks mit 50 Mark, während der Sohn Berthold Hadewerks 30 Mark erhielt. Weiterhin bestimmte van dem Berge für Arnd Sparenberg eine silberne Schale. Dessen Tochter Telse bekam wie die Frau des Bernhard Plescow zehn Mark.[988] Der Teil des Wohnhauses, der van dem Berge gehörte, sollte mit allem Zubehör an Hinrik Koning gehen, der es mit ihm gemeinsam besaß.[989] Koning stand in einer Handelsgesellschaft mit dem Brügger Ältermann Tymmo Hadewerk. Mit ihm hatte er auch finanzielle Beziehungen zu dem Visbyer Ratsherrn Vlaming.[990]

Kehren wir zu Arnd Niestad aus Neustadt zurück. In Lübeck fand er bei seiner Ankunft schon Verwandte vor.[991] So war Ludeke Niestad, Mitglied des Neuen Rates, der Vater von Arnds *om* Peter Niestad.[992] Ludeke Niestad setzte in seinem Testament vom August 1421 als einen seiner Provisoren Johan Kollmann ein.[993] Es handelt sich um Johan (II.) Kollman, der ab 1428 als Ratsherr, ab 1443 als Bürgermeister amtierte

986 EBD. In Wismar im Hause der van Borken hatte Wolter Heyse der Ältere 1413 auch eine Rente: *Item so si witlik, dat ik hebbe to der Wismar in Hans hus van Borken 18 mark wicbelde rente.* Vgl. AHL, Testamente, Wolter Heyse de oldere, 31. Juli 1413.

987 S. KOPPE, Lübeck-Stockholm, S.184.

988 Vgl. AHL, Testamente, Tymme van dem Berghe, 28. Juli 1404: *Item gheve ik hern Arnde Sparenberghe mine besten sulveren schalen. Item Heleken, siner dochtere, unde Telseken, hern Bernd Plescowen wive, yewelker gheve ik 10 mark lub.*

989 EBD. Auch Koning kam wohl aus Kamen, s. KOPPE, Lübeck-Stockholm, S.185.

990 S. ASMUSSEN, Flandernfahrer, S.364.

991 S. zu Giselbert Niestad S. 146f.

992 S. KOPPE, Lübeck-Stockholm, S.185. Arnd Niestad schenkte auch an die Schwester Metteke Pape des Peter Niestad.

993 Vgl. AHL Testamente, Ludeke Nyestad, 5. August 1421. Ein Schwiegersohn des Ludeke Niestad war Johan Pape. Dieser war mit Metteke Niestad verheiratet, vgl. die vorige Anm. Johan Pape war *wantsnider*. Er wurde auch im Testament des Hinrik Krull, eines Bruders des ehemaligen Mitgliedes des Neuen Rates Ludwig Krull, bedacht, vgl. AHL, Testamente, Hinrik Krull, 16. Juli 1434. Vgl. auch AHL, Testamente, Mathias Pape, 8. September 1438. Johan Pape erstellte selbst ein Testament am 7. September 1441. Darin führte er die große Mitgift von Metteke, *synen husvrowe*, an, betonte aber zum Schluß, dass er sie noch besser versorgt hätte, wenn sie nicht psychisch gestört wäre: *in erer redelicheid unde sinnen gekrenket.* Eine Aussage, die seltsam anmutet, denn dann hätte er ja eigentlich mehr für seine kranke Frau sorgen müssen. Zur bedeutenden Mitgift: *Item myt Metteken, myner husvrowen, wurden my gelovet vor brutschat 1100 mark lubesch, dar hebbe ik van entfanghen 900 mark, unde ere vader unde ere vrunde rekenden ere cledere unde ere clenode, alse ze dat hebben wolden, vor 200 mark lubesch unde de cledere unde clenode, de helt ze in erer eghenen bewaringhe, eren willen dar mede to donde unde to latende. Ok hebbe ik entfangen 100 mark lubesch, de er van Marquarde, eren brodere, anghestorven weren. Vort wart my van Ludeken Nyenstade, erem vadere, en hus belegen in der Klokgheterstraten, unde dat steyt my toscreven in der stad boke. Des wil ik, dat myn vorscreven husvrowe de 900 mark van dem brutschatte unde de 100 mark van eres broders weghene unde dat vorsreven hus, alse my dat toscreven, unbeworen wedder hebben schole, unde dat sik myne vormundere umme ere cledere unde clenode myt eren vrunden gutliken vordreghen unde ze dar ane vornoghen.* Vgl. AHL, Testamente, Johan Pape, 7. September 1441.

und zwischen 1430 und 1445 als Lübecker Delegierter auftrat.[994] Thideke Kollmann bezeichnete in seinem Testament von 1425 wohl Johan (I.) Kollmann als seinen *om*.[995] Auch Johan (I.) Kollmann hatte schon im August 1415 ein Testament errichtet. Aus diesem geht seine besondere Verbindung mit Schonen hervor. Sie resultierte aus seiner Tätigkeit als Schonenfahrer und sollte noch nach seinem Tode Bestand haben. Auf Schonen wollte er seine Memoria sichern.[996] Weiterhin bedachte er seine Frau Taleke, eine geborene Boytin.[997] Gaben gingen auch an seinen Vetter Hermann Kollmann und seine Onkel (*om*) Thideke van Celle,[998] Hans Vreden, Hans Moldenhauer und Hans Vischer.[999] Kollmann beschenkte auch die Kinder des Johan Kappenberg wie diejenigen des Hermann Bredeveld in Preußen.[1000] Schließlich gab Johan (I.) Kollmann noch den dritten Teil des Übrigen an Hermann Kollmann und Johan Kappenberg und seine Kinde *lyke under sik to delende*.[1001] Als Provisoren setzte Johan

---

994 S. FEHLING, Ratslinie, S.70f.

995 Vgl. AHL Testamente, Tydeke Colman, 5. April 1425: *Item geve ik myme ome Johanne Colmanne veftich mark.* Er setzte Johan Kollmann auch in all seinen erhaltenen Testamenten als Provisor ein: *Item myne vormundere kese ik Johan Colmanne, olde Hinrik Punde, Curt Brande, Ludeken Westede unde Hanse van Vreiden*. Testament vom 24. Juni 1427: *Item gheve ik Johan Colman, mynem ome, 30 lub mark. .... Item myne vormundere kese ik Johan Colman, olde Hinrik Punt, Cord Brande, Ludeken Westeden unde Hans van Vreden*. Testament vom 28. März 1431: *Item gheve ik her Johan Kolmanne 50 mark. ... Item myne vormundere kese ik her Johan Kolman, Hans van Vreiden, Hinrik Kronert, Hinrik Punt de junghe*. Testament vom 23.2.1435: *Item gheve ik her Johan Kolman veftich mark. ... Mine vormundere kese ik her Johan Kolman, Ludeke Westeden, Kurd Brand, Hans van Vreden*.

996 Vgl. AHL, Testamente, Johan Colleman, 30. August 1415: *Item to Schonere uppe Schonen in sunte Olaves kerken geve ik to wine unde to oblaten 8 ß grote. Item geve ik to der broderschop sunte Jurgens tho Valsterboden in sunte Gertruden kerken 5 ß grote. Item her Hildebrande, de dersulven broderschop cappellan is, dem geve ik 5 ß grote, dat he truwelike vor my bidde*.

997 EBD.: *Item geve ik minem leven wive Taleken den eghendom mines huses, dar ik ynne wone, also varende, alse he mi toscreven steit in des stades boke to Lubek, darto geve ik er mine 3 hus, de ik hebbe ... Vordermer geve ik er 100 mark reyder penninge*. Er setzte seinen Schwiegervater Franziskus Boytin als Provisor ein und schenkte an den Priester Hinrik Boytin: *Item her Hinrik Boytine geve ik 5 mark unde wil, dat em mine vormundere untrichten de tiit sines levendes jewelkes jares 10 mark, dar bin ik em plichtich, alse des stades boek utwiset, so langhe, als he levet*.

998 Mit Helmich van Celle, dem Bruder des Tydeke, verband ihn eine Handelsgesellschaft: *Item geve ik Helmich van Celle de selschop qwyd, de ik mit em hebbe, unde wes he my schuldich is*. EBD.

999 EBD.: *Item isset, dat myn veddere Herman Colman levet minen doet, so geve ik em 5 mark lub. Item Tideke van Celle, minem ome, levet he minen doet, so gheve ik em 50 mark lub. Item heft Hans Vreden, myn oem, myn gheld, de helfte van minem dele, de geve ik em qwyd. Weret ok, dat he van mi ghescheden were alse van der selschop wegen unde levede minen doet, so geve ik em 40 mark. Item isset, dat de vorbenomede Tideke van Celle unde Hans van Vreden leveden minen doet, so geve ik en samentlike mine halve boden, de ik to Valsterbode hebbe, unde wes ik dar hebbe van schure holte unde ander resschop van solte unde van visscher schulde. Item minem ome Hans Moldenhouwer geve ik 30 mark und de selscop qwyd, de ik mit em hebbe. Item sinem broder Werneke unde erer beider moder Hillen geve ik isliken 20 mark. Item minem ome Hans Visscher geve ik 5 mark unde de selschop qwyd, de ik mit em hebbe*.

1000 EBD.: *Item Hans Cappenberghes kinderen enem jewelken geve ik 5 mark, dede levet minen doet. Item Herman Bredeveldes dochteren, levet se minen doet, so gheve ik en samentliken 15 mark prutzes, dat se mede to brode komen*.

1001 EBD.

(I.) Kollmann ein: *her* Ludeke Niestad, Johan Bere, Cord Brand, Brand van Ghetelen, Franziskus Boytin und Thideke van Celle.[1002] Franziskus Boytin vertrat das Brügger Kontor auf den Verhandlungen in Deventer im Juli 1437 und auf dem Hansetag vom März 1441 in Lübeck.

Zu der in diesem Testament erwähnten Familie Kappenberg behielt auch Johan (II.) Kollmann Kontakt. In seinem Testament von 1438 bedachte er nämlich Hildebrand Kappenberg und dessen Schwester.[1003] Kappenberg hat einige Jahre später selbst in Lübeck ein Testament verfasst, obwohl anscheinend sein Lebensmittelpunkt Riga war.[1004] In diesem Testament bedachte er auch seine beiden Töchter, von denen die eine wohl in Riga lebte,[1005] während die andere in einem Kloster bei Braunschweig war. Dort lebte auch Kappenbergs Schwester Wobbeke. Sie war dort Äbtissin. Die Nonnen sollten, falls die eine Tochter ohne Erben stürbe, mit Unterstützung seines *oms*, des Lübecker Bürgermeisters Johan Kollmann, die Güter erhalten.[1006] Als Provisoren setzte Kappenberg ein: *her Johan Colman, Ludeken Eensteden unde Godeken Beseler*.[1007] Der Bruder des zuletzt genannten Gottfried Beseler namens Christian war, wie wir schon beobachtet haben, mit Thideman Steen verbunden.

Wir sehen überaus deutlich im Blick auf die Familie Kappenberg, die zwar anscheinend nicht dem Rat in Lübeck und Riga angehörte, die weite Räume überwindenden familiären Verbindungen. Weiterhin können wir aus der Position der Äbtissin Wobbeke Kappenberg ersehen, dass diese Familie schon eine gewisse soziale Position hatte.[1008] Auch der Lübecker Ratsherr Johan (II.) Kollmann konnte durch seine

---

1002 EBD. Auch im späteren Testament von 1421 verfügte Johan Kollmann in ähnlicher Weise über sein Eigentum. Als Provisoren wählte er: *hern Detmare van Tunen, hern Johanne Beren, Cord Brande, Brand van Ghetelen, Hanse Tankenhagen unde Tideken Koleman*. Vgl. AHL, Testamente, Johan Koleman, 14. August 1421.

1003 Vgl. AHL Testamente, Johan Kolman, 17. November 1438: *Item Hillebrande Kappenberge unde syner zuster geve ik 20 mark*.

1004 Auch Arnd Niestad bedachte ihn 1435 in seinem Testament: *Item salighen Hinrikes van der Veerden sone to Ryghe wesende gheve ik myn mest myt sulvere belecht, dat my van Woltere, synem salighen ome, wart, unde dar to 10 mark ryghes, dat he myner by denke, unde Hildebrande Cappenberghe darsulves gheve il 4 mark ryghes*. Vgl. AHL, Testamente, Arnd Nyestadt, 7. Mai 1435.

1005 Vgl. AHL, Testamente, Hildebrant Kappenberch, 5. Mai 1444: *Item Jutken, myner dochter, der geve ik alle mine huse, de ik to der Rige stande hebbe ...*

1006 EBD.: *weret, dat myn dochter Jutteke storve sunder kindere, so wil ik, dat ere erven desulven huse scholen hebben na Jutteken dode unde de erven scholen geven ut den sulven husen alle jar myner suster, der ebbedisschen in deme clostere to Ronnenberge vor Brunswik, unde myner dochter Wobbeken, en closter juncvrowe dar sulves, unde mynem ome her Johan Colman, borgemester to Lubeke, den dren personen to samende 30 mark riges liffghedinghes de tid eres levendes. Item alle myne anderen redesten gudere ... scholen hebben Wolborch Kappeneberges, myn leve suster, de ebbedische, unde Wobbeke, myn dochter, de closter juncvrowe, to samende 10 mark rigesch liff gedinges der to brukende de tid eres levendes, unde wes dar mer denne overblifft van den sulven guderen, dar van schal hebben myn suster Wolborch unde Wobbeke, myn dochter, twe part deles van den guderen, unde dat dorde part schal hebben myn om her Johan Colman ...*

1007 EBD.

1008 Ob der in Lüneburg nachzuweisende Ratsherr Arnold Kappenberg mit ihnen verwandt war, muß im Augenblick offen bleiben. Dieser nahm am Lübecker Hansetag vom Dezember 1403 teil, vgl.

Beziehungen mit dieser Familie auf Kontakte in Riga wie in Braunschweig zurückgreifen.

Betrachten wir etwas genauer die Verwandtschaft und die Vertrauten der Kollmanns. Thideke Kollmann hatte mehrere Brüder: Hans, Kersten, Helmich und Albert.[1009] Der Sohn seines Bruders Kersten befand sich 1425 in Livland.[1010] Thideke Kollmann benannte in seinem Testament vom März 1431 auch Hinrik Kronert als Provisor.[1011] Durch Kronert ergaben sich Beziehungen zum Ratsherrn Brun (III.) Warendorp, der seit 1428 amtierte und 1432 Bürgermeister wurde. Anscheinend war Warendorp mehrmals verheiratet, in erster Ehe wohl mit einer Tochter des Henning van Rinteln.[1012] In der Mitte der 40er Jahre wurde dann festgehalten, dass die Schwester Kronerts mit einer ordentlichen Mitgift Brun (III.) Warendorp zur Ehefrau gegeben worden war.[1013] Vom Vater des Hinrik Kronert ist zwar kein Testament erhalten, aber wir kennen aus Eintragungen in das Niederstadtbuch aus den Jahren 1446 und 1447 Hinriks Vormünder. Zu ihnen gehörten Lambert und sein Bruder Johan Vroling. Weiterhin wird als Vormund der von 1447 ab amtierende Ratsherr Johan Broling genannt. Broling nahm an zwei Hansetagen, nämlich 1456 und 1461 in Lübeck, teil.

Lambert Vroling stand in vielfältigen Kontakten mit hansischen Kaufleuten und Ratsherren. Im Juni 1430 beschwerte sich der Dorpater Rat beim Lübecker, dass Gut des Dorpater Ratsherrn Thideman Vos für Lambert Vroling, das vom Rigischen

---

die chronologische Übersicht.

1009 Vgl. AHL Testamente, Tydeke Colman, 24. Juni 1427: *Item geve ik mynen broder Hanse dortich mark, unde mynen broder Kersten geve ik tein mark, unde sinen kinderen, leven se mynen dot, enen isliken geve ik tein mark. Item geve ik mynen broder Alberte tein mark unde sinen kinderen, de mynen dot levet, enen isliken tein mark. Item geve ik mynen broder Helmege tein mark, isset dat he sik wol teret, dat dat mynen vormunderen behaget, zo wil ik dat em myne vormunder geven van mynen gude dortich mark.*

1010 EBD.: *Item geve ik mynes broders sone Kersten, de in Liiflande is, tein mark boven dat ik em rede geven hebbe.* Thidekes Bruder Kersten war 1431 verstorben, vgl. AHL Testamente, Tydeke Colman, 28. März 1431: *Unde Kersten, myn broder, deme got gnedich sy, synen kinderen gheve ik enem isliken 5 mark, sunder dar is en mede, de het Kersten, de schal hebben 20 mark.*

1011 EBD: *Item myne vormundere kese ik her Johan Kolman, Hans van Vreiden, Hinrik Kronert, Hinrik Punt de junghe ....*

1012 Die Angaben bei FEHLING (Ratslinie, S.51), dass er schon 1434 oder 1435 aus dem Rat ausgeschieden sei, sind zu korrigieren. Warendorp trat als Ratsherr noch wesentlich später auf. In seinem Testament vom 28. Juni 1427 benannte Brun (III.) Warendorp auch Christian van Rinteln als einen seiner Provisoren. Das würde gut zur Heirat mit einer Tochter des Henning van Rinteln passen, vgl. AHL, Testamente Brun Warendorp, 28. Juni 1427: *Mine vormundere kese ik hern Kerstene van Rentelen, Godeken Plescowen, Gosschalke van Wickede unde Godeken Kerkringe.*

1013 Da die Einträge nicht immer aktuell erfolgten, kann die Heirat schon einige Zeit zurück liegen. Vgl. AHL, Niederstadtbuch zu 1446 Nativitas Marie: Hinrik Kronert hatte seiner Schwester Katharina, *da se beraden wart hern Bruno Warendorpe in dat hilghen echte*, 200 Mark gegeben und dazu eine Rente von 800 Mark. Da zu demselben Datum Hinrik Kronert seine Vormünder entließ, ist anzunehmen, dass sein Vater verstorben war. Vgl. auch AHL, Niederstadtbuch zu 1447 Margarete: *Her* Brun Warendorp bestätigt, dass er von den Vormündern der Kinder des Hinrik Kronert, nämlich *her* Johan Broling, Lambert Vroling und Hinrik Sasse 1000 Mark *to brutschatte* mit Katharina, der Tochter des Hinrik Kronert, erhalten habe.

Ratsherrn Frederik Soveneken diesem zugesandt worden war, in Lübeck entfremdet worden sei.[1014]

Netz 100: Lambert Vroling

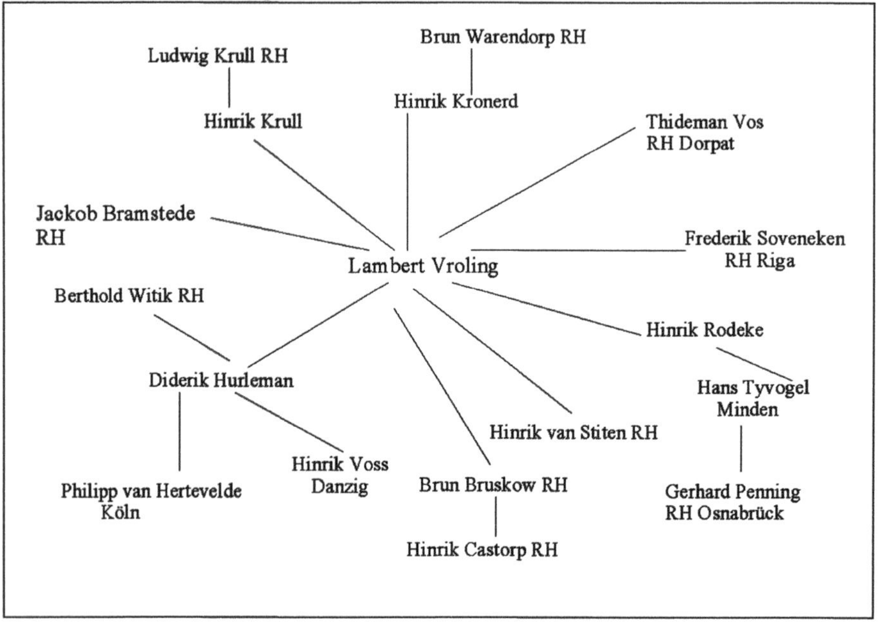

Der Dorpater Ratsherr Thideman Vos, Vrolings Geschäftspartner, nahm als Delegierter an der Tagung zu Johannis von 1418 in Lübeck teil, nachdem er sich schon im Juli 1413 bei den Verhandlungen in Nyköbing beteiligt hatte. Danach trat er noch auf den regionalen Tagen zu Wolmar 1427 und zu Pernau 1437 auf. Über Vroling konnte der Dorpater Vos auch in Kontakt treten mit dem derzeitigen Lübecker Delegierten Ludwig Krull. Dessen Bruder Hinrik Krull stand in so vertrautem Verhältnis zu Vroling, dass er ihn 1434 als einen seiner Testamentsvollstrecker benannte.[1015] Mit dem Ratsherrn Jakob Bramstede wurde Vroling um 1440 als Vormund der Kinder des Diderik Hurleman genannt.[1016] Hurleman stand mit dem Kölner Kaufmann Philipp van Her-

1014 Vgl. LÜB UB 7, Nr.408 und HUB 5, Nrn. 871 und 876. Es handelte sich um *3 stro* Wachs. Dieses, so behauptete Hans vamme Springe, der es verkaufte, habe den ganzen Tag in der Lübecker Mengstraße gestanden. Aber so wird in der Beschwerde betont, dieser Verkauf sei *sunder volbord des rechtes* geschehen.

1015 Vgl. AHL, Testamente, Hinrik Krul 16. Juli 1434: *Mine vormundere kese ik Lamberde Vrolinge, Evert Moygelken, Hermen Ropeken, werkmeyster tho Unser Leven Vrouwen, Hanse Papen, den wantsnyder, unde Hans Boysenborch.* Everd Moyelke war Mitglied des Neuen Rates von 1408 bis 1416.

1016 Vgl. AHL, Niederstadtbuch zu 1442 Andree apostol: *Her Jacob Bramstede radman, Godeke Stenbeke, Lambert Vroling unde Hermen Rembeke borger* werden als Provisoren der Kinder des Diderik Hurleman genannt.

tesvelt wie dem Danziger Hinrik Voss in geschäftlicher Verbindung.[1017] Hurleman hatte im August 1436 bei der Erstellung seines Testamentes gemeinsam mit Vroling den seit 1439 amtierenden Ratsherrn Berthold Witik als Provisor benannt.[1018]

Vroling stand durch seinen Schwiegersohn Rodeke[1019] in Kontakt mit dem Bergenfahrer Hans Tyvogel.[1020] Tyvogel beschenkte seinen Neffen Ghereke tor Mohlen und setzte Gerd van der Mohlen als Vollstrecker ein. Sicherlich waren auch diese verwandt. Gerd van der Mohlen war der Schwiegersohn des Hermann Scharbow, der in verwandtschaftlichen Beziehungen zu den Witik und wohl auch der gleichnamigen Pernauer Ratsfamilie stand. Van der Mohlen wurde auch 1431 von Lubbert Exeman als Provisor benannt.[1021] Exeman stammte aus Oldenzaal. Dort wollte er seine Memoria sichern.[1022] Ebenso wurde van der Mohlen von Lambert Ekey und Bernd van der Vechte als Vollstrecker benannt.[1023] Bernd van der Vechte, der aus Vechta kam,[1024] wünschte, dass seine besonderen Freunde, unter ihnen auch van der Mohlen, noch

---

1017 1439 sollte Hurleman im Auftrag des Philipp van Hertesvelt, 21 *Tollensche Laken* dem Hinrik Voss nach Danzig übersenden, vgl. AHL, Niederstadtbuch zu 1439 Nativitas Marie.

1018 Vgl. AHL, Testamente, Diderik Hurleman, 18. August 1436: *Myne vormundere kese ik Lambert Vrolinghe, Godeken und Clawese Steenbeken, Hanse Ellinghusen unde Bertold Witike ...*

1019 Rodeke war mit der Tochter Beleke des Lambert Vroling verheiratet, vgl. AHL, Testamente, Lambert Vroling, 17. Mai 1443: *Item myner dochter Beleken unde eren kinderen, levet ze mynen dot, geve ik samentliken 6 sulverne krose in deme vodere stekende, unde eren manne Hinrike Rodeken geve ik mynen swarten hoyken myt den lebardes poten ghevodert, dat he myner by denke.*

1020 Vgl. AHL, Testamente, Hans Tyvoghel, 2. Juli 1433: *Item to Berghen in Norweghen geve ik Unser Leven Vrouwen kerken 10 mark lub to dem buwe. Item darsulves den beyden monneken closteren geve ik to dem buwe isliker stede 5 mark lub. Item to sunte Katherynen unde Dorotheen gilde geve ik 4 mark vor myne dechtnysse. Item darsulves den armen int gemeyne to delende geve ik 20 mark lub.*

1021 *Mine vormundere kese ik her Johanne Russenberghe, Hermen Robeken, den werkmester, Gerde van der Molen unde Hinrike Vledermanne*, vgl. AHL, Testamente, Lubbert Exeman, 13. September 1431. EBD.: *Item Ghereken tor Molen, myner suster Wyndelen sone, geve ik 2 mark lub.* Es handelte sich um den Sohn seiner Schwester, die mit einem tor Mohlen verheiratet war. Dieser wird von dem Ratsherrn Johan Russenberg als dessen Provisor genannt, vgl. AHL, Niederstadtbuch zu 1432 Johannes Baptist und zu Divisio apostolorum. Im ersten Testament Exemans von 1422 wurden neben Hermann Robeke andere Provisoren eingesetzt: *Mine vormundere kese ik Johanne van dem Berne, Hermanne Robeken, den werkmester, Lamberte Wykinghoff unde Tideken Schopingh*, vgl. AHL, Testamente, Lubbert Exeman, 19. Juni 1422.

1022 EBD.: *Item to dem buwe der kerspelkerken to Oldensale geve ik 10 mark lub, unde darsulves Unser Vrouwen gilde geve ik 10 mark lub. Item levet Johan de Coster to Oldensale mynen doet, so geve ik em 10 mark lub.* Lubbert Exeman muß bald darauf verstorben sein, denn sein Bruder Hermann bestätigte im Sommer 1432, dass er sein zustehendes Erbe von den Provisoren, *dominus Johannes Russenberg, consul, Hermann Robeke operarius et Gerard van der Molen*, erhalten hatte, vgl. AHL, Niederstadtbuch zu 1432 Divisio apostolorum.

1023 Vgl. AHL, Testamente, Lambert Ekey, 31. Juli 1438.

1024 *Item tor Vechte in dat hospitael geve ik to behof der armen 10 mark lubesch. ... Myne vormundere kese ik Gherde van der Molen in der Mengenstraten wonende, Lamberte van Holren, Bernde van der Beke unde Hanse Ylhorn, mynen oem*, vgl. AHL, Testamente, Bernd van der Vechte, 29. Mai 1450.

nach seinem Tode zeichenhaft mit ihm verbunden blieben. Deshalb beschenkte er sie mit einem goldenen Ring: *likwichtich to makende deme, den ik plege to dregende.*[1025]

Gerd van der Mohlen gehörte zu einer Gruppe um Exeman, Vlederman und den Ratsherrn Johan Russenberg, die mehrfach gemeinsam in Testamenten als Provisoren genannt werden.[1026] Van der Mohlen hatte 1439 eine Handelsgesellschaft mit Johan Kröpelin, Mitglied des Rates in Rostock, der im Januar 1422 am Hansetag in seiner Heimatstadt teilnahm, und Hildebrand Hagemann. Sie schuldeten zu dieser Zeit dem Lübecker Bürgermeister Hinrik Rapesulver 100 Mark.[1027] Van der Mohlen wurde 1429 als Provisor eingesetzt von dem Bergenfahrer Hermann Schopping,[1028] 1442 von dem Bergenfahrer Hermann Lange, der seine Schwester in Hamm bedachte,[1029] und 1451 von dem Bergenfahrer Henning van Salderen.[1030] Anscheinend ist Hans Tyvogel bald nach der Erstellung seines Testaments verstorben. Zu Pfingsten 1435 wurde nämlich in das Niederstadtbuch eingeschrieben, dass das Erbe von seinen Verwandten aus Osnabrück, Minden und Lübbecke eingefordert wurde.

Zu diesen Verwandten gehörten seine Schwester Kunneke Borcharding und der Ratsherr Gerhard Penning aus Osnabrück und weitere Personen aus Minden. Zum Beweis wurden Schreiben der Räte aus Lübbecke, Minden und Osnabrück vorgelegt.[1031] Gerhard Penning aus Osnabrück nahm am Hansetag vom Juni 1435 in Lübeck teil. Zwar ist die familiäre Verflechtung zwischen den Familien in Lübbecke, Osnabrück und Minden zur Zeit nicht im Einzelnen aufzudecken,[1032] aber eindrück-

---

1025 *Item Gerde van der Molen, Lamberte van Holren unde Bernde van der Beke geve ik jewelkem enen guldenen boch ...* Vgl. AHL, Testamente, Bernd van der Vechte, 29. Mai 1450. Zu van der Vechtes Beziehungen zu den Ilhorn s. S.400.

1026 1431 erschienen die auch später genannten Provisoren neben Hinrik Vlederman: *Mine vormundere kese ik her Johanne Russenberghe, Hermen Robeken, den werkmester, Gerde van der Molen unde Hinrike Vledermanne*, vgl. AHL, Testamente, Lubbert Exeman, 13. September 1431. Johan Russenberg ist bis zur Mitte des 15. Jahrhunderts im Englandhandel nachgewiesen, s. JENKS, England, S.952. Auch Hermann Robeke setzte den Gerd van der Mohlen neben dem Ratsherrn Johan Russenberg als Vollstrecker ein: *Mine vormundere kese ik hern Johanne Russenberghe, Lamberte Wikinkhoff, Godeken Steenbeken unde Gherde van der Molen.* Vgl. AHL, Testamente, Hermen Robeke, 21. Mai 1436.

1027 Vgl. AHL, Niederstadtbuch zu 1439 Valentini.

1028 S. BRUNS, Bergenfahrer, S.62.

1029 S. BRUNS, Bergenfahrer, S.76.

1030 S. BRUNS, Bergenfahrer, S.90.

1031 Vgl. AHL, Niederstadtbuch zu 1435 Pentecost: *Kunneke Borchardinges soror Johannis Tivogels, dominus Gerardus Penning consul in Osenbrugge ... ex parte Berteken Vogelers eciam sororis Johannis Tivogels, Gerardi van der Molen et prefate Kunneke nomine et ex parte Gerekini Tivogels fratris antedicti Johannis Tivogels beate memorie* weisen Bestätigungsbriefe vor der *consulum de Minden, Osenbrugge, Lubbeke* und auch der *mercatorum Bergis Norwegie.*

1032 Festzuhalten ist, dass die van der Mohlen aus Osnabrück, die sicherlich auch mit den Lübecker Trägern dieses Namens in Beziehung standen, wie wir im Blick auf Gerd van der Mohlen schon sahen, auch am Ende des 14. Jahrhunderts geschäftlich mit Lübeckern verbunden waren. Dethard van der Mohlen, *civis Osnabrugensis*, schuldete im März 1398 dem Lübecker Gerhard Plantekow 75 Mark, vgl. SIMON, Niederstadtbuch, S.1008,2. Gerhard Plantekow stand mit Amelius Luchow in geschäftlicher Verbindung, vgl. SIMON, Niederstadtbuch, S.437,5. 1383 hatte Hinze van Minden bei ihm 100 Mark Schulden, für die Ludeke van Minden und Gerhard van Minden bürgten, vgl. SIMON, Niederstadtbuch, S.521,1. Gemeinsam mit Gerhard Kloot, Bernhard Stekemest und anderen hatte Plantekow 1388 einem Goldschmied 226 Mark geliehen, vgl.

lich werden wir darauf hingewiesen, dass Tyvogel aus dem östlichen Westfalen stammte. Ein Blick in die Mindener Überlieferung zeigt, dass die Tyvogel dort eine führende Familie waren. Diese stellte von der Mitte des 14. Jahrhunderts bis in das 15. Jahrhundert immer wieder Ratsherren.[1033] Die Verbindungen zwischen Bergenfahrern und führenden Kaufleuten wie Ratsfamilien im östlichen Hanseraum und Westfalen zeigte sich noch einmal deutlich.

Kehren wir zu Lambert Vroling und seinen Verwandten zurück. Vroling war mit dem Ratsherrn Hinrik van Stiten verwandt. Sein Bruder Nicolaus Vroling hatte van Stitens Schwester Katharina geheiratet, wie aus seinem Testament und einer Notiz des Stadtbuches von 1464 zu erkennen ist.[1034]

Hinrik van Stiten war ein Sohn Hermanns van Stiten und Neffe des Ratsherrn Nicolaus van Stiten.[1035] Nicolaus van Stiten wurde 1402 in den Rat kooptiert. Er erschien 1403 und 1406 als Gesandter in Livland.[1036] 1407 nahm er an einem Hansetag in Lübeck teil. Er verließ 1408 die Stadt mit dem Alten Rat und setzte sich 1411 für den Alten Rat im Kontor zu Brügge ein. 1416 kam van Stiten nach Lübeck zurück und nahm von 1417 bis 1422 wieder als Delegierter an neun Hansetagen teil.[1037] Er beteiligte sich auch am Hansetag zu Johannis Baptista 1418. Nicolaus van Stiten war in erster Ehe mit einer Tochter des Gerhard Tusfeld verheiratet. Tusfeld hatte nur im Jahr 1376 im Rat gesessen. Mit Amelius Luchow verband Tusfeld ein Vertrauensverhältnis. Tusfeld wurde 1375 und 1376 in Luchows Testamenten als Provisor eingesetzt.[1038] Nicolaus van Stiten wurde 1400 von Marquard van der Mohlen, dessen

---

SIMON, Niederstadtbuch, S.673,7. 1395 hatte Plantekow eine Handelsgesellschaft mit den Brüdern Gherwer, vgl. SIMON, Niederstadtbuch, S.900,5.

1033 S. zum Ratsherrn Hinrik Tyvogel zwischen 1352 und 1372 SCHULTE, Macht auf Zeit, S.232, S.307, S.312, S.320, S.390, S.391-394; zum Ratsherrn und Bürgermeister Frederik Tyvogel zwischen 1399 und 1425, S.329-331, S.399-404; zum Renteherrn Frederik Tyvogel zwischen 1422 und 1436, S.438-440. Auch ein Johan Tyvogel war um 1400 Ratsmitglied, s. SCHULTE, Macht auf Zeit, S.401-404.

1034 Vgl. AHL, Niederstadtbuch 1464 zu Petri ad Vincula: Die Ratsherren *her* Johan Segeberg und *her* Hermann Hetveld schwören, dass *her* Hinrik van Stiten *radman unde Katherine vandages elike husfrowe Clawes Vroling, sint vullebroder unde vulle suster*, und dass weiterhin der selige Hermann Vroling der Sohn der Klaus und Katharina gewesen sei. Van Stiten nennt auch mehrfach Mitglieder der Familie Vroling in seinem Testament: Hermann seinen *om* und Nicolaus, der - wie sich zeigte - sein Schwager war. Van Stiten war zu dieser Zeit noch kein Ratsherr. Vgl. AHL, Testamente, Hinrik van Stiten, 19. Juli 1437 und 31. Juli 1441: *Item Greteken Brutzkowen, Jacobe van Stiten, Marquard Rehorste unde Druden, Clawes Vrolynghes dochter, geve ik islikem 10 mark lubesch rede in de hand to donde. Item Hermen Vrolynghe, mynem ome, geve ik alle myne cledere umme myner leve willen to dreghende.*

1035 S. FEHLING, Ratslinie, S.74. Hinrik van Stiten bezeichnet in seinem Testament vom Juli 1437 Jakob van Stiten als seinen *om*: *Item Jacobe van Stiten unde Marquard Rehorste, mynen omen, geve ik yslykem ene engelschen nobelen*, vgl. die vorangehende Anm. Jakob war nach Aussage des Niederstadtbuches ein Sohn des Nicolaus, vgl. AHL, Niederstadtbuch zu 1444 Johann Baptist: 2. *Vrouwe Abele, hern Clawes van Stiten ... wedewe unde Jacob van Stiten ere sone* vermieten ein Haus.

1036 S. FEHLING, Ratslinie, S.54.

1037 EBD.

1038 S. LUTTERBECK, Rat, S.394.

gleichnamiger Vater mit Amelius Luchow in engem Kontakt stand,[1039] als Provisor gemeinsam mit Gottfried Kerkring, Johan Schonenberg und Johan Plescow benannt.[1040] Nicolaus van Stiten war mit dem Rostocker Ratsherrn Winold Baggel in einer Handelsgesellschaft verbunden. Van Stitens Witwe Abele und sein Sohn Jakob mussten mit Baggel 1437 dem Brand van Getelde aus dieser Gesellschaft noch 200 Mark auszahlen.[1041]

Hinrik van Stiten, Neffe des Nicolaus van Stiten und Schwager Vrolings, wurde 1447 in den Rat gewählt. 1466 stieg er zum Bürgermeister auf. In dieser Funktion beteiligte er sich an den Hansetagen von 1469 und 1476 in Lübeck. In erster Ehe war van Stiten mit Margarete, einer Tochter des Ratsherrn Cord Brekwold verheiratet gewesen. Brekwold verstarb in dem Jahr, in dem van Stiten in den Rat kooptiert wurde.[1042] Margarete Brekwold brachte eine bedeutende Mitgift mit in die Ehe.[1043] In seinem Testament bedachte van Stiten 1441 auch Mitglieder der Familie van dem Berge, die, wie wir schon gesehen hatten, mit den Niestad in Verbindung standen.[1044] Van Stitens Frau Margarete war zuvor mit Johan van dem Hove verheiratet gewesen. Eine Tochter aus dieser ersten Ehe der Margarete, die also eine Stieftochter van Stitens war und Windelke hieß, wurde mit dem Ratsherrn Conrad Möller verheiratet.[1045] Möller saß seit 1452 im Rat und nahm gemeinsam mit Hinrik van Stiten an den hansischen Versammlungen 1469 und 1476 in Lübeck wie an wichtigen Gesandtschaften teil.[1046]

In erster Ehe war Möller mit einer Tochter des Johan van Stade verheiratet gewesen.[1047] Johan van Stade ist im Lübecker Niederstadtbuch häufig in seinen geschäftlichen Transaktionen zu sehen. Sein Name spricht seine Herkunft an, die sich auch bei seinen Geschäftspartnern zeigt. 1409 lösten der Stader Ratsherr Martin van Stade, Johan Ekhof und Hinrik de Olde eine Handelsgesellschaft mit Johan van Stade und Walter Rosendal auf.[1048] 1429 wird ein Kauf des Johan van Stade von dem Ams-

---

1039 S. ASMUSSEN, Flandernfahrer, S.503.

1040 Vgl. AHL, Testamente, Marquardus de Molendino, 20. Februar 1400. Der ältere Marquard van der Mohlen war vor dem März 1398 verstorben, vgl. SIMON, Niederstadtbuch, S.1006,1. Der ältere Marquard van der Mohlen wird in vielfachen Geschäftsverbindungen im Niederstadtbuch erwähnt, s. SIMON, Niederstadtbuch, Registerpos.

1041 Vgl. AHL, Niederstadtbuch zu 1437 Nativitas Christi.

1042 S. FEHLING, Ratslinie, S.74.

1043 Vgl. AHL, Testamente, Hinrik van Stiten, 31. Juli 1441: *Item sy witlik, dat my myt Metteken, myner leven husvrowen, to brudschatte lovet wurden 1550 mark, alse de egendom des huses, dar ik ynne wone, gerekent vor 400 mark, ere cledere, smyde, clenode unde inghedome vor 400 mark unde dar to 750 mark reder pennynge, des wil ik, dat ze densulven eren brutschat also wedder hebben schole unbeworen.*

1044 EBD.: *Item Telzeken van dem Berghe geve ik 5 mark lubesch, unde Marquarde van dem Berghe geve ik 10 mark lubesch to guder dechtnisse.*

1045 Zur Windelkes Mitgift von 3200 Mark vgl. AHL, Testamente, Cord Moller radman, 24. November 1478. Vgl. auch AHL, Testamente, Hinrik van Stiten borgermester, 17. September 1483: *Item Wyndelken Mollers myner stefdochter 4 Lub. gulden.*

1046 S. FEHLING, Ratslinie, S.75.

1047 S. FEHLING, Ratslinie, S.77.

1048 Vgl. AHL, Niederstadtbuch zu 1409 Reminiscere: *Martinus de Staden consul Staden. presens libro recognovit, quod ipse pro se et sociis suis in societate, scilicet Johanne Ekhoff et Hinrico de Olden vendidit Woltero Rosendal et Johanni de Stadis universa et singula bona ... in societate*

terdamer Bürger Cleys de Wale angesprochen,[1049] 1433 sind die Schulden von Lüneburger Bürgern bei van Stade aufgezeichnet.[1050] In demselben Jahr schuldete ihm der Stralsunder Peter Prutze, der Vater des Delegierten Johan Prutze,[1051] 50 Mark.[1052] Für den Göttinger Bürger Henning Plume wurde Johan van Stade als Zeuge in einem Brief an den Rigaer Rat genannt.[1053] Schließlich wurde er in einem Eintrag des Jahres 1437 als *swagerus* des Ratsherrn Hinrik Rapesulver bezeichnet.[1054]

Johan van Stade hatte mit seiner Frau Anneke die ansehnliche Mitgift von 1200 Mark erhalten.[1055] 1439 trat er gemeinsam mit den Ratsherren Jordan Plescow und Johan Gherwer wie dem Bürger Hilger Schonewedder als Vormund der Geseke, Witwe des Berthold Schonewedder, vor dem Rat auf.[1056] Van Stade wurde als Provisor eingesetzt in den Testamenten des Gerhard Erp[1057] und des Ratsherrn Hinrik Rapesulver.[1058] Er selbst benannte in seinem Testament von 1428 neben Marquard Witik Johan Overkamp, Hermann Scharbow und Hinrik Holdenstede als Vollstrecker.[1059]

Wenden wir uns nach der Betrachtung dieser Beziehungen wieder van Stiten zu. Aus Hinrik van Stitens erstem Testament von 1437 sind seine verwandtschaftlichen Beziehungen zu Lübecker Ratsfamilien zu ersehen: Seine Schwester Katharina war (zu dieser Zeit) mit einem Hitveld verheiratet, seine Schwester Geseke mit Hermann Dartzow. Van Stiten schenkte an seinen *oem* Hermann Vroling und den Sohn des Nicolaus Vroling, an *hern Jacob Bramsteden wyve* und an seine *modderen* Greteke Bruskow.[1060] In seinem Testament, das er als Bürgermeister im September 1483 eini-

---

cum eisdem Woltero et Johanni de Stadis. Dass Rosendal mit dem Bürgermeister Volfard Rosendal in Åbo/Turku verwandt war, ist anzunehmen.

1049 Vgl. AHL, Niederstadtbuch zu 1430 Egidii.

1050 Vgl. AHL, Niederstadtbuch zu 1433 Epiphanias Domini: Hermann Bolhusen und Tylo Holenkalff schulden Johann van Stade 588 Mark Lub.

1051 Johan Prutze beteiligte sich an Hansetagen zwischen 1475 und 1498, vgl. die chronologische Übersicht.

1052 Vgl. AHL, Niederstadtbuch zu 1433 Letare.

1053 Vgl. AHL, Niederstadtbuch zu 1437 Ascensio Domini.

1054 Vgl. AHL, Niederstadtbuch zu 1437 Elisabeth.

1055 S. LÜB UB zum 14.8.1447.

1056 Die Provisoren bestätigten, dass sie die Erbgüter *to Landeskronen* in Schonen erhalten haben, vgl. AHL, Niederstadtbuch zu 1439 Nativitas Christi.

1057 Vgl. AHL, Testamente, Gerd Erp, 21.Oktober 1442 und 12.März 1439.

1058 Vgl. AHL, Testamente, Hinrik Rapesulver 14. Februar 1439.

1059 Vgl. AHL, Testamente, Hans van Stade, 24. März 1428: *Mine vormundere kese ik Hanse Overkamp, Marquard Wytike, Hermen Scharbowen unde Hinrik Holdensteden.*

1060 Vgl. AHL, Testamente, Hinrik van Stiten, 19. Juli 1437: *Katherynen Hytveldes, myner vul suster, geve ik 40 mark lub, er lyfrente mede to kopende, der ze bruken schal to eren spelpennynghen unbeworen. Item hern Hinrike Walsraden, myneme halfbroder, geve ik 50 mark lub, unde Geseken Darzowen, myner halff suster geve ik 20 mark lub. Item mynem leven vader geve ik 10 mark lyfrente unde myner halfsuster Leneken van Styten, clostervrouwen to Rybenisse, geve ik ok 10 mark lyfrente by sodanen beschede, dat Hermen Vrolingh, myn oem, Clawes Vrolinghes sone, mynem vadere to tyden synes levendes unde Leneken, myner soster, to erem levende desulven renthe alle yar geven unde hantreken schole unghehindert unde unbeworen, unde darvor to tekene ik demesulven Hermen Vrolinghe 400 mark lub, ewyghe renthe mede to kopende unde dat lyfghedingh yarlykes darvan to entrichtende. ... Item Hermen Darzowen kinderen Hermanne, Taleken unde Hylleken geve ik yslykem 100 mark lub. Item Greteken Brutzkouwen, myner modderen, geve ik 10 mark lub. Item hern Jacob Bramsteden wyve*

ge Monate vor seinem Tode ausstellte, sprach Hinrik van Stiten die Verwandtschaft zu den Vinke an.

Netz 101: Hinrik van Stiten

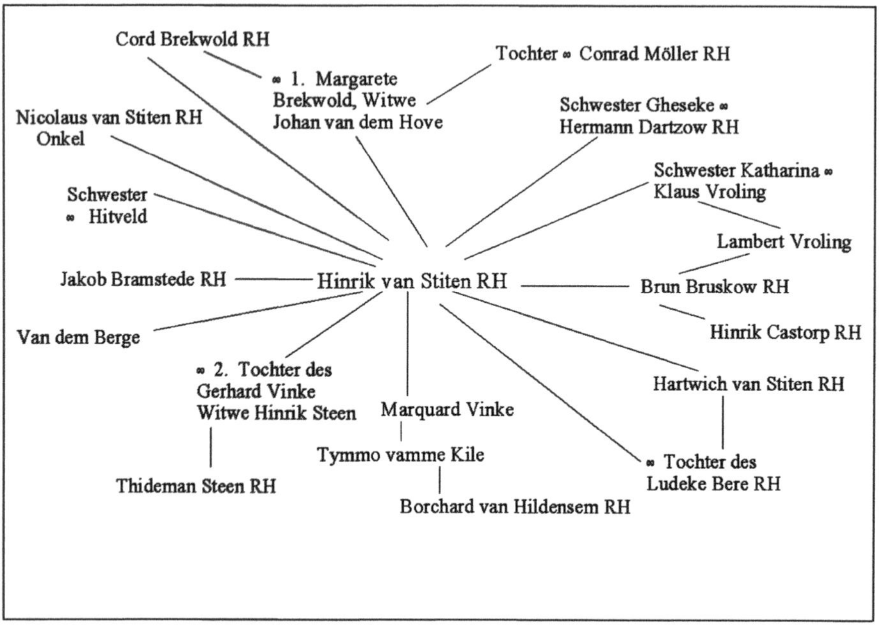

Hinrik van Stiten hatte sich nach dem Tode Margaretes (geb. Brekwold)[1061] in zweiter Ehe mit Margarete, einer Tochter des Gerhard Vinke, verbunden.[1062] Sie war die Witwe des Hinrik Steen, eines Verwandten des Thideman Steen. Weiterhin bedachte van Stiten in diesem Testament neben Marquard Vinke, der mit Hinrik Steen und Tymmo vamme Kyle verwandt war,[1063] seinen *ohm*, den Ratsherrn Brun Bruskow.[1064] Diesen setzte er neben seinem Sohn aus erster Ehe namens Hartwich als Provisor ein.

Taleken, myner modderen, geve ik vyf mark lub, unde synen oldesten sone Jacobe geve ik 20 mark lub. Item Jacobe van Stiten unde Marquard Rehorste, mynen omen, geve ik yslykem ene engelschen nobelen.

1061 Vgl. zum Streit zwischen ihren Provisoren und *her* Hinrik van Stiten AHL, Niederstadtbuch zu 1450 Letare. Hier wird eine *Schelinge* zwischen *her Hinrik van Stiten* und den Vormündern Cord Brekewold und Johan Kerkring erwähnt. Der Schiedsspruch wurde gefällt durch die Ratsherren Jakob Bramstede und Johan Segeberg.

1062 Auch diese Heirat brachte ihm eine beträchtliche Mitgift ein. So überließ van Stiten testamentarisch seiner Frau Margarete den Brautschatz von 1000 Mark. Zusätzlich hatte er von ihrem Bruder Marquard Vinke noch 500 Mark erhalten. Schließlich vermerkt er noch: *hir to hebbe ik noch entfangen dat er Heyne Erp in synem testamente gaff*, nämlich 100 Mark. Vgl. AHL, Testamente, Hinrik van Stiten, 17. September 1483.

1063 Vgl. AHL, Testamente, Marquard Vinke, 4. August 1431. Marquard stand auch in Beziehungen zur Frau des Ratsherrn Yborg, vgl. AHL, Testamente, Telse Yborges, 7. August 1427: *Item Marquard Vinken geve ik 5 mark, een klenode mede to kopende.*

Hartwich van Stiten wurde 1489 in den Rat kooptiert und 1502 zum Bürgermeister gewählt. Er nahm an mehreren Tagen und Verhandlungen teil. Verheiratet war er in erster Ehe mit einer Tochter des Ratsherrn Ludeke Bere.[1065] So erstaunt es nicht, dass Hartwichs Vater Hinrik van Stiten in seinem letzten Testament auch ein Mitglied dieser Familie als Provisor einsetzte: *hern Brun Bruskouwen borgermester, Hartige van Stiten mynen sone, Hinrik Vinken unde Hanse Beren, beide mine leven sweger.*[1066] Der relativ seltene Hinweis auf eine affektive Beziehung betont die Verbindung.[1067] Brun Bruskow, der hier als Bürgermeister bezeichnet wurde, war 1475 Ratsherr geworden und hat bis zu seinem Tode 1487 an wichtigen Verhandlungen teilgenommen.[1068] Schon in seinem Testament von 1461 hatte er *her* Hinrik van Stiten als Provisor benannt.[1069]

1455 wurde auch ein Cousin der Frau des Hinrik van Stiten, Cord (II.) Brekwold, Hartwichs Sohn, in den Rat aufgenommen. Dieser verhandelte 1472 in Mölln mit den Hamburger Ratsherren, tauchte aber sonst nicht auf hansischen Versammlungen auf. Aus dem schon erwähnten Testament Hinriks van Stiten gehen deutlich noch weitere Verwandtschaftsbeziehungen zu Lübecker Ratsherren und Delegierten hervor. So schenkte van Stiten auch an seine *halff suster* Greteke Dartzow. Sie war die Frau des Ratsherrn Hermann (II.) Dartzow, eines Sohnes des gleichnamigen Ratsherrn und Delegierten.[1070] Hermann (II.) Dartzow wurde 1451 in den Rat kooptiert und starb 1456. Er trat nicht als Delegierter des Lübecker Rates auf einem Hansetag auf. Allerdings war er 1421 als Vertreter des Brügger Kontors auf dem Hansetag in Lübeck.[1071] Sein mit ihm in Lübeck anwesender Brügger Kollege Gerwin van Espen stand in geschäftlichen Kontakten mit den Veckinghusen, mit Kölner und Dortmunder Bürgern. Er wurde 1418 zusammen mit Hinrik Greverade von Johan Eppenschede, Hinrik Sudermann und anderen Kölner Bürgern bevollmächtigt, nach Frankreich verschleppte Waren wiederzuerlangen.

Jakob Bramstede, der 1437 von Hinrik van Stiten als Provisor benannt wurde,[1072] saß seit 1426 im Rat und trat bis 1450 mehrfach auf hansischen Versammlungen auf.

1064 Vgl. AHL, Testamente, Hinrik van Stiten, 17. September 1483: *Item mynem leven ohme hern Brune Brutzkouwen geve ik mynen groten sylvernen kannen, dar de rose up dem lede steit unde wecht by vyff lodigen marken to ener fruntliken dechtnisse.*

1065 In zweiter Ehe war Hartwich mit einer Tochter des Bürgers Ricbodo Kerkring verheiratet, s. FEHLING, Ratslinie, S.84.

1066 Zu dem hier genannten Johan (II.) Bere s. S. 439.

1067 Allerdings ist hier die Übersetzung des Begriffs *sweger* schwierig: Schwager oder Schwiegersohn? Sollte auch ein Mitglied der Familie Bere eine Tochter van Stitens geheiratet haben? Oder sollte Hinriks Schwester Katharina in einer weiteren Ehe mit einem Mitglied der Familie Vinke verbunden worden sein?

1068 S. zu Brun Bruskow S.92,335,466f.,502.

1069 Vgl. AHL, Testamente, Brun Bruskow, 21. August 1461.

1070 Vgl. AHL, Testamente, Hinrik van Stiten, 19. Juli 1437: *Item Hermen Darzowen kinderen Hermanne, Taleken unde Hylleken geve ik yslykem 100 mark lub.* Zu Hermann Dartzow s. FEHLING, Ratslinie, S.75.

1071 *Item quemen vor de stede Herman Dartzowe unde Gherwin van Espen ...*, vgl. HR 1,7, Nr.355.

1072 Vgl. AHL, Testamente, Hinrik van Stiten, 19. Juli 1437: *Mine vormundere kese ik hern Jacobe Bramsteden, Hermanne Dartzowen, Hermanne Hytvelde unde Hans Brutzkowen, unde wyl, dat her Hinrik Walsrode, myn leve broder, myt en vulle macht schole hebben to donde unde to*

Aus einer Streitschlichtung von 1446 geht hervor, dass Bramstede gemeinsam mit Gottfried Kerkring die Interessen des Wilhelm Plescow, eines Sohnes des Ratsherrn Gottfried Plescow, in einem Streit mit seinen Geschwistern als *vormundere* vertrat.[1073] Verheiratet war Bramstede mit einer Tochter des Lübecker Bürgers Ludbert van Camen.[1074] Ludbert war ein Neffe des Stockholmhändlers Hinrik van Camen.[1075]

Hinrik van Camen war - wohl in zweiter Ehe - mit Hillegund, der Schwester des Hinrik van Essen, verheiratet gewesen.[1076] Hillegund hatte aus einer vorangehenden Ehe einen Sohn namens Gottschalk van Wickede. Allem Anschein nach war sie zuvor mit dem Sohn Gottschalk des Ratsherrn Hermann van Wickede verehelicht.[1077] Ihr Sohn aus dieser Ehe, Gottschalk van Wickede, wurde in den 80er und 90er Jahren des 14. Jahrhunderts mehrfach mit ihr im Zusammenhang größerer Summen genannt.[1078] Mit Gottschalk van Wickede arbeiteten sein Schwager Gerhard van Reys[1079] und Johan Glusing zusammen.[1080] 1394 hatte van Reys Löschungsvollmacht für die Schulden des Hinrik Meigreve aus Iserlohn bei dem Stralsunder Bürger Werner van Soest, dem Bruder des Stralsunder Ratsherrn Arnold van Soest.[1081] 1397 musste van Reys

---

latende in allen dinghen. Auch Hermann Hetvelds Frau Katharina wird als Schwester bedacht: *unde Katherynen Hytveldes, myner vul suster, geve ik 40 mark lub, er lyfrente mede to kopende, der ze bruken schal to eren spelpennynghen unbeworen.* Hermann Hitveld amtierte von 1460 bis 1474 als Ratsherr, trat aber nicht auf Versammlungen auf, vgl. FEHLING, Ratslinie, S.78.

1073 Vgl. AHL, Niederstadtbuch zu 1446 Lucas evangelista.

1074 Ob es sich um den Ludbert van Camen handelt, der mit den Mindener und Lübecker Lammeshoved verwandt war, ist bisher nicht zu klären. Vgl. AHL, Testamente, Hinrik Notelke, 17. Juli 1421 und 23. Dezember 1422: *Item gheve ik Eler Lammeshovede to Mynden 5 mark lubesch unde ziner dochter 5 mark, de myd em is. Item gheve ik Metteken, ziner dochter, Lubberdes wiff van Camen, 5 mark.* Der Lübecker Bürger Ludbert van Camen war 1410 mit der Witwe des Hinrik Stolle verheiratet, vgl. AHL, Niederstadtbuch zu 1410 Feria sexta post Pentecostes: Ludbert van Camen gab seinen *privignis*, den Kindern des Hinrik Stolle ihr Erbteil. Weiterhin wird 1394 in der Nachlaßsache des Hermann van Camen in Lübeck ein *Lubbertus de Camen* als Bürger Hamms erwähnt. Sein Bruder war der Lübecker Bürger Wolter van Camen, vgl. SIMON, Niederstadtbuch, S.871,1. 1404 erschienen wiederum die Brüder Wolter und Lubbert de Camen, vgl. AHL, Niederstadtbuch zu 1404 Pentecostes.

1075 S. zu Hinrik van Camen und seiner Verwandtschaft mit Arnold Sparenberg KOPPE, Lübeck-Stockholm, S.177.

1076 Sowohl Hinrik van Essen wie Hinrik van Camen erscheinen recht oft im Niederstadtbuch, vgl. beispielsweise SIMON, Niederstadtbuch, S.706,8 (1389 Ypoliti). Hier wird die Schwester Hille des Hinrik van Essen als Witwe des Hinrik van Camen bezeichnet.

1077 Hillegunds Mann hieß Gottschalk und hatte einen Bruder Johan. Ebenso hießen die Söhne des Ratsherrn Hermann vgl. SIMON, Niederstadtbuch, S.161,1 und LUTTERBECK, S.432.

1078 So hatte Gottschalk 1393 bei seiner Muter beträchtliche Schulden von 750 Mark wegen des *cellarii pannorum, quem Gotscalcus habuit, et 250 mr, quas dicta mater sibi concesserat*, vgl. SIMON, Niederstadtbuch, S.820, 3 (1393 Invocavit).

1079 Van Reys hatte die Halbschwester van Wickedes, Hillegund, die Tochter des Hinrik van Camen geheiratet. Die bedeutenden finanziellen Mittel der Familie werden auch aus der Mitgift der Hillegund deutlich. Bei seiner Heirat erhielt Gerhard van Reys mit ihr 700 Mark, vgl. SIMON, Niederstadtbuch, S.836,5 (1393 Viti).

1080 Glusings Tochter wurde im Testament der Hillegund, der Halbschwester Gottschalks van Wickede, berücksichtigt, vgl. AHL, Testamente, Hilleghundis, relicta Arnoldi Wreden, 8. Mai 1402: *Item do compatrici mee Greteken filie Glusinges 20 marcas lub.*

1081 Vgl. SIMON, Niederstadtbuch, S.863,2 (1394 Conversio Pauli).

wegen der hohen Schulden von 700 Mark, die er bei Hinrik Steen, Thidemans Bruder, hatte, seine beträchtlichen Anteile an Schiffen an die Gesellschaft der Hinrik up dem Orde, Johan Glusing und Gottschalk van Wickede verkaufen.[1082] Geschäftlich war Glusing auch mit den Krowel verbunden.[1083] Aus dem Testament der Halbschwester des Gottschalk van Wickede, Hillegund, geht hervor, dass Hinrik van Essen mit den Glusing verwandt war.[1084] Glusing, van Wickede und die van Essen werden mehrfach in gemeinsamen Geschäften erwähnt.[1085] Glusing wird auch mit Nicolaus van Urden in kapitalintensiven Transaktionen genannt. 1393 nahmen Glusing und Nicolaus van Urden Urkunden zum Besitz Hinriks van Essen senior in der Parochie Nüsse in Empfang, welcher dieser an den Priester Hinrik Pape, einen Sohn des gleichnamigen Ratsherrn, verpfändete.[1086] Glusings weitgespannte Beziehungen werden auch 1398 deutlich. In diesem Jahr verpflichteten sich Hinrik up dem Orde, ein Vertrauter Thideman Brekelveldes, die Brüder Johan und Hinrik Gherwer wie Johan Glusing und Johan Kerkberch dem Volrad van Bockwolde und Gerhard Voget für Herzog Gerhard von Schleswig 600 Mark zu Pfingsten *ex parte mercatorum de Cracouia* zu zahlen.[1087] Zu diesen Krakauer Beziehungen passt sehr gut, dass Glusing 1395 dem Herrn Hinrik Ghildehusen in Lübeck 91 Mark im Namen des Stralsunder Ratsherrn Werner Ghildehusen für Kupfer auszahlte.[1088]

Van Wickedes Schwester Hillegund war in zweiter Ehe mit Arnold Wrede verheiratet worden, der wie Wichard Wrede aus Hamburg kam. In ihrem Testament von 1402, das sie als Witwe erstellte, setzte Hillegund neben ihrem Bruder und den Rehorst auch den Hamburger Vicko van Geldersen ein,[1089] wohl einen Sohn des gleichnamigen Hamburger Ratsherrn.

Gottschalk van Wickedes Tochter Elisabeth wurde in erster Ehe mit Nicolaus Sworne und in zweiter Ehe mit dem Ratsherrn Johan Luneborg verheiratet. Luneborg

---

1082 Vgl. SIMON, Niederstadtbuch, S.984,2 und 3 (1397 Jacobi).

1083 Vgl. SIMON, Niederstadtbuch, S.844,5.

1084 Vgl. AHL, Testamente, Hilleghundis, relicta Arnoldi Wreden, 8. Mai 1402: *Item do Hinrico de Essende meo avunculo et Anneken sue filie cuilibet 5 marcas lub.*

1085 Johan Glusing bürgte 1389 für Hinrik van Essen und seinen gleichnamigen Sohn, als sie von Hermann van Alen 110 Mark liehen, vgl. SIMON, Niederstadtbuch, S.698,1. 1391 schuldete Glusing mit Radeke Wesseler den Kindern des Johan Krowel, nämlich Johan, Holt und Rutger 315 Mark, die sie auch 1393 noch nicht zurückbezahlt hatten, vgl. SIMON, Niederstadtbuch, S.770,5 und S.844,5. 1393 bürgte Glusing mit Gerhard van Reys für Gottschalk van Wickede, vgl. SIMON, Niederstadtbuch, S.820,3.

1086 Van Essen schuldete Hinrik Pape 410 Mark. Dafür wollte er ihm jährlich eine Leibrente von 20 Mark und eine Wikbeldrente von 15 Mark zahlen, die nach Papes Tod seinen Erben zustehen sollte, vgl. SIMON, Niederstadtbuch, S.724,3. Diese Rente sollte 1399 Glusing zahlen, da er dem Hinrik van Essen senior 200 Mark schuldete, vgl. SIMON, Niederstadtbuch, S.1055,2.

1087 Vgl. SIMON, Niederstadtbuch, S.1000,5. Sein Wohnhaus, das Glusing 1399 Hinrik up dem Orde für 232 Mark verpfändet, lag neben dem des Johan Crispin, vgl. SIMON, Niederstadtbuch, S.1057,5.

1088 Vgl. SIMON, Niederstadtbuch, S.907,3.

1089 Vgl. AHL, Testamente, Hilleghundis, relicta Arnoldi Wreden, 8. Mai 1402: *Item do matri mee et Gotschalco fratri meo sexcentas marcas et peto eos ut filio meo Johanni faciant sicuti de eorum dilecti ... Provisores meos eligo Johannem Rehorst, Detmarum Rehorst, Gotschalcum de Wickede meum fratrem et Vickonem de Ghelressen.*

war seinerseits in erster Ehe mit Taleke van Rinteln verbunden gewesen.[1090] Elisabeths erster Mann, Nicolaus Sworne, der auch nach England handelte,[1091] stammte aus Stade.[1092] Er war ein Sohn des gleichnamigen Stader Ratsherrn, der zwischen 1391 und 1412 an Hansetagen teilnahm. Der Stader Ratsherr Sworne war mit einer Tochter des Copeke Rover verheiratet.[1093] Rovers Frau Gertrud vamme Kerkhove (de Cimiterio) war die Schwester des Daniel fil. Ottonis vamme Kerkhove. Ihre Tante war mit dem Hamburger Bürgermeister Johan vamme Berge verheiratet.[1094] Deren Sohn Hinrik vamme Berge nahm zwischen 1408 und 1421 an Hansetagen und Verhandlungen teil. Er war zu Johan Baptist 1418 als Vertreter Hamburgs in Lübeck. Zwischen den Ratsfamilien Sworne in Stade und vamme Berge in Hamburg bestanden also familiäre Beziehungen. Später zogen auch Mitglieder der Familie Sworne nach Hamburg um. Von diesen stammte der Hamburger Bürgermeister Nicolaus Sworne ab, der als Delegierter 1481 und 1482 an Hansetagen in Lübeck teilnahm. Gese, eine Schwester des Lübeckers Nicolaus Sworne, war die Frau des Stader Ratsherrn Nicolaus Blome.[1095] Blome hatte engere Geschäftskontakte in Lübeck. 1410 bestätigten Ratsherr Hinrik Hoveman, und Marquard vamme Kyle,[1096] *nomine procu-*

1090 S. ASMUSSEN, Flandernfahrer, S.506.

1091 S. JENKS, England, S.971.

1092 Zur Herkunft aus Stade vgl. AHL, Testamente, Clawes Swoorne, 20. April 1431: *Item geve ik in godes ere 60 mark lub, vormiddelst mynen vormunderen bynnen Stade an erflike rente to leggende, unde de rente jarlikes hebben scholen de clostervrouwen to der Hemmelporten.* Der Hinweis auf den Brautschatz seiner Frau zeigt den Reichtum der Familie Wickede: *Item sy witlik, dat my mit Elzeben, myner husvrouwen, wurden to brudschatte an rente unde an reden pennynghen 1200 mark lub, islike mark rente gherekend vor 20 mark lubscher pennynghe …*

1093 Ob der Lübecker Flandernfahrer Thideman Rover, dessen Tochter in erster Ehe mit Everhard Paal und in zweiter mit Albert van der Brugge verheiratet war, mit der Stader Familie verwandt war, ist zur Zeit nicht nachzuweisen, aber anzunehmen. Thideman Rover bürgte 1340 für den Lübecker Neubürger Hinzeke van Stade, s. AHLERS, Civilitates, S.88.

1094 S. ELLERMEYER, Stade, S.186.

1095 Vgl. AHL, Testamente, Clawes Swoorne, 20. April 1431: *Item alle myne gudere, de ik hebbe bynnen Stade unde in deme lande to Kedinghen, ... wil ik, dat Ghese, myn suster, her Nicolaus Blomen husvrowe, der bruken schole, alse er van rechten erverechte tobehored, unde dat ze dar yarlikes van untrichte, des ik dar van plichtich bin. Item dersulven myner suster Ghesen geve ik myne grotesten sulvernen kannen, de my van mynem vadere wart, unde enen van mynen sulvernen vöten to den glasen denende, dar myn wapen uppe steyt.* Interessant ist das Geschenk an seinen Schwager: *Item hern Nicolaus Blomen, myner suster manne, gheve ik myn sulverne puderbussen, dat he myner by denke.* Als Provisoren setzte Sworne ein: *hern Tydemanne Solingh, Everd Moyelken, Hans Overkamp unde Hinrik Dyves ...*

1096 Marquard vamme Kyle war ein Bruder des Tymmo vamme Kyle. Er war Ratsherr in den Jahren 1408 und 1409. Dann überwarf er sich mit dem Rat und „wanderte wohl aus". Er war verheiratet mit einer Tochter des Arnold Suderland, s. FEHLING, Ratslinie, S.60. Anscheinend kehrte Marquard vamme Kyle aber wieder nach Lübeck zurück, denn er wurde 1420 gemeinsam mit dem Ratsherrn Rainer van Calven als Provisor eingesetzt, vgl. AHL, Testamente, Henning Ryne, anders ghenomet Stonehavere, 5. Januar 1420. Ebenso wurde Marquard vamme Kyle gemeinsam mit Johan (I.) Witik 1421 von Nicolaus Rehorst als Vollstrecker benannt, vgl. AHL, Testamente, Clawes Rehorst, 19. Juni 1421. Stonehavere wurde 1421 mit Wolder van dem Hove und dem Segeberger Bürgermeister Hachen und den Segeberger Ratsherren Hans Putteker und Hans Kok durch Hans Putteker als Vollstrecker eingesetzt, vgl. AHL, Testamente, Hans Woessens, anders ghenomet Putteker, 1. Juli 1421.

ratorio, dass Roland Ludekesson alle Schulden an diesen Stader Ratsherrn aus seiner Handelsgesellschaft bezahlt habe.[1097] Hoveman, der auch nach England handelte,[1098] hatte 1401 eine Handelsgesellschaft mit dem aus Rinteln stammenden Ältermann der Bergenfahrer Diderik van Aasten.[1099] Hovemans Sohn Johan wurde 1406 genannt.[1100] Er wurde auch mit ihm zusammen erwähnt bei einer Verhandlung der Vorsteher der *fraternitatis corporis Christi* in der Jakobikirche.[1101] Anscheinend handelt es sich bei dem Sohn um den späteren Ratsherrn Johan Hoveman, der von 1428 bis 1447 amtierte.[1102]

Netz 102: Gottschalk van Wickede

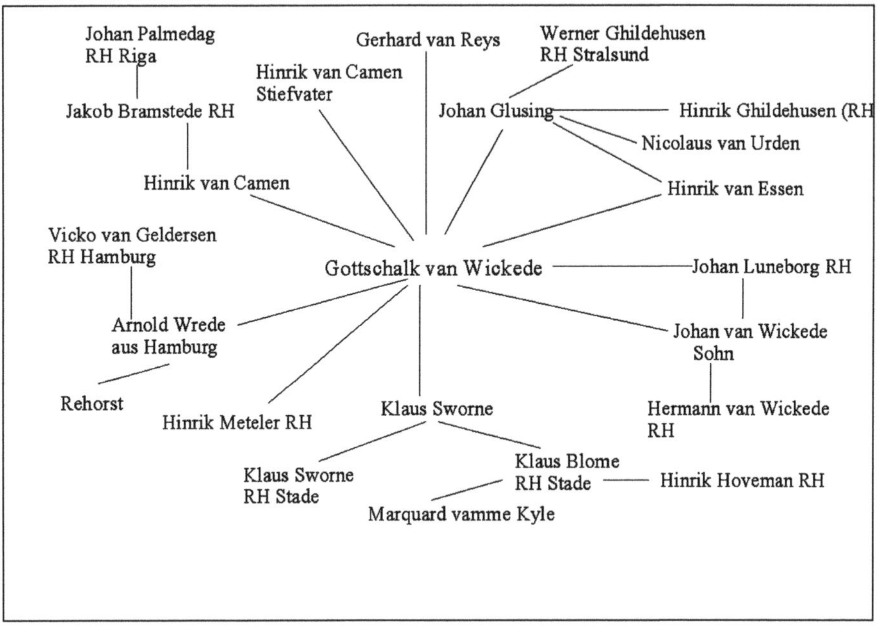

Aus einer Abmachung zur Auszahlung des Brautschatzes vom Jahre 1435 wird deutlich, dass die van Wickede mit dem Ratsherrn Hinrik Meteler verwandt waren. Sie hatten 500 Mark aus dessen Nachlass *gelyk brutschatte* erhalten.[1103] Hinrik Meteler,

1097 Vgl. AHL, Niederstadtbuch zu 1410 Oktav Nativitatis Marie. Hinrik Hoveman war Mitglied des Neuen Rates und saß von 1408 bis 1416 im Ratsstuhl, s. FEHLING, Ratslinie, S.60.

1098 S. JENKS, England, S.910.

1099 Vgl. AHL, Niederstadtbuch zu 1401 Lucas.

1100 Vgl. AHL, Niederstadtbuch zu 1406 Jubilate.

1101 Vgl. AHL, Niederstadtbuch zu 1408 Kyliani.

1102 S. FEHLING, Ratslinie, S.71.

1103 Vgl. AHL, Niederstadtbuch zu 1435 Cantate: 1.) Nicolaus Sworne bestätigt, dass er von Gottschalk van Wickede, seinem *swagero,* 1200 Mark, die Gottschalk ihm mit seiner Frau *in dotem* versprochen hatte, empfangen hatte. 2.) Nicolaus Sworne und Elizabeth, seine *uxor legitima*, bestätigen, dass sie von Gottschalk van Wickede und dessen Sohn Johan van Wickede 500 Mark *gelyk brutschatte* aus dem Testament *domini* Hinrik Meteler, *bone memorie,* empfangen haben.

Sohn des Ratsherrn Johan Meteler,[1104] amtierte von 1384 bis 1433. 1408 hatte er mit seinen Kollegen die Stadt verlassen. Seine Halbschwester Telse war mit dem Ratsherrn und Delegierten Hinrik Constin verheiratet.[1105] Hinrik Meteler verband sich in erster Ehe mit der Tochter Elisabeth des Brun (II.) Warendorp, in zweiter mit der Witwe des Gerhard Odeslo und in dritter mit einer Tochter des älteren Gottschalk van Wickede.[1106] Während die Tochter des (jüngeren) Gottschalk van Wickede mit einem Angehörigen der Stader Ratsfamilie Sworne verheiratet wurde, ging sein Sohn Johan eine Ehe ein mit Hedwig, einer Tochter des Ratsherrn Johan Luneborg.[1107] Johan van Wickede trat 1452 in den Rat ein und verstarb 1471. Sein Sohn aus der Ehe mit Hedwig namens Hermann van Wickede wurde mit einer Tochter des Ratsherrn Bernhard Dartzow verheiratet.[1108] 1479 wurde auch Hermann van Wickede in den Rat kooptiert und trat bis zum Beginn des 16. Jahrhunderts als Delegierter in Erscheinung. Die Familie van Wickede, in welcher der Leitname Gottschalk immer wieder vergeben wurde,[1109] spielte im ausgehenden 15. und beginnenden 16. Jahrhundert eine wichtige Rolle in der Lübecker wie der hansischen Politik.

Die Betrachtung der van Wickede und ihrer Partner hat uns schon weit in das 15. Jahrhundert geführt. Kehren wir zu Jakob Bramstede, dem Provisor van Stitens, zurück. Aus dem Testament des Johan van Hereke vom November 1419 und demjenigen des Tydeke Roland vom April 1437 ergibt sich eine verwandtschaftliche Beziehung zwischen den Plescow und den Bramstede,[1110] wie zwischen diesen und Berthold Roland, der 1416 in den Kompromissrat übernommen wurde.[1111] Für den Sohn Hermann des Tydeke Roland war Jakob Bramstede gemeinsam mit Nicolaus und Gottfried Steenbeke als Vormund benannt.[1112] Mit den Steenbeke und Lambert Vro-

---

1104 Johan Meteler nahm an dem Hansetag zu Johannis Baptista 1368 in Lübeck teil, vgl. die chronologische Übersicht.

1105 S. LUTTERBECK, Rat, S.298.

1106 EBD. Vgl. auch LÜB UB 7, Nr.558.

1107 S. FEHLING, Ratslinie, S.77.

1108 S. FEHLING, Ratslinie, S.83.

1109 S. auch DÜNNEBEIL, Zirkel-Gesellschaft, S.161ff.

1110 Vgl. AHL, Testamente, Johannes van Hereke, 30. November 1419: *Vortmer geve ik her Bertold Rolande 1 lub gulden. Item geve ik Katherinen Pleskouwen 1 lubeschen gulden. Item geve ik Geseken Bramsteden 1 lub gulden. Item wes hiir mer overblifft van mynem nalaten gude, id sii, wor ane id sii, wan dit vorscreven testamente entricchtet is, dat geve ik mynen omes, den Bramsteden, den broderen, liik under sik to delende. ... Mine vormundere kese ik hern Bertold Roland, radmanne, Hinrik Bramstede und Jacob Bramsteden.*

1111 Vgl. AHL, Testamente, Tydeke Rolant, 24. April 1437: *Item hern Jacobes Bramsteden, mynes omes, sone Jacob geve ik 20 mark lub, unde Hinrik Bramsteden, mynes omes, sone Hinrike geve ik ok 20 mark lub.*

1112 Vgl. AHL, Niederstadtbuch zu 1443 Quasimodo geniti: Hermann Roland, *filius domini Bertoldi Roland*, wurde volljährig und dankte seinen Provisoren, *domino* Jakob Bramstede und Godekin Stenbergen, dem *operario* der Jakobikirche. Vgl. auch AHL, Niederstadtbuch zu 1437 Lucie: Der Lübecker Rat sandte einen Brief für die Provisoren des Tydeke Roland *ad oldermannos* in Brügge. Die hier genannten Provisoren waren Jakob Bramstede, Nicolaus Steenbeke, Godekin Steenbeke. Als Bevollmächtigte in Brügge wurden Hinrik Blome und Hinrik van der Allen genannt. Die Forderungen waren einzutreiben bei Albert Oldenbrekevelde und Johan Merklinghusen.

ling war Bramstede auch Provisor der Kinder des Diderik Hurleman. Hurleman stand in vertrauten Beziehungen zu Berthold Witik.[1113]

Jakob Bramstede arbeitete eng mit seinem Bruder Gerhard zusammen. 1432 lieh er beispielsweise 200 Mark von ihm. Gemeinsam waren sie Prokuratoren des Revaler Ratsherrn Johan Palmedag.[1114] Dieser war ein Sohn des Lübecker Bürgers Hinrik Palmedag. Johan Palmedag beteiligte sich 1418 mit dem Revaler Bürgermeister Gerd Witte, Dunevar und Hinrik van Telchte an einem regionalen Städtetag in Wolmar. Vom 21. Januar bis 8. Februar 1423 war er als hansischer Delegierter in Novgorod. Danach war er am 21. März 1423 als Ratssendbote auf dem Städtetag in Wolmar. Nach seiner Rückkehr von einer erneuten Mission nach Novgorod war er im September 1425 auf dem Städtetag in Dorpat.[1115]

Johan Palmedag wurde 1433 aus dem Revaler Rat ausgeschlossen und zog nach Lübeck zurück, wo sein Bruder Gerd lebte.[1116] Dieser bedachte ihn in seinem Testament vom Februar 1440 und setzte ihn als Provisor ein.[1117] Weiterhin benannte Gerd Palmedag seinen Schwiegervater Hinrik Witte als Vollstrecker.[1118] Familiäre Beziehungen bestanden auch zu den Veckinghusen, die in Livland Ratsherren stellten, wie zu den Witte in Riga. Everd Witte, Sohn des Hinrik Witte und Schwager Gerd Palmedags, der sich häufig in Reval und Narwa aufhielt,[1119] bedachte 1436 testamentarisch Johan Palmedag wie Mitglieder seiner Familie[1120] und die van Hereke.[1121] Everd

---

1113 Vgl. AHL, Niederstadtbuch zu 1442 Andree apostoli.

1114 Vgl. AHL, Niederstadtbuch zu 1439 Michaelis.

1115 S. DERRIK, Tafelgilde, S.148.

1116 Vgl. AHL, Niederstadtbuch zu 1432 Nativitas Marie und zu 1439 Michaelis.

1117 Vgl. AHL, Testamente, Gerd Palmedach, 13. Februar 1440: *Item so geve ik mynem broder her Johan de sulveren schalen, dar de Jurgen inne steit unde zinem sone enen sulveren beker to ener dechtenisse miner sele ... Mine vormundere kese ik her Johan Palmedach unde Hinrik Palmedach, mynen sone, Evert Witten, Hans Ekholte unde Curd Kistenbuk.*

1118 Gerd Palmedag war mit einer Tochter des Hinrik Witte verheiratet, vgl. SIMON, Niederstadtbuch, S.1038,3 (1399 Carnisprivii). Palmedag bestätigte hier, dass er den Brautschatz von 300 Mark und die *vestimenta* erhalten habe.

1119 So schenkte Witte für seine Erinnerung auch an Kirchen in Reval und Narwa: *Item to Revele geve ik to vormeringhe der almyssen, de men holt to deme Hilgen Gheeste ut der kinder ghilde, dar ik broder inne byn, 1 mark ewighes gheldes myner sele na to troste. Item der swarte monke kerken to Revele geve ik 5 mark lub to dem buwe. Item den blinden prester her Peter Groninghe to Revele geve ik 5 mark, dat he unsen heren god vor my bidde. Item sunte Birgitten closter by Revele geve ik 5 mark lub to dem buwe. Item der kerspel kerken to der Narwe geve ik 5 mark lub to dem buwe*. Vgl. AHL, Testamente, Evert Witte, 14. August 1436.

1120 Wir erfahren aus diesem Testament, dass die Frau des Gerd Palmedag Grete hieß. EBD.: *Item so geve ik myner suster Ghreteken Palmedages 200 mark lub, unde ereme sone Hinrik Palmedage geve ik to syner kopenschop 50 mark lub unde myne besten twe voderden rokke unde myne besten 2 hoyken. Item scholen myne vormundere maken 5 mark wicbelde rente, der schal Lyseke Palmedaghes, de clostervrowe bruken to erem levende ... Item geve ik her Johan Palmedage 3 engelsche nobelen to enem boghe. Item schal men kopen ewige rente van 60 mark lub, der schal syn dochter Herdeke, de clostervrowe, bruken to erem levende, wan se vorstorven is, so schal desulve rente tovallen eren twen broderen Rembolde unde Gherken erflik, en beyden samentliken to hebbende.*

1121 EBD.: *Item myneme ome Everde van Herike, deme olderen, geve ik 20 mark lub, synen twen dochteren Katherinen unde Telzeken scholen myne vormundere geven, wan se beraden werden, isliker 50 mark lub unde 1 quarter van enem leydeschen laken. Item schal men maken 5 mark*

Witte setzte als Provisoren seine *swagere* Hans Ekholt und Cord Kistenbuk wie Hinrik Vlederman, Hans Tankenhagen und Franziskus Boytin ein.[1122] Witte selbst wurde als Vollstrecker benannt von Gerd Palmedag, seinem Bruder Johan Witte,[1123] dem Verwandten Hinrik Swanse,[1124] Hinrik Klockeman,[1125] Gerd Medebeke,[1126] Lambert Vroling[1127] und Lambert Ekey.[1128] Everd Witte stand also in vertrauensvollen Beziehungen zu führenden Kaufleuten Lübecks und Revals. Dieses wird noch einmal unterstrichen dadurch, dass er 1444 als Prokurator des Everd van der Linden, *de nu to Revele is*, an *her* Peter und Berthold van der Linden 70 Mark auszahlte.[1129]

Enge Beziehungen nach Reval hatten auch die Bramstede. Gerd Bramstede, Jakobs Bruder, zog nach Reval um. Als Katharina, die Tochter Gerhards starb, forderte Jakob Bramstede 1443 ihr Erbe aus Reval. Mit ihm bürgten für den „Toversichtsbrief" des Lübecker Rates die Ratsherren Jakob Plescow und Jakob van Stiten.[1130] Gemeinsam mit Gottfried Plescow war Bramstede Vormund der Kinder des verstorbenen Klaus Hoop. Hoop war mit dem Priester Hartwig van Eltze verwandt, der seinerseits mit den Brekwold und Broling verwandt war.[1131] Hoop stand in vertrauten Beziehungen zu Hartwich Brekwold und Bernd Trechow.[1132] Er hatte eine besondere Bindung an Stockholm. Dort war Hoop Bruder der Gilde zu Unserer Lieben Frauen, dort wollte er auch seine Memoria sichern.[1133]

Kehren wir nach der Vorstellung der mit Kollmann verbundenen führenden Familien zu diesem zurück. Thideke Kollmann hatte Beziehungen nach Celle, denn er gab in seinem Testament dorthin.[1134] Tydekes Vetter Kersten verwies mit seinem

---

ewiger rente, der schal bruken syn dochter Kerstine, de clostervrowe, to ereme levende, wan se doed is, so schal desulve rente tovallen eren twen broderen Hanse van Herike unde Everde van Herike erflik, en samentliken to brukende. Item so geve ik Hanse unde Everde, synen twen sones, islikem 10 mark lub.

1122 Ebd.

1123 Vgl. AHL, Testamente, Hans Witte, 28. Juni 1427.

1124 Vgl. AHL, Testamente, Hinrik Swanze, 4. September 1432.

1125 Vgl. AHL, Testamente, Hinrik Klokeman, 23. Juni 1440, 30. April 1449.

1126 Vgl. AHL, Testamente, Gherd Medebeke, 20. November 1444.

1127 Vgl. AHL, Testamente, Lambert Vroling, 1. September 1446.

1128 Vgl. AHL, Testamente, Lambert Ekey, 12. Dezember 1450.

1129 Vgl. AHL, Niederstadtbuch zu 1444 Jacobi.

1130 Vgl. AHL, Niederstadtbuch zu 1443 Cantate: Brief an den Revaler Rat Reval für Jakob Bramstede, *consul Lub.*, und Hinrik Bramstede, um das Erbe der *Katherineken, filie Gerardi Bramsteden dicti domini Jacobi et Hinrici Bramsteden fratris* zu erhalten. Als Bürgen werden genannt: *dominus Jacob Plescow consul Lub. et Jacob van Stiten.*

1131 Vgl. AHL, Testamente, Clawes Hoep, 22. Januar 1434: *Item hern Hartwighe van Eltzen, mynem ome, geve ik 20 mark lub to guder dechtnisse.*

1132 Ebd.: *Myne vormundere kese ik Hartwich Brekewolde, Bernd Trechowen, Gosschalk Severinghusen unde Borcharde van Schinne ...* Mit Johan van Schinnen hatte Johan Broling um 1440 eine Gesellschaft, die mit Pelzen aus Novgorod handelte. An ihr war auch der Revaler Bürger Arnd Lubbeke beteiligt, vgl. LEC UB 1,9, Nrn.656,733.

1133 Vgl. AHL, Niederstadtbuch zu 1446 Michaelis. Vgl. AHL, Testamente, Clawes Hoep, 22. Januar 1434: *Item den predeker broderen to deme Holme geve ik 10 mark lub to dem buwe, unde Unser Leven Vrowen gilde darsulves, dar ik broder ane byn, geve ik 10 mark lubesch vor myne dechtnisse.*

1134 Vgl. AHL, Testamente, Tydeke Colman, 5. April 1428.: *Ok geve ik in de kerken to Heele by*

Namen auch noch auf die Herkunft: *Kersten van Tzelle.*[1135] Die van Tzelle standen sowohl mit den Kollmann wie auch mit den Niestad in verwandtschaftlichen und vertrauten Beziehungen. Ein Verwandter des in Thideke Kollmanns Testament genannten Kersten war Ludeke van Tzelle, der einen Sohn Franziskus hatte.[1136]

Netz 103: Johan (I.) Kollmann

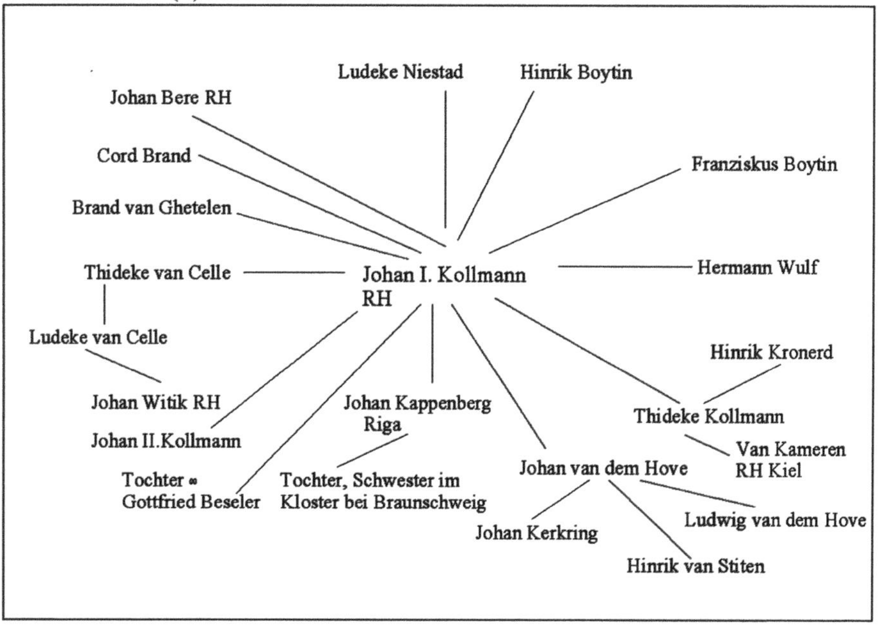

Die van Tzelle hatten Beziehungen nach Braunschweig. Ludekes Bruder, Cord Wulthusen, war Mönch im Braunschweiger Aegidienkloster.[1137] Van Tzelles Schwester war mit Hinrik Brand verheiratet.[1138] Van Tzelles Frau war mit Geseke van Minden näher bekannt, wie aus Ludekes Testament von 1435 hervorgeht.[1139] Geseke war mit dem Ratsherrn Gerd van Minden verwandt. Im ersten Testament setzte van Tzelle als

Tzelle viif mark to eren buwete.

1135 Ebd.: *Item geve ik mynen vedderen Kerstene van Tzelle tein mark.*

1136 Vgl. AHL, Testamente, Ludeke van Tzelle, 1428 Mai 28: *Item gheve ik mynen sone Franciscus 34 mark gheldes ewigher renthe. Item gheve ik myner dochter Gheseken tho sunte Johanse in dem clostere 5 mark unde 4 ß ewigher renthe.* Sein Sohn war Priester. Für ihn bestimmte er Geld für eine Vikarie, vgl. van Tzelles Testament vom 2. März 1435.

1137 Vgl. AHL, Testamente, Ludeke van Tzelle 2. März 1435: *Item geve ik mynen broder her Cord Wulthusen to Brunswyk in sunte Ylien closter 20 mark lub, dat he got vor my bidde.* Ludeke selbst war Mitglied der Antonius-Bruderschaft in Lübeck: *Item geve ik 2 mark lub in sunte Anthonius broderschop.*

1138 Vgl. AHL, Testamente, Ludeke van Tzelle, 28. Mai 1428: *Item gheve ik mynen zwagher Hinrik Brande 6 mark gheldes … unde de bin ik em noch schuldich van dem brutschatte.*

1139 Vgl. AHL, Testamente, Ludeke van Tzelle, 2. März 1435: *Item geve ik mynes wives modderen Gheseken van Mynden 10 mark lub.*

Provisoren ein: *her Bertold Roland, Hinrik Brande, mynen zwagher, Johan Witik unde Hermen Retterem.* 1435 wurden als Vollstrecker der Ratsherr Johan Kollman, Johan Witik, Hans Egge und Peter Niestad genannt.

Der im zweiten Testament Tzelles als Provisor genannte Ratsherr Johan (II.) Kollmann amtierte von 1428 bis 1454. 1443 wurde er zum Bürgermeister gewählt. Er war ein Sohn des gleichnamigen Mitgliedes des Neuen Rates und mit Thideke Kollmann verwandt. Durch diesen stand er in Verbindung mit dem Kieler Bürgermeister Henning van Kameren, der auf Hansetagen 1441 und 1447 in Lübeck erschien. Henning van Kameren war ein Schwager des Thideke Kollmann.[1140] Dieses ergibt sich aus einem Ersuchen des Schleswiger Herzogs an den Lübecker Rat von 1449. Der Herzog verlangte, die Rechtsfrage des Kieler Bürgermeisters van der Kameren und seines Bruders möglichst schnell zu entscheiden. Die Brüder stritten sich nämlich mit Thideke Kollmann um das Erbe ihrer Schwester, *dessulven Tydeken Kolmannes seliger dechtnisse husfrowen.*[1141] Thideke Kollmann, der Cousin des Lübecker Ratsherrn, war also Schwager des Kieler Bürgermeisters. Auf dem großen Hansetag vom März 1441 saßen Johan (II.) Kollmann und Henning van Kameren gemeinsam auf der Bank der Delegierten im Lübecker Rathaus.

Der in beiden Testamenten des Ludeke van Tzelle genannte Johan Witik war mit Hermann Retterem und Ludeke Niestad von 1413 bis 1416 Mitglied des Neuen Rates gewesen.[1142] Johan wurde gemeinsam mit seinem Bruder Marquard Witik 1428 von Nicolaus Rehorst als Provisor bestimmt.[1143] Die Rehorst waren ihrerseits verwandtschaftlich mit führenden Familien wie den Luchow, den Schonenberg und den van Stiten verbunden.[1144] Für unseren Blick auf die Verbindungen zwischen den Führungsschichten der Städte ist das Testament des Marquard Witik von 1435 aufschlussreich. Marquard bedachte seinen Bruder Johan Witik mit seiner *besten sulver-*

1140 Van der Kameren war ein Halbbruder des Lübecker Bürgers Matthäus Rad. Rad war mit einer Tochter des Kieler Bürgermeisters Siverd Harge verheiratet, s. LANDGRAF, Bevölkerung, S.59.

1141 Vgl. LÜB UB 8, Nr.631 (1. August 1449). Wie Thideke Kollmann in seinen Testamenten berichtet, hatte er eine recht umfangreiche Mitgift mit seiner Frau erhalten: *Item zo nam ik mit mynen wyve Gezeken to brutschatte achtehundert mark unde sostein mark.* Vgl. AHL, Testamente, Tydeke Colman, 5. April 1428.

1142 S. FEHLING, Ratslinie, S.64. Johan Witik wurde 1416 von Johan Alsteker als Provisor benannt, vgl. AHL, Testamente, Johan Alsteker, 29. August 1416: *Mine vormunder kese ik Johan Witik, Wolder van deme Hove, Hinrik Benyn unde Bussen van Minden.* Alsteker wurde selbst als Provisor benannt von Werner Hoop, 13. April 1406, Werner Wittenborch 15. März, 1417, Peter Hoep, 3. Juli 1421, Ludeke Schart 29. 5. 1426. Alsteker war ein *om* der Frau Grete des Merten Kale: *Item wil ik, dat myn vorscrevene husvrowe to tiden eres levendes yo bruken schole, wes er ere om Johan Alsteker guder dechtnisse in synem testamente toscreven heft, by sodanen beschede, alse in demesulven testamente begrepen is.* In seinem Testament bedachte Alsteker nur die Tochter des Busse van Minden, den er auch als Provisor benannte: *Item isset, dat Bussen dochter van Minden so lange levet, dat se beraden wert, so geve ik er 20 mark penninge.* Alsteker schuldete 1408 gemeinsam mit Werner Hoop dem Johan Meteler 450 Mark Strals. in Stralsund, vgl. AHL, Niederstadtbuch zu 1408 Dorothea.

1143 Vgl. AHL, Testamente, Clawes Rehorst, 19. Januar 1428: *Mine vormundere kese ik Detmar Rehorste, Johanne Witik unde Marquarde Wytik, Hans Holthusen unde Gherd Ilebeken.*

1144 Vgl. AHL, Testamente, Hinrik van Stiten: *Item Jacobe van Stiten unde Marquard Rehorste, mynen omen, geve ik yslykem ene engelschen nobelen.*

nen schalen und dessen Frau mit 50 Mark, wie auch deren Sohn Berthold.[1145] Aus seinen Bestimmungen geht hervor, dass seine Nichten Drudeke und Wobbeke, die Töchter seines Bruders, mit einem Niestad und einem Scharbow verheiratet waren.[1146] Aus dem Testament des Johan Witik vom Mai 1440 ergeben sich die Vornamen der Schwiegersöhne.

Es handelte sich um Peter Niestad und Thomas Scharbow. Mit Scharbows Verhalten in der Ehe war Witik allerdings nicht zufrieden. Dieser sollte 100 Mark nur dann erhalten, wenn er sich mit seiner Frau *vruntliken hebbe*.[1147] Thomas Scharbow war ein Sohn des Hermann Scharbow, dem im Herbst 1391 eine *lasta allecium* auf der Rückfahrt von Schonen durch einen Rostocker geraubt worden war.[1148] Dass die Lübecker Scharbow mit dem Wendener Ratsherrn Arnold Scharbow verwandt waren, ist anzunehmen.[1149]

Hermann (II.) Scharbow, der 1426 sein Testament erstellte, war ein Sohn Hermanns (I.). Er bedachte testamentarisch auch seine Tante Grete Bloybom.[1150] Als einen seiner Provisoren setzte er seinen Schwiegersohn Gerd van der Mohlen ein.[1151] Thomas Scharbows Schwester war mit Conrad Bloybom verheiratet.[1152] Bloybom wollte in Steinhude erinnert werden, hatte also enge Beziehungen dorthin. Wahrscheinlich stammte er von dort.[1153] Vor 1396 war Bloybom mit dem Buxtehuder Bürger Johan Buxtehude und Christian Niestad wie Hinrik Niestad in einer *societas* verbunden gewesen.[1154] Also bestanden auch schon vor der Heirat des Niestad und des

---

1145 Vgl. AHL, Testamente, Marquard Witik, 22. Juli 1435: *Item Bertolde, synen sone, gheve ik 30 mark lub, unde syner husvrouwen gheve ik 10 mark lubesch, unde dessulven myns vedderen twen dochteren gheve ik myne 4 lutken sulvernen schalen, dat ze myner by denken.*

1146 EBD.: *Item Drudeken Nyestades unde Wobbeken Scharbouwen, myns broders Johans dochteren, gheve ik isliker 5 mark lubesch. Item synem sone Wulve gheve ik myne twe sulvernen krose, wan he prester wert, dat men em twe ampullen van maken late to godes denste to brukende. Item myner suster Greteken in sunte Johannes convente gheve ik 10 mark lub unde mynen blawen hoyken, eyn kleyd van to makende.* Im weiteren Text gibt er an Peter Niestad, *mynem swaghere ... 6 sulverne lepele, dar myn merke uppe steyt.*

1147 Vgl. AHL, Testamente, 11. Mai 1440: *Item Peter Nyestade, myner dochter manne, geve ik 100 mark lubesch, unde Thomas Scharbowen, myner dochter manne, wo he sik vruntliken hebbe myt myner dochter, so geve ik em ok 100 mark lubesch.*

1148 Vgl. SIMON, Niederstadtbuch, S.811,5 (1392 Concepcio Marie). Hermann (I.) Scharbow forderte mit Luder Nagel und Lambert Dykman 1394 von Benedikt Wittenborg aus dem Erbe des Priesters Hinrik Wittenborg 100 Mark, vgl. SIMON, Niederstadtbuch, S.888,2 (1394 Galli). 1398 schuldeten ihm die Söhne des älteren Bernhard Stekemest 214 Mark, vgl. SIMON, Niederstadtbuch, S.1022,4 (1398 Laurencii).

1149 Zu Arnold Scharbow vgl. SIMON, Niederstadtbuch, S.545,4, S.588,1 und 2.

1150 *Item Greteken Bloyenbomes, myner modderen, geve ik 1 sware nobelen*, vgl. AHL, Testamente, Hermen Scharbouwe, 26. September 1426.

1151 EBD.: *Gerde van der Mollen, myner dochter man, Bertold Wytticke, Hermen Bernstorp unde Thomas Scharbouwen, mynen vedderen ...*

1152 Vgl. AHL, Niederstadtbuch zu 1411 Marie Magdalene: *Hermannus Scharbowe ... Margareta eius filia uxor Conradi Bloyebomes.*

1153 Vgl. AHL, Testamente, Coerd Bloyboem, 18. August 1414: *Vort so geve ik to dem buwe der kerken to der Stenhude 10 mark lub.*

1154 In diesem Jahr löste Buxtehude die Handelsgesellschaft auf. Jeder Teilnehmer hatte 306 Mark eingebracht, vgl. SIMON, Niederstadtbuch, S.937,3 (1396 Ascensio Domini). 1399 erhielten die Brüder Conrad, Hennekin und Reimar Bloybom 30 Mark aus dem Testament des Christian Nies-

Scharbow mit den Töchtern des Johan Witik, durch welche auch Bloybom und Niestad in familiäre Beziehungen traten, geschäftliche Kontakte zwischen den Niestad und den Bloybom.

Marquard Witik bedachte auch testamentarisch seine Schwester, die in Mölln lebte.[1155] Seine Memoria wollte er besonders neben Schenkungen in Lübeck in Lüneburg sichern.[1156] Marquard Witik bedachte Tybbeke, die Witwe seines Bruders *hern Wulf Witikes* in Lüneburg, mit einer silbernen Schale. Deren Söhnen vermachte er zehn Mark und deren Tochter Grete zur Aussteuer zwanzig Mark.[1157]

Netz 104: Johan Witik

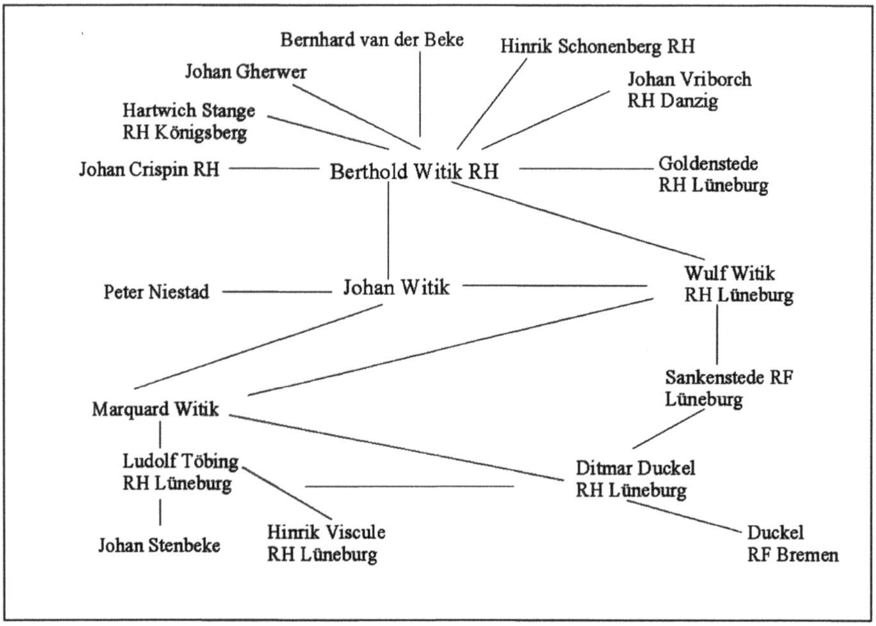

Marquards Bruder Wulf Witik war 1423 in den Lüneburger Rat kooptiert worden und 1431 verstorben. Wulf Witik verehelichte sich in Lüneburg mit Tibbeke Sankenste-

---

tad, vgl. SIMON, Niederstadtbuch, S.1038,7 (1399 Carnisprivii).

1155 Vgl. AHL, Testamente, Marquard Witik, 22. Juli 1435: *Item Beken, myner suster to Molne wonende, gheve ik 10 mark lub.*

1156 Vgl. AHL, Testamente, Marquard Witik, 22. Juli 1435: *Item den grawen monken to Luneborgh gheve ik 5 mark, dat ze god vor my bydden. Item wil ik, dat men jeghen den ersten wynter na mynem dode gheven schole 20 notroftighen husarmen jewelkem 2 secke kolen to erer vuringhe, dat ze god vor my bydden. Item gheve ik 100 mark lubesch an wande unde an lynnewande unde an schon, husarmen unde andere notroftighe armen dar mede to kledende, dar dat mynen vormunderen best dunket bestedet wesen to salicheyd myner zelen. ...*

1157 Auch Johan Witik bedachte die Kinder seines Lüneburger Bruders, vgl. AHL, Testamente, Johan Witik, 11. Mai 1440: *Item mynes broders hern Wulves kinderen geve ik samentliken 50 mark lubesch.*

de.[1158] Gertrud, eine Schwester seiner Frau, war, wie wir schon gesehen haben, mit Ditmar (I.) Duckel verheiratet.[1159] Wulfs Sohn, Hinrik Witik, saß seit 1457 im Lüneburger Rat. Hinrik Witik erschien auf dem Hansetag vom März 1472 in Lübeck. 1445 verkaufte er seinem Vetter, dem Lübecker Ratsherrn Berthold Witik, und den anderen Vorstehern der Zirkel-Gesellschaft für 1800 Mark eine Rente von 100 Mark aus dem herzoglichen Zoll in der Bäckerstraße in Lüneburg.[1160] Der künftige Lüneburger Ratsherr und der Lübecker Ratsherr standen also auch in geschäftlichem Kontakt.[1161] Im Juli 1464 wurde Hinrik Witik von dem Lüneburger Ratsherrn Johan vam Loo mit 100 Mark bedacht. Ein Vorfahr dieses Lüneburger Ratsherrn, Meinard vam Loo, hatte im Mai 1388 an einem Hansetag in Lübeck teilgenommen. Johan vam Loo bedachte auch testamentarisch Diderik Basedow *to Lubeke* mit zehn Mark.[1162] Diderik Basedow wurde 1477 in den Lübecker Rat kooptiert und nahm am Hansetag vom Mai 1498 in Bremen teil.[1163] Die Revaler Verwandtschaft seiner Schwester Wibke hatten wir schon kennengelernt.[1164] Wir hatten auch schon Einblick in die verwandtschaftlichen Bindungen zwischen den Familien Duckel, Schellepeper und Töbing genommen.[1165]

Diese verwandtschaftlichen Beziehungen haben Spuren im Testament des Lübeckers Marquard Witik von 1435 hinterlassen. Witik bedachte nämlich den Lüneburger Ratsherrn Ludolf Töbing und weitere Verwandte dort.[1166] Ludolf Töbing war seit 1395 Ratsherr und verstarb 1438.[1167] Er nahm am Hansetag vom April 1403 in Lü-

---

1158 S. VON WITZENDORFF, Stammtafeln, S.147.

1159 Ob eine weitere Schwester Tibbekes, die wesentlich älter gewesen sein müßte, wirklich mit Hinrik van Urden verheiratet war, ist fraglich, s. VON WITZENDORFF, Stammtafeln, S.99.

1160 Vgl. LÜB UB 8, Nr.294 (28. Juni 1445).

1161 EBD.

1162 Vgl. REINHARDT, Testamente, Nr.233. Ob die Lüneburger vam Loo mit dem Lübecker Ratsherrn Hinrik vam Loo, der von 1364 bis 1386 amtierte, verwandt waren, ist noch zu klären. Ebenso ist eine verwandtschaftliche Beziehung zum Stockholmer Ratsherrn dieses Namens anzunehmen.

1163 S. FEHLING, Ratslinie, S.81.

1164 S. S.367f.

1165 S. Netz 59.

1166 EBD.: *Item hern Ludeken Tobynghe unde synen kynderen to Luneborgh gheve ik samentliken 50 mark. Item Telzeken Haven, myner modderen, to hulpe ere kyndere to beradende gheve ik 50 mark lub. Item Peter Schutten to Luneborgh unde syner husvrouwen gheve ik 2 sulverne schalen neghest mynen twen besten. Item groten Marquard Witike gheve ik quyt 10 mark, de he my schuldich is, unde deme lutken Marquard Witike gheve ik 20 mark. Item blift Hermannus, myn oem, by der schole unde leret kunste unde gude sede unde regeret he sik behoreliken na myner vormundere guden rade, so totekene ik em 50 mark lub an rente to leggende ...* Der von Witik als Provisor neben seinem Bruder Johan und dessen Sohn Berthold eingesetzte Johan Holthusen kam aus Geseke. Vgl. AHL, Testamente, Hans Holthusen, 1. Juni 1436: *Item to sunte Cyriake unde to sunte Petere to Geseke geve ik 5 mark isliker stede. Item to dem Hilgen Geste darsulves 3 mark unde to sunte Merten 1 mark. Item in sunte Barbaren broderschop geve ik 1 mark.* Er wollte, dass sein Vater aus Geseke geholt und im Hause des Albert Dene in Lübeck versorgt würde: *Item so wil ik, dat men schal nemen 2 hundert rede mark lubesch ute myneme redesten nagelatenen guderen unde scal de rede over tellen myneme werde Alberte Denen unde siner husvrouwen, unde dar vor schal he vorstan mynem vader Hans Holthusen, ene to spisende unde to kledende, wes em not unde behoff is, de tid sines levendes bynnen Lubik in sineme hus, unde men scal ene halen laten ute Westvalen ...*

1167 Zu Töbings Beziehungen zu dem Lübecker Bürger Steenbeke s. S.391.

beck als Vertreter Lüneburgs teil. Ludolf Töbing war mit Gesche von Abbenburg verheiratet. Gesches Bruder Johan von Abbenburg war eine Ehe mit Alheid Viskule eingegangen. Alheids Vater Hinrik Viskule gehörte seit 1384 dem Lüneburger Rat an. Er wurde 1398 Bürgermeister und nahm zwischen 1403 und 1433 an 22 Hansetagen teil.[1168] Zu dem großen Lübecker Tag vom April 1403 reiste er gemeinsam mit Ludolf Töbing. Töbings Tochter Margarete heiratete Meino Sankenstede,[1169] während seine Tochter Mette mit Ludolf Stöterogge, seine Tochter Gesche mit Diderik (II.) Brömse, seine Tochter Tibbeke mit Ludolf Godenstedt und schließlich die Tochter Gebbeke mit Johan Garlop verheiratet wurde. Johan Garlop nahm an einem Hansetag im Oktober 1441 in Lübeck und an dem vom Juni 1443 in Lüneburg teil.

Ludolfs Sohn Johan Töbing wurde mit Mette van der Möhlen verheiratet, einer Tochter des Johan van der Möhlen.[1170] Mettes Bruder Johan van der Möhlen saß seit 1403 im Lüneburger Rat. Ludolfs Bruder Meino Töbing war mit Ilsabe Duckel verheiratet. Deren Tochter Tibekke heiratete Cord Schellepeper, der an Hansetagen 1465 und 1471 in Hamburg und Lübeck teilnahm. Meino Töbings gleichnamiger Sohn heiratete Gesche Schellepeper. Meino (II.) Töbing wurde 1457 Ratsherr und starb 1479.

Der Lübecker Berthold Witik, der uns schon mehrmals begegnete, war ein Sohn des Mitgliedes des Neuen Rates Johan Witik (1413-1416) und ein Neffe des Lüneburger Ratsherrn Wulf Witik.[1171] Berthold Witik amtierte seit 1439 als Lübecker Ratsherr. 1457 wurde er zum Bürgermeister gewählt. Er starb 1474.[1172] Witik vertrat Lübeck als Delegierter vielfach in der Zeit zwischen 1450 und 1469. Mit seinem Kollegen Gerd van Minden, mit dem er auch gemeinsam als Provisor eingesetzt wurde,[1173] verhandelte Witik 1450 in Lüneburg. Sicherlich war er wegen der besonderen familiären Konstellation als Unterhändler nach Lüneburg gesandt worden. Dort traf er auf Verwandte, die im Rat saßen.

Geschäftlich war Berthold Witik in Lübeck enger mit Johan (II.) Gherwer verbunden.[1174] Als Provisor des Johan Wichardes wandte Witik sich 1437 mit Johan Holthusen, Johan Gyse und Bernhard van der Beke an den Danziger Ratsherrn Johan Vriborch.[1175] Witik heiratete in erster Ehe Alheid, eine Tochter des Segebodo Crispin.[1176] Ihr Großvater war der Ratsherr Segebodo Crispin und ihr Onkel der Ratsherr Johan Crispin. Johan Crispin war von 1396 bis 1442 Mitglied des Rates. 1416 und

---

1168 S. von Witzendorff, Stammtafeln, S.141.

1169 Zu Brandes, dem Lübecker Cousin des Meino Sankenstede, s. S. 392.

1170 S. von Witzendorff, Stammtafeln, S.79. In zweiter Ehe heiratete Johan van der Möhlen Beate Schomaker.

1171 S. Fehling, Ratslinie, S.64.

1172 S. Fehling, Ratslinie, S.73. Witik wurde von Peter Niestad gemeinsam mit Johan Kollmann als Vollstrecker eingesetzt, vgl. AHL, Testamente, Peter Nyestad, 15. Juli 1446: *Mine vormundere kese ik hern Johanne Colmanne, her Bertold Witike, Johan Witike, Marquarde Tankenhagen, Godeken Heysen den olderen unde Hinrike Nyestade, mynen vedderen.*

1173 Berthold Witik und Gerd van Minden waren Provisoren des Johan Holste, s. LüB UB 8, Nr.168 (28.9.1443).

1174 Mit Gherwer kaufte er für 600 Mark eine Rente von 36 Mark in zwei Dörfern vom Hildesheimer Bischof, vgl. LüB UB 8, Nr.283 (März 1445).

1175 Vgl. AHL, Niederstadtbuch zu 1437 Epiphanias. Vriborch nahm zwischen 1448 und 1452 als Danziger Gesandter an vier regionalen Tagen teil.

1176 S. Fehling, Ratslinie, S.73.

1417 verhandelte er im Auftrag des Alten Rates in Dänemark.[1177] Danach ist er als Delegierter nicht mehr hervorgetreten.

Berthold Witik bedachte in seinem Testament von 1437 seinen *leven vadder* wie den Vater seiner (zweiten) Frau Hinrik Schonenberg, der auch Mitglied des Neuen Rates gewesen war, und seine Schwäger Peter Niestad und Thomas Scharbow.[1178] Diese setzte er auch als Provisoren ein.[1179] Unter den Lüneburger Verwandten erwähnte er den Herrn Ludolf Godenstedt.[1180] Es handelte sich um den Schwiegersohn des Ludolf Töbing. Godenstedt war 1436 in den Lüneburger Rat kooptiert worden und verstarb 1450. Er stammte aus einer Familie, die im 14. Jahrhundert von Braunschweig nach Lüneburg gezogen war.[1181]

Weiterhin hinterließ Berthold Witik testamentarisch Hartwich Stange in Köngisberg drei von seinen kleinen *stempeden schalen*.[1182] Diese enge Verbindung mit Hartwich Stange ist bemerkenswert. Sollte es sich um einen Verwandten des Lübecker Ratsherrn Eler Stange handeln? Hartwich Stange war Ratsherr und trat als Delegierter Königsbergs in den Jahren 1446 bis 1450 auf regionalen Tagen in Danzig, Elbing und Marienburg auf. Vor 1461 zog Stange nach Lübeck.[1183] Sein gleichnamiger Sohn wurde 1509 in den Lübecker Rat kooptiert und gehörte zu den wichtigsten Lübecker Preußenhändlern.[1184]

Hartwich (II.) Stange war mit einer Tochter des Lübecker Ratsherrn Jasper Lange verheiratet. Jasper Lange amtierte seit 1488 und nahm an den Hansetagen 1498 in Bremen und 1507 in Lübeck teil. Er war mit einer Tochter des Ratsherrn Hermann Evinghusen verheiratet und starb 1510.[1185] Hermann Evinghusen saß seit 1472 im Rat und beteiligte sich am Lübecker Hansetag von 1476.

Kehren wir zu Cord Brekwold, dem Teilnehmer des Hansetages vom Juni 1418 zurück. Mehrfach war Brekwold im ersten Jahrzehnt des 15. Jahrhunderts mit dem Nachlass des Nicolaus Wichman beschäftigt.[1186] Wichman, der Schwager Overenker-

---

1177 S. LUTTERBECK, Rat, S.245f.

1178 Vgl. AHL, Testamente, Bertold Witik, 16. August 1437: *Item Hinrik Schonenberge, mynes wyves vader, geve ik ene sulverne schalen negest den veer besten. Item Peter Nyestade, myneme swager, geve ik twe sulverne kroze. Item Hans Holthusen geve ik ene van den luttekesten twen sulvernen kannen. Item Ludeke van Agem geve ik de anderen sulveren kannen. Item Thomas Scharbouwen, myneme swager, geve ik 1 sulverne schalen van den klenesten. Item Hinrik Nyebure, deme yungen, de myt my in deme huse is, totekene ik 200 mark lub, soverne he zik na myner vormundere guden rade wol regeret, unde begere, dat ze em darmede vorzeen zinen vromen to schickende, alse en dat nuttest duncket.*

1179 EBD: *Mine vormundere kese ik mynen leven vader unde mynes wyves vader Hinrik Schonenberghe, Peter Nyestade, Johan Holthusen, Ludeken van Agem unde Alberte, mynem broder.*

1180 EBD.: *Item hern Ludeken Godensteden geve ik enen van den sulvernen voten, dar men glase upscruvet, unde twe van den sulvernen schalen, de my myn veddere Marquard Witik gaf.*

1181 S. VON WITZENDORFF, Stammtafeln, S.46. Eine seiner Schwestern war mit dem Ratsherrn Johan Schermbeck verheiratet, s. VON WITZENDORFF, Stammtafeln, S.106.

1182 Vgl. AHL, Testamente, Bertold Witik, 16. August 1437: *Item Hartwich Stanghen to Konynghesborghe geve ik dre van den klenen stempeden schalen.*

1183 S. STARK, Lübeck und Danzig, S.256.

1184 S. FEHLING, Ratslinie, S.89 und STARK, Lübeck und Danzig, S.257f.

1185 S. FEHLING, Ratslinie, S.83.

1186 Vgl. AHL, Niederstadtbuch zu 1404 Michaelis: *Notandum quod Conradus Brekewolt presens huic libro recognovit, se teneri pueris Nicolao Wichmans in centum marc. Lub.* Zu demselben

kens, stand am Ende des 14. Jahrhunderts in geschäftlicher Verbindung mit Borchard van Hildensem und Johan Weselo, denen er 404 Mark im Jahr 1389 geliehen hatte.[1187] Auch Papendorp und Willekin van Stade hatten bei ihm Schulden von 200 Mark.[1188] Ebenso hatte Wichman 1390 dem Ritter Krummedik und Hinrik van Essen Geld vorgestreckt.[1189]

Hinrik van Essen, der Schuldner Wichmans, erscheint in der zweiten Hälfte des 14. Jahrhunderts mit sehr vielen Geschäftskontakten im Niederstadtbuch. Er stand in finanziellen Beziehungen zu vielen führenden Lübecker Kaufleuten und Ratsherren, so zu Hartmann Pepersak, von dem er 1377 für 200 Mark einen Anteil an der Rente am Esslinger Zoll kaufte,[1190] zu Arnold Suderland, dem er 1378 220 Mark schuldete,[1191] zu Thideman Loos, für den er 1389 für eine Schuld von 212 Mark bei der Witwe Heylewig des Simon Swerting bürgte[1192] und zu Ludeke Boytin, der wiederum in engerer Verbindung mit Marquard Bonhorst stand.[1193] Mit Johan Perceval, Hermann van Ossenbrugge und Gottfried Travelman gehörte Wichman 1377 bei einem Streit zu den Prokuratoren des Dorpater Bürgers Ludeke van Elten,[1194] der mit dem Revaler Ratsherrn Detmar van Elten, dem Lübecker Bürger Helmich van Elten und wahrscheinlich auch dem Visbyer Ratsherrn Hermann van Elten verwandt war.[1195]

Mit Johan Krowel und Marquard vamme Kyle hatte Brekwold 1416 Schulden bei Rixe van Alen.[1196] Mit dem Ratsherrn Thideman Tzerrentin war er 1436 Vorste-

---

Datum sind weitere Schulden bei den Kindern Wichman erfaßt: Johan Runge und Thidekin Roper schulden je 100 Mark, Johan Growe schuldet 50 Mark. Vgl. auch zu 1406 Purificatio: *Notandum quod coram consilio constituta Telse relicta Nicolai Wichmans expresse recognovit et publice cum libera et deliberata voluntate cum consensu suorum provisorum, utpote Detlevi Bolten et Johannis Reehorst, cum consensu insuper provisorum suorum, utpote Johannis Rungen, Conradi Brekewolt, Ottonis Lentzeke et Tidekini Roper ... cum consensu insuper suorum proximorum heredum, utpote Tzieken Velkeners et Berteken Rungen suarum sororum ac eciam suorum provisorum, quod ipsa libera voluntate sua et bene deliberatione renunciasset, dimisisset et cessisset ... omnibus hereditariis sucessoribus et bonis puerorum suorum Nicolai, Conradi, Arnoldi et Tzieken* ... Vgl. zu 1408 Decollatio Johannis Baptist: *Notandum quod Nicolaus Wichmann, filius Nicolai Wichmanns recolende memorie recognovit, quod ad sufferenciam sublevasset a provisoribus suis IIC marc. Lub. ... quas sibi dominus Conradus Brekewold ... presentavit* ... Vgl. auch die Beilegung eines Streites um das Erbe, der beendet wurde von dem Bürgermeister Cord Brekwold und dem Ratsherrn Johan Segeberg, vgl. AHL, Niederstadtbuch zu 1444 Cathedra Petri.

1187 Vgl. SIMON, Niederstadtbuch, S.700,5 (1389 Divisio apostolorum).

1188 Vgl. SIMON, Niederstadtbuch, S.747,4 (1390 Assumptio Marie).

1189 Vgl. SIMON, Niederstadtbuch, S.720,1 (1390 Prisce): *Notandum, quod dominus Marquardus Krumdik miles et Hinricus de Essen senior presentes libro recongnoverunt se teneri pro se et suis heredibus Nicholao Wichmanni in 120 mr Lub dn* ... 1394 bestätigte Wichman, dass er das Geld erhalten habe, und der Eintrag wurde gelöscht.

1190 Vgl. SIMON, Niederstadtbuch, S.384,5 (1377 Martini).

1191 Vgl. SIMON, Niederstadtbuch, S.402,2 (1378 Johannis ante portam Latinam).

1192 Vgl. SIMON, Niederstadtbuch, S.700,3 (1389 Divisio apostolorum).

1193 Ludeke Boytin schuldete ihm 560 Mark, vgl. SIMON, Niederstadtbuch, S.738,5 (1390 Viti).

1194 Vgl. SIMON, Niederstadtbuch, S.380,8 (1377 Mathei). Ludeke van Elten war seit 1379 Mitglied der Revaler Tafelgilde, s. DERRIK, Tafelgilde, Tab.1.

1195 Detmar van Elten amtierte um 1398, s. DIERCK-DÜNNEBEIL-RÖßNER, Hansekaufleute, S.177f.

1196 Vgl. AHL, Niederstadtbuch zu 1416 Epiphanias: D*ominus Conradus Brekewold et dominus Marquardus van deme Kile et Johannes Crowel, habens filiam Lubberti Vinken in uxorem*, erher der Petrikirche.[1197] Mit seinen Lübecker Kollegen Rapesulver und Johan (I.) Bere wie dem Hamburger Ratsherrn Hinrik Hoper legte Brekwold 1437 einen Streit um ein Schiff, *eyn koghe*, bei.[1198] 1439 dankten die mündig gewordenen Söhne Vritze und Conrad des Vritze (I.) Grawerd ihren Vormündern, den Ratsherren Cord Brekwold und Wilhelm van Calven.[1199] Die Beziehung der Grawerd zu den van Calven bestand wohl schon früher, denn beide Familien stammten aus Stendal.[1200]

1450 kam es zum Streit um Brekwolds Erbe zwischen seinen Provisoren und dem Ratsherrn Hinrik van Stiten, der mit seiner Tochter Margarete verheiratet war. Cord Brekwold hatte 1427 in seinem Testament, in dem er sich sehr um seine Memoria sorgte,[1201] neben Vritze (I.) Grawerd und Hinrik Rapesulver auch seine Söhne Cord und Hartwich als Vollstrecker eingesetzt.[1202] Als Vritze (I.) Grawerd sich nach dem Tode seiner ersten Frau 1428 wiederverheiraten wollte, war über deren großes Erbe von 4000 Mark zu verfügen. *Jussu domini* Cord Brekwold wurde die Angelegenheit erledigt.[1203] Brekwolds Sohn Hartwich benannte auch in seinem Testament von 1436 Vritze (I.) Grawerd als Provisor.[1204] Die enge Verbundenheit zwischen den beiden Familien bestand also wenigstens über zwei Generationen hinweg.

Grawerd stieg nicht in den Rat auf. Sein gleichnamiger Sohn Vritze (II.) Grawerd wurde 1460 in den Rat kooptiert. Dieser war in erster Ehe mit einer Tochter des

---

kennen an *ex parte Gerardi Voget coniuncta manu virgini Rixen de Alen* 40 Mark zu schulden. Brekewold gehörte auch zu Gerhard Vogts Provisoren, vgl. AHL, Niederstadtbuch zu 1439 Nativitas Marie: *Domina Berta relicta Gerardi Voged, cum consensu domini Conradi Brekewold, Hilger Schoneweders, Hinrici Vledermans et Nycolai Brun, provisoribus* gibt an ihre Töchter Wybbeke und Berteke, Nonnen in Rene, 55 Mark Rente.

1197 Vgl. AHL, Niederstadtbuch zu 1434 Calixti: *Dominus Hinric Rapesulver proconsul* schuldet *domino Conrado Brekewold und domino Tideman Tzerrentin provisoribus ecclesie parrochialis s. Petri* 310 Mark.

1198 Vgl. AHL, Niederstadtbuch zu 1437 Fabiani et Sebastiani.

1199 Vritze und Conrad Grawerd, *fratres et filii Vritzonis Grawert*, hatten jeder 1000 Mark erhalten, vgl. AHL, Niederstadtbuch zu 1439 Corpus Christi.

1200 S. FEHLING, Ratslinie, S.78.

1201 So wollte er in Gadebusch durch den dortigen Bürgermeister Wandsnyder eine Vikarie einrichten lassen, wie sein verstorbener Bruder Wigger auch schon eine gestiftet hatte, vgl. AHL, Testamente, Cord Brekewold, 7. April 1427: *Item kan oft wil Lambert Wandsnyder, borghermester to Godebusch, ofte jenich syner vrunde bynnen den ersten 6 jaren na mynem dode to Godebusch ene nye vicarie maken to der ere godes, so beschede ik 100 mark lub van mynem gude an ewighe bestentlike rente to leggende na gudem rade myner vormunde unde desulven vicarie darmede to beternde ... Item to behuf der nyen vicarien, de myn broder Wigger seliger dechtnisse in synem testamente bescheden heft to makende, schal men hebben de rente in deme gude to den Sovenbomen, dat ik ghekoft hebbe, unde weret, dat dar jarlikes nene vulle 24 mark uth enwurden, so wil ik, dat men dat also besorge van mynem gude, dat an der neen gebrek enwerde, des hebbe ik de rente gode to eren vor ene almissen vorlenet hern Hartwighe van Eltzen, mynem ome ...*

1202 EBD.: *Myne vormundere kese ik hern Hinrike Rapesulver, Vritzen Grawerde, Hartwighe unde Corde, myne sones ...*

1203 Vgl. LÜB UB 7, Nr.272 (8.12.1428).

1204 Vgl. AHL, Testamente, Hartwich Brekewold, 5. August 1436: *Mine vormundere kese ik mynen leven vader, Corde, mynen leven broder, Ffritzen Grawerde unde Hanse van der Hove, minen swagher ...* Nach dem Tode des Johan van dem Hove heiratete die Tochter Brekwolds in zweiter Ehe den (künftigen) Ratsherrn Hinrik van Stiten, s. FEHLING, Ratslinie, S.74.

Ratsherrn Gerd van Minden verheiratet,[1205] in zweiter mit Adele, einer Tochter des Ratsherrn Johan (I.) Bere.[1206] Vritze (I.) Grawerds Tochter Gesa, die Schwester Vritzes (II.), wurde mit dem Ratsherrn Johan Segeberg verheiratet.[1207] Segeberg wurde 1426 in den Lübecker Rat kooptiert und starb 1464. Er war auf zwei Hansetagen in Lübeck anwesend, 1441 und 1456. 1441 vertraten auch die mit ihm familiär verbundenen Johan (I.) Bere und Cord Brekwold Lübeck. Segeberg vermittelte 1441 in Greifswald bei einem Streit zwischen dem Rat und dem Kolberger Bürgermeister Johan Sleff, der sich länger hinzog.[1208] Dort traf er auf seinen Bruder, den Greifswalder Ratsherrn Berthold Segeberg, der von 1436 bis 1459 im dortigen Rat saß.

Netz 105: Johan Segeberg

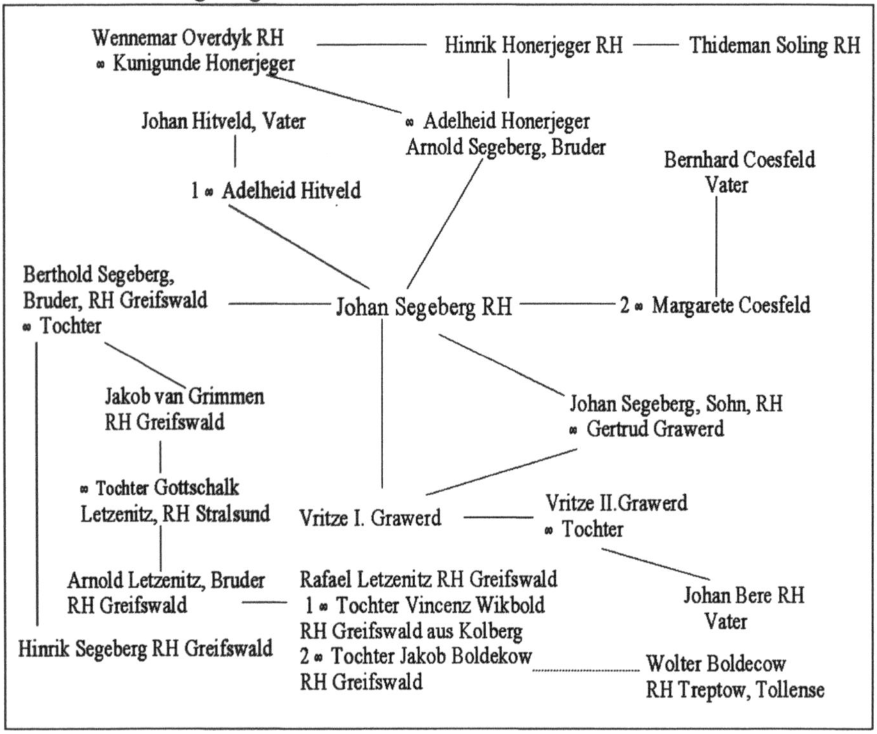

1205 Bei einer *schelinge* zwischen Vritze Grawerd, Albert Bemmer und Hermann Bere *van wegen eren dryer husvrowen, dochteren zeligen hern Gerdes van Minden borgermesters*, wurde 1465 von den Schiedsherren, nämlich den Ratsherren Berthold Witik, Hinrik van Hachede und den Bürgern Hinrik Hovesche und Ludeke van Thunen festgelgt, dass Johan van Minden, Gerhards Sohn, von ihnen 600 Mark erhalten sollte, vgl. AHL, Niederstadtbuch zu 1465 Oculi.

1206 S. FEHLING, Ratslinie, S.78. Eine bedeutende Rolle in der lübeckischen und hansischen Politik des frühen 16. Jahrhunderts spielte dann der seit 1509 im Rat sitzende Vritze (III.) Grawerd, s. FEHLING, Ratslinie, S.96.

1207 S. FEHLING, Ratslinie, S.68.

1208 1444 war Segeberg in Wolgast, um Probleme zwischen dem Hochmeister und Rostock auszugleichen.

Berthold, Delegierter Greifswalds, nahm mit seinem Bruder Johan Segeberg, dem Vertreter Lübecks, an den Hansetagen im Mai 1442 und im Juni 1456 teil. Berthold Segeberg beteiligte sich auch am großen Hansetag vom Mai 1447 in Lübeck. Sicherlich traf er auch auf diesem Hansetag mit seinem Lübecker Bruder zusammen.[1209]

Berthold Segeberg war mit einer Tochter des Greifswalder Ratsherrn Jakob van Grimmen (1414-1429) verheiratet. Ihre Mutter war eine Tochter des Stralsunder Ratsherrn Gottschalk Letzenitz (1405-1418).[1210] Der ältere Bruder Arnold Letzenitz des Stralsunder Ratsherrn Gottschalk Letzenitz war Ratsherr in Greifswald.[1211] Ihn hatten wir schon in seinen Verbindungen kennengelernt.[1212] Sophia, eine Schwester seiner Frau, war mit dem Greifswalder Ratsherrn Nicolaus Below verheiratet worden. Below amtierte seit 1398 und starb 1436. Er stand auch mit der Greifswalder Ratsfamilie van Lübeck in einem verwandtschaftlichen Verhältnis.[1213]

Nicolaus Below beteiligte sich zwischen 1413 und 1418 an Hansetagen und Verhandlungen, 1413 in Nyköbing, 1416 und 1417 in Kopenhagen und 1419 in Wordingborg. Er war auch auf dem Hansetag zu Johannis Baptista 1418 in Lübeck. An diesem Tag saß mit ihm der Delegierte Wismars, Gerd Below, im Gestühl, mit dem er auch schon 1417 in Kopenhagen gemeinsam verhandelt hatte. Ob es sich um einen Verwandten handelte, ist noch zu klären. Auch Hinrik, Sohn des Berthold Segeberg, wurde in den Greifswalder Rat gewählt. Hinrik Segeberg amtierte von 1467 bis 1497 und beteiligte sich am Hansetag 1476 in Lübeck. Ein weiterer Bruder des Lübeckers Johan Segeberg namens Arnold war in Lübeck mit Adelheid Honerjeger verheiratet. Deren Schwester Kunigunde war in eine Ehe mit dem Ratsherrn Wennemar Overdyk gegeben worden, während eine weitere Schwester namens Grete mit dem Ratsherrn Thideman Soling verheiratet worden war.

Betrachten wir abschließend kurz die Herren, die Cord Brekwold vertrauten und ihn als Provisor benannten. Brekwold wurde als Testamentsvollstrecker gemeinsam mit Johan Brasche und Reyneke Ratelbant von Lubbert Bulow bestimmt,[1214] von Nicolaus Vrome gemeinsam mit dessen Brüdern und Hermann Vinke,[1215] von Simon Odeslo gemeinsam mit Johan und Marquard Schotte.[1216]

Cords Sohn Hartwich Brekwold stand in vertrauensvollem Verhältnis zu Engelke Hagelsten, der ihn mit Berthold Herentrey, Johan Kollmann und Hinrik Gripeshorn

1209 Die Lübecker Delegierten dieses Tages werden nicht einzeln genannt. Es wird nur summarisch auf den Lübecker Rat hingewiesen.

1210 S. PYL, Genealogien 5, S.262.

1211 S. PYL, Genealogien 4, S.162.

1212 S. zu Arnold Letzenitz und seiner Verwandtschaft mit den Kolberger Wikbold und seinen Vertretungen auf Hansetagen S.

1213 S. PYL, Genealogien 5, S.224

1214 Vgl. AHL, Testamente, Lubbertus Bulowe, 13. März 1400: *Provisores meos eligo Johannem Braschen, Reymerum Ratelbant et Conradum Brekewolt ...*

1215 Vgl. AHL, Testamente, Clawes Vrome, 10. Januar 1404: *Mine vormundere kese ik Heynen Vormen unde Hermen Vromen, mine brodere, Hermen Vinken, Cord Brekewold unde Marquard Ghodebus.*

1216 Vgl. AHL, Testamente, Symon Odosclo, 13. August 1405: *Mine vormundere kese ik Johan Schotten, Marquart Schutten, Kurt Brekewolt, Otto Lenseke, Hans Krowel, myn steft sone ...*

als Vollstrecker benannte.[1217] In einem späteren Testament setzte Hagelsten wiederum Hartwich Brekwold ein. Mit ihm zusammen benannte er dieses Mal neben Kollman, der jetzt als Ratsherr bezeichnet wurde, und Gripeshorn seinen Schwiegersohn, den Ratsherrn Thomas Kerkring.[1218] Hartwich Brekwolds Sohn Cord (II.) wurde 1455 in den Rat gewählt. Er starb 1480. Cord (II.) Brekwold war mit einer Tochter des Ratsherrn Thideman Hadewerk verheiratet, der 1436 als Vertreter der Hanse in Wael aufgetreten war.

Netz 106: Cord Brekwold

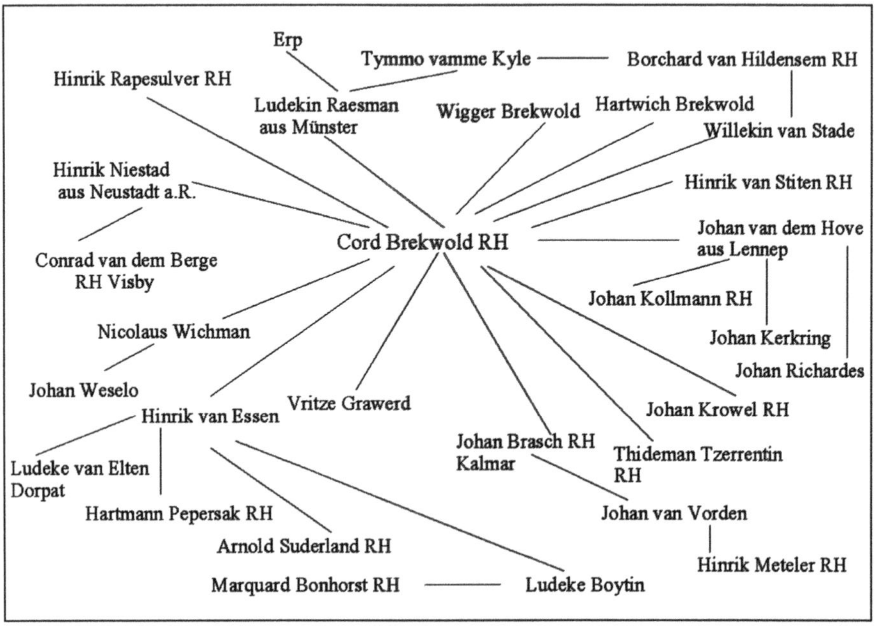

1217 Vgl. AHL, Testamente, Engelke Haghelsten, 8. August 1421: *Mine vormundere kese ik Bertolde Herentregghe, Hanse Colmanne, Hartwich Brekewolde, Hinrik Gripesshorne, Hanse Nyenkercken unde Clawes Davite, unde myn wille is, dat Gheseke, myn wiff, mede rade like myner vormundere eyn.*

1218 Vgl. AHL, Testamente, Engelke Haghelsten, 25. Juni 1428: *Mine vormundere kese ik her Thomase Kerkringe, mynen swager, her Johanne Kolmanne, Hartwich Brekewolde und Hinrik Gripeshorne. ... Item Greteken Kerkringhes, myner dochter, geve ik 10 mark geldes jarliker rente.* Auch sein Sohn Hermann Hagelsten bedachte in seinem Testament aus dem Jahr 1446 seine Schwester Greteke Kerkring und ein Mitglied der Familie Gripeshorn: *Item myner zuster Greteken Kerkrynges gheve ik 100 mark lubesch, unde eren kynderen gheve ik yslikem 10 mark lubesch een klenode mede tokopende, dat ze myner bydencken. ... Item Telzeken, Hinrik Grypeshornes dochter, wil ik, dat myne vormundere van myner rente yarlikes tokeren unde handreken scholen solange, alze se leved, 10 mark lubesch to erer eghenen nut tohebbende unde tobrukende unbeworen vor allesweme ...* Hermann Hagelsten setzte auch für seine Amme ein Legat aus: *Item leved Drudeke, myn amme, mynen doet, so gheve ik er 10 mark lubesch, dat ze god vor my bidde.* Er war verheiratet mit einer Vrese: *Item Wobbeken Vresen, mynes wyves zuster, werd ze to manne beraden na myneme dode, so totekene ik er 100 mark lubesch, dat ze myner by dencke.* Vgl. AHL, Testamente, Hermen Haghelsteen, 31. März 1446.

Mit Cord Brekwold und seinen Verwandten und Partnern hatten wir wiederum weit gespannte Beziehungsnetze beobachten können.[1219] Nur einige seien hier noch einmal zusammenfassend aufgeführt. So stand Brekwold in geschäftlichen Verbindungen mit einem Kalmarer Bürgermeister. Sicherlich waren die Beziehungen zu dieser Stadt enger, denn in Kalmar wollte er - ebenso wie in Verden - erinnert werden. Durch Arnd Niestad aus Hannover konnten Kontakte hergestellt werden zu dessen Verwandten und Partnern, wie dem Visbyer Bürgermeister van dem Berge, dem aus Kamen stammenden Tymmo van dem Berge und seinen Stockholmer Verwandten und dem Lübecker Schonenfahrer Johan Kollmann, dessen gleichnamiger Sohn seit 1428 im Rat saß. Die Kollmann, die wohl aus Celle kamen, standen in vielfältigen Beziehungen zu führenden Kaufleuten und Ratsherren, so zu den Kronert, die mit dem Ratsherrn Brun (III.) Warendorp durch eine Heirat verbunden waren, und zu den Vroling. Durch eine Heirat war der Kieler Ratsherr und Delegierte Henning van der Kameren mit den Kollmann verbunden. Im Blick auf die mit den Kollmann verbundene Familie Kappenberg zeigten sich wiederum weiträumige Verwandtschaftsbeziehungen, die von Riga bis Braunschweig reichten.

Lambert Vroling stand in engen Geschäftsverbindungen mit dem Dorpater Ratsherrn Thideman Vos, der am Hansetag zu Johannis Baptista 1418 teilnahm, wie zu dem Lübecker Delegierten Ludwig Krull. Kontakte gab es ebenso zu Hans Tyvogel. Sein Erbe wurde von Verwandten aus Westfalen und dem Ratsherrn und Delegierten Gerhard Penning aus Osnabrück eingefordert. Vrolings Bruder hatte in die Ratsfamilie van Stiten eingeheiratet. Der Onkel seiner Frau, Nicolaus van Stiten, beteiligte sich auch am Hansetag im Juni 1418. Van Stiten stand in Geschäftsverbindungen mit dem Rostocker Ratsherrn Winold Baggel.

Hinrik van Stiten, Neffe des Nicolaus und Vrolings Schwager, war in erster Ehe mit einer Tochter Cord Brekwolds verheiratet. Aus den Testamenten des Hinrik van Stiten hatten wir seine engen verwandtschaftlichen Verbindungen zu den Dartzow, den Vinke, den Bruskow und zu Jakob Bramstede erkennen können. Bramstede, dessen Bruder Gerd nach Reval gezogen war, stand in geschäftlichen Bindungen mit dem dortigen Ratsherrn Johan Palmedag, der aus Lübeck stammte und in familiären Beziehungen zu den Veckinghusen und Witte stand. Bramstedes Schwager war mit der Witwe des Gottschalk van Wickede verheiratet. Deren Enkelin wurde in erster Ehe mit dem aus einer Stader Ratsfamilie stammenden Nicolaus Sworne verheiratet. Die Stader Ratsfamilie Sworne war mit der Hamburger Ratsfamilie vamme Berge verwandtschaftlich verbunden. Aus dieser Familie nahm Hinrik vamme Berge als Hamburger Delegierter am Hansetag zu Johannis Baptista 1418 teil.

Mit dem Testament des Marquard Witik wurde noch einmal die enge Beziehung zwischen führenden Lübecker und Lüneburger Familien vorgestellt. Während eine Schwester Witiks in Mölln lebte, war sein Bruder Wulf Witik Ratsherr in Lüneburg. Dieser war mit einer Sankenstede verheiratet und so mit den Duckel in Lüneburg und Bremen verwandtschaftlich verbunden. Wulfs Sohn Hinrik Witik wurde Ratsherr in Lüneburg, während Marquards Sohn Berthold Witik in den Lübecker Rat kooptiert

1219 Wie sich das Beziehungsnetz Brekwolds auf Hansetagen darstellt, zeigt das Delegierten-Netzwerk 25: Brekwold.Stiten.Segeberg im Anhang.

wurde. Berthold Witik hatte vertraute Beziehungen zu dem Königsberger Ratsherrn Hartwich Stange, der als Delegierter auf preußischen Tagen erschien. Stange zog später nach Lübeck um. Sein gleichnamiger Sohn wurde zu Beginn des 15. Jahrhunderts in den Lübecker Rat gewählt.

Als Vormund seiner Söhne war Cord Brekwold gemeinsam mit dem aus Stendal kommenden Wilhelm van Calven von dem auch aus dieser Stadt stammenden Vritze (I.) Grawerd eingesetzt worden. Auch Cords Sohn Hartwich Brekwold stand in vertrauten Beziehungen zu den Grawerd. Eine Grawerd war mit dem seit 1426 amtierenden Lübecker Ratsherrn Johan Segeberg verheiratet worden. Dessen Bruder Berthold Segeberg wurde 1436 in den Greifswalder Rat kooptiert. Beide Segeberg erschienen (zum Teil auch gemeinsam) als Delegierte auf Hansetagen.

2.4 Hinrik Rapesulver

Rapesulver wurde 1406 in den Rat kooptiert, verließ 1408 Lübeck und trat 1416 wieder in den Rat ein. Er galt als *vir prudens et dives.*[1220] Seine besondere diplomatische Tätigkeit in den nordischen Reichen wurde schon mehrmals näher beschrieben.[1221] Erstmalig wird Rapesulver zum Zeitpunkt seiner Mündigkeit im Niederstadtbuch im Jahre 1386 erwähnt.[1222] 1404 bestätigte er für sich und seine Mutter Gertrud, dass die Schulden des Johan Harst, für den dessen Frau Alheid 1381 die Geschäfte - *marito demente se teneri* - übernommen hatte, zurückgezahlt worden seien. Harst stand in weitverzweigten Geschäften. So schuldete er auch in diesem Jahr dem Bürgermeister Jakob Lentzelin der Stadt Frankfurt am Main, der aus Straßburg stammte, 291 Goldstücke, die Johan Grote zu übergeben waren.[1223] Besonders eng arbeitete Rapesulver mit dem Ratsherrn Johan (I.) Bere zusammen. Gemeinsam liehen sie 1429 der Stadt für die Kriegsführung 4000 Mark.[1224] 1437 bürgte Rapesulver beim Rat von Kalmar für Beres Schulden von 1200 Mark.[1225]

Johan (I.) Bere, Schwiegersohn des Ludeke Boytin und Schwiegervater des Vritze (II.) Grawerd,[1226] trat 1416 in den Rat ein. 1436 wurde er zum Bürgermeister gewählt. 1426 war Bere Befehlshaber der lübischen Flotte bei der Belagerung von Flensburg. Auch 1428 führte er die Flotte. Johan (I.) Bere erschien als Delegierter Lübecks auf den Hansetagen von 1430, 1441 und 1442. Führend nahm er an den Verhandlungen 1430 und 1432 mit König Erich wie 1437 mit den Holländern in Deventer teil.[1227] Bere stammte aus Lüneburg. Sein Onkel Borchard Bere war dort Stadtschreiber, während sein Vater Hinrik Bere seit 1395 als Ratsherr in Lüneburg amtierte. Ein weiterer Bruder war nach Hamburg gezogen.[1228] Als Delegierter Lüneburgs

1220 S. FEHLING, Ratslinie, S.55f.
1221 S. OLESEN, Rapesulver.
1222 Vgl. SIMON, Niederstadtbuch, S.612,1.
1223 Vgl. SIMON, Niederstadtbuch, S.475,8 (1381) und KOPPE-KOPPE, Frankfurthändler, S.261.
1224 S. FEHLING, Ratslinie, S.67.
1225 Vgl. AHL, Niederstadtbuch zu 1437 Kiliani.
1226 Durch die Boytin stand Bere in familiären Beziehungen zu den Kollmann.
1227 S. FEHLING, Ratslinie, S.66f.
1228 S. VON WITZENDORFF, Stammtafeln, S.8.

erschien Hinrik Bere auf vier Hansetagen zwischen 1410 und 1412.[1229] Vater und Sohn Bere waren also führend in hansischer Politik engagiert, wenn auch für verschiedene Städte.

Sicherlich durch die gemeinsame Lüneburger Herkunft ist auch Johan (I.) Beres Beziehung zu dem Danziger Ratsherrn und Englandfahrer Bertold Burammer zu erklären.[1230] Bere wurde in einem Schreiben Danzigs an den Bischof von Ösel im April 1451 als Vormund der Kinder des verstorbenen Burammer genannt. Im April 1451 schrieb der Danziger Rat an sein Mitglied Johann Meideburg,[1231] dass er Bere darum bitten sollte, einen Bevollmächtigten zu ernennen, der Burammers Kinder in Danzig vertreten könnte.[1232] Bertold Burammer stammte aus Wandage bei Lüneburg. Er amtierte im Danziger Rat von 1431 bis 1446.[1233] Als Delegierter erschien er auf fünf regionalen Tagen in Preußen zwischen 1431 und 1442.

1430 auf dem Hansetag in Lübeck traf Johan (I.) Bere mit den Lüneburger Delegierten Nicolaus Gronenhagen und Hinrik (I.) Hoyeman zusammen.[1234] Hinrik (I.) Hoyeman war Beres Cousin.[1235] 1441 saß Bere in Lübeck mit den Lüneburger Delegierten Johan Schellepeper und Hartwich Schomaker zusammen im Stuhl der Herren der Hanse. Schomaker war 1436 in den Lüneburger Rat kooptiert worden und wurde 1457 Bürgermeister. Er starb 1476 auf einem Hansetag in Bremen. Schomaker war mit Ludgard Pape verheiratet. Deren Mutter, Ludgard Gronenhagen, war eine Schwester des Delegierten Nicolaus Gronenhagen.[1236] Johan Schellepeper hatte, wie wir schon sahen, seine Tochter Grete mit Hinrik (I.) Hoyeman verheiratet. Also bestanden auch zwischen dem Lübecker Delegierten Johan (I.) Bere und dem Lüneburger Delegierten Schellepeper familiäre Beziehungen. 1442 traf Bere in Stralsund wieder auf den Lüneburger Vertreter Hartwich Schomaker.

Johan (II.) Bere, Johans Sohn, der seit 1455 nur für zwei Jahre bis zu seinem Tode 1457 im Lübecker Rat saß und nicht als Delegierter erschien, war mit Mechthild, einer Tochter des Detlev Bonhorst verheiratet.[1237] Bonhorst war ein Halbbruder des Ratsherrn Gerd van Minden.[1238] Diesen setzte Bonhorst 1436 auch neben Hinrik Vin-

---

1229 Auch sein Onkel Borchard nahm als Notar an dem Hansetag 1412 in Lüneburg teil.

1230 S. Jenks, England, S.873.

1231 Meideburg amtierte von 1441 bis 1468 als Danziger Ratsherr, s. Zdrenka, Rats- und Gerichtspatriziat 1, S.345. Er nahm am Hansetag vom Mai 1442 in Stralsund teil und war 29 Mal zwischen 1442 und 1452 auf regionalen Tagen in Preußen anwesend.

1232 S. Derrik, Tafelgilde, S.55.

1233 S. Zdrenka, Rats- und Gerichtspatriziat 1, S.244. In zweiter Ehe war Burammer mit der Witwe des Ratsherrn Peter Krowel verheiratet.

1234 Gronenhagen wurde 1414 in den Rat gewählt. 1472 wurde er Bürgermeister und verstarb 1438. Er war mit Katharina van Grabow verheiratet, s. von Witzendorff, Stammtafeln, S.47.

1235 S. zu der Heirat der Schwester Mechthild des Johan Hoyeman mit Hinrik Bere S.386.

1236 S. von Witzendorff, Stammtafeln, S.47, S.112.

1237 In seinem Testament von 1457 wies Bere auf die Mitgift von 2000 Mark hin, vgl. AHL, Testamente, Johan Bere, radman, 11. April 1457. Er setzte als Provisoren Bürgermeister Gerd van Minden, Marquard Vinke, seine Brüder Ludeke und Hermann Bere wie Godeman van Buren ein.

1238 Vgl. AHL, Testamente, Detleff Bonhorst, 2. August 1436: *Item hern Gherde van Mynden, mynem leven brodere, gheve ik 100 mark lub, unde syner husvrowen unde synen kynderen gheve ik samentliken 50 mark lub.* In diesem Testament findet sich auch die interessante Angabe, dass

ke und seinen Schwägern Gerd Erp und Hinrik van Hachede als Provisor ein.[1239] Bonhorsts Schwester Grete war mit Hinrik, einem Sohn des Ratsherrn Hinrik van Hachede, verheiratet.[1240] 1439 bestätigte Bonhorst mit Hinrik van Minden, *civis in Abo*, dass sie von den Provisoren des Otto Lentzeke 231 Mark erhalten hatten, die dieser ihnen schuldete. Ausgezahlt wurde die Summe vom Bürgermeister Cord Brekwold.[1241]

Hinrik van Minden besaß in Åbo *guder*, die er in seinem Lübecker Testament vom November 1442 seinem Bruder Hans überließ.[1242] Er war kein gebürtiger Lübecker.[1243] Er kam aus Minden und bedachte in seinem Testament Kirchen in der Mindener Region. Hinrik van Minden schenkte nach Petershagen, nach Windheim und nach Nienburg.[1244] Wie er in Minden hieß, ist leider nicht zu erfahren. Hinrik van Minden wollte auch in Reval erinnert werden.[1245] In seinem Testament bedachte er auch einen *hern* Marquard Bonhorst.[1246] Am Beispiel Hinriks van Minden ist wiederum die Mobilität der Kaufleute zu sehen: Geboren in Minden zog Hinrik nach Åbo,

---

Bonhorsts Frau neben der beträchtlichen Mitgift an Renten auch Bargeld mit in die Ehe brachte, das zur Anschaffung von Kleidung für sie genutzt werden mußte. Die Kosten sind erstaunlich hoch und werden von Bonhorst bis auf den Schilling abgerechnet: *Item sy witlik, dat my myt Heyleken, mynem wyve, to brudschatte worden 100 mark unde 21 mark wicbelde rente unde dar to an reden pennynghen 400 mark unde 40 mark lub, unde dar wart up bescheden, dat ik ze van deme brudschatte kleden scholde myt der tobehoringhe, alse er behorde to dregende, also kosteden ere kledere, smyde unde clenode 400 mark, 46 mark unde 7 ß lub ...*

1239 Ebd.: *Myne vormundere kese ik hern Gherde van Mynden, mynen leven broder, Hinrike Vynken, Gherd Erpe unde Hinrike van Hacheden, myne swagere, unde Claus Schonewolde ...*

1240 Ebd.: *Item Greteken van Hacheden, myner suster, gheve ik 100 mark lub.*

1241 Als Provisoren Lentzekes werden Arnold Segeberg und Ludekin Kolhorn genannt, vgl. AHL, Niederstadtbuch zu 1439 Nativitas Marie.

1242 Vgl. AHL, Testamente, Hinrick van Mynden, 13. November 1442: *Item Hans van Mynden, mynen vulbrodere, geve ik myn beste par cledere unde alle gudere, de he by sik heft van myner weghene unde de ik to Abo unde in Sweden hebbe.* Ob dieser Hans der Mann der Ghese war, die in ihrem Testament als Vormünder ihren Bruder und Gerd van Minden einsetzte, ist bisher nicht zu klären: *Ik, Ghese van Mynden, wolmechtich mynes lyves, myner synne und myner redelicheyt. Isset, dat ik sterve ere myn man Hans van Mynden, so sette ik aldus myn testament. ... Mine vormundere keze ik mynen broder Mylgese unde Ghert van Mynden, mynes mannes broder*, vgl. AHL, Testamente, Ghese van Minden, 12. Juni 1422.

1243 Verwandt war er mit Lambert van Benem, vgl. AHL, Niederstadtbuch zu 1438 Laurencii: Lambert de Benem schuldet seinem *swagero Hinrico de Minden* 550 Mark.

1244 Vgl. AHL, Testamente, Hinrick van Mynden, 13. November 1442: *Item to Petershaghen geve ik to deme buwe der kerspelkerken 4 rinsche guldene. Item to Wynthem geve ik ok der kerspelkerken 4 rinsche guldene to deme buwe unde in islike dersuvlen kerken geve ik deme kerkheren 8 schillinge, dat ze my dar vore beghan myt vigilien unde zelemissen. Item to Nyenborgh geve ik sunte Mertens kerken 2 rinsche guldene to deme buwe.* Wohl aus der gemeinsamen Herkunftsregion ist seine Beziehung zu den Floreke aus Paderborn zu erklären. Dem Paderborner Bürger Wygand Floreke hatte er als Provisor mit Johan Hemesode und Hermann Duweman das Erbe von 12 Mark seines *patruus* Berthold ausbezahlt, vgl. AHL, Niederstadtbuch zu 1435 Vocem jocunditatis.

1245 Vgl. AHL, Testamente, Hinrick van Mynden, 13. November 1442: *Item to Revele geve ik sunte Gherdrude kerken 4 mark lubesch to erem buwe.*

1246 Ebd.: *Item hern Marquarde Bonhorste gheve ik 2 rinsche guldene, dat he myner by denke.* Anscheinend handelt es sich um einen Priester, da der gleichnamige Ratsherr zu dieser Zeit schon verstorben war.

behielt dort Kontakt zu Lübeckern, die zum Teil aus seiner Heimatregion stammten, wie den Bonhorst, und kehrte schließlich nach Lübeck zurück. Als Ratszeuge erscheint in seinem Testament neben Karsten Ekhof der sicherlich mit dem Aussteller verwandte Ratsherr Gerd van Minden.[1247]

Karsten Ekhof, der 1433 in den Rat gewählt wurde und 1448 starb, war mit den beteiligten Herren gut bekannt. Sein gleichnamiger Vater ist oft in Geschäftsbeziehungen mit wichtigen Kaufleuten wie Hamma,[1248] Luchow[1249] und Johan van Verden,[1250] zu sehen. 1388 schuldete der Goldschmied Albert Amilii den Ekhof, Arnold Starke und Gerhard Kloot 226 Mark.[1251] Ekhof stand auch in Kontakt mit Soester Bürgern.[1252] Verwandt war Ekhof durch seine Frau Margarete mit Johan Westfal.[1253]

Netz 107: Simon Odeslo

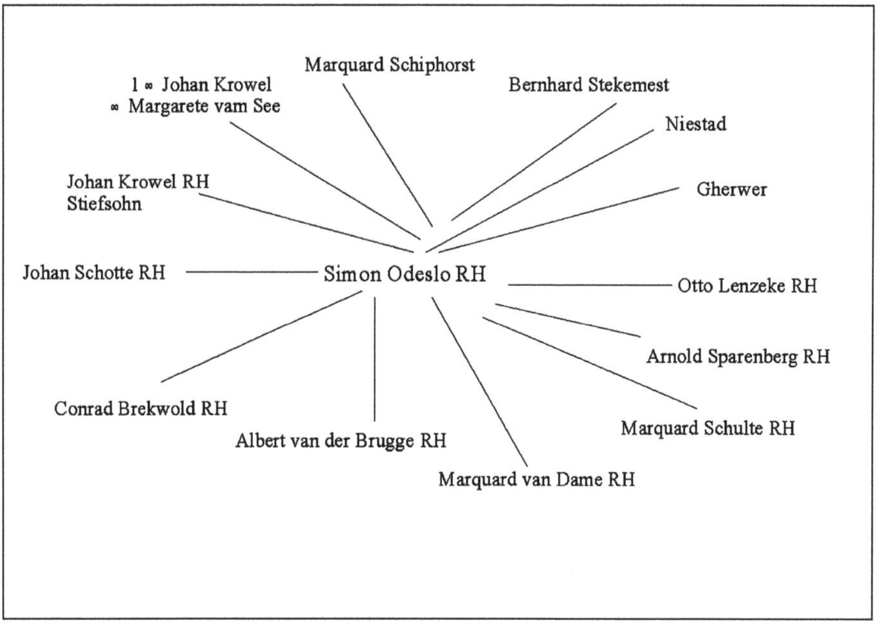

1247 EBD.: *Tughe synt her Gherd van Mynden unde her Kersten Eekhof, radmanne to Lubeke.*

1248 1378 schuldete ihm Heyne Hamma 67 1/2 Mark, vgl. SIMON, Niederstadtbuch, S.416,2.

1249 Marquard Luchow schuldete ihm 1380 106 Mark, vgl. SIMON, Niederstadtbuch, S.423,3.

1250 Van Verden schuldete ihm 1380 212 Mark, vgl. SIMON, Niederstadtbuch, S.437,3.

1251 Vgl. SIMON, Niederstadtbuch, S.673,7.

1252 1382 bestätigte der Soester Bürger Johan de Unberadene mit seinem Sohn Hinrik, dass sie keine Forderungen mehr an Christian Ekhof und seinen Bruder Johan hätten, vgl. SIMON, Niederstadtbuch, S.500,6.

1253 Hinrik Westfal, Sohn des Johan Westfal, bestätigte 1393, dass er nach dem Tode der Schwester Gertrud alles empfangen hatte, vgl. SIMON, Niederstadtbuch, S.823,5 (1393 Letare). Die Schwester Gertrud des Hinrik Westfal war mit Gerhard Odeslo verheiratet. Dieser bestätigte 1372, dass er von Hinrik Westfal empfangen habe: *omnia, que sibi dare cum uxore sua Gher-trudi promisit ... ex parte dotis ...*, vgl. SIMON, Niederstadtbuch, S.197,7.

Westfal seinerseits war ein Schwager des Kaufmanns Gerd Odeslo, der in vertrautem Umgang mit wichtigen Kaufleuten stand. Gerd Odeslo wurde von finanzkräftigen Kaufleuten als Provisor benannt, nämlich 1359 von Boldewin Speghelmaker,[1254] 1367 von Wessel van Ossenbrugge, 1383 von Everhard Nienborch,[1255] 1376 von Danquard vam See,[1256] 1385 von Arnd Sparenberg,[1257] 1388 von Tymmo Hadewerk[1258] und 1383 von dem Ratsherrn Hinrik Westhof.[1259] Odeslo handelte 1383 als Lübecker Prokurator des Stockholmer Ratsherren Gottfried van dem Hamme.[1260] Gerd Odeslo setzte als Provisoren in seinem Testament seinen Sohn Simon, Siverd Veckinghusen, den älteren Bernhard Stekemest und Thideman Lange ein.[1261]

Odeslos Sohn Simon war mit Margarete, einer Tochter des Danquard vam See, verheiratet. Diese war in einer ersten Ehe mit Johan Krowel verbunden gewesen, einem Verwandten des gleichnamigen Mitgliedes des Neuen Rates. Eine Schwester von Simon Odeslos Frau namens Kunneke war mit Conrad Westfal, dem Bruder des Ratsherrn Hermann Westfal, verheiratet, während deren Bruder Johan mit Wobbeke, einer Tochter des Ratsherrn Johan Niebur verheiratet war.[1262] Simon Odeslo wurde 1408 in den Neuen Rat gewählt. 1409 wurde Simon Odeslo Bürgermeister. Er starb 1412.[1263]

Bonhorsts Schwester Taleke war mit einem Mitglied der Familie Erp verheiratet worden.[1264] Bonhorst war auch mit dem Lübecker Protonotar Johan Hertze verwandtschaftlich verbunden. Dieser bezeichnete ihn und Hinrik Greverade als seine *zweger.*[1265] Von den Absprachen, die zu Hertzes Heirat mit der Tochter des Nicolaus Schonewolt führten, ist die Verhandlung im Niederstadtbuch überliefert. Im November 1437 trafen sich in der Katharinenkirche in Lübeck auf der einen Seite Nicolaus Schonewolt mit *sinen vrunden,* zu denen der Bürgermeister Johan (I.) Bere, die Ratsherren Johan Gherwer und Gerd van Minden, die Bürger Detlev Bonhorst und Bernd Paal gehörten, mit Johan Hertze und seinen *vrunden,* nämlich Hermann vamme Haghen, Hinrik van Hachede und Hinrik Dives. Bere führte das Wort und erklärte, dass die älteste Tochter des Nicolaus Schonewolt 850 Mark und *eyne bretzen* von 50 Mark mit in die Ehe bringen würde. Hertze stimmte dieser Mitgift zu. Daraufhin gab Schonewolt dem Hertze die Hand und besiegelte so den Ehevertrag.[1266] Hertzes gleichna-

1254 S. ASMUSSEN, Flandernfahrer, S.328.
1255 S. ASMUSSEN, Flandernfahrer, S.541.
1256 S. ASMUSSEN, Flandernfahrer, S.709.
1257 S. ASMUSSEN, Flandernfahrer, S.338.
1258 S. ASMUSSEN, Flandernfahrer, S.366.
1259 S. ASMUSSEN, Flandernfahrer, S.862.
1260 S. KOPPE, Lübeck -Stockholm, S.217, S.221, S.244.
1261 S. ASMUSSEN, Flandernfahrer, S.807.
1262 S. ASMUSSEN, Flandernfahrer, S.707.
1263 S. FEHLING, Ratslinie, S.57.
1264 Vgl. AHL, Testamente, Detleff Bonhorst, 2. August 1436: *Item Taleken Erpes, myner suster, gheve ik 100 mark unde erem sone Heyneken, mynem paden, gheve ik myn sulverne gordel unde myne sulvernen keden unde 50 mark lub em to bewarende, went he mundich wert, myner dar by to denkende.*
1265 Vgl. AHL, Testamente, Johannes Hertze, 17. April 1441: *Item myme vormundere kese ik Clawese Schonewolt, Hinrik Vrunde, Hinrik Greverade unde Detleff Bonhorst, myne zwegere ...*
1266 Vgl. LÜB UB 7, Nr.756 (3.11.1437).

miger Sohn aus dieser Ehe wurde 1460 Ratsherr.[1267] Seine Schwester war mit Hinrik Lipperode verheiratet, der aus „Lippe" - wohl Lippstadt - kam.[1268] Lipperode, der auch nach England handelte,[1269] gehörte seit 1439 dem Rat an. Er starb 1470. Zwischen 1456 und 1469 nahm er an drei Hansetagen teil, 1456 in Lübeck, 1465 in Hamburg und 1469 wieder in Lübeck. Lipperode stand in vertrauten Beziehungen zu den Veckinghusen, wie sich an seiner Nennung als Provisor im Testament des Engelbert Veckinghusen zeigt.[1270] Lipperodes gleichnamiger Sohn folgte ihm im Ratsherrenamt und als Delegierter. Hinrik (II.) Lipperode, der seit 1475 amtierte, war mit Margarete, einer Tochter des Bergenfahrers Hinrik Klockemann,[1271] verheiratet.[1272]

Abb.3: Hinrik Lipperode als Stifter

1267 S. FEHLING, Ratslinie, S.78.

1268 So drückt er es selbst aus: *mynen leven frunden unde magen in myn slechte behorende de tor Lippe in Westvalen mynen dot leven* gibt er *samptliken* zehn Rh. Gulden für *collatie*, vgl. AHL, Testamente, Hinrik Lipperode radman, 27. Juni 1470. S. Zu den Amtsdaten s. FEHLING, Ratslinie, S.73.

1269 S. JENKS, England, S.930.

1270 Vgl. AHL, Testamente, Enghelbrecht Vekkinkhusen, 12. Juni 1434.

1271 Vgl. AHL, Testamente, Hinrik Klokman, 12. September 1436: *Item to Berghen in Norweghen geve ik in Unser Leven Vrouwen kerken 12 tunnen teres. Item darsulves den swarten monneken unde den grawen monneken geve ik in yslyke stede 20 mark lubesch, dat ze my in ere beden hebben to ewyghen tyden.*

1272 S. FEHLING, Ratslinie, S.81. Klockeman beteiligte sich 1448 am Kauf des Bergenfahrerschüttings, s. BRUNS, Bergenfahrer, S.CXIX und S.229.

Aus den Testamenten Hinrik Klockemanns von 1438 und 1449 zeigt sich seine enge Beziehung zu Hildesheim. Wahrscheinlich stammte er von dort. In Hildesheim wollte er jedenfalls erinnert werden. Deshalb schenkte er testamentarisch an Kirchen und Klöster in der Stadt.[1273] Hier hatte er auch Verwandte.[1274] In unserem Zusammenhang ist seine Halbschwester Ghese Brandes zu beachten. Anscheinend gehörte sie der Hildesheimer Familie Brandis an, aus der Henning 1494 am Hansetag zu Bremen teilnahm.[1275] Klockemans Frau brachte eine außerordentlich hohe Mitgift in die Ehe ein. Leider ist bisher nicht zu erkennen, aus welcher Familie sie stammte.[1276]

Geschäftlich war Klockemann, der auch nach England handelte,[1277] mit Conrad Wend aus Pattensen[1278] und mit Osnabrücker Bürgern verbunden.[1279] Mit einer Gesellschaft lieferte er 1448 dem dortigen Rat fünfzehn Büchsen.[1280] Ebenso stand er mit dem Stockholmer Ratsherrn Cord Gheismer in geschäftlichem Kontakt.[1281] Von Diderik Hinrikes wurde Klockemann 1436 gemeinsam mit Helmich Kapestok, den wir schon als Mitglied eines Kreises von Kaufleuten aus Braunschweig und Hildesheim kennengelernt haben,[1282] als Provisor eingesetzt.[1283] Klockemann hatte nicht nur

---

1273 Vgl. AHL, Testamente, Hinrik Klokman, 12. September 1436: *Item to Hildensem sunte Andreas kerken geve ik 10 mark lubesch to dem buwe. Item darsulves to sunte Pawele geve ik den broderen 20 mark lubesch, dat ze my unde myn slechte in ere ewygen dechtnisse hebben. Item darsulves den mynren broderen geve ik 30 mark lubesch, dat ze my unde myne vrunt desgelykes in ere ewyghen dechtnisse nemen. Item den armen kranken ok darsulves in deme Hillighengheste ligghende geve ik 20 mark lubesch in de hande to delende. Item noch darsulves in dat gasthus, alse men uppe den berch gheyt, geve ik 20 mark lubesch, dat hus mede to betherende. Item den zeken to sunte Katherinen, alse men dar ut gheyt na Brunswyk, geve ik 20 mark lubesch, en rede in de hande to delende.*

1274 Ebd.: *Item mynem halfbrodere Ludere van Elvede unde myner halfsuster Ghesen Brandes to Hildensym wonende geve ik yslikem 10 mark lubesch. Item myner modderen Ermegharden bynnen Lubek wonende gheve ik 10 mark lubesch. Item Didericus van Netlen, mynem ome, geve ik 20 mark lubesch, dat he dar mede studere unde gode to denste werde. Item Otten van Netlen unde Hanse van Netlen geve ik yslikem 10 mark lubesch, dat se alle myner by dencken.*

1275 Die Namensform Brandis kam erst in der frühen Neuzeit auf, s. BRANDIS, Diarium, Einleitung, S.II. Zu Henning Brandis s. den Ausblick.

1276 EBD.: *Item mit myner husvrowen Katherinen wurden my to brudschatte 1500 lubesche mark ...*

1277 S. JENKS, England, S.919.

1278 S. zu ihrer Handelsgesellschaft im Jahre 1431 BRUNS, Bergenfahrer, S.159.

1279 1444 bestätigte Johannes Staling *de Osenbrugge*, dass er Klockemans Geld *to vuller wedderlegginge in societate mercatorum* erhalten habe, vgl. AHL, Niederstadtbuch zu 1444 Pentecost.

1280 Zu Pfingsten 1448 verpflichteten sich Hinrik Klockeman, Albert Holscher und Hermen Steenbeke *myt samender hand* dem Rat von Osnabrück, dass sie *XV yserne loedbussen* liefern wollen. Im Nachtrag wurde die Quittung des Osnabrücker Rates eingeschrieben, dass er die Ladung empfangen habe. Vgl. AHL, Niederstadtbuch zu 1448 Pentecostes (Nachtrag von 1448 Jacobi: *hebben de bussen entfangen.*) Vgl. zum Osnabrücker Einkauf von Waffen auch EBERHARDT, Rechnungen, S.106f.

1281 *Her Cord Gheysmer radman* zu Stockholm zahlt 1455 den Provisoren des Hinrik Klockemann 45 Mark aus, vgl. AHL, Niederstadtbuch zu 1455 Exaudi.

1282 S. zu den Kapestok, die verwandtschaftlich mit Brun Sprenger verbunden waren, S. 302,331.

1283 Vgl. AHL, Testamente, Dyderik Hinrikes, 12. September 1436: *Item Hinrike Clockemanne unde Helmich Kapestocke gheve ik jewelikem 1 rinschen ghulden. Myne vormundere kese ik Hinrike Klockemanne, Tylen Myddeldorpe, Tydeke Vossyke unde Helmych Kapestocke.*

Verwandte in Lübeck und Hildesheim, sondern ein Vetter lebte in Hamburg, ein Onkel in Rostock und ein weiterer Onkel auf Fehmarn.[1284] Als Provisoren setzte Klockemann 1436 neben Helmich Kapestok und Hinrik Vrund auch Diderik, *Hinrikes sone*, ein.[1285] Deutlich wurden aus diesem knappen Blick auf Klockemans Verwandtschaft und Geschäftstätigkeit seine Kontakte nach Hildesheim, Osnabrück, Hamburg, Rostock und Fehmarn. Von diesen Beziehungen konnte auch sein Schwiegersohn Hinrik (II.) Lipperode profitieren.

Ratsherr Marquard Bonhorst, Detlevs Bruder, war Ältermann der Schonenfahrer. Er amtierte als Ratsherr von 1402 bis 1408 und von 1416 bis 1432. 1416 heiratete er Mette, die Witwe des Bürgers Thideman van Minden.[1286] Thideman van Minden hatte in der Region, auf die sein Name hinweist, engere Verbindungen.[1287] Die erste Tochter seiner Frau mit Namen Margarete war mit Johan Kemmenade verheiratet, einem Ratsherrn in Hessisch Oldendorf, wie aus einer Erbschaftsangelegenheit 1380 hervorgeht.[1288] Ein Johan Kemmenade, *civis Mindensis,* war wenige Jahre zuvor im Zusammenhang mit einer Erbschaft, die auf Herkunft des Erblassers aus der Region um Minden verweist, in Lübeck anwesend. Anscheinend handelt es sich um dieselbe Per-

---

1284 Vgl. AHL, Testamente, Hinrik Klokman, 12. September 1436: *Item Ermegarde, myner modderen, de ik to Lubek hebbe, geve ik 200 mark lubesch unde ene sulverne schalen unde dar to de selschop, de ik hebbe myt Hermene van Hamelen. Item mynem vedderen Titke Klokkemanne to Hamborch geve ik 20 mark lubesch unde enen sulvernen kop der twe to hope horet. Item Cord Terwen to Hildensem geve ik 10 mark lubesch. Item der Presterschen to Hildensem geve ik 15 mark lubesch. Item myneme ome Ludere van Here to Rostocke geve ik 25 mark lubesch. Item myneme ome Titken van Netlinghe uppe Vemeren geve ik 40 mark lubesch.*

1285 EBD. Aus dieser Namensnennung wird deutlich, dass der schon genannte Dyderik Hinrikes ursprünglich anders geheißen haben muß.

1286 Es ergibt sich aus den Testamenten, dass Marquards Frau nicht eine Tochter des Thideman van Minden war, wie Fehling annahm, s. FEHLING, Ratslinie, S.54. So sprach Mette, *seligen hern Marquard Bonhorsts wedewe*, in ihrem Testament auch ihre Kinder aus erster Ehe an: *mynem sone her Gherde van Minden* und *dochter Gheseke van der Linden.* Als Provisoren setzte sie ein: *hern Gherde van Mynden unde Detleff Bonhorste, myne zones, unde Hinrike van Hachten, mynen swager*, vgl. AHL, Testamente, 4. Mai 1443.

1287 Auch im Blick auf die van Minden zeigen sich weite Geschäfts- und Verwandtschaftsbeziehungen. Thideman van Minden stand in Geschäftsverbindungen mit einem Herbert van Minden in Stettin, der sicherlich mit ihm verwandt war. Thidemans Prokurator Hinrik vamme Haghen sollte 1385 *nonnulla bona* von dem Stettiner Bürger Herbert van Minden beschaffen, vgl. SIMON, Niederstadtbuch, S.590,1 (1385 Kyliani).

1288 *... Ernestus Segheman consul in Oldendorpe sub castro Schowenborgh ... recognovit sublevasse a Thidemanno de Minden ... ad manus Johannis Kemenaden conconsulis sui et uxoris eiusdem Margarete ... plenam et sufficientem hereditarie divisionem ...* Vgl. SIMON, Niederstadtbuch, S.430,1 (1380 Ascensio Domini). Aus Hessisch Oldendorf kam auch Hans van Linden, dessen Vater noch dort lebte, vgl. AHL, Testamente, 13. Dezember 1414: *Item isset, dat myn vader levet, so gheve ik em 10 mark lub, mynen twevalden grawen hoyken, mynen twevalden blawen rok, myne besten koghelen unde myne swarten mutzen, unde ift he rede vorstorven were vor mynem dode, so schal men de vorescreven 10 mark lub gheven to dem buwe der kerken to Oldendorpe under Schowenborghe beleghen, dar myn vader wonet.* Van Linden hatte in Lübeck Kontakte zu führenden Kaufleuten. Er wurde 1391 mit Heyno van Calven, Henning van der Kameren und Johan Soltwedel als Provisor des Hermann van Munderen eingesetzt, vgl. SIMON, Niederstadtbuch, S.767,1.

son.[1289] Wahrscheinlich gab es auch familiäre Beziehungen zur Münsteraner Erbmännerfamilie dieses Namens, die mit den Sundesbeke verschwägert war.[1290] In dem Testament wurden Beziehungen des Erblassers Hinrik Stenborch nach Obernkirchen und Bremen angesprochen. Kemmenade bestätigte, die Gaben Stenborchs für dessen Brüder von Lambert Sluter empfangen zu haben. Genannt werden zwei Bremer Bürger und ein Geschenk für die Kirche in Obernkirchen: *item unam libram sterlinghorum datam ad ecclesiam Overenkerken*. Die Angabe der Geldsorte verweist auf Geschäftstätigkeit des Erblassers in England.[1291] Auch Lambert Sluter, der Partner Stenborchs, war nachweislich im Dezember 1387 in England.[1292] Er stand in vielfachen Kontakten mit führenden Kaufleuten. Sluter hatte 1368 eine Handelsgesellschaft mit Johan van Ossenbrugge und Hinrik van Borken. Sie verpflichteten sich dem Hamburger Rat gegenüber für 600 Mark für die Freigabe eines Schiffes, das wohl von den Einwohnern Hadelns geraubt worden war.[1293] Mit van Ossenbrugge war Sluter Vormund der Kinder des Gerhard Hamborg.[1294] Sluter war beteiligt, als 1389 dem Vikar im Lübecker Dom Werner Domesdach eine Rente von zwölf Mark *wicbelde* im Haus des Ratsherrn Johan Elmehorst in Wismar aus dem Erbe des Bernhard Stuve überschrieben wurde.[1295] Elmehorst, der auch nach England handelte,[1296] nahm am Hansetag vom Januar 1403 in Wismar teil. Lambert Sluter ist anscheinend vor 1403 verstorben. Hinrik Notlike bedachte Sluters Töchter, die im Lübecker Johanneskloster lebten, im April dieses Jahres in seinem Testament.[1297] Gemeinsam mit Amelius Luchow, Everhard Paal, Johan Coesfeld und Andreas van Werle hatte Sluter 1387 Güter auf einem Schiff, das von Flamen und Franzosen vor Calais geplündert wurde.[1298] Mehrfach wurde Sluter als Provisor benannt, so 1368 von Richard van Minden, 1379 von Hinrik van Stade, 1369 von Johan Steding, 1381 von Heidenreich van Stade, 1381 von Bernhard Steding, 1384 von Hinrik Holtkamp und 1385 von Johan Vur.[1299] Während die Mehrzahl der Namen dieser Testamentsersteller auf Stade hinweisen, kam Holtkamp wohl aus Osnabrück.[1300] Sluter hatte demnach besonders Kontakte mit ehemaligen Stadern und Osnabrückern.

Bonhorst hatte Verwandte in der Mindener Region, aus der er auch wohl selbst stammte.[1301] 1415 findet sich im Niederstadtbuch eine Eintragung, die auf diesen

---

1289 S. ASMUSSEN, Flandernfahrer, S.718.

1290 S. LAHRKAMP, Münsteraner Führungsschichten, S.9.

1291 Vgl. SIMON, Niederstadtbuch, S.216,5 (1373 Oculi).

1292 S. ASMUSSEN, Flandernfahrer, S.716.

1293 Vgl. SIMON, Niederstadtbuch, S.127,5 (In Palmis).

1294 Vgl. SIMON, Niederstadtbuch, S.410,7 (1378 Divisio apostolorum).

1295 Vgl. SIMON, Niederstadtbuch, S.715,2 (1389 Nicolai).

1296 S. JENKS, England, S.885.

1297 *Item gheve ik Lambert Sluters dochteren in deme closter to sunte Johanse ysliker stede 2 mark lub.* Vgl. AHL, Testamente, Hinrik Notlike, 7. April 1403. S. zum Todeszeitpunkt („1399 bis 1411") auch ASMUSSEN, Flandernfahrer, S.715.

1298 S. ASMUSSEN, Flandernfahrer, S.717.

1299 S. ASMUSSEN, Flandernfahrer, S.718.

1300 Nach dem Tod des Johan Holtkamp, der in geschäftlicher Verbindung mit Hinrik van der Brake stand, erhielt Hinrik Holtkamp seinen Anteil vom Erbe Johans. Hinriks Vormünder waren Herdenreich Bornholm und Hermann Stuve, vgl. SIMON, Niederstadtbuch, S.1057,2.

1301 Der Name deutet auf Bohnhorst (Warmsen, Kreis Nienburg) hin, das ca. 14 Kilometer von Min-

Raum hinweist. Der Mindener Ratsherr Hinrik Meyne[1302] forderte für mehrere Personen einen Anteil am Erbe vom *domino* Marquard Bonhorst.[1303] Er vertrat Kunegunde, eine Schwester des Johan Bonhorst,[1304] und ihren Mann Diderik Pyl,[1305] die sich im „Land“ Hoya aufhielten. Auch die Gabe an Johan van der Hoye in Bonhorsts Testament vom Juni 1406 weist in die Grafschaft Hoya.[1306]

Marquards Verwandter Hinrik Bonhorst hatte enge Beziehungen zu den Erp. Er setzte in seinem Testament vom August 1401 neben den Erp auch Marquard Bonhorst als Provisor ein.[1307] Hinrik Bonhorst erscheint mehrfach als Vormund in Testamenten von Personen, die sicherlich aus dem östlichen Westfalen stammten. So wurde er als Provisor eingesetzt im Juni 1402 von Eyler van Minden gemeinsam mit Ludeke Lammeshoved, Eyler van Ome und Johan Blanke.[1308] Eyler van Minden hatte noch enge Beziehungen zu seiner Heimatstadt. Er richtete dort eine ewige Messe ein und gab testamentarisch an seine armen Freunde in Minden.[1309] Ebenso schenkte er an Bruno Lammeshoved und Arnold van Ome in Minden wie an Eyler van Ome und

---

den entfernt ist.

1302 Meyne ist als Ratsherr in Minden von 1407 bis 1426 nachzuweisen, s. SCHULTE, Macht auf Zeit, S.403f.

1303 Vgl. AHL, Niederstadtbuch zu 1415 Lucie.

1304 Ein Johan Bonhorst wurde auch im Testament des Marquard Bonhorst vom Juni 1406 bedacht. Er wurde direkt nach dessen Schwester Metteke erwähnt, vgl. AHL, Testamente, Marquard Boenhorst, 4. Juni 1406: *Item geve ik miner suster Metteken 50 mark lub. Item geve ik Johanne Bonhorste 50 lub mark unde al myn harnsch mit minem rocke ghevodert mit den ylken.*

1305 Die Pyl gehörten wenigstens nach 1500 zu den führenden Familien Mindens, vgl. zu dem bekannten Mindener Ratsherrn und Chronisten Heinrich Piel in der zweiten Hälfte des 16. Jahrhunderts SCHULTE, Macht auf Zeit, S.5, S.42, S.44-46, S.110-122.

1306 Vgl. AHL, Testamente, Marquard Boenhorst, 4. Juni 1406: *Item isset, dat Johan van der Hoye levet went to sinen mundeghen jaren unde sin dingh denne to den besten keret, so geve ik em na rade miner vormundere 30 mark pen.* In diesem Testament bedachte Bonhorst auch seine *stefsone* Hanseke und Gherke van Minden.

1307 Vgl. AHL, Testamente, Hinricus Bonhorst, 13. August 1401: *Provisores meos eligo Marquardum Bonhorst, Gherardum Erp, Albertum Erp et Hermannum Bonhorst meum avunculum.* Vgl. auch AHL, Testamente, Hinrik Bonhorst, 7. September 1403: *Mine vormundere kese ik her Marquard Bonhorste, minen ome, Gherd Erpe, Albert Erpe, unde Brand, minen soen.* Vgl. auch AHL, Testamente, Hinrik Bonhorst, 18 April 1413: *Mine vormundere kese ik her Marquard Bonhorste, her Johan Herveste, Goswin Cumhar, Albert Erpe und Brande, mynen sone ...* Auch der gleichnamige Sohn Hinrik Bonhorst vertraute diesen Provisoren: *Mine vormundere keyse ik hern Marquarde Bonhorst, hern Alberde Erp, Johanne Hervest, Brande unde Tideken, myne brodere.* Vgl. AHL, Testamente, Hinrik Bonhorst, 2. September 1417. Auch im Testament des Brand Bonhorst, Sohn des Hinrik, wird Gerd Erp als Provisor genannt. Als Ratszeugen erscheinen hier neben anderen Marquard Bonhorst und Albert Erp. Vgl. AHL, Testamente, Brand Bonhorst, 23. August 1422.

1308 Johan Blankes Onkel war Hinrik Mekelenborg. Dieser wurde erwähnt, als Werner Cusveld 1376 bestätigte, dass er dem Johan Blanke, der zu dieser Zeit recht jung gewesen sein muß (*filio fratris Hinrici*), 53 Mark bis nächsten Ostern schuldete, vgl. SIMON, Niederstadtbuch, S.341,5 (1376 Galli). 1397 übergaben Lambert Sluter und Johan Blanke im Namen des Heidenreich Kröpelin den Kristian Ekhof und Gerd van Reys zwanzig Mark, vgl. SIMON, Niederstadtbuch, S.958,3 (1397 Epiphanie).

1309 Vgl. AHL, Testamente, Eylerus de Mynden, 27. Juni 1402: *Item assigno 40 marcas lub pro una perpetua missa in Minda instauranda. ... Item assigno 20 marcas inter pauperes meos amicos in Minda distribuendas, sciendum quod provisoribus meis videbitur expedire.*

dessen Kinder in Lübeck.[1310] Von Eyler van Ome ist ein Testament vom September 1434 erhalten. Van Ome hatte noch direkte Verwandte (*erfnamen*) in Minden, denen er Gaben zusprach.[1311] Neben weiteren Verwandten in Lübeck wurde von ihm auch wieder ein Lammeshoved bedacht.[1312] Walter Lammeshoved wurde neben Johan van Vreyden, Berthold Witik und Johan Holthusen auch von van Ome als Provisor eingesetzt.[1313]

Marquard Bonhorst benannte 1406 in seinem Testament als Vollstrecker den Ratsherrn Albert van der Brugge, seinen Bruder Hinrik Bonhorst, seine Schwäger Herbord van der Linden und Johan Huge neben Siverd Veckinghusen und Johan Bonhorst.[1314] Gerd van Minden, Sohn des Thideman van Minden und Stiefsohn des Marquard Bonhorst, wurde 1433 in den Rat kooptiert und 1454 zum Bürgermeister gewählt. Er starb 1462. Gerd van Minden war mit Soffeke, einer Tochter des Ratsherrn Dethmar van Thunen verehelicht.[1315] Van Minden bedachte in seinem Testament vom Juli 1414 drei Kinder des Marquard Bonhorst, unter ihnen auch Detlev.[1316] Als Provisoren setzte er den Ratsherrn Marquard Bonhorst, Herbord van der Linden, seinen Bruder Johan und den künftigen Ratsherrn Berthold Roland ein.[1317] Aus seinem späteren Testament von 1459 geht sein besonderes Vertrauen zu Vritze (II.) Grawerd hervor, den er als Provisor benannte.[1318]

1310 Eyler van Minden scheint im Haus der Hebele Sluter gelebt zu haben. Ob sie mit Lambert Sluter verwandt war? *Item Eylero de Ome, Hinrico de Ome et Wikbolte cuilibet do 90 marcas lub. Et predicto Eylero do meum argenteum cratherem, ac Hinrico de Ome 1 argenteam patheram et predicto Wigbolden do 1 argenteam patheram et pueris suis do 15 marcas lub. Item Brunoni Lammeshovede et Arnoldo de Ome in Minda do cuilibet 10 marcas lub. Item Ludekino Lammeshovede et Hebelen Sluters mee hospite cuilibet do 1 argenteam patheram. Item do pueris dicte hospite mee in claustris existentibus 10 marcas lub. Et predicte hospite mee do 5 marcas lub.* EBD.

1311 Vgl. AHL, Testamente, Eler Ome, 1434 September 20: *Item Venebeken suster, myner negesten erfnamen to Mynden wonende, gheve ik 20 mark lub, unde erer dochter, der Duvelhovedesschen, gheve ik 40 mark lubesch.*

1312 EBD.: *Item Hartwighe van Oem, mynem ome, gheve ik 20 mark lub, unde syner moder gheve ik 5 mark lub. Item Johans van Vreyden husvrowen unde eren kynderen gheve ik samentliken myn beste bedde unde 8 kystenkussene unde myne prussesschen tafelen in der dornsen stande. Item Wolter Lammeshovede gheve ik ene sulverne schalen.*

1313 EBD.: *Myne vormundere kese ik Johanne van Vreyde, Peter Nyestade, Bertold Witike, Hans Holdhusen unde Wolter Lammeshovede ...*

1314 Vgl. AHL, Testamente, Marquard Boenhorst, 4. Juni 1406: *Mine vormundere keyse ik hern Alberte van der Brucghen, Hinrik Bonhorste, Herborde van Lynnen, Syverd Vockinghusen, Johanne Bonhorste, Johanne Hughen unde Marquard Holste.* Sein Schwiegersohn Johan Huge wird neben Albert van der Brugge 1401 genannt, vgl. AHL, Niederstadtbuch 1401 Circumcisio.

1315 S. FEHLING, Ratslinie, S.73.

1316 Vgl. AHL, Testamente, Gherd van Minden, 1414 Juli 28: *Ik, Gherd van Minden, Tydemans sone, wolmechtich mynes lives, myner synne unde redelicheid, isset, dat ik sterve, so sette ik myn testamente aldus. ... Item isset, dat Geseke, de nu mit her Marquarde Bonhorste is, beraden werd, so geve ik eer 5 mark. ... Item de renthe, de ik hebbe in twen boden up dem markede, geve ik Detleve, Taleken unde Greteken, hern Marquarde Bonhorstes kynderen tosamende.*

1317 EBD.: *Myne vormundere kese ik her Marquard Bonhorst, Herborde van der Linden, Bertold Rolande unde Hanse van Mynden, mynen broder.*

1318 Vgl. AHL, Testamente, Gherd van Minden, 8. April 1459.

Zu dem Kreis um die (ehemaligen) Mindener gehörte auch der Ältermann des Bergener Kontors Diderik van Aasten.[1319] Er stand in Geschäftsbeziehungen zu Johan van Hameln. Van Hameln war zwischen 1401 und 1407 Ältermann des Kontors in Bergen.[1320] Er wurde 1416 in den Lübecker Rat gewählt und blieb bis zu seinem Tode im Jahre 1425 Ratsherr.[1321] Van Hameln nahm an den Hansetagen vom Oktober und November 1416, vom Mai 1422 und vom Juli 1423 in Lübeck teil. Er wurde vielfach als Testamentsvollstrecker eingesetzt. So im Jahr 1421 von dem vermögenden Bergenfahrer Hinrik Arndes.[1322]

Arndes hatte enge Bindungen an England und schenkte testamentarisch unter anderen für Pilgerreisen nach Canterbury, nach Bridlington und Beverley in Yorkshire und nach Walsingham in Hereford.[1323] Arndes, der selbst mehrfach auch gemeinsam mit Dethmar van Thunen und Johan (II.) Gherwer als Provisor eingesetzt wurde,[1324] hatte Verwandte in Hamm und Soest, die er testamentarisch bedachte.[1325] Eine von diesen war Aleke Werneke. Sie war mit dem Hammer Ratsherrn Nedderhave verheiratet. Aleke, *nunc uxor domini Thiderici Nedderhave*, forderte 1435 nach dem

---

1319 Ob Aasten aus der Mindener Region kam, worauf einiges hindeutet, oder aus einem anderen Teil Westfalens, ist nicht eindeutig zu erkennen. Seine Schwester war mit einem Warendorfer Bürger verheiratet, vgl. AHL, Niederstadtbuch zu 1413 Jubilate: *Dideric de Lodege civis in Warendorpe, habens sororem Diderici van Asten*. 1412 wird van Aasten in einer Handelsgesellschaft mit Hinrik van der Braken aus Osnabrück genannt, vgl. AHL, Niederstadtbuch zu 1412 Conversio Pauli. In demselben Jahr erscheint er mit Hinrik van der Braken, Hermann Samme und Lambert Overenkerken als Provisor der Greteke Begeman, vgl. AHL, Niederstadtbuch zu 1412 Dorothee. 1414 wird er mit dem Osnabrücker Bürger Gerhard Lintlo, dem *dominus* Honerjeger und Johan van Hameln erwähnt, vgl. AHL, Niederstadtbuch zu 1414 Viti.

1320 S. BRUNS, Bergenfahrer, S.288.

1321 S. FEHLING, Ratslinie, S.49.

1322 Vgl. AHL, Testamente, Hinrik Arndes, September 1421: *Mine vormundere kese ik hern Johanne van Hamelen, hern Detmare van Tunen, Everde Moyelken, Johanne Tragen unde Johanne van dem Berne.*

1323 EBD.: *Vortmer schal men wynnen in Engeland enen man peregrymacie to thende to sunte Thomase to Cantelberge, so sunte Johanse to Brillingtuene, to sunte Johanse to Beverleye unde to Unser Leven Vrowen to Walsynam, alle desse vorscreven reyse myt truwen to donde to godes love unde der juncvrowen Marien, unde myne vormundere scholen se redeliken belonen umme salicheit myner selen to vorwervende*. In Livland bedachte er Hinrik van dem Berge. Hinrik van dem Berge wurde im August 1418 als Zeuge im Vertrag zwischen Rat und Domkapitel genannt, vgl. LÜB UB 6, Nr.41. Er gehörte sicher zu den van dem Berge, die mit den Krowel verwandt waren.

1324 Vgl. AHL, Testamente, Johan Lange, 9. August 1410: *Mine vormundere kese ik her Dytmer van Tunen, Johan Berch, Hinrik Arndes unde mynen broder Jacob Langen*. Lange hatte enge Bindungen nach Rostock. Dorthin gab er zu milden Zwecken 336 Mark. Eine Schwester wohnte in Hamm, die er mit 30 Rh. Gulden bedachte. Eine weitere Schwester wohnte in Lippstadt, die er mit 5 Rh. Gulden beschenkte, s. BRUNS, Bergenfahrer, S.53. Sicherlich bestand eine Beziehung zwischen Arndes und Lange schon aus gemeinsamer Herkunft aus Hamm. Vgl. auch AHL, Testamente, Johan Bussowe, 25. Januar 1423: *Mine vormundere keze ik hern Johan Gherwere, Everd Moyeleken, Gerd Bussowen, mynen sone, und Hinrik Arndes*.

1325 Vgl. AHL, Testamente, Hinrik Arndes, September 1421: *Item Debolde, mynem ome to deme Hamme, Elzebeen, syner suster, Clareken unde Aleken, eren dochteren, geve ik islikem personen 10 mark lub. Item Hinrike, mynem ome to dem Hamme unde Metteken, syner dochter, geve ik tosamende 20 mark lub, unde synem brodere, de to Soest wonet, geve ik 5 mark lub*.

Tode des Arndes ihr Erbe aus Lübeck.[1326] Deutlich zeigte sich wiederum, dass führende Lübecker Kaufleute nicht nur familiäre Kontakte zu Ratsfamilien aus größeren Hansestädten hatten,[1327] sondern auch mit Ratsherren in kleineren Städten verbunden waren.

Mit dem Ratsherrn Johan Russenberg, der an den Tagen 1427 in Wismar und 1441 in Lübeck beteiligt war, war van Hameln so vertraut, dass er ihn als Provisor benannte.[1328] Van Hamelns Frau wurde mit einem Schmuckstück beschenkt, und er selbst wurde als Provisor eingesetzt vom Bergenfahrer Hinrik Weytendorp. Weytendorps Bruder lebte als Mönch in Doberan. Seine Schwester war in Rostock verheiratet.[1329] An Weytendorps Schwester schenkte auch testamentarisch 1433 der Bergenfahrer Nicolaus Parkentin, der auch Rostocker Kirchen bedachte. Er war anscheinend Weytendorps Neffe.[1330] Weytendorp und Parkentin stammten wahrscheinlich aus Rostock. Parkentin lebte in Lübeck im Hause des Cord Weming. Er setzte einen Rostocker Bürger als Testamentsvollstrecker ein.[1331] Andererseits wurde Parkentin von dem Bergenfahrer Grotehus als Testamentsvollstrecker benannt. Grotehus stammte aus Beckum.[1332] Er benannte als einen seiner Provisoren den Bergenfahrer Lambert Wickinghoff.[1333] Wickinghoff stand seinerseits in vertrauten Beziehungen zu Lubbert Exeman aus Oldenzaal, der ihn mit Thideke Schopping als Provisor benannte.[1334] Wickinghoff wurde auch mit Johan Kollmann von dem Ratsherrn Johan Russenberg als Testamentsvollstrecker eingesetzt.[1335] Auch der Bergenfahrer Hans Valenberch

1326 Vgl. AHL, Niederstadtbuch zu 1435 Palmarum.

1327 Ob der Hammer Ratsherr mit dem Danziger Ratsherrn Reinhold Nedderhof verwandt war, der 1449 an Versammlungen in Lübeck und Bremen und zwischen 1443 und 1452 an elf regionalen Tagen in Preußen teilnahm, ist fraglich. Reinhold Nedderhofs gleichnamiger Vater stammte aus der Osnabrücker Region, s. ZDRENKA, Rats- und Gerichtspatriziat 1, S.356.

1328 Vgl. AHL, Niederstadtbuch zu 1431 Dyonisii und zu 1444 Palmarum.

1329 Vgl. AHL, Testamente, Hinrik Weytendorp, 9. Februar 1416: *Item Johanne van Hamelen gheve ik 2 nobelen unde Gheseken, synem wyve, 2 nobelen unde mynen guldenen boch myt der parlen. ... Item Telseken Smedes, myner suster, unde eren kynderen, geve ik samentliken 20 mark ... wicbelde rente, de ik hebbe to Rozstok in Hinrik Smedes huse, unde darto geve ik en 60 mark penninghe van mynem redesten gude ... Item mynem ome Clawes Parkentine geve ik 100 mark lubesch van der schult to entfangende, de my Matheus Hoppe, myn oem, unde Godeke Bardewiik schuldich synd, unde dar to mynen besten rok, myne kisten, noppensak unde matten. Item mynem ome Matheus Hoppen geve ik quiit de gansen selschop unde wedder legginge, de ik myt em unde Godeken Bardewike hebbe, dar to geve ik Matheus alle de schulde, de se my beyde schuldich synd, utgenomen de vorescreven 100 mark lubesch.*

1330 Vgl. AHL, Testamente, Clawes Parkentin, 21. Juni 1433: *Item wes dar denne over lopt van den hundert marken sundisch unde van der renthe, dat gheve ik tosamende Telseken Smedes unde erer dochter Telseken, unde eren anderen kinderen nicht to brukende.*

1331 EBD.: *Mine vormundere kese ik Merten Vlinte to Rostoke, Corde Wemynghe, mynen werde to Lubeke, Hanse van Ysten, Bertold Munde, Hanse Smede, mynen om, unde Gherde Schuttorpe.*

1332 Vgl. AHL, Testamente, Cord Grotehus, 26. August 1438: *Item to Beckhem in Westfalen. dar ik geboren bin, wyl ik, dat men in de parre kerken besorgen unde geven schole to eneme myssewede eyn gut sydenen stucke myt aller tobehoringhe rede maket, dat darsulves blyven schole to godes denste vor myne dechtnisse ...*

1333 EBD.: *Mine vormundere kese ik Lamberte Wykinghof, Clawes Parkentine, Hans Gherdinghe, Merten Vlinte unde Corde, myner suster sone ...*

1334 Vgl. AHL, Testamente, Lubbert Exeman, 19. Juni 1422.

1335 Vgl. AHL, Testamente, Johan Russenberch, 8. Juli 1436: *Mine vormundere kese ik hern Johan-*

aus Stade ernannte Wickinghoff zusammen mit Berthold Witik zu seinem Provisor.[1336] Wickinghoffs Sohn Johan wurde 1467 in den Rat kooptiert.[1337]

Wie wir schon sahen, war Gerd van Minden mit Soffeke, einer Tochter Dethmars van Thunen verheiratet. Ihr Vater war Bergenfahrer und 1408 in den Neuen Rat gewählt worden.[1338] Van Thunen wurde 1416 in den Kompromissrat übernommen. Seit 1417 ist er als Delegierter zu beobachten. Bis zwei Jahre vor seinem Tode im Jahre 1432 war er auf acht Hansetagen anwesend. Van Thunen war mit einer Soffeke verheiratet, deren Herkunftsfamilie bisher nicht bekannt ist.[1339]

Netz 108: Dethmar van Thunen

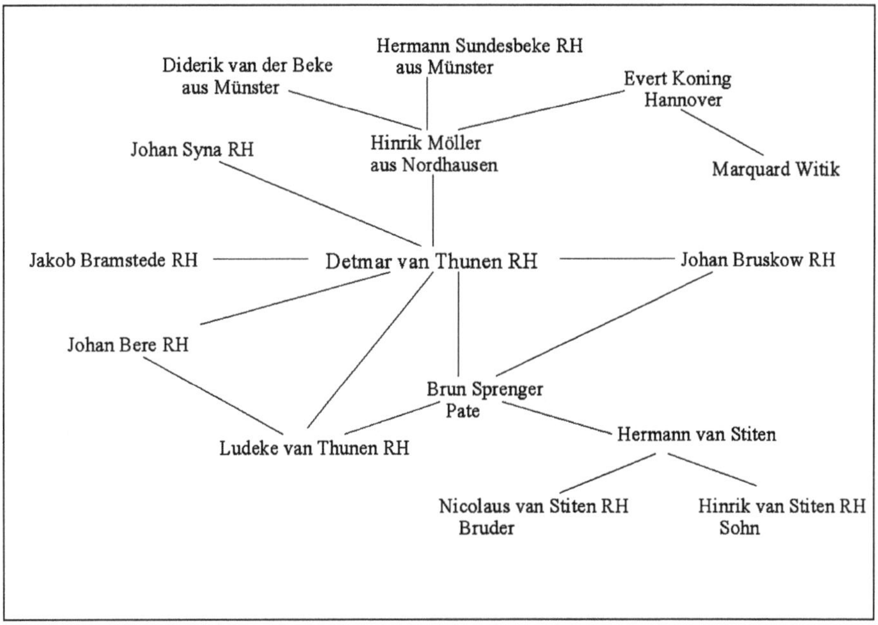

Aus der Notiz im Niederstadtbuch, welche die Provisoren der Witwe des Dethmar van Thunen nennt, wird auch die *societas* deutlich, die der verstorbene Ratsherr bis

---

ne Kolmanne, Hermanse Oldendorpe, Hermen Ropeken, den werkmeyster, unde Lamberte Wykinghoff.

1336 Vgl. AHL, Testamente, Hans Valenberch, 28. September 1436.

1337 Zu Johan Wickinghoff s. den Ausblick S.486,501.

1338 Deshalb ist er mehrfach auch von weiteren Bergenfahrern als Provisor benannt worden, vgl. MEYER, Stiftungsverhalten.

1339 Vgl. AHL, Niederstadtbuch zu 1436 Divisio apostolorum. Hier werden bei der Auflösung einer *societas* die Vormünder der Soffeke, *relicte domini Detmari de Thunen,* aufgeführt. An erster Stelle wird Ratsherr Gerd van Minden, ihr Schwiegersohn, erwähnt. Weiterhin werden Gottfried Kerkring und Conrad van Thunen, der Bruder des Verstorbenen, genannt. Sie waren auch Vormünder Jakobs, des Sohnes des Dethmar van Thunen. Dieser dankte 1442 seinen Vormündern Gerd van Minden, seinem Onkel, Gottfried Kerkring und seinem Bruder Conrad van Thunen, vgl. AHL, Niederstadtbuch zu 1442 Mathei apostol.

1436 mit zwei Bergenfahrern, nämlich dem künftigen Ratsherrn Johan Syna (1447-1467) und dem Bürger Friedrich Wessel unterhielt.[1340] Auch der Bergenfahrer Hinrik Möller hatte eine Handelsgesellschaft mit van Thunen. Noch 1442 schuldete er aus dieser van Thunens Witwe die Summe von 900 Mark.[1341]

Möller war Schwiegersohn des Bernhard Koning[1342] und *swager* des Everd Koning, die anscheinend aus Hannover kamen. Die Koning hatte einen Bruder in Hannover, *her* Ghyse Koning. Als Provisor benannte Koning 1433 in seinem Testament auch Marquard Witik,[1343] den wir schon als Bruder des Lüneburger Ratsherrn Wulf Witik kennengelernt haben. Möllers gleichnamiger Sohn, der Ältermann der Bergenfahrer war, kam zu einem außergewöhnlichen Wohlstand: „Auf über 20000 Mark bezifferte sich 1473 das Vermögen des ehemaligen Ältermannes am Kontor Hinrik Möller."[1344] Hinrik Möller war Vormund der Jutta van Munster, Witwe des Johan Tecklenborch, dessen Familie sicherlich aus Tecklenburg kam.[1345] Jutta forderte 1452 das Erbe ihres Sohnes, des Bergenfahrers Israel Rußman,[1346] in Münster ein.[1347] Als

1340 Vgl. AHL, Niederstadtbuch zu 1436 Divisio apostolorum. Syna und Wessel sind auch sonst vielfach gemeinsam anzutreffen. Sie wurden 1433 in einem Brief des Lübecker Rates an die Altermänner in Brügge genannt, in dem es um das Erbe des Tymmo Munterdes dort geht. Vgl. AHL, Niederstadtbuch zu 1433 Cathedra Petri. Sie wurden gemeinsam im Testament des Simon Haker mit größeren Gaben bedacht und als Provisoren eingesetzt: *Item Hanse Syna geve ik 80 mark lubesch. Item Ffrederik Wessele geve ik 20 mark lubesch unde Hermen Hessen geve ik 30 mark lubesch, en allen to ener vruntliken dechtnisse. ... Myne vormundere kese ik Hanse Syna, Ffrederik Wessele unde Hermen Hessen* ... Vgl. AHL, Testamente, Symon Haker, 28. Juni 1445. Der hier als Vollstrecker genannte Bergenfahrer Hermann Hesse bedachte die beiden wie auch Simon Haker in seinem Testament mit großzügigen Gaben: *Item hern Johanne Syna geve ik 300 mark, Symon Haker 200 mark unde Ffrederike Wessel 100 mark, dat se alle myner by dencken. ... Mine vormundere kese ik den ersamen hern Johanne Syna, Symone Haker unde Ffrederik Wessel* ... Vgl. AHL, Testamente, Hermen Hesse, 29. Juli 1449. Auch im Testament des Bergenfahrers Hans Valenberch aus Stade wird Wessel mit wichtigen Herren, wie Lambert Wickinghoff und dem künftigen Ratsherrn Berthold Witik genannt: *Item Bertolt Witike, Lambert Wickinghove unde Vrederik Wessele geve ik yslykem ene sware engelschen nobelen. ... Mine vormundere kese ik Lamberte Wykinghof, Bertold Wytike, Frederyk Wessele unde Hans Boysemanne*, vgl. AHL, Testamente, Hans Valenberch, 28. September 1436.

1341 Vgl. AHL, Niederstadtbuch zu 1442 Dionysii: Hinrik Möller schuldet Soffeke, der Witwe *domini Ditmari de Thunen*, 900 Mark *ex parte societatis, in qua ipse Hinricus Moller cum prefato dom. Ditmaro de Thunen bone memorie fuit.*

1342 Vgl. AHL, Testamente, Hinrik Moller, 10. November 1438: *Mine vormundere kese ik Bernd Konynghe, myner husvrouwen vader, Ludeken Kremere up dem Koberghe wonende, Eler Brune unde Derwes Sylf* ...

1343 Vgl. AHL, Testamente, Evert Koning, 9. September 1433: *Item her Ghysen Koninghe tho Hanovere, minem brodere, gheve ik 20 mark, de schal Moller, myn swager, utgheven van deme prame, den he hefft. Mine vormundere keze ik Hinrike van dem Borne und Marquarde Witik.*

1344 Hinrik (II.) Möller hatte bei der Eheschließung mit seiner Frau Anneke eine Mitgift von 1000 Mark bekommen, s. Möllers Testament vom Mai 1473 bei BRUNS, Bergenfahrer, S.116. Hinrik (II.) Möller benannte als einen seiner Provisoren den Bergenfahrer und (künftigen) Lübecker Ratsherrn Brand Hogeveld, der aus Wismar kam, s. BRUNS, Bergenfahrer, S.116 und FEHLING, Ratslinie, S.563.

1345 Anscheinend konnte dieser auch als Johan van Munster bezeichnet werden, vgl. AHL, Niederstadtbuch zu 1437 Epiphanias.

1346 Rußman hatte krank im Mai 1452 sein Testament in Lübeck erstellt. In ihm beschenkte er Kirchen und Klöster in Bergen. An das Kloster Gravenhorst gab er testamentarisch seinen Ring.

weitere Vormünder werden Johan Kerkring *to Munster*, Diderik van der Beke, der - wie wir schon sahen - aus Münster stammte, und Hermann Sundesbeke genannt.[1348] Sundesbeke, der auch nach London handelte,[1349] wurde 1460 in den Lübecker Rat kooptiert.[1350] Er nahm an drei Hansetagen zwischen 1469 und 1476 in Lübeck teil.[1351] Sundesbeke stammte aus Münster.[1352] Er war mit Geseke Richardes verwandt. Aus dem Erbe des Hinrik Tzerrentin hatte Geseke 100 Mark erhalten, welche 1464 an Sundesbeke fielen.[1353] Wie wir schon sahen, lebte in Münster eine Katrin Richardes, eine Schwester des Revaler Bürgermeisters Ghise Richardes. Sicherlich waren diese Personen verwandt.

Nach Münster behielt Sundesbeke auch als Lübecker Bürger und Ratsherr Kontakt. Hermann und sein Bruder Diderik Sundesbeke werden 1444 als Erben des Hinrik Kemmenade erwähnt. Dabei wird Diderik als Bürger Münsters bezeichnet.[1354] Aus einer Eintragung des Jahres 1440 geht hervor, dass Diderik Sundesbeke die Schwester des Hinrik Kemmenade geheiratet hatte.[1355] Ein Testament Kemmenades, der in Livland geschäftlich tätig war, ist erhalten. In diesem aus dem Jahre 1439 setzte er Bernd Sundesbeke, einen Bruder Hermanns und Dideriks, als Provisor ein.[1356] Sicherlich

---

Seiner Mutter sollten eine Rente und sein väterliches Erbe übergeben werden. Nach ihrem Tode sollte dieses der Lambertikirche, der Ludgerikirche und der Martinskirche in Münster zufallen. Als Provisoren hatte Rußman Johan Kerkring, Bürger in Münster, Diderik van der Beke, Hermann Sundesbeke und Hinrik Möller eingesetzt. S. BRUNS, Bergenfahrer, S.95.

1347 Der hier genannte Sohn Israel Rußman stand 1442 in Geschäftskontakten mit dem Lübecker Gottfried Kerkring, vgl. AHL, Niederstadtbuch zu 1442 Pentecost.

1348 Vgl. AHL, Niederstadtbuch zu 1452 Divisio apostolorum.

1349 S. JENKS, England, S.953.

1350 S. Fehling, Ratslinie, S.78.

1351 S. FEHLING, Ratslinie, S.78.

1352 Anscheinend war Sundesbeke 1437 noch Münsteraner Bürger. 1437 erhielt Hermann Sundesbeke, *civis Monasteriensis*, das Erbe des Johan van Munster, vgl. AHL, Niederstadtbuch zu 1437 Calixti. Van Munster hatte im Januar 1441 sein Testament erstellt. In diesem bedachte er auch einen Verwirrten: *Item Corde van Wenden in der kisten vor deme Molendore sittende geve ik 5 mark lubesch, dat em myne vormundere dar mede vorseen to syner nod, wes em behuff is*. Vgl. AHL, Testamente, Johan van Munster, 29. Januar 1441.

1353 Vgl. AHL, Niederstadtbuch zu 1464 Quasimodo geniti.

1354 Vgl. AHL, Niederstadtbuch zu 1444 Katherina.

1355 Diderik Sundesbeke, *habens in uxorem Metteken sororem Hinrici Kemenaden bone memorie*, überbrachte einen „Toversichtsbrief" des Rates von Münster, vgl. AHL, Niederstadtbuch zu 1440 Assumptio Marie. Auch die ohne weiteren Verweis von Lahrkamp gegebene Feststellung der Verwandtschaft betont die Einschätzung in Münster: „Angesehen waren die Sundesbeke, ein mit den Kemmenade verschwägertes Geschlecht ..." S. LAHRKAMP, Münsteraner Führungsschichten, S.9.

1356 Vgl. AHL, Testamente, Hinrik Kemmenade, 6. September 1439: *Item Hermen, mynem brodere, gheve ik, wes ik hebbe van guderen, an schepes parte unde allent, dat dar steit gescreven in mynem boke van guderen, de ik hebbe in Lyfflande. Item gheve ik mynem werde Alberte van Unna 200 mark. ... Mine vormundere kese ik Alberte van Unna, Lodewighe van der Hove, Bernd Sundesbeken unde Everde Brugghemanne*. 1444 einigten sich die Brüder Diderik und Hermann Sundesbeke über ihr Erbe. Dabei wurde auch Bernd Sundesbeke, *borger to Monster*, erwähnt, vgl. AHL, Niederstadtbuch zu 1444 Andree. Albert van Unna handelte auch nach England, s. JENKS, England, S.972.

gehörten die hier genannten Kemmenade zu der gleichnamigen Münsteraner Erbmännerfamilie.

Bernd Sundesbeke hatte 1439 in Lübeck eine Handelsgesellschaft mit dem Ratsherrn Berthold Witik und Johan Overkamp.[1357] Overkamp gehörte zu den führenden Lübecker Kaufleuten.[1358] Bis 1432 war er mit den Ratsherren Dethmar van Thunen und Thideman Soling und den Bürgern Detlev Haverland und Johan Vridag Vormund des Johan Honerjeger, Sohn des Mitgliedes des Neuen Rates Hinrik Honerjeger.[1359]

Wir hatten schon gesehen, dass die Schwestern des Johan Honerjeger mit den Ratsherren Thideman Soling und Wennemar Overdyk, der aus Essen stammte, verheiratet waren. Auch Overkamp hatte wohl verwandtschaftliche Beziehungen nach Westfalen. 1438 wurde er bei der Auszahlung eines Erbes an den *dominus* Thomas Bisenhusen in Lemgo gemeinsam mit Johan Hesselman, *civis Monasteriensis*, genannt.[1360]

Von Johan van Stade wurde Overkamp 1428 als Provisor eingesetzt, wie auch 1431 von dem ehemaligen Stader Nicolaus Sworne. Hinrik Kemmenade bedachte testamentarisch Overkamps Knecht und eine Magd.[1361] Auch Johan van Munster, dessen *om* Jakob Peternelle war, bestimmte 1441 Overkamp zum Provisor.[1362] Mit Ludeke Vinke war Overkamp geschäftlich enger verbunden. Aus dessen Testament vom November 1441 geht hervor, dass Overkamp ihm 700 Mark schuldete.[1363] Overkamp selbst setzte 1444 in seinem Testament Berthold Witik, Hermann Dartzow, der 1451 Ratsherr wurde, Peter Niestad und Johan Broling, der 1447 in den Rat gewählt wurde, als Vollstrecker ein.[1364] Damit wird noch einmal sein gesellschaftlicher Rang in der Stadt deutlich.

1357 An dieser Gesellschaft war Sundesbeke mit 800 Mark beteiligt, wie auch die beiden anderen, vgl. AHL, Niederstadtbuch zu 1439 Exaltatio Crucis. Overkamp löste 1441 eine Handelsgesellschaft mit Berthold Witik und Wilhelm van Hengele auf, vgl. AHL, Niederstadtbuch zu 1441 Laurencii.

1358 Zu Johan Overkamp, einem der „ersten Lübecker Großkaufleute seiner Zeit", s. KOPPE, Lübeck-Stockholm, S.233.

1359 In diesem Jahr wurde Johan Honerjegher mündig, vgl. AHL, Niederstadtbuch zu 1432 Divisio apostolorum. Overkamp war auch von Hinrik Honerjeger als Provisor in seinem Testament von 1421 benannt worden.

1360 Beteiligt an der Zahlung war auch der Protonotar Johan Heyse. Es handelte sich um Legate des Martin Sorbeke. In den Genuß kam Bisenhusen als Erbe der Elisabeth van Mengede. Vgl. AHL, Niederstadtbuch zu 1438 Agathe virginis.

1361 Vgl. AHL, Testamente, Hinrik Kemmenade, 6. September 1439: *Item Everde Brugghemanne, Hans Overkampes knechte, gheve ik myne gronen kogelen. Item Gerbrechte Overkampes maghet gheve ik 20 mark.*

1362 Vgl. AHL, Testamente, Johan van Munster, 29. Januar 1441: *Mine vormundere kese ik Hans Overkampe, Hermen Westfale, Diderik Wedeghen unde Hildebrande Swenghel.*

1363 Vgl. AHL, Testamente, Ludeke Vinke, 6. November 1441: *Item deme convente sunte Birgitten clostere to Marienwolde hebbe ik gelovet unde tosecht in godes ere 400 mark lubesch van den 700 marken, de ik by Hans Overkampe stande hebbe.* Vinke bedachte ihn noch mit einem Geschenk: *Item Hans Overkampe geve ik 10 mark lubesch, en clenode mede to kopende, dat he myner by denke.*

1364 Vgl. AHL, Testamente, Hans Overkamp, 25. August 1444. Er bedachte auch seinen Koch: *Item Everde, myneme koke, beschede ik 40 mark lubesch unde mynen besten rok myt ylliken ghevodert to deme, dat he alrede van my entfangen heft ...*

Kehren wir nach der Betrachtung der Beziehungen des Bernd Sundesbeke zu Hermann Sundesbeke zurück. Dieser war mit Margarete Brunswik verheiratet. Sie brachte die bedeutende Mitgift von 4000 Mark mit in die Ehe.[1365] Margaretes Vater Johan Brunswik stand in vertrautem Kontakt zu führenden Lübecker Kaufleuten, die ihn als Testamentsvollstrecker bestimmten, so Ludeke Busse 1414,[1366] Cord Combrugge 1415,[1367] Goswin Cumhar 1422[1368] und der Bergenfahrer Hans Kracht,[1369] der bei ihm wohnte, im Jahre 1430.[1370] Brunswiks Tochter Tibbeke war verheiratet mit Gerard de Boeris, genannt de Wale.[1371]

1365 S. FEHLING, Ratslinie, S.78. In seinem Testament spricht Sundesbeke die hohe Mitgift seiner Frau von 4000 Mark an, vgl. AHL, Testamente, Hermen Sundesbeke radman, 19. Juli 1476.

1366 Vgl. AHL, Testamente, Ludeke Busse, 6. März 1414. Busse bedachte die Waffenschmiede: *Item gheve ik dem ghantzen ammete der swertveger 1 tunne beres unde 1 rede mark in de hant.* Sein nach den Legaten übrig bleibendes Gut wollte er für Pilgerreisen und für seinen Vater und seine Freunde in Braunschweig aufwenden: *Item gheve ik al myn wollewunnen guet, dat dar overblift, wen myn testement entrichtet is, mynen vader, dar scal he vore ghaen ene reyse to sunte Eenwolde unde twe to der Wilsnakke ofte belovet, unde myn vader unde myne vrunt synt wonaftich to Brunswyk.* Als seine Provisoren benannte er: *Ludeke Lammeshovede, Johan Floreke unde Johan Ketelhuet unde Hinrik Spanghenberch.* Busse wurde 1438 von Hinrik Bruskow als Provisor eingesetzt, vgl. AHL, Testamente, Hinrik Brutzkow, 23. August 1438.

1367 Vgl. AHL, Testamente, Cord Combrucge, 19. Juni 1415. Dieser benannte weiterhin als Provisoren Ludeke Lammeshoved, Eler van Dorpte und Arnold Lemmesik: *Item gheve ik 2 mark lubescher penninge, dar scal me 4 lichte mede tughen to der Combrucge, arme lude dar mede to beghande to erer bigraft. Item gheve ik her Johan Tzener 1 mark penninge, unde her Waltere, kerkheren to der Combrucge, gheve ik 2 mark lub.*

1368 Vgl. AHL, Testamente, Goswin Comhar, 25. September 1422 und 12. Dezember 1425.

1369 Vgl. AHL, Testamente, Hans Kracht, 13. Juli 1430: *Item Hans Scrodere geve ik tovoren uth der selschop, de ik myt em hebbe in Norweghene, 50 mark lub, unde Jacob Augustines husvrowe in Norweghene schal dar uth hebben 100 mark lub.*

1370 Krachts Aufenthalt im Hause Brunswiks blieb nicht ohne Folgen: *Item Taleken, de myt Hans Brunswiken was, geve ik 20 mark, unde mynem sone, den ze van my heft, Gherde, beschede ik 100 mark unde 50 mark lub, an rente to leggende, dat en myne vormundere dar van truweliken vorstan bet to synen vullenmundighen jaren.* EBD. Kracht hatte Verwandte in Wismar, einen *om* Hermann Wandsnyder und einen *veddere* Klaus Wandsnyder, die er bedachte. Weiterhin beschenkte er testamentarisch auch seinen *om* Ludeke Blücher: *dem marschalke to Lubek, unde syner husvrowen gheve ik samentliken en leydesch laken to kledinghe, unde syner dochter, de he int closter beghift, geve ik 5 mark, een kappenwand mede to kopende.* Er bedachte auch Christian Schenkings Tochter mit 100 Mark: *er dar vor 10 mark lyfgedinges to makende, unde dar to gheve ik er alle myn klenode, gulden, vorguldet unde sulverne, alse ik des hebbe bruket to mynem lyve.* Anscheinend handelte es sich um eine Verwandte des Ratsherrn Hinrik Schenking, der 1408 im Neuen Rat saß, ausschied und 1426 wiederum in den Rat gewählt wurde, s. FEHLING, Ratslinie, S.62. Als Provisoren benannte Kracht 1430: *Mine vormundere kese ik Clawes Wandsnydere, mynen vedderen, unde Hinrik Vicken, mynen oem vorbenomed, Ludeken Bluchere, mynen om, den marschalk, Clawes Carbouwen, Johan Brunswike, mynen werd, unde Hinriken Holdensteden.* In einem früheren Testament hatte Kracht auch seinen *om* Albert Kracht in Livland beschenkt, vgl. AHL, Testamente, Hans Kracht, 21. Juli 1420. Als einen seiner Provisoren setzte er in diesem Testament Hinrik Schenking ein.

1371 Vgl. AHL, Testamente, Gerardus de Boeris, geheten de Wale, 24. August 1445 und 20. März 1449: *Item zy witlik, dat my mit Tibbeken, myner husvrouwen, to brudschatte wurden* 1000 *rede mark unde twe bezegelde breve, de ene uppe 100 mark, de ander uppe 61 Mark penninge ludende, dar ik doch nicht af gemanet hebbe .... Ok schal se hebben de sulverne kannen, de er zalighe Hans Brunswyk gaff in syneme testamente, unde 2 sulverne kroese, de er wurden van*

Mit Problemen, die sich aus den weitgespannten Handelsverbindungen[1372] de Wales ergaben,[1373] hatte auch Sundesbeke zu tun. 1449 kam es zwischen den Ratsherren Johan Vroling, Hermann Dartzow, Hermann Sundesbeke und dem Bürger Peter Ywen zum Streit um Geld, das de Wale empfangen hatte und zu Padua *scholde wedder endrichten.*[1374]

1454 mussten sich die Provisoren des verstorbenen de Wale, nämlich die Ratsherren Johan Broling und Hermann Dartzow wie der Bürger Nicolaus Brunswig und sein Schwager Hermann Sundesbeke, wegen des Erbes mit Peter Monnik *als een volmechtich procurator Cosme de Medici, siner gesellen unde selschupp* auseinandersetzen.[1375]

Mit Hermann Ahus, *borger to Monster*, war Sundesbeke zu Michaelis 1457 eine Handelsgesellschaft eingegangen, die 1459 noch Bestand hatte. In diese hatte Sundesbeke 300 Mark eingezahlt, Ahus 150 Mark.[1376] Mit Hermann Sobberhusen und Ludger Palborn[1377] hatte Sundesbeke vor 1459 Hinrik Warendorp für 1700 Mark gebürgt, *alse van sines wives brutschattes wegen.* Warendorp bestätigte, das Geld empfangen zu haben.[1378] Sobberhusen, der wohl aus der Göttinger Region kam und Verwandte in Dorpat hatte,[1379] stand in vertrauten Beziehungen zu dem Ratsherrn Hinrik Ebeling. In erster Ehe war Ebeling mit Gertrud, einer Tochter des Johan Ilhorn, verheiratet. Gertrud war ihrerseits in erster Ehe mit Engelbert Veckinghusen verheiratet gewesen.[1380] Nach dem Tode der Gertrud Ilhorn vor seiner zweiten Ehe mit Gertrud Kerkring versorgte Ebeling 1455 die Kinder aus der ersten Ehe. Die Kinder sollten gemeinsam 4000 Mark erhalten und zusätzlich das, was Johan Ilhorn der Jüngere ihnen hinterlassen hatte. Ebeling wollte die Kinder bei sich behalten. Als Zeugen waren die Vormünder der Kinder anwesend: *her* Hinrik Castorp, Vritze (II.) Grawerd und Hermann Sobberhusen.[1381]

---

ereme ome zalighen her Marquarde Schipheren.

1372 Vgl. AHL, Niederstadtbuch zu 1450 Jacobi apostol: Frederik Sennhem, *borger to Basel*, Prokurator des Hinrik Halpysen, *borger to Basel*, bestätigt, dass er von den Testamentariern des Gerhard de Wale, 346 Mark empfangen hat.

1373 1427 und 1428 stand de Wale in einer Handelsgesellschaft mit den Ratsherren Thomas Kerkring und Tymmo Hadewerk wie den Bürgern Hinrik Gripeshorn, Hinrik Dives und Marquard Witik. Sie trugen ihre Beschwerden über Rostocker Übergriffe im Januar 1430 den versammelten Delegierten vor, als die Tür des Saales geöffnet worden war: *alse se mit uperslotener dore enes jewelken zake verhoreden*, vgl. AHL, Niederstadtbuch zu 1430 Blasii.

1374 Vgl. AHL, Niederstadtbuch zu 1449 Jeronimi abbatis.

1375 Vgl. AHL, Niederstadtbuch zu 1454 Michaelis.

1376 Vgl. AHL, Niederstadtbuch zu 1459 Conceptio Marie.

1377 Palborn war ein Stiefsohn des Hans Travelmann, der ihn auch als Provisor einsetzte, vgl. AHL, Testamente, Hans Travelmann, 8. August 1447: *Mine vormundere kese ik her Jorden Plesschouwen, Godeken Kerkringhe unde Luder Palborne, mynen stefsone ...*

1378 Warendorp bestätigte, dass er den Brautschatz empfangen hatte, vgl. AHL, Niederstadtbuch zu 1459 Conversio Pauli.

1379 Vgl. AHL, Testamente, Hermen Sobberhusen, 5. Februar 1475. Er schenkte an geistliche Institutionen in Gandersheim, Osterrode und Göttingen.

1380 S. FEHLING, Ratslinie, S.75.

1381 Vgl. AHL, Niederstadtbuch zu 1455 Dionysii.

1456 kam es zu einem Streit zwischen dem Lübecker Bürger Gerd Bussow und den Kindern des verstorbenen Cord Ilhorn in Danzig. Bei diesem Streit standen Sobberhusen und Sundesbeke auf verschiedenen Seiten. Sundesbeke unterstützte mit Hinrik den Swind Bussow, der in Flandern *van wegen seligen Cord Ilhorns* gehandelt hatte, während die Seite der Kinder und ihrer Schwester, der Frau des Danziger Ratsherrn Johan Timmerman, von Sobberhusen, Hinrik Gremmolt und den Ratsherren Hinrik Ebeling und Hinrik Castorp vertreten wurde.[1382] Cord Ilhorn stammte aus Lübeck. Sein Sohn Hermann wurde 1458 in Danzig Schöffe. Hermanns Schwager Timmermann war 1451 und 1456 Schöffe in Danzig. Johan Timmermann stammte aus Reval. Dort war sein Vater Gottschalk Timmermann Ratsherr.[1383] Johan Timmermann starb 1457. Er hatte sich in Danzig mit Katharina Ilhorn, einer Tochter Cords verheiratet.[1384] Katharina wurde nach dem Tod des Johan Timmermann dem Danziger Bürgermeister Philipp Bischof zur Ehe gegeben.[1385] Bischof stammte aus Lübeck.[1386] Er nahm an einem Tag vom April 1469 in Danzig teil. Auch Bischofs gleichnamiger Sohn stieg 1512 in den Danziger Rat auf. Seit 1517 war er Bürgermeister und starb 1535.[1387] Zeitweise amtierte gleichzeitig mit ihm Eggerd van Kempen, der auch aus Lübeck stammte. Ein Verwandter von ihm, Johan van Kempen, saß von 1522 bis 1529 im Lübecker Rat.[1388]

Hinrik Ebeling, der sich 1440 in Brügge aufhielt, stand in einer Handelsgesellschaft mit dem Revaler Hans Snakenborg. Von Brügge aus ernannte Ebeling den Revaler Michael Hillebrandes zu seinem Bevollmächtigten, um von den Testamentsvollstreckern Snakenborgs seinen Anteil zu fordern.[1389] Hans Snakenborg war Novgorodfahrer. In Novgorod war er auch im November 1439 verstorben. Snakenborg stammte aus Seehausen in der Altmark.[1390] Er hatte mit wichtigen Lübecker Kaufleuten Handelsgesellschaften, so mit Cord van Calven[1391] und Vritze (II.) Grawerd, die - wie wir schon sahen - beide aus ehemals Stendaler Familien kamen.[1392]

1382 Vgl. AHL, Niederstadtbuch zu 1456 Misericordias Domini.

1383 Der Revaler Ratsherr Gottschalk Timmermann war uns schon als Delegierter gemeinsam mit Richardes begegnet.

1384 S. ZDRENKA, Rats- und Gerichtspatriziat 1, S.465.

1385 In erster Ehe war Bischof mit Elisabeth, einer Tochter des Hinrik Buck, verheiratet gewesen, s. ZDRENKA, Rats- und Gerichtspatriziat 1, S.225.

1386 Sein Vater war der Lübecker Walter Bischop, s. ZDRENKA, Rats- und Gerichtspatriziat 1, S.225 und STARK, Lübeck und Danzig, S.152. Philipp Bischof amtierte von 1469 bis 1483, s. ZDRENKA, Rats- und Gerichtspatriziat 1, S.225. Nach dem Tod der Katharina Ilhorn (verw. Timmermann) heiratete Bischof in dritter Ehe Elisabeth Gherwer, eine Tochter des Tymmo Gherwer. Gherwer saß von 1454 bis 1465 im Danziger Rat. Er soll aus Braunsberg in Ostpreußen stammen, wo sein Vater Nicolaus Gherwer Ratsherr war, s. ZDRENKA, Rats- und Gerichtspatriziat 1, S.274. Nicolaus Gherwer nahm als Vertreter Braunsbergs an regionalen Tagen 1423, 1426 und 1427 teil.

1387 S. ZDRENKA, Rats- und Gerichtspatriziat 1, S.226.

1388 S. ZDRENKA, Rats- und Gerichtspatriziat 1, S.310 und FEHLING, Ratslinie, S.91.

1389 Vgl. LEC UB 1,9, Nr.578.

1390 Lübeck sandte im März 1440 einen „Toversichtsbrief“ für Snakenborgs Bruder Hans, der in Seehausen in der Altmark lebte, an Reval, vgl. LEC UB 1,9, Nr.625.

1391 Van Calven beauftragte auch Michael Hillebrandes und zusätzlich Antonius Hattorp, seine Forderungen in Reval durchzusetzen, vgl. LEC UB 1,9, Nr.559. Mit Johan Kule meldete van Calven im April 1440 weitere Forderungen aus der Lieferung von Baiensalz an Snakenborg an, vgl.

Mit Hinrik Hovesche, der 1467 in den Rat aufstieg, und dem Dortmunder Gotthard van Hoevelen, *inwoner to Lubek*, hatte Sundesbeke eine Handelsgesellschaft, die 1461 von den Lübecker Bürgern Hermann Koltze, Borchard van Schyn und Hinrik Bunstorp den hohen Betrag von 1500 Mark erhielt.[1393]

Netz 109: Hermann Sundesbeke

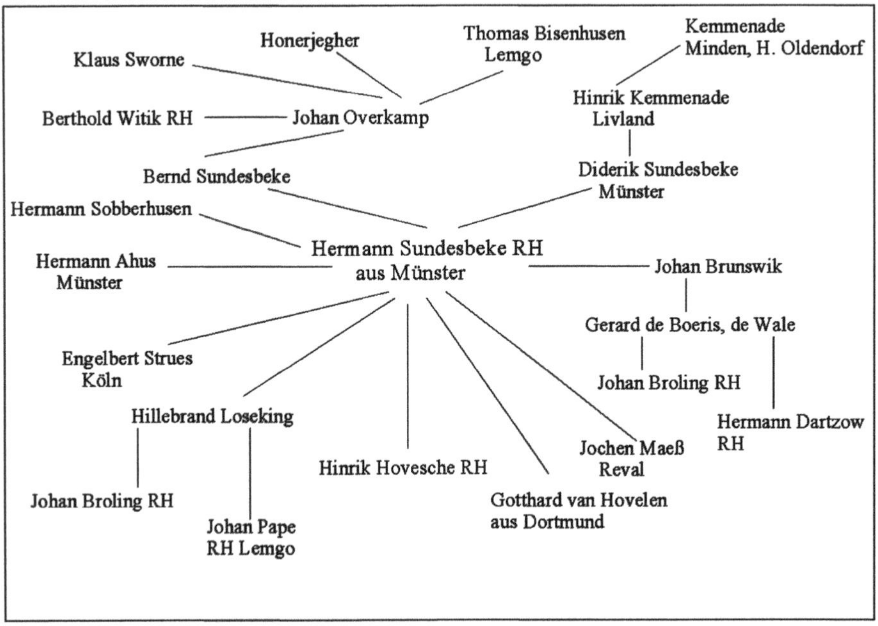

Der Englandfahrer Hinrik Bunstorp war ein Sohn des Nosselmann Bunstorp,[1394] der von 1408 bis 1412 im Neuen Rat gesessen hatte. Bunstorp hatte 1401 die lübischen Kriegsschiffe gegen die Freibeuter geführt.[1395] Mit Merten Duwel aus Alborg stand Sundesbeke bis zu dessen Tod 1470 in einer Handelsgesellschaft. In diese hatte Duwel 242 Mark eingebracht und Sundesbeke 120 Mark.[1396] In einem Streit des Zutphe-

---

LEC UB 1,9, Nr.576.

1392 Im Februar 1440 bestätigte der Lübecker Rat, dass Vritze (II.) Grawerd ein Teil der in Reval lagernden Waren des Hans Snakenborg gehörten. Antonius Hattorp und Michael Hillebrandes wurden zu Prokuratoren Grawerds erklärt, vgl. LEC UB 1,9, Nr.568. Hillebrandes reiste 1437 als Gesandter Revals mit dem Ratsherrn Johan Duseborg nach Wyborg, vgl. LEC UB 9, Nr.176. Mit Duseborg zusammen wurde Hillebrandes 1440 auch als Revaler Prokurator des Lübeckers Hermann Hilge genannt, vgl. LEC UB 1,9, Nr.607.

1393 Vgl. AHL, Niederstadtbuch zu 1461 Dionysii.

1394 S. JENKS, England, S.872.

1395 S. FEHLING, Ratslinie, S.59. Hinrik Bunstorp wurde vielfach als Provisor benannt, vgl. AHL, Testamente, Werner Hoszeringhe, 10. Februar 1432. Dieser bezeichnete ihn als *om*. Vgl. auch Hans Becherer, 4. März 1445, Hinrik Nyekerke, 4. Juli 1446, Clawes Stenbeke, 26. Oktober 1446.

1396 Vgl. AHL, Niederstadtbuch zu 1470 Oculi.

ner Bürgers Johan Hogelink mit dem Stader Bürgermeister Johan Swarte fällte Sundesbeke den Schiedsspruch. Gemeinsam mit seinem Sohn Gerd hatte Hermann Sundesbeke eine Handelsgesellschaft mit dem Revaler Bürger Jochen Maes. Nach dessen Tod erhielten sie vom Provisor des Maes die ihnen nach der zu Weihnachten 1472 vorgenommenen Abrechnung zustehenden 1040 Mark.[1397] Nach Sundesbekes Tod wurde 1478 festgehalten, dass er die *boke unde scrifte* des Engelbert Strues aus Köln in Verwahrung hatte.[1398] Große Außenstände befanden sich bei Hinrik Peppe. Dieser schuldete Sundesbeke 1583 Mark, die er dem Sohn Gerd durch Hans Kortsak in Amsterdam zurückzahlen wollte.[1399]

In Reval gab es einen Verwandten. Dort lebte am Ende des 15. Jahrhunderts ein Hermann Sundesbeke, der von Gerd Strobuk, der aus Münster stammte, als *gude vrund* bezeichnet und als Provisor eingesetzt wurde.[1400] Noch im Testament des Ratsherrn Hermann Sundesbeke von 1476 zeigen sich deutlich seine Verbindungen mit Münster. Seinem Vetter Bernd Degen *to Monster* und dessen Kindern hinterließ er 200 Rh. Gulden. Bernd Sundesbeke in Münster erhielt 50 Rh. Gulden. Als Vollstrecker setzte Hermann Sundesbeke Diderik van der Beke, Hinrik Hoveman, seinen Schwager Hermann Brunswik und seinen Sohn Gerd ein.[1401]

Der Lübecker Ratsherr Sundesbeke gehörte 1478 mit Hinrik Geverdes und dem Novgorodfahrer Johan Berskamp zu den Provisoren des Hillebrand Losseking. Berskamp lebte in der Mitte des Jahrhunderts über längere Zeit in Reval und handelte auch in Narwa.[1402] 1442 beauftragten die Halbschwestern Liseke, Frau des Hillebrand Losseking, und Geseke, Frau des Cord van Minden,[1403] Berskamp, das ihnen zustehende Erbe des in Reval verstorbenen Hans van Hamme - etwa 800 Mark - in Empfang zu nehmen.[1404] Im Juni 1440 mussten die Ratsherren Gerd van Minden und Jordan Plescow im Auftrag des Rates einen Streit zwischen Hillebrand Losseking und Cord van Minden schlichten.[1405]

Losseking stand in Kontakt mit führenden Lübeckern. Dieses wird besonders deutlich aus seiner Einsetzung als Provisor durch Johan Broling, der 1447 in den Rat gewählt wurde. Broling trat bis zu seinem Tod 1468 mehrfach als Delegierter in Er-

---

1397 Vgl. AHL, Niederstadtbuch zu 1476 Antonii.

1398 Vgl. AHL, Niederstadtbuch zu 1478 Bartholomei.

1399 Vgl. AHL, Niederstadtbuch zu 1478 Decollatio Johannis Baptiste.

1400 Strobuk bedachte seine *suster Alheyt to Munster in Westphalen wanende* mit seinem *part andels vaderliken erves darsulven gelegen*. Weiterhin sicherte er seine Memoria in Münster mit seinem Anteil *eynes kampes, ock vor der staid Munster gelegen*. Er war Bruder der Revaler Tafelgilde, vgl. LEC UB 2,1, Nr.545. Ob er mit dem Herforder Ratsherrn Arnd Strobuk verwandt war, der am Hansetag vom Januar 1430 in Lübeck teilnahm, ist zu überprüfen.

1401 Vgl. AHL, Testamente, Hermen Sundesbeke radman, 19. Juli 1476.

1402 Im Januar 1441 beschwerte Berskamp sich vor den in Wolmar versammelten Ratsherren, *dat de heren van Reval en in borgehand gedrungen hedden, ume dat he mit den Russen tor Narwe up 14,000 wasses ... gekopslaget hadde*. Vgl. LEC UB 1,9, Nr.687.

1403 1438 erstellte der Englandfahrer Cord van Minden in Lübeck ein Testament. Als Vollstrecker benannte er: *Hinrike van Mynden, mynen broder, Hermen Gleysemanne, Albert Kinde unde Hinrik Vinken* ... Vgl. AHL, Testamente, Curd van Minden, 6. Juli 1438 und JENKS, England, S.937.

1404 Hans van Hamme war in Reval im Haus des *Schipper Schrins* gestorben.Vgl. LEC UB 1,9, Nr.875.

1405 Vgl. AHL, Niederstadtbuch zu 1440 Bonifacii.

scheinung. In seinem Testament vom Oktober 1436 bestimmte Broling Losseking mit Ludwig Greverade und Hinrik Goldenbogen zu seinen Vollstreckern.[1406] Broling war mit Anne Kröpelin, einer Tochter des Ratsherrn Nicolaus Kröpelin (1406-1408), verheiratet.[1407] Die Mutter seiner Frau war eine Tochter des Heyno van Hachede.[1408] Deshalb bedachte Broling testamentarisch auch neben seiner Frau und deren Mutter eine Nonne aus der Familie Kröpelin und Mitglieder der Familie van Hachede.[1409] Broling sorgte in besonderer Weise um seine Memoria. In der Lübecker Petrikirche stiftete er eine Kapelle, und zum Bau des Holstentores gab er 4000 Mark.

Auch der von Broling als Testamentsvollstrecker genannte Hinrik Goldenbogen war mit den van Hachede familiär verbunden. Goldenbogen stand in weitreichenden Geschäftskontakten in Norddeutschland und in Frankfurt am Main wie mit Conrad Mulich in Nürnberg.[1410] Goldenbogens Tochter Margarete war mit Plönnies Berck verheiratet worden. Berck bestätigte 1446, dass er mit Greteke, der Tochter Hinrik Goldenbogens, 2200 Mark und *guldene bretzen* empfangen hatte.[1411]

Zu Goldenbogens Verwandten zählte der Rostocker Ratsherr Hinrik Baggel, den er als *om* bezeichnete.[1412] Baggel ist zweimal auf Hansetagen zu sehen, nämlich im

---

1406 Vgl. AHL, Testamente, Hans Bruelingh, 5. Oktober 1436: *Mine vormundere kese ik Hinrik Goldenboghen, Lodewich Greveroden, Hildebrand Losekingh unde Hans Ekholt ...*

1407 Desssen Bruder Hinrik Kröpelin gehörte von 1409 bis 1414 dem Neuen Rat an, s. FEHLING, Ratslinie, S.56, S.63.

1408 S. FEHLING, Ratslinie, S.56.

1409 Die Familienbeziehungen sprach Broling in einem früheren Testament genauer an. Die Legate entsprechen dem jüngeren Testament. Vgl. AHL, Testamente, Hans Bruelingh, 18. März 1428: *Item myt Anneken, mynem leven wyve, wurden my to brudschatte 800 mark lub, des wil ik, dat myne vormundere er densulven brudschat unbeworen wedder entrichten, unde ze sy zwangher edder nicht, so gheve ik er darboven 400 mark lub ut mynem redesten unde myne sulvernen kannen unde myne besten 3 sulverne schalen. ... Item Heyleken Kropelynes, mynes wyves moder, geve ik 20 mark, unde erer dochter Telzeken, clostervrowen to sunte Johanse, geve ik 20 mark, up dat ze unsen heren god truweliken vor my bidden. Item Claus Kropelyne geve ik 10 mark. Item hern Heynen wedewen van Hacheden, Wobbeken Goldenboghen unde Katherinen Grisen, eren dochteren, geve ik isliker 1 gude enghelsche nobelen, dat ze myner by denken. Item eren anderen twen dochteren, clostervrowen to Cerntiin, geve ik samentliken 5 mark.* Vgl. AHL, Testamente, Hans Broelingh, 5. Oktober 1436: *Item hern Hartwige van Eltzen, mynem swagere, geve ik 5 mark lub.*

1410 Vgl. AHL, Niederstadtbuch zu 1432 Fabian et Sebastian: Johannes Grube, *civis* Göttingen, schuldet Hinrik Goldenbogen 40 Flor. Rhen.; zu 1432 Scolastice virginis: Martin Castorp schuldet Hinrik Goldenbogen 275 Mark; zu 1433 Judica: Hinrik Goldenbogen schuldet Nicolaus Lemgo, *civis* in Crivitz, 207 Mark; zu 1435 Invocavit: Hermann Stramme, *civis* in Frankfurt, schuldet Hinrik Goldenbogen 600 Mark; zu 1436 Maria Magdalena: Conrad Mulich aus Nürnberg schuldet Hinrik Goldenbogen 60 Mark.

1411 Vgl. AHL, Niederstadtbuch zu 1446 Lucie.

1412 Vgl. AHL, Testamente, Hinrik Goldenboge, 24. Juli 1421: *Item mynem ome hern Hinrik Baggelen unde Wynold Baggelen geve ik samentliken een halff leydesch laken to kledingen.* Die Verwandtschaft muß näher gewesen sein, denn Goldenboge gab seinen Kindern Namen, die in der Familie Baggel gebräuchlich waren, wie aus einem späteren Testament hervorgeht: *Item Hinrik unde Wynolde, mynen sons, geve ik yslykeme 100 mark lubesch unde totekene yewelkem dar to 800 mark lubesch unde eyn verde part mynes tafelsmydes, wan ze komen to eren vullenkomenen mundighen yaren.* Vgl. AHL, Testamente, Hinrik Goldenboge, 8. Oktober 1439. Goldenbogen bezeichnete Ludeke van der Heyde als seinen *leven vrund*, 24. Juli 1421. Er setzte

Januar 1417 in Wismar und im Juni 1420 in Schleswig. Verwandt war Goldenbogen auch mit *hern Hartwige van Eltzen, dem scrivere.*[1413] Der Priester van Eltzen war seinerseits mit dem Ratsherrn Cord Brekwold verwandt. Brekwold bezeichnete ihn als *om* und sprach ihm 1427 testamentarisch eine *almisse* zu.[1414]

Netz 110: Hinrik Goldenbogen

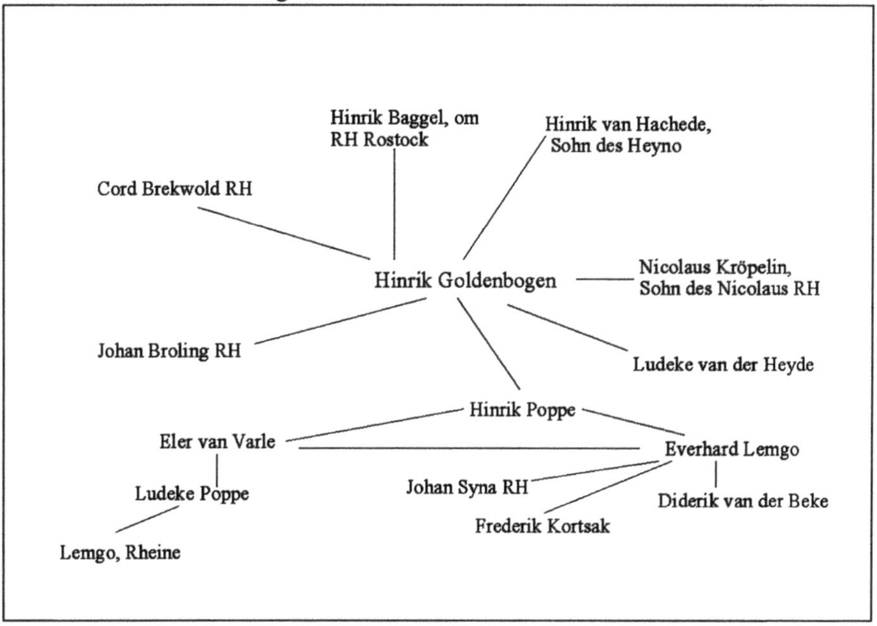

Auch mit dem späteren Ratsherrn Johan Broling stand Goldenbogen durch seine Frau in Kontakt.[1415] Dieser vermachte Goldenbogens Frau Wobbeken *1 gude enghelsche*

ihn auch als einen seiner Provisoren ein: *Mine vormundere kese ik hern Detmare van Thunen, Ludeke van der Heyde, Gherwyn Krummer, Herman Scharbouwen unde Gherd Gryse ...*

1413 So benannt in dem Testament des Johan Vlind vom 8. Juni 1433, vgl. AHL, Testamente. Goldenbogen bezeichnet ihn in seinem Testament vom 24. Juni 1421 als seinen Schwager: *Item hern Hartwige van Eltzen, mynem swagere, geve ik 3 rynsche gulden.* Anscheinend war er ein Bruder von Goldenbogens Frau Wobbeke. Van Eltze war Priester und Vikar in der Marienkirche. Vgl. auch seine Nennung in dem Testament des Hans Groting vom 11. August 1423: *Item hern Hartwige van Eltzen geve ik 1 mark, uppe dat he ok truweliken vor my bidde.* Vgl. auch van Eltzes Testament vom 24. Dezember 1444 (AHL, Testamente): *Ik, Hatwicus van Eltzen, prester vicarius in Unser Vrouwen kerken to Lubeke ...*

1414 Vgl. AHL, Testamente, Cord Brekewolt, 7. April 1427: *ene almissen vorlenet hern Hartwighe van Eltzen, mynem ome ...* Ebenso war van Eltze auch ein Schwager des Vritze (I.) Grawerd, vgl. AHL, Testamente, Vritze Gravert, 23. Oktober 1443: *Item hern Hartwighe van Eltzen, mynem swaghere, geve ik 20 mark lubesch, dat he unsen heren god vor my bidde.*

1415 Vgl. AHL, Testamente, Hinrik Goldenboghe, 8. Oktober 1439: *Item Hans Broylinghe geve ik mynen besten hoyken myt den lebardes poten gevodert, unde Anneken, synen wyve, geve ik 1 sulverne lepele to guder dechtnisse, unde Clawes Kropelyne, ere brodere, geve ik 10 mark lubesch.*

nobelen. Goldenbogen setzte in seinem Testament von 1421 auch Ludeke van der Heyde als Provisor ein.[1416]

Van der Heyde war Bergenfahrer und Schwiegersohn des Goldschmieds Marquard Schele.[1417] Er stand in engeren Verbindungen mit Personen, die verwandtschaftliche Beziehungen nach Westfalen und Lippe hatten. So schenkte er in seinem Testament von 1415, in dem er auch Goldenbogen als Provisor benannte, fünf Mark an Hinrik Poppe.[1418] Mit den Poppe war auch van der Heydes Schwiegersohn Everd Lemgo, der durch seinen Namen auf seine Herkunft hinweist, verbunden.[1419] 1450 übergab Lemgo gemeinsam mit Gottfried Beseler und Lambert Wittinghof als *hovetlude* der Gläubiger des Jakob van Hachede an den Ratsherrn Gerd van Minden und die Testamentsvollstrecker des Gerhard Erp 34 Mark.[1420] 1452 werden als Testamentsvollstrecker Lemgos der Ratsherr Johan Syna, Diderik van der Beke, Wolter van Leyden und Frederik Kortsak genannt.[1421]

Kortsak war ein Schwiegersohn des Kaufmanns Hinrik van Minden.[1422] Van Minden handelte nach Danzig, Bergen und Flandern.[1423] Kortsak ist auch in Venedig nachzuweisen.[1424] Lemgo wurde als Provisor eingesetzt von Eler van Varle gemeinsam mit Lambert van Hulren,[1425] von Lambert van der Heyde gemeinsam mit dem Ratsherrn Johan Syna und wiederum Lambert van Hulren, dem *oem* des van der Heyde,[1426] von Berthold Lange gemeinsam mit Diderik van der Beke,[1427] und schließlich von Diderik van der Beke.[1428] Eler van Varle gehörte 1436 mit Johan Palmedag, Everd Moyelke, Lambert Vroling, Karsten Volle und Markus Brekwold zu den Vor-

1416 Vgl. AHL, Testamente, Hinrik Goldenboge, 24. Juli 1421.

1417 Vgl. AHL, Testamente, Marquard Schele, 18. November 1430: *Mine vormundere kese ik Hanse Schelen, mynen broder, Ludeken van der Heyde, myner dochter man, unde Frederik Kortsak unde Hans Schelen, mynes broder sone* ... Dass er und sein Bruder Hans Goldschmiede waren, geht aus dem Testament der Heylike, Frau des Hinrik Schrage, hervor: *Mine vormundere kese ik Hinrik Schragen, mynen leven man, Hanse unde Marquarde Schelen, brodere, goldsmede, myne ome*, vgl. AHL, Testamente, 15. Juli 1422. Auch Mathias van Ghetelen bezeichnet Schele als seinen *oem*, vgl. AHL, Testamente, 21. September 1423.

1418 Vgl. AHL, Testamente, Ludeke van der Heyde, 24. Juni 1415: *Item Hinric Poppen unde Hans Syndorpe gheve ik islikem 5 mark.*

1419 Zur Nennung als Schwiegersohn Ludekes van der Heyde vgl. AHL, Niederstadtbuch zu 1438 Bartholomei. Auch Hinrik Goldenbogen stand in geschäftlichem Kontakt mit Everd Lemgo, *civis in Crivitz*. Diesem schuldete er 207 Mark, vgl. AHL, Niederstadtbuch zu 1433 Judica.

1420 Vgl. AHL, Niederstadtbuch zu 1450 Vincula Petri.

1421 Sie erhielten von Hinrik Vlederman 60 Mark, die dieser dem Lemgo schuldete, vgl. AHL, Niederstadtbuch zu 1452 Anthonii.

1422 Vgl. AHL, Niederstadtbuch zu 1407 Divisio Apostolorum: Frederik Kortsak übergab seinen Kindern *Gherekin et Alheid* aus der Ehe mit *Gheseke, filia Hinrici van Mynden,* ihr Erbe.

1423 S. ASMUSSEN, Flandernfahrer, S.511.

1424 Hinrik Licher berichtete vor dem Rat, dass ihm Kortsak *to Venedye guldene stucke in papire* gebunden übergab. Diese sollte Licher dem Marquard Wise *tor Borch* übergeben. In Nürnberg öffnete er diese Papiere und fand nur *twen guldene stucke unde nich mer*. Diese zwei Goldstücke hatte Licher nach Lübeck überbracht. Vgl. AHL, Niederstadtbuch zu 1438 Nicolai episcopi.

1425 Vgl. AHL, Testamente, Eler van Varle, 5. September 1436.

1426 Vgl. AHL, Testamente, Lambert van der Heyde, 12. August 1447.

1427 Vgl. AHL, Testamente, Bertold Lange, 24. Juli 1447.

1428 Vgl. AHL, Testamente, Diderik van der Beke, 20. September 1447.

stehern der Antonius-Bruderschaft im Burgkloster.[1429] In demselben Jahr hatte van Varle eine Handelsgesellschaft mit Johan van dem Hove. Gemeinsam verschifften sie Salz aus der Baye nach Reval.[1430] Die Schwester Elers van Varle hatte einen Poppe geheiratet, wahrscheinlich Johan Poppe, der mit dem Lübecker Ratsherrn Johan van Stove verwandt war.[1431] Johan van Stove amtierte von 1391 bis 1400 und war mit einer Tochter des Ratsherrn Hinrik Schonenberg verheiratet.[1432] Er war sowohl mit dem Ratsherrn Johan Lange verwandt wie auch durch seine Frau familiär mit Amelius Luchow verbunden.[1433] Ludeke Poppe schenkt in seinem Testament von 1438 an seine *modderen* Telseke Lange und an das Kloster in Lemgo wie das Hl. Geist-Spital in Rheine.[1434] Mehrfach wird auch sonst im Umkreis der Poppe auf Rheine und die Region hingewiesen.[1435] Der Bruder des Ludeke Poppe war Mönch im Kloster Bentlage bei Rheine. Er wurde allerdings dort „Johan van Meppen" genannt.[1436] Ob dieses auch der ursprüngliche Name der Lübecker Poppe war, lässt sich bisher nicht ermitteln.[1437] 1438 löste Gerd Poppe seine *societas* mit Hildebrand Losseking auf.[1438] 1453 erhielt der Lübecker Bürger Gerd Poppe von den Testamentsvollstreckern des Hans Vlederman einen *breff*, vom Richter in Münster besiegelt, über vier Rh. Gulden in einem Haus in Münster.[1439] Die Poppe waren also eng mit dem Münsterland verbunden.

Poppes Partner Losseking erscheint durch seine Beziehungen ganz in Lübeck eingebunden. Wir erfahren allerdings aus Eintragungen in das Niederstadtbuch, die

---

1429 Vgl. LÜB UB 7, Nr.692.

1430 Hans Bodendorp gehörte auch mit zu dieser Gesellschaft. Er bekannte im März 1436 vor dem Lübecker Niederstadtbuch, dass er dem Hans Oldenberg „32 Tornoldessche Laken, das Stück zu 8 Mark Lüb. gerechnet," schulde. Das Geld sollte Bodendorp von Johan van dem Hove und Eler van Varle zu Reval aus deren Salzladung erhalten. Vgl. LEC UB 1,9, Nr.29.

1431 Vgl. AHL, Testamente, Eler van Varle, 5. September 1436: *Item gheve ik myner suster sone Eler Poppen 40 mark. Item myner suster dochter Gheseken, Eler Poppen suster, gheve ik 60 mark.* Zu Johan Poppe, dem *avunculus* des Johan van Stove, s. ASMUSSEN, Flandernfahrer, S.770 und 773.

1432 S. FEHLING, Ratslinie, S.51.

1433 S. LUTTERBECK, Rat, S.291.

1434 Vgl. AHL, Testamente, 13. Februar 1438: *Item den clostervrouwen to Lemegowe geve ik 4 mark lubesch to den buwe unde dar to 4 mark mank ze lyke to delende, dat ze god vor my bydden. Item to Rene in deme stichte to Munster geve ik in den Hilgen Gest 15 mark lubesch to behoff der armen dar ynne lyggende.*

1435 Ein Bernd Poppe aus Rheine im Stift Münster wies 1457 einen „Toversichtsbrief" für das Erbe des Ludeke Poppe vor, vgl. AHL, Niederstadtbuch zu 1457 Letare.

1436 In seinem Testament gab Poppe an seine Brüder: *Item mynen broder Bernde geve ik 50 mark lubesch unde myne kledere, unde hern Johanne, mynen brodere, is he in deme levende, geve ik 40 mark lub. Her Johan van Meppen, broder* des Klosters zu Bentlage wies seinen Anspruch auf das Erbe des Ludeke Poppe in Lübeck nach, vgl. AHL, Niederstadtbuch zu 1457 Vocem Jocunditatis.

1437 Am Ende des 14. Jahrhunderts amtierte in der Osnabrücker Neustadt ein Ratsherr Jakob van Meppen.

1438 Vgl. AHL, Niederstadtbuch zu 1438 Omnium Sanctorum.

1439 Bei den Provisoren handelt es sich um Christian Beseler, Diderik van der Beke und Johan Richardes, vgl. AHL, Niederstadtbuch zu 1453 Cantate. Derselbe Gerd Poppe wird 1462 mit einer *societas* mit dem Münsteraner Bürger Hinrik Krakerugge erwähnt, vgl. AHL, Niederstadtbuch zu 1462 Jubilate.

sich auf sein Erbe beziehen, dass er aus Lemgo kam.[1440] Dort hatte er auch noch Verwandte. 1457 kam Johan Pape aus Lemgo nach Lübeck und forderte für Lemgoer Bürger einen Anteil des Erbes *wegen Remers, Hillebrand Losekinges vedderen.*[1441] Die Pape aus Lemgo kannte man in Lübeck. Als Bernd Paal 1449 sein Testament erstellte, gab er nach Dülmen, woher seine Familie stammte.[1442] Er schenkte aber auch zum Bau des Klosters in Lemgo.[1443] Sein Interesse an Lemgo war nicht zufällig. Paal hatte seine Tochter Anneke mit dem Lemgoer Ratsherrn Johan Pape verheiratet, den er auch in seinem Lübecker Testament als einen seiner Provisoren bestimmte.[1444] Johan Pape nahm am Hansetag vom 12. März 1441 und an dem vom 18. Mai 1447 in Lübeck teil.[1445] Er ist der einzige Lemgoer Ratsherr, der an allgemeinen hansischen Versammlungen beteiligt war! Während zum Hansetag vom Mai 1447 der Lübecker Rat nur summarisch aufgeführt wird, findet sich unter den elf Lübecker Teilnehmern von 1441 auch Thomas Kerkring. Er war ein Sohn des Gottfried Kerkring, der auch von Papes Schwiegervater Paal als Testamentsvollstrecker benannt wurde. Gottfried Kerkring war ein Cousin der Münsteraner Johan und Wilhelm Kerkring, mit denen er gemeinsam mit seinem Bruder Johan wenigstens bis 1439 eine Handelsgesellschaft hatte. Wilhelm Kerkring lebte in Reval und starb dort vor 1439.[1446] Aus dem „Toversichtsbrief" des Münsteraner Rates geht hervor, dass der Vater Wilhelms der Münsteraner Ratsherr Lambert Kerkring war.[1447] Daraus ergibt sich, dass der Lübecker Gottfried Kerkring ein Neffe des Münsteraner Ratsherrn war. Auch der Münsteraner Delegierte von 1441, Nicolaus Kerkring, stammte aus dieser Familie. Beim Hansetag dieses Jahres saßen in Lübeck wieder (wenigstens) zwei Verwandte auf der Bank der Delegierten: Thomas Kerkring für Lübeck und Nicolaus Kerkring für Münster. Auch Ratsherr Johan Pape aus Lemgo traf auf dieser Versammlung der hansischen Dele-

---

1440 S. zu Lossekings Herkunft aus Lemgo schon DÖSSELER, Kunstdenkmäler, S.156f.

1441 Vgl. AHL, Niederstadtbuch zu 1457 Oculi. Auch 1461 mußte die Sache noch einmal verhandelt werden, vgl. AHL, Niederstadtbuch zu 1458 Visitatio Marie. 1459 bedankte sich der gleichnamige Sohn Lossekings bei seinen Vormündern, vgl. AHL, Niederstadtbuch zu 1459 Quasimodogeniti.

1442 Vgl. AHL, Testamente, Bernd Paal, 2. Februar 1449: *Item zunte Birgitten clostere to Marienwolde, der kercken to Dulmen, den swarten unde grawen monneke to Berghen in Norwegen geve ik isliker der 4 stede 20 mark lubesch to dem buwe*. Er bedachte auch den *her* Johan Hoekene in Dülmen.

1443 EBD.: *Item tom buwe des closters to Lemechow geve ik 10 mark lubesch, begherende, dat se my in ere dechtnisse nemen.* Sicherlich handelt es sich um das Dominikanerinnenkloster. Allerdings ist seine Memoria dort nicht mehr nachzuweisen, vgl. HALM, Klosterleben, Register.

1444 Vgl. AHL, Testamente, Bernd Paal, 2. Februar 1449: *Item myner leven dochter Anneken Pape unde eren kinderen geve ik zamentliken 500 mark lubesch. ... Myne vormundere kese ik Johan Papen, mynen zwager, Godeken Kerkringe, Bertramme Luneborch, den olderen, Hinrik Vrunde unde Hinrike Greveroden ...*

1445 Zur Verbindung Paal-Pape vgl. die schönen Ausführungen, die schon das zentrale Element der familiären Verknüpfung betonen, bei HEMANN, Lemgos Handel, S.214: „Größere Bedeutung als die verabschiedeten Beschlüsse hatten mit Sicherheit die von keiner Quelle überlieferten persönlichen Kontakte und der Meinungsaustausch, den Johann Pape mit den übrigen Ratssendeboten pflegte. Darüber hinaus war Johann Pape dank seiner Heirat mit Anneke Paal mit einflußreichen Kreisen der Lübecker Kaufmannschaft verwandt."

1446 Vgl. LEC UB 1,9, Nr.412.

1447 Vgl. LEC UB 1,9, Nr.426.

gierten auf Vertraute seines Schwiegervaters, die ihm sicherlich auch gut bekannt waren.[1448]

Kehren wir nach diesem Einblick in die umgreifenden Verwandtschaftsbeziehungen zu den Bramstede zurück. Gemeinsam mit dem Ratsherrn Jakob Bramstede und den Bürgern Hinrik Kule, dem Schwiegersohn des Ratsherrn Hermann Westfal,[1449] und Lambert Eken war Dethmar van Thunen 1430 Vormund der Margarete (geb. Sprenger),[1450] der Frau des Johan (II.) Bruskow. Bruskow amtierte ab 1439 als Ratsherr.[1451] Sein gleichnamiger Vater war mit Wobbeke, einer Tochter des Flandernfahrers Johan Vischbeke verheiratet gewesen. Dieser hatte in verwandtschaftlichen Beziehungen zu den Visbyer Ratsfamilien Vischbeke und Ghildehusen gestanden.[1452] Beziehungen nach Norden zeigen sich auch bei Johan (I.) Bruskow. 1390 bestätigte Bruskow als Vertreter Wulfards, dass Amelius Luchow eine Schuld von 318 Mark diesem Stockholmer zurückbezahlt habe.[1453] Johan (I.) Bruskow hatte 1374 von dem Stockholmer Ratsherrn Wilm Stenking 160 Mark geborgt. Für ihn bürgte Johan (II.) Gherwer.[1454] Gherwer war ein Sohn des gleichnamigen Lübecker Bürgers, den wir schon in seinen vielfältigen Kontakten beobachtet hatten.[1455] Gerhard Basthorst bestätigte im Juli 1377, dass er das Geld von Bruskow für Stenking empfangen habe.[1456] Basthorst handelte schon 1374 als Stenkings Vertreter in Lübeck.[1457] Geschäftlich

---

1448 Ob auch der Kieler Delegierte Marquard Pael, der am Tag vom Mai 1447 teilnahm, mit der Lübecker Familie Paal verwandt war, ist zur Zeit nicht zu klären.

1449 Hinrik Kule war 1400 Ältermann in Brügge gewesen, s. DIERCK, Älterleute, S.100. Westfal beschenkte seine Tochter Liseke, die Frau Kules, in seinem Testament und setzte seinen Schwiegersohn als Provisor ein: *Item so wil ik, dat myn erbenomede sone Hans jarlikes gheven schal myner dochter Lyseken Kulen 10 mark lubesch to der gantzen tyd eres levendes. ... Mine vormundere kese ik Hinrike Kulen, mynen swager, Hermen Dartzowen, meyster Arnde unde Hanse Westphale, myne erbenomeden sone ...* Vgl. AHL, Testamente, Hermen Westphal, 27. März 1428.

1450 S. FEHLING, Ratslinie, S.73.

1451 Es handelte sich um die erste Frau des Johan (II.) Bruskow. Bruskow bestätigte 1430, dass er von den Provisoren die hohe Migift seiner Frau *Greteke* von 1595 Mark empfangen habe (*in dotem*), davon 200 Mark *in fabrilibus argentis, vestibus et aliis clenodiis*, vgl. AHL, Niederstadtbuch zu 1430 Thomas apostolus. Der Betrag übersteigt noch die Summe, die ihr Vater in seinem Testament für sie festgelegt hatte, vgl. das Testament des Brun Sprenger, S.335.

1452 Zusammen mit Johan Gherwer bestätigte Johan (I.) Bruskow 1375 die Abrechnung des Johan Vischbeke und seines *socius* Johan Parkentin über flämische Tuche und Bargeld, vgl. SIMON, Niederstadtbuch, S.292,3 (Urbani). Zum Beziehungsnetz des Johan Vischbeke s. oben Netz 22.

1453 Vgl. SIMON, Niederstadtbuch, S. 437,5 (1380 Petri ad Vincula/1390 Cathedra Petri): *Amilius Luchowe tenetur Enghelberto Wulfardes 318 mr dn. Johannes Brutscowe erit potens tollere istud debitum et delere hanc scripturam Enghelberto non presente.* In Gegenwart Bruskows wurde der Eintrag im Februar 1390 getilgt.

1454 Vgl. SIMON, Niederstadtbuch, S.250,3 (1374 Corporis Christi).

1455 Zu Johan Gherwer dem Älteren s. S.341ff. Ob ein Verwandtschaftsverhältnis zu dem gleichnamigen Hamburger Ratsherrn, der von 1436 bis 1473 amtierte und an den Hansetagen von 1450 in Bremen und 1452 in Lübeck teilnahm, bestand, ist zu überprüfen.

1456 Vgl. SIMON, Niederstadtbuch, S. 250,3.

1457 Hinrik van Elze, Heyne van Stade und Floreke Bodenswengel schuldeten dem Stockholmer Bürgermeister 252 Mark. Basthorst bestätigte im Juli 1374 vor dem Niederstadtbuch, dass er das Geld *ad manus Wilhelmi Stenking plene sublevasse*. Vgl. SIMON, Niederstadtbuch, S.255,4 (1374 Kyliani).

war Gerhard Basthorst, Bruder und Erbe des Stockholmhändlers Johan Basthorst,[1458] mit Hermann Dartzow,[1459] Johan Schepenstede und dem Bürger Hinrik Kemmerer aus Riga verbunden.[1460] Für Kemmerer bewahrte er Geld auf, das dieser nach Basthorsts Tod zurückerhielt.[1461] Auch mit Simon Swerting stand Johan (I.) Bruskow in Geschäftsverbindungen. 1381 schuldete er ihm 100 Mark, die er in drei Jahren zurückzahlen sollte.[1462]

Johan (II.) Bruskow heiratete eine Tochter des Brun Sprenger. Sprenger, der weitgereiste Lübecker Kaufmann, war – wie wir schon sahen – Pate des Ludeke van Thunen.[1463] Ludeke van Thunen sollte auch zum Ratsherrn aufsteigen. 1472 trat er in den Rat ein und wurde 1475 zum Bürgermeister gewählt. Van Thunen vertrat Lübeck auf vier Hansetagen zwischen 1476 und 1498. 1477 verhandelte er in Kopenhagen. Ludeke van Thunen war mit einer Tochter des Ratsherrn Ludeke Bere, eines Sohnes des Ratsherrn Johan (I.) Bere, verheiratet.[1464] Brun Sprenger stand also in vertrauten Beziehungen zu Dethmar van Thunen. Gleichzeitig hatte er enge Kontakte zu Hermann van Stiten, dem Bruder des Ratsherrn und Delegierten Nicolaus van Stiten.[1465] Gemeinsam waren Dethmar van Thunen und Nicolaus van Stiten auf der Versammlung vom Januar 1471 in Lübeck anzutreffen.

Auch mit dem Ratsherrn Johan van Herford verband Johan (II.) Bruskow eine vertrauensvolle Beziehung. Dieser setzte ihn gemeinsam mit dem Ratsherrn Johan Segeberg und Hinrik Bramstede als Vormund ein.[1466] Johan (II.) Bruskow befehligte 1440 die Flotte im Sund. Er starb 1449. Sein Sohn Brun Bruskow folgte ihm 1475 in der Ratsherrenwürde. 1479 wurde er zum Bürgermeister gewählt.[1467] Brun Bruskow nahm am Hansetag 1479 in Münster teil und verhandelte 1478 und 1484 in Kopenhagen. Er war mit einer Tochter des Lambert Vroling verheiratet, dessen weitreichendes Beziehungsnetz wir schon betrachtet haben.[1468]

Schon Bruskows Testament aus dem Jahre 1461, also vor seiner Kooptation in den Rat, zeigt seine enge Verbindung zu Ratsherren. Seinem *om*, dem Ratsherrn Hinrik van Stiten hinterließ er sein *ghuldene kruce*, dem Ratsherrn Hermann Hitveld seinen *vorgulde gordel*,[1469] dem Ratsherrn Johan Broling *II sulverne schalen* und dem

---

1458 S. KOPPE, Lübeck-Stockholm, S.190. Zu Johan Basthorst, dem „vielleicht reinstausgebildeten Typ des Lübecker Stockholmgroßhändlers" s. KOPPE, Lübeck-Stockholm, S.158. Johan Basthorst war geschäftlich mit Arnd Sparenberg verbunden gewesen, vgl. HR 1,3, Nr.343 § 46.

1459 Vgl. SIMON, Niederstadtbuch, S. 486,4 (1382 Jubilate).

1460 Vgl. SIMON, Niederstadtbuch, S.613,3.

1461 Vgl. SIMON, Niederstadtbuch, S.671,5

1462 Vgl. SIMON, Niederstadtbuch, S. 455,6 (1381 Palmarum).

1463 Vgl. AHL, Testamente, Brun Sprenger, 17. August 1413.

1464 S. FEHLING, Ratslinie, S.79.

1465 EBD.: *Item Hermanne van Stiten geve ik 2 myne besten sulvernen schalen. Item Leneken, synem wyve, geve ik 1 nobelen to enem boghe, unde synen kinderen geve ik tosamende 20 mark.*

1466 Dieses ergibt sich aus einem Hausverkauf im Jahre 1431. Das Haus wurde wegen noch zu zahlender Schulden an Johan Kerkring verkauft. Mit dem Geld wurden dann die Schulden von 600 Mark bei *dominus* Gerhard Seretze beglichen, vgl. AHL, Niederstadtbuch zu 1431 Nativitas Marie.

1467 S. FEHLING, Ratslinie, S.80.

1468 S. FEHLING, Ratslinie, S.80. Zu Vroling s. Netz 95.

1469 Dessen Frau Katharina bedachte er mit seinem *beslagenen vorguldenen nap.* Vgl. AHL, Testa-

Ratsherrn Nicolaus Bramstede *I sware engelsche nobelen*. Bruskow bedachte auch die Söhne des (verstorbenen) Ratsherrn Johan Gherwer, die Brüder Greverade und Hinrik Constin, der 1467 in den Rat gelangte,[1470] Geseke Dartzow, Taleke Bramstede und seine Schwester Mettken van Stiten. Schließlich vergass er auch nicht Johan Super, seinen *werde to Reval*.[1471] Der Revaler Ratsherr Super beteiligte sich zwischen 1458 und 1477 an neun regionalen Tagen in Livland.

Wie Bruskow sich selbst in die Lübecker Elite einordnete, wurde aus diesem Testament deutlich. Er suchte weiterhin auch Anschluss an in Lübeck neue Mitglieder der Führung. Bruskow verheiratete eine Tochter mit Hinrik (II.) Castorp, dem Sohn des wichtigsten Lübecker Bürgermeisters und Delegierten der zweiten Hälfte des 15. Jahrhunderts. Die so familiär verbundenen Hinrik (I.) Castorp und Brun Bruskow bestimmten 1478 die Verhandlungen auf dem Hansetag in Münster. Die verwandtschaftlich verbundenen van Stiten und Hinrik (I.) Castorp nahmen gemeinsam an den Hansetagen vom April 1469 und Juni 1476 in Lübeck teil.

Kehren wir, nachdem wir die vielfältigen, weite Bereiche einbeziehenden Verbindungen der Partner Rapesulvers verfolgt haben, die uns in der Betrachtung der Familienkonstellationen schon weit in das 15. Jahrhundert führten, zu Rapesulver zurück.

Ein engeres Vertrauensverhältnis ist auch zwischen Rapesulver und Johan (II.) Luneborg anzunehmen. Johan (II.) Luneborg gehörte seit 1428 dem Rat an. 1442 wurde er Bürgermeister. Er starb 1461. Rapesulver und Luneborg werden in finanziellen Angelegenheiten mit recht hohen Beträgen genannt.[1472] Sicherlich hatten sie über längere Zeit eine Handelsgesellschaft. Im September 1430 übernahm Luneborg für 4000 Mark Kaution die Verwaltung der Schlösser Riepenburg und Bergedorf vom Lübecker Rat. Daran beteiligte sich Rapesulver mit einem Betrag von 1000 Mark.[1473] Luneborg und Rapesulver sollen auch gemeinsam eine Pilgerreise nach Jerusalem unternommen haben.[1474] Sie erhielten vom dänischen König einen Orden, der sie zu Mitgliedern der *geselschaft mit namen den lintworm mit dem creutze* machte.[1475]

Johan (II.) Luneborg stammte aus einer Ratsfamilie mit vielfältigen verwandtschaftlichen Beziehungen in Lübeck. Sein gleichnamiger Vater war mit einer Tochter des Ratsherrn Hermann Lange verheiratet gewesen.[1476] Johan (II.) Luneborg war mit Windele, der Frau des Ratsherrn Conrad van Alen, verwandt, denn er forderte 1433

---

mente, Brun Brutzkow, 21. August 1461.

1470 Er beschenkte auch dessen Frau Elsebe mit vier englischen Nobeln. Ihrer *moder* Grete van Calven überließ er zwanzig Mark. EBD.

1471 *Item so gheve ik her Johan Zuper mynem werde to Revel unde syner werdinnen, erer moder, erer dochter unde erem sone Merten Hillebrande yslikeme I sware engelsche nobelen ene allen to ener fruntliken dechtnisse*. EBD.

1472 Vgl. AHL, Niederstadtbuch zu 1430 Cecilie: *Ik Johan Luneborch radman bekene ... dat ik deme erbaren manne hern Hinrik Rapesulvere borgermestere der stat Lubeke vor dusent Mark lubesch ...*

1473 Vgl. LÜB UB 7, Nr.411 (27. September 1411) und Nr.413 (29. September 1411).

1474 Darauf läßt jedenfalls die Wette zu einer Wallfahrt nach Jerusalem schließen, die Hinrik Crumvot im August 1428 mit Johan Luneborg abschloß, vgl. LÜB UB 7, Nr.221.

1475 Vgl. LÜB UB 7, Nr.807.

1476 S. ASMUSSEN, Flandernfahrer, S.505.

als ihr *proximus heres* vom Bürgermeister Hinrik Rapesulver deren Anteil an der Vergütung für die materiellen Verluste während des Exils des Alten Rates.[1477] Luneborg war in erster Ehe mit einer Tochter des Henning van Rinteln verheiratet. In zweiter Ehe verband er sich mit Elisabeth, einer Tochter des Gottschalk van Wickede.[1478] Die gleichnamige Tante seiner Frau war mit dem Ratsherrn Hinrik Meteler verheiratet gewesen.[1479]

Abb.4: Grabplatte des Johan Luneborg

1477 Vgl. LÜB UB 7, Nr.525. Rapesulver wies die Forderung im Blick auf die geleistete Entschädigung zurück, vgl. LÜB UB 6, Nr.396,12.

1478 S. FEHLING, Ratslinie, S.70.

1479 Vgl. die Memorienstiftung der Meteler von 1433 LÜB UB 7, Nr.558. Aus einer Erbauszahlung geht weiterhin die Verwandtschaft mit Sworne hervor, s. S.421.

Ein knapper Überblick soll Luneborgs politische Aktivitäten verdeutlichen. 1440 befehligte er die Flotte, die den Sund sperren sollte. Zwischen 1442 und 1461 war er als Delegierter auf fünf Hansetagen und beteiligte sich auch vielfach an lübeckischen und hansischen Missionen. 1441 war er Mitglied der Gesandtschaft an König Christoph, die sich um eine Bestätigung der hansischen Privilegien bemühte und versuchte, einen zehnjährigen Waffenstillstand mit den Holländern abzuschließen. Ebenso vermittelte Luneborg 1445 in Soest zwischen der Stadt und dem Kölner Erzbischof. 1447 weilte er in Kopenhagen, um über Probleme in Bergen zu verhandeln. 1449 und 1455 war er wiederum zu Verhandlungen über die hansischen Privilegien in Kopenhagen, 1458 hielt er sich in Danzig auf und nahm an den Verhandlungen zum Ausgleich zwischen dem dänischen und polnischen König teil. 1459 versuchte er mit einer hansischer Delegation in Lüneburg die innerstädtischen Probleme zu lösen. 1460 beteiligte er sich an den Verhandlungen mit dem dänischen König in Segeberg.[1480]

Luneborg stand nicht nur mit Rapesulver in finanzstarken geschäftlichen Verbindungen, sondern auch mit Hinrik van Calven. 1428 kaufte er von diesem Renten.[1481] 1434 verkaufte Luneborg die Hälfte eines Waldes an den Ratsherrn Johan Crispin.[1482] Zusammen mit dem Ratsherrn Johan (II.) Bruskow, seinem Schwiegersohn, ist er 1440 in Geldgeschäften mit dem dänischen König zu sehen.[1483] Auch der Visbyer Bürgermeister Gottschalk Krowel hatte 1428 Schulden bei ihm.[1484] Ende Mai 1422 nahm Krowel gemeinsam mit Rapesulver an der großen Versammlung in Lübeck teil.

Mehrfach wird Rapesulver in rechtlichen und politischen Aktionen gemeinsam mit Jordan Plescow,[1485] Thideman Morkerke,[1486] Cord Brekwold[1487] und Thideman Steen genannt.[1488] Als Testamentsvollstrecker wurde Rapesulver eingesetzt 1405 von Ludeke Wulff,[1489] 1425 von dem sehr vermögenden Mitglied der Lübecker Zirkelgesellschaft Hermann Sierenberg,[1490] der enge Bindungen zu Lüneburg hatte[1491] und

---

1480 S. FEHLING, Ratslinie, S.70.

1481 Vgl. LÜB UB 7, Nr.276.

1482 Vgl. LÜB UB 7, Nr.572.

1483 Vgl. LÜB UB 7, Nr.837.

1484 Vgl. LÜB UB 7, Nr.248.

1485 Vgl. LÜB UB 6, Nr.323 (1421) beim Konkurs des Münzmeisters Rudolf Cumhar als Vertreter des Rates, als Bürgermeister: Nr.240, Nr.321 (gemeinsam mit Cord Brekwold), Nr.434 (gemeinsam mit Nicolaus van Stiten), Nr.719 (1426, Thideman Morkerke wird als verstorben erwähnt), Nr.827.

1486 Besonders bei den Verhandlungen mit dem dänischen König in Gottorf 1421, vgl. LÜB UB 6, Nrn.367,368,380,382.

1487 Vgl. LÜB UB 6, Nrn.525,609,636.

1488 Vgl. LÜB UB 6, Nrn.217,218,

1489 Vgl. AHL, Testamente, Ludeke Wulff, 2 Februar 1405: *Mine vormundere kese ik Hinrik Rapesulver, Albert Erpe, Johan van Hernen, den becker, unde Hinrik Schenkenberch*. Ludeke Wulff war verwandt mit den van der Heyde, aus deren Familie die Frau des Albert Erp stammte. Vgl. AHL, Testamente, Tidericus Wulff, 10. Januar 1418: *Item geve ik Johanne van der Heyde, mynem ome, unde sinen kinderen tosamende 60 mark.*

1490 1439 bestätigten *dominus Thomas Kerkring et Bertram Luneborch provisores societatis fratrum circulorum*, dass sie von den Testamentariern des Hermann Sierenberg, nämlich von *domino Hinrico Rapesulver, Brandano Hoyeman et Tyderico de Nodelen* 650 Mark *ad usum elemosinarum ad sanctam Katerinam* erhalten hatten, vgl. AHL, Niederstadtbuch zu 1439

dessen Bruder in Kalmar lebte,[1492] 1427 von Cord Brekewold[1493] und 1439 von Johan Crispin.[1494] Durch die Heirat mit Taleke Erp war Rapesulver in enge Verbindung zu deren Bruder Albert getreten,[1495] der seit 1416 dem Rat angehörte. Albert Erp erschien als Delegierter von 1416 bis 1422. Auf einer Pilgerreise verstarb er 1436 in Jerusalem.[1496]

Selbst setzte Rapesulver im Februar 1439 als Provisoren seine Ratskollegen Johan (I.) Bere und Johan (II.) Kollmann neben den Bürgern Johan van Stade und Hinrik Vrund ein.[1497] Johan van Stade und Hinrik Vrund wurden auch von Gerd Erp ne-

---

Processi et Martiniani.

1491 Im November 1420 erstellte Hermann Sierenberg, *borgher to Lubek*, ein Testament in Lüneburg, in dem er als Provisoren die Ratsherren Hartwich Beve und Hartwich van der Möhlen einsetzte. In dem Testament verfügte er über seinen Lüneburger Besitz, nämlich *twenhundert marken ewigher rente* in dem Zoll auf der Bäckerstraße. Die Vollstrecker sollten auch verfügen dürfen *mynes stoles an der kerken to den mynren broderen to Luneborg to erer bequemicheid*. Zur Bekräftigung hatte er die Lübecker Ratsherren Johan Bere und Ludwig Krull gebeten, *dat se ere inghesegele ... gehenghet hebben*. Vgl. REINHARDT, Testamente, Nr.130 (29. November 1420). Zu Sierenbergs bedeutender Memorialstiftung für sich, seine Frau und ihrer beiden Eltern in Lüneburg s. REINHARDT, Testamente, Nrn.129 (14. November 1420) und 149 (19. November 1423).

1492 Vgl. AHL, Testamente, Herman Tzyrenbergh, 12. April 1425: *Item hern Hinrik Rapesulver geve ik 1 guldenen buch van twen nobelen. ... Mine vormundere kese ik hern Hinrike Rapesulver, Brande Hoymanne, Hans Monneke unde Dyderike van Odelen* ... Seinen Bruder Mathias bedachte Hermann auch: *Item Mathias Tzyrenberghe, mynem brodere, geve ik 50 mark penninge, unde synen echten kinderen geve ik ok samendliken 50 mark penninge.* Dass Mathias Sierenberg Bürger von Kalmar war, wird im Niederstadtbuch zu 1409 Katharina angesprochen: Der Kalmarer Rat bestätigte, dass *ipsorum concivis Mathias Tzirenberch* anerkannt habe, dass er von seinem Bruder Herman Tzirenberch, *civis Lubicensis, eius fratrem in suis bonis hereditariis ... amicabiliter esse separatos*. Hermann Sierenberg hatte auch weitere Beziehungen nach Kalmar. So bestätigte 1433 Johan Lippe, Sohn des Andreas Lippe, *civis Calmariensis*, dass er von den Testamentariern Sierenbergs alles erhalten habe, vgl. AHL, Niederstadtbuch zu 1433 Processi et Martiniani. Die hier genannten Sierenberg scheinen mit der Familie verwandt gewesen zu sein, von der im frühen 16. Jahrhundert einer als Ratsherr in Bremen lebte und ein älterer in Reval verstorben war.

1493 Vgl. AHL, Testamente, Cord Brekewold, 7. April 1427: *Myne vormundere kese ik hern Hinrike Rapesulver, Vritzen Grawerde, Hartwighe unde Corde, myne sones ...*

1494 Vgl. AHL, Testamente, Johan Crispin, 7. März 1439: *Mine vormundere kese ik her Hinrik Rapesulver, Bertram Luneborch, Hinrik Glusynk unde Segheboden Cryspin, myns sons sone.*

1495 Vgl. AHL, Testamente, Gherd Erp de oldere, 1. Dezember 1424: *Item hern Hinrik Rapesulvers husvrouwen unde hern Albert Erpes husvrouwen, Gherd Erpes wyve unde Hans Hobers wyve Gheseken geve ik isliker 10 mark lubesch. ... Myne vormundere kese ik hern Hinrike Rapesulver, hern Alberte Erp, Gherde Erp unde Hanse Hober* ... Vgl. auch AHL, Testamente, Gherd Erp, 12. März 1439: *Item myner suster Taleken Rapesulvers geve ik 20 mark lub.* Sie wurde auch in Erps Testament vom 21. Oktober 1442 bedacht. Aus Gerd Erps Testament wird deutlich, dass er mit seiner Frau Taleke den bedeutenden Brautschatz von 1600 Mark erhalten hatte.

1496 S. FEHLING, Ratslinie, S.66. Anscheinend war er gemeinsam mit Rapesulver und Luneborg gereist.

1497 Vgl. AHL, Testamente, Hinrik Rapesulver, 14. Februar 1439: *Item so scholen myne vormundere myner suster Wybeken Dyckhoves to der tyd eres levendes alle jare gheven 50 marke renthe van mynen nalatenen renthen. ... Item so sy witlik, dat my myt Taleken, myneme wive to brutschatte wurden 700 marke, des wil ik dat men eer de gudliken wedder gheve van myneme gude, unde dar to gheve ik eer hundert rede mark, eer in ere hand to antwordende. ... Mine vormundere ke-*

ben Detlev Bonhorst als Vollstrecker benannt.[1498] Während van Stade, *swagerus* Rapesulvers, vertraute Beziehungen hatte zu Ludwig Krull,[1499] zu Johan Trage,[1500] Johan Dikhoff[1501] und zu den Wulff,[1502] stand Vrund in engerer Verbindung mit Hinrik Ekey, von dem er auch als Provisor eingesetzt wurde.[1503] Vrunds Handelsbeziehungen erstreckten sich mit seinem Partner Ludeke Loysin aus Greifswald[1504] bis nach Aberdeen.[1505] Mehrfach wurde Vrund auch gemeinsam mit Hinrik Greverade und Detlev Bonhorst als Testamentsvollstrecker berufen.[1506] Mit Ludwig Greverade kaufte Vrund 1433 ein Drittel eines Schiffes.[1507] Ludwig Greverade, ein Verwandter Hinriks Greverade, stand familiär mit Stockholm[1508] und geschäftlich mit seinem Bruder

---

se ik hern Johan Beren, hern Johan Colmanne, Hans van Stade unde Hinrich Vrunde.

1498 Vgl. AHL, Testamente, Gherd Erp, 12. März 1439: *Mine vormundere kese ik hern Gherde van Mynden, Hinrik Vrunde, Hinrike van Vloeten, Detleff Bonhorste unde Hanse van Staden* ...

1499 Er wurde in dessen Testament als Vormund eingesetzt: *Mine vormundere keze ik Hinrik Krolle, minen broder, Hinrik Berlyne, Hanse van Staden unde Hermen Sparenberghe*. Vgl. AHL, Testamente, Lodewich Kroll, 19. März 1404.

1500 Vgl. AHL, Testamente, Johan Trage, 12. Mai 1419: *Mine vormundere kese ik hern Detmare van Thunen, Hinrike Honrejeger, Hinrike Arndes unde Johanne van Staden* ...

1501 Vgl. AHL, Testamente, Johan Diikhoff 9. November 1426: *Mine vormundere kese ik Hanse van Staden, Corde van Mengede, Hinrik Schulten und Gherde Vlowike*.

1502 Dikhoff war anscheinend Pate des Ludeke Wulff, vgl. AHL, Testamente, Ludeke Wulff 1415: *Item mynem vadderen Johannes Diikhof unde synem wyve geve ik 30 mark*. Vgl. auch das Testament des Tideke Wulff, 19. Juni 1435: *Myne vormundere kese ik Hanse van Stade, Hanse Tankenhaghen, Clawes Deterdes unde Hans Broylinghe*.

1503 Vgl. AHL, Testamente, Lambert Eekey, 31. Juli 1426: *Mine vormundere kese ik hern Detmare van Thunen, Johanne Luneborch in den Schottelboden, Ludeke van der Heyde, Herman Robeken, den werkmester, Hinrik Vrunde unde Mathias Eekey unde Hans Malchine, myne ome* ... Ebenso benannte er ihn im Testament von 1428 : *Mine vormundere kese ik Johanne van Munster, Ludeken van der Heyde, Merten Gropenghetere, Hinrik Vrunde, Mathias Ekeye, mynen oem, und Hans Malchyne* ... Vgl. AHL, Testamente, Lambert Eekey, 13. Juli 1428. Zusammen mit Lambert Ekey wurde Vrund als Vollstrecker bestimmt im Testament des Johan Luneborg vom 24. Dezember 1426.

1504 Vgl. zu einem Streit des Greifswalder Bürgers Loysin in Stralsund SCHROEDER, Liber V, Nr.189.

1505 Vgl. AHL, Niederstadtbuch zu 1439 Cecilie: Auf Bitten des Ludeke Loysin und des Hinrik Vrund wurde ein Brief des Rates von Aberdeen *in Scotia* eingeschrieben. Dieser bezog sich auf ein Schiff mit *victualiis*. Genannt werden *magister* Ludekin Loysin aus Greifswald und *Lubrecht de Otmerssen mercator*. Am 24. August wurde ein im Hafen von Aberdeen vor Anker liegendes Schiff von Schiffen aus Seeland angegriffen. Vgl. LÜB UB 7, Nr.808.

1506 Vrund wurde als Provisor benannt vom städtischen Notar Johan Hertze, vgl. AHL, Testamente, Johannes Hertze, 17. April 1441: *Item myme vormundere kese ik Clawese Schonewolt, Hinrik Vrunde, Hinrik Greverade unde Detleff Bonhorst, myne zwegere* ... Vrund wurde auch von Bernd Paal eingesetzt: *Myne vormundere kese ik Johan Papen, mynen zwager, Godeken Kerkringe, Bertramme Luneborch, den olderen, Hinrik Vrunde unde Hinrike Greveroden* ... Vgl. AHL, Testamente, Bernd Paal, 2. Februar 1441.

1507 Vgl. AHL, Niederstadtbuch zu 1433 Jubilate: Gerbert Elebeke bestätigt, dass er *Lodovico Greverode et Hinrico Vrunde terciam partem navis quam ipse Gerbertus habuit in navi Tydekini Vrobozen* verkauft hat.

1508 Ludwig Greverade war gemeinsam mit Peter van der Linden und Berthold van der Vorde Vormund der Tochter Elisabeth des Alf Greverade. Diese war mit dem Stockholmer Bürger Johan Bismark verheiratet worden, vgl. LÜB UB 6, Nr.351 (8. September 1421). Der Stockholmer

Alf in Stralsund[1509] wie auch mit dem Danziger Ratsherrn Hinrik van Stade in Verbindung.[1510] Van Stade saß seit 1411 im Rat und starb im November 1440.[1511] Er war ein wichtiger Delegierter Danzigs auf regionalen Tagen zwischen 1420 und 1440. Im Jahr 1421 nahm er auch an zwei Hansetagen in Lübeck teil. Hinrik van Stade war mit Christine, einer Tochter des Danziger Bürgermeisters Johan Walrave verheiratet. Eine weitere Tochter Walraves wurde dem Ratsherrn Nicolaus Rogge zur Ehe gegeben. Rogge war Ratsherr in Danzig von 1409 bis 1450.[1512] Walrave, den wir schon in Verbindung mit Jakob Plescow gesehen haben, amtierte von 1361 bis 1386.[1513] Er beteiligte sich an preußischen Tagen 1377 und 1379.[1514] Walraves Sohn Hinrik war mit einer Tochter des Albrecht (II.) Huxer verheiratet. So bestanden auch zwischen Hinrik van Stade und dem mehrfach mit ihm auf regionalen Tagen anzutreffenden Danziger Ratsherrn Albrecht (II.) Huxer verwandtschaftliche Beziehungen.

Wie Albrecht (II.) Huxer mit dem Danziger Ratsherrn Thideman Huxer verwandt war, ist zur Zeit nicht zu klären. Thideman Huxer amtierte von 1390 bis 1418 in Danzig als Ratsherr. 1393 und 1402 war er auf Hansetagen in Lübeck wie 1393 bei einer Verhandlung in Schonen, von 1403 bis 1416 nahm er vielfach an regionalen Tagen teil. Thidemans Vater Albrecht (I.) Huxer soll aus Höxter gekommen und Ratsherr in Elbing gewesen sein.[1515] Zwischen 1427 und 1451 beteiligte sich Albrecht (II.) Huxer an 40 regionalen Tagen in Preußen. Sein gleichnamiger Sohn war mit Elisabeth, einer Tochter des Johan Terrax verheiratet.[1516] Terrax saß seit 1422 im Danziger Rat. Er nahm zwischen 1429 und 1443 an fünf regionalen Tagen in Preußen teil. Sein Bruder Hinrik Terrax, der Danziger Bürger war, lebte anscheinend dauerhaft in Brügge. Er war in der Mitte der 30er Jahre des 15. Jahrhunderts Ältermann im Brügger Kontor. Im Mai 1434, zur Zeit des Hansetages, hielt er sich in Lübeck auf.[1517] Der Neffe des Danziger Ratsherrn und Sohn des Danziger Bürgers, Ypol Terrax, war Bürger in Brügge und stieg dort in den Rat auf. In dieser Funktion empfing er 1471 den Danziger Ratsherrn Bernd Pawest zu Verhandlungen.[1518] Pawest hatte als Danziger Vertreter gemeinsam mit dem aus Lübeck stammenden Danziger Ratsherrn Philipp Bischof am Hansetag vom April 1469 in Lübeck teilgenommen.[1519] Mit ihnen

---

Kaufmann Alf Greverade stand in geschäftlichen Verbindungen mit dem Mitglied des Neuen Rates Johan Krowel, s. KOPPE, Lübeck-Stockholm, S.193.

1509 Ludwig und Alf Greverade hatten mit dem Revaler Friedrich Depenbeke 1441 eine Handelsgesellschaft, *ene vrye selschop*, um Honig von Stralsund nach Reval zu handeln. Jeder von ihnen beteiligte sich mit 400 Mark, vgl. LÜB UB 8, Nr.26. Depenbeke handelte auch Hering nach Wyborg zum Hauptmann Karl Knutsson, vgl. LEC UB 1,9, Nrn.887,989,95,1002.

1510 Vgl. LÜB UB 6, Nr.87 (8. April 1419).

1511 Von 1417 bis 1436 amtierte er als Brügermeister, s. ZDRENKA, Rats- und Gerichtspatriziat 1, S.409. Ob es sich um den ehemaligen Brügger Ältermann handelt, ist fraglich.

1512 S. ZDRENKA, Rats- und Gerichtspatriziat 1, S.382.

1513 S. ZDRENKA, Rats- und Gerichtspatriziat 1, S.446f.

1514 Zu Walraves Beziehung zu Jakob Plescow s. S.78.

1515 S. ZDRENKA, Rats- und Gerichtspatriziat 1, S.304.

1516 S. ZDRENKA, Rats- und Gerichtspatriziat 1, S.303.

1517 S. RÖßNER, Memoria, S.424f.

1518 S. RÖßNER, Memoria, S.426.

1519 Pawest amtierte von 1455 bis 1488, s. ZDRENKA, Rats- und Gerichtspatriziat 1, S.368.

saß zeitweise Rolf Feltstede im Danziger Rat. Er stammte aus Braunschweig.[1520] Dort war sein Vater Ratsherr gewesen.[1521] Feltstede nahm als Danziger Vertreter am Hamburger Hansetag von 1465 und an den Verhandlungen in Utrecht 1473 teil.

Ratsherr Johan Terrax war mit Sophia, einer Tochter des Danziger Ratsherrn Johan Hamer verheiratet. Hamer gehörte seit den achtziger Jahren dem Rat an und starb 1434. Er soll aus Reval stammen und ein Sohn des dortigen Bürgermeisters Johan Hamer gewesen sein.[1522] Der Danziger Ratsherr und Bürgermeister Hamer beteiligte sich am Hansetag vom Mai 1388 in Lübeck und zwischen 1407 und 1432 an 26 regionalen Tagen in Preußen.

Hinrik van Stades Tochter Elisabeth war mit dem Ratsherrn Berthold van Suchten verheiratet worden. Bertholds Vater Hinrik van Suchten kam aus Süchteln im Rheinland.[1523] Er war mit Margarete Letzkow, einer Tochter des Bürgermeisters Conrad Letzkow verheiratet gewesen,[1524] die wahrscheinlich die Mutter Bertholds war. Berthold van Suchten saß von 1442 bis 1447 im Danziger Rat.[1525] In dieser Zeit beteiligte er sich an neun regionalen Tagen. Bertholds Schwester Gertrud war mit dem Danziger Ratsherrn Arnold Finkenberg verheiratet worden,[1526] der im September 1442 an einem regionalen Tag in Danzig teilnahm. Bertholds Sohn Hinrik van Suchten war mit Margarete, einer Tochter des Danziger Schöffen Johan Timmermann verheiratet worden. Johans Vater Gottschalk war Ratsherr in Reval gewesen.[1527] Hinrik van Suchten saß von 1477 bis 1501 im Danziger Rat. Seit 1492 war er Bürgermeister.[1528] Das Netzwerk der Danziger Delegierten auf Hansetagen wird in der Übersicht deutlich.[1529]

Mit dem wichtigen hansischen Politiker Rapesulver hatten wir wiederum umfassende Netze beobachten können. Sein Partner Johan (I.) Bere, der mit ihm in Kalmarer Geschäften verbunden war, stammte aus einer Lüneburger Ratsfamilie und war mit dortigen Ratsfamilien verwandt. Schon Beres Vater hatte an Hansetagen als Lüneburger Delegierter teilgenommen. Weiterhin hatte Bere enge Kontakte zu dem Danziger Ratsherrn Burammer, der aus der Lüneburger Region kam. Mit den (angeheirateten) Verwandten des gleichnamigen Sohnes des Johan Bere hatten wir einen Blick auf die Netze ehemaliger Mindener (Bonhorst, van Minden) geworfen, die mit

1520 Der Danziger Ratsherr Dirk Schacht, der seit 1483 im Rat saß und 1492 abgesetzt wurde, zog nach Braunschweig und soll dort als Altstädter Ratsherr amtiert haben, s. ZDRENKA, Rats- und Gerichtspatriziat 1, S.387.

1521 Feltstede amtierte von 1457 bis 1489. Er handelte auch nach England und war mit einer Tochter des Ratsherrn Otto Angermünde verheiratet. Ihr Vater, der von 1462 bis 1482 amtierte, soll aus der gleichnamigen Stadt in Brandenburg gekommen sein, s. ZDRENKA, Rats- und Gerichtspatriziat 1, S.261, S.210 und JENKS, England, S.888.

1522 S. ZDRENKA, Rats- und Gerichtspatriziat 1, S.289.

1523 Auch aus der Nähe von Süchteln soll der Danziger Ratsherr und Bürgermeister Anton Bokelmann stammen, der von 1492 bis 1507 amtierte, s. ZDRENKA, Rats- und Gerichtspatriziat 1, S.234.

1524 Dieser war uns schon als Partner Wulf Wulflams begegnet, s. S.77.

1525 S. ZDRENKA, Rats- und Gerichtspatriziat 1, S.423.

1526 Finkenberg soll aus Köln stammen, s. ZDRENKA, Rats- und Gerichtspatriziat 1, S.267.

1527 S. ZDRENKA, Rats- und Gerichtspatriziat 1, S.424.

1528 S. ZDRENKA, Rats- und Gerichtspatriziat 1, S.425.

1529 S. im Anhang Delegierten-Netzwerk 23.

dortigen Ratsherren verwandt waren (Meyne). In diesem Zusammenhang hatten wir Gerd Odeslo, dessen Sohn Simon auch im Neuen Rat saß, mit seinen Stockholmer Kontakten vorgestellt. Verwandtschaftlich waren die Bonhorst auch mit den Hertze verbunden. Eine Tochter des Lübecker Protonotars Hertze wurde mit dem aus Lippstadt kommenden Ratsherrn Lipperode verheiratet. Lipperode verheiratete seinen Sohn mit einer Tochter des reichen, aus Hildesheim stammenden Kaufmanns Klockemann, der wahrscheinlich mit der dortigen Ratsfamilie Brandis verwandt war. Mit den ehemaligen Mindenern standen Ratsherren aus ihrer Heimatregion (Minden und Hessisch-Oldendorf) weiterhin in Kontakt.

Netz 111: Hinrik Rapesulver

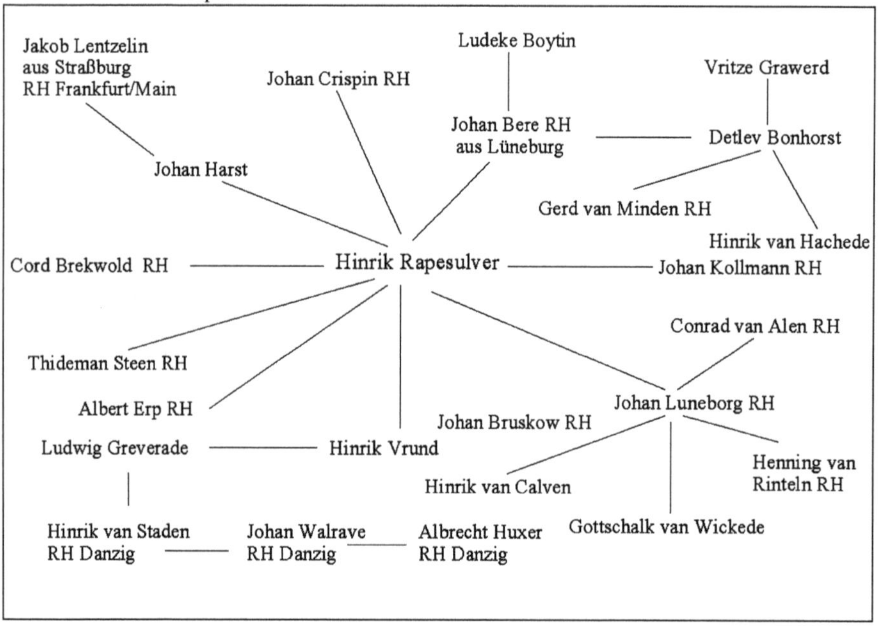

Mit dem aus Münster stammenden Ratsherrn Hermann Sundesbeke konnten wir die engen Verbindungen zu Münster und über seinen Partner Sobberhusen das Netz um den aus einer Lübecker Familie kommenden Danziger Ratsherrn Hermann Ilhorn mit seinen Revaler Verbindungen vorstellen. Wahrscheinlich hatte auch Sundesbeke in Reval Verwandte, wie er auch mit den Richardes verwandtschaftlich verbunden war. Als Vertrauter des aus Lemgo stammenden Lübecker Bürgers Hillebrand Losseking stand Sundesbeke auch in Verbindung mit dessen Partnern wie dem Lübecker Ratsherrn Johan Broling und dem Bürger Hinrik Goldenbogen, der wiederum mit dem Rostocker Ratsherrn Hinrik Baggel verwandt war, und dem Lemgoer Ratsherrn Pape. Sicherlich war Sundesbeke aus gemeinsamer Herkunft auch mit dem Lübecker Ratsherrn Thomas Kerkring näher bekannt. Dieser war ein Neffe des Münsteraner Ratsherrn Lambert Kerkring und so mit dem Münsteraner Delegierten Nicolaus Kerkring verwandt. Unübersehbar trat in unserer Betrachtung des Lübecker Ratsherrn Rapesulver wieder dessen Verflechtung mit Lübecker Kaufleuten und Ratsherren wie Angehörigen der hansischen Elite in anderen Städten hervor. Dieses Netzwerk ermöglichte seinen prominenten Einsatz als hansischer Politiker.

3. Netzwerke und Delegierte

Im Blick auf Verwandte und Geschäftspartner der Herren des Lübecker Neuen Rates, die zwischen 1408 und 1416 als Delegierte auftraten, zeigte sich deutlich: Sie waren durch vielfältige verwandtschaftliche und geschäftliche Bande mit der kaufmännischen Elite in Lübeck und anderen Hansestädten verbunden. Die Mitglieder des Neuen Rates waren auch nach der Einsetzung des Kompromissrates 1416 nicht verfemt. So konnte Hinrik Schenking, der mit der gleichnamigen Münsteraner Ratsfamilie verwandt war und dem Neuen Rat 1408 angehört hatte, 1426 wiederum einen Ratssitz erlangen. Besonders zeigten sich die vielfachen geschäftlichen und familiären Kontakte bei Borchard van Hildensem, der nicht nur Schwiegersohn des seit 1396 amtierenden Ratsherrn Arnd Sparenberg war, sondern mit sehr vielen Ratsherren und führenden Kaufleuten in engen Geschäftsverbindungen stand. Deshalb kann es nicht erstaunen, dass Kinder und Nachkommen von Mitgliedern des Neuen Rates und deren Partnern im Verlauf des 15. Jahrhunderts in Ratsfamilien einheirateten. So wurden die Kinder des Engelke Hagelsten, eines Vertrauten von Eler Stange und Borchard van Hildensem, mit dem Lübecker Ratsherrn Thomas Kerkring und einem Mitglied der Rostocker Ratsfamilie Vrese verheiratet.

Aus den Eintragungen im Lübecker Niederstadtbuch und besonders aus den Testamenten konnten wir die Beziehungsnetze der Delegierten und zum Teil auch ihrer Partner in wesentlichen Teilen rekonstruieren. Diese wurden auch in abgekürzter, graphischer Form als „Netz“ vorgestellt. Dabei mussten wir die Vorstellung immer wieder auf die leitenden Fragen konzentrieren und konnten nicht die Fülle der Verwandtschafts- und Geschäftsbeziehungen, wie es vom Lübecker Niederstadtbuch und den Testamenten möglich gewesen wäre, aufzeigen und so noch umfassendere Netzwerke der hansischen Elite vorstellen. Wir mussten uns auf die Delegierten zu Hansetagen und ihre Partner konzentrieren. An erster Stelle war festzuhalten, dass außer dem bis in die zwanziger Jahre aktiven Jordan Plescow kein Mitglied der im 14. Jahrhundert in Lübeck führenden Familien als Delegierter erschien. Sicherlich war die Einsetzung des Neuen Rates im Jahre 1408 nicht ohne Folgen für die Delegiertentätigkeit, auch für die Zeit nach 1418. Dieses können wir am Beispiel des Segebodo Holk erkennen. Holk war in Lübeck wohl eine glänzende Karriere vorgezeichnet, wie seine Aufnahme in die Zirkelgesellschaft zeigt. Sicherlich sollte er seinem Vater Jakob Holk im Ratssitz und wohl auch als Delegierter auf Hansetagen folgen. Segebodo Holk zog nach dem Lübecker Umsturz 1408 in die Heimatstadt seines Vaters und wurde dort bald in den Rat kooptiert. 1418 erschien er als Delegierter auf dem Hansetag zu Johann Baptist in Lübeck, als Vertreter Kolbergs! Holk gehörte weiterhin zu den „Herren der Hanse“, nur nicht mehr als Vertreter Lübecks.

Es zeigte sich, dass es in Lübeck keine Familie gab, die durchgängig Delegierte stellte. Nach zwei oder drei Generationen wurden sie durch andere Herren ersetzt, die häufig aus anderen Städten kamen und somit in Lübeck Neubürger waren. Waren diese Lübecker Neubürger in der hansischen Elite *homines novi?* Betrachten wir nur einige Beispiele. Johan (I.) Bere begegnete uns zuerst als Provisor in Testamenten von Mitgliedern des Lübecker Neuen Rates oder deren Vertrauten. Bere hatte als Mitglied des Sechziger-Ausschusses die Kritik am Alten Rat in Lübeck mitformuliert, wurde aber nicht in den Neuen Rat gewählt. 1416 wurde er Mitglied des Kompromissrates. Zwar kam Bere nicht aus Lübeck, aber dennoch war er für die Herren der Hanse kein *homo novus*. Man kannte seine Familie und Verwandten. Sein Vater Hinrik Bere saß seit 1395 im Lüneburger Rat und beteiligte sich an Hansetagen in der Zeit des Neuen Rates. Lüneburger Verwandte wie die Hoyeman waren auch in den dortigen Rat kooptiert worden und nahmen als Delegierte an Hansetagen teil, wie der Onkel des Johan Bere, Johan Hoyeman, und weitere seiner Verwandten wie Angehörige der Familien Schomaker, Schellepeper und van der Möhlen. Johan (I.) Bere verheiratete eine seiner Töchter mit einem Sohn des Vritze (I.) Grawerd. Grawerd kam aus Stendal und heiratete in Lübeck in eine der besten Familien ein, die Westfal. Zwar wurde er nicht in den Rat kooptiert, aber sein Sohn Vritze (II.) Grawerd. Eine weitere Tochter Beres wurde Johan van Borstel in die Ehe gegeben. Verwandte des Johan van Borstel, nämlich Kost van Borstel und Gottschalk van Borstel saßen im Revaler Rat. Eine Tochter des Revalers Kost van Borstel war mit Joachim Grawerd, einem Bruder des Vritze (II.) Grawerd verheiratet, während eine dritte dem Jakob Vrese, einen ehemaligen Bürgermeister von Åbo, in die Ehe gegeben wurde. Diese Heiratsverbindungen zeigen, dass Johan Bere es nicht bei seinen - durch die Herkunft vorgegebenen - verwandtschaftlichen Kontakten in Lüneburg beließ, sondern durch die Ehen seiner Kinder in Lübeck und Reval ein weit reichendes Netz knüpfte.

Immer wieder, wie hier im Blick auf die Verbindung der Familien Bere und Borstel noch einmal festzuhalten ist, bieten die von einer Ratsfamilie geformten Netze an den Knotenpunkten den Zugang zu weiteren Ratsfamilien, die wiederum eigene Netzwerke ausgebildet hatten. Dieses gilt auch für die mit Bere verbundenen Grawerd. Vritze (I.) Grawerds Tochter Gesa, die Schwester des Ratsherrn Vritze (II.) Grawerd und somit Schwägerin der Adele Bere, wurde mit dem Lübecker Ratsherrn Johan Segeberg verheiratet.[1530] Johan Segeberg wurde 1426 in den Rat kooptiert. Er war mit Johan (I.) Bere gemeinsam auch in der hansischen Politik aktiv. Aber er traf auf Hansetagen nicht nur mit seinen Lübecker Partnern und Verwandten zusammen, sondern auch mit seinem Bruder Berthold Segeberg, der als Delegierter Greifswald vertrat. Der Greifswalder Ratsherr Segeberg war seinerseits mit wichtigen Ratsherren dieser Stadt und Stralsunds verwandtschaftlich und geschäftlich verbunden.

Aus Beres entfernterer, angeheirateter Verwandtschaft kam ein weiterer Lübecker Neubürger, der auch in den Rat kooptiert wurde. Der Sohn von Beres Cousin, der Lüneburger Ratsherr Hinrik (II.) Hoyeman, der auch als Delegierter erschien, heiratete Gesche Brömse, eine Tochter des Lüneburger Ratsherrn Diderik Brömse. Gesches Bruder Hinrik Brömse, der Schwager Hoyemans, zog nach Lübeck und wurde dort 1477 in den Rat gewählt. Hinrik Brömse verheiratete sich mit einer Tochter des Lübecker Ratsherrn Johan Westfal.

Noch einmal zeigte uns der Blick auf das Beziehungsnetz des Lübecker Ratsherrn und Delegierten Johan (I.) Bere, wie führende hansische Politiker durch Verwandtschaft verbunden waren: Schon sein Vater Hinrik Bere hatte Lüneburg auf Hansetagen vertreten. Mit Lüneburger Verwandten traf Johan (I.) Bere auf hansischen Versammlungen zusammen. Ein entfernterer Lüneburger Verwandter, Hinrik Brömse, zog nach Lübeck um und stieg dort in den Rat auf. Durch das von Johan (I.) Bere

1530 S. FEHLING, Ratslinie, S.68.

geknüpfte Heiratsnetz waren zusätzlich nicht nur die Lübecker Verwandten der Westfal wie die van Calven einbezogen, sondern auch die Grawerd, die aus Stendal kamen, die Borstel in Reval und die Segeberg, die wiederum nicht nur in Lübeck sondern auch in Greifswald im Rat saßen.

Ebenso wie im Blick auf Bere aus Lüneburg hatten wir bei einer Vielzahl von Delegierten gesehen, wie sie auf ihrer heimatlichen Verwandtschaft aufbauend ihre Netze in und von Lübeck aus weiter gestalteten. Wenn im Folgenden die regionale Herkunft angesprochen wird, so um auf die Weite des Beziehungsnetzes und die Bedeutung der Überwindung des Raumes hinzuweisen. Gerade die Betrachtung der Testamente zeigt uns mit der Vielfalt der Orte, an denen die Ersteller für Gebetsgedenken und liturgische Erinnerung schenkten, die Mobilität der hansischen Ratsherren. Erfolgreiche hansische Kaufleute - also auch die Ratsherren - wollten nicht nur im Ort ihrer Herkunft und in der Stadt, in der sie ihr Testament erstellten, erinnert werden, sondern auch vielfach in den Orten, an denen sie ihren Reichtum durch Handel erworben hatten. Für Flandern ist es exemplarisch schon vorgestellt worden.[1531] Die folgenden Überlegungen und die Karten sollen in diesem Sinne die Personen nicht an Orten fixieren, sondern gerade im Blick auf Herkunft, Partner und Memoria deren Mobilität betonen. Lübeck war als zentraler Vermittlungspunkt zwischen den Märkten wichtig. Immer wieder hielten sich hier Mitglieder von Ratsfamilien aus vielen Hansestädten auf. Häufig blieben sie in Lübeck. Durch gut geplante Heiraten gewannen sie Zugang zu Lübecker Ratsfamilien. Dass schon vorher geschäftliche Kontakte und auch verwandtschaftliche Verbindungen zwischen den Familien bestanden hatten, konnten wir mehrfach nachweisen. Bei stärkerer Heranziehung des ungedruckten Materials, besonders an Stadtbüchern wird sich dieses Bild für hier wenig berücksichtigte Hansestädte wie beispielsweise Wismar, Rostock und Danzig schärfer konturieren lassen.

Die Ergebnisse unserer von Lübeck ausgehenden Untersuchungen erlauben allerdings schon grundlegende Aussagen. Lübecker Ratsherren und Delegierte waren vielfach aus anderen, auch kleineren Städten nach Lübeck gezogen. Im 14. Jahrhundert waren uns bereits Lübecker Delegierte begegnet, die aus westfälischen Ratsfamilien stammten wie van Ossenbrugge, van Hereke und die Travelmann. Auch im 15. Jahrhundert zeigten sich aus gemeinsamer regionaler Herkunft bestehende Netze von Ratsfamilien, so beispielsweise zwischen den van Minden und den Bonhorst aus der Mindener Region, zwischen Arnd Sparenberg, den Meteler und den Kopmann aus Kamen wie zwischen den Travelmann, Kerkring und Schenking aus Münster. Besonders aufgefallen waren uns die vielfältigen Bindungen zwischen Lübecker und Lüneburger Familien. Der Blick auf gemeinsame regionale Herkunft darf allerdings nicht die Erkenntnis verstellen, dass es sich um Zugehörigkeit zu führenden Kaufmannsfamilien, von denen Mitglieder häufig im jeweiligen Rat saßen, handelte. Vor diesem sozialen Hintergrund ist der von uns beobachtete (relativ schnelle) Aufstieg von Neubürgern in den Rat zu erklären.

Vielfältige Verknüpfungen innerhalb der hansischen Elite, aus denen die Delegierten der Hansestädte hervorgingen, sind für das 15. Jahrhundert vorgestellt werden. Diese Netze sollen hier nicht noch einmal zusammengefasst werden. Sie können

---

1531 S. RÖßNER, Memoria.

anhand der graphischen Darstellungen schnell eingesehen und im Blick auf sicherlich bestehende Verbindungen zu weiteren Familien und Städten ausgeführt werden. Hier soll abschließend nur noch eine weitere, für die Gesamthanse wichtige Beobachtung aus unserer Betrachtung knapp zusammengefasst und mit Hilfe einer Karte verdeutlicht werden. Lübecker Delegierte waren häufig durch Herkunft, Verwandtschaft und enge Geschäftspartner mit anderen Städten verbunden. Die Interessen ihrer Partner waren von ihnen auch auf den Hansetagen zu berücksichtigen.

Wir hatten im Gang der Untersuchung immer wieder die gemeinsame Teilnahme von Verwandten und Partnern als Delegierte unterschiedlicher Hansestädte auf Hansetagen nachweisen können, ja, die familiäre und geschäftliche Zusammenarbeit zeigt sich als das Fundament des Hansetages. Regionale Untersuchungen zur Verbindung zwischen den Ratsfamilien der Städte werden dieses Bild vervollständigen können, so wie es uns bei Greifswald und Stralsund schon gelungen ist.[1532] Bei der Betrachtung der Netzwerke der Lübecker Delegierten und ihrer Partner wurde weiterhin deutlich, dass Verwandtschaft und gemeinsame (Geschäfts-)Interessen nicht nur Kaufleute aus größeren Hansestädten verband, sondern dass auch Kaufleute und Ratsherren kleinerer Städte wie beispielsweise aus Buxtehude in Niedersachsen, aus Herford, Lemgo und Minden in Westfalen, aus Pernau in Estland, aus Wenden in Lettland oder Salzwedel in Brandenburg einbezogen waren. Während aus diesen Städten Vertreter (wenigstens zeitweise) an (regionalen) Hansetagen teilnahmen, zeigte es sich, dass zu den Netzwerken der hansischen Delegierten auch Ratsherren gehörten, die aus Orten kamen, die nicht auf allgemeinen Hansetagen vertreten waren: Beckum, Flensburg, Dülmen, Hamm, Hameln, Hessisch Oldendorf, Lennep, Lübbecke, Neustadt (bei Hannover), Obernkirchen, Oldenzaal, Radevormwald, Rinteln, Schwelm, Tecklenburg, Telgte, Vechta und Warendorf. Weiterhin sind Åbo, Kalmar und Narwa zu nennen. Von der reichhaltigen Lübecker Überlieferung aus waren diese Einsichten im Vergleich mit weiteren Quellen aus anderen Städten zu gewinnen. Deutlich wurde die Mobilität der hansischen Elite.[1533] Verwandtschaft und gemeinsame Handelsinteressen verbanden die Delegierten aus Hansestädten untereinander und auch mit führenden Kaufleuten und Ratsherren in vielen kleineren Städten und Orten. So ist verständlich, dass sich Delegierte auf Hansetagen immer wieder für das Verbleiben kleinerer Städte in der Hanse und somit für die Teilhabe ihrer Partner an hansischen Privilegien einsetzten.

1532 Es sei nur en passant auf die Clepping in Dortmund und Soest im 15. und 16. Jahrhundert hingewiesen, s. schon POECK, Soest.

1533 S. Karte 3.

Karte 3: Netzwerke im Raum

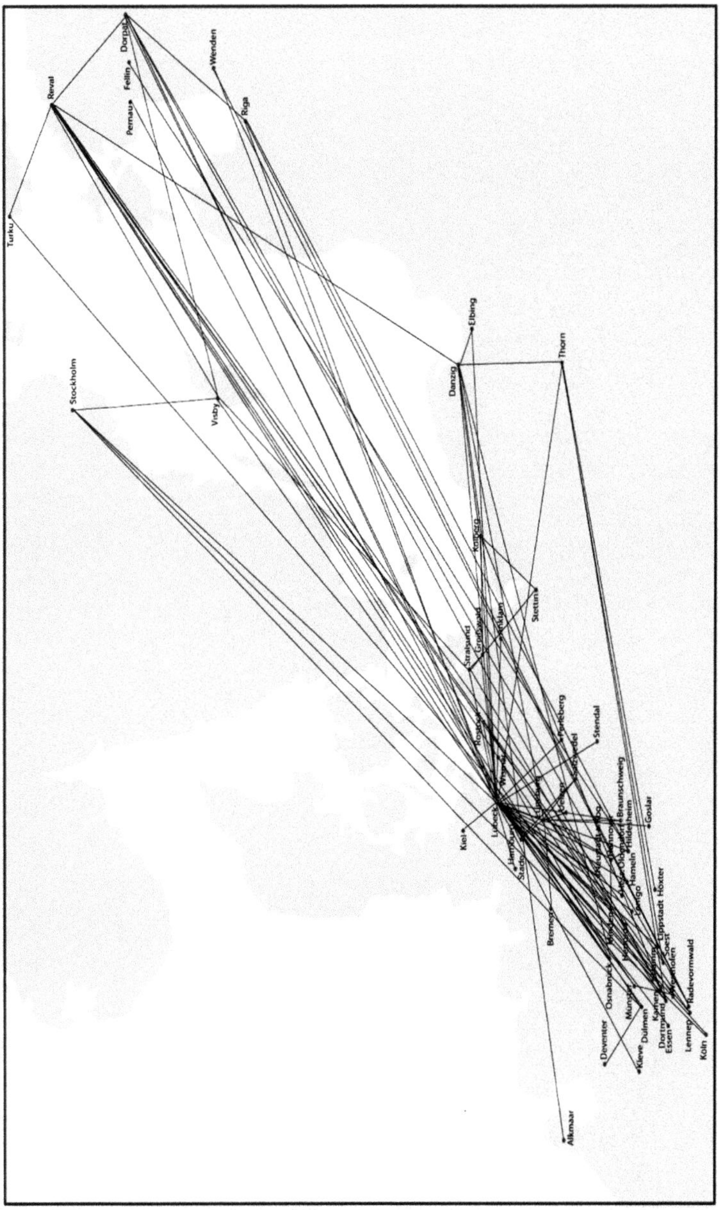

Karte 4: Mobilität der hansischen Elite 1

IV Ausblick

Die Betrachtung der Delegierten des Lübecker Hansetages vom Juni 1418 führte uns schon mehrfach bei der Darstellung ihrer Beziehungsnetze in die zweite Hälfte des 15. Jahrhunderts. Netzwerke als Grundlage hansischer politischer Zusammenarbeit, wie wir sie für die Zeit von 1350 bis 1450 so deutlich beschreiben konnten, sollen für die zweite Hälfte des 15. Jahrhunderts nun noch ganz knapp im Blick auf einige Beispiele vorgestellt werden.[1] Wir wollen von dem bekannten Lübecker Bürgermeister Hinrik (I.) Castorp ausgehen. Seine politische Leistung ermöglichte der „Hanse und Lübeck das Weiterbestehen ihrer Machtstellung in Nordeuropa bis in das 16. Jahrhundert."[2] Castorp war sich dabei der Ziele und Mittel wohl bewusst. Für ihn waren Verhandlungen das bevorzugte Mittel, nicht militärische Aktionen. Dieses fasste er in dem viel zitierten Wort zusammen: *Latet uns dagen, wente dat vänlein is licht an de stange gebunden, aver it kostet vel, it mit ehren wedder af to nehmen.*[3] Die politische Tätigkeit Castorps soll hier nicht noch einmal vorgestellt werden. Das hat sein Biograph im Blick auf die Hauptschwerpunkte seiner Tätigkeit überzeugend geleistet.[4] Unserem Untersuchungsziel entsprechend wollen wir nach Castorps Netzwerk fragen.

Hinrik (I.) Castorp kam aus Dortmund. Dort hatten er und seine Brüder Hans und Gerd 1451 Anspruch auf *husere, lantgudere unde andere gudere*, die sich im Besitz ihrer Mutter befanden.[5] 1473 lebten Töchter seiner Schwester Kunneke, die einen Eggerd geheiratet hatte, wieder in Dortmund.

Hinrik (I.) Castorp war 1447 bis 1450 Ältermann in Brügge. Allerdings ist nicht bekannt, welches Drittel er vertrat. Castorp könnte zu dieser Zeit noch Dortmunder Bürger gewesen sein, er könnte aber auch schon in Lübeck oder noch in einer der livländischen Städte gelebt haben, in der er 1441 *to huus* war.[6] 1452 wurde Castorp in den Lübecker Rat gewählt. 1462 stieg er zum Bürgermeister auf. Castorp starb 1488.[7] Schon diese knappe Zusammenfassung seines Lebens zeigt, dass Castorp mehrmals seinen Lebensmittelpunkt änderte: Dortmund, Brügge und Livland waren wichtige Stationen bevor er auf Dauer in Lübeck blieb. Auch Castorps Geschwister zogen nach Lübeck. Die Schwester Kunneke war mit ihrem Mann Hinrik Eggerd schon um 1446

1 Den Netzen folgend wird manchmal in die erste Hälfte des 16. Jahrhunderts vorgeblickt werden.

2 So wurde seine Leistung 1932 zusammengefasst, s. NEUMANN, Castorp, S.83. Obwohl Neumann in seinen Anhängen die Verwandten und geschäftlichen Partner so schön vorstellt, war er doch sehr darauf bedacht, die Leistung seines Helden in den Vordergrund zu rücken. Die strukturellen Bedingungen traten demgegenüber in seiner Betrachtung in den Hintergrund.

3 S. NEUMANN, Castorp, S.1 und zu anderen Formulierungen desselben Inhalts S.82.

4 Zur „Friedensvermittlung zwischen dem Deutschen Orden und Polen" s. NEUMANN, Castorp, S.48ff, zur „Westpolitik" s. NEUMANN, Castorp, S.53-67, zur Politik „dem Norden gegenüber" s. NEUMANN, Castorp, S.68-76, zu „Castorp als Leiter hansisch-lübischer Politik während der letzten Blütezeit der Hanse" s. NEUMANN, Castorp, S.77-83. Hervorzuheben ist, dass Neumann im Gegensatz zu den Autoren, welche in diesen und besonders den folgenden Jahren der nationalsozialistischen Kriegsvorbereitung und Kriegsführung die militärische Seite hansischer Politik betonten, stark die diplomatische Kunst Castorps hervorhob. Mehrfach führte er den oben zitierten Ausspruch an, der die Kunst der Verhandlung betont.

5 S. NEUMANN, Castorp, S.5.

6 S. NEUMANN, Castorp, S.120, Anm.413.

7 S. FEHLING, Ratslinie, S.76.

in Lübeck. Ihr Mann, der auch nach England handelte,[8] starb in Danzig. Kunnekes Söhne Johan und Christoph Eggerd wandten sich auch nach Danzig.[9] Dort wurde Johan Eggerd 1481 in den Rat kooptiert. Er starb 1491.[10] In den letzten Lebensjahren Castorps saß also sein Neffe im Danziger Rat. Johan Eggerd nahm als Vertreter Danzigs am letzten Hansetag vom Mai 1487 in Lübeck teil, auf dem sein Onkel den Vorsitz führte. Auch geschäftlich standen Hinrik (I.) Castorp und Johan Eggerd in Beziehungen. Im Oktober 1481 bat der Lübecker Rat den Danziger, einer Teuerung wegen Getreideausfuhren zuzustimmen. *Van heren Hinrik Castorpes wegene* sollte den Danziger Ratsherrn Merten Buck und Johan Eggerd gestattet werden, 50 Last Roggen auszuführen. Castorp setzte sich also nicht nur für seinen Neffen, sondern auch für einen weiteren Danziger Ratsherrn ein.

Merten Buck war mit den Danziger Ratsherren Johan und Hinrik Buck familiär verbunden, von denen wir schon den Vorfahren Johan Buck als Schwiegersohn des Ratsherrn Letzkow kennenlernten.[11] Hinrik Buck amtierte von 1428 bis 1450 und nahm häufig an regionalen Tagen teil. Seine Tochter Margarete verheiratete er mit Rolof Mandt, der von Wesel nach Danzig gezogen war.

Rolofs Sohn Georg Mandt amtierte von 1481 bis 1513 als Danziger Ratsherr und Bürgermeister.[12] Georg Mandt nahm als Delegierter am Hansetag 1503 in Rostock teil. Sein Bruder Rotger Mandt war mit Dorothea, einer Tochter des Ratsherrn Eberhard (II.) Ferber, verheiratet. Der bedeutende Danziger Bürgermeister Eberhard (II.) Ferber[13] nahm am 24. Juni 1507 an den Verhandlungen in Nyköbing teil. Eberhard (II.) Ferber war in erster Ehe mit Margarete Valant verheiratet. Margarete war eine Tochter des Thideman Valant, der von 1477 bis 1492 Ratsherr in Danzig war.[14] Valant nahm im Juli 1484 an Verhandlungen in Kopenhagen teil. In zweiter Ehe verband sich Ferber mit Katharina, der Witwe des Bürgermeisters Georg Buck. Katharina war eine geborene Sidinghusen und kam aus Soest.[15]

Schon Eberhards Vater Johan Ferber war Danziger Ratsherr und Bürgermeister gewesen. Er amtierte von 1478 bis 1501. Dessen Vater Eberhard (I.) Ferber kam aus Kalkar. Er war mit Barbara, einer Tochter des Danziger Schöffen Thideman Eppenschede,[16] der wahrscheinlich aus Dorpat stammte, verheiratet gewesen. Verwandte der Ferber lebten in Lüneburg.[17] Johan Ferber war in erster Ehe mit einer Tochter des Danziger Ratsherrn Hildebrand Tannenberg und in zweiter mit Barbara, einer Tochter

---

8 S. JENKS, England, S.885.

9 1473 setzte sich der Lübecker Bürgermeister Castorp für seinen Neffen Christoph Eggerd in Danzig bei einem Schaden durch Seeräuberei ein, vgl. HUB 10, Nr.181 (20.1.1473).

10 S. ZDRENKA, Rats- und Gerichtspatriziat 1, S.253.

11 Die Letzkow kamen ursprünglich aus Alkmaar in den Niederlanden, s. S. ZDRENKA, Rats- und Gerichtspatriziat 1, S.335.

12 S. ZDRENKA, Rats- und Gerichtspatriziat 1, S.340f.

13 Zur reichen Literatur zu den Ferber s. ZDRENKA, Rats- und Gerichtspatriziat 1, S.263f.

14 S. ZDRENKA, Rats- und Gerichtspatriziat 1, S.439.

15 Auch in erster Ehe war Georg Buck mit einer Sidinghusen aus Soest verheiratet gewesen, s. ZDRENKA, Rats- und Gerichtspatriziat 1, S.228.

16 S. ZDRENKA, Rats- und Gerichtspatriziat 1, S.264.

17 S. EBERT, Ferber in Lüneburg, S.30.

des Ratsherrn Meinhard (II.) vom Stein, verheiratet.[18] Dessen Vater Meinhard (I.) vom Stein hatte im August 1397 an einem Hansetag in Lübeck teilgenommen. Meinhard (II.) vom Stein, der von 1441 bis 1452 im Danziger Rat saß, beteiligte sich dreimal zwischen 1438 und 1445 an regionalen Tagen. Er war mit einer Tochter des Hinrik van der Beke verheiratet gewesen.[19] Auch sein Sohn Meinhard (III.) vom Stein, der Schwager Eberhard Ferbers, saß seit 1476 im Danziger Rat.

Seine Töchter Anna und Katharina verheiratete Georg Mandt mit den Ratsherren Johan (II.) und Georg Scheweke, Vater und Sohn. Johan (I.) Scheweke saß seit 1464 im Rat und starb 1490. Seine Mutter war Elisabeth Hetveld, eine Tochter des Danziger Bürgermeisters Hermann Hetveld.[20] Johan (I.) Scheweke nahm 1484 an den hansischen Verhandlungen in Kopenhagen teil. Auch sein Sohn, Johan (II.) Scheweke, wurde 1496 Ratsherr und 1503 Bürgermeister.[21] Er war in erster Ehe mit Katharina Falcke aus der gleichnamigen Ratsfamilie verheiratet.[22] In zweiter Ehe heiratete er 1510 Anna Mandt, eine Tochter des Bürgermeisters Georg Mandt. Schewekes Sohn aus erster Ehe namens Georg heiratete 1518 deren Schwester Katharina Mandt.[23] Johan (II.) Scheweke beteiligte sich 1507 als Vertreter Danzigs gemeinsam mit Eberhard (II.) Ferber an den Verhandlungen in Nyköbing. Johans (II.) Sohn Georg Scheweke wurde 1525 Ratsherr und 1531 Bürgermeister. Er besuchte die Hansetage vom Juli 1525 in Lübeck und vom Juli 1535 in Lüneburg.

Der Danziger Ratsherr Merten Buck, den wir 1481 in Geschäftsverbindungen mit Johan Eggerd und Hinrik Castorp sahen, heiratete ebenso wie Rolof Mandt eine Tochter des Ratsherrn Hinrik Buck. Merten Buck saß seit 1470 im Rat und wurde 1483 Bürgermeister.[24] In zweiter Ehe verband sich Buck mit Nale Ferber, einer Tochter des Ratsherrn Johan Ferber. Bucks Frau stammte aus der ersten Ehe Ferbers mit Barbara Tannenberg, einer Tochter des Ratsherrn Hildebrand Tannenberg.[25] Georg Buck, Sohn des Ratsherrn Hinrik und Schwager des Merten Buck wie des Rolof Mandt, war 1464 in den Danziger Rat kooptiert worden und wurde zum Bürgermeister gewählt. Er amtierte bis 1504.[26]

Die Karriere und die Geschäftsbeziehungen des Johan Eggerd wiesen uns noch einmal deutlich auf die überstädtische hansische Elite hin. Eggerd war der Sohn eines aus Dortmund nach Lübeck umgezogenen Kaufmanns. Seine Schwestern lebten in Dortmund. In Danzig wurde Eggerd in den Rat kooptiert. Mit seinem Onkel, dem Lübecker Bürgermeister, stand er in Geschäftsverbindungen wie auch mit seinem Danziger Ratskollegen Merten Buck, durch den er wiederum Zugang zu dessen Danziger Ratsherrennetz hatte. Der Blick auf die familiären Verbindungen des geschäft-

18 S. ZDRENKA, Rats- und Gerichtspatriziat 1, S.416.
19 S. ZDRENKA, Rats- und Gerichtspatriziat 1, S.416.
20 S. ZDRENKA, Rats- und Gerichtspatriziat 1, S.392.
21 S. ZDRENKA, Rats- und Gerichtspatriziat 1, S.393.
22 Katharinas Vater Franz Falcke gehörte nicht dem Rat an. Hinrik Falcke amtierte seit 1483 als Ratsherr und seit 1489 als Bürgermeister. Auch sein Sohn Jakob wurde 1520 Ratsherr, s. ZDRENKA, Rats- und Gerichtspatriziat 1, S.258 ff., S.391.
23 S. ZDRENKA, Rats- und Gerichtspatriziat 1, S.391.
24 S. ZDRENKA, Rats- und Gerichtspatriziat 1, S.232.
25 S. ZDRENKA, Rats- und Gerichtspatriziat 1, S.264.
26 S. ZDRENKA, Rats- und Gerichtspatriziat 1, S.231.

lich mit Johan Eggerd und Hinrik Castorp verbundenen Merten Buck zeigte wiederum die enge Verflechtung im Danziger Rat und wies uns weiterhin auf den weiten geographischen Raum hin, aus dem Mitglieder des Rates oder ihre Eltern kamen: Kalkar, Wesel, Dortmund, Soest und Osnabrück. Sicherlich bestanden auch zu Verwandten in diesen Städten Beziehungen.

Der Lübecker Rat setzte sich 1481 nicht nur für Castorp und seine Partner, sondern auch für die Kornausfuhr weitere Herren aus Danzig ein. Für die Lübecker Ratsherren Johan Wickinghoff und Anton Dimant sollte der Danziger Ratsherr Paul Hertzvelt 100 Last Roggen ausführen dürfen. Weiterhin sollte den Danziger Partnern der Ratsherren Diderik Basedow und Thideman Evinghusen wie des Bürgers Hinrik Greverade die Ausfuhr von jeweils 50 Last Roggen erlaubt werden.[27] Der Danziger Ratsherr Paul Hertzvelt war ein Bruder des Revaler Bürgermeisters Johan Hertzvelt, der auf dem Hansetag vom Mai 1498 in Bremen seine Stadt vertrat.[28] Johan Wickinghoff war ein Sohn des Bergenfahrers Lambert Wickinghoff, der uns schon begegnet war. Wickinghoff war 1467 in den Lübecker Rat kooptiert worden. Er war mit einer Tochter des Lorenz Leven, des Vogtes zu Nordstrand in Schleswig, verheiratet. Wickinghoff legte 1474 und 1476 die Streitigkeiten zwischen dem Kontor und den Schuhmachern und Schneidern in Bergen bei.[29] 1486 beteiligte er sich an den Verhandlungen zwischen den mecklenburgischen Herzögen und Rostock. 1484 war er bei einer Versammlung in Lüneburg und im Mai 1487 beim großen Hansetag in Lübeck, an dem auch Castorp und Eggerd teilnahmen. Johan Wickinghoff starb 1493. Sein Sohn Lambert Wickinghoff, der nach dem Großvater genannt war, stieg auch in den Rat auf. Lambert Wickinghoff war mit einer Tochter des Ratsherrn Johan (III.) Bere verheiratet. Diese war in erster Ehe mit dem 1508 verstorbenen Ratsherrn Diderik Brömse verheiratet gewesen.[30] Eine Tochter verheiratete Johan Wickinghoff mit Johan Niestad, einem Urenkel des Mitgliedes des Neuen Rates Ludeke Niestad.[31] Niestad saß von 1501 bis 1518 im Lübecker Rat.[32] Eine weitere Tochter Wickinghoffs wurde dem Sohn Castorps, Hinrik (II.) Castorp, zur Ehe gegeben.[33]

Kehren wir zur älteren Generation der Castorp zurück. Die Schwester Hinriks (I.) Castorp namens Katharina heiratete in Dortmund Hinrik Prume.[34] Ihr Sohn Hinrik (II.) Prume war 1458 Āltermann in Brügge und ist um 1460 in Lübeck als Bürger nachzuweisen.[35] Wohl seit dieser Zeit arbeitete er eng, wie auch Castorp, mit dem in Brügge lebenden Johan Durkop zusammen. Dieser war mehrfach zwischen 1460 und 1470 Āltermann des Kaufmanns in Brügge. Als Vertreter des Brügger Kontors nahm

27 Vgl. HUB 10, Nr.930 (4.10.1481).

28 1497 informierte der Revaler Bürgermeister Johan Hertzvelt den Danziger Rat über das Erbe seines verstorbenen Bruders Paul Hertzvelt, *juwer stad schepe*, das seinem Neffen bei der Wiederverheiratung seiner Schwägerin erhalten bleiben müsse. Vgl. LEC UB 2,1 Nr.562 (21. Juli 1497).

29 S. FEHLING, Ratslinie, S.79.

30 S. FEHLING, Ratslinie, S.89.

31 Zu Ludeke Niestad s. S. 379,395,406,408,426.

32 S. FEHLING, Ratslinie, S.86.

33 S. FEHLING, Ratslinie, S.85.

34 S. NEUMANN, Castorp, S.5.

35 S. NEUMANN, Castorp, S.9.

er am Lübecker Hansetag von 1470 teil. Durkop kam aus Reval. Dort war sein Bruder Cord Durkop Ratsherr.[36]

Hinrik (II.) Prume ging eine Ehe mit Anneke Greverade, der Schwester des Lübecker Ratsherrn Alf Greverade, ein.[37] Prumes Schwester Windelke war auch mit einem Greverade verheiratet.[38] Sollte es sich um den Ratsherren Alf handeln? Hinrik (II.) Prume ist vor 1480 verstorben. Sein Bruder Diderik Prume war zwischen 1465 und 1469 Ältermann in Brügge. Er kehrte nach Dortmund zurück. Dort wurde Diderik Prume 1472 in den Rat kooptiert. 1474 wurde er Bürgermeister. Diderik Prume starb 1504.[39] Sein Sohn Diderik (II.) Prume vertrat Dortmund 1512 beim Hansetag in Köln, 1518 beim Hansetag in Lübeck und auf drei regionalen Tagen zwischen 1515 und 1522.

Zu den Prume wie den Greverade stand der Lübecker Ratsherr Hermann Claholt in engen Beziehungen.[40] Claholt war mit dem Ratsherrn Hermann Maßmann verwandt, der nach 1500 eine führende Rolle in hansischen Angelegenheiten in Verhandlungen im Norden und als Befehlshaber der Flotte spielte. Über Stockholm, wo er bis 1485 als Kaufmann mit wichtigen Kontakten zu führenden Ratsherren nachzuweisen ist,[41] ging Maßmann nach Lübeck. Dort ist er sicher seit 1487 Bürger.[42] Maßmann bezeichnete 1497 Hermann Claholt in seinem Testament als seinen *ohm*, schenkte ihm seine *groteste sulveren kanne*, setzte ihn als Provisor ein und gab dessen Kindern 100 Rh. Gulden.[43] Sowohl Claholt wie Maßmann stammten aus Münster.[44]

Maßmann war auch mit Bernd Bomhover verwandt. In seinem Testament nannte er ihn *vaddere*, beschenkte ihn und setzte ihn als Vollstrecker ein.[45] Bomhover wurde

36 S. RÖßNER, Memoria, S.321.

37 Verwandt waren die Greverade mit der Familie Loss in Hamburg und in Reval, vgl. AHL, Testamente, Alff Greverade radman, 13. Januar 1478.

38 Prume schenkte in seinem Testament 1475 an seine Schwester Windelke Greverade, vgl. AHL, Testamente, Hinrik Prume, 6. November 1475. Prumes Schwägerin war Gerdrut Claholt, an die er auch gab. EBD.

39 S. NEUMANN, Castorp, S.108 Anm.

40 Claholt wurde im Testament des Ratsherrn Alf Greverade als Provisor benannt, vgl. AHL, Testamente, Alff Greverade radman, 13. Januar 1478.

41 S. VOGTHERR, Messmann, S.56: „Es sind die Jahre, in denen er eine gründliche Kenntnis der Stockholmer Situation erwerben und persönliche Beziehungen knüpfen konnte, die er später für seinen Handel und für die Lübecker Politik gegenüber Schweden nutzte ... Kontakte zur Stockholmer Stadtspitze waren dabei von grundlegender Wichtigkeit: Ein Mann wie der Stockholmer Bürgermeister Erik Jönsson stand während der gesamten Lebenszeit Messmanns in wechselnden Stellungen an der Spitze der Stadt, zu ihm scheint Messmann in den hier in Rede stehenden Jahren ein Vertrauensverhältnis aufgebaut zu haben."

42 S. VOGTHERR, Messmann, S.57.

43 *Item mynem ohme hern Hermen Claholt geve ik myne groteste sulveren kanne to fruntliker. dechtnisse. Dessulven hern Hermens kinderen ... samptliken 100 Rhen. Gulden to guder dechtnisse.* Vgl. AHL, Testamente, Herman Meßman, 18. Juni 1497.

44 *Item myner sustere to Munster in Westvalen wonende eyne van mynen besten sulvernen schale.* Vgl. AHL, Testamente, Herman Meßman, 18. Juni 1497. Zum Kreis dieser Herren gehörte auch der Lübecker Godert Wiggerinck, der wohl aus Ahaus kam. Wiggerinck war in zweiter Ehe mit Anneke Claholt verheiratet, s. DORMEIER, Wiggerinck, S.109.

45 *Mynen vadderen Bernde Bomhouwer geve ik mynen grotesten sulvernen stop.* Vgl. AHL, Testamente, Herman Meßman, 18. Juni 1497.

1501 in den Lübecker Rat kooptiert. Er starb 1526. Ob er mit dem Revaler Ratsherrn Berthold Bomhover verwandt war, der von 1529 bis 1541 im Rat saß, ist zu fragen. Der Bruder des Revalers, Jasper Bomhover, war seit 1520 Lübecker Bürger und amtierte 1521 als Ältermann der Lübecker Novgorodfahrer.[46] Aus Wismar nahm ein Joachim Bomhover am Hansetag vom Oktober 1516 in Lübeck teil. Es ist anzunehmen, dass es sich bei den Bomhover in unterschiedlichen Städten um Verwandte handelte.

Der Lübecker Ratsherr Bernd Bomhover stammte wie Claholt und Maßmann aus Münster.[47] 1501 wurde Bomhover in den Lübecker Rat kooptiert. Er starb 1526. 1510 verhandelte Bomhover auf einem Tag in seiner Heimatstadt Münster mit den Vertretern des Kölner Drittels. 1522 führte Bomhover gemeinsam mit Hermann Plönnies die Lübecker Flotte zur Unterstützung Gustaf Vasas. Im Juni 1523 wurde ihnen die Stadt Stockholm übergeben. Plönnies kam aus einer Münsteraner Ratsfamilie.[48] Sein Bruder Wilbrand Plönnies nahm als Ratsherr und Vertreter des münsterschen Rates 1521 an einem regionalen Hansetag in Wesel teil. Hermann Plönnies verheiratete seine Tochter in Lübeck mit dem Ratsherrn Hieronimus Warmboeke, der seit 1544 im Rat saß und 1560 Bürgermeister wurde. Dessen Vater Hinrik Warmboeke gehörte seit 1506 dem Rat an und starb 1532. Er nahm im Juni 1518 an einem Hansetag in Lübeck teil.[49] Hinrik Warmboeke hatte auch ein vertrauensvolles Verhältnis zum Ratsherrn Conrad Möller. Dieser setzte ihn 1478 als Provisor ein.[50] Mit einer Tochter des Johan Warmboeke, eines Verwandten Hinriks, war Gotthard van Hoeveln in dritter Ehe verheiratet. Gotthard van Hoeveln, der von 1527 bis 1555 im Lübecker Rat saß und eine wichtige Funktion in der hansischen Politik hatte, stammte aus der gleichnamigen Dortmunder Ratsfamilie.[51] Seine Nachkommen wie die des Cord Wibbeking aus Rietberg, der von 1522 bis 1544 als Lübecker Ratsherr amtierte,[52] spielten in der Lübecker wie der hansischen Politik des 16. und 17. Jahrhunderts eine wichtige Rolle. Wibbeking verheiratete eine Tochter mit dem Ratsherrn Hermann van Dorne, der aus Barmen stammte. Van Dorne saß seit 1535 im Rat und nahm an Hansetagen von 1555 bis 1560 teil.[53] Gemeinsam mit ihm war auf Hansetagen sein Schwager Paul Wibbeking, Cords Sohn, zu finden, der seit 1544 im Rat saß und 1560 Bürgermeister wurde.[54]

Wie wir schon für das 14. und 15. Jahrhundert immer wieder beobachten konnten, blieb Lübeck auch im 16. Jahrhundert wegen seiner wirtschaftlichen und politischen Bedeutung ein Anziehungspunkt für Söhne aus Ratsfamilien und der Kauf-

---

46 S. SEEBERG-ELVERFELDT, Revaler Regesten, Nr.125 und DERRIK, Tafelgilde, S.256ff.

47 Zu seinem Testament und seinen Vertrauten (auch im Stockholmer Rat) s. VOGTHERR, Messmann, S.55-65.

48 S. FEHLING, Ratslinie, S. 91f. Auch Hinrik Gruter, der von 1518 bis 1530 im Lübecker Rat saß, stammte aus Münster, s. FEHLING, Ratslinie, S.90.

49 Ob es eine verwandtschaftliche Beziehung zu dem Rigischen Bürgermeister Hinrik Warmbeck gab, der 1498 bei einem regionalen Hansetag erwähnt wird, bleibt zu überprüfen.

50 Vgl. AHL, Testamente, Cord Moller, 24. Dezember 1478.

51 S. FEHLING, Ratslinie, S.92.

52 Zu Wibbeking und der Rietberger Ratsfamilie dieses Namens s. HEMANN, Stadtbuch, S.202f.

53 S. FEHLING, Ratslinie, S.101.

54 S. FEHLING, Ratslinie, S.102.

mannselite anderer Städte. Sie zogen nach Lübeck und konnten häufig hier in den Rat aufsteigen.

Kehren wir zu Hinrik (I.) Castorp und in das 15. Jahrhundert zurück. Sein Bruder Hans Castorp war 1457 Ältermann der Novgorodfahrergesellschaft in Lübeck, in der auch Hinrik Mitglied war. Hans Castorp heiratete Geseke Veckinghusen, eine Tochter des Engelbert Veckinghusen. Mit einer Schwester Gesekes war Hinrik (I.) Castorp verheiratet. Der dritte Bruder Gerd Castorp ehelichte Geseke, eine Tochter des Ratsherrn Jordan (II.) Plescow. Sie war in erster Ehe mit Hermann (I.) Meier verheiratet gewesen. Aus dieser Ehe brachte Geseke zwei Söhne mit, von denen Hermann (II.) Meier 1500 in den Rat gewählt wurde.[55] Hermann (II.) Meier heiratete eine Tochter des Bürgermeisters Berthold Witik und beteiligte sich zwischen 1506 und 1511 an drei Hansetagen. Geseke (Plescows) Schwester Ida war mit dem Ratsherrn Ludeke Bere verheiratet.[56] Beres Schwester war, wie wir schon gesehen haben, dem Ratsherrn Vritze (II.) Grawerd in die Ehe gegeben worden. Gertrud, eine Tochter Ludeke Beres, war mit Hartwich van Stiten verheiratet worden. Van Stiten wurde 1489 in den Rat gewählt. 1502 wurde er Bürgermeister.[57] Seinen Vater Hinrik van Stiten, der auch Johan (III.) Bere in seinem Testament berücksichtigte, hatten wir schon kennengelernt.[58] Er nahm mit seinem Bürgermeisterkollegen Castorp gemeinsam an den Hansetagen vom April 1469 und vom Juni 1476 in Lübeck teil. Eine weitere Tochter des Ludeke Bere war mit dem Ratsherrn Ludeke van Thunen verheiratet worden. Van Thunen saß seit 1472 im Rat und war seit 1475 Bürgermeister. Gemeinsam mit Castorp war er auf den Hansetagen vom Juni 1476 in Lübeck, vom August 1476 in Bremen und vom Mai 1487 in Lübeck. Van Thunen starb 1501. Johan (III.) Bere, Ludekes Sohn, war mit Gertrud,[59] einer Tochter Hinrik (I.) Castorps, verheiratet. Johan (III.) Bere saß seit 1489 im Rat und starb 1508.[60] Seine Tochter Margarete heiratete in erster Ehe den Lübecker Ratsherrn Diderik Brömse, der schon durch seinen Vornamen auf seine Lüneburger Verwandtschaft hinwies. Schließlich bestand durch Johan Witik, Sohn des Berthold Witik, der Hedwig Bere, eine weitere Schwester Ludeke Beres, geheiratet hatte, auch eine Verbindung zu diesem Bürgermeister.

Ludeke Bere nahm am großen Hansetag vom August 1470 in Lübeck teil. Auf diesem Tag wurde Stendal durch den Bürgermeister Arnd Pakebusch vertreten, dessen Sohn Matheus in Lübeck seit 1495 als Syndikus wirkte. Dort wurde Matheus Pakebusch 1522 Ratsherr und 1528 Bürgermeister. Pakebusch beteiligte sich vielfach an Hansetagen und Verhandlungen im frühen 16. Jahrhundert.[61]

Von den sechs Lübecker Delegierten vom August 1470 waren fünf durch familiäre Beziehungen verbunden: Berthold Witik, Hinrik Castorp, Hinrik Ebeling, Andreas

55 S. FEHLING, Ratslinie, S.86.
56 S. FEHLING, Ratslinie, S.78.
57 S. FEHLING, Ratslinie, S.84.
58 S. S.413ff..
59 Gertrud entstammte Castorps Ehe mit Taleke Kerkring.
60 Sein Bruder war der Ratsherr Johan (I.) Bere, nach dem sein Sohn wohl benannt war.
61 S. FEHLING, Ratslinie, S.91. Sein Sohn Hieronymus Pakebusch wurde in den Lübecker Rat gewählt (1541 - 1550), während sein Sohn Arnd nach Reval ging und dort Ratsherr wurde (1540 - 1571), s. FEHLING, Ratslinie, S.102 und DERRIK, Tafelgilde, S.145.

Geverdes und Ludeke Bere.[62] Durch die Ehe mit den Töchtern Veckinghusen traten die Castorp nämlich auch in familiäre Beziehung zu Hinrik Ebeling, der mit ihrer Schwiegermutter, einer geborenen Ilhorn, verheiratet gewesen war.[63]

Auf diesem Lübecker Hansetag von 1470 wurde Lüneburg durch Nicolaus Sankenstede und Nicolaus Stoketo vertreten. Stoketo war vom Notar der Stadt zum Ratsherrn und Bürgermeister aufgestiegen. Er vertrat Lüneburg vierzehn Mal zwischen 1470 und 1485 auf Hansetagen. Auch Stoketo hatte familiäre Beziehungen zu einem Lübecker Ratsherrn. In zweiter Ehe war Stoketo mit Wobbeke Brömse verheiratet. Sie war eine Tochter des Lüneburger Ratsherrn Diderik (III.) Brömse und Nichte des Lübecker Ratsherrn Hinrik Brömse.

Stoketo war im Juli 1482 zu Verhandlungen in Hildesheim. Dabei traf er auch mit dem Bruder des seit 1478 dort amtierenden Ratsherrn Henning Brandis zusammen.[64] Sicherlich kannte er auch den Hildesheimer Ratsherrn. Henning Brandis berichtet in seinem „Diarium“ über vielfältige Aspekte des spätmittelalterlichen Lebens, so auch über seine Reise zum Bremer Hansetag vom Mai 1494, an dem er als Bürgermeister teilnahm: *Vridages vor pingesten reit ick mit ver perden ut Hildensem na Bremen tom dage der hensestede.*[65] Allerdings soll nicht die Delegiertentätigkeit des Brandis betrachtet werden, sondern mit seinem Beispiel wollen wir uns noch einmal die regionale Verflechtung von Ratsfamilien vor Augen führen.[66] In erster Ehe war Brandis mit Anna, einer Tochter Hinriks Alten verheiratet gewesen. Sie starb 1478 bei der Geburt ihres ersten Kindes.[67] Die Familie Alten spielte eine bedeutende Rolle in der Stadt. Reineke Alten amtierte von 1482 bis 1489 als Hildesheimer Bürgermeister.[68] Eine Schwester von Hennings Frau war mit dem Bürgermeister Ludolf van Harlessem verheiratet. Van Harlessem vertrat Hildesheim auf dem Hansetag vom August 1470 in Lübeck, an dem auch Castorp teilnahm.[69]

Über seine Verlobung und Heirat im Jahre 1480 mit Geseke Breier aus der Hildesheimer Ratsfamilie, die mit der gleichnamigen Braunschweiger Ratsfamilie verwandt war,[70] berichtet Brandis ausführlich.[71] Hennings Schwägerin Margarete (Breier) war mit Hans van Walbeck verheiratet worden. Hinrik van Walbeck, Vater des Hans, stammte aus der gleichnamigen Helmstedter Ratsfamilie. Hinriks Vater

---

62 Der sechste Lübecker Teilnehmer war Johan Luneborg.

63 S. S.457.

64 Vgl. BRANDIS, Diarium, S.56.

65 Vgl. BRANDIS, Diarium, S.143.

66 Ob er mit dem Danziger Ratsherrn Dethard Brandes verwandt war, der aus Bremen oder Hildesheim stammen soll, ist noch zu klären. Dethard Brandes amtierte von 1507 bis 1528, s. ZDRENKA, Rats- und Gerichtspatriziat 1, S.237.

67 Vgl. BRANDIS, Diarium, S.38.

68 Vgl. BRANDIS, Diarium, Register.

69 Auch im September 1464 war van Harlessem auf dem Tag in Braunschweig.

70 Ludeke Breier, ein Sohn des aus Hildesheim nach Braunschweig gezogenen Bürgermeisters Diderik Breier, saß von 1464 bis 1499 im Braunschweiger Rat. 1488 floh er bei Unruhen nach Hildesheim. Er wurde „1491 bei der Wahl des reaktionären Rates wieder eingesetzt.“ Ludekes Sohn Cord Breier folge ihm 1506 im Ratsamt, starb aber schon 1507. Ein weiterer Sohn Ludekes namens Ludelef Breier wurde 1509 in den Rat gewählt und amtierte bis 1533. S. SPIEß, Ratsherren, S.85.

71 Vgl. BRANDIS, Diarium, S.42f.

Fricke van Walbeck hatte sich als Vertreter Helmstedts am Braunschweiger Hansetag vom März 1427 beteiligt. Hinrik van Walbeck war 1435 nach Braunschweig gezogen. Von 1441 bis 1483 amtierte er als Ratsherr der Braunschweiger Altstadt.[72] Auch Hinrik van Walbeck nahm am Hansetag vom August 1470 in Lübeck teil, so wie er Braunschweig auf Tagen im September 1464 und August 1476 vertrat. Mit der Braunschweiger Ratsfamilie van Damme konnte Brandis schnell in Kontakt treten, da sein Vetter Johan, *de doctor*, mit Margarete van Damme verheiratet war.[73] Mit einem Mitglied dieser Familie stand auch Hinrik (I.) Castorp in Geschäftsbeziehungen.

Die Tochter von Hennings Bruder Hans Brandis namens Ilsebe wurde mit dem Sohn des Hildesheimer Bürgermeister Hans Lutzeke verheiratet.[74] Abmachungen bei dieser Heirat führten später zu langwierigen Streitigkeiten zwischen den Familien Lutzeke und Brandis. Ilsebe wurde 1512 nach dem Tode Lutzekes mit dem Braunschweiger Bürgermeister Ludeke van Peine verheiratet, der von 1510 bis 1528 amtierte.[75] Hinrik Brandis, Sohn des Hans Brandis und Neffe Hennings, war mit einer Tochter des Braunschweiger Ratsherrn Johan Brostede verheiratet. Brandis gibt eine lebendige Schilderung der Ehevereinbarung im März 1521 und weist auf die Verwandtschaftsbeziehungen hin.[76] Bei dieser Absprache war auch Hinrik Breier beteiligt. In Peine trafen Brandis und Breier im April 1521 zum Ehevertrag mit dem Braunschweiger Bürgermeister Gerke Pawel[77] und dem Ratsherrn Hans van Vechelde wie den Bürgern Johan Brostede und Hantelman zusammen.[78] Auch die Hantelman gehörten ebenso wie die Brostede zu den Braunschweiger Ratsfamilien.[79]

Hans van Vechelde war ein Sohn des Braunschweiger Ratsherrn Albert van Vechelde, der von 1459 bis 1501 amtierte.[80] Albert van Vechelde hatte 1494 mit Henning Brandis am Bremer Hansetag teilgenommen. Sie kannten sich schon von früheren gemeinsamen Verhandlungen. Ja, Brandis hatte van Vechelde schon im Nachthemd gesehen.[81] Brandis war auch an der prächtigen Hochzeit einer Braunschweiger

---

72 Hinriks Sohn Fricke van Walbeck, der nach dem Helmstedter Großvater genannt war, folgte seinem Vater im Amt und saß von 1487 bis 1494 im Rat der Braunschweiger Altstadt. S. SPIEß, Ratsherren, S.227.

73 Vgl. BRANDIS, Diarium, S.223 (zu1518): *sondach na aller hilligen hadden doctor Johannes Brandis unde Margrete van Damme ore wertschop hyr in minem huse*.

74 S. HÄNSELMANN, Einleitung, S.VIIf.

75 S. SPIEß, Ratsherren, S.178

76 Margarete Brostede war die Enkelin der Anna van Sowinge in Braunschweig, vgl. BRANDIS, Diarium, S.232.

77 Gerke (II.) Pawel war von 1500 bis 1540 im Braunschweiger Rat. Er hatte gute Beziehungen, wie wir schon sahen, nach Hildesheim. Bei einem Aufstand in Braunschweig floh er 1513 nach Hildesheim. Gerke (II.) Pawels gleichnamiger Großvater hatte als Braunschweiger Bürgermeister an den Lüneburger Hansetagen vom Mai 1453 wie vom Juli 1456 teilgenommen. Gerke (I.) Pawel amtierte von 1430 bis 1463. Auch der Sohn Gerkes (II.) Pawel stieg zum Ratsherrn auf. Er saß von 1548 bis 1563 im Braunschweiger Rat. S. SPIEß, Ratsherren, S.176.

78 Vgl. BRANDIS, Diarium, S.233.

79 S. SPIEß, Ratsherren, S.85f, S.121f. Cord Brostede, der von 1455 bis 1488 amtierte, hatte im September 1464 an einem Tag in Braunschweig teilgenommen. S. zu seinen Amtsdaten SPIEß, Ratsherren, S.86.

80 Hans van Vechelde amtierte von 1521 bis 1527, s. SPIEß, Ratsherren, S.220.

81 Vgl. BRANDIS, Diarium, S.84, S.109 und S.123: *Ick leip vor des borgermesters Vecheldes doer unde kloppede. He kam im himmede.*

Bürgerstochter mit Hinrik van Vechelde im Jahre 1490 beteiligt.[82] Henning Brandis verheiratete seine älteste Tochter aus seiner zweiten Ehe 1504 mit dem Goslarer Bürgermeister Hinrik Mechteshusen, der von 1503 bis 1513 im Rat saß. Bei der Vorbereitung der Ehe war im Januar 1504 im Haus seines Bruders, des Propstes Tile Brandis, in Hildesheim neben Mechteshusen auch der Osterroder Bürgermeister Heise Vrigenhagen anwesend.[83] Als Henning Brandis 1508 Braunschweig wegen Problemen mit dem Rat verließ,[84] zog er zu seinem Schwiegersohn nach Goslar.[85]

Nach dem Tode seiner zweiten Frau heiratete Henning Brandis 1508 eine Tochter des Hannoveraner Bürgermeisters Hans Blome.[86] Gleichzeitig wurde Margarete Brandis, eine Tochter Hennings aus seiner zweiten Ehe, mit Antonius Blome, einem Sohn dieses Bürgermeisters verheiratet.[87] Nach Hannover zu den Blome ging Henning Brandis 1516 zeitweilig bei einer Pestwelle und endgültig 1526 bei Problemen mit dem Hildesheimer Rat unter Aufkündigung seiner Bürgerschaft. Dort starb er auch 1528.[88] Der Schwiegervater Hennings, Hans Blome, beteiligte sich am Hansetag vom Juni 1511 in Lübeck. Auch Blomes gleichnamiger Vater hatte als Bürgermeister Hannover 1462 auf dem Tag in Hildesheim und Braunschweig vertreten.

Deutlich wurde im Blick auf den Hildesheimer Bürgermeister Henning Brandis noch einmal die enge familiäre Verbindung zwischen den regionalen städtischen Eliten in Braunschweig, Einbeck, Goslar, Hannover, Helmstedt, Hildesheim und Osterrode.

Während Henning Brandis zum Bürgermeister in seiner Heimatstadt aufstieg und besonders im regionalen Rahmen wirkte, zog sein Hildesheimer Mitbürger und Altersgenosse Henning Büring über mehrere Stationen nach Hamburg.[89] Anscheinend war Büring um 1460 für einige Jahre Danziger Bürger. 1467 erhielt er Hausbesitz in Lübeck zurück.[90] Zu dieser Zeit lebte Büring schon in Hamburg. Ob er zwischen-

---

82 Diese Hochzeit wurde gleichzeitig mit derjenigen von Margarete Breier und Hans van Walbeck gefeiert: ... *des sondages im dage Antonii was de werschop to Brunswyk, dar wy Margareten Breigers Hanse Walpken und Annen Brunswikes Hinrik Vechtelde brochten. ... Na der maltyd dantzeden se up dem rathuse, dat nicht wontlik en was, unde de brude gingen gemeinliken alle genge, ein umm den anderen, ok im dantze. Des mandages dantzeden se ersten im huse, darna up dem rathuse*. Vgl. BRANDIS, Diarium, S.96f.

83 Vgl. BRANDIS, Diarium, S.177. Im Folgenden wird die prächtige Hochzeit beschrieben. Schon die Begleitung der Braut wies auf den Rang der Familie hin: *Wy hadden sament CIIII reisige perde, darmede XLV in geler kledinge, erbare lude unde ick mit minen negesten vrunden.*

84 ... *unde setten Hanse Brandis minen broder in der deve keller. Almechtige got alles wesendes.* Vgl. BRANDIS, Diarium, S.188. Zu dem Rechtsstreit und den sich daraus ergebenden großen Problemen s. HÄNSELMANN, Einleitung, S.XIIf.

85 *Dat erste mal, dat ick to Goslar lach, was ein jar tein weken dre dage*, vgl. BRANDIS, Diarium, S.188.

86 Blome hielt sich zu der Zeit wegen der Pest in Hildesheim auf, s. HÄNSELMANN, Einleitung, S.XIV.

87 EBD.

88 Vgl. BRANDIS, Diarium, S.255.

89 Zu Bürings Tätigkeit und zu seinen Geschäftsverbindungen mit anderen Hamburger Ratsherren s. ELLERMEYER, Reisen.

90 In Lübeck bürgte Büring 1461 für seinen Vetter, der dort im Gefängnis saß, gemeinsam mit mehrerer Hildesheimern, s. ELLERMEYER, Beobachtungen, S.139. Dieser Vetter war gemeinsam mit Albert Kale im Englandhandel engagiert. Kales Mutter stammte aus Hildesheim. Kale war

durch auch Lübecker Bürger war, muss offen bleiben. Seit 1469 amtierte er als Hamburger Ratsherr.[91] Um 1470 heiratete Büring Barbara Sandow, mit deren Vater er im Englandhandel zusammenarbeitete. Barbaras Großvater war wahrscheinlich der Hamburger Bürgermeister Hinrik Koting,[92] der zwischen 1441 und 1449 an sechs Hansetagen teilgenommen hatte. Büring beteiligte sich zwischen 1472 und 1492 an 16 Hansetagen und Verhandlungen. Henning Büring war stark im Englandhandel engagiert.[93] Für Fragen der Politik England gegenüber setzte er sich auch auf Hansetagen und in Verhandlungen ein.[94] Dabei arbeitete er mit dem Hamburger Bürgermeister Hinrik Murmester zusammen, mit dem ihn auch geschäftliche Interessen verbanden.[95] Büring starb 1499.

Auch Bürings drei Kollegen im Bürgermeisteramt, die mit ihm in den Jahren 1486 bis 1490 amtierten und sich noch häufiger als Büring an Delegationen und Verhandlungen beteiligten,[96] stammten nicht aus Hamburg. Nicolaus Sworne kam aus der Stader Ratsfamilie,[97] von denen wir schon ein Mitglied als Lübecker Bürger kennengelernt hatten.[98] Johan Huge war ein Sohn des Krempener Bürgermeisters.[99]

Auch der durch seine schriftstellerische Tätigkeit und den Auftrag zum „Illuminierten Hamburger Stadtrecht" bekannte Jurist und Hamburger Bürgermeister Hermann Langenbeck kam nicht aus Hamburg. Er stammte aus einer Buxtehuder Ratsfamilie.[100] Hermanns Großonkel, Bürgermeister Jakob Langenbeck, hatte Buxtehude auf dem Lübecker Hansetag vom März 1441 vertreten. Auch Hermanns Vater Garlef (I.) Langenbeck war Bürgermeister in Buxtehude. Garlef (I.) Langenbeck war mehrmals verheiratet. Wahrscheinlich stammt sein Sohn Hermann aus der Ehe Garlefs mit einer Tochter aus der begüterten Hamburger Familie van Mere. Hermanns Bruder Garlef (II.) Langenbeck folgte seinem Vater als Bürgermeister in Buxtehude. 1478 wurde Hermann Langenbeck, der sich in Perugia befand, wegen seiner juristischen Kenntnisse vom Hamburger Rat die Kooptation angeboten. 1479 wurde Langenbeck Hamburger Bürger und gleichzeitig Ratsherr.

Er verheiratete sich in demselben Jahr mit einer Tochter des 1461 verstorbenen Bürgermeisters Detlev (I.) Bremer.[101] Mit seinem Schwager Detlev (II.) Bremer war

---

mit einer Tochter des Hamburger Ratsherrn Martin Swartecop verheiratet, s. ELLERMEYER, Beobachtungen, S.139.

91 S. ELLERMEYER, Beobachtungen, S.141.

92 EBD.

93 Bei seinem Handel in London, Yarmouth, Lynn, Colchester und Ipswich arbeitete Büring mit Vertrauten aus Hildesheim, Lübeck und Danzig zusammen. Vgl. HUB 9, Nr.541, III, IV, IX (5).

94 S. ELLERMEYER, Reisen, S.66ff.

95 1471 kauften Büring und Murmester eine Rente vom Lüneburger Rat. Gemeinsam erwarben beide auch ein großes und ein mittelgroßes Kriegsschiff, das sich am Seekrieg der Hanse mit England beteiligte, s. ELLERMEYER, Reisen, S.20. Zur gemeinsamen politischen Tätigkeit der beiden Herren, s. ELLERMEYER, Beobachtungen, S.144.

96 S. die Übersichten bei ELLERMEYER, Reisen, S.90f.

97 Mehrfach reiste er als Hamburger Ratsherr nach Stade und wenigstens einmal beherbergte er in seinem Hause die Stader Delegierten, s. ELLERMEYER, Reisen, S.77.

98 Zum Lübecker Bürger Nicolaus Sworne s. S.419ff.

99 S. ELLERMEYER, Reisen, S.77.

100 Die folgenden Angaben nach REINCKE, Langenbeck, S.245ff, S.272f.

101 Bremer hatte zwischen 1439 und 1461 an zehn Hansetagen teilgenommen, vgl. die chronologi-

Langenbeck im März 1492 und im März 1501 auf einem Hansetag. Nach dem Tode Annas ging er mit der Tochter einer Buxtehuder Familie die Ehe ein.[102] Seinen Sohn Hermann verheiratete Langenbeck mit einer Tochter des Bürgermeisters Johan Huge, der mit ihm gemeinsam amtierte. Auch weitere Kinder heirateten in Hamburger Ratsfamilien ein. Langenbecks Sohn Albert ehelichte 1514 Gesche Bekendorp, eine Tochter des 1506 verstorbenen Ratsherrn Hermann Bekendorp. Die Tochter aus dieser Ehe namens Cecilia wurde dem späteren Hamburger Bürgermeister Hans Rodenborg in die Ehe gegeben. Rodenborg amtierte seit 1527 als Ratsherr und von 1536 bis 1547 als Bürgermeister.

Abb.5: Bürgermeister Langenbeck

Alke Langenbeck wurde mit dem Ratsherrn Joachim Sommerfeld verheiratet. Dieser war zunächst Sekretär im Hansekontor zu Brügge gewesen. Seit 1540 saß er im Hamburger Rat. Sommerfeld nahm zwischen 1523 und 1535 an sieben Hansetagen teil. Margarete Langenbeck, die Schwester der Alke, wurde mit Joachim Salsborch vermählt. Dessen Bruder Hinrik Salsborch amtierte seit 1522 als Ratsherr und seit 1523

sche Übersicht.

102 Es handelte sich um Cecilia van Sottrum.

als Bürgermeister. Er nahm an zehn Hansetagen teil. Sieben Mal beteiligte sich sein „Schwipp-Schwager“ Sommerfeld als Brügger Sekretär mit ihm an den Beratungen.

Während Henning Büring in Hamburg Ratsherr wurde, blieb sein Bruder Ludeke Büring in Hildesheim. Allerdings hatte auch er Kontakt zur hansischen Elite. Ludeke heiratete eine Schwester des später in Braunschweig zum Ratsherrn aufgestiegenen Cord Plaggemeyer.[103] Hennings Schwester Dorothea wurde mit dem Hildesheimer Ratsherrn Hinrik (I.) Vaget verheiratet.[104] Ihr Sohn Hinrik (II.) Vaget folgte seinem Onkel Henning und seinem Cousin Ludeke (II.) Büring in den Stahlhof nach London. Sie waren dort Ältermänner. Hinrik (II.) Vaget war im Englandhandel eng mit seinem Onkel Henning Büring verbunden. Auch Hinrik (II.) Vaget, Sohn des Hildesheimer Ratsherrn, zog nach Hamburg. Dort wurde er 1488 in den Rat kooptiert, in dem sein Onkel Henning Büring seit zwei Jahren als Bürgermeister saß. In Hamburg war auch Bürings Schwester Margarete mit dem Schonenfahrer und Oberalten Frederik Ostra verheiratet. Die Schwester Greteke des Henning Büring wurde mit Henning Raven verheiratet, der 1468 in den Hildesheimer Rat gewählt wurde.[105] Büring war in einer nicht ganz durchsichtigen Weise auch mit der Hildesheimer Ratsfamilie Steen verwandt.[106]

Wir konnten im Blick auf Henning Büring und seine Bürgermeisterkollegen in Hamburg das uns aus Lübeck vertraute Bild wiedererkennen: Führende Ratsherren kamen aus Familien, die in anderen Städten wichtige Funktionen innehatten. In Hamburg konnten sie schnell aufsteigen, knüpften durch ihre Heiratspolitik ein Ratsherrennetz, blieben aber weiterhin in Kontakt mit ihren Verwandten.

Kehren wir nach Lüneburg zurück. Wie wir sahen, war Stoketo mit einer Tochter des Lüneburger Ratsherrn Diderik (III.) Brömse verheiratet. Diderik und Hinrik Brömse waren Söhne des Lüneburger Ratsherrn Diderik (II.) Brömse, der mit Gesche Töbing verheiratet gewesen war.[107] Gesches Schwester Gebbeke war mit Johan Garlop verheiratet worden. Richel Brömse, eine Tochter des Lüneburger Ratsherrn Diderik (II.) Brömse, wurde mit dem dortigen Ratsherrn Cord Stöterogge verheiratet.[108] Die Tochter Sophie des Cord Stöterogge und der Richel Brömse wurde dem Ratsherrn Albrecht van Dassel zur Frau gegeben.[109] Die van Dassel stammten aus Einbeck und waren im 15. Jahrhundert nach Lüneburg gezogen. Albrecht van Dassels Sohn Ludolf wurde 1510 Lüneburger Ratsherr und 1514 Bürgermeister. Er starb 1537. Verheiratet war er in erster Ehe mit Gesche Stöterogge und in zweiter mit Ilsabe Sankenstede.[110] Auf dem Pokal, den er am Ende seines Lebens 1537 an den *amplissimum senatum Luneburgensem* gab, wies er durch sein Wappen wie diejenigen seiner bei-

---

103 S. ELLERMEYER, Beobachtungen, S.135.
104 S. ELLERMEYER, Beobachtungen, S.138.
105 EBD.
106 Büring setzte sich 1469 für die Freilassung seines wesentlich jüngeren *ohms* Lutke Steen aus der Haft in Lynn ein, s. ELLERMEYER, Beobachtungen, S.142.
107 Schon der Großvater Diderik (I.) Brömse saß von 1371 bis 1400 im Lüneburger Rat. Aus seiner Ehe mit Beate Sodmeister stammte Diderik (II.) Brömse, s. VON WITZENDORFF, Stammtafeln, S.19.
108 S. S.386.
109 S. VON WITZENDORFF, Stammtafeln, S.123 und S.25.
110 S. VON WITZENDORFF, Stammtafeln, S.25.

den Frauen auf seinen Rang in der Stadt hin.[111] Ludolf van Dassel nahm an 11 Hansetagen zwischen 1518 und 1535 teil. Albrecht van Dassels Tochter Richel, die sicherlich nach der Großmutter Richel (Brömse) benannt war, wurde mit Johan Töbing verheiratet. Johan Töbing war ein Sohn des Ratsherrn Meino Töbing, der von 1482 bis 1505 amtierte. Meino Töbing vertrat Lüneburg auf dem Lübecker Hansetag vom Februar 1505. Sein Sohn Johan Töbing wurde 1509 Ratsherr und starb 1518. In zweiter Ehe heiratete dieser 1504 Gesche Schomaker. Aus der Ehe mit Richel stammte eine Tochter Anna, die mit Hartwich Stöterogge verheiratet wurde.

Während Diderik (III.) Brömse in Lüneburg blieb, zog sein Bruder Hinrik nach Lübeck. Dort lebte schon ihr Onkel Nicolaus. Nicolaus Brömse gehörte zu den führenden Kaufleuten der Stadt. Dieses wird insbesondere durch sein Wappen auf dem Flügelretabel der Zirkelgesellschaft in der Katharinenkirche deutlich.[112] Hinrik Brömse heiratete in Lübeck Elisabeth Westfal, eine Tochter des Bürgermeisters Johan Westfal. Elisabeths Onkel war der Bischof Arnold Westfal. Auch Elisabeths Bruder Wilhelm Westfal konnte die Bischofswürde erringen.[113] Die Bedeutung dieser Familie kann also kaum hoch genug eingeschätzt werden. Elisabeths Vater Johan Westfal war seinerseits mit Margarethe van Calven verheiratet, einer Tochter des Ratsherrn Wilhelm van Calven.[114]

Sicherlich kannten sich die Familien Brömse und Westfal schon länger. Hinriks Onkel Nicolaus Brömse war nämlich beispielsweise 1431 mit Johan Westfal als Provisor benannt worden.[115] Seine Herkunft aus einer Lüneburger Ratsfamilie und die strategisch eindrucksvolle Heirat ermöglichten auch Hinrik Brömse 1477 die Kooptation zum Lübecker Rat und den Aufstieg zum Bürgermeister im Jahre 1487. Er nahm am Hansetag vom Mai 1487 in Lübeck gemeinsam mit Castorp teil. Brömse starb 1502. Seinen Sohn Diderik Brömse, der mit seinem Vornamen schon auf die Reihe der Lüneburger Bürgermeister hinwies,[116] verheiratete Brömse mit einer Tochter des Ratsherrn Johan (III.) Bere.[117] Diderik Brömse trat vier Jahre nach dem Tod seines Vaters in den Rat ein. Er starb schon 1508.

Sein Bruder Nicolaus Brömse folgte ihm 1514 im Ratsherrenamt und nahm seit 1518 an Hansetagen teil. Er war mit Margarete, einer Tochter des Lübecker Bürgers Hinrik (II.) Berck verheiratet.[118] Nicolaus Brömse spielte eine bedeutende Rolle in den internen Auseinandersetzungen in Lübeck zur Reformationszeit und prägte die

---

111 S. BURSCHE, Ratssilber, Nr.20, Pokal des Lutke Dassel, S.91.

112 S. ALBRECHT, Corpus, S.127 zur Herkunft des Scheinreliefs aus Westfalen: „Erst mit Ausführung der Gemälde, laut Familienwappen auf den Flügeln wahrscheinlich von Mitgliedern der Zirkel-Gesellschaft Hinrich Meteler (gest. 1433), Hans oder Karsten van Rentelen (gest. am 1. Juni 1431), Gottschalk van Wickede und Claus Brömse gestiftet, wird das importierte Steinrelief (in Lübeck?) zu einem Altarschrein mit drehbaren Gemäldeflügeln umgestaltet worden sein."

113 Zur Besonderheit der Bischöfe aus bürgerlichen Familien im Ostseeraum s. demnächst Stephan Selzer.

114 S. FEHLING, Ratslinie, S.75.

115 S. S.351.

116 In Lüneburg folgten auf einander im Rat: Diderik (I.) Brömse 1371 bis 1400, dessen Sohn Diderik (II.) Brömse, der Vater Hinriks, 1433 bis 1460, Diderik (III.) Brömse 1474 bis 1496.

117 S. FEHLING, Ratslinie, S.87.

118 S. FEHLING, Ratslinie, S.89.

hansische Politik in der Auseinandersetzung mit Wullenwever.[119] Dass Brömse über seine verwandtschaftlichen Beziehungen hinaus auch Kontakte zu Ratsmitgliedern anderer Städte schnell herstellen konnte, soll nur ein Beispiel zeigen.

Abb.6: Hinrik Brömse mit seinen Söhnen

Im Juni 1527 wurde Nicolaus Brömse als Provisor von dem Bergenfahrer Ciriacus Kinkel eingesetzt. Ciriacus war ein Sohn des Lübecker Ratsherrn Johan Kinkel, der von 1501 bis 1503 amtierte.[120] Aus den testamentarischen Gaben des Ciriacus Kinkel

119 Auch sein Neffe Hinrik Brömse, der Sohn Dideriks, wurde 1541 in den Rat gewählt, s. FEHLING, Ratslinie, S.101.

120 S. FEHLING, Ratslinie, S.87.

erschließt sich, dass er zu einer Familie gehörten, die in drei Städten Ratsherren stellten. Sein Vater amtierte in Lübeck. Ciriacus schenkte testamentarisch an seinen Schwager, den Ratsherrn Jakob Sierenberg in Bremen, an seinen Onkel Cord Kinkel, der auch in Bremen im Rat saß, und an seinen Onkel Diderik Kinkel, der Bürgermeister in Verden war.[121] Cord Kinkel beteiligte sich als Vertreter Bremens am Lübecker Hansetag vom September 1521.

Nicolaus Brömse war mit dem Lüneburger Ratsherrn Hartwich Stöterogge verwandt, von dem uns schon ein Vorfahre begegnet war.[122] Stöterogge hatte in Rostock und Köln studiert, bevor er 1487 in den Lüneburger Rat gewählt wurde. Er starb 1538.[123] Hartwich Stöterogge nahm zwischen 1506 und 1522 an zwölf Hansetagen teil.[124] Er heiratete die Tochter Margaret des Nicolaus Stoketo.[125] Stöterogges Frau entstammte der zweiten Ehe Stoketos mit Wobbeke Brömse, einer Tochter des Lüneburger Ratsherrn Diderik (III.) Brömse. Sie war somit eine Nichte des Lübecker Ratsherrn Hinrik Brömse. Ein Verwandter des Hartwich Stöterogge, der Lüneburger Ratsherr Hinrik Stöterogge, war mit Beate van Bardowiek verheiratet. Beate war eine Tochter des Lüneburger Bürgers Hermann van Bardowiek.[126] Beates Schwester Anna wurde mit Hinrik Garlop verheiratet.[127]

---

121 S. BRUNS, Bergenfahrer, S.149.

122 S. S.320,430.

123 Seine Tochter Gesche heiratete den Ratsherrn Ludolph von Dassel, während die Tochter Anna mit Hieronimus von Witzendorff die Ehe einging und die Tochter Dorothea sich mit Ludolf Semmelbecker vermählte. Stöterogges Sohn Nicolaus trat 1533 in den Rat ein und wurde 1550 Bürgermeister. Seine Schwäger van Dassel und Witzendorff vertraten Lüneburg auf Hansetagen in den 30er Jahren des 16. Jahrhunderts. Ludolf van Dassel hatte einen gleichnamigen Sohn, der nach dem Tod seines Vaters im Jahr 1537 in den Rat aufgenommen wurde und die Lüneburger Politik bis 1591 mitbestimmte. Dieser war verheiratet mit Ilsabe Sankenstede, einer Tochter des Ratsherrn Nicolaus Sankenstede.

124 Auch Hinrik Hoyeman, der mütterliche Großvater des Hartwich Stöterogge war schon am Ende des 15. Jahrhunderts auf hansischen Versammlungen aktiv gewesen, vgl. die chronologische Übersicht.

125 Das Wappen des Stifters wie das seiner Frau erscheint unter der rechten Pranke des großen Gießlöwen, den er dem Rat testamentarisch schenkte, s. BURSCHE, Ratssilber, Nr.24, S.99. Auch Hartwichs Sohn, der Lüneburger Ratsherr Nicolaus Stöterogge, sorgte für seine Memoria im Rat. Er stiftete 1560 den „Pokal mit dem Stammbaum Christi". Im Deckelinnern befinden sich sein Wappen wie diejenigen seiner beiden Ehefrauen Ilsabe Elver wie Barbara Glöde, s. BURSCHE, Ratssilber, Nr.28, S.109.

126 S. VON WITZENDORFF, Stammtafeln, S.4.

127 Beate verband sich in einer weiteren Ehe mit dem Ratsherrn Johann Hacker, der mit Garlop am Hansetag vom Oktober 1537 teilnahm. Die Kinder aus der Ehe von Hinrik Garlop und Anna van Bardowiek heirateten wiederum in Lüneburger Ratsfamilien ein. Doppelt war die Verbindung mit den Töbings: Ihr Sohn Johann Garlop heiratete Anne Töbing, während ihre Tochter Elisabeth Garlop dem Ratsherrn Hinrik Töbing zur Ehe gegeben wurde. Der Sohn Hinrik Garlop heiratete Dorothea Semmelbecker, die Tochter des Ratsherrn Ludolf Semmelbecker. Die Tochter Ursula des Hinrik Garlop schließlich verband sich mit Franz Witzendorff, einem Bruder des Hieronimus Witzendorff, der gemeinsam mit Garlop am Hansetag vom Juli 1535 in Lüneburg

Garlop entstammte einer Familie, die schon seit dem Ende des 13. Jahrhunderts in Lüneburg Ratsherren stellte und aus der sich auch immer wieder Mitglieder an Hansetagen beteiligten. Hinriks Vater Johan Garlop saß seit 1487 im Lüneburger Rat und wurde 1505 Bürgermeister. Er wurde direkt nach dem Tod seines Bruders Ludolf gewählt, der im Januar 1485 auf einem Hansetag zu Lübeck aufgetreten war.[128] Johan Garlop war mit Hille Springintgud verheiratet, einer Tochter des Ratsherrn Johan Springintgud,[129] der Lüneburg auf dem Lübecker Tag vom September 1432 vertreten hatte. Hilles Onkel war der Ratsherr Diderik (III.) Springintgud. Hilles Schwester Gesche wurde mit Jakob Schomaker verheiratet.[130] Schomaker war auch Ratsherr und erschien zwischen 1481 und 1510 auf Hansetagen. Häufig ist er gemeinsam mit seinem Schwager Cord Lange aufgetreten. Lange wurde 1476 Ratsherr und 1479 Bürgermeister.[131] Er war mit Gebbeke, einer Tochter des Ratsherrn Hartwich (I.) Schomaker verheiratet, der Lüneburg zwischen 1441 und 1476 auf zehn Tagen vertreten hat. Schomaker starb auf dem Hansetag von 1476 in Bremen. Sein Sohn Hartwich (II.) Schomaker war mit Alheid verheiratet, einer Schwester des Ditmar Sankenstede, der zusammen mit Cord Lange am Tag von 1486 teilnahm. Die Vertreter Lüneburgs auf diesem Tag sind also als „Schwipp-Schwäger" anzusprechen.

Ditmar Sankenstede wurde 1482 in den Rat gewählt und 1487 Bürgermeister. In dieser Funktion nahm er an Hansetagen bis 1494 teil. Als Bürgermeister war ihm sein Cousin Nicolaus Sankenstede vorausgegangen, der sich zwischen 1469 und 1481 an neun Hansetagen beteiligte. Ditmar Sankenstede war in zweiter Ehe mit Gesche Tzerstede verheiratet.[132] Mit Gesche war entfernt auch der Ratsherr Gottfried Tzerstede verwandt, der die Schwester Ilsabe der Hille (Springintgud) heiratete.[133] Tzerstede trat im März 1486 auf einer Versammlung in Lübeck auf. Ludolf Tzerstede, ein Bruder der Frau des Ditmar Sankenstede, amtierte von 1486 bis 1503 als Ratsherr. Er war mit Gebbeke Garlop verheiratet. Seine Schwester Wobbeke heiratete den Ratsherrn Ludolf Garlop.[134] Ludolf Garlop amtierte seit 1482 als Bürgermeister. Er nahm an den Lübecker Hansetagen 1483 und 1485 teil. Ludolfs Neffe Hinrik Garlop, Sohn seines Bruders Johan Garlop und der Hille Springintgud, trat 1524 in den Lüneburger Rat ein und wurde 1532 Bürgermeister. Er beteiligte sich zwischen 1533 und 1537 an

---

und Lübeck teilnahm. Hieronimus Witzendorff war ein Sohn des Johan Witzendorff, der seit 1499 im Rat saß und 1507 verstarb. Verheiratet war dieser mit Ilsabe Lange, einer Tochter des Hinrik (II.) Lange. Hieronimus Witzendorff wurde 1517 Ratsherr, beteiligte sich an der Einführung der Reformation in Lüneburg, wurde 1533 Bürgermeister und verstarb 1556. Verheiratet war er mit Anna Stöterogge, einer Tochter des Ratsherrn Hartwich Stöterogge. Hartwich Witzendorff, der Sohn aus dieser Ehe, heiratete Beate, eine Tochter des Ratsherrn Johann Hacker, der auch an diesem Tag teilnahm.

128 Ludolf Garlop hatte dem Rat einen Buckelpokal mit hl. Christophorus zum Angedenken geschenkt. Die Inschrift weist auf seinen Rang als *Proconsul* hin und nennt seinen Todestag, s. BURSCHE, Ratssilber, Nr.13, S.74f.

129 S. VON WITZENDORFF, Stammtafeln, S.41.

130 S. VON WITZENDORFF, Stammtafeln, S.121.

131 S. VON WITZENDORFF, Stammtafeln, S.113.

132 S. VON WITZENDORFF, Stammtafeln, S.135.

133 Gottfried war ein Sohn aus der Ehe des Albert Tzerstede und der Alheid Lutzeke, s. VON WITZENDORFF, Stammtafeln, S.135.

134 S. VON WITZENDORFF, Stammtafeln, S.135.

drei Hansetagen. Johan Garlop, ein Bruder Hinriks, war mit einer Lübeckerin vermählt, nämlich mit Katharina Westfal. Sie war eine Schwester des Ratsherrn Hinrik Westfal, der seit 1496 amtierte und 1505 starb. Hinrik Westfal war seinerseits mit Heileke, einer Tochter des Ratsherrn Johan van Wickede aus der Ehe mit Katharina van Stiten, verheiratet.[135] Katharina Westfals Tante Elisabeth war, wie wir schon sahen, mit dem Lübecker Bürgermeister Hinrik Brömse verehelicht.

Hinrik Garlop starb 1553. Er war mit Anna van Bardowiek verheiratet.[136] Annas Bruder Leonhard van Bardowiek war mit Margarethe van Dassel verehelicht.[137] Nicolaus van Bardowiek, ein weiterer Bruder Annas, zog von Lüneburg nach Lübeck. Dort heiratete er Hedwig, eine Tochter des Bürgermeisters Thomas van Wickede. Van Wickede gilt als eine der glänzenden Gestalten der Lübecker und hansischen Politik am Beginn des 16. Jahrhunderts, der wegen seiner Beredsamkeit gerühmt wurde. Er vertrat die Stadt auf Hansetagen 1511, 1515 und 1516. Er nahm an Friedensverhandlungen in Malmö 1512 wie an denjenigen mit den Holländern 1514 in Bremen teil. Van Wickede führte die hansische Gesandtschaft zu König Gustav Wasa. Verheiratet war Thomas van Wickede, Sohn des Ratsherrn Johan van Wickede, mit einer Tochter des Ratsherrn Hinrik van Calven.[138] 1527 wurde Nicolaus van Bardowiek Ratsherr in Lübeck und 1544 Bürgermeister. 1532 befehligte er die Lübecker Flotte.[139] Van Bardowiek nahm an den Hansetagen vom Mai 1530 in Lübeck und vom Juli 1537 in Danzig teil. Elisabeth van Bardowiek, Annas Schwester, heiratete Diderik (IV.) Brömse. Dieser war seit 1531 Ratsherr in Lüneburg.[140] Brömse war ein Enkel des gleichnamigen Lüneburger Ratsherrn, dessen Bruder Hinrik nach Lübeck gezogen war.

Kehren wir nach diesem Blick in die verwirrend engen verwandtschaftlichen Beziehungen innerhalb des Lüneburger Rates und Lübecker Rates wie zwischen deren Mitgliedern zu den Castorp und in das 15. Jahrhundert zurück. In zweiter Ehe verheiratete sich Hinrik Ebeling mit Geseke Kerkring, einer Tochter des Johan (I.) Kerkring. Auch Hinrik Castorp wählte 1472 nach dem Tode seiner ersten Frau eine Schwester Gesekes, Taleke Kerkring, zur Frau.[141] Deren Bruder Johan heiratete Hinrik Castorps Tochter Taleke aus erster Ehe.[142] Hinrik Castorp war also nicht nur Schwiegersohn Ebelings, sondern auch sein Schwager. Für den Ratsherrn Johan (II.) Kerkring, den Bruder Talekes, ist die Beziehung ähnlich komplex.[143] Er war Schwager wie auch Schwiegersohn Castorps. Mit einer weiteren Schwester Gesekes und Talekes war Ratsherr Hinrik (II.) van Hachede, Sohn Hinriks und Enkel des Ratsherrn Heyno van Hachede, verheiratet.[144] Van Hachede nahm mit Castorp an den Hanseta-

135 S. FEHLING, Ratslinie, S.84.
136 S. VON WITZENDORFF, Stammtafeln, S.41.
137 S. VON WITZENDORFF, Stammtafeln, S.4.
138 S. FEHLING, Ratslinie, S.88.
139 S. FEHLING, Ratslinie, S.92f.
140 S. VON WITZENDORFF, Stammtafeln, S.19.
141 S. NEUMANN, Castorp, S.11.
142 EBD.
143 S. auch oben zu der Ehe des Henning Brandis und seines Sohnes mit zwei Schwestern. Zum Revalhandel Kerkrings s. VOGTHERR, Livlandhandel, S.217f.
144 S. FEHLING, S.77.

gen vom Januar 1462 und vom September 1465 teil. Sie versuchten gemeinsam mit Hinrik Lipperode letztlich erfolglos 1464 in Preußen Frieden zwischen dem Deutschen Orden und Polen zu stiften.[145] Johan (II.) Kerkring wurde 1484 in den Rat kooptiert und starb 1516. Er beteiligte sich zwischen 1503 und 1511 an Hansetagen.

Mit einer weiteren Schwester Johans (II.) Kerkring verheiratete sich in dritter Ehe der Bürgermeister Andreas Geverdes,[146] der aus Magdeburg nach Lübeck gezogen war.[147] Die Verbindung zwischen Castorp und seinem Kollegen Geverdes wurde noch enger durch die Heirat des Georg Geverdes, Sohn des Andreas, mit Anne, einer Tochter Castorps.[148] Die Tochter aus dieser Ehe des Georg Geverdes, der zuvor mit Taleke Lüneburg verheiratet gewesen war,[149] mit Anne Castorp namens Geseke wurde 1504 mit Vritze (III.) Grawerd verheiratet. Dieser war ein Enkel des Ratsherrn Vritze (II.) Grawerd, der mit Adela Bere verheiratet gewesen war.[150] Vritze (III.) Grawerd wurde 1509 in den Rat kooptiert. Er starb 1538. Er führte die lübische Flotte 1511 bei den Siegen über die Dänen wie über die Holländer.[151] Im Mai 1530 beteiligte er sich am Lübecker Hansetag.

Andreas Geverdes war ein Jahr vor Castorp in den Rat gekommen und amtierte seit 1475 als Bürgermeister. Auf den vier Hansetagen, die er besuchte - 1461, 1469, 1470, 1476 -, war auch Hinrik Castorp anwesend. Geverdes arbeitete eng mit dem Lübecker Ratsherrn Overdyk zusammen.[152] Wie wir schon gesehen hatten, stand der aus Essen stammende Overdyk in familiären Beziehungen zu den Segeberg.[153] Die Brüder Segeberg als Vertreter Lübecks und Greifswalds trafen mit Castorp auf dem Lübecker Hansetag zu Johannis Baptista 1456 zusammen.

Castorps gleichnamiger Sohn heiratete in erster Ehe eine Tochter des Bürgermeisters Johan Wickinghoff und in zweiter nach 1500 eine Tochter des Bürgermeisters Brun Bruskow.[154] Bruskow war zusammen mit Castorp auf dem Hansetag vom September 1479 in Münster. Wickinghoff und Castorp berieten zusammen als Bürgermeister auf dem Hansetag vom Mai 1487 in Lübeck. Dieses war der letzte Tag, an dem Hinrik (I.) Castorp teilnahm.

Neben diesen engen verwandtschaftlichen Bindungen zu führenden Politikern hatte Hinrik (I.) Castorp auch durch seine Geschäfte ein Beziehungsnetz gestaltet, das selbstverständlich seine Lübecker (angeheirateten) Verwandten umfasste, aber auch Herren in weiteren Hansestädten einbezog. Schon in seiner Brügger Zeit war Castorp geschäftlich mit Engelbert Veckinghusen und dem Lübecker Ratsherrn Hermann (II.) Dartzow verbunden.[155] Besonders eng war Castorps Zusammenarbeit mit Hermann

145 S. NEUMANN, Castorp, S.48f. Lipperode handelte auch nach England, s. JENKS, England, S.930.

146 S. NEUMANN, Castorp, S.109 Anm.125.

147 S. FEHLING, Ratslinie, S.75. In seinem Testament schenkte Geverdes an Institutionen in Magdeburg, vgl. AHL, Testamente, Andreas Geverdes radman, 24. November 1470.

148 S. NEUMANN, Castorp, S.11.

149 S. NEUMANN, Castorp, S.138 Anm.128 und die Stammtafel.

150 S. FEHLING, Ratslinie, S.89.

151 S. FEHLING, Ratslinie, S.88.

152 S. FEHLING, Ratslinie, S.75.

153 S. S.435.

154 S. NEUMANN, Castorp, S.11.

155 S. NEUMANN, Castorp, S.19. Hermann (II.) Dartzow, ein Sohn des gleichnamigen Ratsherrn,

Sobberhusen, der seinerseits mit dem Ratsherrn Hermann Sundesbeke in engerem geschäftlichen Kontakt stand.[156] Sobberhusen hatte auch geschäftliche Beziehungen zum Revaler Bürgermeister Everd Pepersak, der an zwei regionalen Tagen teilnahm.[157] Castorp und Sobberhusen besaßen gemeinsam eine Holk.[158] In zwei Schadensfällen, die sich jeweils auf über 2000 Mark beliefen, werden Castorp und Sobberhusen 1459 und 1460 mit ihren jeweiligen Partnern, dem Braunschweiger Bürger Bertram van dem Damme[159] und dem Stendaler Klaus Volkfeld, genannt.[160] Ein weiterer Schadensfall aus dem Jahre 1463 lässt die Zusammenarbeit zwischen Castorp, Sobberhusen und dem Ratsherrn Tile Blesen aus Frankfurt an der Oder erkennen.[161] Dass Castorps Beziehungen zu anderen Delegierten hilfreich waren, zeigt sich daran, dass sich schon am 1. Oktober 1460 die zu Lüneburg versammelten Abgeordneten für die im September des Jahres beschlagnahmten Güter Castorps einsetzten.[162] Hinrik Castorp, sein Bruder Hans, Hermann Sobberhusen, Hinrik Prume und Karsten Greverade kauften im September 1470 vom dänischen König für 3200 Mark einen Anteil am Gottorfer Zoll. Diese Rente war jährlich am 6. Oktober fällig und sollte immer im Hause des Kieler Bürgermeisters Goslik Middelburg ausbezahlt werden.[163] Der Kauf dieser Rente sollte wie andere Anleihen, für die Castorp sich verwandte, dem König ermöglichen, seine Schulden beim Adel zu bezahlen.[164] Der Kieler Bürgermeister Goslik Middelburg, der am Hansetag von 1456 in Lübeck teilnahm, stand also in vertrauten Beziehungen zu Castorp und Geverdes.[165]

Mit Sobberhusen, dem Ratsherrn Ludeke Bere, Hermann Bere und Walter Bretholt setzte sich Castorp beim Rat dafür ein, dass der Kaufmann Godeman van Buren eine Wechselstube in Lübeck einrichten durfte.[166] Hinrik Berck, Hermann Sobberhusen, Wolter Bretholt, Godeman van Buren, Diderik van der Beke, Marquard Vinke, Hermann Vroling und Hans Castorp forderten 1459 Gut aus einem vor Gotland gestrandeten Schiff zurück.[167] Van der Beke, Vinke und Vroling hatten wir schon in

---

amtierte von 1451 bis 1456. Er war mit Gertrud, einer Tochter des Hermann van Stiten verheiratet, s. FEHLING, Ratslinie, S.75.

156 Zu Sobberhusen und Sundesbeke s. S.456.

157 S. DERRIK, Tafelgilde, S.155.

158 1459 kauften Sobberhusen und Hinrik Castorp von einem *schipper* 5 *sestendel part* eines Schiffes, vgl. AHL, Niederstadtbuch zu 1459 Bonifacii. 1464 besaßen Hinrik Castorp, Hans Castorp und Hermann Sobberhusen ein (dieses?) Schiff, s. NEUMANN, Castorp, S.20.

159 In der Braunschweiger Ratsfamilie van dem Damme ist der Vorname Bertram mehrfach belegt. Von 1503 bis 1505 amtierte ein Bertram van dem Damme als Ratsherr der Altstadt, s. SPIEß, Ratsherren, S.93.

160 S. NEUMANN, Castorp, S.29

161 S. NEUMANN, Castorp, S.30.

162 S. NEUMANN, Castorp, S.31.

163 Vgl. LÜB UB 11, Nr.639.

164 S. NEUMANN, Castorp, S.72f.

165 S. LANDGRAF, Bevölkerung, S.60f.

166 Die sechs Partner bürgten jeder mit 1000 Mark für das Unternehmen. Godeman van Buren ging später in Konkurs. S. NEUMANN, Castorp, S.20.

167 Es handelte sich um das Schiff der Cluys Wolter und Kersten Schone, vgl. AHL, Niederstadtbuch zu 1459 Conceptio Marie.

ihren Beziehungsnetzen vorstellen können.[168] Eine Tochter des hier genannten Hinrik (I.) Berck war mit dem Ratsherrn Diderik Hupe verheiratet.

Abb.7: Grabplatte des Thideman Berck und seiner Frau

Hupe saß seit 1477 im Rat und wurde 1494 Bürgermeister.[169] Er hatte besonderes Interesse am Londoner Kontor und verhandelte 1491 in Antwerpen mit den Gesandten des englischen Königs. Im Mai 1487 nahm er am Lübecker Hansetag teil. Auch Hupes Schwager Thideman Berck, der Ältermann des Londoner Kontors gewesen war,[170] amtierte seit 1489 als Ratsherr.[171] 1501 wurde er Bürgermeister und nahm

168 S. Netze 95,88,100.

169 S. FEHLING, Ratslinie, S.81f.

170 Zu Bercks Brügger Beziehungen s. RÖßNER, Memoria, S.281f. Bercks wohl in Flandern gefertigte Grabplatte für sein Grab in der Lübecker Marienkirche ist in Teilen erhalten, s. HASSE, Marienkirche, S.165.

171 S. FEHLING, Ratslinie, S.84.

mehrfach an Hansetagen und Verhandlungen teil. 1497 reiste er mit seinem Kollegen Hinrik Witte nach Novgorod, um über die Wiederöffnung des Hofes zu verhandeln.[172] Berck war mit einer Tochter des Hinrik Möller verheiratet. Eine Nichte seiner Frau war mit dem Ratsherrn Hinrik Köhler verheiratet worden. Köhler stammte aus Stadthagen. Dort war sein Vater Johan Köhler Bürgermeister gewesen. Hinrik Köhler gehörte von 1537 bis 1563 dem Lübecker Rat an.[173] Er nahm am Danziger Hansetag vom Juli 1537 teil. Sein Bruder Johan Köhler, der Protonotar und später Propst in Lüneburg war, hatte am Lübecker Hansetag im November 1518 teilgenommen. Johan Köhler, der strenge Gegner der Lutheraner, hat sich besonders um seine Memoria gesorgt. „Eine der schönsten Arbeiten des Lüneburger Ratssilbers" wurde von ihm mit Hinweis auf seine Laufbahn 1536 dem Rat geschenkt.[174]
Kehren wir in das 15. Jahrhundert und zu Castorps Partnern zurück. Wolter Bretholt war 1444 livländischer Vertreter in Flandern gewesen. 1450 amtierte er mit Castorp zusammen als Ältermann in Brügge. Wolter war ein Bruder des Revaler Bürgermeisters Marquard (II.) Bretholt.[175] Die Bretholt sollen aus Visby stammen.[176] Als erster Ratsherr dieses Namens in Reval wird im frühen 15. Jahrhundert ein Marquard Bretholt erwähnt. Dessen Sohn Marquard (II.) wurde 1439 in den Revaler Rat kooptiert. Er starb um 1476.[177] Marquard (II.) Bretholt nahm zwischen 1442 und 1470 an acht regionalen Tagen teil. Sein gleichnamiger Sohn folgte ihm im Ratsamt.[178] Marquard (III.) Bretholt traf als Vertreter Revals auf dem Hansetag vom Mai 1487 in Lübeck mit Hinrik Castorp, dem Geschäftspartner seines Onkels, zusammen.

Die Beziehungen nach Reval waren für Hinrik (I.) Castorp seit seiner Brügger Zeit wichtig. Vielleicht hat er selbst dort gelebt. Sicher wohnte dort für einige Zeit um 1448 sein Bruder Hans Castorp.[179] 1469 ließ Hinrik (I.) Castorp dem Revaler Ratsherrn Johan van Berchem 24 Rh. Gulden überbringen.[180] Van Berchems Tochter Katharina war mit dem Revaler Bürgermeister Johan Gellinkhusen verheiratet worden. Dieser nahm zwischen 1497 und 1507 an vier regionalen Tagen teil. Zwischen Johan van Berchem und dem Revaler Diderik Sierenberg bestanden geschäftliche und wohl auch verwandtschaftliche Beziehungen.[181] Sierenberg war mit dem Bremer Ratsherrn Hinrik Sierenberg verwandt, der wiederum mit dem Lübecker Ratsherrn Johan Kinkel familiär verbunden war.[182] Mit dem Dorpater Ratsherrn Hildebrand Veckinghusen hatte Castorp im Jahre 1442 eine Geschäftsbeziehung.[183] Sicherlich stand Castorp

172 Zu Bercks bedeutendem Handel mit Riga und Reval s. VOGTHERR, Livlandhandel, S.218f.
173 S. FEHLING, Ratslinie, S.101.
174 S. BURSCHE, Ratssilber, Nr.19 Münzpokal, S.87.
175 S. NEUMANN, Castorp, S.105 Anm.49.
176 S. KARNATZ, Zwischen der Bai und Nowgorod, S.35ff.
177 S. DERRIK, Tafelgilde, S.66.
178 S. DERRIK, Tafelgilde, S.67.
179 S. NEUMANN, Castorp, S.25.
180 EBD.
181 S. DERRIK, Tafelgilde, S.54, S.299.
182 1522 erhob der Bremer Ratsherr Anspruch auf das Erbe des in Reval verstorbenen Diderik Sierenberg, s. SEEBERG-ELVERFELDT, Revaler Regesten, Nr.132.
183 Zu den Veckinghusen und ihrer Verbindung mit Ebeling s. S.399.

auch weiterhin mit dem Onkel seiner ersten Frau in Verbindung. Veckinghusen nahm an einem regionalen Tag im Februar 1458 in Wolmar teil.

Gemeinsam mit dem Ratsherrn Bernd Dartzow, seinem Bruder Hans Castorp und Hinrik Prume handelte Hinrik Castorp auch mit Baiensalz.[184] Bernd Dartzow war ein Sohn des Ratsherrn Hermann (II.) Dartzow und amtierte von 1460 bis 1479.[185] Er hatte eine Tochter mit Hermann van Wickede verheiratet, der seit 1479 im Rat saß.[186] Van Wickede wurde 1489 zum Bürgermeister gewählt und war mehrfach an Hansetagen und Verhandlungen beteiligt. Er starb 1501.[187]

1450 musste Castorp einen Sonderzoll auf seine Waren in Amsterdam bezahlen. Dieses erledigte für ihn sein Vertrauter Hinrik Prume. Prume übergab das Geld an den Amsterdamer Bürger Johan Betze. Betze stieg zum Bürgermeister von Amsterdam auf. Bei ihm pflegte Castorp bei seinen Aufenthalten in Amsterdam zu wohnen.[188] Betze und Castorp leiteten 1479 die Verhandlungen in Münster, bei denen es um die Bereinigung der Probleme mit den Niederländern ging.[189] Auch zu Mitgliedern des Kölner Rates stand Castorp in Beziehungen. 1454 und 1468 war er Bevollmächtigter des Kölner Ratsherrn Johan Steenhus.[190] 1479 hatte Castorp Geschäftsbeziehungen zu dem ehemaligen Brügger Ältermann und künftigen Kölner Ratsherrn Gerd van Wesel.[191]

Enger und über längere Zeit war Hinriks Bruder Hans Castorp mit van Wesel geschäftlich verbunden. Van Wesel wandte sich deshalb auch drei Jahre nach Beilegung des zehnjährigen Streites zwischen Köln und Lübeck im Jahre 1476, als man ihn immer noch nicht wieder zum Londoner Kontor zulassen wollte, in einem Brief an die Ratsherren Hinrik (I.) Castorp, Diderik Hup und Thideman Evinghusen in Lübeck und erbat ihre Unterstützung: *umb older kennissen und frundtschap willen.*[192] Die genannten Herren ließen sich aber Zeit. Im August 1479 instruierte van Wesel seinen Handlungsgesellen Tylman Bruwer, der mit weiteren Briefen an die jeweiligen Räte in die wendischen Hansestädte reisen wollte, genau über das Vorgehen. Bruwer sollte, bevor er seine Briefe den Räten in Wismar, Rostock, Stralsund, Lüneburg und Hamburg überreichte, unbedingt mit Hans Castorp sprechen *und bidden en, dat hey ure ratgever und frunt in dessen sachen sij*. Hans Castorp sollte die Verbindung zu seinem Bruder Hinrik herstellen.[193] Damit diese Anfrage günstig aufgenommen würde, sollten die *gode fruynt sechs fesgin gudes wyns* erhalten, *des besten dat dyt jaer up Rynstrome gewassen is.*[194] Auch für Trinkgefäße war gesorgt. *6 Romsche bekerg-leser* sollten ihnen übergeben werden. Ebenso sollte Bruwer den Kontakt mit den

184 S. NEUMANN, Castorp, S.22.
185 S. FEHLING, Ratslinie, S.78.
186 Zu Hermanns Vater Johan van Wickede s. S.421f.
187 S. FEHLING, Ratslinie, S.82 und zu seinem Sohn Thomas s. S.500.
188 S. NEUMANN, Castorp, S.31, S.66.
189 S. NEUMANN, Castorp, S.66.
190 S. NEUMANN, Castorp, S.24.
191 EBD.
192 Vgl. HUB 10, Nr.722.
193 ... *sunderlinge an sijne broder her Hinric to helpen fogen* ... Vgl. HUB 10, Nr.760 (29. August 1479).
194 Vgl. HUB 10, Nr.722.

Ratsherren Diderik Hupe und Thideman Evinghusen suchen *und bidden sij van mijnen wegen ... zo helpen en der sachen.*[195] Auch den Leiter der städtischen Verwaltung, *meister Jan Osthusen der stad doctor*, sollte Bruwer einbinden: *dat hey der sachen frunt sij*. Ein Geschenk gab es auch für den Lübecker *secretarius* Johan Bersenbrügge.[196] Dieser war aber mit der Gabe für seine Leistungen nicht zufrieden. Im Oktober 1479 wies er auf seine großen Leistungen für van Wesel hin und wünschte sich von dem *gude vrund* dafür einen *ummegaende harnsch ... mit blancken kragen ... den kragen nicht alto hoge unde redeliken wiit van den schoensten*. Er gab auch gleich den Meister in Köln an, bei dem die Arbeit ausgeführt werden sollte.[197]

Deutlich wird aus dieser Instruktion für seinen Gehilfen Bruwer, wie van Wesel die Kontakte zu seinen Lübecker Geschäftspartnern bei seinen politischen Problemen nutzte. Durch die vorangegangenen Auseinandersetzungen war die Verbindung zu den Ratsherren allerdings erschwert. Deshalb versuchte van Wesel über seinen langjährigen Geschäftspartner Hans Castorp Zugang zum Leiter der lübeckisch-hansischen Politik, zu Hinrik (I.) Castorp zu erlangen. Anscheinend haben die Kontakte und Geschenke gewirkt. Im Mai 1487 nahm van Wesel am Hansetag in Lübeck teil.

Auch mit weiteren Danziger Ratsherren stand Hinrik (I.) Castorp in engen Beziehungen. 1463 war er Bevollmächtigter des 1462 verstorbenen Danziger Ratsherrn Hermann Rodlinghusen.[198] Rodlinghusen amtierte seit 1456. Er war mit Christine Budding verheiratet. Sie war eine Tochter des Danziger Schöffen Jakob Budding, der aus Dortmund stammen soll.[199] So könnten Castorps Kontakte schon aus Dortmunder Bekanntschaft herrühren. 1448 als Brügger Ältermann war Castorp Prokurator des Danziger Ratsherrn Walter van dem Walde.[200] Van dem Walde war seit 1446 Ratsherr und wurde 1461 zum Bürgermeister gewählt.[201] Er beteiligte sich zwischen 1446 und 1453 an vier regionalen Tagen in Preußen. Nachdem er schon im Mai 1453 am Lübecker Hansetag teilgenommen hatte, saß er im September 1465 mit Castorp gemeinsam im Gestühl der hansischen Delegierten in Lübeck. Van dem Walde war mit einer Tochter des Danziger Schöffen Johan Timmermann verheiratet. Dieser war ein Bruder des Revaler Ratsherrn Gottschalk Timmermann.[202] Gottschalk Timmermann vertrat Reval auf regionalen Tagen 1443 und 1444 in Pernau und Walk. Auch der Vater des Danziger Schöffen und des Revaler Ratsherrn, Johan Timmerman, hatte engere Kontakte zu Lübecker führenden Familien. Er war mit Katharina Ilhorn, einer

195 Vgl. HUB 10, Nr.760.

196 Es handelte sich um eine *scheyde myt 6 schrijftmetzeren*, vgl. HUB 10, Nr.760.

197 Vgl. HR 3,1,140 (11. Oktober 1479).

198 S. NEUMANN, Castorp, S.26.

199 S. ZDRENKA, Rats- und Gerichtspatriziat 1, S.243. Christine heiratete nach Rodlinghusens Tod 1466 den Bürger Johan Wise. Ihr Sohn Hinrik Wise wurde 1507 Ratsherr und 1514 Bürgermeister. Er starb 1525. S. ZDRENKA, Rats- und Gerichtspatriziat 1, S.455f. Hinrik Wise nahm als Bürgermeister am Hansetag vom Januar 1523 in Stralsund teil.

200 S. NEUMANN, Castorp, S.26.

201 S. ZDRENKA, Rats- und Gerichtspatriziat 1, S.444.

202 Johan Timmermann ist als einziges Mitglied des Danziger Rates im Mitgliederverzeichnis der Revaler Tafelgilde zu seinem Begängnis eingetragen worden, s. DERRIK, Tafelgilde, S.30.

Tochter des ehemaligen Lübecker Bürgers Cord Ilhorn, verheiratet.[203] Wahrscheinlich war Cord Ilhorn mit Johan Ilhorn, dem Schwiegervater des Engelbert Veckinghusen und des Hinrik Ebeling, verwandt.[204] Timmermans Sohn Mathias, also der Schwager van der Waldes, war mit Dorothea Ferber, einer Tochter des Bürgermeisters Johan Ferber verheiratet worden.[205]

Hinrik Castorps gleichnamiger Sohn konnte in der Lübecker und hansischen Politik nicht die bedeutende Rolle seines Vaters fortführen. Eine Beobachtung, die wir im Blick auf die hansischen Delegierten schon mehrfach machen konnten. Hinrik (II.) Castorp nahm nur an zwei Hansetagen teil. Auf demjenigen vom Juni 1511 war auch der mit ihm entfernt verwandte Hermann (II.) Meier anwesend.[206] Meier, der besonders im Revalhandel engagiert war,[207] saß seit 1500 im Lübecker Rat. Er war mit einer Tochter des Lübecker Ratsherrn Berthold Witik verheiratet. Witiks gleichnamiger Verwandter, der sicherlich nach ihm genannt worden war, wurde Ratsherr in Lüneburg. Der Lüneburger Ratsherr Berthold Witik nahm am Hansetag vom Februar 1509 in Lübeck teil, während Meier sich an sechs Tagen zwischen 1506 und 1525 beteiligte. Meiers gleichnamiger Sohn, der 1548 in den Rat kooptiert wurde, war mit einer Tochter des Nicolaus Brömse verheiratet.

Der Einblick in die familiäre und geschäftliche Umgebung des wichtigsten hansischen Diplomaten in der zweiten Hälfte des 15. Jahrhunderts führte noch einmal unübersehbar die Netzwerke der Delegierten vor Augen. Aus Castorps Verwandtschaft saßen Mitglieder sowohl im Rat seiner Heimatstadt Dortmund (Prume) wie auch in Danzig (Eggerd), während er selbst durch seine eigenen Heiraten wie die seiner Kinder ein Lübecker Ratsherrennetz schuf. Dieses war - wie wir es immer wieder beobachten konnten - mit Netzen in anderen Städten wie Danzig, Dorpat, Reval und Soest verbunden. Mit der Instruktion des Kölner Ratsherrn van Wesel konnten wir im Detail beobachten, wie eine geschäftliche Zusammenarbeit politisch eingesetzt wurde.

Der Blick auf den Hamburger Bürgermeister Henning Büring führte uns noch einmal die Mobilität dieser Herren vor Augen. Büring stammte aus einer Hildesheimer Familie. Zu seinen Verwandten gehörten Ratsherren in Hildesheim und Braunschweig. Büring zog über Danzig und Lübeck nach Hamburg. Wahrscheinlich war er auch in diesen Städten Bürger. Bürings Mobilität, die wir auch bei so vielen anderen Delegierten beobachten konnten, wies uns wieder auf die relativ geringe spezifische Bindung durch das Bürgerrecht in einer besonderen hansischen Stadt hin.

Am Beispiel des Hildesheimer Bürgermeisters Henning Brandis konnten wir ein regionales Ratsherrennetz, das Hildesheim, Braunschweig, Einbeck, Goslar und Hannover umfasste, beobachten.

203 S. zu den Ilhorn und ihren Beziehungen zu Sobberhusen und Sundesbeke S.457.

204 S. zu Johan Ilhorn S.328,395,400,411.

205 S. ZDRENKA, Rats- und Gerichtspatriziat 1, S.465.

206 Er war ein Stiefsohn des Gerd Castorp.

207 S. VOGTHERR, Livlandhandel, S.214f.

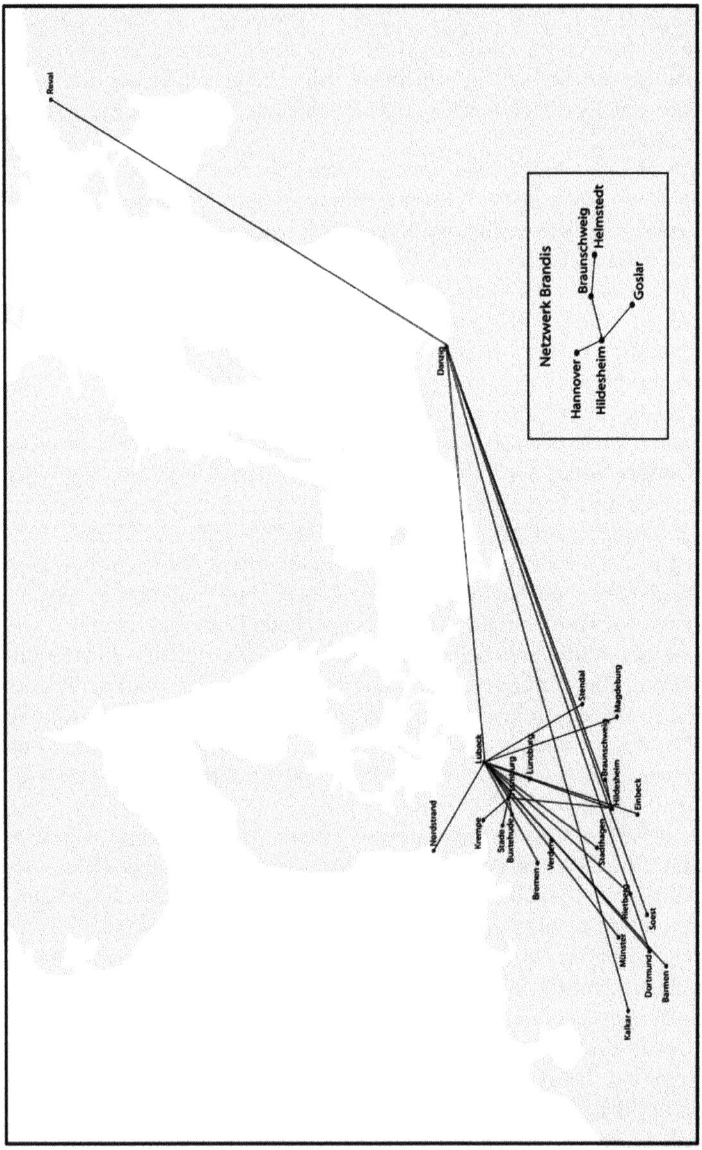

Karte 5: Mobilität der hansischen Elite 2

V Netzwerk Hanse

Was hat unser Blickwechsel von den Städten zu den Delegierten für das Verständnis der Hanse gebracht? Rekapitulieren wir für eine knappe Antwort kurz unseren Weg. Die bisherige Forschung sah den „Hansebund" seit der Mitte des 14. Jahrhunderts, seit den ersten Treffen der Vertreter der Städte auf Hansetagen als Zusammenschluss von Städten, als „Städtehanse". Diese Vorstellung wurde vor einigen Jahren durch die rechtsgeschichtlichen Untersuchungen von Pitz in Frage gestellt. Er stellte demgegenüber zwei „Einungen" vor, die Bürgereinung (Stadt) und die Städteeinung (Hanse), die sich in einer Identität der Willen zusammenfinden konnten. Das auch für seine Interpretation wichtige Phänomen der städteübergreifenden Gemeinschaft konnte mit dieser allerdings nicht angemessen beschrieben werden.

Wir hatten die Delegierten zum Hansetag, der einzigen hansischen „Institution", in den Mittelpunkt gestellt. Die zentrale Bedeutung dieser Herren für Formulierung und Gestaltung der hansischen Politik ist unübersehbar: In ihren Versammlungen gewann die (politisch handelnde) Gesamthanse Gestalt. Auf den Hansetagen wurden Strategien zur Erhaltung der hansischen Vorrechte (Privilegien) und der Abwehr von Konkurrenten diskutiert, und die daraus sich ergebenden politischen Aktionen (Verhandlungen, Blockade, Krieg) wurden beschlossen. Um diese Beschlüsse umzusetzen, waren die Ressourcen der Städte nötig. Die Delegierten konnten als Ratsherren die finanzielle und/oder militärische Unterstützung ihres Rates für die auf dem Hansetag gefassten Beschlüsse gewinnen. Dazu mussten sie Verbündete im Rat ihrer Stadt haben, mussten also auf städtische Netzwerke von Verwandten und Geschäftspartnern, die bereits ihren Aufstieg in den Rat ermöglicht hatten, zurückgreifen.

Mit unserem Ausgangstext zeigte sich neben der städteübergreifenden Zusammenarbeit einer Gruppe von Verwandten und Freunden schon ein wichtiges grundlegendes Strukturelement: die Mobilität der hansischen Elite. Immer wieder begegneten uns als Delegierte zu Hansetagen – wie im einleitenden Beispiel die Swerting - Ratsmitglieder, die von der älteren Forschung als *homines novi* im jeweiligen Rat angesehen wurden. Bei Einbeziehung ihres familiären Hintergrundes stellte sich allerdings heraus, dass ihre Väter oder Verwandte in anderen Hansestädten – so wie Plescow und Swerting in Visby - schon Ratsherren (gewesen) waren. Die von uns beobachtete Mobilität dieser Herren im gesamten Hanseraum verwies immer wieder auf die soziale Nähe der führenden Kaufmannsfamilien. Verwandtschaft, Freundschaft und Vertrauen endete nicht an der Stadtmauer, sondern bezog - sicherlich geplant - wichtige Familien in anderen Hansestädten zwischen Köln und Tallinn, wie zwischen Westfalen und Stockholm ein. Mitglieder dieser Familien wechselten vielfach ihren Aufenthaltsort. Ihnen stand der Aufstieg in den Rat auch in Städten offen, in denen sie zugezogen waren. Dieses konnten wir besonders deutlich an den Hamburger, Kolberger, Lüneburger, Greifswalder und Stralsunder Ratsfamilien erkennen. Wegen der Bedeutung für den hansischen Handel war Lübeck besonders attraktiv für Söhne aus führenden Familien anderer Städte.[1]

1 Wenn wir uns auch auf Lübeck konzentrierten, so gilt dieses entsprechend beispielsweise auch für Köln und im 15. und 16 Jahrhundert ebenso für Hamburg und Danzig.

Die Delegierten waren nicht nur Ratsmitglieder sondern auch Kaufleute. So konnten wir mit unserem Ausgangsbeispiel schon die Vermischung „privaten" geschäftlichen Gewinnstrebens mit der „öffentlichen" gesamthansischen Kontrolle über die Schonenschen Schlösser beobachten. Grundsätzlich ging es auf den Hansetagen um die kaufmännischen Interessen der Delegierten wie ihrer Partner. Wie es für Teilnehmer am hansischen Handel lebenswichtig war, mit Partnern an oft weit entfernten Orten vertrauensvoll zu handeln, waren ebenso die (handelspolitischen) Interessen der Gruppen desto besser durchzusetzen je mehr Ratsherren die Netzwerke als Delegierte zum Hansetag senden konnten.

Durch unsere Beobachtung der vielfältigen Verwandtschaftsbeziehungen wie der engen, vertrauensvollen Zusammenarbeit zwischen Delegierten unterschiedlicher Städte konnten wir umfassende Delegierten-Netzwerke beschreiben. Diese bestimmten den Hansetag. Besonders deutlich waren die engen Beziehungen an Brüdern und engen Verwandten wie den Bere, Brömse, Ghildehusen, Holk, Kerkring, Segeberg, van Urden und den Witik, die in mehreren Städten Ratsherren und Delegierte stellten, zu zeigen. Über diese verwandtschaftlichen Beziehungsnetze, die immer auch geschäftliche waren, hinaus ist beispielsweise nur an den *verbund* des Stralsunders Wulf Wulflam mit preußischen Ratsherren zu erinnern.

Diese Herren saßen zwar als Vertreter unterschiedlicher Städte beim Hansetag auf der Bank der Delegierten, allerdings waren sie, wie wir sehen konnten, durch vielfältige verwandtschaftliche und kaufmännische Bande mit anderen Delegierten verbunden. Auf dem Hansetag vertraten sie die Interessen ihrer Gruppen. Immer wieder zeigte sich bei unserer Rekonstruktion der Netzwerke der Delegierten: Diese waren städteübergreifend und bezogen in vielfältiger Weise Mitglieder der kaufmännischen Elite unterschiedlicher Städte ein. Überaus deutlich wurde so die den Hanseraum prägende Verbindung der städtischen Eliten.

Die grundsätzliche Voraussetzung des geschäftlichen Erfolges zur Übernahme des Ratsamtes führte in vielen Hansestädten zu einer gewissen Dynamik. Wie wir in Lübeck gesehen haben, vertraten nur selten Mitglieder einer Familie in mehr als zwei Generationen den Rat auf Hansetagen. Auch Ratsherren aus kleineren Städten waren familiär und geschäftlich mit den Delegierten der großen Handelsstädte wie Lübeck, Hamburg und Danzig verbunden, wie wir beispielsweise im Blick auf Hamm, Lemgo, Hessisch Oldendorf und Salzwedel sehen konnten. Auch deren Interessen waren also von ihren Partnern auf Hansetagen zu bedenken. Die finanziellen und handelspolitischen Interessen dieser Netze, die unterschiedlich sein konnten, mussten auf den Hansetagen abgestimmt werden, um dann als Gesamtinteresse der Hanse durchgesetzt zu werden. Zur erfolgreichen Interessenvertretung mussten also die Delegierten auch in innerstädtische Netze der führenden Familien eingebunden sein. Erst diese doppelte Bindung in hanseweite wie einzelstädtische Netzwerke ermöglichte ein erfolgreiches Handeln der Herren der Hanse. Stadtmauern konnten diese Netzwerke nicht begrenzen.

Ein derartiges interessegeleitetes Netzwerk konnte in Begriffen der politischen Theorie des Spätmittelalters und der Frühen Neuzeit nicht adäquat beschrieben werden. Den hansischen Akteuren war es vor diesem Hintergrund möglich, an sie herangetragene zeitgenössische Definitionen ihrer Gemeinschaft so lange zu akzeptieren wie es ihre Handlungsfreiheit nicht beeinträchtigte. Die Forschung versuchte bisher, die Hanse der Staatsmetaphorik folgend als Körper mit Haupt und Gliedern zu beschreiben. Dieser Versuch musste scheitern, weil die Hanse nicht in dem „körperschaftlichen Vokabular" der „Mythologie kompakter sozialer Körper zu fassen" ist.[2] Sie war, das haben wir im Blick auf die Herren der Hanse sehen können, kaum gegliedert und bildete demgemäß keine festen Hierarchien aus, sondern funktionierte durch (unterschiedlich feste oder lose) Koppelung von Familien und Gruppen, als weite Räume überspannendes Netzwerk. Schon in der kritischen Sicht der hansischen Konkurrenten zeigte sich diese Besonderheit der Hanse. So bezeichneten die Londoner Fernhändler die Hanse als *crocodile*, weil man ebenso wie bei diesem Tier, dessen Körper zumeist zum Teil unter Wasser ist, auch den vollständigen Körper der Hanse nicht sehen könne.[3]

Die Mitglieder der hansischen Elite bewegten sich zwischen den Städten. Ihre Interessen gingen über die einzelne Stadt hinaus. Zentral für den Zusammenhalt und die Aktionsfähigkeit der Hanse, so konnten wir erkennen, war die Mobilität der hansischen Elite. Die Betrachtung der hansischen Delegierten hat gezeigt, dass der Hansetag nicht durch Interessen der Städte sondern durch diejenigen der Delegierten-Netzwerke bestimmt wurde. Diese Netzwerke umfassten Ratsmitglieder und führende Kaufleute in unterschiedlichen Städten, die auch immer wieder Aufgaben in der Führung der Kontore übernahmen. Die Hanse zeigte sich so als ein Geflecht von Netzwerken, das sich im Hansetag als (offene) politische Form erfand. Dabei griff man auf eine im politischen System der Zeit akzeptierte Gestaltung zurück, den Stadtrat. Mitglieder dieser Netzwerke erschienen in den hansischen Versammlungen als Delegierte einer Stadt, der politischen Gemeinschaft, die von ihren Vorfahren entwickelt worden war. In den Beratungen und Diskussionen des Hansetages wurden die einzelnen Netzwerke von den Herren der Hanse zum Netzwerk Hanse verbunden.

---

2 S. KOSCHORKE--LÜDEMANN--FRANK--MATALA DE MAZZA, Der fiktive Staat, S.384 f.
3 S. JÖRN, Crocodile creature merchant, S.79.

VI ANHANG

DATUM	TAGORT	PLESKOWHIN	VORRADBERT	WICKEDEHERMAN	WITTENBORG	OLDENBORCH	PLESKOWJOH	PLESKOWJAC	CRISPIN	WARENDORPBRUN
12.06.1356	Brügge	0								
06.12.1358	Rostock		0	0	0					
07.09.1361	Greifswald				0	0	0			
06.11.1362	Rostock		0				0			
01.01.1363	Stralsund						0	0		
05.02.1363	Rostock					0	0	0		
17.03.1363	Wismar		0				0	0		
23.04.1363	Wismar					0	0			
07.05.1363	Nyköbing					0	0			
24.06.1363	Lübeck		0	0				0	0	
25.07.1363	Wismar					0		0		
08.09.1363	Stralsund					0		0		
01.11.1363	Greifswald							0		
19.11.1363	Greifswald							0		
06.01.1364	Stralsund					0		0		
25.05.1364	Lübeck		0	0		0	0	0	0	
22.09.1364	Stralsund					0		0		
28.05.1365	Lübeck		0	0		0	0	0	0	
05.10.1365	Rostock							0		
24.06.1366	Lübeck			0		0		0	0	
16.12.1366	Rostock							0	0	0
30.05.1367	Rostock						0	0		
24.06.1367	Stralsund						0	0		
29.07.1367	Stralsund						0	0		
22.08.1367	Falster							0		
06.10.1367	Rostock							0		
11.11.1367	Köln							0		
01.01.1368	Rostock							0		
02.02.1368	Lübeck		0				0			
27.02.1368	Grevesm.							0		0
15.03.1368	Rostock							0		0
24.06.1368	Lübeck		0				0	0	0	0
30.07.1368	Rostock							0	0	
10.08.1368	Wismar							0	0	
06.10.1368	Stralsund							0	0	0
08.11.1368	Rostock								0	0
11.03.1369	Lübeck		0					0	0	0

DATUM	TAGORT	WARENDORPBRUN	SCHEPENSTEDEJO	SWERTING	GERDATTENDORN	TRAVELMANGOTT	RINTELNHENNING	CALVENREINER
01.05.1388	Lübeck		0	0	0	0		
24.08.1388	Lübeck	0			0			
01.05.1389	Lübeck	0			0	0		
29.09.1389	Lübeck	0			0	0		
24.06.1390	Lübeck	0			0	0		
11.11.1391	Hamburg				0			
16.10.1392	Lübeck	0			0			
22.07.1393	Lübeck	0			0			
29.09.1393	Skan				0			
03.03.1394	Lübeck	0			0			
22.07.1394	Helsing				0			
29.09.1395	Lübeck				0			
01.08.1398	Kopenhagen?						0	
02.02.1400	Lübeck	0						
25.07.1399	Lübeck	0						
08.09.1399	Nyköbing						0	
25.07.1400	Kalmar						0	
13.11.1400	Stade						0	0
08.09.1401	Lund						0	
14.05.1402	Lübeck						0	
22.04.1403	Lübeck	0					0	
06.12.1403	Lübeck	0					0	
08.04.1404	Lübeck						0	0
12.03.1405	Lübeck	0					0	0
22.08.1406	Amsterdam							0
15.05.1407	Lübeck							0

DATUM	TAGORT	RUBENOW	LANGEARN	LUBEKEHINRIK	HILGHEMAN	SWERTINGG	RUBENOWHINRIK	SEGEFRID	SWERTING	UNNA	VANSOEST	ELMEHORST	BUROW
07.09.1361	Greifswald	0		0									
01.01.1363	Stralsund		0										
07.05.1363	Nyköbing		0										
01.11.1363	Greifswald	0	0										
19.11.1363	Greifswald	0	0										
06.01.1364	Stralsund	0	0										
18.06.1364	Stralsund	0							0				
27.03.1365	Stralsund		0						0				
30.05.1367	Rostock								0				
24.06.1367	Stralsund	0							0				
06.10.1367	Rostock									0			
01.01.1368	Rostock								0				
02.02.1368	Lübeck								0				
27.02.1368	Grevesm.								0				
15.03.1368	Rostock								0				
24.06.1368	Lübeck								0				
06.10.1368	Stralsund		0										
11.03.1369	Lübeck								0				
21.10.1369	Stralsund								0				
25.02.1370	Stralsund	0	0										
01.05.1371	Lübeck								0				
25.05.1371	Stralsund	0	0										
27.10.1371	Stralsund	0	0										
08.09.1372	Tönsberg							0					
21.05.1374	Lübeck		0						0				
25.07.1374	Stralsund		0										
24.06.1375	Lübeck								0				
15.07.1375	Rostock					0							
08.09.1375	Brügge								0				
23.03.1376	Stralsund		0										
18.05.1376	Stralsund		0						0				
24.06.1376	Stralsund		0						0				
24.06.1377	Lübeck		0						0				
25.01.1378	Stralsund		0										
30.05.1378	Stralsund		0						0				
25.11.1378	Lübeck								0				
24.06.1379	Lübeck		0						0				
12.08.1380	Lübeck								0		0		

DATUM	TAGORT	RUBENOW	LANGEARN	LUBEKEHINRIK	HILGHEMAN	SWERTINGG	RUBENOWHINRIK	SEGEFRID	SWERTING	UNNA	VANSOEST	ELMEHORST	BUROW
09.02.1381	Lübeck								0				
24.06.1381	Lübeck								0				
15.09.1381	Schon								0				
09.03.1382	Wismar								0				
24.06.1382	Lübeck								0				
29.09.1382	Stralsund								0				
05.04.1383	Lübeck					0			0		0		
31.05.1383	Lübeck					0							
04.10.1383	Lübeck							0	0	0			
28.02.1384	Lübeck					0			0				
24.04.1384	Stralsund		0					0	0				
09.10.1384	Falster		0			0			0				
12.03.1385	Lübeck					0		0	0				
24.06.1385	Stralsund					0		0	0	0			
01.04.1386	Lübeck								0		0		
19.07.1386	Lübeck								0				
28.10.1386	Lübeck								0				
09.10.1387	Lübeck								0				
00.00.1387	Dordrecht								0				
01.05.1388	Lübeck								0				
01.05.1389	Lübeck					0					0		
29.09.1389	Lübeck					0					0		
24.06.1390	Lübeck										0		
11.11.1391	Hamburg					0							
22.07.1393	Lübeck					0							
29.09.1393	Skanör					0							
03.03.1394	Lübeck					0					0		
22.07.1394	Helsingborg					0		0				0	
20.05.1395	Falster											0	
29.09.1395	Lübeck										0		
25.07.1399	Lübeck										0		
08.04.1404	Lübeck						0						
15.05.1407	Lübeck						0						
05.04.1416	Kopenhagen												0
24.05.1416	Lübeck												0
11.08.1416	Lübeck												0
18.08.1416	Eutin												0
20.01.1417	Lübeck												0

DATUM	TAGORT	RUBENOW	LANGEARN	LUBEKEHINRIK	HILGHEMAN	SWERTINGG	RUBENOWHINRIK	SEGEFRID	SWERTING	UNNA	VANSOEST	ELMEHORST	BUROW
30.04.1417	Kopenhagen						**0**						**0**
20.05.1417	Rostock				**0**								**0**
24.06.1418	Lübeck						**0**						**0**
14.04.1420	Wismar												**0**
29.05.1420	Kopenhagen												**0**
24.09.1420	Stralsund				**0**								

DATUM	TAGORT	SCHÖPPLIN	WARENDORP	WESTFAL	LUBEKHIN	RUBENOWE	LANGEARN	BOKHOLT	LUBEKGOTT	WRUK	LUBEKSIG
06.12.1358	Rostock	0	0	0							
07.09.1361	Greifswald	0	0	0	0						
07.09.1361	Greifswald	0	0	0	0	0					
01.01.1363	Stralsund	0	0				0				
05.02.1363	Rostock	0						0			
07.05.1363	Nyköbing	0					0				
24.06.1363	Lübeck	0	0								
25.07.1363	Wismar										
01.11.1363	Greifswald	0	0	0	0	0	0				
19.11.1363	Greifswald	0	0	0	0	0	0				
06.01.1364	Stralsund	0			0	0	0				
14.04.1364	Rostock										
25.05.1364	Lübeck	0						0			
18.06.1364	Stralsund	0			0	0		0			
21.06.1364	Stralsund				0						
22.09.1364	Stralsund		0					0			
27.03.1365	Stralsund	0	0				0	0			
05.10.1365	Rostock										
24.06.1366	Lübeck									0	
16.12.1366	Rostock									0	
30.05.1367	Rostock										
24.06.1367	Stralsund		0	0		0					
29.07.1367	Stralsund		0	0							
22.08.1367	Falster	0									
01.01.1368	Rostock	0	0								
27.02.1368	Grevesm.	0									0
15.03.1368	Rostock	0									0
24.06.1368	Rostock	0									
06.10.1368	Stralsund						0	0			
13.07.1369	Lübeck										0
21.10.1369	Stralsund	0									0
25.02.1370	Stralsund					0	0				
01.05.1371	Lübeck										0
25.05.1371	Stralsund					0	0				
27.10.1371	Stralsund	0				0	0				
21.05.1374	Lübeck	0					0				
25.07.1374	Stralsund	0					0		0		
24.06.1375	Lübeck	0									
15.07.1375	Rostock	0									

DATUM	TAGORT	SCHÖPPLIN	WARENDORF	WESTFAL	LUBEKHIN	RUBENOWEV	LANGEARN	BOKHOLT	LUBEKGOTT	WRUK	LUBEKSIG
14.08.1376	Korsör	0									
24.06.1377	Lübeck						0				
25.01.1378	Stralsund	0					0				
30.05.1378	Stralsund	0					0				
24.06.1379	Lübeck	0					0				
15.09.1381	Schonör	0									
25.10.1375	Falsterbo	0									
23.03.1376	Stralsund	0					0				
18.05.1376	Stralsund	0					0				
24.06.1376	Stralsund	0					0				
14.08.1376	Kalingborg	0									

DATUM	TAGORT	HEREN	KULPEN	RODEBERNI	RODEHERM	RUGE	SCHÖPPLIN	UNNA	WESTFALNIC
20.01.1358	Lübeck				0				
06.12.1358	Rostock				0		0		
07.09.1361	Greifswald		0		0		0		
06.11.1362	Rostock				0				
01.01.1363	Stralsund				0		0		
05.02.1363	Rostock		0		0		0		
17.03.1363	Wismar		0						
23.04.1363	Wismar		0						
07.05.1363	Nyköbing						0		
24.06.1363	Lübeck				0		0		
08.09.1363	Stralsund / Greifswald		0		0				
01.11.1363	Greifswald		0		0	0	0		0
19.11.1363	Greifswald		0		0		0		
06.01.1364	Stralsund		0		0		0		
14.04.1364	Rostock		0			0			
25.05.1364	Lübeck		0		0		0		
18.06.1364	Stralsund		0			0	0		
22.09.1364	Stralsund				0				
27.03.1365	Stralsund						0		
05.10.1365	Rostock				0				
24.06.1366	Lübeck				0				
30.05.1367	Rostock		0						
24.06.1367	Stralsund		0		0				
29.07.1367	Stralsund				0				
22.08.1367	Falster					0	0		
06.10.1367	Rostock					0		0	
11.11.1367	Köln					0			
01.01.1368	Rostock		0			0	0		
02.02.1368	Lübeck					0			
27.02.1368	Greves		0			0	0		
15.03.1368	Rostock					0	0		
24.06.1368	Lübeck	0	0						
15.03.1368	Rostock						0		
06.10.1368	Stralsund		0		0				
08.11.1368	Rostock		0		0				
11.03.1369	Lübeck		0		0				

DATUM	TAGORT	HEREN	KULPEN	RODEBERNI	RODEHERM	RUGE	SCHÖPPLIN	UNNA	WESTFALNIC
13.07.1369	Lübeck		0		0	0			
21.10.1369	Stralsund				0	0	0		
25.02.1370	Stralsund				0	0			
01.05.1371	Lübeck		0		0				
25.05.1371	Stralsund		0		0	0			
27.10.1371	Stralsund						0		
08.09.1372	Tönsberg					0			
01.05.1373	Lübeck					0			
21.05.1374	Lübeck		0				0		
25.07.1374	Stralsund		0		0	0	0		
24.06.1375	Lübeck					0	0		
15.07.1375	Rostock					0	0		
00.00.1375	Falsterbo					0			
25.10.1375	Falsterbo					0	0		
20.01.1376	Wismar					0			
23.03.1376	Stralsund		0		0	0	0		
18.05.1376	Stralsund		0		0	0	0		
24.06.1376	Stralsund		0		0	0	0		
14.08.1376	Kalingborg					0	0		
14.08.1376	Korsör					0	0		
24.06.1377	Lübeck					0			
25.01.1378	Stralsund		0		0	0	0		
30.05.1378	Stralsund		0		0	0	0		
25.11.1378	Lübeck					0			
24.06.1379	Lübeck					0	0		
21.10.1380	Wismar					0			
25.04.1381	Stralsund				0	0			
24.06.1381	Lübeck					0			
15.09.1381	Schon						0		
09.03.1382	Wismar					0			
24.06.1382	Lübeck					0			
29.09.1382	Stralsund		0			0			
24.06.1385	Stralsund					0		0	
01.04.1386	Lübeck					0			
19.07.1386	Lübeck					0			
28.10.1386	Lübeck					0			
09.10.1387	Lübeck					0			
1387	Dordrecht / Antwerpen					0			
01.05.1388	Lübeck					0			

DATUM	TAGORT	WARENDORPLAM	LUBEKHINRIKVAN	BOKHOLTJOHANNES	LOWEJOHAN	LUBEKSIFRIDVAN	LUBEKGOTTSCHALK	ROSENIC	LUBEKWALTERVAN	LUBEKGOTTSCHALK	BOKHOLT	LUBEKJAKOBVAN
06.12.1358	Rostock	**0**										
07.09.1361	Greifswald	**0**	**0**									
01.01.1363	Stralsund	**0**										
05.02.1363	Rostock			**0**								
24.06.1363	Lübeck	**0**										
01.11.1363	Greifswald	**0**	**0**									
19.11.1363	Greifswald	**0**	**0**									
06.01.1364	Stralsund		**0**									
25.05.1364	Lübeck			**0**								
18.06.1364	Stralsund		**0**	**0**								
21.06.1364	Stralsund		**0**									
22.09.1364	Stralsund	**0**		**0**								
27.03.1365	Stralsund	**0**		**0**								
24.06.1367	Stralsund	**0**										
29.07.1367	Stralsund	**0**										
01.01.1368	Rostock	**0**										
27.02.1368	Grevesmühlen					**0**						
15.03.1368	Rostock					**0**						
06.10.1368	Stralsund			**0**								
13.07.1369	Lübeck					**0**						
21.10.1369	Stralsund		**0**									
01.05.1371	Lübeck					**0**						
25.07.1374	Stralsund						**0**					
29.09.1382	Stralsund							**0**				
04.10.1383	Lübeck							**0**				
24.06.1385	Stralsund				**0**			**0**	**0**			
01.04.1386	Lübeck							**0**				
01.05.1388	Lübeck							**0**				
08.09.1399	Nyköbing									**0**		
14.05.1402	Lübeck									**0**		
22.04.1403	Lübeck									**0**		
12.03.1405	Lübeck									**0**		
24.06.1405	Falster									**0**		
20.04.1410	Hamburg										**0**	
22.07.1422	Rostock											**0**
31.01.1422	Rostock											**0**

DATUM	TAGORT	MORKERKETHOMAS	MORKERKETIDE	OSSENBRUGGE	SCHEPENSTEDE	GOTTATTENDORN	LANGEJOHAN	DARTZOWGERD	NIEBUR	WARENDORPBRUN	PLESKOWJORDAN	CLINGENBERG	JUNGETIDEMAN	SOESTARNDVAN	RUBENOWHINRIK
12.08.1380	Lübeck	0		0	0	0								0	
21.10.1380	Wismar						0								
09.02.1381	Lübeck				0										
25.04.1381	Stralsund	0		0											
24.06.1381	Lübeck			0	0		0								
15.09.1381	Schonör			0			0								
09.03.1382	Wismar	0		0	0										
24.06.1382	Lübeck			0			0								
29.09.1382	Stralsund			0	0		0								
05.04.1383	Lübeck			0	0	0								0	
31.05.1383	Lübeck			0	0	0									
04.10.1383	Lübeck			0											
28.02.1384	Lübeck			0											
24.04.1384	Stralsund			0				0							
09.10.1384	Falster			0											
12.03.1385	Lübeck			0											
01.04.1386	Lübeck													0	
19.07.1386	Lübeck			0	0	0									
28.10.1386	Lübeck	0		0											
09.10.1387	Lübeck	0		0	0	0			0						

DATUM	TAGORT	MORKERKETHOMAS	MORKERKETIDE	OSSENBRUGGE	SCHEPENSTEDE	GOTTATTENDORN	LANGEJOHAN	DARTZOWGERD	NIEBUR	WARENDORPBRUN	PLESKOWJORDAN	CLINGENBERG	JUNGETIDEMAN	SOESTARNDVAN	RUBENOWHINRIK
01.05.1388	Lübeck	0			0										
24.08.1388	Lübeck	0								0					
01.05.1389	Lübeck	0								0				0	
29.09.1389	Lübeck	0								0				0	
24.06.1390	Lübeck	0								0				0	
11.11.1391	Hamburg										0				
16.10.1392	Lübeck	0								0		0			
22.07.1393	Lübeck	0							0	0					
03.03.1394	Lübeck	0							0					0	
20.05.1395	Falster								0	0					
26.09.1395	Helsingborg								0						
29.09.1395	Lübeck	0							0					0	
02.02.1400	Lübeck									0		0			
25.07.1399	Lübeck									0		0		0	
08.09.1399	Nyköbing										0				
25.07.1400	Kalmar										0				
13.11.1400	Stade											0			
14.05.1402	Lübeck											0			
15.01.1403	Wismar											0			

16.07.1423	31.05.1422	08.03.1422	21.06.1421	14.04.1420	24.06.1418	08.08.1417	20.05.1417	30.04.1417	20.01.1417	25.11.1416	18.08.1416	11.08.1416	15.05.1407	12.03.1405	16.10.1404	08.04.1404	06.12.1403	22.04.1403	DATUM
Lübeck	Lübeck	Wismar	Lübeck	Wismar	Lübeck	Wismar	Rostock / Lübeck	Kopenhagen	Lübeck	Lübeck	Eutin	Lübeck	Lübeck	Lübeck	Marienburg	Lübeck	Lübeck	Lübeck	TAGORT
																			MORKERKETHOMAS
	0		0																MORKERKETIDE
																			OSSENBRUGGE
																			SCHEPENSTEDE
																			GOTTATTENDORN
																			LANGEJOHAN
																			DARTZOWGERD
																			NIEBUR
														0			0	0	WARENDORPBRUN
0	0	0	0	0	0	0	0		0	0	0	0	0	0		0	0	0	PLESKOWJORDAN
														0	0	0	0	0	CLINGENBERG
									0	0									JUNGETIDEMAN
																			SOESTARNDVAN
					0			0					0			0			RUBENOWHINRIK

DATUM	TAGORT	AA	KRÖPELINARNI	GRENTZEJOH	KYRITZ	PLESKOWJAC	RODELAMERT
20.01.1358	Lübeck		0				
07.09.1361	Greifswald		0	0			
06.11.1362	Rostock		0				
01.01.1363	Stralsund		0	0		0	
05.02.1363	Rostock		0		0	0	
17.03.1363	Wismar		0			0	
23.04.1363	Wismar		0		0		
07.05.1363	Nyköbing		0		0		
24.06.1363	Lübeck		0		0	0	
25.07.1363	Wismar		0			0	
08.09.1363	Stralsund / Greifswald		0		0	0	
01.11.1363	Greifswald		0			0	
19.11.1363	Greifswald		0			0	
06.01.1364	Stralsund		0		0	0	
14.04.1364	Rostock		0		0		
25.05.1364	Lübeck		0		0	0	
18.06.1364	Stralsund		0		0		
22.09.1364	Stralsund		0		0	0	
27.03.1365	Stralsund		0		0		
28.05.1365	Lübeck		0			0	
05.10.1365	Rostock		0		0	0	
24.06.1366	Lübeck		0		0	0	
16.12.1366	Rostock				0	0	
30.05.1367	Rostock		0		0	0	0
24.06.1367	Stralsund		0		0	0	
29.07.1367	Stralsund		0			0	
22.08.1367	Falster					0	
06.10.1367	Rostock		0		0	0	
11.11.1367	Köln				0	0	
01.01.1368	Rostock		0		0	0	
02.02.1368	Lübeck		0		0		
27.02.1368	Greves		0			0	
15.03.1368	Rostock		0		0	0	
24.06.1368	Lübeck		0		0	0	
30.07.1368	Rostock		0		0	0	
10.08.1368	Wismar		0			0	
06.10.1368	Stralsund		0		0	0	
08.11.1368	Rostock		0				

DATUM	TAGORT	AA	CRÖPELINARNI	GRENTZEJOH	KYRITZ	PLESKOWJAC	RODELAM
11.03.1369	Lübeck		0			0	
13.07.1369	Lübeck					0	
21.10.1369	Stralsund		0			0	
25.02.1370	Stralsund					0	
01.05.1371	Lübeck		0		0	0	
25.05.1371	Stralsund		0		0	0	
27.10.1371	Stralsund					0	
01.05.1373	Lübeck		0			0	
21.05.1374	Lübeck		0			0	
25.07.1374	Stralsund		0			0	
24.06.1375	Lübeck		0			0	
15.07.1375	Rostock		0				
00.00.1375	Falsterbo					0	
25.10.1375	Falsterbo					0	
20.01.1376	Wismar		0		0	0	
23.03.1376	Stralsund	0	0				
24.06.1376	Stralsund					0	
14.08.1376	Kalingborg					0	
14.08.1376	Korsör					0	
24.06.1377	Lübeck		0			0	
25.01.1378	Stralsund					0	
25.11.1378	Lübeck		0			0	
09.02.1379	Lübeck					0	
24.06.1379	Lübeck	0	0			0	
00.00.1379	Brügge					0	
12.08.1380	Lübeck	0	0			0	
21.10.1380	Wismar	0	0			0	
09.02.1381	Lübeck					0	
25.04.1381	Stralsund	0	0			0	
24.06.1381	Lübeck	0	0			0	
15.09.1381	Schon	0					
09.03.1382	Wismar	0	0				
24.06.1382	Lübeck	0	0				
05.04.1383	Lübeck	0	0				
31.05.1383	Lübeck	0					
04.10.1383	Lübeck	0					
24.04.1384	Stralsund	0	0				
09.10.1384	Falster	0					
12.03.1385	Lübeck	0	0				

DATUM	TAGORT	SCHEPENSTEDEJO	PLESKOWJAC	GERDATTENDORN	GOTTATTENDORN	MURKERK	HEREKEPETER	NIEBUR	VORWERK	BERNER
15.03.1368	Rostock	**0**	**0**							
06.10.1368	Stralsund		**0**						**0**	**0**
13.07.1369	Lübeck	**0**	**0**	**0**						
25.02.1370	Stralsund		**0**	**0**					**0**	
27.10.1371	Stralsund	**0**	**0**							**0**
1371	Novgorod	**0**								
12.08.1380	Lübeck	**0**	**0**		**0**	**0**				
21.10.1380	Wismar		**0**							
09.02.1381	Lübeck	**0**	**0**							
24.06.1381	Lübeck	**0**	**0**							
09.03.1382	Wismar	**0**				**0**				
29.09.1382	Stralsund	**0**								
05.04.1383	Lübeck	**0**		**0**	**0**					
31.05.1383	Lübeck	**0**		**0**	**0**					
19.07.1386	Lübeck	**0**		**0**	**0**					
09.10.1387	Lübeck	**0**		**0**	**0**	**0**	**0**	**0**		
01.05.1388	Lübeck	**0**		**0**		**0**				

DATUM	TAGORT	WICKEDE	PLESKOWJAK	SVERTING	SCHEPENSTED	BERNER	PEPERSAK	DARSOWGERD	NIEBUR	KERKRING	VANCALVEN
06.12.1358	Rostock	0									
01.01.1363	Stralsund		0								
05.02.1363	Rostock		0								
17.03.1363	Wismar		0								
24.06.1363	Lübeck	0	0								
25.07.1363	Wismar		0								
08.09.1363	Stralsund / Greifswald		0								
01.11.1363	Greifswald		0								
19.11.1363	Greifswald		0								
06.01.1364	Stralsund		0								
25.05.1364	Lübeck	0	0								
18.06.1364	Stralsund			0							
22.09.1364	Stralsund		0								
27.03.1365	Stralsund			0							
28.05.1365	Lübeck	0	0								
05.10.1365	Rostock		0								
24.06.1366	Lübeck	0	0								
16.12.1366	Rostock		0								
30.05.1367	Rostock		0	0							
24.06.1367	Stralsund		0	0							
29.07.1367	Stralsund		0								
22.08.1367	Falster		0								
06.10.1367	Rostock		0								
11.11.1367	Köln		0								
01.01.1368	Rostock		0	0							
02.02.1368	Lübeck			0	0						
27.02.1368	Greves		0	0							
15.03.1368	Rostock		0	0	0						
24.06.1368	Lübeck		0	0							
30.07.1368	Rostock		0								
10.08.1368	Wismar		0								
06.10.1368	Stralsund		0			0					
11.03.1369	Lübeck		0	0							
13.07.1369	Lübeck		0		0						
21.10.1369	Stralsund		0	0							
25.02.1370	Stralsund		0								

DATUM	TAGORT	WICKEDE	PLESKOWJAC	SVERTING	SCHEPENSTEDE	BERNER	PEPERSAK	DARSOWGERD	NIEBUR	KERKRING	VANCALVEN
01.05.1371	Lübeck		0	0							
25.05.1371	Stralsund		0								
27.10.1371	Stralsund		0		0	0					
1371	Novgorod				0						
01.05.1373	Lübeck		0				0				
21.05.1374	Lübeck		0	0			0				
25.07.1374	Stralsund		0								
24.06.1375	Lübeck		0	0			0				
08.09.1375	Brügge			0							
00.00.1375	Falsterbo		0								
25.10.1375	Falsterbo		0								
20.01.1376	Wismar		0								
18.05.1376	Stralsund			0							
24.06.1376	Stralsund		0	0							
14.08.1376	Kalingborg		0								
14.08.1376	Korsör		0								
24.06.1377	Lübeck		0	0							
25.01.1378	Stralsund		0								
30.05.1378	Stralsund			0							
25.11.1378	Lübeck		0	0			0				
09.02.1379	Lübeck		0				0				
24.06.1379	Lübeck		0	0			0				
00.00.1379	Brügge		0								
12.08.1380	Lübeck		0	0	0		0				
21.10.1380	Wismar		0								
09.02.1381	Lübeck		0	0	0		0				
25.04.1381	Stralsund		0								
24.06.1381	Lübeck		0	0	0		0				
15.09.1381	Schon			0							
09.03.1382	Wismar			0	0						
24.06.1382	Lübeck			0			0				
29.09.1382	Stralsund			0	0						
05.04.1383	Lübeck			0	0		0				
31.05.1383	Lübeck				0		0				
04.10.1383	Lübeck			0			0				
28.02.1384	Lübeck			0			0				

DATUM	TAGORT	WICKEDE	PLESKOWJAC	SVERTING	SCHEPENSTED	BERNER	PEPERSAK	DARSOWGERD	NIEBUR	KERKRING	VANCALVEN
24.04.1384	Stralsund			0				0			
09.10.1384	Falster			0							
12.03.1385	Lübeck			0			0				
24.06.1385	Stralsund			0							
01.04.1386	Lübeck			0							
19.07.1386	Lübeck			0	0						
28.10.1386	Lübeck			0							
09.10.1387	Lübeck			0	0				0		
1387	Dordrecht			0							
01.05.1388	Lübeck			0	0						
22.07.1393	Lübeck								0	0	
03.03.1394	Lübeck								0	0	
20.05.1395	Falster								0		
26.09.1395	Helsing								0		
29.09.1395	Lübeck								0	0	
02.02.1400	Lübeck									0	
25.07.1399	Lübeck									0	
13.11.1400	Stade										0
14.05.1402	Lübeck									0	
22.04.1403	Lübeck									0	
06.12.1403	Lübeck									0	
08.04.1404	Lübeck										0
12.03.1405	Lübeck										0

DATUM	TAGORT	MILESJOH	BISCHOPING	SPRINGINTGUD	SODMESTER	MILESCHRI	SCHELLEPEPERS	HOYERJOH	BEVE	VANDERMÖHLEN	SEMMELBECKER	SCHELLEPEPERJ
	Stadt	HH	HH	HL	HL	HH	HL	HH	HL	HL	HL	HL
20.01.1358	Lübeck	0										
06.12.1358	Rostock	0										
05.02.1363	Rostock		0									
24.06.1363	Lübeck		0									
01.05.1373	Lübeck			0	0							
24.06.1377	Lübeck					0						
30.05.1378	Stralsund					0						
25.11.1378	Lübeck					0						
24.06.1379	Lübeck			0		0						
12.08.1380	Lübeck						0					
24.06.1381	Lübeck			0		0						
09.03.1382	Wismar					0						
24.06.1382	Lübeck			0				0				
05.04.1383	Lübeck			0								
31.05.1383	Lübeck			0					0			
04.10.1383	Lübeck			0								
28.02.1384	Lübeck			0								
01.04.1386	Lübeck					0						
28.10.1386	Lübeck									0		
01.05.1387	Möln			0			0					
09.10.1387	Lübeck					0						
00.00.1387	Dordrecht / Antwerpen					0		0				
01.05.1388	Lübeck					0		0				
24.08.1388	Lübeck					0		0				
01.05.1389	Lübeck			0		0		0				
29.09.1389	Lübeck			0		0		0				
24.06.1390	Lübeck					0		0				
11.11.1391	Hamburg			0		0		0				
16.10.1392	Lübeck					0						
22.07.1393	Lübeck					0						
03.03.1394	Lübeck					0						
29.09.1395	Lübeck					0		0				
15.08.1396	Lübeck							0				
08.09.1397	Lübeck					0		0				
25.07.1399	Lübeck					0		0				
08.09.1399	Nyköbing					0		0				

DATUM	TAGORT	MILESJOH	BISCHOPING	SPRINGINTGUD	SODMESTER	MILESCHRI	SCHELLEPEPERS	HOYERJOH	BEVE	VANDERMÖHLEN	SEMMELBECKER	SCHELLEPEPERJ
	Stadt	HH	HH	HL	HL	HH	HL	HH	HL	HL	HL	HL
02.02.1400	Lübeck					**0**						
13.11.1400	Stade					**0**						
02.07.1401	Lübeck									**0**	**0**	
08.09.1401	Lund							**0**				
22.04.1403	Lübeck									**0**		
08.04.1404	Lübeck									**0**		
15.05.1407	Lübeck									**0**	**0**	
20.06.1408	Hamburg					**0**				**0**	**0**	
20.04.1410	Hamburg					**0**						
11.11.1411	Wismar									**0**		
10.04.1412	Lüneburg					**0**				**0**		
05.04.1416	Kopenhagen									**0**		
24.05.1416	Lübeck									**0**		**0**
20.01.1417	Lübeck											**0**
20.05.1417	Rostock / Lübeck									**0**		**0**

DATUM	TAGORT	BISCOPING	HORBORCH	SÖDMESTER	MILESCHRI	HOYKE	GELLERSENVI	HOYERALBER	KLINGENBER	GELLERSENN	VISKULE
05.02.1363	Rostock	0									
24.06.1363	Lübeck	0									
24.06.1366	Lübeck		0								
01.01.1368	Rostock		0								
11.03.1369	Lübeck		0								
13.07.1369	Lübeck		0								
01.05.1371	Lübeck		0								
01.05.1373	Lübeck		0	0							
21.05.1374	Lübeck		0								
24.06.1375	Lübeck		0								
29.03.1376	Stade		0								
24.06.1377	Lübeck				0						
30.05.1378	Stralsund				0						
25.11.1378	Lübeck				0		0				
24.06.1379	Lübeck				0	0					
12.08.1380	Lübeck					0					
21.10.1380	Wismar						0				
24.06.1381	Lübeck				0	0					
09.03.1382	Wismar				0						
24.06.1382	Lübeck		0			0					
05.04.1383	Lübeck		0					0			
31.05.1383	Lübeck		0					0			
04.10.1383	Lübeck		0					0			
28.02.1384	Lübeck		0			0					
01.04.1386	Lübeck				0	0					
19.07.1386	Lübeck		0								
28.10.1386	Lübeck		0			0					
01.05.1387	Möln					0				0	
09.10.1387	Lübeck		0		0						
1387	Dordrecht				0						
01.05.1388	Lübeck				0	0					
01.05.1389	Lübeck				0						
29.09.1389	Lübeck				0						
24.06.1390	Lübeck				0						
11.11.1391	Hamburg		0		0					0	
16.10.1392	Lübeck				0				0		
22.07.1393	Lübeck				0					0	
03.03.1394	Lübeck				0						
29.09.1395	Lübeck				0						

DATUM	TAGORT	BISCOPING	HORBORCH	SÖDMEST	MILESCHRI	HOYKE	GELLERSENVI	HOYERALBER	CLINGENBERC	GELLERSENNI	VISKULE
08.09.1397	Lübeck				**0**						
25.07.1399	Lübeck				**0**				**0**		
08.09.1399	Nyköbing				**0**						
02.02.1400	Lübeck				**0**				**0**		
13.11.1400	Stade				**0**				**0**		
14.05.1402	Lübeck								**0**		
15.01.1403	Wismar								**0**		
22.04.1403	Lübeck								**0**		**0**
06.12.1403	Lübeck								**0**		**0**
08.04.1404	Lübeck								**0**		**0**
16.10.1404	Marienburg								**0**		
12.03.1405	Lübeck								**0**		**0**
20.06.1408	Hamburg				**0**						**0**
20.04.1410	Hamburg				**0**						**0**
13.12.1410	Lübeck										**0**
10.04.1412	Lüneburg				**0**						**0**

DATUM	12.06.1356	20.01.1358	06.12.1358	07.09.1361	06.11.1362	01.01.1363	05.02.1363	17.03.1363	23.04.1363	07.05.1363	24.06.1363	25.07.1363	08.09.1363	01.11.1363	19.11.1363	06.01.1364	14.04.1364	25.05.1364	18.06.1364	21.06.1364
TAGORT	Brügge	Lübeck	Rostock	Greifswald	Rostock	Stralsund	Rostock	Wismar	Wismar	Nyköbing	Lübeck	Wismar	Stralsund / Greifswald	Greifswald	Greifswald	Stralsund	Rostock	Lübeck	Stralsund	Stralsund
PLESKOWHIN	0																			
KRÖPELINARND		0		0	0	0	0	0	0	0	0	0	0	0	0	0	0	0	0	
PLESKOWJOH				0	0	0	0	0	0	0								0		
VORRADBERT			0		0			0			0							0		
RUBENOW				0										0	0	0			0	
PERCEVAL					0	0			0	0	0	0	0	0	0	0		0	0	0
BUKOWANDREAS						0			0			0	0				0	0		
WULFLAM					0			0	0	0		0		0	0		0	0	0	0
PLESKOWJAK						0	0	0			0	0	0	0	0	0		0		
CRUDENER																				
LANGEARN						0				0				0	0	0				
SWERTING																			0	
WARENDORPBRUN																				
SCHEPENSTEDE																				
SWERTINGGREGO																				
JOHANVANDERAA																				
TRAVELMANGOTT																				
MORKERKE																				
SOESTARNDVAN																				

DATUM	22.09.1364	27.03.1365	28.05.1365	05.10.1365	24.06.1366	16.12.1366	30.05.1367	24.06.1367	29.07.1367	22.08.1367	06.10.1367	11.11.1367	01.01.1368	02.02.1368	27.02.1368	15.03.1368	24.06.1368	30.07.1368	10.08.1368	06.10.1368	08.11.1368
TAGORT	Stralsund	Stralsund	Lübeck	Rostock	Lübeck	Rostock	Rostock	Stralsund	Stralsund	Falster	Rostock	Köln	Rostock	Lübeck	Grevesmühlen	Rostock	Lübeck	Rostock	Wismar	Stralsund	Rostock
PLESKOWHIN																					
KRÖPELINARND	0	0	0	0	0		0	0	0		0		0	0	0	0	0	0	0	0	0
PLESKOWJOH			0				0	0	0					0			0				
VORRADBERT			0											0			0				
RUBENOW								0													
PERCEVAL	0	0	0	0	0									0			0				
BUKOWANDREAS					0														0		
WULFLAM	0	0	0	0	0	0	0	0	0	0	0	0	0	0	0	0	0	0	0	0	
PLESKOWJAK	0		0	0	0	0	0	0	0	0	0	0	0		0	0	0	0	0	0	
CRUDENER																			0		
LANGEARN		0																		0	
SWERTING		0					0	0					0	0	0	0	0				
WARENDORPBRUN						0									0	0	0			0	0
SCHEPENSTEDE														0		0					
SWERTINGGREGO																					
JOHANVANDERAA																					
TRAVELMANGOTT																					
MORKERKE																					
SOESTARNDVAN																					

DATUM	TAGORT	PLESKOWHIN	KRÖPELINARND	PLESKOWJOH	VORRADBERT	RUBENOW	PERCEVAL	BUKOWANDREAS	WULFLAM	PLESKOWJAK	CRUDENER	LANGEARN	SWERTING	WARENDORPBRUN	SCHEPENSTEDE	SWERTINGGREGO	JOHANVANDERAA	TRAVELMANGOTT	MORKERKE	SOESTARNDVAN
11.03.1369	Lübeck		0		0		0		0	0			0	0						
13.07.1369	Lübeck				0		0			0					0					
21.10.1369	Stralsund		0						0	0			0							
25.02.1370	Stralsund					0			0	0		0								
01.05.1371	Lübeck		0		0		0			0			0							
25.05.1371	Stralsund		0			0			0	0		0								
27.10.1371	Stralsund					0				0		0			0					
00.00.1371	Novgorod														0					
01.05.1373	Lübeck		0		0		0		0	0										
21.05.1374	Lübeck		0				0			0	0	0	0							
25.07.1374	Stralsund		0						0	0		0								
24.06.1375	Lübeck		0		0		0		0	0	0		0							
15.07.1375	Rostock		0								0					0				
08.09.1375	Brügge												0							
00.00.1375	Falsterbo									0										
25.10.1375	Falsterbo									0										
20.01.1376	Wismar		0						0	0										
23.03.1376	Stralsund		0	0					0			0					0			
29.03.1376	Stade						0													
18.05.1376	Stralsund								0			0	0							
24.06.1376	Stralsund								0	0		0	0							

DATUM	14.08.1376	14.08.1376	24.06.1377	25.01.1378	30.05.1378	25.11.1378	09.02.1379	24.06.1379	00.00.1379	12.08.1380	21.10.1380	09.02.1381	25.04.1381	24.06.1381
TAGORT	Kalingborg	Korsör	Lübeck	Stralsund	Stralsund	Lübeck	Lübeck	Lübeck	Brügge	Lübeck	Wismar	Lübeck	Stralsund	Lübeck
PLESKOWHIN														
KRÖPELINARND			0			0		0		0	0		0	0
PLESKOWJOH														
VORRADBERT			0											
RUBENOW														
PERCEVAL			0			0		0		0		0		0
BUKOWANDREAS														
WULFLAM	0	0	0	0	0	0		0			0		0	
PLESKOWJAK	0	0	0	0		0	0	0	0	0	0	0	0	0
CRUDENER			0			0		0						0
LANGEARN			0	0	0			0						
SWERTING			0		0	0		0		0		0		0
WARENDORPBRU														
SCHEPENSTEDE										0		0		0
SWERTINGGREGO														
JOHANVANDERAA								0		0	0		0	0
TRAVELMANGOTT							0					0		
MORKERKE										0			0	
SOESTARNDVAN										0				

DATUM	TAGORT	PEPERSAK	CRISPIN	PERCEVAL	DARSOWGERI	OSSENH	HOYERHEYNC
01.05.1373	Lübeck	0	0	0		0	0
21.05.1374	Lübeck	0	0	0		0	0
25.07.1374	Stralsund					0	
24.06.1375	Lübeck	0	0	0		0	0
15.07.1375	Rostock					0	
20.01.1376	Wismar		0			0	
23.03.1376	Stralsund					0	
29.03.1376	Stade			0			
24.06.1376	Stralsund					0	
14.08.1376	Kalingborg					0	
14.08.1376	Korsör					0	
24.06.1377	Lübeck			0		0	
25.11.1378	Lübeck	0	0	0			
09.02.1379	Lübeck	0				0	
24.06.1379	Lübeck	0	0	0		0	
12.08.1380	Lübeck	0	0	0		0	
09.02.1381	Lübeck	0	0	0			
25.04.1381	Stralsund					0	
24.06.1381	Lübeck	0	0	0		0	
15.09.1381	Schonen					0	
09.03.1382	Wismar					0	
24.06.1382	Lübeck	0		0		0	
29.09.1382	Stralsund					0	
05.04.1383	Lübeck	0		0		0	
31.05.1383	Lübeck	0		0		0	
04.10.1383	Lübeck	0		0		0	
28.02.1384	Lübeck	0				0	
24.04.1384	Stralsund				0	0	
09.10.1384	Falster					0	
12.03.1385	Lübeck	0		0		0	

DATUM	06.10.1367	11.11.1367	01.01.1368	02.02.1368	27.02.1368	15.03.1368	24.06.1368	30.07.1368	10.08.1368	06.10.1368	08.11.1368	11.03.1369	13.07.1369	21.10.1369	25.02.1370	2.07.1370	01.05.1371	27.10.1371	1371	08.09.1372
TAGORT	Rostock	Köln	Rostock	Lübeck	Grevesm.	Rostock	Lübeck	Rostock	Wismar	Stralsund	Rostock	Lübeck	Lübeck	Stralsund	Stralsund	Bohus	Lübeck	Stralsund	Novgorod	Tönsberg
GERDATTENDORN	0	0	0	0									0		0	0				0
GOTTATTENDORN																				
PERCEVAL				0								0	0				0			
CRISPIN							0	0	0	0	0	0	0	0	0		0			
SWERTINGSIMON			0	0	0	0	0					0		0			0			
SCHEPENSTEDE				0		0							0					0	0	
PEPERSAK																				
SWERTINGGREG																				
LANGEHERMAN																				
SOESTARNDVAN																				
MURKERKE																				
DARTZOWGERHARD																				
CLINGENBERG																				
NIEBUR																				
DARTZOWHERM																				
HOLKJACOB																				

DATUM	TAGORT	GERDATTENDORN	GOTTATTENDORN	PERCEVAL	CRISPIN	SWERTINGSIMON	SCHEPENSTEDE	PEPERSAK	SWERTINGGREG	LANGEHERMAN	SOESTARNDVAN	MURKERKE	DARTZOWGERHARD	CLINGENBERG	NIEBUR	DARTZOWHERM	HOLKJACOB
01.05.1373	Lübeck			0	0			0									
21.05.1374	Lübeck			0	0	0		0									
24.06.1375	Lübeck			0	0	0		0									
15.07.1375	Rostock								0								
08.09.1375	Brügge					0											
20.01.1376	Wismar				0												
29.03.1376	Stade	0		0													
18.05.1376	Stralsund	0				0											
24.06.1376	Stralsund					0				0							
24.06.1377	Lübeck			0		0											
25.01.1378	Stralsund	0															
30.05.1378	Stralsund					0											
25.11.1378	Lübeck			0	0	0		0									
09.02.1379	Lübeck							0									
24.06.1379	Lübeck				0	0		0									
12.08.1380	Lübeck		0		0	0	0	0			0	0					
09.02.1381	Lübeck			0	0	0	0	0									
25.04.1381	Stralsund											0					
24.06.1381	Lübeck				0	0	0	0									
15.09.1381	Schonen					0											

DATUM	TAGORT	GERDATTENDORN	GOTTATTENDORN	PERCEVAL	CRISPIN	SWERTINGSIMON	SCHEPENSTEDE	PEPERSAK	SWERTINGGREG	LANGEHERMAN	SOESTARNDVAN	MURKERKE	DARTZOWGERHARD	CLINGENBERG	NIEBUR	DARTZOWHERM	HOLKJACOB
09.03.1382	Wismar					0	0					0					
24.06.1382	Lübeck	0		0		0		0									
29.09.1382	Stralsund					0	0										
05.04.1383	Lübeck	0	0			0	0	0	0		0						
31.05.1383	Lübeck	0	0				0	0	0								
04.10.1383	Lübeck	0		0		0		0									
28.02.1384	Lübeck	0				0		0	0								
24.04.1384	Stralsund					0							0				
09.10.1384	Falster					0			0								
12.03.1385	Lübeck	0				0		0	0								
24.06.1385	Stralsund					0			0								
01.04.1386	Lübeck	0		0		0					0						
19.07.1386	Lübeck	0	0	0		0	0										
28.10.1386	Lübeck	0		0		0						0					
09.10.1387	Lübeck	0	0	0		0	0					0			0		
1387	Dordrecht / Antwerpen					0											
01.05.1388	Lübeck	0		0		0	0					0					
24.08.1388	Lübeck	0		0								0					
01.05.1389	Lübeck	0							0		0	0					

DATUM	29.09.1389	24.06.1390	11.11.1391	16.10.1392	22.07.1393	29.09.1393	03.03.1394	22.07.1394	20.05.1395	26.09.1395	29.09.1395	25.07.1399	02.02.1400
TAGORT	Lübeck	Lübeck	Hamburg	Lübeck	Lübeck	Skanör	Lübeck	Helsing	Falster	Helsing	Lübeck	Lübeck	Lübeck
GERDATTENDORN	0	0	0	0	0	0	0	0			0		
GOTTATTENDORN													
PERCEVAL	0	0		0	0		0						
CRISPIN													
SWERTINGSIMON													
SCHEPENSTEDE													
PEPERSAK													
SWERTINGGREG	0		0		0	0	0	0					
LANGEHERMAN													
SOESTARNDVAN	0	0					0				0	0	
MURKERKE	0	0		0	0		0				0		
DARTZOWGERHARI													
CLINGENBERG				0								0	0
NIEBUR					0		0		0	0	0		
DARTZOWHERM							0				0	0	0
HOLKJACOB												0	

DATUM	TAGORT	SWERTINGS	KYRITZ	PERCEVAL	PLESKOWJAC	CRISPIN	ATTENDORNG	GHILDEHUS	SWERTINGREG	HEREKEPETER	OSSENBRUGGE	PEPERSAK	LOOHINRIKVAN	ODBERNHUSEN	TRAVELMANGOT	GROTEHINRIK	WESSELS
18.06.1364	Stralsund	0	0	0													
21.06.1364	Stralsund			0													
22.09.1364	Stralsund		0	0	0												
27.03.1365	Stralsund	0	0	0													
28.05.1365	Lübeck			0	0	0											
05.10.1365	Rostock		0	0	0												
24.06.1366	Lübeck		0	0	0	0											
16.12.1366	Rostock		0		0	0											0
30.05.1367	Rostock	0	0		0												
24.06.1367	Stralsund	0	0		0												
29.07.1367	Stralsund				0												
22.08.1367	Falster				0												
06.10.1367	Rostock		0		0		0										
11.11.1367	Köln		0		0		0										
01.01.1368	Rostock	0	0		0		0										
02.02.1368	Lübeck	0	0	0			0										
27.02.1368	Greves	0			0												
15.03.1368	Rostock	0	0		0												
24.06.1368	Lübeck	0	0		0	0											
15.03.1368	Rostock															0	
30.07.1368	Rostock		0		0	0											

DATUM	TAGORT	SWERTINGS	KYRITZ	PERCEVAL	PLESKOWJAC	CRISPIN	ATTENDORNG	GILDEHUS	SWERTINGG	HEREKEPETER	OSSENBRUGGE	PEPERSAK	LOOHINRIKVAN	ODBERNHUSEN	TRAVELMANGOT	GROTEHINRIK	WESSELS
10.08.1368	Wismar				0	0											
06.10.1368	Stralsund		0		0	0											
08.11.1368	Rostock					0											
11.03.1369	Lübeck	0		0	0	0					0						
13.07.1369	Lübeck			0	0	0	0				0						
21.10.1369	Stralsund	0			0	0											
25.02.1370	Stralsund				0	0	0				0						
2.07.1370	Bohus						0				0						
01.05.1371	Lübeck	0	0	0	0	0					0						
25.05.1371	Stralsund		0		0						0						
27.10.1371	Stralsund				0						0						
08.09.1372	Tönsberg						0				0						
01.05.1373	Lübeck			0	0	0					0	0					0
21.05.1374	Lübeck	0		0	0	0					0	0					0
25.07.1374	Stralsund				0						0						0
24.06.1375	Lübeck	0		0	0	0					0	0					0
15.07.1375	Rostock								0		0						0
08.09.1375	Brügge	0															
00.00.1375	Falsterbo				0												
25.10.1375	Falsterbo				0												
20.01.1376	Wismar		0		0	0					0						

DATUM	TAGORT	SWERTINGS	KYRITZ	PERCEVAL	PLESKOWJAC	CRISPIN	ATTENDORNG	GILDEHUS	SWERTINGG	HEREKEPETER	OSSENBRUGGE	PEPERSAK	LOOHINRIKVAN	ODBERNHUSEN	TRAVELMANGOT	GROTEHINRIK	WESSELS
23.03.1376	Stralsund										0						
29.03.1376	Stade			0			0										
18.05.1376	Stralsund	0					0										
24.06.1376	Stralsund	0			0						0						
14.08.1376	Kalingborg				0						0						
14.08.1376	Korsör				0						0						
24.06.1377	Lübeck	0		0	0						0						0
25.01.1378	Stralsund				0		0										0
30.05.1378	Stralsund	0															
25.11.1378	Lübeck	0		0	0	0						0					
09.02.1379	Lübeck				0						0	0	0	0	0		0
24.06.1379	Lübeck	0			0	0					0	0					
00.00.1379	Brügge				0												
12.08.1380	Lübeck	0			0	0					0	0	0				0
21.10.1380	Wismar				0												0
09.02.1381	Lübeck	0		0	0	0						0			0		0
25.04.1381	Stralsund				0						0						0
24.06.1381	Lübeck	0			0	0					0	0					0
15.09.1381	Schonen	0									0						
09.03.1382	Wismar	0									0						0
24.06.1382	Lübeck	0		0			0				0	0					

DATUM	TAGORT	SWERTINGS	KYRITZ	PERCEVAL	PLESKOWJAC	CRISPIN	ATTENDORNG	GILDEHUS	SWERTINGG	HEREKEPETER	OSSENBRUGGE	PEPERSAK	LOOHINRIKVAN	ODBERNHUSEN	TRAVELMANGOT	GROTEHINRIK	WESSELS
29.09.1382	Stralsund	0									0						
05.04.1383	Lübeck	0					0		0		0	0					0
31.05.1383	Lübeck						0		0		0	0					0
04.10.1383	Lübeck	0		0			0				0	0					0
28.02.1384	Lübeck	0					0		0		0	0					0
24.04.1384	Stralsund	0									0						0
09.10.1384	Falster	0							0		0						
12.03.1385	Lübeck	0					0		0		0	0					0
24.06.1385	Stralsund	0						0	0								0
01.04.1386	Lübeck	0		0			0										
19.07.1386	Lübeck	0		0			0	0			0						
28.10.1386	Lübeck	0		0			0	0			0						
01.05.1387	Möln																0
09.10.1387	Lübeck	0		0			0	0		0	0						
00.00.1387	Dordrecht / A.	0															
01.05.1388	Lübeck	0		0			0								0		0

DATUM	TAGORT	GERDATTENDORN	GOTTATTENDORN	PERCEVAL	CRISPIN	SWERTINGSIMON	SCHEPENSTEDE	PEPERSAK	SWERTINGGREG	LANGEHERMAN	SOESTARNDVAN	MORKERKE	DARTZOWGERHARI	CLINGENBERG	NIEBUR	DARTZOWHERM	HOLKJAKOB
06.10.1367	Rostock	0															
11.11.1367	Köln	0															
01.01.1368	Rostock	0				0											
02.02.1368	Lübeck	0		0		0	0										
27.02.1368	Greves					0											
15.03.1368	Rostock					0	0										
24.06.1368	Lübeck				0	0											
30.07.1368	Rostock				0												
10.08.1368	Wismar				0												
06.10.1368	Stralsund				0												
08.11.1368	Rostock				0												
11.03.1369	Lübeck			0	0	0											
13.07.1369	Lübeck	0		0	0		0										
21.10.1369	Stralsund				0	0											
25.02.1370	Stralsund	0			0												
2.07.1370	Bohus	0															
01.05.1371	Lübeck			0	0	0											
27.10.1371	Stralsund						0										
1371	Novgorod						0										
08.09.1372	Tönsberg	0															

DATUM	TAGORT	GERDATTENDORN	GOTTATTENDORN	PERCEVAL	CRISPIN	SWERTINGSIMON	SCHEPENSTEDE	PEPERSAK	SWERTINGGREG	LANGEHERMAN	SOESTARNDVAN	MORKERKE	DARTZOWGERHARD	CLINGENBERG	NIEBUR	DARTZOWHERM	HOLKJAKOB
01.05.1373	Lübeck			0	0			0									
21.05.1374	Lübeck			0	0	0		0									
24.06.1375	Lübeck			0	0	0		0									
15.07.1375	Rostock								0								
08.09.1375	Brügge					0											
20.01.1376	Wismar				0												
29.03.1376	Stade	0		0													
18.05.1376	Stralsund	0				0											
24.06.1376	Stralsund					0				0							
24.06.1377	Lübeck			0		0											
25.01.1378	Stralsund	0															
30.05.1378	Stralsund					0											
25.11.1378	Lübeck			0	0	0		0									
09.02.1379	Lübeck							0									
24.06.1379	Lübeck				0	0		0									
12.08.1380	Lübeck		0		0	0	0	0			0	0					
09.02.1381	Lübeck			0	0	0	0	0									
25.04.1381	Stralsund											0					
24.06.1381	Lübeck				0	0	0	0									
15.09.1381	Schonen					0											

DATUM	TAGORT	GERDATTENDORN	GOTTATTENDORN	PERCEVAL	CRISPIN	SWERTINGSIMON	SCHEPENSTEDE	PEPERSAK	SWERTINGGREG	LANGEHERMAN	SOESTARNDVAN	MORKERKE	DARTZOWGERHARD	CLINGENBERG	NIEBUR	DARTZOWHERM	HOLKJAKOB
09.03.1382	Wismar					0	0					0					
24.06.1382	Lübeck	0		0		0		0									
29.09.1382	Stralsund					0	0										
05.04.1383	Lübeck	0	0			0	0	0	0		0						
31.05.1383	Lübeck	0	0				0	0	0								
04.10.1383	Lübeck	0		0		0		0									
28.02.1384	Lübeck	0				0		0	0								
24.04.1384	Stralsund					0							0				
09.10.1384	Falster					0			0								
12.03.1385	Lübeck	0				0		0	0								
24.06.1385	Stralsund					0			0								
01.04.1386	Lübeck	0		0		0					0						
19.07.1386	Lübeck	0	0	0		0	0										
28.10.1386	Lübeck	0		0		0						0					
09.10.1387	Lübeck	0	0	0		0	0					0			0		
00.00.1387	Dordrecht/Ant.					0											
01.05.1388	Lübeck	0		0		0	0					0					
24.08.1388	Lübeck	0		0								0					
01.05.1389	Lübeck	0							0		0	0					
29.09.1389	Lübeck	0		0					0		0	0					

DATUM	TAGORT	GERDATTENDORN	GOTTATTENDORN	PERCEVAL	CRISPIN	SWERTINGSIMON	SCHEPENSTEDE	PEPERSAK	SWERTINGGREG	LANGEHERMAN	SOESTARNDVAN	MORKERKE	DARTZOWGERHARD	CLINGENBERG	NIEBUR	DARTZOWHERM	HOLKJAKOB
24.06.1390	Lübeck	0		0							0	0					
11.11.1391	Hamburg	0							0								
16.10.1392	Lübeck	0		0								0		0			
22.07.1393	Lübeck	0		0					0			0			0		
29.09.1393	Skanör	0							0								
03.03.1394	Lübeck	0		0					0		0	0			0	0	
22.07.1394	Helsingborg	0							0								
20.05.1395	Falster														0		
26.09.1395	Helsingborg														0		
29.09.1395	Lübeck	0									0	0			0	0	
25.07.1399	Lübeck										0			0		0	0
02.02.1400	Lübeck													0		0	

DATUM	TAGORT	DARTZOWGERD	DARTZOWHERM	SVERTING	ATTENDORNG	KERCKRINGB	CLINGENBERG	HOLKJAKOB
24.04.1384	Stralsund	0		0				
09.10.1384	Falster			0				
12.03.1385	Lübeck			0	0			
24.06.1385	Stralsund			0				
01.04.1386	Lübeck			0	0			
19.07.1386	Lübeck			0	0			
28.10.1386	Lübeck			0	0			
09.10.1387	Lübeck			0	0			
1387	Dordrecht / Antwerpen			0				
01.05.1388	Lübeck			0	0			
24.08.1388	Lübeck				0			
01.05.1389	Lübeck				0			
29.09.1389	Lübeck				0			
24.06.1390	Lübeck				0			
11.11.1391	Hamburg				0			
16.10.1392	Lübeck				0		0	
22.07.1393	Lübeck				0	0		
29.09.1393	Skanör				0			
03.03.1394	Lübeck		0		0	0		
22.07.1394	Helsingborg				0			
29.09.1395	Lübeck		0		0	0		
02.02.1400	Lübeck		0			0	0	
25.07.1399	Lübeck		0			0	0	0
13.11.1400	Stade						0	
14.05.1402	Lübeck		0			0	0	0
15.01.1403	Wismar						0	
22.04.1403	Lübeck		0			0	0	
06.12.1403	Lübeck		0			0	0	
08.04.1404	Lübeck						0	0
16.10.1404	Marienburg						0	
12.03.1405	Lübeck						0	0

DATUM	TAGORT	TRAVELMANGOTT	PLESKOWJAC	SVERTING	FLANDERN	SWERTINGGREGO	NIEBUR	WARENDORPBRU
09.02.1379	Lübeck	0	0					
24.06.1379	Lübeck		0	0				
00.00.1379	Brügge		0					
12.08.1380	Lübeck		0	0				
21.10.1380	Wismar		0					
09.02.1381	Lübeck	0	0	0				
25.04.1381	Stralsund		0					
24.06.1381	Lübeck		0	0				
15.09.1381	Schon			0				
09.03.1382	Wismar			0				
24.06.1382	Lübeck			0				
29.09.1382	Stralsund			0				
05.04.1383	Lübeck			0		0		
31.05.1383	Lübeck					0		
04.10.1383	Lübeck			0				
28.02.1384	Lübeck			0		0		
24.04.1384	Stralsund			0				
09.10.1384	Falster			0		0		
12.03.1385	Lübeck			0		0		
24.06.1385	Stralsund			0		0		
01.04.1386	Lübeck			0				
19.07.1386	Lübeck			0				
28.10.1386	Lübeck			0				
01.05.1387	Möln							
09.10.1387	Lübeck			0			0	
1387	Dordrecht / Antwerpen			0				
01.05.1388	Lübeck	0		0	0			
24.08.1388	Lübeck							0
01.05.1389	Lübeck	0				0		0
29.09.1389	Lübeck	0				0		0
24.06.1390	Lübeck	0						0

DATUM	TGORT	BUXTEHUDEM	KLINGENBERG	CONSTIN	HOLKJAKOB	MORKERKE	TÖBING
02.02.1400	Lübeck	0	0				
25.07.1399	Lübeck		0		0		
13.11.1400	Stade	0	0				
14.05.1402	Lübeck		0		0		
15.01.1403	Wismar		0				
22.04.1403	Lübeck		0				0
06.12.1403	Lübeck	0	0				
08.04.1404	Lübeck		0		0		
16.10.1404	Marienburg		0				
12.03.1405	Lübeck	0	0		0		
22.08.1406	Amsterdam	0					
20.04.1410	Hamburg	0					
22.07.1410	Wismar	0					
13.12.1410	Lübeck	0					
15.07.1411	Lübeck	0					
11.11.1411	Wismar	0					
10.04.1412	Lüneburg	0					

DATUM	TAGORT	HACHEDEHINRI	HACHEDEHEYN	VORSTE	RENTELENHENN	YBORCH	HILDENSEM	BAGGEL
11.03.1369	Lübeck			0				
13.07.1369	Lübeck			0				
21.10.1369	Stralsund			0				
25.02.1370	Stralsund			0				
24.06.1385	Stralsund							0
11.11.1391	Hamburg							0
16.10.1392	Lübeck							0
22.07.1393	Lübeck	0						
03.03.1394	Lübeck	0						
22.07.1394	Helsing		0					
01.08.1398	Kopenhagen				0			
02.02.1400	Lübeck	0				0		
25.07.1399	Lübeck	0				0		
08.09.1399	Nyköbing				0			
25.07.1400	Kalmar		0		0			
13.11.1400	Stade				0			
08.09.1401	Lund				0			
14.05.1402	Lübeck	0			0	0		0
15.01.1403	Wismar		0					0
22.04.1403	Lübeck				0	0		0
06.12.1403	Lübeck				0	0		
08.04.1404	Lübeck		0		0	0		
12.03.1405	Lübeck				0	0		
15.05.1407	Lübeck					0		
13.12.1410	Lübeck						0	

DATUM	TAGORT	STEEN	VANMÖHLEN II	SCHELLEPEPERJOHA	VISKULEHINRIK I	ERP	RAPESULVER	BREKEWOLDCORD	BEREHINRIK	GRONEHAGENKLAU	ROLAND	STROBEKETILE	BRAMSTEDE	VECHELDEALB	HOYEMAN I
05.04.1416	Kopenhagen	0	0		0										
24.05.1416	Lübeck		0	0	0										
11.08.1416	Lübeck	0			0	0									
16.10.1416	Lübeck				0	0									
25.11.1416	Lübeck	0			0		0	0							
20.01.1417	Lübeck	0		0	0		0	0							
30.04.1417	Kopenhagen	0			0			0							
20.05.1417	Rostock	0	0	0				0							
08.08.1417	Wismar	0													
25.08.1417	Rendsburg	0						0							
31.01.1417	Wismar							0							
24.06.1418	Lübeck	0	0	0			0	0							
14.04.1420	Wismar	0					0								
02.06.1420	Schleswig	0					0								
06.04.1421	Lübeck		0		0										
21.06.1421	Lübeck	0			0		0	0							
08.03.1422	Wismar				0		0			0					
31.05.1422	Lübeck	0	0	0		0	0	0			0				
22.07.1422	Rostock	0	0				0								
31.01.1422	Rostock	0			0		0								

DATUM	TAGORT	STEEN	VANMÖHLEN II	SCHELLEPEPERJOHA	VISKULEHINRIK I	ERP	RAPESULVER	BREKEWOLDCORD	BEREHINRIK	GRONEHAGENKLAUS	ROLAND	STROBEKETILE	BRAMSTEDE	VECHELDEALB	HOYEMAN I
16.07.1423	Lübeck	0	0	0			0	0							
12.03.1427	Braunschweig				0		0			0		0		0	
23.03.1427	Stralsund	0		0											
13.05.1427	Stralsund	0								0					
30.06.1427	Wismar	0		0											
03.08.1427	Stralsund	0		0											
01.01.1430	Lübeck						0	0		0					0
18.09.1432	Lübeck									0					
13.01.1433	Lübeck				0										
28.02.1440	Lüneburg												0		
17.04.1440	Lübeck			0											0
12.03.1441	Lübeck			0				0					0		

DATUM	TAGORT	WALRAVE	HAMER	HUXERTIDE	STADE	ROGGE	HUXERAL	TERAX
24.05.1377	Danzig	0						
17.04.1379	Marienburg	0						
01.05.1388	Lübeck		0					
22.07.1393	Lübeck			0				
29.09.1393	Skanör			0				
14.05.1402	Lübeck			0				
16.07.1403	Marienburg			0				
16.01.1404	Marienburg			0				
31.01.1404	Marienburg			0				
05.04.1405	Marienburg			0				
06.05.1405	Marienburg			0				
17.05.1405	Marienburg			0				
24.06.1405	Falster			0				
10.08.1405	Marienburg			0				
29.09.1405	Marienburg			0				
05.02.1406	Marienburg			0				
14.02.1406	Danzig			0				
22.03.1406	Danzig			0				
16.04.1406	Marienburg			0				
10.02.1407	Marienburg			0				
27.06.1407	Marienburg			0				
27.06.1407	Marienburg		0					
05.07.1407	Marienburg		0					
23.09.1408	Parsch			0				
22.12.1409	Marienburg			0				
11.07.1412	Marienburg				0			
05.04.1413	Marienburg			0				
24.04.1416	Danzig		0	0				
20.05.1417	Rostock / Lüb.					0		
24.06.1418	Lübeck		0					
10.05.1419	Thorn					0		
22.08.1420	Gerdauen				0			
24.09.1420	Stralsund				0			
24.10.1420	Marienburg				0			
04.11.1420	Marienburg		0					
06.04.1421	Lübeck				0			
18.04.1421	Marienburg		0					
21.06.1421	Lübeck				0			
09.03.1422	Marienburg					0		

DATUM	TAGORT	WALRAVE	HAMER	HUXERTIDE	STADE	ROGGE	HUXERAL	TERAX
21.04.1422	Eylau					0		
13.12.1422	Marienburg					0		
09.01.1423	Elbing					0		
24.01.1423	Marienburg		0					
25.03.1423	Kreuz.					0		
20.04.1423	Elbing					0		
26.10.1423	Elbing					0		
31.03.1424	Marienburg				0			
14.08.1424	Marienburg		0					
26.11.1424	Elbing				0			
26.02.1425	Marienburg						0	
26.02.1425	Marienburg		0					
05.06.1425	Elbing				0			
22.07.1425	Marienburg				0			
19.08.1425	Elbing				0			
20.11.1425	Marienburg		0					
21.04.1426	Marienburg						0	
21.04.1426	Marienburg		0					
22.05.1426	Marienburg						0	
22.05.1426	Marienburg					0		
09.06.1426	Marienburg					0		
18.08.1426	Marienburg						0	
18.08.1426	Marienburg		0					
27.11.1426	Elbing		0					
12.12.1426	Elbing		0			0		
12.01.1427	Marienburg				0			
24.04.1427	Elbing		0		0			
07.05.1427	Marienburg					0		
13.06.1427	Danzig				0		0	
21.06.1427	Danzig		0		0			
23.08.1427	Danzig		0		0	0		
08.11.1427	Elbing		0		0	0		
23.05.1429	Marienburg		0					0
12.04.1428	Elbing		0					
26.05.1428	Marienburg		0					
26.05.1428	Marienburg				0			
12.06.1428	Elbing				0			
15.12.1428	Elbing		0					
14.02.1429	Marienburg				0	0		

DATUM	TAGORT	WALRAVE	HAMER	HUXERTIDE	STADE	ROGGE	HUXERAL	TERAX
06.09.1429	Marienburg				0			
12.11.1429	Elbing				0		0	
17.12.1429	Elbing					0		
19.03.1430	Elbing		0					
15.05.1431	Marienburg		0				0	
30.12.1431	Marienburg		0				0	
25.01.1432	Elbing						0	
09.04.1432	Stuhm				0	0		
30.04.1432	Elbing		0					
12.11.1432	Elbing					0		
28.01.1433	Elbing				0	0		
19.11.1433	Elbing				0			
26.02.1434	Rastenburg / Elbing						0	
25.04.1432	Marienburg						0	
04.07.1434	Marienburg				0			
18.09.1434	Thorn					0		
01.10.1434	Elbing					0	0	
24.12.1434	Thorn					0	0	
13.02.1435	Marienburg					0	0	
22.03.1435	Elbing / Marienburg				0			
02.05.1435	Thorn						0	
05.08.1435	Marienburg				0			
14.02.1436	Elbing				0			
04.03.1436	Elbing							0
18.04.1436	Elbing							0
08.04.1437	Marienburg						0	
09.05.1437	Marienburg						0	
04.04.1438	Marienburg						0	
26.04.1438	Danzig				0		0	
12.05.1438	Marienburg				0		0	
17.05.1439	Marienburg				0			
05.05.1440	Elbing				0			
24.06.1440	Elbing				0			
19.10.1440	Danzig				0			
25.06.1441	Elbing						0	
25.05.1441	Marienwerder						0	
01.01.1442	Marienburg						0	
05.12.1442	Elbing						0	

DATUM	TAGORT	WALRAVE	HAMER	HUXERTIDE	STADE	ROGGE	HUXERAL	TERAX
09.01.1443	Marienburg							**0**
20.01.1443	Marienburg						**0**	
24.09.1443	Elbing							**0**
08.06.1444	Elbing						**0**	
31.10.1444	Marienburg						**0**	

DATUM		06.12.1358	07.09.1361	09.09.1361	06.11.1362	01.01.1363	05.02.1363	17.03.1363	23.04.1363	07.05.1363	24.06.1363	25.07.1363	08.09.1363	01.11.1363	19.11.1363	06.01.1364	14.04.1364	25.05.1364	18.06.1364
TAGORT	Stadt	Rostock	Greifswald	Greifswald	Rostock	Stralsund	Rostock	Wismar	Wismar	Nyköbing	Lübeck	Wismar	Stralsund / Greifswald	Greifswald	Greifswald	Stralsund	Rostock	Lübeck	Stralsund
HOOPHEIN	HH	0	0	0			0				0								
SCHÖPPLINBERG	HG	0	0	0		0	0			0	0			0	0	0		0	0
VORRAD	HL	0			0			0			0							0	
WARENDORPLAM	HG	0	0	0		0					0			0	0				
WESTFAL	HG	0	0											0	0				
WICKEDEHERMANN	HL	0									0							0	
HOYERHEYNO	HH		0	0															
LUBEKEHINRIC	HG		0																
OLDENBORG	HL		0	0			0		0	0		0	0			0		0	
PLESKOWJOH	HL		0	0	0	0	0	0	0	0								0	
RUBENOW	HG		0											0	0	0			0
LUBEKHIN	HG			0															
PERCEVAL	HL				0	0			0	0	0	0	0	0	0	0		0	0
PLESKOWJAK	HL					0	0	0			0	0	0	0	0	0		0	
LANGEARN	HG					0				0				0	0	0			
BISCOPING	HH						0				0								
BOKHOLT	HG						0											0	0
HACHEDEHART	HH						0				0								
WUNSTORP	HH								0			0	0						
GRANTZOW	HG											0					0		
CRISPIN	HL																	0	

DATUM / TAGORT	Stadt	22.09.1364 Stralsund	27.03.1365 Stralsund	28.05.1365 Lübeck	05.10.1365 Rostock	24.06.1366 Lübeck	16.12.1366 Rostock	30.05.1367 Rostock	24.06.1367 Stralsund	29.07.1367 Stralsund	22.08.1367 Falsterbo	06.10.1367 Rostock	11.11.1367 Köln	01.01.1368 Rostock	02.02.1368 Lübeck	27.02.1368 Greves	15.03.1368 Rostock	24.06.1368 Lübeck	24.06.1368 Lübeck	30.07.1368 Rostock
HOOPHEIN	HH																			
SCHÖPPLINBERG	HG		0								0			0		0	0		0	
VORRAD	HL			0											0			0		
WARENDORPLAM	HG	0	0						0	0				0						
WESTFAL	HG								0	0										
WICKEDEHERMANN	HL			0		0														
HOYERHEYNO	HH					0														
LUBEKEHINRIC	HG																			
OLDENBORG	HL	0		0		0														
PLESKOWJOH	HL			0				0	0	0					0					
RUBENOW	HG								0											
LUBEKHIN	HG																			
PERCEVAL	HL	0	0	0	0	0									0			0		
PLESKOWJAK	HL	0		0	0	0	0	0	0	0	0	0	0	0		0	0	0		0
LANGEARN	HG		0																	
BISCOPING	HH																			
BOKHOLT	HG	0	0																	
HACHEDEHART	HH					0								0						
WUNSTORP	HH				0		0		0											
GRANTZOW	HG				0	0		0												
CRISPIN	HL			0		0	0											0		0

DATUM TAGORT	Stadt	22.09.1364 Stralsund	27.03.1365 Stralsund	28.05.1365 Lübeck	05.10.1365 Rostock	24.06.1366 Lübeck	16.12.1366 Rostock	30.05.1367 Rostock	24.06.1367 Stralsund	29.07.1367 Stralsund	22.08.1367 Falsterbo	06.10.1367 Rostock	11.11.1367 Köln	01.01.1368 Rostock	02.02.1368 Lübeck	27.02.1368 Greves	15.03.1368 Rostock	24.06.1368 Lübeck	24.06.1368 Lübeck	30.07.1368 Rostock
SWERTING	HL		0					0	0					0	0	0	0	0		
HORBORCH	HH					0								0						
WARENDORPB	HL						0									0	0	0		
ATTENDORNGERI	HL											0	0	0	0					
SCHEPENSTEDE	HL														0		0			
LUBEKSIFRID	HG															0	0			
LANGEJO	HL																			
OSSENBRUGGE	HL																			
WARENDORPBJ	HL																			
PEPERSAK	HL																			
SPRINGINTGUD	LB																			
IBING	HH																			
HOLDENSTEDE	HH																			
MILESCHRI	HH																			
GELLERSENV	HH																			
TRAVELMANNG	HL																			
HOYKE	LB																			
ATTENDORNGOT	HL																			
MORKERKE	HL																			
HOYERJOH	HH																			
ROSE	HG																			

DATUM		10.08.1368	06.10.1368	08.11.1368	11.03.1369	13.07.1369	21.10.1369	25.02.1370	02.07.1370	01.05.1371	25.05.1371	27.10.1371	06.04.1371							
TAGORT	Stadt	Wismar	Stralsund	Rostock	Lübeck	Lübeck	Stralsund	Stralsund	Bohus	Lübeck	Stralsund	Stralsund	Novgorod							
HOOPHEIN	HH																			
SCHÖPPLINBERG	HG						0					0								
VORRAD	HL				0	0				0										
WARENDORPLAM	HG																			
WESTFAL	HG																			
WICKEDEHERMANN	HL																			
HOYERHEYNO	HH				0	0				0										
LUBEKEHINRIC	HG																			
OLDENBORG	HL																			
PLESKOWJOH	HL																			
RUBENOW	HG							0			0	0								
LUBEKHIN	HG																			
PERCEVAL	HL				0	0				0										
PLESKOWJAK	HL	0	0		0	0	0	0		0	0	0								
LANGEARN	HG		0					0			0	0								
BISCOPING	HH																			
BOKHOLT	HG		0																	
HACHEDEHART	HH																			
WUNSTORP	HH																			
GRANTZOW	HG																			
CRISPIN	HL	0	0	0	0	0	0	0		0										

DATUM		10.08.1368	06.10.1368	08.11.1368	11.03.1369	13.07.1369	21.10.1369	25.02.1370	02.07.1370	01.05.1371	25.05.1371	27.10.1371	06.04.1371							
TAGORT	Stadt	Wismar	Stralsund	Rostock	Lübeck	Lübeck	Stralsund	Stralsund	Bohus	Lübeck	Stralsund	Stralsund	Novgorod							
SWERTING	HL				0		0			0										
HORBORCH	HH				0	0				0										
WARENDORPB	HL		0	0																
ATTENDORNGERI	HL					0		0	0											
SCHEPENSTEDE	HL					0						0	0							
LUBEKSIFRID	HG					0	0			0										
LANGEJO	HL			0								0								
OSSENBRUGGE	HL				0	0		0	0	0	0	0								
WARENDORPBJ	HL				0															
PEPERSAK	HL																			
SPRINGINTGUD	LB																			
IBING	HH																			
HOLDENSTEDE	HH																			
MILESCHRI	HH																			
GELLERSENV	HH																			
TRAVELMANNG	HL																			
HOYKE	LB																			
ATTENDORNGOT	HL																			
MORKERKE	HL																			
HOYERJOH	HH																			
ROSE	HG																			

DATUM		08.09.1372	01.05.1373	21.05.1374	25.07.1374	24.06.1375	15.07.1375	08.09.1375	25.10.1375	20.01.1376	23.03.1376	29.03.1376	18.05.1376	24.06.1376	14.08.1376	14.08.1376	24.06.1377	25.01.1378	30.05.1378
TAGORT	Stadt	Tönsberg	Lübeck	Lübeck	Stralsund	Lübeck	Rostock	Brügge	Falsterbo	Wismar	Stralsund	Stade	Stralsund	Stralsund	Kalingborg	Korsör	Lübeck	Stralsund	Stralsund
HOOPHEIN	HH																		
SCHÖPPLINBERG	HG			0	0	0	0		0		0		0	0	0	0		0	0
VORRAD	HL		0			0											0		
WARENDORPLAM	HG																		
WESTFAL	HG																		
WICKEDEHERMANN	HL																		
HOYERHEYNO	HH		0	0		0													
LUBEKEHINRIC	HG																		
OLDENBORG	HL																		
PLESKOWJOH	HL										0								
RUBENOW	HG																		
LUBEKHIN	HG																		
PERCEVAL	HL		0	0		0						0					0		
PLESKOWJAK	HL		0	0	0	0			0	0				0	0	0	0	0	
LANGEARN	HG			0	0						0		0	0			0	0	0
BISCOPING	HH																		
BOKHOLT	HG																		
HACHEDEHART	HH																		
WUNSTORP	HH																		
GRANTZOW	HG																		
CRISPIN	HL		0	0		0				0									

DATUM		25.11.1378	08.09.1372	01.05.1373	21.05.1374	25.07.1374	24.06.1375	15.07.1375	08.09.1375	25.10.1375	20.01.1376	23.03.1376	29.03.1376	18.05.1376	24.06.1376	14.08.1376	14.08.1376	24.06.1377	25.01.1378	30.05.1378
TAGORT	Stadt	Lübeck	Tönsberg	Lübeck	Lübeck	Stralsund	Lübeck	Rostock	Brügge	Falsterbo	Wismar	Stralsund	Stade	Stralsund	Stralsund	Kalingborg	Korsör	Lübeck	Stralsund	Stralsund
SWERTING	HL				0		0		0					0	0			0		0
HORBORCH	HH			0	0		0						0							
WARENDORPB	HL																			
ATTENDORNGERI	HL		0										0	0					0	
SCHEPENSTEDE	HL																			
LUBEKSIFRID	HG																			
LANGEJO	HL					0		0										0	0	0
OSSENBRUGGE	HL		0	0	0	0	0	0			0	0			0	0	0	0		
WARENDORPBJ	HL																			
PEPERSAK	HL			0	0		0													
SPRINGINTGUD	LB			0																
IBING	HH						0						0							
HOLDENSTEDE	HH	0																0		0
MILESCHRI	HH	0																0		0
GELLERSENV	HH																			
TRAVELMANNG	HL																			
HOYKE	LB																			
ATTENDORNGOT	HL																			
MORKERKE	HL																			
HOYERJOH	HH																			
ROSE	HG	0																		

DATUM / TAGORT	Stadt	25.11.1378 Lübeck	09.02.1379 Lübeck	24.06.1379 Lübeck	1379 Brügge/Lond.	12.08.1380 Lübeck	21.10.1380 Wismar	09.02.1381 Lübeck	25.04.1381 Stralsund	24.06.1381 Lübeck	15.09.1381 Schon	09.03.1382 Wismar	24.06.1382 Lübeck	29.09.1382 Stralsund	05.04.1383 Lübeck	31.05.1383 Lübeck	04.10.1383 Lübeck	28.02.1384 Lübeck	24.04.1384 Stralsund	09.10.1384 Falsterbo
HOOPHEIN	HH	0																		
SCHÖPPLINBERG	HG			0							0									
VORRAD	HL																			
WARENDORPLAM	HG																			
WESTFAL	HG																			
WICKEDEHERMANN	HL																			
HOYERHEYNO	HH																			
LUBEKEHINRIC	HG																			
OLDENBORG	HL																			
PLESKOWJOH	HL	0																		
RUBENOW	HG																			
LUBEKHIN	HG																			
PERCEVAL	HL			0		0		0		0			0		0	0	0			
PLESKOWJAK	HL	0	0	0	0	0	0	0	0	0										
LANGEARN	HG	0		0															0	0
BISCOPING	HH																			
BOKHOLT	HG																			
HACHEDEHART	HH																			
WUNSTORP	HH																			
GRANTZOW	HG																			
CRISPIN	HL			0		0		0		0										

DATUM		12.03.1385	09.02.1379	24.06.1379	1379	12.08.1380	21.10.1380	09.02.1381	25.04.1381	24.06.1381	15.09.1381	09.03.1382	24.06.1382	29.09.1382	05.04.1383	31.05.1383	04.10.1383	28.02.1384	24.04.1384	09.10.1384
TAGORT	Stadt	Lübeck	Lübeck	Lübeck	Brügge/Lond.	Lübeck	Wismar	Lübeck	Stralsund	Lübeck	Schon	Wismar	Lübeck	Stralsund	Lübeck	Lübeck	Lübeck	Lübeck	Stralsund	Falsterbo
SWERTING	HL			0		0		0		0	0	0	0	0	0		0	0	0	0
HORBORCH	HH												0		0	0	0	0		
WARENDORPB	HL																			
ATTENDORNGERI	HL												0		0	0	0	0		
SCHEPENSTEDE	HL					0		0		0		0		0	0	0				
LUBEKSIFRID	HG																			
LANGEJO	HL			0			0			0	0		0	0						
OSSENBRUGGE	HL		0	0		0			0	0	0	0	0	0	0	0	0	0	0	0
WARENDORPBJ	HL																			
PEPERSAK	HL		0	0		0		0		0			0		0	0	0	0		
SPRINGINTGUD	LB			0						0			0		0	0	0	0		
IBING	HH					0						0						0		
HOLDENSTEDE	HH	0	0	0	0	0	0	0		0			0		0	0	0			
MILESCHRI	HH			0						0		0								
GELLERSENV	HH						0													
TRAVELMANNG	HL		0					0												
HOYKE	LB			0		0		0		0			0					0		
ATTENDORNGOT	HL					0									0	0				
MORKERKE	HL					0			0			0								
HOYERJOH	HH												0							
ROSE	HG													0			0			

DATUM	TAGORT	HEINE	DARTZOWG	WESTHOF	SCHREYEMAR
	Stadt	LB	HL	HL	HH
09.02.1379	Lübeck				
24.06.1379	Lübeck				
1379	Brügge/Lond.				
12.08.1380	Lübeck				
21.10.1380	Wismar				
09.02.1381	Lübeck				
25.04.1381	Stralsund				
24.06.1381	Lübeck				
15.09.1381	Schon				
09.03.1382	Wismar				
24.06.1382	Lübeck				
29.09.1382	Stralsund				
05.04.1383	Lübeck				
31.05.1383	Lübeck	0			
04.10.1383	Lübeck				
28.02.1384	Lübeck				
24.04.1384	Stralsund		0		
09.10.1384	Falsterbo			0	
12.03.1385	Lübeck				

DATUM / TAGORT	Stadt	24.06.1385 Stralsund	01.04.1386 Lübeck	19.07.1386 Lübeck	28.10.1386 Lübeck	01.05.1387 Möln	09.10.1387 Lübeck	00.00.1387 Dordrecht	01.05.1388 Lübeck	24.08.1388 Lübeck	01.05.1389 Lübeck	29.09.1389 Lübeck	24.06.1390 Lübeck							
HOOPHEIN	HH																			
SCHÖPPLINBERG	HG																			
VORRAD	HL																			
WARENDORPLAM	HG																			
WESTFAL	HG																			
WICKEDEHERMANN	HL																			
HOYERHEYNO	HH																			
LUBEKEHINRIC	HG																			
OLDENBORG	HL																			
PLESKOWJOH	HL																			
RUBENOW	HG																			
LUBEKHIN	HG																			
PERCEVAL	HL		0	0	0		0		0	0	0	0	0							
PLESKOWJAK	HL																			
LANGEARN	HG																			
BISCOPING	HH																			
BOKHOLT	HG																			
HACHEDEHART	HH																			
WUNSTORP	HH																			
GRANTZOW	HG																			
CRISPIN	HL																			

							24.06.1390	29.09.1389	01.05.1389	24.08.1388	01.05.1388	00.00.1387	09.10.1387	01.05.1387	28.10.1386	19.07.1386	01.04.1386	24.06.1385		DATUM
							Lübeck	Lübeck	Lübeck	Lübeck	Lübeck	Dordrecht	Lübeck	Möln	Lübeck	Lübeck	Lübeck	Stralsund	Stadt	TAGORT
											⊖	⊖	⊖		⊖	⊖	⊖	⊖	HL	SWERTING
													⊖		⊖	⊖			HH	HORBORCH
																			HL	WARENDORPB
							⊖	⊖	⊖	⊖	⊖		⊖		⊖	⊖	⊖		HL	ATTENDORNGERI
											⊖		⊖			⊖			HL	SCHEPENSTEDE
																			HG	LUBEKSIFRID
																			HL	LANGEJO
													⊖		⊖	⊖	⊖		HL	OSSENBRUGGE
							⊖	⊖	⊖	⊖									HL	WARENDORPBJ
																			HL	PEPERSAK
								⊖	⊖					⊖					LB	SPRINGINTGUD
																			HH	IBING
										⊖	⊖			⊖	⊖	⊖	⊖		HH	HOLDENSTEDE
							⊖	⊖	⊖	⊖	⊖	⊖	⊖				⊖		HH	MILESCHRI
																			HH	GELLERSENV
							⊖	⊖	⊖		⊖								HL	TRAVELMANNG
											⊖			⊖	⊖		⊖		LB	HOYKE
													⊖			⊖			HL	ATTENDORNGOT
							⊖	⊖	⊖	⊖	⊖		⊖		⊖				HL	MORKERKE
							⊖	⊖	⊖	⊖	⊖	⊖							HH	HOYERJOH
											⊖						⊖	⊖	HG	ROSE

DATUM	TAGORT	HEINE	DARTZOWG	WESTHOF	SCHREYEMA
	Stadt	LB	HL	HL	HH
24.06.1385	Stralsund			0	
01.04.1386	Lübeck				
19.07.1386	Lübeck				
28.10.1386	Lübeck				
01.05.1387	Möln				
09.10.1387	Lübeck				
00.00.1387	Dordrecht				
01.05.1388	Lübeck			0	
24.08.1388	Lübeck			0	
01.05.1389	Lübeck			0	0
29.09.1389	Lübeck			0	0
24.06.1390	Lübeck			0	0

DATUM	TAGORT	PLESKOWJAK	PERCEVAL	PEPERSAK	CRISPIN	LANGEJO	SWERTING	OSSENBRUGGE
01.01.1363	Stralsund	0	0					
24.06.1363	Lübeck	0	0		0			
25.07.1363	Wismar	0	0					
08.09.1363	Stralsund / Greifswald	0	0					
01.11.1363	Greifswald	0	0					
19.11.1363	Greifswald	0	0					
06.01.1364	Stralsund	0	0					
25.05.1364	Lübeck	0	0		0			
18.06.1364	Stralsund		0				0	
22.09.1364	Stralsund	0	0					
27.03.1365	Stralsund		0				0	
28.05.1365	Lübeck	0	0		0			
05.10.1365	Rostock	0	0					
24.06.1366	Lübeck	0	0		0			
16.12.1366	Rostock	0			0			
30.05.1367	Rostock	0					0	
24.06.1367	Stralsund	0					0	
01.01.1368	Rostock	0					0	
02.02.1368	Lübeck	0	0				0	
27.02.1368	Greves	0					0	
15.03.1368	Rostock	0					0	
24.06.1368	Lübeck	0	0		0		0	
30.07.1368	Rostock	0			0			
10.08.1368	Wismar	0			0			
06.10.1368	Stralsund	0			0			
08.11.1368	Rostock				0	0		
11.03.1369	Lübeck	0	0		0		0	0
13.07.1369	Lübeck	0	0		0			0
21.10.1369	Stralsund	0			0		0	
25.02.1370	Stralsund	0			0			0
2.07.1370	Bohus							0
01.05.1371	Lübeck	0	0		0		0	0
25.05.1371	Stralsund	0						0
27.10.1371	Stralsund	0				0		0
01.05.1373	Lübeck	0	0	0	0			0
21.05.1374	Lübeck	0	0	0	0		0	0
25.07.1374	Stralsund	0				0		0
24.06.1375	Lübeck	0	0	0	0		0	0

DATUM	TAGORT	PLESKOWJAK	PERCEVAL	PEPERSAK	CRISPIN	LANGEJO	SWERTING	OSSENBRUGGE
15.07.1375	Rostock					0		0
08.09.1375	Brügge						0	
20.01.1376	Wismar	0			0			0
23.03.1376	Stralsund							0
24.06.1376	Stralsund	0					0	0
14.08.1376	Kalingborg	0						0
14.08.1376	Korsör	0						0
24.06.1377	Lübeck	0	0			0	0	0
25.01.1378	Stralsund	0				0		
30.05.1378	Stralsund					0	0	
25.11.1378	Lübeck	0	0	0	0		0	
09.02.1379	Lübeck	0		0				0
24.06.1379	Lübeck	0	0	0	0	0	0	0
00.00.1379	Brügge	0						
12.08.1380	Lübeck	0	0	0	0		0	0
21.10.1380	Wismar	0				0		
09.02.1381	Lübeck	0	0	0	0		0	
25.04.1381	Stralsund	0						0
24.06.1381	Lübeck	0	0	0	0	0	0	0
15.09.1381	Schon					0	0	0
09.03.1382	Wismar						0	0
16.03.1382	Nyköping						0	0
24.06.1382	Lübeck		0	0		0	0	0
29.09.1382	Stralsund					0	0	0
05.04.1383	Lübeck		0	0			0	0
31.05.1383	Lübeck		0	0				0
04.10.1383	Lübeck		0	0			0	0
28.02.1384	Lübeck			0			0	0
24.04.1384	Stralsund						0	0
09.10.1384	Falsterbo						0	0
12.03.1385	Lübeck		0	0			0	0
01.04.1386	Lübeck		0				0	0
19.07.1386	Lübeck		0				0	0
28.10.1386	Lübeck		0				0	0
09.10.1387	Lübeck		0				0	0
1387	Dordrecht / Antwerpen						0	
01.05.1388	Lübeck		0				0	

DATUM	07.09.1361	01.01.1363	05.02.1363	17.03.1363	07.05.1363	24.06.1363	25.07.1363	08.09.1363	01.11.1363	19.11.1363	06.01.1364	14.04.1364	25.05.1364	18.06.1364	21.06.1364	27.03.1365	05.10.1365	16.12.1366	30.05.1367	24.06.1367	29.07.1367
TAGORT	Greifswald	Stralsund	Rostock	Wismar	Nyköbing	Lübeck	Wismar	Stralsund	Greifswald	Greifswald	Stralsund	Rostock	Lübeck	Stralsund	Stralsund	Stralsund	Rostock	Rostock	Rostock	Stralsund	Stralsund
PAPE	0					0		0						0	0		0				
WOBERMYNHERM	0																				
POLITZ		0						0	0	0	0										
STADE		0			0								0								
VAMSUNDE		0														0	0				
WESTFAL				0				0						0			0			0	
JOHANNES			0									0									
LEPPEN						0			0	0											
WOBERMYNHIN							0		0												
WOBERMYNNIC							0														
VORRAD							0														
SNAKE								0													
LEWENSNYDER											0			0							
STURMAN																		0	0		0
KRÖPELINPETER																					
DENEKE																				0	
PRETEMYN																					0
GERWER																					
TRAVENOL																					
WAKKER																					
WARDENBERG																					

DATUM	TAGORT	PAPE	WOBERMYNHERM	POLITZ	STADE	VAMSUNDE	WESTFAL	JOHANNES	LEPPEN	WOBERMYNHIN	WOBERMYNNIC	VORRAD	SNAKE	LEWENSNYDER	STURMAN	KRÖPELINPETER	DENEKE	PRETEMYN	GERWER	TRAVENOL	WAKKER	WARDENBERG
06.10.1367	Rostock	0					0															
01.01.1368	Rostock					0	0							0								
15.03.1368	Rostock						0					0										
15.03.1368	Rostock					0	0															
06.10.1368	Stralsund						0				0	0							0			
11.03.1369	Lübeck	0					0															
13.07.1369	Lübeck				0		0															
21.10.1369	Stralsund							0														
25.02.1370	Stralsund				0														0			
01.05.1371	Lübeck						0															
25.05.1371	Stralsund						0															
27.10.1371	Stralsund					0																
01.05.1373	Lübeck														0							
21.05.1374	Lübeck						0															
25.07.1374	Stralsund																		0	0		
24.06.1375	Lübeck						0					0										
23.03.1376	Stralsund											0								0		
18.05.1376	Stralsund											0										
24.06.1377	Lübeck											0										
25.01.1378	Stralsund																			0	0	
30.05.1378	Stralsund											0					0				0	

DATUM	TAGORT	PAPE	WOBERMYNHERM	POLITZ	STADE	SUNDE	WESTFAL	JOHANNES	LEPPEN	WOBERMYNHIN	WOBERMYNNIC	VORRAD	SNAKE	LEWENSNYDER	STURMAN	CRÖPELINPETER	DENEKE	PRETEMYN	GERWER	TRAVENOL	WAKKER	WARDENBERG
24.06.1379	Lübeck											0								0	0	
24.06.1381	Lübeck															0						
15.09.1381	Schon																					0
29.09.1382	Stralsund											0										
04.10.1383	Lübeck																			0		
09.10.1384	Falster																					
24.06.1385	Stralsund											0										
29.09.1393	Skan																					
03.03.1394	Lübeck																					
22.07.1394	Helsing																					
15.08.1396	Lübeck																					
01.08.1398	Kopenhagen?																					
25.07.1399	Lübeck																					
14.05.1402	Lübeck																					
12.03.1405	Lübeck																					
15.05.1407	Lübeck																			0		
20.04.1410	Ham																			0		
25.07.1413	Nyb																					
05.04.1416	Kopenhagen																					
24.05.1416	Lübeck																					
20.05.1417	Rostock / Lübeck																					

DATUM	TAGORT	JAGEDUVEL	SCHOTTORP	SOTEBOTTER	DORNBORCH	RINLENDER	DOLLEN	KUNNE	GRULLE	RODEGERD	PAULSHIN	AFFEN
24.06.1379	Lübeck											
24.06.1381	Lübeck											
15.09.1381	Schon											
29.09.1382	Stralsund	0										
04.10.1383	Lübeck	0										
09.10.1384	Falster		0									
24.06.1385	Stralsund	0										
29.09.1393	Skanör			0								
03.03.1394	Lübeck			0								
22.07.1394	Helsingborg	0										
15.08.1396	Lübeck				0							
01.08.1398	Kopenhagen					0						
25.07.1399	Lübeck	0										
14.05.1402	Lübeck						0					
12.03.1405	Lübeck	0										
15.05.1407	Lübeck							0				
20.04.1410	Hamburg							0				
25.07.1413	Nyköbing								0			
05.04.1416	Kopenhagen								0			
24.05.1416	Lübeck								0			
20.05.1417	Rostock								0	0		
24.06.1418	Lübeck											0

DATUM	TAGORT	JAGEDUVEL	SCHOTTORP	SOTEBOTTER	DORNBORCH	RINLENDER	DOLLEN	KUNNE	GRULLE	RODEGERD	PAULSHIN	AFFEN
08.03.1422	Wismar									0		0
31.05.1422	Lübeck											
31.01.1422	Rostock									0		

DATUM	TAGORT	Darsenitz	Turow	Sageniz	Latecow	Sabowe	Premslaw	Voos	Wene	Rusbard	Sötemund	Tobringer	Brantzow	Pretze	Seger	Kotin	Colpin	Wegener	Golne
6.12.1358	Rostock	0																	
7.09.1361	Greifswald		0	0															
1.01.1363	Stralsund				0	0													
17.03.1363	Wismar			0			0												
1.11.1363	Greifswald	0																	
19.11.1363	Greifswald	0		0															
6.01.1364	Stralsund	0		0															
18.06.1364	Stralsund							0	0										
29.07.1367	Stralsund							0		0									
22.08.1367	Falsterbo							0											
1.05.1371	Lübeck										0								
27.10.1371	Stralsund										0								
29.09.1382	Stralsund											0	0						
24.06.1418	Lübeck													0					
8.03.1422	Wismar														0				
17.04.1440	Lübeck															0			
12.03.1441	Lübeck																0		
20.05.1442	Stralsund																	0	0

DATUM	TAGORT	SOESTJOHANVAN	REBBERDIT	HENGSTENBERGS	DULMEN	VANALENGOD	POEL	WESTERROD	VANALENHERM	RYNHOF	CORDELITZ	LOARN	WASSELRODE	WALELUDOLF	SODEJAKOBVAM	WASMOD	GELINJOH	SODEJOHANVAM	HITFELTHIN	REBBER	HENGSTENBERGT	RUSSEALBERT	RUSSEPETER
12.06.1356	Brügge	0																					
20.01.1358	Lübeck	0	0																				
11.11.1367	Köln			0																			
24.06.1368	Lübeck				0		0																
06.10.1368	Stralsund			0	0			0															
11.03.1369	Lübeck									0													
13.07.1369	Lübeck				0						0												
21.10.1369	Stralsund										0												
25.02.1370	Stralsund											0											
25.05.1371	Stralsund											0											
27.10.1371	Stralsund											0											
21.05.1374	Lübeck							0															
24.06.1375	Lübeck					0																	
24.06.1376	Stralsund												0										
25.01.1378	Stralsund						0																
30.05.1378	Stralsund							0															
24.06.1379	Lübeck									0	0												
00.00.1379	Brügge										0												
21.10.1380	Wismar						0																
24.06.1381	Lübeck						0																
29.09.1382	Stralsund													0									

DATUM	TAGORT	SOESTJOHANVAN	REBBERDIT	HENGSTENBERGSE	DULMEN	VANALENGOD	POEL	WESTERROD	VANALENHERM	RYNHOF	CORDELITZ	LOARN	WASSELRODE	WALELUDOLF	SODEJAKOBVAM	WASMOD	GELINJOH	SODEJOHANVAM	HITFELTHIN	REBBER	HENGSTENBERGTH	RUSSEALBERT	RUSSEPETER
04.10.1383	Lübeck														0								
24.04.1384	Stralsund						0																
12.03.1385	Lübeck															0							
24.06.1385	Stralsund															0							
28.10.1386	Lübeck																0	0					
00.00.1387	Dordrecht																		0				
01.05.1388	Lübeck																			0			
29.09.1389	Lübeck																				0		
11.11.1391	Hamburg																			0			
22.07.1393	Lübeck																					0	
29.09.1393	Skanör																					0	
03.03.1394	Lübeck																		0				
22.07.1394	Helsingborg								0														
20.05.1395	Falster																		0				
26.09.1395	Helsingborg																			0			
29.09.1395	Lübeck																			0			
15.08.1396	Lübeck																					0	
08.09.1397	Lübeck								0														
01.08.1398	Kopenhagen																		0				
25.07.1399	Lübeck																						0

DATUM	12.03.1405	24.09.1420	31.05.1422	16.07.1423	01.01.1430	12.03.1441	18.05.1447	00.02.1452
TAGORT	Lübeck	Stralsund	Lübeck	Lübeck	Lübeck	Lübeck	Lübeck	Lübeck
MERSCH	0							
HUXERJO		0			0			
PADERBORN			0					
LINDE			0					
BLOMENTAL				0				
WEGETHIDEMANVAN						0		0
WINTER							0	
WYLDENBERG								
LISEMAN								

DATUM	08.09.1399	25.07.1400	22.04.1403	12.03.1405
TAGORT	Nyköbing	Kalmar	Lübeck	Lübeck
SOESTJOHANVAN				
REBBERDIT				
HENGSTENBERGSE				
DULMEN				
VANALENGOD				
POEL				
WESTERROD		0		
VANALENHERM				
RYNHOF				
CORDELITZ				
LOARN				
WASSELRODE				
WALELUDOLF				
SODEJAKOBVAM				
WASMOD				
GELINJOH				
SODEJOHANVAM				
HITFELTHIN				
REBBER			0	
HENGSTENBERGTH				
RUSSEALBERT		0		
RUSSEPETER	0	0		

DATUM	TAGORT	BOREWOLD	PRETEMYN	WULFHIN	GMELIN	VERCHEMIN	HARTMUD	WICBOLD	DAVID	SCHADEMAN	HOLKVINC	BRUNSWIG	HOLKSEGEBOD	SLEEF	STRELIN	HASENVOT	HORNLUBB	KNAKE	LUBEKSIFRID	LETZENITZ	COLBERGHERM	LOWEJOH	WICBOLDVINC
05.02.1363	Rostock	0	0																				
25.07.1363	Wismar	0		0																			
01.11.1363	Greifswald	0	0																				
19.11.1363	Greifswald	0	0																				
06.01.1364	Stralsund	0	0																				
25.05.1364	Lübeck	0			0																		
18.06.1364	Stralsund		0		0	0																	
21.06.1364	Stralsund		0																				
22.09.1364	Stralsund		0				0																
27.03.1365	Stralsund	0		0																			
05.10.1365	Rostock	0	0																				
24.06.1366	Lübeck		0	0																			
24.06.1367	Stralsund		0			0																	
01.01.1368	Rostock				0	0																	
27.02.1368	Grevesm.																		0				
15.03.1368	Rostock																		0				
24.06.1368	Lübeck						0	0															
06.10.1368	Stralsund	0			0	0																	
11.03.1369	Lübeck	0	0																				
13.07.1369	Lübeck	0							0										0				
21.10.1369	Stralsund	0																					
25.02.1370	Stralsund	0			0																		

DATUM	01.05.1371	25.05.1371	27.10.1371	30.05.1378	24.06.1379	15.09.1381	29.09.1382	04.10.1383	24.04.1384	09.10.1384	12.03.1385	24.06.1385	22.07.1393	29.09.1393	03.03.1394	14.05.1402	24.06.1418	01.01.1430	12.03.1441	00.06.1454
TAGORT	Lübeck	Stralsund	Stralsund	Stralsund	Lübeck	Schonen	Stralsund	Lübeck	Stralsund	Falster	Lübeck	Stralsund	Lübeck	Skanör	Lübeck	Lübeck	Lübeck	Lübeck	Lübeck	Lübeck
BOREWOLD				0	0															
PRETEMYN																				
WULFHIN																				
GMELIN	0	0																		
VERCHEMIN			0																	
HARTMUD																				
WICBOLD																				
DAVID																				
SCHADEMAN						0				0										
HOLKVINC													0		0					
BRUNSWIG															0					
HOLKSEGEBOD																	0			
SLEEF																		0		
STRELIN																			0	
HASENVOT																			0	
HORNLUBB																				0
KNAKE																				0
LUBEKSIFRID	0																			
LETZENITZ							0	0	0				0		0					
COLBERGHERM								0			0									
LOWEJOH												0								
WICBOLDVINC													0	0		0				

DATUM	TAGORT	KEYSER	HEREKETIDEMAN	VISSTRAT	CLEPPINGGERW	BRAKEN	CLEPPINGHERM	HOVELE	SUDERMANJOH	HENGSTENBERGCES	WICKEDEJO	HOVELJOHAN	VEMERENENWALTVAN	HENGSTENBERGCHRIS	CLEPPINGAN	SUDERMANARND	BRAKEHINRIK	SWARTE	VEMERENJOHANVAN	PLUME
12.06.1356	Brügge	0																		
24.06.1379	Lübeck		0	0																
1379	Brügge/London			0																
31.05.1383	Lübeck			0	0															
1387	Dordrecht / Antwerpen					0	0													
01.05.1389	Lübeck							0												
29.09.1389	Lübeck			0																
24.06.1390	Lübeck							0												
11.11.1391	Hamburg						0													
15.05.1407	Lübeck								0											
10.04.1412	Lüneburg									0										
24.06.1418	Lübeck									0										
01.01.1430	Lübeck										0									
05.06.1434	Lübeck											0								
24.06.1456	Lübeck												0							
15.06.1461	Lübeck													0						
10.09.1461	Wesel														0					
23.04.1469	Lübeck													0						

DATUM	TAGORT	KEYSER	HEREKETIDEMAN	VISSTRAT	CLEPPINGGERW	BRAKEN	CLEPPINGHERM	HOVELE	SUDERMANJOH	HENGSTENBERGCES	WICKEDEJO	HOVELJOHAN	VEMERENENWALTVAN	HENGSTENBERGCHRIST	CLEPPINGAN	SUDERMANARND	BRAKEHINRIK	SWARTE	VEMERENJOHANVAN	PLUME
31.05.1470	Lübeck															0				
24.08.1470	Lübeck															0				
00.07.1473	Utrecht													0			0			
20.06.1476	Lübeck													0						
28.05.1498	Bremen																	0		
16.05.1507	Lübeck																		0	
08.03.1512	Köln																			0
19.06.1518	Lübeck																			0

DATUM	TAGORT	NAME	STANDARD	STADT	HR
12.06.1356	Brügge	Plescow, Henric	PLESCOWHINRIK	Lübeck	1,1,127
		Kile, Johan vamme	KYLEJOHANVAMME	Hamburg	
		Buxstehude, Johan	BUXTEHUDEJOHAN	Stralsund	
		Keyser, Hildebrant	KEYSER	Dortmund	
		Scotte, Johan	SCHOTTE	Soest	
		Soust, Johan van	SOEST	Thorn	
		Norgarden, Johan van	NORGARDEN	Elbing	
		Brunswick, Johan van	BRUNSWIGJOHAN	Gotland	
		Bredenschede, Hermann	BREDENSCHEDE	Livland	
20.01.1358	Lübeck	Meyse, Johan	MEYSEJOH	Goslar	1,1,135
		Miles, Johan	MILESJOHAN	Hamburg	
		Kyl, Johan	KYLEJOHANVAMME	Hamburg	
		Vrese, Hermann	VRESEHERMANN	Rostock	
		Cropelyn, Arnd	KRÖPELINARND	HRO	
		Rode, Hermann van dem	RODEHERM	Stralsund	
		Buxtehude, Johannes	BUXTEHUDEJOHAN	Stralsund	
		Calsowe, Johan	KALZOWJOH	Wismar	
		Swarte, Lubbert	SWARTE	Wismar	
		Evensen, Johan van	EVENSEN	Braunsch.	
		Berglingche, Henning van	BERGLING	Braunsch.	
		Sost, Johan van	SOEST	Thorn	
		Rebber, Dithmer	REBBERDIT	Thorn	
		Thorun, Johan van	TORNJOHAN	Elbing	
		Vomestene, Johan	VOLMESTEN	Elbing	1,1,135
06.12.1358	Rostock	Wickede, Hermann	WICKEDEHERMAN	Lübeck	1,1,149
		Vorrad, Bertramnus	VORRADBERTRAM	Lübeck	
		Wittenborgh, Johannes	WITTENBORG	Lübeck	
		Miles, Johannes	MILESJOHAN	Hamburg	
		Hop, Heyno	HOOPHEINO	Hamburg	
		Rode, Hermannus de	RODEHERM	Stralsund	
		Buxtehude, Johannes	BUXTEHUDEJOHAN	Stralsund	
		Dargetzowe, Johannes	DARGETZOWJOH	Wismar	
		Swarte, Ludbertus	SWARTE	Wismar	
		Westfali, Nicolaus	WESTFALNICOLAUS	Greifswald	
		Warendorp, Lambertus	WARENDORPLAMB	Greifswald	
		Schuffelenberg, Hinricus	SCHÖPPLINBERG	Greifswald	
		Darsenitze, Johannes	DARSENITZ	Anklam	
		Hasencrugh, Wolterus	HASENCRUG	Demmin	
		Brand, Nicolaus	BRANDNICOLAUS	Demmin	
		+ Rostocker Herren	HERREN	Rostock	
07.09.1361	Greifswald	Wyttenborgh, Johann	WITTENBORG	Lübeck	1,1,186
		Pleskow, Johan van	PLESCOWJOHAN	Lübeck	
		Oldenborgh, Berend	OLDENBORG	Lübeck	

DATUM	TAGORT	NAME	STANDARD	STADT	HR
07.09.1361	Greifswald	Wraak, Diderik	WRAK	Hamburg	1,1,186
		Dargetzow, Johann	DARGETZOWJOH	Wismar	
		Kalzow, Johann	KALZOWJOH	Wismar	
		Bomgarde, Johan	BOMGARDE	Rostock	
		Cropelyn, Arnold	KRÖPELINARND	Rostock	
		Vrese, Hinrick	VRESEHINRIK	Rostock	
		Grentze, Johan	GRENTZEJOH	Rostock	
		Rode, Hermann vanme	RODEHERM	Stralsund	
		Gysen, Gödeke	GISE	Stralsund	
		Kulpen, Ludeke van	KULPEN	Stralsund	
		Bremen, Berend van	BREMEN	Stralsund	
		Lubeke, Hinrich van	LUBEKHINRIK	Greifswald	
		Westfal, Nicolaus	WESTFALNICOLAUS	Greifswald	
		Scupplenbergh, Hinrik	SCHÖPPLINBERG	Greifswald	
		Warendorp, Lamberd	WARENDORPLAMB	Greifswald	
		Thurow, Diderik	TUROW	Anklam	
		Sagenitze, Marquard	SAGENZ	Anklam	
		Geöbermyn, Hinrick	GÖBERMYN	Stettin	
		Pape, Hermen	PAPE	Stettin	
		Otto (Meyster)	OTTO	Kolberg	
		Langhe, Hinrick	LANGEHIN	Kulm	
		Naase, Goskalke	NASE	Danzig	
09.09.1361	Greifswald	Wittenborgh, Johan	WITTENBORG	Lübeck	1,1,191
		Pleskow, Johann	PLESCOWJOHAN	Lübeck	
		Oldenborgh, Bernd	OLDENBORG	Lübeck	
		Hoop, Heyno	HOOPHEINO	Hamburg	
		Hoyer, Heyno	HOYER	Hamburg	
		Dargesow, Johann	DARGETZOWJOH	Wismar	
		Kalsowe, Johann	KALZOWJOH	Wismar	
		Bomgarde, Johan	BOMGARDE	Rostock	
		Cröpelin, Arnt	KRÖPELINARND	Rostock	
		Vrese, Hinrich	VRESEHINRIK	Rostock	
		Grensee, Johan	GRENTZEJOH	Rostock	
		Rode, Herman van dem	RODEHERM	Stralsund	
		Ghyse, Ghodeke	GISE	Stralsund	
		Kulpen, Ludeke van	KULPEN	Stralsund	
		Bremen, Bernt van	BREMEN	Stralsund	
		Rubenowe, Evert	RUBENOWEVER	Greifswald	
		Lubeke, Hinrich van	LUBEKHINRIK	Greifswald	
		Westfal, Claus	WESTFALNICOLAUS	Greifswald	
		Warendorp, Lambert	WARENDORPLAMB	Greifswald	
		Schuflenbergh, Hinrich	SCHÖPPLINBERG	Greifswald	
		Thurow, Thidemann	TUROW	Anklam	

DATUM	TAGORT	NAME	STANDARD	STADT	HR
09.09.1361	Greifswald	Zagentze, Marquard van	SAGENZ	Anklam	1,1,191
		Pape, Hermann	PAPE	Stettin	
		Wobermyn, Hermann	WOBERMYNHERM	Stettin	
		Otto	OTTO	Kolberg	
06.11.1362	Rostock	Vorrad, Bertramus	VORRADBERTRAM	Lübeck	1,1,206
		Pleskowe, Johannes	PLESCOWJOHAN	Lübeck	
		Pertzevale, Johannes	PERCEVAL	Lübeck	
		Dargetzouwe, Johannes	DARGETZOWJOH	Wismar	
		Manderouwe, Johannes	MANDEROWJOHAN	Wismar	
		Bomgarde, Johannes	BOMGARDE	Rostock	
		Kropelin, Arnoldus	KRÖPELINARND	Rostock	
		Rode, Hermannus de	RODEHERM	Stralsund	
		Schiele, Hinricus	SCHELE	Stralsund	
		Wulflam, Bertrammus	WULFLAM	Stralsund	
01.01.1363	Stralsund	Plescowe, Johannes	PLESCOWJOHAN	Lübeck	1,1,210
		Partzevale, Johannes	PERCEVAL	Lübeck	
		Plescouwe, Jacobus	PLESCOWJAKOB	Lübeck	
		Kröpelin, Arnold	KRÖPELINARND	Rostock	
		Vrese, Hinricus	VRESEHINRIK	Rostock	
		Grenz, Johannes	GRENTZEJOH	Rostock	
		Suderlant, Fredericus	SUDERLANT	Rostock	
		Darghetzowe, Johannes	DARGETZOWJOH	Wismar	
		Bucowe, Andreas	BUKOWANDREAS	Wismar	
		Manderowe, Johannes	MANDEROWJOHAN	Wismar	
		Moltekowe, Johannes	MOLTEKOW	Wismar	
		Politze, Johannes	POLITZJOHAN	Stettin	
		Stadis, Everhardus de	STADEEVERHARD	Stettin	
		Sundis, Hartwicus de	VAMMMESUNDE	Stettin	
		Langhe, Johannes	LANGEJOH	Kiel	
		Halveploch, Nicolaus	HALVEPLOCH	Kiel	
		Warendorp, Lambertus	WARENDORPLAMB	Greifswald	
		Schuppelinberg, Hinricus	SCHÖPPLINBERG	Greifswald	
		Langhe, Arnoldus	LANGEARN	Greifswald	
		Goldenstede, Arnoldus	GOLDENSTEDE	Stralsund	
		Rode, Hermannus van dem	RODEHERM	Stralsund	
		Gyse, Gotfridus	GISE	Stralsund	
		Schiele, Heyno	SCHELE	Stralsund	
		Plotze, Borchardus	PLOTZE	Stralsund	
		Kannenmaker	KANNEMAKER	Stralsund	
		Sabowe, Ebele	SABOWE	Anklam	
		Latekow, Henningus	LATECOW	Anklam	
		Lassaan, Hinricus	LASSAN	Stargard	
		Rodewold, Henningus	RODEWALD	Stargard	

DATUM	TAGORT	NAME	STANDARD	STADT	HR
05.02.1363	Rostock	Plescouwe, Johannes	PLESCOWJOHAN	Lübeck	1,1,217
		Plescouwe, Jacobus	PLESCOWJAKOB	Lübeck	
		Oldenborch, Bernardus	OLDENBORG	Lübeck	
		Hoop, Hinricus	HOOPHEINO	Hamburg	
		Biscoping, Hermannus	BISCHOPING	Hamburg	
		Hachede, Hartwicus de	HACHEDE	Hamburg	
		Wigerczen, Wernerus	WIGERSEN	Hamburg	
		Rode, Hermannus de	RODEHERM	Stralsund	
		Ghise, Godeke	GISE	Stralsund	
		Kulpen, Ludeke de	KULPEN	Stralsund	
		Dorpen, Bernhardus de	DÖRPEN	Stralsund	
		Precemyn, Bertoldus	PRETEMYN	Kolberg	
		Borwalt, Johannes	BOREWOLD	Kolberg	
		Dargetzowe, Johannes	DARGETZOWJOH	Wismar	
		Wesceli, Hinricus	WESSELS	Wismar	
		Schuppelinberg, Hinricus	SCHÖPPLINBERG	Greifswald	
		Borcholt, Johannes	BOKHOLTJOHAN	Greifswald	
		Langhe, Johannes	LANGEJOH	Kiel	
		Rike, Nicolaus	RIKE	Kiel	
		Halveploch, Nicolaus	HALVEPLOCH	Kiel	
		Bomgarde, Johannes	BOMGARDE	Rostock	
		Witte, Lambertus	WITTELAMBERT	Rostock	
		Kropelin, Arnoldus	KRÖPELINARND	Rostock	
		Vrese, Hinricus	VRESEHINRIK	Rostock	
		Kyritze, Johannes de	KYRITZ	Rostock	
		Niendorp, Ludeke	NIENDORP	Rostock	
		Johannes, magister	JOHANNES	Stettin	
17.03.1363	Wismar	Vorrat, Bertrammus	VORRADBERTRAM	Lübeck	1,1,222
		Plescouwe, Johannes	PLESCOWJOHAN	Lübeck	
		Plescouwe, Jacobus	PLESCOWJAKOB	Lübeck	
		Kropelin, Arnoldus	KRÖPELINARND	Rostock	
		Witte, Lambertus	WITTELAMBERT	Rostock	
		Kulpen, Ludeke de	KULPEN	Stralsund	
		Wulflam, Bertrammus	WULFLAM	Stralsund	
		Sagens, Marquardus	SAGENZ	Anklam	
		Prempslaw, Tideman	PREMPSLAW	Anklam	
		Westfal, Henning	WESTFAL	Stettin	
		Rodewald, Henning	RODEWALD	Stargard	
		Langhe, Johannes	LANGEJOH	Kiel	
		Rike, Nicolaus	RIKE	Kiel	
		Dargetzowe, Johannes	DARGETZOWJOH	Wismar	
		Manderowe, Johannes	MANDEROWJOHAN	Wismar	
		Levetzouwe, Volmarus	LEVETZOW	Wismar	

DATUM	TAGORT	NAME	STANDARD	STADT	HR
17.03.1363	Wismar	Plescow, Johannes	PLESCOWJOHAN	Lübeck	1,1,222
		Pertzvale, Johannes	PERCEVAL	Lübeck	
		Oldenburg, Bernhardus	OLDENBORG	Lübeck	
		Kropelin, Arnoldus	KRÖPELINARND	Rostock	
		Kyritze, Johannes de	KYRITZ	Rostock	
		Kulpen, Ludeke de	KULPEN	Stralsund	
		Wulflam, Bertrammus	WULFLAM	Stralsund	
		Dargetzowe, Johannes	DARGETZOWJOH	Wismar	
		Bukouwe, Andreas	BUKOWANDREAS	Wismar	
		Manderowe, Johannes	MANDEROWJOHAN	Wismar	
		Lange, Johannes	LANGEJOH	Kiel	
		Rike, Nicolaus	RIKE	Kiel	
		Wunstorp, Johannes	WUNSTORP	Hamburg	
07.05.1363	Nyköbing	Plescowe, Johannes	PLESCOWJOHAN	Lübeck	1,1,225
		Partzevale, Johannes	PERCEVAL	Lübeck	
		Oldenborch, Bernhardus	OLDENBORG	Lübeck	
		Dargetzowe, Johannes	DARGETZOWJOH	Wismar	
		Kropelin, Hermannus	KRÖPELINHERM	Wismar	
		Kropelin, Arnoldus	KRÖPELINARND	Rostock	
		Kiritze, Johannes de	KYRITZ	Rostock	
		Dorpen, Bernhardus de	DÖRPEN	Stralsund	
		Wulflam, Bertrammus	WULFLAM	Stralsund	
		Schuppenlingberch, Hinricus	SCHÖPPLINBERG	Greifswald	
		Langhe, Arnoldus	LANGEARN	Greifswald	
		Stadis, Everhardus, de	STADEEVERHARD	Stettin	
		Schreye, Hermannus	SCHREIE	Kiel	
24.06.1363	Lübeck	Perde, Tidericus uppern	UPPNPERDE	Hamburg	1,1,232
		Hoop, Heyno	HOOPHEINO	Hamburg	
		Biscopingh, Herman	BISCHOPING	Hamburg	
		Hachede, Hartwicus de	HACHEDE	Hamburg	
		Kropelin, Arnoldus de	KRÖPELINARND	Rostock	
		Bomgarde, Johannes	BOMGARDE	Rostock	
		Kyritze, Johannes de	KYRITZ	Rostock	
		Yborch, Hermannus	YBORGHERMAN I	Gotland	
		Mönster, Lambertus	MONSTERLAMBERT	Gotland	
		Bornse, Johannes de	BORNSE	Riga	
		Kurler, Herbordus	KURLER	Dorpat	
		Stockelstorp, Petrus	STOCKELSTORP	Reval	
		Rode, Hermannus vamme	RODEHERM	Stralsund	
		Schiele, Hinricus	SCHELE	Stralsund	
		Dorpen, Bernhardus de	DÖRPEN	Stralsund	
		Dargetzow, Johannes	DARGETZOWJOH	Wismar	
		Manderouwe, Johannes	MANDEROWJOHAN	Wismar	

DATUM	TAGORT	NAME	STANDARD	STADT	HR
24.06.1363	Lübeck	Schupelinberg, Hinricus	SCHÖPPLINBERG	Greifswald	1,1,232
		Warendorp, Lambertus	WARENDORPLAMB	Greifswald	
		Pape, Hermannus	PAPE	Stettin	
		Leppene, Bertoldus de	LEPPEN	Stettin	
		Repelin, Henning	REPELIN	Stargard	
		Hereke, Ertmarus de	HEREKE	Preussen	
		Volmesteen (Johannes)	VOLMERSTEEN	Preussen	
		Pentze, Johannes de	PENTZE	Lüneburg	
		Visch, Johannes	VISCHJOHAN	Kiel	
		Langhe, Johannes	LANGEJOH	Kiel	
		Schreye, Hermann	SCHREIE	Kiel	
		Rike, Nikolaus	RIKE	Kiel	
		Halveploch, Nicolaus	HALVEPLOCH	Kiel	
		Nyendorp, Hasse	NIENDORP	Kiel	
		Wickede, Hermannus de	WICKEDEHERMAN	Lübeck	
		Vorrad, Bertramus	VORRADBERTRAM	Lübeck	
		Partzevale, Johannes	PERCEVAL	Lübeck	
		Plecouwe, Jacobus	PLESCOWJAKOB	Lübeck	
		Crispin, Segebodo	CRISPIN	Lübeck	
		Oldenborgh, Bernardus	OLDENBORG	Lübeck	
25.07.1363	Wismar	Perczevale, Johannes	PERCEVAL	Lübeck	1,1,240
		Plescowe, Jacobus	PLESCOWJAKOB	Lübeck	
		Oldenborch, Bernhardus	OLDENBORG	Lübeck	
		Bomgarde, Johannes	BOMGARDE	Rostock	
		Kropelin, Arnoldus	KRÖPELINARND	Rostock	
		Niendorp, Ludolfus	NIENDORP	Rostock	
		Hinricus (Gobbermyn?)	GÖBERMYN	Stettin	
		Wobbermyn, Nicolaus	WOBERMYNNIC	Stettin	
		Vorraad, Marquardus	VORRAD	Stettin	
		Borewold, Johannes	BOREWOLD	Kolberg	
		Wulf, Hinricus	WULF	Kolberg	
		Dargetzouwe, Johannes	DARGETZOWJOH	Wismar	
		Bukowe, Andreas	BUKOWANDREAS	Wismar	
		Levetzowe, Volmarus	LEVETZOW	Wismar	
		Manderowe, Johannes	MANDEROWJOHAN	Wismar	
		Kropelin, Hermannus	KRÖPELINHERM	Wismar	
		Mönik, Tidericus	MONNIK	Wismar	
		Wesceli, Hinricus	WESSELS	Wismar	
		Visch, Johannes	VISCHJOHAN	Kiel	
		Schreie, Hermannus	SCHREIE	Kiel	
		Rike, Nikolaus	RIKE	Kiel	
		Halveploch, Nicolaus	HALVEPLOCH	Kiel	
		Dorpen, Bernhardus de	DÖRPEN	Stralsund	

DATUM	TAGORT	NAME	STANDARD	STADT	HR
25.07.1363	Wismar	Plotze, Borchardus	PLOTZE	Stralsund	1,1,240
		Wulflam, Bertramus	WULFLAM	Stralsund	
		Wunstorp, Johannes	WUNSTORP	Hamburg	
		Nicolaus	NICOLAUS	Greifswald	
08.09.1363	Stralsund Greifswald	Pertzevale, Johannes	PERCEVAL	Lübeck	1,1,245
		Oldenborch, Bernhardus	OLDENBORG	Lübeck	
		Plescowe, Jacobus	PLESCOWJAKOB	Lübeck	
		Dargetzowe, Johannes	DARGETZOWJOH	Wismar	
		Bukowe, Andreas	BUKOWANDREAS	Wismar	
		Pape, Hermannus	PAPE	Stettin	
		Politze, Henningus de	POLITZ	Stettin	
		Westfael, Henningus	WESTFAL	Stettin	
		Snake, Anthonius	SNAKE	Stettin	
		Schöneveld, Conradus	SCHONWALD	Stargard	
		Rodewold, Henningus	RODEWALD	Stargard	
		Schreye, Hermannus	SCHREIE	Kiel	
		Halveploch, Nicolaus	HALVEPLOCH	Kiel	
		Goldenstede, Arnoldus	GOLDENSTEDE	Stralsund	
		Rode, Hermannus vamme	RODEHERM	Stralsund	
		Ghise, Godescalcus	GISE	Stralsund	
		Kulpen, Ludolfus de	KULPEN	Stralsund	
		Schuppelinberg, Hinricus	SCHÖPPLINBERG	Greifswald	
		Kropelin, Arnoldus	KRÖPELINARND	Rostock	
		Vreese, Hinricus	VRESEHINRIK	Rostock	
		Kyritze, Johannes de	KYRITZ	Rostock	
		Hologher, Everhardus	HOLOGEREVER	Rostock	
		Wunstorp, Johannes	WUNSTORP	Hamburg	
		Sagens, Marquardus	SAGENZ	Anklam	
		Dasenitze, Johannes	DARSENITZ	Anklam	
01.11.1363	Greifswald	Pertzevale, Johannes	PERCEVAL	Lübeck	1,1,254
		Plescowe, Jacobus	PLESCOWJAKOB	Lübeck	
		Sachtelevend, Dethardus	SACHTELEVENT	Lübeck	
		Kropelin, Arnoldus	KRÖPELINARND	Rostock	
		Witte, Lambertus	WITTELAMBERT	Rostock	
		Vrese, Hinricus	VRESEHINRIK	Rostock	
		Dargetzowe, Johannes	DARGETZOWJOH	Wismar	
		Gletzouwe, Johannes	GLETZOW	Wismar	
		Wobbermyn, Hinricus	WOBERMYNHIN	Stettin	
		Pölitze, Henningus	POLITZ	Stettin	
		Leppene, Bertoldus	LEPPEN	Stettin	
		Darsenitze, Johannes	DARSENITZ	Anklam	
		Rode, Hermannus	RODEHERM	Stralsund	

DATUM	TAGORT	NAME	STANDARD	STADT	HR
01.11.1363	Greifswald	Gysonis, Godescalcus	GISE	Stralsund	1,1,254
		Kulpen, Ludolfus de	KULPEN	Stralsund	
		Wulflam, Bertrammus	WULFLAM	Stralsund	
		Rughe, Johannes	RUGE	Stralsund	
		Petershagen, Henningus	PETERSHAGEN	Stargard	
		Rodewold	RODEWALD	Stargard	
		Rubenowe, Everhardus	RUBENOWEVER	Greifswald	
		Lubeke, Hinricus de	LUBEKHINRIK	Greifswald	
		Westfael, Nicolaus	WESTFALNICOLAUS	Greifswald	
		Warendorp, Lambertus	WARENDORPLAMB	Greifswald	
		Schuppelingberch, Hinricus	SCHÖPPLINBERG	Greifswald	
		Langhe, Arnoldus	LANGEARN	Greifswald	
		Stralendorp, Tidericus	STRALENDORP	Kiel	
		Pretemyn, Bertoldus	PRETEMYN	Kolberg	
		Borewold, Johannes	BOREWOLD	Kolberg	
19.11.1363	Greifswald	Pertzevale, Johannes	PERCEVAL	Lübeck	1,1,259
		Plescowe, Jacobus	PLESCOWJAKOB	Lübeck	
		Kröpelin, Arnoldus	KRÖPELINARND	Rostock	
		Witte, Lambertus	WITTELAMBERT	Rostock	
		Dargetzowe, Johannes	DARGETZOWJOH	Wismar	
		Mönik, Tidericus	MONNIK	Wismar	
		Politze, Henningus	POLITZ	Stettin	
		Leppene, Bertoldus	LEPPEN	Stettin	
		Sagentz, Marquardus	SAGENZ	Anklam	
		Rode, Hermannus de	RODEHERM	Stralsund	
		Kulpen, Ludolfus de	KULPEN	Stralsund	
		Wulflam, Bertrammus	WULFLAM	Stralsund	
		Dorpen, Bernhardus de	DÖRPEN	Stralsund	
		Pretemyn, Bertoldus	PRETEMYN	Kolberg	
		Börewold, Johannes	BOREWOLD	Kolberg	
		Petershaghen, Henningus	PETERSHAGEN	Stargard	
		Rodewald, Henningus	RODEWALD	Stargard	
		Rubenowe, Everhardus	RUBENOWEVER	Greifswald	
		Lubeke, Hinricus de	LUBEKHINRIK	Greifswald	
		Westfael, Nicolaus	WESTFALNICOLAUS	Greifswald	
		Warendorp, Lambertus	WARENDORPLAMB	Greifswald	
		Schuppelingberch, Hinricus	SCHÖPPLINBERG	Greifswald	
		Langhe, Arnoldus	LANGEARN	Greifswald	
		Stralendorp, Tidericus	STRALENDORP	Kiel	
06.01.1364	Stralsund	Pertzevale, Johannes	PERCEVAL	Lübeck	1,1,263
		Plescowe, Jacobus	PLESCOWJAKOB	Lübeck	
		Oldenburg, Bernardus	OLDENBORG	Lübeck	
		Kropelin, Arnoldus	KRÖPELINARND	Rostock	

DATUM	TAGORT	NAME	STANDARD	STADT	HR
06.01.1364	Stralsund	Witte, Lambertus	WITTELAMBERT	Rostock	1,1,263
		Vriese, Hinricus	VRESEHINRIK	Rostock	
		Kiritze, Johannes de	KYRITZ	Rostock	
		Dargetzowe, Johannes	DARGETZOWJOH	Wismar	
		Kropelin, Hermannus	KRÖPELINHERM	Wismar	
		Gletzowe, Johannes	GLETZOW	Wismar	
		Rubenowe, Everhardus	RUBENOWEVER	Greifswald	
		Lubeke, Hinricus de	LUBEKHINRIK	Greifswald	
		Schuppelingberch, Hinricus	SCHÖPPLINBERG	Greifswald	
		Langhe, Arnoldus	LANGEARN	Greifswald	
		Politze, Henningus	POLITZ	Stettin	
		Lowensnider, Heningus	LEWENSNYDER	Stettin	
		Petershagen, Johannes	PETERSHAGEN	Stargard	
		Rodewold, Henningus	RODEWALD	Stargard	
		Sagens, Marquardus	SAGENZ	Anklam	
		Darzenitze, Johannes	DARSENITZ	Anklam	
		Halveploch, Nicolaus	HALVEPLOCH	Kiel	
		Kule, Marquardus	KULE	Kiel	
		Goldenstede, Arnoldus	GOLDENSTEDE	Stralsund	
		Rode, Hermannus de	RODEHERM	Stralsund	
		Ghise, Godeke	GISE	Stralsund	
		Kulpen, Ludolfus de	KULPEN	Stralsund	
		Pretemyn, Bertoldus	PRETEMYN	Kolberg	
		Borewold, Johannes	BOREWOLD	Kolberg	
14.04.1364	Rostock	Wulflam, Bertrammus	WULFLAM	Stralsund	1,1,275
		Kulpen, Ludolfus de	KULPEN	Stralsund	
		Rughe, Johannes	RUGE	Stralsund	
		Dargetzowe, Johannes	DARGETZOWJOH	Wismar	
		Bucowe, Andreas	BUKOWANDREAS	Wismar	
		Gletzowe, Johannes	GLETZOW	Wismar	
		Bomgarde, Johannes	BOMGARDE	Rostock	
		Cropelyn, Arnoldus)	KRÖPELINARND	Rostock	
		Witte, Lambertus	WITTELAMBERT	Rostock	
		Kyritze, Johannes de	KYRITZ	Rostock	
		Vriese, Hinricus	VRESEHINRIK	Rostock	
		Godlande, Luderus	GODLAND	Rostock	
		Kule, Maquardus	KULE	Kiel	
		Rademyn, Gherardus	RADEMYN	Lübeck	
		Nicolaus Grantzow	NICOLAUS	Greifswald	
		Johannes	JOHANNES	Stettin	
25.05.1364	Lübeck	Pleskowe, Jacobus	PLESCOWJAKOB	Lübeck	1,1,280
		Wyckede, Hermannus de	WICKEDEHERMAN	Lübeck	
		Vorrat, Bertrammus	VORRADBERTRAM	Lübeck	

DATUM	TAGORT	NAME	STANDARD	STADT	HR
25.05.1364	Lübeck	Plescowe, Johannes	PLESCOWJOHAN	Lübeck	1,1,280
		Crispyn, Segebodo	CRISPIN	Lübeck	
		Pertzevale, Johannes	PERCEVAL	Lübeck	
		Oldenborgh, Bernd	OLDENBORG	Lübeck	
		Cropeliyn, Arnoldus	KRÖPELINARND	Rostock	
		Kyritze, Johannes de	KYRITZ	Rostock	
		Wilde, Gherwinus	WILDE	Rostock	
		Rode, Hermannus de	RODEHERM	Stralsund	
		Wulflam, Bertrammus	WULFLAM	Stralsund	
		Kulpen, Ludolphus de	KULPEN	Stralsund	
		Dargetzowe, Johannes	DARGETZOWJOH	Wismar	
		Bucowe, Andreas	BUKOWANDREAS	Wismar	
		Schupplenbergh, Hinricus	SCHÖPPLINBERG	Greifswald	
		Bucholte, Johannes	BOKHOLTJOHAN	Greifswald	
		Staden, Everhardus de	STADEEVERHARD	Stettin	
		Barewold, Johannes	BOREWOLD	Kolberg	
		Ghemelyn, Henningus	GMELIN	Kolberg	
		Petershaghen, Henningus	PETERSHAGEN	Stargard	
		Malyn, Paulus	MALLYN	Stargard	
		Langhe, Johannes	LANGEJOH	Kiel	
		Vysch, Johannes jr	VISCHJOHAN	Kiel	
18.06.1364	Stralsund	Pertzevale, Johannes	PERCEVAL	Lübeck	1,1,285
		Swerting, Symon	SWERTING	Lübeck	
		Cropelin, Arnoldus	KRÖPELINARND	Rostock	
		Kyritze, Johannes de	KYRITZ	Rostock	
		Vriese, Hinricus	VRESEHINRIK	Rostock	
		Manderowe, Johannes	MANDEROWJOHAN	Wismar	
		Gletzowe, Johannes	GLETZOW	Wismar	
		Rubenowe, Everhardus	RUBENOWEVER	Greifswald	
		Lubeke, Hinricus de	LUBEKHINRIK	Greifswald	
		Schuppelingberch, Hinricus	SCHÖPPLINBERG	Greifswald	
		Boekholt, Johannes	BOKHOLTJOHAN	Greifswald	
		Pape, Hermannus	PAPE	Stettin	
		Lowentsnider, Henninghus	LEWENSNYDER	Stettin	
		Westfaal, Henningus	WESTFAL	Stettin	
		Pretemyn, Beteke	PRETEMYN	Kolberg	
		Verchemyn, Detlevus	VERCHEMIN	Kolberg	
		Ghemelyn, Henningus	GMELIN	Kolberg	
		Wene, Flöre de	WENE	Anklam	
		Vos, Hinrik	VOHIN	Anklam	
		Goldenstede, Arnoldus	GOLDENSTEDE	Stralsund	
		Ghise, Godeke	GISE	Stralsund	
		Schiele, Hinricus	SCHELE	Stralsund	

DATUM	TAGORT	NAME	STANDARD	STADT	HR
18.06.1364	Stralsund	Wulflam, Bertramus	WULFLAM	Stralsund	1,1,285
		Kulpen, Ludolphus de	KULPEN	Stralsund	
		Dorpen, Bernardus de	DÖRPEN	Stralsund	
		Rughe, Johannes	RUGE	Stralsund	
		Petershagen, Henningus	PETERSHAGEN	Stargard	
		Rodewald, Henningus	RODEWALD	Stargard	
		Schreye, Hermannus	SCHREIE	Kiel	
		Kule, Marquardus	KULE	Kiel	
21.06.1364	Stralsund	Partzevale, Johan	PERCEVAL	Lübeck	1,1,291
		Wulflam, Bertram	WULFLAM	Stralsund	
		Lubek, Hinrik van	LUBEKHINRIK	Greifswald	
		Pape, Hermann	PAPE	Stettin	
		Pretemyn, Bertold	PRETEMYN	Kolberg	
		Vos, Hinrik	VOSHIN	Anklam	
		Schreye, Hermann	SCHREIE	Kiel	
22.09.1364	Stralsund	Plescowe, Jacobus	PLESCOWJAKOB	Lübeck	1,1,304
		Pertzevale, Johannes	PERCEVAL	Lübeck	
		Oldenborch, Bernardus	OLDENBORG	Lübeck	
		Cröpelin, Arnoldus	KRÖPELINARND	Rostock	
		Witte, Lambertus	WITTELAMBERT	Rostock	
		Kyritze, Johannes de	KYRITZ	Rostock	
		Manderowe, Johannes	MANDEROWJOHAN	Wismar	
		Gletzowe, Johannes	GLETZOW	Wismar	
		Pretemyn, Bertoldus	PRETEMYN	Kolberg	
		Hartmud, Vico	HARTMUD	Kolberg	
		Langhe, Johannes	LANGEJOH	Kiel	
		Ryke, Nicolaus	RIKE	Kiel	
		Warendorp, Lambertus	WARENDORPLAMB	Greifswald	
		Bookholt, Johannes	BOKHOLTJOHAN	Greifswald	
		Wulflam, Bertrammus	WULFLAM	Stralsund	
		Rode, Hermannus de	RODEHERM	Stralsund	
		Goldenstede, Arnoldus	GOLDENSTEDE	Stralsund	
27.03.1365	Stralsund	Percevale, Johannes	PERCEVAL	Lübeck	1,1,307
		Swertingh, Symon	SWERTING	Lübeck	
		Cropelyn, Arnoldus	KRÖPELINARND	Rostock	
		Wytte, Lambertus	WITTELAMBERT	Rostock	
		Kyritze, Johannes de	KYRITZ	Rostock	
		Levetzowe, Volmarus	LEVETZOW	Wismar	
		Cropelyn, Hermannus	KRÖPELINHERM	Wismar	
		Gletzowe, Johannes	GLETZOW	Wismar	
		Barwold, Johannes	BOREWOLD	Kolberg	
		Wulf, Hinricus	WULF	Kolberg	
		Ghysonis, Godfridus	GISE	Stralsund	

DATUM	TAGORT	NAME	STANDARD	STADT	HR
27.03.1365	Stralsund	Schele, Hinricus	SCHELE	Stralsund	1,1,307
		Wulflam, Bertramus	WULFLAM	Stralsund	
		Langhe, Johannes	LANGEJOH	Kiel	
		Wysch, Johannes	VISCHJOHAN	Kiel	
		Halveplogh, Nicolaus	HALVEPLOCH	Kiel	
		Sundis, Hartwicus de	VAMMMESUNDE	Stettin	
		Warendorp, Lambertus	WARENDORPLAMB	Greifswald	
		Schupplenbergh, Hinricus	SCHÖPPLINBERG	Greifswald	
		Bucholte, Johannes	BOKHOLTJOHAN	Greifswald	
		Langhe, Arnoldus	LANGEARN	Greifswald	
28.05.1365	Lübeck	Plescowe, Jacobus	PLESCOWJAKOB	Lübeck	1,1,312
		Perzevale, Johannes	PERCEVAL	Lübeck	
		Wyckede, Hermannus	WICKEDEHERMAN	Lübeck	
		Vorat, Bertramus	VORRADBERTRAM	Lübeck	
		Pleskowe, Johannes	PLESCOWJOHAN	Lübeck	
		Cryspinus, Zeghebodo	CRISPIN	Lübeck	
		Oldenborgh, Bernardus	OLDENBORG	Lübeck	
		Cropelin, Arnoldus	KRÖPELINARND	Rostock	
		Witte, Lambertus	WITTELAMBERT	Rostock	
		Ghysonis, Godefridus	GISE	Stralsund	
		Wulflam, Bertramus	WULFLAM	Stralsund	
05.10.1365	Rostock	Pleskowe, Jacobus	PLESCOWJAKOB	Lübeck	1,1,324
		Pertzevale, Johannes	PERCEVAL	Lübeck	
		Sachtelevent, Dethard	SACHTELEVENT	Lübeck	
		Rode, Hermannus de	RODEHERM	Stralsund	
		Wulflam, Bertramus	WULFLAM	Stralsund	
		Dalvitze, Engelbertus	DALVITZ	Stralsund	
		Pape, Hermannus	PAPE	Stettin	
		Westfal, Henningus	WESTFAL	Stettin	
		Sundis, Hartwicus de	VAMMMESUNDE	Stettin	
		Petershaghen, Henningus	PETERSHAGEN	Stargard	
		Rodewold, Henningus	RODEWALD	Stargard	
		Langhe, Johannes	LANGEJOH	Kiel	
		Ryke, Nicolaus	RIKE	Kiel	
		Levetzow, Volmarus	LEVETZOW	Wismar	
		Cropelyn, Hermanus	KRÖPELINHERM	Wismar	
		Pretemyn, Beteke	PRETEMYN	Kolberg	
		Barewold, Johannes	BOREWOLD	Kolberg	
		Pomerio, Johannes de	BOMGARDE	Rostock	
		Cropelyn, Arnoldus	KRÖPELINARND	Rostock	
		Witte, Lambertus	WITTELAMBERT	Rostock	
		Kyritze, Johannes de	KYRITZ	Rostock	
		Vrese, Hinricus	VRESEHINRIK	Rostock	

DATUM	TAGORT	NAME	STANDARD	STADT	HR
05.10.1365	Rostock	Gotlandia, Ludolphus de	GODLAND	Rostock	1,1,324
		Wunstorp, Johannes	WUNSTORP	Hamburg	
		Nicolaus	NICOLAUS	Greifswald	
24.06.1366	Lübeck	Perzevale, Johannes	PERCEVAL	Lübeck	1,1,331
		Wychckede, Hermannus de	WICKEDEHERMAN	Lübeck	
		Pleskowe, Jacobus	PLESCOWJAKOB	Lübeck	
		Cryspyn, Zeghebode	CRISPIN	Lübeck	
		Cusfeld, Bernardus	COESFELD	Lübeck	
		Oldenborgh, Bernardus	OLDENBORG	Lübeck	
		Hoyers, Heino	HOYERHEYNO	Hamburg	
		Perde, Tidemann	UPPNPERDE	Hamburg	
		Horborgh, Bertramus	HORBORCH	Hamburg	
		Hacghede, Hartwicus	HACHEDE	Hamburg	
		Cropelyn, Arnoldus	KRÖPELINARND	Rostock	
		Kyricze, Johannes de	KYRITZ	Rostock	
		Rode, Hermannus de	RODEHERM	Stralsund	
		Wulflam, Bertramus	WULFLAM	Stralsund	
		Buchorn, Wenemarus	BOKHORN	Stralsund	
		Dalritze, Engelbertus	DALVITZ	Stralsund	
		Bucowe, Andreas	BUKOWANDREAS	Wismar	
		Mandrowe, Johannes	MANDEROWJOHAN	Wismar	
		Glessowe, Johannes	GLETZOW	Wismar	
		Rampen, Thidericus de	RAMPENTIDEMAN	Wismar	
		Winke, Heyno	WINKE	Greifswald	
		Grantzowe, Nicolaus	GRANTZOW	Greifswald	
		Pretemyn, Bartoldus	PRETEMYN	Kolberg	
		Wulf, Hinricus	WULF	Kolberg	
		Langhe, Johannes	LANGEJOH	Kiel	
		Schreye, Hermannus	SCHREIE	Kiel	
		Ryke, Nicolaus	RIKE	Kiel	
		Halveplugh, Nicolaus	HALVEPLOCH	Kiel	
		Flandria, Hinricus de	FLANDERN	Gotland	
		Bolto, Johannes	BOLTO	Riga	
		Lyppia, Johannes de	LIPPEJOHAN	Dorpat	
		Verden, Albertus de	VERDEN	Reval	
		Hundebeke, Johannes	HUNDEBEKE	Stockholm	
16.12.1366	Rostock	Plescowe, Jacobus	PLESCOWJAKOB	Lübeck	1,1,346
		Crispin, Segebode	CRISPIN	Lübeck	
		Warendorp, Bruno	WARENDORPBRUN I	Lübeck	
		Bomgarde, Johannes	BOMGARDE	Rostock	
		Witte, Lambertus	WITTELAMBERT	Rostock	
		Kyritze, Johannes de	KYRITZ	Rostock	
		Gotlandia, Ludolfus de	GODLAND	Rostock	

DATUM	TAGORT	NAME	STANDARD	STADT	HR
16.12.1366	Rostock	Niendorp, Ludolfus	NIENDORP	Rostock	1,1,346
		Wilde, Gerwinus	WILDE	Rostock	
		Wulflam, Bertramus	WULFLAM	Stralsund	
		Bokhorn, Wenemarus	BOKHORN	Stralsund	
		Manderowe, Johannes	MANDEROWJOHAN	Wismar	
		Wesceli, Hinricus	WESSELS	Wismar	
		Kalsowe, Bertoldus	KALZOWBERT	Wismar	
		Wruk, Heyno	WRUKHEINO	Greifswald	
		Wunstorp, Johannes de	WUNSTORP	Hamburg	
		Sturmann, Johannes	STURMAN	Stettin	
30.05.1367	Rostock	Plescowe, Jacobus	PLESCOWJAKOB	Lübeck	1,1,357
		Plescowe, Johannes	PLESCOWJOHAN	Lübeck	
		Swerting, Symon	SWERTING	Lübeck	
		Wulflam, Bertramus	WULFLAM	Stralsund	
		Kulpen, Ludekinus de	KULPEN	Stralsund	
		Bomgarde, Johannes	BOMGARDE	Rostock	
		Kropelin, Arnoldus	KRÖPELINARND	Rostock	
		Witte, Lambertus	WITTELAMBERT	Rostock	
		Kiritze, Johannes de	KYRITZ	Rostock	
		Gotlandia, Ludolfus de	GODLAND	Rostock	
		Rode, Lambertus	RODELAMBERT	Rostock	
		Kalsowe, Bertoldus	KALZOWBERT	Wismar	
		Strummekendorp, Petrus	STRUMKENDORP	Wismar	
		Zide, Tymmo	SIDE	Kiel	
		Halveploch, Nicolaus	HALVEPLOCH	Kiel	
		Granczowe, Nicolaus	GRANTZOW	Greifswald	
		Sturman, Johannes	STURMAN	Stettin	
24.06.1367	Stralsund	Plescowe, Jacobus	PLESCOWJAKOB	Lübeck	1,1,359
		Plescowe, Johannes	PLESCOWJOHAN	Lübeck	
		Swerting, Symon	SWERTING	Lübeck	
		Kropelyn, Arnoldus	KRÖPELINARND	Rostock	
		Kiritze, Johannes de	KYRITZ	Rostock	
		Gotlandia, Ludolfus de sen	GODLAND	Rostock	
		Rode, Hermannus de	RODEHERM	Stralsund	
		Ghise, Gotfridus	GISE	Stralsund	
		Schile, Heyno	SCHELE	Stralsund	
		Wulflam, Bertrammus	WULFLAM	Stralsund	
		Kulpen, Ludolphus de	KULPEN	Stralsund	
		Manderowe, Johannes	MANDEROWJOHAN	Wismar	
		Rampe, Thidericus	RAMPENTIDEMAN	Wismar	
		Rubenowe, Everhardus	RUBENOWEVER	Greifswald	
		Westfael, Nicolaus	WESTFALNICOLAUS	Greifswald	
		Warendorp, Lambertus	WARENDORPLAMB	Greifswald	

DATUM	TAGORT	NAME	STANDARD	STADT	HR
24.06.1367	Stralsund	Westfael, Henning	WESTFAL	Stettin	1,1,359
		Deneke, Johannes	DENEKE	Stettin	
		Pretemyn, Bertramus	PRETEMYN	Kolberg	
		Verchemyn, Detlevus	VERCHEMIN	Kolberg	
		Wunstorp, Johannes	WUNSTORP	Hamburg	
		Hereke, Tidemann	HEREKETHIDEMAN	Kulm	
		Rinhof	RINHOF	Thorn	
		Volmesten	VOLMESTEN	Elbing	
29.07.1367	Stralsund	Plescowe, Jacobus	PLESCOWJAKOB	Lübeck	1,1,364
		Plescowe, Johannes	PLESCOWJOHAN	Lübeck	
		Cropelyn, Arnoldus	KRÖPELINARND	Rostock	
		Witte, Lambertus	WITTELAMBERT	Rostock	
		Nyghendorp, Ludolphus	NIENDORP	Rostock	
		Mandrowe, Johannes	MANDEROWJOHAN	Wismar	
		Rampe, Thidemannus	RAMPENTIDEMAN	Wismar	
		Rode, Hermannus de	RODEHERM	Stralsund	
		Ghysonis, Godfridus	GISE	Stralsund	
		Schele, Hinricus	SCHELE	Stralsund	
		Wulflam, Bertramus	WULFLAM	Stralsund	
		Westfali, Nicolaus	WESTFALNICOLAUS	Greifswald	
		Warendorp, Lambertus	WARENDORPLAMB	Greifswald	
		Pretemyn, Bertoldus	PRETEMYN	Kolberg	
		Langhe, Johannes	LANGEJOH	Kiel	
		Vysk, Johannes	VISCHJOHAN	Kiel	
		Rusbard, Petrus	RUSBARD	Anklam	
		Vooz, Hinricus	VOOS	Anklam	
		Sturmann, Johannes	STURMAN	Stettin	
22.08.1367	Falster	Pleskowe, Jacobus	PLESCOWJAKOB	Lübeck	1,1,367
		Vrytze, Johannes	VRYTZE	Lübeck	
		Mandrowe, Johannes	MANDEROWJOHAN	Wismar	
		Witte, Lambertus	WITTELAMBERT	Rostock	
		Wulflam, dominus	WULFLAM	Stralsund	
		Rughe, Johannes	RUGE	Stralsund	
		Rode, Nicolaus de Rode	RODENICOLAUS	Stralsund	
		Schuppelenberch, Hinricus	SCHÖPPLINBERG	Greifswald	
		Vos, Hinricus	VOOS	Anklam	
06.10.1367	Rostock	Pleskowe, Jacobus	PLESCOWJAKOB	Lübeck	1,1,370
		Atendorne, Gherardus de	ATTENDORNGERD	Lübeck	
		Wulflam, Bertramus	WULFLAM	Stralsund	
		Rughe, Johannes	RUGE	Stralsund	
		Unna, Thidemannus de	UNNA	Stralsund	
		Pape, Hermannus	PAPE	Stettin	
		Westfali, Henningus	WESTFAL	Stettin	

DATUM	TAGORT	NAME	STANDARD	STADT	HR
06.10.1367	Rostock	Mandrowe, Johannes	MANDEROWJOHAN	Wismar	1,1,370
		Kalzowe, Bertoldus	KALZOWBERT	Wismar	
		Pomerio, Johannes de	BOMGARDE	Rostock	
		Cropelyn, Arnoldus	KRÖPELINARND	Rostock	
		Witte, Lambertus	WITTELAMBERT	Rostock	
		Kyritze, Johannes de	KYRITZ	Rostock	
11.11.1367	Köln	Plescowe, Jacob	PLESCOWJAKOB	Lübeck	1,1,373
		Atendorn, Gerd von	ATTENDORNGERD	Lübeck	
		Kyritze, Johan van	KYRITZ	Rostock	
		Wilde, Gerwin	WILDE	Rostock	
		Wulflam, Bertram	WULFLAM	Stralsund	
		Rughe, Johan	RUGE	Stralsund	
		Manderowe, Johan	MANDEROWJOHAN	Wismar	
		Kalzowe, Bertold	KALZOWBERT	Wismar	
		Hereke, Ermer van	HEREKE	Kulm	
		Hinsteberge, Serims van	HENGSTENBERGSER	Thorn	
		Volmestene, Johan	VOLMESTEN	Elbing	
		Beteke, Hartwig	BETEKE	Elbing	
		Boze, Everd	BOSE	Kampen	
		Seynenzone, Jacob	SEINENSON	Kampen	
		Upghangh, Gherlach	UPGANG	Harderwijk	
		Nuemeghen, Thideman van	NIMEGEN	Harderwijk	
		Gherderzson, Bernd	GERDERSON	Elburg	
		Nannemanszone, Hinrick	NANEMANSON	Elburg	
		Ghizekenszone, Jacob	GISEKENSON	Amsterdam	
		Korte, Hinrick	KORTE	Amsterdam	
		Storm, Hughe	STORMHUG	Briel	
01.01.1368	Rostock	Pleskowe, Jacobus	PLESCOWJAKOB	Lübeck	1,1,381
		Swerting, Syrnon	SWERTING	Lübeck	
		Attendorn, Gherardus de	ATTENDORNGERD	Lübeck	
		Horborch, Bertrammus	HORBORCH	Hamburg	
		Hachede, Hartwicus de	HACHEDE	Hamburg	
		Wulflam, Bertramus	WULFLAM	Stralsund	
		Kulpen, Ludolfus de	KULPEN	Stralsund	
		Rughe, Johannes	RUGE	Stralsund	
		Liwensnyder, Henningus	LEWENSNYDER	Stettin	
		Westfael, Henningus	WESTFAL	Stettin	
		Sundis, Hartwicus de	VAMMMESUNDE	Stettin	
		Warendorp, Lambertus	WARENDORPLAMB	Greifswald	
		Schuppenlinberch, Hinricus	SCHÖPPLINBERG	Greifswald	
		Verchemyn, Detlevus	VERCHEMIN	Kolberg	
		Ghemelin, Henningus	GMELIN	Kolberg	
		Levetzowe, Volmerus	LEVETZOW	Wismar	

DATUM	TAGORT	NAME	STANDARD	STADT	HR
01.01.1368	Rostock	Kalsowe, Bertoldus	KALZOWBERT	Wismar	1,1,381
		Pomerio, Johannes de	BOMGARDE	Rostock	
		Kropelin, Arnoldus	KRÖPELINARND	Rostock	
		Witte, Lambertus	WITTELAMBERT	Rostock	
		Kyritze, (Lambertus ?)	KYRITZ	Rostock	
02.02.1368	Lübeck	Kröpelin, Arnoldus	KRÖPELINARND	Rostock	1,1,386
		Kiritze, Johannes	KYRITZ	Rostock	
		Wulflam, Bertramus	WULFLAM	Stralsund	
		Rughe, Johannes	RUGE	Stralsund	
		Levetzowe, Volmarus	LEVETZOW	Wismar	
		Kalssowe, Bertoldus	KALZOWBERT	Wismar	
		Plescowe, Johannes	PLESCOWJOHAN	Lübeck	
		Pertzevale, Johannes	PERCEVAL	Lübeck	
		Vorrad, Bertramus	VORRADBERTRAM	Lübeck	
		Schepenstede, Johannes	SCHEPENSTEDE	Lübeck	
		Swerting, Simon	SWERTING	Lübeck	
		Attendorn, Gerardus de	ATTENDORNGERD	Lübeck	
27.02.1368	Greves-mühlen	Plescowe, Jacobus	PLESCOWJAKOB	Lübeck	1,1,394
		Warendorp, Bruno de	WARENDORPBRUN I	Lübeck	
		Swerting, Simon	SWERTING	Lübeck	
		Kropelin, Arnoldus	KRÖPELINARND	Rostock	
		Bomgarde, Johannes	BOMGARDE	Rostock	
		Nachtraven, Johannes	NACHTRAVEN	Rostock	
		Wulflam, Bertram	WULFLAM	Stralsund	
		Kulpen, Ludolfus de	KULPEN	Stralsund	
		Rughe, Johannes	RUGE	Stralsund	
		Manderowe, Johannes	MANDEROWJOHAN	Wismar	
		Kalssowe, Bertoldus	KALZOWBERT	Wismar	
		Schuppelingberch, Hinricus	SCHÖPPLINBERG	Greifswald	
		Lubeck, Sifridus de	LUBEKSIGFRID	Greifswald	
15.03.1368	Rostock	Plescowe, Jacobus	PLESCOWJAKOB	Lübeck	1,1,398
		Warendorp, Bruno	WARENDORPBRUN I	Lübeck	
		Schepenstede, Johannes	SCHEPENSTEDE	Lübeck	
		Swertynck, Simon	SWERTING	Lübeck	
		Wulflam, Bertrammus	WULFLAM	Stralsund	
		Plotze, Borchardus	PLOTZE	Stralsund	
		Rughe, Johannes	RUGE	Stralsund	
		Westfaal, Henningus	WESTFAL	Stettin	
		Vorad, Marquardus	VORRAD	Stettin	
		Schupplenberch, Hinricus	SCHÖPPLINBERG	Greifswald	
		Lubeck, Cifridus de	LUBEKSIGFRID	Greifswald	
		Manderowe, Johannes	MANDEROWJOHAN	Wismar	

DATUM	TAGORT	NAME	STANDARD	STADT	HR
15.03.1368	Rostock	Kalsowe, Bertoldus	KALZOWBERT	Wismar	1,1,398
		Pomerio, Johannes de	BOMGARDE	Rostock	
		Kropelin, Arnoldus	KRÖPELINARND	Rostock	
		Witte, Lambertus	WITTELAMBERT	Rostock	
		Kyritze, Johannes de	KYRITZ	Rostock	
24.06.1368	Lübeck	Plescowe, Jacobus	PLESCOWJAKOB	Lübeck	1,1,418
		Warendorp, Bruno	WARENDORPBRUN I	Lübeck	
		Vorrad, Bertrammus	VORRADBERTRAM	Lübeck	
		Perseval, Johannes	PERCEVAL	Lübeck	
		Crispyn, Segebodo	CRISPIN	Lübeck	
		Metler, Johannes de	METELERJOHAN I	Lübeck	
		Swerting, Symon	SWERTING	Lübeck	
		Kröpelin, Arnoldus	KRÖPELINARND	Rostock	
		Kiritze, Johannes de	KYRITZ	Rostock	
		Wulflam, Bertramus	WULFLAM	Stralsund	
		Kulpen, Ludolfus de	KULPEN	Stralsund	
		Plotze, Borchardus	PLOTZE	Stralsund	
		Heerne, Thidericus de	HEERNE	Stralsund	
		Levetzowe, Volmarus	LEVETZOW	Wismar	
		Rampen, Thidericus de	RAMPENTIDEMAN	Wismar	1,1,398
24.06.1368	Rostock	Kropelyn, Hermannus	KRÖPELINHERM	Wismar	1,1,398
		Westfal, Henningus	WESTFAL	Stettin	
		Sundis, Hartwicus de	VAMMMESUNDE	Stettin	
		Schufflenbergh, Hinricus	SCHÖPPLINBERG	Greifswald	
		Vomestene, Johannes	VOLMESTEN	Elbing	
		Grote, Hinricus	GROTE	Danzig	
		Durekoop, Johannes	DURCOPJOHAN	Riga	
		Rike, Richardus	RIKE	Reval	
		Brand, Thidericus	BRANDDIDERIK	Kampen	
		Murre, Wilhelmus	MURRE	Kampen	
		Petersson, Alard	PETERSON	Siriksee	
		Johannesson, Petrus	JOHANESSEN	Siriksee	
		Michelsson, Michel	MICHELSON	Dordrecht	
		Yversson, Hinricus	YVERSSON	Stavoren	
		Koocze, Herman	KOOZE	Amsterdam	
		Diderikesson, Johan	DIDERIKSEN	Briel	
24.06.1368	Lübeck	Lassaan, Hinricus	LASSAN	Stargard	1,1,418
		Wikboldi, Gherhardus	WICBOLD	Kolberg	
		Hartmued, Nicolaus	HARTMUD	Kolberg	
		Pul, Hartwicus	POEL	Thorn	
		Dulmen, Hermannus de	DULMEN	Thorn	
24.06.1368	Rostock	Pleskowe, Jacobus	PLESCOWJAKOB	Lübeck	1,1,424
		Crispin, Zegebodo	CRISPIN	Lübeck	

DATUM	TAGORT	NAME	STANDARD	STADT	HR
24.06.1368	Rostock	Wulflam, Bertramus	WULFLAM	Stralsund	1,1,424
		Rokut, Nicolaus	ROKUT	Stralsund	
		Kröpelin, Hermannus	KRÖPELINHERM	Wismar	
		Stromekendorp, Petrus	STRUMKENDORP	Wismar	
30.07.1368	Rostock	Kröpelin, Arnoldus	KRÖPELINARND	Rostock	1,1,424
		Witte, Lambertus	WITTELAMBERT	Rostock	
		Kiritze, Johannes de	KYRITZ	Rostock	
		Beseler, Everhardus	BESELER	Rostock	
10.08.1368	Wismar	Plescowe, Jacobus	PLESCOWJAKOB	Lübeck	1,1,426
		Crispin, Zeghebodo	CRISPIN	Lübeck	
		Kropelin, Arnoldus	KRÖPELINARND	Rostock	
		Nachtraven, Johannes	NACHTRAVEN	Rostock	
		Wulflam, Bertramus	WULFLAM	Stralsund	
		Crudener, Tidericus	CRUDENER	Stralsund	
		Bukow, Andreas	BUKOWANDREAS	Wismar	
		Levetzowe, Valmerus	LEVETZOW	Wismar	
		Becker, Marquardus	BECKER	Wismar	
		Rampe, Tidericus	RAMPENTIDEMAN	Wismar	
		Kropelin, Hermanus	KRÖPELINHERM	Wismar	
		Mönnick, Tidericus	MONNIK	Wismar	
06.10.1368	Stralsund	Plescowe, Jacobus	PLESCOWJAKOB	Lübeck	1,1,433
		Warendorp, Bruno	WARENDORPBRUN II	Lübeck	
		Crispin, Zeghebodo	CRISPIN	Lübeck	
		Bomgarde, Johannes	BOMGARDE	Rostock	
		Kropelin, Arnoldus	KRÖPELINARND	Rostock	
		Kiritze, Johannes de	KYRITZ	Rostock	
		Rode, Hermannus de	RODEHERM	Stralsund	
		Wulflam, Bertramus	WULFLAM	Stralsund	
		Schiele, Hinricus	SCHELE	Stralsund	
		Kulpen, Ludolfus de	KULPEN	Stralsund	
		Plotze, Borchardus	PLOTZE	Stralsund	
		Manderowe, Johannes	MANDEROWJOHAN	Wismar	
		Rampe, Thidericus de	RAMPENTIDEMAN	Wismar	
		Stromekendorp, Petrus	STRUMKENDORP	Wismar	
		Bokholt, Johannes	BOKHOLTJOHAN	Greifswald	
		Langhe, Arnoldus	LANGEARN	Greifswald	
		Westfal, Henningus	WESTFAL	Stettin	
		Gerwer, Egbertus	GERWER	Stettin	
		Vorrat, Marquardus	VORRAD	Stettin	
		Wobbermyn, Nicolaus	WOBERMYNNIC	Stettin	
		Borewold, Johannes	BOREWOLD	Kolberg	
		Verchemyn, Detlevus	VERCHEMIN	Kolberg	
		Ghemelin, Henningus	GMELIN	Kolberg	

DATUM	TAGORT	NAME	STANDARD	STADT	HR
06.10.1368	Stralsund	Mallyn, Paulus	MALLYN	Stargard	1,1,433
		Berner, Hinricus	BERNER	Riga	
		Vorwerk, Arnoldus	VORWERK	Riga	
		Borch, Walterus van der	VANDERBORCHW	Dorpat	
		Rike, Richardus	RIKE	Reval	
		Hereke, Ertmarus de	HEREKE	Kulm	
		Hinxsteberge, Serins de	HENGSTENBERGSER	Thorn	
		Dulmen, Hermannus de	DULMEN	Thorn	
		Westerrode, Johannes	WESTERRODE	Thorn	
		Volmesteen, Johannes	VOLMESTEN	Elbing	
		Buren, Gobelinus de	BURENGOBELIN	Elbing	
		Zulver, Petrus	SULVER	Danzig	
		Sassendorp, Gherardus	SASSENDORFGERD	Braunsberg	
		Murre, Wilhelmus	MURRE	Kampen	
		Dulmen, Johannes	DULMENJOHAN	Kampen	
		Peterssen, Alard	PETERSON	Siriksee	
		Johanissen, Petrus	JOHANESSEN	Siriksee	
		Hirde, Heyno de	HEIRDE	Harderwijk	
		Leferdeszen, Alt	LEFERDESSEN	Harderwijk	
		Bare, Symon	BERE	Stavoren	
		Michelssen, Michel	MICHELSON	Dordrecht	
		Menussen, Baroldus	MENUSSEN	Dordrecht	
		Kuls, Hermannus	KULS	Amsterdam	
		Dideriksen, Johannes	DIDERIKSEN	Briel	
		Norus, Bernhardus	NORS	Elburg	
		Span, Johannes	SPAN	Zütphen	
		Veeracker, Wolbertus	VEERAKER	Zütphen	
08.11.1368	Rostock	Warendorp, Bruno	WARENDORPBRUN II	Lübeck	1,1,442
		Crispin, Seghebodo	CRISPIN	Lübeck	
		Langhe, Johannes	LANGEJOHAN	Lübeck	
		Rode, Hermannus de	RODEHERM	Stralsund	
		Kulpen, Ludolfus de	KULPEN	Stralsund	
		Rampe, Tidericus de	RAMPENTIDEMAN	Wismar	
		Stromekendorp, Petrus	STRUMKENDORP	Wismar	
		Bomgarde, Johannes	BOMGARDE	Rostock	
		Kröpelin, Arnoldus	KRÖPELINARND	Rostock	
		Witte, Lambertus	WITTELAMBERT	Rostock	
		Wilde, Gherwinus	WILDE	Rostock	
11.03.1369	Lübeck	Pertzeval, Johannes	PERCEVAL	Lübeck	1,1,446
		Warendorp, Bruno	WARENDORPBRUN II	Lübeck	
		Vorrad, Bertramus	VORRADBERTRAM	Lübeck	
		Plescowe, Jacobus	PLESCOWJAKOB	Lübeck	
		Crispin, Seghebodo	CRISPIN	Lübeck	

DATUM	TAGORT	NAME	STANDARD	STADT	HR
11.03.1369	Lübeck	Osenbrugghe, Hermanus	OSSENBRUGGE	Lübeck	1,1,446
		Swerting, Symon	SWERTING	Lübeck	
		Horborch, Bertramus	HORBORCH	Hamburg	
		Hoyeri, Hinricus	HOYERHEYNO	Hamburg	
		Bomgarde, Johannes	BOMGARDE	Rostock	
		Kropelin, Arnoldus	KRÖPELINARND	Rostock	
		Niendorp, Ludowicus	NIENDORP	Rostock	
		Rode, Hermannus de	RODEHERM	Stralsund	
		Schiele, Hinricus	SCHELE	Stralsund	
		Wulflam, Bertramus	WULFLAM	Stralsund	
		Kulpen, Ludolfus de	KULPEN	Stralsund	
		Plotze, Borchardus	PLOTZE	Stralsund	
		Rampen, Tidericus de	RAMPENTIDEMAN	Wismar	
		Monek, Tidericus	MONNIK	Wismar	
		Kalsowe, Bertoldus	KALZOWBERT	Wismar	
		Stromekendorp, Petrus	STRUMKENDORP	Wismar	
		Pape, Hermanus	PAPE	Stettin	
		Westfal, Henningus	WESTFAL	Stettin	
		Pretemyn, Bertoldus	PRETEMYN	Kolberg	
		Borewold, Johannes	BOREWOLD	Kolberg	
		Höppener, Bernhardus	HOPPENER	Riga	
		Vorste, Johannes	VORSTE	Dorpat	
		Hereke, Ertmarus de	HEREKE	Kulm	
		Rynhof, Everd	RINHOF	Thorn	
		Grote, Gotschalkus	GROTEGOTT	Elbing	
		Ludekinsson, Goswin	LUDEKENSSON	Kampen	
		Jacobesson, Tidericus de Rode	JACOBESSON	Kampen	
		Schulte, Wilhelmus	SCHULTEWILM	Zütphen	
		Johansson, Kayman	JOHANSSON	Siriksee	
		Bere, Symon	BERE	Stavoren	
		Alardesson, Sibold Simon	ALARDESON	Stavoren	
		Heide, Hinricus de	HEIDE	Harderwijk	
		Kultze, Herman	KULS	Amsterdam	
		Vrederikesson,Symon	FREDRIKSON	Briel	
		Wale, Bernardus	WALE	Elburg	
13.07.1369	Lübeck	Plescowe, Jacobus	PLESCOWJAKOB	Lübeck	1,1,454
		Pertzevale, Johannes	PERCEVAL	Lübeck	
		Vorrad, Bertramus	VORRADBERTRAM	Lübeck	
		Crispin, Zeghebodo	CRISPIN	Lübeck	
		Schepenstede, Johannes	SCHEPENSTEDE	Lübeck	
		Osenbrugghe, Hermannus de	OSSENBRUGGE	Lübeck	

DATUM	TAGORT	NAME	STANDARD	STADT	HR
13.07.1369	Lübeck	Attendoren, Gherardus de	ATTENDORNGERD	Lübeck	1,1,454
		Horborch, Bertramus	HORBORCH	Hamburg	
		Hoyeri, Heyno	HOYERHEYNO	Hamburg	
		Gotlandia, Ludolphus de	GODLAND	Rostock	
		Niendorp, Ludolphus de	NIENDORP	Rostock	
		Wilde, Gerwinus	WILDE	Rostock	
		Rode, Hermannus de	RODEHERM	Stralsund	
		Rughe, Johannes	RUGE	Stralsund	
		Kulpen, Ludolphus de	KULPEN	Stralsund	
		Manderowe, Johannes	MANDEROWJOHAN	Wismar	
		Rampe, Thidericus de	RAMPENTIDEMAN	Wismar	
		Wentdorp, Johannes	WENTDORP	Wismar	
		Westfal, Henningus	WESTFAL	Stettin	
		Stade, Everhardus de	STADEEVERHARD	Stettin	
		Lubeke, Sifridus de	LUBEKSIGFRID	Greifswald	
		Borewold, Johannes	BOREWOLD	Kolberg	
		David, Jacobus	DAVID	Kolberg	
		Vörste, Johannes	VORSTE	Dorpat	
		Hereke, Ertmarus de	HEREKE	Kulm	
		Cordelitze, Johannes	CORDELITZ	Thorn	
		Dulmen, Hermannus de	DULMEN	Thorn	
		Ludekinsson, Goswinus	LUDEKENSSON	Kampen	
		Rode, Thidericus	RODE	Kampen	
		Hund, Johannes	HUND	Siriksee	
		Rode, Willam	RODEWIL	Briel	
		Krek, Baldwinus	KREK	Dordrecht	
		Deventir, Arnoldus de	DEVENTER	Stavoren	
		Grote, Gherardus	GROTEGERD	Amsterdam	
		Veracker, Volbertus de	VEERAKER	Zütphen	
		Ponte, Hinricus de	BRUGGEHINRIKVAN	Deventer	
		Heirde, Heyno de	HEIRDE	Harderwijk	
21.10.1369	Stralsund	Plescow, Jacobus	PLESCOWJAKOB	Lübeck	1,1,467
		Cryspin, Seghebode	CRISPIN	Lübeck	
		Swertyng, Symon	SWERTING	Lübeck	
		Cropelyn, Arnoldus	KRÖPELINARND	Rostock	
		Nygestad, Ludolphus	NIENDORP	Rostock	
		Mönyk, Tidericus	MONNIK	Wismar	
		Kalsow, Bertram	KALZOWBERT	Wismar	
		Schupplenberch, Hinricus	SCHÖPPLINBERG	Greifswald	
		Lubeke, Sifridus de	LUBEKSIGFRID	Greifswald	
		Barenwolt, Johannes	BOREWOLD	Kolberg	
		Johannes	JOHANNES	Stettin	
		Heryk, Ertmarus de	HEREKE	Kulm	

DATUM	TAGORT	NAME	STANDARD	STADT	HR
21.10.1369	Stralsund	Kordelyssee, Johannes	CORDELITZ	Thorn	1,1,467
		Hoppener, Bernardus	HOPPENER	Riga	
		Vorste, Johannes	VORSTE	Dorpat	
		Ludekenson, Gosswinus	LUDEKENSSON	Kampen	
		Rode, Tydericus	RODE	Kampen	
		Heyden, Heyno de	HEIDE	Harderwijk	
		Hunt, Johannes	HUND	Siriksee	
		Rode, Willem	RODEWIL	Briel	
		Krek, Boldewinus	KREK	Dordrecht	
		Deventer, Arnoldus de	DEVENTER	Stavoren	
		Grothe, Gerardus	GROTEGERD	Amsterdam	
		Veracker, Wolterus de	VEERAKER	Zütphen	
		Ponte, Hinricus de	BRUGGEHINRIKVAN	Deventer	
		Rode, Hermannus de	RODEHERM	Stralsund	
		Schele, Hinricus	SCHELE	Stralsund	
		Wulflam, Bertramus	WULFLAM	Stralsund	
		Wreen, Johannes	WREN	Stralsund	
		Rughe, Johannes	RUGE	Stralsund	
25.02.1370	Stralsund	Plescowe, Jacobus	PLESCOWJAKOB	Lübeck	1,1,482
		Crispin, Seghebodo	CRISPIN	Lübeck	
		Osnabrug, Hermannus de	OSSENBRUGGE	Lübeck	
		Attendorn, Gherardus de	ATTENDORNGERD	Lübeck	
		Rode, Hermannus de	RODEHERM	Stralsund	
		Schele, Heyno	SCHELE	Stralsund	
		Wulflam, Bertramus	WULFLAM	Stralsund	
		Rughe, Johannes	RUGE	Stralsund	
		Rubenowe, Everhardus	RUBENOWEVER	Greifswald	
		Langhe, Arnoldus	LANGEARN	Greifswald	
		Stadis, Everhardus de	STADEEVERHARD	Stettin	
		Gherwer, Egbertus	GERWER	Stettin	
		Borewold, Johannes	BOREWOLD	Kolberg	
		Gemelyn, Johannes	GMELINJOHAN	Kolberg	
		Mallyn, Paulus	MALLYN	Stargard	
		Vorwerke, Arnoldus de	VORWERK	Riga	
		Vorste, Johannes	VORSTE	Dorpat	
		Wulff, Hinricus	WULF	Reval	
		Hereke, Ertmarus de	HEREKE	Kulm	
		Loo, Johannes de	LOOJOHANVAN	Thorn	
		Volmesteen, Johannes	VOLMESTEN	Elbing	
		Godesknecht, Nicolaus	GOTSKNECHT	Danzig	
		Ludekinsson, Goswinus	LUDEKENSSON	Kampen	
		Bose, Everhardus	BOSE	Kampen	
		Hund, Johannes	HUND	Siriksee	

DATUM	TAGORT	NAME	STANDARD	STADT	HR
25.02.1370	Stralsund	Lochthen, Hugo de	LOCHEM	Siriksee	1,1,482
		Frederikesson, Symon	FREDRIKESSON	Briel	
		Hearde, Heymo de	HEIRDE	Harderwijk	
		Brincke, Gerardus de	BRINKEGERD	Zütphen	
		Nors, Bernhardus	NORS	Elburg	
		Hinrikesson, Arnoldus	HINRIKSON	Stavoren	
		Coppenssone, Johannes	COPPENSON	Dordrecht Amsterdam	
		Paghemund, Johannes	PAGEMUND	Deventer	
2.07.1370	Bohus	Ossenbrugge, Hermannus de	OSSENBRUGGE	Lübeck	1,2,15
		Attenderen, Gherardus de	ATTENDORNGERD	Lübeck	
		Plotze, Borchardus	PLOTZE	Stralsund	
01.05.1371	Lübeck	Horborch, Bertrammus	HORBORCH	Hamburg	1,2,18
		Hoyers, Heino	HOYERHEYNO	Hamburg	
		Cropelyn, Arnoldus	KRÖPELINARND	Rostock	
		Kyritze, Johannes de	KYRITZ	Rostock	
		Wilde, Gherwinus	WILDE	Rostock	
		Nyedorp, Ludolphus	NIENDORP	Rostock	
		Rode, Hermannus de	RODEHERM	Stralsund	
		Kulpen, Ludolfus de	KULPEN	Stralsund	
		Rampen, Tidericus de	RAMPENTIDEMAN	Wismar	
		Mönnyk, Tidericus	MONNIK	Wismar	
		Kalzowe, Bertoldus	KALZOWBERT	Wismar	
		Lubecke, Cyfridus de	LUBEKSIGFRID	Greifswald	
		Westfaal, Hermannus	WESTFAL	Stettin	
		Söthemund, Ludolphus	SUTEMUND	Anklam	
		Ghemelyn, Henningus	GMELIN	Kolberg	
		Mallyn, Paulus	MALLYN	Stargard	
		Rodewold, Henningus	RODEWALD	Stargard	
		Plescowe, Jacobus	PLESCOWJAKOB	Lübeck	
		Swertingh, Symon	SWERTING	Lübeck	
		Vorrad, Bertrammus	VORRADBERTRAM	Lübeck	
		Perzeval, Johannes	PERCEVAL	Lübeck	
		Crispin, Segebodo	CRISPIN	Lübeck	
		Ossenbrugge, Hermannus	OSSENBRUGGE	Lübeck	
		Pütten, Gerd Rabbe de	PUETTEN	Kampen	
25.05.1371	Stralsund	Plescowe, Jacobus	PLESKOWJA	Lübeck	1,2,21
		Osenbrugge, Hermannus de	OSSENBRUGGE	Lübeck	
		Kröpelin, Arnoldus	KRÖPELINARND	Rostock	
		Kiritze, Johannes de	KYRITZ	Rostock	
		Rampen, Tidemannus de	RAMPENTIDEMAN	Wismar	
		Kropelin, Hermannus	KRÖPELINHERM	Wismar	

DATUM	TAGORT	NAME	STANDARD	STADT	HR
25.05.1371	Stralsund	Dargetzowe, Johannes	DARGETZOWJOH	Wismar	1,2,21
		Rubenowe, Everhardus	RUBENOWEVER	Greifswald	
		Langhe, Arnoldus	LANGEARN	Greifswald	
		Westfal, Henningus	WESTFAL	Stettin	
		Ghemelin, Henningus	GMELIN	Kolberg	
		Loo, Johannes de	LOOJOHANVAN	Thorn	
		Beteken, Hartwicus	BETEKE	Elbing	
		Sane, Paulus	SANE	Danzig	
		Putte, Gherardus de	PUTTE	Kampen	
		Wilhelmsson, Wilhelmus	WILELMSSON	Siriksee	
		Rode, Hermannus de	RODEHERM	Stralsund	
		Schiele, Hinricus	SCHELE	Stralsund	
		Wulflam, Bertrammus	WULFLAM	Stralsund	
		Wreen, Johannes	WREN	Stralsund	
		Rughe, Johannes	RUGE	Stralsund	
		Kulpen, Ludolfus de	KULPEN	Stralsund	
27.10.1371	Stralsund	Plescowe, Jacobus	PLESCOWJAKOB	Lübeck	1,2,29
		Schepenstede, Johannes	SCHEPENSTEDE	Lübeck	
		Ossenbrugge, Hermannus de	OSSENBRUGGE	Lübeck	
		Langhe, Johannes	LANGEJOHAN	Lübeck	
		Wilde, Gerwinus	WILDE	Rostock	
		Niendorp, Ludolphus	NIENDORP	Rostock	
		Rampen, Thidericus de	RAMPENTIDEMAN	Wismar	
		Kropelin, Hermannus	KRÖPELINHERM	Wismar	
		Dargetzowe, Johannes	DARGETZOWJOH	Wismar	
		Rubenowe, Everhardus	RUBENOWEVER	Greifswald	
		Langhe, Arnoldus	LANGEARN	Greifswald	
		Schuppelingeberch, Hinricus	SCHÖPPLINBERG	Greifswald	
		Sunde, Hartwich van dem	VAMMMESUNDE	Stettin	
		Verchemyn, Detlevus	VERCHEMIN	Kolberg	
		Zutemunt, Ludolphus	SUTEMUND	Anklam	
		Berner, Hinricus	BERNER	Riga	
		Kaporie, Hermannus	KAPORI	Dorpat	
		Molendino, Johannes de	MOLENJOHAN	Reval	
		Hereke, Ertmarus de	HEREKE	Kulm	
		Loo, Johannes de	LOOJOHANVAN	Thorn	
		Putte, Gerardus de	PUTTE	Kampen	
		Lochin, Hugo de	LOCHEM	Siriksee	
		Walle, Thidericus van dem	WALLE	Zütphen	
		Manesson, Jacob	MANESSON	Briel	
		Elewodesson, Wilhelmus	ELEWODESON	Dordrecht	

DATUM	TAGORT	NAME	STANDARD	STADT	HR
27.10.1371	Stralsund	Bere, Symon	BERE	Stavoren	1,2,29
		Kleek, Herman	KLEEK	Harderwijk	
		Wilhelmsson, Gerardus	WILLELMSSON	Amsterdam	
		Rover, Johan	ROVER	Deventer	
		Ertborn, Lambert van	ERTBORN	Elburg	
		Hermann de Rode	RODEHERM	Stralsund	
		Schele, Jacob	SCHELEJAKOB	Stralsund	
		Wulflam	WULFLAM	Stralsund	
		Ruge	RUGE	Stralsund	
		Kulpen	KULPEN	Stralsund	
1371	Novgorod	Scepensted, Johannes	SCHEPENSTEDE	Lübeck	1,2,45
		Heyde, Daniel von der	HEIDE	Gotland	
08.09.1372	Tönsberg	Osenbrugghe, Hermannus de	OSSENBRUGGE	Lübeck	1,2,48
		Attendorne, Gherardus de	ATTENDORNGERD	Lübeck	
		Rughe, Johannes	RUGE	Stralsund	
		Zeghevriid, Nicolaus	SEGEFRID	Stralsund	
		Nachtraven, Johannes	NACHTRAVEN	Rostock	
		Tzurow, Johannes	TZUROW	Wismar	
		Vene, Gerlacus van den	VENE	Kampen	
01.05.1373	Lübeck	Horborg, Bertrammus	HORBORCH	Hamburg	1,2,65
		Hoyer, Heyno	HOYERHEYNO	Hamburg	
		Cropelyn, Arnoldus	KRÖPELINARND	Rostock	
		Wilde, Gerwinus	WILDE	Rostock	
		Nachtraven, Johannes	NACHTRAVEN	Rostock	
		Wulflam, Bertrammus	WULFLAM	Stralsund	
		Rughe, Johannes	RUGE	Stralsund	
		Cropelyn, Hermannus	KRÖPELINHERM	Wismar	
		Wesseli, Hinricus	WESSELS	Wismar	
		Kalzow, Bertoldus	KALZOWBERT	Wismar	
		Dargitzow, Johannes	DARGETZOWJOH	Wismar	
		Sturman, Johannes	STURMAN	Stettin	
		Sprinkindgud, Thidericus	SPRINGINTGUDD	Lüneburg	
		Södmester,Heyno	SÖDMEST	Lüneburg	
		Buk, Andreas	BUK	Stade	
		Stofstede, Hinricus	STOFSTEDE	Stade	
		Hereke, Ertmarus de	HEREKE	Kulm	
		Selandia, Gherardus de	SELAND	Elbing	
		Haverstro, Arnoldus	HAVERSTRO	Gotland	
		Smede, Fredericus van der	SMEDE	Gotland	
		Coveld, Bruno	COVELDBRUNO	Riga	
		Kurler, Herbordus	KURLER	Dorpat	
		Kegheler, Conradus	KEGELER	Reval	
		Ludekessone, Gosswinus	LUDEKENSSON	Kampen	

DATUM	TAGORT	NAME	STANDARD	STADT	HR
01.05.1373	Lübeck	Plescow, Jacobus	PLESCOWJAKOB	Lübeck	1,2,65
		Peperzak, Hardmannus	PEPERSAK	Lübeck	
		Vorrad, Bertrammus	VORRADBERTRAM	Lübeck	
		Perzeval, Johannes	PERCEVAL	Lübeck	
		Crispin, Segebodo	CRISPIN	Lübeck	
		Osenbrugghe, Hermannus	OSSENBRUGGE	Lübeck	
21.05.1374	Lübeck	Cropelyn, Arnoldus	KRÖPELINARND	Rostock	1,2,81
		Wilde, Gerwinus	WILDE	Rostock	
		Hollogher, Everhardus	HOLOGEREV	Rostock	
		Wreen, Johannes	WREN	Stralsund	
		Kulpen, Ludolphus de	KULPEN	Stralsund	
		Crudener, Thidericus	CRUDENER	Stralsund	
		Cropelyn, Hermannus	KRÖPELINHERM	Wismar	
		Wessels, Hinricus	WESSELS	Wismar	
		Stromkendorp, Petrus	STRUMKENDORP	Wismar	
		Wistphael, Hennyngus	WESTFAL	Stettin	
		Langhe, Arnoldus	LANGEARN	Greifswald	
		Schupplenberg, Hinricus	SCHÖPPLINBERG	Greifswald	
		Westerrode, Johannes	WESTERRODE	Thorn	
		Vruendorp, Radeke	VRUNDORP	Elbing	
		SWERTING, Symon	SWERTING	Lübeck	
		Peperzak, Hartmannus	PEPERSAK	Lübeck	
		Plescow, Jacobus	PLESCOWJAKOB	Lübeck	
		Perseval, Johannes	PERCEVAL	Lübeck	
		Crispyn, Zeghebodo	CRISPIN	Lübeck	
		Osenbrugghe, Hermannus	OSSENBRUGGE	Lübeck	
		Hoyer, Heyno	HOYERHEYNO	Hamburg	
		Horborch, Bertrammus	HORBORCH	Hamburg	
25.07.1374	Stralsund	Plescow, Jacobus	PLESCOWJAKOB	Lübeck	1,2,86
		Osenbrugghe, Hermannus	OSSENBRUGGE	Lübeck	
		Langhe, Johannes	LANGEJOHAN	Lübeck	
		Cropelyn, Arnoldus	KRÖPELINARND	Rostock	
		Wilde, Gerwinus	WILDE	Rostock	
		Holloger, Everhardus	HOLOGEREV	Rostock	
		Cropelyn, Hermannus	KRÖPELINHERM	Wismar	
		Wesseli, Hinricus	WESSELS	Wismar	
		Langhe, Arnoldus	LANGEARN	Greifswald	
		Schupplenberg, Hinricus	SCHÖPPLINBERG	Greifswald	
		Lubeke, Goscalcus de	LUBEKGOTT I	Greifswald	
		Gherwer, Egbertus	GERWER	Stettin	
		Travenöl, Paulus	TRAVENÖL	Stettin	
		Gherdessen, Copin	GERDESSEN	Kampen	
		Lochem, Hugo de	LOCHEM	Siriksee	

DATUM	TAGORT	NAME	STANDARD	STADT	HR
25.07.1374	Stralsund	Herde, Hinricus de	HEIRDE	Harderwijk	1,2,86
		Upgank, Gerardus	UPGANG	Harderwijk	
		Rode, Hermannus de	RODEHERM	Stralsund	
		Schele, Heyno	SCHELE	Stralsund	
		Wulflam, Bertrammus	WULFLAM	Stralsund	
		Rughe, Johannes	RUGE	Stralsund	
		Wreen, Johannes	WREN	Stralsund	
		Kulpen, Ludolphus de	KULPEN	Stralsund	
24.06.1375	Lübeck	Horborg, Bertrammus	HORBORCH	Hamburg	1,2,99
		Hoyer, Heyno	HOYERHEYNO	Hamburg	
		Ybingh, Heyno	IBING	Hamburg	
		Cropelin, Arnoldus	KRÖPELINARND	Rostock	
		Wilde, Gerwinus	WILDE	Rostock	
		Wulflam, Bertrammus	WULFLAM	Stralsund	
		Rughe, Johannes	RUGE	Stralsund	
		Crudener, Thidericus	CRUDENER	Stralsund	
		Rampen, Thidericus de	RAMPENTIDEMAN	Wismar	
		Wesseli, Hinricus	WESSELS	Wismar	
		Witte, Godschalkus	WITTEGOTTSCHALK	Wismar	
		Wistphal, Hennyngus	WESTFAL	Stettin	
		Vorrad, Marquardus	VORRAD	Stettin	
		Schupplenberg, Hinricus	SCHÖPPLINBERG	Greifswald	
		Dürkop, Johannes	DURCOPJOHAN	Riga	
		Vinke, Johannes	VINKE	Dorpat	
		Verden, Albertus de	VERDEN	Reval	
		Beteke, Hartwicus	BETEKE	Elbing	
		Allen, Godfridus de	ALENGOTTFRIED	Thorn	
		Ludekesson, Godswinus	LUDEKENSSON	Kampen	
		Lochem, Hugo de	LOCHEM	Siriksee	
		Valle, Thidericus de	WALLE	Zütphen	
		Perseval, Johannes	PERCEVAL	Lübeck	
		SWERTING, Simon	SWERTING	Lübeck	
		Vorrad, Bertrammus	VORRADBERTRAM	Lübeck	
		Plescow, Jacob	PLESCOWJAKOB	Lübeck	
		Peperzak, Hartmannus	PEPERSAK	Lübeck	
		Crispyn, Seghebode	CRISPIN	Lübeck	
		Osenbrugghe, Hermannus	OSSENBRUGGE	Lübeck	
15.07.1375	Rostock	Osenbrugghe, Hermannus	OSSENBRUGGE	Lübeck	1,2,107
		Langhe, Johannes	LANGEJOHAN	Lübeck	
		Rughe, Johannes	RUGE	Stralsund	
		Crudener, Thidericus	CRUDENER	Stralsund	
		Swerting, Gregorius	SWERTINGGREGOR	Stralsund	
		Rampen, Thidericus de	RAMPENTIDEMAN	Wismar	

DATUM	TAGORT	NAME	STANDARD	STADT	HR
15.07.1375	Rostock	Wessel, Hinricus	WESSELS	Wismar	1,2,107
		Witte, Gotschalkus	WITTEGOTTSCHALK	Wismar	
		Schuppelingeberch, Hinricus	SCHÖPPLINBERG	Greifswald	
		Cröpelin, Arnoldus	KRÖPELINARND	Rostock	
		Wilde, Gerwinus	WILDE	Rostock	
		Gotlandia, Ludolphus de senior	GODLAND	Rostock	
		Niendorp, Ludeke	NIENDORP	Rostock	
		Beseler, Everhardus	BESELER	Rostock	
		Nachtraven, Johannes	NACHTRAVEN	Rostock	
08.09.1375	Brügge	Swerting, Symon	SWERTING	Lübeck	1,2,110
		Beteke, Hartwich	BETEKE	Elbing	
1375	Falsterbo	Plescowe, Jacob	PLESCOWJAKOB	Lübeck	1,2,117
		Nachtraven, Johan	NACHTRAVEN	Rostock	
		Rughe, Johann	RUGE	Stralsund	
		Stromekendorp, Peter	STRUMKENDORP	Wismar	
		Scuplemberg, Hinrik	SCHÖPPLINBERG	Greifswald	
		Ludekenson, Goswyn	LUDEKENSSON	Kampen	
		Lange, Johann	LANGEJOH		
20.01.1376	Wismar	Plescow, Jacobus	PLESCOWJAKOB	Lübeck	1,2,121
		Crispin, Zeghebodo	CRISPIN	Lübeck	
		Ossenbrugghe, Hermannus de	OSSENBRUGGE	Lübeck	
		Cropelin, Arnoldus	KRÖPELINARND	Rostock	
		Kiritze, Johannes de	KYRITZ	Rostock	
		Nachtraven, Johannes	NACHTRAVEN	Rostock	
		Wulflam, Bertrammus	WULFLAM	Stralsund	
		Rughe, Johannes	RUGE	Stralsund	
		Rampen, Tidericus de	RAMPENTIDEMAN	Wismar	
		Cropelyn, Hermannus	KRÖPELINHERM	Wismar	
		Dargethzow, Johannes	DARGETZOWJOH	Wismar	
		Stromkendorp, Petrus	STRUMKENDORP	Wismar	
		Cleve, Johannes de	KLEVEJOHAN	Wismar	
		Witte, Gosschalkus	WITTEGOTTSCHALK	Wismar	
		Kalzow, Bertoldus	KALZOWBERT	Wismar	
		Bantzecow, Marquardus	BANTZEKOWMARK	Wismar	
23.03.1376	Stralsund	Plescowe, Johannes	PLESCOWJOHAN	Lübeck	1,2,123
		Ossenbrugge, Hermannus de	OSSENBRUGGE	Lübeck	
		Kropelin, Arnoldus	KRÖPELINARND	Rostock	
		Aa, Johannes de	AA	Rostock	
		Rampen, Thidericus de	RAMPENTIDEMAN	Wismar	
23.03.1376	Stralsund	Cropelin, Hermannus	KRÖPELINHERM	Wismar	1,2,123

DATUM	TAGORT	NAME	STANDARD	STADT	HR
23.03.1376	Stralsund	Cleve, Johannes de	KLEVEJOHAN	Wismar	1,2,123
		Travenoel, Paulus	TRAVENÖL	Stettin	
		Vorrad, Marquardus	VORRAD	Stettin	
		Langhe, Arnoldus	LANGEARN	Greifswald	
		Schuppelingberch, Hinricus	SCHÖPPLINBERG	Greifswald	
		Ludekenssone, Goswinus	LUDEKENSSON	Kampen	
		Rode, Hermannus de	RODEHERM	Stralsund	
		Wulflam, Bertrammus	WULFLAM	Stralsund	
		Wreen, Johannes	WREN	Stralsund	
		Rughe, Johannes	RUGE	Stralsund	
		Kulpen, Ludolphus de	KULPEN	Stralsund	
29.03.1376	Stade	Perceval, Joh	PERCEVAL	Lübeck	1,2,124
		Attendorn, Gerd	ATTENDORNGERD	Lübeck	
		Groning, Hinrik	GRÖNING	Bremen	
		Revele, Winand de	REVELE	Bremen	
		Horborch	HORBORCH	Hamburg	
		Ibing	IBING	Hamburg	
		Dreestede, Thideman	DREESTEDE	Buxtehude	
		Gryp, Conrad	GRYPCONRAD	Buxtehude	
18.05.1376	Stralsund	Swerting, Symon	SWERTING	Lübeck	1,2,128
		Attendorn, Gerardus de	ATTENDORNGERD	Lübeck	
		Lanhge, Arnoldus	LANGEARN	Greifswald	
		Schuppelingberch, Hinricus	SCHÖPPLINBERG	Greifswald	
		Vorrat, Marquadus	VORRAD	Stettin	
		Buse, Everhardus	BOSE	Kampen	
		Hartwicus	HARTWIC	Rostock	
		Hinricus	HINRICUS	Wismar	
		Rode, Hermannus	RODEHERM	Stralsund	
		Wulflam, Bertrammus	WULFLAM	Stralsund	
		Rughe, Johannes	RUGE	Stralsund	
		Kulpen, Johannes de	KULPEN	Stralsund	
24.06.1376	Stralsund	Plescowe, Jacobus	PLESCOWJAKOB	Lübeck	1,2,131
		Swerting, Symon	SWERTING	Lübeck	
		Osenbrugghe, Hermannus	OSSENBRUGGE	Lübeck	
		Langhe, Hermannus	LANGEHERMAN	Lübeck	
		Hartwicus	HARTWIC	Rostock	
		Hinricus	HINRICUS	Wismar	
		Lange, Arnoldus	LANGEARN	Greifswald	
		Schuppelingberch, Hinricus	SCHÖPPLINBERG	Greifswald	
		Volmesteen, Johannes	VOLMESTEN	Elbing	
		Wasselrode, Fredericus	WASSELROD	Thorn	
		Böse, Everhardus	BOSE	Kampen	
24.06.1376	Stralsund	Walle, Thidricus de	WALLE	Zütphen	1,2,131

DATUM	TAGORT	NAME	STANDARD	STADT	HR
24.06.1376	Stralsund	Rode, Hermannus de	RODEHERM	Stralsund	1,2,131
		Wulflam, Bertrammus	WULFLAM	Stralsund	
		Wreen, Johannes	WREN	Stralsund	
		Kulpen, Ludolphus de	KULPEN	Stralsund	
		Rughe, Johannes	RUGE	Stralsund	
14.08.1376	Kalingborg	Plescowe, Jacobus	PLESCOWJAKOB	Lübeck	1,2,135
		Osenbrugghe, Hermannus de	OSSENBRUGGE	Lübeck	
		Wulflam, Bertramus	WULFLAM	Stralsund	
		Rughe, Johannes	RUGE	Stralsund	
		Schuppelingberch, Hinricus	SCHÖPPLINBERG	Greifswald	
		Volmesteen, Johannes	VOLMESTEN	Elbing	
		Bose, Everhardus	BOSE	Kampen	
		Meenardessone, Johannes	MEYNARDESON	Amsterdam	
14.08.1376	Korsör	Plescowe, Jacobus	PLESCOWJAKOB	Lübeck	1,2,144
		Osenbrugghe, Hermannus de	OSSENBRUGGE	Lübeck	
		Wulflam, Bertrammus	WULFLAM	Stralsund	
		Rughe, Johannes	RUGE	Stralsund	
		Schuppelingberch, Hinricus	SCHÖPPLINBERG	Greifswald	
		Volmesteen, Johannes	VOLMESTEN	Elbing	
		Bose, Everhardus	BOSE	Kampen	
		Meynardessone, Johannes	MEYNARDESON	Amsterdam	
24.06.1377	Lübeck	Plescow, Jacobus	PLESCOWJAKOB	Lübeck	1,2,159
		Swertingh, Symon	SWERTING	Lübeck	
		Vorrad, Bertrammus	VORRADBERTRAM	Lübeck	
		Pertzeval, Johannes	PERCEVAL	Lübeck	
		Osenbrugghe, Hermannus de	OSSENBRUGGE	Lübeck	
		Langhe, Johannes	LANGEJOHAN	Lübeck	
		Holdenstede, Ludolphus	HOLDENSTEDE	Hamburg	
		Miles, Christianus	MILESCHRISTIAN	Hamburg	
		Cropelin, Arnoldus	KRÖPELINARND	Rostock	
		Cruse, Lodewicus	KRUSE	Rostock	
		Wulflam, Bertrammus	WULFLAM	Stralsund	
		Rughe, Johannes	RUGE	Stralsund	
		Crudener, Thidericus	CRUDENER	Stralsund	
		Wessel, Hinricus	WESSELS	Wismar	
		Bantzecowe, Marquadus	BANTZEKOWMARK	Wismar	
		Vorrad, Marquadus	VORRAD	Stettin	
		Lange, Arnoldus	LANGEARN	Greifswald	
		Volmersten, Johannes	VOLMESTEN	Elbing	
		Tzan, Paulus	TZAN	Danzig	
		Ludekenssone, Goswinus	LUDEKENSSON	Kampen	
25.01.1378	Stralsund	Plescowe, Jacobus	PLESCOWJAKOB	Lübeck	1,2,163
		Athendorne, Gerardus de	ATTENDORNGERD	Lübeck	

DATUM	TAGORT	NAME	STANDARD	STADT	HR
25.01.1378	Stralsund	Langhe, Johannes	LANGEJOHAN	Lübeck	1,2,163
		Cruse, Lodewicus	KRUSE	Rostock	
		Nachtraven, Johannes	NACHTRAVEN	Rostock	
		Wesseli, Hinricus	WESSELS	Wismar	
		Bantzecowen, Marquadus	BANTZEKOWMARK	Wismar	
		Travenoel, Paulus	TRAVENÖL	Stettin	
		Wakker, Thidmarus	WAKKER	Stettin	
		Langhe, Arnoldus	LANGEARN	Greifswald	
		Schuffelenberch, Hinricus	SCHÖPPLINBERG	Greifswald	
		Poen, Hartwicus	POEL	Thorn	
		Rode, Hermannus de	RODEHERM	Stralsund	
		Wulflam, Bertrammus	WULFLAM	Stralsund	
		Wreen, Johannes	WREN	Stralsund	
		Rughe, Johannes	RUGE	Stralsund	
		Kulpen, Luderus de	KULPEN	Stralsund	
30.05.1378	Stralsund	Swerting, Symon	SWERTING	Lübeck	1,2,166
		Langhe, Johannes	LANGEJOHAN	Lübeck	
		Miles, Christianus	MILESCHRISTIAN	Hamburg	
		Holdenstele, Ludolfus	HOLDENSTEDE	Hamburg	
		Cruse, Ludwicus	KRUSE	Rostock	
		Nachtraven, Johannes	NACHTRAVEN	Rostock	
		Tzurowe, Johannes	TZUROW	Wismar	
		Bantzeskowe, Marquardus	BANTZEKOWMARK	Wismar	
		Vorrat, Marquadus	VORRAD	Stettin	
		Deneke, Johannes	DENEKE	Stettin	
		Wakker, Tydemannus	WAKKER	Stettin	
		Langhe, Arnoldus	LANGEARN	Greifswald	
		Scuppelenberg, Henricus	SCHÖPPLINBERG	Greifswald	
		Barewolt, Johannes	BOREWOLD	Kolberg	
		Beteke, Hartwicus	BETEKE	Elbing	
		Westenrode, Johannes	WESTERRODE	Thorn	
		Lankowe, Henningus	LANCOW	Danzig	
		Bose, Everhardus	BOSE	Kampen	
		Walle, Tydemannus de	WALLE	Zütphen	
		Wulflam, Bertrammus	WULFLAM	Stralsund	
		Rode, Hermannus de	RODEHERM	Stralsund	
		Rughe, Johannes	RUGE	Stralsund	
		Kulpen, Ludolfus de	KULPEN	Stralsund	
25.11.1378	Lübeck	Miles, Christianus	MILESCHRISTIAN	Hamburg	1,2,183
		Gholdensen, Vicco de	GELLERSENVICO	Hamburg	
		Cropelyn, Arnoldus	KRÖPELINARND	Rostock	
		Cruze, Lodewicus	KRUSE	Rostock	
25.11.1378	Lübeck	Wulflam, Bertrammus	WULFLAM	Stralsund	1,2,183

DATUM	TAGORT	NAME	STANDARD	STADT	HR
25.11.1378	Lübeck	Rughe, Johannes	RUGE	Stralsund	1,2,183
		Crudener, Thidericus	CRUDENER	Stralsund	
		Rampen, Thidericus de	RAMPENTIDEMAN	Wismar	
		Darghetzow, Johannes	DARGETZOWJOH	Wismar	
		Bantzecow, Marquadus	BANTZEKOWMARK	Wismar	
		Perzeval, Johannes	PERCEVAL	Lübeck	
		Swertynk, Symon	SWERTING	Lübeck	
		Plescow, Jacobus	PLESCOWJAKOB	Lübeck	
		Peperzak, Hartmannus	PEPERSAK	Lübeck	
		Crispin, Zeghebodo	CRISPIN	Lübeck	
09.02.1379	Lübeck	Holdenstede, Ludeke	HOLDENSTEDE	Hamburg	1,2,187
		Vos, Kersten	VOSCHRISTIAN	Hamburg	
		Wessel, Hinrik	WESSELS	Wismar	
		Stromekendorp, Peter	STRUMKENDORP	Wismar	
		Bantzecowe, Marquard	BANTZEKOWMARK	Wismar	
		Plescowe, Jacob	PLESCOWJAKOB	Lübeck	
		Pepersack, Hartmann	PEPERSAK	Lübeck	
		Ozenbruge, Hermann	OSSENBRUGGE	Lübeck	
		Lo, Hinrich van dem	LOOHINRIKVAM	Lübeck	
		Odbernhusen, Johan	ODBERNHUS	Lübeck	
		Travelmann, Godeke	TRAVELMANGOTT	Lübeck	
24.06.1379	Lübeck	Holdenstede, Ludolfus	HOLDENSTEDE	Hamburg	1,2,207
		Militis, Christianus	MILESCHRISTIAN	Hamburg	
		Hemeling, Nicolaus	HEMELINGNICO	Bremen	
		Gröning, Hinricus	GRÖNING	Bremen	
		Cropelyn, Arnoldus	KRÖPELINARND	Rostock	
		A, Johannes de	AA	Rostock	
		Wulflam, Bertrammus	WULFLAM	Stralsund	
		Rughe, Johannes	RUGE	Stralsund	
		Crudener, Thidericus	CRUDENER	Stralsund	
		Rampen, Thidericus de	RAMPENTIDEMAN	Wismar	
		Darghessow, Johannes	DARGETZOWJOH	Wismar	
		Witte, Godschalkus	WITTEGOTTSCHALK	Wismar	
		Springintgud, Thidericus	SPRINGINTGUDD	Lüneburg	
		Hoyke, Albertus	HOYKE	Lüneburg	
		Gheren, Fredericus de	GERENFREDERIK	Stade	
		Stadis, Radekinus de	STADERADEKIN	Stade	
		Travenül, Paulus	TRAVENÖL	Stettin	
		Vorraad, Marquadus	VORRAD	Stettin	
		Wacker, Thidemannus	WACKER	Stettin	
		Langhe, Arnoldus	LANGEARN	Greifswald	
		Schüppelenberch, Hinricus	SCHÖPPLINBERG	Greifswald	
24.06.1379	Lübeck	Berenwolt, Johannes	BOREWOLD	Kolberg	1,2,207

DATUM	TAGORT	NAME	STANDARD	STADT	HR
24.06.1379	Lübeck	Rike, Nicolaus	RIKE	Kiel	1,2,207
		Hertze, Johannes	HERTZJOHAN	Kiel	
		Vischstrate, Everhardus	WISTRATE	Dortmund	
		Hereken, Thidemannus de	HEREKETIDEMAN	Dortmund	
		Cordelitze, Johannes	CORDELITZ	Thorn	
		Rynhof, Everhardus	RINHOF	Thorn	
		Betheken, Hartwicus	BETEKE	Elbing	
		Nase, Godschalkus	NASEGOTT	Danzig	
		Doseborch, Everhardus	DUSBORGEVER	Gotland	
		Leneppe, Johannes de	LENEPP	Gotland	
		Dürekoop, Johannes	DURCOPJOHAN	Riga	
		Valenberch, Hinricus	VALENBERCH	Dorpat	
		Scheper, Johannes	SCHEPER	Reval	
		Ludekenssone, Goswinus	LUDEKENSSON	Kampen	
		Ardenssone, Lubbertus	ARDENSSON	Amsterdam	
		Walle, Thidericus de	WALLE	Zütphen	
		Est, Arnoldus ob der	EST	Deventer	
		Opgangh, Gerlacus	OPGANG	Harderwijk	
		Plescow, Jacobus	PLESCOWJAKOB	Lübeck	
		Pepersak, Hermannus	PEPERSAK	Lübeck	
		Persevale, Johannes	PERCEVAL	Lübeck	
		Swerting, Symon	SWERTING	Lübeck	
		Crispin, Seghebodo	CRISPIN	Lübeck	
		Ozenbrugghe, Hermannus	OSSENBRUGGE	Lübeck	
		Langhe, Johannes	LANGEJOHAN	Lübeck	
1379	Brügge London	Plescow, Jakob	PLESCOWJAKOB	Lübeck	1,2,213
		Holdenstede, Ludolf	HOLDENSTEDE	Hamburg	
		Cordelitze, Johan	CORDELITZ	Thorn	
		Wystrate, Evert	WISTRATE	Dortmund	
12.08.1380	Lübeck	Holdenstede, Ludolphus	HOLDENSTEDE	Hamburg	1,2,261
		Ybing, Hinricus	IBING	Hamburg	
		Kropelin, Arnoldus	KRÖPELINARND	Rostock	
		Aa, Johannes de	AA	Rostock	
		Sozato, Arnoldus de	SOESTARNOLD	Stralsund	
		Wessel, Hinricus	WESSELS	Wismar	
		Stromekendorp, Petrus	STRUMKENDORP	Wismar	
		Hoyke, Albertus	HOYKE	Lüneburg	
		Schellepeper,Sanderus	SCHELLEPEPERSA	Lüneburg	
		Hotnatel, Johannes	HOTNATEL	Bremen	
		Plescow, Jacobus	PLESCOWJAKOB	Lübeck	
		Swerting, Symon	SWERTING	Lübeck	
12.08.1380	Lübeck	Perseval, Johannes	PERCEVAL	Lübeck	1,2,261

DATUM	TAGORT	NAME	STANDARD	STADT	HR
12.08.1380	Lübeck	Peperzak, Hermannus	PEPERSAK	Lübeck	1,2,261
		Crispin,Zeghebodo	CRISPIN	Lübeck	
		Schepenstede, Johannes	SCHEPENSTEDE	Lübeck	
		Atendorn, Gotschalcus	ATTENDORNGOTT	Lübeck	
		Ozenbrugghe, Hermannus	OSSENBRUGGE	Lübeck	
		Lo, Hinricus de	LOOHINRIKVAM	Lübeck	
		Murkerke, Thomas	MORKERKETHOMAS	Lübeck	
21.10.1380	Wismar	Plescowe, Jacobus	PLESCOWJAKOB	Lübeck	1,2,263
		Lange, Johannes	LANGEJOHAN	Lübeck	
		Holdenstede, Ludolphus	HOLDENSTEDE	Hamburg	
		Ghellersen, Vicko de	GELLERSENVICO	Hamburg	
		Cropelin, Arnoldus	KRÖPELINARND	Rostock	
		Aa, Johannes v. der	AA	Rostock	
		Wulflam, Bertrammus	WULFLAM	Stralsund	
		Rughe, Johannes	RUGE	Stralsund	
		Poel, Hartwicus	POEL	Thorn	
		Beteke, Hartwicus	BETEKE	Elbing	
		Nase, Gotschalkus	NASEGOTT	Danzig	
		Rampen, Tidericus de	RAMPENTIDEMAN	Wismar	
		Wesseli, Hinricus	WESSELS	Wismar	
		Dargitzowe, Johannes	DARGETZOWJOH	Wismar	
		Stromekendorp, Petrus	STRUMKENDORP	Wismar	
		Bansekowe, Marquadus	BANTZEKOWMARK	Wismar	
		Bukowe, Nicolaus	BUKOWNICOLAUS	Wismar	
09.02.1381	Lübeck	Holdenstede, Ludeke	HOLDENSTEDE	Hamburg	1,2,275
		Rode, Nicolaus	RODENIC	Hamburg	
		Wessel, Hinric	WESSELS	Wismar	
		Kleve, Johan van	KLEVEJOHAN	Wismar	
		Pertzeval, Johan	PERCEVAL	Lübeck	
		Swertingh, Symon	SWERTING	Lübeck	
		Plescow, Jacob	PLESCOWJAKOB	Lübeck	
		Pepersack, Hartmann	PEPERSAK	Lübeck	
		Cryspin, Segebode	CRISPIN	Lübeck	
		Schepenstede, Johan	SCHEPENSTEDE	Lübeck	
		Constin, Hinrik	CONSTIN	Lübeck	
		Travelman,Godeke	TRAVELMANGOTT	Lübeck	
		Kröpelin, Arnd	KRÖPELINARND	Rostock	
		Aa, Johann von der	AA	Rostock	
		Soest, Arnoldus de	SOESTARNOLD	Stralsund	
		Hoyke	HOYKE	Lüneburg	
		Schellepeper, Sander	SCHELLEPEPERSA	Lüneburg	
25.04.1381	Stralsund	Plescow, Jacobus	PLESCOWJAKOB	Lübeck	1,2,276
		Osenbrugge, Hermannus de	OSSENBRUGGE	Lübeck	

DATUM	TAGORT	NAME	STANDARD	STADT	HR
25.04.1381	Stralsund	Murkerke, Thomas	MORKERKETHOMAS	Lübeck	1,2,276
		Cropelin, Arnoldus	KRÖPELINARND	Rostock	
		A, Johannes de	AA	Rostock	
		Wesseli, Hinricus	WESSELS	Wismar	
		Stromekendorp, Pertus	STRUMKENDORP	Wismar	
		Bantzekow, Marquadus	BANTZEKOWMARK	Wismar	
		Rode, Hermannus de	RODEHERM	Stralsund	
		Wulflam, Bertrammus	WULFLAM	Stralsund	
		Rughe, Johannes	RUGE	Stralsund	
24.06.1381	Lübeck	Holdenstede, Ludolphus	HOLDENSTEDE	Hamburg	1,2,279
		Militis, Christianus	MILESCHRISTIAN	Hamburg	
		Cropelin, Arnoldus	KRÖPELINARND	Rostock	
		A, Johannes von der	AA	Rostock	
		Rughe, Johannes	RUGE	Stralsund	
		Crudener, Theodoricus	CRUDENER	Stralsund	
		Wessel, Hinricus	WESSELS	Wismar	
		Stroemekendorp, Petrus	STRUMKENDORP	Wismar	
		Bantsekow, Marquadus	BANTZEKOWMARK	Wismar	
		Springintgud, Tydericus	SPRINGINTGUDD	Lüneburg	
		Hoyke, Albertus	HOYKE	Lüneburg	
		Honendorp, Tydemannus	HONENDORP	Kiel	
		Rike, Nicolaus	RIKE	Kiel	
		Puel, Hartwicus	POEL	Thorn	
		Stolte, Johannes	STOLTE	Elbing	
		Nase, Gottschalk	NASEGOTT	Danzig	
		Cropelin, Petrus	CRÖPELINPETER	Stettin	
		Remelingrode, Vrowinus	REMELINCRODE	Riga	
		Borch, Wolterus van der	BORCHWALTERVAN	Dorpat	
		Scotelmund, Goscalkus	SCHOTELMUND	Reval	
		Wiltzen, Hinricus de	WILSENHINRIK	Kampen	
		Peyye, Andreas	PEYE	Stavoren	
		Abbe, Peter	ABBE	Amsterdam	
		Perceval, Johannes	PERCEVAL	Lübeck	
		Swerting, Symon	SWERTING	Lübeck	
		Plescow, Jacobus	PLESCOWJAKOB	Lübeck	
		Pepersak, Hartmannus	PEPERSAK	Lübeck	
		Crispin, Segebodo	CRISPIN	Lübeck	
		Schepensted, Johannes	SCHEPENSTEDE	Lübeck	
		Ozenbrugge, Hermannus de	OSSENBRUGGE	Lübeck	
		Langhe, Johannes	LANGEJOHAN	Lübeck	
		Wedern, Gerhardus de	WEDERN	Gotland	
15.09.1381	Schonen	Swerting, Symon	SWERTING	Lübeck	1,2,289
		Osenbrugge, Hermannus de	OSSENBRUGGE	Lübeck	

DATUM	TAGORT	NAME	STANDARD	STADT	HR
15.09.1381	Schonen	Lange, Johannes	LANGEJOHAN	Lübeck	1,2,289
		Aa, Johannes de	AA	Rostock	
		Wulflam, Bertrammus	WULFLAM	Stralsund	
		Crudener, Tydericus	CRUDENER	Stralsund	
		Dargetzowe, Johannes	DARGETZOWJOH	Wismar	
		Schuffelenberch, Henricus	SCHÖPPLINBERG	Greifswald	
		Wardenberg, Bruno	WARDENBERG	Stettin	
		Scademan, Nicolaus	SCHADEMAN	Kolberg	
		Oldeland, Petrus	OLDELAND	Preussen	
		Wilsen, Henricus de	WILSENHINRIK	Kampen	
		Husing, Meynerd	HUSING	Bremen	
		Wolf, Johannes	WOLF	Zütphen	
		Peye, Andreas	PEYE	Stavoren	
		Lyvense, Waddin	LIVENSE	Siriksee	
		Junge, Henricus	JUNGEHIN	Briel	
		Hugonis, Jacobus	HUGONIS	Elburg	
		Stubbe, Wilhelmus	STUBBE	Harderwijk	
		Abbe, Petrus	ABBE	Amsterdam	
09.03.1382	Wismar	Swerting, Symon	SWERTING	Lübeck	1,2,294
		Schepenstede, Johannes	SCHEPENSTEDE	Lübeck	
		Osenbrugge, Hermannus	OSSENBRUGGE	Lübeck	
		Morkerke, Thomas	MORKERKETHOMAS	Lübeck	
		Militis, Christianus	MILESCHRISTIAN	Hamburg	
		Ybing, Hinricus	IBING	Hamburg	
		Cropelyn, Arnoldus	KRÖPELINARND	Rostock	
		A, Johannes de	AA	Rostock	
		Rughe, Johannes	RUGE	Stralsund	
		Rampen, Thidericus de	RAMPENTIDEMAN	Wismar	
		Cröpelin, Hermannus	KRÖPELINHERM	Wismar	
		Wesseli, Hinricus	WESSELS	Wismar	
		Darghesow, Johannes,	DARGETZOWJOH	Wismar	
		Witte, Godscalus	WITTEGOTTSCHALK	Wismar	
		Bantzekow, Marquadus	BANTZEKOWMARK	Wismar	
24.06.1382	Lübeck	Holdenstede, Ludolfus	HOLDENSTEDE	Hamburg	1,2,298
		Horborch, Bertrammus	HORBORCH	Hamburg	
		Hoyeri, Johannes	HOYERJOHAN	Hamburg	
		Cropelin, Arnoldus	KRÖPELINARND	Rostock	
		A, Johannes van der	AA	Rostock	
		Ruge, Johannes	RUGE	Stralsund	
		Crudener, Tydemannus	CRUDENER	Stralsund	
		Bantzekow, Marquadus	BANTZEKOWMAR	Wismar	
		Springintgud, Tydericus	SPRINGINTGUDD	Lüneburg	
		Hoyke, Albertus	HOYKE	Lüneburg	

DATUM	TAGORT	NAME	STANDARD	STADT	HR
24.06.1382	Lübeck	Boze, Everhardus	BOSE	Kampen	1,2,298
		Walle, Tidemannus de	WALLE	Zütphen	
		Peperzak, Hartmannus	PEPERSAK	Lübeck	
		Atendorn, Gerardus de	ATTENDORNGERD	Lübeck	
		Perzeval, Johannes	PERCEVAL	Lübeck	
		Swerting, Symon	SWERTING	Lübeck	
		Ozenbrugge, Hermann de	OSSENBRUGGE	Lübeck	
		Langhe, Johannes	LANGEJOHAN	Lübeck	
29.06.1382	Goslar	Holtnicker, Junge	HOLTNICKER	Braunsch.	1,3,133
		Ingheleve	INGELEVE	Braunsch.	
		Reben	REBEN	Braunsch.	
		Vechelde, Hermen	VECHELDE	Braunsch.	
		Groynewald, Hans	GRÜNEWOLT	Goslar	
		Usleve, Henric van	USLEVE	Goslar	
		Severteshusen, Henric	SEVERTESHUS	Goslar	
		Himpteken, Arnd van	HEMPETEKEN	Goslar	
		Unrowe, Hans	UNROW	Goslar	
		Kyssenbrugge, Hans van	KISSENBERGE	Goslar	
		Sasse, Hinric	SASSE	Hildesheim	
		Bere, Bernd de	BEREBERND	Hildesheim	
		Hardenberch, Tyle	HARDENBERGTYLE	Einbeck	
		Wedeghen, Hinric	WEDEGEHIN	Einbeck	
		Lutzeken, Olric	LUTZEKEULRICH	Hannover	
		Thureken, Helmond	THUREKEN	Hannover	
29.09.1382	Stralsund	Swerting, Symon	SWERTING	Lübeck	1,2,305
		Schepenstede, Johannes	SCHEPENSTEDE	Lübeck	
		Osenbrugge, Hermannus de	OSSENBRUGGE	Lübeck	
		Langhe, Johannes	LANGEJOHAN	Lübeck	
		Cruse, Ludewicus	KRUSE	Rostock	
		Witte, Hinricus	WITTEHINRIK	Rostock	
		Stromekendorp, Petrus	STRUMKENDORP	Wismar	
		Vorrat, Marquadus	VORRAD	Stettin	
		Jageduvel, Otto	JAGEDUVEL	Stettin	
		Leetzenitze, Arnoldus	LETZENITZ	Greifswald	
		Roze, Nicolaus	ROSENICOLAUS	Greifswald	
		Thobringer, Hartwicus	TOBRINGER	Anklam	
		Brantzow, Ludolphus	BRANTZOW	Anklam	
		Wale, Ludolphus	WALE	Thorn	
		Beteke, Hartwicus	BETEKE	Elbing	
		Sak, Lubertus	SAK	Danzig	
		Wulflam, Bertrammus	WULFLAM	Stralsund	
		Wreen, Johannes	WREN	Stralsund	
		Ruge, Johannes	RUGE	Stralsund	

DATUM	TAGORT	NAME	STANDARD	STADT	HR
29.09.1382	Stralsund	Kulpen, Ludolfus de	KULPEN	Stralsund	1,2,305
05.04.1383	Lübeck	Horborgh, Bertrammus	HORBORCH	Hamburg	1,2, 312
		Holdenstede, Ludolphus	HOLDENSTEDE	Hamburg	
		Hoyeri, Albertus	HOYERALBERT	Hamburg	
		Cropelin, Arnoldus	KRÖPELINARND	Rostock	
		A, Johannes v d	AA	Rostock	
		Wulflam, Bertrammus	WULFLAM	Stralsund	
		Zost, Arnoldus de	SOESTARNOLD	Stralsund	
		Swerting, Gregorius	SWERTINGGREGOR	Stralsund	
		Wesseli, Hinricus	WESSELS	Wismar	
		Dargetzowe, Johannes	DARGETZOWJOH	Wismar	
		Stromekendorp, Petrus	STRUMKENDORP	Wismar	
		Springintgud, Thidericus	SPRINGINTGUDD	Lüneburg	
		Schomaker, Nicolaus	SCHOMAKERNICO	Lüneburg	
		Boze, Everhardus	BOSE	Kampen	
		Ludekensson, Goswinus	LUDEKENSSON	Kampen	
		Molner, Wilelmus	MOLNERWIL	Dordrecht	
		Molner, Nicolaus	MOLNERNIC	Dordrecht	
		Schutte, Ghiselbertus	SCHUTTE	Amsterdam	
		Swerting, Symon	SWERTING	Lübeck	
		Attendorn, Gerardus de	ATTENDORNGERD	Lübeck	
		Pertzevale, Johannes	PERCEVAL	Lübeck	
		Peperzak, Hartmannus	PEPERSAK	Lübeck	
		Schepenstede, Johannes	SCHEPENSTEDE	Lübeck	
		Attendorn, Gottschalk de	ATTENDORNGOTT	Lübeck	
		Ossenbrugge, Hermannus de	OSSENBRUGGE	Lübeck	
31.05.1383	Lübeck	Hertze, Gotfridus van dem	HERTZEGOTTFRID	Köln	1,2,317
		Lyzekerchen, Constantinus de	LISEKERKEN	Köln	
		Horborgh, Bertrammus	HORBORCH	Hamburg	
		Holdenstede, Ludolfus	HOLDENSTEDE	Hamburg	
		Hoyeri, Albertus	HOYERALBERT	Hamburg	
		A, Johannes van der	AA	Rostock	
		Cruse, Ludolfus	KRUSE	Rostock	
		Wulflam, Bertrammus	WULFLAM	Stralsund	
		Swerting, Gregorius	SWERTINGGREGOR	Stralsund	
		Wesseli, Hinricus	WESSELS	Wismar	
		Dargetzowe, Johannes	DARGETZOWJOH	Wismar	
		Bantzecowe, Marquadus	BANTZEKOWMARK	Wismar	
		Springintgud, Tidericus	SPRINGINTGUDD	Lüneburg	
		Heyne, Albertus	HEINE	Lüneburg	
		Bene, Eylemannus	BEVE	Lüneburg	

DATUM	TAGORT	NAME	STANDARD	STADT	HR
31.05.1383	Lübeck	Vistrate, Everhardus	WISTRATE	Dortmund	1,2,317
		Clepping, Gerwinus	CLEPPINGGERWIN	Dortmund	
		Kerkrink, Johannes	KERKRINGJOHAN	Münster	
		Voghet, Johannes	VOGET	Münster	
		Boze, Everhardus	BOSE	Kampen	
		Ludenkenssone, Goswinus	LUDEKENSSON	Kampen	
		Schoute, Giselbertus	SCHUTTE	Amsterdam	
		Reeben, Ludolfus	REBEN	Braunsch.	
		Zasse, Hinricus	SASSE	Hildesheim	
		Pepersak, Hartmannus	PEPERSAK	Lübeck	
		Attendorn, Gerardus	ATTENDORNGERD	Lübeck	
		Pertzevale, Johannes	PERCEVAL	Lübeck	
		Schepenstede, Johannes	SCHEPENSTEDE	Lübeck	
		Attendorn, Gotschalk	ATTENDORNGOTT	Lübeck	
		Osenbrugghe, Hermannus de	OSSENBRUGGE	Lübeck	
04.10.1383	Lübeck	Swerting, Symon	SWERTING	Lübeck	1,2,321
		Attendorn, Gerardus	ATTENDORNGERD	Lübeck	
		Persevale, Johannes	PERCEVAL	Lübeck	
		Pepersack, Hermannus	PEPERSAK	Lübeck	
		Osenbrugge, Hermannus	OSSENBRUGGE	Lübeck	
		Horborch, Bertrammus	HORBORCH	Hamburg	
		Holdenstede, Ludolphus	HOLDENSTEDE	Hamburg	
		Hoyeri, Albertus	HOYERALBERT	Hamburg	
		Witte, Hinricus	WITTEHINRIK	Rostock	
		A, Johannes de	AA	Rostock	
		Ruge, Johannes	RUGE	Stralsund	
		Zeghevrit, Nicolaus	SEGEFRID	Stralsund	
		Unna, Thidericus de	UNNA	Stralsund	
		Wesseli, Hinricus	WESSELS	Wismar	
		Stromekendorp, Petrus	STRUMKENDORP	Wismar	
		Travenuel, Paules	TRAVENÖL	Stettin	
		Jagheduevel, Otto	JAGEDUVEL	Stettin	
		Litzenitz, Arnoldus	LETZENITZ	Greifswald	
		Ruse, Nicolaus	ROSENICOLAUS	Greifswald	
		Puteo, Jacobus de	PUTEOJAKOB	Thorn	
		Stolte, Johannes	STOLTE	Elbing	
		Coleberch, Hermannus	KOLBERG	Danzig	
		Ludekenssone, Goswinus	LUDEKENSSON	Kampen	
		Poye, Andreas	PEYE	Stavoren	
		Dummermut, Michael	DUMMERMUT	Gotland	
		Grana, Tidemannus	GRANA	Riga	
		Grünewolt, Johannes	GRÜNEWOLT	Goslar	
		Kissenberghe, Johannes	KISSENBERGE	Goslar	

DATUM	TAGORT	NAME	STANDARD	STADT	HR
04.10.1383	Lübeck	Reben, Ludolfus	REBEN	Braunsch.	1,2,321
		Holtnicker	HOLTNICKER	Braunsch.	
		Springindatgud, Tidericus	SPRINGINTGUDD	Lüneburg	
28.02.1384	Lübeck	Cruse, Ludewicus	KRUSE	Rostock	1,2,330
		Swerting, Gregorius	SWERTINGGREGOR	Stralsund	
		Wessel, Hinricus	WESSELS	Wismar	
		Stromekendorp, Petrus	STRUMKENDORP	Wismar	
		Swerting, Symon	SWERTING	Lübeck	
		Pepersak, Hartmannus	PEPERSAK	Lübeck	
		Attendorn, Gerardus de	ATTENDORNGERD	Lübeck	
		Osenbrugge, Hermannus	OSSENBRUGGE	Lübeck	
		Horborgh, Bertram	HORBORCH	Hamburg	
		Ybingh, Heyno	IBING	Hamburg	
		Springintgud, Tideric	SPRINGINTGUDD	Lüneburg	
		Hoyken, Albert	HOYKE	Lüneburg	
24.04.1384	Stralsund	Swerting, Symon	SWERTING	Lübeck	1,2,333
		Osenbrugge, Hermannus	OSSENBRUGGE	Lübeck	
		Dartzowe, Gerardus	DARTZOWGERD	Lübeck	
		Cropelin, Arnoldus	KRÖPELINARND	Rostock	
		Aa, Johannes von der	AA	Rostock	
		Wesseli, Hinricus	WESSELS	Wismar	
		Stromekendorp, Petrus	STRUMKENDORP	Wismar	
		Letzenisse, Arnold	LETZENITZ	Greifswald	
		Langhe, Arnoldus	LANGEARN	Greifswald	
		Poel, Hartwicus	POEL	Thorn	
		Betheke, Hartwicus	BETEKE	Elbing	
		Naze, Gottschalk	NASEGOTT	Danzig	
		Boze, Everhardus	BOSE	Kampen	
		Bere, Symon	BERE	Stavoren	
		Wulflam, Bertrammus	WULFLAM	Stralsund	
		Crudener, Tidericus	CRUDENER	Stralsund	
		Plotze, Borchardus	PLOTZE	Stralsund	
		Seghevrit, Nicolaus	SEGEFRID	Stralsund	
09.10.1384	Falster	Swerting, Symon	SWERTING	Lübeck	1,2,345
		Osenbrugghe, Hermannus	OSSENBRUGGE	Lübeck	
		Westhoff, Hinricus	WESTHOF	Lübeck	
		A, Johannes van der	AA	Rostock	
		Wulflam, Bertrammus	WULFLAM	Stralsund	
		Swerting, Gregorius	SWERTINGGREGOR	Stralsund	
09.10.1384	Falster	Ruckut, Johannes	ROKUT	Stralsund	1,2,345
		Stromekendorp, Petrus	STRUMKENDORP	Wismar	
		Langhe, Arnoldus	LANGEARN	Greifswald	
		Schottorp, Bertoldus	SCHOTTORP	Stettin	

DATUM	TAGORT	NAME	STANDARD	STADT	HR
09.10.1384	Falster	Schademann, Nicolaus	SCHADEMAN	Kolberg	1,2,345
		Overhagen, Wicholdus	OVERHAGEN	Elbing	
		Bose, Everhardus	BOSE	Kampen	
		Bere, Symon	BERE	Stavoren	
12.03.1385	Lübeck	Cropelin, Arnoldus	KRÖPELINARND	Rostock	1,2,350
		A, Johannes van der	AA	Rostock	
		Swerting, Gregorius	SWERTINGGREGOR	Stralsund	
		Segevrid, Nicolaus	SEGEFRID	Stralsund	
		Wessel, Hinricus	WESSELS	Wismar	
		Stromekendorp, Petrus	STRUMKENDORP	Wismar	
		Wasmod, Fredericus	WASMOD	Thorn	
		Stolte, Johannes	STOLTE	Elbing	
		Colberch, Hermannus	KOLBERG	Danzig	
		Schilder, Johannes	SCHILDER	Kampen	
		Bisanten, Wolterus de	BISANTEN	Dordrecht	
		Johannes, Jacobus	JOHANNESJAC	Siriksee	
		Meynerdessen, Johannes	MEYNARDESON	Amsterdam	
		Pepersak, Hartmannus	PEPERSAK	Lübeck	
		Attendorn, Gerardus de	ATTENDORNGERD	Lübeck	
		Pertzeval, Johannes	PERCEVAL	Lübeck	
		Swerting, Symon	SWERTING	Lübeck	
		Osenbrugge, Hermannus	OSSENBRUGGE	Lübeck	
24.06.1385	Stralsund	Swerting, Symon	SWERTING	Lübeck	1,2,361
		Westhoff, Hinricus	WESTHOF	Lübeck	
		Cruse, Ludewicus	KRUSE	Rostock	
		Baggel, Wynoldus	BAGGELWINOLD	Rostock	
		Wesseli, Hinricus	WESSELS	Wismar	
		Stromekendorp, Petrus	STRUMKENDORP	Wismar	
		Meyer, Hermannus	MEYERHERM	Wismar	
		Vorrat, Marquadus	VORRAD	Stettin	
		Jageduvel, Otto	JAGEDUVEL	Stettin	
		Louve, Johannes	LOVE	Greifswald	
		Lubeke, Wolterus de	LUBEKWOLTER	Greifswald	
		Rose, Nicolaus	ROSENICOLAUS	Greifswald	
		Wasmod, Fridericus	WASMOD	Thorn	
		Hervordia, Johannes de	HERFORDJOH	Elbing	
		Sak, Lubertus	SAK	Danzig	
		Schilder, Johannes	SCHILDER	Kampen	
		Meynerdessen, Johannes	MEYNARDESON	Amsterdam	
24.06.1385	Stralsund	Wulflam, Bertrammus	WULFLAM	Stralsund	1,2,361
		Rughe, Johannes	RUGE	Stralsund	
		Crudener, Thidericus	CRUDENER	Stralsund	
		Swerting, Gregorius	SWERTINGGREGOR	Stralsund	

DATUM	TAGORT	NAME	STANDARD	STADT	HR
24.06.1385	Stralsund	Unna, Tidemannus de	UNNA	Stralsund	1,2,361
		Gildehusen, Albertus	GHILDEHUSALBERT	Stralsund	
		Segevrit, Nicolaus	SEGEFRID	Stralsund	
01.04.1386	Lübeck	Holdenstede, Ludolphus	HOLDENSTEDE	Hamburg	1,2,378
		Miles, Kerstianus	MILESCHRISTIAN	Hamburg	
		A, Johannes van der	AA	Rostock	
		Belster, Arnoldus	BELSTER	Rostock	
		Rughe, Johannes	RUGE	Stralsund	
		Zosato, Arnoldus de	SOESTARNOLD	Stralsund	
		Dargetzowe, Johannes	DARGETZOWJOH	Wismar	
		Tuckeswerd, Johannes	TUCKESWERT	Wismar	
		Rose, Nicolaus	ROSENICOLAUS	Greifswald	
		Hoyke, Albertus	HOYKE	Lüneburg	
		A, Johannes von der	AA	Kampen	
		Schilder, Johannes	SCHILDER	Kampen	
		Ledighe, Johannes	LEDIGE	Amsterdam	
		Swerting, Symon	SWERTING	Lübeck	
		Attendorn, Gerardus	ATTENDORNGERD	Lübeck	
		Pertzeval, Johannes	PERCEVAL	Lübeck	
		Osenbrugge, de	OSSENBRUGGE	Lübeck	
19.07.1386	Lübeck	Holdenstede, Ludolphus	HOLDENSTEDE	Hamburg	1,2,382
		Horborch, Bertrammus	HORBORCH	Hamburg	
		Aa, Johannes van der	AA	Rostock	
		Belster, Arnoldus	BELSTER	Rostock	
		Rughe, Johannes	RUGE	Stralsund	
		Gildehusen, Albert	GHILDEHUSALBERT	Stralsund	
		Dargetzowe, Johannes	DARGETZOWJOH	Wismar	
		Bantzecowe, Marquadus	BANTZEKOWMARK	Wismar	
		Dozeburg, Everhardus de	DUSBORGEVER	Gotland	
		Rubenowe, Martinus	RUBENOWMARTIN	Gotland	
		Halle, Tydemannus van der	HALLE	Riga	
		Bevermann, Johannes	BEVERMAN	Dorpat	
		Aa, Johannes van der	AA	Kampen	
		Maldeghem, Arnoldus	MALDEGHEM	Dordrecht	
		Meynerdesson, Johannes	MEYNARDESON	Amsterdam	
		Peterson, Johannes	PETERSON	Zütphen	
		Hugen, Jacobus	HUGONIS	Elburg	
		Swerting, Symon	SWERTING	Lübeck	
		Attendorn, Gerardus de	ATTENDORNGERD	Lübeck	
		Perzeval, Johannes	PERCEVAL	Lübeck	
		Schepenstede, Johannes	SCHEPENSTEDE	Lübeck	
		Attendorn, Gotscalcus de	ATTENDORNGOTT	Lübeck	

DATUM	TAGORT	NAME	STANDARD	STADT	HR
19.07.1386	Lübeck	Osenbrugge, Hermannus	OSSENBRUGGE	Lübeck	1,2,382
28.10.1386	Lübeck	Horborch, Bertrammus	HORBORCH	Hamburg	1,2,392
		Holdenstede, Ludolphus	HOLDENSTEDE	Hamburg	
		Ruge, Johannes	RUGE	Stralsund	
		Gildehusen, Albertus	GHILDEHUSALBERT	Stralsund	
		Dargitzowe, Johannes	DARGETZOWJOH	Wismar	
		Bantsekowe, Marquadus	BANTZEKOWMARK	Wismar	
		Meyer, Hermannus	MEYERHERM	Wismar	
		Hoyke, Albertus	HOYKE	Lüneburg	
		Molendino, Albertus de	VANDERMOLEN	Lüneburg	
		Putten, Johannes de	PUTEO	Thorn	
		Gelyn, Johannes	GELINJOH	Thorn	
		Stolte, Johannes	STOLTE	Elbing	
		Zak, Lubertus	SAK	Danzig	
		Swerting, Symon	SWERTING	Lübeck	
		Attendorn, Gerardus de	ATTENDORNGERD	Lübeck	
		Pertzeval, Johannes	PERCEVAL	Lübeck	
		Ossenbrugge, Hermannus de	OSSENBRUGGE	Lübeck	
		Murkerke, Thomas	MORKERKETHOMAS	Lübeck	
01.05.1387	Mölln	Holdenstede, Ludeke	HOLDENSTEDE	Hamburg	1,2,399
		Rode, Nicolaus	RODENIC	Hamburg	
		Gheldessen, Nicolaus von	GELLERSENNICO	Hamburg	
		Wessel, Hinrik	WESSELS	Wismar	
		Stromekendorp, Peter	STRUMKENDORP	Wismar	
		Springintgut, Diderik	SPRINGINTGUDD	Lüneburg	
		Hoyke, Albert	HOYKE	Lüneburg	
		Schelleperper, Sander	SCHELLEPEPERSA	Lüneburg	
09.10.1387	Lübeck	Horborch, Bertrammus	HORBORCH	Hamburg	1,3,371
		Militis, Kerstianus	MILESCHRISTIAN	Hamburg	
		Rughe, Johannes	RUGE	Stralsund	
		Gildehusen, Albertus	GHILDEHUSALBERT	Stralsund	
		Bantzekowe, Marquadus	BANTZEKOWMARK	Wismar	
		Tukkezwert, Johannes	TUCKESWERT	Wismar	
		Oldeland, Petrus	OLDELAND	Danzig	
		Swerting, Symon	SWERTING	Lübeck	
		Murkerke, Thomas	MORKERKETHOMAS	Lübeck	
		Pertzevale, Johannes	PERCEVAL	Lübeck	
		Attendorn, Gerardus	ATTENDORNGERD	Lübeck	
		Schepenstede, Johannes	SCHEPENSTEDE	Lübeck	
		Attendorn, Gottschalk	ATTENDORNGOTT	Lübeck	
		Ossenbrugge, Hermann	OSSENBRUGGE	Lübeck	
		Nyebur, Johannes	NIEBUR	Lübeck	

DATUM	TAGORT	NAME	STANDARD	STADT	HR
09.10.1387	Lübeck	Herike, Petrus de	HEREKE	Lübeck	1,3,371
1387	Dordrecht Antwerpen	Swerting, Symon	SWERTING	Lübeck	1,2,402
		Miles, Kerstianus	MILESCHRISTIAN	Hamburg	
		Hoyer, Johannes	HOYERJOHAN	Hamburg	
		Hetvelt, Hinric	HITFELTHINRIK	Thorn	
		Thorn, Gerardus de	TORNGERD	Elbing	
		Braken, Johannes	BRAKEJOHAN	Dortmund	
		Klipping, Hermann	CLEPPINGHERMANN	Dortmund	
		Rughe, Johannes	RUGE	Stralsund	
01.05.1388	Lübeck	Holdenstede, Ludolphus	HOLDENSTEDE	Hamburg	1,3,384
		Miles, Kerstianus	MILESCHRISTIAN	Hamburg	
		Hoyer, Johannes	HOYERJOHAN	Hamburg	
		Aa, Johannes v.d.	AA	Rostock	
		Grentzing, Johannes	GRENTZING	Rostock	
		Ruge, Johannes	RUGE	Stralsund	
		Hosank, Hermann	HOSANK	Stralsund	
		Wesseli, Hinricus	WESSELS	Wismar	
		Bantzecowe, Marquadus	BANTZEKOWMARK	Wismar	
		Roze, Nicolaus	ROSENICOLAUS	Greifswald	
		Hoyke, Albertus	HOYKE	Lüneburg	
		Hagene, Godeke van dem	HAGENE	Lüneburg	
		Loo, Meynard	LOO	Lüneburg	
		Rebber, Gotfridus	REBBERGOTTFRID	Thorn	
		Hetvelt, Reynoldus	HITFELTREIN	Danzig	
		Flandern, Hinric de	FLANDERN	Gotland	
		Grodervelt, Wernerus	GRODERVELT	Gotland	
		Calmaria, Johannes de	KALMAR	Riga	
		Borch, Wolterus van der	VANDERBORCHW	Dorpat	
		Hamer, Johannes	HAMER	Danzig	
		Attendorn, Gerardus de	ATTENDORNGERD	Lübeck	
		Murkerke, Thomas	MORKERKETHOMAS	Lübeck	
		Pertzeval, Johannes	PERCEVAL	Lübeck	
		Swerting, Symon	SWERTING	Lübeck	
		Schepenstede, Johannes	SCHEPENSTEDE	Lübeck	
		Travelmann, Gotfridus	TRAVELMANGOTT	Lübeck	
		Westhoff, Hinricus	WESTHOF	Lübeck	
24.08.1388	Lübeck	Holdenstede, Ludolphus	HOLDENSTEDE	Hamburg	1,3,421
		Miles, Kerstianus	MILESCHRISTIAN	Hamburg	
		Hoyeri, Johannes	HOYERJOHAN	Hamburg	
		Wessele, Hinricus	WESSELS	Wismar	
		Tuckezwerd, Johannes	TUCKESWERT	Wismar	
		Attendorn, Geradus de	ATTENDORNGERD	Lübeck	

DATUM	TAGORT	NAME	STANDARD	STADT	HR
24.08.1388	Lübeck	Murkerke, Thomas	MORKERKETHOMAS	Lübeck	1,3,421
		Pertzevael, Johannes	PERCEVAL	Lübeck	
		Travelman, Albertus	TRAVELMANALBERT	Lübeck	
		Warendorpp, Bruno	WARENDORPBRUN II	Lübeck	
		Westhoff, Hinricus	WESTHOF	Lübeck	
01.05.1389	Lübeck	Miles, Kristianus	MILESCHRISTIAN	Hamburg	1,3,437
		Hoyer, Johannes	HOYERJOHAN	Hamburg	
		Schreye, Marquadus	SCHREYEMAR	Hamburg	
		Revele, Wynandusde	REVELE	Bremen	
		Donendeye, Arnoldus	DONELDEY	Bremen	
		Kruse, Ludowicus	KRUSE	Rostock	
		Grentze, Gerardus	GRENTZEGERD	Rostock	
		Swerting, Gregorius	SWERTINGGREGOR	Stralsund	
		Zusato, Arnoldus de	SOESTARNOLD	Stralsund	
		Bantzeke, Marquadus	BANTZEKOWMARK	Wismar	
		Swraw, Johannes	SWRAW	Wismar	
		Springensgut, Theodricus	SPRINGINTGUDD	Lüneburg	
		Lange, Johannes	LANGEJOHAN	Lüneburg	
		Hengistinberg, Thilemannus	HENGSTENBERGTID	Preussen	
		Münzer, Gerardus	MÜNZER	Preussen	
		Hovele, Tidemannus de	HOVELETIDEMAN	Dortmund	
		Attendorn, Gerardus	ATTENDORNGERD	Lübeck	
		Muvirkerke, Thomas	MORKERKETHOMAS	Lübeck	
		Perzeval, Johannes	PERCEVAL	Lübeck	
		Warendorff, Bruno	WARENDORPBRUN II	Lübeck	
		Travemann, Gotfridus	TRAVELMANGOTT	Lübeck	
		Westhoff, Hinricus	WESTHOF	Lübeck	
29.09.1389	Lübeck	Spegele, Mathias v.d.	SPIEGEL	Köln	1,3,455
		Miles, Kerstianus	MILESCHRISTIAN	Hamburg	
		Hoyeri, Johannes	HOYERJOHAN	Hamburg	
		Screye, Marquadus	SCHREYEMAR	Hamburg	
		A, Johannes van der	AA	Rostock	
		Holloger, Tydericus	HOLOGERTIDEMAN	Rostock	
		Swerting, Gregorius	SWERTINGGREGOR	Stralsund	
		Zosato, Arnoldus	SOESTARNOLD	Stralsund	
		Bantzecowe, Marquadus	BANTZEKOWMARK	Wismar	
		Tuckeswert, Johannes	TUCKESWERT	Wismar	
		Springintgut, Tydericus	SPRINGINTGUDD	Lüneburg	
		Langhe, Johannes	LANGEJOHAN	Lüneburg	
		Wistrate, Everhardus	WISTRATE	Dortmund	
29.09.1389	Lübeck	Hinxsteberch, Tydemannus	HENGSTENBERGTID	Thorn	1,3,455
		Hitvelt, Regnerus	HITFELTREIN	Danzig	
		Berge, Conradus v.d.	VAMMEBERGECON	Gotland	

DATUM	TAGORT	NAME	STANDARD	STADT	HR
29.09.1389	Lübeck	Durkop, Conradus	DURCOPCORD	Riga	1,3,455
		Oltbrekenvelt, Albertus	OLDENBREKEVELT	Dorpat	
		Ingeleve, Ludolphus	INGELEVE	Braunsch.	
		Ursleve, Conradus	URSLEVE	Braunsch.	
		Attendorn, Gerardus de	ATTENDORNGERD	Lübeck	
		Murkerke, Thomas	MORKERKETHOMAS	Lübeck	
		Pertzeval, Johannes	PERCEVAL	Lübeck	
		Warendorp, Bruno	WARENDORPBRUN II	Lübeck	
		Travelman, Gotfridus	TRAVELMANGOTT	Lübeck	
		Westhoff, Hinricus	WESTHOF	Lübeck	
24.06.1390	Lübeck	Militis, Kerstianus	MILESCHRISTIAN	Hamburg	1,3,491
		Hoyeri, Johannes	HOYERJOHAN	Hamburg	
		Schreye, Marquadus	SCHREYEMAR	Hamburg	
		Gildehusen, Albertus	GHILDEHUSALBERT	Stralsund	
		Zost, Arnoldus de	SOESTARNOLD	Stralsund	
		Bantzekow, Marquadus	BANTZEKOWMARK	Wismar	
		Tukkeswert,Johannes	TUCKESWERT	Wismar	
		Hovele, Thidemannus de	HOVELETIDEMAN	Dortmund	
		Durekop, Conradus	DURCOPCORD	Riga	
		Oltbrekenvelt, Albertus	OLDENBREKEVELT	Dorpat	
		Murkerke, Thomas	MORKERKETHOMAS	Lübeck	
		Travelman, Gotfridus	TRAVELMANGOTT	Lübeck	
		Pertzeval, Johannes	PERCEVAL	Lübeck	
		Atendorn, Gerardus de	ATTENDORNGERD	Lübeck	
		Warendorp, Bruno	WARENDORPBRUN II	Lübeck	
		Westhuf, Hinricus	WESTHOF	Lübeck	
		Romer, Conrad	ROMERCONRAD	Rostock	
11.11.1391	Hamburg	Attendorn, Gerardus de	ATTENDORNGERD	Lübeck	1,4,30
		Westhof, Hinricus	WESTHOF	Lübeck	
		Plescow, Jordanus	PLESCOWJORDAN	Lübeck	
		Reber, Godfridus	REBBERGOTTFRID	Thorn	
		Thoren, Gerardus de	TORNGERD	Elbing	
		Speyghele, Mathias v.d.	SPIEGEL	Köln	
		Klippingh, Hermannus	CLEPPINGHERMANN	Dortmund	
		A, Johannes de	AA	Rostock	
		Baggel, Winoldus	BAGGELWINOLD	Rostock	
		Swerting, Gregorius	SWERTINGGREGOR	Stralsund	
		Bantzkow, Marquadus	BANTZEKOWMARK	Wismar	
		Meyer, Hermannus	MEYERHERM	Wismar	
		Stadis, Radekrimus de	STADERADEKIN	Stade	
		Svoren, Nicolaus	SWORENCLAUS	Stade	
		Grave, Tidemannus	GRAVE	Riga	
		Stör, Johannes	STÖR	Dorpat	

DATUM	TAGORT	NAME	STANDARD	STADT	HR
11.11.1391	Hamburg	Strobeke, Egeling	STROBEK	Braunsch.	1,4,30
		Horneborch, Henningus	HORNEBORGHEN	Braunsch.	
		Springintgut, Thidericus	SPRINGINTGUDD	Lüneburg	
		Hoyeman, Johamus	HOYEMANJOH	Lüneburg	
		Horborch, Bertrammus	HORBORCH	Hamburg	
		Screye, Marquadus	SCHREYEMAR	Hamburg	
		Militis, Christianus	MILESCHRISTIAN	Hamburg	
		Hoyeri, Johannes	HOYERJOHAN	Hamburg	
		Vos, Christianus	VOSCHRISTIAN	Hamburg	
		Geldersen, Nicolaus de	GELLERSENNICO	Hamburg	
10.03.1392	Lübeck	Miles, Kersten	MILESCHRISTIAN	Hamburg	1,8,619
		Screye, Marquard	SCHREYEMAR	Hamburg	
		Ghellersen, Nicolaus	GELLERSENNICO	Hamburg	
		Cruse, Lodewich	KRUSELUDWIG	Rostock	
		Wytte, Hinrik	WITTEHINRIK	Rostock	
		Baggel, Winold	BAGGELWINOLD	Rostock	
		Bantzekow, Marquad	BANTZEKOWMARK	Wismar	
		Meyer, Herman	MEYERHERM	Wismar	
		Attendorne, Gerd van	ATTENDORNGERD	Lübeck	
		Pertzeval, Johan	PERCEVAL	Lübeck	
		Warendorp, Bruno	WARENDORPBRUN II	Lübeck	
		Westhoff, Hinrik	WESTHOF	Lübeck	
		Clingenbergh, Goswin	KLINGENBERGOS	Lübeck	
		Dartzouwe, Herman	DARTZOWHERMAN	Lübeck	
24.03.1392	Dorpat	Nyebur, Johan	NIEBUR	Lübeck	1,4,52
		Vlanderen, Hinrik van	FLANDERN	Gotland	
		Kur, Gotke	KUR	Gotland	
		Nienbruggen, Tidemann van der	NIENBRUGGEN	Riga	
		Witte, Gerd	WITTEGERD	Reval	
		Borch, Walter v. der	VANDERBORCHW	Dorpat	
		Valebert, Hinrik van	VALEBERT	Dorpat	
		Kegeler, Hermen	KEGELER	Dorpat	
		Beverman, Johan	BEVERMAN	Dorpat	
		Wege, Peter uppm	WEGEPET	Dorpat	
		Hake, Gotke	HAKEGOT	Dorpat	
		Kruse, Werner	KRUSE	Dorpat	
		Oldenbrekenvelde, Albert v.	OLDENBREKEVELT	Dorpat	
16.10.1392	Lübeck	Miles, Kerstianus	MILESCHRISTIAN	Hamburg	1,4,90
		Screye, Marquadus	SCHREYEMAR	Hamburg	
		Bagge, Wynoldus	BAGGELWINOLD	Rostock	
		Bantzecow, Marquadus	BANTZEKOWMARK	Wismar	
		Meyer, Hermannus	MEYERHERM	Wismar	

DATUM	TAGORT	NAME	STANDARD	STADT	HR
16.10.1392	Lübeck	Vlemyngh, Johannes	FLEMING	Gotland	1,4,90
		Attendorn, Gerardus	ATTENDORNGERD	Lübeck	
		Murkerke, Thomas	MORKERKETHOMAS	Lübeck	
		Pertzeval, Johannes	PERCEVAL	Lübeck	
		Warendorp, Bruno	WARENDORPBRUN II	Lübeck	
		Westhoff, Hinricus	WESTHOF	Lübeck	
		Clingenberch, Goswinus	KLINGENBERGOS	Lübeck	
22.07.1393	Lübeck	Miles, Kerstianus	MILESCHRISTIAN	Hamburg	1,4,127
		Gellersin, Nicolaus de	GELLERSENNICO	Hamburg	
		Swerting, Gregorius	SWERTINGGREGOR	Stralsund	
		Buc, Arnoldus	BUCKARNOLD	Stralsund	
		Wicbold, Vincentius	WICBOLDVINCENZ	Greifswald	
		Holk, Vincentius	HOLKVINCENZ	Kolberg	
		Russe, Albertus	RUSSE	Thorn	
		Huxer, Tydemannus	HUXERTIDEMAN	Danzig	
		Westhoff, Hinricus	WESTHOF	Lübeck	
		Nyebur, Johannes	NIEBUR	Lübeck	
		Pertzeval, Johannes	PERCEVAL	Lübeck	
		Attendorn, Gerardus de	ATTENDORNGERD	Lübeck	
		Murkerke, Thomas	MORKERKETHOMAS	Lübeck	
		Warendorp, Bruno	WARENDORPBRUN II	Lübeck	
		Hachede, Hinricus de	HACHEDEHINRIK	Lübeck	
		Kerkring, Bertoldus	KERKRINGBERTOLD	Lübeck	
		Schilder, Johannes	SCHILDER	Kampen	
29.09.1393	Skanör	Westhoff, Hinricus	WESTHOF	Lübeck	1,4,133
		Attendorn, Gerardus v.	ATTENDORNGERD	Lübeck	
		Russe, Albertus	RUSSE	Thorn	
		Huxer, Tydemannus	HUXERTIDEMAN	Danzig	
		Swerting, Gregorius	SWERTINGGREGOR	Stralsund	
		Nybe, Gotfridus	NYBE	Stralsund	
		Schilder, Johannes	SCHILDER	Kampen	
		Letzenisse, Arnoldus	LETZENITZ	Greifswald	
		Wicboldi, Vincentius	WICBOLDVINCENZ	Greifswald	
		Zotebottere, Hinricus	SOTEBOTTER	Stettin	
03.03.1394	Lübeck	Miles, Kerstianus	MILESCHRISTIAN	Hamburg	1,4,166
		Schreye, Marquadus	SCHREYEMAR	Hamburg	
		Swerting, Gregorius	SWERTINGGREGOR	Stralsund	
		Zost, Arnoldus de	SOESTARNOLD	Stralsund	
		Lezenitze, Arnoldus	LETZENITZ	Greifswald	
		Bökholt, Laurencius	BOKHOLTLORENZ	Greifswald	
		Zotebottere, Hinricus	SOTEBOTTER	Stettin	
		Holk, Vincentius	HOLKVINCENZ	Kolberg	
		Brunswig, Pardam de	BRUNSWIG	Kolberg	

DATUM	TAGORT	NAME	STANDARD	STADT	HR
03.03.1394	Lübeck	Hetvelt, Hinricus	HITFELTHINRIK	Thorn	1,4,166
		Herverd, Johannes de	HERFORDJOH	Elbing	
		Schylder, Johannes	SCHILDER	Kampen	
		Schursak, Wyghardus	SCHURSAKWIGARD	Kampen	
		Dyderikesson, Petrus	DIDERIKSSON	Siriksee	
		Hoppenpeer, Yelyes	HOPPENPEER	Siriksee	
		Muden, Hinricus de	MUDEN	Amsterdam	
		Halle, Tydemannus v.d.	HALLE	Riga	
		Clingrode, Wynoldus	KLINGRODE	Dorpat	
		Stoltevoet, Johannes	STOLTEVOET	Reval	
		Attendorn, Gerardus de	ATTENDORNGERD	Lübeck	
		Westhoff, Hinricus	WESTHOF	Lübeck	
		Pertzevale, Johannes	PERCEVAL	Lübeck	
		Murkerke, Thomas	MORKERKETHOMAS	Lübeck	
		Nyebuer, Johannes	NIEBUR	Lübeck	
		Warendorp, Bruno	WARENDORPBRUN II	Lübeck	
		Hachede, Hinricus de	HACHEDEHINRIK	Lübeck	
		Kerkryng, Bertoldus	KERKRINGBERTOLD	Lübeck	
		Darsow, Hermannus	DARTZOWHERMAN	Lübeck	
22.07.1394	Helsing-borg	Attendorne, Gerd van	ATTENDORNGERD	Lübeck	1,4,225
		Westhoff, Hinrik	WESTHOF	Lübeck	
		Hachten, Heyne van	HACHEDEHINRIK	Lübeck	
		Allen, Herman van	ALENHERMAN	Thorn	
		Damerow, Hinrik	DAMEROW	Elbing	
		Swerting, Gregorius	SWERTINGGREGOR	Stralsund	
		Segefrid, Claus	SEGEFRID	Stralsund	
		Rode, Bernd v.d.	RODE	Stralsund	
		Elmhorst, Herman	ELMEHORST	Stralsund	
		Bokholt, Laurenz	BOKHOLTLORENZ	Greifswald	
		Halle, Tydemann v.d.	HALLE	Riga	
		Jageduwel, Otto	JAGEDUVEL	Stettin	
20.05.1395	Falster	Westhoff, Hinricus	WESTHOF	Lübeck	1,4,248
		Nyebur, Johannes	NIEBUR	Lübeck	
		Nybe, Gotfridus	NYBE	Stralsund	
		Rode, Berhardus vanme	RODE	Stralsund	
		Elmhorst, Hermannus	ELMEHORST	Stralsund	
		Wulflam, Wulf	WULFLAMWULF	Stralsund	
		Hetvelt, Hinricus	HITFELTHINRIK	Thorn	
		Damerowe, Hinricus	DAMEROW	Elbing	
		Sak, Lubbertus	SAK	Danzig	
26.09.1395	Helsing-borg	Westhoff, Hinricus	WESTHOF	Lübeck	1,4,296

DATUM	TAGORT	NAME	STANDARD	STADT	HR
26.09.1395	Helsing-borg	Nyebur, Johannes	NIEBUR	Lübeck	1,4,296
		Nybe, Godeke	NYBE	Stralsund	
		Rode, Bernardus van d.	RODE	Stralsund	
		Wulflam, Wulf	WULFLAMWULF	Stralsund	
		Rebber, Godeke,	REBBERGOTTFRID	Thorn	
		Stolte, Johannes	STOLTE	Elbing	
		Stoltevoet, Johannes	STOLTEVOET	Reval	
29.09.1395	Lübeck	Miles, Kerstianus	MILESCHRISTIAN	Hamburg	1,4,303
		Hoyer, Johannes	HOYERJOHAN	Hamburg	
		Soest, Arnoldus de	SOESTARNOLD	Stralsund	
		Rebber, Gotze	REBBERGOTTFRID	Thorn	
		Stolte, Johannes	STOLTE	Elbing	
		Stoltevoet, Johannes	STOLTEVOET	Reval	
		Schilder, Johannes	SCHILDER	Kampen	
		Leyden, Hinricus van	LEIDEN	Deventer	
		Yserne, Andreas de	YSERNE	Zütphen	
		Telgeden, Hildebrant van	VANTELGDE	Harderwijk	
		Dodensone, Otto	DODENSON	Stavoren	
		Attendorn, Gerardus de	ATTENDORNGERD	Lübeck	
		Murkerke, Thomas	MORKERKETHOMAS	Lübeck	
		Westhoff, Hinricus	WESTHOF	Lübeck	
		Nyebur, Johannes	NIEBUR	Lübeck	
		Kerkringh, Bertoldus	KERKRINGBERTOLD	Lübeck	
		Dartzowe, Hermannus	DARTZOWHERMAN	Lübeck	
15.08.1396	Lübeck	Hoyer, Johannes	HOYERJOHAN	Hamburg	1,4,347
		Schreye, Marquadus	SCHREYEMAR	Hamburg	
		Rutze, Albertus	RUSSE	Thorn	
		Wulff, Nicolaus	WULFNICOLAUS	Elbing	
		Wulflam, Wulf	WULFLAMWULF	Stralsund	
		Wangelin, Bernhardus	WANGELIN	Greifswald	
		Dorneborch, Kerstianus	DORNBORCH	Stettin	
08.09.1397	Lübeck	Miles, Kerstianus	MILESCHRISTIAN	Hamburg	1,4,396
		Hoyer, Johannes	HOYERJOHAN	Hamburg	
		Allen, Hermannus de	ALENHERMAN	Thorn	
		Stene, Meynhardus v.d.	VANDEMSTEINE	Danzig	
		Wulflam, Wulfardus	WULFLAMWULF	Stralsund	
01.08.1398	Kopen-hagen	Westhof, Hinricus	WESTHOF	Lübeck	1,4,448
		Rinteln, Henning de	RINTELNHENNING	Lübeck	
		Schreye, Albertus	SCHREYEALBERT	Hamburg	
		Popenhave, Gerardus	PAPENHAGEN	Stralsund	
		Wulflam, Wulfardus	WULFLAMWULF	Stralsund	

DATUM	TAGORT	NAME	STANDARD	STADT	HR
01.08.1398	Kopen-hagen	Vöge, Nicolaus	VÖGE	Stralsund	1,4,448
		Hitfelt, Hinricus	HITFELTHINRIK	Thorn	
		Thorn, Johannes de	TORNJOHAN	Elbing	
		Rodenpoel, Tidericus	RODENPOEL	Danzig	
		Remelincrode, Gessalcus	REMELINCRODEGOTT	Dorpat	
		Nyenkerke, Lodewicus	NIENKERKE	Greifswald	
		Rynlender, Hinricus	RINLENDER	Stettin	
25.07.1399	Lübeck	Overstolt, Johannes	OVERSTOLT	Köln	1,4,496
		Velde, Hinricus v.d.	VELDE	Köln	
		Bruwer, Adolphus	BRUWER	Köln	
		Miles, Kerstianus	MILESCHRISTIAN	Hamburg	
		Hoyer, Johannes	HOYERJOHAN	Hamburg	
		Sozato, Arnoldus de	SOESTARNOLD	Stralsund	
		Wulflam, Wulfardus	WULFLAMWULF	Stralsund	
		Russe, Petrus	RUSSEPET	Thorn	
		Vorstenowe, Petrus	VORSTENOW	Danzig	
		Jageduwel, Otto	JAGEDUVEL	Stettin	
		Louwencamp, Everhardus	LEUVENKAMP	Deventer	
		Dryven, Lubbertus v.	DRYVEN	Zütphen	
		Witte, Hinricus	WITTEHINRIKVAN	Harderwijk	
		Westhof, Hinricus	WESTHOF	Lübeck	
		Clingenberg, Goswinus	KLINGENBERGOS	Lübeck	
		Warendorp, Bruno	WARENDORPBRUN II	Lübeck	
25.07.1399	Lübeck	Hacheden, Hinricus de	HACHEDEHINRIK	Lübeck	1,4,496
		Kerkring, Bertoldus	KERKRINGBERTOLD	Lübeck	
		Yborgh, Hermannus	YBORG	Lübeck	
		Holk, Jacobus	HOLK	Lübeck	
		Dartzouw, Hermannus	DARTZOWHERMAN	Lübeck	
08.09.1399	Nyköbing	Westhof, Hinricus	WESTHOF	Lübeck	1,4,506
		Plescow, Jordanus	PLESCOWJORDAN	Lübeck	
		Rinteln, Henning de	RINTELNHENNING	Lübeck	
		Miles, Kerstianus	MILESCHRISTIAN	Hamburg	
		Hoyer, Johannes	HOYERJOHAN	Hamburg	
		Wulflam, Wulfardus	WULFLAMWULF	Stralsund	
		Papenhagen, Gerardus	PAPENHAGEN	Stralsund	
		Russe, Petrus	RUSSEPET	Thorn	
		Vorstenowe, Petrus	VORSTENOW	Danzig	
		Lubeke, Goscalcus de	LUBEKGOTT II	Greifswald	
		Wangelcow, Bernhardus	WANGELCOW	Greifswald	
		Dryven, Lubbertus v.	DRYVEN	Zütphen	
25.07.1400	Kalmar	Plescow, Jordanus	PLESCOWJORDAN	Lübeck	1,4,562
		Hachede, Heyno de	HACHEDEHINRIK	Lübeck	

DATUM	TAGORT	NAME	STANDARD	STADT	HR
25.07.1400	Kalmar	Rinteln, Henning de	RINTELNHENNING	Lübeck	1,4,562
		Wulflam, Wulfardus	WULFLAMWULF	Stralsund	
		Rode, Bernhard v.	RODE	Stralsund	
		Russe, Petrus	RUSSEPET	Thorn	
		Russe, Albertus	RUSSE	Thorn	
		Westerrode, Johannes	WESTERRODE	Thorn	
		Damerow, Hinricus	DAMEROW	Elbing	
		Wesseling, Wernerus	WESSELING	Elbing	
		Volmersten, Johannes	VOLMESTEN	Elbing	
		Vorstenow, Petrus	VORSTENOW	Danzig	
		Lescow, Conradus	LETZKOW	Danzig	
		Wegener, Nicolaus	WEGENER	Danzig	
02.02.1400	Lübeck	Miles, Kerstianus	MILESCHRISTIAN	Hamburg	1,4,521
		Buxtehude, Meynardus	BUXTEHUDEMEIN	Hamburg	
		Dene, Reynerus	DENE	Bremen	
		Aa, Johannes v.d.	AA	Rostock	
		Witte, Hinricus	WITTEHINRIK	Rostock	
		Wulflam, Wulfardus	WULFLAMWULF	Stralsund	
		Meyer, Hermannus	MEYERHERM	Wismar	
		Buck, Conradus	BUCKCONRAD	Wismar	
		Thorun, Johannes de	TORNJOHAN	Elbing	
		Wilsen, Rolarus v.	WILSEN	Kampen	
		Louwenkamp, Everhardus	LEUVENKAMP	Deventer	
		Dryven, Lubbertus	DRYVEN	Zütphen	
		Witte, Hinricus	WITTEHINRIKVAN	Harderwijk	
		Westhoff, Hinricus	WESTHOF	Lübeck	
		Clingenbergh, Goswin	KLINGENBERGOS	Lübeck	
		Warendorp, Bruno	WARENDORPBRUN II	Lübeck	
		Hachede, Hinricus de	HACHEDEHINRIK	Lübeck	
		Kerkring, Bertoldus	KERKRINGBERTOLD	Lübeck	
		Yborch, Hermannus	YBORG	Lübeck	
		Dartzowe, Hermannus	DARTZOWHERMAN	Lübeck	
13.11.1400	Stade	Klingenberch, Goswin	KLINGENBERGOS	Lübeck	1,4,570
		Kalveden, Reynard v.	VANCALVENRAINER	Lübeck	
		Rentelen, Henning v.	RINTELNHENNING	Lübeck	
		Militis, Kersten	MILESCHRISTIAN	Hamburg	
		Buxtehude, Meynhart	BUXTEHUDEMEIN	Hamburg	
		Screye, Albert	SCHREYEALBERT	Hamburg	
		Brandes, Johan	BRANDESJOHAN	Bremen	
		Dene, Reynard	DENE	Bremen	
		Hemeling, Johan	HEMELINGJOHAN	Bremen	
		Wolers, Luder	WOLERS	Bremen	
		Sworen, Nicolaus	SWORENCLAUS	Stade	

DATUM	TAGORT	NAME	STANDARD	STADT	HR
13.11.1400	Stade	Haghen, Jacob v.	HAGENJACOB	Stade	1,4,570
		Vinck, Nicolaus	VINCKNICOLAUS	Stade	
		More, Johan v.d.	MORE	Stade	
02.07.1401	Lübeck	Schreye, Marquadus	SCHREYEMAR	Hamburg	1,5,15
		Wulflam, Wulfardus	WULFLAMWULF	Stralsund	
		Meyer, Hermann	MEYERHERM	Wismar	
		Buck, Conradus	BUCKCONRAD	Wismar	
		Malen, Albertus v.d.	VANDERMOLEN	Lüneburg	
		Semelbecker, Johannes	SEMMELBECKERJ	Lüneburg	
		Wittenborg, Lubbertus	WITTENBORG	Riga	
		Valenberch, Hinricus	VALENBERCH	Dorpat	
08.09.1401	Lund	Westhof, Hinrik	WESTHOF	Lübeck	1,5,23
		Rinteln, Henning van	RINTELNHENNING	Lübeck	
		Hoyer, Johan	HOYERJOHAN	Hamburg	
		Lopow, Hilmar	LOPOWHILMAR	Hamburg	
		Aa, Johan v.d.	AA	Rostock	
		Wulflam, Wulf	WULFLAMWULF	Stralsund	
		Poleman, Arnd	POLEMAN	Stralsund	
		Meyer, Herman	MEYERHERM	Wismar	
		Buek, Cord	BUCKCONRAD	Wismar	
		Wangelkow, Bernhard	WANGELCOW	Greifswald	
19.02.1402	Dorpat	Vokkinkhagen, Ceserius	VECKINGHUSENCE	Riga	1,5,39
		Duercoep, Conradus	DURCOPCORD	Riga	
		Wantschede, Johannes	WANDSCHEDEJOHAN	Riga	
		Stoltevoet, Johannes	STOLTEVOET	Reval	
		Dunevar, Ludolphus	DUNEVAR	Reval	
		Saffenberch, Arnoldus	SAFFENBERG	Reval	
		Werminkhusen, Tidemannus	WERMINKHUS	Pernau	
		Vaelberch, Hinricus	VALENBERCH	Dorpat	
		Bevermann, Johannes	BEVERMAN	Dorpat	
		Eppenschede, Johannes	EPPENSCHEDE	Dorpat	
		Oldenbrekelvelde, Albertus	OLDENBREKEVELT	Dorpat	
08.03.1402	Marienburg	Wulflam, Wulf	WULFLAMWULF	Stralsund	1,5,49
		Lübeck, Gottschalk van	LUBEKGOTT II	Greifswald	
		Kule, Hermann	KULEHERMAN	Hamburg	
14.05.1402	Lübeck	Schreye, Marquardus	SCHREYEMAR	Hamburg	1,5,55
		Lange, Hermannus	LANGEHERMAN	Hamburg	
		Bagge, Winoldus	BAGGELWINOLD	Rostock	
		Katzouwe, Hinricus	KATZOWHINRIK	Rostock	
		Wulflam, Wulfardus	WULFLAMWULF	Stralsund	
		Gildehusen, Tobias	GHILDEHUSTOBIAS	Stralsund	
		Bantzecowe, Marquadus	BANTZEKOWMARK	Wismar	
		Buek, Conradus	BUCKCONRAD	Wismar	

DATUM	TAGORT	NAME	STANDARD	STADT	HR
14.05.1402	Lübeck	Thorun, Johannes de	TORNJOHAN	Elbing	1,5,55
		Huxaria, Tidemannus de	HUXERTIDEMAN	Danzig	
		Lubeke, Gossalcus de	LUBEKGOTT II	Greifswald	
		Wicboldi, Vincencius	WICBOLDVINCENZ	Greifswald	
		Dollen, Busse v.d.	DOLLEN	Stettin	
		Westhof, Hinricus	WESTHOF	Lübeck	
		Rinteln, Henning de	RINTELNHENNING	Lübeck	
		Clingenberg, Goswin	KLINGENBERGOS	Lübeck	
		Hacheden, Hinricus de	HACHEDEHINRIK	Lübeck	
		Kerkring, Bertholdus	KERKRINGBERTOLD	Lübeck	
		Yborgh, Hermannus	YBORG	Lübeck	
		Holk, Jacobus	HOLK	Lübeck	
		Dartzow, Hermannus	DARTZOWHERMAN	Lübeck	
15.01.1403	Wismar	Westhof, Hinrik	WESTHOF	Lübeck	1,5,77
		Clingenberg, Goswin	KLINGENBERGOS	Lübeck	
		Hacheden, Heyno v.	HACHEDEHINRIK	Lübeck	
		Schreye, Marquard	SCHREYEMAR	Hamburg	
		Schreye, Albert	SCHREYEALBERT	Hamburg	
		Bagge, Winold	BAGGELWINOLD	Rostock	
		Grentze, Gerd	GRENTZEGERD	Rostock	
		Wulflam, Wulf	WULFLAMWULF	Stralsund	
		Polemann, Arnd	POLEMAN	Stralsund	
		Niekerke, Lodewich	NIENKERKE	Greifswald	
		Bantzecow, Marquat	BANTZEKOWMARK	Wismar	
		Tuckeswerd, Johan	TUCKESWERT	Wismar	
		Meyer, Herman	MEYERHERM	Wismar	
		Buek, Cord	BUCKCONRAD	Wismar	
		Elmehorst, Johan	ELMEHORSTJOHAN	Wismar	
		Lost, Gerd	LOSTEGERD	Wismar	
		Kule, Hinrik	KULEHINRIK	Lüneburg	
22.04.1403	Lübeck	Schreye, Marquardus	SCHREYEMAR	Hamburg	1,5,87
		Luneborch, Johannes	LUNEBORGJOHAN	Hamburg	
		Bagge, Winoldus	BAGGELWINOLD	Rostock	
		Catzow, Hinricus	KATZOWHINRIK	Rostock	
		Wulflam, Wulfardus	WULFLAMWULF	Stralsund	
		Polemann, Arnoldus	POLEMAN	Stralsund	
		Meyer, Hermannus	MEYERHERM	Wismar	
		Buek, Conradus	BUCKCONRAD	Wismar	
		Rebber, Godfridus	REBBERGOTTFRID	Thorn	
		Damerow, Hinricus	DAMEROW	Elbing	
		Lubeke, Gosscalcus	LUBEKGOTT II	Greifswald	
		Lubeke, Bertrammus	LUBEKBERTRAM	Greifswald	
		Molen, Albertus v.d.	VANDERMOLEN	Lüneburg	

DATUM	TAGORT	NAME	STANDARD	STADT	HR
22.04.1403	Lübeck	Visschekule, Hinricus	VISKULEHINRIK	Lüneburg	1,5,87
		Tobink, Ludekinus	TÖBING	Lüneburg	
		Springintgud, Tidericus	SPRINGINTGUDD	Lüneburg	
		Westhof, Hinricus	WESTHOF	Lübeck	
		Plescow, Jordanus	PLESCOWJORDAN	Lübeck	
		Clingenberg, Goswinus	KLINGENBERGOS	Lübeck	
		Rinteln, Henning de	RINTELNHENNING	Lübeck	
		Warendorp, Bruno	WARENDORPBRUN II	Lübeck	
		Kerkring, Bertoldus	KERKRINGBERTOLD	Lübeck	
		Iborch, Hermannus	YBORG	Lübeck	
		Dartzow, Hermannus	DARTZOWHERMAN	Lübeck	
06.12.1403	Lübeck	Schreye, Marquadus	SCHREYEMAR	Hamburg	1,5,106
		Buxtehude, Meinhardus	BUXTEHUDEMEIN	Hamburg	
		A, Johannes v.d.	AA	Rostock	
		Wulflam, Wulfardus	WULFLAMWULF	Stralsund	
		Buek, Conradus	BUCKCONRAD	Wismar	
		Visschecule, Hinricus	VISKULEHINRIK	Lüneburg	
		Kappenberg, Arnoldus	KAPPENBERG	Lüneburg	
		Springintgud, Tydericus	SPRINGINTGUDD	Lüneburg	
		Westhof, Hinricus	WESTHOF	Lübeck	
		Plescow, Jordanus	PLESCOWJORDAN	Lübeck	
		Clingenberg, Goswinus	KLINGENBERGOS	Lübeck	
		Rinteln, Henning de	RINTELNHENNING	Lübeck	
		Warendorp, Bruno	WARENDORPBRUN II	Lübeck	
		Kerkring, Bertoldus	KERKRINGBERTOLD	Lübeck	
		Yborch, Hermannus	YBORG	Lübeck	
		Dartzow, Hermannus	DARTZOWHERMAN	Lübeck	
08.04.1404	Lübeck	Schreye, Marquadus	SCHREYEMAR	Hamburg	1,5,124
		Lopow, Hindemarus	LOPOWHILMAR	Hamburg	
		Aa, Johannes v.d.	AA	Rostock	
		Wulflam, Wulfardus	WULFLAMWULF	Stralsund	
		Polemann, Arnoldus	POLEMAN	Stralsund	
		Lescow, Conradus	LETZKOW	Danzig	
		Meyer, Hermannus	MEYERHERM	Wismar	
		Buek, Conradus	BUCKCONRAD	Wismar	
		Molen, Albertus v.d.	VANDERMOLEN	Lüneburg	
		Viscule, Hinricus	VISKULEHINRIK	Lüneburg	
		Rubenow, Hinricus	RUBENOWHINRIK	Greifswald	
		Vrunt, Hinricus	VRUNDHINRIK	Köln	
		Clingenberg, Goswinus	KLINGENBERGOS	Lübeck	
		Plescow, Jordanus	PLESCOWJORDAN	Lübeck	
		Westhof, Hinricus	WESTHOF	Lübeck	
		Rintelen, Henning de	RINTELNHENNING	Lübeck	

DATUM	TAGORT	NAME	STANDARD	STADT	HR
08.04.1404	Lübeck	Yborch, Hermannus	YBORG	Lübeck	1,5,124
	Lübeck	Hachede, Heyno de	HACHEDEHINRIK	Lübeck	
		Holk, Jacobus	HOLK	Lübeck	
		Calven, Reynerus de	VANCALVENRAINER	Lübeck	
14.05.1404	Wadstena	Plescowe, Jordan	PLESCOWJORDAN	Lübeck	1,5,129
		Aa, Johannes van der	AA	Rostock	
		Wulflam, Wul	WULFLAMWULF	Stralsund	
		Meyer, Hermann	MEYERHERM	Wismar	
		Rubenow, Hinricus	RUBENOWHINRIK	Greifswald	
		Nygenkerke, Lodewicus	NIENKERKE	Greifswald	
12.03.1405	Lübeck	Schreye, Marquadus	SCHREYEMAR	Hamburg	1,5,154
		Buxtehude, Meynardus	BUXTEHUDEMEIN	Hamburg	
		Aa, Johannes v.d.	AA	Rostock	
		Witte, Hinricus	WITTEHINRIK	Rostock	
		Wulflam, Wulfardus	WULFLAMWULF	Stralsund	
		Polemann, Arnoldus	POLEMAN	Stralsund	
		Meyer, Hermannus	MEYERHERM	Wismar	
		Buek, Conradus	BUCKCONRAD	Wismar	
		Merssche, Johannes v.d.	MERSCH	Thorn	
		Thorn, Johannes de	TORNJOHAN	Elbing	
		Vredebeke, Godschalkus	VREDEBEKE	Riga	
		Viscule, Hinricus	VISKULEHINRIK	Lüneburg	
		Jageduvel, Otto	JAGEDUVEL	Stettin	
		Lubeke, Godschalkus de	LUBEKGOTT II	Greifswald	
		Lubeke, Bertrammus de	LUBEKBERTRAM	Greifswald	
		Westhof, Hinricus	WESTHOF	Lübeck	
		Rentelen, Henning de	RINTELNHENNING	Lübeck	
		Clingenberg, Goswin	KLINGENBERGOS	Lübeck	
		Plescow, Jordanus	PLESCOWJORDAN	Lübeck	
		Warendorp, Bruno	WARENDORPBRUN II	Lübeck	
		Yborch, Hermannus	YBORG	Lübeck	
		Holk, Jacobus	HOLK	Lübeck	
		Calven, Reynerus v.	VANCALVENRAINER	Lübeck	
24.06.1405	Falster	Dolle, Johan van	DOLLEJOHANVAN	Deutscher Orden	1,5,183
		Westhoff, Hinric	WESTHOF	Lübeck	
		Bruge, Albrecht t.	BRUGGE	Lübeck	
		Loppowe, Hilmer	LOPOWHILMAR	Hamburg	
		Aa, Johan v.d.	AA	Rostock	
		Horn, Johan	HORN	Rostock	
		Poleman, Arnd	POLEMAN	Stralsund	
		Buek, Cord	BUCKCONRAD	Wismar	
		Sytkow, Hinrik	SYTKOW	Wismar	

DATUM	TAGORT	NAME	STANDARD	STADT	HR
24.06.1405	Falster	Damerow, Henric	DAMEROW	Elbing	1,5,183
		Huxer, Tiderik	HUXERTIDEMAN	Danzig	
		Lubeke, Godeschalk v.	LUBEKGOTT II	Greifswald	
		Wangelaw, Bernd	LUBEKBERTRAM	Greifswald	
		Schuersack, Wichert	SCHURSAKWIGARD	Kampen	
		Wylsing, Rolaf	WILSING	Kampen	
22.08.1406	Amsterdam	Calven, Reyner van	VANCALVENRAINER	Lübeck	1,5,252
		Buxtehude, Meynard	BUXTEHUDEMEIN	Hamburg	
		Heket, Arnd	HEKEDARN	Danzig	
		Olpe, Allef uter	UTEROLPE	Dorpat	
		Voge, Clauss	VÖGE	Stralsund	
		Meyer, Hermen	MEYERHERM	Wismar	
15.05.1407	Lübeck	Aquis, Johannes de	AKEN	Köln	1,5,290
		Bruwer, Aolphus	BRUWER	Köln	
		Berke, Johannes v.	BERKE	Köln	
		Schreye, Marquadus	SCHREYEMAR	Hamburg	
		Lopow, Hilmarus	LOPOWHILMAR	Hamburg	
		Dene, Reynwardus	DENE	Bremen	
		Wigger, Fridericus	WIGGER	Bremen	
		Sudermann, Johannes	SUDERMANJOH	Dortmund	
		Heket, Arnoldus	HEKEDARN	Danzig	
		Nyeloo, Tydemannus	NYENLOO	Riga	
		Epenschede, Johannes	EPPENSCHEDE	Dorpat	
		Aa, Johannes v.d.	AA	Rostock	
		Polemann, Arnoldus	POLEMAN	Stralsund	
		Meyer, Hermannus	MEYERHERM	Wismar	
		Buck, Conradus	BUCKCONRAD	Wismar	
		Molen, Albertus v.d.	VANDERMOLEN	Lüneburg	
		Semmelbecker, Johannes	SEMMELBECKERJ	Lüneburg	
		Winsen, Ludolphus v.	WINSEN	Lüneburg	
		Rubenow, Hinricus	RUBENOWHINRIK	Greifswald	
		Trepetow, Johannes	TREPETOW	Stettin	
		Kunne, Jacobus	KUNNE	Stettin	
		Sworn, Nicolaus	SWORENCLAUS	Stade	
		Hagen, Jacobus v.	HAGENJACOB	Stade	
		Kalsow, Detlevus	KALSOW	Kiel	
		Cruse, Otto	KRUSEOTTO	Kiel	
		Junge, Gotscalcus	JUNGE	Kiel	
		Schursak, Wigardus	SCHURSAKWIGARD	Kampen	
		Marquardi, Lubertus	MARQUARDLU	Deventer	
		Dune, Johannes v.d.	DUNENJOHAN	Nijmwegen	
		Meyer, Lambertus	MEYERLAMBERT	Zütphen	
		Telged, Gerhardus de	VANTELGDEGERD	Harderwijk	

DATUM	TAGORT	NAME	STANDARD	STADT	HR
15.05.1407	Lübeck	Vrese, Jacobus	VRESE	Elburg	1,5,290
		Westhof, Heinricus	WESTHOF	Lübeck	
		Plescow, Jordanus	PLESCOWJORDAN	Lübeck	
		Yborgh, Hermannus	YBORG	Lübeck	
		Calven, Reinerus de	VANCALVENRAINER	Lübeck	
		Brucgen, Albert v.	BRUGGE	Lübeck	
		Styten, Nicolaus v.	STITENNICOLAUS	Lübeck	
28.06.1407	Amsterdam	Westhoff, Hinrik	WESTHOF	Lübeck	1,5,356
		Berken, Johan v.	BERKE	Köln	
		Heket, Arnd	HEKEDARN	Danzig	
		Aa, Johan v.d.	AA	Rostock	
		Nyenlo, Tideman	NYENLOO	Riga	
		Eppenscede, Johan	EPPENSCHEDE	Dorpat	
		Meyer, Herman	MEYERHERM	Wismar	
		Buxtehude, Meinhard	BUXTEHUDEMEIN	Hamburg	
20.06.1408	Hamburg	Witte, Hinricus	WITTEHINRIK	Rostock	1,5,417
		Grolle, Ulricus	GROLL	Rostock	
		Wulflam, Wulfardus	WULFLAMWULF	Stralsund	
		Vink, Nicolaus	VINK	Wismar	
		Loste, Gerardus	LOSTEGERD	Wismar	
		Bantzkow, Johannes	BANTZEKOWJOHAN	Wismar	
		Molendino, Albertus de	VANDERMOLEN	Lüneburg	
		Viskule, Hinricus	VISKULEHINRIK	Lüneburg	
		Semelbekker,Johannes	SEMMELBECKERJ	Lüneburg	
		Militis, Kerstianus	MILESCHRISTIAN	Hamburg	
		Screige, Marquadus	SCHREYEMAR	Hamburg	
		Loepow, Hildemanus	LOPOWHILMAR	Hamburg	
		Breetlingh, Albertus	BRETLING	Hamburg	
		Screige, Albertus	SCHREYEALBERT	Hamburg	
		Nanne, Johannes	NANNE	Hamburg	
		Wulfhaghen, Ludolphus	WULFHAGEN	Hamburg	
		Langhe, Hermannus	LANGEHERMAN	Hamburg	
		Jeneveld, Hinricus	JENEVELD	Hamburg	
		Monte, Hinricus de	BERGEHINRIKVAM	Hamburg	
		Wige, Johannes	WIGE	Hamburg	
10.06.1409	Meppen	Buxtehude, Meinhard	BUXTEHUDEMEIN	Hamburg	1,5,458
		Viscule, Hinrik	VISKULEHINRIK	Lüneburg	
14.08.1409	Novgorod	Eppenschede, Iwan	EPPENSCHEDE	Dorpat	1,5,473
		Wosthof, Thideke	WOSTHOFTH		
05.11.1409	Lübeck	Miles, Kersten	MILESCHRISTIAN	Hamburg	1,5,483
		Schreyer, Albert	SCHREYEALBERT	Hamburg	
		Molen, Albert van der	VANDERMOLEN	Lüneburg	
		Schellepeper, Johan	SCHELLEPEPERJ	Lüneburg	

DATUM	TAGORT	NAME	STANDARD	STADT	HR
20.04.1410	Hamburg	Wygger, Fredericus	WIGGER	Bremen	1,5,546
		Oldewaghen, Johannes	OLDEWAGEN	Bremen	
		Letzkow, Conradus	LETZKOW	Preussen	
		Crolow, Johannes	CROLAW	Preussen	
		Horne, Johannes	HORN	Rostock	
		Voghe, Nicolaus	VÖGE	Stralsund	
		Bantzkow, Johannes	BANTZEKOWJOHAN	Wismar	
		Viscule, Hinricus	VISKULEHINRIK	Lüneburg	
		Bere, Hinricus	BEREHINRIK	Lüneburg	
		Warendorp, Johannes	WARENDORPJOHAN	Münster	
		Kerkring, Hinricus	KERKRINGHINRIK	Münster	
		Vechelte, Hermannus de	VECHELDE	Braunsch.	
		Twedorp, Ulricus	TWEDORPUL	Braunsch.	
		Bukholt, Laurentius	BOKHOLTLORENZ	Greifswald	
		Trepetow, Johannes	TREPETOW	Stettin	
		Kunne, Jacobus	KUNNE	Stettin	
		Zworne, Nicolaus de	SWORENCLAUS	Stade	
		Haghene, Jacobus de	HAGENJACOB	Stade	
		Myles, Cristianus	MILESCHRISTIAN	Hamburg	
		Lopow, Hildemannus	LOPOWHILMAR	Hamburg	
		Screye, Marquadus	SCHREYEMAR	Hamburg	
		Buxtehude, Meinhardus	BUXTEHUDEMEIN	Hamburg	
		Schreye, Albertus	SCHREYEALBERT	Hamburg	
		Lange, Hermannus	LANGEHERMAN	Hamburg	
		Bekendorp, Hinricus	BEKENDORPHINRIK	Hamburg	
		Wyghe, Johannes	WIGE	Hamburg	
22.07.1410	Wismar	Alen, Hermannus v.	ALENHERMANVAN	Lübeck	1,5,557
		Stange, Elerus	STANGEELER	Lübeck	
		Buxtehude, Meinhardus	BUXTEHUDEMEIN	Hamburg	
		Lopowe, Hildemarus	LOPOWHILMAR	Hamburg	
		Croger, Johannes	CROGER	Rostock	
		Busingh, Hinricus	BUSINGHINRIK	Rostock	
		Bremis, Godekinus de	BREMENGODEKE	Stralsund	
		Tuckezwert, Johannes	TUCKESWERT	Wismar	
		Meyer, Hermannus	MEYERHERM	Wismar	
		Loste, Gerardus	LOSTEGERD	Wismar	
		Peezel, Reynekinus	PEEZEL	Wismar	
		Hartwici, Johannes	HARTWICHJOHAN	Wismar	
		Jesup, Nicolaus	JESUP	Wismar	
13.12.1410	Lübeck	Schreye, Marquadus	SCHREYEMAR	Hamburg	1,5,565
		Buxtehude, Meynardus	BUXTEHUDEMEIN	Hamburg	
		Yesup, Nicolaus	JESUP	Wismar	
		Bantzekowe, Johannes	BANTZEKOWJOHAN	Wismar	

DATUM	TAGORT	NAME	STANDARD	STADT	HR
13.12.1410	Lübeck	Hovemann, Johannes	HOVEMAN	Wismar	1,5,565
		Vischkule, Hinricus	VISKULEHINRIK	Lüneburg	
		Bere, Hinricus	BEREHINRIK	Lüneburg	
		Alen, Hermannus de	ALENHERMANVAN	Lübeck	
		Stange, Elerus	STANGEELER	Lübeck	
		Hildensen, Borchardus	HILDENSEM	Lübeck	
		Sobbe, Heyno	SOBBEHEINO	Lübeck	
15.07.1411	Lübeck	Buxtehude, Meinhard	BUXTEHUDEMEIN	Hamburg	1,6,22
		Schreye, Albertus	SCHREYEALBERT	Hamburg	
		Buek, Hinricus	BUCK	Rostock	
		Bruke, Hermannus de	BRUKE	Rostock	
		Buek, Nicolaus	BUCKNICOLAUS	Wismar	
		Rampe, Hinricus	RAMPENHINRIK	Wismar	
		Grove, Johannes	GROWE	Lübeck	
		Stange, Elerus	STANGEELER	Lübeck	
		Mars, Gerardus de	MARSGERD	Lübeck	
		Sobbe, Heyno	SOBBEHEINO	Lübeck	
		Krukow, Hartwicus	KRUKOWHARTWICH	Lübeck	
		Vinke, Hermannus	VINKEHERMAN	Lübeck	
11.11.1411	Wismar	Grove, Johannes	GROWE	Lübeck	1,6,33
		Bunstorp, Notzelman	BUNSTORP	Hamburg	
		Buxtehude, Meinhard	BUXTEHUDEMEIN	Hamburg	
		Buck, Hinricus	BUCK	Rostock	
		Broke, Hermannus de	BRUKE	Rostock	
		Voge, Nicolaus	VÖGE	Stralsund	
		Bisschoff, Conradus	BISCHOFFCORD	Stralsund	
		Dodorff, Albert	DODORFF	Preussen	
		Mola, Albertus de	VANDERMOLEN	Lüneburg	
		Bere, Heinricus	BEREHINRIK	Lüneburg	
		Niekerke, Lodwicus	NIENKERKE	Greifswald	
		Pezel, Rynoldus	PEEZEL	Wismar	
		Buck, Nicolaus	BUCKNICOLAUS	Wismar	
		Hartwici, Johannes	HARTWICHJOHAN	Wismar	
		Rampen, Hinricus de	RAMPENHINRIK	Wismar	
10.04.1412	Lüneburg	Coesin, Hinricus v.	COESIN	Köln	1,6,52
		Vrund, Hinricus	VRUNDHINRIK	Köln	
		Sliper, Hinricus	SLIPER	Köln	
		Miles, Christianus	MILESCHRISTIAN	Hamburg	
		Buxtehude, Meinhard	BUXTEHUDEMEIN	Hamburg	
		Jenevelt, Hinricus	JENEVELD	Hamburg	
		Oldewaghen, Johannes	OLDEWAGEN	Bremen	
		Hinxteberch, Cerius	HENGSTENBERGCES	Dortmund	
		Usseler, Hinricus v.	USSELERHIN	Goslar	

DATUM	TAGORT	NAME	STANDARD	STADT	HR
10.04.1412	Lüneburg	Hempteken, Johan	HEMPTEKENJOH	Goslar	1,6,52
		Voghe, Clawes	VÖGE	Stralsund	
		Bisschop, Cord	BISCHOFFCORD	Stralsund	
		Westval, Claves	WESTFALNICOLAUS	Greifswald	
		Werner, Johan	WERNER	Elbing	
		Dodorp, Albertus	DODORFF	Danzig	
		Berghe, Cord v.d.	VAMMEBERGECON	Gotland	
		Eykman, Cord	EYKMAN	Gotland	
		Weginghusen, Johan	WEGINGHUS	Riga	
		Vechelde, Johan	VECHELDEJOH	Braunsch.	
		Twedorp, Fricke	TWEDORPFRIC	Braunsch.	
		Velehouver, Stacius	VELEHOWER	Braunsch.	
		Fabri, Johannes	FABRI	Magdeburg	
		Drolshagen, Johan	DROLSHAGENJO	Münster	
		Schenking, Johan	SCHENKING	Münster	
		Wiide, Johan v.d.	WIIDE	Osnabrück	
		Hardessem, Ludolf v.	HARDESSEM	Hildesheim	
		Vernevessen, Johan	VERNEVESSN	Hildesheim	
		Nyenstad, Roloff v.	NYENSTAD	Hannover	
		Lubek, Johan v.	LUBEKEJOHAN	Hannover	
		Krusendorp, Otte	KRUSENDORP	Kiel	
		Cordes, Johan	CORDES	Kiel	
		Ketelist, Hinricus	KETELIST	Rügenwalde	
		Amelung, Giselbrecht	AMELUNG	Wesel	
		Luchstede, Steffan	LUCHSTEDE	Salzwedel	
		Molsen, Clawes	MOLSEN	Salzwedel	
		Schermer, Tile	SCHERMER	Salzwedel	
		Sworn, Clawes	SWORENCLAUS	Stade	
		Haghen, Jacob v.	HAGENJACOB	Stade	
		Schele, Heyne	SCHELEHEIN	Buxtehude	
		Swarte, Tidemannus	SWARTETIDEMAN	Brügge/ Kontor	
		Borken, Albert v.	BORKENALBERT	Brügge/ Kontor	
		Saffenberg, Johan	SAFFENBERG	Brügge/ Kontor	
		Kosvelt, Goswinus	COESFELDGOSWIN	Brügge/ Kontor	
		Molendino, Albertus de	VANDERMOLEN	Lüneburg	
		Viscule, Hinricus	VISKULEHINRIK	Lüneburg	
		Gharlop, Otte	GARLOPOTTO	Lüneburg	
		Bere, Hinricus	BEREHINRIK	Lüneburg	
		Bere, Borchardus	BEREBORCHARD	Lüneburg	
		Winsen, Ludolf de	WINSEN	Lüneburg	

DATUM	TAGORT	NAME	STANDARD	STADT	HR
10.04.1412	Lüneburg	Rese, Johannes	RESE	Lüneburg	1,6,52
25.07.1413	Nyborg	Voge, Nicolaus	VÖGE	Stralsund	1,6,108
		Urden, Simon de	URDEN	Stralsund	
		Crolaw, Johannes	CROLAW	Danzig	
		Viskulen, Henricus	VISKULEHINRIK	Lüneburg	
		Sprinkintgud, Tidericus	SPRINGINTGUDD	Lüneburg	
		Belaw, Nicolaus	BELOW	Greifswald	
		Grulle, Jacobus de	GRULLE	Stettin	
		Vos, Tidemannus	VOSTHIDEMAN	Dorpat	
		Parenbeke, Henricus	PARENBEKE	Reval	
		Rabode, Wynoldus	RABODE	Deventer	
		Pilgerim, Wilelmus	PELEGRIM	Zütphen	
		Hering, Egbert	HERING	Kampen	
05.04.1416	Kopen-hagen	Lunenborch, Johan	LUNEBORGJOHAN	Hamburg	1,6,174
		Berghe, Hinrik v.d.	BERGEHINRIKVAM	Hamburg	
		Odbrecht, Johan	ODBERT	Rostock	
		Langhe, Godeke	LANGE	Rostock	
		Urden, Simon v.	URDEN	Stralsund	
		Burow, Johan	BUROW	Stralsund	
		Brandenborch, Arnd	BRANDENBORG	Stralsund	
		Molen, Albert v.d.	VANDERMOLEN	Lüneburg	
		Viscule, Hinrik	VISKULEHINRIK	Lüneburg	
		Groteek, Evert	GROTEK	Wismar	
		Wezeborn, Hermen	WESEBOM	Wismar	
		Grulle, Jacob v.	GRULLE	Stettin	
		Below, Nicolas	BELOW	Greifswald	
		Warnow, Johan	WARNOW	Stargard	
		Hinrik	HINRIK	Stolp	
		Westphal, Vrolik	WESTFAL	Stolp	
		Berndes, Johan	BERNDESJOHAN	Treptow	
		Rosenow, Slaweke	ROSENOW	Wollin	
		Schonenberch, Hinrik	SCHONENBERGHIN	Lübeck	
		Steen, Thideman	STEEN	Lübeck	
		Schutte, Marquard	SCHUTTEMARK	Lübeck	
		Meleberg	MELEBERG	Lübeck	
24.05.1416	Lübeck	Lunenborch, Johan	LUNEBORGJOHAN	Hamburg	1,6,199
		Berghe, Hinrik v.d.	BERGEHINRIKVAM	Hamburg	
		Adbrecht, Johan	ODBERT	Rostock	
		Lange, Godeke	LANGE	Rostock	
		Urden, Simon v.	URDEN	Stralsund	
		Burouwe, Johan	BUROW	Stralsund	
		Brandenborch, Arend	BRANDENBORG	Stralsund	

DATUM	TAGORT	NAME	STANDARD	STADT	HR
24.05.1416	Lübeck	Moelen, Albert v.d.	VANDERMOLEN	Lüneburg	1,6,199
		Vischkule, Hinrik	VISKULEHINRIK	Lüneburg	
		Springintgut, Diderik	SPRINGINTGUDD	Lüneburg	
		Schellepeper, Johan	SCHELLEPEPERJ	Lüneburg	
		Weseboem, Herman	WESEBOM	Wismar	
		Grulle, Jacob v.	GRULLE	Stettin	
		Belouwe, Clawes	BELOW	Greifswald	
19.06.1418	Lübeck	Herverde, Lefhard van	HERFORDLEFHARD	Elbing	1,6,215
		Hamer, Johan	HAMERJOHAN	Danzig	
13.07.1416	Laaland	Plescow, Jordan	PLESCOWJORDAN	Lübeck	1,6,251
		Steen, Tidemannus	STEEN	Lübeck	
		Thunen, Ditmer van	THUNENDITMAR	Lübeck	
		Lunenborgh, Johannes	LUNEBORGJOHAN	Hamburg	
		Berghe, Hinrik van dem	BERGEHINRIKVAM	Hamburg	
		Otbrecht, Johan	ODBERT	Rostock	
		Urden, Symon van	URDEN	Stralsund	
		Brandenborch, Arnold	BRANDENBORG	Stralsund	
		Viscule, Hinrik	VISKULEHINRIK	Lüneburg	
		Bantzkow, Johan	BANTZEKOWJOHAN	Wismar	
		Below, Gerd	BELOWGERD	Wismar	
		Grulle, Jacob	GRULLE	Stettin	
11.08.1416	Lübeck	Luneborch, Johan	LUNEBORGJOHAN	Hamburg	1,6,260
		Berghe, Hinrik torn	BERGEHINRIKVAM	Hamburg	
		Odbrecht, Johan	ODBERT	Rostock	
		Burow, Johan	BUROW	Stralsund	
		Vischkule, Hinrik	VISKULEHINRIK	Lüneburg	
		Bantzcow, Johan	BANTZEKOWJOHAN	Wismar	
		Below, Gherd	BELOWGERD	Wismar	
		Plescow, Jordan	PLESCOWJORDAN	Lübeck	
		Damen, Marquard v.	DAME	Lübeck	
		Calven, Reyner v.	VANCALVENRAINER	Lübeck	
		Bruggen, Albert v.d.	BRUGGE	Lübeck	
		Styten, Nicolaus v.	STITENNICOLAUS	Lübeck	
		Erp, Albert	ERP	Lübeck	
		Sten, Tydemann	STEEN	Lübeck	
18.08.1416	Eutin	Plescowe, Jordan	PLESCOWJORDAN	Lübeck	1,6,269
		Calven, Reynolt v.	VANCALVENRAINER	Lübeck	
		Burowe, Johan	BUROW	Stralsund	
		Belowe, Gherd	BELOWGERD	Wismar	
16.10.1416	Lübeck	Berge, Hinrik v.d.	BERGEHINRIKVAM	Hamburg	1,6,277
		Wyge, Johan	WIGE	Hamburg	
		Buk, Hinrik	BUCK	Rostock	
		Odbrecht, Johan	ODBERT	Rostock	

DATUM	TAGORT	NAME	STANDARD	STADT	HR
16.10.1416	Lübeck	Alen, Johan v.	ALENJOHAN	Rostock	1,6,277
		Orden, Symon v.	URDEN	Stralsund	
		Brandenbuch, Arnd	BRANDENBORG	Stralsund	
		Bantzkow, Johan	BANTZEKOWJOHAN	Wismar	
		Viskule, Hinrik	VISKULEHINRIK	Lüneburg	
		Springintgud, Dyderik	SPRINGINTGUDD	Lüneburg	
		Plescowe, Jorden	PLESCOWJORDAN	Lübeck	
		Damen, Marquard v.	DAME	Lübeck	
		Bruggen, Albert v.	BRUGGE	Lübeck	
		Calven, Reyner v.	VANCALVENRAINER	Lübeck	
		Stiten, Claus v.	STITENNICOLAUS	Lübeck	
		Hamelen, Johan v.	HAMELEN	Lübeck	
		Erp, Albert	ERP	Lübeck	
25.11.1416	Lübeck	Pleskow, Jordanus	PLESCOWJORDAN	Lübeck	1,6,288
		Damen, Marquard de	DAME	Lübeck	
		Junge, Tydemann	JUNGHE	Lübeck	
		Kalven, Reynerus de	VANCALVENRAINER	Lübeck	
		Brugge, Albert v.	BRUGGE	Lübeck	
		Stiten, Nicolaus de	STITENNICOLAUS	Lübeck	
		Brekewolt, Conrad	BREKWOLD	Lübeck	
		Rapesulver, Hinricus	RAPESULVER	Lübeck	
		Hamelen, Johann de	HAMELEN	Lübeck	
		Steen, Tideman	STEEN	Lübeck	
		Screy, Marquard	SCHREYEMAR	Hamburg	
		Berghe, Hinric de	BERGEHINRIKVAM	Hamburg	
		Hoyer, Hinricus	HOYERHINRIK	Hamburg	
		Urden, Symon de	URDEN	Stralsund	
		Brandenborch, Arnold	BRANDENBORG	Stralsund	
		Viskul, Hinric	VISKULEHINRIK	Lüneburg	
		Springintgut, Tidericus	SPRINGINTGUDD	Lüneburg	
		Banskow, Johannes	BANTZEKOWJOHAN	Wismar	
		Vrese, Johann	VRESEJOHAN	Wismar	
20.01.1417	Lübeck	Schreye, Marquard	SCHREYEMAR	Hamburg	1,6,312
		Berghe, Hinric v.d.	BERGEHINRIKVAM	Hamburg	
		Odbrecht, Johan	ODBERT	Rostock	
		Orden, Simon v.	URDEN	Stralsund	
		Burow, Johannes	BUROW	Stralsund	
		Bantzkow, Johannes	BANTZEKOWJOHAN	Wismar	
		Vrese, Johannes	VRESEJOHAN	Wismar	
		Viscule, Hinric	VISKULEHINRIK	Lüneburg	
		Schellepeper, Johannes	SCHELLEPEPERJ	Lüneburg	
		Plescowe, Jordan	PLESCOWJORDAN	Lübeck	
		Damen, Marquardus v.	DAME	Lübeck	

DATUM	TAGORT	NAME	STANDARD	STADT	HR
20.01.1417	Lübeck	Junge, Tidemannus	JUNGHE	Lübeck	1,6,312
		Calven, Regner de	VANCALVENRAINER	Lübeck	
		Bruggen, Albertus tor	BRUGGE	Lübeck	
		Stiten, Nicolaus v.	STITENNICOLAUS	Lübeck	
		Brekewold, Conrad	BREKWOLD	Lübeck	
		Rapesulver, Hinric	RAPESULVER	Lübeck	
		Steen, Tidemannus	STEEN	Lübeck	
		Thunen, Detmarus	THUNENDITMAR	Lübeck	
30.04.1417	Kopen-hagen	Brekewold, Conrad	BREKWOLD	Lübeck	1,6,344
		Crispin, Johann	CRISPINJOHAN	Lübeck	
		Steen, Tidemann	STEEN	Lübeck	
		Grulle, Olricus	GROLL	Rostock	
		Biscop, Conradus	BISCHOFFCORD	Stralsund	
		Burowe, Johan	BUROW	Stralsund	
		Viscule, Hinricus	VISKULEHINRIK	Lüneburg	
		Belowe, Gerard	BELOWGERD	Wismar	
		Rubenowe, Hinric	RUBENOWHINRIK	Greifswald	
		Belowe, Nicolaus	BELOW	Greifswald	
20.05.1417	Rostock / Lübeck	Grulle, Ulrik	GROLL	Rostock	1,6,367
		Urden, Symon v.	URDEN	Stralsund	
		Burowe, Johan	BUROW	Stralsund	
		Belouwe, Gerd	BELOWGERD	Wismar	
		Dargessowen, Hinrik	DARGETZOWHINRIK	Wismar	
		Rode, Gerd	RODEGERD	Stettin	
		Grulle, Jacob v.	GRULLE	Stettin	
		Berghe, Cord v.d.	VAMMEBERGECON	Gotland	
		Duseborch, Johan	DUSBORGJOHAN	Gotland	
		Rogge, Klaus	ROGGE	Danzig	
		Nyeloo, Tydemann	NYENLOO	Riga	
		Sasse, Herman	SASSE	Dorpat	
		Parenbeke, Hinrik	PARENBEKE	Reval	
		Leuvenkamp, Everd	LEUVENKAMP	Deventer	
		Meyer, Gerd de	MEYERGERD	Zütphen	
		Stevensson, Moyt	STEVENSSON	Harderwijk	
		Vechtelde, Hermann v.	VECHELDE	Braunsch.	
		Horneborch, Johan	HORNEBORGJOH	Braunsch.	
		Molen, Albert v.d.	VANDERMOLEN	Lüneburg	
		Schellepeper, Johan	SCHELLEPEPERJ	Lüneburg	
		Hilgeman, Johan	HILGHEMAN	Greifswald	
		Plescow, Jordan	PLESCOWJORDAN	Lübeck	
		Brekewold, Cord	BREKWOLD	Lübeck	

DATUM	TAGORT	NAME	STANDARD	STADT	HR
20.05.1417	Rostock / Lübeck	Damen, Marquard v.	DAME	Lübeck	1,6,367
		Stiten, Nicolaus v.	STITENNICOLAUS	Lübeck	
		Bruggen, Albert tor	BRUGGE	Lübeck	
		Sten, Tydemann	STEEN	Lübeck	
08.08.1417	Wismar	Plescow, Jordan	PLESCOWJORDAN	Lübeck	1,6,446
		Steen, Tideman	STEEN	Lübeck	
		Grulle, Ulrich	GROLL	Rostock	
		Tene, Vicko de	TZENE	Rostock	
		Meyger, Hermannus	MEYERHERM	Wismar	
		Bantzcowe, Johannes	BANTZEKOWJOHAN	Wismar	
		Clene, Hinric	KLENE	Wismar	
		Belowe, Gerold	BELOWGERD	Wismar	
25.08.1417	Rendsburg	Brekewolt, Cord	BREKWOLD	Lübeck	1,6,459
		Steen, Tidemann	STEEN	Lübeck	
		Grulle, Ulrik	GROLL	Rostock	
		Urden, Symon v.	URDEN	Stralsund	
		Golnisse, Johan	GOLNISS	Stralsund	
		Belouwe, Gerd	BELOWGERD	Wismar	
31.01.1417	Wismar	Brekewolt, Conrad	BREKWOLD	Lübeck	1,6,470
		Kalven, Reynold de	VANCALVENRAINER	Lübeck	
		Grulle, Ulric	GROLL	Rostock	
		Bagelen, Hinric	BAGGELHINRIK	Rostock	
		Urden, Simon de	URDEN	Stralsund	
		Meyer, Herman	MEYERHERM	Wismar	
		Bantzecow, Johan	BANTZEKOWJOHAN	Wismar	
		Clene, Hinricus de	KLENE	Wismar	
		Below, Gerd	BELOWGERD	Wismar	
		Sterne, Gobelin de	STERNE	Wismar	
		Vrese, Johan	VRESEJOHAN	Wismar	
06.11.1417	Lübeck	Grulle, Olricus	GROLL	Rostock	1,6,481
		Urden, Symon van	URDEN	Stralsund	
		Burow, Johan	BUROW	Stralsund	
		Rubenowe, Hinrik	RUBENOWHINRIK	Greifswald	
		Viscule, Hinricus	VISKULEHINRIK	Lüneburg	
		Below, Gerd	BELOWGERD	Wismar	
11.02.1418	Stade	Brekewold, Cord	BREKWOLD	Lübeck	1,6,510
		Thunen, Ditmar van	THUNENDITMAR	Lübeck	
		Below, Gerd	BELOWGERD	Wismar	
		Luneborg, Johan	LUNEBORGJOHAN	Hamburg	
		Hoyer, Hinrik	HOYERHINRIK	Hamburg	
		Hoseberge, Hinrik	HOSEBERG	Bremen	
		Hellingstede, Hinrik	HELLINGSTEDE	Bremen	

DATUM	TAGORT	NAME	STANDARD	STADT	HR
11.02.1418	Stade	Zottrum, Hinrik	SOTTRUMHIN	Buxtehude	1,6,510
		Pagel, Hans	PAGEL	Buxtehude	
24.06.1418	Lübeck	Luchelhove, Johan v.	LUCHELHOVEN	Köln	1,6,534
		Vrund, Hinrik	VRUNDHINRIK	Köln	
		Bruwer, Alff	BRUWER	Köln	
		Dettenhusen, Gerd v.	DETTENHUSEN	Bremen	
		Sparemberch, Hinrik	SPAREMBERG	Bremen	
		Katzow, Hinrik	KATZOWHINRIK	Rostock	
		Grulle, Ulrich	GROLL	Rostock	
		Urden, Simon v.	URDEN	Stralsund	
		Burowe, Johan	BUROW	Stralsund	
		Belowe, Gerd	BELOWGERD	Wismar	
		Peters, Johan	PETERS	Wismar	
		Horneborch, Johan	HORNEBORGJOH	Braunsch.	
		Ernstes, Johan	ERNSTES	Braunsch.	
		Hamer, Johan	HAMER	Danzig	
		Vrydach, Herman	VRIDACH	Gotland	
		Eckmann, Cord	EKMAN	Gotland	
		Bobbe, Herman	BOBBE	Riga	
		Vos, Tideman	VOSTHIDEMAN	Dorpat	
		Lange, Richard	LANGERICHARD	Reval	
		Pawels, Hinrik	PAULSHINRIK	Stettin	
		Pretze, Herman	PRETZE	Anklam	
		Haren, Vrederic v.	HAREN	Osnabrück	
		Dumstorpe, Erdwin v.	DUMSTORPEDWIN	Osnabrück	
		Linden, Henning van der	LINDEN	Stargard	
		Buk, Johan	BUKJOHAN	Stade	
		Dreyer, Hinrik	DREYER	Stade	
		Sottrum, Hinrik	SOTTRUMHIN	Buxtehude	
		Kavel, Herman	KAVELHERM	Buxtehude	
		Chuden, Herman	CHUDEN	Salzwedel	
		Querstede, Gerd	KWERSTEDE	Stendal	
		Berge, Hinrik v.	BERGEHINRIKVAM	Hamburg	
		Hoyer, Hinrik	HOYERHINRIK	Hamburg	
		Seven, Hinrik v.	TZEVENERIK	Hamburg	
		Hinxteberch, Serges	HENGSTENBERGCES	Dortmund	
		Molen, Albert v. der ridder	VANDERMOLEN	Lüneburg	
		Schellepeper, Johan	SCHELLEPEPERJ	Lüneburg	
		Rubenowe, Hinrik	RUBENOWHINRIK	Greifswald	
		Belowe, Clawes	BELOW	Greifswald	
		Kerkring, Johan	KERKRINGJOHAN	Münster	
		Schencking, Johan	SCHENKING	Münster	
		Holk, Zeghebode	HOLKSEGEBODO	Kolberg	

DATUM	TAGORT	NAME	STANDARD	STADT	HR
24.06.1418	Lübeck	Galen, Hinrik v.	GALEN	Nijmwegen	1,6,534
		Budel, Lubbert	BUDEL	Deventer	
		Pelegryme, Willem	PELEGRIM	Zütphen	
		Yrte, Lambert v.	YRTE	Zwolle	
		Steffensen, Neyde	STEFFENSEN	Harderwijk	
		Pleskow, Jordan	PLESCOWJORDAN	Lübeck	
		Rapesulver, Hinrik	RAPESULVER	Lübeck	
		Brekewold, Cord	BREKWOLD	Lübeck	
		Bruggen, Albert v.	BRUGGE	Lübeck	
		Stiten, Klaus v.	STITENNICOLAUS	Lübeck	
		Sten, Tidemann	STEEN	Lübeck	
		Borch, Gerlac van der	BORGGERLACHVAN	Soest	
		Wulff, Hermen	WULFF	Brügge/ Kontor	
		Lentzendiik, Gerd	LENZENDIK	Brügge/ Kontor	
		Rubit, Georgius	RUBIT	Brügge/ Kontor	
24.01.1419	Wismar	Grulle, Ulrich	GROLL	Rostock	1,7,2
		Odbrecht, Johan	ODBERT	Rostock	
		Aa, Johann von der	AA	Rostock	
		Bantzecowe, Johan	BANTZEKOWJOHAN	Wismar	
		Clene, Hinric von	KLENE	Wismar	
		Belowe, Gerold	BELOWGERD	Wismar	
		Peters, Johan	PETERS	Wismar	
20.06.1419	Wording - borg	Rapesulver, Hinrik	RAPESULVER	Lübeck	1,7,42
		Steen, Tideman	STEEN	Lübeck	
		Murkerke, Thidericus	MORKERKETHIDEM	Lübeck	
		Grolle, Olrich	GROLL	Rostock	
		Golnitze, Johan	GOLNISS	Stralsund	
		Below, Gheraldus	BELOWGERD	Wismar	
14.04.1420	Wismar	Plescow, Yordanus	PLESCOWJORDAN	Lübeck	1,7,91
		Rapesulver, Hinricus	RAPESULVER	Lübeck	
		Steen, Tid(emannus)	STEEN	Lübeck	
		Berghe, Hinricus de	BERGEHINRIKVAM	Hamburg	
		Wyen, Johannes	WIGE	Hamburg	
		Grulle, Ulricus	GROLL	Rostock	
		Buck, Hinricus	BUCK	Rostock	
		Urden, Symon de	URDEN	Stralsund	
		Burow, Johannes	BUROW	Stralsund	
		Below, Nicolaus	BELOW	Greifswald	
		Bantzekow, Johannes	BANTZEKOWJOHAN	Wismar	
		Clene, Hinricus de	KLENE	Wismar	

DATUM	TAGORT	NAME	STANDARD	STADT	HR
14.04.1420	Wismar	Belowe, Gher(ardus)	BELOWGERD	Wismar	1,7,91
		Sterne, Ghobele de	STERNE	Wismar	
		Vrese, Johannes	VRESEJOHAN	Wismar	
29.05.1420	Kopen-hagen	Burowe, Johann	BUROW	Stralsund	1,7,108
29.05.1420	Kopen-hagen	Grulle, Ulrich	GROLL	Rostock	
		Make, Johan	MAKE	Rostock	
02.06.1420	Schleswig	Rapesulver, Hinricus	RAPESULVER	Lübeck	1,7,117
		Steen, Thidericus	STEEN	Lübeck	
		Grulle, Ulricus	GROLL	Rostock	
		Baggel, Hinricus	BAGGELHINRIK	Rostock	
		Urden, Simon de	URDEN	Stralsund	
		Alen, Wernerus de	ALENWERNER	Stralsund	
		Bantzekowe, Johannes	BANTZEKOWJOHAN	Wismar	
24.09.1420	Stralsund	Katzowe, Hinricus	KATZOWHINRIK	Rostock	1,7,143
		Buk, Hinricus	BUCK	Rostock	
		Bantzkow, Johannes	BANTZEKOWJOHAN	Wismar	
		Hilligheman, Johannes	HILGHEMAN	Greifswald	
		Below, Nicolaus	BELOW	Greifswald	
		Huxer, Johannes	HUXERJOHAN	Thorn	
		Staden, Hinricus de	STADE	Danzig	
		Rode, Gerd	RODEGERD	Stettin	
		Dolgen, Johan van	DOLGEN	Stettin	
		Burow, Johan	BUROW	Stralsund	
		Keding, Johan	KEDING	Stralsund	
06.04.1421	Lübeck	Lunenborgh, Johannes	LUNEBORGJOHAN	Hamburg	1,7,186
		Sevene, Ericus de	TZEVENERIK	Hamburg	
		Katzowe, Hinricus	KATZOWHINRIK	Rostock	
		Seyne, Vicko	SEINE	Rostock	
		Stadis, Hinricus de	STADE	Danzig	
		Holste, Petrus	HOLSTE	Danzig	
		Bantzkowe, Johannes	BANTZEKOWJOHAN	Wismar	
		Vreze, Johannes	VRESEJOHAN	Wismar	
		Molendino, Albertus	VANDERMOLEN	Lüneburg	
		Viskule, Hinricus	VISKULEHINRIK	Lüneburg	
		Tzerstede, Godfridus	TZERSTEDE	Lüneburg	
21.06.1421	Lübeck	Berge, Hinricus van dem	BERGEHINRIKVAM	Hamburg	1,7,203
		Czeven, Ericus	TZEVENERIK	Hamburg	
		Grulle, Ulricus von	GROLL	Rostock	
		Seyne, Vicco de	SEINE	Rostock	
		Urden, Symon vam	URDEN	Stralsund	
		Brunswiik, Dyderik	BRUNSWIGDIDERIK	Stralsund	

DATUM	TAGORT	NAME	STANDARD	STADT	HR
21.06.1421	Lübeck	Stade, Hinricus van	STADE	Danzig	1,7,203
		Holste, Peter	HOLSTEPETER	Danzig	
		Bantzkowe, Johannes	BANTZEKOWJOHAN	Wismar	
		Vrese, Johan	VRESEJOHAN	Wismar	
		Viskule, Hinricus	VISKULEHINRIK	Lüneburg	
		Sertzstede, Grodeke	TZERSTEDE	Lüneburg	
		Pleskowe, Jordanus	PLESCOWJORDAN	Lübeck	
		Rapesulver, Hinricus	RAPESULVER	Lübeck	
		Brekewold, Conradus	BREKWOLD	Lübeck	
		Calven, Reynerus de	VANCALVENRAINER	Lübeck	
		Brucgen, Albertus de	BRUGGE	Lübeck	
		Westphal, Hermannus	WESTFALHERMAN	Lübeck	
		Steen, Tidemannus	STEEN	Lübeck	
		Thunen, Ditmar v.	THUNENDITMAR	Lübeck	
		Morkerke, Tidemannus	MORKERKETHIDE	Lübeck	
08.03.1422	Wismar	Pleskowe, Jordanus	PLESCOWJORDAN	Lübeck	1,7,266
		Rapesulver, Hinricus	RAPESULVER	Lübeck	
		Wasmer, Johannes	WASMER	Bremen	
		Vrese=Meylan, Johannes	VRESE	Bremen	
		Hoyer, Hinricus	HOYERHINRIK	Hamburg	
		Borstold, Bernardus	BORSTOLD	Hamburg	
		Katzowe, Hinricus	KATZOWHINRIK	Rostock	
		Grulle, Ulricus	GROLL	Rostock	
		Urden, Symon de	URDEN	Stralsund	
		Brandenborgh, Arnoldus	BRANDENBORG	Stralsund	
		Viscule, Hinricus	VISKULEHINRIK	Lüneburg	
		Gronenhagen, Nicolaus	GRONEHAGENKL	Lüneburg	
		Rode, Gherhardus	RODEGERD	Stettin	
		Affen, Johannes de	AFFEN	Stettin	
		Hagemaster, Wernerus	HAGEMASTER	Greifswald	
		Druchtersen, Symon	DROCHTERSEN	Stade	
		Rumper, Bertoldus	RUMPER	Stade	
		Zegher, Nicolaus	SEGER	Anklam	
		Bantzcowe, Johannes	BANTZEKOWJO	Wismar	
		Clene, Hinricus de	KLENE	Wismar	
		Belowe, Gheroldus	BELOWGERD	Wismar	
		Buek, Nicolaus	BUCKNICOLAUS	Wismar	
		Petri, Johannes	PETERS	Wismar	
		Dargetzowe, Hinricus	DARGETZOWHINRIK	Wismar	
31.05.1422	Lübeck	Hoyer, Hinricus	HOYERHINRIK	Hamburg	1,7,296
		Borstelt, Bernardus	BORSTOLD	Hamburg	
		Tzeven, Ericus de	TZEVENERIK	Hamburg	
		Catzowe, Hinricus	KATZOWHINRIK	Rostock	

DATUM	TAGORT	NAME	STANDARD	STADT	HR
31.05.1422	Lübeck	Lange, Godeke	LANGE	Rostock	1,7,296
		Urden, Symon vam	URDEN	Stralsund	
		Brunswik, Tidericus	BRUNSWIGDIDERIK	Stralsund	
		Bantzekowe, Johannes	BANTZEKOWJO	Wismar	
		Buk, Nicolaus	BUCKNICOLAUS	Wismar	
		Vrese, Johannes	VRESEJOHAN	Wismar	
		Molen, Albertus van der	VANDERMOLEN	Lüneburg	
		Schellepeper, Johannes	SCHELLEPEPERJ	Lüneburg	
		Nusse, Johannes	NUSSE	Gotland	
		Crowel, Gotscalus	KROWELGOTT	Gotland	
		Linden, Hermannus van der	LINDENVANDER	Thorn	
		Paderborne, Hinricus	PADERBORN	Thorn	
		Bokam, Meynardus	BOKEM	Riga	
		Dalehusen, Johannes	DALEHUSEN	Riga	
		Hertke, Tydemannus	HERTKE	Dorpat	
		Hole, Hinricus de	HOLE	Dorpat	
		Telgete, Hinricus van	TELCHTE	Reval	
		Lange, Ricquardus	LANGERICHARD	Reval	
		Nasmerstorp, Dobbelaf van	NASMERSTORP	Stettin	
		Runge, Bertoldus	RUNGE	Stade	
		Cavel, Hermannus	KAVELHERM	Buxtehude	
		Brekewold, Conradus	BREKWOLD	Lübeck	
		Rapesulver, Hinricus	RAPESULVER	Lübeck	
		Plescowe, Jordanus	PLESCOWJORDAN	Lübeck	
		Brugge, Albertus van der	BRUGGE	Lübeck	
		Stiten, Nicolaus van	STITENNICOLAUS	Lübeck	
		Westfael, Hermannus	WESTFALHERMAN	Lübeck	
		Hamelen, Johannes de	HAMELEN	Lübeck	
		Erp, Albertus	ERP	Lübeck	
		Steen, Tydemannus	STEEN	Lübeck	
		Morkerke, Tydemannus	MORKERKETHIDEM	Lübeck	
		Roland, Bertoldus	ROLAND	Lübeck	
22.07.1422	Rostock	Rapesulver, Hinrik	RAPESULVER	Lübeck	1,7,327
		Steen, Tydemann	STEEN	Lübeck	
		Mole(n), Albert van der	VANDERMOLEN	Lüneburg	
		Tzersteden, Gotfridus	TZERSTEDE	Lüneburg	
		Bisschop, Cord	BISCHOFFCORD	Stralsund	
		Urden, Symon van	URDEN	Stralsund	
		Burowe, Johan	BUROW	Stralsund	
		Bantzekowe, Johan	BANTZEKOWJO	Wismar	
		Vreze, Johan	VRESEJOHAN	Wismar	

DATUM	TAGORT	NAME	STANDARD	STADT	HR
22.07.1422	Rostock	Lubek, Jacob von	LUBEKJAKOB	Greifswald	1,7,327
		Katzowe, Hinricus	KATZOWHINRIK	Rostock	
		Grulle, Olricus	GROLL	Rostock	
		Buk, Hinricus	BUCK	Rostock	
		Czene, Vikke	TZENE	Rostock	
		Vestval, Herman	WESTFAL	Rostock	
		Everdes, Olricus	EVERDES	Rostock	
		Odbrechtes, Johan	ODBERT	Rostock	
		Klingenberch, Albert	KLINGENBERGALB	Rostock	
		Lange, Godeke	LANGE	Rostock	
31.01.1422	Rostock	Rapesulver, Hinrik	RAPESULVER	Lübeck	1,7,350
		Steen, Tydemann	STEEN	Lübeck	
		Bisscop, Cord	BISCHOFFCORD	Stralsund	
		Urden, Symon von	URDEN	Stralsund	
		Burowe, Johan	BUROW	Stralsund	
		Tebyn, Lubbert	TEBYN	Stralsund	
		Bantzekowe, Johan	BANTZEKOWJO	Wismar	
		Wilde, Peter	WILDEPETER	Wismar	
		Vyskule, Hinrik	VISKULEHINRIK	Lüneburg	
		Tzerstede, Godeke	TERSTED	Lüneburg	
		Rode, Gerd	RODEGERD	Stettin	
		Lubeke, Bertram von	LUBEKBERTRAM	Greifswald	
		Lubeke, Jacob van	LUBEKJAKOB	Greifswald	
		Katzowe, Hinrik	KATZOWHINRIK	Rostock	
		Buk, Hinrik	BUCK	Rostock	
		Tzene, Vicke	TZENE	Rostock	
		Westphal, Herman	WESTFAL	Rostock	
		Everdes, Olric	EVERDES	Rostock	
		Odbrecht, Johan	ODBERT	Rostock	
		Cropelin, Lambert	CRÖPELINLAMBERT	Rostock	
16.07.1423	Lübeck	Hoyer, Hinrik	HOYERHINRIK	Hamburg	1,7,414
		Borstold, Bernd)	BORSTOLD	Hamburg	
		Odbrecht, Johan	ODBERT	Rostock	
		Urden, Symon van	URDEN	Stralsund	
		Kanemaker, Andreas	KANNEMAKER	Stralsund	
		Banczkouwe, Johan	BANTZEKOWJOHAN	Wismar	
		Vrese, Johan	VRESEJOHAN	Wismar	
		Molen, Albert van der	VANDERMOLEN	Lüneburg	
		Schellepeper, Johan	SCHELLEPEPERJ	Lüneburg	
		Blomendael, Leffart	BLOMENTAL	Thorn	
		Schermbeke, Johan	SCHERMBEK	Danzig	
		Zegevryt, Hartwich	SEGEFRIDHART	Riga	
		Butenschone, Hermann	BUTENSCHON	Dorpat	

DATUM	TAGORT	NAME	STANDARD	STADT	HR
16.07.1423	Lübeck	Snussel, Curd	SNUSSEL	Reval	1,7,414
		Plescowe, Jordan	PLESCOWJORDAN	Lübeck	
		Brekewolt, Curt	BREKWOLD	Lübeck	
		Rapesulver, Hinrik	RAPESULVER	Lübeck	
		Thunen, Dytmar van	THUNENDITMAR	Lübeck	
		Bruggen, Albert van der	BRUGGE	Lübeck	
		Westvael, Hermann	WESTFALHERMAN	Lübeck	
		Hamele, Johan van	HAMELEN	Lübeck	
		Steen, Tydemann	STEEN	Lübeck	
24.06.1426	Lübeck	Berge, Hinrik van dem	BERGEHINRIKVAM	Hamburg	1,8,43
		Hoyer, Hinrik	HOYERHINRIK	Hamburg	
		Heket, Hinrik	HEKETHINRIK	Rostock	
		Drulleshagen, Everd	DROLSHAGENEV	Stralsund	
		Vorwerck, Johan	VORWERK	Stralsund	
		Vreese, Johan	VRESEJOHAN	Wismar	
		Heyde, Hinrik van der	HEYDEHINRIKVAN	Wismar	
		Vischkule, Hinrik ridder	VISKULEHINRIK	Lüneburg	
		Cruse, Herman	KRUSEHERMAN	Lüneburg	
		Elze, Hildebrand vom	ELTZEHILDEBRAND	Danzig	
		Daalehusen, Johan	DALEHUSEN	Riga	
		Butenschone, Hermann	BUTENSCHON	Danzig	
		Scheelewend, Hinrik	SCHEELEWEND	Reval	
		Brekewold, Cord	BREKWOLD	Lübeck	
		Thunen, Dytmar van	THUNENDITMAR	Lübeck	
		Rapesulver, Hinrik	RAPESULVER	Lübeck	
		Brucge, Albert tor	BRUGGE	Lübeck	
		Westphael, Hermen	WESTFALHERMAN	Lübeck	
		Erp, Albert	ERP	Lübeck	
		Crul, Lodewich	KRULL	Lübeck	
		Bere, Johan	BEREJOHAN	Lübeck	
		Roland, Bertoldus	ROLAND	Lübeck	
12.03.1427	Braun-schweig	Rapesulver, Hinrik	RAPESULVER	Lübeck	1,8,101
		Oldenborch, Pawel	OLDENBORGPAUL	Lübeck	
		Hoyer, Hinrik	HOYERHINRIK	Hamburg	
		Tzeven, Erik van	TZEVENERIK	Hamburg	
		Alevelde, Hinrik van	ALEVELD	Goslar	
		Wildebur, Hinrik	WILDEBUR	Goslar	
		Nuwer, Heydeke	NUWER	Magdeburg	
		Steven, Hans	STEVEN	Magdeburg	
		Wenemar, Hans	WENNEMAR	Magdeburg	
		Jordens de junger, Arnd	JORDENSARNDJUN	Magdeburg	
		Hulingerod, Hermen	HULINGEROD	Magdeburg	

DATUM	TAGORT	NAME	STANDARD	STADT	HR
12.03.1427	Braun-schweig	Walbeke, Fricke	WALBECKFRICKE	Helmstedt	1,8,101
		Bekeder, Ludeke	BEKEDER	Helmstedt	
		Viskule, Hinrik	VISKULEHINRIK	Lüneburg	
		Gronehagen, Clawes	GRONEHAGENKL	Lüneburg	
		Lusken, Hans	LUZEKEHANS	Hildesheim	
		Turenken	TURENEKEN	Hannover	
		Anderten, Diderik van	ANDERTEN	Hannover	
		Lest, Hinrik	LEST	Hameln	
		Heysen, Hermen	HEYSEN	Halberstadt	
		Tanstede, Bartram	TANSTEDE	Halberstadt	
		Luneborch, Tile	LUNEBORCH	Quedlinburg	
		Scriver, Hans	SCRIVERHANS	Quedlinburg	
		Grove, Tidemannus	GROVETID	Aschersleben	
		Valersleve, Hans	VALERSLEVE	Aschersleben	
		Weddeghe, Johan	WEDEGEJOH	Einbeck	
		Strobeke, Tile van	STROBEKETILE	Braunsch.	
		Horneborch, Cord	HORNEBORGCORD	Braunsch.	
		Elers, Arnd	ELERSARND	Braunsch.	
		Ursleve, Cord vamn	URSLEVECORD	Braunsch.	
		Vechtelde, Albrecht van	VECHELDEALB	Braunsch.	
		Twedorp, Fricke	TWEDORPFRIC	Braunsch.	
		Velehover, Stacius	VELEHOWER	Braunsch.	
		Horneborch, Hans	HORNEBORGHANS	Braunsch.	
		Sallige, Henning	SALLIGHEN	Braunsch.	
		Broke, Tile van dem	VANDEMBROKE	Braunsch.	
		Hollege, Hans van	HOLLEGEHANS	Braunsch.	
23.03.1427	Stralsund	Thunen, Ditmarus de	THUNENDITMAR	Lübeck	1,8,109
		Steen, Tydemann	STEEN	Lübeck	
		Lunenborg, Johannes	LUNEBORGJOHAN	Hamburg	
		Odbrecht, Johannes	ODBERT	Rostock	
		Bantzekowe, Johannes	BANTZEKOWJOHAN	Wismar	
		Buek, Nicolaus	BUCKNICOLAUS	Wismar	
		Schellepeper, Johannes	SCHELLEPEPERJ	Lüneburg	
		Hogeherte, Fredericus	HOGEHERT	Lüneburg	
08.04.1427	Preussen	Brekewold, Cord	BREKWOLD	Lübeck	1,8,123
		Odbrecht, Johan	ODBERT	Rostock	
		Bisschop, Cord	BISCHOFFCORD	Stralsund	
		Bantzekow, Johann	BANTZEKOWJOHAN	Wismar	
10.12.1427	Kopen-hagen	Scoling, Thymme	SCOLING		1,8,218
		Burammer, Bertold	BURAMMER	Danzig	
13.05.1427	Stralsund	Thunen, Detmer van	THUNENDITMAR	Lübeck	1,8,142

DATUM	TAGORT	NAME	STANDARD	STADT	HR
13.05.1427	Stralsund	Steen, Thidemann	STEEN	Lübeck	1,8,142
		Hoyer, Hinrik	HOYERHINRIK	Hamburg	
		Borstold, Bernd	BORSTOLD	Hamburg	
		Odbrecht, Johan	ODBERT	Rostock	
		Gronehagen	GRONEHAGENKL	Lüneburg	
		Bantzecowe, Johan	BANTZEKOWJOHAN	Wismar	
30.06.1427	Wismar	Thunen, Detmarus de	THUNENDITMAR	Lübeck	1,8,168
		Steen, Tidemannus	STEEN	Lübeck	
		Westphael, Hermannus	WESTFALHERMAN	Lübeck	
		Russenbergh, Johannes	RUSSENBERG	Lübeck	
		Buck, Hinricus	BUCK	Rostock	
		Odberti, Johannes	ODBERT	Rostock	
		Bisschop, Conradus	BISCHOFFCORD	Stralsund	
		Burow, Johannes	BUROW	Stralsund	
		Drulshagen, Everhardus	DROLSHAGENEV	Stralsund	
		Schellepeper, Johannes	SCHELLEPEPERJ	Lüneburg	
		Tzerstede, Godfridus	TERSTED	Lüneburg	
		Hogheherte, Frederik)	HOGEHERT	Lüneburg	
		Hoymann, Hinricus	HOYEMAN	Lüneburg	
		Bantzecow, Johannes	BANTZEKOWJO	Wismar	
		Clene, Hinricus de	KLENE	Wismar	
		Below, Gherardus	BELOWGERD	Wismar	
		Buck, Nicolaus	BUCKNICOLAUS	Wismar	
03.08.1427	Stralsund	Thunen, Detmar van	THUNENDITMAR	Lübeck	1,8,172
		Sten, Tidemann	STEEN	Lübeck	
		Buck, Hinrick	BUCK	Rostock	
		Bantzkow, Johan	BANTZEKOWJO	Wismar	
		Vrese, Johan	VRESEJO	Wismar	
		Schellepeper, Johan	SCHELLEPEPERJ	Lüneburg	
		Blome, Hinrik	BLOMEHINRIK	Stralsund	
		Lippe, Clawes van der	LIPPECLAUS	Stralsund	
		Bisschop, Curd	BISCHOFFCORD	Stralsund	
		Burow, Johan	BUROW	Stralsund	
		Kummerow, Bertold	KUMEROWBERT	Stralsund	
		Langenek, Johan	LANGENEK	Stralsund	
		Kedink	KEDING	Stralsund	
01.01.1430	Lübeck	Harvewust, Evert	HARDEVUST	Köln	1,8,458
		A, Johann van der	AA	Rostock	
		Wynmann, Gherd	WINMAN	Rostock	
		Bisscop, Cord	BISCHOFFCORD	Stralsund	
		Molen, Willem van der	VANDERMOLENWIL	Stralsund	
		Groteck, Everd	GROTEK	Wismar	
		Sasse, Johan	SASSE	Wismar	

DATUM	TAGORT	NAME	STANDARD	STADT	HR
01.01.1430	Lübeck	Jordens, Arnd	JORDENSARND	Magdeburg	1,8,458
		Horneborch, Hans	HORNEBORGHANS	Braunsch.	
		Horneke, Pawel	HORNEKEPAUL	Breslau	
		Huxer, Johan	HUXERJOHAN	Thorn	
		Holste, Peter	HOLSTE	Danzig	
		Vos, Herman	VOSHERMAN	Riga	
		Luzelberch, Hildebrand	LUZELBERG	Dorpat	
		Stoppesak, Albert	STOPESAK	Reval	
		Druchtersen, Symon von	DROCHTERSEN	Stade	
		Cruzendorpe, Otte	KRUSENDORP	Kiel	
		Harghe, Ziverd	HARGE	Kiel	
		Wye, Johan	WIGE	Hamburg	
		Tzeven, Erik van	TZEVENERIK	Hamburg	
		Wickede, Johan	WICKEDE	Dortmund	
		Attendorn, Herbord von	ATTENDORNHERB	Soest	
		Gronenhagen, Clawes	GRONEHAGENKL	Lüneburg	
		Hoyeman, Hinrik	HOYEMAN	Lüneburg	
		Snarman, Gherlich	SNARMAN	Paderborn	
		Sleff, Hans	SLEFF	Kolberg	
		Glotzowe, Mattees	GLOTZOW	Stettin	
		Voghe, Gherd	VOGE	Stettin	
		Anderthen, Diderik (van)	ANDERTEN	Hannover	
		Mornewech, Hans	MORNEWECH	Ülzen	
		Winsen, Merten van	WINSEN	Frankfurt	
		Alerd, Clawes	ALERD	Berlin	
		Donen, Willem van	DONENWILMVAN	Nijmwegen	
		Ulrikes, Gherd	OLRIKES	Zütphen	
		Mewessone, Wolder	MEWESSON	Harderwijk	
		Diike, Johan van dem	DIIKE	Wesel	
		Strobuk, Arnd	STROBUK	Herford	
		Brekewold, Cord	BREKWOLD	Lübeck	
		Thunen, Ditmer van	THUNENDITMAR	Lübeck	
		Rapesulver, Hinrik	RAPESULVER	Lübeck	
		Westphal, Herman	WESTFALHERMAN	Lübeck	
		Crul, Lodewich	KRULL	Lübeck	
		Bere, Johan	BEREJOHAN	Lübeck	
		Tzerntin, Tidemann	TZERRENTIN	Lübeck	
		Colman, Johan	KOLLMANN	Lübeck	
30.11.1430	Helsing-borg	Rapesulver, Hinrik	RAPESULVER	Lübeck	1,8,535
		Bere, Johan	BEREJOHAN	Lübeck	
		Colman, Johan	KOLLMANN	Lübeck	
		Duckel, Detmar	DUCKELDETMAR	Lüneburg	

DATUM	TAGORT	NAME	STANDARD	STADT	HR
30.11.1430	Helsing-borg	Hoyeman, Hinrick	HOYEMAN	Lüneburg	1,8,535
		Vrese, Johan	VRESEJOHAN	Wismar	
		Peel, Hinrik	PEEL	Wismar	
23.08.1432	Horsens	Rapesulver, Hinrik	RAPESULVER	Lübeck	2,1,89
		Bere, Johan	BEREJOHAN	Lübeck	
		Coleman, Johan	KOLLMANN	Lübeck	
		Tzeven, Erick van	TZEVENERIK	Hamburg	
		Hogheherte, Frederik	HOGEHERT	Lüneburg	
		Springintgut, Johan	SPRINGINTGUDD	Lüneburg	
		Wilde, Peter	WILDEPETER	Wismar	
18.09.1432	Lübeck	Wygen, Johan	WIGE	Hamburg	2,1,100
		Tzeven, Erik van	TZEVENERIK	Hamburg	
		Gronenhagen, Clawes	GRONEHAGENKL	Lüneburg	
		Springintgut, Johan	SPRINGINTGUDD	Lüneburg	
		Fischkuhlen, Henrich	VISKULEHINRIK	Lüneburg	
		Tzerstede, Gödeken	TZERSTEDE	Lüneburg	
05.08.1433	Kiöge	Biscopp, Conrad	BISCHOFFCORD	Stralsund	2,1,124
		Drulshagen, Everd	DROLSHAGENEV	Stralsund	
		Stenwech, Hinrik	STEENWECHamburgIN	Stralsund	
		Kracow, Nicolaus	KRAKOW	Stralsund	
		Kedingh, Hinrik	KEDINGHINRIK	Stralsund	
05.06.1434	Lübeck	Hardevust, Evert	HARDEVUST	Köln	2,1,201
		Sonenborgen, Arnd van	SONENBORG	Köln	
		Biscop, Cord	BISCHOFFCORD	Stralsund	
		Junge, Albert	JUNGEALBERT	Stralsund	
		Vrese, Johann	VRESEJOHAN	Wismar	
		Steenbeke, Johan	STEENBEKE	Wismar	
		Vorraat, Hinrik	VORRADHIN	Danzig	
		Vos, Hermann	VOSHERMAN	Riga	
		Beyeringhoff, Johan	BERINKHOFF	Dorpat	
		Lippe, Herman	LIPPEHERMAN	Reval	
		Quast, Johan	QUAST	Stettin	
		Haverkiste, Johan	HAVERKISTE	Frankfurt	
		Glineke, Johan	GLINEKE	Berlin	
		Hovel, Johan	HOVELJOHAN	Dortmund	
		Wynden, Detmar van	WYNDEN	Soest	
		Schellepeper, Johan	SCHELLEPEPERJ	Lüneburg	
		Tzerstede, Godeke	TZERSTEDE	Lüneburg	
		Vergast, Johan	VERGAST	Wismar	
		Cleyner, Hinrik	CLEYNER	Münster	
		Sleff, Johan	SLEFF	Kolberg	
		Pape, Hans	PAPE	Lemgo	

DATUM	TAGORT	NAME	STANDARD	STADT	HR
05.06.1434	Lübeck	Ungnade, Hans	UNGNADE	Salzwedel	2,1,201
		Schadewachte, Ghise	SCHADEWACHTE	Stettin	
		Bismarke, Roleff	BISMARKROLF	Stettin	
		Hoyer, Hinrik	HOYERHINRIK	Hamburg	
		Wye, Johan	WIGE	Hamburg	
		Takke, Enwald	TAKKE	Duisburg	
		Kruzendorp, Otte	KRUSENDORP	Kiel	
		Odde, Hans	ODDE	Kiel	
		Brinke, Hinrik van dem	BRINKEHINRIK	Wesel	
		Zuringe, Reynard van	ZURINGE	Stavoren	
		Brekewolt, Cord	BREKWOLD	Lübeck	
		Rapesulver, Hinrik	RAPESULVER	Lübeck	
		Clingenberg, Goswin	KLINGENBERGOS	Lübeck	
		Bere, Johan	BEREJOHAN	Lübeck	
		Tzerntin, Tidemann	TZERRENTIN	Lübeck	
		Bramstede, Jacob	BRAMSTEDE	Lübeck	
		Zeghebergh, Johan	SEGEBERGJOHAN	Lübeck	
		Colman, Johan	KOLLMANN	Lübeck	
		Hovemann, Johan	HOVEMANJOHAN	Lübeck	
		Kerkring, Thomas	KERKRINGTHOMAS	Lübeck	
		Beseler, Kersten	BESELERKERSTEN	Brügge/ Kontor	
		Detman, Johan	DETMAN	Brügge/ Kontor	
		Stocker, Cord	STOCKER	Dorpat	
		Rumor, Albert	RUMOR	Reval	
24.07.1437	Deventer	Bere, Johan	BEREJOHAN	Lübeck	2,2,125
		Bramstede, Jacob	BRAMSTEDE	Lübeck	
		Hoyger, Hinrik	HOYERHINRIK	Hamburg	
		Koting, Hinrik	KATING	Hamburg	
		Lentzendiik, Gerd	LENTZENDIK	Brügge/ Kontor	
		Boytin, Franziskus	BOYTINFRANZ	Brügge/ Kontor	
		Maerten, Gobelin	MAERTEN	Brügge/ K.	
		Heynensone, Johan	HEYNENSON	Amsterdam	
		Jacobsson, Everd	JACOBSSON	Amsterdam	
26.06.1439	Lübeck	Rapesulver, Hinrik	RAPESULVER	Lübeck	2,2,244
		Bere, Johan	BEREJOHAN	Lübeck	
		Hoyer, Hinrik	HOYERHINRIK	Hamburg	
		Hove, Vicke vamme	VAMMEHOVEV	Hamburg	
		Wilde, Peter	WILDEPETER	Wismar	
		Hoyeman, Hinrik	HOYEMAN	Lüneburg	
17.04.1440	Lübeck	Hoyer, Hinrik	HOYERHINRIK	Hamburg	2,2,285

DATUM	TAGORT	NAME	STANDARD	STADT	HR
17.04.1440	Lübeck	Hove, Vycke vam	VAMMEHOVEV	Hamburg	2,2,285
		Rotgeri, Johan	ROTGERI	Hamburg	
		Buk, Hinrik	BUCK	Rostock	
		Wymman, Gherd	WINMAN	Rostock	
		Haren, Hinrik van	HAREN	Stralsund	
		Segevryd, Tzabel	SEGEFRIDSABEL	Stralsund	
		Horst, Joachim van der	VANDERHORST	Stralsund	
		Wylde, Peter	WILDEPETER	Wismar	
		Loste, Peter	LOSTEPETER	Wismar	
		Schellepeper, Johan	SCHELLEPEPERJ	Lüneburg	
		Hoyemann, Hinrik	HOYEMAN	Lüneburg	
		Hagen, Jacob vom	HAGENJACOB	Stade	
		Bock, Andreas	BUK	Stade	
		Kotin, Clawes	KOTIN	Anklam	
		Cusveld, Johann	CUSVELD	Köln	
		Scherfftgin, Hermen	SCHERFTGIN	Köln	
		Gropeling, Hermen	GROPELINGHER	Bremen	
		Brant, Daniel	BRANDDANIEL	Bremen	
		Buck, Hinrick	BUCK	Rostock	
		Wynmann, Gherd	WINMAN	Rostock	
		Odebrecht, Johan	ODBERT	Rostock	
		Vloten, Kort van	VLOTEN	Stralsund	
		Swarte, Johann	SWARTEJOHAN	Stralsund	
		Wilde, Peter	WILDEPETER	Wismar	
		Pel, Hinrick	PEEL	Wismar	
		Schar, Hans	SCHORE	Magdeburg	
		Horneborch, Hans	HORNEBORGHANS	Braunsch.	
		Twedorp, Vicke	TWEDORPVIC	Braunsch.	
		Wege, Tydeman van	WEGETHIDEMAN	Thorn	
		Buck, Hinrick	BUCKHINRIK	Danzig	
		Cremer, Nicolaus	CREMER	Breslau	
		Grote, Gerd	GROTEGERD	Stettin	
		Colpin, Arnd	COLPINARND	Anklam	
		Pape, Johan	PAPE	Lemgo	
		Hagen, Jacob vam	HAGENJACOB	Stade	
		Hoye, Marquard van der	HOYEMARQUARD	Stade	
		Langebeke, Jacob	LANGENBEKEJAC	Buxtehude	
		Calven, Johan van	VANCALVENJO	Stendal	
		Wolter, Tile	WOLTER	Salzwedel	
		Krusendorp, Otte	KRUSENDORP	Kiel	
		Kamer, Henningh van der	VANDERKAMER	Kiel	
		Hoyer, Hinrick	HOYERHINRIK	Hamburg	
		Kotink, Hinrick	KATING	Hamburg	

DATUM	TAGORT	NAME	STANDARD	STADT	HR
17.04.1440	Lübeck	Rotchoy, Johan	ROTGERI	Hamburg	2,2,285
		Schellepeper, Johan	SCHELLEPEPERJ	Lüneburg	
		Schomaker, Hartich	SCHOMAKERHART	Lüneburg	
		Segeberch, Bertold	SEGEBERGBERT	Greifswald	
		Kleyhorst, Gerd	KLEYHORST	Münster	
		Kerkring, Clawes	KERKRINGCL	Münster	
		Hasenvot, Albert	HASENVOT	Kolberg	
		Strelin, Johan	STRELIN	Kolberg	
		Becke, Reymbolt van	BEKEREIMBOLT	Nijmwegen	
		Bruns, Hinrick	BRUNSHINRIK	Deventer	
		Olrykes, Ghert	OLRIKES	Zütphen	
		Berck, Hinrick	BERCKHINRIK	Doesborg	
		Dyke, Johan up deme	DIIKE	Wesel	
		Drosdal, Arnold	DROSDAL	Roermond	
		Gruthus, Goswin van dem	GRUTHUS	Arnheim	
		Schursak, Tydeman	SCHURSAKTIDE	Kampen	
		Bere, Johan	BEREJOHAN	Lübeck	
		Colman, Johann	KOLLMANN	Lübeck	
		Brekewolt, Cord	BREKWOLD	Lübeck	
		Klingenberch, Johann	KLINGENBERGJOHAN	Lübeck	
		Calven, Wilhelm van	VANCALVENWILM	Lübeck	
		Gerwer, Johan	GERWER	Lübeck	
		Russenberch, Johan	RUSSENBERG	Lübeck	
		Bramstede, Jacob	BRAMSTEDE	Lübeck	
		Segeberch, Johan	SEGEBERGJOHAN	Lübeck	
		Kerkring, Thomas	KERKRINGTHOMAS	Lübeck	
		Mynden, Gerd van	VANMINDENGERD	Lübeck	
		Boytin, Frans	BOYTINFRANZ	Brügge / Kontor	
		Benmer, Albert	BENMER	Brügge / Kontor	
		Cosvelde, Goswyn van	COESFELDGOSWIN	Brügge / Kontor	
		Have, Henricus to	HAVEHIN	London / Kontor	
		Wolde, Hans van dem	VANDEMWOLDE	London / Kontor	
00.06.1441	Kopen-hagen	Colman, Johan	KOLLMANN	Lübeck	2,2,404
		Calven, Wilhelm van	VANCALVENWILM	Lübeck	
		Luneborg, Johan	LUNEBORGJOHAN	Lübeck	
		Köting, Hinrik	KATING	Hamburg	
		Tzeven, Erik van	TZEVENERIK	Hamburg	
		Schomaker, Hartich	SCHOMAKERHART	Lüneburg	

DATUM	TAGORT	NAME	STANDARD	STADT	HR
14.10.1441	Lübeck	Hoyer, Hinrik	HOYERHINRIK	Hamburg	2,2,444
	Lübeck	Koting, Hinrik	KATING	Hamburg	
		Tzeven, Erick van	TZEVENERIK	Hamburg	
		Wilde, Peter	WILDEPETER	Wismar	
		Garlop, Johan	GARLOPJOHAN	Lüneburg	
		Schomaker, Hartwich	SCHOMAKERHART	Lüneburg	
20.05.1442	Stralsund	Colman, Johan	KOLLMANN	Lübeck	2,2,504
		Calven, Wilhelm van	VANCALVENWILM	Lübeck	
		Lunenborch, Johan	LUNEBORGJOHAN	Lübeck	
		Hertz, Johan	HARTZNOTAR	Lübeck	
		Koting, Hinrik	KATING	Hamburg	
		Pren , Johan	PREN	Hamburg	
		Schomaker, Hinrich	SCHOMAKERHIN	Lüneburg	
		Grote, Ghert	GROTEGERD	Stettin	
		Reen, Clawes	REENKLAUS	Stettin	
		Becker, Hinrik	BECKER	Anklam	
		Golne, Jacob vamme	GOLNE	Anklam	
		Wegener, Johan	WEGENER	Anklam	
		Schursak, Tideman	SCHURSAKTIDE	Kampen	
		Bueck, Hinrik	BUCK	Rostock	
		Wymann, Gerd	WINMAN	Rostock	
		Peel, Hinrik	PEEL	Wismar	
		Borken, Peter van	BORKENPETER	Wismar	
		Dobermann, Hinrik, Dr	DOBERMAN	Greifswald	
		Meyborn, Johan	MEYBORN	Greifswald	
		Zegeberch, Bertold	SEGEBERGBERT	Greifswald	
		Meydeborg, Johan	MEYDEBURG	Danzig	
		Ebbinghusen,Johan	EBBINGHUSEN	Riga	
		Stocker, Conrad	STOCKER	Dorpat	
		Rumor, Albert	RUMOR	Reval	
		Blome, Hinrik	BLOMEHINRIK	Stralsund	
		Bere, Johan	BEREJOHAN	Stralsund	
		Kummerow, Albert	KUMEROWALB	Stralsund	
		Voghe, Otte	VÖGEOTTO	Stralsund	
06.1443	Lüneburg	Colman, Johan	KOLLMANN	Lübeck	2,2,22
		Luneborch, Johan	LUNEBORGJOHAN	Lübeck	
		Minden, Gerd van	VANMINDENGERD	Lübeck	
		Gropeling, Hermen	GROPELINGHERM	Bremen	
		Dop, Hermen	DOPHERMAN	Bremen	
		Hoyer, Hinrik	HOYERHINRIK	Hamburg	
		Koting, Hinrik	KATING	Hamburg	
		Buck, Hinrick	BUCKHINRIK	Rostock	
		Hanneman, Peter	HANNEMAN	Rostock	

DATUM	TAGORT	NAME	STANDARD	STADT	HR
06.1443	Lüneburg	Wilde, Peter	WILDE	Wismar	2,2,22
		Jordens, Arnd	JORDENSARND	Magdeburg	
		Zante, Henning	ZANTE	Magdeburg	
		Kellere, Ludeke vam	KELLERE	Magdeburg	
		Haghen, Jacob vam	HAGENJACOB	Stade	
		Pape, Hilmer	PAPEHILMER	Stade	
		Luszke, Hans	LUTZEKEHANS	Hildesheim	
		Gheseke, Wyneke van	GHESEKE	Hildesheim	
		Anderten, Diderik van	ANDERTEN	Hannover	
		Mutzel, Hermen	MUTZEL	Hannover	
		Kavel, Herman	KAVEL	Buxtehude	
		Molen, Iwan van der Molen	VANDERMOLENIW	Buxtehude	
		Lembeke, Cord	LEENBEKE	Ülzen	
		Redeker, Diderik	REDEKER	Ülzen	
		Schellepeper, Johan	SCHELLEPEPERJ	Lüneburg	
		Garlop, Johan	GARLOPJOHAN	Lüneburg	
		Springintgud, Johan	SPRINGINTGUDJ	Lüneburg	
01.03.1445	Lübeck	Hoyer, Hinrik	HOYERHINRIK	Hamburg	2,3,83
		Koting, Hinrik	KATING	Hamburg	
		Rotgheri, Johan	ROTGERI	Hamburg	
		Buck, Hinrik	BUCK	Rostock	
		Lubeke, Nicolaus	LUBEKNICOLAUS	Rostock	
		Voghe, Otto	VÖGEOTTO	Stralsund	
		Hertiger, Albert	HERTIGER	Stralsund	
		Greverade, Alff	GREVERADEALF	Stralsund	
		Peel, Hinrik	PEEL	Wismar	
		Borken, Peter van	BORKENPETER	Wismar	
		Schellepeper, Johan	SCHELLEPE	Lüneburg	
		Schomaker, Hartich	SCHOMAKERHART	Lüneburg	
18.05.1447	Lübeck	Watzervas, Godert	WASSERFAS	Köln	2,3,173
		Har, Gherart	HARGERD	Köln	
		Vrese, Johan	VRESE	Bremen	
		Brant, Daniel	BRANDDANIEL	Bremen	
		Buek, Hinrik	BUCK	Rostock	
		Otbrecht, Johan	ODBERT	Rostock	
		Kerkhoff, Roleff	KERKHOFFROLEF	Rostock	
		Voghe, Otto	VÖGEOTTO	Stralsund	
		Krakouwe, Clawes	KRAKOW	Stralsund	
		Wilde, Peter	WILDEPETER	Wismar	
		Peel, Hinrik	PEEL	Wismar	
		Leyden, Reynecke van	LEIDEN	Wismar	
		Emeden, Hans vam	EMDEN	Magdeburg	
		Mauricii, Hans	MAURICII	Magdeburg	

DATUM	TAGORT	NAME	STANDARD	STADT	HR
18.05.1447	Lübeck	Vechten, Albert van	VECHTEN	Braunsch.	2,3,173
		Twedorp, Vicke	TWEDORP	Danzig	
		Nedderhoff, Reynolt	NEDERHOF	Danzig	
		Winter, Bundius	WINTER	Thorn	
		Elten, Johan van	ELTEN	Gotland	
		Kelre, Herman	KELRE	Gotland	
		Pork, Nickes	PORK	Breslau	
		Weghe, Johan van dem	WEGE	Riga	
		Schrove, Ghert	SCHROVE	Dorpat	
		Dusporg, Johan	DUSBERGJO	Reval	
		Rosowe, Jacob	ROSOW	Stettin	
		Grote, Ghert	GROTEGERD	Stettin	
		Klosse, Merten	KLOSSE	Stendal	
		Allingstede, Johan	ALINGSTEDE	Salzwedel	
		Swanevlogel, Wedekynt	SWANEVOGEL	Göttingen	
		Munden, Ghiseler van	MUNDEN	Göttingen	
		Swarte, Hinrik	SWARTEHINRIK	Stade	
		Pape, Helmich	PAPEHILMER	Stade	
		Robeler, Diderik	ROBELER	Ülzen	
		Lynden, Henning van der	LINDEN	Stargard	
		Kartlouwe, Hennyng	KARTLOW	Stargard	
		Bringman, Bode	BRINGMAN	Paderborn	
		Pape, Johan	PAPE	Lemgo	
		Kameren, Henning	VANDERKAMER	Kiel	
		Pael, Marquard	PAELMARKWARD	Kiel	
		Ko?thing, Hinrick	KATING	Hamburg	
		Bremer, Detleff	BREMER	Hamburg	
		Rothgeri, Johan	ROTGERI	Hamburg	
		Schellepeper, Johan	SCHELLEPEPERJ	Lüneburg	
		Schomaker, Hartwich	SCHOMAKERHART	Lüneburg	
		Segeberg, Bertolt	SEGEBERGBERT	Greifswald	
		Warendorpp, Hermen	WARENDORPHERM	Münster	
		Hasselmann, Johan	HASSELMAN	Münster	
		Horne, Everd	HORNE	Kolberg	
		Stoltkouwe, Clawes	STOLTKOWE	Kolberg	
		Rad to Lubeke	RAT	Lübeck	
		Hesen, Johan von	HESEN	Nijmwegen	
		Krite, Everd	KRITE	Deventer	
		Olrikes, Gherd	OLRIKES	Zütphen	
		Erte, Johan van	ERTEJOHANVAN	Zwolle	
		Vuer, Haderwick	VUER	Harderwijk	
		Nordick, Ulgher van	NORDIK	Groningen	
		Hoppers, Hermen	HOPPERS	Groningen	

DATUM	TAGORT	NAME	STANDARD	STADT	HR
18.05.1447	Lübeck	Suchtelen, Johan van	SUCHTELEN	Roermond	2,3,173
		Gruter, Gherard	GRUTERGERD	Arnheim	
		Schursak, Tideman	SCHURSAKTIDE	Kampen	
		Castorp, Hinrick	CASTORPHINRIK	Brügge/ Kontor	
		Schedens, Hinrik van	SCHEDENSHINRIK	Brügge/ Kontor	
04.04.1449	Lübeck	Nederhoff, Reynolt	NEDERHOF	Danzig	2,3,389
		Rover, Georgius	ROBERGEORG	Elbing	
		Lunenborch, Diderik	LUNEBORGDID	Hamburg	
		Lopouwe, Hinrich	LOPOWHINRIK	Hamburg	
		Rotgeri	ROTGERI	Hamburg	
		Lubeke, Niclaus v.	LUBEKNICOLAUS	Rostock	
		Voghe, Otto	VÖGEOTTO	Stralsund	
		Greverode, Alleff	GREVERADEALF	Stralsund	
		Wilde, Peter	WILDEPETER	Wismar	
		Nederhoff, Reinold	NEDERHOF	Danzig	
		Rover, Georgius	ROBERGEORG	Elbing	
		Rat Lübeck	RAT	Lübeck	
25.07.1449	Bremen	Calven, Wilhelm v.	VANCALVENWILM	Lübeck	2,3,409
		Bremen, Arnold van DR	BREMENARNDVAN	Lübeck	
		Bramstede, Jacob	BRAMSTEDE	Lübeck	
		Wasservas, Godert v.	WASSERFAS	Köln	
		Har, Ghert	HARGERD	Köln	
		Kotingk, Hinrik	KATING	Hamburg	
		Lopouwe, Hinrik	LOPOWHINRIK	Hamburg	
		Rotgheri, Johan	ROTGERI	Hamburg	
		Nedderhof, Reynolt	NEDERHOF	Danzig	
		Kryte, Evert	KRITE	Deventer	
		Marquardi, Johan	MARQUARD	Deventer	
		Nygehues, Hinrik	NYGEHUS	Zütphen	
		Dyke, Johan uppe	DIIKE	Wesel	
		Kale, Johann	KALEJOHAN	Wesel	
		Castorp, Hinrick	CASTORPHINRIK	Brügge / Kontor	
		Wantschede, Hinrik	WANTSCHEDEHIN	Brügge / Kontor	
		Gebingk, Johan	GEBINGJOH	Brügge / Kontor	
		Questenberg, Bertold	KWESTENBERG	London / Kontor	
		Lindeman, Clawes	LINDEMANCLAUS	London / Kontor	
		Have, Hinricus ton	HAVEHINTON	London / Kontor	

DATUM	TAGORT	NAME	STANDARD	STADT	HR
25.07.1449	Bremen	Rat von Bremen	Rat		2,3,409
24.06.1450	Bremen	Calven, Wilhelm van	VANCALVENWILM	Lübeck	2,3,465
		Bremen, Arnd van	BREMENARNDVAN	Lübeck	
		Bramstede, Jacob	BRAMSTEDE	Lübeck	
		Vrunt, Johan	VRUNDJOHAN	Köln	
		Bremer, Detleff	BREMER	Hamburg	
		Gerwer, Johan	GERWERJOHAN	Hamburg	
		Niendorp, Johan	NIENDORP	Hamburg	
		Blome, Hinrik	BLOMEHINRIK	Stralsund	
		Borken, Peter van	BORKENPETER	Wismar	
		Schomaker, Hartwich	SCHOMAKERHART	Lüneburg	
		Molen, Albert von der	VANDERMOLEN	Lüneburg	
		Dolle, Peter	DOLLEPETER	Magdeburg	
		Eilslewe, Alberd	EILSLEWE	Magdeburg	
		Kale, Hans	KALEHANS	Braunsch.	
		Twedorp, Hinrik	TWEDORPHIN	Braunsch.	
		Hoye, Marquard van der	HOYEMARQUARD	Stade	
		Anderen, Hinrik van	ANDERSEN	Stade	
		Marquadi, Johan	MARQUARD	Deventer	
		Diike, Johan uppe deme	DIIKE	Wesel	
		Kale, Johannes	KALEJOHAN	Wesel	
		Lubberdesson, Peter	LUBERDESON	Kampen	
		Rat von Bremen	Rat	Bremen	
21.09.1450	Lübeck	Vrunde, Johan	VRUNDJOHAN	Köln	2,3,485
		Gropeling, Hermen	GROPELINGHERM	Bremen	
		Brand, Daniel	BRANDDANIEL	Bremen	
		Greverade, Alff	GREVERADEALF	Stralsund	
		Wilde, Peter	WILDEPETER	Wismar	
		Dolle, Peter	DOLLEPETER	Magdeburg	
		Kalmes, Henning	KALMES	Braunsch.	
		Pawel, Geseke	PAWEL	Braunsch.	
		Wege, Tyleman vom	WEGETHIDEMAN	Thorn	
		Vryborg, Johan	VRYBORG	Danzig	
		Ghiseler, Symon	GISELERSIMON	Göttingen	
		Hoye, Marquart van der	HOYEMARQUARD	Stade	
		Andersen, Hinrik van	ANDERSEN	Stade	
		Scroder, Hinrik	SCRODERHINRIK	Buxtehude	
		Bote, Hinrik	BOTEHINRIK	Einbeck	
		Stoltevoet, Hinrik	STOLTEVOTHINRIK	Anklam	
		Pael, Marquart	PAELMARKWARD	Kiel	
		Bremer, Detleff	BREMER	Hamburg	
		Struve, Ludeke	STRUVE	Hamburg	
		Schomaker, Hartwich	SCHOMAKERHART	Lüneburg	

DATUM	TAGORT	NAME	STANDARD	STADT	HR
21.09.1450	Lübeck	Rat von Lübeck	Rat	Lübeck	2,3,485
		Velderen, Ghisebrecht van	VELDEREN	Nijmwegen	
		Marquardi, Johan	MARQUARD	Deventer	
		Leningh, Wilhelm	LENING	Zütphen	
		Aller, Garcellis van	ALLER	Arnheim	
		Junghe, Jacob	JUNGE	Kampen	
		Wather, Hinrick van deme	WATEREHINRIK	Zwolle	
		Voet, Leffert	VOETLEFFARD	Harderwijk	
		Ummen, Roleff van	UMMEN	Groningen	
		Ozen, Johan van	OZEN	Roermond	
		Diike, Johan up dem	DIIKE	Wesel	
		Castorp, Hinrick	CASTORPHINRIK	Brügge / Kontor	
		Bretholt, Wolter	BRETHOLTWOLTER	Brügge / Kontor	
25.11.1450	Lübeck	Calven, Wilhelmi van	VANCALVENWILM	Lübeck	2,3,515
		Luneborg, Johan	LUNEBORGJOHAN	Lübeck	
		Bramstede, Jacob	BRAMSTEDE	Lübeck	
		Wittick, Bertold	WITIK	Lübeck	
		Bremer, Dethlof	BREMER	Hamburg	
		Struve, Ludeke	STRUVE	Hamburg	
		Nyendorp	NIENDORP	Hamburg	
		Schomaker, Hartwich	SCHOMAKERHART	Lüneburg	
		Semmelbeck, Dethmer	SEMMELBECKERD	Lüneburg	
02.1452	Lübeck	Gropeling, Hermen	GROPELINGHERM	Bremen	2,4,44
		Kloeke, Hinrik	KLOKEHINRIK	Bremen	
		Luneborg, Diderik	LUNEBORGDID	Hamburg	
		Gherwer, Johan	GERWERJOHAN	Hamburg	
		Nyenborch, Johan	NIENBORCHJOH	Hamburg	
		Langhe, Peter	LANGEPETER	Wismar	
		Wilde, Diderik	WILDEDIDERIK	Wismar	
		Wege, Tydeman vom	WEGETHIDEMAN	Thorn	
		Veerden, Gerhard van	VEERDENGERDV	Danzig	
31.05.1453	Lübeck	Bremer, Detleff	BREMER	Hamburg	2,4,107
		Lopouwe, Henrick	LOPOWHINRIK	Hamburg	
		Nyendorpp, Johan	NIENDORP	Hamburg	
		Langhejohan, Peter	LANGEJOHAN	Wismar	
		Nygeman, Bertold	NIEMAN	Wismar	
		Pauwels, Gherke	PAULS	Braunsch.	
		Indagine, Gosschalk	INDAGINE	Braunsch.	
		Veddeler, Johan	VEDDLER	Elbing	
		Woolde, Johan van dem	VANDEMWOLDE	Danzig	
		Kulleken, Lodewich	KULLEKEN	Utrecht / Kontor	

DATUM	TAGORT	NAME	STANDARD	STADT	HR
31.05.1453	Lübeck	Buyren, Godeman van	BUYREN	Utrecht / Kontor	2,4,107
		Oosten, Hermannus van d.	OSTEN	Utrecht / Kontor	
12.1453	Lübeck	Bremer, Detleff	BREMER	Hamburg	2,4,131
		Lopouwe, Hinrik	LOPOWHINRIK	Hamburg	
		Nyendorp, Johan	NIENDORP	Hamburg	
		Lubekerman, Clawes	LUBEKEMAN	Rostock	
		Kruse, Bernd	KRUSEBERND	Rostock	
		Langhejohan, Peter	LANGEJOHAN	Wismar	
		Nyeman, Berteld	NIEMAN	Wismar	
		Dreyer, Johan	DREHER	Königsberg	
		Telghete, Arnd van	TELCHTE	Danzig	
		Wantscheede, Hinrik	WANDSCHEDH	Dorpat	
		Velthusen, Johan	VELTHUS	Reval	
		Eelebeke, Johan	EELEBEKEJOH	Utrecht / Kontor	
		Zee, Johan byme	SEEJOH	Utrecht / Kontor	
		Goswin	COESFELDGOSWIN	Utrecht / Kontor	
06.1454	Lübeck	Gropelinghe, Hermen van	GROPELINGHERM	Bremen	2,4,168
		Kloke, Hinrik	KLOKEHINRIK	Bremen	
		Cruze, Bernd	KRUSEBERND	Rostock	
		Havemann, (Bernd)	HAVEMAN	Rostock	
		Huddesem, Evert	HUDDESEN	Stralsund	
		Ronnegarve, Brant	RONNEGARVE	Stralsund	
		Langejohan, Peter	LANGEJOHAN	Wismar	
		Nygeman, Bertolt	NIEMAN	Wismar	
		Schore, Hans van	SCHORE	Magdeburg	
		Pawels, Gherd	PAULS	Braunsch.	
		Indagine, Gotscalcus	INDAGINE	Braunsch.	
		Knake, Marquard	KNAKEMARQUARD	Danzig	
		Klosse, Merten	KLOSSE	Stendal	
		Pokebusch, Arnt	PAKEBUSCH	Stendal	
		Bremer, Detleff	BREMER	Hamburg	
		Lopouwe, Hinrik	LOPOWHINRIK	Hamburg	
		Niendorp, Johannes	NIENDORP	Hamburg	
		Knake, Johan	KNAKEJOHAN	Kolberg	
		Horn, Lubbert	HORNELUBB	Kolberg	
		Elebeke, Johan	ELEBEKE	Utrecht / Kontor	
		Buren, Gademan van	BURENGADEMAN	Utrecht / Kontor	

DATUM	TAGORT	NAME	STANDARD	STADT	HR
06.1454	Lübeck	Coesfelde, Gossvinus von	COESFELDGOSWIN	Utrecht / Kontor	2,4,168
16.05.1455	Flensburg	Luneborgh, Johan	LUNEBORGJOHAN	Lübeck	2,4,251
		Westval, Johan	WESTFALJOHAN	Lübeck	
		Burmester, Godeke	BURMESTER	Lübeck	
		Hanneman, Peter	HANNEMAN	Rostock	
		Lubeke, Nicolawes	LUBEKNICOLAUS	Rostock	
		Zwarte, Johan	SWARTEJOHAN	Stralsund	
		Schening, Beteke	SCHENING	Stralsund	
		Budde, Hennyng	BUDDEHENNING	Stralsund	
		Darne, Mathias	DARNE	Stralsund	
		Vrame, Hermen	VROME	Wismar	
		Wyls, Johan	WILS	Wismar	
26.05.1455	Kampen	Calven, Wilhelm van	VANCALVENWILM	Lübeck	2,4,263
		Lopouw, Hinrick	LOPOWHINRIK	Hamburg	
		Schillingh, Albert	SCHILLING	Hamburg	
		Havemann, Bernd	HAVEMAN	Rostock	
		Steenwech, Erasmus	STEENWECH	Stralsund	
		Malchow, Ulrich	MALCHOWULRICH	Wismar	
24.06.1456	Lübeck	Hertze, Evert van	HERTZEVERD	Köln	2,4,322
		Vrunt, Johan	VRUNDJOHAN	Köln	
		Gropelinck, Hermen	GROPELINGHERM	Bremen	
		Brand, Daniel	BRANDDANIEL	Bremen	
		Lubike, Clawes	LUBEKNICOLAUS	Rostock	
		Kruse, Bernd	KRUSEBERND	Rostock	
		Langejohan, Peter	LANGEJOHAN	Wismar	
		Bulouwe, Georgius	BULOW	Wismar	
		Roleves, Heyse	ROLEVES	Magdeburg	
		Calmes, Henninck	KALMES	Braunsch.	
		Louwer, Phillipus	LOUWERPHIL	Breslau	
		Calven, Benedictus	CALVENBENEDIKT	Stendal	
		Rickman, Petrus	RICKMAN	Stendal	
		Henlyn, Andreas	HENLIN	Frankfurt	
		Gherne, Otte van	GERNE	Stade	
		Sworne, Johan de	SWORENJOHAN	Stade	
		Ertman, Ertwinus	ERTMANERTWIN	Osnabrück	
		Leenbecke, Cord	LEENBEKE	Ülzen	
		Horlessem, Ludolf	HERLESSEN	Hildesheim	
		Steyn, Drenees	STEIN	Hildesheim	
		Pael, Marqward	PAELMARKWARD	Kiel	
		Middelborch, Gotschalk	MIDDELBORCH	Kiel	
		Lopouw, Hinrik	LOPOWHINRIK	Hamburg	
		Schillinck, Albrecht	SCHILLING	Hamburg	

DATUM	TAGORT	NAME	STANDARD	STADT	HR
24.06.1456	Lübeck	Vemeren, Enwalt van	VEMERENENWALT	Dortmund	2,4,322
		Zegeberch, Bertold	SEGEBERGBERT	Greifswald	
		Calven, Wilhelm van	VANCALVENWILM	Lübeck	
		Luneborch, Johan	LUNEBORGJOHAN	Lübeck	
		Arnd	ARND	Lübeck	
		Zegeberch, Johan	SEGEBERGJOHAN	Lübeck	
		Witiik, Bertold	WITIK	Lübeck	
		Lipperode, Hinrik	LIPPERADE	Lübeck	
		Brolinck, Johan	BROLING	Lübeck	
		Westvael, Johan	WESTFALJOHAN	Lübeck	
		Castorp, Hinrik	CASTORPHINRIK	Lübeck	
		Volden, Symon van	VOLDEN	Nijmwegen	
		Dasse, Evert	DASSE	Zütphen	
		Elebecke, Hans	ELEBEKE	Utrecht / Kontor	
		Linderhusen, Johann	LINDERHUSEN	Utrecht / Kontor	
		Coesfelde, Gossvinus von	COESFELDGOSWIN	Utrecht / Kontor	
20.03.1457	Lübeck	Gropelynck, Hermen	GROPELINGHERM	Bremen	2,4,357
		Bremer, Detleff	BREMER	Hamburg	
		Schillinck, Albert	SCHILLING	Hamburg	
		Cruse, Bernd	KRUSEBERND	Rostock	
		Ronnegave, Brand	RONNEGARVE	Stralsund	
		Moller, Enwolt	MOLLERENWOLT	Stralsund	
		Urden, Hinrik van	URDENHINRIKVAN	Stralsund	
		Vrome, Hermen	VROME	Wismar	
		Belouwe, Jeorgius	BULOW	Wismar	
		See, Johann vamme	SEEJOH	Utrecht / Kontor	
		Richardes, Gyse	RICHARDES	Utrecht / Kontor	
		Coesfelde, Gossvinus von	COESFELDGOSWIN	Utrecht	
05.1459	Frieden Polen Dän.	Calven, Wilhelm van	CASTORPHINRIK	Lübeck	2,4,486
		Luneborch, Johan	LUNEBORGJOHAN	Lübeck	
		Minden, Gerd van	VANMINDENGERD	Lübeck	
		Witig, Bertold	WITIK	Lübeck	
		Zegheberch, Johan	SEGEBERGJOHAN	Lübeck	
		Lipperade, Hinrick	LIPPERADE	Lübeck	
		Broling, Johan	BROLING	Lübeck	
		Westfal, Johan	WESTFALJOHAN	Lübeck	
		Voge, Otto	VÖGEOTTO	Stralsund	
		Steenwech, Erasmus	STEENWECH	Stralsund	

DATUM	TAGORT	NAME	STANDARD	STADT	HR
05.1459	Frieden Polen Dän.	Darne, Mathias	DARNE	Stralsund	2,4,486
		Langejohan, Peter	LANGEJOHAN	Wismar	
		Pegel, Bernd	PEGEL	Wismar	
		Nedderhoff, Reynolt	NEDDERHOFF	POLEN	
		Dalen, Cord van	DALENCORD	POLEN	
26.03.1461	Lübeck	Bremer, Detleff	BREMER	Hamburg	2,5,29
		Schillingk, Albert	SCHILLING	Hamburg	
		Ronnegarve, Brant	RONNEGARVE	Stralsund	
		Dannel, Wilkinus	DANIEL	Stralsund	
		Speck, Hinrick	SPEEK	Wismar	
		Pegel, Bernt	PEGEL	Wismar	
21.05.1461	Greifswald	Bueck, Gosschalk	BUCKGOTTSCHALK	Rostock	2,5,41
		Vrome, Hermen	VROME	Wismar	
		Voge, Otto	VÖGEOTTO	Stralsund	
		Swarte, Johan	SWARTEJOHAN	Stralsund	
		Orden, Hinrik van	URDENHINRIKVAN	Stralsund	
		Darne, Mathias	DARNE	Stralsund	
		Zaterock, Johan	SATEROCK	Stralsund	
		Hagedorne, Nicolaus	HAGEDORN	Stralsund	
		Ruwingh, Johan	RUWING	Stralsund	
		Moller, Roleff	MOLLERROLEF	Stralsund	
		Myldenitze, Hinrik	MILDENITZE	Stargard	
		Dorre, Clawes	DORRE	Stargard	
		Rubenow, Hinrik	RUBENOWHINRIK	Greifswald	
		Goltbeke, Clawes	GOLTBEKE	Stettin	
		Steven, Clawes	STEVEN	Stettin	
15.06.1461	Lübeck	Gropelingh, Hermen	GROPELINGHERM	Bremen	2,5,63
		Grund, Frederick	GRUND	Bremen	
		Bremer, Detleff	BREMER	Hamburg	
		Schillingh, Albert	SCHILLING	Hamburg	
		Nigendorp, Johan	NIENDORP	Hamburg	
		Lubeke, Claves von	LUBEKNICOLAUS	Rostock	
		Buek, Gosschalk	BUCKGOTTSCHALK	Rostock	
		Henxtenbergh, Cristoffer	HENGSTENBERGC	Dortmund	
		Langejohan, Peter	LANGEJOHAN	Wismar	
		Amesvord, Meynhard	AMESVORD	Wismar	
		Dorn, Clawes	DORN	Stettin	
		Gronow, Jacob	GRONOW	Stettin	
		Sworne, Johan	SWORENJOHAN	Stade	
		Molen, Iwen van der	VANDERMOLENIW	Buxtehude	
		Tacke, Hinrick	TACKE	Wesel	
		Kael, Johan	KALEJOHAN	Wesel	

DATUM	TAGORT	NAME	STANDARD	STADT	HR
15.06.1461	Lübeck	Luneborgh, Johan	LUNEBORGJOHAN	Lübeck	2,5,63
		Witiik, Bertold	WITIK	Lübeck	
		Calven, Wilhelm van	VANCALVENWILM	Lübeck	
		Westvael, Johan	WESTFALJOHAN	Lübeck	
		Homburg, Symon van	HOMBURG	Lübeck	
		Brolingh, Johan	BROLING	Lübeck	
		Ebbelingh, Hinrik	EBELING	Lübeck	
		Geverdes, Andresz	GEVERDES	Lübeck	
		Castorp, Hinrik	CASTORPHINRIK	Lübeck	
		See, Johann vamme	SEEJOH	Brügge/ Kontor	
		Richardes, Jacob	RICHARDESJ	Brügge/ Kontor	
		Wantscheden, Johan	WANTSCHEDEJOH	Brügge/ Kontor	
		Coesfelde, Gossvinus von	COESFELDGOSWIN	Brügge/ Kontor	
13.07.1461	Stralsund	Hanneman, Peter	HANNEMAN	Rostock	2,5,80
		Lubeke, Claves von	LUBEKNICOLAUS	Rostock	
		Kruse, Bernd	KRUSEBERND	Rostock	
		Steenwech, Erasmus	STEENWECH	Stralsund	
		Oren, Hinrik van	ORENHINRIKVAN	Stralsund	
		Westfal, Johan	WESTFALJOHAN	Lübeck	
		Brolinck, Johan	BROLING	Lübeck	
		Horne, Lubbert	HORNELUBBERT	Kolberg	
		Theche, Hinrik	TECHEHINRIK	Kolberg	
		Rubenow, Hinrik	RUBENOWHINRIK	Greifswald	
		Wilde, Hinrik	WILDEHINRIK	Greifswald	
10.09.1461	Wesel	Hertz, Johan vam	HERTZJOHAN	Köln	2,5,91
		Brede, Johan	BREDE	Köln	
		Eilsich, Emundus	EILSICH	Köln	
		Ertman, Ertwinus	ERTMANERTWIN	Osnabrück	
		Gemicke, Arnt van	GEMICKE	Soest	
		Duyster, Johan	DUSTER	Lippstadt	
		Kleppingk, Andris	CLEPPINGANDRIS	Dortmund	
		Johannson	JOHANSSON	Münster	
		Warendorp, Heinrich	WARENDORPHIN	Münster	
		Bispingk, Johan	BISPINGJOHAN	Münster	
		Duenen, Johan vam	DUNENJOHAN	Nijmwegen	
		Bemel, Alart van	BEMEL	Nijmwegen	
		Dotinchem, Henrich	DOTINCHEM	Deventer	
		Johannis, Phillippus	JOHANNIS	Deventer	
		Das, Evert	DASSE	Zütphen	
		Poppe, Wiichart	POPPE	Zwolle	

DATUM	TAGORT	NAME	STANDARD	STADT	HR
10.09.1461	Wesel	Beensum, Henrich	BENSUM	Doesborg	2,5,91
		Delen, Steven vam	DELENVAM	Arnheim	
		Wiie, Hermen	WIIE	Arnheim	
		Scheerre, Rutger	SCHERRE	Kampen	
		Bisschop, Albert	BISCOPALB	Brügge/ Kontor	
		Berchoff, Bertolt	BERKHOFFBERT	Brügge/ Kontor	
		Wanschede, Johan	WANSCHEDEJOH	Brügge/ Kontor	
		Coesfelde, Gossvinus von	COESFELDGOSWIN	Brügge/ Kontor	
17.01.1462	Hildesheim Braunsch.	Castorp, Hinrik	CASTORPHINRIK	Lübeck	2,5,109
		Hachede, Hinrik van	HACHEDEHINRIK	Lübeck	
		Wonstorp, Johan	WUNSTORP	Lübeck	
		Dornthen, Hermen van	DORNTHEN	Goslar	
		Brosem, Jacob van	BROSEMVAN	Braunsch.	
		Horneborch, Henningh	HORNEBGHE	Braunsch.	
		Waken, Bartolt von	WAKEN	Göttingen	
		Munden, Gisler van	MUNDEN	Göttingen	
		Sneen, Clawes von	SNEE	Göttingen	
		Hardenborch, Detleff	HARDENBORCH	Einbeck	
		Clenenberch, Hans	CLENENBERCH	Einbeck	
		Blome, Hans	BLOMEHANS	Hannover	
		Seleppsen, Hans von	SELEPPSEN	Northeim	
		Elvesen, Borcherd	ELVESEN	Northeim	
		Rode, Cune	RODEN	Magdeburg	
		Walbeck, Fricke	WALBECKFRICKE	Magdeburg	
		Herdeke, Bertold	HERDEKEBERTOLD	Magdeburg	
		Bismark, Hans	BISMARKJOHAN	Stendal	
		Goltbeke, Hans	GOLTBEKEHANS	Stendal	
19.06.1462	Kopen-hagen	Castorp, Hinrick	CASTORPHINRIK	Lübeck	2,5,149
		Lipperade, Hinrick	LIPPERADE	Lübeck	
		Kruse, Bernd	KRUSEBERND	Rostock	
		Sleef, Steffen	SLORF	Rostock	
		Buek, Gosschalk	BUCKGOTTSCHALK	Rostock	
		Langejohan, Peter	LANGEJOHAN	Wismar	
		Nigemann, Bertold	NIEMAN	Wismar	
26.05.1463	Groningen	Castorp, Hinrick	CASTORPHINRIK	Lübeck	2,5,222
		Sundesbeke, Hermann	SUNDESBEKE	Lübeck	
		Bremer, Detleff	BREMER	Hamburg	
		Lopouw, Hinrick	LOPOWHINRIK	Hamburg	

DATUM	TAGORT	NAME	STANDARD	STADT	HR
26.05.1463	Groningen	Havemann, Bernd	HAVEMAN	Rostock	2,5,222
		Geroldi, Gerd	GEROLDES	Stralsund	
		Malchow, Ulrich	MALCHOWULRICH	Wismar	
		Norten, Giseler van	NORTENGISELERV	Braunsch.	
		Lucke, Hinrik	LUCKEHINRIK	Braunsch.	
		Munden, Giseler v. junior	MUNDENGISELERJ	Göttingen	
02.09.1464	Braun-schweig	Roden, Kone	RODEN	Magdeburg	2,5,430
		Bertoldes, Heydeke	BERTOLDES	Magdeburg	
		Walbeke, Hinrick	WALBECKHINRIK	Braunsch.	
		Lucken, Hinrick	LUCKEN	Braunsch.	
		Calm, Henningh	KALMES	Braunsch.	
		Broystede, Cort	BROYSTEDE	Braunsch.	
		Schepenstede, Cort	SCHEPENCOR	Braunsch.	
		Horneborch, Henningh	HORNEBGHE	Braunsch.	
		Erthusen, Hans	ERTHUSEN	Braunsch.	
		Berbergen, Luthert van	BERBERGEN	Braunsch.	
		Vechtelde, Albert van	VECHELDEAL	Braunsch.	
		Ossen, Clawes	OSSENCLAUS	Halle	
		Buschen, Hans	BUSCHEN	Halle	
		Tzelle, Hans	TZELLE	Halle	
		Zacharias, Huch	ZACHARIAS	Halberstadt	
		Slanstede, Hans	SLANSTEDE	Halberstadt	
		Kramer, Tile	KRAMERTIL	Quedlinb.	
		Berndes, Ulrik	BERNDESULRICH	Quedlinb.	
		Wunder, Hans	WUNDER	Aschers-leben	
		Harte, Peter vam	HARTEPETER	Aschers-leben	
		Herlsen, Lydeloff van	HERLESSEN	Hildesheim	
		Dee, Diderick vam	DEEVAM	Hildesheim	
		Munden, Ghiseler van	MUNDEN	Göttingen	
		Snee, Clawes vam	SNEE	Göttingen	
		Loude, Hinrick	LOUDE	Stendal	
		Brasche, Gherart	BRASCHE	Stendal	
		Wynthem, Diderick van	WINTEM	Hannover	
		Lymberch, Cort	LYMBORCHCORD	Hannover	
		Eynen, Ludeloff van	EYNEN	Einbeck	
		Rubart, Arnt	RUBART	Einbeck	
		Ruman, Tile	RUMAN	Northeim	
		Bockfelt, Hans	BOKFELT	Helmstedt	
		Suppelingborch, Hermen	SUPPELINGB	Helmstedt	
		Jordens, Hans	JORDENSHANS	Helmstedt	
19.09.1465	Hamburg	Castorp, Hinrik	CASTORPHINRIK	Lübeck	2,5,480

DATUM	TAGORT	NAME	STANDARD	STADT	HR
19.09.1465	Hamburg	Lipperade, Hinrik	LIPPERADE	Lübeck	2,5,480
		Hachede, Hinrick	HACHEDEHINRIK	Lübeck	
		Bracht, Johan	BRACHT	Lübeck	
		Grund, Frederic	GRUND	Bremen	
		Blok, Gherd	BLOKGERD	Bremen	
		Malchouw, Otrich	MALCHOWULRICH	Wismar	
		Langediderick, Marquard	LANGEDIDERIK	Wismar	
		Wolde, Johan van deme	VANDEMWOLDE	Danzig	
		Veltstede, Roleff	VELTSTEDE	Danzig	
		Wernouw, Rode van	WERNOV	Danzig	
		Swore, Johan de	SWORENJOHAN	Stade	
		Oesta, Herman	OSTEN	Stade	
		Rad, Johan	RAD	Nijmwegen	
		Diike, Johan uppen	DIIKE	Wesel	
		Kael, Johan	KALEJOHAN	Wesel	
		Krulleman, Johan	KRULLEMAN	Köln	
		Zuderman, Hinrik	SUDERMANHINRIK	Köln	
		Frund, Johan	VRUNDJOHAN	Köln	
		Schomaker, Hartwich	SCHOMAKERHART	Lüneburg	
		Schellepeper, Cord	SCHELLEPEPERC	Lüneburg	
		Questemberch, Bertold	QUASTEMBERCH	London / Kontor	
		Sasse, Peter	SASSEPETER	London / Kontor	
		Grevensteen, Hinricus	GREVENSTEEN	London Kontor	
		rad to Hamborg	RAT	Hamburg	
23.07.1466	Lübeck	Lopouw, Hinrick	LOPOWHINRIK	Hamburg	2,5,574
		Schillinck, Albert	SCHILLING	Hamburg	
		Lutke, Pardum	LUTTKEPARIDAM	Hamburg	
		Cruse, Bernd	KRUSEBERND	Rostock	
		Kerckhoff, Bertold	KERKHOFFBERT	Rostock	
		Malchauwe, Ulrick	MALCHOWULRICH	Wismar	
		Nyeman, Bertolt	NIEMAN	Wismar	
20.09.1467	Lübeck	Witiik, Bertold	WITIK	Lübeck	2,6,33
		Kastorpp, Hinrik	CASTORPHINRIK	Lübeck	
		Hitvelt, Hermen	HITVELTHERMAN	Lübeck	
		Sundesbeke, Hermen	SUNDESBEKE	Lübeck	
		Schillingh, Albert	SCHILLING	Hamburg	
		Murmester, Hinrick	MURMESTER	Hamburg	
		Malchouw, Otrick	MALCHOWULRICH	Wismar	
		Rosehake, Hinrik	ROSEHAKE	Wismar	
		Molen, Albert van der	VANDERMOLEN	Lüneburg	
		Schomaker, Hartich	SCHOMAKERHART	Lüneburg	

DATUM	TAGORT	NAME	STANDARD	STADT	HR
15.10.1467	Lübeck	Witiik, Bertold	WITIK	Lübeck	2,6,38
		Kastorp, Hinrick	CASTORPHINRIK	Lübeck	
		Hitvelt, Hermen	HITVELTHERMAN	Lübeck	
		Sundesbeke, Hermen	SUNDESBEKE	Lübeck	
		Schillingk, Albert	SCHILLING	Hamburg	
		Murmester, Hinrick	MURMESTER	Hamburg	
		Malchouw, Olrick	MALCHOWULRICH	Wismar	
		Rosehake, Henrick	ROSEHAKE	Wismar	
		Molen, Albert van der	VANDERMOLEN	Lüneburg	
		Schomaker, Hartwich	SCHOMAKERHART	Lüneburg	
23.04.1469	Lübeck	Kruse, Bernd	KRUSEBERND	Rostock	2,6,143
		Kerckhoff, Bertold	KERKHOFFBERT	Rostock	
		Stenwech, Erasmus	STEENWECH	Stralsund	
		Busch, Hinrik	BUSCHE	Stralsund	
		Malchouw, Olrik	MALCHOWULRICH	Wismar	
		Loste, Gherd	LOSTEGERD	Wismar	
		Landgreve, Johan	LANDGREVE	Elbing	
		Pawes, Bernd	PAWES	Danzig	
		Bisschop, Phillippus	BISCHOFF	Danzig	
		Schepel, Peter	SCHEPEL	Danzig	
		Wide, Arnd van der	WIDE	Stettin	
		Dumstorppe, Dethard van	DUMSTORPDET	Osnabrück	
		Muddepenningk, Hinrik	MUDEPENNING	Soest	
		Schillingh, Albert	SCHILLING	Hamburg	
		Murmester, Hinrik	MURMESTER	Hamburg	
		Rodtitke, Laurencius	RODITKE	Hamburg	
		Hinxteberch, Cristoffer	HENGSTENBERGC	Dortmund	
		Molen, Albert van der	VANDERMOLEN	Lüneburg	
		Sanckenstede, Clawes	SANKENSTEDENICO	Lüneburg	
		Buck, Lambert	BUCKLAMBERT	Münster	
		Kekesbeke, Johan	KEKESBEKE	Münster	
		Witiik, Bertold	WITIK	Lübeck	
		Kastorp, Hinrik	CASTORPHINRIK	Lübeck	
		Westvael, Johan	WESTFALJOHAN	Lübeck	
		Stiten, Hinrik van	STITENHINRIK	Lübeck	
		Lipperode, Hinrik	LIPPERADE	Lübeck	
		Ebelingk, Hinrik	EBELING	Lübeck	
		Geverdes, Andreas	GEVERDES	Lübeck	
		Moller, Cord	MOLLERCORD	Lübeck	
		Kolberch, Andreas	KOLBERG	Königsberg	
		Furstenow, Cristoffer	FURSTENOW	Königsberg	
		Radeken, Cleys	RADEKEN	Königsberg	
		Haltert, Hinrik van der	HALTERT	Nijmwegen	

DATUM	TAGORT	NAME	STANDARD	STADT	HR
23.04.1469	Lübeck	Borre, Johan	BORRE	Deventer	2,6,143
		Andreessen,Brun	ANDRESEN	Deventer	
		Mermoeden, Andreas van de	MERMOEDEN	Zütphen	
		Volden, Symon von	VOLDEN	Doesborg	
		Tack, Hinrick	TACKE	Wesel	
		Koele, Johan	KALEJOHAN	Wesel	
		Poppe, Wiger	POPPE	Zwolle	
		Vrese, Johan	VRESE	Groningen	
		Zalland, Bertolt van	SALLAND	Arnheim	
		Rynbiise, Johan	RYNBIS	Kampen	
		Wanmathe, Hermann	WANMATE	London / Kontor	
		Coesfelde, Gossvinus von	COESFELDGOSWIN	Brügge/ Kontor	
24.08.1469	Kopen-hagen	Castorp, Hinrick	CASTORPHINRIK	Lübeck	2,6,215
		Molre, Cord	MOLLERCORD	HL	
		Tzeven, Erick van	TZEVENERIK	Hamburg	
		Lutken, Paridam	LUTTKEPARIDAM	Hamburg	
		Bueck, Gosschalk	BUCKGOTTSCHALK	Rostock	
		Molre, Hinrick	MOLLERHINRIK	Rostock	
		Voge, Otto	VÖGEOTTO	Stralsund	
		Bussche, Hinrik van dem	BUSCHE	Stralsund	
		Malchow, Ulrich	MALCHOWULRICH	Wismar	
		Speck, Hinrick	SPEEK	Wismar	
31.05.1470	Lübeck	Kruse, Bernd	KRUSEBERND	Rostock	2,6,291
		Kergkhoff, Bartold	KERKHOFFBERT	Rostock	
		Geroldes, Gherd	GEROLDES	Stralsund	
		Daniel, Wilkynus	DANIEL	Stralsund	
		Malchouw, Olrich	MALCHOWULRICH	Wismar	
		Mane, Johann	MANE	Wismar	
		Bartmann, Cord	BARTMAN	Riga	
		Hove, Gobel	HOVE	Riga	
		Ossenling, Johann	OSSENBRING	Dorpat	
		Hagenbeke, Diderik	HAGENBEKE	Reval	
		Wide, Arend von der	WIDE	Stettin	
		Munden, Giseler van	MUNDEN	Göttingen	
		Sworen, Johann de	SWORENJOHAN	Stade	
		Osta, Hermen	OSTEN	Stade	
		Molen, Jwen van der	VANDERMOLENIW	Buxtehude	2,6,291
		Schilling, Alberd	SCHILLING	Hamburg	
		Murmeister, Hinrik	MURMESTER	Hamburg	
		Rodtideke, Laurentz	RODITKE	Hamburg	
		Sudermann, Arnd	SUDERMANARND	Dortmund	

DATUM	TAGORT	NAME	STANDARD	STADT	HR
31.05.1470	Lübeck	Schomaker, Hartich	SCHOMAKERHART	Lüneburg	2,6,291
		Sanckenstede, Clawes	SANKENSTEDENICO	Lüneburg	
		Pederouw, Henningk	PEDEROW	Greifswald	
		rad to Lubeke	RAT	Lübeck	
		Ringemberge, Sweder von	RINGEMBERG	Wesel	
		Kale, Johann	KALEJOHAN	Wesel	
		Durkoepp, Johan	DURCOPJOH	Brügge/ Kontor	
		Kerkhoff, Bertram	KERKHOFFBERT	Brügge/ Kontor	
		Coesfelde, Gossvinus von	COESFELDGOSWIN	Brügge/ Kontor	
		Wanmathe, Hermann	WANMATEHERM	London / Kontor	
24.08.1470	Lübeck	Brant, Daniel	BRANDDANIEL	Bremen	2,6,322
		Balleer, Bernt	BALLEER	Bremen	
		Cruse, Bernt	KRUSEBERND	Rostock	
		Kerkhoff, Bertolt	KERKHOFFBERT	Rostock	
		Geroldes, Gert	GEROLDES	Stralsund	
		Nyeman, Bertolt	NIEMAN	Wismar	
		Salmon, Hinrick	SALMONHINRIK	Magdeburg	
		Bylringh, Hans	BILRINGHANS	Magdeburg	
		Walbeke, Hinrick	WALBECKHINRIK	Braunsch.	
		Calmisz, Henningk	KALMES	Braunsch.	
		Wunstorpp, Hinrick	WUNSTORP	Braunsch.	
		Buck, Merten	MERTBUCK	Danzig	
		Winckendorp, Johann	WINKENDORP	Danzig	
		Westval, Matheus	WESTFAL	Danzig	
		Bartman, Cord	BARTMAN	Riga	
		Hove, Gobel	HOVE	Riga	
		Osenbringh, Johan	OSSENBRING	Dorpat	
		Haghenbeke, Pyrick	HAGENBEKE	Reval	
		Pakebusch, Arnt	PAKEBUSCH	Stendal	
		Swechten, Hans	SWECHTEN	Stendal	
		Munden, Gyseler van	MUNDEN	Göttingen	
		Swarte, Austyn	SWARTEAUGUST	Stade	
		Oesten, Hermen van der	OSTEN	Stade	
		Rofsak, Hinrick	ROFSAK	Ülzen	
		Molen, Iwen van der	VANDERMOLENIW	Buxtehude	
		Bode, Hintze	BODE	Halberstadt	
		Herlessen, Leidolff van	HERLESSEN	Hildesheim	
		Vredeman, Hynrick	VREDEMAN	Goslar	
		Boddendal, Emeke	BODENDAL	Einbeck	
		Winckeldey, Clawes	WINKELDEY	Stargard	

DATUM	TAGORT	NAME	STANDARD	STADT	HR
24.08.1470	Lübeck	Schillingh, Albert	SCHILLING	Hamburg	2,6,322
		Murmester, Hinrik	MURMESTER	Hamburg	
		Rottytke, Laurentz	RODITKE	Hamburg	
		Zuderman, Arnt	SUDERMANARND	Dortmund	
		Sanckenstede, Clawes	SANKENSTEDENICO	Lüneburg	
		Staketo, Clawes	STAKETO	Lüneburg	
		Kalsouw, Clawes	KALSOW	Kolberg	
		Wytick, Hinrick	WITIKHINRIK	Lübeck	
		Castorp, Hinrick	CASTORPHINRIK	Lübeck	
		Ebelingh, Hinrick	EBELING	Lübeck	
		Gheverdes, Andreas	GEVERDES	Lübeck	
		Bere, Luttke	BERELUTKE	Lübeck	
		Luneborch, Johan	LUNEBORGJOHAN	Lübeck	
		Colberch, Andreas	KOLBERG	Königsberg	
		Borre, Johan	BORRE	Deventer	
		Jerwerd, Steffen	JERWERD	Deventer	
		Ringenberghe, Sweder von	RINGEMBERG	Wesel	
		Kale, Johan	KALEJOHAN	Wesel	
		Merne, Bernt van	MERNE	Zwolle	
		Bonel, Hermen	BONEL	Herford	
		Durkopp, Johan	DURCOPJOH	Brügge/ Kontor	
		Berkhoff, Berttram	BERKHOFFBERT	Brügge/ Kontor	
		Coesfelde, Gossvinus von	COESFELDGOSWIN	Brügge/ Kontor	
		Wanmate, Hermen	WANMATEHERM	London / Kontor	
01.01.1471	Lübeck	Murmester, Hinrick	MURMESTER	Hamburg	2,6,407
		Meere, Otte vamme	MEERE	Hamburg	
		Rodtideke, Laurentz	RODITKE	Hamburg	
		Slorff, Steffen	SLORF	Rostock	
		Bockholt, Gherd	BOEKHOLT	Rostock	
		Dannel, Wilkinus	DANIEL	Stralsund	
		Malchouw, Olrick	MALCHOWULRICH	Wismar	
		Pegel, Bernd	PEGEL	Wismar	
		Sanckenstede, Clawes	SANKENSTEDENICO	Lüneburg	
		Schellepeper, Cord	SCHELLEPEPERC	Lüneburg	
		Staketho, Clawes	STAKETO	Lüneburg	
25.09.1471	Lübeck	Murmester, Hinrik	MURMESTER	Hamburg	2,6,437
		Lutteke, Pardum	LUTTKEPARIDAM	Hamburg	
		Mestwerder, Johan	MESTWERT	Hamburg	
		Kerckhoff, Bertold	KERKHOFFBERT	Rostock	
		Malchouw, Ulrick	MALCHOWULRICH	Wismar	

DATUM	TAGORT	NAME	STANDARD	STADT	HR
25.09.1471	Lübeck	Rosehake, Hinrik	ROSEHAKE	Wismar	2,6,437
		Rat von Lübeck	RAT	Lübeck	
		Attendorn, Nicol. Cunonis	NICOLACUNO	Brügge/ Kontor	
		Rosehake, Hinrik	ROSEHAKE	Wismar	
04.03.1472	Lübeck	Murmester, Hinrick	MURMESTER	Hamburg	2,6,475
		Lucke, Pardem	LUTTKEPARIDAM	Hamburg	
		Rotticke, Laurencius	RODITKE	Hamburg	
		Slo(r)ff, Steffen	SLORF	Rostock	
		Kerckhoff, Bertold	KERKHOFFBERT	Rostock	
		Voghe, Otte	VÖGEOTTO	Stralsund	
		Kakenhusen, Hinrick	KAKENHUSEN	Stralsund	
		Malchouwee, Olrick	MALCHOWULRICH	Wismar	
		Maen, Johan	MAEN	Wismar	
		Stoketo, Niclaus	STAKETO	Lüneburg	
		Witick, Hinrick	WITIK	Lüneburg	
04.07.1472	Lübeck	Schillingh, Albert	SCHILLING	Hamburg	2,6,548
		Murmester, Hinrik	MURMESTER	Hamburg	
		Buringk, Henningk	BÜRING	Hamburg	
		Kerckhoff, Bertolt	KERKHOFFBERT	Rostock	
		Darne, Mathias	DARNE	Stralsund	
		Greverode, Lodewich	GREVERADLUDWIG	Stralsund	
		Malchouw, Olrik	MALCHOWULRICH	Wismar	
		Speck, Hinrick	SPEEK	Wismar	
		Nicolaus Cunonis	NICOLACUNO	Brügge/ Kontor	
07.1473	Utrecht	Castorp, Hinrick	CASTORPHINRIK	Lübeck	2,7,24
		Luneborch, Johan	LUNEBORGJOHAN	Lübeck	
		Murmeister, Hinrick	MURMESTER	Hamburg	
		Buringh, Hennyngh	BÜRING	Hamburg	
		Henxtenberg, Cristoff	HENGSTENBERGC	Dortmund	
		Brake, Hinrik	BRAKEHINRIK	Dortmund	
		Warendorp, Hinrik	WARENDORPHIN	Münster	
		Rensing, Hinrik	RENSING	Münster	
		Pawes, Bernd	PAWES	Danzig	
		Veltstede, Roleff	VELTSTEDE	Danzig	
		Markward, Johan	MARQUARD	Deventer	
		Durekop, Johan	DURCOPJOH	Brügge/ Kontor	
		Berghoff, Bertram	BERKHOFFBERT	Brügge/ Kontor	
25.04.1474	Lübeck	Tzeven, Erick	TZEVENERIK	Hamburg	2,7,391
		Mere, Otto van	MEERE	Hamburg	
		Rodtitke, Laurentz	RODITKE	Hamburg	

DATUM	TAGORT	NAME	STANDARD	STADT	HR
25.04.1474	Lübeck	Boekholt, Gerd	BOEKHOLT	Rostock	2,7,391
		Garlepouw, Brixius	GARLEPOWBRIXIUS	Stralsund	
		Nyemann, Bertold	NIEMAN	Wismar	
		Sanckenstede, Clawes	SANKENSTEDENICO	Lüneburg	
		Staketo, Clawes	STAKETO	Lüneburg	
		rad to Lubeke	RAT	Lübeck	
31.08.1474	Lübeck	Murmester, Hinrick	MURMESTER	Hamburg	2,7,430
		Buringk, Henningk	BÜRING	Hamburg	
		Buck, Goszlick	BUCKGOTTSCHALK	Rostock	
		Slorff, Steffen	SLORF	Rostock	
		Boekholt, Ghert	BOEKHOLT	Rostock	
		Zegefriit, Tzabel	SEGEFRIDSABEL	Stralsund	
		Malcouwe, Olrick	MALCHOWULRICH	Wismar	
		Schuttorp, Johann	SCHUTTORP	Wismar	
		Perseval, Godfridus	PERCEVALGODFRID	Wismar	
		Sanckenstede, Clauwes	SANKENSTEDENICO	Lüneburg	
		Staketo, Clauwes	STAKETO	Lüneburg	
14.07.1475	Lübeck	Murmester, Hinrick	MURMESTER	Hamburg	2,7,472
		Lutke, Paridam	LUTTKEPARIDAM	Hamburg	
		Mestwerter, Johann	MESTWERT	Hamburg	
		Kruse, Bernd	KRUSEBERND	Rostock	
		Buck, Goszlik	BUCKGOTTSCHALK	Rostock	
		Preen, Arnd	PREEN	Rostock	
		Zegevriit, Sabellus	SEGEFRIDSABEL	Stralsund	
		Malchouwe, Olrick	MALCHOWULRICH	Wismar	
		Schuttorp, Johan	SCHUTTORP	Wismar	
		Parsevael, Gotfridus	PERCEVALGODFRID	Wismar	
		Sanckenstede, Clawes	SANKENSTEDENICO	Lüneburg	
		Stoketo, Clawes	STAKETO	Lüneburg	
20.06.1476	Lübeck	Boekholt, Gerd	BOEKHOLT	Rostock	2,7,502
		Darne, Mathias	DARNE	Stralsund	
		Busch, Hinrick	BUSCHE	Stralsund	
		Murmester, Hinrick	MURMESTER	Hamburg	
		Mey, Johan	MEYJOHAN	Hamburg	
		Rotideke, Laurencius	RODITKE	Hamburg	
		Henxtenberg, Cristoffer	HENGSTENBERGC	Dortmund	
		Schomaker, Hartich	SCHOMAKERHART	Lüneburg	
		Staketo, Clawes	STAKETO	Lüneburg	
		Segeberch, Hinrick	SEGEBERGHINRIK	Greifswald	
		Stiten, Hinrick van	STITENHINRIK	Lübeck	
		Geverdes, Andreas	GEVERDES	Lübeck	
		Castorp, Hinrick	CASTORPHINRIK	Lübeck	
		Thunen, Ludeke van	THUNENLUDEKE	Lübeck	

DATUM	TAGORT	NAME	STANDARD	STADT	HR
20.06.1476	Lübeck	Oesthusen, Johan	OSTHUSENJOHAN	Lübeck	2,7,502
		Moller, Cord	MOLLERCORD	Lübeck	
		Beer, Ludeke	BEERLUDEKE	Lübeck	
		Sundesbeke, Herman	SUNDESBEKE	Lübeck	
		Evynckhusen, Tydeman	EVINGHUSEN	Lübeck	
		Borre, Johan	BORRE	Deventer	
		Merle, Bernd van	MERNE	Zwolle	
27.08.1476	Bremen	Castorpp, Hinrik	CASTORPHINRIK	Lübeck	2,7,604
		Thunen, Ludeke van	THUNENLUDEKE	Lübeck	
		Osthusen, Johan	OSTHUSENJOHAN	Lübeck	
		Bersenbrugghe, Johannes	BERSENBRUGGE	Lübeck	
		Boekholt, Gerd	BOEKHOLT	Rostock	
		Moller, Hinrick	MOLLERHINRIK	Magdeburg	
		Alman, Hinrik	ALMAN	Magdeburg	
		Walbeke, Hinrik	WALBECKHINRIK	Braunsch.	
		Block, Hans	BLOKJOHAN	Braunsch.	
		Wonstorpp, Hinrick	WONSTORP	Braunsch.	
		Bresevitz, Silvester	BRESEVITZ	Halle	
		Slegel, Andreas	SLEGEL	Halle	
		Bokholt, Hinrick	BOKHOLTHINRIK	Stendal	
		Sworne, Johan	SWORENJOHAN	Stade	
		Duchtersen, Johan van	DUCHTERSEN	Stade	
		Ertmann, Erdwin	ERTMANERTWIN	Osnabrück	
		Dumstorpe, Gerd van	DUMSTORPGERD	Osnabrück	
		Rethen, Volkmar van	RETEN	Halberstadt	
		Galle, Hinrick	GALLEHINRIK	Hildesheim	
		Dethmers, Hinrick	DETMERS	Goslar	
		Usler, Otte	USSLER	Einbeck	
		Scholte, Johan	SCHOLTE	Soest	
		Wynthem, Dyderick van	WINTEM	Hannover	
		Leteln, Albrant van	VANLETELENALB	Minden	
		Ucht, Mauritius van der	VANDERUCHT	Minden	
		Rouwelin, Hinrick	ROWELIN	Paderborn	
		Brand, Daniel	BRANDDANIEL	Bremen	
		Baller, Bernd	BALLEER	Bremen	
		Wyerm, Eyler	WYERM	Bremen	
		Molen, Iwen van der	VANDERMOLENIW	Buxtehude	
		Rodolves, Ratke	RODOLVES	Buxtehude	
		Suderman, Hynrich	SUDERMANHINRIK	Köln	
		Rynck, Herman	RINCKHERMAN	Köln	
		Duytz, Hynricus	DEUTZ	Köln	
		Tzeven, Erick van	TZEVENJUN	Hamburg	
		Murmester, Hinrick	MURMESTER	Hamburg	

DATUM	TAGORT	NAME	STANDARD	STADT	HR
27.08.1476	Bremen	Rodtydeke, Laurencius	RODITKE	Hamburg	2,7,604
		Staketo, Clawes	STAKETO	Lüneburg	
		Warendorpp, Hinrick	WARENDORPHIN	Münster	
		Droste, Johan	DROSTEJOHAN	Münster	
		Borre, Johan	BORRE	Deventer	
		Sweten, Wilhelm van	SWETEN	Deventer	
		Merne, Bernd van	MERNE	Zwolle	
		Vrese, Johan	VRESE	Groningen	
		Pael, Hans	PAELHANS	Kampen	
		Schyvelkamp, Gerd	SCHIVELKAMP	Kampen	
01.06.1478	Lübeck	Tzeven, Erick van	TZEVENJUN	Hamburg	3,1,74
		Lutke, Paridam	LUTTKEPARIDAM	Hamburg	
		Kone, Cord	KONE	Rostock	
		Kron, Hinrik	KRONHINRIK	Rostock	
		Nyeman, Johan	NIEMANJOH	Rostock	
		Loste, Gerd	LOSTEGERD	Wismar	
		rad to Lubeke	RAT	Lübeck	
03.09.1478	Kopen-hagen	Thunen, Ludeke van	THUNENLUDEKE	Lübeck	3,1,106
		Brutzschouwe, Brun	BRUSKOW	Lübeck	
		Bersenbrugge, Johannes	BERSENBRUGGE	Lübeck	
		Lutke, Paridam	LUTTKEPARIDAM	Hamburg	
		Mestwerte, Johan	MESTWERT	Hamburg	
		Kone, Cord	KONE	Rostock	
		Bockholt, Gerd	BOEKHOLT	Rostock	
		Krone, Hinrick	KRONHINRIK	Rostock	
		Nyeman, Johannes	NIEMANJOH	Rostock	
		Loste, Gerd	LOSTEGERD	Wismar	
		Speek, Hinrick	SPEEK	Wismar	
15.03.1479	Lübeck	Murmester, Hinrick	MURMESTER	Hamburg	3,1,128
		Huge, Johan	HUGE	Hamburg	
		Hadelen, Ludolff van	HADELN	Hamburg	
		Kerckhoff, Bertolt	KERKHOFFBERT	Rostock	
		Hasselbeke, Arnd	HASSELBEKE	Rostock	
		Prutze, Johan	PRUSSE	Stralsund	
		Loste, Gerd	LOSTEGERD	Wismar	
		Parsevale, Gotfridus	PERCEVALGODFRID	Wismar	
		Sanckenstede, Clawes	SANKENSTEDENICO	Lüneburg	
		Lange, Cord	LANGE	Lüneburg	
26.09.1479	Münster	Castorpp, Hinrick	CASTORPHINRIK	Lübeck	3,1,188
		Brutzschouwe, Brun	BRUSKOW	Lübeck	
		Osthusen, Johan	OSTHUSENJOHAN	Lübeck	
		Bersenbrugge, Johannes	BERSENBRUGGE	Lübeck	

DATUM	TAGORT	NAME	STANDARD	STADT	HR
26.09.1479	Münster	Murmester, Hinrick	MURMESTER	Hamburg	3,1,188
		Sallborch, Hinrick	SALZBORCH	Hamburg	
		Rodtideke, Laurencius	RODITKE	Hamburg	
		Hasselbeke, Arnd	HASSELBEKE	Rostock	
		Sasse, Vincke	SASSEVICKE	Wismar	
		Bruns, Gerd	BRUNSGERD	Brügge/ Kontor	
		Boutwinszen, Jan	BUTWINSEN	Harlem	
		Dircksen, Steffen	DIRCKSEN	Delfft	
		Jacobsen, Clawes	JACOBSEN	Delfft	
		Hugessen, Claes	HUGESSEN	Leiden	
		Milde, Peter de	MILDEPETER	Leiden	
		Rodinck, Peter	RODINK	Amsterdam	
		Betzen, Johan	BETZEN	Amsterdam	
		Willemsson, Jacob	WILELMSSONJAKOB	Siriksee	
		Lamsen, Peter	LAMSEN	Siriksee	
		Liebnissen, Antonius	LIEBNISS	Amsterdam	
15.03.1480	Lübeck	Sworen, Nicolaus	SWORENNICOLAUS	Hamburg	3,1,216
		Luttke, Paridam	LUTTKEPARIDAM	Hamburg	
		Kerchoff, Bertold	KERKHOFFBERT	Rostock	
		Herfode, Vicke van	HERFORDVICKE	Rostock	
		Bolkow, Marten	BOLKOW	Stralsund	
		Looste, Gerd	LOSTEGERD	Wismar	
		Lange, cord	LANGE	Lüneburg	
		Sworne, Johan	SWORENJOHAN	Stade	
		Swarte, Augustin	SWARTEAUGUST	Stade	
		Usler, Otte	USSLER	Einbeck	
16.11.1480	Lübeck	Murmeister, Hinrick	MURMESTER	Hamburg	3,1,245
		Huyge, Johan	HUGE	Hamburg	
		Lutken, Paridam	LUTTKEPARIDAM	Hamburg	
		Rodtideke, Laurentius	RODITKE	Hamburg	
		Hervorde, Vicke van	HERFORDVICKE	Rostock	
		Loste, Gerd	LOSTEGERD	Wismar	
		Parzevael, Gotfridus	PERCEVALGODFRID	Wismar	
28.03.1481	Lübeck	Huge, Johan	HUGE	Hamburg	3,1,250
		Mere, Otto vame	MEERE	Hamburg	
		Rodtideke, Laurentius	RODITKE	Hamburg	
		Staketo, Nicolaus	STAKETO	Lüneburg	
		Hoyeman, Hinrick	HOYEMAN	Lüneburg	
		Hasselbeke, Arndt	HASSELBEKE	Rostock	
		Loste, Gerdt	LOSTEGERD	Wismar	
16.09.1481	Lübeck	Sworen, Clawes de	SWORENNICOLAUS	Hamburg	3,1,275
		Meren, Otte van	MEERE	Hamburg	

DATUM	TAGORT	NAME	STANDARD	STADT	HR
16.09.1481	Lübeck	Burinck, Henning	BÜRING	Hamburg	3,1,275
		Kerckhof, Barteld	KERKHOFFBERT	Rostock	
		Hasselbeke, Arnd	HASSELBEKE	Rostock	
		Loste, Gerd	LOSTEGERD	Wismar	
		Partzevale, Gotfridus	PERCEVALGODFRID	Wismar	
		Sanckenstede, Clawes	SANKENSTEDENICO	Lüneburg	
		Schomaker, Jacob	SCHOMAKERJAKOB	Lüneburg	
21.04.1482	Lübeck	Sworen, Clawes de	SWORENNICOLAUS	Hamburg	3,1,303
		Sal(l)eborch, Hinric	SALZBORCH	Hamburg	
		Hasselbeke, Arnd	HASSELBEKE	Rostock	
		Kron, Hinric	KRONHINRIK	Rostock	
		Pruyssze, Johann	PRUSSE	Stralsund	
		Hoppenhacke, Johann	HOPPENHAKE	Wismar	
		Brinker, Marquard	BRINKER	Wismar	
		Staketho, Clawes	STAKETO	Lüneburg	
		Lange, Cord	LANGE	Lüneburg	
08.05.1483	Lübeck	Langenbeke, Hermen	LANGENBEKE	Hamburg	3,1,347
		Büring, Henning	BÜRING	Hamburg	
		Hasselbeke, Arndt	HASSELBEKE	Rostock	
		Wylkens, Johan	WILKEN	Rostock	
		Loste, Ghert	LOSTEGERD	Wismar	
		Hoppenacke, Johann	HOPPENHAKE	Wismar	
		Garlop, Lutke	GARLOPLUTKE	Lüneburg	
		Hoyemann, Hinrick	HOYEMAN	Lüneburg	
13.10.1483	Lübeck	Hasselbeke, Arndt	HASSELBEKE	Rostock	3,1,380
		Scroder, Jasper	SCHRODERJASPER	Rostock	
		Junge, Hennynkh	JUNGE	Stralsund	
		Loste, Ghert	LOSTEGERD	Wismar	
		Welen, Clawes van	WELLEN	Wismar	
		Staketo, Clawes	STAKETO	Lüneburg	
		Hoyman, Hinrik	HOYEMAN	Lüneburg	
		rad	RAT	Lübeck	
11.03.1484	Lübeck	Langenbeke, Hermen	LANGENBEKE	Hamburg	3,1,396
		Burinck, Henningh	BÜRING	Hamburg	
		Hasselbeke, Arnd	HASSELBEKE	Rostock	
		Busingk, Radolff	BUSINGRADOLF	Rostock	
		Swarte, Albert	SWARTEALBERT	Stralsund	
		Hoppenhacke, Johan	HOPPENHAKE	Wismar	
		Malchouw, Peter	MALCHOWPETER	Wismar	
		Staketo, Clawes	STAKETO	Lüneburg	
		Lange, Cord	LANGE	Lüneburg	
		rad	RAT	Lübeck	
31.05.1484	Lübeck	Langenbeke, Hermen	LANGENBEKE	Hamburg	3,1,428

DATUM	TAGORT	NAME	STANDARD	STADT	HR
31.05.1484	Lübeck	Buringh, Hennyngk	BÜRING	Hamburg	3,1,428
		Wilkens, Johann	WILKEN	Rostock	
		Symons, Karsten	SYMONS	Stralsund	
		Loste, Gerd	LOSTEGERD	Wismar	
		Wel(l)en, Clawes van	WELLEN	Wismar	
		Staketho, Clawes	STAKETO	Lüneburg	
		Lange, Cordt	LANGE	Lüneburg	
11.07.1484	Kopen-hagen	Lost, Gerdt	LOSTEGERD	Wismar	3,1,440
		Banschauw, Johann	BANTZEKOWJOHAN	Wismar	
		Hervorde, Vicke van	HERFORDVICKE	Rostock	
		Wilken, Johann	WILKEN	Rostock	
		Schroder, Jasper	SCHRODERJASPER	Rostock	
		Scheveken, Johann	SCHEVEKE	Danzig	
		Winkeldorp, Johan	WINKELDORP	Danzig	
		Valantt, Tydemann	VALANT	Danzig	
		Neve, Peter	NEVE	Danzig	
06.08.1484	Kopen-hagen	Brusschouw, Brun	BRUSKOW	Lübeck	3,1,441
		Hogevelt, Brandt	HOGEVELT	Lübeck	
		Brandes, Theodericus	BRANDES	Lübeck	
		Beckendorp, Hermen	BEKENDORPHERM	Hamburg	
		Hadelen, Luder van	HADELN	Hamburg	
		Hoyemann, Hinrick	HOYEMAN	Lüneburg	
11.01.1485	Lübeck	Langenbeke, Hermen	LANGENBEKE	Hamburg	3,1,523
		Buringh, Henningh	BÜRING	Hamburg	
		Radytke, Vicke van	RADY	Hamburg	
		Hervorde, Vicke van	HERFORDVICKE	Rostock	
		Scroder, Jaspar	SCHRODERJASPER	Rostock	
		Nyemann, Johann	NIEMANJOH	Rostock	
		Prutze, Johann	PRUSSE	Stralsund	
		Warde(ber)ge, Hennyngh	WARDENBERG	Stralsund	
		Hoppenacke, Johann	HOPPENHAKE	Wismar	
		Malchouw, Peter	MALCHOWPETER	Wismar	
		Staketho, Clawes	STAKETO	Lüneburg	
		Garlop, Lutke	GARLOPLUTKE	Lüneburg	
18.04.1485	Lübeck	Langenbeke, Hermen	LANGENBEKE	Hamburg	3,1,545
		Burynck, Hennynck	BÜRING	Hamburg	
		Hervorde, Vicke van	HERFORDVICKE	Rostock	
		Wilken, Johan	WILKEN	Rostock	
		Vigenbuck, Benedictus	VIGENBUK	Rostock	
		Hoppenhacke, Johann	HOPPENHAKE	Wismar	
		Tancke, Otto	TANCKE	Wismar	

DATUM	TAGORT	NAME	STANDARD	STADT	HR
18.04.1485	Lübeck	Staketho, Clawes	STAKETO	Lüneburg	3,1,545
		Hoyemann, Hinrick	HOYEMAN	Lüneburg	
		Lange, Cordt	LANGE	Lüneburg	
17.10.1485	Lübeck	Langenbeke, Hermen	LANGENBEKE	Hamburg	3,2,5
		Burinck, Hennyngk	BÜRING	Hamburg	
		Hasselbeke, Arndt	HASSELBEKE	Rostock	
		Meyer, Johann	MEYERJOHAN	Rostock	
		Prutze, Johann	PRUSSE	Stralsund	
		Loste, Ghert	LOSTEGERD	Wismar	
		Malchouw, Peter	MALCHOWPETER	Wismar	
09.03.1486	Lübeck	Langenbeke, Hermen	LANGENBEKE	Hamburg	3,2,19
		Czeven, Erik van	TZEVENJUN	Hamburg	
		Hasselbeke, Arndt	HASSELBEKE	Rostock	
		Mey, Hinrick	MEY	Rostock	
		Prutze, Johann	PRUSSE	Stralsund	
		Wardemberg, Henning	WARDENBERG	Stralsund	
		Loste, Ghert	LOSTEGERD	Wismar	
		Malchouw, Peter	MALCHOWPETER	Wismar	
		Lange, Cordt	LANGE	Lüneburg	
		Swarstede, Gotke	SWARSTED	Lüneburg	
24.05.1487	Lübeck	Schidrich, Evert von	SCHIDRICH	Köln	3,2,130
		Averbach, Tidemann	AVERBACH	Köln	
		Wesel, Gert van	WESEL	Köln	
		Duitz, Hinrich van	DEUTZ	Köln	
		Herverden, Vicke van	HERFORDVICKE	Rostock	
		Busynck, Radeloff	BUSINGRADOLF	Rostock	
		Wilkens, Johan	WILKEN	Rostock	
		Nyemann, Johan	NIEMANJOH	Rostock	
		Buck, Jurgen	JÜRBUCK	Danzig	
		Eggerdes, Johan	EGGERDES	Danzig	
		Neve, Petrus	NEVE	Danzig	
		Schonynk, Johan	SCHONING	Riga	
		Molre, Hinrick	MOLRE	Riga	
		Bretholt, Marquard	BRETHOLTMARK	Reval	
		Molen, Marquard van der	MOLENMARKWARD	Reval	
		Stevynk, Gerd	STEVINK	Stettin	
		Gryndel, Albert	GRINDEL	Stettin	
		Meynrick, Luder	MEINRIK	Kiel	
		Wulff, Clawes	WULF	Kiel	
		Langebeke, Hermen	LANGENBEKE	Hamburg	
		Burynck, Hennyngk	BÜRING	Hamburg	
		Rottytke, Laurens	RODITKE	Hamburg	
		Lange, Cord	LANGE	Lüneburg	

DATUM	TAGORT	NAME	STANDARD	STADT	HR
24.05.1487	Lübeck	Sanckenstede, Ditmar	SANKENSTEDEDIT	Lüneburg	3,2,130
		Kroger, Hermen	KROGER	Kolberg	
		Ferchemyn, Jurgen	VERCHEMINJÜRGEN	Kolberg	
		Castorp, Hinrick	CASTORPHINRIK	Lübeck	
		Wykinkhoff, Johan	WIKINGHOFF	Lübeck	
		Thunen, Luder van	THUNENLUDEKE	Lübeck	
		Crantz, Albert	KRANTZ	Lübeck	
		Warendorp, Volmar	WARENDVOLMAR	Lübeck	
		Bromse, Hinrick	BRÖMSEHINRIK	Lübeck	
		Lipperade, Hinrick	LIPPERADE	Lübeck	
		Huepp, Diderick	HUEPP	Lübeck	
		Hogevelt, Brant	HOGEVELT	Lübeck	
		Sweten, Willem van	SWETEN	Deventer	
		Kreygink, Johan	KREYGINK	Zütphen	
		Huyrnynk, Arnd	HUYMYNK	Zütphen	
		Buske, Gerbrant ton	BUSCHEGERBRAND	Zwolle	
		Klinckborch, Goszwyn	KLINKBORCHGOSW	Kampen	
28.02.1488	Lübeck	Langenbeke, Hermen	LANGENBEKE	Hamburg	3,2,262
		Tzalzborch, Hinrich	SALZBORCH	Hamburg	
		Wilken, Johann	WILKEN	Rostock	
		Blomenouw, Hinrick	BLOMENOW	Rostock	
		Sassze, Vicke	SASSEVICKE	Wismar	
		Malchouw, Peter	MALCHOWPETER	Wismar	
28.07.1488	Lübeck	Langenbeke, Hermen	LANGENBEKE	Hamburg	3,2,291
		Buryngh, Hennyngh	BÜRING	Hamburg	
		Wilken, Johann	WILKEN	Rostock	
		Kron, Hinrick	KRONHINRIK	Rostock	
		Drewes, Johann	DREWES	Rostock	
		Blomenouw, Hinrick	BLOMENOW	Rostock	
		Prutze, Johann	PRUSSE	Stralsund	
		Wardenberch,Henningh	WARDENBERG	Stralsund	
		Hoppenhacke, Johann	HOPPENHAKE	Wismar	
		Tanke, Otte	TANCKE	Wismar	
		Lange, Cordt	LANGE	Lüneburg	
		Hoyemann, Hinrick	HOYEMAN	Lüneburg	
12.03.1489	Lübeck	Langenbeke, Hermen	LANGENBEKE	Hamburg	3,2,309
		Salszborch, Hinrick	SALZBORCH	Hamburg	
		Prutze, Johann	PRUSSE	Stralsund	
		Symon, Karsten	SYMONS	Stralsund	
		Hoppenhacke, Johann	HOPPENHAKE	Wismar	
		Bantzschouw, Johann	BANTZEKOWJOHAN	Wismar	
		Lange, Cordt	LANGE	Lüneburg	
		Hoyeman, Hinrick	HOYEMAN	Lüneburg	

DATUM	TAGORT	NAME	STANDARD	STADT	HR
24.05.1490	Lübeck	Buringh, Henningh	BÜRING	Hamburg	3,2,370
		Salszborch, Hinrick	SALZBORCH	Hamburg	
		Hoppenhacke, Johann	HOPPENHAKE	Wismar	
		Banszkouw, Johann	BANTZEKOWJOHAN	Wismar	
11.10.1490	Lübeck	Langenbeke, Hermen	LANGENBEKE	Hamburg	3,2,395
		Barszkamp, Karsten	BARSKAMP	Hamburg	
		Symonsszen, Karsten	SYMONS	Stralsund	
		Hoppenhacke, Johann	HOPPENHAKE	Wismar	
		Malchouw, Peter	MALCHOWPETER	Wismar	
		Lange, Cordt	LANGE	Lüneburg	
		Sanckenstede, Dytmar	SANKENSTEDEDIT	Lüneburg	
13.12.1490	Lübeck	Langenbeke, Hermen	LANGENBEKE	Hamburg	3,2,416
		Burynnck, Hennyngh	BÜRING	Hamburg	
		Schulte, Nicolaus	SCHULTE	Hamburg	
		Wardtberch, Hennyngh	WARDENBERG	Stralsund	
		Hoppenhacke, Johan	HOPPENHAKE	Wismar	
		Malchouw, Peter	MALCHOWPETER	Wismar	
		Schomaker, Jacob	SCHOMAKERJAKOB	Lüneburg	
16.11.1491	Lübeck	Langenbeke, Hermen	LANGENBEKE	Hamburg	3,3,25
		Berskamp, Kersten	BARSKAMP	Hamburg	
		Wilken, Johan	WILKEN	Rostock	
		Warden, Hermen van	WARD	Rostock	
		Malchouw, Peter	MALCHOWPETER	Wismar	
		Sasse, Vicke	SASSEVICKE	Wismar	
		Lange, Cordt	LANGE	Lüneburg	
		Tobinck, Hinrick	TÖBING	Lüneburg	
14.03.1492	Lübeck	Langenbeke, Hermen	LANGENBEKE	Hamburg	3,3,47
		Bremer, Detleff	BREMERJUNIOR	Hamburg	
		Hasselbeke, Arndt	HASSELBEKE	Rostock	
		Kuter, Clawes	KUTER	Rostock	
		Boke, Johan	BOKE	Stralsund	
		Hoppenacke, Johann	HOPPENHAKE	Wismar	
		Banskouw, (Johann)	BANTZEKOWJOHAN	Wismar	
		Lange, Cordt	LANGE	Lüneburg	
		Hoyemann, Hinrick	HOYEMAN	Lüneburg	
23.05.1492	Lübeck	Buringh, Hennyngh +	BÜRING	Hamburg	3,3,66
		Schlesborch, Hinrick	SALZBORCH	Hamburg	
		Hoppenacke, Johan	HOPPENHAKE	Wismar	
		Sassze, Vicke	SASSEVICKE	Wismar	
		Lange, Cord	LANGE	Lüneburg	
		Sanckenstede, Dytmar	SANKENSTEDEDIT	Lüneburg	
13.03.1494	Lübeck	Langenbeke, Hermen	LANGENBEKE	Hamburg	3,3,185
		Berszkamp, Karsten	BARSKAMP	Hamburg	

DATUM	TAGORT	NAME	STANDARD	STADT	HR
13.03.1494	Lübeck	Reyneke, Johannes	REYNEKE	Hamburg	3,3,185
		Wilken, Johan	WILKEN	Rostock	
		Blomenouw, Hinrick	BLOMENOW	Rostock	
		Garlekouw, Ertmann	GARLEPOW	Stralsund	
		Loste, Ghert	LOSTEGERD	Wismar	
		Smith, Brandt	SMIT	Wismar	
		Sanckenstede, Dytmar	SANKENSTEDEDIT	Lüneburg	
		Schomaker, Jacob	SCHOMAKERJAKOB	Lüneburg	
25.05.1494	Bremen	Krantz, Albertus	KRANTZ	Lübeck	3,3,267
		Wigkeden, Hermen	WICKEDEHERMAN	Lübeck	
		Testede, Johan	TESTEDE	Lübeck	
		Garlepouw, Erthmann	GARLEPOW	Stralsund	
		Smyth, Brand	SMIT	Wismar	
		Vechtelde, Albrecht von	VECHELDEAL	Braunsch.	
		Cuppener, Cristofferus Dr.	CUPPENERNOTAR	Braunsch.	
		Wonstorp, Hinrick	WONSTORP	Braunsch.	
		Brandes, Henningh	BRANDESHENNING	Hildesheim	
		Lathusen, Garlich	LATHUSEN	Hannover	
		Rede, Hinrick van	REDE	Stade	
		Gheren, Hinrick van	GERENHINRIK	Stade	
		Swibbe, Werner	SWIBBE	Herford	
		Walman, Johannes	WALMANNOTAR	Herford	
		Langenbeke, Hermen	LANGENBEKE	Hamburg	
		Hoye, Kersten von der	HOYE	Hamburg	
		Reyneken, Johannes	REYNEKE	Hamburg	
		Langhe, Cord	LANGE	Lüneburg	
		Sanckenstede, Dithmar	SANKENSTEDEDIT	Lüneburg	
		Swethem, Wilhelm von	SWETEN	Deventer	
		Ludelphes, Hermen	LUDELEF	Deventer	
		Wather, Hinrick van deme	WATEREHINRIK	Zwolle	
		Bussche, Gerbrand von deme	BUSCHEGERBRAND	Zwolle	
		Ulgers, Roloff	ULGERS	Groningen	
		Horneken, Lutke	HORNEKEN	Groningen	
		Canter, Ghilmarus	CANTER	Groningen	
		Wulfferssen, Wolter	WULFERSEN	Kampen	
		Ryn(f)i(sc)h, Frederich	RINFISCH	Kampen	
		Boyste, Hinrick	BOYSTE	Kampen	
02.08.1494	Wesel	Wesell, Gerit van	WESEL	Köln	3,3,349
		Bise, Bartholomeus	BISE	Köln	
		Pruym, Derick	PRUME	Dortmund	
		Hovell, Johann van	HOVELEJOH	Dortmund	
		Cleppinck, Dietmar	CLEPPINGDITMAR	Soest	
		Dalen, Gabell von	DALENVAN	Soest	

DATUM	TAGORT	NAME	STANDARD	STADT	HR
02.08.1494	Wesel	Thais, Johan	TAIS	Duisburg	3,3,349
		Tiibis, Johan	TIBIS	Duisburg	
		Gosens, Gerit	GOSENS	Wesel	
		Diik, (Johan) uppen	DIIKE	Wesel	
		Snackert, Jan	SNAKERT	Wesel	
		Duden, Andrius	DUDEN	Wesel	
		Mar, van	MAR	Wesel	
28.05.1498	Bremen	Wilcken, Johan	WILKEN	Rostock	3,4,81
		Blomenouwe, Hinrick	BLOMENOW	Rostock	
		Schutinck, Hinrick	SCHUTING	Stralsund	
		Morder, Henninck	MORDER	Stralsund	
		Hoppenacke, Johann	HOPPENHAKE	Wismar	
		Stelter, Albert	STELTER	Wismar	
		Hanenjeger, Gotke	HONERJEGER	Dorpat	
		Hertzevelt, Johan	HERZFELD	Reval	
		Mouwert, Johan	MOUWERT	Reval	
		Mauritii, Mauritius	MAURITZ	Minden	
		Artze, Ernst	ARTZE	Minden	
		Langenbeke, Hermen	LANGENBEKE	Hamburg	
		Hoye, Karsten van der	HOYE	Hamburg	
		Swarte, Albert	SWARTE	Dortmund	
		Lange, Cordt	LANGE	Lüneburg	
		Tabinck, Hinrick	TÖBING	Lüneburg	
		Droste, Johan	DROSTEJOHAN	Münster	
		Bispinck, Evert	BISPINGEVERT	Münster	
		Hoyer, Diderick	HOYER	Münster	
		Thunen, Lutke van	THUNENLUDEKE	Lübeck	
		Wigkedenn, Hermen van	WICKEDEHERMAN	Lübeck	
		Hartze, Johan	HARTZ	Lübeck	
		Pakebusch, Matheus	PACKEBUSCH	Lübeck	
		Basedouw, Diderick	BASEDOW	Lübeck	
		Lange, Jasper	LANGEJASPER	Lübeck	
		Westvall, Hinrick	WESTFALHINRIK	Lübeck	
		Witte, Hinrick	WITTEHINRIK	Lübeck	
06.02.1500	Köln	Scapert, Heynrich	SCAPERT	Wesel	3,4,371
		Slebusch, Herman	SLEBUSCH	Wesel	
		Marweck, Arnt vann	MARWECK	Emmerich	
		Elverick, Heinrick van	ELVERICK	Emmerich	
		Merenscheit, Peter van	MERENSCHEID	Emmerich	
		Reyde, Johann van	REIDE	Köln	
		Merle, Johann vann	MERLE	Köln	
		Wesell, Gierharde vann	WESEL	Köln	
		Wasserfasse, Gierharde van (	WASSERFAS	Köln	

DATUM	TAGORT	NAME	STANDARD	STADT	HR
06.02.1500	Köln	Greveroide, Gierharde	GREVERADEGERT	Köln	3,4,371
21.03.1501	Lübeck	Tzeven, Erick van	TZEVENJUN	Hamburg	3,4,404
		Bremer, Detleff	BREMERJUNIOR	Hamburg	
		Reyneke, Johannes	REYNEKE	Hamburg	
		Moller, Hinrick	MOLLERHINRIK	Rostock	
		Smyth, Brandt	SMIT	Wismar	
		Lange, Cord	LANGE	Lüneburg	
		Tobingk, Hinrick	TÖBING	Lüneburg	
24.04.1503	Lübeck	Sartoris, Johan	SARTOR	Lüneburg	3,4,536
		Louwe, Nicolaus	LOUWE	Lübeck	
		Barck, Tyman	BARCK	Lübeck	
		Styten, Hertich van	STITENHARTICH	Lübeck	
		Hertze, Johan	HARTZ	Lübeck	
		Divitze, David	DIVITZE	Lübeck	
		Pakebusch, Matheus	PACKEBUSCH	Lübeck	
		Kerckrinck, Johan	KERKRINGJOHAN	Lübeck	
		Westval, Hinrick	WESTFALHINRIK	Lübeck	
		Witte, Hinrick	WITTEHINRIK	Lübeck	
		Castorp, Hinrik	CASTORPJUN	Lübeck	
		Brekewolt, Hartwicus	BREKWOLDHART	Lübeck	
		Osthusen, Henningus	OSTHUSENHENN	Lübeck	
		Rode, Johan	RODEJOHAN	Lübeck	
		Langenbeke, Hermen	LANGENBEKE	Hamburg	
		Tzeven, Erick van	TZEVENJUN	Hamburg	
		Reyneke, Johan	REYNEKE	Hamburg	
		Wilken, Johan	WILKEN	Rostock	
		Lange, Nicolaus	LANGENIC	Rostock	
		Segebarch, Arnoldus	SEGEBERG	Stralsund	
		Magnus, Phillipus	MAGNUS	Stralsund	
		Smyt, Bernt	SMIT	Wismar	
		Malchow, Hermen	MALCHOWHERMAN	Wismar	
		Lange, Cordt	LANGE	Lüneburg	
		Tobingk, Hinrick	TÖBING	Lüneburg	
		Koller, Johann	KOLLERJOH	Lüneburg	
27.08.1503	Rostock	Harcze, Johann	HARTZ	Lübeck	3,4,600
		Divitz, David	DIVITZE	Lübeck	
		Pakebusch, Matheus	PACKEBUSCH	Lübeck	
		Osthuszen, Hennyngus	OSTHUSENHENN	Lübeck	
		Langenbeke, Hermen	LANGENBEKE	Hamburg	
		Rodenborch, Hermen	RODENBORG	Hamburg	
		Herverde, Vycke	HERFORDVICKE	Rostock	
		Boldevan, Diderick	BOLDEVAN	Rostock	
		Wylken, Johan	WILKEN	Rostock	

DATUM	TAGORT	NAME	STANDARD	STADT	HR
27.08.1503	Rostock	Wardenberch, Henning	WARDENBERG	Stralsund	3,4,600
		Morder, Henning	MORDER	Stralsund	
		Zegheberch, Arnth	SEGEBERG	Stralsund	
		Langhe, Johan	LANGEJOHAN	Stralsund	
		Smith, Branth	SMIT	Wismar	
		Scroder, Johannes	SCHRODERJOHAN	Lüneburg	
		Tobingh, Hinrick	TÖBING	Lüneburg	
		Wulsche, Diderick	WULSCHE	Lüneburg	
		Kolre, Johan	KOLLERJOH	Lüneburg	
		Manth, Jurghen	MANT	Danzig	
		Tutingh, Johan	TUTING	Danzig	
		Wolter), Johan	WOLTER	Danzig	
26.08.1504	Lübeck	Langenbeke, Hermen	LANGENBEKE	Hamburg	3,5,76
		Rodenborch, Hermen	RODENBORG	Hamburg	
		Reyneke, Johan	REYNEKE	Hamburg	
		Wilken, Johan	WILKEN	Rostock	
		Lange, Nicolaus	LANGENIC	Rostock	
		Levelinck, Johan	LEVELING	Stralsund	
		Parow, Nicolaus	PAROW	Stralsund	
		Smydt, Brandt	SMIT	Wismar	
		Lange, Cordt	LANGE	Lüneburg	
		Schomaker, Jacob	SCHOMAKERJAKOB	Lübeck	
		Koller, Johan	KOLLERJOH	Lüneburg	
11.02.1505	Lübeck	Langenbeke, Hermen	LANGENBEKE	Hamburg	3,5,125
		Ryne, Bertolt vame	RYNE	Hamburg	
		Reynecke, Johan	REYNEKE	Hamburg	
		Lange, Nicolaus	LANGENIC	Rostock	
		Levekingk, Ghert	LEVEKING	Stralsund	
		Parouw, Nicolaus	PAROW	Stralsund	
		Malchow, Hermen	MALCHOWHERMAN	Wismar	
		Malchow, Hinrick	MALCHOWHINRIK	Wismar	
		Schomaker, Jacob	SCHOMAKERJAKOB	Lüneburg	
		Tobyngk, Meyneke	TÖBING	Lüneburg	
		Witzendorp, Johan	WITZENDORF	Lüneburg	
21.05.1506	Lübeck	Sunnenberg, Nicolaus	SUNNENBERG	Stralsund	3,5,171
		Snuvinck, Johan	SNUVINK	Stralsund	
		Wilken, Johan	WILKEN	Rostock	
		Langhe, Nicolaus	LANGENIC	Rostock	
		Berckhusen, Hermen	BARKHUSEN	Rostock	
		Mal(ch)ow, Hermen	MALCHOWHERMAN	Wismar	
		Hagen, Olrick vame	HAGENOLRIK	Wismar	
		Solkow, Nicolaus	SOLKOW	Wismar	
		Scomaker, Jacob	SCHOMAKERJAKOB	Lüneburg	

DATUM	TAGORT	NAME	STANDARD	STADT	HR
21.05.1506	Lübeck	Stoterogghe, Hertig	STÖTEROGGE	Lüneburg	3,5,171
		Coller, Johan	KOLLER	Lüneburg	
		Greverade, Gert	GREVERADEGERT	Köln	
		Rinck, Johan	RINCKJOHAN	Köln	
		Goultberge, Jurghen	GULTBERCH	Köln	
		Buren, Daniel	BUREN	Bremen	
		Reden, Clawes van	REDEN	Bremen	
		Langhenbeke, Hermen	LANGENBEKE	Hamburg	
		Rine, Bertolt	RYNE	Hamburg	
		Langhenbeke, Hermen eine I	LANGENBEKE	Hamburg	
		Droste, Everwyn	DROSTEEVERWIN	Münster	
		Hoyer, Diderick	HOYER	Münster	
29.12.1506	Hamburg	Divitzen, David	DIVITZE	Lübeck	3,5,251
		Meyger, Hermen	MEYERHERMANN	Lübeck	
		Osthusen, Henninghus	OSTHUSENHENN	Lübeck	
		Schomaker, Jacob	SCHOMAKERJAKOB	Lüneburg	
		Elver	ELVER	Lüneburg	
		Koller, Johan	KOLLERJOH	Lüneburg	
16.05.1507	Lübeck	Beys, Johan	BEYS	Köln	3,5,305
		Goltberch, Jurgen	GOLTBERCH	Köln	
		Buren, Daniel van	BUREN	Bremen	
		Reden,Nicolaus van	REDEN	Bremen	
		Lange, Nicolaus	LANGENIC	Rostock	
		Hasselbeke, Arndt	HASSELBEKE	Rostock	
		Morder, Henningh	MORDER	Stralsund	
		Sunnenbarch, Nicolaus	SUNNENBERG	Stralsund	
		Malchouw, Hermen	MALCHOWHERMAN	Wismar	
		Malchouw, Hinrick	MALCHOWHINRIK	Wismar	
		Mennick, Gotzen	MENNIK	Riga	
		Meteler, Johan	METELER	Riga	
		Domstorp, Ghert van	DUMSTORPGERD	Osnabrück	
		Ankem, Gosschalk van	ANKEM	Osnabrück	
		Deken, Nicolaus van der	DEKEN	Stade	
		Osynck, Dirick	OSINK	Stade	
		Moer, Johan	MOER	Buxtehude	
		Molen, Ywen	VANDERMOLENIW	Buxtehude	
		Letelen, Busser van	VANLETELENBUSS	Buxtehude	
		Wasmer, Gert	WASMER	Minden	
		Langenbeke, Hermen	LANGENBEKE	Hamburg	
		Ryne, Bertelt vame	RYNE	Hamburg	
		Reyneke, Johan	REYNEKE	Hamburg	
		Vemeren, Johan	VEMERENJOHAN	Dortmund	
		Balve, Johan van	BALVE	Soest	

DATUM	TAGORT	NAME	STANDARD	STADT	HR
16.05.1507	Lübeck	Schomaker, Jacob	SCHOMAKERJAKOB	Lüneburg	3,5,305
		Stoterogge, Hartich	STÖTEROGGE	Lüneburg	
		Droste, Everwyn	DROSTEEVERWIN	Münster	
		Hoyer, Diderick	HOYER	Münster	
		Hogenhusen, Johan	HOGENHUSEN	Kolberg	
		Knupbes, Henningk	KNUPBES	Kolberg	
		Hertze, Johan	HARTZ	Lübeck	
		Stiten, Hartich van	STITENHARTICH	Lübeck	
		Barck, Tyman	BARCK	Lübeck	
		Divitze, David	DIVITZE	Lübeck	
		Lange, Jasper	LANGEJASPER	Lübeck	
		Kerckringk, Johan	KERKRINGJOHAN	Lübeck	
		Witte, Hinrick	WITTEHINRIK	Lübeck	
		Meyger, Hermen	MEYERHERMANN	Lübeck	
		Ludeleff, Hermen	LUDELEF	Deventer	
		Mouwick, Peter	MOWIK	Deventer	
		Tybes, Johan	TIBIS	Duisburg	
		Vogel, Engelbrecht	VOGEL	Duisburg	
		Duden, Andreas	DUDEN	Duisburg	
		Ketken, Dirik	KETKEN	Wesel	
		Merwick, Arndt van	MARWECK	Emmerich	
		Merenscheit, Peter van)	MERENSCHEID	Emmerich	
		Wulscamp, Dirik van	WULSCAMP	Emmerich	
		Camphusen, Nicolaus van	CAMPHUSEN	Zwolle	
		Dusterbeke, Warner	DUSTERBEKE	Zwolle	
		Wilsen, Bertelt van	WILSENBERT	Kampen	
		Olevessen, Walter	OLEVESSEN	Kampen	
		Reynerus	REYNERUS	Kampen	
24.06.1507	Nyköbing	Barck, Tyman	BARCK	Lübeck	3,5,374
		Divitze, David	DIVITZE	Lübeck	
		Rode, Johan	RODEJOHAN	Lübeck	
		Stoterogge, Hertich	STÖTEROGGE	Lüneburg	
		Wulssche, Diderick	WULSCHE	Lübeck	
		Vrige, Hermen	VRIGE	Lübeck	
		Scheveke, Johan	SCHEVEKE	Danzig	
		Varwer, Evert	VARWER	Danzig	
		Storm, Ambrosius	STORMAMB	Danzig	
		Langenbeke, Hermen	LANGENBEKE	Hamburg	
		Holte, Gerde vame	HOLTE	Hamburg	
		Gerdes, Hinrick	GERDES	Rostock	
		Fresen, Nicolaus	VRESENICOLAUS	Rostock	
		Bulow, Johan	BULOWJOHAN	Wismar	
07.02.1509	Lübeck	Ryne, Bartelt vam	RYNE	Hamburg	3,5,493

DATUM	TAGORT	NAME	STANDARD	STADT	HR
07.02.1509	Lübeck	Weteringe, Johan van	WETERING	Hamburg	3,5,493
		Wilken, Johan	WILKEN	Rostock	
		Hasselbeke, Arndt	HASSELBEKE	Rostock	
		Barum, Nicolaus	BARUM	Stralsund	
		Glusingk, Johann	GLUSING	Stralsund	
		Smit, Brant	SMIT	Wismar	
		Malchow, Hermen	MALCHOWHERMAN	Wismar	
		Stoterogge, Hartich	STÖTEROGGE	Lüneburg	
		Witigk, Bertelt	WITIKBERT	Lüneburg	
20.06.1509	Lübeck	Lo, vam	LOMARKWARTVAM	Hamburg	3,5,531
		Holte, Ghert vam	HOLTE	Hamburg	
		Reyneke, Johan	REYNEKE	Hamburg	
		Wilken, Johan	WILKEN	Rostock	
		Lange, Nicolawes	LANGENIC	Rostock	
		Bergkhusen, Hermen	BARKHUSEN	Rostock	
		Parow, Nicolawes	PAROW	Stralsund	
		Krusinck, Johan	KRUSINK	Stralsund	
		Smit, Brant	SMIT	Wismar	
		Malchow, Hermen	MALCHOWHERMAN	Wismar	
		Schomaker, Jacob	SCHOMAKERJAKOB	Lüneburg	
		Stoterogge, Hertich	STÖTEROGGE	Lüneburg	
		Keller, Johann	KOLLER	Lüneburg	
01.08.1509	Lübeck	Barschamp, Carsten	BARSKAMP	Hamburg	3,5,566
		Holte, Ghert vame	HOLTE	Hamburg	
		Reyneke, Johann	REYNEKE	Hamburg	
		Lange, Nicolaus	LANGENIC	Rostock	
		Gherdes, Hinrick	GERDES	Rostock	
		Barkhusenn, Hermen	BARKHUSEN	Rostock	
		Parow, Nicolaus	PAROW	Stralsund	
		Brusingk, Johan	BRUSING	Stralsund	
		Malchow, Herman	MALCHOWHERMAN	Wismar	
		Smit, Brant	SMIT	Wismar	
		Schomaker, Jacop	SCHOMAKERJAKOB	Lüneburg	
		Stoterogge, Hertich	STÖTEROGGE	Lüneburg	
		Koller, Johann	KOLLERJOH	Lüneburg	
		Wilken, Johann	WILKEN	Rostock	
		Hasselbeke, Arndt	HASSELBEKE	Rostock	
		Berckhusen, Hermannus	BARKHUSEN	Rostock	
		Parow, Nicolaus	PAROW	Stralsund	
		Bolte, Nicolaus	BOLTE	Stralsund	
		Smit, Brant	SMIT	Wismar	
		Malchow, Hinrik	MALCHOWHINRIK	Wismar	
		Stoterogge, Hertich	STÖTEROGGE	Lüneburg	

DATUM	TAGORT	NAME	STANDARD	STADT	HR
01.08.1509	Lübeck	Wulsche, Dirik	WULSCHE	Lüneburg	3,5,566
		Koller, Johan	KOLLERJOH	Lüneburg	
23.01.1510	Lübeck	Barschamp, Carsten	BARSKAMP	Hamburg	3,5,617
		Holte, Ghert vam	HOLTE	Hamburg	
		Reyneke, Johann	REYNEKE	Hamburg	
		Wilken, Johan	WILKEN	Rostock	
		Gerdes, Hinrick	GERDES	Rostock	
		Oszborne, Sabel	OSEBORN	Stralsund	
		Parow,Nicolaus	PAROW	Stralsund	
		Smyth, Brant	SMIT	Wismar	
		Malchow, Hinrick	MALCHOWHINRIK	Wismar	
		Schomaker, Jacob	SCHOMAKERJAKOB	Lüneburg	
		Stoterogge, Hertich	STÖTEROGGE	Lüneburg	
		Koller, Johan	KOLLERJOH	Lüneburg	
22.05.1510	Lübeck	Langenbeke, Hermen	LANGENBEKE	Hamburg	3,5,725
		Lo, Marquart vame	LOMARKWARTVAM	Hamburg	
		Holte, Ghert vame	HOLTE	Hamburg	
		Wetke, Johan	WETKEN	Hamburg	
		Wilken, Johan	WILKEN	Rostock	
		Moller, Matheus	MOLLERMATHEUS	Rostock	
		Kindemann, Hermen	KINDEMAN	Stralsund	
		Othmer, Albrecht	OTMER	Stralsund	
		Smyth, Brant	SMIT	Wismar	
		Malchow, Hinrick	MALCHOWHINRIK	Wismar	
		Schomaker, Jacob	SCHOMAKERJAKOB	Lüneburg	
		Stoterogge, Hartich	STÖTEROGGE	Lüneburg	
		Koller, Johan	KOLLERJOH	Lüneburg	
16.06.1511	Lübeck	Borkem, Meynhart van	BORKEM	Bremen	3,6,119
		Vastmer, Hinrick	VASMER	Bremen	
		Scrodere, Hans	SCRODER	Braunsch.	
		Koning, Conradus	KÖNIGCON	Braunsch.	
		Holthusen, Johan	HOLTHUSEN	Riga	
		Brekervelt, Marten	BREKERVELD	Riga	
		Rademaker, Johan	RADEMAN	Dorpat	
		Lemmeke, Mattheus	LEMKE	Dorpat	
		Widemann, Hinrick	WIDEMAN	Reval	
		Dubbersyn, Hinrick	DOBBERTIN	Reval	
		Ketelrant, Hinrick	KETELRANT	Hildesheim	
		Ernstes, Hinrick	ERNSTES	Einbeck	
		Tode, Nicolaus	TODE	Hamburg	
		Sprekelsen, Johan	SPREKEL	Hamburg	
		Wetken, Johan	WETKEN	Hamburg	
		Stoterogge, Hartich	STÖTEROGGE	Lüneburg	

DATUM	TAGORT	NAME	STANDARD	STADT	HR
16.06.1511	Lübeck	Elver, Dirick	ELVER	Lüneburg	3,6,119
		Koller, Johan	KOLLERJOH	Lüneburg	
		Nygenhusen, Johan	NIENHUSEN	Kolberg	
		Karith, Johan	KARIT	Kolberg	
		Meyger, Hermen	MEYERHERMANN	Lübeck	
		Wickeden, Tomas van	WICKEDETHOMAS	Lübeck	
		Barke, Tidemann	BARCK	Lübeck	
		Kerckrinck, Johan	KERKRINGJOHAN	Lübeck	
		Witte, Hinrik	WITTEHINRIK	Lübeck	
		Castorp, Hinrick	CASTORPJUN	Lübeck	
		Meyger, Johan	MEYERJOHAN	Lübeck	
		Ghiseler, Hinrick	GISELERHINRIK	Göttingen	
		Blome, Hans	BLOMEHANS	Hannover	
		Borges, Hermen	BORGES	Minden	
		Clar, Johan	CLAR	Minden	
08.03.1512	Köln	Promen, Thyman	PRUME	Dortmund	3,6,317
		Sluyter, Friderich	SLUTER	Soest	
		Twyveler, Coynrait	TWIVELER	Soest	
		Droste, Everwyn	DROSTEEVERWIN	Münster	
		Stevens, Everwyn	STEVENS	Münster	
		Voegel, Engelbrecht	VOGEL	Duisburg	
		Bernhart	BERNHART	Duisburg	
		Dammert, Andries	DAMMERT	Wesel	
23.04.1514	Lübeck	Hasselbeke, Arnd	HASSELBEKE	Rostock	3,6,527
		Gerdes, Hinrick	GERDES	Rostock	
		Trittelvitze, Johan	TRITELVITZ	Stralsund	
		Polterjan, Andreas	POLTERJAN	Stralsund	
		Smyt, Brant	SMIT	Wismar	
		Malchow, Hinrik	MALCHOWHINRIK	Wismar	
		Wilde, Gerhardus	WILDEGERD	Wismar	
		Boye, Petrus	BOYE	Wismar	
06.02.1515	Lübeck	Hohusen, Diderick	HOHUSEN	Hamburg	3,6,616
		Wetken, Johan	WETKEN	Hamburg	
		Hasselbeke, Arnd	HASSELBEKE	Rostock	
		Frese, Nicolawes	VRESENICOLAUS	Rostock	
		Barckhusen, Hermen	BARKHUSEN	Rostock	
		Parow, Nicolawes	PAROW	Stralsund	
		Polteryan, Nicolawes	POLTERJAN	Stralsund	
		Smyt, Brant	SMIT	Wismar	
31.05.1515	Lübeck	Hasselbeke, Arnt	HASSELBEKE	Rostock	3,6,626
		Teske, Bartolomeus	TESKE	Rostock	
		Berckhuszen, Hermen	BARKHUSEN	Rostock	
		Tryttelvytz, Nicolaus	TRITELVITZ	Stralsund	

DATUM	TAGORT	NAME	STANDARD	STADT	HR
31.05.1515	Lübeck	Swarte, Hinrick	SWARTEHINRIK	Stralsund	3,6,626
		Smyt, Brant	SMIT	Wismar	
		Burman, Jochym	BURMAN	Wismar	
		Koller, Johan	KOLLERJOH	Lüneburg	
06.07.1515	Stralsund	Wickeden, Thomas von	WICKEDETHOMAS	Lübeck	3,6,650
		Witthe, Hinrick	WITTEHINRIK	Lübeck	
		Badendo(r)p, Johan	BADENDORP	Lübeck	
		Sprekelthen, Johan	SPREKEL	Hamburg	
		Hogenhusen, Diderick	HOHUSEN	Hamburg	
		Hasselbeke, Arendt	HASSELBEKE	Rostock	
		Tesche, Bartolomeus	TESKE	Rostock	
		Barckhusen, Herman	BARKHUSEN	Rostock	
		Kran, Marten	KRAN	Wismar	
24.01.1516	Lübeck	Trittelvitze, Johan	TRITELVITZJOHAN	Stralsund	3,6,714
		Smyterlouwe, Nicolawes	SMITERLOW	Stralsund	
		Hoyer, Caspar	HOYER	Stralsund	
		Scroder, Gert	SCRODER	Stralsund	
		Grashave, Bartrammus	GRASHAVE	Stralsund	
		Heyneman, Bernardum	HEYNEMAN	Lübeck	
		Hohusen, Dirik	HOHUSEN	Hamburg	
		Wetken, Johan	WETKEN	Hamburg	
08.10.1516	Lübeck	Moller, Matteus	MOLLERMATHEUS	Rostock	3,6,814
		Teszke, Bartolomeus	TESKE	Rostock	
		Bolte, Niclaes	BOLTE	Stralsund	
		Othmer, Alber	OTMER	Stralsund	
		Smit, Wysmar	SMIT	Wismar	
		Bonhouwer, Jochim	BOMHOWERJO	Wismar	

Quellen und Literatur

Archivalien

Archiv der Hansestadt Lübeck (AHL)	Niederstadtbücher Testamente (hauptsächlich nach den Transskriptionen v. Gunnar Meyer, Lübecks Gesellschaft)
Landesarchiv Greifswald	Rep. 38. Hs. Kolberg, Kolberger Stadtbuch (Teil I)

Gedruckte Quellen und Literatur

Abkürzungen:
HGBll = Hansische Geschichtsblätter
ZLGA = Zeitschrift des Vereins für Lübeckische Geschichte und Altertumskunde

Ahlers, Olof: Civilitates. Lübecker Neubürgerlisten 1317-1356, Lübeck 1967 (VGHL 19)

Ansehl, Karl-Otto: Thorns Seehandel und Kaufmannschaft um 1370, Marburg 1961 (Wissenschaftl. Beiträge zur Geschichte und Landeskunde Ost-Mitteleuropas 53)

Albrecht, Uwe: Corpus der mittelalterlichen Holzskulptur und Tafelmalerei in Schleswig-Holstein, Kiel 2005

Asmussen, Georg: Die Lübecker Flandernfahrer in der zweiten Hälfte des 14. Jahrhunderts (1358 - 1408), Frankfurt/Main, 1999

Bau- und Kunstdenkmäler der Freien und Hansestadt Lübeck, 4 Bde., hg. v. *F. Bruns, H. Ratgens, L. Wilde, F. Hirsch* und *J. Baltzer*, Lübeck 1906-1974

Behrmann, Thomas: Herrscher und Hansestädte. Studien zum diplomtischen Verkehr im Spätmittelalter, Hamburg 2004

Ders.: Der lange Weg zum Rezeß. Das erste Jahrhundert hansischer Verwaltungsschriftlichkeit, in: Frühmittelalterliche Studien 36, 2002, S.433-467

Ders.: Zeichen und Zeremoniell auf hansischen Versammlungen, in: *Henn*, Hansische Tagfahrten, S.109–124

Ders.: Über die Willensbildung in der „Megalopolis“. Die Hanse in der Deutung von Ernst Pitz, in: HGBll 120, 2002, S.205-212

Blümcke, Otto: Der Rat und die Ratslinie von Stettin, in: Baltische Studien NF 17, 1913, S.63-149

Böhmer, Wilhelm: Thomas Kantzow. Chronik von Pommern in hochdeutscher Mundart, Stettin 1897
Böthführ, H. J.: Die Rigische Rathslinie von 1226 bis 1876, Riga, Moskau, Odessa 1877
Brandt, Ahasver von: Regesten der Lübecker Bürgertestamente des Mittelalters von 1351 bis 1363, 2 Bde, Lübeck 1964, 1972
Brandis, Diarium. Hildesheimische Geschichten (1471-1529), hg. v. *Ludwig Haenselmann*, Hildesheim 1896
Brehmer, Wilhelm: Mitglieder des Rates Riga, Reval, Dorpat in Lübeck geboren, in: ZVLGA 4,1881, S.119-135
Bruns, Friedrich: Die Lübecker Bergenfahrer und ihre Chronistik, Berlin 1900 (H GQ NF 2)
Ders.: Eine Platzordnung des Hansetages von 1619, in: ZVLGA 24, 1927, S.179-196
Büttner, Johann Heinrich: Genealogiae, Lüneburg 1704
Bunge, Friedrich Georg von: Die Revaler Rathslinie nebst Geschichte der Rathsverfassung, Reval 1874
Bursche, Stefan: Das Lüneburger Ratssilber, München / Berlin 2008

Carstenn, Edward: Geschichte der Hansestadt Elbing, Elbing 1937
Crabus, Tobias: St. Johann in der Osnabrücker Neustadt (Diss. phil. Typoskript Münster 2005)
Czaja, Roman: Urzędnicy miejscy Torunia do roku 1454, Toruń 1999

Daenell, Ernst: Die Blütezeit der deutschen Hanse. Hansische Geschichte von der zweiten Hälfte des XIV. bis zum letzten Viertel des XV. Jhds., 2 Bde., Berlin 1905-1906
Deeters, Joachim: Köln auf Reichs- und Hansetagen von 1396 bis 1604. Ein Vergleich, in: HGBll 119, 2001, S.103-133
Derrik, Torsten: Das Bruderbuch der Revaler Tafelgilde (1364-1549), Marburg 2000
Dollinger, Philippe: Die Hanse, Stuttgart 1981
Deus, Wolf-Herbert: Die Herren von Soest. Die Stadtverfassung im Spiegel des Ratswahlbuches von 1417-1751, Soest 1955
Diener-Staeckling, Antje: Der Himmel über dem Rat. Zur Symbolik der Ratswahl in mitteldeutschen Städten, Halle 2008
Dierck, Ingo: Die Brügger Älterleute des 14. Jahrhunderts (1356-1404). Kritik der Lübecker Liste, Kiel 1994 (MA-Arbeit Typoskript)
Ders. -- Sonja Dünnebeil --- Renée Rößner, Prosopographischer Katalog zu den Brügger Steuerlisten (1360 - 1390), Frankfurt/Main 1999
Dortmunder Urkundenbuch bearb. von *Karl Rübel* und *Eduard Roese* 899-1410, Dortmund 1881 – 1910 (= Dortmunder UB)
Dösseler, Emil: Soests auswärtige Beziehungen, besonders im hansischen Raum, Soest 1988
Ders.: Der Niederrhein und der deutsche Ostseeraum zur Hansezeit, Essen 1937
Ders.: Westfälische geistliche Sachen und Kunstdenkmäler in der Lübecker Überlieferung, in: Westfalen 51, 1973, S.136-165

Dormeier, Heinrich: Immigration und Integration. Laienfrömmigkeit und Kunst in Lübeck um 1500: Der Großkaufmann und Bankier Godert Wiggerinck (+ 1518 April 24), in: ZVLGA 85, 2005, S.93-165

Dünnebeil, Sonja: Die Lübecker Zirkel-Gesellschaft. Formen der Selbstdarstellung einer städtischen Oberschicht, Lübeck 1996 (Veröff. zur Geschichte der Hansestadt Lübeck B 27)

Eberhardt, Ilse: Van des stades wegene utgegeven unde betalt. Städtischer Alltag im Spiegel der Stadtrechnungen von Osnabrück, Osnabrück 1996

Ebert, Günther: Ferber in Lüneburg, in: Mitteilungen des Preußischen Geschichtsvereins 3, 1904, S.30

Ehbrecht, Wilfried: Konsens und Konflikt, Studien und Überlegungen zur älteren Verfassungsgeschichte deutscher Städte, Köln 2001

Ehrhardt (-Feismann), Rafael: Familie und Memoria in der Stadt. Eine Fallstudie zu Lübeck, Göttingen 2001

Ellermeyer, Jürgen: Stade 1300–1399. Liegenschaften und Renten in Stadt und Land. Untersuchungen zur Wirtschafts- und Sozialgeschichte einer hansischen Landstadt im Spätmittelalter, Stade 1975

Ders.: Reisen für Hamburg. Der Englandfahrer Henning Büring in Ratsaufträgen, in: *Franklin Kopitzsch--Klaus J. Lorenzen-Schmidt--Heide Wunder*, Studien zur Sozialgeschichte des Mittelalters und der frühen Neuzeit, Hamburg 1977, S.14-105

Ders.: Der Hamburger Bürgermeister Henning Büring. Beobachtungen zum Zusammenhang von Fachkenntnissen, Interessen und Politik, in: HGBll 115, 1997, S.133-159

Fahlbusch, Friedrich Bernward: Zwischen öffentlichem Mandat und informeller Macht: Die hansische Führungsgruppe, in: HGBll 123, 2005, S.42-60

Fehling, Emil Ferdinand: Lübeckische Ratslinie, Lübeck 1978 (Veröff. zur Geschichte der Hansestadt Lübeck 7)

Flaskamp, Franz: Wilbrand Bante, in: Westfälische Zeitschrift 108,1958, S.221-238

Franke, Gerhard: Lübeck als Geldgeber Lüneburgs. Ein Beitrag zur Geschichte des städtischen Schuldenwesens im 14. und 15. Jahrhundert, Neumünster 1935 (Abhandlungen zur Handels- und Seegeschichte 4)

Friedland, Klaus: Göttingens Kaufmannschaft im hansischen Wirtschaftsnetz, in: Göttinger Jahrbuch 11, 1963, S.111-129

Graßmann, Antjekathrin: Das hansische Kontor zu Bergen und die Lübecker Bergenfahrer (Veröffentlichungen zur Geschichte der Hansestadt Lübeck B 41), Lübeck 2005

Grotefend, C.F.: Urkundenbuch der Stadt Hannover. Vom Ursprunge bis 1369, Hannover 1860 (UB des Hist. Vereins f. Niedersachsen 5)

Halm, Cornelia: Klosterleben im Mittelalter. Die Dominikanerinnen in Lemgo, Detmold 2004

Hamelmann, Julia: Nikolai, arm, Petri-- Gott erbarm? Sozialräumliche Strukturen der Rostocker Altstadt im Mittelalter, Berlin 2009

Hammel-Kiesow, Rolf: Die Hanse, München 2000

Ders.: Vergleichende Ansätze in der hansischen Geschichtsforschung (Hansische Studien 13), Trier 2002

Hanserezesse (= HR): Die Recesse und andere Akten der Hansetage. I. Abt. (1256-1430) bearb. v. *Karl Koppmann*, 8 Bde., Leipzig 1870-1897. II. Abt. (1431-1476), bearb. v. *Goswin Frhr. von der Ropp*, 7 Bde., Leipzig 1876-1892. III Abt. (1477-1530), bearb. v. *Dietrich Schäfer*, 9 Bde., Leipzig 1881-1913. IV Abt. (1533-1537) bearb. v. *G. Wenz - K. Friedland*, Leipzig 1970

Hansisches Urkundenbuch (HUB) bearb. v. *Konstantin Höhlbaum, Karl Kunze, Walther Stein, H.-G. von Rundstedt*, 11 Bde., Leipzig / Weimar 1876-1939

Hasse, Max: Die Marienkirche in Lübeck, München 1983

Hemann, Friedrich-Wilhelm: Das Rietberger Stadtbuch, Warendorf 1994

Ders.: Lemgos Handel und der hansische Verband im Spätmittelalter und Frühneuzeit, in: 800 Jahre Lemgo. Aspekte der Stadtgeschichte, hg. v. *Peter Johanek – Herbert Stöwer*, Lemgo 1990, S.189-238

Henn, Volker: Über die Anfänge des Brügger Hansekontors, in: HGBll 107, 1989, S.43-66

Ders.: Der Lübecker Hansetag vom Sommer 1418, in: Blätter zur deutschen Volks- und Altertumskunde 26, 1988-1991, S.25-41

Ders.: Die hansischen Tagfahrten zwischen Anspruch und Wirklichkeit (Hansische Studien 11), Trier 2001

Hertel, Gustav: Urkundenbuch der Stadt Magdeburg, Bde. 1-3, Halle/Saale 1892-1896 (= Magdeburg UB)

Hildesheimer Urkundenbuch in 9 Teilen, hg. v. *Richard Doebner,* Hildesheim 1896–1911 (= Hildesheimer UB)

Hoffmann, Erich: Der Besuch Kaiser Karls IV. in Lübeck im Jahre 1375, in: Nord und Süd in der deutschen Geschichte des Mittelalters, hg. v. *Werner Paravicini,* Sigmaringen 1990, S.73-95

Hoppe, Hans W.: Das Elbinger Stadtbuch, 2 Bde, Münster 1976-1985 (Zs. f. d. Geschichte u. Altertumskunde Ermlands Beihefte 3,5)

Jarck, Horst-Rüdiger: Urkundenbuch der Stadt Osnabrück 1301-1400. Bd. 6, Osnabrück 1989

Jaster, Silke: Die Nichtdeutschen in Rostock im 13. und 14. Jahrhundert (Rostocker Studien zur Regionalgeschichte 4), Rostock 2001

Jenks, Stuart: Hansische Vermächtnisse in London: ca. 1363-1483, in: HGBll 104, 1986, S.35-111

Ders.: England, die Hanse und Preußen. Handel und Diplomatie 1377-1474. 3 Bde., Köln Wien 1992 (QDHG NF 37)

Jörn, Niels --- Ralf-Gunnar Werlich -- Horst Wernicke: Der Stralsunder Frieden von 1370. Prosopographische Studien, Köln Wien 1998

Jörn, Nils: The crocodile creature merchant: the Dutch hansa, in: Niedergang oder

Übergang? Zur Spätzeit der Hanse im 16. und 17. Jahrhundert, hg. v. *Antjekathrin Graßmann*, Köln / Wien 1998, S.63-91

Kaczmarczyk, K: Liber scabinorum veteris civitatis Thoruniensis. 1363-1428, Torún 1936 (TNT Fontes 29)

Karnatz, Hans: Zwischen der Bai und Nowgorod. Versuch einer Stammfolge der hansischen Kaufmannsfamilie Bretholt, in: Ostdeutsche Familienkunde. Zeitschrift für Familiengeschichtsforschung 7, 22-24 (1974-1976), S.33-41

Kattinger, Detlef -- Horst Wernicke – Ralf-Gunnar Werlich: Akteure und Gegner der Hanse - Zur Prosopographie der Hansezeit, Weimar 1998 (Hansische Studien IX)

Kiesewetter, Nicole: Stralsunder Hansekaufleute in Brügge. Die Personengruppe um den Kaufmann Hermann Hosang, in: Hansekaufleute in Brügge 4, S.327-335

Klocke, Friedrich von: Alt-Soester Bürgermeister, ihre Familien und Standesverhältnisse, Soest 1927

Koeppen, Hans: Führende Stralsunder Ratsfamilien vom Ausgang des 13. bis zum Beginn des 16. Jahrhunderts, Greifswald 1938

Koppe, Wilhelm: Lübeck-Stockholmer Handelsgeschichte im 14. Jahrhundert, Neumünster 1933 (Abhandlungen zur Handels- und Seegeschichte 2)

Ders.: Lübeck und Lödöse im 14. Jahrhundert, Göteborg 1934

Ders. -- Gert Koppe: Die Lübecker Frankfurt-Händler des 14. Jahrhunderts, Lübeck 2006

Koppmann, Karl: Johan Tölners Handlungsbuch von 1345-1350, Rostock 1885 (Geschichtsquellen der Stadt Rostock 1)

Krüger, Klaus: Corpus der mittelalterlichen Grabdenkmäler in Lübeck, Schleswig, Holstein und Lauenburg (1100 - 1600), Stuttgart 1999

Kruse, Günter: Wibke Basedow und ihre drei Ehemänner im ausgehenden Mittelalter, in: Zeitschrift für niedersächsische Familienkunde 77, 2002, S.381-404

Lahrkamp, Helmut: Münsters wirtschaftliche Führungsschichten, in: Quellen und Forschungen zur Geschichte der Stadt Münster NF 5, Münster 1970, S.1-53

Landgraf, Henning: Bevölkerung und Wirtschaft Kiels im 15. Jahrhundert (Quellen und Forschungen zur Geschichte Schleswig-Holsteins 39), Neumünster 1959

Lindström, G.: Rathslinie von Wisby, in: ZVLGA 7,1898, S.1-22

Liv-, Est- und Curländisches Urkundenbuch (= LEC), hg. v. *Friedrich G. von Bunge*, 1 Abt. Bde. 7-9, Reval 1855-1884

Lübcke, Erich: Der Bremer Rat von 1225 bis 1433 und die Ratsherren mit ihren verwandtschaftlichen Beziehungen, in: Zeitschrift für niedersächsische Familienkunde 17, 1935, Teil 1-5

Lüneburger Chronik des Probstes Jakob Schomaker, hg. v. *Th. Meyer*, Lüneburg 1904

Lutterbeck, Michael: Der Rat der Stadt Lübeck im 13. und 14. Jahrhundert. Politische, personale und wirtschaftliche Zusammenhänge in einer städtischen Führungsgruppe, Lübeck 2002

Mack, Dietrich: Testamente der Stadt Braunschweig, Bde. 1-3: Altstadt (1314-1411),

Bd.4 Altstadt 1412-1420, Bd. 5 Altstadt 1412-1432, Göttingen 1988-1995

Mack, Heinrich: Urkundenbuch der Stadt Braunschweig, Vierter Band 1341-1350, Braunschweig 1912 (= Braunschweiger UB)

Mantels, Wilhelm: Die hansischen Schiffshauptleute Johan Wittenborg, Brun Warendorp und Thidemann Steen, in: *Ders.*: Beiträge zur Lübisch-Hansischen Geschichte, Jena 1881, S.179-232

Ders.: Die Reliquien der Ratskapelle zu St. Gertrud, in: Beiträge zur lübisch-hansischen Geschichte, Jena 1881

Mecklenburgisches Urkundenbuch (MUB) hg. v. Verein für Mecklenburg. Geschichte u. Altertumskunde Bde. 19-21, Schwerin 1894-1903

Meininghaus, August: Das Dortmunder Patriziergeschlecht von Hengstenberg. Eine Regestensammlung mit Stammtafel, Wappen- und Siegeltafel, Dortmund 1930

Meyer, Bruno: Die Sudermanns von Dortmund. Ein hansisches Kaufmannsgeschlecht, Marburg 1930

Meyer, Gunnar: Milieu und Memoria. Schichtspezifisches Stiftungsverhalten in den Lübecker Testamenten aus dem 2. Viertel des 15. Jahrhunderts, in: ZVLGA 78, 1998, S.115-142

Ders.: Besitzende Bürger und elende Sieche. Lübecks Gesellschaft im Spiegel ihrer Testamente (1400-1449), Lübeck 2010

Misans, Ilgvars: Der Städtetag als Instrument hansischer Politik der livländischen Städte, in HGBll 119, 2001, S.85-102

Möhlmann, Gerd: Geschlechter der Hansestadt Rostock im 13.-18. Jahrhundert, Neustadt (Aisch) 1975 (Genealogie und Landesgeschichte 25)

Mollwo, Carl: Das Handlungsbuch des Hermann und Johan Wittenborg, Leipzig 1901

Neumann, Gerhard: Hinrich Castorp. Ein Lübecker Bürgermeister aus der zweiten Hälfte des 15. Jhds., Lübeck 1932

Nirrnheim, Hans: Das Handlungsbuch des Vicko van Geldersen, Hamburg-Leipzig 1895

Noodt, Birgit: Religion und Familie in der Hansestadt Lübeck anhand der Bürgertestamente des 14. Jahrhunderts., Lübeck 2000

Nowak, Zenon Hubert: Die Ratssendeboten der Hansestädte Kulm und Thorn, in: *Jörn-Werlich-Wernicke*, Stralsunder Frieden, S.73-87

Olesen, Jens E.: Der lübeckische Bürgermeister Heinrich Rapesulver (+ 1440) und seine Zeit, in: *Kattinger--Wernicke--Werlich,* Akteure, S.109-130

Osnabrücker Urkundenbuch, 4 Bde. (772-1300) hg. v. *Friedrich Philippi--Max Bär*, Osnabrück 1892-1902 (= Osnabrücker UB)

Paravicini, Werner: Hansekaufleute in Brügge, Bd. 1- 4, Frankfurt/Main 1992 - 1998

Ders.: Eine Lübecker Zwangsversteigerung in Paris, in: Das Gedächtnis der Hansestadt Lübeck. Festschrift Graßmann, hg. v. *Rolf Hammel-Kiesow--Michael Hundt*, Lübeck 2005, S.457-468

Pitz, Ernst: Bürgereinung und Städteeinung. Studien zur Verfassungsgeschichte der Hansestädte und der deutschen Hanse, Köln / Wien 2001
Poeck, Dietrich W.: Rituale der Ratswahl, Köln Wien 2003
Ders.: Hansische Ratssendboten, in: Vergleichende Ansätze in der hansischen Geschichtsforschung, hg. v. *Rolf Hammel-Kiesow*, Trier 2002, S.97–142
Ders.: Das Geheimnis des Rates, in: Bursche, Ratssilber, S.38-46
Ders.: Osnabrück im späten Mittelalter, in: *Steinwascher, Gerd*, Geschichte der Stadt Osnabrück, Belm 2006, S.87-160
Ders.: Zwischen Kirche und Rathaus. Die Zeit des Rates, in: Der Kaufmann und der liebe Gott (Hansische Studien 18), hg. v. *Antjekathrin Graßmann*, Trier 2009, S.47-58
Pyl, Theodor: Pommmersche Genealogien 4. Die Genealogien der Greifswalder Rathsmitglieder (1250-1382), Greifswald 1895
Ders.: Pommersche Genealogien 5. Die Genealogien der Greifswalder Rathsmitglieder (1382-1647), Greifswald 1896

Die Recesse und andere Akten der Hansetage von 1256 - 1537 (HR) s. Hanserezesse
Regesten der Lübecker Bürgertestamente des Mittelalters. Bd. 1, 1278-1350, Bd. 2, 1351-1363, hg. v. *Ahasver von Brandt*, Lübeck 1964-1973
Reidemeister, Sophie: Braunschweiger Patrizier- und Ratsgeschlechter, Braunschweig 1948
Reinecke, Wilhelm: Lüneburgs ältestes Stadtbuch und Verfestungsregister, Hannover, Leipzig 1903
Reincke, Heinrich: Dr. Hermann Langenbeck aus Buxtehude. Lehr- und Wanderjahre eines Hamburgischen Bürgermeisters, in: *Ders.*: Forschungen und Skizzen zur Geschichte Hamburgs, Hamburg 1951
Reinhardt, Uta: Lüneburger Testamente des Mittelalters 1322-1500, Hannover 1996
Rößner, Renée: Hansische Memoria in Flandern, Frankfurt/Main 2001
Rübel, Karl: Dortmunder Urkundenbuch 1- 3, Dortmund 1881–1891
Rüther, Stefanie: Prestige und Herrschaft. Zur Repräsentation der Lübecker Ratsherren in Mittelalter und Früher Neuzeit (Norm und Struktur 16), Köln 2003

Scott, John: Social network analysis, London 2005
Seeberg-Elverfeldt, Roland: Revaler Regesten I, Göttingen 1956
Selzer, Stephan--Ulf Christian Ewert, Verhandeln und Verkaufen, Vernetzen und Vertrauen. Über die Netzwerkstruktur des hansischen Handels, in: HGBll 119, 2001, S.135-161
Selzer, Stephan: Die mittelalterliche Hanse (Geschichte kompakt), im Druck
Semrau, Arthur, Katalog der Geschlechter der Schöffenbank und des Ratsstuhls in der Altstadt von Thorn 1233-1602, in: Mitteilungen des Copernicus-Vereins für Wissenschaft und Kunst zu Thorn 46, 1938, S.1-115
Schindler, Wolfgang: Vorfahren der Anna Katharina Delius, in: Beiträge zur westfäl ischen Familienforschung 49, 1991, S.155-200
Schlager, Patrizius: Das Nekrologium des Hamburger Franziskanerklosters, in: Beiträge zur Geschichte der sächs. Franziskanerprovinz vom H. Kreutz 3, 1910

Schmidt, Gustav: Urkundenbuch der Stadt Göttingen bis zum Jahre 1400, Hannover 1863 (= Göttinger UB)

Schoepplenberg, Eugen Richard: Die Familie Schoepplenberg in Greifswald, Berlin 1870

Schroeder, Horst-Diether: Der Stralsunder Liber memorialis. Bde. 1-5, Schwerin, Rostock, Weimar 1964-1982

Seifert, Dieter: Die holländischen und seeländischen Teilnehmer, in: *Jörn--Wernicke*, Frieden, S.29-50

Schleswig-Holsteinische Regesten und Urkunden Bd. 4 (1341-1375) hg.v. *Volquart Pauls*, Kiel 1924, Bd. 6 (1375-1400) hg. v. d. Ges. f. Schleswig-Holsteinische Geschichte, Neumünster (Holst.) 1962-1971 (= SHRU)

Schnobel, Johann Hermann: Lübeckische Geschlechter, Lübeck 11768-1802 (Hs. im Archiv der Hansestadt Lübeck, Nr.817)

Schubert, Birte: Der Lübecker Bürgermeister Johann Niebur (+ 1399), in: Akteure und Gegner, S.53-65

Schulte, Monika M.: Macht auf Zeit. Ratsherrschaft im mittelalterlichen Minden, Warendorf 1997

Schwarzwälder, Herbert: Bannerlauf und Verrat in Bremen 1365-1366, in: Bremisches Jahrbuch 53, 1975, S.43-90

Simon, Ulrich: Das Lübecker Niederstadtbuch 1363-1399, 2 Bde., Köln, Weimar, Wien 2006

Schmidt-Czaia, Bettina: Das Kollegiatstift St. Aegidii und Caroli Magni zu Wiedenbrück (1250-1650), Osnabrück 1994

Societates. Das Verzeichnis der Handelsgesellschaften im Lübecker Niederstadtbuch 1311-1361, hg. v. *Albrecht Cordes, Klaus Friedland* und *Rolf Sprandel*, Köln Weimar 2003

Spieß, Werner: Die Ratsherren der Hansestadt Braunschweig 1231-1671, Braunschweig 1970 (Braunschweiger Werkstücke Reihe A Bd.5)

Sprandel, Rolf: Das Hamburger Pfundzollbuch von 1418, Köln / Wien 1972

Stahl, Irene: Lüneburger Ratslinie 1290-1605, in: Niedersächsisches Jahrbuch f. Landesgeschichte 59, 1987, S.139-187

Stark, Walter: Lübeck und Danzig in der zweiten Hälfte des 15. Jahrhunderts, Weimar 1973 (Abhandlungen zur Handels- und Sozialgeschichte 11)

Stieda, Wilhelm: Hildebrand Veckinchusen. Briefwechsel eines deutschen Kaufmanns im 15. Jahrhundert, Leipzig 1921

Stojentin, Max von: Aus der Chronik des Cosmus von Simmer, in: Baltische Studien NF 3, 1899, S.65-125

Tepp, Peter: Untersuchungen zur Sozial- und Wirtschaftsgeschichte der Hanse- und Salzstadt Kolberg im Spätmittelalter, Hamburg 1980

Thier, Dietrich: Melius Hereditati. Untersuchungen zur Dortmunder Führungsschicht im 13. und 14. Jahrhundert, Bochum 1987

Urkundenbuch der Stadt Lübeck hg. v. Verein f. Lübeck. Geschichte und Altertumskunde, Bde.3-11, Lübeck 1871–1932 (= Lüb UB)

Urkundenbuch der Stadt Braunschweig hg. v. *Ludwig Hänselmann* und *Heinrich Mack*, 4 Bde., Braunschweig, Berlin 1873–1912 (= Braunschweiger UB)

Vogtherr, Thomas: Urkundenbuch der Stadt Ülzen, Hildesheim 1988 (= Ülzen UB),

Volger, W. F.: Urkundenbuch der Stadt Lüneburg, 2 Bde., Hannover 1872, 1875

Volkert, Karl-Heinz: Stammfolge Revaler Geschlechter. 4. Teil, in: Ostdeutsche Familienkunde 4, 1977, S.101-112

Wehrmann, Carl F.: Der Memorienkalender (Necrologium) der Marienkirche zu Lübeck, in: ZLGA 6, 1890, S.49-160

Wehrmann, Martin: Geschichte des Jageteufelschen Collegiums in Stettin 1399 bis 1899, in: Baltische Studien NF 3, 1899, S.1-64

Wiegandt, Jürgen: Die Plescows. Ein Beitrag zur Auswanderung Wisbyer Kaufmannsfamilien nach Lübeck im 13. und 14. Jahrhundert, Köln, Wien 1988 (QDHG NF 28)

Ders.: Personale Grundlagen städtischer Führungsschichten am Beispiel der Familie Swerting, in: Visby-Colloquium des Hansischen Geschichtsvereins 1984, hg. v. *Klaus Friedland*, Köln, Wien 1987, S.15-40

Wittstock, Jörg: Kirchliche Kunst des Mittelalters und der Reformationszeit. Die Sammlung im St.-Annen-Museum (Lübecker Museumskataloge 1), Lübeck 1981

Zdrenka, Joachim: Rats- und Gerichtspatriziat der Rechten Stadt Danzig. Teil I: 1342-1525, Hamburg 1991 (Sonderschriften d. Vereins f. Familienforschung in Ost- und Westpreußen 69)

Verzeichnisse

Verzeichnis der Netze
RH = Ratsherr
RF = Ratsfamilie

Netz 1: Johan II. Plescow
Netz 2: Hartwich vam Sunde
Netz 3: Arnold Poleman
Netz 4: Johan Burow
Netz 5: Wennemar van Essen
Netz 6: Arnold van Soest
Netz 7: Brun Warendorp
Netz 8: Hermann van Wickede
Netz 9: Brun II. Warendorp
Netz 10: Thomas Morkerke
Netz 11: Hinrik Rubenow
Netz 12: Arnold Lange
Netz 13: Hinrik Schoepplenberg
Netz 14: Dietrich van Unna
Netz 15: van Lübeck
Netz 16: Johan Rughe
Netz 17: Hinrik Bernsterd
Netz 18: Bertram Wulflam
Netz 19: Arnold Kröpelin
Netz 20: Simon Swartecop
Netz 21: Johan van Stockem 1
Netz 22: Ludekin van Elten
Netz 23: Johan Vischbeke
Netz 24: Bernhard Vrowdenrik
Netz 25: Everhard Paal
Netz 26: Tymmo Hadewerk
Netz 27: Caesar van Rode
Netz 28: Johan van Stockem 2
Netz 29: Nicolaus van Camen
Netz 30: Martin Klotecow
Netz 31: Werner Coesfeld
Netz 32: Conrad Notberch
Netz 33: Bernhard Stekemest
Netz 34: Johan Schepenstede
Netz 35: Amelius Schepenstede
Netz 36: Hinrik Berner
Netz 37: Johan Niebur
Netz 38: Diderik (II.) Springintgud
Netz 39: Albert Hoyke
Netz 40: Rainer van Calven
Netz 41: Jakob Plescow
Netz 42: Giselbert Niestad
Netz 43: Hartman Pepersak
Netz 44: Henning van Rinteln
Netz 45: Johan Perceval
Netz 46: Jakob Holk
Netz 47: Hermann Vorste
Netz 48: Simon Swerting
Netz 49: Nicolaus Segefrid
Netz 50: Simon van Urden
Netz 51: Albert Ghildehusen
Netz 52: Gottschalk van Attendorn
Netz 53: Gerd van Attendorn
Netz 54: Hinrik Molenstrate
Netz 55: Hermann Dartzow
Netz 56: Hermann van Winsen
Netz 57: Johan van dem Brinke
Netz 58: Wennemar Berkhof
Netz 59: Ditmar Duckel
Netz 60: Johan Crispin
Netz 61: Segebodo Crispin
Netz 62: Peter van Hereke
Netz 63: Berthold Kerkring
Netz 64: Gottfried Travelmann
Netz 65: Goswin Klingenberg
Netz 66: Hermann van Ossenbrugge
Netz 67: Hermann Yborg
Netz 68: Hinrik Westhof
Netz 69: Johan Lange
Netz 70: Johan van Lune
Netz 71: Tymmo vamme Kyle
Netz 72: Hinrik van Hachede
Netz 73: Engelke Hagelsten
Netz 74: Thideman Drughe
Netz 75: Hinrik Schenking
Netz 76: Ludwig van dem Hove
Netz 77: Hinrik Ghise
Netz 78: Burchard Schonenberg
Netz 79: Hartwich Krukow
Netz 80: Rotger van der Kleye

Verzeichnis der Karten

Verzeichnis der Abbildungen

Ortsregister

Lübeck wird nicht aufgeführt

Personenregister

Namen aus Graphiken, Netzen und dem Anhang sind nicht aufgeführt.

KIELER WERKSTÜCKE

Reihe A: Beiträge zur schleswig-holsteinischen und skandinavischen Geschichte
Hrsg. von Oliver Auge und Thomas Riis

Band 1 Kai Fuhrmann: Die Auseinandersetzung zwischen königlicher und gottorfischer Linie in den Herzogtümern Schleswig und Holstein in der zweiten Hälfte des 17. Jahrhunderts. 1990.

Band 2 Ralph Uhlig (Hrsg.): Vertriebene Wissenschaftler der Christian-Albrechts-Universität zu Kiel (CAU) nach 1933. Zur Geschichte der CAU im Nationalsozialismus. Eine Dokumentation, bearbeitet von Uta Cornelia Schmatzler und Matthias Wieben. 1991.

Band 3 Carsten Obst: Der demokratische Neubeginn in Neumünster 1947 bis 1950 anhand der Arbeit und Entwicklung des Neumünsteraner Rates. 1992.

Band 4 Thomas Hill: Könige, Fürsten und Klöster. Studien zu den dänischen Klostergründungen des 12. Jahrhunderts. 1992.

Band 5 Rüdiger Wurr/Udo Gerigk/Uwe Törper/Alfred Sielken: Türkische Kolonie im Wandel. Ausländersozialarbeit und Ausländerpädagogik in Schleswig-Holstein (Bandhrsg.: Kai Fuhrmann und Ralph Uhlig). 1992.

Band 6 Torsten Mußdorf: Die Verdrängung jüdischen Lebens in Bad Segeberg im Zuge der Gleichschaltung 1933–1939 (Bandhrsg.: Kai Fuhrmann und Ralph Uhlig).1992.

Band 7 Thorsten Afflerbach: Der berufliche Alltag eines spätmittelalterlichen Hansekaufmanns. Betrachtungen zur Abwicklung von Handelsgeschäften. 1993.

Band 8 Ralph Uhlig: *Confidential Reports* des Britischen Verbindungsstabes zum Zonenbeirat der britischen Besatzungszone in Hamburg (1946–1948). Demokratisierung aus britischer Sicht. 1993.

Band 9 Broder Schwensen: Der Schleswig-Holsteiner-Bund 1919–1933. Ein Beitrag zur Geschichte der nationalpolitischen Verbände im deutsch-dänischen Grenzland. 1993.

Band 10 Matthias Wieben: Studenten der Christian-Albrechts-Universität im Dritten Reich. Zum Verhaltensmuster der Studenten in den ersten Herrschaftsjahren des Nationalsozialismus. 1994.

Band 11 Volker Henn/Arnved Nedkvitne (Hrsg.): Norwegen und die Hanse. Wirtschaftliche und kulturelle Aspekte im europäischen Vergleich. 1994.

Band 12 Jürgen Hartwig Ibs: Die Pest in Schleswig-Holstein von 1350 bis 1547/48. Eine sozialgeschichtliche Studie über eine wiederkehrende Katastrophe. 1994.

Band 13 Martin Höffken: Die "Kieler Erklärung" vom 26. September 1949 und die "Bonn-Kopenhagener Erklärungen" vom 29. März 1955 im Spiegel deutscher und dänischer Zeitungen. Regierungserklärungen zur rechtlichen Stellung der dänischen Minderheit in Schleswig- Holstein in der öffentlichen Diskussion. 1994.

Band 14 Erich Hoffmann, Frank Lubowitz (Hrsg.): Die Stadt im westlichen Ostseeraum. Vorträge zur Stadtgründung und Stadterweiterung im Hohen Mittelalter. Teil 1 und 2. 1995.

Band 15 Claus Ove Struck: Die Politik der Landesregierung Friedrich Wilhelm Lübke in Schleswig-Holstein (1951–1954). 1997.

Band 16 Hannes Harding: Displaced Persons (DPs) in Schleswig-Holstein 1945–1953. 1997.

Band 17 Olav Vollstedt: Maschinen für das Land. Agrartechnik und produzierendes Gewerbe Schleswig-Holsteins im Umbruch (um 1800–1867). 1997.

Band 18 Jörg Philipp Lengeler: Das Ringen um die Ruhe des Nordens. Großbritanniens Nordeuropa-Politik und Dänemark zu Beginn des 18. Jahrhunderts. 1998.

Band 19 Thomas Riis (Hrsg.): Tisch und Bett. Die Hochzeit im Ostseeraum seit dem 13. Jahrhundert. 1998.

Band 20 Alf R. Bjercke: Norwegische Kätnersöhne als königliche Dragoner. Eine Abhandlung über den Dragonerdienst in Norwegen und die Grenzwache in Schleswig-Holstein 1758–1762. 1999.

Band 21 Niels Bracke: Die Regierung Waldemars IV. Eine Untersuchung zum Wandel von Herrschaftsstrukturen im spätmittelalterlichen Dänemark. 1999.

Band 22 Lutz Sellmer: Albrecht VII. von Mecklenburg und die Grafenfehde (1534–1536). 1999.

Band 23 Ernst-Erich Marhencke: Hans Reimer Claussen (1804–1894). Kämpfer für Freiheit und Recht in zwei Welten. Ein Beitrag zu Herkunft und Wirken der "Achtundvierziger". 1999.

Band 24 Hans-Otto Gaethke: Herzog Heinrich der Löwe und die Slawen nordöstlich der unteren Elbe. 1999.

Band 25 Henning Unverhau: Gesang, Feste und Politik. Deutsche Liedertafeln, Sängerfeste, Volksfeste und Festmähler und ihre Bedeutung für das Entstehen eines nationalen und politischen Bewußtseins in Schleswig-Holstein 1840–1848. 2000.

Band 26 Joseph Ben Brith: Die Odyssee der Henrique-Familie (Bandhrsg.: Björn Marnau und Ralph Uhlig). 2001.

Band 27 Karl-Otto Hagelstein: Die Erbansprüche auf die Herzogtümer Schleswig und Holstein 1863/64. 2003.

Band 28 Annegret Wittram: Fragmenta. Felix Jacoby und Kiel. Ein Beitrag zur Geschichte der Kieler Christian-Albrechts-Universität. 2004.

Band 29 Sönke Loebert: Die dänische Vergangenheit Schleswigs und Holsteins in preußischen Geschichtsbüchern. 2008.

Band 30 Hans Gerhard Risch: Der holsteinische Adel im Hochmittelalter. Eine quantitative Untersuchung. 2010.

Reihe B: Beiträge zur nordischen und baltischen Geschichte
Hrsg. von Hain Rebas

Band 1 Rainer Plappert: Zwischen Zwangsclearing und Entschädigung. Die politischen Beziehungen zwischen der Bundesrepublik Deutschland und Schweden im Schatten der Kriegsfolgefragen 1949–1956. 1996.

Band 2 Volker Seresse: Des Königs "arme weit abgelegenne Vntterthanen". Oesel unter dänischer Herrschaft 1559/84–1613. 1996.

Band 3 Ingrid Bohn: Zwischen Anpassung und Verweigerung. Die deutsche St. Gertruds Gemeinde in Stockholm zur Zeit des Nationalsozialismus. 1997.

Band 4 Saskia Pagell: Souveränität oder Integration? Die Europapolitik Dänemarks und Norwegens von 1945 bis 1995. 2000.

Band 5 Ulrike Hanssen-Decker: Von Madrid nach Göteborg. Schweden und der EU-Beitritt Estlands, Lettlands und Litauens, 1995–2001. 2008.

Reihe C: Beiträge zur europäischen Geschichte des frühen und hohen Mittelalters
Hrsg. von Hans Eberhard Mayer

Band 1 Martin Rheinheimer: Das Kreuzfahrerfürstentum Galiläa. 1990.

Band 2 Oliver Berggötz: Der Bericht des Marsilio Zorzi. Codex Querini-Stampalia IV 3 (1064). 1990.

Band 3 Thomas Eck: Die Kreuzfahrerbistümer Beirut und Sidon im 12. und 13. Jahrhundert auf prosopographischer Grundlage. 2000.

Reihe D: Beiträge zur europäischen Geschichte des späten Mittelalters
Hrsg. von Werner Paravicini

Band 1 Holger Kruse, Werner Paravicini, Andreas Ranft (Hrsg.): Ritterorden und Adelsgesellschaften im spätmittelalterlichen Deutschland. Ein systematisches Verzeichnis. 1991.

Band 2 Werner Paravicini (Hrsg.): Hansekaufleute in Brügge. Teil 1: Die Brügger Steuerlisten 1360–1390, hrsg. von Klaus Krüger. 1992.

Band 3 Les Chevaliers de l'Ordre de la Toison d'or au XVe siècle. Notices bio-bibliographiques publiées sous la direction de Raphaël de Smedt. 1994. 2. Auflage 2000.

Band 4 Werner Paravicini (Hrsg.): Der Briefwechsel Karls des Kühnen (1433–1477). Inventar. Redigiert von Sonja Dünnebeil und Holger Kruse. Bearbeitet von Susanne Baus u.a. Teil 1 und 2. 1995.

Band 5 Werner Paravicini (Hrsg.): Europäische Reiseberichte des späten Mittelalters. Eine analytische Bibliographie. Teil 1: Deutsche Reiseberichte, bearb. von Christian Halm. 1994. 2., durchgesehene und um einen Nachtrag ergänzte Auflage 2001.

Band 6 Rainer Demski: Adel und Lübeck. Studien zum Verhältnis zwischen adliger und bürgerlicher Kultur im 13. und 14. Jahrhundert. 1996.

Band 7 Anne Chevalier-de Gottal: Les Fêtes et les Arts à la Cour de Brabant à l'aube du XVe siècle. 1996.

Band 8 Stephan Selzer: Artushöfe im Ostseeraum. Ritterlich-höfische Kultur in den Städten des Preußenlandes im 14. und 15. Jahrhundert. 1996.

Band 9 Werner Paravicini (Hrsg.): Hansekaufleute in Brügge. Teil 2. Georg Asmussen: Die Lübecker Flandernfahrer in der zweiten Hälfte des 14. Jahrhunderts (1358–1408). 1999.

Band 10 Jean Marie Maillefer: Chevaliers et princes allemands en Suède et en Finlande à l'époque des Folkungar (1250–1363). Le premier établissement d'une noblesse allemande sur la rive septentrionale de la Baltique. 1999.

Band 11 Werner Paravicini, Horst Wernicke (Hrsg.): Hansekaufleute in Brügge. Teil 3. Prosopographischer Katalog zu den Brügger Steuerlisten 1360–1390. Bearbeitet von Ingo Dierck, Sonja Dünnebeil und Renée Rößner. 1999.

Band 12 Werner Paravicini (Hrsg.): Europäische Reiseberichte des späten Mittelalters. Eine analytische Bibliographie. Teil 2: Französische Reiseberichte, bearbeitet von Jörg Wettlaufer in Zusammenarbeit mit Jacques Paviot. 1999.

Band 13 Nils Jörn, Werner Paravicini, Horst Wernicke (Hrsg.): Hansekaufleute in Brügge. Teil 4. Beiträge der Internationalen Tagung in Brügge April 1996. 2000.

Band 14 Werner Paravicini (Hrsg.): Europäische Reiseberichte des späten Mittelalters. Eine analytische Bibliographie. Teil 3. Niederländische Reiseberichte. Nach Vorarbeiten von Detlev Kraack bearbeitet von Jan Hirschbiegel. 2000.

Band 15 Werner Paravicini (Hrsg.): Hansekaufleute in Brügge. Teil 5. Renée Rößner: Hansische Memoria in Flandern. Alltagsleben und Totengedenken der Osterlinge in Brügge und Antwerpen (13. bis 16. Jahrhundert). 2001.

Reihe E: Beiträge zur Sozial- und Wirtschaftsgeschichte
Hrsg. von Gerhard Fouquet

Band 1 Thomas Hill/Dietrich W. Poeck (Hrsg.): Gemeinschaft und Geschichtsbilder im Hanseraum. 2000.

Band 2 Gabriel Zeilinger: Die Uracher Hochzeit 1474. Form und Funktion eines höfischen Festes im 15. Jahrhundert. 2002.

Band 3 Sascha Taetz: Richtung Mitternacht. Wahrnehmung und Darstellung Skandinaviens in Reiseberichten städtischer Bürger des 16. und 17. Jahrhunderts. 2004.

Band 4 Harm von Seggern / Gerhard Fouquet / Hans-Jörg Gilomen (Hrsg.): Städtische Finanzwirtschaft am Übergang vom Mittelalter zur Frühen Neuzeit. 2007.

Band 5 Gerhard Fouquet (Hrsg.): Die Reise eines niederadeligen Anonymus ins Heilige Land im Jahre 1494. 2007.

Band 6 Sven Rabeler: Das Familienbuch Michels von Ehenheim (um 1462/63–1518). Ein niederadliges Selbstzeugnis des späten Mittelalters. Edition, Kommentar, Untersuchung. 2007.

Band 7 Gerhard Fouquet / Gabriel Zeilinger (Hrsg.): Die Urbanisierung Europas von der Antike bis in die Moderne. 2009.

Band 8 Dietrich W. Poeck: Die Herren der Hanse. Delegierte und Netzwerke. 2010.

Reihe F: Beiträge zur osteuropäischen Geschichte
Hrsg. von Rudolf Jaworski und Ludwig Steindorff

Band 1 Peter Nitsche (Hrsg.), unter Mitarbeit von Ekkehard Klug: Preußen in der Provinz. Beiträge zum 1. deutsch-polnischen Historikerkolloquium im Rahmen des Kooperationsvertrages zwischen der Adam-Mickiewicz-Universität Poznań und der Christian-Albrechts-Universität zu Kiel. 1991.

Band 2 Rudolf Jaworski (Hrsg.): Nationale und internationale Aspekte der polnischen Verfassung vom 3. Mai 1791. Beiträge zum 3. deutsch-polnischen Historikerkolloquium im Rahmen des Kooperationsvertrages zwischen der Adam-Mickiewicz-Universität Poznań und der Christian-Albrechts-Universität zu Kiel, unter Mitarbeit von Eckhard Hübner. 1993.

Band 3 Peter Nitsche (Hrsg.): Die Nachfolgestaaten der Sowjetunion. Beiträge zur Geschichte, Wirtschaft und Politik. Herausgegeben unter Mitarbeit von Jan Kusber. 1994.

Band 4 Stephan Conermann, Jan Kusber (Hrsg.): Die Mongolen in Asien und Europa. 1997.

Band 5 Randolf Oberschmidt: Rußland und die schleswig-holsteinische Frage 1839–1853. 1997.

Band 6 Rudolf Jaworski / Jan Kusber / Ludwig Steindorff (Hrsg.): Gedächtnisorte in Osteuropa. Vergangenheiten auf dem Prüfstand. 2003.

Band 7 Ulrich Kaiser: Realpolitik oder antibolschewistischer Kreuzzug? Zum Zusammenhang von Rußlandbild und Rußlandpolitik der deutschen Zentrumspartei 1917–1933. 2005.

Band 8 Annelore Engel-Braunschmidt / Eckhard Hübner (Hrsg.): Jüdische Welten in Osteuropa. 2005.

Band 9 Martin Aust / Ludwig Steindorff (Hrsg.): Russland 1905. Perspektiven auf die erste Russische Revolution. 2007.

Reihe G: Beiträge zur Frühen Neuzeit
Hrsg. von Olaf Mörke

Band 1 Rolf Schulte: Hexenmeister. Die Verfolgung von Männern im Rahmen der Hexenverfolgung von 1530–1730 im Alten Reich. 2000. 2., ergänzte Auflage 2001.

Band 2 Jan Klußmann: Lebenswelten und Identitäten adliger Gutsuntertanen. Das Beispiel des östlichen Schleswig-Holsteins im 18. Jahrhundert. 2002.

Band 3 Daniel Höffker / Gabriel Zeilinger (Hrsg.): Fremde Herrscher. Elitentransfer und politische Integration im Ostseeraum (15.–18. Jahrhundert). 2006.

Band 4 Volker Seresse (Hrsg.): Schlüsselbegriffe der politischen Kommunikation in Mitteleuropa während der frühen Neuzeit. 2009.

Band 5 Björn Aewerdieck: Register zu den Wunderzeichenbüchern Job Fincels. 2010.

www.peterlang.de

www.ingramcontent.com/pod-product-compliance
Ingram Content Group UK Ltd.
Pitfield, Milton Keynes, MK11 3LW, UK
UKHW021127041026
8980IPUK00026B/915

9 783631 601655